红军长征纪实丛书

红二十五军卷

1

中共中央党史研究室 编

中共党史出版社

图书在版编目(CIP)数据

红军长征纪实丛书．红二十五军卷/中共中央党史研究室编．—北京：中共党史出版社，2019.12(2023.2重印)
ISBN 978-7-5098-3786-3

Ⅰ.①红… Ⅱ.①中… Ⅲ.①中国工农红军长征—史料②红二十五军—史料 Ⅳ.①K264.406

中国版本图书馆CIP数据核字(2016)第167665号

出版发行：中共党史出版社
协调编辑：潘　鹏
协理编辑：李晓倩
责任编辑：姚建萍　贾京玉　王鸽子
责任校对：龚秀华
责任印制：谷智宇
社　　址：北京市海淀区芙蓉里南街6号院1号楼
邮　　编：100080
网　　址：www.dscbs.com
经　　销：新华书店
印　　刷：北京汇林印务有限公司
开　　本：170mm×240mm　1/16
字　　数：983千字
印　　张：75
印　　数：5016—6515册
版　　次：2016年10月第1版
印　　次：2023年2月第3次印刷

ISBN 978-7-5098-3786-3
定　　价：155.00元(全三册)

此书如有印制质量问题，请与中共党史出版社出版部联系
电话：010—82517197

《红军长征纪实丛书》编纂说明

编纂《红军长征纪实丛书》，是党中央部署的党史工作重点项目。在中央领导同志亲切关怀和有力指导下，在各方面的大力支持下，经过十年艰苦努力，在中国共产党成立95周年、红军长征胜利80周年之际，这项工作终于完成。现将这套丛书有关编纂情况说明如下。

一、编纂过程

2006年11月5日，时任中共中央政治局常委李长春同志在《文献与研究》第45期刊载的《关于毛泽东亲自发起、集体编纂的〈红军长征记〉（上）》一文上批示："长征精神是我党光荣革命传统的集中体现，是中华民族伟大民族精神的生动展现"，为弘扬伟大的长征精神，建议"重编'长征纪实'，作为完整的党史、军史的一部分"。

根据李长春同志指示精神，中共中央宣传部召集有关单位举行协调会议，决定由中共中央党史研究室牵头承担此项任务。时任中央党史研究室主任李景田同志和室委会对此高度重视，立即进行了认真研究、全面统筹，确定该项工作为室重点工作，决定由室副主任李忠杰同志分管，第一研究部具体承担编纂任务。2006年11月下旬，第一研究部拟出初步方案，提出《红军长征纪实丛书》拟集中编纂长征亲历者回忆录、长征日记等文献资料。经专家论证和室领导修改审定后，以中共中央党史研究室名义将工作方案报中共中央宣传部。

2006年至2010年，第一研究部向全国各地党史工作部门和中央、军队的其他研究机构发函，征集相关文稿线索。在此基础上，收集了散存于各种书籍报刊中的有关长征文献，从中筛选、整理、编辑文稿900余万字，并一一撰写了作者简介，形成丛书初稿。初稿曾经中央党史研究室和解放军军事科学院、国防大学、中国人民革命军事博物馆、解放军后勤指挥学院等单位党史、军史专家审阅。随后按照专家意见和建议进行了调整和修改。

2013年7月，第一研究部进一步调整编纂体例，扩大资料收集范围，增加编纂内容，再次对全国各类党史、军史、文史刊物，以及其他社科期刊、老干部报刊、港台书刊等，进行系统排查和资料补充，最后共整理编纂文稿1600余万字。2014年初，曲青山同志担任中央党史研究室主任后，室委会明确提出必须在纪念红军长征胜利80周年之际完成该套丛书的编纂出版。同年10月，在张树军副主任具体指导下，该书进入最后的编辑、审核阶段。在第一研究部共同努力和中共党史出版社的大力配合下，终于在纪念红军长征胜利80周年之际，完成此书的编辑工作。全书共分十卷42册。

在长达十年的编纂过程中，中央党史研究室室委会多位领导同志和有关工作人员付出很多的精力和心血。丛书编纂过程中，三任室主要领导同志李景田主任、欧阳淞主任和曲青山主任，始终对这项工作给予认真指导；两任分管室领导李忠杰副主任和张树军副主任对这项工作高度负责，亲自进行工作部署、把关和审查；第一研究部积极组织力量攻坚克难，保证了工作的顺利开展。第一研究部先后参与编纂工作的有：原主任霍海丹，原副主任刘益涛、李蓉，以及王新生、覃艺、杨青、王继凯、王树林、魏雪莲、刘慧娟、光新伟、黄亚楠、徐嘉等同志。第一研究部主任蒋建农同志具体主持了2013年7月以来的编辑工作，并逐篇审阅修订了全部书稿。第一研究部副主任孙丽萍同志审核了全书的编辑体例和文稿的作者简介。各卷责任编辑在出版社三审三校基础上再次进行文稿通读和审校。中共甘肃省委党史研究室李荣珍、孙瑛等同志参加了本丛书副编中《西路军卷》书稿的编辑工作。其他曾对这项工作给予支持、作出贡献的中央党史研究室和军队方面的党史、军史老专家主要有韩泰华、叶心瑜、阎景堂、姜廷玉、朱玉、肖甡、徐占权、陈力、王健英等同志。

二、稿件来源

20世纪50年代以来，为继承发扬党和人民军队的光荣传统，解放军总政治部曾按照中央军委指示精神，组织力量陆续编辑出版革命回忆录《星火燎原》丛书，至2009年完成《星火燎原全集》20卷，共1066万字，文稿1705篇，其中有关长征的文章约400篇。几乎在同一时期，中国青年出版社也陆续编辑出版了《红旗飘飘》丛书共32集，约400篇文章，包括回忆录、传记、小说、诗歌、日记等，其中与红军长征相关的文章约有五分之一。这些丛书中收集的革命回忆录包括长征回忆录，不仅史料价值高，而且记述生动，真实感人，数十年来成为党史、军史教育的生动教材，影响和激励着一代代青年献身祖国建设事业。

专门编辑红军长征回忆录的权威资料书，主要是20世纪90年代由中国人民解放军历史资料丛书编审委员会编辑出版的《红军长征·回忆史料》两册，共120篇，约100万字。该书大部分文章是丛书编审委员会约请参加过长征的老同志撰写，部分是选用党和红军一些领导人及其他老同志过去发表过的，系统记载了红军长征的光辉历程，具有很高的学术价值和宣传教育意义。

实际上，反映长征历史的回忆录和回忆文章十分丰富，散见于境内外各类书籍、报刊、杂志和内部资料中。在新的历史时期，很多老同志、老红军还相继撰写发表了新的回忆文章或专著。因此，编纂一部能够更全面反映长征历史的大型纪实丛书十分必要。我们在编纂《红军长征纪实丛书》过程中，尽最大努力从各部门、各地方、各方面搜集了所有能够找到的相关资料，主要包括以下几方面：

一是境内出版的综合性回忆文集。如《中国工农红军第一方面军长征记》《星火燎原》《红旗飘飘》《红军长征·回忆史料》《革命回忆录》《回顾长征》《苦斗十年》《红六军团征战记》《艰苦的历程》《红二十五军长征纪实》《钢铁子弟兵》《长征女战士》《女兵列传》《中国工农红军西路军·回忆录卷》等。

二是党的领导人、红军将领和其他老红军个人文集、回忆录、日记和关于他们的纪念文集。如《毛泽东选集》《毛泽东自述》《周恩来选集》《周恩来自述》《朱德自述》《任弼时选集》《陈云文集》《张闻天文集》《杨尚昆回忆录》《叶剑英选集》《彭德怀自述》《刘伯承回忆录》《聂荣臻回忆录》《杨成武回忆录》《杨得志回忆录》《张宗逊回忆录》《李坚真回忆录》《萧克回忆录》、徐向前《历史的回顾》、《康克清回忆录》《陈锡联回忆录》《洪学智回忆录》《程子华回忆录》《张震回忆录》《刘华清回忆录》《王诚汉回忆录》等；林伯渠、陆定一、陈伯钧、赖传珠、彭绍辉、韦国清、李黎林、张南生、赵镕、伍云甫、童小鹏、林伟、萧锋、莫休、关向应、张子意、王恩茂、吴德峰等的长征日记；《回忆贺龙》《无名英雄蔡威》《徐海东纪念文集》《卓越的青年将领：纪念吴焕先同志牺牲五十周年专辑》《刘英纪念文集》等。

三是中央、军队有关部门编写的内部资料集或公开出版物。如中共中央宣传部党史资料室编《红四方面军和鄂豫皖边区、川陕边区史料》（1945年版）、《党史资料》（1953—1955年版）；中共中央文献研究室编《文献与研究》；中共中央党史研究室编《中共党史资料》《党史资料通讯》；中国人民解放军历史资料丛书编审委员会编《军史资料》；沈阳军区政治部编研室编《红军将士忆长征》；成都军区党史资料征集委员会办公室编《红军长征回忆与研究》；解放军北京部队后勤部政治部编《为了红色中华》；解放军兰州部队党史资料征集办公室编《戎马春秋》等。

四是各地方党史资料集和地方党史部门提供的内部资料。如《中国工农红军北上抗日先遣队》（中共福建省委党史研究室等编）、《江西党史资料》《红军长征过云南》《峥嵘岁月：红军长征在湖南专号》《甘肃党史资料》《红旗漫卷：红军长征西征在宁夏》、《豪情忆征程》（中共新疆区委组织部编）、《红军长征在通道》《红军长征过扎西暨扎西会议资料（选编）》《定西地区党史资料汇编》《酒泉地区党史资料汇编》、《红西路军史料》（中共张掖地委党史资料征集办公室编）、《滇黔桂边区革命根据地》（中共广西百色地委党史办公室等编），以及有关省、市、县党史研究室采编收集的当地红军的内部资料等。

五是全国和地方政协部门编写的文史资料。如全国政协编辑的《文史资料选辑》《文史资料存稿选编》，广西、云南、四川、甘肃、青海、陕西、山西、宁夏、新疆等省区编辑的《文史资料选辑》，以及有关市、县如遵义、兴义、威信、晋宁、成都、江安、叙永、岷县、稷山、高台、乌鲁木齐、酒泉、霍县等地区编辑的文史资料。

六是新中国成立前后的有关期刊杂志和报纸。新中国成立前的期刊有《自由中国》（1938年）、《北方文化》（1946年）等。新中国成立后，五六十年代的报刊有《解放军文艺》《民族团结》《新观察》《人民空军》《中国工人》《中国青年》《人民文学》《边疆文艺》《红岩》《山花》《新港》《延河》《新文萃》《旅行家》等；

改革开放新时期以来的期刊有《学习与研究》《党的文献》《中共党史研究》《百年潮》《纵横》《军事历史》《人民铁道》《近代史研究》，以及各地党史、档案部门和高校出版的期刊等；报纸主要有《人民日报》《光明日报》《解放军报》《工人日报》《中国青年报》《人民铁道报》以及有关省、自治区、直辖市、地级市出版的日报等。

七是境内外出版的有关国民党将领长征回忆录和长征日记。如大陆出版的《围追堵截红军长征亲历记：原国民党将领的回忆》《白崇禧回忆录》《万耀煌将军日记》等；台湾出版的《陈诚先生回忆录》《陈布雷回忆录》《万耀煌先生访问记录》等。

三、编辑体例

（一）关于丛书的主要内容和卷次。《红军长征纪实丛书》是红军长征历史亲历者回忆录、口述史料、长征日记等的大型历史文献资料集辑。在选材内容上，要求必须是亲历者自己撰写或本人口述资料，以保证文献的史料价值。在卷次分类上，主要以参加长征的各路红军和有关亲历者为专题，分为《红一方面军卷》《红二方面军卷》《红四方面军卷》《红二十五军卷》《沿途亲历者忆长征卷》《日记卷》《中国工农红军北上抗日先遣队卷》《南方三年游击战争卷》《西路军卷》《国民党军围追堵截卷》共十卷。

（二）关于各卷文章的编排顺序。各卷主要按历史发展过程分为若干阶段，每个阶段拟定一个标题作为一部分。第一部分一般为各专题概述，不便划入各阶段的文章以“其他”为标题编在最后一部分。有些卷次由于内容繁杂，又单独列出小专题，如“女红军忆长征”“回忆长征人物”等。每一部分的文章仍主要按历史时间顺序编排，并把重要领导人的文章排在前面。

（三）关于文章内容的处理。对所选文章坚持力求保持原貌，尽量不作改动。对史实错误等问题，一般采取在页下加注释的方式予以说明。文中注明编者对原文有修订的，主要是以下内容：一是删去一些与长征无关或关系不大的部分；二是明显的提法错误；三是逻辑不清、前后矛盾之处；四是语句不通、字词标点错误。为便于查阅利用，文末按照学术规范注明文章来源或出处。

（四）关于所选文章的作者简介。丛书各卷在作者第一次出现时，在文末附作者简介。简介主要写明作者姓名、女红军性别、少数民族族别、出生年、籍贯、参加中国工农红军和加入中国共产党时间、红军长征时（或相应历史时期）任职、新中国成立后主要任职和最高职务、卒年卒地等。由于缺乏相关资料，有些作者简介信息还不完整。

（五）关于具体编辑规范。由于所选文章来源多样，原有编辑规范不统一，现全部按照一般通行标准重新修订，具体如下：

1.关于数字用法。记数词：除引文外，十（包括十）以内用汉字，十以上用阿拉伯数字；概数一律用汉字。时间数字：表示公历时间的，包括年、月、日、时，均用阿拉伯数字；表示农历的，月份和日期用汉字，年和钟点用阿拉伯数字。部队番号：统一用汉字；表示部队番号的“廿”不作改动，但“红廿五军”一律改为“红二十五军”。

2.关于固定术语。除引文外的历史事件、会议等固定术语的写法作规范修改，不加引号、圆点等符号，如：九一八事变、八七会议。

3.关于混用字。除引文外的常见字混用，按规范写法修改。如：“的地得”“底的”“呆待”“象像”“份分”“枝支”“它他”等的混用，均作修改。对于《日记卷》，为保持文献原貌，固定术语和混用字等，尽量不作修改。

4.关于口述者和整理者的编辑。原版本中注有口述者和整理者的，将口述者名字放在文章标题下，不出现“口述”字样，整理者放在文末最后一行加括号注明，如：（××整理）。

由于我们水平有限，加之时间紧、任务重，丛书编纂难免有一些疏漏和不妥之处，恳请读者批评指正。

中央党史研究室

2016年9月15日

目　录

一、概况

二、告别鄂豫皖

三、向豫陕边转移

四、创建鄂豫陕革命根据地

五、西征北上

六、与陕甘红军、中央红军会师

七、回忆长征人物

八、其他

本册收入第一至第四部分文章52篇

一、概况

回忆红军第二十五军的长征

徐海东

1934年4月，鄂豫皖省委决定红二十五军在安徽的宿松、太湖、潜山、桐城、舒城和湖北的陂、罗、孝创建根据地，成立皖西、鄂东两道委，领导开展根据地工作。红二十五军就在上述两地区继续坚持斗争和打击敌人。

同年农历九月初，在太湖、潜山之间的陶家河，与敌上官云相部的四十七师激战两天一夜，我军伤亡较大。红二十五军转移到六安、霍山之间，接到郑位三同志派陈锦秀同志化装送来的信，“宝珊、海东、焕先同志：中央派人送来重要指示，已到我处，请你们接信后，火速率领红二十五军到鄂东来找我们”。当时接信后，我们立即布置了皖西的工作，又组织了红二十五军留守处，当日率领二十五军西进。从出发地到鄂东必须通过敌人四道封锁线。第一道封锁商城到麻城，我们进至汤池与敌一〇九师激战，将敌四个连全部歼灭，通过了第一道封锁线。同日又继续通过敌人在商城到经扶（新集）的第二道封锁线，在大柳树与敌一〇七师激战，消灭敌二个团全部，缴获很多。在此休息了二小时，准备急行军。接着，通过西余集进至光山、汪桥附近，休息半日，准备干粮，以便连夜通过130华里敌人的第三、第四道封锁线。下午5时，由该地出发，10时左右通过了敌人在双柳树至经扶的第三道封锁线。在通过第四道封锁线时，天已拂晓，我军与敌人接触，突破敌人的封锁，急行25里到了斛山寨（属光山县），休息不足两小时，敌人集中四个师的兵力（刘镇华六四、六五师，东北军一一七、一二〇师），并有飞机配合，包围我军。我军与敌激战，由上午11时战至黄昏，将敌四个师全部打垮，缴获很多，俘敌近四千余人。为急于西进去鄂东，当场将俘虏全部释放。此战斗我军伤亡较大，七五师政委姚志修同志及二二四团政委均在此战斗中光荣牺牲，七四师师长负伤。当晚将伤员全部处理后，立即出发西进，进至罗山、宣化店北殷家湾与郑位三等同志会合，当日看了中央派程子华同志送来的指示。指示的内容大意是：经过敌人四、五次"围剿"，鄂豫皖根据地受到暂时的失败，人力、物力、粮食已空，红二十五军应离开老根据地，另找地区发展新根据地。老根据地应留独立团、游击队、便衣队坚持。红二十五军在哪个地区开辟新根据地，中央不做决定（因中央不了解实际情况），由鄂豫皖负责同志根据以下三个条件自行选择：第一，地形好；第二，敌人力量薄弱；第三，群众条件好。看了指示后，省委立即召开会议讨论中央指示，会议决定留一小部分干部和地方武装坚持鄂豫皖根据地，省委与红二十五军一同长征。我军在何家冲休整二天，即由该地出发，突破敌人在三里城到五里店的封锁线，进至朱堂店，与堵击我军的东北军一二九师激战，将敌全部击溃。在该地，我军作了越过平汉路的准备，随后即由东双河附近横越平汉路，向湖北随、枣前进。在枣阳七里冲与堵击我军的四四师萧之楚激战后，我军转进桐柏、唐河之间的平氏，向泌阳、方城前进。在方城北独树镇与庞炳勋部激战九小时之久（上午11时打到下午8时），我军当晚突破敌人封锁线，进入伏牛山区。敌人亦分两路，沿平行道路追击我军。我军在拐河与敌人激战数小时，冲破敌人阻击，向南召、卢氏之间前进。经栾川、卢氏、黑裕、官坡、兰草，由铁锁关进入陕西，当日打下三要司（黄家村），消灭守军杨虎城四个连全部，活捉营长及四个连长。当我军继续前进到庚家河时，敌人第六〇、六一师（蔡廷锴旧部）由河南朱阳关追来，在庚家河展开激烈的战斗。从上午9

时战至黄昏，我军将该敌全部打垮，敌人损失惨重，我军伤亡也很大，徐海东、程子华同志均负伤。这样经过数次战斗后，我军给追击的敌人以严重的打击，敌人堵击我军的计划完全破产，不得不全部退河南。我军继续前进，经竹林关到湖北郧西的一、二、三天门，又转入陕西庚家河、兰草一带，转向西进，经杨家斜、红岩子、凤凰嘴，打下镇安，在镇安休息数日发动群众打土豪、分粮食、抗捐、抗税、扩大我军政治影响。由镇安出发到黑山街，经米粮川又转至凤凰嘴。敌四二师柳彦彪旅所辖三个团，追击我军。我军在蔡玉窑与敌激战，歼敌一个营，随即向曹家坪前进。敌人仍尾追我军，我军在葛牌镇又消灭柳彦彪旅五个营，残敌即逃。

我军在葛牌镇休整一星期，过旧历年。休整后，我军西进，又经大新川、青花匾毛坪（敌人一排投降）前进，打下宁陕，在此发动群众。

这时杨虎城警备二旅旅长张飞生所辖三个团赶到，追击我军，我军继续西进，打下佛坪（袁家庄）。敌人继续追击，我军进至华阳，准备消灭该敌。在华阳与敌激战，消灭该旅二个团，旅长张飞生负重伤，第四团团长被俘。华阳群众条件较好，故在此停留九天，发动群众，组织了华阳游击队，派魏文建同志留在华阳，任华阳游击队长（此时是在1935年3月间）。

二十五军转向东进，经老佛坪翻越天谷山，进入柴家关，在此地发动群众斗争。后我军又继续东进，打下柞水。这时杨虎城的警三旅旅长张汉民所辖二个团追击我军，在蔡玉窑与我军激战。我军又经曹家坪，向葛牌镇前进，在九间房消灭张汉民旅五个营，活捉旅长张汉民（张汉民是中共地下党员，被误杀。——编者）。在葛牌镇停留八天，于农历1935年三月间，省委在此召开扩大会议，正式改组鄂豫皖省委为鄂豫陕省委[原省委由徐宝珊（书记）、吴焕先、徐海东、郑位三、程子华等组成；改选后由徐宝珊（书记）、吴焕先（副书记）、徐海东、赵凌波、田守尧、李隆贵、张明先组成]。会议并决定红二十五军今后的任务是：“创造鄂豫陕革命根据地。”会后我军即根据会议决定继续东进，打下雒南，占领柏峪寺，发动群众组织了雒南游击队。我军转进龙驹寨，在此停留一星期，进行整训及发动群众。后进至店垭子、大小新川一带，停留半月之久，主要任务是发动群众组织游击队。共组织三个游击队，同时成立了鄂陕工委和游击司令部，领导该区工作，派郭述申同志任工委书记兼游击司令部政委，陈先瑞同志任游击司令（此时在1935年农历四月底）。

5月初，敌人正式向鄂豫陕游击根据地进行第二次"围剿"。敌人进攻的兵力包括东北军八个师（24个团）、萧之楚一个师（六个团）、杨虎城四个旅（11个团），共计41个团的兵力。我军转进九棵树休息五日，省委开会决定对敌人的战略是"先疲后打"。

敌人由四路分进合击、接近我军时，我军为了疲劳敌人，于当晚急行军，经漫川关附近，再经七里狭进峦庄，又经青油河到商南与东北军一一七、一二〇师激战。当时我军为了提高部队的战斗情绪，改善部队物质生活，决定一部牵制敌人，一部急行军，打下河南荆紫关，打垮守军别廷芳一个营，活捉萧之楚的军需长，缴获大量物资，补充了我军，提高了我军战斗情绪。当晚由此出发，经四天急行军，共走了五百六十里，进入陕南的黑山街，将追击我军的敌人，远远摆脱在后面。我军在此等待迎击敌人，提出了："哪个敌人先接近，就消灭哪个敌人"的口号。三天后唐嗣桐与我军接触，我军即采取诱敌深入的战术，将敌杨虎城部警备一旅由旅长唐嗣桐所辖二个团诱入袁家沟口（因为小河口、袁家沟口是我军群众基础最好的地方，该地区有农民领袖阮英臣所组成的独立营，阮任营长，我们派夏云庭同志任政委），将其全部歼灭，活捉旅长唐嗣桐。经过了这一战役，我军最后粉碎了敌人对鄂豫陕根据地第二次"围剿"。我军在长期行军作战当中，缺乏物资。鉴于山外人口集密，物资丰富，省委决定出终南山（秦岭），扩大新兵，解决物资困难及扩大我军政治影响。7月中旬，我军从杨家斜出发，经石嘴子出山，占领后更子、引驾回。在后更子、引驾回、子午镇一带进行扩军，补充物资，威逼西安，扩大我军政治影响。占领引驾回后，看到了从敌人缴获来的《大公报》，始知我一、四方面军已在川西北会合、先头部队已越过松潘北上的消息。当时西安的敌人——于学忠部的一个军，经凤翔、宝鸡西调，毛炳文的部队，也经西兰公路西调。当时我们估计：我一、四方面军一定会合北上。因此，红二十五军在子午镇西二十里处，停留一天，省委在此召开紧急会议，讨论了红二十五军的行动。会议决定："为配合主力，牵制敌人，使主力顺利完成北上任务，红二十五军应即离开陕南西征，陕南留郑位三、陈先瑞等同志坚持鄂豫陕游击根据地。"红二十五军即由该地出发，经周至、户县、新口子（骆峪山）、佛坪、西江口、留坝西进。在双石镇与胡宗南的别动队四个连遭遇，我军将该敌全部歼灭，活捉胡宗南高级少将参议（姓何，名字忘记），获得很多情报材料。根据俘获的少将参议的口供及其他情报证实：我一、四方面军确实已在川西北会合，先头部队已越过松潘北上，胡宗南部的主力全部西调，堵击我军主力北上，敌人后方留驻天水。得到这个可靠的消息后，红二十五军决定立即西出甘肃，牵制胡宗南的主力，打破敌人堵击我主力北上的计划。此时正是1935年8月1日，我军在双石铺停留一天，纪念八一建军节和补充干粮，准备继续西进。8月2日即从该地出发，打下两当（于学忠先头部队后退90里），急向天水挺进，打下天水北关。天水敌人告急，当夜由甘谷急调一个旅增援天水。我军即转向凤凰山、沿河镇，强渡渭水，打下秦安。继向通渭前进，威逼静宁，牵制毛炳文。

我军在兴隆镇休整三天，主要是为了争取少数民族（回族）的力量。由于执行了少数民族政策及我军良好纪律的影响，少数民族对我们帮助很大（报告消息、当向导等）。整休以后，继续进军，打下隆德，当日黄昏与毛炳文从兰州调来的增援部队激战，红二十五军即转进六盘山，经瓦亭、三关口，威逼平凉，在白水镇打垮马鸿宾一个旅（消灭该部一个营左右）。继向泾川挺进，在泾川消灭马开基全团（团长马开基当场击毙），红二十五军政委吴焕先同志在此战役中光荣牺牲。红二十五军又向西进，威逼崇信，在西兰公路牵制敌人17天之久。敌人毛炳文、马鸿宾一部尾追我军。因当时不知我一、四方面军行动方向的准确消息，我军决定进陕北与刘志丹等同志会合，即经平凉东四十里铺，强渡泾水，经镇原、西峰镇、合水进入陕北根据地，在永坪镇与刘志丹等同志会合，改编为十五军团。当时正是敌人向陕北根据地进行三次“围剿”，红十五军团取得了劳山、榆林桥战役的胜利，直接迎接中央的到来，胜利地与中央会合。

选自芦振国、姜为民编：《红二十五军长征纪实》，河南人民出版社1986年8月第1版，第1—6页。

徐海东，原名徐元清，1900年生，湖北大悟人。1925年加入中国共产党。1927年任湖北黄陂县河口区农民自卫队队长，同年11月率队参加黄麻起义，同年参加中国工农红军。红军长征时任红二十五军副军长、军长，中共鄂豫陕省委委员、代书记。新中国成立后，曾任中央人民政府人民革命军事委员会委员、国防委员会委员、中共中央委员等职。1955年被授予大将军衔。1970年在郑州逝世。

红二十五军的长征

程子华　郭述申　韩先楚
刘震　刘华清　陈先瑞

在纪念中国工农红军长征胜利50周年的时候，回顾红二十五军的长征，当时过来的老战士都记忆犹新。那艰苦坎坷的征途，那惊心动魄的战斗，牺牲了多少同志，造就了许多英雄，在红军长征的史册上写下了光辉的一页。

一

中国工农红军第二十五军，是在红四方面军主力撤离鄂豫皖根据地后，于1932年11月重新组建的一支革命武装。

重建后的红二十五军，在极其艰难困苦的岁月，独立坚持了鄂豫皖边区的武装斗争，先后取得了郭家河、长岭岗、斛山寨等战斗的胜利，歼敌正规军数以万计。但是，由于王明“左”倾路线的危害和敌人的残酷“围剿”，根据地的形势仍很严重，红二十五军是继续坚持老根据地的斗争还是实行战略转移的问题，历史地提到了鄂豫皖省委面前。

关于战略转移问题，党中央曾有过两次指示，省委也有过半年多的酝酿，准备摆脱困境，开辟新的革命根据地。正在这时，党中央和中革军委副主席周恩来派程子华于1934年9月到达鄂豫皖革命根据地，并带来了党中央和周副主席的指示。

1934年11月11日，中共鄂豫皖省委在光山县花山寨召开常委会，讨论红二十五军实行战略转移的问题。程子华传达了党中央和周恩来的口头指示。周恩来明确指出："红军主力要作战略转移，去建立新根据地。这样，部队就能得到发展，同时也就能把敌军主力引走，减轻鄂豫皖根据地的压力。根据地的敌军减少了，留下的部分武装就能够长期坚持，也就能够保存老根据地。"①省委根据党中央有关文件精神和周恩来副主席的指示，认真分析了鄂豫皖革命根据地两年来斗争形势的演变，一致认为：鄂豫皖边区军民虽然进行了极其艰苦的斗争，但是根据地的人力物力被敌人严重摧残，当前敌占绝对优势，根据地的严重局面短时期难以根本改变；在老根据地边沿恢复、开辟根据地，经过在朱堂店和陶家河两个地区的尝试，成绩都不很大；红军本身已不易得到补充、发展，难以开创新的局面。因此，会议一致认为红二十五军应该实行战略转移，创建新的革命根据地，谋求新的发展、发挥更大作用。于是决定：（1）省委立即率领红二十五军实行战略转移，为发展红军和创造新根据地而斗争；（2）以平汉铁路以西鄂豫边界的桐柏山区和豫西的伏牛山区为初步目标；（3）为宣传党的抗日主张，扩大我党我军政治影响，行动中部队对外称为"中国工农红军北上抗日第二先遣队"；（4）留一部分武装再组建红二十八军，继续坚持鄂豫皖边区的武装斗争。会议还讨论了部队整编问题。省委决定由党中央派来的程子华担任红二十五军军长，吴焕先任政治委员，徐海东任副军长。

红二十五军实行战略转移是及时的、正确的。从此，跳出困境，摆脱强敌，走上了宽阔的发展道路。

---

① 引自程子华：《为党掌握武装而斗争》，载《红旗》1978年第8期。

二

1934年11月16日，红二十五军近3000名指战员，高举“中国工农红军北上抗日第二先遣队”的旗帜，由罗山县何家冲出发，开始长征。

当时，敌东北军九个师和“豫鄂皖三省追剿队”（以下简称“追剿队”）五个支队，总共40多个团，已麇集于鄂东北。我军越过平汉路后，蒋介石急令“追剿队”五个支队和东北军一一五师，跟踪追击；令驻河南省南阳、泌阳、方城、叶县一带的四十军和驻湖北老河口（光化）一带的四十四师迎面堵截，企图趁我孤军远征之际，将我军围歼于桐柏山区。

我军进入桐柏山区后，发现这里靠平汉铁路和汉水较近，回旋范围狭小，敌又大兵压境，难以立足发展。于是省委果断决定：迅速掉头北上，跳出敌人的合围，经由驻马店西北山区转向伏牛山挺进。

为了隐蔽北上意图，迷惑和调动敌人，我军先以少数部队佯攻湖北枣阳县城，吸引了各路敌人向枣阳集中。22日，红二十五军主力乘夜冲破敌“追剿队”第五支队的拦阻，绕道泌阳城东，乘虚北上。

泌阳东北，有许多地主豪绅盘踞的围寨，而且大都配有一定数量的武装，我军行进中不时受到骚扰阻拦。为争取时间迅速北上，省委决定开展政治攻势。军政委吴焕先对部队进行紧急动员，严格要求遵守群众纪律，不打土豪，不进围寨，沿途所需粮草，一律实行购买。所经围寨，事先都给寨主头目写信，宣传我党抗日救国主张，晓以民族大义，促其勿加阻拦。因而顺利通过了围寨地区，赢得了时间。

11月26日，我军准备越过许（昌）南（阳）公路，直抵伏牛山东麓。下午1时许，到达方城县独树镇附近，正要穿过公路时，突然遭到敌人的猛烈阻击。原来，我军掉头北上后，敌即判断我有经独树镇、保安寨西进之意图，遂调四十军一一五旅和骑兵团在此堵截。这天，恰遇寒流降临，冷风刺骨，雨雪交加，我先头部队发现敌人较迟，加之寒冷饥饿，战士们一时拉不开枪栓，以至被迫后撤。敌人乘机发起冲击，并从两翼实施包围，情况十分险恶。在此危急时刻，军政委吴焕先赶到军前，指挥部队就地抵抗。他从交通队员身上抽出一把大刀，高声呼喊："同志们，现在是生死存亡的关头，决不能后退！共产党员跟我来！"带领部队冒着敌人的密集火力，奋不顾身地冲上前去，与敌展开白刃搏斗。就在这时，副军长徐海东带领后卫部队跑步赶到。经过一番恶战，终于打退了敌人的进攻。接着，我军向敌人发起冲击，以图冲过公路，但未能奏效。于是，转入防守，并以反冲击打退敌人多次进攻。天黑后，全军绕道保安寨以北的沈庄附近，连夜穿过许南公路。翌日拂晓，进入伏牛山东麓。随后，又在拐河打退敌人的尾追、夹击，得以胜利前进。

独树镇战斗，是我军长征途中一次极为险恶的战斗。在地形平坦和气候恶劣的条件下，遭到突然袭击，能否击退敌人进攻，突出重围，关系到全军的生死存亡。全体指战员在军领导的带领下，不畏强敌，英勇拼搏，终以顽强的战斗作风和大无畏的革命精神，挫败了敌人的围追堵击，很快进入伏牛山区。

伏牛山区，为豫西"内乡王"别庭芳的势力范围，反动统治严密，加之这一带地域狭窄，人烟稀少，粮食和物资都很缺乏，创建根据地比较困难。我军一进入伏牛山，敌四十军和"追剿队"主力便相继跟来。因此，省委决定继续西进，直奔豫陕边界的商洛山区。

蒋介石为防堵我军入陕，在我军进入伏牛山之前，就将驻开封的第六十师调至卢氏县城以南之朱阳关、五里川一带，控制了入陕大道，企图堵歼我军。12月4日，我军进入卢氏县境，敌"追剿队"第二支队也跟踪追至。在敌前堵后追的情势下，我军当即改变路线，另择小路从卢氏城南与洛河之间神速西进。敌六十师筹谋多日的堵击防线被我军置于背后。

12月8日，我军从豫陕交界的铁锁关（又名箭杆岭）进入陕境。当日下午，在洛南县[1]三要司歼灭陕军一个营。9日进至庚家河。10日上午，省委在庚家河召开会议，研究了在鄂豫陕边区创建新的革命根据地问题，并决定改鄂豫皖省委为鄂豫陕省委。这时，敌六十师突然奔袭而来，我在东山坳口的排哨，当即与敌接火。战斗一开始，敌人就夺占了坳口的有利地形，向我发起猛攻。军领导迅速组织部队实施反击，夺回了坳口，后续部队跑步占领南北两侧高地。这时，敌人两个团的兵力增援上来，再次向我发起攻击，于是全线展开了激烈的争夺战。我全体指战员英勇反击，殊死奋战，以刺刀、手榴弹与敌拼搏。经过20多次的反复冲杀，终将敌人打垮，毙伤敌800余名。我军也伤亡200余人，军长程子华、副军长徐海东均负重伤。

庚家河战斗，是红二十五军长征中又一次顽强的战斗，最后打垮了敌人对我军的连续追堵。至此，红二十五军粉碎了20余倍于己之敌的围追堵截，长驱1800余里，胜利地完成了第一次战略转移。

三

鄂豫陕三省边界地区，北靠秦岭，南濒汉江，悬崖峻迭，地势险要，便于开展游击战争。这里，封建势力和反动政府对人民的压迫剥削极为残酷，兵灾匪祸连年不断，人民苦难深重，反抗强烈。渭（南）华（县）起义部队、红四方面军、红四军和红二十六军，先后在这一带传播过革命影响。尽管当地党组织已遭到破坏，但群众自发的抗捐抗粮斗争，仍然彼伏此起。因此，省委在庚家河会议上作出了《关于创建新苏区、新的革命根据地的决议草案》，不失时机地解决了新区选择和当前方针任务等重大问题。

1935年1月，当我们创建新根据地的工作刚刚开始时，蒋介石又调集四十军一一五旅两个团，四十四师一三〇旅三个团，配合陕军一二六旅、

① 时称雒南县。

警二旅、警卫团等部，对我军发动第一次“围剿”，企图在我军立足未稳时加以歼灭。

为粉碎敌人“围剿”，创建根据地，省委决定以武装斗争为先导，消灭敌人有生力量，以求站稳脚跟。这是创建根据地的先决条件。1月下旬，陕军一二六旅、警二旅向我逼近。为各个击破进攻之敌，我军北上袁家沟口，然后进至蔡玉窑，并以一部兵力袭占柞水县城，分散了跟追之敌。2月1日，当敌一二六旅追至蔡玉窑时，我军突然予以打击，歼其一个多营。5日，我军又在蓝田县葛牌镇以南之文公岭高地，再歼该旅两个多营。2月下旬，我军得知红四方面军发动陕南战役的消息，遂又决定西进，配合红四方面军作战，一路上，连克宁陕、佛坪两座县城。3月8日，进到洋县华阳镇。这时，敌警二旅尾追而来。我军于10日拂晓在石塔寺附近设伏，打垮警二旅五个多营，毙、伤、俘敌六七百名，敌旅长张飞生被击伤。4月初，我军东返商洛地区。至此，粉碎了敌人的第一次“围剿”。

一边作战，一边开辟根据地，把粉碎敌人的“围剿”同创建根据地结合起来，是红二十五军创建新区的突出特点。我军攻克镇安县城后，即在镇安、旬阳、郧西、山阳等四县边区横扫民团，宣传“抗捐、抗税、抗粮、抗债、抗丁”，发动群众，打土豪分田地，摧毁保甲制度，建立苏维埃政权。蔡玉窑、文公岭战斗后，我军乘胜在蓝田、商县、山阳、镇安、柞水等五县边区开展群众工作，分配土地，建立区、乡、村苏维埃政权，抓紧根据地建设。打垮警二旅后，我军又开辟了华阳地区，建立了七个乡的革命政权，将60户地主恶霸的3200多亩土地，分给了1000多户农民，900多石粮食，分给了贫苦群众。广大群众高兴地唱道：“二月初六炮声响，警备二旅垮个光，华阳建起苏维埃，土豪恶霸一扫光；分田分财又分粮，穷人翻身把家当；吃饭莫忘红廿五，翻身莫忘共产党。”4月18日，我军攻克洛南县城，接着又在洛南、商县、商南、卢氏等四县边区，没收分配了地主的土地和财物，建立苏维埃政权，创建了豫陕边革命根据地。

在主力部队集中打仗的同时，还派出部分干部和部队到地方工作，开展游击战争，巩固扩大根据地，是红二十五军创建根据地的又一个特点。省委先后派郭述申、郑位三、陈先瑞等领导干部带两个主力连队和部分干部做地方工作，组建了六个游击师和三个游击大队，成立了洛南、华阳游击队。为了加强根据地的领导和统一指挥游击武装，成立了鄂陕、豫陕特委和鄂陕游击总司令部、豫陕游击师，有力地促进了根据地的建设，支援和配合了主力部队的行动。

创建根据地，不仅要有战争胜利的保证，也要有坚强的思想领导。鄂豫陕省委在创建根据地的初期，先后三次召开会议，统一思想，作出决策。郧西会议，就“红二十五军能否在鄂豫陕边区单独创建根据地”的问题，进行了讨论，作出了《为完全打破敌人进攻，争取春荒斗争的彻底胜利，创建新苏区的决议案》；华阳会议批评了少数同志认为“红二十五军力量单薄，独自创建根据地有困难”，提出入川会合红四方面军的错误主张，仍“坚持在鄂豫陕边区创建新区的任务不动摇，……照省委庾家河之决定不变。”[①]葛牌镇会议，总结了入陕四个月的经验，进一步坚定了粉碎敌人“围剿”，开创新区的斗争信心。

根据地的建立，为战斗胜利提供了保障，战斗胜利，又促进了根据地的建设。到5月初，红二十五军发展到3700多人，地方游击师、抗捐军发展到2000多人，成立了鄂陕边区苏维埃政府和10个区、48个乡、314个村的苏维埃政权，苏区人口近50万，耕地面积90多万亩，初步建成了鄂豫陕革命根据地，造成了“工农武装割据”的斗争局面。

根据地的建立与发展，必然引起敌人的恐慌与不安，“围剿”与反“围剿”斗争势在难免。1935年4月，蒋介石命令原进攻鄂豫皖苏区的东北军第六十七军和驻郑州的第九十五师开入陕南，会同第四十军、第四十四师和陕军一部，共30多个团的兵力，向我军发动第二次“围剿”，并限令在“5、6、7”三个月内将我军消灭。我军针对敌人十倍于我的兵力

① 见吴焕先1935年7月17日《关于红25军的行动，个别策略及省委工作情况的报告》。

和陕南山大沟深、敌人运动和补给均有困难等情况，决定采取“诱敌深入，先拖后打”的作战方针，以运动战与游击战相结合，首先打乱“围剿”部署，然后寻机歼敌，以打破敌人的围攻。

6月初，我军北上商县、洛南地区，转到外线捕捉战机。当敌向东南的进攻矛头改为向北时，我又掉头向东南，包围商南县城，打下富水关，把北顾之敌又牵向东南。接着，远程奔袭了敌后方补给站荆紫关，迫使敌六十七军、四十四师和陕军警一旅等部，向荆紫关蜂拥而来。这时，敌人已拖得相当疲劳，锐气大减，其“围剿”部署被我完全打乱。

25日，我军转到根据地边沿的黑山街，继续诱敌深入。29日下午，敌警一旅追到了黑山街附近，我军稍与接触后即向袁家沟口退去。袁家沟口及其以西的桃园岭一带，是一条长约十多里的深沟，两侧山高林密，便于部队隐蔽。这一带又是根据地中心区域，群众基础很好。军领导决定在这里设伏歼敌。7月2日拂晓，敌人正在袁家沟口村西集合，军首长立即发出攻击命令。冲锋号一响，各种火器突然向密集之敌猛烈射击，敌人顿时乱成一团。这时，群山号响，满谷杀声，我军像尖刀一样插向敌群，同敌人展开白刃格斗。敌旅长唐嗣桐率残部占据一个小寨子顽抗，经我军多次猛攻，活捉唐嗣桐，余部全歼。袁家沟口战斗，是一次极为出色的歼灭战，毙、伤、俘敌1700余人。战后，我军乘胜北出终南山，威逼西安。至此，敌人妄图在三个月内消灭我军的计划宣告破产。

四

红二十五军撤离鄂豫皖苏区后，即与党中央失去联系，只是从报上得悉中央红军和红四方面军已在川西会师，并有北上动向。当时，蒋介石正调集几十万大军，向川、陕、甘地区集结，妄图围堵我红军主力。因此，红二十五军又一次面临着新的重大战略抉择。

1935年7月15日，即威逼西安的第三天，原鄂豫皖省委交通员石健民同志，经由西安到达军部驻地子午镇，及时送来了党中央数月前发出的几份文件，也带来了中央红军和红四方面军已在川西会师并有北上动向的确切消息。当晚，鄂豫陕省委在长安县沣峪口召开紧急会议，决定率红二十五军西征北上，以“配合主力红军在西北的行动，迅速创造西北新的伟大的巩固的革命根据地。”[①]会议还确定将鄂陕、豫陕两特委合并，组成新的鄂豫陕特委，统一领导各游击武装力量，继续坚持鄂豫陕边区根据地的革命斗争。

鄂豫陕省委在远离党中央的情况下，独立自主作出这一战略决策，完全符合全国革命形势发展的需要，符合党中央、毛泽东同志率领红军主力北上抗日的战略意图，也反映了红二十五军全体指战员与红军主力会师的热切愿望。

1935年7月16日，红二十五军4000名指战员又踏上了继续长征的道路。这时，敌五十一军一一三师已跟踪尾追而来。我军经由辛口子折入秦岭山中，南下佯攻汉中，然后转向西北挺进。8月1日，占领川陕公路要地双石铺，歼敌一部，俘敌少将参议一名，缴获大批文件和报纸。7月22日《大公报》报道：红军主力“已越过6千公尺的巴朗山，向北行进……似有窥甘青交界之洮州、岷县、西固等处”。敌人的口供和报纸进一步证实了我红军主力正在北上。军领导决定立即进入甘肃境内，直捣敌人后方，配合红军主力北上行动。

这时，蒋介石接连从成都“行辕”发出五道电令，始则要求加强封锁，防我入甘；继而督饬陕军各部“不分省界，跟踪追击”，要五十一军“轻装截堵”，围歼我军；并在8月10日的电报中声称：“查徐海东匪西窜原因在策应朱毛，我军应采用内线作战要领，先以优势兵力迅速解决徐匪，再行以全力回击朱毛。”当时，敌胡宗南纵队、新编十四师、第三军，新编第一军及三十五师，均部署于川西北和甘南边境、渭河沿线和西

① 见鄂豫陕省委1935年7月25日、30日写给郑位三等同志的信。

(安)兰(州)公路上，防我红军主力北上，红二十五军进入甘南，进一步牵制了敌人，减轻了对红军主力的压力。

8月初，在攻克两当，继克天水北关，北渡渭河，占领秦安以后，于8月14日又威逼静宁县城，切断了横贯陕甘两省的交通大动脉西兰公路。15日，进入兴隆镇暂作休整。

兴隆镇是回民群众聚居的地区，为尊重回族人民的宗教信仰和风俗习惯，军政委吴焕先对全体指战员进行了党的民族政策教育，制定了“三大禁令、四项注意”：禁止驻扎清真寺，禁止打回族的土豪，禁止在回民家中吃大荤；注意尊重回民的风俗习惯，注意用回民水桶在井里打水，注意回避青年妇女，注意实行公买公卖。他还召集当地的知名人士和阿訇开座谈会，宣传党的抗日救国主张和红军的政策。我军的实际行动，扩大了党和红军的影响。后来，中央红军到达陕北时，毛泽东同志还夸奖红二十五军路过陇东回民区留下的良好影响，说我们的民族政策水平高，执行得好！

8月17日，我军沿西兰公路东进，一举攻克隆德县城。接着翻越六盘山，直抵平凉城下。20日，在马莲铺以东，冒雨将追敌三十五师一部分打垮。21日，由泾川县城以西翻越王母宫塬，徒涉汭河。时值大雨倾盆，部队刚过了一半，山洪暴发，河水突涨，军直属队和在塬上担任后卫任务的部队被阻于汭河北岸。就在这时，敌三十五师二〇八团1000余人，从塬上向我突然袭来。我后卫部队在塬上四坡村与敌展开激战。这时，我先头渡河部队已难以回援，后卫部队处于背水作战，形势极为不利。吴焕先政委见此情景，立即带领百余人冲上塬头，直插敌人的腰部。他向战士们高呼：“压住敌人就是胜利，决不能让敌人逼近河边！”战士们不顾泥泞路滑，从侧后向敌人发起冲击。与此同时，塬上部队也实行反击。在我夹击之下，敌人纷纷溃散。战斗中，吴焕先政委壮烈牺牲。这一噩耗，更激起指战员们的无比愤怒，一鼓作气将敌人全部消灭。焕先同志是鄂豫皖革命根据地创始人之一，是鄂豫陕省委和红二十五军的卓越领导者，在指战员中享有崇高的威望。他的牺牲，全体指战员无不悲痛落泪。他的革命精神和英雄事迹，鼓舞着广大指战员继续战斗。

9月7日，我军到达陕甘革命根据地保安（今志丹）县的豹子川，鄂豫陕省委在此开会，决定徐海东任军长，程子华任政委。9月15日，在陕甘边党政领导和人民群众的欢迎声中，到达延川县永坪镇。至此，红二十五军经过两个月的艰苦转战，打退了敌人的围追堵截，行程4000余里，胜利完成了长征，成为红军长征中先期到达陕北的第一支队伍。

红二十五军到达陕北后，与红二十六、二十七军合编为红十五军团，以劳山、榆林桥战役的胜利，迎接了党中央、毛主席的到来。在党中央、毛主席的直接指挥下，参加了直罗镇战役，为党中央把全国革命大本营设在西北，举行了“奠基礼”！

红二十五军的长征，是一次有计划、有准备、有步骤的战略转移，历时十个月，胜利完成了创建新区的战略任务，同时也有效地保存了两块革命根据地。撤离鄂豫皖革命根据地时，留下的红二十八军，英勇坚持了三年游击战争，抗日战争开始后，这支3000人的武装编为新四军第四支队。撤离鄂豫陕根据地时，留下的武装组建为红七十四师，同样坚持了鄂豫陕边的游击战争，这支2000多人的队伍，随后奉命改编为八路军一一五师留守处，不久改为西北留守兵团警备第四团。

历史证明，红二十五军的长征，为我党保存了一支强有力的武装，配合了中央红军长征的胜利进行，为陕甘宁边区根据地的巩固和发展作出了应有的贡献。红二十五军长征中牺牲的烈士，永垂不朽！

1986年1月于北京

选自中国人民解放军历史资料丛书编审委员会编：《红军长征·回忆史料（1）》，解放军出版社1990年11月第1版，第192—201页。

程子华，1905年生，山西运城人。1926年加入中国共产党，1927年12月参加广州起义。1929年底领导湖北大冶兵暴后任中国工农红军第五军五纵队二支队队长。红军长征时任红二十五军军长、中共鄂豫陕省委代理书记、红二十五军政治委员。新中国成立后，曾任中共山西省委书记、山西省人民政府主席，全国供销合作总社代主任、商业部部长，国家计划委员会常务副主任、民政部部长，全国人大常务委员会委员，全国政协副主席，中共中央委员、中共中央顾问委员会常委等职。1991年在北京逝世。

郭述申，原名郭树勋，化名李振寰，1904年生，湖北孝感人。1922年加入中国社会主义青年团，1927年加入中国共产党。1930年后任中共鄂豫皖边区特委书记等职。红军长征时任红二十五军二二四团政治处主任、红二十五军政治部副主任，中共鄂陕工委书记兼鄂陕边游击总司令部政治委员等职。新中国成立后，曾任中共旅大市委第一书记、中共中央纪律检查委员会副书记、全国人大常务委员会委员、中共中央顾问委员会委员等职。1994年在北京逝世。

韩先楚，1913年生，湖北黄安（今红安）人。1929年加入中国共产主义青年团，1930年底转入中国共产党。同年10月参加游击队，1933春编入红二十五军。红军长征时任红二十五军二二五团一营营长。新中国成立后，曾任解放军副总参谋长兼福州军区司令员、中共福建省委第一书记、兰州军区司令员、兰州军区党委书记，中共中央军委常委、全国人大常委会副委员长、中共中央委员等职。1955年被授予上将军衔。1986年在北京逝世。

刘震，1915年生，湖北孝感人。1929年参加农民赤卫军，1932年加入中国共产党，1933年编入红二十五军。红军长征时任红二十五军七十五师二二五团一营一连指导员、一营政治委员。新中国成立后，曾任空军副司令员兼东北军区空军司令员、沈阳军区副司令员、新疆军区司令员、中共新疆维吾尔自治区第二书记，中共中央军委委员、中共中央委员、中共中央顾问委员会委员等职。1955年被授予上将军衔。1992年在北京逝世。

刘华清，1916年生，湖北黄安（出生村庄今属大悟县）人。1929年加入中国共产主义青年团，1931年参加中国工农红军，1935年转入中国共产党。红军长征时任红二十五军政治部组织科、宣传科、文印科长。新中国成立后，曾任国防科委副主任、解放军副总参谋长、海军司令员、中共中央军委副主席、中华人民共和国中央军事委员会副主席、中共第十四届中央政治局常委等职。1955年被授予海军少将军衔。1988年被授予上将军衔。2011年在北京逝世。

陈先瑞，1913年生，安徽金寨人。1931年加入中国共产党，1929年参加中国工农红军。红军长征时任红二十五军二二三团政治处主任、鄂陕游击师师长、鄂陕游击总司令部司令员、中共鄂豫陕省委委员、红七十四师师长等职。新中国成立后，曾任陕西军区副司令员兼参谋长、陆军第十九兵团政治部主任、北京军区政治委员、成都军区政治委员、兰州军区顾问。中共中央军委委员、中共中央委员、政协全国委员会常务委员等职。1955年被授予中将军衔。1996年在北京逝世。

红二十五军的长征

程子华

从瑞金到鄂豫皖

我在“红大”学习不久，鄂豫皖省委派宣传部长成仿吾经上海到瑞金，向中央汇报工作，并要求派军事干部到鄂豫皖去。中央决定派我去。1934年6月，中央军委副主席周恩来同志和我谈话，他说：当前在鄂豫皖地区，敌人用碉堡、封锁线，以“驻剿”和“追剿”部队对我交替地攻击、堵击、追击，把我根据地压缩分割成小块。根据地缩小了，红军不断伤亡，难以得到人力、物力的补充。如果继续削弱，以至被消灭，那么根据地也就没有了。出路是什么呢？他说：中央决定红军主力要作战略转移，建立新的根据地。这样，部队才能得到发展。把敌军主力引走了，减轻鄂豫皖根据地的压力，留下的部分武装就能长期坚持，也就能够保存老根据地。周副主席讲如何建立新区时指出：根据地要选择在敌人力量较为薄弱的地方；我党在群众中有较大的革命影响，或者是那里的群众容易争取；地形要便于我军作战；另外，还应该有比较丰足的粮食和其他物质条件。周副主席考察分析形势和前途是这样的清晰，他对鄂豫皖根据地人民和红军的深切关心，他对党和革命极端负责的精神，成为催我前进的一股巨大的力量。在他对鄂豫皖根据地和红军的战略指导下，红二十五军实行战略转移并取得了胜利。这是周副主席领导我们反对消极、被动、单纯防御的“左”倾机会主义路线的光辉范例。

写到这里，我想插一段往事。1975年，我在中央党校读书班结业后，住在那里等候分配工作。这时成仿吾是党校顾问，就住在附近。有一次我俩谈起1934年那段事情，他讲道，1933年夏，他从鄂豫皖到了上海后，找不到党的关系。他想起了鲁迅先生，估计他可能是党员，就到北四川路内山书店去找内山完造。内山完造与鲁迅关系很深。他找到内山完造后，就说有要紧事情必须见鲁迅先生。内山完造说：你过两天来听信吧。两天后内山完造告诉他说：明天下午你到四川路咖啡馆去，鲁迅在那里等你。仿吾按时到了那家咖啡馆，见鲁迅和茅盾一起在那里喝咖啡。仿吾坦率地讲了自己从鄂豫皖苏区到上海，有要紧事通过上海党找党中央，问鲁迅能不能帮助联系。鲁迅说可以。这样仿吾才找到了党的关系。我为什么要写这一段呢？因为不少人看鲁迅的《而已集》、《三闲集》，只知仿吾、鲁迅笔战激烈，关系不好。上述事情可看出，他二人虽有笔墨之争，但在有关党的利益之时，仿吾毅然找鲁迅，鲁迅先生也毅然帮仿吾接上党的关系。这种以大局为重的精神，是值得我们学习的。

1934年5月中旬，敌人已占领广昌。我离开瑞金，由交通员带路，离开苏区。因敌情严重，在白区我们已不能在白天赶路，夜间也只能走山路小道，避开村庄，白天在山上草棚里睡觉、吃饭，比以前那次我从上海进苏区艰苦多了。我们到大埔县后，坐小火轮到潮州，再坐火车到汕头，又乘船到上海。由鄂豫皖省委派在上海的交通员石健民同志带路，乘船到汉口。我在报上看到参加大冶兵暴的郭子明，当时任湘鄂赣部队参谋长，作战牺牲，刘振山任鄂东南独立三师师长，在木石港作战牺牲了。我们一块在国民党军队做兵运工作，一块参加大冶兵暴，使我感到分外悲痛。我在报纸上还看到在红军大学和我同班学习的龚楚和孔荷宠叛变投敌的消息。我痛恨他们在革命遇到挫折时的无耻行为。

我和交通员石健民要由汉口大智门车站乘火车去柳林，那时，我是有钱人打扮，进站时，石在我前面顺利通过，我被宪兵留住，问我是到哪里去的。我说是到鸡公山去游览。宪兵搜完箱子，还要搜身看手。我左手指因受过伤已伸不直，恰巧我手里有把扇子，就用左手握着扇，举起右手让那人察看手上有没有使过枪的硬皮。他没有看出什么，又查我的左手，我就握着扇子让他看，他没发现我受过枪伤的手指。但检查后还是叫我坐在候车室的凳子上不让走。石健民发觉我没有跟上，就下车到门口来找我，我用目光示意叫他不要进来。因为如被宪兵发现我们两人是一块走的，他就可能分别审问我俩，口供一定不能一致，就会被敌人逮捕。直到火车快开了，那家伙才放我走。上车后，我不知道石健民在哪一节车厢，就从前往后一节车厢一节车厢地找过去。走了好几节车厢才看见石坐在那里，我没有和他打招呼，找一个位子坐下。开车后，我从行李包里拿出一套衣服，走进厕所换下了身上原来那身衣服，把它卷起来塞到便池洞里。火车到柳林车站，我和石下了车，在车站附近一个同志家里住了几天，然后步行出发。只走了十几里路，忽然一支埋伏着的武装把我们抓住，原来他们是来接我们的便衣队。他们要把我送到鄂东北道委书记郑位三同志那里。途中都是夜间走路，所见到的是村庄、房屋被国民党烧掠一空，饿死的老百姓没人掩埋。到了道委，我们吃的菜是南瓜叶子。

这时已是1934年9月，鄂豫皖省委和红二十五军到皖西北去了。郑位三是省委委员，当即写信给省委，说我已到达，建议省委率领红二十五军赶回鄂东北，研究下一步的行动计划。

鄂豫皖边区概况

在等待省委回鄂东北的40多天里，我和郑位三以及在鄂东北道委机关工作的程坦、刘华清等，经常在一起交谈，使我了解到鄂豫皖苏区的历史和现状。

鄂豫皖革命根据地，位于三省交界处，南濒长江，北抵淮水，东接江淮平原，西扼平汉铁路，大别山脉雄峙于中央，俯瞰武汉、信阳、安庆，战略地位重要。早在北伐战争时期，董必武、陈潭秋等就在这里建立了党组织和开展农民运动。1927年，这里举行了著名的黄（安）麻（城）起义，建立了工农红军和革命政权。1931年成立了红四方面军。革命根据地最盛时期，曾拥有六座县城，26个县政权，人口达350多万，面积四万多平方公里。主力部队红四方面军曾发展到四万多人，各种地方武装人数有20多万。但是，由于王明错误路线以及军事作战指导方针上的错误，没有能粉碎敌人“围剿”。1932年10月，红四方面军主力被迫撤离鄂豫皖苏区。鄂豫皖边区的革命形势急剧恶化。20多万敌军乘机大举进攻，同时进行划区“清剿”，在其占领区推行保甲制度，对残存的苏区农村，一方面实行经济封锁，另一方面烧房屋、抢粮食、杀群众。当时边区军民对红军主力的撤离缺乏思想和组织准备，陷入混乱，根据地只剩下鄂东北的黄、麻、光、罗四县边界毗连的小块苏区，以及檀树岗、天台山、西高山和皖西北的葛藤山、熊家河等几个山区。地方党政组织遭到破坏，群众生活极端困难。

11月底，中共鄂豫皖省委以留在边区的五个红军主力团为基础，重新组建了红二十五军，决心排除万难，独立坚持鄂豫皖的斗争。1932年底到1933年初，红二十五军抓住敌军调动、兵力减少的战机，积极歼敌，连续取得了郭家河、潘家河、杨泗寨等战斗的胜利，边区革命形势出现转机，鄂东北根据地由几小块连成一片，皖西北根据地也部分得到恢复，红二十五军由重建时的7000人，发展到三个师、九个团，一万多人。皖西北的几个团组建了红二十八军，地方武装扩编为十个游击师，各县、区还成立了战斗营、战斗连，党组织恢复，人民群众恢复生产，革命热情重新高涨。

这以后的半年时间，王明“左”倾路线在鄂豫皖边区又产生了严重恶果。1933年5月，红二十五军奉命去夺取敌重兵扼守、工事坚固的七里坪，苦战43天，久攻不下，部队减员几千人。鄂东北、皖西北两个根据地又缩小了。敌动用14个师又四个独立旅的兵力，发动了第五次“围剿”，采用了增筑碉堡、扩建和封锁公路、切断两个根据地的联系等手段。可是省委却根据王明错误路线，采取以消极防御方针为指导的中心区保卫战方针。于是两个根据地的中心区相继丢失，红二十五军大幅度减员，部队再次缩小。10月初，红二十五军通过黄麻公路封锁线时，被敌人截断，一部分到皖西北，编入红二十八军，一部分转到鄂东北。到11月中下旬，部队作战又连连失利，剩下的人数不足1000，鄂东北地区县以下党政组织全部遭到破坏，群众生活极度艰难。皖西北情况也与此大致相似。正当鄂东北遭受严重挫折时，省委开会讨论了转变斗争方针等问题，决定派省委宣传部长成仿吾去中央汇报情况，要求派干部加强省委和红二十五军的领导。成仿吾进入中央苏区，军委副主席周恩来及其他中央领导听取了成仿吾的汇报。1934年1月27日，中央军委的一个同志写了《关于鄂豫皖苏区战争经验的研究及今后作战的建议》。《建议》认为，当前主要目的是保存战斗骨干，在适宜的时候，实行有计划的战略退却，可以从罗山地区退到豫南的桐柏山区建立新苏区。这个《建议》的主张和当时教条主义者的所谓“不放弃一寸土地”的口号是不同的。2月25日，中央将《建议》转发给鄂豫皖省委，所加的按语说：“只作你们执行中央军事指示时一个参考的材料。”

这时，蒋介石正在调整和部署进攻鄂豫皖边区的兵力，把装备精良的东北军从华北调到鄂豫皖，到4月中旬，敌总兵力达到16个师又四个独立旅。6月下旬制订了一个从7月1日到10月10日的“围剿”计划，采取的方针是：“一面划区驻剿，一面用竭泽而渔的方法，作一网打尽之图”。具体部署是把兵力分为两部分：一部分是“驻剿”部队，划区占领我几小块根据地周围的所有城镇和重要村庄，每个点驻一个连到一个团的兵力，并在黄麻公路两侧部署了四道封锁线，又从信阳到广水的平汉铁路线之间，配置近一个师的兵力护路。另外一部分约两个师又六个团组成四个

“追剿”队，跟踪追击我主力。同时，每隔五里、十里筑一个碉堡，扼住重要的公路线，构成纵横交错的封锁网，敌扬言要在三个月内，把我军“完全扑灭，永绝后患”。

红二十五军是在原地坚持，还是实行战略转移，就成为当时急需作出决定的首要问题。省委在接到军委一个同志的“建议”后，曾设法在根据地边沿创建新的根据地，但因敌军强大和碉堡封锁而未能成功。可是要到远地去，既不了解情况又没有把握，省委在给中央的报告中说：红军主力六个团要通过几千里地的白区，即使战争中不受损失，但疾病、掉队也会造成很大减员，建议暂不远离。当时中央和军委在指示中一方面说，当前任务是保全队伍，去创建新的根据地，但又说原则上同意仍留在原苏区继续行动。省委讨论后，决定留在原地，牵制敌兵力，使之无法增兵江西。这样，就由徐宝珊、吴焕先率领红二十五军转战到皖西北与红二十八军会合，合编为红二十五军。红二十八军留下部分兵力，加上抽调的地方部队，新组建红八十二师，在原地坚持斗争。

红二十五军在军事上改变了以前那种内线分兵防御的打法，采用积极向外线捕捉战机，乘隙击虚的方针，连续取得了长岭岗、郝集、太湖等战斗的胜利。尤其是长岭一战，歼灭敌东北军五个营，缴获了一批武器弹药，增强了部队的战斗力，提高了士气，沉重地打击了敌人的嚣张气焰。这期间，几小块根据地也有所恢复和扩大，党组织也得到恢复和发展。但是，由于敌我力量悬殊太大，小的胜利不能从根本上改变日趋不利的形势。面临的问题仍是：在老苏区边沿开辟新根据地行不通；如果走出去，兵力不足4000，能不能打破优势敌人的围追堵截？到新区站不站得住脚？最伤脑筋的是不知道到哪里去好，省委举棋不定。

以上是我在和郑位三、程坦、刘华清等同志交谈时，所知道的鄂豫皖苏区的情况。对于下一步的行动方针，我结合个人对周恩来同志指示的体会，谈了自己的想法：敌人搞“竭泽而渔”，企图耗尽根据地的人力、物力，把我们搞垮。我们不能让敌人牵着鼻子走，困守在“鱼塘”里，等着敌人把水抽干抓鱼。郑位三同志说：过去中央也有指示，要红二十五军走出去创建新根据地，我们在根据地附近搞了几次，失败了。也搞成了两块，但物质、人力条件都有限，活动余地不大。可是要走远，对外面情况不了解，往哪儿走呢？我说，可以到伏牛山去，我在太原国民师范读书时，就听说过土匪头子樊钟秀拉了支队伍[①]，打进山西，被赶出山西后，回伏牛山盘踞了多年。土匪能在那里站住脚，共产党领导的军队为什么不能在那里建立根据地呢！这样，我、郑位三、程坦、刘华清等的看法一致了。

省委和红二十五军回来后，于11月11日，在光山县花山寨举行了第14次省委常委会议。这次会议我没有参加，会后，郑位三同志向我传达了常委会讨论情况和决定。会议上常委们一致同意周副主席的指示，认为红二十五军应该打出去创建新根据地。至于转移的方向，会议认为向东、南、北都不合适，向西比较容易发展。西面鄂豫陕边是三个省的边缘地带和结合部，是蒋介石和杨虎城分别割据的地方，我们可以利用他们之间的矛盾，那里又是山区。会议还决定省委率红二十五军实行战略转移，为创建新根据地和发展红军而斗争，并以平汉路西鄂豫边界的桐柏山区和豫西的伏牛山区为初步目标。为了宣传党的抗日主张，扩大我党我军的政治影响，行动中部队称为"中国工农红军北上抗日第二先遣队"。会议讨论了部队的整编问题，郑位三同志告我，省委决定由我担任红二十五军军长。我对郑位三说，周副主席要我作参谋长，请你报告省委，我不当军长。郑以后告我，省委已经作了决定，不改变了。吴焕先为红二十五军政治委员，徐海东为副军长，戴季英为参谋长，郑位三为政治部主任。部

---

① 樊钟秀（1888—1930年），河南宝丰人。早年在陕西组建民团武装，并曾依附北方军阀。后支持孙中山领导的革命，率部击溃陈炯明叛军。1924年1月参加国民党第一次全国代表大会，当选为候补中央监察委员。随后被孙中山委任为建国豫军总司令，以所部为先遣队参见北伐战争。对蒋介石发动四一二政变极为不满，1928年被迫通电下野。1930年回河南重整旧部，自任总司令，通电反蒋。5月在许昌被蒋军飞机炸死——编者注。

队撤销师一级建制，由军部直辖二二三、二二四、二二五等三个团和一个手枪团。全军2980多人。花山寨会议后，省委给在皖西北的省委常委、皖西北道委书记高敬亭同志发出指示，说明会议的决议，并责成他组织鄂豫皖边区党的新领导机构，并以八十二师和地方武装为基础，再次组建红二十八军，继续坚持鄂豫皖边区的武装斗争。

长征开始和激战独树镇

1934年11月16日省委率红二十五军从罗山县何家冲出发，开始长征。出发前向指战员进行了打出去创建新苏区的动员。部队实行轻装，减少不必要的辎重，妥善安置了伤病员。出发的人，每人准备三天干粮，两双草鞋。出发时，省委发布了《中国工农红军北上抗日第二先遣队出发宣言》。17日，在朱堂店以南的罗古寨击退敌“追剿队”第五支队的进攻，当晚在信阳城以南的东双河和柳林之间越过了平汉铁路，进入桐柏山区。蒋介石闻讯后，急令“追剿队”五个支队和东北军第一一五师跟踪追击，并令驻河南省南阳一带的庞炳勋第四十军和驻湖北省老河口一带的萧之楚第四十四师迎头堵截，妄图以30多个团的优势兵力阻我西进，趁我军脱离老根据地孤军远出之际，将我军包围消灭。

我军进入桐柏山区后，经中共鄂豫边工委介绍情况和实地观察，感到这里靠平汉路和汉水太近，回旋范围小，又有敌重兵追堵，不易立足。省委研究，决定向伏牛山区前进。当时为了隐藏北上意图，迷惑和调动敌人，我军继续西进，并派少数部队佯攻枣阳县城。敌军果然纷纷向枣阳集中，我军却突然从枣阳城北掉头东进，转向东北方向，且在桐柏县以西的歇马岭一带，击退敌“追剿队”第二支队的进攻。当我军驻韩庄时，当夜得知西面30里路的湖阳镇下午到了敌军。省委分析认为，西有敌军堵击，东有敌军追击，必须要跳出敌军前后夹击。我们没有军用地图，靠一本袖珍地图行动。从地图上看到驻马店西北有一片山地（1930年以后出版的袖珍地图没有这片山地），决定向东北方向转移。省委认为我任军长后还没有和部队见过面，就集合部队由我讲话进行动员。我给部队讲了当时的敌情，说明我们行军不能走直路，应该弯曲前进。我军向东北方向转移，由鄂豫边工委书记张星江带路，越过陡峭高山，次日早抵达平氏镇，跳出了敌军的夹击。在平氏镇休息一天，黄昏出发，经泌阳城南和城东，于第二天早上，到达驻马店西北山区的王店、土凤园、小张店一带。跟踪而来的敌"追剿队"第二支队向土凤园发动进攻，我军直属队和二二五团予敌以打击后，沿小道赶到王店与军主力会合，向西北急进，意图是越过许昌至南阳的公路进入伏牛山。我军以二二四团、二二五团和军直属队为前梯队先行出发，以二二三团为后梯队阻击尾追之敌，掩护全军行进。我军采取了急行军甩掉尾追敌军的行动。

这一天，正碰到寒流，气温突然下降，北风刺骨，雨雪交加，我军指战员衣服单薄，又被雨雪湿透、饥寒交迫，十分疲劳。当天下午1时，我前梯队进至独树镇附近，准备由七里岗通过公路。可是，敌一五旅和骑兵团已抢先到达，并占领了七里岗、砚山铺一线阵地，突然向我行军队形猛烈射击。当时能见度差，我军发现敌人较迟，加上战士们手指冻僵，拉不开枪栓，以致被迫后撤。敌乘机猛烈冲击，且从两翼包围，情况险恶。在这危急时刻，军政委吴焕先抢先到达先头团，当机立断地稳住部队，指挥二二四、二二五团就地抵抗。他向战士们大声疾呼："同志们！就地卧倒，坚决顶住，决不能后退！"战士们趴在泥泞地上，利用地形地物，顽强抗击敌人。吴焕先从交通队员身上抽出一把大刀，高声呼喊："同志们！现在是生死关头，决不能后退！共产党员跟我来！"他带领部队冒着敌人密集的火力，奋不顾身地冲上前去，与敌展开白刃搏斗。这时副军长徐海东率二二三团跑步赶到，立即投入战斗，经过一番恶战，终于打退了敌人的进攻。接着，军领导指挥二二三团向七里岗之敌发起冲击，想冲开一道缺口，冲过公路。但是，由于敌人的疯狂阻击，连冲三次，都没有成功。

于是命令部队转为固守七里岗、砚山铺以南村庄，并以反突击打退敌多次进攻。天黑以后，全军在杨楼集结整理，经研究后，认为若后面追敌赶到，形成前后夹击，对我十分不利，必须迅速绕过当面敌军。但是，经过一天急行军和激烈战斗，当夜又下着大雨，部队进屋吃饭、休息，难以集合，干部们只好逐房赶出战士集合，向东行进，由保安镇越过公路。第二天早晨，上了伏牛山，战士们都喜形于色，非常活跃。因为长期习惯山地作战，这些天全在平原上紧张地行军作战，很不习惯，现在又上了山，战士们高兴是很自然的。

独树镇战斗是红二十五军长征途中的恶战之一，天时地利都不好，敌几万步骑兵前堵后追，但终于把敌人甩掉，胜利进入了伏牛山。这是什么原因呢？一是共产党员以身作则奋勇当先；二是全军指战员上至军领导，下至每一个战士的顽强战斗精神；三是我军遵守群众纪律，秋毫无犯，得到了群众的拥护和支援；四是地下党组织的支持，例如张星江同志的帮助。他一直到卢氏才离开我军。事隔五十二年，1986年3月，河南省唐河县委同志到北京找我，要我为张星江烈士纪念碑、唐河革命烈士展览馆和星江小学题词，并带来了材料，我才知道张星江同志于1936年3月27日，领导孤峰山夺枪斗争、为掩护部队突围壮烈牺牲。他是河南省唐河县毕店乡张心一村人，1905年出生在一个贫农家庭。1927年加入共产主义青年团，1928年加入共产党。曾历任中共唐河县委委员、南阳中心县委书记、鄂豫边特委和临时省委委员、鄂豫边工委书记、鄂豫边省委书记和鄂豫边红军游击队指导员，是鄂豫边区第二次国内革命战争时期党的主要领导人之一。1934年1月，曾代表鄂豫边省委参加在瑞金召开的中共六届五中全会和全国第二次苏维埃代表大会，并当选为主席团成员。我在这里加入这一段文字，以表达我对张星江烈士的敬意。

省委会议和庾家河战斗

12月初，我军到达卢氏县叫河，发现敌第六〇师（原十九路军部队）由开封乘陇海路火车到灵宝下车，已在卢氏县以南去陕西的朱阳关和五里川两条通道构筑工事，控制了入陕通道。那时，敌“追剿队”第二支队也跟踪追来，我军又处于被敌前堵后追境地，情况危急。当时得到消息，卢氏县城没有敌人的正规军，只有地方武装。军部决定改变入陕路线，且在一个货郎小贩的帮助下找到一条小道。我军派手枪团到朱阳关附近号房子，虚张声势，主力部队却由那个小贩带路，由小道经深山峡谷，在晚上从卢氏城南与洛河之间一里多宽的隘路神速西进，把敌六〇师的堵截防线置于背后，直奔豫陕交界的铁锁关。12月8日，我军进入陕南境内。这时，敌冯钦哉第四十二师二四八团、二五二团，已进至洛南县城和三要司等地迎堵我军。8日下午，我先头部队进至三要司，与敌二四八团三营接触，敌凭借三要司南面的九泉山高地进行顽抗。我军以二二五团由九泉山东南侧攀登陡崖，进行正面攻击，其余部队迂回至高地西侧向敌人攻击。我二二五团三营八连首先登上山头，与敌拼刺刀肉搏，其他部队勇猛夹击，战斗到黑夜，全歼守敌一个营。9日，我军翻越蟒岭，进至洛南县的庾家河。

10日上午，省委在庾家河召开第十八次常委会。会上考虑到，伏牛山区地域狭窄，人烟稀少，粮食和物资缺乏，特别是凭险据守的地主围寨很多，群众都在围寨里，我军不能做群众工作，敌又紧追而来，要在此建立根据地很难。会议决定到以陕南为中心的鄂豫陕边区创建新的革命根据地。敌第六〇师突然由鸡头关方向奔袭而来。我在庾家河东山坳口的排哨，由于过度疲劳疏忽了，到发现敌人时，敌先头部队已迂回上来，占领了有利地形，向我发起猛攻。省委当即停止开会。军领导迅速指挥部队进行反击，强攻山头阵地。徐海东同志率领二二三团以猛烈冲击夺回了东山坳口，二二四、二二五团则跑步攻占坳口南北两侧高地，协同二二三团将进攻之敌打退。激战中，徐海东同志负了重伤。这时敌第三五五、三五七两团相继增援到来，再次向我发起攻击，于是全线展开激烈的争夺战，我也负了重伤。吴焕先政委指挥部队英勇反击，以刺刀、手榴弹与敌拼搏，经20多次反复冲杀，终于将敌打垮。战至黄昏，敌向卢氏方向退去。这次战斗共毙伤敌八百余名，我也伤亡200余人。这次战斗的胜利，最后打垮了敌人对我军的追堵，我军长驱1800余里，胜利地完成了第一次战略转移，为开辟鄂豫陕革命根据地奠定了基础。当时，我才到军部，对部队和干部情况不太了解。在长征途中，部队先头和后卫都常遇到敌军阻击或追击，总是徐海东和吴焕先两人分别在前卫和后卫指挥部队行动。

省委庾家河会议虽然由于敌人的进攻而中断，但仍及时作出了《关于创建新的革命根据地的决议》草案，解决了选择新区和当前方针任务等重大问题。决议草案指出鄂豫陕边区敌人力量薄弱、群众生活苦容易发动斗争、同川陕红军可配合等有利条件。决议草案提出摆在面前的任务是：为创造鄂豫陕苏区而斗争。立即加强和扩大红二十五军，加强争取群众的工作，要求每个党团员和战士都要做群众工作，组织群众，武装群众，解除民团武装，消灭国民党军，建立苏维埃政府，建立党和群众的秘密组织。在执行政策上特别提出要反对没收富农和工商业者的财产等过左做法。省委庾家河会议的决定，对于鄂豫陕根据地的创建和红二十五军的发展壮大有重要意义。

我因伤了动脉血管，流血过多，约两三个月是昏迷的，不能吃饭，只是喝鸡汤。当时，部队没有纱布，用白布代纱布。没有消毒药，用碳酸水煮过，剪成细布塞进伤口。我一双手化脓，有十个伤口，塞进布条时很痛。这里我要说明：我和海东负重伤，睡在担架上，徐宝珊肺病重，也睡担架。作战时，总有约一个营保护我们，作战指挥和创建根据地的重担，都落到吴焕先同志肩上。他在部队有很高威信，因此受到全军的爱戴，是全军的领导核心。我因负伤不能参加会议，只是清醒后，才与吴焕先同志等商谈作战和创建根据地及其他工作。

这时我见到钱信忠同志给我治伤，我问他，你认识我吗？他先是觉得很突然，想了一会儿才说，好像在上海宝隆医院时见过杨虎城部队一个连长。我说对了，1930年5月，我在攻打瑞昌城时负伤，7月到上海在宝隆医院治伤，那时那个杨虎城部队的连长就是我。钱信忠说他后来曾在国民党李默庵部当医生，在鄂豫皖战斗时被红军俘虏，就参加了红军，仍做医务工作。这里我想起一段有关他的事。钱信忠同志参加红军后表现很好，当红军主力有时转移，常留他在山上森林里医治伤员，他都能在完成任务后归队。但红二十五军长征中，保卫部门有同志怀疑他会逃跑，要枪毙他。我负伤后，他天天来给我换药。有一次，他一面换药一面掉泪，我问他是怎么回事，他说有人要杀他。我就对当时负责保卫工作的戴季英说：红军缺乏医务人员，战士们负伤后缺人治疗。红四方面军战略转移后，伤病员隐蔽在山上，钱在晚上才能给伤员治疗，敌人搜山很疯狂，他如要逃跑，早就跑了，现伤病员治疗离不开他，我们留下他好。戴季英同意了，钱信忠安然渡过了那一关。

鄂豫陕根据地的创建

鄂豫陕三省边界地区，包括陕西省东南部的洛南、商县、商南、山阳、镇安、柞水、旬阳、宁陕，湖北省西北部的郧西、郧阳，河南省西部的卢氏、淅川等县。北靠秦岭，南濒汉江，山大而多，地势险要，缺少公路。这里的土地和山林大部掌握在地主手里，封建势力和反动政府对人民的压迫剥削极为残酷，苛捐杂税多达几十种。抓丁、派夫、高利贷，再加上兵灾匪祸，人民苦难深重，反抗强烈。这一带受党和红军的影响很早，1928

年5月，渭（南）华（县）起义的部队，曾在这里组织过农民协会。1932年冬，红四方面军、红三军先后过境。1933年5月，陕北红二十六军曾南下经过这里。以上这些，都给当地人民以深刻影响。1934年底，尽管地方党组织已遭到破坏，但群众自发的抗捐抗粮斗争仍不断发生。

当时陕西省是杨虎城的地盘，杨与蒋介石矛盾很深。我军神速入陕，蒋介石来不及统一鄂豫陕三省军队的指挥。原来追堵我军的敌人，大部没有进入陕西省境内。陕西的杨虎城忙于对付北边的陕北红军和南面的川陕红四方面军，在西面又受到蒋介石嫡系朱绍良、胡宗南的威胁，一时未能集中很多兵力对付我军。我军则在庾家河会议后，利用敌人的矛盾，抓紧时机发动群众，全力开展创建根据地的工作。

12月11日，我军在洛南县蔡家川进行整编，把二二四团分别编入二二三团和二二五团。同时抽调手枪团二分队与当地的一支农民武装组成陕南抗捐第一军，就地开展群众工作，扩大武装力量，并成立了商洛特委。我军主力则以大回旋的行动，先南下郧西，又北返洛南，再东到卢氏，西到蓝田，一方面大面积调查了解地形和社会情况，一方面以武装斗争为先导，扫除民团武装和反动政权，摧毁国民党在乡村的统治基础。我军所到之处，严格执行群众纪律，并将没收土豪恶霸的财物分给贫苦农民。广大贫苦农民从苦难中逐渐觉醒，知道红军是自己的军队，共产党是穷人的救星。省委确定先在鄂陕边界的镇安、山阳、旬阳、郧西等四县边区发动群众，提出“抗捐、抗债、抗粮、抗夫、抗丁”的五抗斗争口号，号召群众起来斗争。此外，还派出二二三团的七连和一些干部，到地方上去发动群众，做开辟新区的工作。1935年1月初，我军由蓝田县境再度南下，9日攻克镇安县城，歼敌保安队一部，救出大批“抗捐犯”，又缴获了许多布匹和棉花，解决了全军的冬衣问题。发动群众，建立苏维埃基层政权，在镇安和郧西的部分地区，成立了第一批区、乡苏维埃。同时，部队进行休整，扩大了四百多新战士。到1月底，在南部四县开创了第一块革命根据地。

粉碎敌第一、第二次“围剿”

1935年1月，蒋介石令驻河南的第四十军一一五旅两个团开入陕南，驻湖北省均县的第四十四师一三〇旅三个团进到上津、白河，统归杨虎城指挥，配合陕军第一二六旅、警二旅、警卫团对我军发动第一次“围剿”。1月下旬，陕军一二六旅、警二旅进至镇安县城东南地区，向我逼近。我军为争取主动，各个击破来犯的敌人，由山阳、郧西交界处北上袁家沟口，再转凤凰嘴，出现在敌人背后。陕军一二六旅、警二旅又回头向我尾追，我军进至蔡玉窑，以一部兵力袭占柞水县城，吸引敌警二旅西进，分散尾追敌军。2月1日，当陕军一二六旅单独追至蔡玉窑时，我军突然予以打击，歼敌一个营。战后，我又向北转移到蓝田的葛牌镇。5日，陕军一二六旅两个团向葛牌镇进攻，我得到群众报告，冒雪事先占领了葛牌镇以南的文公岭一带高地。下午2时，敌二五一团首先向我进攻，被我阻于阵地前沿。接着敌二四八团增援上来。我军集中机枪猛烈压制，阻止了增援的敌人。同时分由正面和左翼反击下去，歼敌两个多营，余敌向南溃退。

以上两次战斗，陕军一二六旅损失严重，一时不敢再来进攻。我军乘胜在蓝田、商县、山阳、镇安、柞水五县边区打土豪，分田地，发动群众，建立地方游击队和抗捐军，扩大红军力量。当时，贫苦群众看到我军纪律严明，连打胜仗，纷纷参加红军。原红四方面军留在这里的伤员，也带着群众赶来参加。我还以部分枪支武装群众，发展地方游击队，并派干部到地方上去工作，在红岩寺和袁家沟口等地，建立了第三、第四路游击师。同时先后在蓝田县葛牌镇、柞水县袁家沟口等地建立区、乡苏维埃政权，开创了第二块革命根据地。在政策方面，我军宣布：保证贸易自由，反对奸商，取消苛捐杂税和厘金关卡，实行统一的累进税。我们提出只没收反革命分子的商业资产，保护正当经商和行商，对小商户免税。我军释放战俘，宣布：愿回家的发给路费，愿当红军的分配工作，欢迎白军士兵当红军，哗变来参加红军的优待。当时有陕军警一旅的一个连起义参加了红军。

北部五县边区的开辟，对敌人造成新的威胁，因而驻蓝田的陕军警卫团，在敌四十军一一五旅配合下，于2月中旬，向葛牌镇进攻。我军为掌握主动，南下郧西地区。2月19日，省委在郧西二天门召开第二十次常委会，总结入陕后两个月的斗争并分析形势。会议就红二十五军能否在鄂豫陕边区单独创建根据地问题，进行了一场思想斗争。早在庚家河战斗后，省委有少数同志认为：领导干部伤亡较大，以红二十五军力量单独创建新苏区有困难，主张入川会合红四方面军。随着敌发动进攻，加上春荒给部队补给增添了新的困难，更助长了这一思想。会议批评了这种思想情绪，作了《为完全打破敌人进攻，争取春荒斗争的彻底胜利，创造新苏区的决议案》，并对各项具体工作进行了适当安排。会后，省委决定建立鄂陕特委和鄂陕游击司令部，统一领导鄂陕地区南部四县、北部五县和华阳地区的工作。同时分别将镇安、郧西、山阳等地的抗捐军和游击队编为第五、第六、第七、第九路游击师，把二二三团七连扩编为战斗营，坚持对敌斗争。

这时得知红四方面军发动了陕南战役，前锋已到汉中以西的消息。为配合他们，我军于2月下旬由郧西地区西进，克宁陕、佛坪两县城，消灭了守城的保安队。3月8日，进到洋县华阳镇。但是，由郧西尾追而来的敌警二旅也进到华阳镇以东地区。为解除背后威胁，打开华阳地区的局面，我军决心消灭该敌。3月10日拂晓前，我军从华阳镇向东南返15里，在石塔寺附近设伏。上午，敌警二旅进入我伏击地域。我军从山上树林里突然出击，向敌猛冲，打垮敌五个多营，毙伤200余名，俘团长以下400余名，缴获长短枪500余支。敌旅长张飞生受伤，藏匿在敌尸堆里装死，后乘夜逃走。战后，我乘胜开辟华阳地区，在短时间内建立了七个乡的革命政权，将3200多亩土地和900多石地主恶霸的粮食，分给了贫苦群众。接着又派出几十名骨干到地方，分别组建了华阳、茅坪两支游击队和数百人的抗捐军。至此。初步建成了第三块革命根据地。3月下旬，我军主力东返葛牌镇。陕军警三旅紧追不舍；4月9日，我军在九间房进行伏击，将警三旅基本歼灭。至此，彻底粉碎了敌人的第一次“围剿”。

九间房战斗后，附近的几块根据地已连成一片。4月中旬，省委在葛牌镇召开扩大会议，进一步在全体同志中坚定了创建鄂豫陕根据地的决心。会议改选了省委，新的省委由十人组成，徐宝珊为书记，吴焕先为副书记。会后我军东进，攻克洛南县城。以后又进至洛南、商县、商南、卢氏等四县的边区，大力进行开辟根据地的工作，先后在孙家山、庾家河等地建立了一批乡苏维埃，成立了游击队，开创了第四块革命根据地。攻克洛南城后，青壮年纷纷参加红军，半个月内吸收新战士600名，洛南附近几座小煤窑的一些工人也参加了红军。红二十五军入陕5个月，歼陕军一二六旅三个多营和警二、警三旅大部，先后攻占县城五座。到五月初，红二十五军发展到3700多人，地方游击师、抗捐军2000多人，发展党员38人，成立了鄂陕、豫陕两个特委和十个区46个乡314个村的政权，人口近50万，耕地面积90多万亩，初步建立了鄂豫陕革命根据地。总结五个月的斗争经验，敌人是不让我们创建根据地，站稳脚跟，我们是在取得连续战斗胜利下，才有利地创建根据地，也只有创建了根据地才有依托地更好打胜仗。所以我军抽出部队和干部做群众工作。

红二十五军的胜利，使反动派大为震惊，蒋介石于1935年4月20日，命令东北军王以哲第六十七军三个师和驻郑州的唐俊德第九十五师开入陕南，同第四十军、第四十四师和陕军一部，共30多个团的兵力，统由杨虎城指挥，向我发动第二次“围剿”。这时我军正在进行战备整训。不幸，徐宝珊同志病逝于龙驹寨，吴焕先代理省委书记。5月上旬，敌人开始行动，第六十七军九个团和九十五军三个团展开在洛南县城以东以北，向南进攻；四十四师四个团由郧西县上津向北进攻，四十军五个团和陕军三十八军四个团、警一旅两个团、警二旅两个团、特一旅两个团，则从南到北配置在安康、镇安、柞水、蓝田一线，在西面堵截我军。我军觉察敌企图后，南下郧西地区。5月下旬，省委在郧西开会，研究反“围剿”的作战方针和计划。我因伤重仍未参加会，只是向政委吴焕先同志介绍了中央苏区反对敌军第三次“围剿”时，以先拖后打的作战方针，取得了第三次反“围剿”胜利的经验。省委决定：陕南山大、无公路、人口少，敌军后方补给困难，必然采取速战速决作战方针。我游击师就地坚持，发动群众坚壁清野，广泛开展游击战；红军主力则采用“诱敌深入，先拖后打”方针。6月初，我军由郧西县二天门出发，向北直插商县地区。4日夜，5日晨，先后在商县的商洛镇附近，与敌一一〇师、一二九师遭遇，毙伤敌团长以下200余人和缴获部分武器。战后，我军继续向北，插到敌六十七军背后，又东转庾家河地区。我军向北跳到外线后，敌原来部署北面敌军向南、南面敌军向北合击我军的矛头改为都向北。我军又掉头向东南，大踏步前进，继续在外线调动、分散和疲惫敌人，创造战机。6月10日，我军从庾家河出发奔向东南，13日包围商南县城，14日打下富水关，进占青山街，俘敌四十四师营长以下官兵170多人。这一突然行动，使北顾商县、洛南之敌，又被牵向东南尾追我军。我又远程奔袭荆紫关。这里是鄂豫陕三省边界，有敌四十四师的后方临时补给站，由一个营驻守。我军以手枪团化装成敌四十四师部队，经130多里急行军，于16日午前，通过敌外围警戒线，受到敌警戒部队的列队迎接，我未费一枪一弹将其缴械并迅速进到荆紫关城下，守敌发觉，急闭城门向我开火。这时我二二三团跑步赶到，搭人梯强行登上城头，占领了全城，残敌向东南逃走。这次战斗，歼敌一个多连，活捉敌第四十四师军需处长，并缴获大批军用物资。这时敌六十七军三个师、第四十四师和陕军警一旅等部，均向荆紫关蜂拥而来。但敌人的部署已被我打乱，部队也拖得相当疲劳。敌四十四师因疾病和逃亡，多数连队减员三分之一以上。6月17日，我军离开荆紫关向西挺进。杨虎城急调部队向西防我北进；同时令第三十八军四个团、第四十军一一五旅进到漫川关、上津一带，迎头堵击。多日来，为调动和拖垮敌人，我军日夜行军作战，十分艰苦。吴焕先政委多次讲话，说明在敌强我弱情况下，不能和敌硬拼，要等把敌人进攻部署打乱，拖疲劳了，再回头打它。这样，部队始终保持了旺盛的战斗情绪。我军头顶烈日，沿着鄂陕交界的崇山峻岭急速西进。22日，在山阳县姚家湾击退敌四十军一一五旅一部的阻拦后，由西岔河冒大雨转向西北。25日，回到根据地边沿的黑山街。这时，各路敌人都被甩在后面，距我最近的敌警一旅，也离我有四天路程。6月29日下午，敌警一旅追到黑山街附近。我军向西退到袁家沟口以西的桃园岭一带，这里是一条长约十多里的深沟，两侧山高林密，便于部队隐蔽，利于伏击。这一带又是开辟比较早的根据地，群众基础好，我军即决定以这里为战场。7月1日，警一旅追到了袁家沟口。我军连夜循来路返回桃园岭。我军的部署是：二二三团占领袁家沟口北面一线高地，二二五团两个营占领袁家沟口西南的东沟和李家沟东侧高地，另一个营占领桃园岭及其以东地区，第三、四路游击师在袁家沟口以南高地，控制沟口，断敌退路，并担任警戒。2日拂晓，发现敌在袁家沟村西集合，尖兵已向西出发。我军部立即发出攻击命令，冲锋号一响，各种火器突然向密集之敌猛烈射击。我二二三团首先从北面发起冲击，猛扑敌人。出敌不意，敌军当即乱成一团，慌忙向西逃跑，被我二二五团居高临下迎头打击。这时各个连队都插向敌群，与敌展开白刃格斗，经激战，敌大部被歼。旅长唐嗣桐率残部向南突围，遭我二二五团一部和第三路游击师阻击。敌占据一个小寨子顽抗，经我军多次猛攻，到午后将其全歼。战斗过程中，杨虎城一再电令离战场不到40里路的一一〇师增援，但该敌始终未敢前进一步。袁家沟口一仗，全歼敌警一旅，毙伤敌300余人，俘敌旅长唐嗣桐以下1400余人，缴获各种枪支千余条及许多军用品。我军仅伤亡80余人。唐嗣桐承认，士兵“肥的拖瘦，瘦的拖死”。这一仗是第二次反“围剿”中的第二个大胜利。战后，主力部队进行休整，游击师负责打扫战场，广大群众组织救护和转运伤员，许多山村的群众热情慰劳红军。

袁家沟口区苏维埃还召开群众大会，庆祝红军打了大胜仗。为继续掌握主动，把敌人调出根据地，扩大影响，补充兵员和物资，根据省委决定，我军北出终南山，威逼西安，前锋直抵西安以南20余里的杜曲、子午镇一带。西安敌人大为震动，本来由华北调来要开赴天水阻止中央红军北上的东北军第五十一军也不敢动了。至此，敌第二次“围剿”被打破，根据地也进一步巩固了。

西出甘肃配合红军主力北上

1935年7月15日，原鄂豫皖省委交通员石健民同志，勇敢地冲破敌军封锁，从西安带来了中央文件和报纸，我们才了解到：1935年1月，党中央在长征途中召开了遵义会议。6月中旬，中央红军在四川西部的懋功地区和红四方面军会合后，已向青海、甘肃边境北上了。我们还了解到，日本帝国主义正加紧向华北扩张，国民党政府与日本签订了《何梅协定》，华北形势岌岌可危，民族危机严重。石健民同志是为我军能适时地采取进军计划而果断行动的。

石健民同志是个贫苦农民子弟，湖北黄安（今红安）县人，生于1905年，只读过几年私塾，在药铺当过学徒，懂得一点医道。他1926年加入中国共产党，1927年参加了黄（安）麻（城）农民暴动。1928年，在鄂东北根据地做交通员工作。1932年10月，红四方面军主力撤离鄂豫皖苏区之后，吴焕先同志留任鄂东北游击总司令，石健民同志在司令部任参谋主任。不久，石健民同志担任鄂豫皖省委的交通员，奔走于武汉、上海、郑州等地，在工作中积累了经验，成为一名出色的红色交通员，与上海中央局经常联系，当我由中央苏区到上海时，就是由他接我到鄂东北道委，以后他又带着文件去上海。当红二十五军攻下子午镇，威逼西安时，石健民同志把个人的生死置之度外，冒着极大的危险给我们带来了文件和报纸，使我们得知中央红军与红四方面军已在川西会合，并继续北上的消息。石曾随红二十五军行动了几天，当时吴焕先同志给中央写了个报告，交给石健民同志带出去，设法交给中央，石离开了红二十五军。1939年石在新四军工作，有一次在执行交通任务时，不幸被敌人逮捕，牺牲在立煌县，时年34岁。石健民同志到的当天，省委就在长安县丰裕口召开紧急会议，认真分析了形势，认为：敌军在川甘边界阻止红军北上，我军西出甘肃破坏敌军后方，配合主力红军的行动，是当前最主要的任务。省委也考虑到陕南的情况，活动范围不大，物资不能供给扩大了的红军的需要，北上与陕甘红军会合，就可以更好地配合中央红军在西北的行动。于是决定省委应率红二十五军西征北上。会议还决定合并鄂陕、豫陕两特委组成鄂豫陕特委，由郑位三和陈先瑞两同志领导当地的游击队等武装继续坚持鄂豫陕革命根据地的斗争。

7月16日，红二十五军从丰裕口出发，为了迷惑敌人，沿秦岭北麓冒雨向汉中方向前进。7月27日，到达留坝县的江口镇，击溃当地民团。由于连续十多天的行军作战，部队相当疲劳，决定休整两天，进行西征北上的思想动员和物资准备工作。同时，部队进行整编，将第四路游击师280余人，分别编入各团，并把沿途收容的游击队员和伤员也补入连队。这时，军部二二三、二二五团和手枪团，包括军直属队，全军近4000人。

7月30日，我军从江口镇出发转向西北。这时敌胡宗南纵队、鲁大昌新编第十四师、王均第三军、邓宝珊新编第一军和马鸿宾第三十五师，都部署在四川西北和甘南边境、渭河沿线和西（安）兰（州）公路上，防我主力红军北上。根据这种情况，红二十五军经留坝县北上，占领双石铺，然后决定进入甘肃境内，破坏敌后方，配合中央红军的北上行动。8月3日，我军攻占甘肃两当县城，然后翻越麦积山，直逼天水城下，攻占天水城北关。敌人急调第三军十二师一部回援，同我军一水相隔的敌五十一军一一四师踌躇不前。11日，我军从新阳镇北渡渭河，进占秦安县城。我军神速西进，敌人极为震惊。8月12日，我军弃秦安县城北进。14日，威逼静宁县城，切断了西兰公路。

15日，我军进入静宁县城北50里的兴隆镇，这里是回民聚居区。我军制订了“三大禁令、四项注意”：禁止驻扎清真寺，禁止打回族中的土豪，禁止在回民家中吃大荤；注意回族的风俗习惯，注意要用回民水桶在井里打水，注意回避青年妇女，注意实行公买公卖和不准在回民面前说猪骂猪等。吴焕先政委召集当地知名人士和阿訇开座谈会，宣传抗日救国主张、红军的政策和纪律，并讲明我军只是稍作停留，不征粮要款，不拉夫抓丁，以解除思想顾虑，还拜访了清真寺，赠送了匾额和礼品。清真寺的阿訇也按照民族礼节，宴请了我军领导人，并赶着一群染了红色的肥羊到军部回拜。部队普遍开展群众工作，帮助群众干活，街头巷尾，到处打扫得干干净净。军医院同志热情为群众治病，院长钱信忠亲自为一腹胀病患者扎针治疗。我军的实际行动，使当地回族人民深受感动，“红军好”的消息很快传遍了回民地区。

政委吴焕先壮烈牺牲

8月17日，我军沿西兰公路东进，攻克隆德县城。当日黄昏继续东进，连夜翻越六盘山，直逼平凉县城。西兰公路是敌军由内地通往甘肃的惟一交通干线。我军活动了18天，使敌交通断绝。蒋介石在8月10日电报中曾称：“查徐海东匪军西窜原因在策应朱、毛，我军应采用内线作战要领先以优势兵力迅速解决徐匪，再行以全力回击朱、毛。”敌第三十五师一面令一〇五旅一部增援平凉，一面令骑兵团等向泾川县城集中，妄图将我军逐出陇东地区。我军为牵制敌人，于20日绕过平凉县城，南渡泾河，沿公路进至白水镇。敌一〇五旅三个步兵团尾追而来。傍晚，我军冒大雨到马莲铺以东，抢占打虎沟高地，歼敌一个多营。因连日暴雨，公路北侧的泾河河水猛涨，再北渡泾河已很困难，而公路南侧，又被一道几十里宽的高塬所阻，回旋余地很小。我军暂时撤离公路，南渡泾河的支流汭河，佯作进攻灵台转向陕西模样，实则计划西去威逼崇信县城，继续切断西兰公路，并积极探听中央红军的行动消息。8月21日，我军离白水镇向东，徒涉汭河。部队刚过了一半，山洪暴发，河水突涨，军直属队和二二三团被阻于汭河北岸。就在这时，敌三十五师一〇四旅二〇八团1000余人，乘机向我突袭。我先头部队均已渡过汭河，难以回援，后卫部队背水作战，形势极为不利。二二三团一、二营投入战斗，由西南方向反击敌人。战斗一打响，吴焕先政委带领交通队和学兵连100余人，从河边冲到塬上，直插敌阵。他向战士们振臂高呼："同志们！压住敌人就是胜利，决不能让敌人逼近河边！一定要坚决地打！"战士们不顾泥泞路滑，迅速抢占了塬上制高点，从侧翼向敌人发起冲击。我二二三团三营在重机枪火力的掩护下，集中力量实行反击，形成对峙夹攻之势，敌纷纷溃散。战斗在激烈进行时，亲临前线指挥作战的吴焕先政委，不幸中弹牺牲。这一噩耗，激起指战员们对敌人的无比仇恨，与敌拼刺刀肉搏，将敌人压到一条烂泥沟里，全部歼灭，并击毙了敌团长。

吴焕先同志是鄂豫皖革命根据地和红四方面军创始人之一。早在1926年，他就从事农民运动，参加领导著名的黄麻起义。1931年以后，他历任中共鄂豫皖省委委员、中国工农红军第四军十二师政治部主任等职。1932年10月，红四方面军主力撤离鄂豫皖时，他留任鄂东北游击总司令。他根据鄂豫皖省委决定，主持重建红二十五军，先后担任军长、政治委员。他在领导红二十五军坚持鄂豫皖边区武装斗争中，有着不可磨灭的丰功伟绩。

在省委书记徐宝珊病重、我和徐海东都身负重伤的严重时刻，他勇挑革命重担，主持全面工作。徐宝珊同志病逝后，他代理鄂豫陕省委书记，肩负最繁重的责任。红二十五军北出终南山，威逼西安时，得知中央红军消息后，吴焕先同志在长安县沣峪口主持召开了省委紧急会议，作出西出甘肃，直逼敌后方，配合红军北上的决定。在远离中央领导、又与兄弟红军隔绝的情况下，省委能够独立作出战略决策，这是与吴焕先同志的通观全局的战略远见、坚决果断的革命胆略分不开的。

长征到达陕南时，吴焕先同志曾多次说过，消灭敌人一个团，都不如缴获一部电台，有了电台就可以与党中央取得联系，及时得到党中央的指示。为了向中央报告情况，我们从沣峪口出发的第二天，他连夜写了一份长达8000字的书面报告，就红二十五军的作战行动，有关斗争策略和省委工作中的进步和缺点，如实向中央作了反映。西征北上途中，吴焕先同志常派手枪团搜集各种报纸，借以了解主力红军的行动消息和川、陕、甘边的战事动向。记得打下川陕公路要地双石铺后，就是从截俘敌少将参议的口供和几张《大公报》上，进一步获悉主力红军正在北上的确切消息。吴焕先同志及时向部队提出“迎接党中央”和“迎接主力红军”的战斗口号，鼓励全体指战员奋勇向前，积极策应主力红军的北上行动。

长征途中，部队每路过一地，吴焕先同志都不顾个人劳累，深入了解当地的社会状况和民情风俗，及时地制定出新的政策、策略。我军从泌阳以东地区路过时，沿途地主武装盘踞的围寨很多，为争取时间急速北上，吴焕先同志曾请政治部提出不进围寨，不打土豪，部队所需粮草，一律实行购买；并指示给寨主头目写信，散发《北上抗日出发宣言》，宣传党的抗日救国主张，使其明了民族大义，沿途勿加阻拦。这些政策措施都收到良好的效果，保证部队顺利穿过豫西平原。

吴焕先同志在红军中长期从事军事和政治领导工作，没有受过系统的军事教育，但他能够在革命战争中学习战争，长期的战争实践造就了他的军事才能，提高了他的作战指挥艺术，成为一名英勇善战的军事家。在多次极为险恶的战斗中，他不顾个人安危，身先士卒，冲锋在前，使部队一次次化险为夷，转败为胜。吴焕先同志牺牲时，只有28岁。他的牺牲是红二十五军以至中国革命力量的一个重大损失。

这以后，我军一面在崇信、灵台之间活动，一面派人四出搜集报纸，访问客商，极力寻求有关中央红军的消息。敌人则调动军队，逐渐向我合围。省委和军部决定北上陕北苏区，与陕甘红军会合。我军在甘肃南部行动，从8月14日到31日，截断西兰公路达18天。敌人不得不一再抽调兵力对付我军。我们起到了牵制敌军，配合中央红军北上的积极作用。

我军过泾河后，兼程前进，经多次战斗和艰难行军。其中，在合水县板桥镇，我军继续北上，军直属队和大部分部队已经出发，因负责同志讲话长，使掩护部队出发晚，敌骑兵部队袭来，我掩护部队打退敌骑兵进攻后，接着去追击敌人。敌骑兵从两翼包围上来，我追击部队被冲散，徐海东同志骑马撤退，敌骑兵紧追海东同志，并说，要捉活的。所幸我出发部队闻知敌人进攻后，部分队伍回援，打退了敌人，救出了徐海东和一些同志。我军于1935年9月7日，到达陕甘革命根据地保安县的豹子川。

9日，部队进至永宁山，和陕甘党组织取得了联系。中共陕甘边特委和军委一面报告西北工委，一面派习仲勋、刘景范同志到永宁山迎接红二十五军。又经四天行军，受到沿途群众的欢迎和慰问，于9月15日，到达延川县永坪镇。至此，胜利地完成了第二次长征，全军总共有3700多人。

到达永坪后，中共西北代表团和陕甘党政领导机关及红二十六军、二十七军召开了欢迎二十五军群众大会，给二十五军指战员极大鼓舞。

在这以前鄂豫陕省委召开会议，决定徐海东任军长，我代理省委书记兼任军政治委员，戴季英任军参谋长，郭述申任军政治部主任。同时对部队作了和陕甘红军会师的政治动员，要求部队虚心向兄弟的陕甘红军学习。

红十五军团的成立和劳山、榆林桥战斗

1935年9月中旬，红二十五军和由刘志丹同志率领的红二十六、二十七两军，在延川县的永坪镇胜利会师。同时，中共西北工作委员会及刘志丹同志和鄂豫陕省委召开联席会议，为了统一作战，把三个军合

编为红十五军团，任命徐海东为军团长，我为政治委员，刘志丹为副军团长兼参谋长，高岗任政治部主任，郭述申任副主任，红二十五军改为七十五师，红二十六军改为七十八师，红二十七军改为八十一师，全军团共7000余人。蒋介石早在7月中旬，就部署了对陕甘革命根据地的第三次“围剿”，到红十五军团成立时，敌东北军六十七军由陕南调来，进驻以延安为中心的延长、延川、安塞和甘泉地区，已完成了战役展开。陕军五十一、五十七两军部署在榆林、子长一带，晋军孙楚部占领吴堡、绥德和清涧一线。我们分析敌情，认为敌军都筑有坚固碉堡，我军处在内线，缺乏攻坚武器，不宜在内线作战。南线东北军是进攻根据地的主力，但因日本占领东北，官兵政治情绪低沉，战斗力弱，比较好打；他们武器好，战斗胜利后缴获多。遂决定集中主力打东北军。如何打法？确定的方针是：转到外线包围甘泉，切断延安敌军后方补给线，调动延安敌人增援，在运动战中歼灭敌人。关于在何地歼灭敌人，到前线后由徐海东、刘志丹同志看条件具体决定。作战方针决定后，我留永坪动手术治伤。军团进至甘泉附近的王家坪一带集结，包围了甘泉城，选择在劳山东西山区设伏。10月1日晨，敌一一〇师师长何立中率部从延安出发，以四路纵队向甘泉开进。下午2时，其先头部队进至甘泉白土坡。我红八十一师二四一团突然开火，堵住敌军前进道路，同时在劳山以北的我七十八师骑兵团出击，断敌后路。敌首尾受挫，自动靠拢；我设伏在两侧山上的七十五师、七十八师同时向敌行军队形发起猛烈冲击，把敌人分割在榆树沟口和小劳山。激战了五小时，敌两个团和师直属队被我全部歼灭，共毙伤敌师参谋长以下1000多人，俘虏3700多人，缴获许多战利品，敌师长何立中负重伤逃入甘泉县城，不久也死了。

劳山战斗缴获了敌军一份文件，内容有：中央红军主力北上到甘肃省武山县西南。前方负责同志们给朱理治同志写信，并附缴获的文件，建议红十五军团到关中苏区去欢迎中央红军。朱理治同志把前方来信和敌军文件给我看，征求我的意见。我看后对朱说：“敌军文件是一个多月前的，中央红军要来关中苏区的话，已经来了，用不着我军全部去；要是没有来关中，那就是到别处去了，十五军团去欢迎就会扑空。十五军团远去关中，来回要一个多月，敌军会乘虚占领永坪镇，苏区就困难了。不如十五军团继续向南打，调动西安敌北援，以此配合中央红军的行动。同时，十五军团在苏区边沿，敌军就不敢占永坪镇。”朱理治说：“我考虑一下答复你。”过了两天，朱对我说：“戴季英同意你的意见，我也同意，你去前方与同志们开个会，把后方同志们的意见转告他们，征求他们的意见。”我同意了，但我的伤还未好，是睡在担架上抬到前方的。到前方后，与徐海东、刘志丹、聂洪钧、高岗、郭述申等同志开会，转达了后方同志们的意见，前方同志同意后方同志们的意见。1954年，彭德怀、马明芳同志在北京饭店召开西北问题座谈会时，我在会上把这个情况讲了，并说：“这是作战方针问题，不是不欢迎中央和毛主席。如果说作战方针错误，我负责。因为是我提出来，前后方负责同志们同意的。”我的话在那次会上没有人提出反对意见。

敌遭我在劳山战役打击后，采取步步为营的堡垒政策，东北军一〇七师六一九团和六〇二团一个营进占榆林桥修筑碉堡。我军决定乘敌工事未完成前在野战中消灭这股敌军。10月25日凌晨，徐海东同志指挥我七十五师和八十一师的二四一团，乘晨雾同时从东西两侧向榆林桥守敌发起攻击，我七十八师在消灭一部敌人后，也由西向东涉洛水向榆林桥发起攻击。激战至下午，将敌全歼。这次战斗俘敌团长高福源以下1800多人。高福源是东北讲武堂毕业生，是东北军的一个优秀团长，和王以哲军长的关系很好。我同他谈话，问他打算怎么办。他说：杀了我。我说：不杀你，再说第二个办法。他说：放了我。我说：也不放，说第三个办法。他说：没有了。我说：到我们军事学校去教书。他说：我一定教好。这样，我们把他送到后方军事学校任教员。中央到陕北后，对他进行了教育，把他释放。他回东北军后，经过王以哲介绍给张学良，对促进张学良的思想转变，起过很大的作用。

劳山和榆林桥两次战役的胜利，主要是由于我军指挥统一，部队团结一致，作战方针正确；也由于掌握敌情准确，巧妙调动敌人；战场选择适当，兵力部署严密；也由于根据地人民群众的保密和积极支援。战斗的胜利，巩固和扩大了根据地，大量缴获使我军的装备得到了改善。榆林桥战斗后，我们才知道中央红军到了吴起镇。

红七十四师坚持鄂豫陕游击战争

红二十五军西出甘肃，策应主力红军北上后，由郑位三和陈先瑞统一领导当地的游击战争。

鄂豫陕根据地的斗争形势是非常困难的。当时鄂豫陕省委分别给鄂陕、豫陕两特委的指示信，途中都落入敌人手中，两特委一直没有收到，而敌人却知道了红二十五军主力已西出北上，于是加紧了对各路游击队的“围歼”。当时留在鄂豫陕边区的游击武装有：鄂陕游击总司令部的特务营，山阳西区大队，三、五、六、七、九路游击师，豫陕游击八连和三个游击大队，另外还有一些伤病员。敌人方面却集中了六十七军王以哲部、四十军庞炳勋部、九十五师唐俊德部、四十四师萧之楚部、陕军警二旅和特务团等二十几个团的兵力，进行“划区清剿”，妄图消灭我游击武装和摧毁我革命根据地。

当时鄂陕特委截获一份《西京日报》，看到敌人在陇东地区作战和吴焕先政委在泾川战斗中牺牲的消息，认为红二十五军已经西去，可能到陕北。于是带领总部特务营，寻找和集中各路游击师东进，准备与豫陕特委会合，一起研究坚持斗争的办法。豫陕特委也从敌方报纸上看到红二十五军到了甘肃天水一带，也把部队集中起来开往鄂陕边会合鄂陕特委。1935年9月初，两特委在商南县的梁家坟会合。他们开会商定先各自回到原来的老区，部署工作，收容伤员，寻找失散的部队。但双方分手后，分别在雪窝和富山坪遭到敌人的袭击，只好再行会合，在商南县碾子坪举行联席会议，参加这次会的领导人有：郑位三、陈先瑞、李隆贵、方升普、曾焜等。这次会议决定：1. 树立独立坚持斗争的思想，以陕南为中心，广泛开展游击战。首先是跳出敌人的包围圈，到宁陕、佛坪地区开辟新根据地，争取恢复原根据地。2. 两特委合并为鄂豫陕特委，合并各游击武装组成红七十四师。3. 决定了灵活机动、扬长避短、同敌人兜大圈子，以消灭敌人保存自己的作战方针。会议还决定由郑位三为特委书记。9月12日，红七十四师在碾子坪正式成立，师长陈先瑞、政委李隆贵、副师长兼参谋长方升普、政治部主任曾焜。全师有近700人。

这时敌人对鄂豫陕根据地的第一次"围剿"已经进行了一个多月。我军巧妙避开敌主力，先进至宁陕县关口镇，经旬阳以北返回鄂陕边区，后又由郧西二天门一带西进宁陕、佛坪地区。12月初，在镇安城南青铜关打了个伏击战，毙伤敌营长以下100多人，缴获了一部分武器。这是红七十四师给敌正规军的第一次打击，检验了战斗力，军心大振。这次战斗打垮了敌第一次围攻，根据地的局势已有好转。12月下旬，得悉宁陕县城空虚，我军先虚张声势往东江口北去，然后突然回头，以一昼夜200多里的远程奔袭，攻占宁陕县城，全歼敌保安队300多人，活捉了敌县长。我军在这一带住了八天，开仓济民，扩大红军，并解决了部队的装备。1936年1月初，又采取声东击西战术，先西进洋县，又突然挥师东进，沿途歼灭荆紫关、三要司等地民团500多人，缴长短枪400余支。敌急调兵来追，我又回师西返。1月下旬袭占佛坪县城，敌警卫旅进山"围剿"，我军北出秦岭到户县境内，当西安、宝鸡之敌追来时，我又进入山内，第二次打开佛坪县城，消灭了刚组建的保安团。这次战斗中，还收容了红二十五军留下的几十名伤病员，充实了部队的骨干力量。

1936年2月，杨虎城又调集十几团的兵力，以严密封锁结合跟踪，对红七十四师发动第二次"围剿"。红七十四师避敌强攻，先去西汉公路，然后东返商洛老区，又以大回旋的游击战术，打破了敌人的围攻。敌得悉红七十四师行踪，以五个团的兵力封锁宁陕、佛坪以西地区，以一个团扼守东北面通山外的要道，以两个团从事追击。当时形势对红七十四师很不利，但他们采取“盘旋式打圈子”战术，绕过敌封锁，出敌不意，攀越秦岭东去。敌即沿山“围剿”，改日追夜宿为日夜追击，妄图把七十四师包围消灭在秦岭山巅。红七十四师攀陡崖，忍饥挨饿，昼夜行军，在秦岭上下翻越，被迫爬上太白山，七天七夜没有休息。然后于15日夜间摸下山去，于拂晓杀出重围，冲破了敌第二次“围剿”。

出山后，在东江口才接到红二十五军从陕北送来的《八一宣言》、《中央关于目前政治形势与党的任务的决议》等文件。鄂豫陕特委学习了中央文件，对红七十四师成立后的行动进行了总结，研究今后的方针，且决定返回佛宁地区，一方面训练部队，另一方面进一步开展群众工作，准备敌人的再次围攻。5月中旬，缴获敌人一份“快邮代电”，得知杨虎城又调动约20个团的兵力，发动了第三次“围剿”。特委经研究后，决定把部队“化整为零”，深入敌后，变被动为主动，牵着敌人走，相机消灭敌人。6、7、8三个月内，分别深入敌后，四处游击，打乱了敌人的进攻部署。这样坚持到9月，红二方面军到了陕甘边，陕南敌大部西调，敌第三次“围剿”又失败了。红七十四师坚持两年多游击战争，保卫了鄂豫陕革命根据地。

西安事变后，红七十四师接到中央军委副主席周恩来同志的信，要部队暂时不要行动，等中央派李涛同志传达指示。李涛同志到后，讲了西安事变情况，并带来了一部电台。红七十四师改编为南路抗日第二军，全军已发展到1700多人。不久，周副主席又电令他们回师商县与红十五军团会合。

一旦内战真正发生，他们将会同十五军团进到商县附近，协助东北军和西北军，准备迎击由荆紫关进攻西安之敌。

另外，当二十五军离开鄂豫皖根据地去创建新根据地后，高敬亭同志领导红二十八军，坚持三年游击战争，保卫了鄂豫皖根据地，使它没有丧失。抗日战争开始后，发展到近4000人，编为新四军第四支队。

从以上实践中，证明了周副主席对鄂豫皖的战略方针指示的正确，也证明了鄂豫皖省委不但完成了周副主席的战略指示，并且在实际战斗中在战略上还有了发展。红二十五军开始长征时是2900余人，在鄂豫陕创建了革命根据地，以后西出甘肃，北上陕北，经多次战斗，到达陕北永坪镇时，部队扩大到3700余人。留在鄂豫陕根据地的由郑位三和陈先瑞两同志领导，坚持了两年多游击战争，保卫了根据地，把留下的部分部队扩大为近2000人的红七十四师，还争取了白军的两次起义。留在鄂豫皖根据地由高敬亭同志领导的红二十八军，坚持三年游击战争，保卫了鄂豫皖根据地，抗日战争开始时，成为有4000多人的新四军第四支队。省委在实际战斗中还在战略上有所发展，是由于原鄂豫皖交通员石健民到部队送文件，使我们知道了红一方面军和红四方面军会合，正向青、甘边的岷州方向前进。省委毅然作出决定：留部分红军坚持鄂豫陕根据地，红二十五军主力西出甘肃，破坏敌人后方，策应主力红军北上，然后红二十五军北上陕北，成为与陕北红军会师的第一支红军。

选自程子华：《程子华回忆录》，中央文献出版社2005年5月第1版，第45—79页。

铁流万里　功垂史册

——回顾红二十五军的长征

刘华清　王诚汉　钱信忠　张池明　陈鹤桥

60年前，中国共产党领导下的中国工农红军，胜利地完成了一次战略性大转移——万里长征，使主力红军从长江中下游地区转移到了抗日前线阵地，并由此开始了中国革命的新局面，为抗日战争和新民主主义革命的胜利，奠定了坚实的基础。红军长征的光辉业绩，红军将士在长征中所表现出的伟大精神，为中华民族的历史谱写了一曲惊心动魄、气壮山河的凯歌，在人类活动史上树立了一座无与伦比的丰碑。参加和完成长征的红军共有四路，即红一方面军（亦称中央红军）、红二方面军、红四方面军和红二十五军。其中，红二十五军是人数最少的一路。但这支队伍在远离党中央的情况下孤军远征，艰苦转战万余里，在长征途中独立创建了一个新的革命根据地，并率先到达陕北，为主力红军会师作出了历史性贡献，在中国工农红军长征史上写了别具特色的光辉篇章。我们都是红二十五军的老战士，每每回顾当年远征的情景，仍记忆犹新，感奋不已。在纪念红军长征胜利60周年之际，谨以此文，缅怀红军将士的英雄业绩，寄托我们对在长征中英勇牺牲的先烈们的无尽哀思，昭示后人继承红军的光荣传统，为中华民族的振兴而奋斗。

一、高举抗日旗帜 实行战略转移

战斗在鄂豫革命根据地的红二十五军，组建于1931年10月，隶属红四方面军。1932年10月，红二十五军一部（主力师第七十三师）随方面军总部向川陕边转移，另一部（五个主力团）留在鄂豫皖边坚持斗争。11月，中共鄂豫皖省委决定以留下的这部分兵力为主，重新组建红二十五军，扩编为三个师，1.2万余人。重建的红二十五军在省委领导下艰苦鏖战，经受了第四、第五次反“围剿”斗争的严峻考验，取得了郭家河、潘家河、杨泗寨、长岭冈、斛山寨等战斗的胜利，歼敌数万，但自身损失也很大，处境十分艰险。1934年9月，程子华受中共中央、中革军委委派，抵达鄂豫皖苏区，向鄂豫皖省委传达了周恩来副主席的指示：红军主力要作战略转移，去建立新的根据地。这样，部队就能得到发展，同时也就能把敌军主力引走，减轻鄂豫皖根据地的压力，利于留下的部分武装长期坚持斗争。此前，省委曾收到中央《关于组织北上抗日先遣队的通知》和适时转移、“去创造新的苏区”的指示。是年11月11日，鄂豫皖省委在光山县花山寨召开常委会议，作出决定：省委立即率红二十五军实施战略转移，以平汉铁路西部的桐柏山区和伏牛山区为初步目标；从组织上调整军的领导班子，程子华任军长，吴焕先为军政委，徐海东由军长改任副军长，戴季英为军政治部主任，并组成军属司、政、供、卫四个部；省委兼军党委，省委书记徐宝珊、秘书长郑位三和军的领导成员均为省委委员；对部队进行整编，撤销师一级编制，军直辖三个步兵团、一个手枪团；为宣传党的抗日主张，行动中部队对外称“中国工农红军北上抗日第二先遣队”（1934年7月，红七军团曾组成第一抗日先遣队，由瑞金出发北上）；留下主力红军一个团及地方武装，重建红二十八军，继续坚持鄂豫皖革命根据地的斗争。红二十八军在高敬亭领导下，后发展到2000余人，使1927年黄（安）麻（城）起义举起的武装斗争旗帜始终飘扬在大别山区。

红二十五军长征出发之前，部队各级党组织向全体指战员讲形势，讲任务，进行了深入的政治动员。当时提的口号叫“打远游击”、“创建新苏区”。出发时，省委发布了《中国工农红军北上抗日第二先遣队出发宣言》。《宣言》依据中央通知的精神，指出民族危机的深重，宣布党的抗日救国主张和红军北上抗日宗旨，号召全国同胞，不分政治倾向，团结起来，一致抗日。省委秘书长郑位三亲自给部队上政治课，军政治部组织宣传队，刻印传单、布告，书写标语，对战士进行政治鼓动，使每个同志都坚定革命必胜、长征必胜的信念。

1934年11月16日，红二十五军约3000名指战员从河南省罗山县何家冲出发，向西挺进。此时，敌东北军九个师和“鄂豫皖三省追剿队”已麇集鄂东北，正准备对鄂豫皖苏区进行大规模“围剿”，但尚未完全形成合围。我军适时而主动地实施转移，打破了敌人的“围剿”计划。蒋介石急忙调动40多个团的兵力追击堵截，先后在湖北枣阳、随州一带，河南境内的桐柏、方城独树镇、卢氏城南等几个地区布置了封锁线，企图将脱离根据地孤军远出的红二十五军围歼于途中。

红二十五军人数虽少，但却十分精干。军直辖的四个团能征善战，后勤、医院等保障单位也都非常战斗化，说走就走，说打就打，全军随时保持良好的战斗姿态。11月17日，我军即在朱堂店突破敌人阻拦，当晚趁夜暗从信阳以南越过平汉铁路，进入豫鄂交界的桐柏、枣阳一带，实现了战略转移的第一个目标。鉴于该地区距平汉铁路和汉水较近，回旋范围狭小，加之敌重兵压镜，难以立足发展，省委遂决定掉头北上，向第二个预定目标——伏牛山转移。

从桐柏山到伏牛山，是一个地域辽阔的丘陵平原地带，须越过许（昌）南（阳）公路。此时已是11月下旬，寒流南下，气温骤降，而红军指战员衣着单薄，粮秣不给。但部队仍保持着高昂的斗志，顶风冒雪，向北疾进。26日下午，我军正准备从方城独树镇附近穿过许南公路时，突然遭到预先抵达该地区的敌一个旅另一个骑兵团的伏击。敌“追剿纵队”三个师又随后紧追，形势相当严峻。而那天的气候条件又极为恶劣，我军发现敌人较迟，一时陷入被动。衣服被雨雪浸透、疲惫饥寒交加的战士们手指冻僵，面对突然遭遇之敌竟一时拉不开枪栓，被迫后撤。敌军乘机发起冲击，并分兵两翼包抄，情况异常险恶。在此危急时刻，军政委吴焕先疾步赶至最前线，发出“坚决顶住敌人，决不后退”的命令，使我军很快稳住了阵脚。随后，他从交通员身上抽出一把大刀，振臂高呼：“共产党员跟我来！”在他的率领下，指战员们奋不顾身冲上前去，与敌军展开白刃格斗。很快，副军长徐海东率后卫梯队赶到，经过一番恶战，我军伤亡200余人，终于打退了敌人的进攻。天黑以后，风雪大作，接着转为大雨。但数倍于我的敌军仍在附近，天亮后必将发动新的进攻。军领导果断决定，就是有天大的困难，也要使部队迅速脱离危险区。此时，绝大多数同志还没吃上饭，紧急集合的命令一下，大家都忍受着极度的疲劳和饥饿，又顶风冒雨，踏上征程。经过整整一夜的急行军，在地下党当向导的同志带领下，全军迂回曲折地绕到守敌空虚的保安寨以北地区，穿过了许南公路，进入伏牛山区。独树镇战斗，是红二十五军长征初期的关键性一仗，系关全军的生死存亡。在地形、气候等条件对我均不利的情况下，指挥员临危不惧，身先士卒，战斗员不怕牺牲，浴血奋战，挫败优势敌军步骑兵的合击，随后又连夜转移，摆脱强敌的围困，充分显示了红二十五军英勇顽强的战斗作风和严格的组织纪律性。作风和纪律出战斗力，特别是在两军“狭路相逢”之际，具有顽强战斗作风和严格纪律的“勇者”，就能压倒一切敌人，立于不败之地。

红二十五军进入伏牛山区后，发现该地域狭窄，人烟稀少，粮食和物资匮乏，豫西“内乡王”别庭芳称霸此地多年，群众大都被强迫进入地主围寨，加之敌军跟踪而至，在这里建立苏区也很困难。因此，省委再次改变原计划，决定转进陕南商洛地区。这时，敌军正分两路追击，并派重兵控制了入陕大道。我军在当地群众帮助下，沿一条人迹罕至的隐蔽小路，直奔豫陕交界的铁锁关，使敌军在河南布置的第三道封锁线枉费心机。

红二十五军进入陕西洛南县境后，于12月10日在庾家河召开省委常委会议，研究在鄂豫陕边区建立根据地问题。会议进行期间，由鸡头关方向跟踪而来的敌六十师突然对我军发动攻击，并占领了东山坳口的高地。军领导悉知敌情后，即令司号员用军号调动各部队跑步进入战斗，并迅速分头指挥实施反击。战斗异常残酷激烈，从上午一直打到黄昏，我军指战员在被动条件下殊死奋战，以刺刀、手榴弹与敌拼搏，反复冲杀20余次，终将敌人打垮，歼敌300余人，残敌向卢氏方向逃去。此战我军伤亡亦达200余人，军长程子华、副军长徐海东和多名团营干部负重伤。至此，红二十五军经过近一个月的艰苦转战，长驱1800余里，初进桐柏山，继转伏牛山，后入商洛地区，粉碎了20余倍于己之敌的围追堵截，在陕南地区寻找到了新的立足点，走向了广阔发展的道路。

历史事实充分证明，当面临强敌压境，弱小红军无力粉碎敌军“围剿”的情况下，适时跳出外线作战，实行战略转移是完全正确的。在转移中，我军高举抗日旗帜，调整政策，转变斗争策略，也是非常必要的。广大人民群众从红军北上抗日的行动中，看到了挽救民族危机的希望。党的抗日救国政治号召，以及我们在经过白区地主围寨时实行不打土豪、不分土地、所需粮草一律购买等措施，在地主乡绅阶层中产生了较大影响，使大多数围寨的地主武装保持中立，有效地减少了前进道路上的阻力。

二、创建新根据地 打破敌军“围剿”

长征途中，红二十五军坚持工农武装割据，开辟新的革命根据地的思想十分明确。在庾家河会议上，省委正确分析形势，认为鄂豫陕边区是敌人统治的薄弱环节，作出了《关于创建新苏区、新的革命根据地的决议草案》，不失时机地解决了新区选择和当前方针任务等重大问题。同时决定将中共鄂豫皖省委改为中共鄂豫陕省委。

鄂豫陕三省边界地区，包括陕西省南部的洛南、商县、商南、山阳、镇安、柞水、洵阳等县，湖北省西北部的郧西、郧阳等县，河南省西部的卢氏、淅川等县。该地区北靠秦岭，南濒汉江，山峦连绵，丛林茂密，便于开展游击战争，党和红军在这一带传播过革命影响，具有良好的群众基础。在这里建立根据地，竖起一面红旗，可以牵制敌人大量兵力，对南面的川陕苏区、北面的陕甘苏区以及长征中的中央红军，都可以起配合作用。红二十五军坚决执行省委的决议，全力投入创建新苏区的斗争。进入陕南之初，红二十五军只有2500余人，在集中主力歼灭敌人有生力量的同时，多次抽调领导骨干和部队去做群众工作，建立地方武装和基层政权。当时，蒋介石还未能统一鄂豫陕三省边界地区军队的指挥，杨虎城正忙于北攻陕北红军，南拒川陕红四方面军。红二十五军抓紧有利时机，广泛发动群众，很快在郧西、洵阳、镇安、山阳等四县边区建立了第一块根据地，初步奠定了鄂豫陕革命根据地的基础，并扩大红军400余名。

红二十五军在鄂豫陕边区燃起的革命烈火，引起蒋介石统治集团的恐慌与不安，急忙调动军队发动“围剿”。在“围剿”与反“围剿”的斗争中发展与巩固革命根据地，是红二十五军长征途中创建新区的显著特点。

1935年1月，蒋介石令驻河南的第四十军两个团和驻湖北的第四十四师入陕，配合杨虎城的陕军，以11个团的兵力对鄂豫陕边区红二十五军发动第一次“围剿”。面对来势汹汹的进攻之敌，我军采用避其锋芒、各个击破的战术，以一部兵力牵制敌人，主力迅速由山阳、郧西交界地区北上袁家沟口，突然出现在敌人背后。经蔡玉窑、文公岭两战，予单独冒进的陕军第一二六旅以重创。战后，我军乘胜在蓝田、商县、山阳、镇安、柞水五县边区建立区、乡苏维埃政权，在陕东南开辟了第二块根据地。接着，又连克宁陕、佛坪两县城，在华阳镇东南的石塔寺附近设伏，歼灭陕军警二旅五个营。战斗结束后，我军在华阳地区建立了七个乡的革命政权，开辟了第三块根据地。4月上旬，红二十五军从华阳东返，在葛牌镇以南的九间房设伏，将一路跟踪追击的陕军警备第三旅两个团打垮，歼俘其1000余人。随后，我军攻克洛南县城，又在洛南、商县、商南、卢氏四县边界地区建立了一批区、乡革命政权。广大群众在红军战斗胜利和获得翻身解放的鼓舞下，革命情绪高涨，青壮年纷纷参加红军。我军在粉碎敌人第一次“围剿”的同时，先后在鄂豫陕边区建立了四块革命根据地，成立了中共鄂陕、豫陕两个特委和五个县工委，初步建成了鄂豫陕革命根据地，下辖鄂陕边区苏维埃政府和两个县、13个区、48个乡、314个村的苏维埃政权，苏区人口近50万。根据地的建立，使红二十五军得以休整，并不断发展壮大。到5月初，主力红军增至3700人，还有党领导下的游击师、抗捐军等地方武装2000余人。

红二十五军连战皆捷，使鄂豫陕边区的革命烈火愈燃愈旺，蒋介石大为震惊，紧急调动原进攻鄂豫皖苏区的东北军第六十七军和驻郑州的第九十五师开入陕南，会同第四十军、第四十四师和陕军一部，共30多个团的兵力，发动第二次“围剿”，并限令在三个月内将红军全部消灭。我军对敌人发动更大规模的“围剿”早有准备。省委在郧西开会，针对敌众我寡，但我已有根据地作依托，以及陕南地势险要、敌军运动和补给困难等情况，决定采取“先拖后打”的作战方针，即先诱敌深入，调动、分散、疲惫敌人，打乱敌人部署，然后集中兵力歼敌一部，力求全歼。6月初，我军以地方武装袭扰、牵制敌军，主力自郧西向北，转至外线捕捉战机，经商南奔袭敌荆紫关兵站，缴获大批弹药物资。当敌军蜂拥增援荆紫关时，我军又挥师西行，诱敌进至根据地中心区的袁家沟口一带。这里是一条长达十里的深沟，两侧山高林密，我军在预选战场设伏待敌。7月2日拂晓，陕军警一旅进入伏区，我军突然发起猛烈进攻。顿时，群山军号响，满谷杀声起，各种火器向密集之敌雨点般扫射，红军各连队勇猛插向乱作一团的敌群。经过约十个小时的激战，歼敌1700余人，俘敌旅长唐嗣桐，缴获轻重机枪40挺、长短枪1600余支。我军仅伤亡100余人。这是一次出色的歼灭战。袁家沟口战斗后，各路敌军均不敢贸然行动。我军乘胜东进，北出终南山，威逼西安，致使正准备由西安开往天水的东北军第五十一军紧急改变计划，准备保卫西安，城内的许多大地主、大资本家纷纷准备外逃。红二十五军威逼西安的行动，扩大了党和红军的政治影响，也使红二十五军得到了物资和兵员补充，敌人妄图在三个月内消灭红军的计划彻底破产。

在鄂豫陕的两次反"围剿"斗争中，红二十五军采取积极防御的战略方针，运用灵活机动的战略战术，以游击战和运动战相结合，使我军由战略上的劣势转变为战役、战斗上的优势，赢得了战争的主动权，屡战屡胜，战果也愈来愈大，能够在一次战斗中歼灭装备精良的整团整旅之敌。红二十五军在反"围剿"斗争中愈战愈强，其作战实践证明毛泽东关于人民战争的作战方针是完全正确的，也标志着红二十五军领导在军事指挥等方面达到了比较成熟的程度。

三、挥师西征北上 策应中央红军

因红二十五军没有无线电台，自撤离鄂豫皖苏区后，就与中共中央失去了联系。长征途中，红二十五军总是千方百计寻求党中央的信息和指示，力图策应党中央和主力红军的行动。军长程子华、政委吴焕先多次说："消灭敌人一个团，不如缴获一部电台，能得到中央的指示。"在威逼西安的行动中，从报纸上得悉中央红军和红四方面军已在川西会师，并有北上动向。当时，蒋介石正在调集几十万大军向川陕甘边区集结，妄图将我主力红军围歼于川西地区。此时，红二十五军的领导者们又面临着一次新的重大抉择。恰在这关键时刻，原鄂豫皖省委交通员石健民于7月

15日从上海经西安到达军部驻地，送来了党中央的文件，并确切证实了中央红军与红四方面军在川西会师和北上的消息。当晚，鄂豫陕省委在长安县沣峪口召开紧急会议。省委全面分析形势，认为“主力（红军）会合在西方的胜利，与将要形成中国西北部苏区根据地……这都是目前中国革命发展的新的形势特点”；①当前最紧迫的战斗任务是“配合红军主力在西北的行动，迅速创造新的伟大的巩固的革命根据地”。②省委决定立即率领红二十五军西征北上，同时确定将鄂陕边、豫陕边两特委会合并为鄂豫陕特委，统一领导留下的武装力量。留在鄂豫陕苏区的红军合编为红七十四师，在郑位三、陈先瑞领导下发展到2100余人，一直坚持鄂豫陕边区的革命斗争。

在复杂多变、与党中央失去联系的情况下，鄂豫陕省委和军领导通观全局，独立自主、坚决果断地作出这一战略决策，是非常难能可贵的。它完全符合全国革命形势发展的需要，符合党中央率领主力红军北上抗日的战略意图，也反映了红二十五军全体指战员心向中央、热切与主力红军会师的愿望。徐海东等曾在会议上表达这样的决心：我们这几千人牺牲完了也要牵制敌人，使一、四方面军顺利北上，这对全国革命也是有意义的。③

1935年7月16日，红二十五军4000余名指战员从沣峪口地区出发，离开鄂豫陕苏区，踏上了继续长征的道路。部队进行了西征北上的思想动员。“迎接党中央”、“与中央红军会师”，是当时最有力的行军和战斗动员口号。红二十五军经户县、周至，沿秦岭北麓冒雨向西挺进，于31日占领川陕公路要地双石镇（今凤县县城），歼敌一部，截俘敌少将参议一名，缴获一些文件和报纸。其中，7月22日《大公报》报道：红军“朱、毛

① 1935年7月30日《（鄂豫陕）省委给特委的工作指示》。

② 1937年7月17日《鄂豫陕省委吴焕先关于红二十五军的行动、个别策略及省委工作情况的报告》。

③ 1962年10月5日至7日《徐海东关于红二十五军若干史实问题的谈话纪要》。

部已越过六千公尺的巴朗山，向北进行”。综合敌人口供、文件和报纸所提供的情报，进一步证实了中央红军正在北上，而敌胡宗南、王均、邓宝珊、马鸿宾等部，均部署于川西北和甘南边境，以及渭河沿线和西（安）兰（州）公路上，全力堵截红军。据此，军领导当机立断，决定立即进入甘肃境内，威胁敌人后方，策应党中央和主力红军北上。

8月初，红二十五军攻占甘肃两当县城，尔后翻越麦积山，进击天水。天水是胡宗南部的后方基地。我军以神速行动攻占天水城北关，歼敌一部，缴获一批军用物资。这一行动引起敌人极大震惊，急调部队回援。接着，我军又大胆向敌纵深挺进，从新阳镇强渡渭河，继克秦安县城，威逼静宁，切断了横贯陕、甘两省的交通大动脉西兰公路。红二十五军如一把尖刀，直捣敌后方，成为其心腹大患，蒋介石从成都行辕接连发出五道电令，调兵遣将，堵截、追击红二十五军。他在8月10日的电报中称：“查徐海东匪西窜原因在策应朱毛，我军应采用内线作战要领，先以优势兵力迅速解决徐匪，再行以全力回击朱毛。”根据蒋介石的命令，朱绍良、薛岳、王均、于学忠、杨虎城等部，都抽调部分兵力，集中对付红二十五军，“统归朱绍良负责统一指挥”。朱绍良急调一部由四川江油北上甘肃文县，一部东移天水，原准备南下堵截中央红军的一个师一个旅也不得不改变计划。这样，红二十五军的行动有力地钳制和吸引了大批敌军，打乱了蒋介石的部署，在一定时期内减轻了中央红军的压力。当时，我右路军（由中央红军第一、三军团和红四方面军第四、三十军组成）还将这一情况写进了《行动计划》：“我红二十五军（徐海东同志所部）于本月七、八两日，攻占甘南之徽县、两当等县，逼近天水并向成县进迫。胡（宗南）敌判断其有进固西企图，正与朱绍良、杨虎城、于学忠各敌商议对付策略。”[①]不久，右路军从毛儿盖出发，在红二十五军的策应下取得包座战斗的胜利，打开了向甘南进军的门户。

---

① 《右路军行动计划》，1935年8月10日于毛儿盖。

红二十五军西进北上过程中，途经一些少数民族地区。军领导教育部队一面行军打仗，一面做群众工作，扩大红军的政治影响。部队每到一地，都要调查了解社会情况，具体帮助群众解决困难。全军严格遵守群众纪律，坚决保护群众利益，赢得了沿途各族人民群众的拥护和支持。8月中旬，我军进入回民聚居的静宁县兴隆镇。军政委吴焕先及时对全体指战员进行党的民族政策教育，专门规定了“三大禁令、四项注意”：禁止部队驻扎清真寺，禁止毁坏回族的经典文字，禁止在回民地区吃大荤；注意遵守回族人民的风俗习惯，注意使用回民水桶在井里打水，注意回避青年妇女，注意实行公买公卖。他还亲自到清真寺拜访，召开阿訇和当地知名人士座谈会，宣传党的抗日救国主张和红军的政策纪律。部队严格执行党的民族政策，广泛开展助民劳动，切实做到了秋毫无犯，军医院院长钱信忠等医护人员还热情为群众治病。“红军是仁义之师”、“红军好”的赞誉传遍陇东地区。后来，中央红军长征经过这里时，受到了回民和其他各族群众的热烈欢迎。到达陕北后，毛泽东还夸奖红二十五军长征途中所做的群众工作，说红二十五军政策水平很高，民族政策执行得很好。

红二十五军离开兴隆镇后，沿西兰公路东进，一举攻克隆德县城，接着连夜越过六盘山，打破敌三十五师一部的截击，进抵平凉、泾川地区。在泾川城西南的四坡村，我徒涉汭河的部队遭敌三十五师马开基团的突然袭击。在激战中，军政委吴焕先壮烈牺牲。指战员们怀着极大的悲愤，与敌展开殊死搏斗，全歼敌一个整团。

8月中旬至下旬，红二十五军为进一步钳制敌人，积极活动于隆德、平凉、崇信、灵台、泾川、华亭等地区，切断西兰公路18天，迫使敌人一再抽调原用于堵截中央红军的兵力对付红二十五军，对中央红军的北上行动起到了战略性配合作用。

四、先期抵达陕北 巩固扩大陕甘苏区

红二十五军在陇东地区与敌周旋期间，每天都派人通过各种途经探寻中央红军行动的确切消息，但一无所获。此时，敌第三十五师、第五十一军、第三军等各一部，从不同方向向红二十五军活动区域逼近，我军在此孤军作战，处境不利。省委和军领导鉴于一时难与中央红军取得联系，便决定北上陕甘，“与陕北红军集成一个力量”，“首先争取陕甘苏区的巩固，直接有力的配合红军主力”。[①]9月初，红二十五军强渡泾河，经镇原、庆阳县境兼程前进，途中多次击败尾追的敌骑兵，9月9日抵达保安县（今志丹县）永宁山，与陕甘党组织取得联系，并在沿途受到陕北人民的热烈欢迎。9月15日，红二十五军抵达陕北延川县永坪镇，与刘志丹等领导的陕甘红军胜利会师。至此，红二十五军历时十个月，转战万余里的长征胜利结束，成为长征到达陕北的第一支红军，这时全军共3400余人。

红二十五军和陕甘红军会师，是中国工农红军在西北大会师的前奏。为统一指挥作战，两支红军合编为红十五军团，共7000余人，极大地增强了陕北的革命力量。当时，蒋介石调集了东北军11个师及陕、甘、宁、晋、绥五省的地方部队，正在对陕甘革命根据地进行第三次“围剿”，红二十五军与陕甘红军合编后，即在军团长徐海东、政委程子华、副军团长兼参谋长刘志丹指挥下，先后发起了劳山战役和榆林桥战斗，毙伤敌师长何立中以下1300余人，俘敌团长高福源以下5500余人，缴获轻重机枪310挺、火炮20门、长短枪4300余支和其他大批军用物资，以战斗的胜利巩固和扩大了陕甘革命根据地，为迎接党中央和中央红军的到来创造了

① 1935年9月27日鄂豫陕省委《关于离开鄂豫陕苏区会合陕甘红军之决定经过的报告》。

有利条件。

10月19日，党中央率陕甘支队（即中央红军主力）抵达陕北，11月初在甘泉地区与红十五军团会师。党中央称这次会合“是中国苏维埃运动的一个伟大胜利，是西北革命运动大开展的导炮！”会师后，红十五军团编入红一方面军序列。在党中央、毛主席的直接指挥下，红十五军团与红一军团并肩作战，取得了直罗镇战役的胜利，彻底粉碎了敌人对陕甘苏区的第三次“围剿”，为党中央把全国革命大本营放在西北，举行了奠基礼。此后，原红二十五军的指战员在红一方面军十五军团编成内，参加东征和西征，进一步巩固和扩大了陕甘革命根据地，并为策应红二、红四方面军北上，实现三大红军主力会师，准备了重要的条件。1936年10月，西征红军在陕甘宁地区开辟了纵横七百里的新苏区，红十五军团攻克西北重镇会宁城。不久，红一、红二、红四方面军在会宁和将台堡胜利会师，并举行了隆重的庆祝三大红军主力会师的联欢会。这是我们参加的第三次，也是规模最大的一次红军会师。时光虽已过去60年，红军三大主力会师时那欢腾雀跃的场面，那团结胜利的气氛，至今仍萦绕脑际，历历在目。

红二十五军长征的历史，是中国革命壮丽史诗中辉煌的一页。红二十五军历尽千难万险，打破几十倍优势敌军的围追堵截，为我党保存了一支强有力的武装，并在长征途中创建了鄂豫陕革命根据地，对党中央和主力红军北上起到了重要的战略配合作用。红二十五军最先抵达陕北，同陕北红军并肩作战，巩固和扩大了陕甘苏区，为迎接党中央和主力红军大会师，把革命大本营放在西北，开创中国革命的新局面，作出了具有战略意义的历史贡献。红二十五军长征进入陕南后，打垮了对我“围剿”的陕军三个旅，后又同陕北红军一起打疼了东北军。张学良、杨虎城由此认识到“围剿”是蒋介石消灭异己的手段，只有联共抗日才有前途。1946年9月，周恩来在同美国记者李勃曼谈话时曾指出：“红军长征到陕北后，东北军即开始围攻。徐海东部首先把东北军打垮了一个师，一个旅，后来又打垮了一个师。于是东北军官兵不愿内战，要求抗日，中共在这种情况下，开始向东北军进行统一战线工作，双方取得默契，互不攻击，推动了西安事变的发生。”

红二十五军在长征中所表现出的高度的革命英雄主义精神可以概括为：有远大的革命理想和对党的领导、革命事业坚定不移的信念；不惧强敌，英勇善战，一往无前的英雄气概；勇于牺牲，战胜困难，百折不挠的坚强意志；顾全大局，严守纪律，紧密团结的高尚品德；艰苦奋斗，联系群众，勇于奉献的崇高思想；独立斗争，孤军北上，敢为先锋的求索精神。毛泽东主席曾多次称赞红二十五军的主要领导人徐海东，说他对中国革命“有大功”。这既是对徐海东个人的评价，也是对红二十五军的评价。

六十甲子，沧海桑田，中国已发生了翻天覆地的变化。可以说，没有60年前红军长征的胜利，就不会有中国革命的成功，也就谈不上今天社会主义建设和改革的巨大成就。回顾红二十五军和其他各路红军长征的光辉战斗历程，我们不仅为长征的艰苦卓绝、英勇悲壮而铭心，更为长征的光辉胜利和深远影响而自豪。“长征是历史纪录上的第一次”，是彪炳史册的英雄壮举。

长征业绩与日月同辉！

长征精神光照千秋！

长征烈士永垂不朽！

选自《军事史林》1996年第10期。

王诚汉，原名王诚翰，1917年生，湖北红安人。1930年参加中国工农红军，同年加入中国共产主义青年团，1933年转入中国共产党。红军长征时任红二十五军二二四团二营四连副连长、第二二五团二营四连连长。新中国成立后，曾任陆军第六十军军长、西藏军区副司令员、成都军区司令员、军事科学院政治委员，中共中央委员、中共中央顾问委员会委员等职。1955年被授予少将军衔。1988年被授予上将军衔。2009年在北京逝世。

钱信忠，1911年生，江苏宝山（出生村镇今属上海）人。1932年参加中国工农红军，1935年加入中国共产党。红军长征时任红二十五军医院院长。新中国成立后，曾任解放军总后勤部卫生部副部长兼军事医学科学院院长、国家卫生部部长兼党组书记、国家计划生育委员会主任、全国人大常委会委员、中共中央顾问委员会委员等职。1955年被授予少将军衔。2009年在北京逝世。

张池明，原名张赤民，1917年生，河南新县人。1929年加入中国共产主义青年团，1935年转入中国共产党，1932年参加中国工农红军。1933年任红二十五军军部秘书，参加了长征。新中国成立后，曾任中南军区后勤部部长兼政治委员、解放军后勤学院院长、解放军总后勤部政治委员、炮兵政治委员，中央军委委员、中共中央委员等职。1955年被授予中将军衔。1997年在北京逝世。

陈鹤桥，1914年生，安徽霍邱人。1931年加入中国共产主义青年团，1934年转入中国共产党。1932年参加中国工农红军。红军长征时任红二十五军政治部文印科科长。新中国成立后，曾任昆明军区副政治委员、军委通信兵部政治委员、解放军第二炮兵政治委员、全国人大常委会委员等职。1955年被授予少将军衔。2008年在北京逝世。

红二十五军的战略转移

王诚汉

红军第二十五军，在鄂豫皖省委和程子华、吴焕先、徐海东等率领下所进行的战略转移——长征，是极其艰苦和曲折的。这支队伍从1934年11月撤离鄂豫皖苏区后，在与党中央失去联系的情况下独立转战，历尽艰难险阻，打破敌人一次又一次围追堵截，先于鄂豫陕边创建了苏区，后为迎接党中央和配合主力红军北上，毅然离开苏区继续西征北进。在此期间，因得不到党中央行动的确切消息，同时迫于敌情，于1935年9月进入陕北与陕甘红军会合。尔后这两支红军同心协力，团结战斗，使陕甘苏区进一步巩固与发展，成为红一、二、四方面军长征的立脚点，为党中央把全国革命的大本营放在西北做出了重大贡献。

新的战略起点

1932年6月，国民党军集中30多万兵力突然对鄂豫皖苏区发动第四次“围剿”，由于张国焘的错误战略指导，红四方面军苦战数月未能打破敌人进攻，主力于10月越过平汉路向西转移，留下红二十五军一部兵力会同部分地方武装重建新的红二十五军。随后在中共鄂豫皖省委领导下，经艰苦奋战，扭转了苏区的严重斗争局面。至1933年春，红二十五军的兵力发展到约1.3万人，成为坚持苏区斗争的有力支柱。

当时，鄂豫皖苏区因遭受敌人第四次“围剿”和“清乡”的严重摧残，亟待恢复元气；红军辗转连续作战，疲乏不堪，亦迫切需要休整。但是，省委领导人受王明“左”倾路线的影响，不顾实际情况和徐海东等同志的反对，强令红军“趁热打铁”，大举反攻，夺回七里坪、新集、红安县城等中心城市。红二十五军围攻七里坪40余天，打攻坚战、阵地战、消耗战，兵力损失近半，被迫撤围。接着，敌人的第五次“围剿”就开始了。

敌人对鄂豫皖苏区的第五次“围剿”，共出动兵力82个团十万余人。红二十五军艰苦鏖战一年零三个多月，虽取得葛藤山、长岭岗、太湖、扶山寨等重要战斗的胜利，但自身损失也很大。鄂豫皖苏区所面临的形势是：第一，敌以数十倍于红军的兵力，用碉堡和封锁线压缩根据地，用“驻剿”与“追剿”对红军交替进攻；红二十五军这时兵力已不足三千，处境艰险，有耗无补，难以组织有力的反击。第二，苏区日益缩小，粮食奇缺，人口锐减，物力、财力枯竭。第三，在老区难以恢复和再开辟新的苏区。虽然红军指战员进行了极其艰苦的斗争，但苏区的严重局面无法扭转，打破敌人“围剿”已不可能。在此形势下，中共鄂豫皖省委从1934年3月起，几次收到中共中央、中央革命军事委员会要求红二十五军实行战略转移、创建新根据地的指示。同年9月，党中央和中革军委又派程子华到达苏区，传达了周恩来关于红军主力要作战略转移，建立新根据地的指示。11月11日，鄂豫皖省委在光山县花山寨召开会议，决定红二十五军向平汉铁路以西实行战略转移，以保存有生力量，求得更大发展；留下部分地方武装（后建为红二十八军）坚持苏区斗争。随即对部队进行整编，并调整了军领导成员，根据徐海东的提议，省委决定程子华任军长，吴焕先任政委，徐海东由军长改任副军长。16日，红二十五军以中国工农红军北上抗日第二先遣队的名义，从河南罗山县何家冲出发，次日冲破敌人平汉铁路封锁线，离开鄂豫皖苏区，开始长征。

敌人围追堵截，红军英勇战斗。11月26日，红二十五军进至方城县独树镇附近时，遭到先期到达的敌四十军一一五旅和骑兵团阻击。当时因遇寒流，雨雪交加，部队饥寒交迫，一时陷入被动。吴焕先、徐海东带头冲锋陷阵，率领指战员们反复冲杀，敌我伤亡都很大。战至黄昏，我军终于迫敌暂停进攻，于当夜胜利突围。28日，敌四十军骑兵第五师第一一五旅、骑兵团分别追来，从南北两面夹击红军。徐海东当即命令前卫第二二三团立即抢过澧河，第二二五团则迅速抢占上马村高地，击退敌骑兵团和第一一五旅的进攻，掩护军直属队和第二二四团顺利过河。12月10日，敌第六十师对刚进至雒南（今洛南）县庾家河（今属丹凤县）地区的红二十五军发动突然袭击。正在开会的军领导立即登上山头，指挥部队与敌展开激烈的争夺战。战斗异常艰苦激烈，从上午一直打到黄昏，反复冲杀20余次，终于打退敌人的进攻。这次战斗杀伤敌人数百，红军伤亡也很大，军长程子华、副军长徐海东均负重伤。战后，部队进行整编，将二二四团分别编入二二三团和二二五团，由三个步兵团缩编为两个步兵团。至此，红二十五军经过近一个月的艰苦转战，初进桐柏山，继入伏牛山，后又转进陕南，以2000余人的兵力粉碎了20余倍于己之敌的围追堵截，胜利地完成了战略转移的第一步任务。

在转移中，红二十五军有效地保存了有生力量，经受了严峻的考验和锻炼，提高了部队的战斗力。行军作战中领导身先士卒，广大指战员英勇顽强作战，表现了高度的政治觉悟。特别是独树镇和庾家河两次战斗，吴焕先、徐海东亲自率领部队冲向阵地，以巧妙的指挥为后续部队打开了通道。实践证明，红二十五军在党领导下从长期的战争实践中锻炼出来的战斗作风是过得硬的，这是红二十五军能压倒一切敌人和困难而不被敌人和困难所屈服的重要原因之一。历史事实也充分证明，红二十五军在强敌压境、无力粉碎敌人“围剿”的形势下，实行战略转移是完全必要的、正确的。如果不顾敌强我弱力量悬殊的客观实际，死死困守苏区，消耗自己的有生力量，那就只有被敌人不断削弱，甚至被消灭。

毛泽东同志曾经指出，战争的流动性和苏区领土的不固定性，是土地革命战争的重要特点之一，也是弱小的红军赖以保存自己、消灭敌人的一种有效战略手段。红二十五军胜利突破敌人的包围，跳到外线转战，待机破敌，寻找新的立脚点，既保存和发展了自己，又调动了敌人，从而为红二十八军坚持原苏区的斗争创造了条件。从这个意义上说，红二十五军的长征也是它走向新的胜利的战略起点。

开创鄂豫陕苏区

如何选择敌人统治的薄弱环节，开创新的苏区，迅速发展壮大自己，这是摆在转战中的红二十五军面前的一个根本问题。

1934年12月10日，鄂豫皖省委在雒南县庾家河会议上研究了在鄂豫陕三省边界地区创建新苏区问题。会议分析了该地区的敌情、民情和自然地理情况，认为敌人在这里统治力量比较薄弱，人民生活贫困，容易发动群众，党和红军在这一带有一定影响；同时这里山大沟深、丛林茂密，回旋余地较大，便于活动，适合创造新的苏区。会议最后作出了《关于创建新苏区、新的革命根据地的决议草案》，决定红二十五军当前的根本任务就是在这一地区深入发动群众，做好宣传工作，把群众组织起来，迅速扩大红军，以打破敌人进攻、创建新的苏区。同时决定中共鄂豫皖省委改为鄂豫陕省委。

为贯彻省委决议，部队整编后，以一部分兵力就地发动群众，以主力主动出击，开辟了鄂豫陕边、陕东南五个县和华阳等几块苏区。1935年1月，敌向红军发动第一次“围剿”。红二十五军经蔡玉窑、文公岭两战，予敌第一二六旅以重创，并乘胜在蓝田、商县、山阳、镇安、柞水五县部分地区开辟苏区，建立游击武装。接着，连克宁陕、佛坪两县城，于3月上旬进抵洋县华阳镇，在华阳东南的石塔寺附近打垮敌警备第二旅五个营，毙伤敌人200余人，俘敌团以下官兵400余人。战斗结束后，又乘胜开辟了华阳地区，建立了华阳、石塔寺等七个乡政权，组织了华阳、茅坪两支游击队和几百人的抗捐军。与此同时，红军还先后在蓝田县葛牌镇、柞水县曹家坪和山阳县小河口、袁家沟口、牛耳川、杜家沟等地建立了区乡苏维埃政权和华阳地区的苏维埃政权。敌第一次“围剿”至此被粉碎。葛牌镇会议后，红军乘胜东进。4月18日晚，徐海东指挥部队攻占雒南县城。当晚部队进城后，遵照军部命令，对群众秋毫无犯，部队均露宿在街道两旁。尔后进至雒南、商县以东，深入发动群众，扩大红军，组织地方武装，开辟了豫陕边苏区。到5月初，红二十五军主力发展到3700多人，地方游击师、抗捐军发展到2000多人，成立了中共鄂陕、豫陕两个特委、五个县工委，以及鄂陕边区苏维埃政府和两个县13个区、40多个乡300多个村的苏维埃政权，初步建成了鄂豫陕苏区。

5月上旬，敌人集中30多个团的兵力对鄂豫陕苏区发动第二次“围剿”。鄂豫陕省委在郧西开会研究反“围剿”的作战方针和计划。会议根据鄂豫皖时期反“围剿”的成功经验、程子华介绍的中央苏区三次反“围剿”的战法和徐海东的建议，决定红二十五军主力首先北上，争取歼敌一部，然后采取“诱敌深入，先疲后打”的方针打破敌人“围剿”。据此，红军于6月初自郧西向北，直插商县地区，尔后经商南远程奔袭敌荆紫关兵站，歼敌一个营，缴获了大批弹药物资。接着又连续四天急行军，转移到山阳县袁家沟口一带隐蔽待机歼敌。等到第四天，敌警备第一旅赶来，吴焕先、徐海东指挥红军发起猛烈进攻，经过激战，毙伤俘敌1700余人，缴获各种枪1600余枝。其他敌军不敢再追，敌“围剿”又被打破。

为了补充自己和调动敌人，红二十五军在袁家沟口战斗后，又经杨家斜、石嘴子、后更子等地，北出终南山，前锋直抵西安以南十余公里的韦曲、杜曲。并在引驾回、子午镇进行扩军，补充物资，做群众工作，扩大红军的政治影响。

红二十五军自离开鄂豫皖苏区以后，因与党中央失去联系，对全国革命斗争形势不甚了解，只是在进逼西安时，从国民党的报纸上得知中央红军和红四方面军已在川西会师，并有北上的动向。为了配合主力红军行动，鄂豫陕省委于7月15日在长安县沣峪口召开紧急会议，一致认为配合主力红军行动是当前的重要任务。徐海东在会上强调指出，能牵制敌人，策应党中央和红军主力北上，对全国革命也有意义；在此行动中，即使我们这3000多人都牺牲了，也是光荣的。会议最后决定红二十五军立即西征北上。在当时复杂多变的情况下，红二十五军领导人能通观全局，果断地作出西征北上的战略决策，是非常难能可贵的。它完全符合全国革命形势发展的需要，也反映了红二十五军全体指战员与主力红军会师的热切愿望。

在开辟鄂豫陕苏区期间，中国共产党领导红二十五军有机地把武装斗争、土地革命和苏区建设三者结合起来，省委和军部先后派出五名军、团领导干部带领两个主力连到地方去宣传群众、组织群众、建党建政，配合红军主力打破了敌人两次大规模的“围剿”，创造了四块苏区，人口逾50万。这一胜利充分显示了各级党组织的坚强领导，正如毛泽东同志所指出的：“红色政权的长期存在并且发展……须有一个要紧的条件，就是共产党组织的有力量和它的政策的不错误。”

军事上的正确指导，也是红二十五军取得以上胜利的一个重要原因。尤其是吴焕先、徐海东智勇兼备，在红二十五军指战员中有极高的威望，是团结全军、指挥全军、克敌制胜、化险为夷的核心。在陕南的两次反“围剿”斗争中，他们运用灵活机动的战略战术，先调动、分散、拖垮敌人，打乱敌方部署，进而捕捉战机、集中兵力打击敌人。这种运动战与游击战相结合、大胆迂回、诱敌深入、先疲后打的战略战术，使红二十五军在极端艰苦的条件下连战皆捷，屡胜强敌。

辗转北上陕北

1935年7月中旬，红二十五军从沣峪口地区出发，西征北上。这时，军仍直辖第二二三、第二二五团，连同直属队、手枪团，全军共约4000人。红二十五军经鄠县（今户县）、盩厔（今周至）、江口镇等地，于31日占领陕甘交界的双石铺（今凤县县城），歼敌一部，俘敌少将参议一名，获得一些文件和报纸。其中《大公报》7月22日报道：红军“朱、毛部已越过六千公尺的巴朗山，向北行进……似有窥甘青交界之洮洲、岷县、西固等处”。综合敌人的口供、文件、报纸所提供的情报，证实中央红军正在北上，而敌胡宗南部、新编第十四师鲁大昌部、第三军王钧部、新编第一军邓宝珊部及第三十五师马鸿宾等部，则部署于川西北和甘南边境及渭河沿线与西（安）兰（州）公路上，企图阻止我主力红军北上。据此，红二十五军领导人当机立断，决定乘敌后方空虚，立即进入甘肃境内，并袭击天水县城，威胁敌人后方，打乱各路敌人的堵击部署，配合主力红军北上。8月3日，红二十五军攻占两当县城，然后翻越麦积山，直扑天水城下，于9日攻下天水县城北关，歼敌一部。随即，放弃攻占天水的计划，于11日从新阳镇强渡渭水，打下秦安县城。接着经魏店北进，截断西兰公路的交通，威逼静宁县城，15日进抵静宁县城以北的兴隆镇，在此休整三天。红二十五军迅速西进，出敌意外，使敌一片慌乱。蒋介石从7月26日起由成都“行辕”发出五道电令，调兵遣将，始则防止红二十五军入甘，继则围追堵截，再则抽调其“围剿”我主力红军的部队，企图“先以优势兵力迅速解决”红二十五军，然后全力回击正在北上的主力红军。

8月17日，红二十五军沿西兰公路东进，一举攻克隆德县城，歼敌一个营大部。随即，部队连夜越过六盘山，击破敌第三十五师第一〇五旅一部的截击，逼近平凉县城。20日，在平凉的白水镇和马莲铺以东的打虎山，打垮马鸿宾部第三十五师第一〇五旅，歼敌一个多营；21日在泾川县城西南的四坡村，冒雨消灭前来突袭的敌第三十五师第一〇四旅第二〇八团1000多人，击毙敌团长马开基。在战斗中，红二十五军政治委员、代理鄂豫陕省委书记吴焕先不幸牺牲，这是红二十五军的重大损失。在此情况下，省委常委临时商定，鉴于军长程子华战伤未愈，由徐海东兼任军政委和省委书记。随后，红二十五军继续西进，威逼崇信县城，并在崇信县与灵台县之间积极活动，每天都派人搜集报纸，访问客商，千方百计打听党中央和主力红军的行踪，但始终未获确切消息。正在这时，敌毛炳文部又配合马鸿宾部从背后追来，红军处境十分不利。于是，红二十五军决定立即进入陕北苏区，与陕甘红军会师。

9月初，红二十五军强渡泾水，经镇原、庆阳、合水县境，沿陕甘边界的山区北进，7日到达合水县东北的豹子川（今属华池县）。中共鄂豫陕省委在此召开会议，决定由徐海东任军长，程子华任政委。9日，部队进抵保安（今志丹）县永宁山，和陕甘党组织取得联系。陕甘政府和红军代表习仲勋、刘景范等领导同志赶来热烈欢迎。尔后，我军3400余人经四天行军，到达陕北延川县与刘志丹领导的陕甘红军胜利会师。

红二十五军在两个月的时间内，西进甘肃南部，北越西兰公路，经过多次激战，攻占敌据点、城镇，打退和歼灭了尾追之敌，纵横陕甘宁三省，成为红军长征中最先到达陕北的队伍。红二十五军西征北上取得巨大胜利，主要在于战略决策的正确，全军继续发扬机动灵活的战术和英勇顽强的作风，从而为红军长征历史写下了光辉的一页。

革命大本营的奠基礼

团结是力量的源泉，是胜利的保证。红二十五军同陕甘红军会师后，紧密团结奋斗，形成了一股坚强的革命力量，为迎接党中央和红军第一、第二、第四方面军，将革命大本营奠基西北，开创抗日新局面，做出了积极贡献。

陕甘、陕北苏区，是陕甘和陕北人民在党的领导下，经过长期艰苦斗争创建的。当陕甘边特委和西北工委得知红二十五军到达永宁山的消息后，极为振奋。西北工委立即发出了《为迎接红二十五军北上给各级党部的紧急通知》，要求各级党组织立即动员起来，发动群众开欢迎会、庆祝会，送慰问品，欢迎红二十五军。红二十五军从永宁山出发，沿途群众送水送饭，送粮送柴，送鞋送袜，到处都可以看到欢迎红二十五军的标语、传单。陕北人民无微不至的关怀，使广大指战员深受感动。徐海东、程子华要求全军整顿军容风纪，切实执行群众纪律，和群众打成一片，虚心向陕甘红军学习，团结协作，并肩战斗。

9月18日，红二十五军和陕甘红军在永坪镇召开盛大的联欢会。会后，在中共西北代表团和陕甘晋省委的主持下，将陕甘红军和红二十五军合编为红十五军团，徐海东任军团长，程子华为政治委员，刘志丹为副军团长兼参谋长，高岗任政治部主任、郭述申任副主任。军团下辖第七十五、第七十八、第八十一师，共7000余人。

红二十五军和陕甘红军的会师，是中国工农红军在西北大会师的前奏。这两支红军的会师和组建成红十五军团，对于粉碎敌人的“围剿”、巩固和扩大陕甘苏区、迎接党中央和主力红军北上、推动革命的发展，都有着重要的意义。

红十五军团成立后，为粉碎敌人对陕甘苏区发动的第三次“围剿”，军团首长决定，采取“围点打援”的战法，以一部兵力围攻甘泉，调动延安敌人来援，军团主力则在劳山地区设伏，打敌援兵。9月下旬，部队经三天急行军，到达甘泉以西的王家坪一带集结。徐海东和刘志丹带着团以上干部到劳山现地查看地形，在劳山公路两侧埋下伏兵。10月1日，敌一一〇师几千人马钻进了红军的伏击圈。红军立即发起猛攻，经激烈战斗，击毙敌师长何立中以下1000余人，俘敌3700多人。10月25日，红十五军团乘胜强攻榆林桥，再歼敌第一〇七师四个营，并俘虏敌团长高福源以下1800余人。

就在红十五军团进行榆林桥战斗之前，党中央和红一方面军（当时为陕甘支队）于10月19日到达陕北吴起镇，并确定立脚陕甘边，开创新局面。11月初，毛泽东、彭德怀等到十五军团部接见了徐海东、程子华、郭述申等。徐海东向毛泽东汇报了当前的敌情，并坚定表示敌人的第三次“围剿”完全可以粉碎。临走时，毛泽东派人交给他一部电台，要他带到前方使用。11月3日，中华苏维埃中央政府任命徐海东为西北革命军事委员会委员；同时决定红十五军团编入红一方面军建制。

对红十五军团与中央红军的胜利会师，敌人大为恐慌，急忙调整部署，发起新的进攻。方面军决定，集中兵力向南作战，首先在直罗镇一带歼灭敌人一两个师，尔后视情转移兵力，各个歼敌。红十五军团按照方面军领导的指示，进行了充分的战前准备。20日，敌第五十七军先头第一〇九师在飞机掩护下进入直罗镇。21日拂晓，在方面军领导统一指挥下，红一军团由北向南、红十五军团由南向北，向敌发起猛攻。敌人在红军的突然、强大的攻势下迅速被全歼。此战共毙伤俘敌一个师又一个团，计6300余人，打了一个漂亮的歼灭战，彻底粉碎了敌人的第三次“围剿”，为党中央把全国革命大本营放在西北举行了奠基礼。

11月30日，毛泽东在鄜县（今富县）东村召开庆祝会师和直罗镇战役胜利的大会上，对直罗镇战役作了精辟的总结。他指出：“我们胜利的原因：一、两个军团的会合与团结（这是基本的）；二、战略与战役枢纽的抓住（葫芦河与直罗镇）；三、战斗准备的充分；四、群众与我们的一致。”红二十五军长征的历史，也是中国革命的一部壮丽史诗。它以奇迹般的转战开辟了鄂豫陕苏区，后与陕甘红军胜利会师，组建了红十五军团，取得了劳山、榆林桥作战的胜利，巩固和发展了陕甘苏区，随后参加了著名的直罗镇战役。所有这些，都为迎接万里转战的党中央和红军主力、开创西北革命的新局面做出了重大贡献。1946年9月，周恩来同美国记者李勃曼谈道："红军长征到陕北以后，东北军即开始围攻。徐海东部首先把东北军打垮了一个师、一个旅，后来又打垮了一个师。于是东北军官兵不愿内战，要求抗日。中共在这种情况下，开始向东北军进行统一战线工作，双方取得默契，互不攻击，推动了西安事变的发生。"

选自本书编委会编：《徐海东纪念文集》，军事科学出版社2000年5月第1版，第67—76页。

从红二十五军到红十五军团

张池明

红二十五军

1932年6月间，蒋介石自任鄂豫皖三省“剿匪”总司令，调集26个师又五个旅共30余万人，对鄂豫皖苏区进行大规模的第四次“围剿”。红军第四方面军从8月开始进行了两个月的英勇苦战，虽然歼灭敌军万余人，但未能扭转战局，终于1932年10月撤出鄂豫皖苏区，向川陕地区实行战略转移。留在苏区的有中共鄂豫皖省委部分同志，还有分散各地掩护红四方面军转移的部队，共五个团及一个特务营，约7500余人。加上苏区各县独立师、团、营，共一万余人。他们在一时失去统一领导和指挥的情况下，各自为战，独立自主地坚持苏区反“围剿”的游击战争。

面对国民党军20多万兵力（除以十万兵力追击红四方面军外）大举“围剿”的严重局势，如何粉碎敌人的“围剿”、保卫苏区、挽救危局，亟待省委作出回答。中共鄂豫皖省委和鄂东北道委、鄂东南道委、皖西道委的决定是：尽快集中分散在各地有战斗力的部队，重新组建鄂豫皖的主力红军。

鄂东北（包括豫东南部分地区），以吴焕先为首的游击总司令部为指挥中心，集中原红七十五师一个团、原红二十七师两个团及地方武装，在中共鄂豫皖省委领导下，坚持了鄂东北、豫东南苏区的斗争。

皖西北（包括豫东南部分地区），以刘士奇为首的东路军为指挥中心，在中共鄂皖工作委员会（其前身为皖西北道委）领导下，集中原红二十七师一个团及几个县的独立团、营，于1932年10月2日在皖西北英山县金家铺组建了共四个团的红二十七军（又称东路军），刘士奇为军长，郭述申为政治委员（兼），吴保才为副军长，江求顺为政治部主任。下辖第七十九师（师长徐海东，政治委员王建南），师辖第一团、第三团；第八十一师（未成立师部）；军部直辖第二团、第五团；全军共4500余人。红二十七军掩护二万多地方干部、群众和伤员突破敌人包围，转战外线游击，在东线牵制了敌人七个师的兵力。他们经英山、罗田、蕲春、宿松、太湖、潜山、衙前（今岳西县）、桐城、舒城、霍山、六安等县，进行了数十次战斗，歼敌4000余人，打破敌围追堵截，于1932年11月转回恢复和保卫以金家寨（今金寨）、商城县为中心的皖西北苏区。不久，又从金家寨、商城、光山等县转战到鄂东北，在黄安（今红安）县七里坪、檀树岗地区找到了省委和鄂东北游击总司令部。

1932年11月29日，省委在檀树岗举行会议，认为红四方面军不会返回苏区，要依靠现有力量粉碎敌人的“围剿”，保卫苏区。因此，决定红二十七军与红二十五军及鄂东北游击总司令部合编为红二十五军，军长吴焕先、政治委员王平章，下辖第七十四师（师长徐海东、政治委员戴季英）、第七十五师（师长姚家芳、政治委员高敬亭），全军7000余人；撤销中共鄂皖工委，恢复中共皖西北道委会，并决定撤销中共豫东南道委会，将这一地区分别划归鄂东北道委和皖西北道委领导。为恢复和保卫皖西北苏区，1933年1月上旬，根据省委决定，以两个团及军部特务营为基础，在鄂东北麻城县大畈组建红二十八军，军长廖荣坤、政治委员王平章（兼），下辖第二四四团、第二四六团及特务营，全军共3000余人。红二十八军组建后，从鄂东北转战到皖西北苏区。

独立坚持鄂豫皖苏区根据地斗争的红军，在敌15个师又三个旅及民团、保安团重点“围剿”的严重形势下，经过艰苦奋战，先后进行了新集（今新县）以南郭家河、黄安东北九龙长岭、新集以南杨泗寨、商城东北门坎山等中心苏区保卫战，打退了敌人多次进攻，歼灭了敌军一部，扩大了红军主力部队。

由于王明“左”倾路线取得了在党中央的领导地位，他们一再要求鄂豫皖苏区的党和红军死守苏区，不失一寸土地。命令红军首先夺回七里坪、河口、黄安县；第二步夺回新集和光（山）麻（城）交通线中心地带，把整个失去的苏区连成一片。因此，省委于1933年4月间，不顾敌强我弱的实际情况，盲目执行“左”倾路线，贸然决定围攻敌人重兵设防的七里坪。

为执行夺回苏区失去城镇的任务，省委决定集中红军主力作战，即撤销红二十八军，充实红二十五军，编成第七十三、七十四、七十五师，共约1.3万人。军长吴焕先，政治委员戴季英，副军长廖荣坤、徐海东，政治部主任高敬亭。全军于1933年5月2日夜开始进入七里坪外围阵地构筑工事，同敌人对峙。经过一个半月苦战，虽给敌人很大打击，但既未围死敌人，又屡攻不下。由于伤亡、饥饿和疾病，加之“肃反”错误，使部队减员近半。6月13日，省委决定撤围。此后，红二十五军再次整编，撤销第七十三师，缩编为两个团，全军共约6000余人。

这时，敌人第五次“围剿”已经开始，刘镇华为“鄂豫皖三省边区剿匪总司令”。敌大肆向我苏区增兵，实行“三光”政策，血洗大别山，企图彻底消灭红军、摧毁苏区。在“左”倾路线影响下，红军失去主动，不敢离开苏区一步，忽东忽西，被动应战，但仍提出要誓死保卫中心苏区。经过麻城的福田河、黄土岗，新集的双山门、王家湾、光裕山、太平寨，黄安的长冲、老君山、天台山，金家寨的汤家汇、南溪、双河、瓦屋基等大小十几次战斗，都未能给敌人歼灭性打击。1933年10月，敌集中兵力向皖西北我军合围。我军向鄂东北转移时，在通过潢（川）麻（城）公路封锁线时遭敌拦击。后卫部队及后方机关1000多人被敌切断，在徐海东（因病重坐担架在后）指挥下返回皖西北，在南溪附近与道委会合，决定与皖西北的红八十二师合并，重建红二十八军，军长徐海东、政治委员郭述申。下辖第八十二师、第八十四师，全军共2300余人，继续坚持皖西北的斗争。

省委于1933年10月曾向党中央报告鄂豫皖的斗争形势及困难处境。党中央于当年底回信，指示保存红军力量，准备实行战略退却，可向平汉路西桐柏山区转移，建立新的根据地。省委于1934年3月收到上述指示，经过讨论，考虑对苏区外边情况不了解，认为我军力量弱小，脱离苏区即失去依托，担心损失了红军，又丢掉了苏区。因此一面请示中央暂不转移；一面试图到苏区的边沿地区，恢复老区，同时开辟新区。

1934年初，蒋介石调东北军到鄂豫皖进行新的"围剿"。4月，红二十五军乘敌调动之机转移到皖西北，在商城县豹子岩与红二十八军会师，并进行第三次整编。撤销红二十八军，合并到红二十五军，军长徐海东、政治委员吴焕先、政治部主任郭述申。下辖第七十四师、第七十五师，全军共3000余人。为贯彻中央建立新苏区的指示，红二十五军先后在河南罗山县朱堂店和安徽英山县陶家河等地区开辟了几小块新区，但由于强敌进攻，都未站住脚。此后，我军乘东北军布防之机，先后在光山县高山寨、罗山县长岭岗、六安县郝集、商城汤泉池和大柳树、光山县扶山寨等地打了几个歼灭战，使我军枪支弹药得到大量补充，士气大振。

1934年6月，省委又收到党中央二月指示和六月复信后，继续讨论红二十五军战略转移问题。10月底，因敌人进攻，部队撤出陶家河，准备从皖西北进到鄂东北视情况再做决定。省委准备率部队转回鄂东北，决定留下高敬亭和八十二师一个多团坚持皖西北斗争。11月4日，部队正从皖西北向鄂东北转移途中，接郑位三来信，说中央派程子华到鄂豫皖工作，请省委率红二十五军速来鄂东北。省委率领部队不顾一切疲劳和减员，连续冲破敌人四道封锁线，昼夜兼程，且战且走，到达鄂东北。

11月11日，省委领导在河南光山县花山寨会见了郑位三、程子华，并举行省委常委会议。根据党中央过去的文件指示和程子华要郑位三向省委常委会议转达周恩来副主席的口头指示，会议决定：红二十五军立即进行战略转移，对外称“中国工农红军北上抗日第二先遣队”；部队进行第四次整编，由两个师缩编为三个步兵团和一个手枪团，全军共2900余人；机关和干部进行部分调整，由程子华任军长，吴焕先仍为政治委员，徐海东由军长改为副军长，戴季英为参谋长（先为军政治部主任），郑位三为军政治部主任（先为省委秘书长），郭述申为军政治部副主任（由于“左”倾路线的错误政策，曾一度调为团政治处主任）；原师职干部均改为团职干部。高敬亭留在皖西北道委工作，未参加会议，由省委去信，告知留他在鄂豫皖统一领导党政军民工作（后为中共鄂豫皖特委书记和红二十八军政治委员），继续坚持大别山根据地的斗争。部队进行政治动员，为隐蔽我军行动意图，只说要准备“打远游击”；安置伤病员，减轻行李装备，布置鄂东北工作。接着省委（实际兼军党委）即率领红二十五军2900余人开始长征。

11月16日，全军从罗山县何家冲出发，次日在朱堂店以南之罗古寨打垮敌“追剿纵队”第五支队。这是我军撤出苏区的最后一仗。当夜，迅速越过平汉铁路，按预定计划向桐柏山挺进。当我军进入桐柏山地区时，敌以重兵合围，企图在这个地区消灭我军。由于我们在桐柏地区难以立脚，省委毅然决定迅速通过豫西平原，继续向伏牛山地区前进。22日，派小部队佯攻枣阳，并扬言西进以迷惑敌人。我主力却突然折向东北，击退敌第五、第三“追剿队”的拦阻和追击，绕道泌阳，向东跳出敌人包围圈，北上象河镇，再转向西北，日夜兼程前进。

26日，途经许（昌）南（阳）公路时，敌第四十军早已严密封锁公路，并形成对我军包围，“追剿队”也在后边尾追而来。时值风雪交加，能见度很低。在我军前卫团接近方城县独树镇附近公路时，敌突然向我行军纵队发动猛烈攻击，我先头部队被迫后退，全军面临着覆没的危险。这时，军政治委员吴焕先不顾个人安危，手持大刀，跑上前去命令部队坚决顶住敌人，不许后退。徐海东副军长带领后卫掩护团跑步赶到，经浴血奋战打退敌人进攻，坚持到黑夜，我军乘隙偷过敌人封锁线，转危为安。

我军进入伏牛山边缘地区后，敌依然紧追不舍，且前进道路上围寨林立，对我军行动十分不利。由于我军执行正确统战政策，沿途采取先送信安民，提出不打土豪、不进围寨、借路通过、北上抗日，因而备受欢迎，使我军顺利进入伏牛山区。经过行军的沿途调查和亲眼所见，这里并不是开辟根据地的理想地区，各方面条件不利于我军活动，于是省委又果断决定继续向陕南前进。陕西南部山区跨三省边界，敌人统治势力比较薄弱，人民群众热切盼望红军。但我军刚进到栾川以西，即得知敌第六十师早已从开封车运灵宝，进到卢氏以南朱阳关一线设防，堵截我军西进。我即改变路线，派手枪团对朱阳关佯动，主力择小路绕过朱阳关，乘黑夜沿着卢氏县城脚下神速通过，直奔豫陕边界。12月8日，翻过中锥山的铁锁关，歼灭守关的陕军部队，于陕西雒南（今洛南）县的三要司再歼陕军一个营，胜利进入陕南。

10日，部队进抵陕南雒南县庾家河（今属丹凤县）。省委常委开会讨论创建鄂豫陕根据地问题时，又遭敌第六十师突然袭击。敌人已占领庾家河东山高地，我军再次处于险境。省委立即停止开会，军首长迅速赶到山上指挥部队实施反击，强攻山头阵地。副军长徐海东率领第二二三团以猛烈的冲击夺回了东山隘口，其他两个团紧密配合，经激战终于打垮敌人的进攻，歼敌300余人，挽救了危局，程子华、徐海东均负重伤。11日，部队在雒南县蔡家川进行第五次整编。因庾家河战斗中我军干部、战士伤亡100余人，且开辟鄂豫陕苏区须抽调干部和部队到地方工作，故部队再次缩编，撤销第二二四团，分别补入第二二三团和第二二五团。中共鄂豫皖省委改为鄂豫陕省委。部队在吴焕先等率领下，连续转战鄂豫陕三省边区，先后在三要司、蔡玉窑、文公岭、镇安县、郧西县等地打了几个胜仗，站住了脚。同时派干部和部队到地方开展群众工作，建立了中共鄂陕特委和游击司令部。不久，又建立了豫陕特委和游击师。部队连续在洋县华阳、蓝田县九间房歼灭陕军警二旅和警三旅大部，粉碎了敌人第一次“围剿”。接着，在镇安县袁家沟口又全歼陕军警一旅，粉碎了敌人第二次“围剿”。至此，鄂豫陕革命根据地进一步扩大。

1935年6月，为打乱敌人部署、将敌引出苏区，并发展根据地、扩大红军力量和政治影响，省委决定部队北出终南山，相机歼敌，威逼西安。出山后，进到引驾回、子午镇一带开展群众工作，前锋直抵西安附近的韦曲、杜曲一带。这时，从国民党报纸上得知党中央和中央红军在川西与红四方面军会师，有北上的动向。省委交通员石健民同志这时也从上海经西安找到部队，证实党中央和中央红军已经长征。7月15日，省委当机立断，决定红二十五军立即西进，配合主力红军北上，迎接党中央。16日，省委率领红二十五军主力近4000人从长安县沣峪口出发，继续长征。

当时，省委来不及召集鄂陕、豫陕两特委领导人安排工作。部队出发后，由吴焕先写信给郑位三、陈先瑞等，决定他们留在陕南继续领导鄂豫陕苏区工作和坚持根据地的武装斗争。为隐蔽我军意图、迷惑敌人，部队先向鄠县（今户县）、盩厔（今周至）西进，然后突然向南，折到厚畛子、佛坪，并扬言进攻汉中。在留坝县江口稍作休整，即继续前进，经庙台子进占川陕公路要地双石铺（今凤县县城）。夺取两当县城后，翻秦岭、袭天水、渡渭河、占秦安、逼静宁，北进兴隆镇。这里为回民聚居地区，我军执行党的少数民族政策，尊重回民风俗，并提出“三大禁令”，同时积极宣传党的抗日救国主张，受到回族人民欢迎。在此休息两天，继续东进，打下隆德县城，翻越六盘山，切断西（安）兰（州）公路，牵制南线敌人，阻敌西调堵截中央红军北上。在西兰公路中段，活动于平凉、华亭、崇信、灵台、泾川等地，与敌周旋18天。经多方打听，未得到党中央和主力红军的消息。这时，蒋介石集中兵力首先对付我军，于是省委决定北进陕甘苏区。

当时连日大雨，山洪暴发。8月21日，我军徒涉泾川汭河，但当部队刚过一半时，河水突然猛涨，军机关和直属队及在塬上担任后卫的二二三团被阻于汭河北岸。就在这时，敌第三十五师马开基团突然袭来，吴焕先、徐海东奋勇指挥部队反击。经激战，全歼其一个整团。战斗中，吴焕先不幸中弹牺牲。部队渡河后，掩埋了吴焕先烈士的遗体。次日，全军怀着沉痛的心情继续行军，经镇原、庆阳进至合水板桥镇后，敌第三十五师骑兵追来。徐海东带伤赶回后卫部队指挥反击，韩先楚指挥一个营打退敌人，掩护了全军行动。板桥战斗是红二十五军长征的最后一仗。全军3400余人，胜利进入陕北苏区。

吴焕先牺牲，郑位三留在鄂豫皖特委工作。9月7日，部队进到甘肃合水县豹子川（今属华池县）稍作停留，并调整了干部。由徐海东任军长，程子华任政治委员，戴季英仍任参谋长，郭树申任政治部主任。同时教育部队谦虚谨慎，遵守纪律，搞好团结，向陕甘党政军民学习，做好迎接会师工作。

红十五军团

1935年9月15日，红二十五军到达陕北苏区延川县永坪镇，胜利结束了历时十个月、途经五个省的伟大长征。

9月16日，刘志丹总指挥率红二十六军和红二十七军部队从东线赶到永坪镇附近与红二十五军胜利会师。

17日，中央派驻陕北苏区代表团召集中共西北工委和鄂豫陕省委举行联席会议，决定成立中共陕甘晋省委，撤销西北工委和鄂豫陕省委。为统一指挥、集中力量作战，同时决定将红二十五军、红二十六军、红二十七军合编为红十五军团，徐海东为军团长，程子华为政治委员，刘志丹为副军团长兼参谋长，高岗为政治部主任，郭述申为政治部副主任。军团辖三个师，红二十五军编为第七十五师（二二三团、二二四团、二二五团），红二十六军编为第七十八师（二三二团、二三四团、骑兵团），红二十七军编为第八十一师（二四一团、二四三团、补充团），全军团共7500

多人。

18日，永坪镇举行党政军民万人联欢大会庆祝会师，并动员粉碎敌人第三次“围剿”。会后，红十五军团即发起劳山战役，全军团迅速进到洛河川的下寺湾、王家坪一带集结。28日，红八十一师包围甘泉，军团领导亲到劳山察看地形并部署任务。月底，部队按围城打援的作战部署进入伏击地区。10月1日，在大小劳山全歼东北军第一一〇师师部及第六二八团、六二九团全部。10月25日进行榆林桥战斗，又全歼东北军第一〇七师六一九团及六二〇团一个营。

为扩大苏区、创造战场，红七十八师于11月12日前后围攻鄜县（今富县）的张村驿、东村（东林寨）、羊泉塬、套通等敌据点。这时，毛主席、党中央已率领中央红军到达吴起镇（今吴旗县城），11月2日进到洛河川的下寺湾地区。5日，毛主席、彭德怀司令员等中央领导来到道佐铺军团部接见了徐海东、程子华、郭述申，并听取了徐海东关于战斗情况的汇报。毛主席高兴地说，扫掉鄜县地区的几个敌人据点很必要，并指示要准备打好下一仗，彻底粉碎敌人对陕甘苏区的第三次“围剿”。同时派人给军团带来一部电台，以保持军团和党中央及军委的联系。

与此同时，红十五军团与红一军团在鄜县地区胜利会师。会师后，红十五军团编入红一方面军序列。中央军委先后调大批干部到红十五军团工作，使红十五军团的军事、政治、后勤等各方面工作都得到进一步加强。

为彻底粉碎敌人的第三次“围剿”，11月21日，红一军团和红十五军团在中央军委和毛主席、周副主席直接指挥下，进行了具有历史意义的直罗镇战役。此役，全歼东北军第一〇九师和第一〇六师的六一七团，粉碎了敌人的“围剿”，巩固了陕甘苏区，为党中央把全国革命大本营放在西北举行了奠基礼。

12月，党中央在陕北瓦窑堡（今子长县城）召开政治局会议，作出《中央关于目前政治形势与党的任务决议》，确定了红军的战略方针，提出红一方面军的任务是打通抗日路线，巩固扩大苏区。因此，部队经短期休整和准备，由红一方面军组成“中国人民抗日先锋军”，在毛主席（兼政治委员）、彭德怀司令员亲自指挥下，于1936年2月20日东渡黄河，进行东征战役。红一军团为左路军，红十五军团为右路军，从沟口与河口两处渡河进入山西。渡河后，红一军团在中阳县的关上村歼敌一个团；红十五军团直捣义牒镇、围攻石楼城，在隰县的蓬门歼敌一个营又两个连。阎锡山集中十多个团在孝义县的阳泉曲阻击我军东进。我两个军团3月7日于大麦郊会合后，在方面军直接指挥下对敌发动进攻，双方伤亡甚大，我主动撤出战斗。然后，以红一军团改为右路军，南下洪洞、临汾、襄陵，向侯马南进；红十五军团改为左路军，从灵石县双池镇（今属交口县）出发，北上文水、交城，袭击晋祠，威逼太原，挺进晋西北。由于蒋介石急调中央军七个师十余万兵力进攻，使我军在山西的预定任务不能不有所改变。经过两个半月的东征作战，歼灭大量敌人，扩大了红军，宣传了党和红军抗日救国主张，扩大了政治影响。4月中旬，红十五军团在孝义县大麦郊进行整编，由两个师（红八十一师东征时已调出红十五军团，归中央军委直接指挥）编为三个师（小团制）。5月初，根据中央发表的停止内战、一致抗日的宣言，红军西渡黄河，回到陕北苏区。

为了发展陕甘苏区，援助绥远抗战，扩大红军抗日力量，迎接红二、四方面军北上，红一方面军组成中国人民红军西方野战军，彭德怀任司令员兼政治委员，指挥红一方面军出师西征。1936年5月20日部队先后出动，红一军团为左路军，红十五军团为右路军。一军团西出陇东，挺进西（安）兰（州）公路线上。十五军团经安塞、靖边越过长城，占领宁条梁、小桥畔，一路攻克定边、盐池；另一路攻安边，进红城水，占豫旺县城、会宁县城、同心城和靖边的打拉池，纵横驰骋陕甘宁绥广大地区，直捣马家军的河东防线。10月间，红十五军团在会宁县、红一军团在静宁县，先后与红四、二方面军部队胜利会师。红二十五军长征以来，先后参加了与陕甘红军、中央红军和红二、四方面军的大会师。

10月下旬，蒋介石调集五个军的兵力向我军进攻。中央的作战方针是诱敌深入，集中兵力给胡宗南部以歼灭性打击，钳制王均、毛炳文两部相机给以打击，对东北军则进行争取工作。10月底，红十五军团逐次向豫旺县、同心城地区转移，在海原县何家堡配合红一军团歼敌两个团后奉命迅速向山城堡地区集中。此时，胡宗南部已分三路北进。11月21日，红十五军团配合兄弟部队对山城堡之敌七十八师实施猛烈攻击，经一昼夜激战，全歼敌一个整旅另两个团，粉碎了敌人的进攻。山城堡战役，是我军在十年内战中的最后一仗。

战后，红十五军团集结在庆阳、甜水堡地区进行暂时休整。这时，西安事变发生，红十五军团奉命南调，经咸阳、西安以南迅速开进陕西商县、雒南地区，协同友军防备国民党军进攻西安。西安事变和平解决，结束了十年内战。红十五军团奉命开进甘肃省庆阳县驿马关地区进行整训，准备出师东进抗日。

选自本书编委会编：《徐海东纪念文集》，军事科学出版社2000年5月第1版，第77—87页。

在红军长征中

张池明

在红军长征中（上）

红二十五军离开鄂豫皖苏区，进行战略转移，我知道在领导上酝酿了很久。中央早在2月对鄂豫皖的指示中就说，你们经过了一年多的艰苦奋斗，最后苏区受到暂时的失败。为了保存干部和红军的力量，你们主力应向西转移，过平汉铁路，到鄂豫边桐柏、随县、枣阳、新野一带，创造新的苏区和新的主力红军。同时，广泛开展游击战争，为恢复原有苏区而斗争。中央、军委六七月间，又在给鄂豫皖的军事训令中指出，你们最近几个月是有进步的，对军事行动上的错误，不要简单加上右倾机会主义名词。张学良的军队调鄂豫皖，铁路沿线工事及护路队必已加强，你们过路已发生困难。因此，目前原则上同意你们的意见，主力仍然留在苏区继续行动，可组织一个独立团到桐柏、随县地区活动。

花山寨会议，根据中央、军委的指示和训令的原则，及程子华带来周副主席的口头指示，结合当时鄂豫皖的情况，作出以下决定（大意）：（一）省委率领红二十五军离开苏区，过平汉路，以桐柏山为目标，创造新的苏区和新的红军；（二）留下一部分干部和红二十八军（两个团即二一八团、鄂东独立团），不算地方武装约2000人，继续在鄂豫皖坚持游击战争和秘密工作；（三）调整了领导干部，同意徐海东的意见：军长由程子华担任，他改任副军长，吴焕先仍为政治委员，戴季英为军政治部主任（后为军参谋长），郑位三为省委秘书长（后为军政治部主任）；（四）部队由两个师编为三个团（第二二三、二二四、二二五团）及一个手枪团，撤销师级机关。会后，省委给高敬亭写信通知省委会议的精神，由他统一领导和指挥鄂豫皖的党、地方工作、红军和地方武装。省委又与鄂东北少共道委书记方正乐（曾与我们都在少共中央分局，他是少年先锋队的总队长），布置鄂东的工作，并要他把给高敬亭的信送到皖西，还安置了不能随军行动的伤病人员。

之后，全军部队转移到殷家湾、何家冲，进行出动前的准备。除减轻行装，准备干粮和草鞋外，主要是进行思想政治动员。先是在干部和党内对战略转移进行解释，提高认识，说明我们的行动完全是执行党中央的正确路线，不是退却逃跑。我们的任务是要发展新苏区，恢复老苏区。为了不过早地泄露行动秘密，对部队战士在动员时，只说这次行动要准备"打远游击"，暗示红二十五军要进行战略转移。其实大家已经意识到要离开大别山，只是心照不宣罢了。如果不是从土地革命斗争中出来，具有高度革命政治觉悟的战士，一下子要离开生我养我的大别山，不知有多大困难。他们就这样怀着对鄂豫皖苏区依依不舍的感情，去迎接新的伟大的战略任务。

桐柏山是预定到达的目标，我不知什么时候搞到一本中国袖珍地图，一直带在身边，正翻开地图查找到桐柏的路线，新来的军长走过来，一看就说："这个地图比例尺太大。"我说："要是小比例尺的军用地图，背也背不动。"这本地图可以看看大概的方位，走的路线还得一站一站地调查，再画出简单行动路线图。现在可好了，有懂得绘图的钱钧来了（我们在新集认识的，新集撤退时把他留在鄂东北道委，这次要出动，他随道委机关编来），他是在苏联学航空，鄂豫皖有了飞机，党派他来与龙文光开"列宁号"飞机。但他又很害怕敌人飞机，发动抗战时跑了。

11月16日，全军从何家冲出发，高举北上抗日第二先遣队的大旗，开始长征了。第二天，在罗古寨打退了敌人“追剿纵队”第六十五师的进攻。根据手枪团侦察的情况，于当夜从信阳以南的东双河至柳林两车站之间，越过平汉铁路。为了安全通过铁路，部队接近铁路时，稍集结了一下，等后边部队到齐，分为几路平行快速通过。全军刚过完铁路，就有一列火车从双河车站拉响汽笛往南开，是不是发现了我们，不得而知，不管你是调兵的也罢，护路的也罢，横直我们已经顺利通过了铁路，部队中有许多没有见过铁路的战士，不知铁路是什么样子，过铁路时还顺手摸了摸铁轨，天亮后，部队突然活跃起来。竞相谈论起过铁路的故事，也不觉得行军的疲劳了，连续两天行动，经青龙桥、黄龙寺、月河店等地，于19日进入桐柏山地区。

这时获悉，蒋介石闻讯我军的行动，判断我们有借桐柏山脉为依托，西窜四川的企图。急调“追剿纵队”第六十五师及东北军第一一五师跟踪追击，又命令驻在南阳庞炳勋和驻老河口（光化）肖之楚两部堵击，妄图聚歼我们于随枣地区。我们进到桐柏、枣阳之间，与敌人周旋一周，经过行动沿途考察，认为这个地区是接近平汉路，又靠近襄樊，易受敌人压迫，同时群众斗争、地理条件都不够理想，加之敌人重兵压境，一时难以立脚。省委毅然决定跳出敌人合围圈，迅速通过豫西平原，向伏牛山地区挺进。为把敌人吸引到西南方面，我们向外号召要去打枣阳，并派小部队对枣阳进行佯攻。果然各路敌人向枣阳集中，我们迅速突然乘虚北上，进到象河关，再转向西北前进。

豫西平原，封建势力强盛，豪绅地主都有武装，围寨林立，对我阻碍很大。为了迅速前进，动员部队严守纪律。所需粮草一律购买，大力宣传党的“抗日救国”主张，每遇围寨，先派人前往送信，说明我军不进围寨，不打土豪。借路通过，北上抗日，望勿阻拦，晓以民族大义，这样使我们赢得了时间，顺利通过围寨地区，摆脱了困境。

敌人发觉我们转向西进，又急调第四十军到方城县独树镇一线堵击，“追剿纵队”在后紧追。11月26日，我们通过许（昌）南（阳）公路的当天，正遇寒流，雨雪交加，气温骤降，能见度很低。当我们前卫部队进至公路附近时，敌人从阵地上突然猛烈攻击。由于天气严寒，战士们手指冻僵，一下拉不开枪栓，被迫后撤，敌人乘机猛攻，部队一时陷入被动，眼看我们军部机关也要一齐上阵，情况十分险恶。在此危急时刻，吴焕先、徐海东跑上前去，带领部队坚决抵抗，后边部队急速赶到，才打退敌人攻击，稳定了战局，坚持到天黑后，跳出敌人封锁线。此仗是关系红二十五军成败的一仗。

翌日，又在拐河打垮敌人追堵后，从鲁山和南召之间，经栾川进入伏牛山脉。这一带地形是深沟峡谷，山势犹如刀劈，人们说这里是“看山不走山”，路在山下深谷。豫西的封建势力“内乡王”统治很严，粮食物资亦缺乏。敌人的骑兵第五师及东北军第一一五师追击部队已跟踪到栾川。省委遂决定西进陕西。部队到了卢氏以东叫河附近，获悉敌第六十师在两天以前，已从开封调到卢氏以南朱阳关一带，构筑工事，控制入陕通道。于是我们连日通过有名的“七十二道湾、走进二十五里脚不干”的文峪河谷。同时派手枪团进到朱阳关附近，虚张声势，扬言“号房子”，有大部队来宿营，又佯攻卢氏县城，部队在佯攻卢氏的同时，从卢氏城边的窄路，直插豫陕交界的铁锁关，消灭陕西守关的民团一个连，胜利进入陕西南部。

在红军长征中（下）

陕西南部，地处鄂豫陕三省边界，往南是湖北郧西，往东是河南卢氏、淅川。这个地区，国民党统治势力比较薄弱。山势峰峦叠嶂，悬崖陡峭，地势险要，自古就是兵家割据的战略要地，有利于开展游击战争，有渭南起义和红四方面军、红三军两次过境的影响。人民深受封建势力的压迫剥削，又连年不断地兵灾匪祸，人民生活极端痛苦，对统治阶级的反抗强烈，易于发动。镇安、柞水等县就有群众自发的抗捐组织——大刀会。我们到后一宣传，就有大批工农参加红军。这些都是发展游击战争，建立革命根据地的较好条件。

12月8日，红二十五军进入陕南。陕军第四十二师从潼关急调雒南堵击，我们入陕第一天，在三要司歼灭该师第二团一个营。次日，我们进到庾家河，省委正在举行常委会议，讨论在鄂豫陕边区建立根据地的问题，遭受敌人第六十师的突然袭击。我排哨在庾家河东山与敌人打响，部队听到枪声，立即拉出驻地，这时，敌人已占领东山一线的山头，对我是居高临下，我们三个团一起投入战斗，在敌人猛烈火力之下，从山下向山上佯攻，一个一个山头争取，在夺取制高点的山头上，往返冲锋20多次。程子华、徐海东均负重伤，吴焕先指挥，血战终日，将敌全部击退，转危为安。此役毙伤敌300人以上，我亦伤亡100多人，这也是关系红二十五军存亡的一仗。

战后，部队进到雒南蔡家川，进行两天休整。由于干部伤亡和连队减员，为加强干部和充实连队，部队整编，将二二四团撤销，分别编到二二三团和二二五团。按照庾家会议决定，将中共鄂豫皖省委改为鄂豫陕省委，加强军部机关，充实了政治部，加强连指导员工作。

为创造鄂豫陕革命根据地，12月中旬，部队由商雒地区向南行动，扫清各地反动民团及地主武装，摧毁国民党在乡村统治，镇压土豪劣绅，宣传党的主张，扩大红军影响，发动群众进行斗争，争取和改造大刀会，组织抗捐军，建立基层苏维埃政权，经过一段工作，在镇安、山阳、郧西、洵阳四县建立第一块根据地，成立鄂陕特委和游击司令部。

1935年1月初，攻克镇安县城，救出大批“抗捐犯”，没收了一批布匹，部队才穿上冬衣。初到茅坪，就有一批回族青年要求参加红军，受到战士们欢迎。这时，国民党调河南的第四十军、湖北的第四十四师入陕，连同陕军四个旅（警备第一、二、三旅及第四十二师），进行第一次“围剿”，为了各个击破敌人，我们南下郧西，敌两个旅尾追，我调头北上，在蔡玉窑歼灭第四十二师二五二团一个营，移师蓝田葛牌镇，在文公岭又击溃该师二五一、二四八团，歼灭两个营。两仗之后，在雒南、商南、商县、卢氏等县，建立第二块根据地，成立中共豫陕特委和游击司令部。

此时获悉，红四方面军发动了陕南战役。为策应陕南战役，我们连克宁陕、佛坪两县城，部队西进洋县的分县华阳。敌人估计红军要入川，急调陕军八个团，采取分进合击，妄图三个月消灭我们。其先头的警备一旅追到华阳以东石塔寺，我们回头打垮两个团，歼灭一个团，打伤敌旅长张飞生。战后，在华阳开展工作，组织约百人武装游击队，建立第三块根据地。

这个地区与川陕苏区较近，为打通与红四方面军联系，我们向汉中推进，途中遇敌第四十九师向汉中增防，我们进到城固县小河口，得悉陕南战役已结束，红军已西返，我们回到华阳。从行动中了解，汉中地区多是崇山峻岭，人烟稀少，粮食物资更感困难，适宜少数部队游击活动，故部队仍向东商雒地区行动。当我们向葛牌镇转移时，警备第三旅在我后边紧追，在九间房歼灭其四个营，活捉了旅长张汉民。此战完全粉碎了敌人的第一次“围剿”。后经核实，张汉民同志是中共地下党员，被我错杀。党中央为张汉民同志平反，追认为烈士。

4月中旬，省委在葛牌镇召开扩大会议，总结入陕四个月的工作，改选省委。会后，部队打开雒南县城，到龙驹寨进行为期一周的军事训练和政治教育。徐宝珊病逝，吴焕先代理省委书记。此时，获悉蒋介石武汉行营对红二十五军进行三个月的“围剿”计划（5月、6月、7月）。敌人增调两个师入陕，连同原有敌军，集中30多个团的兵力，采取四面包围堵击，中间穷追，企图将我们消灭在商雒地区。这时，我们已南下包围了山阳县城，因敌固守，我放弃攻坚。到了郧西，开展汉江北岸游击战争。省委在郧西讨论反第二次“围剿”的部署，认为敌人兵力占绝对优势，我们的作战方针，应是吸引敌人南进，采取“打圈子”疲惫敌人，先拖后打，把敌人诱进根据地，在运动中歼敌一两个师，6月初，我们大踏步地北进，在商雒镇、夜村与敌六十七军遭遇，歼其数百人。因各路敌人靠得很紧，难以分割，我们转到东线，包围商南县城，攻克富水关，占领青山街，奔袭荆紫关，捣毁敌人后方，打乱了敌人的部署。这时，警备第一旅首先追来，我诱敌深入到山阳县的袁家沟口，全歼该旅，除敌死伤300多人外，俘虏1400多人，活捉旅长唐嗣桐，粉碎了敌第二次"围剿"的进攻。

为把敌人调出根据地，我们于7月13日，由蓝田北出终南山，前锋直抵西安以南20里路的韦曲、杜曲一带，直接威逼西安。西安大为震动，全城特别戒严，第五十一军要调天水，也被我牵制而停止西调。我们在焦岱、引驾回、子午镇、秦渡镇一带开展群众工作，发动群众斗争，扩大红军，补充物资。这时，我们从报纸上得知，中央红军和红四方面军已在川西会师，并有北上的动向，省委交通员石健民从西安来军部，也证实这个消息。于是省委在沣峪口举行会议，分析了情况，认为我二十五军应配合主力向西北行动，集中力量对付敌人，因此决定西征北上。7月16日，从沣峪口出发，沿秦岭北麓西进，先后在周至县的店子头、马召镇打退敌人两次追击。从辛子口向南，经后畛子、旧佛坪南进。在辛子口，吴焕先向中央写了报告，交给石健民带去。为隐蔽我们的行动意图，迷惑敌人，扬言红军南去打汉中。到达留坝的江口，部队进行思想政治动员，提出西征北上，迎接主力红军的任务。在此，吴焕先连续写了两次指示信给郑位三等同志。部队从江口出发，到庙台子宿营，军部驻张良庙。张良庙是历史悠久的名胜古迹，要求部队对庙里一切不许乱动，一草一木都要好好保护。次日天还没亮，大家就起来打扫卫生，摆好原物，检查纪律。部队离开时，道人列队念经，为红军祝福，欢送红军。这是一次保护历史文物的教育，也是向道人做极好宣传的机会。

从庙台子出发，占领川陕公路要地双石铺（今凤县）。《大公报》上说，松潘西南连日有激战，据判断红军主力已向北进，我们连日占领两当县城，攻占天水北关，动摇了胡宗南的后方。同时部队从新阳镇渡过渭河，占领秦安县城，继续向敌纵深挺进，截断西（安）兰（州）公路，逼近静宁，抵进兴隆镇地区。至此，横陕甘的交通大动脉西兰公路已被切断。蒋介石极为震惊，从成都行辕连续五电西安，说徐海东部西窜，是策应朱、毛，要杨虎城先以优势兵力迅速解决徐匪，再以全力回击朱、毛。如此看来，我们的行动是起到了牵制敌人、配合中央红军北上行动的作用。

兴降镇一带是回民聚居的地区。我们要求部队严格执行少数民族政策，防止大汉族主义，号召大家做回民的宣传工作，规定部队不准进住清真寺，保护回民经典文物，不准在回民地区吃猪肉，要遵守回民的风俗习惯。军领导同志亲自拜访知名人士和阿訇，向他们赠送匾额和礼品，部队帮助群众做好事，扩大了我党我军的政治影响，红军受到回民极大欢迎。我军还吸收了马青年等一批回民知识青年参加红军。后来毛主席与我们见面时，还赞赏了红二十五军执行回民政策做得好。

8月17日，我们沿西兰公路东进。一举攻克隆德县城，歼守敌一个营。当日翻越六盘山，直逼平凉县城，在白水镇，击退马鸿宾第三十五师的追击，歼其一个营。为继续在西兰公路活动，牵制敌人西调，扩大我回旋余地，部队向路南行动，威胁陇东。因连日暴雨，山洪暴发，汭河水猛涨，流速很急，部队正在河川涉水过汭河时，敌人三十五师二〇八团，突然从我背后袭击，我后卫部队就地抗击。吴焕先听到枪响，意识到我军是处在背水之战，假如后卫部队垮下来，就有被敌人压到河水中而遭覆没危险，于是他从河边急速跑回塬上，指挥后卫部队的反击，在激战中壮烈牺牲。不幸的消息立即传到部队，更激起全军上下的深仇大恨，一鼓作气地将敌人从马开基团长以下，全部干净彻底地消灭，无一生存。这是红二十五军长征以来第三次最险恶的一仗，吴焕先是黄麻起义的领导之一，也是鄂豫皖苏区创始人之一，他在红二十五军享有崇高威信，深受指战员爱戴，是红二十五军远见卓识的领导人。他的牺牲，使全军上下无法抑制悲痛的心情，对他表示深切哀悼。

部队渡过汭河后，直逼灵台县，佯攻崇信城。在西兰公路18天的活动中，迟迟得不到红军主力北上的消息，敌人又调动四个师对我合围，在这种情况下，省委决定北上陕北苏区。部队经华亭，到四十里铺过泾河，经镇原、庆阳，在西峰镇，赤城塬两次打退敌人追击，进到板桥宿营。次日，部队刚一出发，后卫部队又遭敌人骑兵袭击，我们从东华池、太白镇之间渡过葫芦河，进到合水（今华池）豹子川。

9月7日，省委豹子川会议，因吴焕先牺牲，郑位三留在鄂豫陕边区，所以决定徐海东为军长，程子华为政治委员，戴季英为军参谋长，郭述申为军政治部主任。因快要进入苏区，与陕甘红军会师。就此部队进行思想政治动员，主要向全军强调加强同兄弟部队和陕北人民的团结，尊重地方党和苏区各级政府，搞好同各个方面的关系，严格遵守纪律，要求部队特别是干部要谦虚谨慎，反对骄傲，等等。9月9日到达保安（今志丹）永宁山，15日到达延川永坪镇。至此，经过11个月的英勇转战和长途跋涉，红二十五军除留在陕南根据地坚持斗争约千人外，保持了3400余人，胜利到达陕北苏区，完成了伟大的长征。

选自刘平编：《张池明将军》，中共党史出版社2001年6月第1版，第27—45页。

红二十五军产生和发展的小史（摘要）

——自1932年到红十五军团东征

陈鹤桥

几点说明：1937年上半年红十五军团在甘肃庆阳一带整训准备出师抗日。当时红一方面军政治部指示各军区，各军都写一篇本军的斗争史或简史，由总部托人带到苏联去出版。军团宣传部长黄镇要我负责写红二十五军小史，我当即收集材料写了一篇红二十五军的斗争小史，写好后由军团领导审阅后上送。这篇文章我存了一份，因准备上前方抗战要轻装，我从三万多字的小史中把行军路线、大的战斗和重要事件摘抄在巴掌大的小本上，只写了五页，很多重要的故事都随文稿原件处理掉了。这个小本子在“文革”中幸而能保存下来。这是我1937年写的稿子，是我的第一次写作，现在要出版“回忆录”，我就把它整理成这个小史摘要，作为纪念。整理时当时的语言未动，只加了极少的字句，把不连贯的词语连接起来，让读者能够看懂。

关于这篇小史为什么没有带到苏联出版，在80年代初，我曾问过黄镇同志。他说当时各军写的这些军史稿子，总部统一交给当过宣传部长的徐梦秋，由他带到苏联编辑出版。此人到了新疆后留在新疆省政府任教育厅长，后来新疆督办盛世才反共了，这个人也叛变了，所以这一批军史材料未能带到苏联出版。

1997年建军70周年时，军事博物馆举行军史战史展览，曾将此文的原件及复印放大件作为军史资料在军博展出。

红二十五军产生和发展的小史内容分以下四个部分。

一、艰苦奋斗，保卫苏区

1932年1月28日，十九路军在上海抗战，国民党继续不抵抗政策，压迫十九路军从前线撤退，同日本订立丧权辱国的协定。但是国民党对工农红军提出的停止内战一致抗日的建议置之不理，继续先安内后攘外的误国政策。蒋介石调百万大军“围剿”全国苏区与红军。单就进攻鄂豫皖苏区进行第四次“围剿”的就有30万大军，匪军到苏区后杀人放火无恶不作，10月间，我苏区中心城市皆已失去，四方面军西征入川。国民党盘踞苏区蹂躏人民，引起苏区工农坚决的抵抗。

为保卫苏区工农利益，继续发展游击战争，省委决定，将原二十五军、二十七军、九军的各一部于11月在黄安三区正式成立红二十五军，由吴焕先任军长，王平章任政委。红二十五军成立后，在鄂东北的工农武装配合下不断打击敌人。1933年2月在光山郭家河给进攻之马鸿逵部以迎头痛击。两小时内消灭其一个旅，缴机枪、炮20余，缴枪支1000余，毙俘敌团长各一，俘敌兵2000余人。

这个胜仗大大振奋了苏区群众，纷纷武装起来，开展游击战争，配合红军主力作战。

本年我中央苏区粉碎敌人四次“围剿”，敌人在各苏区遭受到打击，对我区也减少了进攻，困守乌龟壳中，我区又恢复了几县苏区，皖西北苏区也组织了二十八军广泛开展游击战争。

1933年夏，匪首刘镇华担任对鄂豫皖苏区进行第五次“围剿”的司令，由于我军战役指导上的错误，围攻七里坪，不但未攻下，反而使红军主力因饥饿疲病受到很大损失。敌人乘机进攻，红二十五军从鄂东转到皖西，进行了四道河之战。后因西进时，被敌人截断，徐海东率一部留在皖西与红八十二师组成新的二十八军，徐海东任军长，郭述申任政委。吴焕先军长率二十五军一部在鄂东活动，不断受到敌军之进攻，我军日夜不是行军就是打仗，由于革命战士的坚强斗志，吴焕先之坚强领导，终于不断打击敌人，保全了主力，坚持了鄂东北的游击战争。

徐海东、郭述申领导红二十八军在皖西，在地方武装配合下积极打击敌人，游击战争非常活跃，并在运动战中打击敌军。1934年3月在商城葛藤山，敌五十四师号称钢三团铁四团之一六二旅向我军进攻，我军在反击中在三个小时内攻击得势，敌军纷纷溃退，我生擒敌旅长代理五十四师师长刘书春以下千余人，斩获正多。给了盘踞苏区内的敌人以极大的打击。

1934年4月，省委决定红二十五军主力集中行动，吴焕先率部东来与徐海东二十八军会合于商城豹子岩。决定二十八军编入红二十五军。由徐海东任军长，吴焕先任政委。决定红二十五军在广大地区内实行游击运动战，以保卫苏区和扩大部队。当即决定南下攻占罗田太湖县城，以策应中央红军反“围剿”的斗争。

这时蒋介石命令东北军到鄂豫皖地区打红军，我军则根据军委关于抗日停战协定的主张，扩大宣传，使该军深受影响。在鄂东、豫南数次击败东北军，我们则大力进行抗日救国宣传和实行优俘政策。

1934年5月，在罗山长岭岗，东北军一一五师向我进攻，我以两个营的兵力埋伏于丛林中英勇出击，三个小时打垮敌全师。在战斗中有的士兵不愿与红军打仗，将枪支挂在树上，是役缴获步枪、轻机枪甚多。二十五军每连装备三四挺捷克式轻机枪。

这年8月为配合中央苏区，我军南下佯攻英山，暗袭太湖，一夜急行军占领太湖县城，缴获物资甚多。这年秋，军委命令程子华来二十五军工作，省委决定程子华任军长，徐海东任副军长，吴焕先任政委。

二、西征入陕创造新根据地

1934年冬，华北危机，为实行对日作战，红二十五军奉命以北上抗日第二先遣队的名义北上抗日，留下地方党和红军一部坚持斗争。为了避免敌军的阻挠，我军绕道西进。11月9日过平汉路，又打垮了敌四十军的堵击，进入伏牛山区，沿途宣传抗日主张，开仓分粮，救济贫苦群众，人民到处欢迎。11月进入陕南，在庚家河一仗击退了敌之追兵，军长、副军长均负伤。鄂豫陕省委决定在三省边界创造新根据地，配合陕甘苏区和川陕苏区的斗争。12月占领镇安城，即扩大宣传，组织武装群众反对土豪劣绅的斗争，贫苦人民蜂拥而起，组织抗捐军配合红军，几个月内在山、商、镇、柞等县建立革命政权，创造新根据地。

蒋介石不愿意让我军在此地干革命，调动河南陕西军队组织两次对红军的围攻。红军英勇杀敌，先后打垮和消灭四十二师之警二旅和独二旅，缴获很多。4月在山阳又消灭敌警一旅，活捉旅长唐嗣桐以下2100余人。这些胜利打垮了老蒋的两次围攻。大大兴奋了边区群众，有力配合了陕甘苏区的斗争。当时敌人号称32个团，以十倍于我之兵力，对我都无可奈何。蒋介石只得又调东北军入陕来打抗日红军。我鄂豫陕边根据地扩大了，红军主力和地方部队也扩大和加强了。

三、北上陕甘苏区，会合陕甘红军

1935年秋，华北形势万分危急，中央红军主力在党中央领导下北上抗日，已进至川西与红四方面军会合。我红二十五军为配合主力红军集中到陕甘抗日前线阵地，留下一部分地方武装（后扩大为红七十四师）坚持陕南斗争。我军8月开始出蓝田挺进关中，进逼西安，经引驾回子午镇浩浩荡荡西行，锐不可当。在关中平原大家做扩大红军的宣传，争取三四百个贫苦工农参加红军。

8月中旬，出甘南占领两当威逼天水，连占秦安、隆德等县城，截断西兰公路，沿途执行正确政策，争取广大回民的拥护。在西兰公路平凉一带连续行动，目的是探知中央红军北上的消息。8月21日，在泾川县四坡村与马回军作战，消灭敌军一个团打死敌团长。但是在战斗中，亲自率军直一部与敌作战的我军政委吴焕先英勇牺牲了，是我军北上抗日以来最大的损失。全军同志沉痛哀悼吴政委，继续北上。9月中旬我军打垮敌人追兵后进入陕甘苏区，受到陕甘苏区党政军民的极大欢迎。两地党委开会决定统一党的领导，统一红军指挥，决定将红二十五军、二十六军、二十七军三个军合编为红十五军团，军团长徐海东，刘志丹任副军团长，程子华为政委，郭述申任主任。

陕甘红军壮大了，敌人发抖了，增调东北军入陕，张学良坐镇西安，继续对苏区进行第三次“围剿”。10月，敌一一〇师在延安甘泉一线准备向苏区进攻，红十五军团一部打甘泉，主力埋伏于劳山地区。当敌师长率主力支援甘泉时，进到劳山我军伏击圈中，全师被我消灭；打死师长何立中，接着又攻下榆林桥消灭敌一个团，活捉敌团长高福源，生俘敌兵数千，缴获武器数千支。我军每连装备九挺新式机枪，被俘下级军官及士兵经我们教育后为了抗日救国大多数参加了红军，这个不抵抗将军成“运输司令”了。

就在红军在苏区南线打胜仗之时，10月19日党中央、毛主席率领的中央红军主力（代号叫陕甘支队）到达苏区之吴起镇。中央为了执行初冬解决第三次“围剿”的方针，11月初命令将红一军团和红十五军团合编成红一方面军。由彭德怀任司令员，毛泽东兼政委。在毛泽东、彭德怀直接指挥下，两个军团提出“打大胜仗比赛，打大胜仗会师”的口号下，在直罗镇包围并歼灭敌一〇九师，追至太白镇又消灭一〇六师一个团。红一方面军打了大胜仗，苏区人民热烈庆祝胜利，敌人的三次“围剿”被粉碎了。

胜利后召开了会师大会，军委给十五军团派了一批军政干部，以加强我军的领导，加紧军政训练，十五军团向模范党军的道路阔步前进。

四、红一方面军东征

1936年，日本阴谋组织“华北国”，党中央命令红军渡河东征北上，直接对日作战，以自己的行动，唤醒国人。毛主席亲自率领一方面军于2月21日夜飞渡黄河天险，我军扫平沿河数十里的敌军堡垒，追到石楼城下，阎锡山的一切反动宣传都被揭破了。

有当时大家喜欢唱的《红军东征歌》（歌词见《红十五军团东征中的思想政治工作片断》一文）为证。

当时阎老西惊慌万状，太原城的报纸登载东渡的红军一说数千人，又说有数万人，十余年他在山西土皇帝的地位很危险了。3月红军在兑九峪击溃其两个纵队，然后分左、右两路军沿同蒲路北上南下。红十五军团是左路军，在北上途中，攻击文水、交城直逼太原城。抗日红军来了，山西民众如拨云雾而见青天，到处欢迎并参加抗日红军，红军在山西执行抗日的新政策。

4月，左路军到兴县、临县又沿汾河南下，3月31日，在兴县消灭敌军一个营。4月2日，在中阳与汾阳之间的师庄，打垮敌六十六师一个旅，生俘团长葛登瀛以下1000余人，十五军团又回到灵石一带。

我右路军（一军团）沿同蒲路南下，在洪洞赵城一带声势浩大，攻占了襄陵、吉县，扩大了红军。

此时阎锡山惊慌失措，只有向南京蒋介石求救，蒋氏决定派十个师到山西，阻拦红军北上抗日去路。此时我军虽然在山西节节胜利，并在石楼、隰县、灵石等县已开始创造了新的抗日根据地，民众已纷纷组织与武装起来。为了避免内战保存国力，中央决定于5月初将红军撤回黄河西岸，通电全国，要求停战议和一致抗日。

东征胜利了，我军打垮敌人约五师之众，消灭了几个团，给日寇汉奸的“华北国”阴谋以迎头痛击，鼓舞了华北以及全国的爱国群众，推动了全国救亡运动新发展，把我党的统一战线主张传播到全国。鲁迅、东北义勇军、平津爱国青年学生纷纷来信欢迎与慰问红军。

红军兵员扩大了，力量增强了，缴获物资无数。

红二十五军在敌人四次“围剿”中，处境非常困难，敌以25个师160个团超过我十余倍的兵力，疯狂“围剿”，但红军指战员并没有悲观失望。我军坚决执行党的正确路线，全体人员都能够做英勇牺牲，艰苦奋斗，不屈不挠的伟大模范，这证明谁能够执行布尔什维克党中央的正确路线，谁就能够克服一切困难，胜利地完成自己的任务。

写于1937年5月

选自陈鹤桥：《陈鹤桥回忆文集》，国防工业出版社2000年8月第1版，第193—199页。

庆祝红军长征胜利60周年

陈鹤桥

发生在60年前的中国工农红军二万五千里长征，是人类历史上前所未有、气壮山河的伟大壮举；是中国革命史上生死攸关、惊心动魄的伟大转折；是中国共产党领导下的人民军队前仆后继，英勇奋斗，为共产主义献身的伟大史诗。红军长征的光辉业绩，红军将士在长征中所表现出的伟大精神，为中华民族的历史谱写了一曲气壮山河的凯歌，在人类历史上树立了一座无与伦比的丰碑。今天，我们在这里集会，隆重纪念红军长征60周年，这对于认真学习贯彻党的十四届六中全会决议，弘扬长征精神，促进二炮精神文明建设和部队全面建设，具有十分重大的意义。

在60年前，参加和完成万里长征的红军共有四路即红一方面军（亦称中央红军）、红二方面军、红四方面军和红二十五军。其中，红二十五军只有3000多人[①]，是长征中人数最少的一路。但这支队伍在远离党中央的情况下孤军远征，转战万余里，在长征途中创建了一个新的革命根据地——鄂豫陕边区，并率先到达陕北。为迎接党中央到达陕甘，实现红军三个方面军大会师作出了历史性贡献。我作为红二十五军的一名老战士，感到这支部队有这么几个突出的特点。

一是高举抗日旗帜，率先实行战略转移。1934年9月，程子华受中共

① 红二十五军长征出发时为2980余人，到达陕甘革命根据地时为3400余人——编者注。

中央、中央军委委派，抵达鄂豫皖苏区，向鄂豫皖省委传达了周恩来副主席的指示，在主力红军坚持老区斗争有困难时可以作战略转移，去建立新的根据地。是年11月，鄂豫皖省委在光山县花山寨召开常委会议作出决定：省委立即率红二十五军实施战略转移。红二十五军在省委书记徐宝珊、程子华（先军长后政委）、徐海东（先副军长后军长）、政委吴焕先等同志率领下，以中国工农红军北上抗日第二先遣队的名义，经过近一个月的艰苦转战，长驱1800余里，初进桐柏山，继转伏牛山，后入陕南商洛地区，粉碎了20余倍于己之敌的围追堵截，在陕南地区找到了新的立足点，走向了广阔发展的道路。在转移中，我军高举抗日旗帜，调整转变斗争策略，使广大人民群众从我军北上抗日的行动中看到了挽救民族危机的希望。

二是英勇顽强，转战万里建奇功。从桐柏山到伏牛山，已是11月下旬，气温骤降，红军指战员衣着单薄，粮秣不给。但部队仍保持着高昂的斗志，顶风冒雪，向北疾进。穿过许昌到南阳公路，进入伏牛山区。此后，我们辗转豫西陕南半年之久，几番西征北进，打了多次恶仗，在陕南消灭敌军两个旅，重创两个旅，活捉了敌军旅长唐嗣桐，打伤了敌旅长张飞生；扩大了红军，新成立了红七十四师，红二十五军全军发展到5000余人，扩大了根据地，为中国革命事业做出了重大贡献。在这里，我要特别提到的是，我军在长征中艰苦奋战英勇顽强的战斗中，也有一些同志为中国革命事业英勇献身。其中中共鄂豫陕省委书记徐宝珊，因长期在艰苦斗争积劳成疾，于1935年5月病逝于陕南商县龙驹寨。再就是在8月间我军为探听到中央红军北上的确切消息，在平凉以东沿西兰大道两侧连续行动了十余天，8月21日我军进到陕西径川四坡村时，在大雨中突然受到敌军三十五师的袭击，政委、代理省委书记吴焕先一面指挥部队作战，一面亲率直属队一部英勇地向敌人反击，当即消灭了敌军一个团，吴焕先同志也壮烈地牺牲在他的指挥岗位上。他的牺牲是我党我军的重大损失，我们将永远怀念他。

三是坚持工农武装割据，创建新的革命根据地。红二十五军在鄂豫陕边区燃起革命烈火，在打破“围剿”的过程中，又先后建立了四块革命根据地，成立了中共鄂陕、豫陕两个特委和五个县工委，初步建成了鄂豫陕革命根据地。

四是胸怀全局。红二十五军决定在鄂豫陕边区开展革命根据地斗争时是考虑到向南可以策应川陕苏区的红四方面军，向北可以配合陕甘边区红军的斗争，在得知中央红军到达川西北后主动地西进甘肃东部策应中央红军。长征途中，红二十五军总是千方百计寻求党中央的信息和指示，力图策应党中央和主力红军的行动。获悉中央红军和红四方面军已在川西会师，并有北上动向，鄂豫陕省委立即召开紧急会议，决定率领红二十五军西征北上，继续长征，迎接党中央，与中央红军会师。红二十五军的行动有力地钳制和吸引了大批敌军，打乱了蒋介石的部署，在一定时期内减轻了中央红军的压力，对中央红军的北上行动起到了战略性配合作用。

回顾红二十五军的长征以及扩大和保卫陕甘革命根据地的斗争，最令人难忘的是我在西北经历的三次红军大会师。

第一次会师是1935年9月16日，红二十五军（3400人）与刘志丹率领的红二十六、二十七军在陕北延川县的水坪镇胜利会师，三个军合编为十五军团。至此，红二十五军历时11个月，转战万余里的长征胜利结束，成为长征到达陕北的第一支红军。

第二次会师是在红二十五军和陕甘红军会师一个后的1935年10月19日，党中央率陕甘支队（即中央红军主力）抵达陕北。11月初在甘泉地区与红十五军团会师。会师后，恢复了红一方面军番号，红十五军团编入红一方面军序列，在党中央、毛主席的直接指挥下，取得了直罗镇战役的大胜利，彻底粉碎了敌人对陕甘苏区的第三次“围剿”，为党中央把全国革命大本营放在西北举行了奠基礼。

第三次会师就是1936年10月红一、红二、红四方面军在会宁和将台堡的胜利会师。这是我所经历的规模最大的一次会师。

六十甲子，沧海桑田，中国已发生了翻天覆地的变化。可以说，没有60年前红军长征的胜利，就不会有中国革命的成功，也就谈不上今天社会主义建设和改革的巨大成就。追忆长征历史足迹，缅怀红军光辉业绩，我认为长征精神可概括为：坚定不移的理想信念，坚忍不拔的斗争意志，牢不可破的团结意识，如钢似铁的纪律观念。

今天纪念红军长征胜利60周年，就是要牢记在日寇加紧侵略，我国处在生死存亡关头的严重时刻，党中央、毛主席长征胜利到达西北，提出全党全军全国人民奋起打败日寇，推翻三座大山的伟大而光辉的业绩；要牢记和继承长征中红军留下的光荣传统和革命精神，来建设有中国特色的社会主义，保卫祖国，保卫世界和平。

1996年，在第二炮兵纪念长征胜利60周年大会上的讲话

选自陈鹤桥：《陈鹤桥回忆文集》，国防工业出版社2000年8月第1版，第572—575页。

二、告别鄂豫皖

审时度势的战略决策

——关于红二十五军长征背景的回忆

程子华　刘华清

在中国工农红军长征的序列中，红二十五军是首先到达陕北，却又是在中央红军之后撤出南方革命根据地的一支红军队伍。红二十五军迈出战略转移的第一步，不是仓促决定的。为了迈出这历史性的一步，中共鄂豫皖省委从开始酝酿到定下决心，前后用了半年多的时间。

我俩都经历了红二十五军这一历史性的转变。回顾这段历史，我们深深体会到：在历史转折的关键时刻，既需要求实精神，更需要战略眼力。红二十五军终于实现战略转移，既来源于党中央、特别是军委副主席周恩来同志的正确决策，又是省委审时度势，努力使行动方针符合当时斗争实际的结果。

一

最早建议我们红二十五军战略转移，是“中央军委的1个同志”[①]。这

① 这个同志是谁，至今没有弄清楚。中央转发这个建议的时候，没有署作者的姓名，只在按语中说“是中央军委的1个同志写的”。本文沿用了中央按语的说法。

个建议的提出，主要是根据成仿吾同志向党中央汇报的，正在恶化的鄂豫皖边区革命斗争形势。

鄂豫皖边区的革命斗争形势，是在第四次反“围剿”中发生逆转的。在这以前，鄂豫皖革命根据地处于全盛时期。它的总面积达四万余平方公里，拥有人口350余万，建立了26个县的革命政权，主力部队红四方面军发展到4.5万多人，各种地方武装人数有20多万。1932年7月到11月，我国南方革命形势发生急剧变化。在夏末秋初，蒋介石采取南守北攻、各个击破的作战方针，以部分兵力牵制中央根据地等南线的红军主力，另以30多万、10多万重兵，分别对北线的鄂豫皖、湘鄂西两根据地，发动第四次“围剿”。由于王明“左”倾路线、特别是军事作战指导方针上的错误，两根据地没有粉碎敌人的第四次“围剿”。10月，红四方面军主力撤离鄂豫皖苏区。11月，红三军也撤出了洪湖根据地，实行战略转移。从此，这两个地区的革命斗争转入低潮，我国南方、也就是全国的革命形势日趋不利，以致陷入空前危机。

红四方面军撤出以后，鄂豫皖边区的革命形势急剧恶化。留在边区的20多万敌军，乘机大举进攻，同时划区“清剿”，妄图通过“血洗大别山”，实现其“民尽匪尽”的恶毒计划。在所谓“三分军事、七分政治”的口号下，敌人一面在占领区推行保甲制度，强迫群众插白旗。一面对尚存的苏区广大农村，实行经济封锁和灭绝人性的“三光”政策。敌军兽蹄所至，房屋全被烧光，大批革命干部、群众惨遭杀害，粮食不是被抢走，就是被烧毁。富有革命精神的大别山，此刻浸沉在血雨腥风之中。对红军主力撤离缺乏思想、组织准备的边区军民，由于敌人的疯狂进攻而陷入混乱。根据地大部丢失，鄂东北只剩下黄、麻、光、罗四县边界毗连的小块苏区，即柴山堡、天台山、西高山等几个山区，皖西北也只有葛藤山、熊家河等几小块苏区。地方党政组织陆续遭到破坏，县、区、乡革命政权所剩无几。虎口逃生的群众食无粮，居无房，生活极端困难。据当时国民党《中央日报》报道，边区“大小村落，鸡犬无声，耕牛绝迹”，农民“逃生无路，水草捞尽，树皮剥尽。”几个月以前，这里是一片朝气勃勃、欣欣向荣的革命景象；敌人“血洗大别山”以后，成了尸骨露野、生机扼杀的焦土废墟。“寒月照白骨，野鼠拱乱穴”，成了当时边区农村的真实写照。

但是，大别山的革命精神是摧不垮的。11月底，中央鄂豫皖省委①以留在边区的五个红军主力团为基础，重新组建了红二十五军，决心排除万难，“独立坚持鄂豫皖的斗争”。1932年底到1933年初春，红二十五军抓住敌军调动、兵力减少的战机，跃马扬刀，积极歼敌，连续取得了郭家河、潘家河、杨泗寨等战斗的胜利，打破了敌人大规模划区“清剿”的计划，边区的革命形势出现了转机。原先被敌人压缩、分割成几小块的鄂东北根据地，这时连成了一片，皖西北根据地也部分得到了恢复。红二十五军由重建时期的7000人，发展到了三个师、九个团，1.3万余人；为了坚持皖西北苏区的斗争，抽调了几个团的地方部队，组建第一个红二十八军；地方武装合编、扩建成十个游击师；各县、区还成立了战斗营、连。刚刚恢复的党政组织，积极领导群众恢复和发展生产。根据地的重建工作收到成效，人民群众的革命热情重新高涨。

打这以后的半年，是王明“左”倾路线在鄂豫皖边区产生严重恶果的时期。5月初，红二十五军奉命夺取敌重兵扼守、工事坚固的七里坪，苦战43天未克，部队伤亡惨重。军事冒险主义“夺取中心城镇”的计划，使红二十五军减员数千人，部队缩编为两个师、六个团；鄂东北、皖西北两根据地，各自剩下百余里方圆的地域。7月，敌人动用14个师又四个独立旅的兵力，发动第五次“围剿”。为了进行这次“围剿”，敌人增筑碉堡，扩建公路网，加强潢（川）麻（城）公路封锁线的警戒、巡逻，进一步割断两根据地之间的联系，制造无人区，“围剿”的初期作战中，省委根据中央3月15日的指示精神，命令根据地军民“在苏区内大大建筑工事”，“抵抗敌人的一切进攻”。这个以消极防预方针为指导的“中心区保卫战”，

① 当时的省委由下列人员组成：沈泽民、徐宝珊、吴焕先、王平章、郭述申、成仿吾、徐海东、郑位三、戴季英、高敬亭等。书记沈泽民。

后果十分严重。两个根据地中心区大部分相继丢失，红二十五军大幅度减员，部队再次缩小。10月初，红二十五军由皖西北向鄂东北转移，在通过潢麻公路封锁线的时候，部队被敌军截断。红七十四军师和红七十五师的后勤部队共1000余人，折回皖西北，不久被编入红二十八军；红二十五军军部、直属队及红七十四、七十五师共两千余人通过公路后，和鄂东北游击总司令部所属部队会合在一起，转战于鄂东北地区的荒山野岭之中。11月下旬，在黄、光、罗等县边界分散活动的部队，作战连连失利，剩下的人数不足一千，缩编为一个师（辖两个团）。这时鄂东北地区的县以下党政组织，全部遭到破坏，全区只剩下二百几十名党员、四名县委和八名区委。军民的生活物资严重短缺，数以百计的群众被饿死，人口锐减，一再削弱、减员的红二十五军得不到兵员补充，弹药奇缺，有时靠大刀、梭镖、石块跟敌人拼搏。指战员行军作战，要随身携带镰刀，每到一地宿营，就割草搭茅棚，以避风雨。经过一个多月的艰苦奋战，到11月底鄂东北地区恢复了两块各约三四十里方圆的根据地。皖西北的情况略有差别，但总的形势大体相同。

在围攻七里坪、“中心区保卫战”遭受严重挫折、红军主力损失惨重以后，省委表现出了共产党人应有的求实精神与革命勇气。10月16日，省委召开扩大会议，分析前一时期的错误，讨论转变斗争方针等问题。由于红四方面军撤离时没有留下电台，省委跟中央之间只能依靠交通员断断续续地进行联系，不能及时得到中央的指示，因此，会上决定，派省委委员、宣传部长成仿吾，到中央去汇报情况，请示工作，并要求派干部加强省委和红二十五军的领导。11月11日，省委书记沈泽民在逝世前十天，抱病将会上讨论、会后交换的意见，写成以省委名义上报中央的报告，沉痛检讨了错误，表示了转变斗争方针的决心，其反躬自责的态度诚恳。不久，成仿吾带着这个报告，动身去上海。在上海，他通过内山书店老板找到了鲁迅，要求鲁迅帮他找“党方面的朋友”。鲁迅说：“你来的正是时候，如果迟来几天，我认识的那个朋友就要离开这里，到那时候，就不好办了。”这样，成仿吾通过鲁迅跟上海中央局取得了联系，并由该局派人护送、带领，进入了中央苏区。1934年初，军委副主席周恩来以及其他中央领导人，听取了成仿吾的汇报。1月27日，“中央军委的1个同志”写出《关于鄂豫皖苏区战争经验的研究及今后作战的建议》。《建议》的作者认为，鄂豫皖苏区红军“要坚决决定一个总退却，主要目的是保存战斗骨干，暂时把保守苏区当作次要问题。”他建议红军主力“在适宜的时候，就实行有计划的战略的退却，可以从罗山地带退到豫南的桐柏（山地区）……建立新苏区。”在形势估计、战略指导，特别是在“保守苏区”与保存红军力量两者的主次地位等问题上，《建议》所持的观点和主张，跟不久前通过的、党的六届五中全会会议的说法是截然不同的。在一味强调“进攻路线”，后来又提出“不放弃根据地一寸土地”口号的历史条件下，提出这样的建议是颇有胆识的。2月25日，中央将《建议》转发给鄂豫皖省委，按语说“只作你们执行中央军事指示时一个参考的材料”。

这时，蒋介石正在调整鄂豫皖的兵力部署。2月底，任命了三省“剿总”的新头目，又将半数以上装备精良的东北军，从地处抗日前沿的华北地区调到鄂豫皖，部分替换先前作战不力的部队。到4月中旬，敌人总兵力达到16个师又四个独立旅，人数之多超过了红四方面军主力撤走以后的任何一个时期。6月下旬，敌人制订了一个从7月1日到10月10日的“围剿”计划，采取的方针是“一面划区驻剿，一面无限制的用竭泽而渔之方，作一网打尽之图”。具体部署是将兵力分为两部分，一部分为“驻剿”部队，划区占领几小块根据地周围的所有城镇和重要村庄，每个点上有一个连到一个团的兵力，在潢麻公路两侧部署了四道封锁线，仅信阳到广水的平汉铁路线段配置了近一个师兵力的“护路”部队；另一部分约有两个师又六个团的兵力，组成四个“追剿队”（后来又增加了一个“追剿队”），跟踪追击我主力部队。与此同时，敌人加紧构筑碉堡，修建公路。当时，边区的碉堡星罗棋布，五里一个，十里一个，在一些重要交通线上都筑通了公路，构成了纵横交错的封锁网。敌人气焰十分嚣张，狂言要在三个月内，将我军“完全扑灭，永绝后患；彻底肃清，以竟全功”。

上述情况表明：鄂豫皖边区革命斗争的处境空前困难。红二十五军是在原地区坚持斗争，还是实行战略转移，已经成为急需作出决策的首要问题。

二

省委开始酝酿红二十五军战略转移的时间，是在接到军委一个同志的《建议》之后。

3月中旬，省委收到了中央转发的这个《建议》。这时，困扰省委和红二十五军领导的主要不是走不走的问题，而是担心转移不成功，出现既丧失红军主力，又丢掉老苏区的结局。过去，省委给中央的报告中曾流露过这样的顾虑：“红军主力6团之众，拖这几千里（在）白区中过，即算战争不受损失，沿途疾病掉队也要受很大损失，何况沿途作战？”现在仍然是这个顾虑，只是具体说法有了变化。在4月10日召开的、专门讨论军委一个同志《建议》的省委会上，与会同志认为：近期红军主力大幅度减员，部队缩编，力量与成仿吾同志去中央时有不同，桐柏山地区“离我们原区域较远隔”，平汉路敌人防范严密，通过比较困难，目前难于实行军委一个同志的《建议》。会上决定：向中央建议红二十五军暂不离开鄂豫皖苏区，改向原根据地的边沿恢复、开辟根据地。会后，省委将上述意见写成书面报告上报中央。7月1日，省委又收到了2月12日的中央指示信和6月13日中央与军委联合发出的军事训令。指示信指出：鄂豫皖“省委当前的任务，在于保全我们的活力，保全我们的队伍，去创造新的苏区，新的根据地”。信中要红二十五军转移的意图是很明显的。军事训令也提出了要“积极的向外发展”，但又说“目前我们原则上同意省委提议红军主力仍留在原来苏区继续行动”。2、3、4日，省委开会研究如何贯彻中央指示的问题。经过讨论，会议决定切实执行6月13日军事训令中规定的任务，就是保持、逐渐巩固现有的根据地，同时“向外扩大并创造新的行动中心及根据地”，实现中央提出的“最高度的牵制和吸引敌人兵力于鄂豫皖方面”的要求，以配合中央红军作战。后来才知道，中央那时正准备突围长征，需要邻近苏区军事上的支援。不过，省委并不知道中央红军的困难处境。但是，把革命全局利益看得高于一切的省委，不管自己有多大的困难，也要为中央红军分担军事压力，“打得敌人无法增兵江西”。这样，红二十五军战略转移就暂时搁置起来了。

这时，敌人正按照预定计划，疯狂进行“围剿”，一度分开的红军主力，已于4月中旬由徐宝珊、吴焕先率领红二十五军，转战到皖西北与军长徐海东、政委郭述申率领的红二十八军会师后，两军合编为红二十五军。留下红二十八军的部分兵力，并抽调地方部队重新组建红八十二师，在原地坚持斗争。为了在第五次反“围剿”作战中避免被动，力争主动，红二十五军改变了半年以前那种内线分兵防御的打法，按照省委确定的新作战方针，积极转向外线捕捉战机，乘隙击虚，连续取得了长岭岗、汤泉池、大柳村、太湖等战斗的胜利。其中长岭岗一战，就歼灭敌东北军第一一五师师直大部及其五个营，缴获了一批武器弹药，大大增强了部队的战斗力，提高了我军的战斗士气，沉重打击了敌人的嚣张气焰。在这期间，不仅原有的几小块根据地有所扩大，而且还恢复、开辟了朱堂店、陶家河两小块根据地，恢复了一些地方革命组织。仅鄂东北地区，就恢复了三个县委、三个特区委、11个区委，党员也由200多人发展到了500多人。一年多以前，敌人狂妄叫嚣要“砍尽大别山的树，挖尽共产党的根”。现在，边区的人民群众，用实际行动谱写了“树也砍不完，根也挖不尽，留得大山在，到处有红军”的光辉诗篇。尽管根据地军民充分发挥了主观能动作用，进行了艰苦卓绝的斗争，红二十五军在作战指导上能扬长避短、趋利避害，但是，由于敌我力量悬殊太大，上述胜利还不能从根本上改变日趋不利的形势。许多同志开始意识到：在老苏区边沿恢复、开辟根据地的方案行不通，经过多年战争的消耗和敌人的屠杀、破坏、封锁，边区的人力、物力濒临枯竭；得不到补充的红二十五军，只有跳出并远离敌人的包围圈，才有出路；否则，自身能否生存将会成为突出的问题。那么，走出去行不行呢？大家又存在这样那样的顾虑。例如，担心兵力不足四千、势单力薄的红二十五军，不能摆脱、打破沿途优势敌军的围追堵截；还怕到了新区站不住脚；最伤脑筋的是不知该往哪儿走等等。当时的省委就处于这种想走、又下不了决心走的矛盾之中。

正是在省委酝酿转移接近成熟的情况下，程子华到达鄂豫皖根据地。

程子华在离开中央苏区以前，正在中央红大学习。5月的一天，程子华被军委副主席周恩来召去谈话。周副主席说，鄂豫皖省委曾要求派干部去加强领导。中央决定，派你去那儿工作。接着周副主席详细分析了鄂豫皖边区斗争的形势、前景，并就红二十五军的行动方针作了指示。他说，中央几次指示红二十五军转移。现在，原先确定的方针不变，红军主力要作战略转移，去建立新根据地。这样，部队就能得到发展，同时也能把敌军主力引走，减轻根据地的压力。根据地的敌军减少了，留下的部分武装就能长期坚持，也能够保存老根据地。此外，他还对选择新根据地的条件作了详细指示。

周副主席谈话以后，程子华稍事准备，就在交通员的带领下，取道福建才溪、古田，昼伏深山，夜行小道，进入广东省境。8月初，由汕头乘船到上海，再由鄂豫皖省委交通员石健民带领，经武汉乘火车到河南信阳柳林，在一个群众家里住了一个星期，然后步行去中共鄂东北道委驻地、河南罗山县境的卡房。一路上，两人昼伏夜行，在山区小路走了好几天。一天夜里，在一个山沟里被一群荷枪埋伏的人包围了，一问才知道是道委派来迎接的便衣队。9月下旬，程子华于卡房见到了中共鄂东北道委书记郑位三，以及在道委机关工作的程坦、刘华清。这时，一直兼着红二十五军党委的省委，除郑位三以外，其余成员在一个多月前，随着红二十五军转战到皖西北去了。为了尽快地贯彻中央指示，郑位三当即写信，将程子华到达卡房的消息报告了省委，建议省委率领红二十五军赶回鄂东北，研究下一步的行动计划。

在等待省委回鄂东北的40多天里，程子华和郑位三以及程坦、刘华清等经常在一起交谈。交谈的内容，有时是互相介绍情况，有时是研究下一步行动方针问题。郑位三等通过介绍，才知道了中央根据地的许多情况，例如，广昌战斗失利后的形势，红七军团组成北上抗日先遣队的动向等等，对中央红军的困难处境有了一定的印象。关于下一步的行动方针，程子华结合个人领会周副主席指示的体会，谈了自己的想法：敌人继续搞“竭泽而渔”，企图通过耗尽根据地的人力、物力，把我们搞垮。我们不能让敌人牵着鼻子走，困守在“鱼塘”里，看着敌人把水抽干抓“鱼”。郑位三说，过去中央也有指示，要红二十五军走出去创建新根据地。但是，我们不敢走远，没有脱离鄂豫皖的思想。这不完全是对老苏区感情上的原因，更主要的是觉得这里有一些极为难得的有利条件。群众对敌人斗争那么坚决，恢复根据地是有希望的。如果在原地区能恢复根据地，何必舍近求远呢？本着这样的想法，我们在根据地附近搞了几次，多数失败了，少数搞成了。搞成了的两块，物资条件非常有限，补充不了多少兵员，活动余地不大。看来，在原地区坚持斗争是不行了。想通过中央苏区第五次反“围剿”胜利来改善我们的处境，在短期内恐怕指望不上了。但是，走出去又没有把握。再说，外面的情况一点也不了解，往哪儿走呢？这样，交谈的话题就转移到转移方向上来。于是，我们对根据地四周的形势，逐一进行了分析，认为：南、东、北三个方向都是平原、丘陵地区；南有长江天堑，又靠近敌人统治中心南京、武汉和中央根据地；北有淮水阻隔，敌人在开封、郑州驻有重兵；东面靠近津浦铁路和安庆，很难立足。因此，向南、向东、向北都不行。那么，向西行不行呢？程子华说，可以到伏牛山去。蒋介石与那里的军阀矛盾很深，当地的阶级矛盾尖锐，反动统治的基础薄弱。那里又是山区，地理条件比较好。过去，我就听说土匪头子樊钟秀拉了队伍，在那里盘踞多年。土匪能站住脚，共产党领导的军队为什么不能在那里建立根据地？谈着谈着，几个人的看法一致起来了：到远处去，到伏牛山去！不久，我们从国民党的报纸上，发现了中央红军长征到达粤湘交界的坪石、乐昌的消息，不仅使我们从整个南方革命形势看到了红军战略转移的必要性，而且意味着鄂豫皖苏区牵制敌人，为中央红军分担军事压力的任务可以解除了。这就进一步坚定了我们离开老苏区创建新根据地的思想。

三

红二十五军实行战略转移，是省委花山寨会议决定的。但是，在花山寨会议召开的五天前，省委仍在几百里以外的皖西地区。

10月下旬，红二十五军在皖西北的陶家河地区，与敌军第二、第三“追剿队”打了一仗，激战两天，部队伤亡近300人。眼看前来增援的敌军第一“追剿队”临近，我军遂撤出战斗，转移到葛藤山地区活动。11月4日，省委接到了郑位三派陈锦秀送来的信。6日晚，率领红二十五军从葛藤山地区出发，两夜一天急行军两百多里，边走边打，连续突破敌人的四道封锁线，歼敌四个连，并打垮敌东北军的堵截部队，缴获一大批武器弹药。8日拂晓，到达河南光山县城东南50里处的斛山寨。部队刚休息了两个小时，敌人“驻剿”部队四个团和第四、第五“追剿队”六个团，在飞机的配合下分别从东、南两面跟踪而来。敌“驻剿”部队在寨东北，“追剿队”在寨南，乘我不备发起进攻。敌“追剿队”进占我军二二四团放弃的寨阵地以后，趁势向斛山寨山顶发起攻击。我军仓促应战，形势十分险恶。军长徐海东、政委吴焕先考虑到部队极端疲劳，靠“走”无法摆脱当面敌军，决定先打垮敌人的进攻，然后西进。在他们的指挥下，扼守寨东北和山顶的部队，继续分别抗击敌人的进攻，刚从寨南撤出的二二四团，隐蔽迂回到在山寨东北进攻的敌“驻剿”部队侧后，突然发起猛攻。在我军的内外夹击下，敌“驻剿”部队被迫撤退。接着，二二四团和扼守寨东北的部队，分两路迂回到进攻山顶的敌“追剿队”侧后发起猛攻，坚守山顶的三个营也乘机发起反冲击，将敌“追剿队”压回到进攻山顶前的位置上。我军继续进行三面夹击，打得敌人溃不成军，纷纷逃散，战斗在黄昏前结束，3000余人的红二十五军，打败了敌军十个团，打死、打伤、俘虏敌军4000人，还缴获了大批武器弹药和其他军用物资。这一仗，打得相当出色。它打出了我军的军威，打击了敌人的气焰。捷报传来，根据地的军民人心大快，无不为敌人的追堵计划破产而欢欣鼓舞。斛山寨战斗，为红二十五军战略转移争得了主动权，保存了战斗力量；为花山寨会议的顺利召开，扫除了障碍，奏出了一曲胜利的前奏。部队过硬的战斗作风，徐海东、吴焕先出色的作战指挥，不仅为这次战斗夺取了胜利，而且在这以前的多次战斗中，创造出以少胜多、化险为夷的战果，使红二十五军在坚持鄂豫皖的斗争中，度过了最危险、最关键的时刻。

11月11日，省委在河南光山县花山寨召开常委会。郑位三出席了这次会议，并传达了程子华带来的周副主席的指示。会上决定：省委率领红二十五军实施战略转移，到桐柏山或伏牛山一带创建根据地；留下高敬亭和一部分武装重新组建红二十八军，在鄂豫皖边区坚持革命斗争。会上还讨论了与转移有关的一些问题。在军事方面，针对红二十五军人数少，行动灵活，部队敢打硬仗、打恶仗等特点和长处，确定实行高度机动、但又不消极避战的方针。在政治方面，根据不久前收到的中央关于红军北上抗日通知的精神，将红二十五军命名为中国工农红军北上抗日第二先遣队，并确定沿途大力宣传党的抗日救国政治主张的方针，规定途中不打土豪，不分土地，不进地主围寨，所需粮草一律购买等等。上述决定，虽然是根据中央指示或者在中央指示启发下作出来的，但这不是机械执行中央指示的产物，而是一年来不断转变斗争方针、策略的必然结果。省委的求实精神以及不断增强的战略意识，使这次会议能够根据民族危机日益深重，邻近华北的鄂北、豫西各阶层和国民党军队要求抗日的情绪普遍高涨等事实，正确地把红二十五军战略转移与北上抗日联系起来，并从中找到了变不利因素为有利因素的途径，及时调整了政策，转变了斗争策略，将战略转移的信心建立在扎实可靠的基础上。会上还讨论了红二十五军军政领导的人事问题。与会同志经过个别商谈和反复研究决定任命程子华为军长、徐海东为副军长，吴焕先为军政治委员。当时不是省委委员的程子华，没有参加这次会议，上述决定是郑位三在会后传达的。

会后，省委率领部队转移到罗山县殷家湾、何家冲一带，作转移前的准备：进行“打远游击，创建新苏区”的政治动员，轻装整编，安置伤病员，准备行军物资等等。由于红二十五军在向鄂东北转移中，沿途连续作战，特别是斛山寨战斗部队伤亡较大，因而抽调鄂东北地方部队和道委机关干部补充红军主力。整编后的红二十五军，除军直属队外，另辖二二三团、二二四团、二二五团和手枪团，共2980余人。出发前，向外发布了《中国工农红军北上抗日第二先遣队出发宣言》。《宣言》号召全国同胞，不分政治倾向，团结一致抗日。并严正指出：北上沿途，国民党军队如果阻拦，本军定将坚决扫除之。16日，全军指战员怀着沉痛心情，告别了鄂豫皖革命根据地，踏上战略转移的征途，向桐柏山进军。此刻，历时半年多的酝酿、筹划成了现实，红二十五军为谋求生存与发展的艰苦斗争由此开始。

花山寨会议是红二十五军战斗历程中的一个重要转折点。它历史意义之深远，远远超出了我们当时的预料。

花山寨会议的重要贡献，是为长征前的红二十五军解决了当时迫切需要解决的几个问题。首先，在走不走的问题上，定下了战略转移的决心。其次，在转移方向上，初步确定以桐柏山或伏牛山为目标。再次，在如何走的问题上，为顺利转移制订了正确的方针，作出了具体规定。这三个问题是相互联系、相互制约的。只有解决了这些问题，红二十五军长征才能迈开步，战略转移才能顺利进行。后来的实践表明，正是花山寨会议制订的方针、政策，使红二十五军通过了一个又一个的暗礁险滩，成功地实现了战略转移。在转移期间，红二十五军按照高度机动、但又不消极避战的方针，或者以快速行军和多变的转移路线，摆脱了优势敌军的追堵；或者以凌厉的反击，挫败了敌人进攻；甚至在遇到意外险情、处境困难的情况下，巧妙地利用天时、地理等条件，出敌不意地乘隙转移。由于红二十五军的走打、攻守、进退等军事行动，较充分地体现了扬长避短、趋利避害作战指导规律，指战员具有对革命赤胆忠心和能攻善守的良好军政素质、加上全军上下团结一致、齐心协力，从而使我们这个不足3000人的队伍，成为打不垮、拖不烂、冲不散的革命战斗集体，经受住了一次又一次的严峻考验。团结抗日的政策，严明的群众纪律，更是收到了意料不到的效果。沿途广大群众，从我们北上抗日的行动中，看到了挽救民族危机的希望；还从我们严明的群众纪律上，加深了对红军的认识，从而大大激发了他们的爱国热情和革命意识。在他们的帮助下，我们克服了转移途中一个又一个的困难；他们对我军行动的理解和部队良好的形象，使我们的转移出现了部队未动、影响先行的良好效果。也正是党的团结抗日主张的政治威力，使我们顺利地通过了围寨林立、地主小股武装多如牛毛的豫西平原和山区。开始，地主武装常常袭扰我们。后来，我们加强了政治攻势，提前给寨主头目写信，宣传抗日救国，说明我们是借道北上抗日，决不伤害。从这以后，地主豪绅转变了态度，有的甚至在围寨路旁放上了开水和饭食。地主豪绅这种保持中立甚至是友好的态度，大大减少了我们前进道路上的困难。在历时十个月、行程近万里的长征中，红二十五军不仅成功地实行了战略转移，而且在沿途减员很大的情况下，进入陕南，开辟了鄂豫陕游击根据地，部队由不足3000人发展到6000余人：其中近4000人实行第二次战略转移，胜利到达陕北根据地，留下2000多人坚持了鄂豫陕边区的革命斗争。

花山寨会议的贡献，不仅是使红二十五军长征迈开了步子，也不仅仅是为顺利转移制定了正确的方针、政策，更重要的是，由于转移路线选择上的巧合，使红二十五军的战略转移，远远超出了谋求自身生存与发展的意义。后来的事实表明，只要红二十五军跨过平汉铁路，并且把去伏牛山作为第二方案，那么，摆脱困境、站稳脚跟的需要，就会不断打破原定计划，使红二十五军沿着桐柏山——伏牛山——陕南的转移路线，一步一步地向陕北根据地靠近，其结果则使红二十五军的长征，跟我国革命大本营的转移会合到了一起；还使这种谋求自身生存与发展的斗争，纳入到党中央结束挽救革命危局斗争，发展西北革命形势，进而图举抗日大业的实践中。正是由于花山寨会议在历史转折的关键时刻，定下了战略转移的决心，确定了意义深远的转移路线，才使得这个由历史事件组成的因果链条，有了一个正确的开端。有了这个开端，红二十五军才有后来的先期到达陕北、取得劳山、榆林桥战役两大胜利，并协同中央红军进行直罗镇战役等机遇。花山寨会议，使红二十五军走上了在战胜民族危机的斗争中发展壮大的广阔道路，以其深远的历史意义载入了我国革命史册。

1986年8月于北京

选自《中国人民解放军历史资料丛书》编审委员会编：《红军长征·回忆史料（1）》，解放军出版社1990年11月第1版，第202—213页。

红二十五军重建初期的反“围剿”斗争

刘华清　王诚汉　张池明

1932年6月，国民党豫鄂皖三省“剿匪”总司令部，调集26个师、五个旅、四个航空队，共30余万的兵力，对鄂豫皖苏区发动了第四次大规模“围剿”。红四方面军和鄂豫皖苏区人民进行了空前激烈的反第四次“围剿”斗争，虽给“围剿”之敌以重创，但终因未能粉碎“围剿”，方面军主力被迫实行了战略转移。留下部分红军，在中共鄂豫皖省委的领导下，重建红二十五军，继续坚持第四次反“围剿”斗争。我们当时都被留下来，参加了重建的红二十五军，经历了红二十五军重建初期的反“围剿”斗争。

一、重建红二十五军，开展反“围剿”斗争

1932年10月，红四方面军主力撤离鄂豫皖苏区后，敌人的第四次“围剿”并没有因为红四方面军的撤离而停止，除以十多万兵力追击红四方面军主力外，仍以约20万兵力继续对鄂豫皖苏区进行“围剿”。当时，“围剿”的敌人计有李玉堂第三师、万耀煌第十三师、彭振山第三十师、张印相第三十一师、陈耀汉第五十八师、李思愬第八十师、汤恩伯第八十九师、王均第七师、曾万钟第十二师、梁冠英第三十二师、戴民权第

四十五师、上官云相第四十七师、郝梦龄第五十四师、宋天才第七十五师、张钫第七十六师、郑延珍独立第五旅、宋世科独立第四十旅、马宝琳骑兵第二旅，共15个师又三个旅，此外，还有民团、保安队等地方武装数万人。敌人企图于1932年12月15日前彻底消灭留在鄂豫皖的红军，摧毁鄂豫皖苏区。

在敌人的疯狂进攻和摧残下，鄂豫皖苏区大部分丧失，尚存的也被敌人分割为鄂东北和皖西北互相隔绝的两个地区。由于敌人的进攻来势迅猛，红四方面军主力突然撤离，留在苏区的部队又分散，加之敌人实行白色恐怖，苏区的党政军民在思想上、组织上、行动上都无准备，一时非常混乱，形势十分严重。

红四方面军主力转移时，留在苏区坚持斗争的部队有红二十五军军部特务营、第七十五师（第二二三、第二二四团）、第二十七师（第七十九、第八十、第八十一团）和中共鄂皖工委新组建的红二十七军的两个团，总共为七个主力团，一万余人。地方部队有黄安、罗山独立师，麻城、光山、河口、陂孝北、陂安南游击师以及各县的独立团、营等，共一万余人。此外，还有大批红军伤病员。主力红军、地方武装及红军伤病员，总共两万余人，在无统一领导的情况下，分散于各地坚持斗争。由于力量分散，不能有效地大量消灭敌人。斗争形势的发展，需要重新组建一支主力红军。

11月29日，中共鄂豫皖省委在黄安檀树岗召开军事会议，分析红四方面军主力西去后苏区的形势，总结了一个多月来分散坚持斗争的经验教训。会议决定，将根据地各红军主力团统一组织起来，重新组建中国工农红军第二十五军，坚持鄂豫皖苏区的斗争。30日，在檀树岗村南的河滩召开大会，宣布新的中国工农红军第二十五军组成。军长吴焕先，政治委员王平章。下辖第七十四、第七十五师。第七十四师师长徐海东、政治委员戴季英，辖第二二〇、第二二一、第二二二团；第七十五师师长姚家芳、政治委员高敬亭、辖第二二三、第二二四团。全军约7000人。

红二十五军重建后，立即成为敌人“围剿”的重点。1932年12月12日，敌人采取“进剿”和“驻剿”相结合，以“驻剿”为主的手段，发动了大规模的划区“清剿”。将鄂豫皖苏区划分为东、西两个“清剿”区，西为“经（扶）黄（安）清剿区”，东为“商（城）罗（田）清剿区”。“经黄清剿区”指挥官为第十四军军长卫立煌，指挥部设于黄安河口镇，兵力为七个师。以李玉堂第三师、彭振山第三十师两个旅、汤恩伯第八十九师一个旅，共十个团为“进剿”部队；以万耀煌第十三师、陈耀汉第五十八师、张印相第三十一师、蒋伏生第八十三师、第三十师一个旅、第八十九师一个旅，共24个团为“驻剿”部队，分别部署于黄安、河口、宣化店、麻城、张店、新集等地区。“商罗清剿区”指挥官为第一军军长陈继承，指挥部设于潢川县城，兵力为六个师。以郝梦龄第五十四师、李思第八十师，共十个团为“进剿”部队；以上官云相第四十七师、唐淮源第十二师、宋天才第七十五师、戴民权第四十五师，共22个团为“驻剿”部队，分别部署于僧塔寺、金家寨、南溪等地区。在皖西北霍山、六安、霍邱等地区的王钧第七师、梁冠英第三十二师、宋世科独立第四十旅则策应“商罗清剿区”行动。敌人总兵力为15个师又一个旅，共约80个团。此外，还有罗山丁应坤、光山易本应、商城顾敬之等反动地方武装。敌人企图在1933年1月底以前，将鄂豫皖苏区的红军完全肃清。

面对敌人的大规模划区“清剿”，中共鄂豫皖省委和红二十五军于12月30日在麻城大畈（今属新县）召开临时紧急会议。会议根据当时游击武装的扩大，红军主力的形成，群众革命情绪的高涨和敌人实行经济封锁，粮食、物资困难等优劣条件，认为鄂豫皖苏区以现有的力量为基础，采取得当措施，是可以巩固起来和完成打破第四次“围剿”的任务的。并针对敌人以“驻剿”为主，机动兵力相对减少的情况，决定红二十五军以师为单位分散活动，一面整补部队，寻机歼敌，扩大游击区；一面发动群众，恢复政权组织，扩大地方武装，巩固鄂东北苏区。

大畈紧急会议之后，红二十五军按照省委的决定，第七十四、第七十五师分别活动于麻城和黄安以北地区，在地方武装、游击队和群众的配合下，先后给敌第十三、第三十、第三十一、第三十二师以打击，歼敌正规军数百人及大量的反动地方民团。同时，协助地方党政机关，宣传、组织群众，开展对敌斗争。迫使敌人不敢以小股兵力进行“清剿”，只能集中兵力驻在较大的据点里，使红军有了较大的回旋余地，反“清剿”斗争取得了初步成效。

二、集中兵力作战，打破敌人大规模划区“清剿”

红二十五军经过以师为单位的分兵活动，打乱了敌人的大规模划区“清剿”计划。至1933年2月，敌人大规模划区“清剿”计划未能按预期实现。为此，敌人在原部署上进行了局部调整。令第八十九师为“进剿”部队，将原驻信阳以北铁路沿线的马鸿逵部第三十五师调至新集，另调肖之楚第四十四师一三〇旅接替调整出的第三、第八十三师的任务。

根据敌人调整后的部署，红二十五军也采取了新的斗争方针。3月初，军领导总结了两个月的分兵活动。认为，在这两个月的斗争中，红军虽然积蓄了力量，给敌人以一定打击，但战果不大，没能给敌人以大量的杀伤，因此，打不破敌人的大规模划区“清剿”。针对敌情的变化，军领导决定集中兵力，统一行动，在运动中捕捉和创造战机，寻歼孤立薄弱或突出冒进之敌。

3月4日，敌第三十五师一〇三旅二〇五团、第一〇四旅二〇七团进驻郭家河，接替第八十九师防务。省委和军领导及时分析了敌情。认为：敌第三十五师装备较差，战斗力较弱，该部进驻郭家河两个团又是新接防地，人地生疏；郭家河离周围据点黄陂站、七里坪等都有一天的路程，不易迅速增援；郭家河之敌成为孤军深入。于是，决定乘敌立足未稳，集中全军力量将其歼灭。遂命令：在麻城以北地区待机的第七十四师连夜赶到新集以南的野鸡笼，与第七十五师会合。由第七十四师和军特务营进攻郭家河的敌人；第七十五师占领郭家河东北的摸云山（又称磨儿山）一带，阻击可能由新集增援之敌，并在必要时支援对郭家河的进攻。同时以光山独立团、罗山警卫营等地方武装和部分群众相配合，在郭家河周围不断袭扰敌人，掩护主力开进。

3月5日夜，红二十五军在野鸡笼进行政治动员后，连夜向郭家河开进。6日拂晓到达郭家河东南戴家岗一带。吴军长命令第七十四师以第二二〇团及军部特务营迂回到郭家河东北方向实施主攻；第二二二团从郭家河以南及西南实施攻击。第二二二团受命后，以勇猛迅速的攻势，将郭家河东南羊人岩（又称羊儿岩）高地的敌人警戒部队一个营大部歼灭。接着，该团由西南，第二二〇团和军特务营由东北，以合围之势向郭家河之敌猛烈攻击。周围山头上的地方武装、游击队和群众呐喊助威，红军勇猛冲杀。敌人一部就地被歼，其主力仓皇向西北逃窜，被红军围歼于二道河西南洼地。这次战斗，红军以伤亡30余人的代价，将敌两个团全部歼灭，毙敌第二〇七团团长以下百余人，俘敌第二〇五团团长以下2000余人，缴获山炮一门、迫击炮八门、机枪12挺、长短枪2000多支、子弹十万余发、战马百余匹。

郭家河战斗的胜利，震慑了敌人。敌第三十五、第十三师分别固守新集、黄安，告急求援。3月10日，敌第八十师二三八旅、第三十师八十八旅、第三十一师四个团向新集救援。红二十五军先派少数部队佯攻宋埠，吸引敌人围来。这时敌第十三师亦从黄安孤军深入至九龙长岭，见此机会，红二十五军立即以主力向敌第十三师攻击，在袁英河以南的九龙长岭，予敌第十三师先头第三十八旅七十七团以歼灭性打击。18、19日，红二十五军又利用杨泗寨、万家山、李家窑有利地形，与敌第十三、第三十、第三十一师各一部激战，杀伤敌700余人，随后转至麻城北部的大畈地区。这几仗的胜利，使红二十五军掌握了主动权。

为了恢复黄安以北地区，红二十五军西进至郭家河，准备歼灭罗山卡房之敌。这时，敌情有了变化。4月13日，敌第十三师师长万耀煌以第三十八旅七十五团、七十六团和第三十七旅七十八团组成右纵队，亲自率领，由七里坪出发，经香炉山、仰天窝向郭家河进犯；以第三十七师（欠第七十八团）为左纵队，由华家河出发，经平头岭、郭家凹向老君山、黎子沟北犯。根据这一新的情况，红二十五军当即放弃进攻卡房计划，决定乘敌第五十八师及第十三师左纵队在天台山以西，敌第三十、第三十五师尚未行动的有利时机，集中力量，打击突出之敌第十三师右纵队。

14日下午，敌第十三师右纵队沿倒水河西岸进至上潘家河及其以北地区，其第七十五团占领鸡公寨，第七十八团一、二营在白果树店露营，该团三营占领河东岸黄石岩高地，师部及第七十六团在上潘家河露营。根据敌人的配置和地形条件，红二十五军决定，以罗山独立第六师在鸡公寨一带钳制与迷惑敌人，并保障红军右翼的安全；第七十三师从正面向黄石岩敌人进攻，歼灭该敌后，以一部控制黄石岩，其余配合军主力消灭敌后续部队；第七十五师迂回到黄石岩敌人的右侧，切断其退路，然后集中力量歼灭敌后续部队；第七十四师为预备队。

当夜，红二十五军隐蔽进抵黄石岩附近，罗山独立第六师也迫近了鸡公寨。15日拂晓，敌第七十八团一、二营开始渡河，拟会合其第三营后，与河西主力齐头向郭家河前进。红七十三师乘漫天大雪，以迅速勇猛的动作，首先攻占黄石岩制高点，歼敌第七十八团三营一部，尔后配合第七十五师将敌第七十八团全部压在河边狭窄地段上。经反复冲杀，将敌大部歼灭。万耀煌见此情势，一面急令其左纵队驰援，一面指挥第七十六团两个营渡河投入战斗。红军主力遂转攻敌第七十六团渡河部队，予以迎头痛击。敌仓皇回窜。时逢狂风暴雨突然袭来，河水陡涨，敌被淹死者甚多。这时，一直牵制鸡公寨之敌的罗山独立第六师，向鸡公寨之敌发起猛攻。万耀煌误以为红军主力由上游渡河发动攻击，慌忙退至钟家岗。天黑后，又怕红军夜袭，率残部向南退至五公里以外的香炉山。

潘家河战斗，消灭了敌主力第十三师一个多团。郭家河、杨泗寨、潘家河等战斗的胜利，挫败了敌人划区“清剿”计划，使鄂豫皖苏区的严重形势趋于好转。

三、错误发动七里坪战役，鄂豫皖苏区第四次反“围剿”斗争失败

红二十五军虽然接连取得郭家河、潘家河等战斗的胜利，使敌人的大规模划区“清剿”计划破产，但并没有打破敌人的第四次“围剿”，鄂豫皖苏区的斗争形势仍然是严重的。当时，中共鄂豫皖省委和红二十五军对此没有作出正确分析，而在郭家河等战斗的胜利影响下，错误地估计了当时敌我形势，盲目地执行王明“左”倾冒险主义的军事战略方针，根据中共临时中央1933年3月10日《给鄂豫皖省委的军事指令》，认为鄂豫皖党和红军的基本任务是“肃清敌人一切地方的和常备的军队”，“应当（以）消灭七里坪的敌人力量和夺取与巩固这个地点为第一任务”，“进攻最适宜的时机恰恰就是现在”。省委于5月初，作出了实施七里坪战役的决定。

夺取七里坪，在当时是不具备条件的。这时的敌情仍然很严重。敌人“围剿”的总兵力有15个师又四个旅，加上民团等反动武装，超过红军近20倍。整个鄂豫皖苏区敌强我弱的形势并无改变。敌人占领着根据地的全部城镇和控制大部农村及所有交通线，继续采取“筑碉修路”、“稳扎稳打”、“驻剿”与“追剿”相结合的作战方针，加紧对苏区实行摧残。潘家河战斗后，敌人重新调整了黄安、七里坪等地的兵力部署，由第十三师接替第八十九师在黄安、七里坪、华家河、河口镇地区的“驻剿”任务，第八十九师改任“追剿”任务。而这时红军虽然经过整编，红二十五军已下辖第七十三、第七十四、第七十五师，全军共1.2万余人，但红军既没有围攻和阻击援敌的足够兵力，又没有攻击坚固设防据点的火力及经验。此

外，鄂东北苏区屡遭敌人摧残、洗劫，元气远未恢复，人力、物力、财力等均十分困难。特别是正值青黄不接之时，群众生活极为困苦，红军给养亦无保障。另外，七里坪位于黄安县城以北20公里处，是鄂东北地区的重要集镇。其南面为大小悟仙山（亦称大小雾咀山），是突出的制高点，西、北两面有倒水河作为自然屏障。自1932年12月敌人占领七里坪后，即在其周围修筑碉堡、围墙、挖堑壕，设置鹿砦、铁丝网，构成了坚固的防御体系。

由此可见，红二十五军要夺取七里坪是不可能的。但是，省委强调中共中央的指令必须执行，强调夺回七里坪对恢复苏区的作用与意义，坚持一定要打。并且提出：把敌人逼走就是胜利。

根据鄂豫皖省委的战役企图，红二十五军围攻七里坪的部署是：第七十三师布置于七里坪以东王锡九、刁家坡、石门口、郑必高至大斛山一带；第七十四师布置于七里坪以北江家塝、高庙岗、酒醉山一带；第七十五师除以第二二四团配属第七十四师布置于神灯岗外，两个团随军部留在七里坪东北的龙王山，为军预备队。另以黄安独立第七师等地方武装，在七里坪附近活动，配合主力作战。由于兵力不足，七里坪南至黄安县城、西至华家河的道路，红军都没有控制，敌人仍可以自由地调动兵力，补充军需。

5月2日夜，红二十五军进入指定位置，开始构筑工事。4日晨，敌人一部在火力掩护下攻入第七十三师前沿阵地，经激战，被击溃。此后，红军虽然数次向敌坚固设防的前沿阵地勇猛攻击，但是既未能占领敌人阵地，又未能予敌以大的杀伤。战役期间，敌人又调整、增加了兵力。双方形成了对峙状态。在这种情况下，徐海东等曾提出撤围的意见，但都被省委强调执行中央指令而否决，结果使红二十五军陷入困境。

战役开始半个月，红军就断了粮。群众将自己仅有的一点粮食，一碗一升地拿出来支援红军，仍不能解决红军的粮食问题。后来，根据地内实在弄不到粮食，我军只有抽调部队和地方武装筹集粮食，有时要远离阵地去截取敌人的运输给养，但每次所获不多，难以解决大部队的需要，有时还要造成伤亡。部队只好以野菜、树叶充饥。

到6月中旬，我军由于多日断粮饥饿，长期露宿，疾病蔓延，死者日增，再加上战斗伤亡，部队减员近半，剩下的6000余人，体质也极度虚弱。而各地敌军则乘红二十五军陷于七里坪之时，不断侵犯苏区中心区域，破坏麦收和插秧，逼迫群众插“白旗”，强化其反动统治。在此严重形势下，省委才不得不决定撤出战斗。6月13日，红二十五军全部撤出阵地。至此，七里坪战役结束。

七里坪战役的损失是严重的，失败的教训是深刻的。对此，战后省委在写给中共中央的报告中有所认识，认为在主观力量相差太远的条件下来勉强围攻七里坪，是机械地执行了中央军事指令，错误的根源是没有深刻认识第四次反“围剿”的严重形势，犯了“左”倾错误。认识到，在当时的形势与困难条件下，进行七里坪这样规模的阵地攻坚战，是红二十五军的力量所不能胜任的。

七里坪战役的失败，其后果是造成我军反四次“围剿”斗争陷于极为困难的被动地位。我们都是参加者，饱受了因战略指导错误而打了败仗之苦。当时的痛苦心情是无法形容的。我们都是征战了几十年的老战士，打过许多胜仗，像七里坪这样的败仗还是第一次。由于七里坪战役的失败，红二十五军的战斗力受到了极大损失，致使第四次反“围剿”斗争失败，鄂豫皖苏区军民仍处于艰苦的斗争之中。（姜为民整理）

选自刘平编：《张池明将军》，中共党史出版社2001年6月第1版，第240—251页。

鄂豫皖苏区反“围剿”失败和准备战略转移①

张池明

在红军少共团委

红军在七里坪地区作战时，中央分局和苏维埃政府机关、省委还在新集未动，像平常一样工作，毫无战斗准备。红军打第一仗时，新集还开了庆祝胜利大会，报纸印出特大红字的“号外”捷报，形容红军在冯寿二战场，杀得敌人血流成河，红军战士的英勇、战斗激烈的程度、敌我伤亡的重大，是可想而知。红军从雾嘴山激战后，转移到了胡山寨。直到胡山寨战斗不利时，中央分局各机关，才于9月5日仓促撤出了新集，随红四方面军向皖西撤退。在撤退路上，红军部队、党政机关、伤病人员和大批群众拥挤不堪。到了皖西后，中央分局才临时组织“跑反委会”，想把几万群众组织起来，有秩序的转移。这时组织已经很困难，但群众始终不离开红军，在红军行动的路两旁向前涌动。

撤出新集时，党政机关由成仿吾同志带领，到了汤家汇才停下来。因霍丘失守后，皖西形势也是急转而下，鄂东敌人又追到皖西，张国焘惊慌失措继续撤退到燕子河，这时英山已失守，他又急忙向鄂东转移。我们

① 题目为编者所加。

在燕子河，遇到英山独立第十三团，他们是从英山县城撤出来的。该团少共团委书记，因擦枪走火被撤销工作，少共中央分局派我去该团接任少共团委书记。这是我戎马生涯的开始，也是我工作经历的一大转变，由地方转到军队，由后方转到前方，由儿童团工作转到共青团工作，从此我不能不重新学起，慢慢懂得行军、懂得打仗、懂得过军事生活、懂得做军队青年工作。一般说我还能够严格要求自己，不怕艰苦，不怕疲劳，不怕牺牲，这是要求自己的起码条件。

到了军队后，深感军队是一个战斗集体，军队与地方不同，但共青团是党的助手和后备军，是党联系和团结广大青年的桥梁和纽带，这是共同的。青年工作和党的领导是分不开的，党有号召，团就有行动，这是传统。军队还特别强调对青年人的教育，要求团组织真正成为共产主义的学校。还强调团对各项工作执行的保证作用，特别是保证战斗任务的完成。军队团组织一定要在党组织领导下进行工作。青年团对成分审查，不像地方那样，他们参加红军都经过严格的审查。红军战士多来自土地革命斗争中。红军中的青年工作比较好做些，思想单纯。那时，军队共青团，还没有什么严格章程，就是按照军队特点进行工作。

这时，留在皖西的负责人，有皖西北道委书记郭述申、红军东路游击队司令刘士奇、红二十七师师长徐海东等。按分局指示，由他们组成中共鄂皖工作委员会，郭为书记；又把红二十七师七十九团、英山独立第十三团、皖西北道委警卫营和六安、霍丘、霍山各县独立营编成红二十七军（军长刘士奇、政治委员郭述申），共四个团，约4500人，我们独立十三团改为第二团。为配合主力反“围剿”和减轻敌人对根据地的压力，红二十七军从内线转到外线，在敌人侧后转战十多个县，行程2000多公里，牵制敌人五个多师的兵力，进行大小战斗数十次（几乎天天打仗）打垮敌人追堵，歼敌4000余人，掩护了从苏区撤出来的干部、群众和伤病员两万多人的艰难转移，保存了这支红军力量，使他们受到锻炼和考验，胜利回到皖西苏区继续坚持斗争。

11月底，鄂皖工委率二十七军到鄂东，找红军主力部队，留下第二团单独坚持皖西地区的斗争，担负恢复原有根据地的艰巨任务。这时的皖西根据地经过敌人重兵“围剿”受到严重摧残，多数基本群众还逃跑在山里，过着避难生活，豪绅地主纷纷回乡，向工农群众反攻倒算，强迫群众为他们修围寨筑碉堡，加强反动统治。我们第二团，不仅要同国民党强大军队的“驻剿”、反动民团的“清剿”作战，还要克服自然条件和物质条件困难。这时，大别山正是冰天雪地，战士仍穿着单衣，忍饥受饿，不打围寨就搞不到吃的，打一个围寨要付很大伤亡代价。我们在三个多月的活动中，走遍了皖西的山山水水，围绕以金家寨为中心，动员群众下山，组织自己武装，恢复革命政权，镇压反动分子，打击敌人“清剿”，坚持了皖西的斗争任务。

红二十七军从皖西转战到了鄂东七里坪附近，找到了省委书记沈泽民，知道中央分局和红四方面军已经向川陕地区转移走了。11月底，省委将留在鄂豫皖的红七十五师两个团、红二十七师三个团，重新建立红二十五军（军长吴焕先、政治委员王平章），辖两个师，大约7000余人。不久，又以红七十四师二二一团、红二十七军第二团及军部警卫营编成红二十八军（军长廖荣坤、政治委员王平章兼），辖两个团一个营，大约3000余人，从麻城出发到皖西，担任恢复皖西根据地的任务。在商城县双河山与第二团会合。为打开局面，恢复根据地，他们连续在胭脂坳、白沙河、双河山、小南津打了几个恶仗，转战到葛藤山，敌人追到门坎山，激战一天一夜，王平章牺牲，部队退出战斗，转回鄂东。

红二十八军到了鄂东后，即编为红二十五军第七十三师。撤换了原有的领导干部，师团重新派来一套班子。这时，省委根据中央意图决定围攻七里坪。在七里坪战役准备期间，省委对红二十五军进行了一次大的“肃反”。这次肃反首先从七十三师开始，上从军长下到战士都被审查。我所在的第二团，是采取全团集合，当场点名逮捕所谓的“反革命分子”，王少卿（新派来的师政委）亲自到该团坐镇。我就是当场被押到师部关起来。在关押中，遇到吴焕先（当时的军长）到该师视察工作，把我叫去审问，说我年纪太小，成不了反革命。把我释放出来，带到军部，留在军部分配工作。在这次肃反中，硬说七十三师党团组织有问题，宣布把这个师的党团组织解散了，直到撤销七十三师番号之前，才恢复。

这是我初到军队的一段生活经历。这段战斗、工作和学习的经历，很丰富亦很充实，对我是极大的考验和锻炼，是我在漫长革命生涯中成长的一个很重要转折时期。

在红二十五军军部

我到军部几天后，朱仰兴通知我，军领导要我做军部秘书，消息传得真快呀，人们见面都叫我小秘书，因朱仰兴也是秘书。当时军部机关很简单，严格说除了一个经理处（即供给部）外，没有机关。省委随军部，实际是军党委。省委也没有机关，开会在军部，地方事情交给鄂东北道委办，徐宝珊、郑位三都在道委。

那时，军部就是军长、政治委员，下边有事都找军部。决策是他们，布置检查也是他们，设有参谋处、政治部，但没有干部，是空的。医疗卫生，是军医院，医院不随部队，名曰在后方，实际分散在山沟里。军直属部队，有军手枪团（也叫便衣队），他们的作用很大：侦察队、武工队、秘密交通队、必要时还有奇袭敌人突击队，集多种任务于一身。军交通队，也是多种性质的，任务是通信传令、军部警卫、首长保卫、战场观察哨、必要时还要他们提着盒子枪打冲锋。还有一个司号员训练班（连队有号兵、营有号目、军师团都有号长），也算是一个小乐队，休息时还可奏些曲子。这些直属队都跟我有些工作关系。那时我们年龄都差不多，很活跃，是些乐观主义者。现在老同志碰到一起，提起那时的生活还很开心。

我做秘书工作，既简单又复杂。有时简单到无事可做，复杂就是“打杂”，什么都做。日常工作是派派通信员，发个通知，拟个口令，打个收条，带向导问问路线，有时找群众做点社会调查。当时没有电台，外边情况全然不知，所以捉到俘虏总要问问敌情，到了白区就千方百计搜集报纸，很多消息都是从报纸上知道的。我们由陕南继续西征北上行动，就是在报纸上得知中央红军与红四方面军在川西会师的消息，作出决定的。对我来说，做到有问必答，就要掌握情况。那时没有什么文件处理，一般会议不用记录，都记在脑子里，重要事情首长自己记。吴焕先就有个记事的小本子。省委向中央写报告，是书记自己亲自动笔，一般的不用抄写。我是在“肃反”中到军部的，按照我的工作，我为自己立了个：“多思、谨慎、勤劳”六字要求，对我以后的成长是有点作用的。调到军部后，确实学到了一些东西，使我慢慢走向成熟。

七里坪战役，是集中全军力量，加上地方武装打的。从5月初开始，围攻了整整43天，结果既没有围死，也没有攻下，最后被迫撤围。此后，全军12000余人，减少了一半，战役下来撤销了七十三师。接着，是国民党第五次“围剿”，刘峙任“剿匪”总司令，集中五个师进攻。在太平寨山下陵牌石，激战终日，最后是同敌人拼大刀，我军伤亡过大，退出战斗。由于王明路线，提出“要与苏区共存亡”的口号，不得不在剩下很小的几块地区进行“苏区保卫战”。8月在鄂豫边的紫云寨、光裕山打退敌人合围。9月，敌人七个师对皖西的南溪、汤家会合围，在四道河、瓦屋基一仗最为激烈，敌人在飞机、大炮掩护下，进行数次总攻，我军始终守住阵地，最后因寡不敌众，撤出战斗。几仗打下来，由两个师缩编到了三个团。这时，从皖西大埠口向鄂东转移，通过潢麻公路，遭敌阻击，将部队截成两段，军部率两个团到了鄂东，后卫一个团约千余人退回皖西，第二次组建红二十八军（军长徐海东、政治委员郭述申）。保卫中心苏区作战的失败，是继七里坪战役后的又一次失败。

省委从失败中开始接受教训。沈泽民病逝前，作了一次沉痛检讨，在当时路线下，作这样检讨是可贵的。他总结了失败的经验，提出转变斗争方针。从此，在坚持鄂豫皖苏区斗争的指导思想上，由被动转向主动，战术也比较灵活，不打硬拼之仗，不打赊本仗。所以有一次敌人七个团进攻高山岗，只留小部队同敌人周旋，主力插到敌后，就没有受损失。又有一次敌人两个师袭击包围仰天窝军部，部队突围被打散，军长险被敌人俘虏，经过一天一夜各部队自动到了老君山集合，一清查全部到齐。此后，部队采取分散向外游击，一部进到罗山、孝感地区，一部进到光山东高山、西高山地区，以游击战的打法，不断取得小胜，也解决了部队的弹药补充和吃穿问题。

1934年2月，张学良任鄂豫皖“剿匪”副总司令，东北军调到了鄂豫皖苏区，连同原有敌军共80多个团，继续五次“围剿”。这时，中央转来军委某同志的《建议》，认为红二十五军在坚持老苏区有困难时，应保存红军力量，转移到平汉路西桐柏山地区，建立新苏区。当时，省委虽不敢大胆向平汉路西转移，但还是采取了向外发展的方针。选择了两个目标区域，一个是光（山）罗（山）孝（感），一个是英（山）罗（田）霍（山），准备到那里去发展游击战争，建立新的苏区。4月间，把在皖西的二十八军合编到红二十五军（军长徐海东、政治委员吴焕先）约3000余人（不包括皖西游击师和鄂豫各县地方武装）。这时，我们利用东北军布防调动的机会，在高山寨歼灭东北军第一〇九师的两个营，这是打东北军的头一仗。省委及时提出争取东北军的方针，实行优待俘虏的政策，对愿意留者分配工作，要求走者发足路费。从这时开始，有了东北军俘虏在红二十五军当教官。按原计划在光罗孝边区的朱堂庄、铁铺地区开辟新区。因东北军第一一五师进攻，我们在长岭岗击溃其两个团，歼灭五个营，缴获了轻机枪120多挺、马步枪800多支，全军的武器大部换装。接着奔袭太湖县城，又补充了军需物资。再到英罗霍的陶家河地区开辟新区。刚铺开摊子，敌人追剿纵队第四十七师和第五十四师进攻，我们向南溪、葛藤山一带转移。途中接到郑位三来信，说中央有人来，请省委率二十五军速来，商讨今后行动。部队急速向鄂东前进，中间要突破敌人四道封锁线。在汤泉池全歼东北军第一〇九师的一个工兵营（五个连）。在大柳树击溃东北军第一〇七师的堵截，又打垮第一〇八师的增援。进到胡山寨休息时，敌人四个师（第六十四师、六十五师、一〇七师、一七师）跟踪赶到，激战终日，歼敌4000余人。于11月11日，全军到达光山花山寨与鄂东北道委会合。当晚，省委举行常委会议，讨论红二十五军战略转移问题。

我能参加红二十五军在艰苦困难的条件下，坚持鄂豫皖苏区斗争的全过程，感到极大光荣。回顾这段历史，是很有意义的。离开大别山，我感慨万千。

选自刘平编：《张池明将军》，中共党史出版社2001年6月第1版，第17—26页。

转移鄂东的最后一战[①]

张竭诚

1934年，红二十五军为了保存力量，争取有利的革命形势，遵照党中央的指示，开始了从皖西到鄂东四百余里的长途转移。9月初，一个中秋节前的晚上，我们渡过淠河，踏着崎岖的山路，向西前进，一路且战且走，经过几个不休不眠的日夜。终于通过了四道封锁线，并且在行进中陆续消灭了两个团加四个连的敌人。

几天来，我们真是疲劳到极点了。这天，我们通过了最后一道封锁线，走了140多里路，天将亮时，宿在一个叫斛山寨的地方。

我正熟睡着，也不知睡了多久，猛然是谁硬从草堆上把我抻了起来，心里老大的不愿意，连眼睛都懒得睁开，就又躺下睡了。朦胧间听见队长像打雷似的喊了起来：

“不要睡了！我的好同志，敌人都快到门口啦！”

“什么，什么？！”人们一下子都被这个意外的消息惊醒了。

我连忙坐了起来，使劲地揉了一下眼睛，看见队长正严肃地站在我们对面环视着大家，他说：

“同志们，咱们让敌人包围了，首长让大家赶紧做饭吃，吃饱了好接受战斗任务！”

---

① 本文题目为编者所拟，原题为《转移中的胜利》。

“战斗任务？”大家一听，眼睛都亮了起来，有些不够相信似的一齐带着惊疑的口气围住了队长，疲劳、危险早忘得一干二净。说实在的，我们这个通讯队也真够窝火的，一路上打了那么多的仗，就是没有我们的份儿；这时，谁不希望队长明确一下这个“战斗任务”指的究竟是不是直接参加战斗呢！

大家的心情，队长是了解的。在这以前，他和我们一样，也有强烈的求战愿望；不过，他究竟是个领导干部，总是不动声色，只有当我们之中有谁对不能直接参战而闹情绪时，他才说：“不要急嘛，同志！当红军还愁没仗打！”今天，他却一反常态，忙说：

“是呵！是战斗任务，具体点说就是咱们通讯队这回也能和敌人枪对枪，刀对刀了。”

大家心里一块石头落了地，都欢腾起来。

村里人嘈马杂的，好多的指挥员们都聚集到军部来了，每个人的脸上都呈现着紧张而严肃的神色。军长徐海东同志站在一个台阶上对大家说：

“同志们，现在情况是严重的，包围我们的敌人有四个师，其中有两个师是东北军，武器很强。……我们连续行军作战，身体是疲倦的，而且人数也远远少于敌人。但我们要坚决打垮消灭敌人，突破重围……”

吴焕先政委接着说：“不管怎样，克服一切困难战胜敌人，彻底实现安全转移到鄂东的行动计划。这是这次转移中的最后一战。红二十五军几年来在鄂豫皖建立起来的荣誉能不能保持，就要看这一战了。”

首长的决心，点燃了大家的信心，当我们明确了各自的任务以后，马上开始了一切迎战的准备工作。

晌午以前，敌人在四架飞机掩护下，向我们发起总攻击。战斗首先在斛山寨南面的一角打响，接着四面八方都响起了激烈的枪声。敌人来势汹汹，很快就逼近了我军的防御阵地。他们一面前进，一面对我们喊着各种下流的话，仗持已经对我们形成包围的气势，和人多、武器好等有利条件，一时显得非常骄横。这种情况，对于经过千百次战斗锻炼的红军来说，并不是生疏的，大家依然十分沉着，准备好了手榴弹，上好了刺刀，现在正目不转睛地盯着早已由指挥员们选择好了的冲击方向，鼓弦待发，单等着军部总反击的号令。

总反击的号令终于发出来了，传在人们耳鼓里的首先是来自我军各个阵地的冲锋号声，随着这个惊心撼胆的声音，我们通讯队簇拥着徐海东同志走上一座山峰，居高临下，看到我军各部队的百十面军旗，映着阳光，迎风招展，在万山丛中的接敌地区像一片翻转的红云；如同潮水一样的红军战士，正以排山倒海之势汹涌前进；子弹、手榴弹的迸裂声，在山谷中不断回响，敌人第一线的部队，很快便被我们冲垮了，部队继续向纵深发展进攻。

斛山寨敌我双方的激战，越来越激烈了。不料敌人用一部分兵力绕过斛山寨，向我们军部插过来，于是情况更加紧张。徐海东同志从望远镜里发现这个情况，考虑到没有预备队，军部很空，便把坚决消灭这股敌人的任务，交给了我们通信队。当时，通讯队有一部分人在外面传达命令，余下的人不太多了，任务是如此艰巨，但我们久已渴望直接参加战斗，因而却无比的高兴。

我们下山就与敌人接触了，初生牛犊不怕虎，一阵手榴弹就把敌人打得踉踉跄跄地后退了好几十步，激烈的战斗就这样开始了。我们忘了多少个日子没有吃好饭，也忘记多少个日子没有睡好觉，在决定胜败关键的千钧一发的时刻里，只有一个信念，这就是——一定要突破重围，并且消灭敌人。原来疯狂的敌人在我们准确的短促射击打击下，吓得溃退了。不能给敌人喘气的机会，我们踩着敌人的尸体，紧跟着敌人的屁股赶了上去。

在混乱的敌军中，我发现了一个指挥员模样的人，一边后退着向我们打枪，一边声嘶力竭地回头喊着他那越逃越远的部队，但是他的命令这时候已经不发生作用了，便也像耗子似的往回跑，没跑多远，就被我们飞过去的手榴弹“轰”的一声撂倒了。我赶上去，看他躺在地上流了一身血，正痉挛地抓着泥土，从挂着血渍的嘴角里，发出了轻微的求我们“饶命”的声音。我厌恶地瞅了他一眼，顾不得管他，又继续往前追击敌人。

各路反击部队都胜利了，敌人抛弃的枪支弹药满山遍野，俘虏像蚂蚁似的被我们的迂回部队赶下山来。由于战斗一开始我们就控制了一些有利地形，攻的勇猛，打的顽强，战斗有进展后又采取了攻打敌人兵力最薄弱部分和反包围的办法，终于将敌人四个师（刘镇华的六十、六十五师，东北军一一七、一二〇师）全部击溃并歼灭了一部，生俘敌人4000多人。

战斗是黄昏时分结束的。当夜安置了伤员，又将4000俘虏全部资遣释放，夜深时才泰然地躺在铺草上休息。这是许多天来最舒适的一次了，应该美美地睡一觉，可是白天战斗的兴奋却使我不能不激动。我想着：我们胜利了，我们冲破了敌人的重重封锁胜利了，这胜利是用了怎样坚毅的精神，战胜了疲劳才换来的呀！

为了争取早日和鄂东红军会合，天未亮我们又整装出发了。长长的行列，踏上了漫长的征途，而艰苦的日月也像漫长的道路一样，等待着我们去征服。我们这次所经历的战斗只不过是整个革命事业中的一个片断，因为到鄂东后不久就开始了史无前例的长征。

选自《忆徐海东》编纂组编：《忆徐海东》，河南人民出版社1981年9月第1版，第241—145页。

张竭诚，又名张方春，1917年生，湖北黄安（今红安）人。1931年参加中国工农红军，1932年加入中国共产主义青年团，1933年转为中国共产党党员。红军长征时任红二十五军军部交通队排长。新中国成立后，曾任新疆军区副司令员兼新疆生产建设兵团司令员、乌鲁木齐军区副司令员、沈阳军区副司令员等职。1955年被授予少将军衔。2001年在沈阳逝世。

挺进鄂东，踏上长征征途

张竭诚

1934年11月初，红二十五军在激战长岭岗、奔袭太湖县城后，正在皖西陶家河地区休整，准备迎接新的战斗。一天，鄂东北道委派人来军部送信。当时我们并不知道程子华从中央苏区带来了中央让红二十五军转移的指示，只感到鄂东北来人，肯定有大行动。果不然，部队紧急动员，立即出发，日夜兼程，向鄂东挺进。当时我在军部交通队任三排长。排里的战士们对部队行动议论纷纷，有的说鄂东北出大事了，让部队去解决；有的说敌情严重，要迅速转移。我们排随徐海东军长行动，行军途中我这个排长基本不离军长左右，在一旁听到徐军长和吴焕先政委研究，此次挺进鄂东要通过敌人四道封锁线，走一路打一路，困难很多。但不管情况如何变化，如何的严重，也要按时到达指定地域，与鄂东北道委会合。经过连续两天两夜行军，再加上行军途中不间断的战斗，部队都很疲劳。到达扶山寨，正想好好休息一下，部队刚停下，突然传来紧急情况，追剿的敌人十余个团已经逼近，并从东西两面向我军运动偷袭。红二十五军陷入极端危险的处境。徐海东军长和吴焕先政委认为，部队长途行军和连续战斗，体力消耗很大，要以“走”来摆脱敌人是很困难的，只有占领有利地形坚决守住阵地，顶住敌人的进攻，才能伺机转移。于是，两位军首长指挥部队扼守制高点，组织力量选择弱股敌人，从侧面迂回攻击。指战员们个个如猛虎下山冲向敌人，一举将敌人击溃。扶山寨战斗，共毙伤俘敌近4000人，我们也伤亡几百人。此役打破了敌人对红二十五军的追堵计划。战后，红二十五军继续西进，在光山县东南部的花山寨与鄂东北道委会合，胜利完成了赶赴鄂东北接受中央指示的紧急任务。

1934年11月11日，中共鄂豫皖省委在光山县花山寨举行会议，根据中共鄂东北道委书记郑位三传达程子华带来的中央军委副主席周恩来的口头指示，结合鄂豫皖苏区的斗争实际，讨论了红二十五军实行战略转移的问题。

对于省委会议研究战略转移问题，我只是后来才听说的，为什么转移，如何决策的过程当时是不知道的。只记得省委会议后，部队由花山寨开往罗山县的殷家冲、何家冲一带，进行了紧张的准备工作。

部队进行整编，领导成员也进行了调整。部队对外称“中国工农红军北上抗日第二先遣队”，撤销了师一级建制，军直辖三个步兵团和一个手枪团。省委决定由党中央派来的程子华担任红二十五军军长，徐海东为副军长，徐海东也预先建议这样安排为好，吴焕先继续担任军政治委员。我们交通队也进行了整编，减少了不必要的物资，把不适合在交通队的战士充实到连队去，每个人都实行了轻装，装备了三天干粮，两双草鞋。那时对交通队要求很高，每个队员都是挑选出来的战斗骨干，如詹大南、汪家道、宋维栻、程启文、叶建民、毛和法、吕青、胡立声、徐光友、李金德、程明等都是先后当过排长、班长的。不仅身体结实，而且机灵、勇敢，既要保证首长命令和指示的传达、信件的递送，又能单独出色地完成任务，个人的军事素质也较好，武器装备也好，是军首长身边的一个得力连队。在紧急情况下直接参加战斗。

关于战略转移向何处去，当时没有向部队传达。这可能一是出于保密，二是怕大家不愿离开家乡。动员时，吴政委讲了当前的斗争形势，指出老苏区斗争很艰苦，人力物力缺乏，红军得不到补充，本身也不易大发展，难以恢复和创出一个新局面，因此，中央指示我们要实行远距离的战略转移，创建新的革命根据地。他说，远距离的战略转移，就是要打远游击。尽管吴政委的动员讲得很明确，很有鼓动性，但是大家对战备转移还是有一种说不出的滋味。

打远游击，到底是多远？这不是要离开大别山吗？与大别山分手，离开这患难与共的鲜血染红的土地，离开红二十五军成长的摇篮，告别父老乡亲们，大家嘴里虽然说不出什么，但心里都有一种不好受的滋味。

排里的战士问我，到底到哪里去？是不是离开家乡？我也不知道，但有一点我是坚定的，就是坚决按军首长指示办。当时心里对这么大的战略行动也没数，也没有更多的话去教育安慰同志，只是默默地工作。不愿意走吗？不。说到底还是有点恋乡。军队的纪律是严的，军事秘密是重要的。部队上下经过认真动员，按时完成了战略转移的准备。

中共鄂豫皖省委，根据中央和中央军委副主席周恩来的指示，适时作出关于战略转移的决定，是十分正确和及时的。这一决策，对坚持鄂豫皖根据地长达两年之久，经历了四次和五次反"围剿"斗争的红二十五军来说，无疑是一次生死攸关的战略性的转变。这个转变使红二十五军得以跳出困境，摆脱强敌，走上一条宽阔的发展道路。

节选自张竭诚：《忆红二十五军长征》，载沈阳军区政治部编研室编：《红军将士忆长征》，白山出版社1996年8月第1版，第232—235页。

撤离鄂豫皖根据地

陈先瑞

气势雄伟的大别山，横贯于鄂豫皖三省的交界处，雄踞于长江、淮水之间。这英雄的山脉，如历史的丰碑，记载着鄂豫皖根据地军民英勇斗争的事迹。这革命的故土，被鲜血染红过，多少英雄儿女在这块土地上苦斗、流血。

我们这些大别山区成长起来的红军战士，对大别山这座红军的摇篮印象很深。在鄂东北养伤期间，我同一些伤病员时常聚在一起谈论大别山，讲大别山的故事。

一天，大家正在一起闲谈时，有人说中央派人来了，红二十五军主力也从皖西葛藤山一带赶向了鄂东北，部队要实行远出打游击。有人说，要真是这样，我们赶快回部队吧。大家七嘴八舌地议论开了。

我想，果真是这样，军领导一定会通知我们的，部队也要进行一些动员教育。想到部队的政治教育，就想到了我的责任。我这个营政治委员离开全营三个多月了，营里同志们怎么样了？要远出打游击，大家思想认识通不通？想到这些，我产生了立即归队的愿望。我劝伤员同志们要安心养伤，等候部队的决定，不要乱说乱动。自己却准备去鄂东北道委驻地找人问个明白。

红二十五军实行战略转移的消息是确实的。11月11日，中共鄂豫皖省委在光山县以西的花山寨召开常委会议，讨论红二十五军的战略转移问题。当时，由中央苏区派来的程子华同志带来了中革军委副主席周恩来关于要红二十五军撤离鄂豫皖，到外地去建立新根据地的重要指示。根据这一指示，省委又把3月以来先后接到的中革军委的文件、中共中央的指示信、军事指令等要红二十五军实行转移的指示结合起来进行讨论，认为经过半年之久的酝酿过程，省委考虑转移的思想逐渐成熟，同时，鄂豫皖根据地的形势也发生了变化，在当前敌我力量过分悬殊，根据地又屡遭敌人烧杀抢劫，人力物力都受到了严重摧残的局面下，虽然红二十五军还能够坚持根据地的武装斗争，但难以恢复创造新的局面，应该执行党中央的指示精神，率红二十五军实行远距离的战略转移，创建新的根据地。

省委会议，作出了正确的决策，使红二十五军得以跳出困境，摆脱强敌，走上新的发展道路。如果没有这一决策，就没有红二十五军长征胜利的辉煌历史。

这次会议，还决定以皖西红八十二师为基础，再次组建红二十八军，由皖西北道委书记高敬亭领导，继续坚持鄂豫皖边区的斗争。红二十五军进行整编，以“中国工农红军北上抗日第二先遣队”的名义实行长征。会议决定由党中央派来的程子华担任红二十五军军长，吴焕先继续担任军政治委员，徐海东为副军长。

会后，红二十五军按照省委的决定，西移罗山县殷家冲、何家冲一带进行出发前的紧张准备工作。我就是在这时拄着一根木棍赶到军部的。部队整编时撤销师一级建制，军直辖第二二三团、二二四团、二二五团和手枪团。因为要“打远游击”，对老弱病残和伤势较重的伤员等不能随军行动者，实行精简。我的脚伤未愈，走路还要拄根棍子，因此，准备让我留下负责伤病员的组织领导工作。

我到军部时，正赶上军领导在研究干部配备和人员的走留问题。院子里站了许多人，多数是伤员要求归队的，还有几个女兵也在焦急地等待着。看到这种情况，我知道不找到军领导是不行的。我当时只有一个想法，就是无论如何也要随军行动。因此，找理由瞒过哨兵，闯进屋去。看到徐海东和吴焕先正按名册点人头，我大喊一声“报告”，就走上前去，一口气说完自己的要求。徐海东看到我着急的样子，先哈哈笑了起来。吴焕先上前一步，握住我的手，不讲同不同意我的要求，却问起我的伤情来。

我知道这是关键时刻，把木棍一丢，马上一个立正，报告说：“我伤已痊愈，要求归队”。我边说边向前走了几步，表示可以走路。其实，我的伤情军领导早就调查过了。吴焕先拍拍我的肩膀说：“坚强的精神可嘉，但未好的伤也是事实，你骗不了我们。”看到这种情况，我只好如实讲了伤情，但坚决要求随军行动。

徐海东看了看我，说：“你先回去准备一下，待我们研究后再决定。”他又说：“谁都不愿意留下，还真要认真一点做工作哩！”说完，他向我挥挥手，意思是说，放心地走吧。

回到营里时，全营的同志发生了不小的变化，同志们见我回来了，都热情地围上来问长问短。战士们都实行了轻装，每人准备了三天的干粮，两双草鞋。大家都知道，这次是“打远游击”，要创造新根据地。说军领导动员时就是这样讲的。其实，这是为了防止泄露军事机密而明确又巧妙的一种说法。

第二天，吴焕先政委找我谈了话，经军领导研究决定，调我到第二二三团政治处当主任，带伤随军行动。为保证我不掉队，还给我配备了一头毛驴。我这时的复杂心情很难表达，既有随军行动的高兴，又有担任新职务的担心，还有对军领导对我的信任和照顾的感激之情。

这里，我想对长征出发前，军领导的变化情况多说几句。我没有参加当年的花山寨会议，是后来在几次编写红二十五军战史时了解到的。综合起来说有三点：

（一）程子华来时没有带文字性的材料，只是周恩来同志的口头指示，他也没有参加省委会议，因为他不是省委成员。周恩来的指示是由郑位三转达的，程子华来的情况是由郑位三介绍的，这个情况，郑位三同志生前曾几次与我谈过。

（二）程子华当军长是在省委会上决定的。程子华没到会，并不知道。当郑位三告诉他后，他提出周恩来是让他来当参谋长的，他不同意当军长，让郑位三报告省委。郑位三说这是省委会议决定的，不能再改了，不是你个人的事。省委这样决定，主要是考虑中央派来的人，过去曾几次向中央要军事干部，郑位三介绍说程子华在中央苏区当过师长，领导过大冶兵暴，又是黄埔分校的学生，因此，省委才作出这一决定。这反映了省委对军事干部的渴求，也反映了省委对中央的相信。

（三）徐海东由军长改任副军长是他自己提出来的，省委同意的。这反映了海东同志顾全大局，不争名利的思想品格。

对程子华带来周恩来的指示，使红二十五军能实行战略转移的历史作用应给以充分肯定。对徐海东同志主动让位，支持省委工作应给以赞扬。对此，我在主持红二十五军战史办公室工作时，对在战史中如何表述，曾组织人员作过详细调查，战史编委会也几次开会研究，最后在战史中作了较客观的反映。在这里再说一下，目的是使红二十五军老同志清楚，使这段历史有个明确说法。这是我个人回忆时记得的情况。

部队很快就要出发了，与大别山分手了，离别了。指战员们听到"打远游击"的口号，嘴里虽然不说什么，但却是别有一番滋味在心头。说来也怪，我虽然坚决要求随队走，可一想到离开家乡，心里也是一波又一波地翻腾过几次，有一股难以抑制的情感。

穷家难舍，故土难离。当时虽说去"打远游击"，而且早晚还要打回来，但谁又能断定这出去以后，什么时候方能得胜而归呢？

1934年11月16日，中国工农红军第二十五军高举"中国工农红军北上抗日第二先遣队"的旗帜，由河南省罗山县何家冲出发西进。

红二十五军的长征从此开始。

选自陈先瑞:《陈先瑞回忆录》, 解放军出版社1999年3月第1版, 第72—77页。

三、向豫陕边转移

艰苦转战，长征入陕

程子华　刘华清

1934年11月11日，中共鄂豫皖省委在河南光山县花山寨召开常委会。会上决定：省委率领红二十五军实行战略转移，到桐柏山或伏牛山一带创建根据地；留下高敬亭同志和一部分武装重新组建红二十八军，在鄂豫皖边区坚持革命斗争。这次会议，揭开了红二十五军长征的序幕。

花山寨会议在红二十五军的战斗历程中，是一个重要转折点。虽然，我们当时不能弄清它的全部历史意义，但都有这样的感觉：一场为谋求新的发展，发挥更大的作用的艰苦斗争，即将开始。

穿越鄂北豫西

11月16日，全军近3000名指战员，高举北上抗日的旗帜，由河南罗山县何家冲出发，向桐柏山进军。

17日，我们在朱堂店以南的罗古寨，击退了敌军“追剿队”第五支队的进攻，当晚在信阳城以南的东双河与柳林之间，穿过了平汉铁路。接着，以最快的速度向西前进，一下子就进入了桐柏山。第二天，中共鄂豫边工委书记张星江，来到我们军部。经过他们的介绍和我们的实地考察，省委认为，这里“太接近平汉线和襄樊线，敌人容易运动，兵力压迫”，同时，“群众情形以及地理物质条件都不适宜”，遂放弃在桐柏山创建根据地的计划，挥师北上，挺进伏牛山。

为了隐蔽北上意图，迷惑和调动敌人，我们再次出发的时候，继续西进，并派出小部队佯攻枣阳。当我们到达枣阳以北的韩庄以后，立即掉头东返。途中，我们冲破了敌军“追剿队”第二支队的拦阻，又击退了敌军“追剿队”第五支队的进攻，晚上在桐柏县境宿营。军部宿营的村子，距离湖阳镇三十里。村里一个群众反映：当天下午，国民党军队到了湖阳镇。这个情况立即反映到了军部，我们几个同志聚在一起，分析当前敌情。当时敌军的实际情况是：西面驻老河口的第四十四师已进到枣阳县城附近，东面第一一五师和五个“追剿”支队先后到达桐柏县城以西地区，北面第四十军正由叶县、方城一线向南推进，前后夹击之势正在形成。尽管我们并不完全了解敌军的这些情况，但是，对处境之危险是很清楚的，因而一致认为必须立即离开这里。向什么方向走呢？我们从30年代初出版的袖珍地图上，发现驻马店西北有块山地，当即决定向东北方向转移。会后部队紧急集合，我们向指战员介绍敌情，并作简短的动员。大意是：行军打仗，不能总走直路，要走弯路，我们必须迅速离开这个危险区。接着，在张星江的带领下，全军星夜向驻马店方向急驰。这一路都是山，路很窄，骡马很难通行。我们好不容易翻过了大山，天亮到了平氏。稍事休息，黄昏又继续转移。天黑以后，绕道泌阳城东，拐弯向北前进。25日，在途中击退敌军“追剿队”第二支队的进攻，当晚在驻马店西北约60公里的山区宿营。

我们的宿营地距离许（昌）南（阳）公路不到30公里。过了公路，就是伏牛山东麓。这是我们进入伏牛山前必经的一个危险地带。26日天刚亮，敌军“追剿队”第二支队又追来了，与我们的后卫团打响。为了争取时间通过公路，我们留下二二三团就地阻击，其余部队立即出发。这天，恰遇寒流，气温陡降，北风刺骨，雨雪交加。衣服单薄的指战员，顶着风雪，忍着饥寒，朝方城县独树镇附近的公路地段急行军。由于行军速度太快了，不少同志掉了队。下午1时，正当我们快要到达公路的时候，前面忽然枪声大作。后来才知道，这是敌军第四十军第一一五旅，在南下桐柏山合围扑空之后，掉头北返，抢先到独树镇附近的七里岗，砚山铺一带构筑工事，并与由叶县南下保安寨的该军骑兵团，组成堵击线，封锁公路，阻我西进。战斗一开始，就险象横生，危机暗伏，使人产生如履薄冰的感觉。当时走在最前面的二二四团，由于气象恶劣能见度低，没有及时发现当面敌情；敌人开火以后，又由于地形平坦，我们几乎完全暴露在敌人的火力之下；加上寒流的袭击，绝大多数战士的手被冻得拉不开枪栓；零星打响的火力，不能有效地反击敌人，所有这一切，使我们的处境十分危险，也使指战员的手脚慌乱，进退失据，不知如何招架。敌军见有机可乘，立即发起冲锋，并从两翼向我军包围过来，妄图利用我们部队混乱的机会，一举消灭我军。在这形势十分危急的时刻，从后面快步跑到队伍前沿的政委吴焕先，一面指挥二二五团三连连长张海文，带领全连冲到前面去反击；一面高声呼喊："同志们，就地卧倒，坚决顶住敌人，决不后退。"在他的指挥下，我军很快稳住了阵脚。原来慌乱失措的指战员，也迅速地趴在泥水里，摩拳擦掌，活动手指，并利用地形地物进行抗击。遭到反击的敌军，并未停止冲锋，仍旧气势汹汹地猛扑过来。吴焕先当即从交通员身上抽出一把大刀高呼："共产党员跟我来！"就冒着敌人密集的炮火，带领部队反扑过去，与敌人展开了白刃战。于是，刀枪格斗，杀声连天，混成一片。这一反击，为我军争得了短暂的时间，使后续部队及时投入了战斗。气焰嚣张的敌军，倚仗优势，仍旧不顾一切地冲过来，进攻的势头有增无减。幸好这时留在后面的副军长徐海东，带领二二三团跑步赶来，当即投入了拼杀。这是一场殊死的战斗。歇斯底里的敌军，潮水似地涌过来。敢于刺刀见红的我军指战员，临危不惧，浴血奋战，一次又一次把敌人顶回去。来回反复不知有多少次。尽管我军打得很艰苦，最后还是把疯狂进攻的敌人打垮了，压了回去。接着，我们组织二二三团向七里岗的敌人发起了冲击，力图打开一个缺口，冲过公路。由于敌人凭借工事拼命抵抗，我军的三次冲击都被顶了回来。于是，我们命令部队停止冲击，就地固守，一场恶战由此转为僵持状态。这一仗，我军伤亡有一二百人。

天黑以后，风雪大作，接着转为大雨。我军乘机后撤到十里外的村子里躲避风雨，并准备吃饭休息。进村后，军部立即召开会议，研究下一步行动方案。会上一致认为，敌军前堵后追，我们腹背受敌，而且又是孤军奋战，如果不迅速脱离这个危险区，我们就会在这地形平坦、人地生疏的敌占区里被迫与数万敌军进行决战，其后果是不堪设想的。大家还认为，当前就是有天大的困难，也要争分夺秒，把部队拉走。于是，紧急集合部队，准备出发。这时候，绝大多数同志还没有吃上饭。极度疲劳、饥饿的战士，留在群众家里躲雨休息不想出来。焦急万分的干部，只好挨家挨户地呼叫，才把部队拉了出来。这时候，风更大，雨更密，道路泥泞不堪，有的地段甚至被水淹没。我们走一路，摔了一路的跤，在泥水里整整折腾了一个通宵。在地下党同志的带领下，全军迂回曲折地绕到守敌空虚的保安寨以北沈庄附近地段，穿过许南公路。27日拂晓，我们终于抵进了伏牛山东麓。一直习惯在山地作战的指战员，一上了山，顿时一片欢腾。我们到底还是通过了许南公路，打破了敌人的堵追计划。

可是，我们没有甩掉敌人。在独树镇堵击的敌军，很快就追上来了。我们边打边走，沿着叶县方城交界的山地向西急进。28日，当我军前锋通过澧河的时候，尾追到拐河的敌军第一一五旅和骑兵团，以及驻守在常村的敌军第四十军第五骑兵师，向着我军渡河地段南北对进，形成两面夹击之势。更严重的是，敌军先头部队已经抢在我军前头，控制了澧河西岸的部分高地，使正在西进的我军受到严重威胁。我军前卫二二三团当即按军部命令强过澧河，占领高地，击退了敌军骑五师的进攻，控制了入山要道。与此同时，我军二二五团也迅速过了河，抢占有利地形，击退了敌军第一一五旅和骑兵团的进攻。在两个团的掩护下，其余部队很快过了河，向西北方向快速前进。接着，又在古木庄、交界岭击退了尾追的敌军，于29日深入到伏牛山中。

独树镇遭遇战，是长征途中关系到红二十五军生死存亡的一仗。当时的情势之险恶，战斗之惊心动魄，直到今天仍历历在目，难以忘却。到拐河战斗的时候，我们的处境依然很危险。我们这支人数不足3000，战斗员年龄在13—18岁之间的“娃娃军”，之所以顺利地解危脱险，主要是靠充分发挥了全军上下的能动作用，也就是靠省委一班人正确的作战指导和部队过硬的战斗力。在转移期间，省委不但注意发挥部队人数少、行动灵活的特点和长处，以快速行军和多变的转移路线，摆脱优势敌军的追堵；而且在遇到意外险情的时候，能及时而敏锐地抓住战局中决定安危成败的关键问题，采取正确对策，并以排除万难的决心和气魄，带领部队，或者用凌厉的反击挫败敌人的进攻，或者巧妙地利用天时、地理等条件，出敌不意地乘隙转移。省委的革命胆识和强有力的领导，以及实行机动灵活，但又不消极避战的方针，使红二十五军的攻守、进退、走打等军事行动，较充分地体现了扬长避短、趋利避害的作战指导规律。加上我们的基层干部和战士，具有自觉为革命赴汤蹈火、流血牺牲的高度觉悟，敢于打硬仗、打恶仗、能攻善守的军事素质，全军上下齐心协力，团结一致，这就使红二十五军成为一支打不垮、拖不烂、冲不散、能战胜一切艰难险阻的革命战斗集体，因而能通过转移途中一个又一个的暗礁险滩，经受住了一次又一次的严峻考验。

我们之所以能顺利通过从桐柏山到伏牛山这一个地域辽阔的平原地带，另一个原因是靠人民群众的支持。当时，正是民族危机日益深重的时候。邻近华北的鄂北、豫西各阶层人民对沦为亡国奴的忧虑和恐惧与日俱增。早在出发前，我们根据这一形势和中央通知的精神，确定了沿途大力宣传党的抗日救国政治主张的方针，同时转变斗争策略，调整政策，如规定不打土豪，不分土地，不进地主围寨，所需粮草一律购买，在释放俘虏前，进行了“中国人不打中国人”，“团结抗日”的教育等等。进入平原以后，军政委吴焕先通过各种会议，对干部反复进行政策和群众纪律教育。这些规定或措施，首先在广大群众中引起了强烈反应。他们从我们北上抗日的行动中，看到了战胜民族危机的希望，我们的严明纪律以及为群众排忧解难的行为，又加深了他们对红军的认识。那时，部队执行群众纪律，态度异常认真。只要动用群众一粮一草，没有不照价付款的。有一次，一个同志拿了几个南瓜，主人不在，就将钱一份一份地放在南瓜的原来位置上。我们每到一地，还尽心尽力地为群众治病、修房以及济贫等等。群众也确实把我们当成了亲人。这种植根于民族矛盾和阶级矛盾之上的鱼水血肉关系，大大激发了沿途广大群众的爱国热情和革命意识。当地党组织或热心为我们带路，或为我们筹集粮草，送水送饭，搜集敌情，充当向导；有的还利用送信等机会，宣传我们的种种善举。因而，常常出现部队未动，影响先行或影响开路，部队后随的现象。党的抗日救国政治号召以及我们调整或转变了的政策、策略，在沿途的地主豪绅阶层也起到了意想不到的作用。这一带，地主豪绅的村落围寨林立，围寨里一般都有武装，多的有数百条枪。开始，我们经常遭到地主武装的袭扰。为此，我们开展了政治攻势。政治部主任郑位三，每到一地，都亲自一一写信，让当地群众提前把信送到寨主头目手里，或者由围寨传递。信中除宣传抗日救国以外，还说明我们是借道抗日，决不伤害，请勿阻拦。从这以后，情况发生明显的变化。我们路过地主围寨时，就没有那种剑拔弩张，充满火药味的紧张气氛了。这些围寨的团丁，把枪架起来，徒手站在顶台上。他们旁边，还有一些似乎是寨主头目的子弟，这些人一身知识分子的打扮，似笑非笑地看着我们行军。不少围寨在路旁摆上了开水和饭食。有一次，我们政治部的同志还在围寨跟前露营。地主豪绅这种保持中立甚至有点友好的态度，大大减少了我们前进道路上的阻力。

向陕南进军

我们进入伏牛山以后，很快就发现这里不适宜创建根据地。这一带人烟稀少，地域狭窄，粮食及其他物质条件都很缺乏。豫西“内乡王”别庭芳在这里经营多年，反动统治十分严密，地主全都修了围寨，把群众圈在里面，使我们无法接近，不能开展工作。此外，敌第四十军和“追剿队”主力追得很紧，一时立不住脚。省委经过研究，决定到陕西南部去开辟根据地。于是，我们再次改变计划，昼夜兼程西进。

从伏牛山进入陕西，必须经过两个隘口：一是朱阳关，一是卢氏县的五里川。当我们上了山，才发现这两个隘口被敌军占领了，还修筑了很多工事。事后才知道，蒋介石为了防止我们入陕，早在半个月前，就命令驻守开封，原十九路军的第六十师，坐火车到灵宝，然后步行到这一带，控制入陕通道。这时，敌“追剿队”第二支队也跟踪到栾川、庙子一线，我军又处于前堵后追的险境。正当我们绞尽脑汁，寻找入陕之策的时候，碰巧遇到一个叫陈廷献[①]的货郎小贩。据他说，还有一条很少有人知道的入陕小道。他还告诉我们，卢氏城里没有敌人的正规部队，可以从卢氏城南与洛河之间的隘路插过去。在他的带领下，我们沿着一条“七十二道水峪河，二十五里脚不干”的深山峡谷，隐蔽地前进。晚上，我们经过卢氏城南时，城里的民团十分惊慌，紧闭城门，在城墙上打着灯笼火把壮胆。我们利用城内守敌空虚和秘密狭窄小道，避开了敌人的堵击，由铁锁关进入陕西。经过三要司时，还消灭了陕军的一个营。12月9日，我军翻越蟒岭，到达洛南县的庾家河宿营。

10日上午，省委召开常委会。我们本来不打算在这里开会，因为敌

① 陈廷献应为陈廷贤，红军误记为陈廷献——编者注。

人总是跟在屁股后面追，不允许我们坐下来开会。可是，吃完早饭，几个人碰在一起，你一言，我一语，说着说着，会就开起来了。大家通过这几天行军途中的见闻，分析了山势和当前的任务。同志们认为：这里是豫陕两省的结合部，敌人的中央军与地方部队矛盾很深，一时不能调集大部队来，这里的山势比南方险峻，山里交通条件很差，敌军行动困难，我军易于活动；敌人在乡村统治薄弱，人民极端贫困，红四方面军、红三军路过这里时留下了革命影响，群众好发动。我们应该利用这难得的时机和条件，发动群众，建立革命根据地。

就在大家讨论得很热烈的时候，忽然从庾家河东北方向传来了枪声。原来，在朱阳关、五里川堵击我军的敌第六十师，发现了我们的行踪，就尾追到鸡头关，又沿着七里荫、庾家河之间的山路迂回过来。当敌军接近东山坳口的时候，被我们设在那里的排哨发现了。敌人发起进攻不久，军部派出的手枪团就赶到了。他们一面阻击敌人的进攻，一面派人送信到军部。战斗一打响，会就开不下去了。徐海东当即带着二二三团跑步出发，其余同志也马上跟了过去。这时敌军的一个团，已经抢占了东山坳口，并凭借着有利地形，向我军发起猛攻。如果我们顶不住，就会被压下山沟里。那样一来，我们就遭灾了。为此，徐海东指挥二二三团，舍生忘死地向敌人发起冲锋，夺回了坳口。接着，跑步赶来的二二四团、二二五团，也攻占坳口南北两侧的高地，协同二二三团把进攻的敌人打退。激战中，徐海东负了重伤。这时，敌人又相继开来两个团，再次向我发起冲击。于是，全线展开了激烈争夺坳口和两侧高地的战斗。很明显，谁占据了这些高地，谁就避免挨打被歼的结局。刹那间，满山遍野刀光剑影，杀声震天，步机枪对射，手榴弹轰鸣，一拨一拨的冲锋，一群一群的刺刀格斗，达到了白热化的程度。这时候，程子华也负了重伤，剩下吴焕先指挥战斗。整个战斗，我军指战员打得非常英勇顽强。二二四团团长叶光宏，在率领部队与敌人拼刺刀时，一条腿被敌人打断，仍然坚持指挥战斗。军部司号员程玉林，下颚负伤不能吹号，就利用一个小庙作掩护，接连投出几十枚手榴弹，打退了敌人的多次冲锋，最后壮烈牺牲。经过20多次的反复冲杀，终于挫败了敌人的进攻。黄昏时分，敌人利用大雾掩护，向卢氏方向退去。这一仗，打死打伤敌军800多人，我军亦伤亡200余名。

庾家河战斗，结束了红二十五军历时20多天，长驱1800余里，挺进陕南的战斗历程。这次战斗，有效地打击了气焰嚣张、死死咬住我军不放的敌人，使红二十五军暂时摆脱了困境，站住了脚跟，为打开陕南革命局面，奠定了军事的和政治的基础。省委庾家河会议，则为这个转变确定了方针。从此，红二十五军进入了创建鄂豫陕革命根据地的斗争时期。

选自芦振国、姜为民编：《红二十五军长征纪实》，河南人民出版社1986年8月第1版，第20—33页。

红二十五军长征初期的艰苦斗争[①]

刘华清

秘 密 出 发

红二十五军的长征是秘密出发的。

1934年11月16日，在河南省罗山县何家冲，3000余名红二十五军将士，高举“中国工农红军北上抗日第二先遣队”的旗帜，踏上了长征之路。和有些苏区红军部队不同的是，我们的出发，没有父老乡亲十里相送。

红二十五军终于决定进行战略转移，是花山寨会议的结果。花山寨位于光山县西部，1934年11月11日，省委在此召开了常委会，讨论战略转移问题。实际上这个问题半年前就酝酿过。3月中旬，省委就接到河南省委转来的中央革命军事委员会文件，提出了红军主力向桐柏山区实行战略转移的建议。省委经过讨论，给中央写了报告，建议红二十五军暂不离开鄂豫皖，改向老苏区的边沿恢复、开辟新的苏区。7月 1日，省委同时收到中央2月12日的指示信和中革军委6月 13日的军事训令。中央在信中明确提出：“省委当前的任务，在于保全我们的活力，保全我们的队伍，去创造新的苏区、新的根据地，整理、锻炼和强固我们的力量，创造新的主

① 题目为编者所拟。

力红军。”并强调，“再固执着‘死守’的方针，是只有牺牲我们的干部，牺牲我们的活力，必至完全葬送我们的事业”。信中，中央对为什么转移、转移的目的、新区的选择条件等都说得非常清楚。遗憾的是，信收到太迟，而同时收到的军委军事训令中，却“原则上同意省委提议，红军主力仍留在原来苏区继续活动”。这一训令发出时间在后，应视为新指示。红二十五军的战略转移就被搁置了。

花山寨会议整整开了一夜。会议从战略高度审时度势，正确解决了红二十五军迫切需要解决的几个问题。第一，下定了战略转移的决心，解决了走不走的问题；第二，以平汉铁路以西鄂豫边界的桐柏山为初步转移目标，解决了转移的方向问题；第三，红二十五军在行动中，对外称为“中国工农红军北上抗日第二先遣队”，解决了举什么旗帜的问题；第四，留下一部分武装再组建红二十八军，解决了苏区继续坚持斗争的问题。

会议还决定增补程子华为省委委员、省委常委；任命程子华为红二十五军军长，吴焕先为军政治委员，徐海东为副军长，戴季英为军政治部主任；留下省委常委、中共皖西北道委书记高敬亭领导鄂豫皖苏区的斗争（高敬亭没能参加会议，会后由省委给高敬亭写了一封指示信，说明花山寨会议的情况和决定）；省委书记徐宝珊、省委常委郑位三率省委机关随同红二十五军一道实行转移。

程子华不是省委委员，没有参加会议。会议结束后，郑位三把会议决定向程子华作了传达。程子华提出，中央派他来是当军参谋长的，请郑位三报告省委，他不能当军长。徐宝珊表示：“省委已经作了决定，就不要再变了。”程子华没再坚持，成为红二十五军军长。

花山寨会议第二天，红二十五军便西移到罗山县殷家冲、何家冲一带，加紧出发前的准备。郑位三、戴季英把鄂东北道委和游击总司令部机关人员集合起来，传达了省委指示：鄂东北地方武装西路军补入红二十五军，两个机关人员作一些精简，除年老体弱的留在地方坚持斗争外，其余人员编入红二十五军，随红二十五军一起行动。郑位三还专门把我和程坦叫到一起，说，道委机关留下的人员全部编入红二十五军政治部，省委办事机关与军部机关合为一体。他让我们做好留下人员的工作，到何家冲后抓紧时间准备，并特别嘱咐我，一定要把刻字、油印等物品带上。

到何家冲后，红二十五军立即整编部队，撤销了师一级建制，军直辖第二二三团、二二四团、二二五团和手枪团；军部机关设司令部、政治部、经理处、军医院及直属分队等，全军共 3000余人。准备工作的另一项内容，是进行政治动员，讲解斗争形势，让大家做好“打远游击”和“创建新苏区”的心理准备。同时做好行军物资的筹备，减少不必要的辎重挑担，实行轻装，每人准备三天干粮、两双草鞋。

各项工作进行得很匆忙。特别是一些伤病员，他们都不愿留下，到处找各级领导，争着吵着要随部队走。我和一些老同志都还记得，红二十五军出发时，统计是2980人。实际许多伤病员都跟着走了，而且还有一些女同志，更是闹着要跟部队走，最后有七名女护士参加了转移。所以说，实际人数应该是3000挂零。

我和程坦等人被编入红二十五军政治部机关。政治部主任戴季英找我和郭述申分别谈了话，他对我说：“你是鄂东北道委和游击总司令部来的，你就担任组织科长吧。郭述申当宣传科长，他是皖西北道委书记、红二十八军政委，在反右倾中受到批判，被下放到团里当政治处主任去了，过几天才能回来。”谈话后我们就立即行动。我不理解的是，对我的这次任命，戴季英后来一直没有公开宣布过。数十年后，编写红二十五军战史，郭述申回忆起了这一情况，说：“戴季英同志和我谈过当宣传科长的事，也谈了让华清同志当组织科长。”戴季英对采访的编写人员也回忆起了这件事，并说当时是这样定的。

军政治部人不多，但有一个宣传队，队长是程启文。程启文性格开朗，爱说爱唱。1992年，他从湖南来北京，饭桌上，我们回忆起红二十五军经历，他开玩笑说："那时你是组织科长，我是小宣传员，现在你成了党和国家领导人了，我还是个老兵，难为你还没忘记我，没忘记我们的战斗友谊。"他还讲了长征时差一点被当反革命抓起来的事情，说："真要感谢你的救命之恩，否则我就被抓到保卫局去了。"说着，还拿出一份材料让我看，上面写了当时的经过。那是长征刚过铁路时发生的事情。出发前，军政治部机关的思想动员很简单，只讲要"打远游击"，不提、也不敢提要离开苏区去创建新的根据地，怕有些年轻战士不愿离开家乡，闹思想情绪。但大家还是若明若暗地知道了，都是青年人，到了一起难免发议论。当时以为说完就完了，谁知过了平汉铁路，戴季英把我叫去，说政治部管发文件的袁克福向他报告，陈鹤桥、程启文几个人在一起说怪话，要逃跑投敌，让我带人去把他们抓起来送保卫局。我当即说，不能抓，这几个人我了解，我常和他们在一起，我相信他们是不会逃跑的。我又讲，现在就要转移了，抓人会影响大家情绪。戴季英想了想，说，那你要负责帮助他们。就这样，避免了一次错误抓人。对戴季英，红二十五军的老同志都了解，这个人思想比较"左"，办什么事爱搞点神秘性，鄂豫皖"肃反"时就错抓过人。

长征出发前一天，郑位三把省委决定发布的《中国工农红军北上抗日第二先遣队出发宣言》原稿交给我，要求快速刻印，多印一些，发给部队；出发前来不及发，就边走边发。原件落款时间是1934年10月10号。这是农历，公历应为1934年11月16日。我连夜把《宣言》刻印出来了。有趣的是，时隔50多年后，这份文件在陕南庾家河镇一家农民的老房子里发现了。编写红二十五军战史的人让我辨认。我认真看了看，没错，真是我当年刻印的。《宣言》的主要内容是，强调当时中华民族危机深重，揭露蒋介石的卖国罪行，宣布党的抗日救国主张和红军北上抗日的宗旨，号召全国同胞，不分政治倾向，团结起来，一致抗日，号召国民党军队与红军订立协定，共同抗日。开头一段是这样写的：

"本军在中国共产党领导之下，奉了我中央苏维埃政府、中央革命军事委员会的命令，出发抗日。现当出发之时，特向全中国群众发表这个宣言……”

刻印完《宣言》的当天晚上，我躺在稻草铺上，好久没有睡着。要“打远游击”，远到哪里呢？这不是要离开生我养我的大别山吗？就要与鄂豫皖边区的父老乡亲离别了！我想起了家乡，想到了亲人。好几年没回家了，不知母亲现在怎样？家人怎样？这次远离，能不能回来？能不能和亲人重见……想了很多，但我知道，大军必定西行。我决心抛去一切留恋，革命到底。

在一个阴冷的夜晚，我们踏着坚定的步伐，秘密出发了……

岁月如梭。60多年后，有人写过一首《惜别》诗，我看很符合我们当时的心情：

壮士征战去，依依别柴门。
乡关一捧土，牵牵思故心。
远谷正落日，寒风催征人。
回首遥相望，惜别又一村。
夜空惊飞鸟，铁马疾行军。
举目平汉月，军中泪无喑。
男儿亦多情，远足重千斤。
前行生死路，谁人说与君？

独树镇负伤

独树镇之战，是关系到红二十五军生死存亡的一仗。

我们行军速度很快，第二天，在罗古寨击退了敌“追剿纵队”第五支队的进攻，当晚在信阳城以南穿过了平汉铁路。我们把过铁路当作一大难关。通过铁路后，都松了口气。在距铁路几百米远的地方，我们躺在山坡边，等待后面部队过来。省委书记徐宝珊和我们同时过了铁路，也躺在山坡上。看来他对过铁路也曾很担心，这时见我们都不说话，就大声说：“同志们，我们取得了大胜利，过了一大关。”

后卫部队过来后，我们迅速向西挺进，进入桐柏山区。按原计划，我们准备在桐柏山区创建新根据地，但经过实地考察和地下党组织介绍，这里靠平汉铁路和汉水太近，回旋余地小，加之敌人大军迫近，我军难以立足发展。于是决定放弃原计划，向伏牛山挺进。

为迷惑敌人，我们派出小部队佯攻枣阳。敌人果然上当，纷纷向枣阳一带靠拢。没想到我们突然掉头东返，冲破敌“追剿纵队”第二支队的拦阻，击退了敌第五支队的进攻。晚上，准备在桐柏县一个村子宿营，部队突然紧急集合。军政委吴焕先做简短动员：行军走路不能总走直路，要走弯路，革命也要走曲折的路，走艰难的路。现在情况紧急，我们必须离开这个危险区，要准备多走路。接着，部队连夜出发，脱离了险境。

过泌阳后，沿途地势平坦，地主豪绅盘踞的村落围寨很多，一般都有武装，多的有数百条枪，我们经常遭到袭扰。吴焕先政委决定开展政治攻势，每到一地，都由郑位三亲自写信，派手枪团先行一步，将信送给沿途村庄寨主手里，或请围寨之间互相传递。信中除了宣传抗日救国，还说明我们是借道抗日，决不伤害地方，请勿阻拦。路过每座围寨，宣传队的同志也都扯着嗓子大喊一阵顺口溜：“老乡老乡，不要惊慌。我军所向，抗日北上。借路通过，不进村庄。奉劝乡亲，勿加阻挡……”

这么一来，形势大为改观。当时民族危机日益深重，各阶层的人们对沦为亡国奴的忧虑和恐惧与日俱增。我们的宣传工作，对沿途地主豪绅阶层起了意想不到的作用，他们纷纷表示保持中立，有的甚至很友好。我军通过时，有些围寨的团丁就把枪架起来，徒手站在顶台上；不少围寨还在路旁摆了开水和饭食。有一次，我们政治部甚至就在围寨跟前露营。

经过两天急行军。我们顺利通过围寨地区，来到驻马店西北象河关一带。这里离许南公路不到30公里，过了公路，就是伏牛山东麓。

麻烦的是敌“追剿纵队”第二支队一直摆脱不掉。11月 25日，我们打退了他们的进攻，第二天天刚亮，他们又追上来了。军领导决定，第二二四团、二二五团和军直属机关分队为前梯队先行出发；第二二三团为后梯队阻击敌人，掩护全军通过公路。

这天正好来了寒流，气温陡降。天空阴沉，朔风吼，雨雪飘，一片混沌迷茫。我们衣着单薄，很快就被雨雪湿透，大家饥寒交迫，行进十分艰难。许多同志的鞋子都被烂泥粘掉，只能赤脚。我脚上的鞋子也成了“逃兵”，只好光脚板走路。我们必须抢在敌人前面穿过公路，当时什么也顾不得了，只有一个念头：走，走，快点走！

没想到的是，更大的危险还在前面。事后才知道，敌第四十军一一五旅南下桐柏山合围扑空后，立即掉头北返，抢先占领方城县独树镇附近的七里岗、砚山铺一带，构筑工事，并与保安寨的骑兵团组成了堵击线。而我们还蒙在鼓里。

我随军直属队走在二二四团的后面，见军政委吴焕先一会儿到队伍前面，一会儿又到后面。行军速度太快，不少同志掉了队。我们走进独树镇时，忽听枪声大作。不一会儿，就见前面队伍潮水般地退下来。在他们身后，是敌人和雨点般的子弹。

千钧一发之际，军政委吴焕先握着大刀，像尊战神，大吼一声“站住”，堵住了退下来的部队。他高喊：“不准撤！坚决顶住敌人，决不后退！共产党员跟我来！”边喊，边冒着弹雨，带领二二五团反扑过去，与敌人展开了白刃战。

吴政委的举动让我热血沸腾，我也举枪高喊：“冲啊！”跟着冲上去。这是平原地带，没什么隐蔽物，只有一些麦秸垛。向敌人反冲锋时，跑着跑着，我觉得左腿被重重敲了一下，身子一歪就倒了。我赶紧爬起来，一看，左腿踝骨上边被子弹穿了个洞，鲜血直流。当时也不觉得痛，还要冲。但刚一站起，又摔倒了，被后面的人抬了下来。

好险哪！二二四团是前卫部队，由于天气太坏，能见度低，没有及时发现敌情；等敌人开火后，前卫部队完全暴露在敌人的火力之下。更不利的是，由于寒流袭击，许多人的手冻得拉不开枪栓，零星打响的火力，无法实行有效的反击，慌乱中只得后撤。幸亏吴政委及时赶来，顶住进攻，赢得了短暂时间，使后续部队投入了战斗。激战中，徐海东带领的后卫队二二三团跑步赶到，立即投入战斗。一番血战，终于将敌人打退，敌我转为僵持状态。

天黑后，风雪大作。我军乘机后撤到五公里外的村子稍事休整。腹背受敌，如不能迅速离开，我们这支孤军就会被迫与数万敌军决战，后果可想而知。

军领导决定连夜突围。部队紧急集合，而这时绝大多数人还没吃上饭，大家感到极度疲劳和饥饿。战士中很大一部分人还只是十六七岁的孩子，有的更小，听说又要出发，就不乐意，待在群众家里，不出来。干部们只好挨家挨户叫，总算把部队拉了出来。最不好办的是伤员。风大、雨大，道路泥泞，要迅速摆脱敌人，就不能带伤员走。军领导决定把伤员就地安置，多留一些钱，动员群众保护伤员安全。

这次战斗负伤的不少人，都住在一个小村子里。在地下党组织帮助下，伤员分散安置在群众家里，留下了大洋。我的伤口经过处理，血已止住，也不那么疼了，但不能走路。听说要把我就地安置，我立即表示，坚决不留下，一定要随军行动。我很清楚，留下必死无疑。当然，拖着伤腿走，可能也是死，我想，死也要死在红军队伍里。

人生中有一些命运转折的关口。对于我，这次负伤算是一回。我的情况反映上去后，政治部主任戴季英说："那就带上他吧。"这一句话，让我成了最幸运的伤员。当时政治部机关按人员情况配备牲口，我和程坦俩人合用一匹小马驮东西，因为有伤，这匹小马就让我骑了。后来听说，留下来的伤员大多被敌人杀害了。靠了那匹可爱的小马，我跟上了部队的转移。我一直很感激戴季英和那匹小马。事过60多年后的 1996年6月，我到河南考察工作，在郑州看望了戴季英，他91岁了，但头脑还很清楚，还记得独树镇战斗。遗憾的是那匹小马再也见不到了。

独树镇之战，关系到红二十五军的生死存亡。情势之险恶，战斗之惊心动魄，至今历历在目。当地政府后来在这里建了“红二十五军血战独树镇纪念碑”，1997年11月26日举行了揭碑仪式，我为纪念碑题写了碑名。

我们终于进入伏牛山。习惯于山地作战的指战员，见到大山，一片欢腾。伏牛山盘结于豫西南境内，自古以来就被称作“盗匪的渊薮”。国民党军的将领人物刘镇华、樊钟秀、张钫等人，都是从伏牛山拉杆子起家的。此时，被称为“内乡王”的别廷芳，已将其势力范围扩展到伏牛山以北的南召、嵩县、卢氏境内，这个土皇帝后来也显赫一时，被蒋介石封为南阳13县联防司令。当初程子华就曾建议把部队拉到这里。

我们很快发现伏牛山不适宜创建根据地。这一带人烟稀少，地域狭窄，粮食和其他物质条件都很缺乏；别廷芳在此经营多年，反动统治十分严密，不利于我们开展群众工作。敌第四十军和“追剿纵队”主力仍追得很紧，一时难以立足。省委和军领导研究后，决定马上转移，到陕西南部开辟根据地。我们再次改变计划，兼程西进。

12月4日，我们来到河南卢氏县的叫河。我的腿伤已经有了好转。前面就是一条入陕大道。从叫河经朱阳关到商南地界，不过七八十里山路，一天就可以走到。进入陕南后，就完全可以摆脱尾追之敌，并在商南县境内站住脚跟，开创新局面。了解到这一情况，我们都很高兴。

手枪团报告，地处豫陕交界的朱阳关、黄沙镇、五里川等地，三天前就被敌军占领了，堵住了我军入陕之路。这是我们没有预料到的。原来，蒋介石为防止我们入陕，早在半个月前就命令驻守开封的原十九路军第六十师乘火车到灵宝，然后步行到朱阳关一带，控制了入陕通道。后面，敌“追剿纵队”第二支队也跟踪到了栾川、庙子一线，我军又处于被敌前后夹击的险境。这时碰巧遇到一个叫陈廷贤的货郎小贩，在他带领下，我们沿着一条很少有人知道的入陕小道，绕过朱阳关，直插卢氏县城。

12月5日晚，我们从卢氏城南与洛河之间的隘路插了过去。卢氏城里的民团十分惊慌，紧闭城门，在城墙上打着灯笼火把壮胆。我军迅速西进。12月8日，我们从豫陕交界的铁锁关进入了陕西境内。铁锁关，又名箭杆岭。据说明末李自成兵败商洛山后，在此设关，并以铁锁锁闭关门，留下了“铁锁关”之名。关上有民团把守，被我军一举攻占。当天下午，我们又急行军近20公里，经大石河到了三要司，接连攻占九泉山高地，歼灭陕军一个营。9日，又翻越蟒岭，到达了庾家河镇。

在翻越蟒岭时，我的处境很狼狈。我们走的是放羊人带羊群爬行的山路，十分崎岖。部队虽已轻装，但军供给部还有骡马、挑夫，走起来更困难。我负伤已十几天，虽可以走路了，但这样的山路，走起来还是很不方便。我忍着痛，一步步蹭着往前走。上山很费力气，左腿又使不上力，有时只好爬行。后来，见前面有匹马，我就紧紧抓住马尾巴。我一下子增加了一匹“马力”，轻松多了，算是闯过了这一关。

晚上我们宿营庾家河。这是一个高山峡谷中的小镇，几十户人家，南北两条小河。镇里有条狭窄小街，分上街下街，在中间拐弯，就像拇指食指分了叉。街面上有几家店铺，拐弯处有一所中药铺子，军部就住在这里。当晚郑位三交给我一份材料，让连夜刻印，第二天早上要张贴出去，说是吴焕先政委决定的。这是一篇很短的传单，标题是《什么是红军》，把红军的性质、宗旨、任务以及有关政策写得一目了然。记得末尾还有句十分令人自豪的话：“中国有红军已经八年了。”

第二天一大早，我把刻印好的传单交给宣传队。早饭后，宣传员就把一张张散发着油墨气味的告示贴上了街头，传单上“什么是红军”五个铜板大的字特别显眼。夜里没有休息，我抓紧时间想睡一会儿，突然听到激烈枪声，即赶紧起来。原来敌人从东山坳口摸上来，军领导已带部队上去了。

战斗胜利结束，军长程子华、副军长徐海东却负了重伤。部队伤亡不小，三个团调整为两个团；军的领导也作了调整，戴季英改任军参谋长，郑位三为军政治部主任。

庾家河战斗结束了红二十五军历时20多天、长驱两三千里的长征第一个阶段。这一仗，有效地打击了尾追的敌人，摆脱了困境，为打开陕南局面奠定了基础。

选自刘华清：《刘华清回忆录》，解放军出版社2004年8月第1版，第40—50页。

胜利完成第一次战略转移①

王诚汉

独树镇血战中长眠下我的入党介绍人

十一月出师军号响，
红二十五军远征忙。
北上抗日第二先遣队，
冲破了敌人的封锁网。

——《红二十五军长征歌》段摘

1934年，是大别山地区红军面临历史严峻考验的一年。国民党军对鄂豫皖根据地发动的第五次“围剿”，共出动兵力82个团，十万余人。红军经过艰苦鏖战，虽取得葛藤山、长岭岗、太湖、斛山寨等战斗的胜利，但自身损失也很大。

当时，鄂豫皖根据地所面临的形势是：第一，敌人以数十倍于我军的兵力，用碉堡和封锁线压缩我根据地，用“驻剿”与“追剿”对我交替进攻，红二十五军此时的兵力已不足两千，处境艰险，有耗无补，难以反

① 题目为编者所拟，文中个别地方略有调整。

击。第二，根据地日益缩小，粮食殆尽，人口锐减，人力、物力、财力枯竭。第三，在老区难以恢复和开辟根据地。虽然红军指战员进行了极其艰苦的斗争，但根据地的严重局面，无法扭转，再打破敌人的重兵“围剿”已不可能。为此，1934年9月，中共中央派程子华同志来到鄂豫皖根据地，传达了周恩来同志的指示：红军主力要作战略转移，去建立新根据地，这样部队才能得到发展，同时也可以把敌人引走，减轻鄂豫皖根据地的压力，原根据地留下的部分武装就能够长期坚持，以保存老根据地。

11月11日，中共鄂豫皖省委在河南省光山花山寨召开会议。面对敌人以绝对优势兵力日夜不停地搜山、围堵、封锁，为保存有生力量，会议决定红二十五军向平汉铁路线以西转移，以求得更大的发展；留下红二十八军牵制敌人，坚持根据地的斗争。红二十五军由程子华任军长，吴焕先任政治委员，徐海东任副军长，戴季英任政治部主任。

花山寨会议精神很快传达到了我们连队干部。对新的行动部署在当时没有使用“转移”这个词，也没有说是“长征”，只是说部队将要去“打远游击，创建新苏区”。接着，部队就进入繁忙的转移前的准备工作，主要是轻装整编，安置伤病员，筹备行军物资。对连队干部来说，主要是三件事：一是做政治动员；二是解决鞋的问题，尽量购买布鞋，动员大家打草鞋；三是准备干粮，我所在连队炒了许多黄豆，赶做了一些用玉米面等杂粮做的饼子。对个人来说，就准备两样：打草鞋，备干粮。我们连要求本连的干部战士每人至少要带五双草鞋，十个干饼子。

红二十五军长征前夕的整编工作卓有成效。抽调了鄂东北地方部队补充进主力红军，将全军整编为军直辖的四个团：第二二三、第二二四、第二二五团和手枪团，共2980余人。撤销了师一级建制。11月16日，红二十五军以“中国工农红军北上抗日第二先遣队”的名义，离开鄂豫皖革命根据地，开始战略大转移。出发前，中共鄂豫皖省委和红二十五军根据中共中央关于北上抗日的通知精神，发布了《中国工农红军北上抗日第二先遣队出发宣言》。

河南省罗山县何家冲，是红二十五军的长征出发地。这个豫鄂交界处的小山村，是群山环抱中的一块小盆地。这里山清水秀，风光明媚，红二十五军临时医院设在这里，军部在长征前夕也驻扎在此。那是初冬的一个晴朗的日子，山上山下层林尽染，银杏树那心一样形状的叶片在阳光下闪射出耀眼的金黄色，红二十五军全体将士集中在何家冲村头一棵高大的银杏树周围，每个连队前面由掌旗兵举着本连队的旗帜，猎猎战旗后面是威武雄壮的方阵。军首长站在鲜艳的红二十五军军旗前，发出了出发的命令。浩浩荡荡的队伍顺着山沟向西开去，奔向桐柏山区。

此时，大家都没有想到这是一次远征，是一次对中国革命有着重要影响的战略大转移，是中国工农红军一次震惊世界的万里长征的重要组成部分。

长征的最大特点就是打仗、走路，更多的时间是走路，后来走习惯了，也就无所谓，天天都在走，有时甚至是昼夜连续不断的急行军。但指战员们在刚开始走的头几天，还是不适应，感到不习惯。因为这与往日在根据地内的长途奔袭不一样，在根据地内的作战行军，一般来说，作战目标比较明确，行军距离总有个限度。长征就不是这样了，几乎是不停地在走，最让人心中没底的是不知道今天夜宿何地。其实，各路红军的整个长征，后来看来，在开初都没有一个十分明确的目的地，是走一步看一步，战略转移的最终落脚点是在不断寻找中逐步确定的。红二十五军的长征也是如此。当然，有关落脚点的选择，那是军首长的事，我们基层干部就是负责本单位的同志们走好路，打好仗，特别是要解决好战士们在连续不停地走路时所产生的埋怨情绪。

红二十五军部队在出发后的次日晚，于信阳以南的东双河和柳林之间越过平汉铁路。随部队行动的有七位女同志，出发时，军首长担心她们的体质弱，怕她们跟不上大部队行军，准备让她们留在老根据地内，坚持当地斗争，但她们表示坚决跟着红军主力走。经过两天的强行军，这七位女同志的体力明显有些吃不消，军首长亲自做她们的思想工作，想劝她们回去。她们不同意，我听到他们在一片树林边争吵得很厉害。这些女同志最后都安全到达陕北，充分展示了她们顽强的毅力和对革命的忠诚。

11月19日，我军进入桐柏山区。鄂豫皖省委领导和军首长认为该地不具备创建根据地的条件，决定北上伏牛山区，如伏牛山区也不适宜立足，再进入陕西省南部。于是，我军以一部佯攻枣阳县城，主力于韩庄附近回头转向东北，计划取道泌阳、方城县城以东向伏牛山前进。

红军的行动，引起了当面之敌的高度注意，派出数十倍于我的兵力进行围追堵截。我们在敌重兵的夹缝中不断向前推进。为了迅速摆脱敌人，以最快速度进入山区，连续几天都是强行军，开始真有些让人感到吃不消。11月24日，军首长紧急集合部队，向全体指战员介绍敌情，并作简短的动员，说："行军打仗，不能总走直路，有时也要走弯路，我们必须迅速离开这个危险区。"

会后，部队立即行动。我们连队干部已经习惯了边行军边做战士们的思想工作，特别是连指导员文明第同志，他的身上已经背起了体弱战士的几支枪，还在跑前跑后地做宣传鼓动工作。文明第同志个头不高，长得秀气，办事特别精干老练，又总是一副乐呵呵的样子。他是湖北人，但不知道他的家乡具体在什么地方，他比我也就大两三岁。红二十五军的指战员因为都非常年轻，所以大个两三岁就非常明显了。我总把文明第同志当作老大哥，对他非常佩服和敬重，这并不因为他是我的入党介绍人，是位老同志，主要是他对革命事业的无限忠诚和对战友的满腔热忱和关怀。我处处以他为榜样，从他身上我学到了许多带兵的方法和作战经验。

在文明第同志和连长（遗憾的是我现在怎么也想不起他的名字）的宣传鼓动带领下，我们连全体指战员没有一个人掉队，按时于25日晚到达驻马店西北的山区宿营。那夜，刺骨的山风，裹着零星的雪花飘落，冻得大家起来直跺脚。仅有单衣、草鞋，稻草也没有一把能挡风，一夜无眠。我们第一次感到这中原大地上的凛冽寒风要比大别山区还厉害。

11月26日，天刚蒙蒙亮，敌人的“追剿队”追上来了，与我后卫部队接上了火。本来没有睡好觉的战士们一听有枪声，又来了精神。军部命令第二二三团在副军长徐海东亲自指挥下就地阻击，负责殿后，其他部队迅速北进。那天的行军，我所在的红二二四团作为全军的前卫，在吴焕先政委的带领下，走在全军的最前面。程子华军长带第二二五团、手枪团居中，依次行军。在以往，多是手枪团走在最前面担负侦察探路任务，今天由我们团担负前卫，也许军首长有别样的考虑。前卫团以一、二、三营、团直的顺序行军，我当时所在的二营四连处在本团行军队伍中间稍靠前的位置。

这天，恰遇寒流，气温陡降，呼呼的北风中雨雪交加，天气是出奇的冷。也许是昨夜没有睡好觉，早饭也没有吃，肚子里空空的，真是感到全身从里到外都像结了冰似的。风雪中，指导员文明第同志微笑着边走边说：“今天这早饭、午饭大概又是要合在一起吃了，大家现在抓紧时间吃点干粮吧。人是铁，饭是钢，吃点东西下去，就有力气了！”他边说边掏出干饼子向嘴里塞，吃完了到路旁小水沟边趴下，喝几口冷水冲下。指战员们绝大多数都是南方人，不习惯吃杂粮做的饼子，这大冷天中的饼子更是硬邦邦的，很难咬动，我看到许多战士拿出饼子龇牙咧嘴地啃不动，又放回到干粮袋里。我是紧皱眉头，在指导员的影响下，为了给战士们做个榜样，硬吞下了半个巴掌大的一块饼子，也学着指导员的样子，到路边仰着脖子灌了几口冷水。你别说，这冷的东西下肚，却也很快产生了一些热量，感觉上要比先前好多了。

因为敌情紧急，一路都是急行军。强劲的顶头风中，衣服单薄的红军指战员忍着饥寒不停地走。正如文明第同志所说，已经没有时间停下来吃饭，不仅是早饭、午饭合在一起吃，而且是早饭、午饭、晚饭也要合在一起吃了，甚至说今天能不能吃上饭都成问题。已过中午，军首长仍然没有发出停下来休息片刻的命令，更别说是生火做饭了。军情异常紧急！我看到雪地里有不少体弱的战士在战友们的搀扶下向前挪动，部队已经出现掉队的情况。

大约是下午1时多，我们先头团进至方城县独树镇之北的七里岗，高岗下以西几十米外就是许（昌）南（阳）公路。风雪迷漫，天昏地暗，由于能见度太低，我们先头部队根本没有发现几十米外已经埋伏下了敌人。当我们正准备翻越许南公路时，突然遭到先我到达的敌第四十军第一一五旅和驻叶县骑兵团的猛烈阻击。我军处于平坦的地形上，几乎完全暴露在敌人的火力之下。部队猝不及防，再加上天气寒冷，很多战士手被冻僵，连枪栓都拉不开，手榴弹扔不出去，零星打响的火力不能有效地反击敌人。敌人的火力却非常猛烈，我看到敌人的重机枪吐着火舌从一座小石庙中打出，到处都是枪声，我们面前似乎是突然间矗起了一道火墙。我团顿时伤亡极大，特别是走在最前面的一营，许多人被击中倒在地上，紧跟其后的二营以及三营由于也已处在敌人的包围圈中，左右都遭到敌人火力的猛烈扫射，队伍全部被压在河沟中。

也就是仅仅半分钟的时间，我身边倒下了许多战友。我前面有几十个战士试图进行还击，但刚半立起身子，就被敌人的重机枪打倒。随我团行动的军参谋部主任薛平阶 （外号大金牙）被吓破了胆，惊惶失措，竟然大喊大叫：“我们被敌人包围了，公路过不去了，大家伙儿各自逃命吧！”先头部队一下子乱了阵脚。

敌人见有机可乘，立即发起冲锋，并沿河道从两翼包围过来。

情况万分危急！就在这时，军政委吴焕先从后面跑到队伍前面，指着“大金牙”怒喝一声：“把薛平阶捆起来！”然后，抽出一把闪着寒光的大刀，向我团干部战士大喊道：“同志们！跟我上！”

红二二五团部队这时也从后面冲了上来，及时投入战斗。混战中，我军仍然处在敌人的火力网下。

我挥舞着大刀，率领全连战士跟着吴政委冲入敌群，用大刀奋力砍杀。刹那间，七里岗上一片刀光血影，杀声阵阵。敌骑兵居高临下，明显占据优势，我们的部队伤亡很大。但由于雾色太重，满地泥泞，敌骑兵的作用也难以充分发挥。我在混战中大声喊着："同志们，先砍马腿，再杀敌人！"战士们找到了和敌骑兵拼杀的方法，被砍伤的马重重摔倒在地上，骑兵大部分摔伤，有的当场摔死，敌人的嚎叫声减弱了一些。

这时，吴焕先政委突然腿部负伤，鲜血直流，他站立不住，踉跄了一下，敌人嗷嗷叫着向他围过来。在这千钧一发之际，我和二班长王东挥舞着大刀冲过来，与敌人拼命厮杀，救出了吴政委。五个敌人送了命，我和王东也成了血人，身上多处挂彩。

敌人的进攻势头仍然很强。红二二五团由于也处在敌人的包围圈中，伤亡也很大。就在这时，徐海东副军长率后梯队第二二三团赶了上来，从七里岗左侧向敌人发起猛烈进攻。经过一番血战，把刚才企图包围上来的敌人反击下去。我军指战员浴血奋战，一次又一次地顶住了敌人。黄昏时刻，战线终于相对稳定下来。两军形成对峙状态后，我军以二二三团为主向敌阵地发起冲击，力图打开一个缺口，冲过公路。由于敌人凭借坚固的工事抵抗，我军的三次冲击均没有成功。

天色渐渐暗了下来，刚才还是雪花飘飞，转眼间成了瓢泼大雨。趁此时机，军首长命令我军主力后撤到十里外的村庄中休整，抓紧时间吃饭，另想办法突围。说起吃饭，我突然想起了连指导员文明第同志，我端着一碗开水，连喊了几声"指导员"，没有人应声。有位战士突然抽泣出声，对我哭诉道："副连长，别喊了。指导员他已经牺牲在河滩上！"我浑身哆嗦了一下，手中的开水倾洒在身上全然不知。我的好战友呀！你怎么就这样悄然离去了呢？大概是战斗一打响时，走在最前面的他就倒在了敌人的机枪下。

由于军情太紧张了，我们无法收拾烈士的遗体。否则，就会全军覆没在这大河滩上。

在这种腹背受敌的严重情况下，军首长当机立断，决定立即突围。在我另打了一碗开水还没有能凉一下喝下去时，部队紧急集合，军首长只一句话：必须抓紧时间尽快突出去！全军调集了各连队的轻机枪60多挺，由军首长亲自带领，组成突击队，走在最前面。风更大了，雨雪铺天盖地，道路泥泞不堪，平道上哗哗流水淹过脚背。敌人万万不会想到，红军会在这么短的时间里就把部队收拢完毕，在如此恶劣的天气里能如此高效地迅速组织突围。我们在地下党同志的带路下，向右绕道到敌人空虚的叶县保安寨以北沈庄附近，越过许南公路，于27日拂晓，进入伏牛山区。

27日上午，敌第四十军骑兵第五师和第一一五旅、骑兵团又追了上来，先头部队已超越我军。在拐河附近，红二二三团立即抢过澧河，红二二五团迅速抢占上马村高地，击溃敌骑兵团和第一一五旅的进攻，掩护红二二四团顺利过河。这时，我军又有一些伤亡，还有一些战士掉队，被敌人俘虏。

红军边打边走，在有效的阻击中，控制了进山要道。我军主力迅速上山。上山后，走在碎石路上，我才发现我的鞋子不知什么时候早丢了，身上的几处伤口开始钻心地痛起来。高兴的是红军一进入山区，就如同蛟龙入水，可以大展身手了，敌骑兵则失去了优势。徐海东副军长指着前面的三座大山，兴奋地说："同志们，快看啊！我们的增援部队到了，来了整整三个师。"全军部队，顿时来了精神。次日，我们在古木庄、交界岭击退了尾追的敌军，于11月29日深入伏牛山中。

独树镇七里岗恶战，是红二十五军长征途中生死攸关的一场战斗，其惨烈、悲壮的程度更是少见。这一仗打得太突然，太激烈，太艰苦。敌人的骑兵进攻速度非常快，平原上马跑得快，战士们还没有反应过来，骑兵已经冲到跟前。我们的枪都被冰冻着了，紧急时根本拉不开枪栓。战斗一打响，我们吃了大亏，损失惨重。在军吴政委的号召并率先冲入敌群的影响和带动下，战士们的情绪才得以稳定，挥舞着大刀跟着吴政委冲了上去，与敌人展开白刃拼杀。当时，敌人从南北两个方向包围过来，兵力大于我们十多倍，我们硬是用大刀砍出了威风，压倒了敌人，杀出了一条生路，使红二十五军绝处逢生。

独树镇七里岗血战，我军伤亡惨重。我所在连队共有 80多人，此战中牺牲了20多人。全军在这场战斗中究竟牺牲了多少人？有的同志回忆撰文说有200多人，我后来问过军部负责卫生工作的钱信忠同志，他说大概在300人左右。从敌军资料档案看，国民党河南省绥靖公署主任刘峙在11月28日向蒋介石发出的电报称："顷据南阳罗专员感（27日）巳（9时至11时）电报称，此次赤匪窜至方城砚山铺、七里岗一带，经我庞（炳勋）军长令刘世荣旅痛剿，毙匪二百余名，俘匪五十余名……"这个数字，不包括27日拐河战斗中我军牺牲及被俘人员。

据实地调查，独树镇七里岗战斗中牺牲的红军烈士遗体、被俘人员以及拐河战斗中的被俘人员，后被国民党军集中到了七里岗战场西北之保安镇村庄南的西乱尸岗，挖了一个大坑，死的活的全部埋在了一起。这里面自然有我敬爱的指导员文明第同志。大坑今犹在。当地老百姓说，20世纪60年代此地修路时，把坑中的烈士遗骨移到了路东乱尸岗，"300多人，满满一大坑啊！颠倒着放的。这哪里是老红军呀，都是小红军！"老百姓比划着说，他们看到的烈士遗骨几乎都是十多岁小孩子的。

我亲爱的战友啊！在我白发苍苍的今天，当别人称我是"老红军"时，我耳边似乎又响起了70年前老百姓对我们这些"红军娃"的称谓，传来了童音未褪的响亮口号声。你们这些永远的"小红军"，不朽的英名和功绩永远彪炳史册。

在如今的七里岗上，一座高大的纪念碑在1997年树立起来。石刻碑文末尾写道："……激战中，近百名将士英勇献身，200余人身负重伤。独树镇战斗，是红二十五军长征中生死攸关的一仗，对其先期到达陕北，迎接党中央和主力红军北上具有重要意义。军委主席江泽民称这次战斗为'血战独树镇'，与飞夺泸定桥、激战嘉陵江等著名战斗并列长征史册。"

独树镇七里岗—泸定桥—嘉陵江……我们活着的人不能忘记，永远不能忘记。

庾家河岭上的恶战

红色的青年战士志气昂，
好比那东方升起的太阳。
不怕牺牲，英勇杀敌如猛虎，
冲锋陷阵，无坚不摧谁敢挡！

——《红色青年战士之歌》段摘

由于敌众我寡的悬殊兵力对比，红二十五军长征开始后的新根据地选择几易目的地。敌人对红二十五军仅有数千人的兵力情况是比较清楚的，所以，他们总想尽快把红二十五军一网打尽。红二十五军长征很突出的一个特点是“孤单”，除了本军外，根本不知道任何另外一路红军在哪里？而周围全是敌人。为了避免敌人重兵的合围，我们只有不停地走。在当时，从我们连队干部到军首长，最担心的事大概是相似的：一是担心敌人对我军形成合围，只要没有形成合围，我们就能从敌重兵的夹缝中钻出来。一旦形成合围，则势必会有一场恶战，转战中的红军是经不起任何消耗的。二是担心出现过多的伤病员，有了伤病员没有办法处理，根本无法携带伤兵员随军行动。

独树镇战斗后，红二十五军进入伏牛山区，发现这个地方并不像想象的那样能够建立新的根据地。这一地区反动组织严密，地主围寨甚多，且北临陇海铁路（兰州至连云港），创建根据地比较困难。于是，红二十五军不得不放弃在此建立根据地的原定计划，继续向陕南前进。值得一提的是，我军在伏牛山区行军途中路遇一位货郎给我们引路，带我们走出了重围。1934年12月8日，我们由河南卢氏箭杆岭进入陕西省洛南县境，在三要镇打了一仗，歼灭守敌第四十二师第二四八团一个营。12月

9日，翻过蟒岭，从炉道经七里荫进驻庾家河街。

庾家河街上有一个中药铺，店名“春永茂”，老板名叫杨春荣，中共鄂豫皖省委和红二十五军领导人就住在这家药铺里。

庾家河镇上，一派祥和气氛。12月10日是红军进驻庾家河镇的第二天，庾家河街正好逢赶集日。红二十五军宣传队在街头宣传“什么是红军？”张贴安民告示。各连队在军政治部的统一安排下，有的宣传群众，有的帮助老百姓干些农活，有的在休整。

中共鄂豫皖省委第18次常委会议在“春永茂”药铺里召开。省委书记徐宝珊抱病主持会议，参加会议的有军政委吴焕先、军长程子华、副军长徐海东、参谋长戴季英、政治部主任郭述申、郑位三等领导同志。大家围着火盆，进一步研究讨论在鄂豫陕边创建新苏区的具体问题。会议最后讨论通过了《关于创建新苏区、新的革命根据地的决议（草案）》，做出了“将鄂豫皖改为鄂豫陕（省委领导原班人不变），红二十五军继续北上”的决定。撤销“鄂豫皖省委”，建立“鄂豫陕省委”，这一字之改，意义非常重大，也即是说会议决定在这一地区开始着手创建鄂豫陕革命根据地。会议的另一项重要内容是部队进行整编，鉴于第二二四团在独树镇七里岗伤亡严重，再难以形成整体战斗力，故将该团人员分别编入第二二三团和第二二五团。我被分配到第二二五团二营四连担任副连长。但是，这个改编还未来得及落实，一场恶战突然而至，我仍在红二二四团编成内参加了战斗。

约正中午时分，镇北岭头上突然传来激烈的枪声。原来，在河南卢氏、朱阳关一带堵截红二十五军入陕的国民党军第六十师，突然跟踪追入陕南，由鸡头关方向奔袭而来。由于红二十五军长途行军、打仗，过度疲劳，国民党军第六十师先头部队从炉道七里荫上岭，突袭了哨卡，占领了庾家河岭头，控制了制高点，呈居高临下之势。敌人以有利地形，以大于我军20倍的兵力，妄图把红二十五军歼灭在庾家河这条狭窄的山沟里。

刹那间，枪声大作，险象环生。

正在召开的省委会议立即停止。军长程子华、政委吴焕先、副军长徐海东等军首长抢先直奔山头，指挥部队实施反击，阻止敌人进攻。一场壮烈、残酷的争夺庾家河岭的反击战展开了。

战斗一开始，国民党军第六十师先头部队第三六〇团，依据占领的岭头有利地形，接连不断发起猛攻，妄图把反击中的红二十五军压下去。在这紧急关头，徐海东副军长亲率主力红二二三团从正面强攻，以猛烈的反击，夺回阵地。与此同时，我们红二二四团在程子华军长率领下从右侧山头迂回，红二二五团在吴焕先政委率领下由左侧山头迂回，迅速夺回了东、西两侧高地。然后，协同主力红二二三团，以猛烈攻势实施反击，将敌人赶下了岭头。但不一会儿，敌人的兵力突然增强，他们的武器装备也相当好，小炮也抬了上来，又把我们赶下了岭头。

我们长途跋涉，连遭险战、恶仗，到庾家河还立足未稳，更谈不上休整，此战真是在硬撑着打。战后，听说我们的轻机枪打坏了十多挺。各营的重机枪是轮换着打，一挺打热了，打坏了，就把另一挺修好的换上去，来回换了许多次。令人担心的是，我们的子弹非常有限，没有后援补充，打一发就少一发。军首长命令说，不到万不得已的情况下就不开枪。所以，在当地老百姓听来，整个战斗打得热火朝天，实际上却是敌人打的子弹多，我们放枪少。为了节省弹药，我们就等敌人冲到跟前时，用石头砸，进行拼刺刀肉搏战。我们团在独树镇战斗中遭受严重伤亡，几乎不再成建制，庾家河战斗后即散编入其他团队。而在此战中，也是硬撑着拉了上来。我团以七连为突击部队，我所在的八连稍靠后一些。我作为副连长，带一个排冲在本连的最前面，这个排伤亡算是小的，最后也仅剩下七八个人。七连最后仅剩下十多个人。这是红二二四团在长征路上撤编前的最后一仗，我们用鲜血和生命捍卫了她的尊严和光荣。

战斗中，有多名营、团以上干部英勇负伤。

率领我们从东面山头冲上去的军长程子华，在前沿阵地上手持望远镜指挥战斗时，被敌人子弹击穿双手，打断三根手指头，左手腕动脉血管被击伤，血流不止。

副军长徐海东在战斗最紧急关头，手端轻机枪，冲锋在前，把敌人又一次压下阵地。突然一颗子弹从他左眼底下打进去、右耳根穿出，身负重伤。

程军长和徐副军长负伤后，政委吴焕先继续指挥战斗。

红二二三团团长叶光宏与敌争夺岭头阵地时一条腿被敌炮弹炸断，但他以惊人毅力，忍受极大的伤痛，不下火线，继续指挥部队作战。

军、团领导的英勇顽强精神，极大地感染和鼓舞着全体指战员。红二二三团七连一挺机枪与敌火力对射时，接连牺牲了三名射手，一个倒下去了，第二个接着上来。终以猛烈的火力压倒了敌人，又夺回岭头阵地。跟随徐海东副军长的司号长程玉林在激战中，下巴被子弹打穿，不能吹冲锋号，他利用岭头垭口小土地庙作掩护，向敌人连投出几十颗手榴弹，一个人接连击退敌人九次冲锋，最后壮烈牺牲。我所带领的那个排，有一个七班长，非常勇敢顽强，他多次用石块把敌人砸下阵地，身上多处负伤，最后壮烈牺牲在山垭口上，双手还紧抱着一块石头。

激战从中午12时左右开始，一直打到下午3点过，我们刚夺回岭头制高点，战局稍微稳定时，国民党第六十师第二五五、第二五七团前来增援，轮流向我军阵地发起猛攻。一次又一次的冲击与反冲击，在岭头上如拉锯一样一来一往，一上一下，山头上反复不停地变化着青天白日旗或红旗……

地势险要的庚家河岭两侧，硝烟弥漫，冲锋呐喊声、厮杀声，震动七里荫山谷。在那个岭头垭口上，我们脚下的子弹壳已经铺满了地。据战后当地老百姓讲，有的农民在岭头阵地不大的一片地上捡了三四担子弹壳。当然，这些子弹壳绝大多数是敌人的，也可见战斗之惨烈。

我军全体指战员在政委吴焕先指挥下，英勇反击，殊死搏斗，以大刀、刺刀、手榴弹与敌人面对面厮杀。敌人后退时，我们就抓紧时间到敌人的尸体上寻找枪支、弹药，并到处搜集石头，以准备下一轮的战斗。战至黄昏，经过20多次的反复冲杀，终于把20余倍于我之兵力的敌第六十师击退。战斗以红军的最终胜利宣告结束。

庾家河战斗，是继独树镇七里岗战斗后的又一场苦战、恶战，也是一场关系到红二十五军生死存亡的决战。血战中，敌军伤亡800余人，我军伤亡200余人。

傍晚，北风怒吼，鹅毛大雪铺天盖地，满山遍野一片雪白，好像身穿白衫专来为烈士们送行。军政委吴焕先带领我们站在洒满烈士鲜血的山地上，大家站立了很久很久，一身雪白，怀着极为悲痛的心情，就地掩埋烈士，向长眠在这块土地上的烈士默哀、致敬、告别。

天全黑了，我们凭着白雪的反光，怀着沉重的心情，下山返回庾家河街。

军医院中，军长程子华左手仍血流不止，面色苍白。副军长徐海东，满脸是血，昏迷不醒，生命垂危，仍在抢救之中。徐海东同志曾经多次负伤，他的这次伤势比以往任何一次都重，抬下阵地后，四昼夜昏迷不醒。省委书记徐宝珊的病情因连日转战也更重了。就此以后的近半年时间里，红二十五军转战中，军部有三副担架需要格外照顾，吴焕先政委身上的担子太重了。

庾家河战斗的胜利，是红二十五军在极其危急困难的情况下，全体指战员以少胜多，以弱胜强，用生命和鲜血强攻硬拼换来的，又一次谱写了我军战史上的一曲凯歌，使红二十五军又一次转危为安，得以在陕南站稳脚跟。这次战斗后，被打退的国民党军，再也没有敢从这个方向上再来追击我们。

2001年9月，我应当地政府邀请，为庾家河战斗纪念地题词：越雄关险隘，树长征精神。以纪念在这次战斗中牺牲的首长和战友，发扬红军的优良传统。

庾家河战斗的胜利，有力地打击了敌人，粉碎了20余倍于我之敌的围追堵截。至此，红二十五军在26天之内艰苦转战鄂豫陕三省，初进桐柏山，继入伏牛山，直到商洛山中，沿途大小战斗十余次，长驱1800里，胜利地完成了第一次战略转移。

在长征中，红二十五军不仅保存了有生力量，而且锻炼和提高了部队的战斗力。军首长身先士卒，广大指战员英勇顽强作战，表现了高度的政治觉悟，精湛的作战艺术，果断的指挥才能。特别是独树镇和庾家河两战，战斗极其险恶，军首长亲自率领部队冲向阵地，为赢得长征的胜利奠定了基础。这充分证明了红二十五军的战斗作风是过硬的，是在党领导下于长期的战争实践中锻炼出来的。

事实证明，在强敌压境，红军无力粉碎敌人“围剿”的形势下，实行战略转移是完全必要的、正确的。相反地，不顾敌我强弱悬殊的客观实际，死死固守根据地，消耗自己的有生力量，那就只有被敌人不断削弱，甚至被消灭，实乃兵家之大忌。毛泽东同志曾经指出：战争的流动性和根据地领土的不固定性，是土地革命战争的重要特点之一，也是弱小的红军赖以保存自己、消灭敌人的一种有效战略手段。红 25军胜利突破敌人的包围，跳到外线作战，待机破敌，寻找新的立脚点，避免了覆灭的命运。同时，由于调动了敌人，从而为红二十八军坚持鄂豫皖根据地的斗争创造了一定的条件。从这个意义上说，长征正是红军走向新的胜利的战略新起点。

节选自王诚汉：《王诚汉回忆录》，解放军出版社2004年5月第1版，第52—71页。

长征转战豫陕边①

刘震

恶战独树镇

1934年11月16日，红二十五军经过整编补充后，撤销师一级建制，直辖四个团（第二二三、二二四、二二五团和手枪团），近3000名指战员，高举“中国工农红军北上抗日第二先遣队”的旗帜，在军长程子华、政委吴焕先、副军长徐海东率领下，由罗山县何家冲出发，向西挺进，开始长征。

在长征前的整编中，我从二二四团调到二二五团，任一营一连指导员。部队出发前以两天时间作准备，我根据上级指示进行了简短的动员，向战士们说明：为了抗日，为了革命的事业，为了保存革命力量去建立更多的苏区，我们必须离开这个“家”——鄂豫皖苏区，进行艰苦的长征。同志们怀着激动的心情，将要离开曾经用鲜血滋润过的红色土地，离开曾经倒下过不少战友而建立起来的苏区，离开在那些艰苦岁月里军民相依为命的苏区人民，实在是依依不舍。

从各种迹象看来，长征确实是一段艰难的行程。当时，敌东北军九个师和“鄂豫皖三省追剿队”（以下简称“追剿队”）五个支队，总共40多

① 题目为编者所拟。

个团，已集结于鄂东北。我军越过平汉铁路后，蒋介石急令“追剿队”三个支队和东北军一一五师跟踪追击，令驻河南省南阳、泌阳、方城、叶县一带的四十军和驻湖北省老河口（光化）一带的四十四师迎头堵截，妄图趁我军离开根据地的时机加以围歼。

我军进入桐柏山区后，发现这里靠平汉铁路和汉水太近，回旋范围狭小，敌大兵压境，难以立足发展。省委决定：迅速调头北去，跳出敌人的合击圈，向河南省西部的伏牛山区挺进。

为了隐蔽北上意图，迷惑和调动敌人，我军先以少数部队佯攻湖北枣阳县城，吸引了各路敌人向枣阳集中，然后乘夜晚冲破敌“追剿队”第五支队的拦阻，绕道泌阳城东，乘虚北上。

从泌阳城东向北，沿途地势平坦，村落稠密，围寨林立，封建势力较大，许多大地主豪绅盘踞的村落围寨都拥有相当数量的武装，多者有数百余枪支，配以土炮防守。有的围寨四周还筑有外壕，深水环绕。我军沿途时常遭到地主武装的袭扰，行进缓慢。敌人派出的便衣侦探，也常于夜间在我军所到之处进行骚扰活动，纵火烧房，标示我军行踪，作为同其追堵部队的联络信号，并借机造谣惑众，诋毁我军声誉。

我们看到和听到这些情况，感到无比义愤，真想打他们一场。而军领导为减少前进路上的重重阻力，争取时间迅速北上，决心高举抗日的旗帜。在沿途广为宣传党的抗日救国主张，开展政治攻势。军政委吴焕先分别召集各级干部会议，进行政治思想动员，要求部队严格遵守群众纪律，不打土豪、不进围寨，沿途所需粮草一律实行购买。军政治部主任郑位三亲自给沿途寨主头目写信，宣传我党抗日救国主张，晓以民族大义，促其保持中立态度，勿加阻拦。部队多在河滩野外吃饭露宿，纪律严明，秋毫无犯。在我党我军政策和部队行动感召下，大多数围寨的地主武装保持中立，使我军赢得了时间，顺利通过了围寨地区，摆脱了敌军的追堵。事实教育了部队，提高了我的政策观念。

我军转向北上后，敌即判断我有经独树镇、保安寨西进的意图，遂调四十军一一五旅和骑兵团迎头堵击我军。"追剿队"五个支队和四十军骑兵第五师则紧紧尾追我军，形势相当紧迫。

11月26日拂晓，我军到达象河关西北的王店一带，敌"追剿队"尾追而来。这时，我军距许（昌）南（阳）公路不到30公里，过了公路即是伏牛山东麓。为防止敌人追堵合围，争取时间迅速穿过公路，军领导决定以二二四团、二二五团和军直属队为前梯队，先行出发；以二二三团为后梯队，占领王店、赵庄，阻击尾追之敌，掩护全军行进。

这天，恰遇寒流，气温骤降，北风刺骨，雨雪交加。我们的衣服单薄，又被雨雪湿透，饥寒交迫，十分疲惫，许多同志的草鞋被烂泥粘掉，赤脚行军。但大家仍然忍饥冒寒，不顾艰难困苦，奋勇前进。

当日下午1时许，我军进至方城县独树镇附近，准备由七里岗通过公路，但敌四十军一一五旅及骑兵团已抢先到达，占领阵地，突然向我行军队形猛烈射击。因雨雪交加，能见度差，我军先头部队发现敌人较迟，加之战士们的手指冻僵，一时拉不开枪栓，以至被迫后撤。敌人乘机猛烈冲击，并从两翼实施包围，情况十分险恶。

正在这危急时刻，吴焕先政委赶到军前，指挥二二四团、二二五团就地进行抵抗，他从交通员身上抽出一把大刀，高声呼喊："同志们，现在是生死存亡的关头，决不能后退！共产党员跟我来！"随即带领部队，冒着敌人密集的火力，奋不顾身地冲上前去，与敌展开白刃搏斗。此时，我和连长带领全连在敌人占领段庄、马庄的正面抢占了一个小山头，就地抗击。敌人连续向我阵地冲击五次，均被打退。在第五次反冲击时，连长英勇牺牲，上级命令我代理连长指挥。我向全连同志动员说："同志们！这是关系到我军能否打进伏牛山并继续西进，也就是关系我军生死存亡的一仗，我们一定要坚决执行吴政委的命令，打退敌人的继续进攻。"经过反复冲杀，我连已伤亡30多人，只剩下40多个同志了，但我们始终坚守阵地。

与此同时，副军长徐海东带领二二三团跑步赶到，立即投入战斗。

经过一番恶战，终于打退敌人的进攻。接着，我军向敌人发起冲击，以图冲过公路，但未能奏效。于是转入防守，并以反冲击打退敌人多次进攻。天黑后，全军绕道保安寨，连夜穿过许南公路，翌日拂晓进入伏牛山东麓。随后，在拐河打退敌军的尾追，深入伏牛山中。

独树镇战斗，是我军长征途中一次极为险恶的战斗。在地形平坦和气候恶劣的条件下，遭敌突然袭击和堵截，能否击退敌人进攻，突出重围，关系到全军生死存亡。全体指战员在军领导的率领下，在干部和党员的带动下，不畏强敌，英勇拼搏，终于挫败了敌人的堵击，使我军转危为安。

在突围和转战途中，伤员忍着极大的伤痛，坚持随军行动。这使我深刻地认识到，组织好行军转移，不让一个战士掉队，不让一个伤员丢下，其意义并不亚于组织指挥好一次战斗。如果这些在枪林弹雨中幸存的战友，因为跟不上队伍而长眠在深山老林，那就是我们干部的严重过错。这时连里有的重伤员担心地对我说："指导员，你不能把我丢下啊！"我坚定地回答："同志们放心！轻伤的同志能走的就自己走，重伤员，我们一定抬！"我抬了十几个日日夜夜，一直到陕南。在干部和党员的带动下，我们连剩下的40多个同志都自觉争着抬担架，没有丢下一个伤员。

巧妙入陕

我军进入伏牛山区后，省委很快查明情况，发现这里地域狭窄，人烟稀少，粮食和物资都很缺乏；又考虑到这一带为豫西"内乡王"别廷芳的势力范围，反动统治严密，盗匪出没无常，凭险据守的地主围寨很多，不便于接近群众开展工作，创建根据地比较困难。加之敌四十军和"追剿队"主力均相继跟踪而来，我军难以在伏牛山立足发展。因此，省委决定：继续西进，直奔豫陕边界的商洛山区。

我曾听领导讲过，商洛山是历代兵家纵横驰骋的战略要地，素有“全秦咽喉”之称。明朝末年，农民起义军李自成等人曾几次出入于商洛山中，在中国农民革命的历史上写下了许多极其光辉的篇章。1932年冬，红四方面军最早就转战于商洛山中，经汉中进入四川。红三军也曾转战于此，随后取道旬阳，渡过汉水，南下湘鄂边区。如今，红二十五军又要奔向商洛山区，我相信转战同样是可以胜利的。

蒋介石为防堵我军入陕，在我军进入伏牛山之前，就将驻开封的第六十师调至卢氏县城以南朱阳关一带，控制了入陕大道，企图堵歼我军。12月4日，我军进入卢氏县境，敌“追剿队”第二支队也跟踪追至。在敌前堵后追，处境非常严重的情况下，军领导决定改变入陕路线，另择小路进入陕南。恰在此时，我军找到一个名叫陈献廷[①]的货郎小贩，在他的积极帮助下，很快查明一条经大石河、文峪、卢氏城南入陕的隐蔽小道。

12月5日，军领导为迷惑敌人，先派手枪团到朱阳关以东八公里处号房子；主力部队则从朱阳关东北18公里处转向西北，沿着一条“七十二道水峪河、二十五里脚不干”的深山峡谷，直插卢氏县城。当晚，我军从卢氏城南与洛河之间的隘路神速西进，守城民团惊恐万状，紧闭城门，只以灯笼火把壮胆，不敢妄动。天明后，我军已将敌六十师筹谋多日的堵击防线置于背后，直奔豫陕交界的铁锁关（箭杆岭）而去。

8日，我军在铁锁关击败民团，进入陕南境内。这时，陕军四十二师二四八团、二五二团已慌忙赶至洛南县城和景村、三要司等地，迎头堵截我军。当日下午，我军先头部队进至三要司，守敌二四八团三营凭借南面的九泉山高地进行顽抗。军领导决定：以二二五团由九泉山东南侧攀登陡岩，实施正面攻击；其余部队则迂回至高地西侧向敌人攻击。在我军勇猛夹击下，战斗到黑夜，守敌一个营全部被歼。在此次战斗中，我

① 应为陈廷贤——编者注。

二二五团一营担任一梯队，政委英勇牺牲，上级令我任营政委。

9日，我军翻越蟒岭，进至洛南县之庾家河（今属丹凤县）。10日上午，省委正在庾家河召开会议，研究在鄂豫陕边区创建新的革命根据地问题，敌六十师突然从东面奔袭而来。我军在东山坳口的排哨发现敌先头部队后，当即开火。战斗一开始，敌人就夺占了东山坳口的有利地形，向我发起猛攻。军领导迅速带领部队赶到，立即实施反击，夺回了坳口，后续部队跑步占领南北两侧高地。这时，敌人两个团的兵力增援上来，再次向我发起攻击，于是全线展开激烈的争夺战。我军指战员英勇反击，殊死奋战，以刺刀、手榴弹与敌拼搏。经过反复冲杀，终将敌人打垮，毙伤敌800余名。我军也受到很大伤亡，军长程子华、副军长徐海东及多名团、营干部负伤，我的左手也负了伤。

三要司、庾家河战斗的胜利，最后打垮了敌人对我军的连续追堵。至此，红二十五军以不足3000人的力量，牵走了敌人对鄂豫皖根据地"围剿"的大部兵力，粉碎了20余倍于我之敌的围追堵截，长驱900多公里，胜利完成了第一次战略转移，不仅保存了我军的有生力量，而且锻炼和提高了部队的战斗力。红二十五军长征入陕的胜利，为鄂豫皖革命根据地继续坚持斗争创造了条件，为开辟鄂豫陕革命根据地奠定了基础。

节选自刘震：《刘震回忆录》，解放军出版社1990年10月第1版，第47—54页。

告别鄂豫皖　智战独树镇

胡继成

1934年11月中旬，鄂豫皖红二十五军突然撤离花山寨，补入鄂东北地方武装西路军后，移驻罗山殷家湾、何家冲一带整编，撤销了原二十五军三个师的建制，由军部直接指挥二二三、二二四、二二五团和手枪团，并向全军作“打远游击”和“创建新苏区”的政治动员。

按照中央指示，省委发布了《中国工农红军北上抗日第二先遣队出发宣言》，我们打着中国工农红军北上抗日第二先遣队的大旗，突然秘密行动，击退敌军“追剿”，由信阳城南、东双河与柳林之间，越过平汉路，迈出了长征的第一步。之后，经青石桥、黄龙寺、月河店、金桥等地，迅速进入桐柏山区。

蒋介石听说红二十五军离开鄂东进入桐柏山，立即命令驻河南南阳、泌阳、方城、叶县一带的庞炳勋四十军和湖北老河口的敌四十四师迎头堵击。又急令跟随二十五军的“追剿纵队”五个支队和东北军一一五师跟踪追击，妄图以30多个团的兵力，包围我二十五军四个团2980多人。

桐柏山位于河南西南湖北西北交界处，距平汉铁路和汉水很近，回旋余地狭小，山小林疏，若被敌人围在山上，对我军极为不利。

省委见此地不能建根据地，决定强行通过豫西平原，向河南西部的伏牛山区挺进，打算到那里酌情建立根据地。

为了隐蔽我军向北行动的意图，我们继续西进，直抵桐柏县城以西附近洪仪河、太白岭、界碑口一带，并派少数部队佯攻湖北枣阳县城。敌人果然上当，立刻速调大军云集枣阳。

正当敌军对枣阳附近形成合围之势时，我二十五军突然从枣阳县城以北的韩庄调头东进，乘虚北上象河关，越过许（昌）南（阳）公路向伏牛山区前进。

我们能在这里顺利转圈北上，完全是敌人判断错了，我们从枣阳北调头东进，他们以为我们要回大别山了，做梦也没想到我军会突然扭头北上。

我们过许南公路，从泌阳城东向北，便进入了豫西平原。这一带地势平坦，村落稠密，到处是地主武装设立的高墙围寨，许多土围子不仅配有数百条枪，而且还有土炮。有些土围子四周还筑有外壕，围子四周环绕一道深水壕沟。

我军突然打着中国工农红军北上抗日第二先遣队的旗子出现在这里，开初，敌人还派兵骚扰，后来我们派地下党组织的同志去和他们交涉，多数地主武装便不打了。有的站在地边叫我们行军别踩着他们的麦子，有的开明地主还送些茶水和粮食摆在围子门口，也不派人和我们交谈。我军坚持野外吃住，纪律严明，秋毫无犯，大多数围子地主武装保持中立，我们很快通过了平原围寨地区。

我军离开象河关北进，敌人大军判断我军可能继续西进，立刻调兵于方城之独树镇、七里岗、砚山铺一带围追堵截。我军先头部队二二五团刚到独树镇，便被敌人一个骑兵师堵住了。这天，恰遇寒流骤至，雨雪交加，我们的战士手冻僵了，拉不开枪栓，无法抵抗，被迫后撤。敌人骑兵乘机猛冲，并从两翼实施包围，情况十分险恶。

这时，我随军参谋主任位于前卫部队，见情况危急，立刻指挥前卫部队速撤至后面几间茅屋处。几位群众见众多红军冻得全身发抖，人和枪都冻住了，敌人骑兵正欲往上冲，一急之下，断然点燃自家茅屋让战士们烤手烤枪。就在这危急关头，军政委吴焕先带着通信员赶到前面来了，一看部队乱了，忙叫大家趴在地上应战。战士们见政委亲自上前督阵，一下信心倍增，当即就地卧在泥水里，连敲带砸拉开枪栓迎敌。

吴焕先见稳定了部队，从通信员背上抽出大刀，大吼：同志们，现在是生死存亡的紧要关头，决不能后退，共产党员们，跟我冲啊！在吴政委的带领下，我们冲向迎头扑来的骑兵，猛砍敌军的马脚，敌人纷纷落马，我们和敌人展开肉搏战。

战斗最危急时刻，徐海东副军长带领二二三团跑步赶到前面投入战斗，经过一番恶战，终于把敌人打退。

二二三团乘机向七里岗冲击，欲打开通向伏牛山的缺口，冲过公路去，但遭到强敌疯狂阻击，连冲三次，都未突破敌军阵地，只好退了回来。

入夜，从各地聚集独树镇的敌人越来越多，如不尽快突围冲过公路，天亮后就有全军覆没的重大危险了。

为了抢在敌人部署完毕合围之前冲过公路，军指挥部急令各团转向杨楼集结。部队集结后，在地下党的同志带路下，穿过敌军驻地间隙，突然冲破敌人防线，越过许南公路，沿着弯弯曲曲的田埂小道，跑进了伏牛山。

进山后，军长、政委坐在地上说，哎，休息一下，埋锅造饭，前面不知是什么敌人挡道，后面有敌人五个纵队20几万人追击啊！吃了饭好好睡一觉，准备明日再战吧！

这一夜，我们饱吃了一顿杂粮饭，大米、豌豆、玉米，什么都有。现在人们对这样的饭当然不会有兴趣，可那年月，我们可当是好东西啊！

独树镇战斗是我们长征途中最为险恶的战斗，由于有军领导的正确指挥，我们闯过了劫难。

独树镇这一仗，当时我们并没完全意识到它胜败的重要意义，很久以后，我们才知道，蒋介石判断我们可能返回大别山老区。我们未回，掉头北上象河关，他就估计我们要进伏牛山。于是，前面急调敌一一五旅、一一六旅和一个骑兵团赶赴独树镇一带制高点阻击我军；后面急令“追剿纵队”五个支队和一个骑兵师跟踪追击，夹我军于独树镇一带平坝合击。以二三十万兵力对付我军两三千人，如果军领导指挥不当，我二十五军肯定在此就完了。如今想来，我们真是幸运啦！

我们在伏牛山里住了一夜，次日一早，又拔营向纵深前进。

我们刚走不远，敌一一五师和四十军骑兵团就追上来了。

军长指挥部队占领五里坡、高老山一带高地，将追敌击退，继续沿叶县、方城边界西进。

我们走了一天山路，第二天在拐河镇东北的孤石滩过澧河时，敌四十军骑兵五师和一一五旅、骑兵团，又穿过拐河、常村一线尾随追来，从南北两面向我红二十五军先头部队夹击。

军长徐海东见状，急令我前卫部队二二三团强渡澧河，攻占纸房以东高地。

这时，对面之敌已控制澧河西岸高地，封锁了我军渡河的要道，但我二二三团硬是顶着敌人火力扑过澧河，迅速攻占了纸房以东高地，击退了敌骑兵第五师的进攻，控制了入山的要道。

与此同时，吴焕先政委率领的二二五团，也快速渡过遭河。吴政委指挥三营九连，让连长韩先楚带领该连迅速抢占上马村以北山上的围寨，阻击敌四十军骑兵团和一一五旅进攻，掩护我军直属队和二二四团通过澧河。

全军过河后，在古木庄、交界岭展开部队，痛击尾随敌军。

由于我军占有的地形非常有利，战斗展开不久，敌人便鬼哭狼嚎、人嘶马叫退了回去。

我军和追敌拉开距离后，由神林、熊背、下汤等地继续快速西进，很快便进入伏牛山区腹心地带。

你以为我们终于摆脱敌人，到达目的地了吧？我们当时也是这么想的。可是省委在行军途中认真调查山中情况，很快发现我们抱着极大希望奔投的伏牛山，仍然不是开辟新根据地的理想山区。

要开辟理想的抗日根据地，必须具备四大基本条件：一要敌人统治力量比较薄弱，交通不便，敌人调动部队“围剿”困难；二要群众受革命影响较大，或比较容易被红军争取，和红军一道同生死、共患难，和敌人进行殊死斗争；三要地形有利于我军防御和作战；四要粮食等物产比较丰富，或采粮较容易。然而，伏牛山区不具备这些基本条件。伏牛山区地域狭窄，人口稀少，粮食和各种物资都很缺乏。这一带是豫西“内乡王”别廷芳的势力范围，反动统治严密，盗匪猖獗，凭险据守的地主武装围寨很多，于我军发动群众、开展革命工作、创建苏维埃政府极为不利，无法和鄂豫皖老区的条件相比。

我们开辟新区，是想创造比老区更好的人力、物力条件，没有把握，我军当然不敢将革命的希望系在这里。于是，省委决定，离开伏牛山，继续向西前进，力争进入陕南，再相机创建新根据地。

决定作出后，我二十五军立即向群众展开强有力的政治工作。用布告和宣传队等形式，广泛向群众明确宣布：我们挥师北上，一是为了打日本，二是为穷苦老百姓弄吃穿，欢迎一切不愿做亡国奴的人，都来参加我们的队伍，欢迎一切军队和围寨武装前来和我们共同签订抗日协定，和我们一起抗日，扫除阻碍抗日的反动武装。希望群众各做各的职业，莫惊莫走。欢迎工人、农民和一切穷人和我们见面、谈话、开会。并对没收地主豪绅、军阀官僚财产，帮助穷人抗拒苛捐杂税，保证商业自由，以及如何对白军士兵、民团穷苦团丁的优待作了明确规定。还欢迎各界人士报告红军的过错，以便纠正。

布告发出后，二十五军星夜兼程向陕南方向开进。

1934年12月初，我军抵近豫陕交界处卢氏县叫河镇附近，还未入陕，便碰上了敌六十师布防在卢氏县城以南五里川、朱阳关、黄沙镇一带的阻击部队。

原来，蒋介石为堵截我红二十五军入陕南，早在我军进入桐柏山之时，就将驻防开封的陈沛所率六十师，用火车运至灵宝，步行100多公里，赶在我军到达之前修筑工事，以逸待劳守候我军。

你说，这蒋介石会不会用兵？从这道防线看，蒋介石并不是没有一点兵家常识的人。可是，他精，我们比他更精。我军部首长派侦察兵弄清敌情后，当即决定改变入陕路线，不走敌人的老虎口。

我军进至卢氏县叫河镇时，尾随我军的“追剿纵队”五个旅十个团的兵力，也经信阳、许山、鲁山等地追到了我驻地附近庙子、栾川一线，与前面阻敌六十师前后呼应，构成合围夹击之势。

敌人满以为这下我们再也难突重围了，可我军却机智地避开了敌六十师主力防线。我手枪团赶至敌重兵防守的朱阳关以东“号房子”，虚张声势，主力部队则在一货郎引路下，从朱阳关东北沿“七十二道文峪河”、“二十五里脚不干”的深山峡谷，直插豫陕交界的铁锁关。（康纲联整理）

选自康纲联：《穿过硝烟的年月：成都军区原副司令员胡继成将军征战史》（根据胡继成口述整理），长征出版社2003年2月第1版，第33—40页。

胡继成，1915年生，安徽金寨人。1931年参加六安县游击大队，后编入中国工农红军。同年加入中国共产主义青年团，1933年转为中国共产党党员。红军长征时任红二十五军七十五师二二三团参谋。新中国成立后，曾任广州军区参谋长，成都军区副司令员兼四川省军区司令员，成都军区副政治委员、顾问等职。1955年被授予少将军衔。2016年5月在成都逝世。

通过豫西围寨区

陈先瑞

长征，在人类历史上是前所未闻的事。它不是一般意义上的“行军”，也不是战役，而是一次被迫实行的革命“大搬家”。红军的长征是“左”倾冒险主义错误导致的严重恶果，她在中国革命的历史上留下了一座丰碑。

在红军长征的历史上，红二十五军的长征又有着本身独自的特点：远征之路，没有雪山，也没有草地，但同样是艰难的、坎坷的、漫长的……红二十五军长征出发时，只有2980余人，不及中央红军八万之众的零头，尽管几倍十几倍的敌人围追堵截，却没有被消灭，反而发展壮大了，在长征中间还创建了一块根据地。作为单独行动的一支孤军，最早到达了陕北，成为各路红军长征北上的向导，在红军长征的史册上写下了光辉的一页。

红二十五军的长征可以分为两个阶段：第一阶段是从1934年11月撤离鄂豫皖根据地到进入陕南，开始创建新根据地；第二阶段是从1935年7月西征甘肃北上陕北，到同年9月，与陕北红军胜利会师。我参加了第一阶段的长征。

记得长征出发的第二天，在罗古寨击退敌人的进攻后，当晚于信阳以南的东双河与柳林之间越过平汉铁路，开始迈出了战略转移的第一步。

起初，准备到桐柏山区开辟新的革命根据地，可是进入桐柏山区后，发现那里不具备创建新根据地的条件，敌人又前堵后追地围了上来。从鄂豫皖跟追出来五个“追剿队”的敌人从后面上来，从河南、湖北两面来的敌人也向桐柏山围拢，在这种情况下，我们先佯攻枣阳，吸引敌人，后掉头北上，向伏牛山前进，准备在那里建立立足点。

革命不是一条平坦的路，也没有直路可走。红二十五军长征的路也是曲折的。我们从桐柏山向伏牛山行进中，为了躲避敌人的堵截，几乎走成“之”字路或“弓”字路，不得不舍近求远。我当时骑着毛驴，随着部队左拐右拐，逐渐走出了山区，来到了豫西的平原地带。准备从泌阳、方城、叶县等敌人防守兵力比较空虚的地带乘虚兼程北上，继而穿过许昌至南阳的公路。

从泌阳以东向北，沿途地势平坦，村落稠密，围寨林立。许多较大的围寨，都是高墙耸立，栅垒重叠，为地主豪绅所盘踞，封建势力相当雄厚。每一座围寨之内，都拥有相当数量的武装，多者有数百条枪，并配以土炮防守。有的寨墙外围还筑有几米深的城壕，四周深水环绕；围寨的进出口处，架有一座座随时可以起落的吊桥。这些村落围寨，遥相呼应，遇有攻击者，则以烽火报警，俨然成为一道纵深宽广的防守阵地。

我们一进入平原地带，就不时遭到围寨武装的骚扰阻拦。由于先头部队行动迟缓，使后面部队时停时走，进展比较缓慢。部队在一些围寨的冷枪冷炮声中，不时有零星伤亡。我走在部队中间，听到许多战士叫骂声、怨恨声。我也很着急，因为平原地区作战很不利，一旦敌人追上来，会对我军造成很大威胁。大家的心情是可以理解的。但我还是尽量做思想工作，稳定部队的情绪。

面对地主武装盘踞的“拦路虎”，攻又不易攻破，过又不便通过，即使绕道而行，也难摆脱冷枪冷炮的骚扰。军领导谁也不曾想到这中原大地的村落围寨，竟然密如蛛网，每一座武装据守的围寨，都成为前进路上的障碍物，成为不可随意逾越的平原堡垒。

走到马谷田附近时，军政委吴焕先来到了我们团，把连以上干部集中起来，宣讲了有关政策和注意事项。他拿出部队出发时发出的《中国工农红军北上抗日第二先遣队出发宣言》，从头到尾念了一遍，然后很严肃地说：“我们就是要举起北上抗日的大旗，广泛散发我们的宣言，宣传中国共产党的抗日救国主张，指出民族危机的深重，号召一切不愿做亡国奴的中国人，不分政治倾向，把枪口一致对外！对于每个围寨的封建武装势力，全军上下都要开展政治攻势，晓以民族大义，争取为我们让开一条通路。”他还说，为了争取一切时间，穿过围寨区域，迅速北上，各连队一定要严格掌握部队，不准随便进攻围寨，即使受到火力阻拦，也不可多加纠缠。在前有堵敌，后有追兵的情况下，我们纠缠不得，也耽误不得！他还明确地提出了几项必须遵守的规定：部队每到一地，不得进驻围寨；沿途所需粮草，一律实行购买；对于寨主豪绅，不打不分其财；只要为我让路，均应以礼相待。他一再要求部队，必须严格遵守党的政策和群众纪律，以中国工农红军的模范行动，争取团结寨主头目，宣传影响群众，唤起群众。最后，他说：“我们要想在两三天之内顺利通过围寨区域，不能只是依靠枪杆子，还必须高举北上抗日的旗帜，以党的政策去争取胜利！”

吴政委讲完后，又问团长、政委有什么话讲，他还专门嘱咐我，现在是发挥政治工作威力的时候，一定要掌握好政策，并让我把团里宣传队组织起来，开展宣传鼓动工作。吴政委来召开的这个会，大家感到很及时，贯彻下去一定会解决部队中反映出的各种思想问题。我很佩服吴政委的工作水平。

当天晚上，各连进行了传达贯彻，军政治部还连夜发来了刻印的传单。我也顾不得休息，立即组织宣传队，让他们按照军里要求，宣传我军北上抗日主张，主要是借路通过。要求大家照着传单宣读，每人准备一个喇叭筒，准备点能贴传单的浆糊或饭米汤，天一亮就行动起来，沿途宣传和张贴传单。

第二天的行军路上，再没有发生头一天的情况，一切都很顺利。有的围寨还在寨门旁摆上桌椅，放了不少的香烟、茶水、食品，迎接红军过境。军政治部的小宣传队员们，每路过一座围寨，都扯着嗓门子大喊一阵：

老乡老乡，不要惊慌，
红军所向，抗日北上。
借路通过，不进村庄，
奉劝乡亲，勿加阻挡。
……

后来我才知道，在第二天大部队行动前，军政治部就事先派人打前站联系过。跟随红二十五军长征的省委秘书长郑位三专门给沿途的寨主头目写了信。军宣传队喊的顺口溜，也是郑位三编的。据说，他把当时所规定的不进围寨、不打土豪、实行公买公卖等政策纪律，都编成四字一句的顺口馏，一路上广为宣传。可惜后面的几段内容我回忆不起来了，难以完整地在这里记载下来。

有一个叫王家大庄的围寨，部队刚到那里时，寨城的城楼上扯起了各种形状的龙凤大旗，刀矛画戟立在两旁，并有鼓乐壮威。四周的寨墙垛口，都配以荷枪实弹的团丁乡勇，老远就朝着我们的队伍打着“嗬嗬”。当我们团走到寨子外面时，正赶上部队休息，几个近似乡绅子弟又像学生的人靠上前来，问我们是什么队伍？干什么去？战士们说：“我们是中国工农红军，是抗日的队伍。朱德是全国红军的总司令。我们是奉命北上抗日的。”我听了战士们的回答，感到出发前的政治教育很有成效，战士们讲解得不错。

党的抗日救国政治号召，以及我们调整或转变了的政策、策略，在沿途的地主豪绅阶层起了意想不到的作用。刚进围寨区那种剑拔弩张、充满火药味儿的紧张气氛没有了。一路上，部队多在野外住宿，纪律严明，秋毫无犯。大多数围寨的地主武装保持中立，有的甚至持友好的态度，大大减少了我们前进道路上的阻力。这样使我军赢得了时间，顺利地通过了围寨地区，摆脱了敌军的追堵。

选自陈先瑞：《陈先瑞回忆录》，解放军出版社1999年3月第1版，第77—82页。

激战独树镇

陈先瑞

在我几十年的军人生涯中，几乎有一半时间是在战争中度过的。在那战火纷飞的年代，也不知经历了多少次战斗。血与火，生与死的考验，对我们这一代人来说是过来了。在那无数次战斗中，我烙印深的也有十几次，其中在红二十五军长征路上的独树镇战斗尤使我难忘。

独树镇，位于河南省方城县县城东北方向约十几公里。这是一个中州古镇。看起来是个很不起眼的小镇，却成了关乎红二十五军生死存亡的镇子。当时，我军刚通过豫西围寨地区，正向河南省西部的伏牛山挺进，距离许昌到南阳的公路约20公里，过了公路即可以进入伏牛山东麓。为了争取时间穿过公路，军领导决定以第二二四团、二二五团和直属机关分队为前梯队，先行出发，我们第二二三团为后梯队，占领王店、赵庄等地，阻击尾追之敌，掩护全军前进。

敌“鄂豫皖三省追剿队”五个支队和第四十军骑兵第五师，从我们长征出发始，就一直随后紧紧尾追，与我军相距大约有一天的路程。我军于11月25日到达王店、土风园、小张庄一带时，敌人就判断出我军有经象河关及方城、叶县间独树镇、保安寨之间西进的意图，因此，紧急调整部署：第四十军第一一五旅由唐河北返方城县之独树镇、七里岗、砚山铺一带，拟迎头堵击；驻叶县第四十军骑兵团，南下保安寨等地配合堵击；第一一六旅则由新野北上南召，以阻止我军进入伏牛山区。

敌人前堵后追，形势对我军十分不利。对敌人预先在独树镇一带的部署，我军尚无所知，仍急速前进，企图摆脱敌人追击，早进伏牛山区。

26日这一天，恰遇寒流突然降临，天气先是下雨，后又飘起雪花，雨雪交加。昏暗阴沉的中原大地，四下里无遮无挡，一片浑浊迷茫。我们后卫团采取交替前进的战术，一部分部队占领阵地后，另一部分才撤退，以防敌人突然追至而不及防。部队在交替前进中，没有大声的喧哗，一切都在静静地进行，只听到风在吼，只见到雪花飘，雨在下。这突如其来的寒流天气，就像一张无边无际的巨网，把我军严严实实地笼罩起来。

我军指战员衣服都很单薄，又被雨雪湿透，饥寒交迫地在泥泞的路上挣扎，行进十分困难。许多同志的鞋袜都被烂泥粘掉了，只好赤脚行军。为了尽快穿过公路，指战员们迎着凛冽的寒风，冒着刺骨的雨雪，一步不停地前进着。我这时伤基本痊愈，已能行走，就把小毛驴给了病号和重伤员。

中午12时多，我先头部队第二二四团进抵方城县独树镇附近，准备由七里岗穿过公路时，忽然枪声大作。后来才知道，这是敌第四十军一一五旅和驻叶县的骑兵团，已于两小时前先我到达此地，并占领公路沿线有利地形和几座村庄，形成堵击线，阻我西进。当我军行到此时，敌人突然以猛烈火力进行集中射击。因雨雪交加，能见度很低，走在先头的第二二四团发现敌人较迟，在敌人的突然打击下，许多指战员因手指冻僵，一时拉不开枪栓，零星打响的火力，不能有效地反击敌人，又由于地形平坦，我军几乎完全暴露在敌人的火力之下。所有这一切，使我军处境十分危险，进退失据，不知如何招架，以至被迫后撤。敌人乘机发起冲击，并从两翼包围上来，形势十分险恶。

后来我在组织编写红二十五军战史时，许多老同志都谈到在当时危急时刻，军部参谋主任薛仁阶，绰号叫“大金牙”，却临阵怕死，高喊“我们被敌人包围了，公路过不去了，大家各自逃命吧。”许多战士在他的鼓动下，开始向后跑了。正在这时，军政委吴焕先跑步来到队伍前沿，当即让人把“大金牙”绑了起来，然后带领部队冲向前去，并高喊：“同志们，就地卧倒，坚决顶住敌人，绝不能后退。”在他的指挥下，我军很快稳住了阵脚。原来慌乱失措的指战员，也迅速趴在泥水里，摩拳擦掌，活动手指，利用地形地物进行抗击。

遭到反击的敌军，并未停止冲锋，仍旧气势汹汹地猛扑过来。吴焕先当即从交通员身上抽出一把大刀，高喊：“共产党员跟我来”，冒着敌人密集的炮火，带领部队反扑过去，与敌人展开白刃格斗。一时，刀枪碰撞，杀声震天，混成一片。这一反击，为我军争得了短暂的时间，使后续部队及时投入了战斗。

我们第二二三团是后卫，徐海东副军长随后卫行动。部队正在疾速行进，突然听到前面响起激烈的枪声。当时就知道形势危急，他命令团长带一个营断后，亲自带我团主力跑步冲向前去。我这时伤虽痊愈，但走路还有些隐隐作疼，可在这紧急情况下，也不顾伤疼，随队跑步前进。当我们来到前面时，看到吴焕先政委正指挥部队向敌人发起反击。

气焰嚣张的敌军，倚仗优势，仍旧不顾一切地冲过来，企图以众压寡，进攻的势头有增无减。我军人少力单，指战员们十分疲劳，一时压不住敌人冲击。正在这时，我们团赶到了。徐海东立即指挥我们投入战斗。一场生死攸关的拼杀再次展开。

这是一场殊死的战斗。歇斯底里的敌军，潮水似的涌过来。敢于刺刀见红的红军指战员，临危不惧、浴血奋战，一次又一次把敌人顶回去，来回反复不知有多少次。尽管我军打得很艰苦，最后还是把疯狂的敌人压了回去。经过一番恶战后，敌人暂时停止了冲击。此后，军领导又组织我们团向七里岗之敌发起几次冲击，力图打开一个缺口，冲过公路，但都没有成功。敌人凭借工事拼命抵抗。我军只好停止进攻，就地固守。一场恶战由此转为僵持状态。这一仗，我军伤亡二三百人。战斗中，我团一营政治委员负重伤。一营是我们团的主力营，为了加强一营领导，军首长决定由我兼任一营政委。我当即就到一营就位。在这种火线情况下任命，对我来说要求更高。

我军一直坚持到天黑，这时风雪大作，接着转为大雨。部队乘机转移到十几里外的杨楼一带村庄里躲避风雨，并准备吃饭休息。进村后，还没吃上饭，又来命令，准备出发。原来军领导决定连夜突出重围，否则，天一亮，敌“追剿”队从后面追来，前面敌人再行封锁，我军将腹背受敌，而且又是孤军奋战，就有被夹击击溃之危险。军领导知道，部队已经连续几天急行军，加上独树镇这场激战，指战员大都疲惫不堪，几乎到了难以支持的地步。但战机不容人，再苦再累，也要前进。就是有天大的困难，也要争分夺秒，把部队拉走。越是在这种情况下，指挥员越要冷静，越要有果断的决定。这时要是发慈心善感就会毁了部队。

于是，部队紧急集合，立即出发。这时候，绝大多数同志还没吃上饭。极度疲劳、饥饿的战士，留在群众家里躲雨不想出来。焦急万分的干部只好挨家挨户地叫。徐海东副军长提着马鞭，也焦急地到各户叫喊。有的同志说他用鞭子抽打战士，硬把战士从屋里赶出来。我曾问过他，他说抽的是别处，不是往身上抽。在那种情况下，不大喊，不动点儿真格的，战士反应不过来。太疲劳了，有的宁愿死也要睡。

当时最困难的是安置伤病员，都不愿留下，但不留下又不行。我们营的几个伤员我曾做过工作，他们又哭又闹，死也不愿留下，给多少银元也不干，后来只好采取强制命令。我曾听丁国钰讲过他负责留伤病员的事，真是让人难分难舍，有的抱头大哭，知道这一离开部队就很难再见面了。当时，有些场面至今还在我脑海中闪现，老同志一谈到这些就禁不住流下热泪。在那种情况下是万不得已的。

那天晚上，军政委吴焕先多次给部队做动员，他见到哪儿有部队集合，就到哪儿去讲，他号召全体指战员在此危急关头，要发扬吃苦耐劳的精神，最后再鼓一把劲儿，突出敌人的包围圈。吴政委的鼓动能力很强，加上他在全军的崇高威信，一下就把部队的情绪调动起来了。

当晚，我们不顾风雨和道路泥泞，走一路，摔了一路的跤，在泥水里整整折腾了一个通宵。在地下党的同志带路下，从敌人封锁的间隙中穿插而过，绕道叶县保安寨以北的沈庄附近，穿越许昌至南阳的公路，于27日拂晓，直抵伏牛山东麓。一直习惯在山地作战的战士们，一见到山，顿时欢呼起来。我们终于通过了许南公路，打破了敌人的追堵计划。

独树镇战斗是一次遭遇战。这次战斗之突然、之艰难、之危急是难以想象的。越是在关键时刻越考验人，全军指战员经受住了这突如其来的战斗考验，但也有个别贪生怕死之徒暴露了其丑恶的灵魂。后来我听说，那个叫“大金牙”的参谋主任，因临阵逃脱，动摇军心，被军领导执行了战场纪律。

我们虽然打破了敌人在独树镇的堵击，但并没有甩掉敌人。敌人很快又追上来了。我们边打边走，沿着方城、叶县交界的山地向西疾进。

28日，当我军前卫部队正由拐河镇东北的孤石滩通过澧河时，尾追到拐河的敌第一一五旅和骑兵团，以及驻守在常村的敌第四十军第五骑兵师，从南北两面向我军渡河地段对进，形成夹击之势。更为严重的是，敌军先头部队已抢在我军前头，控制了澧河西岸的部分高地，使正在西进的我军受到严重威胁。

当时，徐海东副军长带领我们团走前卫，他看到这种形势，当即命令我们二二三团强渡澧河，占领高地，打退敌军骑五师的进攻，控制入山要道。我这时在一营，按着徐海东的命令，我们营一过河，即向张房以东高地强攻。这时，我的脚也不知是真好了，还是连续行军处于麻木了，也不疼也不拐了，带领部队飞一般地往前跑，终于打退敌人，完成控制高地任务，掩护大部队迅速过河。

与此同时，第二二五团一部也迅速过河，抢占有利地形，击退敌骑兵团和第一一五旅的进攻。我们两个团各把一面，形成中间走廊，部队迅速过河前进。后来，听韩先楚告诉我，当时他在第二二五团三营九连当连长，他们刚一过河，吴焕先政委就命令他带领部队迅速抢占上马村以北山上的围寨，击退敌人进攻，阻击从拐河来的敌人。吴政委说，第二二三团陈先瑞他们已把从常村来的敌人堵住，你们也一定要堵住，保证部队安全渡河。先楚同志是十分能战斗的，他是万马军中的一员战将。但他从来不摆功。这次要不是他知道是我在他对面阻敌怕也不会告诉我的。遗憾的是我们俩真正成为指挥员时，却没能在一块战斗，否则，我相信我们一定会配合得很好。

在我们两个团的掩护下，军直属队、机关和其他团很快过河，向西北方向快速前进。接着，又在古木庄、交界岭击退了尾追的敌军，于29日深入伏牛山中。

独树镇战斗，是红二十五军长征中关系到生死存亡的一仗。当时的情势之险恶，战斗之惊心动魄，直到今天仍历历在目，难以忘却。凡是经历过这场战斗的老同志，每当回忆起来时，都念念不忘。尽管每个人回忆的情况不十分相同，但这场战斗的感受是相同的，烙印是极深的。其实，到拐河战斗的时候，我们的处境依然是很危险的，只不过是多数同志没有感受到就是了。我们先头过河的部队，在分别阻击敌人时才看到那种临河夹击之势，若不迅速阻住敌人，部队迅速过河，那后果也是不堪设想的。

我们这支人数不足3000人，战斗员年龄多在十几岁的“儿童军”，之所以顺利地解脱危险，主要是靠充分发挥了全军上下的能动作用，也就是靠军党委的正确作战指导和部队过硬的战斗力。在转移期间，军党委不但注意发挥部队人数少、行动灵活的特点和长处，以快速行军和多变的转移路线，摆脱优势敌军的追堵，而且在遇到意外险情的时候，能及时而敏锐地抓住战局中决定安危成败的关键问题，采取正确对策，并以排除万难的决心和气魄，带领部队，或者用凌厉的反击挫败敌人的进攻，或者巧妙地利用天时、地利条件，出敌不意地乘隙转移。军党委的革命胆识和强有力的领导，以及实行机动灵活，但又不消极避战的方针，使部队的攻守、进退、走打等行动，较充分地体现了扬长避短、趋利避害的作战指导思想。加上我们的基层干部和战士，具有自觉为革命赴汤蹈火、流血牺牲的高度觉悟，敢于打硬仗、打恶仗、能攻善守的军事素质，全军上下齐心协力，团结一致，这就使红二十五军成为一支打不垮、拖不烂、冲不散、能战胜一切艰难险阻的革命战斗集体，因而能通过转移途中一个又一个的暗礁险滩，经受住了一次又一次的严峻战斗考验。

独树镇战斗给我的印象太深了，所以在这里多回忆一些，并由此引发出我对红二十五军这支部队的一点认识，也算不上什么总结，只是写在这里作为我个人的感受而已。

选自陈先瑞：《陈先瑞回忆录》，解放军出版社1999年3月第1版，第82—91页。

过卢氏再次负伤

陈先瑞

1934年12月2日，红二十五军经由嵩县境内的东村、孙店、栗树街等地，进入当时属卢氏县所辖的栾川地区。当天晚上，进入栾川镇内（今为栾川县城）。

栾川已属伏牛山区。原计划我军到伏牛山区立足。但这800里伏牛山，多少年来就没有断过土匪，五花八门的成股土匪，多如牛毛，在这里出没无常。当地的封建武装势力，凭险据守的地主围寨，也多得不计其数，反动统治很严。在土匪的出没下，群众觉悟很低，对外来的军队不理解，也很对立，不管是什么军队，一概被称之为“匪”。我军所到一乡一村，群众都逃之空空。伏牛山中的民情，冰冻三尺，非一日之寒。我军要在此立足是比较困难的。

豫西“内乡王”别庭芳在这里经营多年，各村都以大地主为寨主，全都修了围寨，把群众圈在里面，使我们无法接近，不能开展群众工作。

我们来到栾川的当夜，盘踞在伏牛山的别廷芳匪部之一股即与当地土匪勾结起来，前来骚扰，乘隙袭击我军。我军因为初次进驻栾川，得不到群众的帮助，耳目比较闭塞，加之天黑地暗，地形生疏，不便反击，只能以高度警戒来防备。

此时，敌“豫鄂皖三省追剿队”已在总指挥上官云相的率领下，跟踪追来。

巍巍耸立的伏牛山，虽然纵横辽阔，山高林密，峰峦逶迤，很适于游击作战，但在追敌跟踪，土匪作乱，群众不理解的情况下，红军难以立足。因此，中共鄂豫皖省委和红二十五军预定在伏牛山创建根据地的战略意图难以实现，于是决定转向陕西东南部的商洛山中。我们再次改变计划，昼夜兼程西进。

3日拂晓，在大部队离开栾川之前，我们团接到了向骚扰之土匪发起攻击的战斗命令。我们营的战士，受了土匪一夜的气，一听说要战斗，立即就来了精神，按照团里的部署，我和营长分别指挥部队，同时向罗庄的土匪发起攻击。兄弟营也分别向北沟口、九里胡等地土匪发起进攻。土匪们做梦也没有想到红军会在天亮前行动，他们更没有与有如此战斗力的部队交战过，因此，很快就一败涂地，狼狈逃命。土匪对地形很熟，我军不便追击。就在东方透出一抹曙光之际，我们的主力部队继向西进发了。

从栾川县叫河直插西南方向的卢氏县朱阳关，再从朱阳关到陕西商南地界，也不过四五十公里，我军一天即可进入陕南，可以完全摆脱尾追之敌。军领导探明了这条入陕路线，也选定了这条入陕路线。

然而，天有不测风云，敌情瞬息万变。就在我军行动之时，手枪团侦察到地处豫陕交界的朱阳关，包括其南北两面的黄沙镇和五里川，三天前就被敌军占领，严密封锁了几处大小隘口，堵住了我军的入陕之路。这一情况出乎军领导意料之外。

抢先控制我军入陕大道的敌人是国民党军第六十师。这支部队原为国民党军第十九路军蒋光鼐、蔡廷锴的旧部，被蒋介石从开封调至豫陕边界，堵击我军的。敌人先是从开封坐火车至灵宝，然后步行到朱阳关、五里川一带，并抢修工事，控制入陕通道。

前有国民党军第六十师的迎头堵击，后有“追剿队”几个旅的追兵，在敌人前堵后追下，我军陷于危难险境。

对于上述的形势，当年我是不知道的。建国后，在与徐海东、程子华的一些交往中，和参加编写红二十五军战史时，才逐步了解的。当时，徐海东、程子华、吴焕先都很着急。摆在眼前的迫切问题，是要他们另选一条入陕之路，马上把部队拉出濒于覆灭的危险境地。

我们长征时，根本没有军用地图，主要靠手枪团的侦察，请当地群众当向导，再就是程子华从中央苏区带来的一本袖珍地图。这是他在中央苏区当师长时搞的，以后一直随身携带，这也是我们长征中唯一能够判断地理位置的难得之物。但这本地图比例尺很大，要从那密如蛛网的曲线中，找出入陕的道路是不可能的。

徐海东和吴焕先、程子华经反复研究，最后决定，绕开朱阳关这条大道，另择小路入陕。正在这时，碰巧遇到一个叫陈廷贤的货郎。他是山西人，和程子华是老乡，他一听程子华的声音，便唠了起来，他对这一带路线很熟。据他提供，由叫河以北的三川镇转向西北方向的香子坪，有一条“七十二道文峪河，二十五里脚不干”的峡谷小道，可以直通卢氏县城，尔后，顺着洛河岸边，可直接进入陕南。这是一条与朱阳关的地理位置正好完全相反的入陕之路，但比起朱阳关这条大道，路程要远多了，沿途也艰难多了。卢氏县城没有敌人的正规部队，守敌只是一些民团。事不宜迟，时间已经不允许再过多商量和迟疑不定了，必须立即出发。

军领导决定问题是果断的。他们忙中不乱，对部队改道入陕作了一番精心部署：把手枪团兵分两路，一路由团长带领，化装成当地老百姓，在货郎的带领下，按照选定的路线先行出发，了解情况；另一路由政委宋兴国带领，到朱阳关以东地区“号房子”，虚张声势，迷惑敌人。因为，从叫河到朱阳关，不到20公里的路程，我军到此，敌人早有所闻，稍有风吹草动，敌人都会知道。这样做，是一着出敌不意的妙棋，等于给敌第六十师吃了颗“定心丸”，将其稳在朱阳关一带，坐等红军上“钩”。

敌人果真中了我军的巧计。我这样说，是有根据的。我在参加编写红二十五军战史时看到过第六十师“作战详报”关于这方面的记载，其中有两处写道：

> 五日上午十一时，本师长官坐探回称：昨晚，残匪之一部到达叫河宿营。
>
> 五日上午十一时，第三六〇团报称：魏王坪前面小河街之民众，向我阵地逃避，皆云匪向朱阳关前进。

这是历史的真实记录。敌第六十师一直守在朱阳关，直到我军过了卢氏。否则，敌人要知道我军行动，很快就会追赶上来的。

我军沿着深山峡谷，直奔卢氏县城。当时我们营是全军的后卫队。到达文峪时，传来军领导命令，部队将连夜绕过卢氏县城，后卫部队一定要保持距离，按时通过，并通报了卢氏城内敌军情况，只有地方民团防守。

部队尚未到卢氏县城，天色已晚了。当来到卢氏城南时，已是黑咕隆咚的了。在噔噔的脚步声中，大部队沿着城南洛河岸边的狭窄小道，静悄悄地快速西去。守城民团闻得红军过往，早已惊慌万状，把城门封得严严的。我们后卫营过来时，看见城头上有几个人头晃动，点着灯笼火把，往城墙垛上走来。我指挥部队快速前进，我留在队伍最后，约一个班的战士跟随着我。

从城南绕过，很快来到城西，这里有一座桥，是木板搭成的，全军都是从这里通过的。我们营最后通过。当我和一个班来到桥上时，突然从南面山上打下来一排排子枪，我就觉得左腿一热，身子一歪就栽下桥去了。好在桥不高，河水也不深，当时几个战士下去把我从河里抬上岸来，和我同时被打伤的还有两个战士，都是伤在了腿上。我们被连拖带抬地过了河。

来到河西岸时，全营都在这做战斗准备，徐海东和吴焕先也等在这里。他们看我们过来了，急忙上前问情况，问打枪的原因。看到我负伤了，走路都走不成，就一面安慰我，一面指挥部队撤退。这时团政委赵凌波走过来，看到我躺在地上爬都爬不起来，就提出把我留下养伤。我坚决不同意，和他吵了起来。这时，吴焕先、徐海东走过来，他们也劝我留下，让我放心，安心养好伤，部队回来时一定把我带走。徐海东说：“我的人家若对你有一点不好，回来时和他算账，你要不在了，就把他全家枪毙。”我理解他们的想法，知道部队在这种急速行军的情况下，让我这种伤员随队是很困难的。

这是我第二次负伤了，有在长岭岗负伤时留下来的经历，所以，说啥我也不同意留下。我说，你们实在叫我留下，就再给我补一枪，否则，死也不肯留下！他们看我态度坚决，最后同意我随队走，并从军部机关抽出一匹小马让我骑，指定一名通信员负责照顾我，一切行动随营部。开始跟我的通信员是周世忠，以后他去当通信班长，由营部秘书刘健挺照顾我。

后来我才知道，从军部机关抽出来给我骑的那匹小马，是政治部组织科长刘华清让出来的。他是在独树镇负伤的，子弹打在他左腿的踝骨上边，要不是他坚决要求随部队走，要不是戴季英说了一句话，就把他给留下了。是戴季英让给他一匹小马骑，他才跟上部队的。到卢氏时，他的伤并未好，只是能走路了，就主动把小马让给重伤员。在战争年代，那种互相帮助、勇于吃苦、把困难留给自己的事很多，反映了同志之间深厚的阶级感情。

就这样，不管是上山还是下山，风里雨里，我都骑在马背上过日子。营部的卫生员也经常给我换药、洗伤口。一有紧急危险情况，他们都让我先转移。他们随我吃了不少的苦。他们对我的照顾我始终不忘。建国后，1955年，刘健挺和周世忠都被授予少将军衔。刘健挺在60年代初担任福建省军区司令员时，一次到北京来谈红二十五军历史情况，我们曾共同回忆了这段令我难忘的经历，当时我向健挺同志表示感谢，他却说，战争年代有多少战友献出了生命，我们能活下来还不是那些战友的牺牲换来的，要感谢，应该感谢他们，永远记住他们。1983年我为收集红二十五军战史资料到武汉军区去时，当时任武汉军区司令员的周世忠也与我共同回忆了这段历史。

由于我的伤较重，在此后的行军作战中，我基本是随队行动，没有上前线，一直进入到陕南。

选自陈先瑞：《陈先瑞回忆录》，解放军出版社1999年3月第1版，第91—97页。

连 环 计

张波

红二十五军从皖西回到鄂东不久，便离开了生长和抚育我们的鄂豫皖苏区，开始了艰苦的长征。

从河南罗山、新县一带出发，本应该直奔西北。然而，由于国民党反动派的阻拦，只好沿大吾山向西南挺进，待机通过平汉路。我们手枪团和往常一样，又充当了全军的开路先锋。

根据军部得到的情报，距大吾山二里路的王家店车站，敌人防守较薄弱。而且，穿过铁路向西北走不远，就是桐柏山区，便于大部队行动。因此，上级命令我们，想尽一切办法消灭王家店车站的敌人，保证大部队顺利通过平汉路。

要保证大部队顺利通过，就要神不知鬼不觉的把王家店车站的敌人消灭掉。经过讨论，团长杜炳润决定：他和我们的分队长带领两个班，化装成樵夫，埋伏在王家店附近的山上待机行动；我先化装成敌人副官，带领一个班，以“接洽公务”为名，到王家店附近一个村庄找联保主任了解情况。

傍黑，我们找到了联保处。

“哪位是联保主任？”我冲着灯下正在谈论什么的几个人问。一个年约五十多岁、蓄着八字胡、身穿青马褂、一脸奸笑的家伙，急忙点头哈腰地说：“嘿嘿，敝人就是。官长有何贵干，尽管吩咐。”

“我们是在东山‘剿共’的‘国军’，大队要在这里落落脚，得号些房子。”看着他那奴才相又想笑，又生气。

“行，行！立刻照办。”老家伙连连点着他那个发亮的秃脑袋，说着就要向外走。

他那龟头蛤蟆眼的样子，立刻引起了我的怀疑，我急忙拦住他。“等一等，这里有没有共军？”

“车站上有没有‘咱们’的人？”另一个同志也插问了一句。

老家伙也真够狡猾。他故意避开我们的问话，两只老鼠眼上下翻腾了一会，才驴嘴不对马唇地冒出了一句：“听说贵军打了胜仗，这真是为百姓造福。”

“哪里！哪里！这是我们‘国军’的天职！”我也搪塞了一句。嘴里这么说，心里可真想揍这老滑头几个耳光子。白军一一五师刚被我们消灭，他还在这里胡诌乱扯。为了赶快弄清情况，我把刚才问过的又重问了一遍，老家伙这才说：

“车站上住着我们一连人马，长官尽管宽心，共军绝不敢到铁路边上来。”

老家伙说完，又张罗我们吃饭。吃饭的时候，他又吐出一些重要情况：车站上的一连白军，分住在三个碉堡里；白军连长住在中间一个碉堡里。我们团长嘱咐过：对待联保主任这类人的话，是不能轻易相信的。我正想再设法捉一个俘虏对证一下，碰巧，一个采买模样的白军，来到联保处。鬼东西见了我这位“副官”，还恭恭敬敬地敬了个礼。好吆，你既然送上门，咱也就不必客气了。我转身对他说：

“我们刚到这里，民情不熟，劳你帮我们号号房子怎么样？”

他犹豫一下，看样想说些什么。可是当我向他瞪了一眼以后，他连忙答应了。我急忙向身边的三个同志丢了个眼色。于是，他和一个保丁，便跟着我们三个同志到团长那里“号房子”去了。

情况已经了解得差不多，肚子也饱了，该找团长研究如何动手了。沉默了一会，我想出了一个脱身之计。

“天到这个时候，号房子的怎么还没转来？是不是出事情啦！”我装着焦虑、怀疑的样子，问联保主任。

“不会吧？！”

“你敢保险？”

这一问，吓得他嘴巴张了几次，才说：“官长如果不放心，派两个弟兄去看看也好。”

“不行，这是军事大计，我必须亲自走走！”我说着便站起身来。老家伙的嘴像抹了蜂蜜一样，直喊“高见”。我担心我们全走了，他会捣鬼，于是一面叮嘱他在家等我一会，还有要事商量，一面又指派两个战士留在联保处“休息”。一切安排妥当之后，我便和另外几个战士离开了联保处，匆匆奔向和团长、分队长约定的碰头地点。

我们把联保主任、保丁和“采买”谈的情况一对，基本上一样。团长立即决定在后续部队赶到之前，采用“连环计”，把车站上的敌人秘密消灭掉，把车站控制在我们手里。团长又具体地向我们交代了“连环计”的用法，注意的问题，然后分了工，便分头出发了。

三更时分，我们开始动手了。团长带着一个班直奔车站，分队长和我带两个班仍返联保处。

回到联保处，见了联保主任，我就大发雷霆：“这里到底有没有共军？啊！你说！”

联保主任见我火冲冲的，着慌了。他结结巴巴地说：“官长，确……确实……没有。我怎敢……怎敢撒谎呢？”

“见鬼！”我没等他说完，一拳头砸在桌子上，“那我们的弟兄怎么不见了！”

这一拳，砸得他蒙头转向，目瞪口呆，一时说不出话来。就在这时，分队长在一边插嘴问：

“会不会被车站上的部队扣留了？”

分队长的话是有意往正题上拉。他刚说完，我便装着火气更大，对联保主任说：“走，带我们到车站连长那里去。一个小小连长，敢到太岁头上来动土！”

联保主任看到我这派头，没敢再多嘴，拿上他那根“烧火棍”，哆哆嗦嗦领我们走出了联保处。当我们来到敌人连长住的碉堡跟前时，一个哨兵，正缩着脖子、抱着枪在打呼噜。正当分队长示意要人去收拾他时，不知是谁碰响了铁丝网，惊醒了他。他喊了一声“谁？”联保主任便抢先替我们回答了。就在这时，两个战士转到哨兵身后扑上去，一个掐脖子，一个搂腰，把哨兵捉住了。

这情景把联保主任惊呆了。分队长用手枪往他背上一顶，压低声音，说了句“放聪明点。”他立刻明白过来了，带着我们走进了碉堡。

碉堡里，敌人像死猪一样正睡着。墙上，整整齐齐挂着一排枪。我们一齐动手。先把枪拿了过来，然后对着那些酣睡的敌人喊：“喂，起来！”

一个用厚而漂亮的被子紧紧裹着的家伙，睡眼蒙眬地从被窝中，不耐烦地问：“你们是哪一部分？半夜三更吵什么？”

不用问，听口气就知道这家伙是连长，我立即回答：“我们是中国工农红军，不许动。”

这小子一听我们是红军，吓得像摊泥一样，又倒在铺上。被惊醒了的匪兵，也一个个像泥菩萨一样目瞪口呆。就这样，整个碉堡里的敌人，都在被窝里当了俘虏。

我们按照团长的指示，把其他俘虏集中起来，由两名战士看守着。然后，向敌人连长和一个排长，专门做了些工作，便由他二人带领，分两路去解决其他两个碉堡里的敌人。

我们这一路快接近碉堡时，敌人哨兵发觉了。敌人连长按照我们的布置，回答了一句：“是我，查哨。”哨兵就再没有问。我们走到哨兵跟前，他还正在为这次异乎寻常的查哨而发愣。五班长冲上去，骂道：“混蛋！

连长来了也不敬礼！”接着便不由分说，把他的枪缴下了。碉堡里，五六个白军正在乒乒乓乓，吆儿巴喝地打麻将。当他们发现我们端枪闯到面前时，有的还想去抓枪。

“不准动！交枪不杀！”我们同声喝道。

“你们不要动了，这是红军，交枪不杀。连我都……都交了。”敌连长也讨好似地说。打麻将的敌兵都乖乖地举起了手，睡在铺上的一动也不敢动。

另一个碉堡里的敌人，也没费一粒子弹，全被我们俘虏了。

我跑到车站去向团长报告执行任务的情况。一眼便看到几个穿便衣的战士，正在旅客群里装着买票。我顺便看了一下电话室，嗬！守机员身旁，也有我们的人。到站长室看了看，站长也被我们监视着。总之，一切都在我们的控制之下，一切也仍保持着照常行车的“太平局面”。

东方放亮了，红二十五军顺利地跨过了平汉路，迈着豪迈步伐，又向西北挺进了。

选自中国人民解放军三十年编辑部编：《中国人民解放军三十年初选稿》第一卷第三辑（三），第16—20页。

张波，原名张培真，1911年生，河南新县人。1929年参加中国工农红军。同年加入中国共产党。红军长征时任红二十五军手枪团第二分队副队长、队长，豫陕游击师第一大队（商洛游击大队）队长兼政治委员，红七十四师手枪团政委。新中国成立后，曾任安阳军分区副政治委员兼安阳地委常委、新乡军分区副政治委员、信阳军分区政治委员、宜昌军分区政治委员等职。1993年在武汉逝世。

豫陕边的长征[①]

张竭诚

通过围寨地区

我们的长征是1934年11月16日开始的。当时我们高举的旗帜是“中国工农红军北上抗日第二先遣队”。部队由河南省罗山县何家冲出发西进。我们三排随同徐海东副军长走在后卫。出发的第二天晚上，就从信阳以南的东双河与柳林间越过平汉铁路。一过到路西，就等于踏上了新区，彻底脱离了老苏区。

对于我们孤军远征，蒋介石是不会放过的。他一面令鄂豫皖敌军组成五个追剿支队跟踪追击，一面令驻河南省南阳、泌阳、方城等地的第四十军庞炳勋部和驻湖北老河口（光化）的第四十四师萧之楚部迎面堵截，阻我西进。我们刚刚踏上新的征途，就面临着敌人前堵后追的严重局面。

在军首长的指挥下，部队佯攻枣阳，绕道泌阳，经桐柏山，直奔伏牛山区。躲过了敌人的围追堵截，乘泌阳、方城、叶县等地敌人防守兵力比较薄弱，日夜兼程，乘虚北上，预定在两三天之内，抢在敌四十军主力之前，快速越过平原地带，继而穿过许（昌）南（阳）公路。

① 题目为编者所加。

从泌阳以东向北，沿途地势平坦，村落稠密，围寨林立。许多较大的围寨，都是高墙耸立，栅垒重叠，为地主豪绅所盘踞，封建势力雄厚。每一座围寨内，都拥有相当数量的地主武装，多者有数百条枪支，并配以土炮防守。有的寨墙外围，还筑有几丈深的城壕，四周深水环绕；围寨的进出口处，架有一座座随时可以起落的吊桥。平原地带的村落围寨，星罗棋布，纵横交错，一旦遇有情况，则以烽火报警，遥相呼应。

自我当红军以来，还没见过这样的平原村镇。这同大别山区截然不同，我们这些在山里生活惯了的人，一到这平原上还真不习惯呢。部队一进入平原地带，就不时遭到围寨武装的骚扰阻拦，行动比较缓慢。面对地主武装盘踞的“拦路虎”，攻又不易攻破，过又不便通过，即使绕道而行，也难摆脱冷枪冷炮的骚扰。军领导谁也不曾想到，这中原大地的村落、围寨，竟然密如蛛网，每一座武装据守的围寨，都成为前进路上的障碍物，不可随意逾越的平原堡垒！

为了减少前进路上的阻力，迅速北上，军领导决定部队高举北上抗日的旗帜，宣传党的抗日救国主张，开展政治攻势，以民族大义之理来打开北上的通路。部队行至马谷田附近时，吴焕先政委让我们交通队分头通知各团，集中连以上干部，吴政委亲自到各团去开会，讲解有关政策和注意事项。

在军部直属连以上干部会上，吴焕先政委拿出部队出发时散发的《中国工农红军北上抗日第二先遣队出发宣言》，从头至尾念上一遍，然后讲道：“钟不敲不响，灯不拨不亮。现在我们就是要举起北上抗日的大旗，广泛散发我们的出发宣言，宣传党的抗日救国主张，指出民族危机的深重，号召一切不愿做亡国奴的中国人，不分政治倾向，把枪口一致对外！对于每个围寨的封建武装势力，全军上下都要开展政治攻势，晓以民族大义，好为我们让开一条通路。为的是争取时间，穿过围寨地区，迅速北上。各级领导一定要严格掌握部队，不随便进攻围寨，即使受到火力阻拦，也不可多加纠缠，因为时间紧迫，前有堵敌，后有追兵，我们纠缠不得，也耽误不得！”同时，他还明确提出几项必须遵守的规定：部队每到一地不得进驻围寨；沿途所需粮草，一律实行购买；对于寨主豪绅不打、不分其财；只要为我军让路，均应以礼相待。

吴政委一再要求部队，必须严格遵守党的政策和群众纪律，以中国工农红军的模范行动，团结寨主头目，宣传影响群众，唤起群众。总而言之，要想在两三天内顺利通过围寨地区，不能只依靠枪杆子，必须高举北上抗日的旗帜，以党的政策去夺取胜利！

省委常委、秘书长郑位三，连夜给寨主头目写信，宣传党的抗日救国主张，晓以民族大义，促其保持中立，说明红军是借路北上抗日，望勿阻拦，并同寨主订立互不侵犯协议，提出：你不打我，我不打你，中国人不打中国人。第二天行军，每遇围寨，都派人打前站联系，送上书信和传单。通过这些工作，部队再过围寨时，没有发生什么周折。有的围寨还在围寨外面摆上桌案，放了不少的香烟、茶水、食品，迎送红军过境。

军政治部的小宣传员们，每过一围寨，都可着嗓门大喊一阵，他们喊得较多的是这样几句：

“老乡老乡，不要惊慌。我军所向，抗日北上。借路通过，不进村庄。奉劝乡亲，勿加阻挡。……”

我只能记住这几句。据说这是郑位三写的，还有的说是吴焕先写的，反正当时流传许多这样四字的顺口溜，如今大都回忆不起，难以完整地记载下来了。

军部过王家大庄时，城楼上扯起各种形状的龙凤大旗，两旁刀矛画戟林立，并有鼓乐壮威。四周的寨墙垛口，都配以荷枪实弹的团丁乡勇，老远就朝红军部队打着“嘀嘀”。看到我们这队人骑马的不少，一些乡绅弟子和有点头面的人物竟爬到城头上看。有的胆子大的还跟下面喊话，说我们不是红军，是东北军。军宣传队员就喊话给他们解释。

这很难怪，因为红二十五军的武器装备，确实与东北军相差不多，大都是长短筒捷克式步枪，捷克式轻机枪。这些比较新式的武器，都是在长岭岗等战斗中，从东北军手中缴获的。连我们身上的衣服，有些也是东北军的。所以，他们把我们当东北军也不难理解。

在红军的政策和行动的感召下，大多数围寨的地主武装保持中立，使我军赢得了时间，顺利地通过围寨地区，摆脱了敌人的追堵。政策的威力是大的，发挥得好，可以抵得上一支战斗部队。过围寨地区的政策，使我们受到很大的教育，全军指战员的政策观念大大增强。

生死存亡的独树镇战斗

在我们长征的路上，曾有过几次恶战，其中独树镇战斗是关系到我们生死存亡的一仗。参加过这次战斗的红二十五军老同志，谁都不会忘记，每次回忆往事，大家都会提到这一战斗。我这里也记上一笔。

当时，我军刚跳出敌人在桐柏山区的包围圈，顺利通过围寨地区，正向河南省西部的伏牛山挺进。就在这时，敌人判断我军有经象河关及独树镇、保安寨之间西去的企图，即调整部署：敌第四十军一一五旅进至方城县独树镇、七里岗、砚山铺一带，驻叶县之第四十军骑兵团，南下保安寨配合，第一一六旅则由新野北上南召，以阻止红二十五军进入伏牛山区；敌“豫鄂皖三省追剿队”五个支队和第四十军骑兵第五师，均随后紧紧尾追，形势相当紧迫。

11月25日，红二十五军到达象河关西北的王店、土风园、小张庄一带。26日拂晓，敌人便尾追而来。这时，红二十五军距许（昌）南（阳）公路只有50余里，过了公路即是伏牛山东麓。为了防止敌人追堵合围，保持部队有回旋的余地，争取时间迅速穿过公路，军领导决定以两个团和军直属队为前梯队先行出发，以一个团为后梯队，占领王店、赵庄阻击尾追之敌，掩护全军撤退。前梯队由吴焕先政委和程子华军长带领，后梯队由副军长徐海东指挥，我们排随徐海东副军长在后梯队。

这天，恰遇寒流，气温骤降，北风刺骨，雨雪交加。指战员衣服单薄，又被雨雪湿透，饥寒交迫，步履艰难。许多同志的草鞋被烂泥粘掉，以致赤脚行军。但是，全军上下不怕艰难困苦，忍饥冒寒，奋勇前进。我们排的同志更辛苦，除正常行军外，还要保持前后梯队的联系，要经常往返传达命令。

下午1时许，前梯队进至方城县独树镇附近，正准备由七里岗过公路时，突然遭到抢先到达的敌第四十军一一五旅和骑兵团的猛烈攻击。我先头部队因雨雪天气，能见度差，发现敌人较迟，加之天气寒冷，战士们的手指都冻僵了，一时拉不开枪栓，以致被迫后撤。敌人则乘机发起冲击，并从两翼包围上来，形势十分险恶。旷郊野外，地形平坦，先头部队无所依托，难以抗击敌人的进攻，完全处于敌人的火力控制之下。

就在这时，军政委吴焕先跑步赶到前沿，他大声呼喊："同志们，就地卧倒，坚决顶住敌人。"听到吴政委的喊声，战士们立即趴在地上，抗击敌人。吴政委一面指挥部队顶住正面攻来的敌人，一面指挥抵抗两翼敌人的进攻。

敌人的攻势终于被顶住了，但又一攻势即来，吴政委立即飞身跃起，从交通队二排队员身上抽出一把大刀，大声喊道："现在是生死存亡的关头，决不能后退，共产党员跟我来。"遂带领部队冒着敌人的火力，奋不顾身地杀上前去，与敌人展开白刃搏斗。刘华清随吴政委反击中负了伤，张池明手枪子弹打光了，找我要了几发，继续战斗。

听到前面的枪声、喊杀声，徐海东副军长立即带领后梯队跑步前进，当后梯队赶到时，战斗正在激烈进行，我军又一个团投入进去，加强了战斗力，经过一番恶战，终于将敌人打退。我们交通队一直跟随吴政委和徐副军长冲杀。我当时也不知哪来的气力，个子虽然不高，却挥刀去和敌人拼杀。吴政委和徐副军长看到我们这些小鬼一个个满身泥巴，满脸血汗，都高兴地笑了。

还没待敌人缓过气来，军领导又指挥主力团向七里岗之敌发起冲击，试图打开一道缺口，乘机穿过公路。由于敌人的疯狂阻击，一连三次都没有成功。于是，我军转而固守与敌对峙的几个村庄，并以反击打退敌人多次进攻。

天黑以后，全军转移到杨楼一带集结整理。因敌情严重，军领导决定连夜突出重围。指战员们不顾极度的饥饿劳累，趁黑夜，冒着风雨，由地下党的同志带路，穿过敌人空隙，绕道急行。在叶县保安寨以北的沈庄附近，穿过许南公路，直抵伏牛山东麓，17日拂晓，进入伏牛山中。

独树镇战斗的胜利，充分表明红二十五军具有一往无前的精神，在任何强大敌人面前，都是打不烂、摧不垮的。这一胜利使红二十五军经历了一场生死存亡的考验，我们这些过来人也闯过一场生死关。

独树镇战斗后，由于伏牛山区不能立足，我们又经栾川、卢氏，进至陕西境内庾家河（今属丹凤县），在这鄂豫陕三省交界地区展开了创建根据地的斗争。

节选自张竭诚：《忆红二十五军长征》，载沈阳军区政治部编研室编：《红军将士忆长征》，白山出版社1996年8月第1版，第235—240页。

西征第一关

李国厚

1934年11月，红二十五军奉命撤离鄂豫皖革命根据地，开始长征。

我们三千健儿，在程子华、吴焕先、徐海东等同志的领导下，从大别山出发，日夜兼程，越过平汉铁路，横穿河南，冒风顶霜，受冷忍饥，长途跋涉。敌人见我转移，立即组织萧之楚、庞炳勋数路大军，分头阻击；同时集中东北军及刘锁华六个师紧紧尾追，企图在行军中消灭我们。斗争非常残酷：我们一动脚，敌人便扑过来；往往是刚打完一个仗，还来不及吃饭，第二个仗又开始了……真是六千里行程，上千次战斗！打过的仗数也数不清，其中数独树镇、拐河、鸡头关几仗为最激烈。提起河南独树镇，确实，对我来说是终生难忘的！当年的战斗情景，至今犹历历在目。

记得那是1934年11月下旬。

这时，在南方，还是秋高气爽的季节，而河南独树镇，西风凋木，地霜河冰，却已满眼冬天了。由于补给困难，在这寒冷的日子里，我们还穿着单衣。

这天正是大雾，十几米以外什么也看不见。我们部队正越过河南平氏、泌阳，进入方城东北地区，在通往独树镇的公路上行进。

那时，我在二二四团一营二连任指导员。我和连长带着二连走在前面。当我们快到独树镇时，突然，那里传来了一声枪响。

“你听！”连长一听到枪声忙叫住我。接着又是“砰砰”两声。

“有情况，赶快命令部队停止前进！”我一边说一边在小坟堆那里站了下来。

一忽儿，前面的尖兵也气喘喘地跑了回来，说前面确已发现敌人，但它是什么样的部队，一共多少，因为雾大一时还摸不清。

枪声又零落地响了几分钟，以此判断，不像是敌人的大部队。这时连长回过头来对我说：“准是民团。也好，咱们快动手，先收拾他们。”我听了点点头。于是我们命令部队迅速埋伏起来，准备发起一次猛烈的袭击。

真像蒙着纱布捉迷藏，敌人也摸不清我们，一股劲地组织火力向我们这里射来。顿时静静的公路上枪声大作，里面还夹杂着尖尖的机枪声。

“同志们，跟我来，收拾这些乌七八糟的家伙！”打了一阵，连长沉不住气了，猛地从坟边跳起身来，握着驳壳枪冲了出去；但当他刚迈过第二个小坟堆时，阵地上却响起了迫击炮弹猛烈的轰鸣。

“连长，回来！”我蹿出坟堆，赶上去抓住他，“听，打炮，不像民团！”话未落音，接着前面又送来几发炮弹。

“是啊，迫击炮！”连长一边抬起头来，一边用左手拍去身上被炮弹溅上的泥土。

“不能冲了，继续观察！”我建议说。他点点头，然后命令通讯员把情况立即报告军首长。于是我们两个又伏在前方一个小坟包那里。

敌人的情况越来越清楚了：既有机枪，又有小炮；伏在地上还能听到“的的笃笃”的响声，经验告诉我们，敌人还有骑兵。现在我们才知道进了敌人的埋伏圈，看来一场恶战即将在这里进行。

没多久，敌人果真发起了冲锋。他们发觉我们是前卫部队了。不管敌人多凶，都得顶住它！我和连长来回奔走在火线上，组织力量反击。

敌人冲入我们的伏击圈了。“打！”连长一声命令，几十条步枪都“乒乒乓乓”地响了起来。随着枪声，前面的敌人倒下去了，可是后面的还继续向前涌。就在这时候，我们的大部队赶到了。

敌人见我们大部队到来，停止了冲锋，随着军号声，一批批消失在大雾里。但在浓雾的后边，枪声，还继续着；迫击炮，还三下两下地打过来……

根据侦察到的消息，敌人的援兵正在源源开拢。显然，他们准备在独树镇摆开来与我们决斗了。

处在强敌的进攻面前，若不见机行事，势必危及全军。为了避敌锐气，闯过关去，军的领导上决定派一支小部队去从正面吸住敌人，掩护主力转移。不用说，这个光荣的任务，落到了我们前卫连身上。军首长临走再三嘱咐，要我们连续坚持两三个小时，待主力一跳出圈子，马上跟上去。

我们立即向战士们进行了战斗动员，并把全连的兵力重新作了部署。

果然，敌人发现我们大部队后，组织了更多兵力向我们扑来。一场殊死的战斗开始了。敌人步兵加骑兵，交叉地进行猛攻，我们用大刀、手榴弹与他们厮杀。战士们人人勇敢顽强，奋不顾身。当敌人的骑兵冲过来时，我们的一个突击组迅速行动：他们握着大刀从地上滚过去，只见刀光闪处，一声马叫，骑兵连马带人倒在地上；战士们眼快手快，一刀砍去了敌人头颅。一个战士揭开手榴弹盖，向冲过来的一股敌人步兵奔去，吓得敌人退了回去，但他却不饶，飞也似地追了上去。手榴弹响了，一群敌人应声倒地，而我们的英勇战士，也终于为革命献出了自己珍贵的生命。我们就这样一以当十，百以当千，紧紧地拖住了大批大批的敌人，掩护主力转移。……但是，正当主力开始转移后一个小时，我们准备组织下一次反冲锋的时候，敌人却很快很快地压过来了。这一阵可紧张！待我们用肉眼看到敌人时，正前方已是黑压压的一片。

“正面敌人！”我嗖地跳过身子，来到连长旁边。

“唔……”连长正待说话，一排长指着北头说：“指导员，这边也有！”再往南一看，啊，也不少！还没有待我们全看清楚，敌人便乒乒乓乓地打了起来。

现在，我们处在三面临敌的极端不利的形势下。只有往西，插到我们大部队的中间，但这是万万不能的，大部队才走不远，我们必须继续执行掩护的任务。

“老李，杀过去！”连长牙一咬，冲了过去。

“连长！……”没待我说完，对面扫过来一梭子机枪子弹，好险哪，幸亏我往西一偏，全打在土坟上。我忽地想起一排的战士正在后边，于是挺起身子，喊道：“同志们，跟我来，坚决抗住！”也冲了过去。

一场混战，打得难解难分。也就在这混战中，我们与连长他们冲散了。

混战结束时，我们被压到了公路的一角。我们不但与连长冲散了，而且与主力也失去了联系。

“主力走完了么？连长他们又怎么样？”我们心里像塞进了一块千斤铁石。

黄昏，枪声渐渐稀疏了，算算时间，已过去八九个小时，估计主力这时早走远了。想到这儿，我们觉得肩上担子轻了许多。但是，我们已被紧紧地包在敌人圈子里。几次企图派人向西突出去，与主力联系，但都失败了。此刻的处境确实严重：弹药不多了，战士也越来越少，而我们还得打下去，对付死死缠住我们的敌人。我把一个连的战士检查了一下，只剩下一半了；又派几个战士收集了一下兄弟部队撤走时留下的零星人员。我们决定撤到离公路大约三里地的一个小庄子里，以便等待时机突围。

薄雾退尽了，月亮偷偷地露出半个脸来，夜既冷又静。我们派人前去那个小庄子作了周密的侦察，知道那里有一个牢固的围子，足可供我们隐蔽。于是，我们很快地从公路边撤过去了。

我们来到了小庄子，全体人员集中在一间屋子里，借着油灯浅绿的灯光，我看到战士们个个困倦不堪。而就在这为数不多的一百来个战士中间，半数已经负了伤，有的还伤得很重。现在他们也坐在这里：挺不住的，就蹲在地上；再不行的，就躺着。我朝着大家看了一眼，然后说："同志们，我是二连指导员。不管哪个单位的，我们都是红军二十五军。同志们，主力安全地转移了，这是我们的伟大胜利，我们的任务也完成了。现在，我们远离主力，大家看怎么办？"我的话刚刚说完，一个小战士跳起来说："再打，指导员，他们命一条，我们一条命，红军不怕死，和他们拼了！"我朝他笑笑，然后又问："拼了——大家看拼了怎么样？"于是下面嚷开了：有的说同意，有的说反对……这时，二排副霍地从地上站起来："我们要西征，不是来送死的！死——死多容易！我不干。我们一定要想尽办法突出去！"

"对！突出去，突出独树镇！"下面响起巨大的声音。于是这个自动形成的会议就这样顺利地结束了。会上，决定由我统一指挥。我们还成立了党支部，研究了修筑工事和继续与大部队联系等重要问题。

留下来打，这事好办，摆开来干到底也不困难；而要突围，从敌人箍得紧紧的铁圈里跳出去，绝非容易之事。为了对付敌人天明前后可能发起的攻击，战士们就在四周挖工事、掏枪眼。我和二排副刘志增同志还研究了轻重武器的配置。

敌人已发现我们转移了，但闹不清我们有多少兵力，于是他们又作试探性的攻击，可人数不多。为了节省弹药和保存自己的力量，我们采取了"远不打，近就砸"的办法，似理非理、似打非打地应付了一阵。

我们知道这里决非久留之地，必须设法在天明前离开。正当我们在工事边召开临时支委会研究怎样突围时，一班长匆匆忙忙地跑来告诉我：敌人又发起攻击了。

"敌人又来了，打，坚决打回去！"我一面命令，一面跑了过去。

敌人的子弹像雨点似地扫过来，北面围子边一片火红，我们部队的喊杀声与敌人的枪声混成一片。看来敌人决心要攻下这个庄子。也许他们已经知道，我们只有小股部队了。我冲到围子前，却不见二排副。正在射击的小战士指着前边告诉我，二排副带着突击队冲出去了。

敌人的攻击又失败了，借着淡蒙蒙的月色，可以看清阵地前沿留下的横七竖八的敌人尸体。

“指导员，敌人退了！”二排副一回来就兴奋地向我报告。

“太好了！”我紧握着他的手高兴地说。但是，我发现他的手上有黏糊糊的东西，定睛一看，啊，全是血！

“二排副，你受伤了！”

“没什么，一点点。”他一边说一边又用那只手抹去肩上正在涌出来的鲜血。他伤得不轻，而现在谁都是个硬汉！我心中暗暗起敬。

“一班长！”当我回过头来看看一班的战士时，突然发现少了一班长牛志堂。牛志堂是个老战士，与我一起很久了，我摸透他的脾气：有仗打咧开嘴笑；交给他任务，从不打折扣。而现在，他在哪里？ 我在人群中寻找着，但总见不到他那诚朴的带笑的脸庞，我好像意识到了一种什么……当我第二次又跑回围子时，实在忍不住了。

“二排副，一班长呢？”我问正站在围子边的刘志增。

“他——”他停了好一会才说：“他受伤了，正嚷着要见你，我怕影响你的情绪……”

“他伤了，在哪里？”我急急地追问着。

刘志增同志踌躇了一阵，然后指着那棵离围子不远的大树说：“他，他就躺在那里。”我迫不及待地奔了过去。果然，跑不几步，就看到牛志堂这个虎彪彪的小伙子，现在却躺在树根旁边，他已经中了好几枪，全身再不能动弹了。我扶起他来，激动地唤着他的名字。他听见我唤他，微微睁开眼，盯住我看看，然后又抖抖地伸出手来抓住我，但实在虚弱得不行，抓了一下又无力地松开了。

“牛志堂同志，你有什么话，你说，我是指导员！”我摇动着他的身子。

“指……指导员，我不能跟你一起突围了！你写个组织证明把我留下，以后可以找……找你们……”他一边说，一边激动地流下泪来。然后用颤抖的手，从袋里掏出一包东西：“指导员，请交给党。”我接过小包，打开一看，是十颗子弹、两张苏区票子和一块钢洋。

“同志，你是好同志……”说着，我感到自己的眼睛也润湿了。我还想多安慰几句，但这时他已经神志不清了。……我便和通讯员把他搬到老乡家里，找个地方安顿下来。

当我刚回到屋里，二排长气喘喘地从门外冲了进来，他一进门就兴奋地叫着：“指导员，指导员，我们，我们与军部联系上了！”

“联系上了——”我高兴得不知怎么说好。这时，迎面又进来两个战士，我抬头一看，正是军部的通讯员。

“报告指导员……”其中一个喘着粗气向我报告。

“主力安全转移了吗？”我等不及他报告，打断他的话。

“报告指导员，全部转移了，首长命令你们赶快撤回伏牛山！”哦，原来军首长正在等我们呢！此刻我们的心情是难以形容的，我竟奔了出去，要把这个天大的好消息告诉战友们。

外面响起了枪声，敌人又在那里打开了，火力真猛，子弹嗖嗖地从头上飞过，我弯着腰奔向围子，喊道：

“同志们，主力与我们联系上了，顶住这一次，我们立即突围！”

战士们听到这个消息，振奋极了。就这样，我们一个顶两个，每人用双倍的勇敢，向敌人猛烈反扑，敌人终于又给我们打下去了。但是，我们的伤亡也在不断增加。

战斗一停下来，支部就决定立即带着伤员，按军部通讯员跑来的方向突出去。我们收拾了仅有的几颗手榴弹，把轻重武器组织在一起。又在准备突围的方向东北围墙上掏个大洞，先用火力作试探性的射击。

准备工作一切就绪了，全体战士站立在场地上。趁敌人短暂的休息，我作了最后一次的动员。我说：“同志们，突围马上开始了，我们一定要冲破这一关，军首长在伏牛山等着我们，每个人只准前进不准后退！”

突围开始了。“冲啊！”随着二排长一声喊声，战士们就像出了笼的小老虎，一个个猛向东北方向突去。跑在最前面的是一排副，他是个高个子，一面射击，一面带着突击组员猛跑。

我们已突出去了，蒙在鼓里的敌人，还以为我们在老地方打转，一股劲地把火力集中到围子那边。子弹像大雨倒在地上。可是，他们已经白费心了。

我们朝着东北方向的一个目的地——一座点着火的小庙飞奔。一口气猛跑十几里，找到了通讯员说的那座小庙，但我们的主力部队已经不在了。小庙里停着一副担子，一个炊事员正在那里整理一些零碎的东西。一问，才知道部队往伏牛山方向出发了。于是我们又朝着那个方向猛撵。到这时，敌人已经给我们甩得远远的了。

我们整整跑了一夜，天明来到了伏牛山。路口，远远看见徐副军长骑着马在观察地形。他看见我们，意外地怔住了。我带着三十几个战士走近他。

“报告首长，我们都回来了！”我站在他面前吃力地喘着气。

“都回来了，好，快休息。小李啊，你们做出了榜样，冲过了第一关！”徐副军长说完激动地弯下腰来，热烈地与我握手。我握着他粗壮、火热的手，像有一股电流传到了我的全身。我刚回过头，吴焕先政委正在旁边，“政委！”我激动地扑到他的怀里。有什么比这更好呢——一个革命者在历尽千辛万苦之后，又找到了自己的队伍。

“我们终于回来了！”我深深地舒了一口气。我们就在山上造饭。但正当我们吃完一碗饭时，山下吹响了集合号，原来敌人又撵上来了。于是我放下正在吃的饭，嘴一抹，朝着二排长说，“老刘，走，咱们过一关又一关，痛痛快快干它第二关，干完二关再吃饭！”

冲锋号吹响了，我们又投入了另一场激烈的战斗。

选自《回顾长征——纪念中国工农红军长征胜利会师五十年》，人民出版社1985年12月第1版，第408—417页。

李国厚，1915年生，安徽六安人。1929年加入中国共产主义青年团，并参加中国工农红军，同年转为中国共产党党员。红军长征时任红二十五军二二四团一营二连政治指导委员。新中国成立后，曾任南京军区公安军司令员兼参谋长、浙江军区副司令员、江苏省军区副司令员等职。1955年被授予少将军衔。1992年在长春逝世。

雨过独树镇

李庆柳

二十五军越过平汉路，在湖北枣阳七里冲与堵击我军的敌四十四师萧之楚部激战之后，即转向桐柏、唐河之间，进到河南的平原地带。离开山区，来到这人生地疏的平原真像鱼离开了水一样。部队缺乏平原作战经验，加之这一带又在公路干线旁边，时刻都能够受到敌人的攻击，因此上级决定从方城以北的独树镇插到公路西边去，迅速进入伏牛山区。

从过了平汉路，敌人就前堵、后追，不离身地跟着我们转。因此，徐海东军长经常在后卫指挥打敌人的追兵，掩护整个部队前进；吴焕先政委经常在尖兵连，指挥打堵击的敌人和及时地决定行军路线。那时，我在军政治部工作，行军时经常和吴政委走在一起。

向独树镇行军那天，毛毛细雨一直不停，西北风也一阵紧似一阵。此时已是十月初，我们穿的衣服湿得贴着脊背，冻得直打哆嗦。满路烂泥，一脚踏下去，就像有人拖住了一样拉不动腿。

约莫晌午时分，前边的同志就嚷着："看见独树镇了。"果然，不一会我们就看见一片房屋坐落在田野中，一条公路从中间穿过。在蒙蒙的细雨中，起伏绵长的伏牛山，也出现在独树镇背后。吴政委一面走，一面向大家打着招呼："加油走啊同志们，快到山区啦！"在这一望无边的平原上，被敌人前堵后追连打个盹都不安宁，我们怎么不向往着早点到达山区呵！现在看到了大山，同志们高兴极了，越走劲头越大。

突然，前面传来了几声清脆的枪声。大家还没弄清是发生了什么事，机枪也哒哒地叫起来。尖兵连唰的一下散开卧倒了。这当儿，几个手枪团的战士呼呼跑来，向吴政委报告说是白匪庞炳勋的部队企图阻止我们西进。他的话刚讲完，透过蒙蒙的雨丝，便看到一大群敌人像灰狗似的从独树镇里涌了出来。子弹嗖嗖地掠过我们的头顶，炮弹也“咣咣”的在我们身边爆炸了。这是多么令人着急、心焦的时刻啊！在一片几乎连一点可隐蔽的地方都没有的开阔地里，怎么作战呢？撤退吗？只要我们一动脚，敌人就会压过来，而且在我们的后面，同样是一片平川，敌人的追兵还紧跟在尾后，撤到哪里去？我们都看着吴政委，不安地等待着他的决定。吴政委仍像往常一样镇静，沉默了片刻，才从容不迫地命令通信员要后面的部队跑步赶上来。然后又继续注视着前面的尖兵连。

尖兵连的战士们都趴在湿地上，紧张地搬弄着枪，可就是没有一个人射击。怎么回事？我仔细一看，才发现战士们的手已经冻得拉不开枪栓了。就在这时候，从镇子的两侧又涌出两股敌人，成包围形状向我们压过来。敌人没有遇到抵抗，更疯狂起来，一面猛烈地射击，一面嚎嚎地喊叫着。忽然，尖兵连的战士们开始动摇了，有些人从地上爬起，向后跑来。

就在这危急的关头，吴政委甩掉身上的大衣，顺手从警卫员身上唰地拔出一把大刀，高高举在头上，猛喊着：“同志们，这是决定我们生死存亡的关头，不能退。共产党员们跟我来！”他的声音是那样坚定，由于情绪激动，被雨水浸冻得苍白的脸上，泛出了一层红光。他喊完，提着大刀，转身便迎着退下来的战士跑去。一面跑，一面又喊：“英雄们跟我来，后退是死路一条，坚决把敌人打退。”我们一些机关干部听到他的号召，紧跟在他的后面，向前跑去。所有的人都有一个共同的念头：一定要和政委在一起，一定要堵住敌人。尖兵连退下来的战士看到政委，好像突然醒悟过来似的，转回身，飞快地又跑到原地卧下。

这当儿，敌人离我们越来越近了。战士们两人一伙，帮着拉开了枪栓，推上了子弹。机枪射手们用手帕套住扳机向后拉，机枪也叫起来了。

吴政委爬在第一线上，手里紧握着大刀，脸上沾满了子弹溅起的泥水。他两眼放射着怒火，死死盯着渐渐逼近的敌人，支起一条腿，时刻准备一跃而起。

我们虽然机枪、步枪、手枪一齐向敌人开火，但火力还是十分弱。三面的敌人仍不要命的往上冲。眼看敌人快冲到我们跟前了，吴政委忽地站了起来，大刀一挥刚要冲上去，又被警卫员一下按倒了。就在这同一时刻，尖兵连的连长，擎着雪亮的大刀，狮吼一般喊道："同志们，拼啊！"战士们随着他的喊声，从地上跳起来，端着刺刀、梭镖，擎着大刀，震天响地喊着杀声，迎着敌人冲去。刚好，四十四团也在这个时候赶起来了，他们立刻像一股不可阻挡的洪水卷向敌人。混战开始了：刺刀、大刀、梭镖，在雨丝中闪着寒光；枪声沉寂了，四野里到处都响起了叮叮当当的铁器撞击声、愤怒的咒骂声和敌人的惨叫声。污浊的泥水在飞溅，敌人的血也在飞溅。不一刻，敌人便招架不住了。丢下几十具尸体，狼狈地逃了回去。

敌人又组织了几次冲锋，也全被我们杀退了。

雨停了，太阳从西山顶露出头来，又慢慢地沉落在西山的背后。经过八小时的激战，敌人的阴谋被彻底粉碎了。当天夜里，我们绕过独树镇，越过公路，进入了伏牛山区。在行军的行列里，又不时地荡漾着吴政委那亲切而又爽朗的笑声。

选自中国人民解放军三十年编辑部编：《中国人民解放军三十年初选稿》第一卷第三辑（三），第21—23页。

李庆柳，1915年生，湖北麻城人。1929年参加革命，1931年参加中国工农红军，1934年加入中国共产党。红军长征时任红二十五军七十四师政治部宣传科科长、组织科科长。新中国成立后，曾任第七航空学校副政治委员、第八航空学校政治委员，铁道兵学院政治委员，铁道兵工程学院政治委员等职。1955年被授予少将军衔。2001年在石家庄逝世。

激战余家河①

萧彬杉

红二十五军进入了陕西，在三要司消灭了冯钦哉的一个营，11月，到达了陕西东南部的余家河。

余家河周围峰峦起伏，只有西南面有个出口，丹江即由此而过。江这面是商南通往龙驹寨的大道，道旁有一座大山，像一个威严的卫士站立在出口旁，上级决定在余家河休息一天，前哨连就布置在大道旁的山头上。

11月的陕南，天气已经很冷了。自从长征以来，我们几乎是黑天白天都在敌人前堵后追的情况下行军、作战，疲劳极了。因此，天虽然很冷，大家一躺下，仍旧很快就睡熟了。

上午9点钟，阳光普照大地，天气逐渐暖和起来。对待我们这些长时间不分昼夜的人来说，这是多么可贵的时间啊！可是，正当大家睡得非常香甜的时候，前哨连的阵地上，传来了一阵紧似一阵的激烈枪声。原来，由河南朱阳关追来的敌蔡廷锴旧部——六十、六十一师的先头部队（约一个团）已接近了我们的前哨连阵地，而且立即向我发动了疯狂的进攻。我前哨连因为发现敌人较晚，措手不及，只得边打边退。

情况十分严重。敌人占领了我前哨连的阵地，就可以居高临下控制

① “余家河”应为“庾家河”。下文同——编者注。

余家河周围的山谷，堵死我们出山的道路。徐海东副军长听到枪声，遂即率领军部交通队，直奔前哨连阵地。正在前哨连阵地山下休息的一个营，和正从山上撤退的前哨连，在徐副军长指挥下，一齐向敌人冲去。

敌人为了争取时间，等待后续部队，便不惜一切血本，拼命向我们射击。阵地上到处土、石飞溅，乌烟瘴气。我们也都清楚的知道：这是全军生死存亡的决定关头。因此，第一个人倒下了，第二个人跨过战友的尸体，继续向前冲去；第二个人又倒下了，第三个人仍奋勇向前冲去。步枪、机枪声和手榴弹的爆炸声交织在一起；喊杀声震动着群山和峡谷，战士们的鲜血，也染红了阵地上的泥土和岩石。

突然，正在指挥攻击的徐副军长身子一晃，臂膀上流出了鲜血。但徐副军长看也没看自己的伤口，仍然挺立在那里，挥动着那只没负伤的胳膊，向大家喊："坚决把敌人压下去！"徐副军长的负伤，在每个人的心里都燃起了万丈怒火。战士们前仆后继，一次又一次向敌人冲去。不幸，就在这万分紧急的关头，又有两颗罪恶的子弹，打伤了徐副军长的头部，鲜血顺额而下。由于流血过多，他的身体，几乎失去了平衡，站立不稳了。可是当同志们要抬他下去的时候，他却坚决拒绝了。正在这时，三团的二营和三营也赶到了。三个营加上通信队，一鼓作气，把敌人赶下山去，并趁势占领了余家河东南的大小山岗。就在这时，军政委吴焕先也带领着四团、五团赶到了，徐副军长这才允许把他抬下阵地。

大约10点多钟，忽然山下大道上尘土滚滚。不用说，这是敌人的后续部队赶到了。紧接着，一排炮弹，便在我们阵地上爆炸了。

"同志们！"吴政委宏亮的声音，盖住了敌人炮火的轰鸣。他站在山坡上，挥动着指挥旗。号召大家说："敌人不让我们北上，我们要用实际行动告诉敌人：我们北上的决心是摧不垮，打不烂的，谁敢阻止，我们就叫他头破血流，粉身碎骨。"他把指挥旗向空中一举："同志们注意，我的旗子一举起，你们就打。不准擅自开枪。"说完便在连长和我背后不远的一个简单工事里站下来。我们所有的人，都把手榴弹放在身旁，不眨眼地盯着山下的敌人。

敌人气势汹汹，一面射击着，一面向山上爬来。我们没有还击，敌人的胆子更大了，有的竟直着腰向山上走。在他们快爬到山半腰时，二排长金绍山跑到连长跟前急急地问：“打吧？”

“还早。”连长说完，向吴政委的方向噘了噘嘴。我和二排长同时转向吴政委，吴政委仍站在工事里向前眺望着。指挥旗，放在工事的边沿上，子弹在他身边、头上“嗖嗖”飞过，他仍是那样从容不迫，仿佛像根本没有发生什么事情一样。看了吴政委，立刻觉得像有一股无敌的力量灌注到全身。二排长一句话也没有说，转身向自己的位置跑去。

敌人一步一步接近了我们。渐渐地，连他们的帽徽都能看见了。我不安地转头看看吴政委，吴政委仍一动不动地站在那里，指挥旗照样横放在工事边沿上。

“连长，大家的火气压不住了，快下命令吧！”二排长又出现在连长身边。

连长坚决地回答：“政委还没有命令，快回去，要沉住气。”

敌人还在继续向山上爬。我们还是一声不吭地等待着。

突然，敌人的炮火停止了。他们挺身端枪，直向我们的阵地猛扑过来，我焦急地又转向吴政委，只见吴政委两眼瞪得大大的，紧握着指挥旗，忽地举了起来。就在这时刻，我们的机枪、步枪、手榴弹，山崩地裂般的响起来。敌群里，立刻腾起一团团烟火。跑在前面的敌人，前卧后仰倒下了，后面的也马上趴在地上，一动不敢动。被敌人的疯狂激怒了的战士们，盼不得把所有的子弹和手榴弹全倾泻到敌人身上。密集的子弹，在敌人面前筑起了一道道无形的铁墙；一排排手榴弹，接二连三压头盖脑地落向敌人。我们的陈连长，一口气就投出了20多个手榴弹。敌人虽然死伤不少，但并没有马上退却，仍趴在地上向我们还击。就在这时，陈连长不幸牺牲了，二排长金绍山，立即跑到连长的位置，继续指挥全连战斗。忽然，敌人的一颗手榴弹，落在他的后面，他担心手榴弹会伤害着身后的吴政委，转身抓起来就又投向敌人。正巧，手榴弹在几个刚站起来想向我们攻击的敌人头上开了花。敌人应声倒下了。战斗持续了不久，敌人就支持不住了。活着的，丢下满布山坡的敌尸和伤兵，扭头跑下山去。

从上午10点多钟到太阳偏西，我们在吴政委亲自指挥下，打退了敌人大大小小十多次进攻。经过一天的苦战，我们的手榴弹和子弹也剩下不多了。吴政委命令我们把手榴弹集中起来，由投得远、投得准的同志使用。有刺刀的上好刺刀，没有刺刀的集中射击，坚决守住阵地。

太阳快下山的时候，敌人两个师的全部人马，在炮火掩护下，又向我们发起了攻击。我们隐蔽在工事里，只见黑压压的敌人，缩头缩脑，躲躲闪闪地向山上爬来。没等他们爬到跟前，我们的步枪、机枪，便向着敌人密集的地方，集中射击，有的敌人被打倒了，有的被我密集的枪弹压得抬不起头来。我们的投弹手，又立刻把一排排手榴弹投向敌人。被打懵了的敌人慌成一团。我们趁此机会，跳出工事，一口气把敌人赶下山去。

黑夜降临了，大地又恢复了原来的平静。我们收拾起敌人丢下的枪支，越过敌尸叠叠的群山，又踏上了长征的路途。

选自中国人民解放军三十年编辑部编：《中国人民解放军三十年初选稿》第一卷第三辑（三），第24—27页。

萧彬杉，1916年生，河南商城人。1931年参加中国工农红军，1933年加入中国共产党。红军长征时在红二十五军。新中国成立后，曾任浙江省军区独立第二师副师长。1996年在杭州逝世。

四、创建鄂豫陕革命根据地

回忆创建鄂豫陕革命根据地的斗争[①]

程子华

红二十五军战略转移的胜利

1934年6月，我在瑞金又一次亲聆周恩来同志关于鄂豫皖根据地形势和红军行动问题的教诲。那时他是中央军委副主席，当时，鄂豫皖省委派成仿吾同志来中央汇报工作，要求派军事干部到他们那里去。周副主席决定我离开中央苏区，到鄂豫皖根据地工作。

周副主席说：当前在鄂豫皖地区，敌占绝对优势。敌人用碉堡、封锁线，把我根据地不断压缩并分割成几小块。敌人有“驻剿”和“追剿”部队，对我交替地攻击、堵击、追击。我们的根据地缩小了。红军不断伤亡，难以得到补充，也变小了。根据地发生了人力、物力的严重困难。他指出：这样的情况发展下去，如果红军得不到人力、物力的补充，继续削弱，以至被消灭，那么根据地也就没有了。出路是什么呢？他说：中央决定了，红军主力要作战略转移，去建立新根据地。这样，部队就能得到发展，同时也就能把敌军主力引走，减轻鄂豫皖根据地的压力。根据地的敌军减少了，留下的部分武装就能长期坚持，也就能够保存老根据地。

---

① 题目为编者所拟。

红军主力去建立新根据地，应选择什么地区呢？周副主席谈到这个问题时，是从毛主席关于建立根据地的基本条件的规定出发的。他说：根据地要选择在敌人力量较为薄弱的地方；我党在群众中有较大的革命影响，或者是那里的群众容易争取；要具备便于我军作战、防御的地形和较丰足的粮食及其他物质条件。

周副主席的恳切谈话，吸引了我的全部心灵。他考察形势和前途，是这样清晰，了如指掌。他对鄂豫皖根据地人民和红军的深切关心，他对党和革命极端负责的精神，成为催我前进的一股巨大的力量。我在斗争的实践中学习、体会，逐渐认识了周副主席指示的深刻含义。在他对鄂豫皖根据地和红军的战略指导下，红二十五军实行战略转移并取得了胜利，这是周副主席领导我们反对消极、被动、单纯防御的"左"倾机会主义路线的光辉范例。周副主席的战略指导思想，同毛主席对中央根据地第五次反"围剿"的正确方针是完全一致的。当时毛主席提出，红军主力应该实行战略进攻，转向我之外线、敌之内线作战，突进到以浙江为中心的苏浙皖赣广大地区，威胁敌人的根本重地，迫使敌人回援，我军则在野战中歼敌，这样就能打破敌人的"围剿"，保卫中央革命根据地。"左"倾机会主义者反对毛主席的正确主张，造成了中央革命根据地的丧失。

我于6月离开瑞金，由交通员带着我路经广东汕头到上海。又由鄂豫皖省委交通员石健民同志带领，经武汉北行，于柳林车站下了火车。在一个同志家里停了几天，石同志又带我步行出发。走了十几里，进了武装部队埋伏圈，"俘虏"了我们俩！原是来接我们的便衣队。我们于9月到达鄂东北道委郑位三同志处，等待省委和红二十五军从皖西北回来。省委研究了中央文件和周副主席指示，表示一致拥护。省委认为，不这样做，当前的形势难以根本改变。但我们将到哪里建立新根据地？把选择的地区和整个革命形势联系起来看，东、南、北三个方向，都不合适，只应向西——鄂豫陕边区发展。那里是三个省的边远地带和结合部；是蒋介石和杨虎城分别割据的地方，我可利用其矛盾；那里又都是山区。于是，省委决定红二十五军实行战略转移，向鄂豫陕进军。省委决定程子华为红二十五军军长，徐海东为副军长，吴焕先为政治委员。省委实际上兼军党委，率领红二十五军长征，到鄂豫陕边区建立根据地。留下红二十八军坚持鄂豫皖根据地。11月16日，我军发布了《中国工农红军北上抗日第二先遣队出发宣言》，全军2900余人，开始千里长征。我军出发以后，就同党中央联系不上了，省委在这种情况下领导进军，就是按照周副主席规定的前进方针，使红军的活动适合于这一行动路线的要求。

我军向西挺进，蒋介石急忙调动了30多个团的优势兵力对我军堵击和追击，妄图在长征途中歼灭我军。敌军先后在三个地区布置了歼灭我军的圈套。第一个是桐柏地区，第二个是独树镇地区，第三个是卢氏城以南入陕必经隘口。我军首先在罗山县朱堂店击退“追剿队”的进攻，从信阳城南越过京汉铁路，进抵桐柏山区。

我军为隐蔽北上伏牛山的意图，并调动敌人，在越过京汉铁路后，向西挺进。当我军越过桐柏，抵达湖阳镇以东三十里宿营后，当晚发现敌人调集南阳、泌阳、方城、叶县等地四十军、鄂西老河口四十四师于湖阳镇地区堵击，“追剿队”五个支队和东北军一一五旅尾随追击，企图前后夹击我军。我们从袖珍地图上看到驻马店西北有一块山地，即于夜半转移，回头向东北方向急行军，跳出了敌人前后夹击圈，迅速经过平氏镇、泌阳城以东进到了山地，这样便把敌军甩在后头。

下一步，我军要进入伏牛山，就得越过许（昌）南（阳）公路。敌发现我军北去，便即北返部署。等我军进到独树镇附近，敌一一五旅和骑兵团已先行到达，封锁了公路，对我猛攻，阻击我军越过公路。这天，正遇寒潮，部队在风雪中连续急行军，忍受饥寒，已很疲劳，仍然坚持战斗。同志们都冻僵了手指，拉不开枪栓。吴焕先政委举起大刀，振臂高呼：“共产党员跟我来！”带领部队对敌白刃格斗，英勇杀敌，反复冲击。徐海东副军长带一个团迅速赶到，投入激烈的战斗，压倒敌人，稳住了阵地。但在此刻，我们不能停留过久，以免尾追敌人赶到，陷入前后夹击的危险。当晚，我们在大雨中绕道保安镇以北，越过公路，于次日晨走上伏牛山，又把敌军甩掉。红军能有这样强大的战斗力和英雄气概，是因为具有高度的无产阶级觉悟，懂得长征的重要意义，懂得红军的作战是为了实现党的政治目标，为着广大人民和全民族的解放。独树镇战斗，我军在地形平坦、气候很坏的不利条件下，以不足3000人的兵力挫败敌数万步骑兵的猛烈合击，转危为安，这是红二十五军能否保存自己，能否完成转移任务的关键性的一仗。所以，部队越过了河南大平原，一上伏牛山，情绪特别昂扬。

但是伏牛山区反动组织严密，地主围寨众多，群众被圈在围寨里边，不能接近，不宜我军立足。省委决定向陕南前进。敌十九路军六十师已进至卢氏城以南，坚守朱阳关、五里川隘口，封锁了我军入陕必经进口。我军却乘卢氏城内敌人空虚，于夜晚绕道卢氏城南、洛河以北的狭窄通道入陕，敌人拦阻我军去路的企图便落空了。

敌当即由潼关、华阴调陕军四十二师两个团在三要司阻击我军，被我军歼灭一个营。我又在洛南庾家河与敌六十师激战，毙伤敌八百余人，我也伤亡二百余。在此役中，徐海东同志和我也负重伤。这两个战斗的胜利，就最后把敌军的追击、阻击完全粉碎了。

我军从出发以来，到12月10日止，打垮了大于我20多倍敌军的围攻和猛攻，达到了战略转移的目标，胜利完成了这段长征。红军的胜利，主要的就是反“围剿”的胜利。

又一个红色区域和新的进军

省委选择了在鄂豫陕结合部立足。估计到蒋介石、杨虎城短期内不能部署好对付我军，可以利用陕军和蒋军的矛盾，抓紧时机，迅速创建根据地，执行周副主席交给的光荣而艰巨的任务。当地居民热烈欢迎红军，他们有过反抗封建剥削、压迫的斗争，当时仍存在这种反抗。1932年冬，红四方面军、红三军路经陕南进入四川，曾在这里战斗，播下革命种子。一年前，红二十六军也在这里战斗过。这个地区大山多，公路稀少，适合开展游击战争。

周副主席在瑞金的指示，针对实际情况，全面地阐发毛主席的战略思想，为我们指明革命武装力量、土地革命和根据地这三者不可分割的关系，指明红军担负的重大任务。我们把毛主席指出的中国革命的唯一正确的道路，以农村包围城市，最后夺取城市，达到全国革命的胜利，继续付诸实践。要建立根据地，首先必须用红军力量摧毁国民党军阀统治在农村的基础，扫除民团武装和反动政权。于是，我全军从洛南长途南下郧西，又返回洛南，向东进军卢氏，转进西边蓝田等地战斗，横扫国民党反动统治的罗网，扩大党和红军的影响，广泛发动群众。经过这个步骤和调查研究，省委决定先把根据地建立在陕南山阳、镇安、郧西、旬阳四县边区。以武装斗争为先导，开始革命根据地的建设，这样就造成了“工农武装割据”的新局面。

我们又要依靠红军战斗的胜利，宣传、组织和武装群众，建立革命政权。如果没有各种斗争形式配合武装斗争，支持革命战争，也不能把根据地建立起来。我军在进行战斗的同时，全军上下都执行发动群众的任务，并派出部分部队和干部，分散去做地方工作。正确实施党的政策，打垮反动民团，镇压土豪恶霸，没收地主土地和财物，分配给贫苦农民，扩大红军，建立游击队、抗捐军等群众组织和人民政权，群众革命运动就深入广大农村。有了人民群众拥护的革命政权，就具备了在军事、政治、经济、文化等各个方面形成红色区域的条件。等到1935年1月国民党军队进攻时，我们已开始打下了创建根据地的基础，红军的抗敌作战也有可靠的依托了。

敌人总是要“围剿”红军。红军战斗的胜利，主要取决于粉碎敌军的进攻。但是，发动群众和打破“围剿”，是保卫和发展根据地的同一个过程。

1月下旬，蒋介石命令河南四十军一一五旅两个团进入陕南，自湖北均县调四十四师一三〇旅进到上津、白河，统归杨虎城指挥，配合陕军一二六旅、警二旅、警卫团对我军“围剿”。红军以运动战结合群众游击战争，先歼灭一二六旅三个多营，然后在我边区北部开辟了蓝田、商县、山阳、镇安、柞水五县边境的工作。继又南下攻克宁陕、佛坪，粉碎警二旅的尾追，打垮五个多营，毙伤敌二百余名，俘团长以下四百余名，开辟了洋县华阳镇地区。红军乘胜攻克洛南，进至商县以东，掀起了豫陕边的革命斗争。为了加强部队建设，我军利用战争空隙，在商县龙驹寨集中进行了战备整训，提高军事技术，开展了形势与任务的教育和反“围剿”的动员。

蒋介石于4月间，调动鄂豫皖边东北军六十七军三个师及郑州九十五师进到陕南，会同四十军、四十四师、陕军一部，共计32个至34个团，以大于我十五倍以上的兵力，对我第二次“围剿”，并限令于三个月内全歼我军。5月上旬，敌六十七军九个团和九十五师三个团从洛南县向南，四十四师四个团从郧西县上津向北，同时进攻。四十军五个团、陕军三十八军四个团、警二旅两个团、特一旅两个团，从南到北部署在安康、镇安、柞水、蓝田一条长线，在西面对我军进行阻击。

我们在战役前，将毛主席在中央根据地胜利粉碎敌军第三次“围剿”的指导方针，在干部、战士中进行了教育。我军应用这一方针，对敌先拖后打：打乱敌人进攻部署，疲劳敌人，空舍清野，困饿敌人；以运动战和游击战相结合，各个击破敌人。开始，我军突然由南向北进入商县、洛南，毙伤敌200余名，缴枪百余支，敌军便改变了南下进犯的部署。但我军又大踏步转向东南，打下富水关，占领青山街，俘敌官兵170余人，把敌军拖到外线。我军出敌不意，远途袭取了荆紫关，并歼守敌一个多连。这就完全打乱了敌军部署，拖疲了敌人。我军再快速转向商南县，诱敌深入到根据地中部，在游击师的配合下，打了袁家沟口一战，全歼敌警一旅，毙伤敌300余名，俘敌旅长唐嗣桐及官兵1400余名，缴枪千余支。这次战役中各地党政机关动员组织群众、游击队，空舍清野，开展游击战争，积极参军参战，有力地援助了红军。这一胜利，使蒋介石歼灭我军的狂妄企图彻底破产。当我军胜利地粉碎敌军“围剿”之时，省委书记徐宝珊同志病逝于龙驹寨，由吴焕先同志继任省委书记[①]。为完成宝珊同志的遗志和未竟的革命事业，我们掩埋了他的遗体，继续战斗。

省委率红二十五军入陕五个月后，一个初具规模的游击根据地在斗争中诞生了，红军也发展壮大了。这时已有了党的鄂陕、豫陕特委，有了数十个乡的革命政权。游击队发展到3700余人，有了鄂陕六个游击师，豫陕四个游击大队，华阳地区两个游击队。声势浩大的群众运动猛烈高涨。“枪杆子里面出一切东西。”这就是革命战争的真理。这也破坏敌人后方，调动敌军分兵同我作战，有力地配合了主力红军北上。接着，我军完成了由陕南到陕北的长征。我军于1935年9月16日到达延川县永坪镇，同红二十六军、二十七军胜利会师了。

10月下旬，中央红军进抵甘泉下寺湾一带，在陕北高原见到周副主席。周副主席热情地对我说，一年前的夏天，派我到鄂豫皖去，也因为大冶兵暴部分部队和鄂东南红军合编为红十五军，渡江到鄂豫皖区，成为鄂豫皖红军的一部分，他们曾是同我一道战斗过来的。他对干部就是如此体贴入微，肝胆相照！事隔40余年，至今仍然感人肺腑！

红二十五军从出发时的2980余人，已扩大到4000余人，增强了军政素质和战斗力。留在鄂豫陕游击根据地的一个营和负伤的干部、战士编为七十四师，在郑位三同志领导下，坚持了根据地和游击战争。

---

① 据吴焕先1935年7月17日给中央的报告，中共鄂豫陕省委书记徐宝珊于1935年5月9日在龙驹寨病逝后，吴焕先为代理省委书记。

节选自程子华:《为党掌握武装而斗争——回忆在周总理教诲下走过的胜利历程》,《红旗》1978年第8期。

关于红二十五军创建鄂豫陕根据地的一些情况

郭述申

一

红二十五军遵照党中央创建新根据地的指示离开鄂豫皖苏区以后，经过艰苦转战到达了豫西伏牛山区，后来又冲破敌人层层追堵进入陕南地区。我们为什么要离开伏牛山？不到陕南行不行？我们从伏牛山南面的鲁山到栾川一带，看山不是山，尽是悬崖峭壁，上不去。村子尽是土寨子，进不去。中央叫我们到伏牛山建立根据地的意见，经过考察，不行。河南国民党统治比陕西严。我们改变了原来打算，从河南的卢氏、官坡、兰草进入陕西，决定在湖北、河南、陕西交界地区发动群众，坚持下去。

那时，1934年，陕西国民党的苛捐杂税有几十种，连小地主也不满意，陕南群众非常贫苦。纷纷起来抗捐抗税，阮英臣还组织了抗捐军。这里的群众条件很好，同时也是敌人统治比较薄弱的地区，因此我们决定在这里留下来，创建根据地。当时主要是扩大共产党在群众中的影响，首先我们坚决执行三大纪律、八项注意。记得从兰草出发时，一个战士鞋子破了，穿了老百姓的一双鞋，我们立即开会处理，群众围着我们，替这个战士讲情。群众都说他们从来没有看见过这样好的军队。我们从龙驹寨走，没有踏坏一根青苗，群众说真是秋毫无犯。到了集镇路口，给贫苦商贩烧水喝，帮助他们解决具体困难，每到一地，群众都热情给我们带路。棣花镇有家染房，主人跑了，我们战士虽然没有衣服穿，但一点布、一件衣也不动，还把染房保护起来。“左”倾路线时，到集镇大小商店都没收。我们到商洛后，政策有改变。每到一地，先作调查：大体了解情况，掌握群众深恶痛绝的豪绅进行打击；对开明的，对同反动政府有矛盾的绅士，则采取统战政策。争取阮英臣①就是统战工作的一例，阮英臣组织抗捐军，我们主动和他们联系，给他支持。我们到商洛后广泛宣传红军主张，并用自己严格遵守群众纪律的实际行动，来扩大红军的影响。很多老年人说：我们活了七八十岁，从未见过你们这样的好军队，真是仁义之师。开初，给群众分粮，他不敢要，我们就晚上送到他的门口，第二天门一开就是粮食，他说是“神兵天降”。

我们到陕南，红四方面军在川陕，刘志丹在陕北取得了胜利。我们在陕南创建根据地，对陕北是支持，对进攻川陕苏区的敌人也是个牵制。

二

红二十五军在鄂豫陕省委领导下开始初创鄂豫陕根据地时，为了加强地方工作，决定派我和陈先瑞同志一起下到鄂陕特委工作。我是书记兼游击司令部政委，陈先瑞同志是游击司令部司令。我是第一任，接替我的是戴季英，戴以后是郑位三。我们下去带了一个连的武装力量，还有工作人员，活动地方在鄂陕边界的二天门、茅坪等地。镇安县城我们占领过它，是红军到陕南占领的第一个县城。我们在地方工作主要是发动群众，建立政权，组织武装，发展党这几个方面。

---

① 阮英臣，陕西山阳县人，时任鄂陕四路游击师师长，后被错误杀害，新中国成立后追认为烈士。

我们对新参加的红军战士做工作，注意培养，接收入党，白明峻[①]他既然是政委，就肯定是党员。他说在湖北二天门是我介绍他入党的，那有可能。因为我当时也直接介绍积极分子入党。湖北二天门这个地方我还记得，地势险峻，群众很贫苦，人口不多，还有些回民。我们当时活动地方就在镇安东南，接近郧西、山阳。……我们司令部在二天门住过，也在附近住过，在这里也发展过党员。

我们鄂陕工委（或特委）当时建立有地方政权，有农会。我们下去不久，店垭子、米粮川、白塔、茅坪等地都建立有地方政权，叫苏维埃政权。也发展了少数党员。

当时是有些游击队的，记得有阮英臣、阮开科[②]的游击队。夏云飞[③]是我们红军党组织派到阮英臣游击队去工作的，后来他俩就带着部队和红二十五军一块北上了。至于孙光领导的武装力量，这是红军北上后，陈先瑞同志留下搞起来的。陈先瑞同志在那里的时间长，他很清楚。

我总感到鄂陕边的群众好。群众对红军非常欢迎。我们的病号、伤号，都放在群众家里，群众和军队亲如一家。我们住在二天门、店垭子，靠的就是群众。我们的主张，我们的纪律，我们的行动，都得到群众的欢迎和拥护。那些地方人口少，群众生活贫苦，但对红军确实好。

选自中共陕西省委党史资料征集研究委员会编：《陕西省党史专题资料集（二）鄂豫陕革命根据地的创立和发展》，第211—215页。

---

① 白明峻，陕西省镇安县人，时任鄂陕五路游击师政委。

② 阮开科，陕西省山阳县人，时任鄂陕九路游击师师长，后叛变投敌，被敌谋杀。

③ 即夏云廷，时任鄂陕四路游击师政治部主任兼战斗营政委。

鄂豫陕革命根据地的创建

陈先瑞

1934年12月初，红二十五军经过千里转战，胜利进入陕西省东南地区。12月10日，鄂豫皖省委在洛南县庾家河召开会议，决定以鄂豫陕三省边区为立足之地，创建新的革命根据地。会议作出了《关于创建新苏区、新的革命根据地的决议》，确定了建立新区的方针、任务等重大问题，从此，开始了新苏区的创建工作。

鄂豫陕革命根据地的创建经过

鄂豫陕三省边界地区，包括陕西省东南部的洛南、商县、商南、山阳、镇安、柞水、宁陕、佛坪、旬阳等县；湖北省西北部的郧西、郧阳等县；河南省西部的卢氏、淅川等县。这个地区，北靠秦岭，南濒汉江，境内悬崖峻迭。地势险要，敌人统治比较薄弱，便于我军活动。我军到来之前，党和红军已在这一带传播过革命影响：1928年5月渭（南）华（县）起义部队，曾在此组织过农民协会，打击土豪劣绅；1932年冬，红四方面军，红三军先后从此经过；1933年5月，陕北红二十六军南下也到过这里。人民群众对党和红军有一定认识。这里的人民群众，在封建势力和国民党反动政府残酷的压迫剥削下，苦难深重，反抗强烈。尽管当地党组织遭到破坏，但群众自发的抗粮抗捐斗争，仍然此起彼伏。

省委庾家河会议，分析了在这一地区创建根据地的有利条件，认为摆在党面前的紧急任务，是要争取群众，扩大红军，打破敌人的进攻，迅速创建新的革命根据地。为此，要求“每个党、团员以至动员每个战士进行群众工作。在我们准备长期工作的地方，一到就进行群众大会和没收分配工作，组织群众、武装群众……解除民团的武装，消灭境内的国民党匪军，建立苏维埃政府”。省委强调在重大的转变面前，必须“向全党同志深切指出当前的形势与任务，坚定每个共产党员的意志和胜利信心……为着当前的光荣事业和任务而斗争”。并指出在新的任务与困难面前，要反对悲观失望、消极退却的右倾机会主义；同时也要反对“死守”拼命的急躁情绪。会议还决定改鄂豫皖省委为鄂豫陕省委，为创建鄂豫陕苏区而斗争。

庾家河会议当天，我军就以“中国工农红军北上抗日第二先遣队政治部”的名义，编印了《什么是红军》的张贴传单，就中国工农红军的性质、宗旨、任务以及有关政策，广为宣传。同时，派手枪团政委带30多人到商洛地区开展新区工作并成立了商洛特委。接着，整编了部队。按照省委规定的方针、任务，采取大回旋的军事行动，南下郧西，北返洛南，东入卢氏，西进蓝田，以武装斗争为先导，扫除民团武装，摧毁国民党在广大乡村的统治基础，打击地方反动势力。我军所到之处，镇压土豪恶霸，将没收的大批财物分配给穷苦农民。一些“吃饭照影影，睡觉看星星”的贫苦群众，分得了粮食和住房，许多衣不遮体，“白天钻草窝，晚上去干活”的人家，也分得了衣物。少数群众不敢公开接受斗争果实，我军就在夜里将衣物、粮食悄悄送上门去，于是群众到处传说红军是“活神兵”！广大贫苦群众从苦难中逐渐觉醒，认识到红军是自己的军队，共产党是穷人的大救星，都打心眼里高兴。

12月底，我二二三团正在镇安县九甲湾（今属山阳县）发动群众，军领导命令我（当时任该团政治处主任）带七连到郧西、山阳、镇安等地打游击，配合主力开辟根据地。部队命名为“鄂陕游击师”，由我担任师长。军政委吴焕先说明了省委创建鄂豫陕根据地的意图和决心，指示我们要积极宣传“五抗”（抗捐、抗税，抗粮、抗债、抗丁），发动群众打土豪，分田地，摧毁保甲组织，消灭反动民团，团结改造“刀会”武装，扩大红军，建立“抗捐军”和苏维埃政权，配合红军主力部队活动。我们下去后，按照省委和军领导的指示积极开展工作，很快打开了局面。

1935年1月9日，我军一举攻克镇安县城，发布了《中国工农红军第25军为占领镇安县告群众书》，号召工农群众团结起来，打土豪分田地，生产兴业，造成工农群众自己的镇安县。随后就在镇安、旬阳、郧西、山阳等四县边区，横扫民团，宣传“五抗”，发动群众镇压豪绅恶霸。于镇安县的白塔、茅坪、店垭子、大小米粮川，郧西县的一、二、三天门和丁家坪等地，成立了第一批区、乡苏维埃政权。这时，主力部队抓紧时间进行休整，扩大了400多名新兵。我们则利用这一有利时机加强根据地建设，组织群众为部队筹粮备款、做衣做鞋，训练地方武装，培训苏维埃干部。这样，我军很快就在南部四县边区开创了第一块革命根据地。

正当我们全力创建新苏区时，蒋介石对我发动了第一次“围剿”。驻河南的第四十军一一五旅两个团开入陕西省南部，驻湖北均县的第四十四师一三〇旅三个团向西北推进，配合陕军一二六旅、警二旅，警卫团等部向我军发动进攻。1月下旬，陕军一二六旅、警二旅进至镇安城以东以南地区，向我逼近。省委和军领导指示我游击师，作好新苏区的工作，保护好群众，积极主动牵制敌人。主力则由山阳、郧西交界地区北上袁家沟口，出现在敌人背后。当敌一二六旅跟踪追来时，我军抓住作战先机，以迅雷不及掩耳之势，在蔡玉窑、文公岭歼其三个多营，其余敌人见势不妙，慌忙向南退去。

蔡玉窑、文公岭两次战斗，敌一二六旅损失严重，一时不敢继续进攻。我军则乘胜在蓝田、商县、山阳、镇安、柞水等五县边区开展群众工作，建立地方游击队、抗捐军，以缴获的部分枪支武装群众。先后在蓝田县葛牌镇，柞水县红岩寺、曹家坪，山阳县小河口、袁家沟口、牛耳川、杜家沟等地，建立了一批区、乡苏维埃政权。于是在北部五县边区又开创了第二块革命根据地。

为巩固刚建立的根据地，我军于2月5日，发布了《关于商业政策问题》的布告，宣布我党的“商业政策原则是：保证贸易自由，反对奸商，取消一切苛捐杂税、厘金关卡，实行统一的累进税”。并颁布商业管理“暂行条例”，提出只没收反革命分子的商业资产，保证正当经商，保护行商，对小商户免税等政策。这些政策的宣传和贯彻，扩大了我党我军的影响，稳定了根据地的集市贸易，促进了商业流通，活跃了经济。

鄂豫陕边区，有许多贫苦群众自发组织的“大刀会”、“红枪会”等武装，他们以抗捐抗粮为宗旨，同土豪恶霸作斗争，但由于缺少正确领导，组织涣散，纪律松弛。我军对这些“刀会”武装进行了团结教育和改造，派去干部加强领导，同时组建了各区、乡游击武装。到2月初，省委在柞水县红岩寺组建了第三路游击师，在山阳县袁家沟口改造了当地的大刀会，编为第四路游击师。不久，省委决定，将我们在镇安县店垭子改造的红枪会，编为第五路游击师，将在郧西二天门一带建立的游击队编为第六路游击师，将在旬阳大小新川组建的游击队编为第七路游击师，将在山阳唐家河改造的红枪会编为第九路游击师。为统一领导鄂陕边南部四县和北部五县边区根据地工作，指挥各路游击师的斗争，省委决定建立鄂陕特委和鄂陕游击总司令部，郭述申为特委书记（后戴季英、郑位三相继任特委书记），我为游击总司令。七连扩编为总部战斗营，随总部行动，各路游击师根据特委和总部的指示，有分有合地行动。这样，省委和军领导的指示能及时传达贯彻，推动了根据地的建设。

两块根据地的开辟，对敌人造成了很大威胁。2月中旬，敌人加紧向我军进攻。我主力部队为掌握主动，先南下郧西，尔后西进到洋县华阳地区。3月10日，在石塔寺打垮尾追之敌陕军警二旅，歼敌五个多营，乘胜开辟华阳地区。在很短的时间内，建立了华阳、石塔寺、商家坝、吊坝河、瓦子沟、红石窑、小华阳等七个乡的革命政权，没收了土豪劣绅财产，分配了地主的土地，并派出几十名骨干到地方工作，分别组建了华阳、茅坪两支游击队和数百人的抗捐军。从而，建成了第三块革命根据地。当时，省委决定由鄂陕特委、鄂陕游击总司令部统一领导与指挥这里的工作和武装斗争。

3月下旬，我军向商洛地区行动，经柞水、蔡玉窑、曹家坪，于4月初到达蓝田县葛牌镇。至此，粉碎了敌人的第一次“围剿”。

这时，我先后建立的几块根据地已连成一片。在鄂陕特委领导下，分别以袁家沟口和红岩寺为中心，建立两个区委，健全区、乡苏维埃组织，成立基层农民协会、妇女会、儿童团等群众组织，分配土地，进行优待红军家属工作，开办地方干部流动训练班，同时还建立了后方机关、医院和物资基地。从而建立了根据地的中心区。

省委根据当时形势，决定开辟东部鄂陕边界地区。4月18日傍晚，我军攻克洛南县城，广泛张贴和散发《关于商业政策问题》的布告。第二天，在城隍庙召开群众大会，吴焕先政委讲了话，军政治部宣传队还演出了《纺线》、《抓兵》等反映穷人翻身的节目。会后，将反动豪绅开办的粮行、货栈的粮食、财物分配给贫苦群众，对正当经营的店铺，都按政策加以保护。我军还释放了在押的“抗捐犯”70多人。广大群众在战斗胜利和翻身解放的鼓舞下，革命情绪不断高涨，青壮年纷纷参军。攻克洛南的半个月内，我军扩大新战士600多人。洛南附近几座小煤窑的一些工人也参加了红军，为红二十五军增添了工人阶级的成分。

接着，我军在洛南、商县、商南、卢氏等四县边区，大力进行开辟根据地的工作。因商洛特委战斗失利，军领导决定收回洛南游击队，又派方升普等带领二二五团八连到地方开展群众工作。我军很快在孙家山、北宽坪、桃坪、峦山、庾家河、留仙坪、灰池子、七盘磨、刘家花屋、梨园岔、腰庄等地，建立了一批区乡苏维埃政权，成立了地方游击队，并没收分配了地主的土地和财物，创建了第四块革命根据地。5月初，省委为巩固与发展豫陕边革命根据地，决定建立豫陕特委和豫陕游击师，郑位三为特委书记（6月由李隆贵接替），方升普为游击师师长，曾焜为政委。游击师辖二二五团八连（后改为第一游击大队）和第二、三、四游击大队。

在主力部队开辟豫陕边区时，鄂陕特委和游击总司令部，领导各地游击部队，积极打击敌人，配合主力部队行动。第三路游击师扫除了红岩寺、曹家坪、蔡玉窑的反动武装；第四路游击师先后消灭了二道沟税警队和牛耳川、金井河民团；第五路游击师摧毁了旬阳县潘家河乡公所，没收12家恶霸地主的财物，分给2000多户贫苦农民；鄂陕游击总部战斗营和郧西地区游击队，袭击关防铺等据点，捣毁了“郧西铲共义勇军”在三天门的老巢；华阳游击队也主动予洋县保安队以打击，在通往汉中的公路上截获敌军用物资30多担，并两次打开佛坪旧城。

红二十五军入陕五个月的艰苦斗争，不仅在军事上取得了一连串的胜利，歼灭了陕军一二六旅三个营，警二旅、警三旅大部，先后攻占镇安、柞水、宁陕、佛坪、洛南等五座县城，而且在根据地建设上，也取得了显著成效。省委曾三次开会研究根据地的创建问题，批评了主张入川的错误思想，克服怕苦畏难情绪，坚定创建根据地的决心，并先后派出郭述申、郑位三等同志领导鄂陕、豫陕特委工作。这两位同志，在鄂豫皖苏区时，分别任皖西北和鄂东北道委书记，有丰富的地方工作经验，在创建鄂豫陕根据地中，又作出了新的重要贡献。省委还派出军事干部和主力连队，加速开辟根据地工作。因此，在短短的几个月，部队发展到3700多人，地方游击师、抗捐军发展到2000多人，并在蓝田、柞水、镇安、山阳、旬阳、洛南、商县、商南、郧西、卢氏和华阳地区，建立了四块根据地，成立了两个特委，发展30多名党员，培训数百名骨干，先后成立了鄂陕边区苏维埃政府和十个区、46个乡、314个村的苏维埃政权，苏区人口近50万，耕地面积90多万亩，初步建成了鄂豫陕革命根据地。

依托根据地，打破敌人第二次“围剿”

红二十五军在不断取得作战胜利的同时，创建了鄂豫陕革命根据地，造成了轰轰烈烈的群众斗争局面，使反动派大为震惊。蒋介石于1935年4月20日，命令进攻鄂豫皖苏区的东北军王以哲第六十七军三个师、驻郑州的唐俊德第九十五师开入陕南，同第四十军、第四十四师和陕军一部，共30多个团的兵力，统由杨虎城指挥，向我发动第二次“围剿”，并限令在三个月内将我军全部消灭。

为了做好粉碎敌人“围剿”的准备，提高部队战斗力，省委决定利用敌人第二次“围剿”尚未到来的间隙，抓紧战斗整训。5月4日，我军在商县龙驹寨（今丹凤县城），开展了练兵运动，同时进行了形势教育和反“围剿”的政治动员，还结合总结反“围剿”斗争经验，整顿支部、改进领导作风，进一步提高干部指挥水平，加强连队和机关的建设。

5月9日，鄂豫陕省委书记徐宝珊病逝，由吴焕先同志代理省委书记。就在这时，敌第六十七军九个团和九十五师三个团展开在洛南县城以东以北，向南进攻；第四十四师四个团由郧西县上津向北进攻；第四十军五个团，陕军第三十八军四个团、警一旅两个团、警二旅两个团，则从南到北依次配置于安康、镇安、柞水、蓝田一线，在西面堵截我军。我察觉敌人的进攻企图后，于5月11日结束整训，南下郧西地区。5月下旬，省委在郧西地区开会，根据我军反“围剿”斗争的实践和中央根据地第三次反“围剿”斗争的经验，针对陕南山大沟深、交通不便、敌人机动和补给都有困难等情况，决定各路游击部队就地开展游击战争，牵制敌人，配合主力作战，同时发动群众坚壁清野，积极参加反“围剿”斗争；主力部队则采取“诱敌深入，先疲后打”的方针，寻机歼其一两个师（旅），以运动战和游击战相结合，打破敌人的“围剿”。

6月初，我军由郧西县二天门出发，向北直插商县地区。这时，各路敌人正分别向东南开进，企图寻我主力决战。4日夜、5日晨，我军先后在商县夜村及商洛镇附近，与敌一一〇师、一二九师遭遇，毙伤敌团长赵绍宗（伤）以下200余人。战后，我军继续向北，插到敌六十七军背后。这时，敌人原来指向东南的进攻矛头，不得不改而向北；一〇七师由商县迂回到洛南县城东南，迎面堵击我军：一一〇师和一二九师跟踪尾追；四十四师由山阳继续北上。我军见敌人密集，决心放弃先打东北军的计划，掉头转向东南，继续在外线活动，以便进一步调动、分散和疲劳敌人，创造战机。

6月10日，我军从庾家河直奔东南。13日包围商南县城，14日打下富水关，继而进占青山街，俘敌四十四师营长以下官兵170多人。这一突然行动，使北顾商县、洛南之敌又被牵向东南，纷纷尾追而来。军领导决定继续向东南行动，而后远程奔袭荆紫关。

荆紫关为鄂豫陕三省边界要地，有敌四十四师后方临时补给站，守敌比较薄弱。为出敌不意，我军以手枪团化装成敌四十四师的部队，于15日下午4时出发，经130里急行军，16日逼近荆紫关，没费一枪一弹，将关外之敌缴械，迅速进到城下。守敌发觉，急闭城门，向我开火。我二二三团跑步赶到，搭人梯登上城头，残敌向东南逃走。荆紫关战斗，歼敌一个多连，活捉敌四十四师军需处长，并缴获大批军用物资。

我军奇袭荆紫关后，敌第六十七军三个师、第四十四师和陕军警一旅等部，均向荆紫关蜂拥而来。这时，敌军的部署已被完全打乱，部队也拖得相当疲惫，士无斗志，锐气大减。为甩开密集之敌，我军又挥师西进，以继续分散和疲劳敌人，拟将敌诱入根据地中心区，然后选择有利战场，歼其一路。

为配合主力部队行动，在我军于外线活动期间，根据地各游击部队和人民群众，也积极行动起来。许多群众主动为部队送情报，当向导，运送粮食弹药，转移伤病员；游击部队、抗捐军到处割电线，断交通，侦察敌情，袭击和阻击敌人，配合主力作战；农协会、儿童团、妇女会等站岗放哨、做军鞋、备干粮。我军主力包围商南县城奔袭荆紫关时，豫陕游击师指挥各游击大队，占领梨园岔与腰庄之间的有利地形，顽强阻击尾追之敌六七个小时，毙伤敌150多名，并全歼景村联保队，奔袭五里川民团，消灭武关镇保安队，为主力大踏步进退创造了条件。

6月17日，我军经郧阳县南化塘、商南县赵家川等地向西挺进。25日，到了根据地边沿的黑山街。这时，各路敌人都被甩在后面，距我最近的警一旅，也有四天路程。军领导决定，哪一路敌人先到，就消灭哪一路。部队进行了战斗动员和紧张的准备工作。在这一带活动的三、四路游击师，积极配合主力部队侦察敌情，封锁消息，准备参战。根据地的各级党政组织，动员群众，组织担架队、救护队，随时保证部队需要。

6月29日下午，陕军警一旅追到黑山街附近，我军稍与接触后，即向根据地中心区袁家沟口退去。袁家沟口及其以西的桃园岭一带，是一条长约十多里的深沟，两侧山高林密，便于部队隐蔽，军领导当即选定这里为伏击战场。为诱敌进入伏击圈，我军离开袁家沟口，向西北红岩寺撤去。7月1日，警一旅追到袁家沟口。我军则连夜返回桃园岭，作了具体部署：二二三团占领袁家沟口北面一线高地；二二五团两个营占领袁家沟口西南的东沟、李家沟南侧高地，另一个营占领桃园岭及其以东地区；第三、四路游击师在袁家沟口以南高地，控制沟口，断敌退路。

部队进入指定位置后，天已经亮了。清晨，大雾弥漫，敌人正在袁家沟口集合，尖兵已经向西出发。军领导立即发出攻击命令。冲锋号一响，我军各种火器突然向密集之敌猛烈射击，敌人顿时乱成一团。我二二三团首先从北面发起冲击，猛扑敌群，敌人慌忙向西逃跑，又遇我二二五团居高临下迎头打击。这时，群山号响，满谷杀声，我军战士像一把把尖刀插向敌群，同敌人展开白刃格斗。经过一番激战，敌大部被缴械。旅长唐嗣桐率残部向南突围，遭我二二五团一部和第三路游击师阻击，便占据一个小寨子顽抗。经我军多次猛攻，残敌全部被歼。这一仗，毙伤敌

300余人，俘旅长唐嗣桐以下1400余人，缴各种枪千余支。这是一次极为出色的歼灭战，充分反映出红二十五军这支英勇善战的部队，在战略和战术运用上的成熟和提高。

战后，主力部队进行休整，游击师打扫战场。附近各村的群众，敲锣打鼓把猪羊送到军政治部，热情慰劳红军。袁家沟口区苏维埃政府还召开了祝捷大会，军民共庆袁家沟口战斗的巨大胜利。

袁家沟口战斗后，各路敌人均不敢贸然行动。我军乘胜东进，尔后转入外线，北出终南山，威逼西安。至此，敌人妄想在三个月内消灭我军的第二次重兵“围剿”宣告破产。

坚持根据地的斗争，配合红军主力长征

红二十五军在威逼西安的行动中，从报纸上得悉中央红军和红四方面军已在四川省西部会师，并有北上动向。省委在沣峪口召开会议，作出了西征北上的战略决策，并决定留下鄂陕、豫陕两特委合并为鄂豫陕特委，领导游击武装坚持鄂豫陕根据地的斗争，以配合红军主力在川陕甘边的军事行动。

1935年7月16日，红二十五军踏上继续长征的道路。主力部队走后，根据地的斗争形势十分严重。敌人继续以第六十七军王以哲部、四十军庞炳勋部、九十五师唐俊德部、四十四师萧之楚部、陕军警二旅和特务团等20多个团的兵力对我“围剿”，妄图以“分割包围”、“各个击破”的手段，消灭我鄂豫陕边区的游击武装，彻底摧毁我根据地。

面对敌人的重兵“围剿”，鄂陕、豫陕两特委领导游击部队和人民群众，同敌人展开了英勇顽强的斗争。为了拖住敌人，保证主力部队的行动，9月9日，两特委在商南县梁家坟举行联席会议。会议决定：树立独立坚持斗争的思想，以根据地为中心，同时向外发展，广泛开展游击战

争，吸引更多的敌人，减轻红军主力的压力；正式合并两特委为鄂豫陕特委，各游击武装合编成七十四师，由郑位三担任特委书记，我任师长、李隆贵任政委、方升普任副师长兼参谋长、曾焜任政治部主任。采取灵活机动的游击战术，扬长避短，同敌人"兜大圈子"，寻机消灭敌人，保存自己，坚持到最后胜利。这次会议，对我们长期坚持鄂豫陕边游击战争，打破敌人"围剿"，配合红军主力长征，保存和发展革命力量，有着重大的意义。

红七十四师在鄂豫陕特委领导下，继承和发扬红二十五军的传统作风，不畏强敌，不怕艰难困苦，靠集体的智慧和力量，以灵活机动的游击战术和坚定正确的斗争方针和策略，同几十倍于己的敌人进行了殊死的战斗。首战青铜关，奇袭宁陕县，攻占佛坪城；在西（安）汉（中）公路上炸公路、烧桥梁、割电线、打军车，闹得敌人派飞机侦察；敌人重兵来了，我们翻山越岭而去，小股敌人来了，我们设伏迎敌。就这样红七十四师转战于鄂豫陕三省边区的24个县，经历大小战斗上百次，攻占两座县城，歼灭敌人正规部队和地方反动武装4000余人，缴获各种枪3000余支，先后打破了敌人三次"围剿"，自身得到了发展壮大。

1936年9月，经四川北上的红二方面军东出陕甘边，发动成（县）徽（县）两（当）康（县）战役，迫使围追红七十四师的敌人大部调走。为了策应红二方面军的行动，我们派手枪团政委带一支部队，尾敌西去，侦察情况，骚扰敌人。大部队积极转战于镇安、柞水、洛南、商南等县，以求吸引住敌人。在商南县罗家湾附近西（安）荆（荆紫关）公路上，我们打垮了公秉藩别动队的一个大队。接着北上，威逼卢氏县城，而后在华山脚下转了一个大圈，并派少数部队登上华山，张贴标语，大造声势。红军"闹华山"的消息不胫而走，搅得敌人四处告急。后来，毛泽东同志曾问过我们这一段情况，并说中央红军在西北取得西征胜利，你们在东南"闹华山"，配合得好啊！

西安事变爆发后，我们接到了中革军委副主席周恩来的信，派李涛同志前来传达了中央指示，从此我们便在党中央、周副主席指挥下战斗。1937年1月，我们东进灵宝、潼关间，阻止国民党亲日派部队入陕。这时红七十四师发展到2000余人，编为三个战斗团。不久，接到周副主席电令，回师商县与红十五军团会合，1月22日，我们和由红二十五军与陕甘红军合编的红十五军团在商县胜利会师。军团领导徐海东、程子华、王首道对我们坚持鄂豫陕根据地的斗争给予很高评价，说红军长征的胜利也有你们的份儿，你们坚持鄂豫陕根据地的斗争，牵制了敌人，配合了红军主力在西北的行动，为取得胜利做出了很大贡献。

1986年1月于北京

选自中国人民解放军历史资料丛书编审委员会编：《红军长征·回忆史料（1）》，解放军出版社1990年11月第1版，第214—223页。

立足鄂豫陕边

陈先瑞

我们红二十五军经过千里转战，于1934年12月上旬胜利进入陕西省东南地区。12月10日，中共鄂豫皖省委在洛南县庾家河召开会议，决定以鄂豫陕三省边区为立足之地，创建新的革命根据地。这次会议，由于敌人的进攻而没能开完，但会议及时作出了《关于创建新苏区、新的革命根据地的决议》，确定了建立新区的方针、任务等重大问题，从此，开始了新的革命根据地的创建工作。

中共鄂豫皖省委和红二十五军，为什么要选择鄂豫陕边为立足点呢？今天回忆起来看，主要基于四个方面的考虑。

第一，鄂豫陕三省边界地区的地形山势便于红军活动。鄂豫陕三省边界地区，主要包括陕西南部的洛南、商县、商南、山阳、镇安、柞水、洵阳（今旬阳）、宁陕、佛坪、洋县等县；湖北西北部的郧西、郧县等县；河南省西部的卢氏、淅川等县。这个地区，北靠秦岭，南濒汉江，峰峦叠嶂，悬崖陡峭，山高林密，地势险要，自古就是兵家割据称雄的战略要地。明朝末年，农民起义军李自成率部，曾在这里几进几出，在中国农民革命的历史上，写下了光辉的篇章。红军在这里可以迂回辗转，便于游击活动。无论是打、藏、走，都十分有利。

第二，这里敌人统治势力比较薄弱。作为湖北、河南的一隅边区，统治者鞭长莫及，作为陕西的东南部地区，是杨虎城的统治势力范围。杨虎城与蒋介石的矛盾很深。红二十五军入陕时，蒋介石还未能统一鄂豫陕三省边界地区军队的指挥，追堵我军的国民党军，大都没有进入陕西境内。而杨虎城此时正忙于北攻陕北红军，南拒川陕红四方面军，西和蒋介石嫡系朱绍良、胡宗南等勾心斗角，一时尚难集中更多的兵力来对付红二十五军。这正是红二十五军立足、创建新根据地的有利时机。

第三，中国共产党和红军在这一带传播过革命，人民群众对党和红军有一定的认识。1928年5月渭（南）华（县）起义部队，曾在此组织过农民协会，打击土豪劣绅，宣传中国共产党的主张；1932年冬，徐向前同志领导的红四方面军曾路过这里，在漫川关突围后，经汉中进入四川；贺龙同志领导的红三军也曾转战于商洛山中，与敌激战于“关中四塞”之一的武关，随后取道洵阳，渡过汉水，南下湘鄂边区；1933年5月，陕北红二十六军南下也到过这里。这些，都给当地人民以深刻影响，留下了不灭的火种。

第四，这一地区封建势力和反动政府对人民的压迫剥削极为残酷，土地和山林大部分掌握在地主手里，苛捐杂税多达数十种，抓丁、派夫、高利贷盘剥和兵连祸结，人民苦难深重，反抗强烈。尽管当地党组织遭到破坏，但群众自发的抗粮抗捐斗争仍然彼伏此起。人民群众的反抗意识和争取自由的斗争，是我们创建新根据地的重要基础。

另外，这里在与川陕红军、陕北红军的相互配合上，与鄂豫皖根据地的呼应上，都有着重要意义。可以说，在这里创建新根据地，与上述三处有着战略上的呼应作用，居三足鼎立之中心。

由上可以看出，鄂豫陕边区一带地域在敌人薄弱的条件上，群众生活苦容易发动斗争的条件上，在同川陕苏维埃运动与红军的配合上，在地势的条件上，无论如何是适合创建新根据地的。因此，鄂豫皖省委在庾家河会议上提出：摆在我们面前的紧急任务是加强争取群众工作，猛烈扩大红军，打破敌人进攻，迅速创建新的根据地。

就在省委庾家河会议讨论得正热烈时，从东山上传来激烈的枪声。

原来，在朱阳关、五里川堵击我军的敌第六十师发现了我们的行踪，采取抄近路，由鸡头关方向经七里荫岭进到庾家河东山坳口上，与我军设在那里的排哨接上火。敌人发起进攻不久，军部手枪团就赶到了。枪声一响，省委会议也立即停了，军长、副军长先后带着部队冲上山去，与敌人展开了激烈的争夺战。徐海东带我们二二三团首先冲了上去，这时，敌人的一个团已经抢占了东山坳口，并凭着有利地形，向我军发起猛攻。如果我们顶不住，就会被压下山沟里。那样一来，我们就遭灾了。为此，徐海东指挥第二二三团拼死地向敌人冲锋，夺回了坳口。接着程子华、吴焕先带着第二二四团、二二五团跑步赶来，攻占了坳口南北两侧高地，协同二二三团打退了敌人的进攻。这时，敌人又上来两个团，再次向我发起冲击。于是，全线展开了激烈地争夺坳口和两侧高地的战斗。很明显，谁占据了这些高地，谁就避免挨打被歼的结局。刹那间，漫山遍野刀光剑影，杀声震天，步机枪对射，手榴弹轰鸣，一拨一拨的冲锋，一群一群的刺刀格斗，达到了白热化的程度。整个战斗，我军指战员打得英勇顽强。经过20多次的反复冲杀，终于挫败了敌人的进攻。黄昏时分，敌人利用大雾掩护，向卢氏方向退去。这一仗，打死打伤敌军300多人，我军亦伤亡100余人。军长程子华、副军长徐海东均负重伤。

我因伤势没好，没能参加这次战斗，上面回忆的战斗经过，是我后来听说的。之所以要在这里写出来，是因为这一仗在红二十五军历史上是很重要的一仗，影响很大。庾家河一仗，有效地打击了死死咬住我军不放的敌人，使红二十五军暂时摆脱了困境，站住了脚跟，为打开陕南的斗争局面，奠定了军事的和政治的基础。

在庾家河会议当天，我军就以“中国工农红军北上抗日第二先遣队政治部”的名义，编印了《什么是红军》的张贴传单，就中国工农红军的性质、宗旨、任务以及有关政策，广为宣传。记得战后的第二天，我们就接到这份传单，我当时虽然伤未痊愈，但形势不容人，必须立即开展行动。我先在营里作了部署，后又召开全团政工干部会议，以团政治处的名义提出了具体要求，在创建新根据地中，要以政治宣传来扩大影响，树立党和红军的威信，使人民群众对我党我军从认识到相信，最后到支持。

按照省委制定的创建新根据地的方针，红二十五军展开创建新苏区的工作。我军采取大回旋的军事行动，南下郧西，北返洛南，东出卢氏，西进山阳，以武装斗争为先导，扫除当地民团武装，摧毁国民党在广大乡村的统治基础，打击地方反动势力。我军所到之处，镇压土豪恶霸，将没收的大批财物分配给贫苦农民。一些“吃饭照影影，睡觉看星星”的贫苦群众，分得了粮食和住房。许多衣不遮体，“白天钻草窝，晚上去干活”的人家，也分得了衣物。少数群众不敢公开接受斗争果实，我军就在夜里将衣物、粮食送上门去。群众到处传说红军是：“活神兵！”广大贫苦群众从苦难中逐渐觉醒，看到红军是自己的军队，共产党是穷人的大救星，都打心眼里高兴。

一场创建新根据地的运动，在鄂豫陕边界地区轰轰烈烈地开展起来。红军在此立足、生根、开花，结出了胜利的果实。

选自陈先瑞：《陈先瑞回忆录》，解放军出版社1999年3月第1版，第98—102页。

接受新任务

陈先瑞

在战争年代，我们经常主动要求承担新任务。部队一驻下来，或大战前夕，营、团干部都经常活动，打听有什么新任务，听到点什么风声就逐级找领导要任务。大家知道，有任务就有仗打，就有事干。那时，部队最不愿意休整，一驻下来超过三天就觉得手脚发痒。这次到陕南不久，我就接到一项任务，这次任务改变了以往的规律，使我的革命生涯发生了很大转变。

12月下旬的一天，我率部队正在镇安县九甲湾（今属山阳县）发动群众，突然接到军部命令，让我立即到军部报到，说吴焕先政委要找我谈话，这时，我的伤还未痊愈，走起路来还有些一瘸一拐的。但我也顾不得这些了，立即交代完工作，便向军部赶去。

已是冬天的陕南，虽说还不十分寒冷，可是各种植物都已落叶，满山光秃秃的，山石耸立着。山间小路除了裸露的石头外，就是沙土，小草也枯黄萎缩在地面上，偶有松柏树还有点绿色。我着急赶路，也顾不得看这些了，深一脚浅一脚地往前奔。

军部就在离九甲湾不远的一个山沟里。

我来到军部一进门，就看到吴焕先政委手上拿着两叠《什么是红军》、《关于商业政策问题》的布告，站在那里沉思。这两份布告，是我们发动群众、宣传群众到处张贴的，看到吴政委拿着，我心里想，是不是又交给我们去张贴呀！我高声喊了一句："报告！"

吴政委从沉思中发现了我，急忙用手指着桌边的木椅子说："先瑞同志，快过来坐。"然后，他把布告摊在了我的面前，开门见山地告诉我："领导上决定把你留下，就留在这一带打游击，你有没有把握？"

听说要把我"留下"，我心里很吃紧，半晌也没吭声。我想了许多：从长征出发，到卢氏负伤，我已经两次差点儿被留下，现在伤势好转，可以带部队工作了，怎么又决定让我留下？这突如其来的决定，让我一时不知该怎么表示才好。我愣了一会儿，才说："我还兼着三营政委的工作……"

吴政委马上表示："我知道，就因为这个原因，才决定你带领三营七连，就地留下。"

我又讲道："我腿上的伤口也快好了，能跟上部队行军打仗的……"

吴政委笑了笑说："这我也知道。正因为你可以行军打仗，才决定把你留下。考虑你的伤情，决定给你派一个大个子警卫员，万一遇到什么紧急情况，背起你就走……你放心，绝不会把你丢给敌人的。"

看来，这时吴政委并不了解我的心情，我也不知道吴政委的用意。但我讲的几条理由吴政委都考虑到了，还能说什么呢？部队初到陕南，人生地不熟，这担子虽重，但能不挑吗？能在困难面前畏惧吗？这不是我们共产党人的作风。想到这，我便试探着问："我们留下的具体任务是……"

吴政委高兴了。他知道，我一问具体任务，就说明在考虑如何干的问题了。

吴政委先讲了省委创造新根据地的战略意图，然后说："你带一个连下去，就地开展群众工作，部队名称为鄂陕游击师，你担任师长。决定让你下去，我们心中是有数的，知道你能够单独完成任务。就地开展游击战争，也不是件容易的事儿，你要有充分的思想准备。"

接着，吴政委又明确提出四条任务：第一，要了解边界地区的民情地形，尽快熟悉和掌握地方情况；第二，要以“五抗”（抗捐、抗税、抗粮、抗丁、抗债）为斗争口号，广泛发动群众，镇压土豪劣绅，摧毁地方反动势力，建立苏维埃乡村政权；第三，要不断发展和扩大游击武装，建立起当地的武装组织，开展游击战争，配合主力红军的行动；第四，要与红军主力保持联系，将单独活动情况和敌情动态，及时向上级领导作出报告。

最后，吴政委拉着我的手说：“在这人生地不熟的边界地区创建新根据地，这是一项艰巨的任务。你们下去也如同全军一样，困难不小，会遇到挫折和麻烦的，但要记住，不要怕失败，不能灰心丧气，即使是受点损失，也还可以重整旗鼓，东山再起。这两年，我们在大别山遭受的挫折失败，也够严重的了，失败了再干，干革命就是这个理儿！”

吴政委这几句话，说得我心里热乎乎的，好像燃起了一把火。我当即表示：“一定完成任务。只要是革命斗争的需要，我坚决服从组织决定。请军领导放心，决不辜负党对我的信任。”

吴政委还告诉我，军里几个领导都分头到部队去了，我们现在的主要任务是发动群众，建立红色政权，站稳脚跟。派你们下去，这也是军领导经过再三研究的。大部队准备要北上，在更广泛的范围内活动。你们是撒下去的火种，要在这里生根开花。你们把脚跟站稳了，政权建立起来了，根据地巩固了，就为大部队活动创造了条件，任务还是很重的。

吴政委工作很细，又跟我讲了许多具体开展工作的办法。我从心里热爱我们这位军政委。他在军中的威信是十分高的。从鄂豫皖到陕南，红二十五军没他不行。我不愿意下地方工作，也有怕离开政委的想法。总觉得无论碰到什么困难，只要吴政委在，就没有解决不了的。我们下去了，离吴政委远了，再有什么事可怎么办呢？好在吴政委说，他们会经常来往路过的，因此，我心里也就踏实了许多。

临离开军部前，吴政委还告诉我，要注意和中共商洛特委建立联系。

自此，我离开了主力红军，开始了鄂豫陕边的游击战争生活。

选自陈先瑞：《陈先瑞回忆录》，解放军出版社1999年3月第1版，第103—106页。

建立游击武装，配合主力创建新区

陈先瑞

我接受任务后，按照吴政委的指示，首先把带的第二二三团七连六七十人，分成若干小组，以自然村为片，发动群众，宣传“五抗”，打土豪，分田地，镇压豪绅恶霸，铲除“地头蛇”，摧毁保甲组织，消灭反动民团武装，建立抗捐军、游击队和苏维埃政权，团结改造“刀会”武装，很快在镇安县店垭子、大小米粮川一带打开了局面。接着，又向郧西县的大小新川、两河口发展，建立起比较巩固的根据地。

由于这一带的兵灾匪祸连年不断，各种苛捐杂税、地亩粮草、夫子壮丁等，名目极其繁多，农民群众有着迫切的反抗苛捐杂税的要求，我们一提出“五抗”的口号，群众马上响应，犹如烈火干柴，一点就燃。因此，我们的工作进展很顺利。

我一直记着吴政委在我临离开前交代的与商洛特委建立联系的事。因此，在工作有了基础后，曾派人去联系过。原来，在我们下去前，省委曾派手枪团政委宋兴国和军部少年先锋队队长程启文等30多名同志下到商洛地区开展工作，并成立了中共商洛特委，因一次战斗失利，特委书记自杀，特委不复存在，剩下的人组成了洛南游击队，就地坚持斗争。我们联系几次没联系上。后来，听说他们又回到了主力红军中，就没有再去联系。

在我们开展建立游击武装的同时，主力部队也在做这项工作。1935

年2月，省委先后在柞水县红岩寺组建第三路游击师；在山阳县小河口组建第四路游击师；在郧西县二天门组建第六路游击师。我们又相继把鄂陕游击师在镇安县大小米粮川建立的游击武装编为第五路游击师；在郧西县大小新川建立的游击武装编为第七路游击师；在山阳县唐家河建立的游击武装编为第九路游击师。与此同时，并在上述地区建立了区乡苏维埃政权。这些路游击师的建立，陆陆续续直到6月份才全部改编完。

为统一领导鄂陕地区的工作和指挥各路游击师的斗争，省委决定建立中共鄂陕特委和鄂陕游击总司令部。特委书记开始为郭述申，一个月后，郭述申调为红二十五军政治部副主任，由军参谋长戴季英接任，以后，又由郑位三接替戴季英。我为游击总司令。七连扩大为总部战斗营，随总部一起行动。

当时的鄂陕特委和游击总司令部组织很简单，除特委书记、司令员外，只有几个参谋、几个政工干部。各路游击师的具体情况是：

第三路游击师，师长汪世才，政委李志英，约200人，主要活动在商县、柞水县的牛槽、红岩寺、九间房、曹家坪、蔡玉窑、凤凰嘴等地。

第四路游击师，师长阮英臣（本地人），政委夏云廷（夏云飞），500余人。主要活动在山阳县、商县的袁家沟口、小河口、马家山、黑山、药王坪等地。

第五路游击师，师长冯易彬（红枪会首领），后为孙守山（孙光），政委白明俊[①]（本地人），约200人。主要活动在镇安、洵阳县的店垭子、米粮川、两河、小河等地。

第六路游击师，师长叶忠让，后为萧大喜，约100人。主要活动在郧西、洵阳县的庙川、一、二、三天门、潘家河、佛爷庙等地。

第七路游击师，师长余心德，政委张祖祥，约100人。主要活动在郧西、洵阳县的大小新川、两河等地。

---

① 应为白明峻——编者注。

第九路游击师，师长阮开科（红枪会首领），政委李洪章，号称千余人，其实没有那么多。主要活动在山阳县的唐家河等地。

鄂陕特委和游击总司令部，根据斗争形势，采取个别交代或召开游击师领导会议等，来指导各路游击师活动和地方工作。各路游击师按照特委和总部的部署开展活动，多数时间是单独活动，遇有主力作战需要配合时，就采取几路同时行动，并经常派人和总部联系，互通情报。

在各路游击师中，第四路游击师是吴焕先政委亲自组建的。这一情况，我听当年任四路游击师政委的夏云飞（当时叫夏云廷）讲过几次。我想在这里多回忆一段，以表对吴焕先政委的怀念。

那是1935年2月上旬，红二十五军再次进驻山阳县袁家沟口。一天，一个农民打扮的中年人来到军部，声称要见军长。吴焕先政委热情地接待了他。这个人自我介绍叫阮英臣，曾在国民党杂牌军中当过副官，因对国民党欺压人民不满，返回家中，常为穷人打抱不平，许多穷人都听他的招呼，他曾组织穷人反抗过几次反动政府的苛捐杂税。他说："我们这一地区很穷，国民党的苛捐杂税很重，加上地主的租粮和高利贷的压榨，穷人没有出头之日，我愿意拉起抗捐的队伍，我来就是穷哥们推举的。"吴焕先政委得知阮英臣的来意，非常高兴。赞扬了他为穷人做好事的行动，并给他讲解了共产党和红军为穷人求解放的宗旨，讲了"五抗"的政策，同意他回去组织人员，三天后把队伍带来，红军给他们发枪，加编番号，派人领导他们闹革命。阮英臣高高兴兴地去了。

当天下午，吴焕先就把夏云飞、吴华昌（后改名吴振挺）、王义庆三人找到军部，向他们讲了阮英臣来的情况，并说明组织决定把他们留下，开展当地群众工作，掌握这支武装，三个人组成中共山阳西区工委，夏云飞为书记，负责武装斗争，吴华昌和王义庆负责政权建设。吴政委还和他们谈了开展工作的要求，做好他们的工作。

第三天上午，阮英臣就拉来90多人。在袁家沟口的河滩上，举行了第四路游击师命名大会。吴政委宣布了阮英臣为鄂陕第四路游击师师长，夏云飞为第四路游击师政委，还将一面鲜红的军旗授予阮英臣。最后，军部将三挺轻机枪、80支步枪，一批子弹、手榴弹发给游击师。就这样，在吴焕先政委的一手组织下，第四路游击师成立了。此后，第四路游击师在袁家沟口地区很活跃，配合我们游击总部和主力红军打了不少仗，在当地很有影响。

3月上旬，红二十五军西进抵洋县华阳镇，在石塔寺打垮了陕军警二旅两个团。尔后，省委又派魏文建等几十名骨干下去，分别组建了华阳、茅坪两支游击队和数百人的抗捐军，并决定归鄂陕特委和游击总司令部领导。由于我们在鄂陕边，他们活动在华阳镇的石塔寺、商家坝、瓦子沟等地，相距较远，实际上彼此没有联系。

4月中旬，红二十五军攻克洛南县城。为了开辟洛南、商县、商南、卢氏等四县边区，省委和军领导决定派方升普等带第二二五团八连到地方上开展群众工作。他们先后在孙家山、北宽坪、桃坪、峦庄、庾家河、留仙坪、灰池子、刘家花屋、梨园岔、腰庄等地，发动群众，分地分粮，建立了一批区乡苏维埃政权，成立了地方游击队，扩大了根据地。

5月初，省委为巩固和发展豫陕边根据地，决定建立豫陕特委和豫陕游击师。特委书记郑位三，师长方升普、政委曾焜，统一领导这一地区的工作。一个月后，郑位三到我们鄂陕特委任书记，由李隆贵任豫陕特委书记。豫陕游击师下辖：

二二五团八连（后改为第一游击大队），连长张海波，指导员袁崇安；

第二游击大队，队长刘传根，政委李传彬；

第三游击大队，队长李震远，政委张培真；

第四游击大队，队长李思明，政委胡从真；

全师近500人，主要活动在豫陕边区。

在鄂陕游击总司令部、豫陕游击师的领导指挥下，各游击武装都积极开展活动，组织人民群众进行斗争，巩固和扩大了根据地，革命斗争形势和游击战争蓬勃发展。

中共鄂陕、豫陕两个特委分别直辖于中共鄂豫陕省委（此时鄂豫皖省委已改为鄂豫陕省委），鄂陕游击总司令部，豫陕游击师直接归省委和红二十五军指挥。我们除配合主力红军外，相互之间也有配合。

在各自的游击战争中，我们鄂陕游击总司令部的第三路游击师歼灭了曹家坪保安队。第四路游击师先后消灭了山阳县的二道沟税警队和牛耳川、金井河民团。第五路游击师摧毁了洵阳县的潘家河乡公所，没收12家恶霸地主的财产，分给200多户贫苦农民。潘家河群众中当时流行一首庆祝翻身的歌儿，其中唱道：

山高遮不住太阳，黑夜过去天要亮。
洪水滚滚掀波浪，潘家河来了共产党。
共产党像太阳，它的恩情赛爹娘。
潘家河水哗啦啦响，要翻身得靠共产党。

与此同时，鄂陕游击总部战斗营和第六路游击师，袭击关防铺等据点，捣毁了“郧西铲共义勇军”在三天门的老巢。

豫陕游击师，在我军主力包围商南县城、奇袭荆紫关时，占领梨园岔与腰庄间的有利地形，顽强阻击尾追主力部队的敌人六七个小时，毙伤敌150余人。他们还全歼景村联保队，奔袭五里川民团，消灭武关镇保安队，为主力部队大踏步进退创造了条件。

华阳游击队也主动对洋县保安队以打击，在通往汉中的公路上截获敌人军用物资30多担，并两次打开佛坪县旧县城。

各游击部队还组织人民群众为主力部队送情报、当向导，积极运送粮食，转移伤病员；派出小股游击队割电线、断交通，侦察敌情；动员农协会、儿童团、妇女会等群众组织，站岗、放哨、做军鞋、备干粮和救护伤病员，有力地配合和支援了主力部队的行动。特别是当红二十五军在袁家沟口歼灭陕军警一旅时，我鄂陕游击总司令部第三路、四路游击师给予了紧密地配合，直接参加了堵敌退路的战斗并及时为主力提供敌情，配合行动。战后，由游击师负责打扫战场。

回忆到这里，我想补充个情况。在我们开展地方游击战争的时候，中共鄂豫陕省委曾举行几次会议，因我们游击总部活动不定，没能参加会议。其中在5月份省委于葛牌镇召开的扩大会议上，我被选为省委委员。这可能是考虑到对游击战争的领导问题而决定的。这对巩固和扩大根据地是有利的。这样，鄂陕边有我和郑位三同志是省委成员，豫陕边有李隆贵同志。

选自陈先瑞：《陈先瑞回忆录》，解放军出版社1999年3月第1版，第107—113页。

血染庾家河　陕南建苏区

胡继成

我们进至铁锁关，敌人主力还在卢氏县一带严加防守，做着歼灭红二十五军的美梦呢！

铁锁关口根本没有敌人主力防守，只有部分陕东南本地民团守关。战斗打响不久，我们即将民团击溃。我们没费多大力气，就破关进入陕南。

我们入陕南后，蒋介石赶紧急调陕军冯钦哉部四十二师两个团，从潼关、华阴仓促奔陕南洛南县城和景村、三要司等地阻击我军。

我二十五军先头部队，在三要司与敌一个营接火。敌人凭借三要司南部的九泉山一带高地，顽强阻击我军前进。

军首长指挥二二五团迎着九泉山东南侧陡岩，正面实施攻击，其余部队则绕西侧向敌人背后攻击。有一个外号叫“猴子”的营长，带领八连从背后攀上山顶，与敌人展开肉搏战。在正面部队的夹击下，他们很快将九泉山上一营守敌歼灭。

通过九泉山，我们翻过一道莽莽苍苍的山岭，走了一天路程，进至洛南县庾家河宿营。

到达庾家河后，省委认为这里山大林密，可以考虑在此建根据地了。这时的鄂豫皖代理省委书记是吴宝珊。老省委书记沈泽民在七里坪、鄂东、皖西战役接连失败后，宣告承认错误行动方针失败，在湖北黄安紫云寨主持召开鄂豫皖省委第三次扩大会议，亲自执笔，向党中央写检讨报告，转变军事斗争方针，使红二十五军有了转机获得新生的机会。会后不久，沈泽民同志就病死在黄安以北老君山东的刘家湾了。

部队到达庾家河次日上午，吴宝珊同志召集省委常委开会。这时，我在二二三团当参谋。当时，我们没侦察员，为了及时打探敌情，一大早我便去找群众探路。我发现一间草房里有位30岁出头的壮年男子用刀划破竹烟管，正在刮里面的烟油和竹屑，便问，老乡，你这是在干什么啊？这男子不好意思地说，哎……断烟好几天了，没烟抽，闷得慌，劈开烟杆刮些烟油竹屑点燃抽抽，解解闷儿。我发现他烟瘾这么大，又是位老实人的样儿，便抽出一支卷好的叶子烟点燃递给他说，来，给你解解馋。

这男子看见烟卷，眼睛一亮，满脸喜悦，忙在破衣服上擦了擦手，把烟卷接了过去。

这男子抽了几口，顿时来了精神，话也多了起来，连连问我有什么事需要帮忙的，尽管开口。

我看他不像坏人，便对他说，我们行军太累了，我想让士兵们好好休息半天，你是本地人，路熟，你马上沿着鸡头关方向大路替我们打探敌情，一旦发现有国民党军队开过来，就赶紧用最快的速度，跑回来告诉我们。现在，我先给你两块大洋，你跑出去在20里外等着，发现动静，速回来报，未发现敌情，就藏在路边等候半天，下午我再派人来换你。他老婆见我说话和气，又给银元，忙说，长官，别找别人了，就我去换他吧，我不比他跑得慢，又是女人不引人注意。我说，好好好，就这么办，这里还有几支毛烟，你全带去，注意安全。我们是红军，叫同志，不叫长官，你这是在给红军办事，红军是穷人的队伍，你要像给自己家里办事一样认真，快去吧！

这男子连连点头，接过烟卷就往门外走，他妻子又往他怀里塞了两根烧红苕，他转眼便消失在了大雾里。

派走那男子后，我赶紧赶往庾家河镇东山坳排哨处等候消息，万万没想到，不到半个时辰，那个派出去的男子就气喘吁吁地跑回来报信。还离我老远，他就连连叫喊：同志，同志，国，国军跑步赶，赶来了，人马很多，看不清有多少，只见不断线似地往这边涌来。

我见情况紧急，立刻派人去向军部报告，马上指挥部队排哨隐蔽散开，准备战斗。

敌人来的真快，我派去报告的人刚走，敌人的先头部队就从庾家河东七里荫岭迂回向东山坳口扑来。我排哨当即向敌开火。

敌人来得太多，我排哨寡不敌众，战斗一开始，敌即以一个团的兵力夺取了东山坳口的有利地形，向庾家河镇内发起猛攻。

省委正在开会，听见枪响的同时，前哨排报信的战士也赶到了。

省委立即停止开会，徐海东副军长立即率二二三团飞奔镇外以猛烈的火力夺回了东山坳口。与此同时，军长程子华和政委吴焕先也分别带二二四、二二五团跑步抢占了镇东南北两处高地，协同二二三团阻击进攻之敌。

战斗打得非常激烈，敌人的火力非常猛。开战不久，副军长徐海东的面颊便被敌人子弹纵向洞穿，从耳后打出，身负重伤；军长程子华两个手掌亦被敌子弹击穿。

军政委吴焕先见军部两个领导负伤，立刻身先士卒指挥部队英勇反击，用刺刀、手榴弹与敌人进行殊死拼搏。二二四团团长叶光宏一条腿被敌机枪子弹打断，仍不下阵地，坚持趴在地上指挥作战。七连一挺重机枪接连牺牲三名射手，仍未停止射击，始终死死压住敌机枪阵地火力。

这次战斗，整整打了一天，从早晨一直打到黄昏。敌六十师虽然是有备而来，但我军火力也不弱。离开鄂豫皖老区整编时，我们每个连都装备了九挺机枪，火力很强。

整个战斗中，我军伤亡了100多人，敌六十师伤亡了300余人。

庾家河战斗的当天晚上，我红二十五军撤出战斗后，立刻转洛南县蔡家川掩埋烈士、安置伤员。我们给每个人发30块大洋养伤费，给接收伤员的群众每人发十块大洋，很快就把伤员安置好了。与此同时，军部下令撤销二二四团，将二二四团战余人员分别编入二二三团和二二五团。这么多任务，一夜之间就完成了。次日凌晨5点，部队即离开蔡家川，转移南下。

我们从蔡家川以南经郧西，北返洛南。东入卢氏，西转蓝田，敌六十师再未敢跟踪追击，庾家河战斗的较量，使它畏惧我军三分。

甩掉了敌人暂时的"追剿"，我军迅速进行大回旋行动，扫除陕南各地的民团武装和反动政权、镇压恶霸地主，将没收的大批财物分配给穷苦农民，很快在陕南造成了很大影响。

我们经过红岩寺、凤凰咀，打下镇安县时，部队一天就增加300多新兵。这一带很穷，我们途经山阳县西小河口时，一群群十六七岁的大姑娘没衣服穿，跪在路边喊：红军行行好，我们肚子饿坏了，求求赏我几个钱……大兵升班长、班长升排长、排长升连长、连长升营长、营长升团长、团长升师长、师长升军长……

我们许多战士见这场面，都感动得热泪盈眶，像见了自己的亲妹妹落难似的难受，很想多给她们一些铜板。但那时大家身上都没有钱。五个铜板以上的浮财就要交公。许多战士拿不出钱，当场就把衣服裤子脱下，穿在了那些小妹妹身上。——这个行动在当地引起群众极大震动，我们在那儿住一天，又收了300多新兵。

省委见这儿各方面条件都好，便下决心在这儿建立根据地。省委首先派二二三团政治处主任陈先瑞（1975.10—1987.12任成都军区政委）带该团七连，到镇安、山阳、洵阳、郧西四县边区发动群众，展开创建新区的工作。

随后，我军主力北返洛南，消灭景村民团后，省委又调手枪团政委宋兴国等同志带领手枪团第二分队，与当地农民武装大刀会组成陕南抗捐第一军（后改为洛南游击队）。这儿群众基础好，曾有过成立抗捐军的历史。

1935年1月初，我二十五军主力再度南下，攻克镇安县城，歼敌保安队一部，救出大批穷人“抗捐犯”，并缴获了许多棉花、布匹，很快解决了全军的冬服问题。

部队在镇安发布告群众书，号召工农劳苦群众团结起来，打土豪，分田地，捉拿反动首领，镇压地主恶霸，铲除“地头蛇”，摧毁敌统治基层保甲组织，建立苏维埃基层政权。在郧西一天门、二天门、三天门地区，分别召开群众大会，发动群众没收、分配地主的土地、粮食、财物。没用多长时间，便把群众发动起来了。这样，很快即在镇安的白塔、茅坪、大米粮川、小米粮川和郧西的一、二、三天门以及丁家坪等地，建立了陕南第一批区、乡级苏维埃政权。

建好这块苏区，我们北回红岩寺，西去秦岭边陕北刘志丹率领红军南下活动过的佛坪县打了一仗。打下佛坪以后，我们发现城里只有100多户人家，没法住，又回身转至葛牌镇、蓝田县住了几天，到处为群众做好事。

此时，蒋介石开始调河南敌一一五旅两个团及湖北边界的敌四十四师三个团，配合陕军两个旅一个团“围剿”我陕南新区。1月下旬，陕军一二六旅、警备第二旅，进至镇安县城以东、以南地区，向我军初建的陕南根据地逼进。

我二十五军立刻展开兵力迎战。为了争取战场主动性，各个击破来犯之敌，我们初从山阳、郧西交界一带的袁家沟口出击，尔后又转到凤凰咀，突然出现在敌人背后，敌人慌忙掉头尾追。

等到敌人主力掉过头来，我主力急进柞水县蔡玉窑设伏，待敌一部分人马追到伏击圈里时，我主力突然予以打击，击溃敌两个营，歼敌一个营，敌人赶紧夹着尾巴逃走了。

这一仗后，我们又转到葛牌镇以南文公岭一带备防。这时，天降大雪，群众忽然来报，敌有两个团兵力来攻我军。我们得信，立刻抢先占领文公岭一带高地，以猛烈的火力歼敌两个多营。

经过蔡玉窑、文公岭两次战斗后，敌军受重创，不敢再来进攻。我们乘胜入陕东南蓝田、商县、山阳、镇安、柞水五县边界发动群众，建立地方游击队，扩大红军队伍，开辟了第二块根据地，把北起葛牌镇，南到双河口、一、二、三天门，东起湖坪，西至米粮川等一大片地区连成了一片。我们在这里和群众一起过了一个愉快的春节。过完春节后，部队向东运动，至龙驹寨一带活动。

龙驹寨是西安通向陕东南荆紫关去湖北公路干线上的一个大镇，当时就有500多户人家。在这里，发生一件违纪小事，对群众影响很大。这个镇上当时有许多穷女人卖身，有两个不懂事的战士去了，部队知道后，开群众大会将这两名战士当场枪毙了。这事对当地老百姓震动很大。有人说，"龙驹寨两头尖，街上王八起串串。"卖身的女人大都家境贫寒，战士不懂，处分一下就行了，不该杀。可部队向群众宣传说，红军必须严正纪律，红军应该打富济贫，不应该趁人之危去欺负受穷的女人。事后，红军在这一带威信提高很快，我们迅速在鄂豫陕交界处建立了一片可靠的根据地。许多伤员转到这里养伤，被群众收为了女婿不放行，部队去人做了许多工作，他们才笑着放人归队。（康纲联整理）

选自康纲联：《穿过硝烟的年月：成都军区原副司令员胡继成将军征战史》（根据胡继成口述整理），长征出版社2003年2月第1版，第41—48页。

陕南反“围剿”　西进入甘肃

胡继成

1935年2月中下旬，中共鄂豫陕省委在陕南根据地郧西二天门召开第20次常委会，讨论红二十五军如何单独在陕南扩大发展革命根据地问题。省委一些同志提出，自庾家河战斗后，领导同志和党团干部伤亡较大，二十五军应该入川会和红四方面军，不然，春荒来临，部队行动困难，敌人来“剿”，凶多吉少。但大多数同志否定这种意见，认为应克服困难，在陕南单独建立根据地符合革命形势。同时认为，二十五军要发展和巩固陕南革命根据地，不应被动守在中心根据地等着和敌人拼杀，应主动到富足地方去筹粮、发展根据地。

会后，省委立刻决定成立中共鄂陕特委和鄂陕游击司令部，任命郭述申（后为戴季英、郑位三）为特委书记，任命陈先瑞为游击司令，统一指挥鄂陕边郧西、洵阳、镇安、山阳四县边界地区和陕东南镇安、山阳、商县、柞水、蓝田五县边界地区的对敌斗争。主力部队离开中心根据地西进开辟新区，配合四方面军的陕南战役。

3月初，我军连克宁陕、佛坪两座县城，进至洋县华阳镇，和从郧西尾追我军的陕军第二旅在华阳打了一仗。我们在华阳东南石塔寺附近设伏，突然出击敌人，打垮敌人五个多营兵力，毙、伤敌200余人，伤敌旅长张飞生，俘敌团长以下400余人，缴获长短枪500多支。

战后，我们乘胜开辟华阳地区根据地，把60多户地主、恶霸的3000

多亩土地分给1000多户农民耕种，将没收地主的900多石粮食分给穷苦群众，派干部下地方宣传、组织群众，很快在华阳、石塔寺、商家坝、吊坝河、瓦子沟、红石窑、小华阳等七个乡建立了苏维埃革命政权，成立了华阳革命委员会，建立了华阳革命根据地。

建立这块根据地后，整个陕南根据地得到扩大，我们行动活动的范围更广了，实力雄厚了，便试图向南打通与川陕革命根据地的联系。但是，我军行至城固县小河口附近时，发现敌人在汉水以北防堵严密，又悉红四方面军已回师川北，于是，只好重返华阳根据地。

经过一段时间的考察，我们发现华阳地区根据地不如陕南活动范围大，于是，只留下游击队在那一带活动，主力部队又东进回陕东南中心根据地。

我们经柞水、蔡玉窑、曹家坪，于4月初回到蓝田葛碑镇。陕军警备第三旅一路跟踪追击，我们在葛牌镇南的九间房地段设下埋伏，一举打垮其两个团，俘三旅旅长以下1000余名官兵。至此，彻底粉碎了敌人对我陕南根据地的第一次“围剿”。

在这次战斗中，我们深感没有电台实在太不方便，我们自离开鄂豫皖根据地后，就与中央失去了联系，现在既不知道中央有什么指示，也不知道我红四方面军的具体位置和行动情况，没法与上级联系。战斗一开始，政委吴焕先就对我们说，这次哪怕牺牲一个连，也要弄部电台沟通和中央的联系。

歼灭陕军第三旅后，果然缴获了敌人一部电台，可惜，敌操作电台人员死的死、逃的逃，我们抱回了电台却不会用。我们有一位参谋琢磨了半天，把那玩艺儿弄响了，能听收音机了，但不知道和中央联系的密码，还是没法联系。

我红二十五军两三千人在鄂豫陕革命根据地东奔西走，闹得轰轰烈烈，人力、财力和武器弹药，都得到了很好的补充。国民党陕军两个旅“围剿”惨遭失败，国民党政府大为震惊，决定立刻组织第二次大

“围剿”。

1935年4月中下旬，蒋介石再次调动原进攻鄂豫皖革命根据地的敌六十七军三师和驻郑州的敌九十五师，协同敌四十师、四十四师和陕军三个旅共30多个团的兵力，对我鄂豫陕根据地红二十五军进行第二次“围剿”。

我军开赴商县龙驹寨整训一周，准备迎战。

5月初，随军行动的省委第二任书记吴宝珊，不幸病逝于龙驹寨，红二十五军政委吴焕先代理鄂豫陕省委书记。

5月上旬，敌人第二次“围剿”开始。敌军以三个团兵力在洛南县城以东、以北展开、向南进攻；以一个团的兵力由郧西上津向北进攻；其余敌军从南北依次配置于安康、镇安、柞水、蓝田一线，在我主力西面实施堵截。

5月下旬，鄂豫陕省委在郧西地区召开紧急会议，研究反“围剿”的作战方针和计划。会议根据徐海东同志的建议，针对陕南大山沟、交通不便，敌人机动和补充给养都有很大困难的实际情况，决定留各游击师就地坚持发动群众坚壁清野，在根据地中心开展游击战；主力乘敌东北军立足未稳，首先北上歼其一部，然后再“诱敌深入，先拖后打”。以运动和游击相结合的方式，力争歼敌一两个师，粉碎其第二次“围剿”。

会后，我军主力北上商县迎敌，但见东北军与各路敌军驻防密集，不便进攻，立刻果断放弃打东北军的计划，掉头向东南行进。

敌人刚刚布防重兵堵西，见我军主力忽然北上，赶紧调整计划向北围来。待敌赶至北部，我军早向东南走了。

6月中旬，我二十五军主力从庾家河出发，向东南急进，迅速包围商南县城，继而攻占富水关、青山街，俘敌四十四师营长以下170多人。

敌人见我军向东南运动，又由商县、洛南追向东南。我军见状，留一团在马蹄店阻击敌军，其余部队大胆远程奔袭敌荆紫关守军，打开入湖北通路，造成欲出关奔湖北的假象。

荆紫关位于鄂豫陕三省边界要隘，是敌四十四师后方临时补给站，驻敌一个民团防守。我二十五军手枪团化装成敌四十四师部队，经60公里急行军，比敌四十四师先到一天。

我手枪团通过荆紫关外围警戒线时，关内500余名守军误以为是敌四十四师先头部队赶到，大开关门，出外列队欢迎。

我手枪团入内召集敌守军开会，以检查枪为名，缴了敌人一部分枪械，敌发现后开火，但我手枪团已控制有利地形。

双方打得正激烈，我关外后续部队二二三团迅速跑步赶到，搭人梯强行登上墙头，迅速占领了全关。

这次战斗缴获了敌人许多武器弹药、军用物资和银元，还生擒了敌一位少将军衔军需处长。全军每人发了一块银元，士气大振。

敌人见我军奔袭荆紫关，慌忙收拢部队奔来。等敌人赶到时，我军早离关西撤，往根据地中心走了好长一截路了。敌人不甘心，连夜组织部队追赶，又被我根据地各路游击队打得惨败。至此，敌四十四师还未与我主力交火，就因长途奔走劳累、疾病、饥饿和游击队攻击，减员三分之一。

随后，我军主力头顶烈日，沿着鄂陕交界的崇山峻岭急速西进。6月下旬，在山阳县姚家湾击退敌一一五旅一部阻敌，很快远远抛下敌人，回到了中心根据地边缘黑山街。

回黑山街后，军部决定在山阳小河口地区设伏，以逸待劳，歼灭敌追兵。哪股敌军先到就打哪一股。设伏地点选在小河口袁家沟口。

6月底，陕军唐嗣桐警备第一旅追到黑山街附近，我军将敌诱入小河口西袁家沟一条约五公里长的深沟内伏击。在游击队的密切配合下，不到半天工夫，就全歼警备一旅，生擒旅长唐嗣桐，俘敌1400余人，缴获机枪40挺、长短枪1600余支，军用物资一大批。

袁家沟大捷后，我军乘胜东进，佯逼商县。此时，各路敌人均不敢贸然迎战。为彻底将敌人牵出根据地寻机歼灭，军部迅速急带主力北出终南山，威逼西安。

7月中旬，我军主力经商县杨家斜、蓝田石咀子一线，北出终南山，全歼蓝田焦岱、长安引驾回等地民团，先头部队直抵西安以南十余公里的韦曲、杜曲一带发动群众，动员青年参加红军，吓得西安城内守军、地主、资本家一片惊慌。

我军威逼西安城外韦曲时，从《大公报》上得知中央红军和红四方面军已在川西懋功会师。

我们从离开鄂豫根据地后，就不知道红四方面军和中央红军的准确去向。西去陕南华阳和红四方面军联系未果后，更不知道他们已撤出川北西去了川西北阿坝地区。知道红四方面军和中央红军已在川西会合，我们非常高兴。

就在这时，原中共鄂豫皖交通员石健民从上海经西安到达我军驻地，带来了中共中央几个月前发出的几份文件，并带来了中央红军和红四方面军在川西北会合后即将北上的准确消息。

我军得知这个最新消息后，随军鄂豫陕省委立即在长安沣峪口召开紧急会议，决定率红二十五军西进，北上会合陕甘苏区刘志丹所领导的红二十六军，为中央红军北上建立巩固的陕甘苏区根据地。1935年7月中旬，我红二十五军突然甩掉南北两地背后敌军，西出沣峪口，以我二二三团作前卫，经户县、周至县境，沿秦岭山脉北麓冒雨向西前进。

我们在周至县店子头和马召镇两次打退了陕军骑兵团的尾追。我们占领制高点，用机枪集中火力封锁要道，敌人的骑兵无法靠近。待敌主力部队一一三师大军追到离我大约只有十几公里时，我军隐蔽行动，忽然甩掉敌人，由辛品子向南折入秦岭山中，经青岗砭、宽台子、厚畛子、佛坪旧城、二郎坝等地向南前进，同时，还放风出去，扬言要进攻汉中，又把敌人大部队拖回陕南。

7月下旬，我们到达留坝的江口镇，击溃该地民团，好好休息了两天，在这儿进行了西征、迎接中央红军北上政治思想动员工作，部队士气大振。我红军二十五军还在这里进行了一次整编，将跟配我主力部队作战的第四路游击师280余人，分别编进了军属各团。把在江口镇赶上大部队的华阳地区游击队员和沿途收回的伤员，也编进了各连队。

整编后，我二十五军总兵力达4000余人。

7月底，徐海东亲率我二二三团作先锋，离江口镇，经庙台子、留凤关等地，向陕南西北挺进。二二三团一营轻装奔袭，占领陕甘交界处的双石铺。在这里，我们抓获敌少将参议一名，根据敌参议口供和各敌报、文件分析，证实我川西北红军正在北上，敌胡宗南、鲁大昌、王均、邓宝珊、马鸿宾等各部，正调动部署于川西北和甘南边境、渭河沿线和西（安）兰（州）公路上，堵截中央红军北上。于是，军部立即决定率我二十五军速进甘肃境内。

8月初，我军手枪团和军交通队一部化装潜入两当县城，配合先头部队攻占县城，引全军入甘。（康纲联整理）

选自康纲联：《穿过硝烟的年月：成都军区原副司令员胡继成将军征战史》（根据胡继成口述整理），长征出版社2003年2月第1版，第49—56页。

创建鄂豫陕革命根据地[①]

王诚汉

庚家河战斗期间的中共鄂豫皖省委第18次会议，是红二十五军进入陕南后的一次重大抉择。在如何选择敌人统治的薄弱环节，开创鄂豫陕边革命根据地，迅速发展壮大自己等问题上，正确地解决了摆在转战中的红军面前的主要矛盾。会议认为：鄂豫陕边是几省军阀割据的地方，敌人统治力量薄弱，有的地方是几省军阀谁也不管，可利用敌人之间的矛盾；这一地区有较好的群众基础，山高林密，适应创建新的革命根据地，便于红军游击战争。会议还强调指出：打垮敌人的追击，就有了立脚的可能。当前红军的根本任务，就是要深入发动群众，做好宣传工作，把群众组织起来，迅速扩大红军队伍，以打破敌人的进攻，创建新的苏区，使我军立住脚跟。

为贯彻省委决议，部队整编后，以一部兵力，就地发动群众，以主力主动出击，开辟了郧西、旬阳、镇安、山阳等根据地。1935年1月，敌向我发起第一次“围剿”。经蔡王窑、文公岑两战，敌第一二六旅遭受重创，我军乘胜在蓝田、商县、山阳、镇安、柞水五县开辟根据地，建立游击武装。连克宁陕、佛坪两县，消灭新城的保安队，部队于3月上旬，进抵洋县华阳镇，在华阳东南的石塔寺附近打垮敌警备第二旅的五个营，毙伤敌

① 题目为编者所拟。

人200余人，俘敌团以下官兵400余人。战斗结束后，我军乘胜开辟了华阳地区，建立了华阳、石塔寺等七个乡政权，组织了华阳、茅坪两支游击队和几百人的抗捐军。与此同时，我军还先后在蓝田县葛牌镇、柞水县曹家坪、山阳县小河口、袁家沟口、牛耳川、杜家沟等地建立了区乡苏维埃政权和华阳地区的红色政权。敌第一次"围剿"至此被粉碎。

4月中旬，中共鄂豫陕省委乘反"围剿"胜利之机，在葛牌镇召开省委扩大会议，提出准备粉碎国民党军第二次"围剿"和加紧建设根据地的任务。葛牌镇会议后，我军乘胜东进。4月18日晚，我军攻占洛南县城，当晚部队进城后，遵照军部命令，对群众秋毫无犯，部队均露宿在街道两旁。第三天，召开群众大会，宣传共产党的政策，开仓分粮救济贫民。接着，我军进至洛南、商县以东，深入发动群众，先后建立了五个县工委、二个县和数十个乡的革命政权，并建立了四个游击大队，扩大红军600余人。红二十五军虽经独树镇、庾家河等战斗后减员很大，但经过发动群众，到此时又发展到3700多人，并建立了豫陕游击师；在豫陕地区发展了四路游击师，共500余人，在鄂豫方面发展了六路游击师，共有2900余人。

5月上旬，敌人集中41个团的兵力，对鄂豫陕革命根据地发动第二次"围剿"。鄂豫陕省委在郧西开会研究反"围剿"的作战方针和计划，决定采取"诱敌深入，先疲后打"的方针。6月初，我军自郧西向北，直插商县地区，尔后经商南，奔袭敌荆紫关兵站，歼敌一个营，缴获了大批弹药物资。接着，连续四天急行军，行程560里，转移到根据地边缘的黑山街一带住下，隐蔽待机歼敌。等到第四天，敌人警备第一旅赶来后，军首长吴焕先等亲自指挥我们发起猛烈进攻，经过八小时的激战，毙伤俘敌1700余人，缴枪1000余支。

荆紫关战斗的重要意义并不在于我军占领了该地，而是歼灭了敌人的有生力量，调动了敌军，把敌人拖得筋疲力尽，其他路敌军闻风逃窜，敌"围剿"部署被完全打乱。对于连队基层官兵来说，这一仗给我们留下永久记忆的是在敌兵站缴获了大量的糖和布。有了布匹，我们每人都做了新衣服，并把一部分给了当地的贫穷百姓；每个人都发了白糖，我们就用口缸在山沟中舀点泉水，放入白糖，喝糖水。那段时间连队做饭，做什么都放糖，一切食物都变成了甜的，在我记忆中从来就没有吃过这么多糖。

为了疲劳和调动敌人，6月底，红二十五军从杨家斜出发，翻越秦岭，跨过终南山，占领尹家卫，前锋到达西安南面的引驾回、子午镇，威逼西安，并进行扩军，补充物资，做群众工作，扩大我军的政治影响。这时，我在红二二五团升任四连连长。

在开辟鄂豫陕革命根据地期间，红二十五军有机地把军事斗争、土地改革和根据地建设三者结合起来，充分发挥党的领导作用。鄂豫陕革命根据地的开辟，使红二十五军找到了新的立足点，在南方大部分根据地陷落的情况下，一个新的苏区出现在北方。它与川陕、陕北互为犄角，同时又可以随时向东出入中原，迈出了在中国西北部建立大片苏维埃的第一步。

新根据地创建时期，部队的革命热情异常高涨。我在1953年写的自传里这样写道："到了陕南，敌人更显得软弱，我军每战皆捷，沿途受到了群众的热情拥护，许多农民自动来参加红军，我们也找到了地方党，生活上得到了改善，这更使我切身地体会到我们的斗争不是孤立的，从而改变了在深山打游击时的那种消沉心理。"

毛泽东曾说，长征中的红军是宣传队，是播种机。对此，我的体会是深刻的。红二十五军尽管是在极其艰难的情况下"孤军"奋战，但从来不忘做群众宣传工作，走一路，宣传了一路。敌人的反动宣传在我们未去时很厉害，我们初去时，贫苦老百姓和土豪劣绅都跑了；我们再去时，土豪劣绅跑了，贫苦老百姓则留下来欢迎我们。

我们连队干部利用战斗间隙，经常带领本连指战员走村串户，召开群众大会，散发传单、书写标语，广泛宣传革命道理，宣传"红军是共产党的军队”，“共产党是为劳苦大众谋利益的党”，“帮助穷人废除一切苛捐杂税”，张贴《什么是红军》的油印传单。那时候，我们所讲的革命道理，无非是“打土豪，分田地”一类的事，并无深奥之处，但讲的都是老百姓愿意听的大实话。我们在许多村庄看到贫富悬殊很大，那里的老百姓很苦，许多农妇因为没有裤子遮羞而出不得家门，我们就讲：“乡亲们呀，快起来革命！打倒了地主老财，就有裤子穿了，就可以出门见人，下地干活了！”群众一听就懂，就跟着我们开始闹革命。

在新区开展土地革命斗争还要讲究艺术性。有的贫苦农民担心地主反动势力的报复，不敢参加革命，不来领取红军打土豪所分的财物，甚至把分到的财物又送回土豪家中，分的粮食不敢吃，衣服不敢穿。我们就改变方法，在夜晚把粮食送到穷人家中，藏在他们的床下，不再分衣服等，避免能分辨出是谁家的财物。这一招很灵，群众不再回送粮食，他们可以放心地吃了。群众基础好了，进行革命战争也就有了保证。我们的战士负伤后，可以放心地住在老百姓家中。有一次，我们连队的两名战士在激战中负伤掉队，过了半个月，我们以为他们再也回不来了，惊喜的是就在这时，两名战士在当地老百姓的护送下又返回了连队，他们的伤已经在老百姓家中养好。

这一地区，山连着山，山也很大，从一个村庄到另外一个村庄，有时要翻一天的山，看见村庄也要走半天才能到达。连续行军打仗，大家都很疲劳，而党员干部的带头作用非常重要，政治思想工作在这时显示出其特有的威力。部队每到一地宿营，我们连队干部首先要做的工作主要有三件：一是派出警戒哨兵，保证安全，这在战争环境中是非常重要的；二是调查本地有无土豪可打，以便发动群众，补充自己；三是帮助战士们休息好，挑脚泡，烧热水烫脚，舒络筋骨，要求战士们休息时把脚垫高一点。干部关心战士，还要开展谈心活动，的确比较疲劳，休息时间很少，但这是干部的最重要职责，更是我军的光荣传统。红军在连队中的所有政治工作，即都是为了保持旺盛的战斗力。

在红军时期，总的形势是敌强我弱，而且实力悬殊，红军一般不能打攻坚战，主要打运动战和游击战。如何打败强敌，从军事角度讲，我作为基层军事干部，体会到怎样处理敌强我弱的转变、怎样选择战场，是两个关键性的问题。而保持部队体力和旺盛的斗志，又是解决这两个问题的关键。在与敌人周旋中，敌人被拖垮而我不垮，敌人被调动分散而我兵力集中，这就是胜利。我军保持了相对完整的力量，总可造成一个机会打歼灭战，以远程奔袭和埋伏为主要战法，由战略上的劣势转变为战役战斗上的优势。总之，先拖后打，想尽一切办法减少疲劳，保持体力和精神上的优势，是我们取得胜利的最基本战术之一。

这段时间里，我随部队南下郧西，北返洛南，东出卢氏，西转蓝田，在陕南熊熊燃烧的革命烈火中也得到了进一步的锻炼，特别是学会了如何耐心细致地做群众工作。我率本连相继参加了三要司、庚家河、蓝田葛牌镇以南九间房等战斗，远程奔袭了河南淅川荆紫关、山阳袁家沟等地，我军彻底粉碎了敌人对鄂豫陕边区的第一、第二次“围剿”。作为一名红军基层指挥员，我的作战和指挥经验也得到不断积累和丰富。

节选自王诚汉：《王诚汉回忆录》，解放军出版社2004年5月第1版，第71—78页。

在创建鄂豫陕根据地的斗争中[1]

刘震

华阳、九间房伏击

鄂豫陕三省边界地区，北靠秦岭，南濒汉江，悬崖峻迭，地势险要，便于开展游击战争。这里，封建势力和反动政府对人民的压迫剥削极为残酷，兵灾匪祸连年不断，人民困难深重，反抗强烈。渭（南）华（县）起义部队、红四方面军、红三军和红二十六军先后在这一带进行过革命活动，到1934年底，尽管当地党组织已遭到破坏，但群众自发的抗捐抗粮斗争仍然彼伏此起。因此，省委在庾家河会议上作出了《关于创建新苏区、新的革命根据地的决议草案》，不失时机地解决了新区选择和当前方针任务等重大问题，展开了创建鄂豫陕革命根据地的工作。

1935年1月，蒋介石调集四十军一一五旅两个团、四十四师一三〇旅三个团，配合陕军一二六旅、警二旅、警卫团等部，对我军发动第一次“围剿”，企图趁我立足未稳时予以消灭。坚决粉碎敌人“围剿”，消灭敌人有生力量，这是创建根据地的先决条件。

1月下旬，陕军一二六旅、警二旅向我逼近。军领导决定：为各个击破进攻之敌，我军先北上袁家沟口，然后进至蔡玉窑，并以一部兵力袭占柞

① 题目为编者所拟。

水县城，分散跟踪之敌。2月1日，当敌一二六旅追至蔡玉窑时，我军突然予以打击，歼其一个多营。5日，我军又在兰田县葛牌镇以南文公岭高地，再歼该旅两个多营。

2月下旬，得知红四方面军发动陕南战役的消息，省委决定西进配合红四方面军作战。一路上，连克宁陕、佛坪两座县城，消灭了守城的保安队。

3月8日，我军进到洋县华阳镇。这时，敌警二旅尾追而来，为了解除背后威胁，打开华阳地区局面，军领导决心消灭该敌。10日拂晓前，我军从华阳镇向东南返回八公里，在石塔寺附近设伏。当日上午，敌人进入我伏击地域，我军从山上树林里突然出击，向敌猛冲，打垮敌人五个多营，毙伤敌200余名，俘敌团长以下400余名，敌旅长张飞生被击伤。

战后，我军乘胜开辟华阳地区，建立革命政权，将六十户地主恶霸的3200多亩土地，分给了1000多户农民，没收地主粮食900多石，分给贫苦群众。当时，群众兴奋地唱道：

二月初六炮声响，
警备二旅垮个光；
华阳建起苏维埃，
土豪恶霸一扫光；
分田分地又分粮，
穷人翻身把家当；
吃饭莫忘红廿五，
翻身全靠共产党。

3月下旬，我军东返，经柞水、蔡玉窑、曹家坪，于4月初到达葛牌镇。陕军警三旅一路跟踪，步步紧逼。为摆脱被动局面，9日我军由葛牌镇南返九间房进行伏击，将敌警三旅大部歼灭。至此，彻底粉碎了敌人第一次

“围剿”。

在此次战斗中，我的右颏被敌击伤，好在是手枪子弹不如步枪子弹的穿透力，又被几个牙齿抵挡，没有危及要害，但却给我留下了一个永久的伤痕，在长征途中有人笑我是“歪嘴儿”。

袁家沟口搏斗

红二十五军在不断取得作战胜利的同时，创建了鄂豫陕革命根据地，造成了轰轰烈烈的群众革命斗争局面，使敌人大为震惊。1935年4月下旬，蒋介石集中东北军六十七军和九十五师、四十军、四十四师及陕军一部，共30多个团的兵力，向我军发动第二次“围剿”，企图在5、6、7月内将我军全部消灭。

5月11日，我军结束在龙驹寨（今丹凤县城）的短期整训。针对敌人十多倍于我的兵力，以及陕南山大沟深，交通不便，敌人运动补给都有困难等情况，根据我军反“围剿”斗争的实践和中央红军第三次反“围剿”斗争的经验，军领导决定采用“诱敌深入，先疲后打”的战法，以运动战和游击战相结合，寻歼敌一两个师（旅），打破敌人的“围剿”。

6月初，我军北上商县地区，当敌原向东南进攻的矛头改向北时，我军又掉头向东南，于13日包围商南县城，14日攻下富水关，继而进占青山街，俘敌四十四师营长以下170多人。我军这一突然行动，使北顾商县、洛南之敌，又被牵向东南，纷纷尾追而来。这时，军领导决心继续向东南行动，远程奔袭荆紫关，并令二二五团在荆紫关西北之马蹄店扼守隘路，阻击尾追之敌。

荆紫关为鄂豫陕三省边界要地，有敌四十四师后方临时补给站，并有反动地方武装一个营驻守。为出敌不意，军领导令手枪团化装成敌四十四师的部队，于15日下午4时出发，经70公里急行军，16日午前逼近荆紫关。手枪团在通过敌外围警戒线时，还受到敌警戒部队的列队迎接，不费一枪一弹即将敌缴械，迅速进到荆紫关城下。守敌发觉，急闭城门，向我军开火。这时，二二三团跑步赶到，搭人梯强行登上城头，占领了全城，残敌向东南逃去。

我军攻占荆紫关后，敌六十七军三个师、四十四师和陕军警一旅等部向荆紫关蜂拥而来。这时，敌人已被拖得相当疲惫，士无斗志，锐气大减，其“围剿”部署已被我军全部打乱。敌四十四师因逃亡和患疟疾，多数连队减员三分之一以上；警一旅旅长唐嗣桐也承认，“肥的拖瘦，瘦的拖死”。

军领导查明敌情后，决定甩开密集之敌，挥师西进，以继续分散和疲惫敌人，诱敌深入到根据地中心，然后选择有利战场，歼其一股，连日来，为调动和拖垮敌人，我军日夜行军作战，十分艰苦，山道崎岖、路隘林深，部队行动紧急，伤病员还要随队，困难很多，在这种情况下，干部和共产党员发挥模范带头作用，随时随地进行简短有力的鼓动，并处处以身作则，带领大家克服困难。我印象最深的是吴焕先政委多次讲话，动员大家在敌强我弱的情况下不能和敌人死打硬拼，要牵着敌人的鼻子走，叫敌人听我们指挥；等把敌人拖疲劳了，再回头打它。这样，部队始终保持了旺盛的战斗情绪和高速度的行军力。

我军头顶烈日，沿着鄂陕交界的崇山峻岭急速西进。6月25日回到了根据地边沿的黑山街。这时，各路敌人都被甩在后面，最近的敌警一旅也距我军四天路程。

29日下午，敌警一旅追到黑山街附近。为继续诱敌深入，我军稍与接触后，即向小河口撤退。后因小河口地形比较开阔，不便伏击，又向西退到袁家沟口。袁家沟口及其以西的桃园岭一带，是一条长约十多里的深沟，两旁高山陡峭，栗树成林，只有一条小路沿山沟间的一条小河蜿蜒而上。从山顶往下看，整个山沟就像摆在万山丛中的一条长口袋。这样的地形，便于我军隐蔽，利于伏击。而且这一带又是较早开辟的根据地，群众基础较好，是我们理想的伏击战场。

7月1日，敌警一旅追到了袁家沟口。我军连夜循来路返回桃园岭。军领导部署：二二三团占领袁家沟口北面一线高地；二二五团二、三营占领袁家沟口西南的东沟、李家沟南侧高地。我们一营占领桃园岭及其以东地区，正面堵击敌人前进；当地第三、第四路游击师在袁家沟以南高地，控制沟口，断敌退路并担任警戒。

我们抓紧进行政治动员，检查和擦拭武器，察看地形，准备干粮，消除疲劳。营长和我分析了伏击战的特点和上级给予我营的任务，考虑到各连旺盛的战斗情绪，决定每连只留一个排作后备力量，将所有兵力一下都加到敌人头上，争取当头一棒就把敌人打痛打散。

2日拂晓，部队进到指定位置后，在晨雾弥漫中突然发现敌人在袁家沟口村西集合，尖兵已经向西出发。开始，敌人还胆怯地搜索前进，不断询问老百姓。群众心向红军，不说真话，迷惑了敌人。于是敌旅长唐嗣桐放心大胆，将其部队长驱直入地开进袁家沟，有的袒胸露怀，倒背着枪，大摇大摆地闯进了我军布好的口袋。11时许，当敌前卫与我军袋底防守部队一接触时，军领导立即发出攻击命令，冲锋号一响，各种火器突然向密集之敌猛烈开火。二二三团首先从北面发起冲击，猛扑敌人。敌遭突然打击，乱作一团，慌忙向西逃跑，又遇二二五团居高临下迎头打击。顿时，群山号响，满谷杀声，各个连队像尖刀一样插向敌群，同敌人展开白刃格斗。经过一番激战，敌大部被歼。

正当敌旅长率残部向北突围时，我们一营在正面阻击。经与陆营长商量，由我带三连直冲山沟。突然遇着100多个敌人，全部都是驳壳枪，企图夺路逃命，我们一阵手榴弹将其打散，乘胜追捕俘虏，夺取枪支，从俘虏口供得知，这支短枪队是敌旅长的卫队连。这时，一个肥头大耳的敌军官正拼命逃跑，我紧紧追赶，当追到沟底小河边时，这个家伙凭借河边一块高二米多长三四米的巨石作掩护，企图与我顽抗。我围着这块巨石追击他，驳壳枪里只剩一发子弹了。这时，我机警地观察动静，等他驳壳枪上的那梭子子弹一打光，正在装子弹时，就猛然扑上去将他摔倒。经过一番拼搏，我在夺取他手枪时，左臂被他的枪弹射伤。正当激烈扭打间，营部的掌旗兵赶到，小伙子挥动旗杆，用铁杆脚照准敌人脑门猛力击去，敌人连嚎叫都没有来得及就完蛋了。事后得知，被打死的这个家伙就是敌旅长的卫队连长。与此同时，兄弟部队已将敌旅部捣烂，并活捉了敌旅长唐嗣桐。

天近黄昏时，敌警一旅已被我军全部歼灭，计毙伤敌300余人，俘敌1400余人，缴各种枪一千余支，其他军用品甚多。

节选自刘震：《刘震回忆录》，解放军出版社1990年10月第1版，第55—61页。

回忆陕南九间房战斗

刘从本

1934年11月，红二十五军离开鄂豫皖苏区，千里转战，于12月进入陕南。为了粉碎陕军的“追剿”，创建新的游击根据地，在年底和次年3月，先后在蔡玉窑、文公岭、华阳镇等地和敌人进行了激烈的战斗。尤其是在华阳镇的石塔寺重创敌警二旅，打垮敌人五个多营，毙伤敌200余名，俘敌团长以下400余名，大大鼓舞了我军的士气。

4月初，我军到达兰田县葛牌镇时，陕军警备三旅又杀气腾腾前来“追剿”。那时我军仅3000多人，而警备三旅是敌之精锐，比我人多。鉴于敌我力量悬殊，军部采取“先疲后打”的方针，牵着敌人的鼻子，不分白天、黑夜地在崇山峻岭中周旋。当时我在二二三团一营一连一排二班当副班长。我们每个同志身负30多斤，日行100多里，一走就是十多天。这里的山路碎石多，新草鞋一天就磨穿了，不少同志脚板上打起了大血泡，走起路来，钻心地痛。有的同志不理解上级的意图，说什么：“人都快累死了，还不如和敌人拼了！”“我们的枪又不是吃素的，干嘛不跟敌人干！”

针对这种情况，各连干部及时向同志们传达了军首长的指示：要大家认识走和打的关系；弄清能走能跑就是胜利的道理。至于什么时候打，要同志们放心，军部早有安排。同志们听后，心里踏实了，劳累一扫而光，一路上精神振奋，紧紧牵住警三旅的鼻子，在山里兜了个大圈子，于4月9

日返回九间房一带。这时，军首长认为消灭敌人的时机已到，即命令部队停止前进，做好战斗准备。我们听到这一振奋人心的消息时，一个个摩拳擦掌，跃跃欲试。有的说：我们该收网捉鱼了。有的讲：运输大队又给我们送武器来了，这次该换支好枪了。我暗暗在心里鼓劲，一定争取多抓几个俘虏。当晚，军部下达了战斗命令。拂晓前，部队进入了九间房伏击阵地。

九间房是一个南北走向，有七八里长的深山沟。南面沟口有个几十户人的大村庄，叫蔡玉窑。北面沟口有个几户人家的小村庄，叫九间房。沟底有条小路从北向南蜿蜒而下，沟两旁是山坡，有茂密的松树林和茅草，便于部队隐蔽和行动。从山上往下看，山沟活像一条长长的口袋。

这天，天空阴沉沉的。8点多钟光景，突然下起了大雪。不一会儿，大地一片银白。我们一动不动地隐蔽着。约10点钟左右，敌人从蔡玉窑方向进入沟口。骄横而愚蠢的敌人被我们牵着鼻子转了十来天，已经极度疲乏，顾不得什么行军序列，也不派搜索部队。看到敌人满不在乎的样子，我在心里暗暗地骂道：看你们还神气多久，一会儿就叫你们哭爹喊娘！

我所在的一营埋伏在蔡玉窑沟口两边，任务是截断敌人，扎紧口袋。一个营的敌人过去了，可还未传来战斗命令。又过去了两个营，敌人一个团进入了我军伏击圈。突然，传来军部“打”的口令，此时，同志们把十多天来憋在心中的怒火，一下喷发出来，山坡上的轻重机枪顿时响起来了，手榴弹接二连三砸向敌人。敌人被这突如其来的打击搞懵了头，他们像疯狗似的在沟里乱窜。军首长见围歼的时机已到，命令各阵地同时吹响冲锋号，这时，千军万马一下跃出战壕，从四面八方涌了下去。顿时，雪花纷扬的山沟里杀声震天，战旗飞舞。九间房展现出一幅雪中歼敌的壮丽战斗画卷。

敌人溃不成军，满山遍野乱跑。我们边打边追边喊话：“缴枪不杀！你们跑不掉啦！”“放下武器，红军宽待俘虏！”不少敌人乖乖地举起了双手；有的想跑跑不动了，一屁股坐在地上喘粗气；也有少数敌人拼命往山上爬，想突出重围，见我们追上去，也吓得战战兢兢地连忙交枪。

经过三四个小时的激烈战斗，我军以极小的代价歼灭警三旅大部。当我军正在打扫战场时，敌后续部队又赶来增援。营里命令我们连迅速占领九间房东面后山阵地，掩护部队转移。这时，雪下得更大了，松树枝上、山坡上到处铺满了雪。北风裹着雪花，扑打在脸上使人睁不开眼，再加之同志们已一天多没吃饭，一个个既感疲劳，更感饥饿和寒冷。但大家为了争取战斗的胜利，重新鼓起劲头，忍饥耐寒，立即赶赴新的阵地。

敌增援部队到后，由于气候恶劣，能见度差，摸不清我军的虚实，不敢轻举妄动。到下午4点，待雪下得小些后，敌人才在猛烈炮火掩护下，以整排整连甚至整营的密集队形向我军阵地发起了集团进攻。我连沉着应战，面对众多凶恶的敌人，越打越顽强，敌人一次又一次在我阵地前败退。4月的天气，日短夜长，下午6点钟光景，天就黑了。敌人被我们狠狠教训后，再不敢轻举妄动，趁着天黑撤退到山下，乖乖地躲进工事里。

晚上8点，掩护任务已完成，团部命令我们撤出阵地。这时，雪还在下，大地仍是白茫茫的一片。为了不惊动敌人，连首长带领我们从后山坡滑雪到了山下。迎着满天大雪，悄悄地撤出了阵地。（吕建中整理）

选自成都军区党史资料征集委员会办公室编：《红军长征回忆与研究》，云南人民出版社1986年12月第1版，第126—128页。

刘从本，红军长征时任红二十五军二二三团一营一连一排二班副班长。

袁家沟口战斗一角

刘震

九间房战斗以后，鄂豫陕省委和军部决定，抓紧敌人还未重新“围剿”的空隙，广泛地发动与组织群众，加紧创建游击根据地。陕南在封建军阀和土豪劣绅的统治下，苛捐杂税多如牛毛，广大劳苦群众都以帮工、卖苦力维持着极端贫苦的生活。因此，当党提出了“组织起来，打土豪，分田地，抗捐抗税”的口号以后，广大劳苦群众的革命斗争，立刻如火如荼，风起云涌。

5月间，敌人调动了30多个团的兵力，分三路向我们“围剿”。敌六十七军九个团和九十五师三个团，位于雒南城（今洛南）以东以北，向南进攻；四十四师四个团，由郧西县上津向北进攻；四十军五个团，陕军第三十八军四个团和警一旅、警二旅、特一旅各两个团配置于安康、镇远、柞水、兰田一线，在西面堵截我军。只有西北面那绵延险峻的秦岭，敌人认为我们飞不过去，因此没有重兵。

那时候，红二十五军只有三四千人。在大兵压境，敌我力量悬殊的情况下，摆开阵势和敌人死拼硬打，正中敌人的阴谋诡计。因此，军部决定，遵照毛主席的游击战争的战略战术原则，采取“拖散敌人，先疲后打”的方针，在运动中寻机歼敌，粉碎敌人的“围剿”。

反“围剿”的严重斗争开始了。事情也很自然，在面临这个斗争的时候，一部分缺乏斗争锻炼的新战士，产生了许多顾虑；个别的老战士，对我军能否粉碎敌人的“围剿”，也产生了怀疑。但大多数指战员是充满信心，斗争情绪高涨。

敌人拖拖拉拉走了20多天，才靠近我们的驻地山阳一带。当敌人的合击圈即将形成的时候，我们在一个漆黑的夜里，神不知鬼不觉地跳出合击圈，直奔东南，一夜之间即走出130里路。

东方放白了，阵阵凉风吹散了一夜的困乏，队伍又活跃起来。我走到三连，只听到三排长张友三兴致勃勃地问排里的战士：

“大家说，现在我们是在执行什么任务？”

“拖！”

“疲劳敌人！”战士们吵吵嚷嚷地大声回答。

“谁说说，你今天晚上完成了什么任务。”三排长又大声问。

战士们像是被这个问题难住了，好久没有人吭声。沉默了一会，战士王明利，不紧不慢地说：“我们今晚上完成的任务是，敌人搞了20多天的包围圈，我们一伸腿，就给他踢破了。”

“叫我说，不光是踢破了敌人的包围圈，而且是在牵着敌人的鼻子走！”

“再过几天，说不定哪个倒霉的又要落进我们的包围圈啦！”

一个人开了头，战士们都七嘴八舌地说起来。那时候，对于“打得赢就打，打不赢就走”，“走就是为了打”的战术，我们下级指挥员和广大战士，虽然还不能总结提高到运动战的战术原则来理解，但是实战的经验却使我们深信，这是在敌众我寡的情况下取胜的“法宝”。

我们一连走了三四天，便来到了荆紫关附近。到了宿营地，干部们忙着布置警戒，炊事员开始做饭。米还没下锅，忽然接到团部的通知，要我们派人带着牲口到荆紫关去领东西。通知上说：二二三团在荆紫关打了个胜仗。当地守备部队和萧之楚部的后方兵站被我全部消灭，并活捉了敌人的军需长，缴获了大量物资。营里副官瞿庭中同志听说打了胜仗要他去领东西，高兴得跳了起来，马上集合起各连司务长，带上牲口就出发了。当晚，领回来不少弹药、白面、军衣、鞋子、绑腿……各连的战士来领东西的时候，都好奇地问，“连枪响都没听到，哪来的胜利品？”

瞿副官胖乎乎的脸上堆满了笑容。他慢悠悠地说：“萧之楚给咱准备的。他知道咱要来，一路上挺辛苦的，特地留了个军需长，等着欢迎我们哩。”战士们听了又惊又喜。这个说：“敌人还想消灭我们哪，连我们的一根汗毛都没碰着，他们的老家却叫我们抄啦！”那个说：“这买卖干得，敌人四十几个团爬了20多天，才爬到我们的游击根据地，还扑了个空。我们才走了三四天，就抄了他的老家。他‘剿’我们的游击根据地，我们就抄他的后方，抄他的老家，看看谁能抄过谁！”

敌人扑了空，又被我们抄了老家，立刻变换战术，分路“清剿”。萧之楚部急忙向后转。因此，上级决定我们也立刻向后转，沿着湖北、陕西交界的崇山峻岭，经漫川关附近，返回陕南根据地。临出发前，我问战士们：

“我们的任务完成了没有？”

“没有，拖到时候就该打了！”

“没拖到时候怎么办？”

“继续拖！脚上多磨几个泡，就少流几滴血！”战士们一齐回答。

艰苦的行军又开始了。部队在崇山峻岭中的羊肠小道上，一日百多里地前进。在满布荆棘、碎石的山道上行军，一天一双崭新的草鞋就磨破了。走了三四天，战士们的草鞋差不多都穿破了，大家便把打土豪缴来的旧衣服和在荆紫关缴来的绑腿撕成条条，打成布草鞋。衣服绑腿用完了，再拿地主的稻草和茅草打草鞋。陕南新参军的战士不会打草鞋，从鄂豫皖来的老战士就牺牲休息时间帮助他们打，或者把自己的草鞋送给新同志，自己赤着脚走。此时正是6月天气，火一样的太阳，烤得山路滚烫滚烫。有的战士中暑了，晒昏了，但是清醒过来以后，爬起来又走。随着时间的延长，由于部队经常白天行军受太阳晒，晚上露营挨露水浇，有些人病倒了。然而谁都懂得，此时减少一个人，就会减少一分力量，减少一分胜利，因此谁也不愿离开部队。共产党员和全体干部，都以自己的模范行动，影响着部队，把重病人抬走；他们还帮新同志背枪，帮体力弱的同志背东西。有些党员同志生病了，也不要别人帮助，仍一步一步地坚持着前进。高度的阶级友爱和对革命高度的责任感，保证了整个行动的胜利。经过了五六百里路的艰苦行军，我们又胜利地回到了山阳、柞水一带的游击根据地。

部队路过漫川关附近的时候，正向荆紫关前进的陕军警备一旅，也赶到这里。我们军部抓紧这个时机，故意派出部队暴露一下，便又急行军几天，在小河口、袁家沟口一带停下，等待敌人来上钩。

敌人合围扑了空，又被我们抄了老家，正憋着一肚子气没地方出，发现我们以后，便跟踪而来。他们接受了以往几次失败的经验，行动很慎重，行军、宿营和经过山区，都要先派出部队进行搜索，怕中埋伏，并且沿途还向群众打听我们是主力还是游击队。我们早有了布置，群众又心向红军，哪有实话告诉敌人，都说我们是游击队。这样，敌人就渐渐地麻痹起来了。

部队在袁家沟口里驻下的当天，团里便召开了营级干部会，正式传达了战斗任务。原来上级在这里布下了一个口袋阵，我们营的任务是在“口袋”中间拦腰切断敌人。当天下午，我们营又召开了连级干部和连的支部书记会议。经过讨论，决定各连除留必要的后备力量外，其余的部队都放到第一线上。

第二天清晨，营长带领连、排长看地形去了，我负责进行政治动员，调整武器弹药，准备干粮。紧张的战前准备工作开始了。

我参加了一个连的战斗动员会。这是一个晴朗的日子，队伍欢乐地唱着歌子，挤坐在一条山沟里。从树叶缝隙中洒下的阳光，斑斑点点地在战士们兴奋的脸上闪动。我问大家：“同志们疲劳不疲劳？”

“不疲劳！”回答的声音像春雷，长时间在山林里嗡嗡地回荡着。

我又问：“我们现在的任务是什么？”

战士们都摩拳擦掌地回答：

“拖疲、拖散敌人的任务完成啦！现在就是打！”

“你们的准备工作都做好了吗？”

“好啦！单等收网捉鱼啦！”

当天晚上，盼望已久的战斗命令下达了，大意是：敌人已在离我们四五十里的地方宿营了。各部队按原定计划，明天拂晓前吃完饭，进入作战地区，要严密伪装。我们迅速地传达了上级的命令，并规定：4点钟吃饭完毕，进入阵地；战斗未打响之前，不准展开红旗，不准吹号，不准划火抽烟，不准唱歌和大声说笑。

“明天要打仗了！”这个振奋人心的消息像一阵风似的在部队上上下下传开了。谁还能睡得着呢？半夜，部队就起了床。吃过饭，绕过敌人必经之路，便进入了袁家沟口里面的大山里。

这是一条长约几十里的山沟。沟两旁，高山入云，杂草丛生，栗树成林。沟心，一条小路，伴着一条小河，蜿蜒而行。小河里，流水潺潺，清澈见底。从山顶上看下去，整个山沟，真如同一条长长的口袋，摆在万山丛中。军首长就选择了这个幽静险峻的山沟，作为敌人的坟墓。

我们营的三个连，像三把锋利的钢刀，并肩展开，荫蔽在大山里。战士们如同老练的猎人怕惊跑了狡猾的野兽，连大气都不肯喘。

太阳缓缓地爬上树尖，团里传来了口头通报：“敌人正在继续前进，现在离我们只有一二十里了。”

10点钟左右，敌人果然来了。他们有的倒扛着枪，敞着怀，边走边扇着扇子，累得东倒西歪。有几个家伙，看样子实在热得受不住了，脱下裤子就在小河里洗起澡来。战士们看到敌人进了“口袋”，立刻做好了冲锋的准备。

11时，军指挥所响起了冲锋号。沟两旁的大山上，迫击炮、轻重机枪、步枪如同台风卷着海浪，一齐吼叫起来。大山小岭都响起了急促的军号，数不清的红旗，带领着无数支喊着杀声的人流，冲出树林，直向山沟奔去。

敌人在这突然四起的伏兵打击下，惊呆了，混乱了。有的从马上滚下来，有的东奔西跑也找不到一个安身之处，也有的拼命往山上爬，企图夺路逃命。

我同一连冲到河沟的时候，迎头遇上了一伙一律使用驳壳枪的家伙。战士们劈头盖顶就是一顿手榴弹，把敌人又压到河里。此时，兄弟部队也都冲下山来，把敌人拦腰切成数段。部队冲到河沟便展开了白刃战。忽然，我看到河沟里有一个军官模样的家伙手持二十响自动驳壳枪，身上背着几条子弹袋，正下河拼命往对面山上跑，我便向他追去。这家伙发现我追他，躲到河里一个大石头后面，向我射击。我把匣枪里的三发子弹打光了，也没有打倒他。正在这时候，他枪里的子弹也打光了，我趁他向枪里压子弹的一刹那，一个箭步上去，一下子把他拿枪的那只手抓住，两个人便扭打在一起。敌人拼命想把握枪的手挣脱，我就死死地抓住不放。当我用尽全身力气把他摔倒后，敌人向我打了一枪，子弹穿透了我的左臂。正在我感到全身无力，难以支持的时候，我营掌旗兵从后面飞跑过来，他举起红旗，把旗杆下的铁旗脚对准敌人的脑门，猛戳下去。敌人嚎叫了一声，手枪便落在地上。过后才知道，被戳死的这家伙是敌人旅长的卫队连连长。

战斗胜利结束了。敌人一个旅全被歼灭，旅长唐嗣桐也被兄弟部队活捉了。

这一仗打完以后，部队情绪更加高涨，积极要求再战。省委和军部决定打出秦岭，逼近西安。7月间，我们便经过周至、户县，直逼西安。

选自《回顾长征——纪念中国工农红军长征胜利会师五十周年》，人民出版社1986年12月第1版，第428—434页。

豫陕边战斗片断

张海波

1935年4月18日，红二十五军一举攻克洛南县城，豫陕两省边境受到很大震动。接着，部队就在洛南、商县、商南、卢氏等四县边区发动群众，乘胜开辟豫陕边革命根据地。根据省委决定，当时是以陕东南地区为中心，继续向豫西、鄂西北地区发展。

那时，我在二二五团八连当连长。一天，连队正在进行工作总结，军部突然通知我立即去受领新的任务，战士们听了这个消息，寂静的会场上顿时就像炒豆子似地炸开了，这个说："肯定有重要任务交给我们连！"那个讲："好钢用在刀刃上，这是首长对我们八连的信任！"

我的心情也和战士们一样兴奋，和指导员袁崇安简单交谈了一下，便大步流星地赶往军部。到了徐海东副军长的住处，吴焕先政委、郑位三主任也都在场，正在商谈什么事情。见我来了，首长们首先询问了八连各方面的情况。接着，徐副军长就下达了新的任务，他说为了开辟豫陕边根据地，决定由郑位三同志率领我们八连到洛南、商县、商南、卢氏几县边区开展游击战争，发动、组织和武装群众，镇压土豪恶霸，消灭反动民团，建立苏维埃政权，配合主力部队作战。吴焕先政委也要求我们严格执行政策纪律，做好群众工作，尤其要以红军的实际行动，去宣传群众、影响群众。最后，吴政委还再三嘱咐说："位三同志的身体不大好，你们要好好照顾他，一定要保证他的安全。"我回答说："请首长放心，坚决完成好任务，保证‘位老’的安全！”当时红二十五军指战员都以“位老”尊称郑位三同志。从此，我们就离开红二十五军主力，在豫陕边展开游击战争。

截邮差

我们按照军首长指示，在豫陕边消灭反动民团武装，发动群众建立农会，打土豪分田地，在条件成熟的地方建立乡村苏维埃政府，很快就打开了局面。

一天，我们来到离商南县80多里的一个叫梨园岔的村庄。连队刚刚安置就绪，“位老”便把我叫去，对我说：“张连长，你带一个排出去，完成一项任务。”

听到“任务”二字，我高兴极了。没等“位老”说完，便赶紧问道：“是敲保安团，还是端保安队？”

“哈哈，半个月没打仗，手就发痒啦！”“位老”开怀大笑，“这一回，不许随便开枪，要截上个邮差！”

“截——邮——差？”我疑惑不解地重复着这三个字。

“位老”似乎看出了我的心思，当即说明了截邮差的任务，并指出完成这个任务对于我们下一步行动的意义和作用。他交代说：“你们截住邮差以后，要把所有报纸各取一份，有关国民党政府、军队之间的信件统统拿来。别的东西一件也不能要！”最后，“位老”还再三嘱咐：“邮差也是穷人，要给他们一点钱。所取的报纸和信件，都要开个收条。不要因为我们拿了报纸使他交不了差，砸了饭碗！”“位老”这种严格的政策、纪律观念，对我和连队都是一次最好的教育。

吃完早饭，太阳刚刚爬上山梁，我即带领一排到达公路附近的山坡上，悄悄地埋伏下来。初夏的陕南，风景秀丽，气候宜人。太阳洒下温煦的光热，给我们衣着单薄的红军战士，带来一种难得的温暖。山花争艳，微风送来阵阵芳香。我们就隐蔽在草木丛中，注视着公路上的来往行人。

下午3点多钟，果然有两个身着绿色制服的邮差，挑着两大担邮件从商县方向走了过来。我命令一班长和两个战士随我上去拦截，一排长带其余同志原地掩护。当邮差爬上我们埋伏的公路坡顶时，我们便迎上前去。两个邮差以为是“土匪”行窃，吓得脸色都变了。我赶紧向他俩解释说：“我们是工农红军，是共产党领导的队伍，是专打国民党反动派的，你们不要害怕。”

他们听说是工农红军，见我们说话和气，不打不骂不抢，这才放下心来。矮个子邮差带着一种江湖口气问道：“诸位好汉在此等候，想必有啥事情，需要我们帮忙吧？”

我说：“请你们把邮包打开，我们只要几份报纸和政府、军队的信件，别的什么也不要。”

邮差听了点点头，立即把邮包打开，随我们挑选。我们将五六种报纸各拣了一份，把国民党政府间、军队间的信件都挑了出来。尔后，分别给写了收条，落款是：中国工农红军。并给每位邮差两块大洋。

当我把一大扎报纸和信件交给“位老”时，“位老”十分高兴，立即一件一件地翻阅起来。他一边看着报纸，一边询问我们截邮差的情况，并连声赞扬说：“好！好！任务完成得很好！”

晚上，我到“位老”的住处去看他，见他正在油灯下聚精会神地阅读，还不时在字里行间画些道道和圈圈。

我悄悄地走近“位老”身边，不解地问道：“位老，这些报纸都是国民党反动派办的，看它有什么用呀？”

“用处可不少哩！”“位老”放下手中的报纸，回头对我说，“报纸上登有各方面的消息，有中国的，有世界的；有国民党自己内部的，也有我们共产党方面的。看了报纸，就可以获得很多新近发生的情况，帮助我们了解整个社会的局势，尤其是敌我双方的斗争情况。”

说到这，“位老”掏出旱烟袋，装了满满一锅烟，我划了根火柴，帮他点着。“位老”深深地吸了一口，接着说：“当然，反动派的报纸是不会讲我们的好话，也不会宣传我们的真实情况。这就要求我们必须从反面去理解，认真加以分析研究，从中找到我们所要了解的情况，掌握斗争动向。这就可以变‘废’为‘宝’了！”他顺手拿起一张报纸，指着一条消息说：“你看，这是一篇华阳地区消息，说在这一带的区、乡、村、镇，都增设了保安团、保安队。虽然讲的是反动武装的事，但它从反面告诉我们，一定是我们的华阳游击队，在这一带活动得厉害，领导群众抗捐抗税，……要不，国民党反动派也不会增派保安队，养这些‘看家狗’的……”

这天晚上，我们一直谈到深夜才休息。“位老”不仅谈了从反面利用敌人报纸的意义，而且还给我讲了革命导师马克思、恩格斯举办《新莱茵报》、列宁举办《星火报》宣传革命道理，指导无产阶级斗争的故事。当时，因为我没有多少文化，不会看报，更不懂得报纸的意义和作用，经过“位老”的指教，我才第一次懂得报纸的重要。

从那以后，我们把搜集报纸也当作战斗任务之一，有机会就搜集一些，提供领导参考。报纸尽管多是国民党反动派所主办的，但我们还是从中了解到不少情况，及时加以掌握。这对于我们的斗争，当时也起到了很大作用。

为民除害

我们下到地方不久，群众就向我们反映，说峦庄有个大恶霸，名叫王梦斋，这家伙敲骨吸髓，强占民女，草菅人命，无恶不作。

“位老”召集我们几个干部研究，大家一致认为：不尽快把这个大害除掉，就不会取得群众的信任，创建革命根据地的任务就难以完成。

决定当即行动，为民除害。

王梦斋这家伙非常狡猾。红军入陕后，他早就有所准备，不仅充实加强了他的保安队，还派人四处刺探情报。所以未等我们到达峦庄，他就躲上山了。

敌人逃跑后，但他的家产未能带走。于是，我们当即开仓济贫，把他家的粮食、衣服、房子和商店的货物，全都分给了穷苦农民。我们还召开群众大会，深入宣传“中国共产党是领导穷苦人民翻身闹革命的党”，“红军是工人农民的军队，是共产党领导的军队”，“帮助穷人免除一切苛捐杂税”，借以发动群众，扩大我党我军的政治影响。看到群众的积极性调动起来，我们很快又转往别的地区去了。

但是，就在我们离开峦庄不久，大恶霸王梦斋带着他的保安队打了回来。这家伙看到他的房子、粮食、土地以及商店都被“穷小子”分了，恨得咬牙切齿，对群众叫嚣说：“谁分了我的东西，要一件件全部送回，吃了的也要一口口吐出来！”还把庄上几个积极分子抓了起来，叫嚷要剖腹挖心，洗辱祭祖。因为当时没有来得及把群众组织和武装起来，面对敌人的反扑，便缺乏反抗的力量，许多群众害怕了，便偷偷地把所分的东西又送了回去。

这时，我们正在百里外做群众工作。获得这个消息后，急行军一天一夜，二次又赶到峦庄，出其不意地歼灭了王梦斋的保安队，缴获了一百多条长短枪和大批粮食、弹药。遗憾的是没把王梦斋捉住，让他只身逃跑了。

战斗结束后，我们吸取了初次的教训，除了进一步做好思想发动，宣传群众进行“五抗”斗争外，着重进行组织群众、武装群众的工作，帮助他们成立了农会、苏维埃政权。随后又帮助他们成立了游击队，保卫革命斗争的胜利果实，为根据地的发展壮大起了重要作用。

痛打保安团

这一时期，红二十五军很快就在豫陕边的孙家山、北宽坪、桃坪、峦庄、灰池子、七盘磨、刘家花屋、梨园岔、腰庄等地，建立了一批区乡苏维埃政权，成立了地方游击队，并没收分配了地主的土地和财物，创造了豫陕边革命根据地。5月初，省委为巩固与发展这一块新建的革命根据地，决定建立豫陕特委和豫陕游击师。特委书记郑位三、游击师长方升普，政委曾焜。游击师辖八连、还有第二、三、四游击大队。豫陕特委和豫陕游击师成立后，省委就率红二十五军转到龙驹寨整训，豫陕边的工作由豫陕特委领导起来。我们八连主要随特委和师部行动，其他三个游击大队，根据作战需要，有时集中，有时分散，神出鬼没地活跃在豫陕边界，搞得敌人很不安宁。

5月中旬，我们连转战到商南县城北面一个叫曹营的小镇上。群众告诉我们，商南县县长亲自带领保安团，就驻扎在清油河截击我们，扬言要把游击队全部送进清油河里喂鱼！

听了群众的反映，战士们都摩拳擦掌，要同敌人打上一仗。当地群众也希望我们能给敌人以沉重打击。我们首先召开干部会议，就“打还是不打”的问题，进行了充分的讨论。大家先分析了打的不利因素：敌人一个保安团，我们一个连，敌众我寡，悬殊较大；敌人地形熟悉，凭险据守。我军初来乍到，人地生疏。接着又摆了能打好这一仗的有利因素：我们是经过南征北战的英雄连队，来自人民、为了人民，得到人民群众的支持拥护；而敌人则是一群乌合之众，欺压百姓，鱼肉人民，为人民群众所深恶痛绝。同志们说，从表面上看敌人是比我们强大，但只要我们充分发挥红军作战的优势，就一定能以弱胜强，打好这一仗。相反，如果为敌人的表面现象所吓倒，不敢迎战，这不仅会助长敌人的嚣张气焰，而且会挫伤连队干部战士及人民群众的积极性，对我们下一步的行动也很不利。会议决定要打好这一仗！

连队干部思想统一后，我们又召开军事民主会，发动战士们献计献策，同时还派出一个侦察小组，化装到镇上侦察，摸清了敌人的兵力部署及火力情况。一切准备就绪之后，我们决定用奇袭的办法消灭这只“拦路虎”。

从曹营到清油河，相距80多里。我们头天晚上出发，一路急行军，拂晓前赶到清油河。清油河是个比较大的镇子，约有200多户人家，商南县长率领的保安团团部，就设在镇上联保主任家里。这是一个大地主庄院，四面高墙壁垒，只开前后两个大门。为了避开敌人的哨兵，我们从镇子西面的庄稼地里，直插往敌保安团部。按照预定计划，我带领两个排从正面进攻，副连长带领一个排从左侧绕到后门阻击。天色未亮，我们就摸到庄院门前，发现两个敌哨兵都抱着大枪坐在台阶上打瞌睡，我不由在心里骂道：“狗东西！就让你们到西天睡大觉去吧！”当即命令司号员吹响了冲锋号。

霎时，嘹亮的军号声、激烈的枪弹声和愤怒的喊杀声连成一片，打破了黎明前的寂静。战士们像下山的猛虎，翻高墙、夺门楼，英勇地杀进了狗地主的深宅大院。

敌人还在睡大觉哩！他们的美梦也许还没做完，就被枪声和杀声惊醒了。庄院里乱成一团，匪兵们没命地抱头鼠窜，部分负隅顽抗的敌人被我击毙。还有一部分敌人连衣服都没来得及穿，光着膀子当了俘虏。

捣毁了敌保安团团部，我们又分头追歼驻守街道两头的敌人。整个战斗，总共才用了50多分钟，300多敌人死伤过半。除敌保安团长和商南县长带领少数匪兵逃跑外，其余都当了俘虏。后来，群众告诉我们，商南县长在这次战斗中被打断一条腿，全靠几个匪兵轮流背着逃跑，才保住了狗命。

这一仗打击了敌人的反革命气焰，使他们再也不敢轻举妄动，同时也极大地鼓舞了人民群众。他们说："我们有红军撑腰，再也不怕土豪劣绅狗地主了！"广大群众更加积极主动地开展"五抗"斗争，巩固和加强了根据地的建设。

我们在豫陕边界进行了许多次战斗。6月中旬，当红二十五军主力包围商南县城、继而又奇袭荆紫关时，我们八连和另外三个游击大队，在梨园岔和腰庄之间，顽强阻击尾追主力之敌六七个小时，毙伤敌150多名。接着，我们又全歼景村联保队，奔袭五里川民团，消灭了武关镇保安队，为主力部队大踏步进退创造了条件。我们还积极配合主力部队作战，组织群众为部队送情报、当向导，运送粮食弹药，转移伤病员，袭击和阻扰敌人，为开创和巩固豫陕边革命根据地做出了应有的贡献。（蒋源球整理）

选自芦振国、姜为民编：《红二十五军长征纪实》，河南人民出版社1986年8月第1版，第55—63页。

张海波，1912年生，湖北大悟人。1928年参加中国工农红军，1930年加入中国共产党。红军长征时任红二十五军二二五团八连连长、豫陕游击师警卫连连长、红七十四师一营营长。新中国成立后，曾任广西军区副参谋长、司令部顾问等职。1990年在南宁逝世。

创建鄂豫陕新苏区①

张竭诚

入陕后的连战连捷

1934年12月8日，红二十五军在豫陕交界处铁锁关击溃陕西守关民团后，进入陕南境内。8日，在三要司歼灭前来堵截我军的陕军一个营。6日，进至洛南县之庾家河。

庾家河是个不大的山中小镇。在一百四十万分之一的陕西省地图上，它只不过是一个小小圆点。但在红二十五军的战史上，在鄂豫陕苏区的史册上，却有着极重要的位置。这个微不足道的山中小镇，是红二十五军长征入陕后的第一个立足点。在这里，中共鄂豫皖省委作出在鄂豫陕边界地区创建新的革命根据地的决定。特别在这里发生的那场惊心动魄的战斗，是红二十五军最后一次打退敌人追堵的激烈战斗。这场战斗，我是永远难忘的。

庾家河战斗，是红二十五军入陕后的一次殊死的反击战。我们进驻庾家河的第二天上午，省委正在一个叫"春永茂"的药铺开会，部队进行休整，我们交通队除值班的外，也在休息。经过二十几天的转战，大家都感到十分疲劳，做完各种工作后，在暖洋洋的太阳照耀下，有的靠墙坐

① 题目为编者所拟。

着，有的站着，有几个还倒在了柴草垛旁。我坐在屋檐下，一种睡意慢慢袭来。突然，东山上响起了激烈的枪声，大家立即紧张起来。省委会中断了，军领导跑步上了阵地，我们交通队也紧跟着上去了。

原来，蒋介石为防堵红二十五军入陕，在红二十五军进桐柏山之时，就令驻开封的陈沛第六十师乘火车开至灵宝，继而经过200余里行军，到达卢氏县城以南的朱阳关一带，构筑工事，控制入陕大道，企图以逸待劳，堵截红二十五军。红二十五军到达卢氏后，发现这一情况，改变了入陕路线，择小路进入陕南，将敌第六十师筹谋多日的堵击防线置于背后，这下使敌人恼羞成怒，便不顾一切地追了上来。

我军在庾家河东山坳口的排哨，发现敌先头部队已从七里荫迂回上来，当即开火。战斗一开始，敌人一个团就抢占了东山坳口有利地形，向红二十五军发起猛攻。

东山坳口是庾家河镇后山上往七里荫、鸡头关方向的必经之路，敌人就是从鸡头关方向追来的。占领坳口，可以居高临下控制庾家河全镇。因此，东山坳口一失，红二十五军就有被击溃甚至覆灭的危险。

徐海东副军长，当即率领主力团，勇猛冲入敌群，用刺刀、手榴弹，硬是从敌人手里夺回了东山坳口。接着，另外两个团抢占了坳口南北两侧高地，配合主力团将敌人的进攻打退。团长叶光宏，在与敌争夺坳口阵地时，一条腿被炮弹炸断，仍然坚持不下火线，继续指挥作战。该团七连的一挺轻机枪，在与敌人火力对抗射击中，接连牺牲了三名射手，终于把敌人的火力压住，保障了反击成功。跟随徐海东的司号长程玉琳，下颏被敌子弹打穿，不能再吹军号，就利用坳口一座小庙作掩护，坚持向敌人投掷几十颗手榴弹，接连打退敌人多次冲锋，最后壮烈牺牲。

激战中，军长程子华、副军长徐海东先后都负了重伤。军政委吴焕先挺身而出，继续指挥战斗。午后，敌人又增加两个团，轮番向我发起冲击。于是，一次又一次的冲击与反冲击，如同拉锯似地一来一往，激烈地进行争夺。我全体指战员，在军政委吴焕先的指挥下，英勇反击，殊死战斗，以大刀、刺刀、手榴弹与敌拼搏。经过20多个回合的反复冲杀，终于将敌人击退。黄昏后，我军撤出阵地。这一仗，敌人伤亡800余人，我军也伤亡200余人，其中我们交通队伤亡十余人。

庾家河反击战，较之独树镇战斗的激烈场景，也是有过之而无不及，同样是一次生死存亡的恶战苦斗。战斗之壮烈，可歌可泣，实属少见。

中共鄂豫皖省委的庾家河会议，虽然由于敌人的进攻而中断，但仍及时作出了《关于创建新苏区、新的革命根据地的决议》（草案），不失时机地解决了选择新区和制定当前方针任务等重大问题。根据省委会议的决定，红二十五军迅速展开了创建新区的工作。

我们要创建新苏区，立足发展，敌人要消灭我们，赶走我们。因此，创建新苏区的首要任务是消灭敌人，只有消灭敌人的有生力量，才能保存自己，保证苏区的创建。鉴于此，省委和军领导决定，以武装斗争为先导，主力红军采取大回旋的行动，寻机打击敌人。

在开辟鄂豫陕革命根据地期间，我军打了多少小的战斗已记不清了，光大的战斗就有四五次。一次是在蔡玉窑和文公岭，歼敌一二六旅三个多营，击溃两个营，使敌人受到重创。一次是在华阳石塔寺，我军采取伏击战法，一下打垮陕军警二旅五个营，毙伤敌200余人，俘敌团长以下400余人。再一次是在柞水县九间房，一举将陕军警三旅击溃，消灭其一个团又一个营，俘虏旅长以下1000余人。还有一次是在袁家沟口，将骄横的陕军警一旅全歼，毙伤敌团长以下300余人，俘敌旅长以下1400余人，缴获重机枪40挺、长短枪1600余支。袁家沟口战斗，是一个出色的歼灭战。

我军连战连捷，不仅给敌人以沉重打击，同时粉碎了两次“围剿”，先后攻占了镇安、柞水、宁陕、佛坪、洛南五座县城。军事上的胜利，为根据地的政权建设打下了有力的基础。

征途中的“加油站”

在对敌人进行军事打击的同时，中共鄂豫陕省委和红二十五军积极开展了新苏区的创建工作。关于创建新苏区的选择，为什么定在鄂豫陕三省交界地区，这是根据中央指示和已形成的历史经验而定的。当时的斗争形势告诉我们，红军要开创新区，必须依托一座“山”，占据一个“边”，方能立足发展。中央苏区是依托于井冈山，同时立足几个“边”；鄂豫皖苏区，是依托大别山，立足于豫皖边、鄂豫边、皖鄂边，后来统一为鄂豫皖“边”。红二十五军选在鄂豫陕边，依托的是秦岭—商洛山，立足三个省的“边”。同时，鄂豫陕省委还考虑到了其他条件。省委在《关于创造新苏区、新的革命根据地的决议》（草案）中写道：“关于新区的选择……鄂豫陕边一带地域在敌人薄弱的条件上，群众生活贫苦容易发动斗争的条件上，在川陕苏维埃运动与红军的配合上，在地势的条件上，无论如何是适应我们创建新苏区、新的革命根据地的。”

创建新苏区，不仅是发动群众，广为宣传，开展打土豪、分田地，组织群众抗捐、抗粮、抗税的斗争等一系列工作，同时，还要有计划有步骤地依照斗争形势，瞅准天时、地利，适时地进行“播种”。一块一块地建，块块连起来，也就成了片。

当时创建新苏区的工作，主要是军政委吴焕先负责。程子华军长负了重伤长期不愈，省委书记徐宝珊有病，后来在陕南病逝，徐海东副军长负责作战。因此，吴政委在新苏区的建立上花费了许多心血。具体情况我当时并不了解，只记得我们每打一胜仗，吴政委都要开会，进行部署，然后开群众大会。

随着斗争的发展，胜仗越打越多，吴政委的会也开得很多。因为每次开会我们交通队都要去通知，有时军首长找下边团、营干部谈话也要我们去通知。谈话内容我们不知道，只知道随着这些谈话的进展，我们通知的“点”越来越多。先是建立了鄂陕边游击总司令部，我们曾几次去给陈先瑞总司令送过信；后又建立了鄂陕边特委，我的老首长郭述申到特委去当了书记；后来又建立了豫陕游击师，成立了豫陕特委，郑位三去当特委书记。部队来往转转，两个特委和游击部队却在各地开展工作和活动。军部每次来往经过，都要找这些有关领导人开会，少不了我们交通队送信。

记得到了华阳的时候，还建立了华阳游击队。原来给徐宝珊当警卫员的李金德也到华阳游击队去了。他当警卫员时，我们常见面，很熟悉，徐宝珊书记病逝后，他要求下战斗连队去，听说他们还开辟了一块华阳根据地。

经过豫陕、鄂陕特委的工作，先后建立了鄂陕边根据地、豫陕边根据地，再加上华阳根据地，已成了三足鼎立，在粉碎敌人第二次“围剿”后，根据地联成一片。这样，一块红彤彤的新天地建成了。

各特委还建立了多路游击师，整个苏区光游击武装就有2000余人，还建立了一批县、区、乡苏维埃政权，成立了五个县的工委，苏区群众有50多万人，耕地面积90多万亩。

鄂豫陕苏区的建成，不仅使我们有了立足点，而且也为红二十五军的发展壮大提供了条件。根据地的人民群众，积极支援红军，青年人踊跃报名参军，红二十五军由长征时的2980多人，发展到4000多人。我们许多过来的老同志，在回忆这段历史时，大家都感到新的苏区就像“加油站”，使我们红二十五军在这里得到休养生息，加足“油”，为后来西征北上增加了“马力”。

节选自张竭诚：《忆红二十五军长征》，载沈阳军区政治部编研室编：《红军将士忆长征》，白山出版社1996年8月第1版，第240—244页。

红二十五军长征过陕南

江波

在各路红军长征中，最先到达陕北的部队是红二十五军。

红二十五军是在中央红军从江西根据地出发长征后，根据党中央的指示精神，于1934年11月间撤离鄂豫皖根据地，实行战略转移的。11月16日，2900多红军健儿，在吴焕先、程子华、徐海东等同志率领下，高举着“中国工农红军北上抗日第二先遣队”的旗帜，由河南罗山县何家冲出发，一路上，日夜兼程，冲破敌人数重封锁线，几经浴血奋战，穿越桐柏山和伏牛山区，于12月8日，在豫陕交界的铁锁关（今洛南县箭杆岭）进入陕南。我是安徽金寨县人，当时在红二十五军军部政治部当宣传员，跟着军首长和部队在陕南山区转战半年之久。陕南的山山水水，陕南人民群众和红军的深厚战斗情谊，给我留下了终生抹不掉的回忆。

陕南山区是建立革命根据地的好地方。这里地处鄂豫川陕四省边界，北靠秦岭，南濒汉江，山连着山，岭接着岭，连绵不断，起伏不定，沟壑纵横，地势险要，自古就是兵家割据称雄的战略要地，便于开展游击战争。明末农民起义领袖李自成，在兵败潼关之后，曾率军进入陕南，屯兵商洛山，尔后挥戈北上，直捣帝京。更重要的是，在我们红二十五军到此之前，党和红军已在这一带传播了革命影响。1927年底至1928年春，后来参加渭华起义的部队，曾在这一带组织过农民协会，打击土豪劣绅；1932年冬，徐向前领导的红四方面军和贺龙领导的红三军曾先后两次过境；

1933年6月，陕北红二十六军南下，也给当地人民以深刻影响。所以，尽管红军走后，国民党反动派多次洗劫，但人民群众自发的抗捐抗粮抗丁斗争，始终彼伏此起，从未停止，加上当时陕西军阀和蒋介石的中央军有矛盾。根据这种情况，在我军进入洛南县境的第三天，当时的鄂豫皖省委便在洛南庾家河（今属丹凤）召开了常委会议，决定立即建立鄂豫陕省委，加强红二十五军，广泛发动和宣传群众，积极扩大红军，迅速创建鄂豫陕苏区。

红二十五军在陕南的日子，充分发扬我军既是战斗队，又是工作队、宣传队的光荣传统，每到一地，都把组织发动群众，建立群众武装和苏维埃政权作为重要任务。我当时作为军政治部的一名宣传队员，对此深有体会。我们军政治部主任是郑位三，副主任郭述申。宣传队的主要任务是调查地方风俗民情和土豪劣绅状况，检查部队执行群众纪律情况，向群众进行宣传演讲和演出，扩大红军影响。再就是散发传单，刷写标语。我和一个叫程启文的同志参军前读过几年书，识几个字，被看成是政治部的“小秀才”，分工我们两人专写标语。我们的战斗武器主要是一个小铁桶，用来盛装石灰和锅烟墨水；一把竹笋叶捆扎成的“刷子笔”。那时节条件可差，一切东西都是靠自已动手。没颜料，主要是利用石灰和老乡烧柴火沉积在烟筒或锅底的墨烟灰来写字。标语大部分是刷在墙头和岩石上。记得在商洛山一个叫红岩寺的地方，我搭着梯子，爬上一座很高的岩壁，刷写了“红军是穷人的队伍！”“穷人要想有活路，只有当红军！”的大字标语，附近一个老石匠帮我们用铲凿刻在上面，然后又涂上红土和桐油，亮光闪闪的，老远就能看到，格外醒目。我们写的标语内容，大都是郭述申同志提前拟好或直接口述的，他根据部队所到地方的不同情况和宣传对象，拟定了好多条有针对性的标语口号，如在农村和贫穷山区，主要写“穷人团结起来，打土豪分田地！”“红军和穷苦人心连心！”“穷人弟兄们组织起来，抗捐、抗债、抗粮、抗丁！”而在城镇交通要道和国民党军队经常来往驻扎的地方，则多写“北上抗日，收复失地！”“驱逐日寇出中国！”“欢迎白军士兵弟兄到红军中来！”“只有苏维埃才能救中国！”“锤头开创新世界，镰刀割断旧乾坤！”一类标语。当时，凡是红军足迹所到之处，凡是能利用的岩壁、院墙、桥头，几乎都有红军标语。

我军既重视广泛发动和宣传群众，更注意以关心爱护群众，帮群众解除疾苦，严守纪律的模范行动影响和感动群众。当时，我军刚刚经过长途跋涉，连续作战，初入陕南，给养不济，又逢严冬时节，许多干部战士还是单衣草鞋，生活异常艰苦。但是，部队一进商洛山，吴焕先、程子华等同志就反复对各级干部讲，这一带百姓也很贫苦，要特别注意不能侵占群众利益，公买公卖，不随便进民房和动用群众的柴草，要注意尊重群众的风俗习惯。以后，我军连续在洛南、镇安、山阳等地打了几次仗，消灭了敌人许多保安队和民团，又镇压了一批土豪恶霸，没收的粮食和大批财物大部分给了穷苦农民，使一些多年“吃饭照影影，睡觉看星星”的山里穷人，分得粮食，解决了饥寒，许多常年四季炕上无被褥，衣服不遮体，白天钻草窝，晚上去干活的人家，分得了衣物，脸上露出了笑容。受尽剥削和压迫的贫苦群众看到我军英勇作战，连打胜仗，又纪律严明，处处为穷人办好事，纷纷报名参加红军。红四方面军路过陕南时留在柞水山里的一个伤员，听说红二十五军到了红岩寺，一下就动员了十几个牧童，连夜赶来参军。山阳县袁家沟口有家姓曾的弟兄，带上他们的三个儿子一块来参加红军。1935年4月我军攻克洛南县城后的半个月内，就吸收新战士600余名。在做好发动贫苦群众工作的同时，我军还注意严格掌握政策，做团结社会各层人士的工作。对当地的豪绅、保甲长、团总、商人等，采取区别对待的方针，除罪行恶劣者外，一般的都尽量做教育和争取利用的工作，保护正当的行商和贸易，以扩大我党我军的政治影响。记得我军进入陕南不久，就以军司令部、政治部的名义发布了《关于商业政策问题》的布告。在打下洛南县城后，部队当晚进城露宿街道两旁，没有人去粮行、货栈、钱庄拿一点东西。第二天，在城隍庙召开群众大会，吴焕先政委向群众宣讲红军的任务、政策。会后，没收了四五家反动豪绅开办的粮行、货栈，将财物分给正在春荒中的群众。对那些正当经商的山货店铺和小商小贩，则加以保护。还有一次，我军路过丹江岸边的棣花街，街民因为不了解红军，以为又是来了“粮子”（陕南一带人对国民党军队的称呼），大都扶老携幼，逃到附近的山洞沟渠躲起来。其中有家开染房的李染匠，走时没来得及收拾院子里搭晾的十几匹布。他发现当天晚上所有的庙堂街坊院落都住上了队伍，又见这些远路而来的军队都穿得破破烂烂，补丁缀着补丁，心想，完了，院子里晒的布准会叫他们拿去。第二天一早，他和乡亲们见部队过丹江向南开走，急慌慌地回到家里。一看，院子打扫得干干净净，搭在竿子上的各色染布，被收拾起来，叠得整整齐齐，放在架板上，一尺也不少。其他街坊邻居也纷纷议论，说昨夜间来的是红军，不是“粮子”，街头上，贴着《什么是红军》的油印传单和红军标语。这位李染匠感动地逢人就讲：“耳听是虚，眼见为实。红军嘛，了的太①，确是仁义之师，秋毫无犯！”

陕南山区的人民群众，忠厚、朴实、善良，把红军看作是自己的“救星”和亲人，在白色恐怖的形势和生活极度困难的情况下，竭力帮助和支援我军。陕南山里的悬崖绝壁上，有许多险要的山洞。我们部队路过时，一些反动的土豪地主把粮食和财物藏进洞里，并躲在洞中朝我们打冷枪。开始我们部队摸不清底细，有时就吃亏。后来在当地贫苦群众的帮助下，逐步弄清了那里有山洞，那个洞藏着东西，那里有地主武装，从那里可以找到洞口，这样，一些地主豪绅就不敢轻举妄动了。我军每到一地，几乎都有群众来给通风报信。有的宁愿忍饥挨饿吃野菜，也把仅有的一点粮拿出来送给部队，甚至将连自己的娃娃也舍不得让吃、准备换盐油和棉花的核桃、柿饼端出来，慰问红军。打仗时，不少群众帮我们当向导、抬担架、掩护和照料伤病员。我军的伤病员大部分是安置在群众家

① 原文如此。疑为方言，即“太了得”，“很厉害”——编者注。

里休养的。山阳县袁家沟口有位姓丛的大娘，不顾敌人抄家和吊打，冒着生命危险，把在她家隐藏养伤的四名战士转移到安全地方，被称为“红军干妈”。

正是依靠党的领导和实行了正确的路线、方针和政策，依靠广大人民群众的支援配合，红二十五军在陕南的半年时间里，多次同敌人作战，连战皆捷，在蔡玉窑、文公岭、石塔寺、袁家沟口等地，给敌人以沉重打击，粉碎了敌人两次重兵“围剿”，先后攻占了镇安、柞水、宁陕、佛坪、洛南等五座县城，逐步形成了鄂豫陕边革命根据地。红二十五军也由入陕时的2900人发展到4000多人。

1935年7月，为配合中央红军北上作战和陕北红军的行动，省委和军领导决定部队继续长征北上。我们怀着依依难舍的心情，告别了陕南的父老乡亲，越秦岭，过渭河，驰骋陇南陇东，转战西兰公路，经由秦安、隆德、平凉、合水县境进入陕北，于9月中旬到达延川县永坪同刘志丹等同志领导的陕甘红军胜利会师，结束了历时十个月，转战近万里的长征。

（陕西省军区党史办公室供稿）

选自中共陕西省委党史资料征集研究委员会编：《陕西省党史专题资料丛书（四）红军长征胜利到陕北》，陕西人民出版社1986年11月第1版，第203—208页。

江波，1916年生，安徽金寨人。1932年参加中国工农红军，1935年加入中国共产党。红军长征时任红二十五军政治部宣传员。新中国成立后，曾任西北军区政治部青年部长、军分区政治委员，陕西省军区副政治委员，兰州军区政治部副主任、军区纪委专职副书记，中央军委纪委委员等职。1996年在西安逝世。

陕南斗争回忆

李书全

1934年12月10日庾家河战斗后的第二天，我们到蔡川进行整编，即派程启文下去开辟地方工作。这段，程启文有篇回忆。

当时有个大刀会性质的地方武装和我们接触。军领导吴焕先说，我们要在陕南创建根据地，这支力量可以用。决定委任这支地方武装为抗捐军。派出手枪团一个分队和军政治部干事程启文到蔡川、留仙坪、三要、景村一带协助抗捐军开辟地方工作。军部向西熟悉地形去了。大概下来20多天后，遭到敌人袭击。抗捐军是个新部队，一打就散了。手枪团下来的人是经过长征的，他们又收到一起，转移到商县、洛南、商南三县交界的孙家山，群众对他们很热情。他们白天在老乡家烤火，晚上出去打土豪，搞粮食、衣服，分给群众。那时，陕南群众生活很苦，真正有十七八岁的姑娘没裤子穿，不敢见人。后来，地盘缩小，只在孙家山活动。主力红军打下洛南住了几天，到了景村，把程启文他们全部收回来，又派二二五团三营副营长方升普带八连在景村、古城等洛南川道一带活动。大概5月初进了龙驹寨，住了七八天。当时战士编的歌中有“七天整训龙驹寨”这么一段。5月9日，鄂豫陕省委书记徐宝珊在龙驹寨逝世，吴焕先代理省委书记。

这时，鄂陕特委已经建立起来了。为什么又要组建豫陕特委？打下洛南到龙驹寨后，看到这一块地形条件好，特别是群众基础好。红二十五军行军所经过的地方，群众在路边看，没有跑的。所以，决定在河南卢氏、内乡、淅川以西，商县、洛南、商南这块地方建立根据地。西有鄂陕，东有豫陕，敌人“围剿”时，我们可以两边跳，也好得到休整。

5月5日左右，也就是龙驹寨整训的第三天，军政委吴焕先给我谈话，叫我和位老①一块下去，组建豫陕特委。我当时是军政治部团委会青年干事。吴焕先说：“我们要立住脚，创建根据地，发展红军和地方武装，就得在豫陕搞一块。昨天，我已经和位老谈了，位老要带你去。军部决定程启文回来，孙家山群众基础好，他还发展了两三个党员。你们下去的立足点就放在孙家山。”我们带了手枪团一个班，位老还带了两个警卫员，一个是挑文件的，一个是勤务员。这时，方升普同志带的八连已在洛南南边活动。我们到了孙家山后，方还给了一个排。

大部队从龙驹寨走后，我们才在庾家河正式组建豫陕特委和豫陕游击师。豫陕特委书记是郑位三，委员有方升普（游击师师长）、曾焜（游击师政委）、袁崇安（老八连指导员）和我。连位老一共五个委员，没有常委。

位老说光在这里不行，我们又去桃坪、灰池子、七盘磨、七里沟，以玉皇顶为中心，搞了一块地方。峦庄有个民团头子叫王梦斋，很狡猾，很厉害。我们到腰庄、刘家花屋，打土豪，分浮财。位老叫开群众大会，来了三四百人。位老亲自在会上讲：“红军不走了，要建立穷人的政权，要把土豪的地分给群众。”还组织了三个人的土地委员会。以后又到梨园岔开展工作，我们给了十多支枪，开始组织游击队。在梨园岔开始组织的是乡苏维埃，后扩建为区苏维埃，以后又到孙家山、留仙坪建立了区苏维埃，也组织了游击队，然后又到了灰池子、七盘磨。一共搞了三块，但中间隔了个峦庄。为了把这三个区苏维埃连接起来，就要拔峦庄这个钉子。

这时，老八连已发展到156人。手枪团一个班已发展到一个分队。我

---

① 即郑位三。

们想把王梦斋吃掉，把这个豫陕交界地区连成一片，怎么个打法呢？我们过丹江河，在江南面转了两天，以迷惑王梦斋，让他误认为我们到南山去了。然后，又在一天上午，急行军，过丹江，经过刘家花屋、腰庄，到桃坪天明了，打了桃坪乡公所。桃坪和峦庄只隔两个小垭子，我们下命令，让化装的手枪团跑步前进，没打一枪，从峦庄街照直通过，占了街北边，尖兵连占了街南边，敌人除王梦斋晚上到小老婆家跑掉外，其余无一漏掉。这下好了，三个地区连成一片了。我们的活动范围又扩大到洛南景村、古城、三要，北离洛南县城不远，西到商县北面，南过丹江，东到河南双槐树、官坡、兰草、西坪。这几个地方的游击队都由几条枪发展到几十条枪。

李隆贵来了以后，把游击队整编为四个大队：第一大队队长张海波，政季袁崇安，主要活动在龙驹赛、孙家山地区；第二大队队长刘传根，政委李传彬，主要活动在留仙坪、孙寨山地区；第三大队队长李震远，政委张培真，主要活动在桃坪、峦库地区；第四大队队长李思明，政委胡从真，主要活动在刘家花屋、梨园岔地区。一大队原为龙驹寨大刀会组成，后来几个头头要叛变，被我们抓起来了，把这个队编散，把老八连编为一大队，其余顺次序编为二、三、四大队。这四个大队有400余人。我们机关有十几个人，设有司令部和政治部。

正当我们想到河南五里川、双槐树建立根据地时，敌人向我们进攻了。当时，我们还不知道红二十五军离开，后来从敌伪报纸上知道红二十五军打天水，我们估计红二十五军不一定回来了。当时，省委曾有两封信给鄂陕、豫陕，但落到敌人手中。敌人知道我们主力走了，便加紧清剿，企图消灭我们。豫陕没有什么损失，主要是游击队绝大部分是由当地人民群众组成的，四个大队的队员，成分都比较纯洁；鄂陕损失较大，原因是委任大刀会的人当头头太多，好几路游击师垮了，有的叛变时把我们的干部杀了。

豫陕、鄂陕两特委是如何会合的？李隆贵来豫陕特委换了位老，位老又到鄂陕和陈先瑞搞到一起。位老头脑非常清晰。他看到红二十五军打天水，估计回不来了，便带领鄂陕部队向东找我们，我们也向西边找他们。会合后，原来的两个特委合成了一个特委，有九个委员，我是其中一个，大家选郑位三当特委书记，陈先瑞任师长，李隆贵任政委，副师长是方升普，曾焜是政治部主任，我是师组织科长。

10月间部队开始西进。在宁陕打了一个漂亮仗，消灭了敌伪一个保安团，打死伪县长，斩首示众。在这以前还打下佛坪（袁家庄），占领了县城，歼灭了一个保安队百十人，连同伪政府人员近二百人，打死十多人，打伤多人。后据群众说，伪县长被打得带彩，被护兵扶走了，以后再不敢当县长了。当时我们红七十四师是从宁陕四亩地出发去佛坪县城袁家庄东面的山埡壑上，居高临下，出其敌人没有防备，一举击垮敌保安队，敌人听枪响乱作一团，跑到河的西面山上去，我们手枪团迂回上去消灭了敌人，结束了战斗。接着我们在袁家庄街上召开群众大会，宣传党的主张，讲我们是人民的军队，打土豪分田地等道理，给群众分粮食。群众也支持我们，给送菜、缝补衣服等，群众很好。住了两天后，七十四师向西转移，后经老佛坪县城（厚畛子）返回佛坪。第二次解放袁家庄消灭了敌人刚组建成的保安队，继续做群众工作后返回四亩地。

宁佛工委成立于1935年12月，在奇袭占领佛坪县城袁家庄后，在宁陕四亩地，陕南特委书记郑位三看到宁佛这一地区形势很好，决定建立根据地，组织游击队，开展斗争，筹集粮食、财物、药品，支援红七十四师。师长陈先瑞、特委书记郑位三同志找罗明义、张绍安同志谈话，让这两位同志带一个连下去，组建宁佛工委，罗任书记，张任大队长，共30余人，对外声称七十四师独立团，对内是宁陕佛坪游击大队。任务是发动群众，发展根据地，最根本的一点是为红七十四师创出一个落脚点，根据地。其实根据地在脚板上，苏维埃办公室在背包里，宁佛一带群众很穷，生活艰苦，地处山区条件很好。工委成立以后有马枪十余支，驳壳枪二十余支。平时大队长张绍安带去两个班做群众工作，了解地主、恶霸、反动势力情况，晚上打富豪，挖钱筹款，搞布给红军做衣服，搞西药送给部队，警告反动势力不许捣乱等。后来汪世才带了几个人来和独立团会合，一直坚持斗争，直到双十二事变，部队发展达几百人。

宁佛工委当时活动的中心在四亩地，方园百十里都是我们活动的地方，那里大都曾经建立过区、乡苏维埃，对我们是一个很有利的条件，但发展的党员人数很少。

后来方升普带人来把镇柞游击区和宁佛区联在一起，合并为宁、佛、镇、柞根据地游击区，开展了更大的斗争。

自红二十五军走后到七七事变，红七十四师由两个连发展到2000多人，并单独坚持了18个月的武装斗争。其原因，我认为：一是有以郑位三同志为首的党的坚强领导。当时红七十四师没有师党委，也没有和地方党发生关系，但部队有党的组织。没有特委的正确领导是不能坚持的。郑位三、陈先瑞同志在部队中间的威望是很高的，这两个人配合得很好。位老善于利用敌人报纸、信件，分析判断敌情，决定行动的大政方针；陈先瑞在作战指挥上，特别是在游击战指挥上果断。第二个重要原因，陕南的群众好。这一条的作用并不比第一条弱。我们用事实来说明：红二十五军没有医院，几次作战的二百多个伤病员，都是安排在老百姓家里，老百姓给治好的，这不是陕南群众好嘛！同时，陕南群众生活苦，苛捐杂税重，群众容易发动。特别是打土豪分浮财，与群众切身利益有关。当时，我们部队编了个顺口溜："陕南三大宝，石板房子龙须草，苞谷糊汤吃不饱。"这说明陕南群众生活的艰苦。另外，陕南土地比较集中，我记得镇安有个地主，将近占了镇安半个县的土地。没有群众这个条件，我们不但不能生存，不能发展，而且会垮台。所以要把群众条件放在第二位。第三，有经过长期斗争和长征锻炼的老战士以及伤病员等共有300多人。没有这批骨干，游击队是带不好的。

选自中共陕西省委党史资料征集研究委员会编:《陕西省党史专题资料集(二)鄂豫陕革命根据地的创立和发展》,第265—273页。

李书全,1917年生,安徽六安人。1929年参加六霍起义,后为六安县独立团战士,1930年编入中国工农红军。1931年加入中国共产主义青年团,1934年转为中国共产党党员。红军长征时任红二十五军鄂豫陕边游击司令部青年科科长、共青团书记,第七十四师政治部青年科科长、组织科科长、师教导大队政治委员等职。新中国成立后,曾任西北军区炮兵政治部主任、济南军区炮兵政治委员等职。1955年被授予少将军衔。1986年在济南逝世。

回忆豫陕边的斗争

张波

1934年12月，红二十五军到豫陕交界的界牌时，官坡、兰草都有民团，尤奉山民团一个大队（三个中队）与我们打了一下就跑了，我们歼灭了他一个中队的人。据敌俘口供：三要司有杨虎城部一个营，是从景村来的，主要是阻击我们，已驻了两天。当时，我们很疲劳，腿都肿了。我们手枪团团长和政委叫我们出发，马宏凯（手枪团一分队二班长）等不愿去，二分队长和一班长吴发德（现兰州军区副司令员）愿去。吴焕先政委来了，动员说："大家疲劳我了解，再走几十里是为了完成革命任务，如果哪个脚痛就不去了，在这儿休息。有多少人能去？能去的举手。"有一半人举手，手枪团共100多人。吴政委又讲："我家是破落地主，你们家里都比我穷，我革命为了什么，不是为了自己，是为了人民求解放。……"经吴政委做思想工作，绝大部分都忍痛出发了。

我们冒充是东北军张学良部队，找了三要司杨虎城部队的两个菜买[1]，弄清了三要司有杨虎城部队一个营，才驻了两天，到下午五点，就被我们歼灭了，俘营长以下300多人。

庚家河战斗中我腿被打伤了，在蔡川何老五家养伤。军部叫手枪团二分队下来，其任务：一是发展游击战争，二是照顾留在上庄坪、蔡川、

① 菜买，方言，即负责买菜做饭的人——编者注。

孙家山的伤号。

何老五是个教书的，把我安排在楼上。一次，敌人来搜查，群众都跑了，敌人把何老五拉去吊打，他始终没有暴露我，他爱人偷偷地把饭送到楼上。敌人问：“你家为啥窝藏红军？”何老五爱人说：“前几天我家来过一个红军，现在早已走了。”我听到这里，用裹腿绑住身子吊下楼，溜出后门爬山跑了。敌人走后，我又到何老五家养伤。以后，“富农”（程启文的外号）来了，我就归二分队了，任副队长。

上庄坪有个民团队长叫余得水，很反动。商县商洛镇有个张虎森，是个民团团长，有好几百人，跟我们打过几次仗。东打到河南双槐树，西打到孙家山、龙驹寨附近。我们当时的口号是：“打富济贫，分土地，反对苛捐杂税。”群众才知道我们是自己的队伍，在孙家山一带才扎下了根。

商洛镇民团团长张虎森给我们写了一封信，大意是：贵军来陕以后，有抗日活动，贵军如愿谈判，请派代表来。后来，程启文为代表去谈，住了一夜，谈判要点：（一）抗日；（二）打富济贫，不压迫群众。以后张虎森民团再未来打我们。记得有个姓王的同志曾来过两次，告诉我们不要硬打，可以争取中间势力，并说张虎森是他的朋友，可以争取，我们照此办理。

在孙家山进行了土地改革，发展了三名党员（有个叫狗娃子，有个叫牛娃子，还有一个姓李的，后来姓李的参加部队，当了班长），建立秘密联络站十多个。那时我们的番号叫二十五军手枪团二分队，有时也称商洛游击队。因为二分队打的出了名，当地群众和敌人称我们是“神兵”，是打富济贫的恩人。孙家山有个李老头，六七十岁，他说：“我活了这么大年纪，没见过这样的神兵，为穷人办事，你们今后有天下。”我们在庾家河等地负伤的同志，都被群众掩护出来了。

1935年3月，我们派人找红军主力，三次都落空。派孙家山的老李（党员）和小孙，装成商人，带着山货出去。把信钉在扁担上的牛皮里。3月下旬，从敌人报纸上看到，徐海东率部队返回洋县华阳。我们派人到营盘找到了主力。吴焕先写了回信：手枪团二分队领导和全体同志，你们好！我们几个月没有得到你们一点消息，你们处在敌情紧张、天天打仗的情况下，没有被敌人消灭掉，这就是你们的很大胜利。我们准备向洛南县行动，请你们接信后，向洛南县靠拢，与我们会合。读完信，我们热泪滚滚。4月中旬，我们走了一天，在洛南的南面与主力会合了。军长程子华、政委吴焕先、副军长徐海东把我们二分队集合起来，讲了话，并一一握手。指定我任二分队队长，陈小瞎任指导员，程启文回军部。

4月下旬，红二十五军派下来几位同志，由曾焜带二二五团三营八、九两个连下来活动。

在龙驹寨整训时，吴焕先政委找我谈话，叫我任商洛游击大队队长兼政委，进行土改，建立政权。

5月，在庾家河成立豫陕特委和游击师。特委书记李隆贵[①]，师长方升普，政委曾焜。九连调回军部，八连归游击师，是警卫连，连长张海波，政委袁崇安（1938年牺牲）。师下设四个游击大队。一大队（商洛游击大队）队长兼政委张波，副政委李光富，有180人；二大队队长刘传根，政委李传彬，100多人；三大队队长李震远，100多人；四大队队长李思明，政委胡从真。

各游击大队是单独活动，活动地区有：峦庄、庾家河、留仙坪、孙家山、古城、三要司、高耀子、龙驹寨、大水沟等。其任务是：发动群众，扩大红军，消灭地方反动武装，打土豪分田地，反对苛捐杂税，发展游击根据地，建立苏维埃政权。

我们在孙家山、庾家河、上庄坪、桃坪、峦庄等地，建立了游击政权和几百个秘密联络点，开展了对敌斗争，用绳子丈量了土地，分给群众。还建立了秘密党的小组。

陕南群众是好的，纷纷参加红军，掩护伤员上百名，为我们抬担架。

① 中共豫陕特委成立时书记为郑位三，后为李隆贵。

9月，豫陕和鄂陕特委合并为陕南特委。

选自中共陕西省委党史资料征集研究委员会编：《陕西省党史专题资料集（二）鄂豫陕革命根据地的创立和发展》，第274—278页。

鄂豫陕边的游击战争

陈先瑞

鄂豫陕边的游击战争，过去很少有人写过。它的来龙去脉，发展经过，及其重要事件，如今知道的人也不多了。现凭我的回忆，并参阅有关历史资料，如实地把这段斗争历史整理出来，呈献史林，告慰先烈。

一、发动和武装群众，积极开展游击战争，配合主力部队创建新的革命根据地

1934年11月，中国工农红军第二十五军根据党中央和中央军委副主席周恩来的指示，实行战略转移，创建新的革命根据地。红二十五军在中共鄂豫皖省委率领下，千里转战，进入陕西省东南地区，胜利地实现了战略转移。12月10日，省委在洛南县庾家河召开会议，决定以鄂豫陕边区为立足之地，创建新的革命根据地。12月底，我在镇安县九甲湾（今属山阳县）接受了省委和军领导的命令，要我带二二三团七连到郧西、旬阳、山阳、镇安、柞水地区打游击，于鄂陕边开辟根据地。我当时担任二二三团政治处主任，长征过卢氏县城时负了伤，尚未痊愈，部队又初到陕南，人生地不熟，怕担任不了这个重任。但想到领导信任，革命的需要，就愉快地接受了任务。当时，军政委吴焕先对我说，你先带一个连下去，就地开展地方工作，部队名称为鄂陕游击师，你担任师长。下去后，要熟悉这

一地区的地形、民情，广泛发动群众，宣传我党我军主张，以“五抗”（抗捐、抗税、抗粮、抗丁、抗债）为斗争口号，消灭地方反动势力，组织群众武装，建立苏维埃政权，并将你们的活动情况和敌情动向及时向军部报告，等等。同时，还让我们和商洛特委建立联系。

原来在我们下去前，省委曾派手枪团政委宋兴国和军部少年先锋队长程启文等30多名同志下到商洛地区开展工作，并成立了中共商洛特委，因一次战斗失利，特委书记自杀，特委不复存在，剩下的人组成了洛南游击队。我们下去后，一直没和他们联系上。按照省委和军领导的指示，我们积极宣传“五抗”，发动群众，打土豪，分田地，镇压豪绅恶霸，铲除“地头蛇”，摧毁保甲组织，消灭反动民团武装，建立抗捐军、游击队和苏维埃政权，团结改造“刀会”武装。经过斗争，很快打开了局面。

1935年2月，省委先后在柞水县红岩寺组建三路游击师，山阳县小河口组建四路游击师，郧西县二天门组建六路游击师。与此同时，鄂陕游击师在镇安县大小米粮川建立五路游击师，郧西县大小新川建立七路游击师，山阳县唐家河建立九路游击师。并在上述地区建立了区乡苏维埃政权。为统一领导鄂陕地区的工作和指挥各路游击师的斗争，省委决定建立鄂陕特委和鄂陕游击总司令部。特委书记为郭述申[①]，我为游击总司令。七连扩大为总部战斗营，随总部一起行动。当时的鄂陕特委和游击总司令部组织很简单，除特委书记，司令员外，只有几个参谋、几个政工干部。各路游击师的具体情况是：

三路游击师，师长汪世才，政委李志英，约200人。主要活动在商县、柞水县的牛槽、红岩寺、九间房、曹家坪、蔡玉窑、凤凰嘴等地。

四路游击师，师长阮英臣（本地人），政委夏云亭，500余人。主要活动在山阳、商县的袁家沟口、小河口、马家山、黑山、药王坪等地。

五路游击师，师长毛易彬（红枪会首领），后为孙守山（孙光），政

① 一个月后，郭述申调回军部，书记改为戴季英。6月，由郑位三接替戴季英。

委白明俊（本地人），约200人。主要活动在镇安、旬阳县的店垭子、米粮川、两河、小河等地。

六路游击师，师长叶忠让，后为萧大喜，约100人。主要活动在郧西、旬阳县的庙川、一、二、三天门，潘家河，佛爷庙等地。

七路游击师，师长余心德，政委张祖祥，约100人。主要活动在郧西、旬阳县的大小新川、西河等地。

九路游击师，师长阮开科（红枪会首领），政委李洪章，号称千余人，其实没有那么多。主要活动在山阳县的唐家河等地。

鄂陕特委和游击总司令部，根据斗争形势，采取个别交代或召开游击师领导会议等，来指导各路游击师活动和地方工作。各路游击师按照特委和总部的部署开展活动，多数时间是单独活动，有时也几路同时行动，并经常派人和总部联系，互通情报。

3月上旬，红二十五军西进抵洋县华阳镇，在石塔寺打垮了陕军警二旅两个团。尔后，省委又派魏文建等几十名骨干下去，分别组建了华阳、茅坪两支游击队和数百人的抗捐军，并决定归鄂陕特委和游击总司令部领导。由于我们在鄂陕边，他们活动在华阳镇的石塔寺、商家坝、瓦子沟等地，相距较远，实际上彼此没有联系。

4月中旬，红二十五军攻克洛南县城。为了开辟洛南、商县、商南、卢氏等四县边区，省委和军领导决定派方升普等带二二五团八连到地方上开展群众工作。他们先后在孙家山、北宽坪、桃坪、峦庄、庾家河、留仙坪、灰池子、刘家花屋、梨园岔、腰庄等地，发动群众，分地分粮，建立了一批区乡苏维埃政权，成立了地方游击队，扩大了根据地。5月初，省委为巩固和发展豫陕边根据地，决定建立豫陕特委和豫陕游击师。特委书记郑位三①，师长方升普、政委曾焜，统一领导这一地区的工作。豫陕游击师辖：

① 郑位三不久调任鄂豫陕特委书记，由李隆贵接任。

二二五团八连（后改为第一游击大队），连长张海波，指导员袁崇安；

第二游击大队，队长刘传根，政委李传彬；

第三游击大队，队长李震远，政委张培真；

第四游击大队，队长李思明，政委胡从真。

全师近500人。主要活动在豫陕边区。

在鄂陕、豫陕特委和鄂陕游击总司令部、豫陕游击师的领导指挥下，各游击武装，积极开展活动，组织人民群众进行斗争，巩固和扩大了根据地，革命斗争形势和游击战争蓬勃发展。三路游击师歼灭了曹家坪保安队。四路游击师先后消灭山阳县的二道沟税警队和牛耳川、金井河民团。五路游击师摧毁旬阳县的潘家河乡公所，没收12家恶霸地主的财产，分给2000多户贫苦农民。潘家河人民翻身唱道：

山高遮不住太阳，黑夜过去天要亮；
洪水滚滚掀波浪，潘家河来了共产党。
共产党像太阳，它的恩情赛爹娘。
潘家河水哗啦啦响，要翻身得靠共产党。

鄂陕游击总部战斗营和六路游击师，袭击关防铺等据点，捣毁了“郧西铲共义勇军”在三天门的老巢。豫陕游击师，在我军主力包围商南县城、奇袭荆紫关时，占领梨园岔与腰庄间的有利地形，顽强阻击尾追主力部队的敌人六七个小时，毙伤敌150余人。他们还全歼景村联保队，奔袭五里川民团，消灭武关镇保安队，为主力部队大踏步进退创造了条件。同时，各游击部队还组织人民群众为主力部队送情报、当向导，积极运送粮食，转移伤病员；派出小股游击队割电线、断交通，侦察敌情；动员农协会、儿童团、妇女会等群众组织，站岗、放哨、做军鞋、备干粮，救护伤病员，有力地配合和支援了主力部队的行动。

1935年7月，红二十五军在袁家沟口取得歼灭陕军警一旅的战斗胜利，北出终南山，威逼西安。这时，中共鄂豫陕省委在长安县沣峪口召开紧急会议，根据中央文件精神和敌情动态，全面分析了当时形势，决定率红二十五军西征北上，到陕甘革命根据地会合红二十六军，首先争取陕甘革命根据地的巩固，配合主力红军，迎接党中央，创造新的伟大红军，争取中国西北方的数省革命根据地的创立。①会议还确定合并鄂陕、豫陕两特委，组成新的鄂豫陕特委，领导游击武装力量继续坚持鄂豫陕根据地的革命斗争。

这次会议的决定，省委没来得及向两个特委进行传达，就率领红二十五军踏上了继续长征的道路。从此，我们开始了独立坚持鄂豫陕边的斗争。

二、危急关头，鄂豫陕特委和红七十四师成立

红二十五军西征北上后，鄂豫陕革命根据地的斗争形势十分严重。

国民党陕西省绥靖公署于7月17日发布命令，除以部分兵力尾追红二十五军外，还集中六十七军王以哲部、四十军庞炳勋部、九十五师唐俊德部、四十四师萧之楚部、陕军警二旅和特务团等二十几个团的兵力，实施“划区清剿”，命令“清剿部队应用百般方法极力搜剿”，妄图以“分割包剿”、“各个击破”的手段，消灭我鄂豫陕边区的游击武装，彻底摧毁我根据地。

敌人所到之处，烧杀抢掠，无恶不作。镇安县东起店垭子西到米粮川的一条三十里长的川道，房屋大部被焚，群众财物被抢劫一空。敌人在许多村镇扎上了据点，一些土豪劣绅、恶霸地主，纷纷组织反动民团

① 参看鄂豫陕省委1935年9月27日《关于离开鄂豫陕苏区会和陕甘红军之决定经过的报告》。

武装，实行反攻倒算，叫嚣要把陕南山区的共产党和红军灭尽杀绝。根据地中心袁家沟口，被敌人视为“红军窝子”，声言要“掘地三尺”，彻底予以摧毁。红军家属大多逃亡他乡。区苏维埃主席程家盛为掩护群众被敌人抓住，当即遭到杀害。同时被杀害的还有五六个苏维埃政府成员和游击队员。红岩寺区苏维埃的干部和群众，为掩护伤病员转移和坚壁物资，有300多人被敌人抓住，当场杀害100多人，200多人被关押，受尽酷刑，有的壮烈牺牲。豫陕边根据地黎园岔赤卫队长一家被敌人捉住，两个孩子被丢进水潭淹死，其余被杀。一、二、三天门，大小新川、店垭子等地被敌杀害的苏维埃干部和游击队员家属100多人。鄂豫陕边区这块刚刚建立的革命根据地很快被敌人侵占，人民又陷入水深火热之中。

后来我们才知道，鄂豫陕省委在率领红二十五军西征北上途中，于7月30日分别给鄂陕，豫陕两特委发出内容基本相同的指示信，说明当时形势和红二十五军西征北上的任务，指出继续坚持鄂豫陕边斗争的重要意义，指示“马上把鄂陕、豫陕两个边特合并为一个鄂豫陕特委”，“立即集中八连及各路之一部游击队与总部战斗营成为一个有战斗力的游击主力”，①并就行动方针、发动群众等问题作了具体指示。省委的这两封指示信，由便衣队交给了三路游击师政委李志英，让他转交我们。李志英带领游击师的特务队在找特委和总部的途中，特务队长赵久海叛变，枪杀了李志英和几名老战士，带着省委的信和少数人投敌了。我们没有收到省委的信，而敌人却知道红二十五军北上，便更加疯狂地“围剿”我各路游击部队。

当时留在鄂豫陕边区的游击武装有：鄂陕游击总司令部的战斗营、山阳西区大队、三、四、五、六、七、九路游击师，豫陕游击师八连和三个游击大队，以及红二十五军的一些伤病员。

由于我们没有接到省委的指示，一时不明省委和红二十五军的去

---

① 1935年7月25日《省委吴焕先给位三、隆贵、先瑞的指示》。

向，仍按原计划坚持斗争。各游击武装没有思想准备，在敌人重兵分割围攻下，受到很大损失。两个特委也没有取得联系，面临的形势是十分危急的。

但是，敌人的残酷镇压和重兵“围剿”，是吓不倒红军战士和革命人民的。在强敌面前，各游击部队各自为战，能打就打，该躲就躲，想方设法阻止敌人的进攻，掩护人民群众和伤病员转移；面对敌人的“围剿”，许多游击战士和人民群众产生了畏敌情绪，一些红军老战士发挥了种子作用，用他们在鄂豫皖时期的经历教育群众，组织人民群众走、躲、斗，哪里最危险，哪里最困难，哪里就有他们；各级区苏维埃干部和游击部队紧密配合，转移伤病员，坚壁物资，领导人民转入“地下”斗争。袁家沟口苏维埃主席程家盛，将苏维埃政府的一颗铜质印章和一包文件，交其妻倪世莲，让她妥为保管。他牺牲后，倪世莲曾冒着生命危险，三次转移印章和文件，遭敌人严刑拷打，百般折磨，她都没有暴露秘密，直到解放后才将印章和文件交给了人民政府。在第五、第六路游击师活动的镇安、山阳、旬阳、郧西县交界一带还流传着“红军老祖”的故事。那是红二十五军西征北上后不久，六路游击师来到了郧西县的郭家沟，正在吃早饭时，敌人“清剿”部队一个连和郧西县民团武装300多人攻来，敌众我寡，六路游击师和部分群众迅速撤退。退到旬阳县九龙山佛爷庙时，敌人紧紧追来。游击师领导决定，留下特务队高指导员带一个班阻击敌人，掩护部队和群众转移。战斗中，高指导员和一名班长壮烈牺牲，当地群众带着悲痛心情，把他们埋葬在碾子沟口，并在墓前立了一块“红军老祖”的石碑，借以纪念。敌人曾多次破坏“红军老祖”之墓，但是人民群众是压不服，禁不住的。在潘家河、火石沟、白河等地先后都出现了“红军老祖庙”，庙内塑有头戴八角帽、身穿灰军装、脚蹬麻草鞋的红军战士座像。以此寄托对红军的怀念！

主力红军走了，鄂陕特委和游击总司令部，针对敌强我弱，各路游击师分散的情况，决定迅速集中部队，保存有生力量，待机破敌，并千方百计查明省委和红二十五军的去向。8月底，我们在宁陕县两河口获得一份《西京日报》，看到敌人在陇东地区作战消息的报导，得知吴焕先政委在泾川战斗中牺牲。从此我们才认定红二十五军已经西去，可能要进入陕北。于是，带领总部战斗营会合六路游击师和山阳西区大队，寻找三、四、五、七、九路游击师，并东进会合豫陕特委，共商斗争大计。当时豫陕特委在龙驹寨以北地区活动，为了不被敌人各个击破，已将八连编为第一游击大队，连同原来三个大队，全部集中起来。他们也从报纸上看到红二十五军到了甘肃天水一带，遂由桃坪出发，往鄂陕边来找我们。

9月初，我们和豫陕特委在商南县一个叫梁家坟的村庄会合了。当时对形势的严重性估计不足，互相交流情况后，初步商定：各自返回原来老区，布置根据地的工作，收容伤病员，寻找三、五、七路游击师（这时已知道四路游击师跟随主力走了，九路游击师叛变），然后再会合研究下步行动。同时商定，豫陕特委书记李隆贵跟随鄂陕特委行动，便于实行统一领导。

我们和豫陕特委分手后，走到雪窝附近突然遭到敌四十四师萧之楚部的袭击。部队边打边退，伤亡数十人。血的教训使我们认识到，在敌人重兵“围剿”下，分散活动易被各个击破。当即返往豫陕边，在梁家坟附近，找到了豫陕特委。原来他们在返回豫陕边时，走到富山坪也遭到了敌人的袭击，差点被打散，回过头来又找我们。

9月9日，两特委在梁家坟举行联席会议。参加会议的有郑位三、陈先瑞、李隆贵、方升普、曾焜等。会议分析了当时的斗争形势，认为在敌人重兵“围剿”的严重形势下，斗争将是残酷的，困难是很多的。但不管出现什么样的情况，都要领导游击部队和人民群众开展斗争，继续在鄂豫陕边区举起革命红旗。会上个别同志感到我们部队新，枪支弹药少，思想也比较混乱，情绪较低，对继续坚持斗争缺乏信心。为此，会议又分析了坚持斗争的有利条件，进一步认识到，鄂豫陕边区地形有利，群众基础好，两特委又有半年多开展游击战争的经验，对社情、民情、地形已有所了解，还有近300名老战士做骨干，只要团结一致，紧紧依靠群众，采取灵活的战略战术和正确的斗争策略，是能够生存和发展的。会议统一了认识，克服了部分同志中的悲观情绪，坚定了开展游击战争的信心。接着，讨论了合并两特委、合编部队和今后的斗争策略及行动方针问题，决定：（1）树立独立坚持斗争的思想，以陕南为中心，广泛开展游击战争。首先跳出敌人包围圈，在宁陕、佛坪地区开辟新根据地，吸引敌人西去，争取恢复原根据地。（2）将鄂陕、豫陕特委合并为鄂豫陕特委。（3）合编各游击武装部队，组成红七十四师。将豫陕游击司令部四个大队编为一营，鄂陕游击总司令部的各路游击师编为二营，鄂陕游击总部战斗营一部和豫陕游击师便衣队编为手枪团，还编有师机关、直属警卫连、通信排、看护排等。（4）作战的方针是游击战，应灵活机动，扬长避短，同敌人"兜大圈子"，以消灭敌人，保存自己。同时，继续收拢各路游击武装部队和伤病员。会议在讨论谁当特委书记时，有些同志提出让郑位三当书记，得到了大多数同志的支持。郑位三有较高的思想水平和组织能力，他遇事沉着冷静，深思熟虑，密切联系群众，善于从实际出发，把党的方针政策具体化。他是鄂豫皖根据地创始人之一，担任鄂东北道委书记期间，在群众中享有很高的威信。他到红二十五军工作不久，就被大家亲切地称为"位老"，其实他比我们大不了几岁，也不过30岁出头。他到鄂豫陕边区开辟新根据地以来，一直担负地方的党政建设工作，有着丰富的工作经验。我们要独立坚持斗争，只有他才能担负起特委书记这副重担。经过一番争论，统一了思想。新组成的特委成员是：书记郑位三，常委和委员有：陈先瑞，李隆贵、方升普、曾焜、李书全、袁崇安、张波、郑连顺等九人。

两特委梁家坟会议，是在与省委联系中断、留下的红军和根据地处于生死存亡的严重关头召开的。会议做出的决定，符合鄂豫陕省委指示的精神。会议统一了根据地党和武装的组织，团结了原来分属于两个特委领导的广大党员、干部和战士，形成了以郑位三为主的新的领导核心，确定了独立坚持鄂豫陕边区斗争的方针，规定了切合实际的斗争策略和游击战术，对在鄂豫陕边区长期坚持革命游击战争，打破敌人的“划区清剿”，扭转当时的困难局势，保存和发展革命力量，有决定性的意义。

10月6日，红七十四师在商南县碾子坪正式成立。碾子坪在离梁家坟不远的一条山沟，当地群众传说，这里开始只有一户人家，像碾盘那样大的一块平地。后来人家逐渐多起来，分为上坪、中坪、下坪。红七十四师成立大会是在中坪召开的。由特委书记郑位三宣布了特委决定：师长陈先瑞、政委李隆贵、副师长兼参谋长方升普、政治部主任曾焜；一营营长张海波、政委袁崇安；二营营长萧大喜、政委郑连顺；手枪团团长吴济云（后改名为吴林焕）、政委张培真（后改名为张波）；全师近700人。郑位三号召全体同志振奋精神，团结一致，坚决贯彻特委会议精神，坚持斗争，夺取革命战争的胜利。

三、跳出敌人包围圈，避实击虚，打破敌人第一次围攻

红七十四师成立不久，就成了各路敌军围攻的主要目标。分布在商县、洛南、山阳、镇安、柞水地区之敌，同时向我们围攻而来。

一支新成立的部队，武器装备和战斗素质比较差，能否在强敌面前经得起考验，能否长期坚持下去，在部分同志中有反映，我也有所考虑。特委书记郑位三积极找同志们谈话，做思想工作，并经常和我一起研究。我们真想打上几个胜仗，振振军威，鼓鼓士气。但当时在敌强我弱，部队刚组建，思想不稳定的情况下，首要的是避免和强敌硬拼，防止敌人袭击，利用一切条件，把部队锻炼成有较强的战斗力，严格的纪律性和顽强的作风。因此，我们决定避实击虚，让过敌人正规军，专打地方保安团队，同时到处宣传群众，说明红军未走，红军永远不走，以稳定军心民心。

为了打破敌人的围攻，我军由碾子坪出发，巧妙避开敌人主力，沿鄂陕交界的崇山峻岭西进。在山阳、镇安、柞水、宁陕之间与敌周旋。所到之处，向人民群众宣传红军又回来了，并且不走了，号召群众用各种方式配合我军行动。警告反动土豪劣绅，不准做坏事，谁要是欺压群众，就要谁的命。同时镇压了少数反动分子。这样大大鼓舞和稳定了群众的斗争情绪。11月初，我军经旬阳以北返回鄂陕边区，途中会合了五、七路游击师。五路游击师，曾发展到200多人，同我们会合时却只有50余人。原来他们在红二十五军走后不久，被敌人重兵围在南羊山上四五天。师长孙光，背有点驼，群众都叫他“孙驼子”。这个同志打仗很勇敢，是二二五团三营七连一名排长提起来的。组织领导经验还不丰富，在敌人的围攻下有些急躁。当时二二五团三营营长李学先因负伤留下随五路游击师行动，在李学先的帮助下，孙光才组织部队乘夜晚突出重围，伤亡比较大，有些战士走散了，最后把剩下的人组织起来打游击。七路游击师也遭到了敌人围攻，损失很大。会合后，大家都很高兴。11月中旬，敌四十军以三个团的兵力向鄂陕边区攻来，我军当即由郧西二天门一带西去宁陕、佛坪地区，摆脱了敌人的围攻。

镇安县城东南45公里处，有座青铜关。此关东临乾佑河，紧靠万家梁，西抵崇家山，南依李家山，山峰陡峻，谷峡路隘，地势险要，易守难攻。旧有“一夫当关，万夫莫开”之称，是兵家必争之地。我军西去宁陕、佛坪地区，也必须从此经过。12月初，我军进至青铜关以东月西沟时得知，敌四十军一一五旅二三〇团第一营先到达青铜关，堵我西进，二三二团第三营在后尾追。敌四十军战斗详报是这样记载的：“赤匪陈先瑞股伪称七十四师，自上月由宁陕境东窜，复联合镇安、旬阳等县之土共孙驼子及其他小股，统计千余，枪械齐全，内有轻机枪数挺，声势浩大，到处滋扰”，“本月五日已窜至青铜关方向，图乘隙向西方逃窜”，“令第二三〇团第一营营长史祝三率所部是日下午三时到达青铜关附近”，“即行截击之”，“第二三二团第三营（孙秉焜营）尾追”。面对此敌情，特委作了认真分析，决定乘追敌尚远，守敌还不知我军到来之机，利用月西沟有利地形，以小股兵力诱敌，打一个伏击战。我和几名营以上干部，详细研究了作战计划，由一营萧大喜部派人扮小股游击武装前去诱敌。敌果误以为游击队，由其营长带两个连以密集队形顺沟内向我攻来。我一营在左，二营在右，手枪团以两个班断敌退路，以勇猛动作直插下去。敌顽强抵抗，我进攻受阻。看到这种情况，我命令袁崇安带原来八连的老战士，带头冲锋。全体指战员奋勇争先，一举将敌打垮，毙伤敌营长以下百余人，缴获长短枪70余支，轻机枪五挺。

青铜关战斗，是红七十四师给敌正规部队的首次打击，检验了我军的战斗力，军心大振。战后，我军转而北上，摆脱追敌，在菩萨店会合了三路游击师。三路游击师损失比较大，由于赵久海的叛变，师政委的牺牲，战士的情绪比较低落。在师长汪世才的带领下，终于找到了我们。当时汪世才拉着郑位三和我的手，流下了热泪。这时，游击队全部集中，全师800余人，部队在东江口进行了整顿。至此，敌人第一次围攻失败，根据地局面趋于好转。

12月中旬，我们来到宁陕县四亩地。这是一个有几十户人家的村庄。它三面同佛坪县接壤，是比较宽广、富裕的地方。由于地处两县交界，敌人的统治比较薄弱，很便于我军活动。特委在四亩地召开会议，讨论了郑位三提出的关于开辟建立根据地的问题。会议决定在宁陕、佛坪地区开辟一块根据地，作为我军活动立足点。同时，会议对军事行动也作了研究，确定在游击作战中，要不失时机地攻打敌军防守薄弱的县城，以造声势扩大我军的政治影响。下旬的一天，手枪团报告宁陕县城只有几百保安队，防备也比较松懈。我们立即决定拿下宁陕城，率部队先虚张声势，往东江口北去，尔后突然回头，以远程奔袭战术，日夜兼程疾进200余里，于27日凌晨进至宁陕县城北门外。我们把事先准备好的三个梯子连接起来，搭到城墙上，手枪团先登上去，解决了城门楼上的哨兵，拂晓时一举占领全城，全歼保安队400多人，并缴获敌人一个武器库，解决了部队的装备问题。当时，听说敌县长居文召没捉到，于是命令部队严加搜查，并张贴告示，悬赏缉拿，群众报信或捉到者赏大洋300块。不多会儿，二营报告发现了敌县长，营政委在捉敌县长时牺牲。原来敌县长听到我军攻城，慌忙中躲到了一座小楼上，我军上楼搜查时，他用冷枪打死我们两个同志，其中就有二营政委郑连顺。郑连顺原二二三团七连指导员，工作任劳任怨，带头实干，是一个优秀的政工干部。看到郑连顺牺牲了，战士们都异常悲愤，放火烧了小楼。在浓烟烈火中，敌县长跑了出来，当场被我军活捉，击毙了。

打下宁陕县城后，同志们都问我住不住？我说住，什么时候敌大队人马来了，再走。郑位三说，住上十天，最少八天。按郑位三的意见，部队住在县城，关口镇（今宁陕县城）、贾家营、梁家庄等地，打土豪、分田地，发动群众，扩大红军。当时，有个沿街卖唱的盲艺人，编了一支歌谣，唱道：

腊月梅花开，宁陕来红军，
缴枪几百支，县长毙南门；
打土豪、救贫民，
穷苦百姓把腰伸。……

这支歌很快也在广大群众中唱了起来，无形中扩大了红军的影响，对当地群众鼓舞很大。当时，师机关还奖给盲艺人几块银圆。八天以后，我们才离开宁陕县城。果然不出郑位三所料，第二天敌人的新县长才带着军队到任。当时，同志们都说郑位三是红七十四师的“诸葛亮”，能“料敌如神”。其实他并不会“神机妙算”，这是和他分析判断情况，注重调查研究分不开的。郑位三平时每到一地，总是各处奔走，收集敌人的报纸、刊物，找当地老百姓，包括地方乡绅、教书先生、小商贩等，和他们促膝谈心，了解情况。他不仅对陕南的地名、山名、风土民情比较了解，而且对敌人的动向、反动地方武装的情况也都掌握。因此，他分析问题透彻，判断情况准确。他的身体不好，有一次敌人追得很紧，他又咳得吐血，战士们用担架抬着他跑。他硬让战士放下担架，看了看周围的山川，指挥部队巧妙地摆脱了敌人。干部战士都十分信赖他。

1936年1月初，我军采取声东击西战术，先西进至洋县金水河地区，顺汉水漂放宣传标语，然后突然掉头东进，直趋豫陕边，沿途歼荆紫关、西坪、峦庄、庾家河、三要司、兰草、官坡等地民团500余人，缴获长枪400余支，还收容了红二十五军留下的几十名伤病员。这一大踏步的游击行动，打击了地方反动武装的嚣张气焰，扩大了红军影响，鼓舞了人民群众的斗争情绪，自身也得到了锻炼和提高。敌人急忙调兵来追，我军遂又回师西返。

寒冬时节，战士们不畏严寒，在山林中行进。尽管山路崎岖，但我军久行山道，战士们早练出了两条“飞毛腿”。很快部队就进入了佛坪县境。佛坪县城（袁家庄），是个不大的山中集镇。由于接近春节，城内十分热闹。我军用奇袭的办法，占领了县城。战士们背着缴获的许多年货，高高兴兴地到了东江口，正准备在此过春节时，敌陕军警备旅进山“围剿”。听到这个消息后，战士们都十分气愤，有的说“敌人不让我们过好年，我们也不让他们太平”。有的提出“要狠狠地教训敌人一顿”。特委根据当时情况，决定甩开敌人，跳到山外去，和敌人来个“换防”。23日（旧历除夕），我军北出秦岭，在距西安70余里的户县和周至县境内，横扫敌保安队，发动群众，打土豪、分浮财，许多豪绅过年的用品，都被我们分给了穷人，部队也过了一个丰盛的春节。西安、宝鸡之敌做梦也没想到红军会在大年除夕闹得他们不安宁，急忙派几个团赶来合围。我军闻讯后，又进入山内，第二次打开佛坪县城，消灭了刚组建的敌保安队。

宁陕、佛坪地处秦岭山中，山深林密，群众基础好，敌人统治薄弱，便于小股部队活动。我军在东进同时，就根据特委四亩地会议决定，派罗明义、张绍安等带一个连下到宁陕、佛坪地区，创建游击根据地。我们两次打开佛坪县城，对人民群众鼓舞很大，使根据地建设出现了新局面。不久，特委决定建立宁佛工委，工委书记罗明义，同时成立了宁陕土地委员会。为了巩固发展这一地区，加强领导，特委又派方升普、曾焜到宁佛地区工作，并以先去的那个连队为基础，扩大为一个独立团，团长为方升普、政委为曾焜。他们领导群众打土豪、分粮食，建立了区乡政权和许多贫农小组及秘密“接头处”。群众斗争有了进一步发展。很快便在四亩地、东江口、旬阳坝一带建立了三小块游击根据地，为坚持斗争创造了条件。

四、以大回旋的行动，忽东忽西，打破敌人第二次围攻

1936年2月，敌人又调集驻汉中的四十九师、安康的四十军、四十四师、胡宗南部混成旅、宝鸡的陕军警一旅、三原的陕军警二旅和特务团，以及地方保安团队，共十几个团的兵力，以严密封锁结合跟踪的手段，对我军发动第二次围攻。敌除以一部分兵力驻各县城、主要村镇外，其余全力向宁陕、佛坪“围剿”，妄图消灭我军于宁佛地区。我军发觉敌人的企图后，决定避开强敌的进攻，争取主动，先西去陕甘边的双石铺（今凤县县城），迷惑调动敌军，尔后东返豫陕边区，以大回旋的游击战法，打破敌人的围攻。

2月中旬，我军由佛坪西去。一路上，歼民团，扫保安队，直抵双石铺。双石铺地处陕甘交界，是通往汉中、四川的交通要道，在军事地理上具有重要的战略地位。传说三国时诸葛亮失街亭、斩马谡就在这里。红二十五军西征北上时曾在此作过战，歼敌一部，俘一名少将参议，搞得敌人惊慌万分。我们一到这里，首先歼灭了双石铺、黄牛铺等据点的保安团300余人，缴长短枪200余支，接着在百余里的公路线上，挖路基、烧桥梁、割电线；并截获敌人五辆军用汽车，得大批面粉和弹药，使敌人交通

中断半个月。我军这一行动，惊动了西安之敌，慌忙派出飞机侦察。2月28日，敌四十九师追来，我军已撤到眉县南嘴头镇（今太白县城）、七里川休整。

敌得悉我军行踪，以四十军、警二旅等部五个团的兵力，封锁了宁陕、佛坪一线及其以西地区；另调一个团扼守嘴头镇以东和北通山外的要道；以四十九师两个团专事追击，由南向北直扑而来。当时，我军东归道路全被切断，处境十分不利。特委冷静地分析了敌情，遂决定采取“盘旋式打圈子”战术，绕过敌之封锁，出其不意地攀越秦岭东去。

3月的秦岭顶峰，积雪覆盖，严寒逼人。我们上秦岭后，敌人便沿山“围剿”，由日追夜宿改为日夜追击，妄图把我军围困消灭在秦岭之巅。我军攀陡壁、坐“雪滑梯”，忍饥挨饿，昼夜行进，刚甩开追敌，又遇上堵击，连续四天四夜在秦岭上下翻越几次，在敌人的追逼下，被迫爬上了太白山。

太白山是秦岭山脉的主峰之一，海拔3700多公尺。山高气冷，终年积雪不断，故有“太白积雪六月天”之说。我军连续作战，七天七夜没有休息，疲劳已极，部分同志产生了同敌人硬拼的急躁情绪。特委书记郑位三拄着一根棍子，边走边做动员工作，让大家沉着气儿，定会摆脱险境。一次，他不小心滑进一米多深的雪坑，被一个大个子机枪兵把他救了上来。战士们用担架抬他，他说什么也不肯，硬是拄根棍子和部队一起行进。在他的带动下，战士们渴了吞口雪，饿了啃块干粮，都毫无怨言。山上有几座庙，特委决定在庙内作短暂休息，再下山冲出包围。在休息时，党员骨干抓紧时机做思想工作，帮助战士们认清坚持斗争、保存力量的重要，克服蛮打硬拼的思想，树立与敌人和风雪严寒作斗争的决心。15日夜，我军摸下了山，在厚畛子附近，俘敌四十九师便衣队十余人，缴获短枪十余支。接着撤至岭下沙梁子。这时，敌四十九师一部牵着十几条猎犬，一路上狂吠乱叫的，打着手电筒，像耍龙灯一样追来。我军急忙撤退，由于敌人来势很猛，部队又极度疲劳，撤退中五连把一挺轻机枪丢掉了。当时，我们的机枪很少，子弹也不多，其他枪支的弹药也剩不多了。我们规定，敌人追来时，轻易不得还击，要珍惜每一颗子弹，所以敌人追我们时肆无忌惮，并嚎叫着“只要赤匪放一枪，就等于被打死一个人”。战士们都把保存武器弹药当作生命一样。我听说五连把机枪丢了，很生气，当即把连长孙光叫来，狠狠地批评了一顿，孙光平时说话口吃，这时急得脸红脖子粗的，一下说不上话来。我让他一定把机枪找回来，他说：“我……我找！找、找不回来，……就、就夺！”

为了争取主动摆脱敌人，我们根据俘虏的口供，决定利用敌人结合部，趁拂晓夜暗，突出重围。敌人万万没想到我们会来这一手，在我军的突然打击下，敌人乱作一团，我们边打边走，夺路而出。说来也巧，五连在这次突围中真夺得了一挺轻机枪。我军越出敌人的包围圈后，在东江口安置了伤病员，部队稍作休整。至此，敌人第二次围攻亦被冲破，红七十四师经受了一场严峻的考验。

就在东江口的一天晚上，手枪团的同志领来一个“老百姓”，此人名叫程福才，原在红二十五军手枪团当战士。听说他是从陕北来，我们也顾不得让他吃饭、休息，急忙打听有关省委和红二十五军的情况。程福才带来了《八一宣言》和《中央关于目前政治形势与党的任务决议》等文件，还有一封简信。当时，我们的心情别提多高兴，连夜看起文件来了。第二天，因敌情严重，特委只简单作了传达。24日，由郑位三以陕南红军志清（我的化名）、卫劳（他的化名；因同志们喊他“位老”，他则谦称“卫劳”）两人名义，起草了《关于七十四师成立经过的报告》，交程福才带往陕北。我们在与省委和红二十五军失去联系的日子里，对全国形势很不了解，只能从缴获敌人的报纸、信件中进行分析，掌握情况。我军曾多次截获邮件，每次都发给邮差“收条”，说明我军“保护学校、邮政、商店”，但对“反动衙门和反动军官的信件”则“一律没收”。这次有了中央文件，使我们在后来的行动中有了依据，斗争策略和领导艺术有了新的提高。

豫陕边的峦庄、官坡、兰草和鄂豫边的西坪、富水关、荆紫关等地，也记不清来往攻打过多少次了，每次都消灭部分敌保安团、队。太白山突围后，我军于4月上、中旬，先后又打开这些地方。经过东西千余里游击，使沿途地方政府和反动民团极为惊慌，急忙向上呈报。敌“快邮代电”接连惊呼：“陈先瑞股匪忽又窜至商县黑山街、关防一带，商县至山阳电讯亦不能通”，“经商县民团往剿，非惟未获胜利，反被该匪等冲散”，“近忽窜至柿坪一带，又窜至寨东南九十里之竹林关”，“窃查匪徒流窜，东西无方，去来无定，昨于彼而今忽此，令人防不胜防”。陕西省政府也给各县发出“快邮代电”：“密查陈先瑞、孙驼子各股土匪迭向各县窜扰，亟应迅速剿灭，现在西北剿匪总司令部，已督令各部队分途堵剿，所有各县团队自应概归就近军队高级长官指挥，以期动作，以致各匪得以限期肃清。”而我军则趁敌人“围剿”部队没到来之前，撤至商南县梁家坟一带休整。

特委在梁家坟召开会议，进一步学习中央文件，对红七十四师成立后的行动作了总结，并研究今后行动方针。会议认为，中央文件正确分析了国内外形势，确定了抗日民族统一战线的策略方针，是我军的行动纲领。红七十四师成立以来的行动，基本上是符合中央文件精神的，军事上取得了不少胜利，部队战斗力有了很大提高，打击了敌人，宣传了群众，扩大了500多名新兵，坚持了鄂豫陕边区的游击战争。我军的胜利，必然引起敌人的加紧围攻。因此会议决定，红七十四师返回宁佛地区，在敌人发动新围攻之前，抓紧训练部队，进一步开展群众工作，贯彻党的抗日民族统一战线政策，为粉碎敌人的再次围攻做好准备。

4月下旬，我军西进到达漫川关。漫川关，是鄂陕边界上的一个险隘。1932年11月，红四方面军经由这里北上时，曾与敌五个多师的兵力浴血奋战，总指挥徐向前沉着冷静，择敌弱点，指挥部队突出重围，使全军脱离了险境。我们来到这里时，漫川关驻有民团，据险顽抗。为利于部队往来游击作战，我们决定拔掉这颗钉子。这时，我们的战斗力比较强，不要说民团，就是敌人正规部队也不敢以营、连和我们较量，每次都是几个团同时“围剿”。我军很快攻占了漫川关，守敌大部被歼。战斗中，我二营营长萧大喜壮烈牺牲，遗职由李学先继任。萧大喜同志随我来时，是二二三团七连连长，作战勇敢，以身作则，对部队要求严，是一个优秀的军事指挥员。

漫川关战斗后，我军继续西进，行至柞水县曹家坪，遇到了宋登贤率领的“神团”组织200余人。宋登贤“神团”是由当地群众组织的抗捐、抗税和反对土匪的自发性农民武装，在长安、柞水、宁陕一带远近闻名。宋登贤在兄弟中排行第四，群众又叫他“宋老四”。红二十五军在这一带活动时，宋登贤就听说了红军是穷人的队伍，这次和我们相遇后，郑位三对他积极做宣传工作，讲解我军抗日主张，宣传统一战线政策，提倡联合起来共同对敌，使他进一步了解了我军，主动要求编入红军。我们送给他部分武器弹药，派出干部，加强领导，部队改名为“抗日抗捐军”，归红七十四师指挥，令其仍在宁陕、柞水、长安交界地区活动，后来编入红七十四师。

在宁陕、佛坪、安康一带活动的还有1935年9月于长安县引驾回起义的陕军警二旅四团九连，这支队伍的领导人是何振亚。为了争取团结这支武装，我们曾于2月中旬，给何振亚部写过联系信。这次西进中，在旬阳坝碰到了何部派来联系的人。对此，特委很重视，由郑位三和我一起会见来人，介绍我军情况，宣传党中央关于团结抗日的精神，并送给该部两万元和有关抗日救国的宣传品。

我军进至东江口后，特委决定在此进行休整，这时何振亚又派人来，要求我们领导去讲话；同时，提出让我们派干部去。经过特委研究，决定由我前往商谈两军相互联系的具体办法。当时，我根据特委决定，宣布何部为“陕南抗日第一军”，何振亚为军长，归红七十四师统一指挥。并同何振亚对一些具体问题作了详细商定，该部干部由其自己任命，划分了活动地域，规定部队要严格按党的政策行事，彼此要互相配合行动，不定期互通情报，还送给他一批枪支弹药。从此建立了正式关系。6月份，由沈启贤率领的原陕军警二旅四团四连起义的部分队伍同何部会合，沈任该部参谋长。不久，因宋登贤部误杀何部的联络员，两部之间闹了矛盾，经郑位三和我去做调解工作，使他们消除了误会，增强了团结。何部于1937年1月，红十五军团南下商县时，调归红十五军团领导。这支约700人的队伍，后来在甘肃驿马关地区编为红十五军团警卫团。

五、化整为零出奇兵，打破敌人第三次围攻

1936年5月中旬，我们缴获敌人“快邮代电”一份，得知敌人又调动约20个团的兵力，对我军发动第三次围攻。这次围攻，除第二次围攻的兵力外，还增加了第三军王均部的三个团和公秉藩别动队一个大队。敌人在军事上，采取正规军与地方保安队相结合，“追堵、驻剿”相结合；在政治上、经济上加强反动措施，组织联保联防，严密控制行人和物资流通，计划在三个月内围歼我军。

我们及时分析敌人此次围攻的特点，根据第二次反围攻经验、山区地形条件及根据地人力、物力等情况，决定将部队“化整为零”，深入敌后。这样，即可避开敌人主力，免被集中围歼，又能发挥我军惯于山地行动、善于游击等长处，进一步锻炼和提高我军干部独立作战的能力，变被动为主动，灵活机动地牵着敌人走，相机消灭敌人。为了迷惑敌人，我们将部队编为一、五、六三个团。一团由郑位三率领，活动在镇安、柞水、兰田一带；五团由李隆贵率领，活动在汉水北岸的汉阴、旬阳地区；六团由我率领，先向宝鸡方向引敌西进，而后东返，活动于山阳、商县、商南、郧西等地。

6、7、8三个月期间，三个团分别深入敌后，四处打击敌人，破敌交通，打乱了敌人围攻部署。一团经牧护关东去，在张家坪附近的西（安）

荆(紫关)公路上，发现了一辆装饰漂亮的马车，当即由李书全、张海波带领部队围了上去，车里坐的是由西安赴商洛上任的行政区督察专员汤有光。这个家伙很顽固，当战士们用枪逼他下车时，他还直问你们是哪部分的，根本没有料到红军会出现在他的面前。在郑位三的审问下，他不得不低头认罪。我军处决了汤有光后，把一张布告放在他的身上，对当地一些反动官吏震动很大，莫不惊恐万状。接着，一团又奔袭两岔河，回兵大龙庙(今属兰田县)，在华县以南、卢氏以西、洛南以北和兰田东部、南部兜了一个大圈，打击民团、保安队，共歼敌200余人，缴获各种枪150余支，大大扩大了红军的影响。五团在汉水北岸歼桃园、林达庙等地民团100余人，缴枪80余支及大批财物。我带六团于6月22日再次翻越太白山西去，直逼宝鸡，敌以七八个团的兵力合围截击，我们趁敌人还未合拢，择其弱处，打了一个反击，跳出合围圈，翻山越岭向鄂陕边疾进。经竹林关时，歼敌保安队80多人，尔后部队来到梁家坟。这里群众反映，赵川民团头子赵平甫(绰号赵六娃)，在这一带作恶多端，群众恨之入骨。我们听到这个情况后，决定为民除害。根据群众反映和侦察人员了解的情况，我军利用雨夜袭击了赵川民团，击毙了赵平甫，缴长短枪200余支。当地群众无不拍手称快，高兴地唱起了新歌：

一阵雨、一阵风，
云消雾散太阳红；
家家户户迎红军，
红军来了救百姓。

9月，经四川北上的红二方面军东出陕甘边，发动成(县)徽(县)两(当)康(县)战役，陕南敌人大部西调，跟踪我军的敌四十九师也全部调走，我军趁机于9月底在宁陕县的猴子坪将三个团集中进行休整。至此，敌人妄图在三个月内消灭我军的第三次围攻破产了。

为了策应红二方面军行动，我们派手枪团政委张培真带一个分队，尾追敌人西去，侦察情况，主力部队积极转战于镇安、柞水、商南、洛南等地。10月下旬，我们来到商南县的小栗园附近，此地有几家大财主，听说红军来了，全都吓跑了。手枪团当时抓了个叫石老八的财主，石老八跟我们走了一路，郑位三常给他讲我们对待豪绅、保甲长、团总、侦探、军官等政策，除罪大恶极者外，其余只要与我们合作，我们就保护他们的生命安全。通过教育和交代政策，以及他一路上看到我军的所作所为，石老八深受感动，主动提出要回去，为我军筹集物资，我们当下就放了他。不久，他就派了六个人挑着棉花、布匹、药品、钢笔、小本子等东西，找到了我们，同时还带来一架留声机。我们给每个挑夫发了两块银圆，并让他们把留声机带了回去。这事在当地影响很大，许多豪绅都自愿为我军捐款筹粮，买药品、物资，我军不没收他们的财产，还利用一些财主豪绅家掩护伤病员。商县、商南和山阳一带有许多反动武装控制的山寨和岩洞，易守难攻，在我军政策的影响下，也同我们建立了联系，我们经过那里时，都事先写信，约定通过时间，互不侵犯。这样，分化了敌人，团结了中间力量，打击了反革命势力，对我军坚持游击战争起了重要作用。

11月下旬，我军进至商南县罗家湾，准备袭击河南省边界的西坪镇保安队。这时，驻商县之敌公秉藩别动队一个大队和商南县保安团千余人，在公秉藩的指挥下，从富水关沿公路向我攻来。开始我军以为只是民团，当即以一营二连警戒西坪，五、六连抢占公路北侧山头，三连由公路梁上迂回。六连在抢占山头时，攻了几次没打下来。我用望远镜一看，发现敌人兵力不少，就立刻命令四连投入战斗，抢占山头后，发现敌人是公秉藩的别动队，不仅武器装备精良，而且是校尉军官组成，训练有素，有股敢死队的劲头。现在双方交战，只能进，不能退，两军相逢勇者胜。我们当即以全部兵力投入战斗，利用公路两侧山地，集中火力向敌人发起攻击。激战近一小时，敌被击溃，一部分抢上汽车，逃进富水关。此战毙伤敌近百人，俘敌中校军官一名，缴获20响驳壳枪50支，步枪数十支，机枪七挺。这一胜利显示了红七十四师的战斗力和英勇顽强的战斗作风，鼓舞了部队的斗志和群众的斗争情绪。

战后，我军北去。当行至官坡时，遇上卢氏县保安团一个加强连。这个连火力较强，都是“俄国造”的步枪，弹药也多，敌人先占据了一个山头。我军当即由营长李学先带前卫九连正面攻击，手枪团迂回敌后，一鼓作气，拿下山头，歼敌170余人，缴获步枪130余支，轻机枪二挺。这一仗，九连全部换上了“俄国造”。接着，我军转入洛南，歼灵峪口、石家坡民团，来到了华山脚下。

华山，是我国五大名山之一。我军在华山脚下转了三个大圈，并派少数部队登上华山，张贴标语，大造声势，红军闹华山的消息不胫而走，搅得敌人四处告急。后来，毛泽东同志曾问过我们这一段情况，并说：我们就是那个时候听到你们消息的，中央红军西征出动，你们就在南面闹华山，配合得好啊！

12月中旬，我们进至兰田县大龙庙，正准备进一步开展斗争时，西安事变爆发。不久，便接到中央军委副主席周恩来的信，要部队暂不行动，等待中央派李涛同志来传达有关指示精神。接到这封信后，我们十分高兴。第四天，李涛穿着一身校官军服，佩戴着肩章，带一部电台和机要人员来了。我们先问他一些有关中央红军、红四方面军、红二十五军的情况，他都一一作了回答。李涛传达了中央指示和西安事变情况。我们听了李涛讲的停止内战，不再打土豪分田地，要联蒋抗日等新的主张，思想上真是180度大转弯，感到很惊奇，也有些不大相信。后经李涛反复解释，大家思想才通了。按照中央指示，部队进行了整编，成立了军委会，主席郑位三，副主席李涛；红七十四师改编为南路抗日军（对内仍称七十四师），军长陈先瑞，辖四团、五团、独立团、补充团，全军共170人。至此，我们这支独立坚持鄂豫陕边区游击战争的队伍，在党中央和周恩来同志的直接指挥下，投入了新的战斗。

六、商县会师、驻防镇柞、开赴三原改编

1937年1月，我们根据周副主席的指示，东进灵宝、潼关之间，阻止国民党亲日派部队入陕。不久，又接到周副主席电令，回师商县与红十五军团会合。

红十五军团是红二十五军到达陕北后，与红二十六、二十七军合编的。于1月10日在三原接到党中央和周副主席的指示，日夜兼程开往商县城，以遏止和威胁西进国民党部队的行动。

商县是陕西省东南地区的行政中心，设有行政专署，辖洛南、商县、商南、山阳、镇安、柞水等县。历史上也称为商州，就军事地理而言，为历代兵家所重视，清代研究军事地理学的学者顾祖禹曾评论它是“州扼秦楚之交，一举足而轻重分焉”。因红二十五军在张学良、杨虎城部队中影响较大，红七十四师又在陕南地区活动，加之商县城位置重要，党中央才电令红十五军团和我们赶到这里会合。

1月22日下午，我们和红十五军团在商县胜利会师。军领导徐海东、程子华、王首道等热情地欢迎了我们，并对我们坚持鄂豫陕边区的斗争给予了很高的评价。两支红军队伍，在商洛山中胜利会合，指战员们都沉浸在无比欢乐之中。

我们长期在深山中游击作战，部队的军政训练较差，在编制和日常生活制度等方面也不够健全，会师之时，军团派来了干部，加强了领导，并调整了部队编制，建立和健全了各种规章制度，整顿了纪律作风，加强了生活管理，部队面貌有了很大改变。

1月下旬，西安事变和谈达成协议，中央军委电令红十五军团开回三原，我们仍留在陕南，驻防镇安、柞水、宁陕三县。这时红七十四师的领导作了调整，编制也健全了。我仍任师长，政委张明先，参谋长杨焕民，

政治部主任吴东升，供给部长范铁民，卫生部政委李震远。师辖司令部、政治部、供给部、卫生部和四、五、六三个团。四团团长王挥友（后为高兰桥），政委吴济云；五团团长孙光，政委罗明义（后为丁国钰）；六团团长汪世才，政委张培真（后为李书全）；原政委李隆贵，副师长兼参谋长方升普，主任刘键挺，调延安抗大学习。师部带五团驻柞水县石嘴子，四团驻镇安县城，六团驻凤凰嘴。在此期间，部队主要任务是整训和开展统一战线工作，一切物资供应均由陕西省政府供给。师成立了教导队，对连排干部进行短期轮训。同时，深入宣传我党抗日主张，进一步发动群众，开展统战工作，取得了国民党柞水县县长贾志璞的合作。我们刚到柞水县时，许多绅士一听红军来了，吓得要跑，贾志璞做了不少工作。我们部队到后，还开了联欢会，师参谋长杨焕民和贾志璞分别在会上讲了话。没几天，我们请贾志璞和部分代表吃了顿饭，以密切相互关系，稳定人心。由战争转为和平环境，开始非常不习惯，原来是冤家对头，现在是朋友，要坐在一个桌上吃饭、喝酒，总觉得别扭。但为了执行统战政策，我们还是抓紧一切机会开展宣传工作，争取群众。师政治部还组织各界人士成立“抗日救国联合会”，推动了抗日工作，有400多名青年参加了我军。后来，贾志璞还为我们作了不少工作，我们驻防长安县时，我还给他写过信。

4月，因粮秣供应困难，我们奉命开到长安县大峪口整训。师部驻胡刘村，四团驻南寨、白道峪，五团驻大峪口、庵上，六团驻葫芦村。这时，全师共2100余人。整训中，部队的政治教育主要是学习时事政策，按政治课本讲社会发展史，进行阶级教育等；军事训练主要是队列、投弹、射击、刺杀、爆破等基础科目；生活管理按规章制度逐步走上正规，军政素质有明显提高。同时，积极宣传贯彻党的抗日统一战线政策。凡拥护我党政策，为抗日作出贡献的地主豪绅，我们就以礼相待，表示欢迎。对那些打家劫舍的土匪和继续欺压人民的地主豪绅，则坚决打击镇压。师政治部还派出宣传队做群众工作，培养地方积极分子参加抗日救国联合会。部队也帮助群众耕地、除草、晒粮，军民关系搞得很融洽。

8月，我们奉中央军委命令，开赴三原改编。我军从大峪口出发，路经咸阳大桥时，成千上万的人在桥头两边观看，十分热闹。后来我才知道，敌四十九师师长李文当时化装成群众，混在围观的人群中看我们。他要亲眼看看活跃在商洛山中的红七十四师，到底是一支什么样的部队，为什么经过多次的围、追、堵、截都没有消灭，反而越打越多，越战越强。他无可奈何地发出这样的感叹："怪！真是一支神奇的部队！"

我们开到三原时，受到彭德怀同志的热情接待。他说：红二十五军离开陕南后，你们单独坚持陕南斗争，很艰苦，并取得很大的胜利。你们在陕南牵制了不少敌人，直接配合了主力行动，所起的作用也是很大的。彭德怀同志给了我们很大鼓励，并向我们介绍了国共两党合作的形势。遵照中央军委关于"第一军团、十五军团及七十四师合编为陆军第一一五师"的改编命令，红七十四师编为一一五师留守处，部队连的建制不变，改为炮、辎两营，驻三原、耀县、洛川一线，担任第十八集团军由延安到前线的输送任务。10月，改为西北留守兵团警备第四团，主要担任保卫延安、保卫陕甘宁边区、保卫党中央的光荣任务。

我们在中共鄂豫陕特委领导下，从1935年7月到1936年12月，独立坚持了鄂豫陕边区的游击战争。在与上级领导失去联系、极端艰难困苦的条件下，同敌人进行了英勇顽强的斗争，转战于鄂豫陕三省边区的24个县，经历大小战斗上百次，打破了敌人三次围攻，歼灭敌人正规部队与地方反动武装约4000余人，缴获各种枪支3000余支，取得鄂豫陕边区游击战争的胜利。从1937年1月到8月，我们又在党中央指挥下，广泛开展统一战线工作，积极宣传抗日主张，加强部队的整训，提高军政素质，由一支善于进行游击战争的武装力量，发展成为一支比较正规的红军部队。

选自芦振国、姜为民编：《红二十五军长征纪实》，河南人民出版社1986年8月第1版，第181—210页。

红军在陕南

郑位三

红二十五军1934年12月入陕。当时我是红二十五军的政治部主任，二十五军离开陕南后，我又是陕南特委书记。

红二十五军在陕南打了四个大仗，打下五座县城，有镇安、柞水、宁陕、佛坪、洛南。当时敌人很强大，我们没有可能迅速地发动群众，和地方党也没有联系上，有枪没有人背，埋掉了几千支枪。在此期间，红二十五军还派出了两支游击队，一支是洛南游击队，一支是华阳游击队。这些游击队的骨干都是鄂豫皖的老战士，很有作战能力，也善于发动群众，派出去一个时期，收回来进行整训。党在陕南依靠红二十五军主力和游击队，打土豪，分田地，做了一些发动群众的工作，在群众中扩大了党的影响。

红七十四师是红二十五军走后建立的，留下的鄂豫皖老战士只有300多人，其余大多数是抗捐军，所谓各路游击队，主要是抗捐军。老干部和老战士派往各部做领导。

七十四师在陕南的活动有三件大事，是很有意义的：

第一件是打开了宁陕、佛坪两座县城。打佛坪纯系军事行动，也比较容易。打开宁陕县城，我们消灭了保安团，杀了伪县长，缴获了长短枪300多支，搜出了县印。同志们问我住不住？我说住十天到12天，最少住几天。我给敌人算了个账：敌人得到信息，从西安派来一个新县长和军队，最快得12天到半个月。我们在宁陕住下整休，派干部发动群众打土豪，分田地，扩大宣传，向群众表示革命一定能够胜利。到第八天，同志们一再催促，我们才离开宁陕。不出所料，12天敌人的新县长带着军队才到任。

第二件是1936年阴历年夜袭户县，在那里扰了一下，西撤一直到凤县，在公路上走了五天，到离凤县只有20里。我们也给敌人算了账，从汉中和西安要派兵都得好几天。为了扩大影响，我们在公路两旁打土豪，过年吃的是地主的供年糕。敌人不几天从西安派飞机来侦察。这一次政治影响很大。

第三件是活动到华山脚下，直逼西安，在华山兜了三个大圈子。那时党中央、毛主席和红军刚出陕西，我们就在东边闹华山，有力地牵制了敌人，配合中央红军胜利地到达陕北。这是一件非常有意义的事。毛主席表扬我们说：你们搞得很好，红军一出陕西，你们就东闹华山，配合得很好，配合得不坏。

七十四师在政委的领导下，军事上我们继承了二十五军的优良传统，对地方上追来的抗捐军采取很信任的态度，对他们待之如上宾，给枪、派干部，帮助。有一次，我带了一部分鄂豫皖苏区的老战士（只有70多支枪）和上千抗捐军（他们带枪800多支）。一天，一个干部向我汇报说，明天怕要出事，许多人打算回家过年，不让回就会出问题。我听了后就采取信任的态度，召集他们的领导人开会商量，我给他们讲：你们要回家过年可以，也可以分批回，什么时候回，什么时候来，你们自己决定。我给他们拿出仅有的白洋，让他们作盘费。这一下大家很感动，都说老主任对他们太好了，非常感动，说军队还要用钱，只要了一部分。这样一来，回家的人马上减少，大多数后来归队。如果不是一贯采取对他们信任的态度，就会出事，且这次我们人少枪少，就会有危险。

正由于如此，我们发动起来的抗捐军，除山阳的阮开科杀了我们的干部带枪投敌外，多数都表现得很好。红七十四师在陕南政策上有了很大的转变，重视了统战工作，很少杀人，对土豪除罪大恶极者外，一般都不杀，有的采取罚款的方法，打击面较小。

我们在陕南期间，交通工具都是原始的，除我们派出部队侦察外，就是紧密地依靠了群众，给我们送情报。我们很重视搞邮差，从他那里发现些东西，从敌人的报纸和来往信件中知道不少东西。邮差也知道我们要什么，主动给送来，我们报以高价。

我们能在陕南活动两年多的时间，在敌人的“围剿”下能够存在和壮大，除本身的政策正确外，就是陕南的群众条件很好，那里的群众非常好发动。有这样一个故事，就足以说明陕南的群众很好。有一次我带了200多支枪，经过清油河（商南境内），商南伪县长带枪800多支，我们来了一个突然袭击，就把敌人赶跑了。我到伪县长的住处搞敌人的文件（这是我经常注意的事），找到伪县长的箱子，扒出了一张土豪告农民的状子，告的全是贫苦农民。我就到那个村子里开了个会，把状子念了一遍，就发动起群众成立一个游击队。

二十五军在陕南，和陕南地方党有过联系，第一次是汪锋同志去的。我们收到的中央12月会议的文件和《八一宣言》，就是陕南地下党搞来的。二十五军在陕南也有一些教训，那时对地下党除有中央介绍者外，对地下党的帮助差一些，有时只是谈一下，应付一下。有两件事是搞错了：一件是张汉民和20多名党员被杀掉，这是个错误。当时我没在军队，后来听到这个事件的发生经过。张汉民的警备旅和我们接近时，听说张是共产党员，部队里也有很多党员，我们对他不太信任，有怀疑，这是处于警惕，这是对的。因此我们就给他出难题，如向他要机枪零件、文件、情报、作战地图，并要求保持一定的距离。但要东西是次要的，这样就更加怀疑，再加上我们指挥他的军事行动没做到，逼我们紧了一些，这样我们就在九间房下决心打，因为他采取了使我们为难的态度。张汉民还是徐海东同志捉住的。战斗结束，张碰见了徐海东说：你是徐海东同志？我是张汉民。这样被捉住的。张汉民为证明他是党员，叫出20多名被俘的党员来，我们认为冒充共产党员，结果被杀掉了。后汪锋同志来一再解释，我们对他也怀疑，后来一直把他带到陕北，才搞清楚。另一次是西安救国会[①]派到何振亚部的同志，被宋登贤误杀，这是一次误会。这两件事是搞错了。

选自中共陕西省委党史资料征集研究委员会编：《陕西省党史专题资料集（二）鄂豫陕革命根据地的创立和发展》，第321—326页。

郑位三，原名郑植槐，1902年生，湖北黄安（今红安）人。1925年加入中国共产主义青年团并转为中国共产党党员。1927年参与领导黄麻起义，1928年后参与创建鄂豫皖革命根据地和工农红军。红军长征时任中共鄂豫皖省委常委、中共鄂东北道委书记、红二十五军政治部主任、中共鄂豫陕省委委员、中共豫陕特委书记、鄂陕游击总司令部政治委员、中共鄂豫陕特委书记等职。新中国成立后，曾任政协全国委员会常务委员、中共中央委员等职。1975年在北京逝世。

① 据原中共西北特支负责人谢华回忆，被宋登贤误杀的，是中共西北特支派往何振亚部的政治干部。

陕南斗争自述

曾焜

开展地方工作，决定下到地方，当时下来的有军政治部主任郑位三，二二五团三营副营长方升普二同志和我，率二二五团三营全部，以庚家河为中心建立苏维埃，扩大游击队，军队组织是豫陕游击师，方任司令员，我任政委，郑为特委书记。一个多月后，军部命令调七、九连归建，仅留下八连作主力，又扩大了三个游击大队。西方也有以陈先瑞同志为首的鄂陕游击师，但平时联系很少。自二十五军到陕北后，敌人向我们两支新成立的部队进攻，于是我们这两支部队会师合编为二十五军的七十四师，郑位三任特委书记，陈先瑞任师长，李隆贵（〈后〉逃亡）任政委，方升普任参谋长，我任政治部主任。

选自中共陕西省委党史资料征集研究委员会编：《陕西省党史专题资料集（二）鄂豫陕革命根据地的创立和发展》，第264页。

曾焜，1908年生，河南淮滨人。1930年参加革命，1931年参加红军，1932年加入中国共产党。红军长征时任红二十五军豫陕游击师政委、七十四师政治部主任等。新中国成立后，曾任河南省人民检察院副检察长。1976年逝世。

我在红七十四师的点滴回忆

解大钧

红七十四师成立后，展开了胜利的游击战争，坚持了东起豫西伏牛山，西至陕西留坝、凤县，南起湖北的一、二、三天门，北至长安的广大游击区域，对敌人造成了严重威胁。

1935年12月底，各路游击队会合，奇袭宁陕县城，缴获长短枪300余支，打死伪县长，还枪毙了20多个土豪，造成了一时的红色恐怖。此后，伪政府不敢向群众征收捐款，地主不敢向农民征收地租。我军撤离宁陕县城后，行军东江口，由于敌人的进攻，我们北出汤峪到户县。这是1936年元月，正过春节，部队还做了臊子面。不多几天，西安伪当局派部队来，我即进入南山，由汤峪越秦岭，踏雪前进。这时部队处于艰难的时期，粮食成了问题。在秦岭的原始森林里打死了一只重三四百斤的犀牛，用火烤着吃，用雪煮着吃，后来到了佛坪地区，复至东江口。到了3月，敌人又以强大的力量追击围剿，封锁了宁陕佛坪一线，断了大小道路，我七十四师被迫转入太白山区的最高峰。这里积雪未消，气候很冷。古人说："太白积雪六月天。"在这个见云即雨，见雨即雪的地方，战士身着单衣，下雨不足以蔽水，有雪不足以御寒。行军几天，渺无人烟，部队吃喝都成问题。战士发扬了艰苦奋斗的光荣传统，这些困难都一一被我们克服了。

1936年5月，敌人又以20个团的兵力对我进行围攻，红七十四师在用兵上根据需要把集中和分散适当的结合起来，分为三个团。各团各有自己相对的独立区域。10月间，我军转战至商南、河南边界的西坪镇附近地方，伏击胡宗南指挥的别动队。敌人装备很好，每人配备德国造的新式自动盒子手枪。在伏击的战斗动员会上，郑位三同志亲自进行战斗部署和政治动员。记得他说："胡宗南的别动队都是敌人尉级军官，武器很好。"他逗趣地说："想不想自动盒子？"接着他又分析了敌人情况："这些敌人大多都是资产阶级娃子，没有战斗经验，谈不上什么战斗力，是完全有把握消灭他们。"由于事先敌情掌握的准确，战斗部署适当，所以这一仗打得痛快淋漓，打死敌军40余名。

在两年的时间里，斗争是异常艰苦和复杂的，由于党和红军正确地运用了毛主席的游击战争的战略战术原则，我们在强大敌人面前没有被击溃，反而在斗争中发展并壮大了自己的力量。在党和红军的政治影响下，东江口以北群众曾多次自动起来分地主豪绅的粮食。红枪会头子宋登贤在丰北河带领人枪被我们收编为补充团。宁陕县北沟群众在王本善（小学教员）领导下，成立了"抗捐队"，共78人。红军所到之处，广泛宣传了党和红军的主张，提高了群众的革命觉悟，传播和扩大了党的影响。

选自中共陕西省委党史资料征集研究委员会编：《陕西省党史专题资料集（二）鄂豫陕革命根据地的创立和发展》，第352—354页。

解大钧，红军长征时在红二十五军七十四师。新中国成立后，曾任陕西省安康地区公安处副处长。

一支红色武装的诞生

夏云飞

一

1934年12月，鄂豫皖省委率红二十五军进入陕南以后，立即作出《关于创建新苏区、新的革命根据地的决议》。

红二十五军坚决贯彻省委决议，首先在陕鄂边界抓紧创建新的革命根据地。1935年1月9日打下镇安县城，乘胜横扫民团和税警武装，镇压恶霸地主，摧毁保甲组织。部队辗转月余，接连在蔡玉窑和葛牌镇打了两次胜仗。每到一地，各连队都组织宣传队，深入到贫苦农民中间，以“五抗”为斗争口号，宣传红军是为穷人谋解放的队伍，红军来了不纳粮，不缴税，不还债，不出丁，不出夫。并通过打土豪分浮财，深入发动和组织群众，发现积极分子，秘密吸收为共产党员。红军战士纪律严明，对群众说话和蔼可亲，吃粮、烧柴都给银圆，深得群众的信任，深受群众的拥护和爱戴。

2月上旬的一天，红二十五军进驻山阳县袁家沟口休整。群众得知消息，纷纷跑到村头路口迎接红军。一些群众主动挑来开水给战士们喝，打扫房间让战士们住，还主动为部队筹粮筹柴，军民亲如一家人。部队刚刚住下，一个当地农民打扮的中年人来到军部，口称要面见军长，有要事商谈。此人名叫阮英臣，曾在当地组织过“大刀会”武装，常为穷人打抱不平，对反动政府的苛捐杂税有过反抗，在农民中有一定的影响和号召力。军首长热情接见了他。阮英臣介绍了这个地区的情况：这里是个穷山区，国民党的苛捐杂税太重，加上地主的租粮、高利贷等等，老百姓苦不堪言。他表示愿意拉起一支“抗捐军”队伍，前来跟红军领导接头联系，请求给予支持。军首长听了非常高兴。吴焕先政委赞扬了阮英臣的革命行动，进一步向他讲解了共产党和红军为穷人求解放的主张，宣传了“五抗”的政策口号。阮英臣听后，心里更加亮堂了，他表示：共产党是穷人的救星，我们坚决跟着共产党闹翻身，求解放。双方约定，三天之内把队伍拉起来，发放枪支弹药，并由部队派出干部加强领导。

根据军领导的命令，我和吴华昌、王义庆同志来到军部受领任务。军政委吴焕先、政治部主任郑位三和我们谈话。吴政委说：这一带山区人民受压迫剥削很深，革命性很强，地理条件也很好，组织决定你们三人留在这里工作。你们的任务是深入发动群众，扩大地方武装，积极打击敌人，把袁家沟口创建成革命根据地。我们当即表示：坚决完成党交给的光荣任务。吴政委宣布说：你们三人组成中共山阳西区委员会，夏云廷（我当时名）为书记，负责领导武装斗争，吴、王两人负责建立地方政权工作。

2月9日上午，大雪纷飞，阮英臣带着一支刚刚拉起来的农民队伍，约有八九十人，开到了军部驻地，军首长高兴地接见了他们。政治部为他们赶制军旗，军部为他们安排休息的住所，并以丰盛的午餐热情招待。

下午，鄂陕边区第四路游击师命名大会在袁家沟口小河滩举行。八九十名青壮年农民，精神抖擞地站立在风雪之中，接受了军领导的检阅，周围挤满了数百名围观的农民群众。政治部郭述申副主任宣布大会开始。吴焕先政委作了鼓动性讲话。接着，吴政委宣布了任职命令：阮英臣为第四路游击师司令兼战斗营营长，夏云廷为游击师政治部主任兼战斗营政委。同时宣布战斗营下设三个中队，任命了中队长。徐海东副军长将一面鲜红的军旗，授予阮英臣同志。最后，红二十五军将机枪三挺，步枪80支，子弹数千发，手榴弹百余个，配发给游击师。人们激动地欢呼着：“我们穷人有了出头的日子，感谢共产党，感谢亲人红军。”一支红色的地方武装，就这样在袁家沟口诞生了。

二

第四路游击师成立后，当天就在小河口至山阳县城的山路上阻击敌人，掩护红二十五军进行战斗转移。这对我们这个刚组建起来的队伍，是非常艰巨的任务。在战前的动员会上，我们要求大家遇到敌人要沉着，瞄准后再放枪，进退都要听从指挥。大雪在不停地下着，天寒路滑，战士们深一脚浅一脚，沿着崎岖的山路开赴战场。队伍到达小河口以后，我带领一中队来到山岗上监视敌人。刚部署就绪，就发现敌人约一个团的兵力向前开进。我立即命令在村里待命的两个中队跑步投入战斗，敌人在我们的阻击下，一时弄不清情况，就停止前进，过了一会才小心翼翼地向我阵地前沿运动。当敌人发现我们身着便衣，是一支地方游击队时，就集中火力，立即发起猛烈进攻。我们的战士初次上阵，又没来得及进行教育和训练，在强大的敌人进攻下，队伍有些混乱。我随即命令撤出战斗，避开了敌人，来到边远的小山村住下，清点人数，发现失散了20多人。

两天以后，我们回到袁家沟口进行整训。首先寻找失散的战士，经动员教育，多数人都归了队。我们对这次阻击作战进行了认真总结，查找失利的原因，吸取经验教训，用了五天时间对战士进行红军传统和遵守纪律的教育，并进行了基本军事动作的训练。这时，有四名留下养伤的红二十五军老战士伤愈，经说服把他们补充到四路游击师，另外还有红四方面军掉队的两名战士，当时流落在袁家沟口附近农民家帮工，这时也自动找到游击师，他们对当地社会和地理情况很熟悉，对开展游击活动很有帮助。我们将这六名战斗骨干分配到各中队任副职，加强了作战指挥。

经过整训，战士们情绪稳定，革命信心更坚定了，打仗的勇气也提高了。

我经历过鄂豫皖苏区多次反“围剿”斗争的锻炼，深刻体会到，消灭敌人，扩大武装，发展根据地，三者是密切关联的；要创建袁家沟口这块根据地，首要的是摧毁反动势力，消灭当地群众最痛恨的反动武装——民团和税警武装。

陕南的税警局和税卡林立，税警下乡收税随意加码，敲诈勒索，为非作歹，逼死人命是常有的事。离袁家沟口30多里的牛耳川，有个税警局，老百姓恨之入骨。我们决定拿这个税警局开刀，为民除害。经便衣侦察，得知局里有税警和乡丁十多人，长短枪十来支。2月25日拂晓，游击师悄悄地摸进税警局，敌人毫无戒备，大都还在睡梦之中，没放一枪，被我们全部俘虏，缴获全部枪支和税款。游击师趁势又打了一户大土豪，开仓分粮分财物，救济贫苦农民，并召开群众大会，宣传共产党和红军的主张，说明红军是穷人的队伍，游击师的战士都是本地人，是人民的子弟兵。这一仗虽小，但鼓舞了士气，扩大了政治影响。群众拍手称快，奔走相告，把游击师当作自己的队伍。

袁家沟口东边的二峪河，有一支地主武装“大刀会”，号称100多人。其实，平时也只有30多人住在地主的家院，横行乡里，欺压百姓，佃户稍有反抗就吊打用刑。听说晚上还集中在一起练功。所谓练功，不过是吃朱砂丸，喝黄裱纸，画符念咒，搞“刀枪不入”一类的封建迷信活动。这股刀会武装很反动，与商县黑山街民团有勾结，是我根据地发展的一大障碍。我们决定搞掉这支武装，解救受蒙蔽的群众，扩展革命根据地。我侦察员利用与刀会成员的亲友关系，深入刀会驻地，查明了敌人内部的详细情况，根据情报，我们制定了偷袭的方案。各中队按照预定的作战方案和所担负的具体任务，在夜间抓紧进行演练。3月上旬的一天，明月当空，星光闪烁，游击师经过三个多小时的急行军，出其不意地来到二峪河。担任突击任务的一、二中队，借着月光摸进地主庄院。随着几声清脆的枪声，几名手持短枪、大刀的红军老战士，带领突击队员迅速冲进各个住房，在“不许动”的吼声震慑下，30多名大刀会员当了俘虏，首领也被活捉，缴获长短枪20余支，大刀、梭镖数十件。我们对大刀会成员集中进行教育，讲明游击师是共产党领导的队伍，从师长到战士，大家都是穷苦农民出身，你们也是受苦人，为什么要为地主老财卖命？咱们都是穷哥们，要想过好日子，就要齐心推翻地主老财，自己当家做主。经过做工作，将受骗的农民群众予以释放，并召集群众大会公审了恶霸地主，搬掉了压在农民群众头上的大石头。穷苦百姓分得了粮食和财物，无不拍手称快，奔走相告。

在取得两次战斗的胜利后，游击师以中队为单位展开游击活动。各中队分兵多股，配合地方干部，有计划地打击三三两两的税警队，镇压了民愤极大的“地头蛇”。二峪河、金井河的税警队，都被我们消灭了，袁家沟口和小河口的保甲组织，基本上也被摧毁了。

与此同时，吴华昌和王义庆同志抓紧做发动群众的工作。他们带领几名伤愈归队的红军战士，深入群众，访贫问苦，发展党员，建立党支部，筹建山阳县西区苏维埃政府。3月15日这天，周围十多里的群众和四路游击师的战士，都敲锣打鼓，隆重集会，在袁家沟口欢庆山阳西区苏维埃政府成立。大会宣布了区苏维埃政府主席和委员的名单。顿时，锣鼓喧天，掌声四起，会场一片欢腾，在群众热烈的掌声中，新当选的区苏维埃政府主席程家盛（当地农民）作了动员讲话，他号召乡亲们要搞好春耕生产积极支援红军作战，青年人要积极报名参加游击师，保卫得来的胜利果实，巩固和扩大根据地。会上，袁家沟口乡政府、乡农会、乡妇女会也宣告成立。十几天以后，小河口、牛耳川、马家山、二峪河、金井河等地的乡政府、乡农会、乡妇女会相继成立，乡赤卫队也组织起来，当时大都分配了土地。各乡政府积极组织春耕生产，赤卫队维护治安、站岗放哨，监视坏人。以袁家沟口为中心的革命根据地初步形成。

随着苏维埃政权的建立，游击师也进一步发展壮大。区政府和各乡政府、农会、妇女会，积极号召青年参军参战，为劳苦群众打天下。游击师的战士也动员亲朋好友，参加自己的队伍。不到十天，就有100多名青年报名参军。这时又有六名红军战士伤愈归队，充实到各中队担任干部。另外有两名伤愈的连排干部，担任战斗营副营长和副政委。队伍扩大了，我们又抓紧对战士们进行红军传统、战斗任务和作风纪律的教育，对新战士进行军事训练。经过整顿，战士们的情绪稳定，士气很高。

三

国民党设在色河铺的区公所，驻有山阳县民团的一个分队和税警分局。清明时节，天气转暖。我们曾两次派便衣进行侦察，摸准了敌情，很快制定了袭击色河铺的战斗方案：以一中队打民团分队，二中队打区公所和税警分局，三中队为预备队。在战前动员会上，阮英臣师长讲了打下色河铺，解放一片地区的群众，扩大游击师政治影响的意义。我强调说，色河铺是个小镇，偷袭时一定要保持镇静，既不要惊扰老百姓，又不能叫敌人发觉后逃窜。经过40多里的夜行军，队伍来到色河铺附近，稍休息了一会，各中队就按预定方案摸进色河铺。一中队冲进民团分队住地，枪声一响，敌人从睡梦中惊醒，慌慌张张地从炕上爬起来，没有来得及抵抗，就被连窝端掉。与此同时，二中队分成两股，冲进区公所和税警分局。只几分钟时间，敌人全部被歼，俘虏敌人40余人，缴获长短枪30余支，物资一部分。当天上午，我们召开了群众大会，阮师长向群众宣传红军是穷人的军队，游击师是山阳人民自己的军队，以及“五抗”的口号。山阳县城的敌人，当时也受到很大震动，小股民团不敢轻举妄动，税警队更不敢下乡，城郊的许多恶霸地主，大都龟缩进县城。

不久，敌人以县保安团的百余人为主，纠集了一些地方反动武装共约300人，向我中心根据地发起进攻，妄图一举消灭我们。我们得到情报后，认真地进行了分析：敌我力量对比，敌人在数量上略占优势，但除保安团外，其余200人是由各区反动武装拼凑起来的，武器不如我们好，战斗力不如我们强，我们又有群众的支持，一定能战胜敌人。我们决定主动迎敌，预先在中途设伏，以粉碎敌人的进攻。我带领中队以上干部，来到敌人必经之路进行勘察。选择好伏击地段，确定了伏击方案。小河口通往色河铺的大路，一侧是奔腾的小河，一侧是险山峻岭。天未见晓，游击师来到大路一侧的山坡上，在茂密的丛林中隐蔽待敌。当天上午，敌人从山阳县城出发，一路上大摇大摆，直奔小河口而来。当敌人进入我们的伏击地段后，冲锋号声一响，三挺机关枪猛烈向敌人射击，战士们如猛虎扑羊冲向敌群。敌人顿时乱作一团，有的慌乱地向来路溃逃，有的向山林中逃窜。战士们勇猛追击，截住一部分敌人，俘敌40余人，缴获各种武器30余件。就这样，在根据地边缘一举粉碎了敌人的进攻。第二天，区苏维埃政府和小河口乡苏维埃政府，在小河口召开庆祝大会。当地群众敲锣打鼓，抬着猪肉食品，慰劳游击师战士。在战斗胜利的鼓舞和区、乡政府的动员下，数日内又有60多名青年参加游击师。

敌人遭到这次沉重打击，一蹶不振，在没有正规军配合的情况下，已失去了进攻的能力。这给我们开展游击活动造成了良好条件。我们以袁家沟口为依托，忽东忽西，时南时北，消灭税警和地主武装，打土豪开仓济贫，一个多月时间打了十多次小仗，消灭反动税警近百人。5月份，游击师回到袁家沟口集中整训，这时队伍已发展到300多人，扩建为四个中队。各中队都建立起党支部。根据地面积扩展一倍多，并与第三路游击师所在的柞水县红岩寺根据地，很快连成一片。根据地人民生活安定，生产热情很高，麦苗长势很好，丰收在望。游击师经过一个星期的整训，遂又转到色河铺至商县黑山街一带开展游击活动，继续打击敌人，配合红军主力作战。

四

5月14日，游击师派出的便衣侦探，与正在向山阳挺进的红二十五军取得联系。军首长询问了游击师的活动情况，决定我们配合红军主力攻打山阳县城，把队伍开到山阳城外待命。我们立即带领队伍，于当天下午开到山阳城外一个小村庄，就近休息做饭。我们的任务是配合主力作战，准备梯子和木杆，供攻城部队使用。经过紧张的准备工作，天黑之前就扎好了20架云梯。山阳城内住着国民党正规军一个团，并筑有碉堡工事，战斗中，红军主力一部攻进城内，伪县长挟着大印已逃之夭夭。因为有几个核心碉堡强攻未克，无法占领全城。深夜12点，军首长决定放弃攻城。军首长向我们下达命令：将20多名伤病员和一部分枪支、物资，负责运到袁家沟口，另外派两个中队协助后卫部队，掩护主力转移。领受任务后，我率一、三中队配合阻击敌人出城，另外两个中队护送伤员和武器物资，转回袁家沟口。拂晓前，一、三中队完成掩护任务，撤出战斗，在色河铺一带继续监视敌人。

6月30日，即袁家沟口大捷的前夕，我和阮师长又一次奉命到军部接受任务。程子华军长、徐海东副军长和吴焕先政委询问了我们的战斗力后，交代任务说，我们要把敌警备一旅诱入到袁家沟口，现在部署已定，决定你们在袁家沟口以南高地担任警戒，配合二二五团一个营控制沟口，堵击逃窜之敌。游击师立即奔赴指定地点埋伏。战斗开始后，我们配合主力，截击了后溃的敌人。战斗接近尾声，游击师奉命打扫战场，搜索残敌。这一仗，敌警一旅全部被歼，活捉了敌旅长唐嗣桐。仅游击师就缴获长短枪百余支，机枪两挺，弹药、物资甚多。

战后不久，吴焕先政委指示我们：游击师留下一个中队，继续坚持以袁家沟口为中心区域的游击活动，其余三个中队跟主力部队行动，打到终南山以外的富足地方去，扩大我军的政治影响，解决军需物资困难。我们当即召开区政府干部和游击师中队以上干部联席会议，传达了军首长指示，研究布置了根据地的工作。当时确定把重伤员分散安排到可靠的老乡家中隐蔽，并发给自卫武器；同时决定留下第四中队，坚持根据地斗争；对主力部队留下的武器和物资，一部分交给赤卫队和农会，一部分挖坑埋藏起来。我和阮英臣则带领游击师三个中队近300人，跟随主力部队行动。

7月13日，我们跟随红二十五军北出终南山，威逼西安。鄂豫陕省委在决定红二十五军继续西征北上的途中，我们这一支在战斗中成长起来的地方武装，就编入了红二十五军的战斗序列。从此以后，鄂陕第四路游击师的指战员们，踏上了新的征程。

1986年1月于北京

选自中国人民解放军历史资料丛书编审委员会编：《红军长征·回忆史料（1）》，解放军出版社1990年11月第1版，第224—231页。

夏云飞，原名夏云廷，1913年生，安徽金寨人。1929年加入中国共产主义青年团，1930年参加中国工农红军，1931年转为中国共产党党员。红军长征时任中共山阳西区区委书记、鄂陕边第四路游击师政治部主任兼战斗营政委等。新中国成立后，曾任海军南海舰队航空兵司令员、海军航空兵司令部副参谋长、海军航空兵部正军职顾问等职。2007年在北京逝世。

回忆中共商洛特委和抗捐第一军

程启文

中国工农红军第二十五军从河南省光山县何家冲开始举行长征后，于1934年12月8日进入陕西境内。在洛南县铁锁关、三要司九泉山、庾家河战斗后，集结于蔡川[1]进行整编。

蔡川整编后，红二十五军即为实现鄂豫皖省委庾家河会议提出在鄂豫陕边创造新的革命根据地的战略目标而战斗。12月19日，就在我军从蔡川向商县、山阳一带转战途中，我见有两个穿着长袍短褂的老百姓跟着军部一道行走了好几天。一个将近40岁，另一个有40多岁。据说原是洛南一带“红枪会”的首领。他俩跟着军部走，和我们军政委吴焕先谈了很多话，说这里的苛捐杂税太多太重，农民受不了，曾在大河面、湘子楼、杨圪塄等地，拉过千余名农民组成“红枪会”，多次反对保甲拉夫、派款等，但终归失败。希望红军能够给予支援。军领导对他们特别客气。

我军向南活动很短一段时间后又北上洛南，于1934年12月28日打下景村。29日，在景村附近的车垣，吴焕先同志召集手枪团政委宋兴国、我（当时在军政治部当少年宣传队队长）、军政治部宣传科张干事、手枪团二分队政治指导员陈小瞎（小瞎系外号）谈话，宣布成立中共商洛特委，宋兴国任特委书记，程启文任特委少共书记，张干事任宣传，“陈小瞎”

① 时属洛南县今属丹凤县。

任组织。特委受省委领导。接着又把跟军部走的那两个人刘实通、岳新明找来与我们见面，宣布成立抗捐第一军，司令刘实通，政委宋兴国，副司令岳新明。手枪团二分队随同抗捐军一起行动，作为抗捐军组成的骨干。二分队有队长、指导员以下30余人。

我们下来后，即召开大会，宣布抗捐第一军成立，编队发枪（枪是打景村时缴获民团的）。编为四个队，第一队队长龙万善，第二队队长张志强，第三队队长姜云山，第四队队长刘志让。成立大会上，司令刘实通讲了话。他说我们要接受党和老红军的领导，服从命令听从指挥，遵守纪律，缴获土豪劣绅的财物要归公。当天以抗捐第一军司令、副司令名义出了布告，贴了“打倒土豪劣绅”等标语。

抗捐军几乎全是红枪会的人员，组织纪律性不强。特委将他们先拉出本地，一面行军，一面进行军事训练，教他们站岗放哨，并派出人员侦察敌情。这样移动了几天。

1934年1月5日清早，在距景村东南方向一二十里的一个深山里，由于抗捐军新兵的麻痹，被国民党陕军和洛南尤奉三、商县地方民团2000余敌包围。当时我正在看军部从商县黑龙口附近派一农民送来的信：“你们好好团结部队，团结农民，很好地发展，以秦岭山脉建立新的根据地……”只看了一半，外边枪就打响了。我们拼力抵抗，在引导抗捐军战士冲出重围后，二分队才向东南方向突围边打边退。这一场战斗许多抗捐军战士当场阵亡。特委成员张干事牺牲。司令刘实通负伤，隐藏于群众家中，一个月后被灵官庙伪镇长祝三义杀害于拐沟。副司令岳新明身负重伤，带领部分抗捐军在大河面余家山又遭敌枪杀。逃出来的抗捐军队员，有的回家，有的逃往外地躲避。

抗捐军成立短短七天时间，新战士就被强大的敌人打散了，但它在政治上的影响是很大的。抗捐军先后没收了景村街的“顺兴恒”，富刘村的党志霄，车垣的车章娃、车家胜、车公生、王三正，古城的周炳南，七岔沟的王天荣、张鸿高等土豪劣绅的财产，除抗捐军用以外，还分给了农民，受到了贫苦农民的欢迎，扩大了红军的影响。古城、景村、张村等地农民纷纷自动参军，抗捐军迅速发展到300余人。

我们带领二分队突围后，一连翻了几架山，跑了近百里路，敌人紧紧追着不放。这天上午，还下着大雪，天已黑了，碰着陡坡不得下去，战士们问怎么办，我说："我先滚，死了就算了；死不了你们就跟着来。"我滚下去后，大家都跟着滚了下来。就这样，我们终于摆脱了敌人。这天深夜，我们到了一座高山上，在一独户人家做饭吃，宋兴国流泪不止，在我们走出去吃饭时，他背着同志们向自己胸口打了一枪。听见枪响，我跑去一看，他一把拉住我的手说："我对不起你们，同志，你们快走！"宋兴国自杀后，部队情绪波动。当时还有30多人，我就召集起来讲了话。我说："同志们，我们走了几千里路，来到陕西这个地方，陕西人民是要革命的，但是我们初来乍到，人生地不熟，说话又不懂，困难是暂时的。宋兴国这种错误的做法，绝对不能仿效。要和敌人拼死战死，就是我们这几十个人都死了，中国革命还是要胜利的。"部队情绪稳定了，我又召集指导员和副队长、两个班长开会商量，让副队长代理队长，结果副队长和指导员他们都要我当队长，带这支队伍。以后这支队伍就由我带了。我们翻山向东北走，经蔡凹、三要司南边到卢氏边。返回庾家河附近，正在吃中午饭的时候，商县商洛镇民团张虎森来袭击我们，我们就退到孙家山①。在此我们得到群众和从汉中来的地下党员王柏栋同志的帮助站住了脚，与张虎森秘密订了互不侵犯协定，成了"盟友"，继续开展游击战争，把孙家山建设成一块根据地。

在孙家山活动了四个多月。1935年4月18日，我主力部队攻克洛南县城后，我们按照军部指示，20日从孙家山出发，23日到景村南边一条川道里与主力会合。在原地召开了大会，吴焕先政委讲了话，说我们的任务完成得很好，不但没有被敌人消灭，而且还发展壮大了②，为创建鄂豫陕革

① 今属丹凤县庵底乡。

② 会合时除原二分队的人员外还有收拢各地来的伤员等。

命根据地，建立地方苏维埃政权打下了基础。从此，我们二分队又重新归队。

× × ×[1]

到了孙家山，快过春节，30来个人，只有三四十块现洋。这个年怎么过呢？一打听北边有几个地主，就把他们抓起来，搞到了400多块现洋。附近500多户人家，有500多亩土地，捐税很重，我们到了以后，国民党不敢来收税，加上我们给了老百姓一些现洋，就这样过了一个太平年。这时，巍巍秦岭披着银装，山谷洼地积雪一丈多深。但是战士们身上仍穿着薄薄的单衣，脚上穿的是自己编织的草鞋，住在孙家山的最高峰五谷崖。为了驱散寒气大家搓着手，重重地踩着脚，仿佛要把一切困难深深地踩进地下去。我们同军部失去联系已经一个多月了。“每逢佳节倍思亲。”此时此刻，大家是多么想念部队的亲人啊！

“红军同志，你们辛苦了！”一天，忽见山下上来一个穿着整齐的人，老远就大声打着招呼。

“红军同志？”我们的两个哨兵听到这亲切的称呼，心想，莫非是军部派人同我们联系来了？但又一想，不对，我们自己人都是互称“同志”，只有根据地的老乡才称我们“红军同志”，我们离开鄂豫皖根据地，转战几千里，来到这里人地生疏，已经好几个月没有听到这个亲切的称呼了。哨兵感到很惊奇，警惕地用枪对准来人喊道：“你是什么人？不许动！”

“红军同志，我要见你们的邵队长。”我原是红二十五军政治部少年宣传队长，此时虽然担任了这支游动作战小分队的队长，但同志们仍叫我“少队长”，群众听到了，就以为我姓邵。那人把一封介绍信同一大叠文

① 原文空格符号，以与上一部分内容区别——编者注。

件交给哨兵说："你把这些交给邵队长，看看就明白了。"

一个哨兵进来向我作了报告。我看那信件，是中共汉中特委介绍王柏栋去陕甘苏区的介绍信，那厚厚的一叠都是红四方面军进到四川后油印的有关土地革命的文件，还有作报告人的名字，如曾传六、袁克服，都是我熟悉的同志。我和几个干部一商量，分析来人可能是白区地下党的同志，决定由我来会见他。

"我是王柏栋，今天特地来看看我们的红军同志们。"那人进屋后，紧紧地握住我的手，摇了又摇，格外亲热。

王柏栋是什么人？他为什么找到我们这里来了？我们围炉坐下，听他讲起了前后经过：王柏栋同志家住商县龙驹寨[①]西八里许的显神庙。参加革命后在白区做党的地下工作。前不久，由于汉中特委遭到破坏，组织上调他到陕甘苏区去工作。 他在去陕北途中，回到龙驹寨显神庙村看看情况。回到家里，只是说他要到西安去"教书"，顺路回来过个春节。乡亲们向他谈了很多情况，说附近有一支红军小队伍，打仗很是厉害，保安团多次包围，不是扑了空，就是被打败，国民党军队千把人都不是他们的对手。乡亲们还告诉他，这支队伍对穷人可好啦，不拉夫，不派款，说话和气，公买公卖。对地主老财可就不客气了，抓住了就要罚款，把财产分给穷人，大劣绅如果落到他们手里，连脑袋也保不住的。家里人反复叮嘱柏栋同志说：你刚回家，又穿得整整齐齐的，千万别让红军碰见了，把你也当作有钱人。柏栋同志听说家乡来了红军，心里有说不出的高兴，嘴里应酬着说："我小心就是了。"说话间，家人进来说："张团总看你来了。"

张团总就是张虎森，商县商洛镇的团总，手下有300人团防武装。他也是显神庙人，和王柏栋是幼年同学，听说多年未见的好友回来了，带了一大捆王柏栋平素喜欢翻阅的报纸，特地赶来看望。两人叙谈了一会，张虎森就告别走了，并约老同学次日到团防驻地去聚一聚。

---

① 今属丹凤县。

原来那张虎森是有点文化，有点头脑的人，他搞起民团武装，并非一心要同共产党作对，主要是想扩大个人势力，独霸一方。他手下有个姓吴的秘书，思想比较开明，很有些才干，给他出过不少主意。如今，他们见打不过红军，接连损兵折将，正处于进退维谷之中，犹豫不决。他约柏栋同志去聚谈，是想打听打听外界的局势，以便考虑下一着棋该怎么走。柏栋同志想到红军小分队当前处境很困难，也打算摸一摸这位老同学的底细，如有可能就相机做些工作，以助红军小分队一臂之力，因此也就欣然应约了。

第二天聚会，吴秘书也在座。他们叙谈了各自的坎坷经历以后，张虎森就直截了当地说："柏栋兄，你跑的地方多，见识广，现时的形势怎样？望老兄有以教我。"柏栋同志一时未便深谈，简单应酬了几句。那张虎森却是憋不住，一股脑儿把自己心中块垒先抖落了出来，说："上头叫我们'剿共'，这共产党能否剿掉？依我看恐怕难以达到目的。九一八事变以后，蒋委员长不叫打日本，听说又提出什么'攘外必先安内'，我们中国人老是自己打自己行吗？"

听了张虎森这番话，柏栋同志心里有了些谱，就开导他说："你这说的是心里话，也是每一个有良心的中国人所关心的大事。蒋介石不抗日，必然遭到全国人民的反对，一·二八抗战，驻上海的十九路军就不听老蒋那一套。至于说到'剿共'，我看蒋介石是占不到便宜的，南方各省红军根据地虽然暂时大部被国民党部队占领了，但红军主力北上抗日，已经突围到了贵州、云南。蒋介石同各省地方实力派的矛盾也在加剧，红二十五军进陕以来，他就多次训责杨虎城'剿共'不力，而他的六十师在庾家河被红二十五军消灭800多人，他却反而嘉奖这个师。依我看，你老兄犯不着为'剿共'卖这么大力气。"

吴秘书插话说："孙家山一带有支红军小部队，装备一色的驳壳枪，占着我们的地盘，我们的队伍根本不敢到那一带活动。"柏栋同志反问道："你们对这支红军队伍有什么打算？"张说："不久前，我们派了一个团副混进他们队伍里去，想摸清情况搞他们一家伙，谁想被他们识破，把这个团副处死了。”

“你们想同这支红军比个高低吗？”

张虎森赶忙摇手说：“我们这几百人哪里是他们的对手，但求他们不再扩占我们的地盘，井水不犯河水，就算幸运了。”

“老兄既有此意，我倒可以替你们去交涉交涉。”

“你？”张、吴二人惊疑地瞪大了眼睛。

“是的。”柏栋同志接着又详详细细地把全国民众要求抗日的形势，共产党、工农红军抗日救国的主张，要抗日必须停止内战，联合共产党，建立抗日统一战线的道理，向张、吴二人讲了一番，给他们晓以大义。然后，又给二人指明利害关系，忠告他们说：“蒋介石排斥异己，极端阴险，要提防遭人暗算。每一个炎黄子孙都要想到抗日救国的责任，每一个正直的中国军人都要枪口对外，绝对不能与红军为敌。我今天不是要你们把队伍马上带去参加红军，我只是以老同学老乡亲的情分，希望你们看清今日之情势，作出正确的抉择。”

张、吴二人对柏栋同志这一席肺腑之言非常感佩，表示要认真考虑。谈话后，根据柏栋同志的提议，由张虎森派人跋山涉水行程50多里把他送到孙家山下红军驻地附近，他一个人带着张虎森送给他那捆报纸上五谷崖来了……

王柏栋同志给我们讲述了上面这一段经过以后说：“我在白区做地下工作，从来没有见到过我们党创建起来的红军，今天见到你们才真是回到了自己的家，你们想我该有多么高兴啊！”

听了柏栋同志的话，真叫人感动极了。我说：“我们自打长征以来，再没有人叫我们‘红军同志’，陕西的老乡总是叫我们‘老总’、‘老总’，把我们叫得不耐烦了。今天你来真是我们的大喜事哩。”说着，我们互相拍着肩膀，大笑一阵。

柏栋同志摸着我们的衣服，感叹地说：“天气这样冷，你们还穿着单衣，个个还是那样乐观，生龙活虎，真不简单呀！”他又说：“这里的穷苦老乡虽然还是按照旧习惯叫你们‘老总’，可是他们众口称赞你们纪律严明，为穷人办好事，在他们的心目中早把你们看成是自己的队伍了。”

我们把去年12月接受吴焕先政委交给任务以来经历的大小十多次战斗情况，以及当前仍然处于敌人包围之中的处境，向柏栋同志作了介绍。柏栋同志翻开带来的国民党报纸，从那些反面报道中，使我们看到了全国红军都在作北上抗日的战略转移。他还分析红二十五军大概不会入川与四方面军会合，可能仍在陕南创建新的革命根据地，只要我们克服当前困难，坚持下去，不久就会同军部取得联系的。

柏栋同志的话，使我们心襟豁然开朗，信心倍增。接着他把张团总的情况给我们作了介绍，要求我们与张虎森达成一个互不侵犯的协议，张不再在孙家山一带征收捐税，我们暂时也不再到孙家山以外张管辖的地区去活动。他说：“这不是向敌人让步，妥协，而是为了争取朋友，为了巩固阵地，坚持斗争。”我表示可以提交分队党支部研究一下，并提出请他给全队同志讲一讲当前形势，他欣然答应了。

在分队全体人员会议上，柏栋同志以激动的心情，赞扬了我们坚持游击战争的政治影响，有声有色地讲述了全国红军包括红二十五军取得的一次又一次的胜利，激励大家信心百倍地迎接斗争的更大胜利。他的简短的讲话，给大家留下了深刻的印象，同志们报以热烈的掌声。

柏栋同志回去后的第二天又给我们来了信。信的意思，用现在的话来说就是讲党的统一战线政策，继续开导我们。他写的信纸大概有十页左右，写得特别工整。他在信中再次说：你们和张虎森做个朋友，立个条约：第一，可以通过张虎森了解消息；第二，互不侵犯；第三，各自独立。你不打他，他不犯你，这样你们也不是孤军作战，有个耳目。没个耳目，对外边的情况不了解，再能干也不行。我看各方面都很有利，就叫指导员和党员来研究一个方案来。回他的信时说：来信收到，再来此间面谈。两天后，他来了，我把党支部研究同意建立秘密协议的事告诉他，他很高兴，但又提出，张虎森要求我这个“邵队长”到他家，同张秘密会见，以表示互相的信任。当时我召集班长以上同志研究去不去？谁去为好？大多数同志不同意派人去，更不同意我去。我是支持柏栋同志意见的。我说：“干革命哪能怕风险，你们看王同志在白区工作多年，出生入死，什么都不顾。这次路过家乡还辛勤为我们奔跑，还不是为了革命事业的胜利。”柏栋同志也向大家做了耐心的说服工作，同志们才同意我去。

我先一天来到柏栋同志家，次日张虎森、吴秘书也来了，柏栋给我们相互作了介绍后，就谈起了协议之事。“协议”早由柏栋同志拟好，其大意是：张团总一方经常向红军提供有关“国军”的动向，如红军遇到不利，借道转移时，只要红军事先秘密通知，张团总应主动将本部调到适当地方，以便红军借道通过；红军分队一方不再到除孙家山以外的张团总管辖地区活动，红军分队如缺什么物资要请张团总协助时，须事先联系好，由吴秘书筹办。为了保密，“协议”不立字据，不签名。柏栋同志宣读协议后，双方彼此握手表示同意。会面后我很快返回。王柏栋同志还送我们一份礼物，一本袖珍全国地图。我们后来了解到，王柏栋同志离开家乡，踏上新的征途，到陕北苏区去了①。

柏栋同志走后，他为我们结交的这位新“朋友”很守信用。张虎森给我们订了几份报纸，《中央日报》和《大公报》，并派老百姓给我们送来。国民党军队一有行动，张虎森就派人秘密向我们通报。这年3月间，国民党调集商州、商南、洛南三县保安团，和陕军两个营，来“围剿”我们这支小小的队伍，由于得到了张虎森的及时通报，我们有准备地突围到了河南卢氏地区，没有被庞大的敌人所吞噬。半个月后，我们又回到孙家山，依托这块根据地，不断发展壮大了我们的力量。这期间，我们一连四次派人去找主力。第一次，是根据地党员对象贺正源等二人去的，没有找着。第二次是贺等二人和我一块去的，到了商县一带，还是没有找见。

---

① 王柏栋后任中共商洛工委书记，1938年被敌杀害于丹凤县商洛镇显神庙。

第三次，在九间房找到了，军参谋长戴季英同志还写了回信，要我们坚持斗争。第四次，贺正源等二同志，带上我写的报告去，军部负责同志要我们做好准备和主力会合。4月18日，我红二十五军攻克洛南县城后，我们终于在洛南县景村镇附近与主力红军会合了。我们把同张虎森建立联系的经过向吴焕先政委作了详细汇报，吴政委非常高兴，称赞王柏栋同志是一位不可多得的很有头脑、有胆识、有才能的好同志，充分肯定我们按照柏栋同志的办法做得对。遵照吴焕先同志的指示，我们又向军政治部主任郑位三同志作了汇报。以后，红七十四师在陕南坚持斗争时，继续与张虎森部保持秘密联系，直到1936年春，国民党以“土匪”名义把张虎森和吴秘书二人杀害。

我们在孙家山坚持斗争期间，人民群众给了我们极大的支持。通过斗争的考验，根据上级指示发展了贺正源、李铁锤、孙继维、周显常①等五名同志入党，并把他们一一介绍给豫陕特委书记郑位三同志，得到他的批准。五月龙驹寨整训后不久，在距龙驹寨北十多里的地方打了一仗，我们有70多位伤员同志都在孙家山养伤，老百姓自己虽然很穷，却把最好的东西拿出来叫伤员同志吃。安顿好了伤员，我把这里的工作向郑位三同志作了交代，便离开了孙家山。

1935年9月，红二十五军长征胜利到达陕北，我们的队伍路过延安附近以北一个很大的村庄，乡亲们热烈欢迎我们。突然，一位身穿旧黑色棉短袄的同志上来一把拖住我。我一愣，原来是王柏栋同志。他还是像那回初次见面一样，拉着我的手摇了又摇，高兴地说：“小程同志，你们终于来到陕北，我们又会合了！这一回可不像在我家里秘密接待你，我们可要好好犒劳犒劳红军同志们。”我说：“柏栋同志，半年多来，全队同志都想念着您哩。您对我们的帮助和鼓舞太大了。您走后，张、吴两位先生成了我们信得过的朋友，给了我们很多帮助，要是没有你那时艰苦的工

① 贺正源时任孙家山区苏维埃副主席，1970年病逝；李铁锤现住潼关县安乐乡潼峪；孙继维、周显常时为孙家山苏维埃干部，孙继维现任丹凤县政协常务委员。

作，我们肯定会遇到更多更大的困难，说不定今天还不能见到您啦！”因为要急着赶上队伍，我们只好简略交谈几句，就珍重道别了。

选自中共陕西省委党史资料征集研究委员会编：《陕西省党史专题资料集（二）鄂豫陕革命根据地的创立和发展》，第186—202页。

程启文，1915年生，湖北黄安（今红安）人。1929年参加中国工农红军，1930年加入中国共产主义青年团，1932年转为中国共产党党员。红军长征时任红二十五军政治部少年宣传队队长、中共商洛特委少共书记等。新中国成立后，曾任广西军区玉林军分区副司令员、解放军体育学院副院长、湖南省军区副司令员等职。1961年被授予少将军衔。1994年在广州逝世。

手枪团二分队在商洛的一点情况

姜华亭

红二十五军有二二三、二二四、二二五三个步兵团。在庾家河二二四团伤亡最大，下来把二二四团取消了，合并到二二三团、二二五团，把伤员安排在庾家河、孙家山、蔡川一带休养。

主力部队走了，把手枪团二分队留了下来。手枪团来了一个政委，军部留的是军政治部少先队长，叫程启文，还留了几个干事，共40余人。二分队队长外号叫小瞎，指导员外号叫小侉。有四、五、六三个班，我是五班班长。

二分队留下的任务是：发动群众，建立苏维埃政府，组织抗捐军。任务是给手枪团政委和程启文交代的。

抗捐军有两个领导人，是大刀会的首领。一个姓岳，后来打仗牺牲了。

当时在商洛有地下党，我记得一个人姓王，后来在陕北我见过这个人。他和程启文有联系，是商洛镇一带人。程启文和手枪团政委负责开辟地方工作，发展党员，组织苏维埃政府。

尤奉山民团打到我们跟前了。地方武装的那些人被打散了。我们打了一天，天黑了到老百姓家里找吃的，是豆渣馍。夜深了，忽然叫队伍集合，程启文也来了。听到里边手枪声响了，一看手枪团政委自杀了。他原先是军部交通队的指导员。这一仗打了以后，我们就在孙家山一带隐蔽下来。

过春节那天晚上，我们打到蔡川。蔡川有个大地主，民团住他家，我们去打，捉了不少人。打了仗以后就在孙家山过春节。开春后就慢慢好起来了，发动群众，做宣传工作。我们走时，地方上组织的那些人都留下了。小麦黄了，我们在洛南县和主力红军会合。

1935年6月，在鸡头关打了一仗。军部又派二分队到孙家山一带建立苏维埃，组织洛南游击队。孙家山一带我们在那里搞过，有群众基础，后来我们就去了。

选自中共陕西省委党史资料征集研究委员会编：《陕西省党史专题资料集（二）鄂豫陕革命根据地的创立和发展》，第203页。

姜华亭，红军长征时任红二十五军手枪团二分队五班班长。新中国成立后，曾任武汉石油采购供应站副经理。

红军长征纪实丛书

红二十五军卷

2

中共中央党史研究室 编

中共党史出版社

本册收入第四至第六部分文章 64 篇

华阳游击队

魏文建

1935年2月，红二十五军为配合红四方面军的陕南战役，由湖北郧西地区西进。一路上，连克宁陕，佛坪两座县城。3月8日，进到洋县华阳镇。这时，由郧西尾追而来的陕军警二旅张飞生部，也追到华阳镇以东地区。3月10日拂晓，红二十五军在石塔寺附近设伏，将敌警二旅两个团全部击溃，毙伤敌200余名，俘敌团长以下400余名。敌旅长张飞生亦被击伤，藏匿在敌尸堆里装死，后乘夜逃走。

战后，红二十五军乘胜在华阳地区发动群众，打土豪分田地，开辟新的革命根据地。在很短的时间内，就建立了华阳、石塔寺、商家坝、吊坝河、瓦子沟、红石窑、小华阳等七个乡的革命政权。当时，群众兴奋地唱道：

二月初六[①]炮声响；
警备二旅垮个光，
华阳建起苏维埃，
土豪恶霸一扫光；
分田分地又分粮，

① 二月初六为农历，换算成公历为3月10日。

穷人开始把家当；
吃饭莫忘红廿五，
翻身全靠共产党。

华阳，位于汉中以北地区，周围群山环抱，地形很好，物产也比较丰富，便于小部队开展游击活动。华阳根据地的建立，不仅扩大了红二十五军在鄂豫陕边的回旋区域，而且有利于发展汉中以北、太白山以南山区的游击战争。因为这一地区战略地位十分重要，我们的军政委吴焕先同志，在1935年5月30日写给红四方面军领导和川陕省委的信中，曾经这样写道：“……遂建立华阳游击队，以便今后好与你们成为联系的桥梁！”

这个作为联结川陕苏区“桥梁”的光荣使命，就落在我们华阳游击队的肩上。当时，军领导决定建立华阳游击队时，抽调二二五团十连副连长张进浪，担任游击队长；我（当时在军部交通队当战士）和洪玉科两人，分别担任副队长和指导员。另外还有一名文书和留下的八九名伤病员，总共13名战斗骨干。军部当时为我们补充了30名新兵。这就是华阳游击队成立时的“家底”。我们也只有15条枪，近百发子弹，别的一无所有。

我们三个领导成员，除张副连长，我和洪玉科都不满20岁。那时候，我们只知道游击队要有人有枪，要打仗消灭敌人，至于怎样组织、领导游击队，可以说是一窍不通。出发前，军领导把我们几个找了去，亲自教给我们怎样组织游击队，要求我们要加强对部队的政治教育，严格遵守政策纪律，很好依靠群众、发动群众，巩固和扩大已经建立的根据地；要战胜敌人，不仅要靠勇敢，而且要有智谋，跟敌人斗智斗勇！

红二十五军主力转移之后，我们根据军首长的指示，首先着手扩大队伍。华阳一带虽然比较富足，但由于国民党苛捐杂税太重，老百姓的日子苦不堪言。正是青黄不接的时节，老百姓到处挖野菜充饥，简直没有活路。因此我们每到一地，把“打富济贫”的主张一宣传，每天都有不少人来参加游击队。不几天，就发展到100多人，绝大多数都是贫苦老百姓。我们从中挑选出70多个家境最穷、受压迫最深的人，加上我们的战士，编成一个连队建制（两个分队），还成立了特务班和炊事班，正式命名为华阳游击队。剩余人员，经过教育后，动员他们回到家乡组织“抗捐军”。

队伍组成后，我们便根据军首长的指示，针对华阳地区的实际状况，提出了“组织起来，抗捐抗税！打土豪，有饭吃！”的斗争口号。这些鼓舞人心的口号，立即得到广大劳苦群众的拥护。于是，我们马上分头到各村帮助群众组织“抗捐军”。战士们大都是当地人，对人民群众的疾苦了解得特别深刻，做起宣传工作来，也能说到人民群众的心里。不几天工夫，各村的“抗捐军”便纷纷成立起来。与此同时，我们还领导发动群众打土豪、分田地、分浮财。当时，把60几户地主恶霸的3000多亩土地，分给了1000多户农民耕种；把没收来的900多石粮食，分到贫苦农民手中。

我带领的一个分队，到华阳与茅坪之间一带村庄，发动群众开展斗争。老百姓看到我们来了，斗争情绪极为高涨。他们扯起龙凤大旗，敲着锣鼓，咕咚咕咚地放着“三眼冲”，潮水般地涌向土豪家里。有的土豪吓得躲藏起来，有的把洋钱埋在地下，把粮仓也锁了起来。我们领着群众开仓济贫，又到处挖洋钱。群众分到了粮食、衣物和洋钱，更加拥护我们的主张。各村的“抗捐军”也要求联合起来，集中行动，与敌斗争。于是，就编成华阳、茅坪两个“抗捐军”大队。他们站岗放哨，维持地方治安，还为游击队侦察敌情，传送情报。大股敌人一进入村庄，情报便一村传一村，很快送到我们手里。敌人好几次想突然袭击我们，都由于我们及时得到情报，使敌人扑了空。这样一来，小股敌人不但不敢进入我们的活动区域，就连拥有五个连的小河口民团，也轻易不敢出来。敌人到处传说我们是红二十五军留下的“特务营”，厉害得很！

游击队扩大了，人员多了，枪支弹药就成了最大的问题。听老乡说，石塔寺战斗打垮警二旅以后，敌人曾丢下不少的武器弹药，由于没有来得及好好打扫战场，被老百姓捡去了一些。我们立刻决定用打土豪得来的洋钱，向群众买枪买子弹。经过动员，不少捡到枪支弹药的老乡，都很痛快地卖给了我们。因为缺少短枪，特务班化装侦察时很不方便，大家就想了个土办法，把长枪筒伸进水里，打上一枪，枪筒就在露出水面的地方断成两截。然后再把枪托修理一下，就变成一支小巧轻便的小马枪，别在腰里也挺神气！

4月，天气渐渐热了。但部队仍然穿着棉衣，无法换装。我们心里都很清楚，根据地群众生活很苦，不能向群众摊派。因此，还是决定以打土豪筹款的办法，解决服装问题。可是，附近的土豪老财，都打得差不多了，所剩也寥寥无几。经过认真研究，我们决定深入到敌人占领区域，首先向小河口民团开刀！

小河口有个大土豪名叫费礼，仗着他儿子费文炎担任民团团长的权势，在小河口一带任意征收捐税，勒索群众。每逢过年过节，附近群众都得给他送礼，谁不送礼就要被“扫地出门”。当地群众对这个首屈一指的富户，恨之入骨！

在群众的帮助下，我们把费礼的住处以及周围地形了解清楚以后，就在一天晚上，秘密包围了费礼的家。拂晓前冲了进去，活捉了大土豪费礼。我们提出向他筹借一万块银圆做军费，老家伙满口答应下来，并马上给他儿子写了信，派人送到河口镇，约定第二天正午到茅坪西吴家庄交钱。

第二天下午，费文炎果然派来了14副挑子，全是白花花的银洋。我们在一座大庙里面，把送来的银洋堆在七八张桌子上，一面七手八脚地数着，一面兴高采烈地谈着。这个说：“这一下可解决了服装问题！”那个说：“不能今日有酒今日醉，明日无酒喝凉水。还应该节省一点，拿出一部分救济穷苦百姓。”当时，我们做法上也有所疏忽，没等把钱数完，就把费礼放走了。谁知他一走出庙门，四面便响起了枪声。原来费文炎带了民团的两个中队，暗地里包围了村子，一挺机枪正对着庙门扫射。我们的游击队几次猛冲，迎着敌人密集的火力，从西北角突了出来。部队虽然突围出来，但那一万块银圆，除了司务长和通信员背出一部分外，绝大部分都给丢了。

回到华阳以后，我们开会检讨了这次失败的原因，主要还是思想上麻痹大意，部署也不够严密。这次事例，使我们进一步领会到军首长指示的“要战胜敌人，不仅要靠勇敢，而且要有智谋”的深切含义。我们的智谋还很不够，所以吃了亏。我们接受了这次教训，同时也教育了部队，更加坚定了斗争意志和胜利信心。这次活动虽然受到挫折，但也充分显示出我们这支游击队的威力。从此以后，费礼父子再也不敢像以前那样胡作非为，欺压百姓。人民群众都在赞扬我们：“敢到老虎窝里捉老虎，给老百姓出了口气！”

我们的服装问题仍没有解决。不几天，老百姓报告说，从城固到汉中的公路上，近来经常有敌人的运输队过往。我们去公路附近一侦察，果然不错。敌人运输军需物资的挑子队，几乎每天都从这一带路过。于是，我们决定伏击敌人的运输队！

一天，我带着特务班和一分队来到公路边上，进行埋伏。队伍刚在路边的山坡上隐蔽下来，就发现一支几十副挑子组成的运输队，由十多个吊儿郎当的士兵看押着，稀稀拉拉地走了过来。我心里一阵高兴，立即决定向敌人射击，拦截这支挑子队。我们只打了一个排枪，十多个敌人便丢下挑夫，没命地逃跑了。七八十个挑夫听见枪响，全都把挑子丢在地上，一动不动地等候着。他们说：“我们早就听说过华阳游击队，打富济贫咧！”打开几副挑子一看，里面全是军装、胶鞋、袜子，还有手电筒儿。大家都高兴得不得了，呵呵直笑。我们动员民夫把30多担物资挑到华阳后，每人给了两块脚钱。

打了这次胜仗，部队也装备起来，战士们的情绪更加高涨。此时将近麦收季节，我们常出没在敌占区，袭击、骚扰敌人。碰上小股地方民团，就集中兵力干掉；遇到敌人大股主力，就在深山老林里兜圈子，牵着敌人武装“大游行”。这样，搞得反动民团都缩在洋县和河口镇，不敢轻易出动。我们华阳游击队，保护根据地的老百姓，平平安安地收割了一茬麦子。人民群众无不交口称赞。

活跃在这一带的华阳游击队，也不断遭到敌人的反复“清剿”，残酷围攻。一次，张进浪同志带领的二分队，到茅坪一带活动时，不幸遭到敌人的袭击，许多同志都壮烈牺牲。我们的游击队长也牺牲了。成立不久的华阳游击队，虽说也打开了新的斗争局面，与地方“抗捐军”一起坚持巩固了这块根据地，有胜利的欢乐，也有遭受挫折的痛苦。当时的斗争形势，确实也很艰苦。我在一次战斗中身负两处重伤，身上还嵌着一粒子弹头，被留在一个姓焦的独户人家休养。剩下一分队的几十名战士，由外号叫“白眉毛”的特务班长，还有李金德和徐厚天同志，带领着跟敌人兜圈子，坚持游击活动。7月下旬，正是最困难的时刻，红二十五军主力部队恰好从华阳以北地区路过，我和其他几个伤员都一起归回部队。军政治部的朱良兴同志，当时给我留下一匹马，骑着随军行走。

到了江口镇时，钱信忠院长才给我动了手术，把子弹头夹了出来。这时，我们华阳游击队的同志，恰好也都追赶上主力部队。原来，他们听说红二十五军过来了，整整追赶了几天几夜，一步不停地追上部队，军政委吴焕先当着我们讲道：“现在，我们要执行新的战略任务。你们都不要回华阳去了，就跟着大部队一起行动，去迎接党中央和主力红军！”

战斗了四个多月的华阳游击队，从此也就结束了它的历史使命。之后，我们就随同主力部队一起，踏上继续长征的道路，……

选自芦振国、姜为民编：《红二十五军长征纪实》，河南人民出版社1986年8月第1版，第48—54页。

魏文建，1916年生，安徽六安人。1932年参加中国工农红军，同年加入中国共产主义青年团，1935年转入中国共产党。红军长征时任红二十五军军部交通队战士、华阳游击队副队长。新中国成立后，曾任解放军第二后勤学校和油料学校副校长、第四军医大学副校长、总后勤部西安办事处副主任兼参谋长、总后勤部油料部副部长等职。1999年在北京逝世。

回忆华阳革命委员会

薛朗夫

华阳苏区是在红二十五军取得洋县石塔寺歼灭战胜利后建立的。当时洋县地下党[①]即同红二十五军留下的干部取得了联系，派我去华阳，参加领导地方工作。

1935年阴历三月中旬，我到华阳后，经和张进浪、洪言科、郑直清等分析研究，建立了华阳革命委员会，由郑直清和我担任正副主任，张进浪、孙鸿、洪言科为委员。

华阳革命委员会相当于区苏维埃，下面领导有华阳街、商家坝、吊坝河、红石窑、小华阳等七个乡苏维埃，武装有100多人的华阳游击队。当时，革命委员会的主要任务是：巩固乡苏维埃政权，进行土改，打土豪，分粮食，镇压反革命，组织抗捐军、赤卫队、少先队、妇女会等各种群众组织。我们广泛地宣传发动群众，没收了部分地主恶霸的土地、粮食、耕牛、农具、衣物，分给了贫苦农民。积极帮助群众度春荒，搞生产，使群众看到了中国共产党和工农红军是穷人的救星和希望，革命情绪日益高涨。他们这样歌颂："红军到处打胜仗，工农群众喜洋洋，土豪劣绅罪恶重，如今他们无处藏，罪该应得冤当报，工农法网他难逃。华阳一次大胜仗，警备二旅垮了个光，红军是咱们的救命主，共产党是咱们的真

---

① 指地方党中共陕南特委领导的洋县县委。

爹娘。”

自从张飞生警二旅在石塔寺被歼灭后，洋县敌人摸不清虚实，不敢进攻华阳。后由于逃亡的恶霸地主杨云九勾结洋县城的敌人，从四月份以后，敌三次向我进犯，在群众的配合下，均被我游击队赶出苏区。四月下旬，敌人组织更大的兵力，以600人从三面向我包围。此时，洋县县委派李茂林前来送信，叫派人截击。革命委员会即开会研究，分散侧击敌人。苏维埃政府动员群众坚壁清野。次日黎明，我们正开会研究布置，敌人已到。我即分散行动，边打边撤。由于敌众我寡，连续遭受截击，部队伤亡很大。游击队遭受失败，我和郑直清、孙鸿等找回失散的干部和队员十多人，在山区坚持一月多。

最后在大涧沟被敌冲散。孙鸿同我们失掉联络，回黄柏泉隐蔽；我给两个红军战士发了路费，让他们回商洛找红军大队，便和郑直清掩埋了长枪、大刀。革命委员会失去了军事实力，已经解体。我们就带上短枪返回洋县地下党县委。

选自中共陕西省委党史资料征集研究委员会编:《陕西省党史专题资料集(二)鄂豫陕革命根据地的创立和发展》，第304—306页。

薛朗夫，红军长征时任陕南洋县华阳区革命委员会副主任、中共华阳党支部书记等。新中国成立后，曾任成都无线电工业学校校长。

回忆华阳游击队[①]

薛朗夫

1935年农历二月初，红军第二十五军经过华阳，在石塔河地区歼敌追击部队张飞生部之后，在华阳发动群众，建立苏维埃政权，武装人民，开展游击战争，并留下张进朗、郑值清、洪颜科同志领导游击活动。由于华阳人民不堪忍受国民党反动政府及当地封逮地主土豪劣绅残酷的压迫剥削，故在红军广泛宣传党的政策及苏维埃政权的影响下，革命热情空前高涨，一方面积极参加苏维埃政权，没收地主土地、粮食、耕牛、农具，分配给贫苦农民群众；另一方面则踊跃参加红军游击队，保卫自己的革命果实，不到一个月的时间，游击队很快发展到100多人。

华阳苏区成立以后，中共洋县地下县委即与华阳取得联系，与张进朗（游击队长）、洪颜科（游击队指导员）、郑值清同志研究了如何巩固与扩大苏维埃政权，壮大游击队，以及县委如何协助华阳地区的工作等问题。以后县委决定派我去华阳参加地方领导工作。1935年农历三月中旬我到华阳之后，与张进朗、洪颜科、郑值清等同志建立了华阳革命委员会，由郑、薛二人分任主任委员和副主任委员，洪颜科、张进朗、孙鸿等为委员，并对苏维埃政权和游击队进行了整顿。以后即进一步深入广泛地发动群众，建立赤卫队、少先队、妇女会等各种群众组织，继续没收地

① 本文为《回忆华阳革命委员会和华阳游击队》一文的一部分。

主恶霸的土地、粮食进行分配，解决由于地主恶霸惨无人道剥削农民所形成的春荒问题，大搞生产。群众从长期黑暗野蛮统治和残酷的压迫剥削下解放出来之后，无不欢欣鼓舞。

华阳苏维埃政权和游击队不断扩大，东起佛坪、茅坪，西至铁河、黑峡，到处都有游击队活动。开始，敌人摸不清华阳的游击队力量到底有多大，不敢进攻华阳苏区；后来从华阳逃至洋县的地主恶霸羊云九等，再三要求国民党政府“围剿”华阳苏区。自农历三月中旬红二十五军离开华阳至四月份，洋县国民党反动政府连续组织正规部队和地方民团，向华阳进行了三次进攻，并曾一度攻占华阳镇。我游击队在群众积极勇敢的支援配合下，粉碎了敌人的进攻，并将敌人赶出苏区。在战斗中，游击队往往以一个班或三五个战士，打退敌人整连整排的进攻。因之游击队的战斗情绪不断高涨，敌人的士气则大为低落，提起和红军游击队打仗，无不心惊胆怕，畏缩不前。农历四月下旬，敌人组织更大的兵力“围剿”华阳苏区和游击队，以一个主力营配合黄鼎安、周玉川、高儒庵等三个保安队600余人，并由敌三十八军特务头子史宪章率领特务工作队80余人指挥配合，以王勉生为首组成清乡队，向华阳进攻。敌人这次的目的是不肃清华阳革命势力决不收兵。

中共洋县地下县委闻讯后，立即派交通员李茂林连夜送信给华阳苏区。我们接到消息后，立即召集革命委员会与游击队负责同志开会，研究如何粉碎敌人的进攻，决定在军事方面决不与敌人打硬仗，由指导员洪颜科同志率领两个分队，从平堵河出发向铁河活动，侧击敌人，牵制敌人向华阳进攻；队长张进朗同志率领其余部队，在华阳街附近黄泥梁观察敌情，相机打击敌人；苏维埃政府工作人员立即动员群众坚壁清野，不给敌人供给任何东西，不给敌人带路送情报，全力支持游击队打击敌人。但由于苏维埃政权和游击队建立不久，各种组织尚未巩固，敌我力量悬殊，以及领导人缺乏经验等原因，游击队开始打了几次胜仗之后即产生轻敌观念，在敌人跟踪猛追的情况下，开始由主动转为被动，部队被敌人冲散，彼此不能配合作战，虽然战士们表现了高度的英勇牺牲的精神，亦未能扭转被动局面。战斗失利，敌人冲到革命委员会门口，工作人员在敌人的枪林弹雨之中突围逃入山林。

敌人占领华阳镇后，即以华阳街为中心，向四面伸张，清乡搜山，屠杀苏维埃工作人员，收回被分配的土地、耕畜、农具、家具，烧毁苏维埃干部的房屋，并派出部队到处追击游击队。此时游击队伤亡甚重，疲劳过度，无法集中活动，不得不分散隐蔽。

郑值清、我和孙鸿等同志被敌人冲散后，在孙家后山七八里处集结了18名地方干部和游击队伤员，向号坡原山区转移，经大涧沟、小涧沟、黄柏塬、皂角湾、二郎坝等地，艰苦跋涉了十天，到处受到敌正规军和反动民团的追击，最后一天拂晓，在大涧沟遭敌人袭击，被敌冲散，从此孙鸿等与我和郑值清二人失掉联络。孙因见白色恐怖严重，离开队伍在黄柏塬隐蔽。郑、薛与两个红军战士到黄草坪蒲顺才（原乡苏维埃主席）家打听游击队的情况，郑值清和我见华阳革命已进入低潮，工作暂时不能开展，将长枪、大刀掩埋，给两个红军战士发了路费，让他们去商洛找红军大队，我和郑值清带上短枪连夜回了中共洋县地下县委。华阳苏区和游击队至此结束。（根据薛朗夫同志1956年6月、1960年1月两次谈话记录整理）

节选自中共洋县县委党史研究室、县委组织部、县委党校编：《华阳苏区》，陕西人民出版社1994年12月第1版，第37—40页。

关于华阳游击队和革命委员会的回忆

孙鸿[①]

1935年阴历二月初四，红二十五军到达洋县华阳镇，领导群众打土豪分田地，开展了剧烈的革命群众斗争。当时我已参加地下党组织，初六的早饭后，前往华阳街和红军接头，请示工作，和副军长徐海东、政治委员吴焕先、政治部主任郑位三、参谋长戴季英见了面，当日正是在华阳石塔寺消灭追击敌人警备第二旅张飞生之时。郑位三主任还在华阳街召开群众大会，群众普遍拥护红军。军领导认为华阳地势好，群众条件好，决定利用缴获敌之武器，在华阳成立游击队。当红二十五军出发往佛坪二郎坝前，派我给洋县地下县委送联络信。我从洋县返回时，红二十五军又从城固马家河转过来，在华阳休息了三天，同时对华阳游击队进行了补充整顿，派洪言科[②]担任游击队指导员，张进朗任队长[③]，郑直清担任政治行政工作。短短的几天时间里，华阳游击队扩大到50余人，并能独立活动。

阴历二月底，洋县反动民团配合保安队的周玉川、黄生新等进攻华阳游击队。游击队住在石塔寺，敌人占了华阳街。游击队派了两个战士化

① 即孙宏。

② 洪言科、洪玉珂系一人。

③ 据魏文建回忆，华阳游击队的队长开始是红二十五军二二五团的陈副连长。又据徐海东在《回忆红军第二十五军的长征》中说，华阳游击队的队长为魏文建。

装成群众，去华阳街侦察敌人情况；敌人也派了两个士兵化装到石塔寺侦察游击队的消息。双方侦察走到板凳垭碰着了，互相怀疑是敌人侦探，打起架来，结果游击队的侦探把敌人打倒了一个，一个见势不妙，负伤拼命跑回去，报告说游击队如何厉害，敌人十分胆寒没有敢当时进攻。华阳游击队便当即分两路行动。洪言科、张进朗带领主力向九池坝行动，郑直清领导十余人上了华阳龙山，在龙山骆驼项伏击敌人，打死三名，打伤五名，敌连夜逃回洋县。后郑直清下来做群众工作，我协助游击队领导工作。在各乡分村召开群众大会，广泛宣传革命主张，讲解党的方针政策，发动群众打土豪，分粮食，度春荒。工农群众踊跃报名参加革命，游击队很快扩大到120人。我们就在游击队建立了党支部。支书由洪言科兼任，支委有张进朗、郑直清、小秘书、刘排附、老事务长。支部的主要活动分两个方面：一方面是在队内起核心骨干带头作用，教育培养新党员对象，坚定革命意志，逐步树立共产主义思想。游击队内发展的新党员有雍虎林、何成东、曾中宝、李秃娃、刘祸害、王松林等十余人。另一方面要求党员同志积极向群众宣传党的主张，以当地豪绅恶霸压榨人民的罪恶事实，发动群众进行斗争，掀起了群众性的打土豪分田地的革命高潮。

1935年阴历三月上旬，洋县地下党县委①书记朱曼清来华阳和游击队负责人接谈后，确定广泛发动群众，加强农村领导，整顿巩固乡苏维埃政权，组织区级革命委员会。朱曼清回洋县后，即派薛朗夫来华阳工作，成立了华阳革命委员会，由郑直清、薛朗夫、洪言科、孙鸿、彭三全五名党员同志组成。郑直清任主任委员，薛朗夫任副主任委员。接着，在革命委员会内又建立了党支部，薛朗夫任支书，郑直清任组织委员，孙鸿任宣传委员，王三保为青工委员，彭三全为妇女委员，并接收了赖金生、王长春、孙少春、李茂福、曾喜为党员。革命委员会和党支部发动群众打土豪，搜查他们暗藏的粮食分给劳苦农民，度春荒，搞生产。

---

① 指地方党中共陕南特委领导的洋县县委。

敌人十分仇视新生的革命政权。同年阴历四月二十五日，敌人集中了一个营、三个保安中队共约600余人，分两路夹攻华阳。洋县地下党县委得知这个消息，派交通李茂林送信。游击队根据当时情况，研究决定，挑选80名精悍队员，由指导员同二分队、一分队队长三人领导向洋县半山区活动。我们其余40人在华阳镇与“革命委员会”一起撤退到吊坝河，遭受敌人攻击，除郑直清有一盒子枪外，我和薛朗夫赤手空拳，从敌枪林弹雨中冲出。指导员领导的游击队主力也在城固县的回子坝、堉水河的罗家坡两次遭到失败。游击队领导预料敌人不会在短期撤退，华阳根据地暂时无法恢复，准备经佛坪、宁陕去商洛找红二十五军，在佛坪又中敌民团埋伏，指导员和二分队长失散。二分队长带领18名战士，退到茅坪石冠沙坝去找周家保。周已叛变，假意把二分队长等18人送到龙凤山庙休息，半夜里周家保趁其熟睡之机，伙同亲信将18位同志全部杀死。代马河被冲散的少数游击队员隐蔽在山林里，直到红二十五军从商洛北上，经西江口时，才赶上部队，随军北上。华阳游击队共活动四个多月时间，虽遭失败，但在华阳地区留下了深刻的革命影响。

选自中共陕西省委党史资料征集研究委员会编：《陕西省党史专题资料集（二）鄂豫陕革命根据地的创立和发展》，第307—310页。

孙鸿，又名孙宏，化名华生、石坚，1915年生，陕西洋县人。红军长征时任陕南洋县华阳区革命委员会委员、中共华阳党支部宣传委员、红二十五军政治部宣传队任干事等职。新中国成立后，曾任陕西洋县华阳、茅坪工作组组长，华阳区区长等职。1960年在洋县逝世。

回忆红二十五军在石塔河战斗

黄仕儒

我原籍是安徽省六安县南阴庙双登村。1930年2月，我16岁时，参加了当地游击队。1931年，游击队改编为独立团，我在一营一连任传令兵（通讯兵）。1932年苏家铺战斗胜利后，我团被编入红二十五军，我在七十五师二二四团二营当传令兵（后编入二二三团）。我师在湖北、河南、安徽三省交界处开展游击活动，巩固鄂豫皖革命根据地。1934年11月，中共鄂豫皖省委决定：省委率红二十五军实行战略转移，向西创建新的革命根据地。部队经桐柏山区、伏牛山区进入陕南。行军途中敌人围追堵截，我军昼夜兼行，边走边打仗，于农历十一月，来到洛南，在葛牌镇打了一仗，消灭了陕军刘彦彪旅的五个营。在此休整了七天，过了旧历年，我军西进打下了宁陕城。此时，陕军警备二旅旅长张飞生率三个团追击我军，我军继续西进，打下佛坪，进至洋县毕阳，张飞生继续尾追。1935年农历二月初四，我军行至洋县华阳后，程子华、徐海东、吴焕先等首长去八里园山头上用望远镜观察地形，看到华阳地区四面环山，林密谷深，地势险要，利于作战，便决定在此留下打仗，消灭尾追之张飞生旅，在华阳建立革命根据地。司令部驻扎在华阳街三官庙前大恶霸马振乾家，政治部驻扎在华阳街戏楼后大恶霸段三王家，二二三团团部驻扎在罗家坝罗老爷家，二二五团团部驻扎在县坝刘成改家，直属部队驻扎在华阳街军部的周围。这时，我任二二三团团部通讯排三班班长。

二月初五，我军一面下乡宣传红军的主张，一面派出手枪连侦察敌情，得知张飞生旅已到茅坪。这天早晨，军部召开团以上干部会议，部署作战计划。作战地点选择在距华阳镇15华里的石塔河。这里东面是悬崖峭壁的石山，西边是一条小河紧靠陡石崖，南北是一条深沟，中间是一片开阔地，我军在这里布下了口袋阵，设下了三道防线：第一道防线是，一、二营埋伏在东西两面的山头上；第二道防线布置在土地梁，由一、二营抽出的两个连埋伏在此处；第三道防线布置在八里园，由三营在此把守，准备投入战斗。

二月初六凌晨，约鸡叫时，刘排长叫醒我，让我带领本班战士，前去侦探敌情。我们十名战士身穿便衣，头包蓝布帕，背着背斗，装扮成当地农民。我们行至石塔寺，天还没亮，不知道路，就到寺里去找和尚，我们对和尚说：我们是红军的“逃兵”，红军已经走远了，请你在当地给我们找点活干。和尚指了下方向说：“汉坝有几户财东。你们到那里去干活。”我们沿着小毛路一直向南走，行至渡船口，坐下休息，正好碰上两个敌探来了，便问我们，“你们是干什么的？”我们回答道：“买粮的。”敌探说：“听口音，你们不是本地人。”我们说：“你们也不是本地人。”我们一边和他们搭话，一边突然站起，抓住两个敌探，手枪对准他们的脑袋，敌探向我们说了实话，得知张飞生部队尾追马上就要来了。我即派王副班长和一名战士回军部报告敌情，我们把这两个敌探带到汉坝，给了两块大烟土，三个硬银圆，放他们回家。

快到中午时，张飞生的大部队来到了石塔河，听到寺庙和尚说，红军已经走远了，还有几名逃兵到汉坝找活干去了，便放心地进入了我军的伏击圈。敌人的先头部队快和我正面部队接近了，我军还没有开火，放敌军的两个团全部进入伏击圈后，我勇猛的红军战士从两面山上冲下沟，犹如猛虎下山，将敌军截为数段。霎时间，轻重机枪、步枪齐开火，弹如雨下，杀声四起，打得敌人晕头转向，失去了指挥，各奔逃命。由于陷入绝境，无处逃窜，敌军被打死的，跳崖的，从山上滚下来的，跌到河里的，死的死，伤的伤，真是横尸遍野；血流成河，石塔河的水，都变成了红色。此役共歼敌五个营，打死打伤敌军500多人，俘虏官兵400余人，旅长张飞生负伤逃命。这次战斗共缴获长短枪500多支，大刀1000多把，以及炮弹、子弹等武器弹药。

在这次战斗中我腰部被子弹打穿，左臂负伤。农历二月十五日，红二十五军离开华阳时，把我们七个红军伤员，交给华阳苏维埃政府养伤，伤好后我和孙鸿同志在太白山组织秦岭游击队，一直坚持到1945年，被敌破坏后秦岭游击队解散，我仍在太白山背板。1949年12月洋县解放后，我才来到华阳吊坝河安了家，参加了地方工作。（张志廉、何万枝整理）

1986年7月25日

选自中共洋县县委党史研究室、县委组织部、县委党校编：《华阳苏区》，陕西人民出版社1994年12月第1版，第48—50页。

黄仕儒，1914年生，安徽六安人。红军长征时任红二十五军二二三团团部通讯排三班班长。新中国成立后，在陕西洋县华阳镇参加地方工作。

我参加华阳游击队和受敌残害的回忆

段海平

我生于1917年，现住华阳高峰村二组。

1935年农历二月，中国工农红军第二十五军长征到达华阳，在石塔河和张飞生的部队打了一仗。二月初七我在华阳三官庙报名参加了华阳游击队，开始我和麻队长（吴启汉）一路，后来我和郑洪成、蒋文福（高峰六组人），还有何四娃、潘来生、王秋娃等人同路。从华阳出发到后山，经过黄草坪、大涧沟到黄柏塬和徐四建的民团打了一仗；在牛尾河、皂角湾打土豪、除劣绅；游击队又转回到华阳，在汉坝的二龙寨和国民党部队打了一仗；又到龙山和国民党的保警队打仗。这一次，游击队在山顶上，保警队在山下，游击队占了有利地形，敌人伤亡数十人。此后，又到红石窑的桃红坝和国民党的部队打仗。游击队转战南北，东战西杀，哪里有敌人就冲向哪里。从红石窑经过冲天炮（地名）到窑坪，和民团打仗时我左腿受伤，在当地姓王的老乡家里养伤五六天，不幸被国民党保警队的苏德全抓住，把我抓到华阳街解文德店子里严刑拷打审讯，向我要枪要人。我说枪丢了，游击队跑了。敌人连问几次，我仍回答，枪丢了，游击队跑了。敌人便把我捆在大板凳上，往鼻子里灌辣椒水，又往脚趾甲缝里钉竹签子。我咬紧牙，忍受着疼痛，没说出游击队的一点情况。以后又把我押送到姚家院子里捆绑了40多天，后由高贵明等人把我保出。临走的那天，被苏德全保警队的一个兵割掉了耳朵。由于我家被敌人抄了，无处藏身，只得到大河坝婶娘家里养伤。

我参加游击队后，地方乡约袁茂义带人抄了我家，把我父亲和嫂子捆绑在柱头上，用烧红的锄头和刀在身上烫，向我父亲要人，说我参加了游击队。我参加华阳游击队虽然只有三个月时间，但是，我家和我曾受到了这样的残害。（刘祥福、何万枝、张志廉记录整理）

1986年3月

选自中共洋县县委党史研究室、县委组织部、县委党校编：《华阳苏区》，陕西人民出版社1994年12月第1版，第67—68页。

段海平，1917年生，陕西洋县人。1935年参加华阳游击队。

回忆龙凤山十八死难烈士①

杜培有

1935年3月间，华阳游击队到茅坪活动，民团团头周崇保经红帮大爷曹成海介绍投降了游击队。游击队被黄鼎安保安团等敌军围攻打散，大部分队员转移到后山，麻队长（吴启汉）、席大个子、班副、八里关的老冉等八人，以及周崇宝的原部下黄树德、梁正朝、黄水全、程全德等和我一起到了龙凤山。先在庙坝罗崇玉家住了五六天，后住到龙凤山庙里，第三天晚上后半夜，我们站岗有一根香的时辰，周崇保手持木棒和铁锤说："麻队长在罗崇玉家扬言说，要打死我们，我们如不起来反抗，他们就要打死我们，今晚谁要不动手，我就用枪打死谁。"周崇保立即进行布置：他打麻队长和班副，程全德和黄水全打张队长和老冉，梁正朝、黄树德和我打席大个子。布置停当后，我们冲进庙里向熟睡的游击队员下手，除麻队长和老冉跑出外，其余16人当场被打死。张队长②跑到大沟被楚荣吉杀害，老冉被程全德抓住后在红岩沟梁上杀害。周崇保又指定程全德将麻队长和张队长的头割下，还叫筒池坝的苏自理给华阳的敌军贾团长送去人头献功。18名③华阳游击队员被叛徒周崇保全部杀害。

---

① 摘自中共洋县县委党史办公室整理保存的杜培有1959年9月19日的回忆。

② 张队长指张进朗，当时未去龙凤山。

③ 18名烈士的姓名待考。

选自中共洋县县委党史研究室、县委组织部、县委党校编:《华阳苏区》,陕西人民出版社1994年12月第1版,第69—70页。

杜培有,陕西洋县人。1935年**参加华阳游击队。**

对宁佛工委的回忆

张绍安

宁佛工委成立于1935年12月，在宁陕四亩地。特委领导陈先瑞、郑位三同志找罗明义和我谈话，让我俩带一个连下去组建宁佛工委，工委书记由罗明义同志担任，并兼任大队政委，大队长由我担任，全队人员共34人。对外称红七十四师独立五团，对内称宁陕、佛坪、周至、岐山、宝鸡游击大队。任务是发动群众，组织群众，开辟根据地。最根本的任务还是为红七十四师创出一个落脚点，即根据地。那一带地处山区，群众住的分散又穷，生活很艰苦。当时给红七十四师搞给养，也是我们工委的任务。工委成立时有马枪13支、驳壳枪20支，平时我带两个班到群众中去了解地主恶霸和反动势力的活动情况，晚上翻墙到地主、恶霸家去打富济贫，搞钱、搞布、搞西药，然后送往部队，并警告这些坏蛋，不许搞反动活动。后来罗明义被调走，汪世才同志又带十几人来和独立五团会合，一直坚持到双十二事变。人员最多时发展到800余人，后经杨虎城、胡宗南的部队合围，部分被冲散，除伤亡外，还剩170多人，被编入了师正规部队。

宁佛工委当时活动的中心是四亩地，那里曾经建立了区、乡苏维埃政权，对我们是一个有利条件。但是政权多是绑在脚底板上、背在背包上的，红军在哪一带地区活动，政权也就带到哪一带，苏维埃不十分巩固，发展党员也很少。

选自中共陕西省委党史资料征集研究委员会编：《陕西省党史专题资料集（二）鄂豫陕革命根据地的创立和发展》，第350—351页。

张绍安，1930年参加革命，1935年加入中国共产党。红军长征时任红二十五军七十四师游击大队大队长。新中国成立后，曾任山东省泰安军分区副司令员。1986年逝世。

挫 折

汪治国

1935年2月，红二十五军在陕南华阳消灭了杨虎城独立一旅两个营，打伤了旅长张惠生以后，停留了不几天，就转向东进。

我本来在军部手枪团团部当通信员。正当部队东进的时候，上级突然调我到一分队当通信员。一到分队部，正碰上李炳银分队长召集全队同志开会。他对大家说："上级决定要我们单独留在茅坪一带（华阳附近）坚持斗争，扩大红军，建立革命根据地，准备迎接主力部队回来。首长们说现在是暂时离开我们，不久就一定打回来。"

我们27个人组成的小分队，携带着25支驳壳枪，在李队长率领下，向茅坪出发了。军部又给我们留下了一笔现洋和许多物资，预备队伍扩大后使用。我们每个人对完成这一任务都充满信心。

远在1933年，红四方面军入川的时候，曾经过茅坪。从那时起，茅坪的群众对红军就有了一些认识。红二十五军入陕后，又在这里做了些发动群众的工作。因此，这里虽是新区，群众却都有一定程度的觉悟。我们来到以后，便分成几个组，四处宣传、扩军。工作进行得很顺利，不几天，就有人来参军了。来参军的什么人都有：有农民，有青年学生，也有身穿长衣短袍的商人。……李队长当时只怕人少，对来参军的人也不加审查，不予选择，来多少收多少。甚至后来谁要是带七八个人来，马上派他当班长；要是带二三十个人来，马上派他当排长。有人曾提议应该了解了解这些人的历史和来历，以防坏人混进来。可是李队长总是毫不理会地说："没有关系。等我们主力回来，补充到连队里，再审查也不晚。"参军的人越来越多了，李队长什么都要管，连向大家讲讲革命道理的时间也没有了。每次来了参军的，只是说几句欢迎之类的话，就给他们找房子住下。这样不多日子就发展到300多人。甚至连镇子附近的几个村子也住满了。

开始，部队生活还很好。可是300多人，一天三餐，穿衣零用，不到一个月便把军部留下的现洋和物资开销得差不多了。生活渐渐变苦了，部队情绪也就受到了影响，有的人竟直接到队部来发牢骚。在这种情况下，李队长仍没有对大家进行教育，只是决定外出打土豪筹粮筹款，改善生活。从此，他便领着几个手枪队员成天外出活动，家里的事更没有人管了。部队没有严格的纪律，又没有事情做，非常涣散。开始的时候，一般地都还不离开驻村，可是到了后来，有的人想家了，也不请假，就跑回家去。回家后，高兴了看看就回来，不高兴了就在家一连住上几天，或者干脆不回来。部队就像个大客栈一样，人来人往，昨天还有两三百人，今天早上点点人数，只剩下几十，而明天说不定又聚起一两百人。你要管吧，根本抓不着头，说不定班长、排长、连长也都走了；你要找吧，又不知道他们家住何方。李队长整天被大家的吃喝缠得不能脱身，只顾忙着在外面活动，眼看着家里成了这个样子，真叫人着急。

正在这个时候，又得到情报说当地土豪勾结了大刀会准备进攻我们。李队长把原来手枪队的同志找到一起商量，大家认为：大刀会是群乌合之众，单凭我们这25支驳壳枪，打败他们是毫无问题的，只是现在这300多新兵，由于没有严格审查，保不定混进来坏人，一旦有事就会乘机暗害。怎么办呢？审查已经来不及了。没法，只有把手枪队的人都搬到李队长住的院子里住，预防万一。

两三天后的一个早上，哨兵刚回来，街上就传来了枪声。我们连忙起床，提着枪就向外跑，一出门就被打倒了两三个。出门一看，部队驻地都是敌人，集合部队已经不可能了，只得集中火力向包围我们的敌人一阵猛射，才冲了出去。等我们冲到山上，周围枪声响成一片，除了我们一起的20多个手枪队员外，其他300多人一个也没见到。

从四面轻重机枪的射击声中可以分辨得出，袭击我们的不是大刀会，而是敌人的正规军。敌人来得这样多，这样凶猛，部队又垮了，大家只好在山上坚持。挨到天黑，选择了一个敌人防守薄弱的地方，才冲了出去。

这时候，我们只剩下16个人。天漆黑，又冷又饿，周围的情况一点也摸不清。好不容易才找到点吃的东西，吃了之后，本想再回到原来住的村子，可是敌人已经在这住下了。没法，只得忍痛离开。敌人并没有就此罢休，四处“追剿”我们，接连跑了五六天，和敌人的保安队打了几次遭遇战，才摆脱了敌人，在陕西、河南交界的龙驹寨附近一座不知名的大山中“蹲”下来。

在这里，人生地疏，同群众失去了联系，又不知道主力部队的去向，我们像失去母亲的孩子一样。受了这次挫折，同志们的心情都很沉重，李队长更是如此，他有时像一个负了债的人，有时又像被什么难题难住了，整天苦苦地思索着、琢磨着。虽然，多数同志都能经得起这次考验，但也有个别人整天愁眉不展，唉声叹气。二班长李杆子就是如此。这天，李队长正在房里坐着想什么，二班长突然垂头丧气地走进来。他把驳壳枪往桌子上一放，坐在队长面前说：“我不干了，枪你收下吧。我要回家去。”李队长被他这突然的举动弄呆了，停了半晌才说：“你这是怎么想的，咱这阵是困难，可是咱都是红军战士啊，怎么能因为这点困难就不革命了呢！……”李杆子一句也听不进耳，没等李队长说完，就像吵架一样直嚷：“别说了。革命革命，吃不好穿不好，跑了几个省剩下这么几个人，再干下去，还不知道今天死还是明天死呢？我不干了，我要回家做我的生意。回家再不好，总可以保住一条命。”

李队长紧皱着眉头，站起来又坐下去。他的脸气得白一阵紫一阵，几次想说什么，可是没有说出来。过了许久，他才强力镇静着说：“李杆子，你怎么说出这样话来？咱们革命难道就是为了自己吃好穿好，为了保住自己的命吗？”李杆子没有回答，李队长又继续平心静气地说下去：“革命和走山路一样，一不小心，就会栽筋斗。咱们这次是栽了筋斗，可是咱们还能因为栽了筋斗就不再走了，不革命了吗？咱还要往前走。你不干了，不是因为少了你一个人革命就会怎么样，是因为大家都是阶级弟兄，不能看着你往死路上走。你没想想，即便你回到家里，国民党反动派会让你安安生生做生意吗？你参加红军，还不是国民党反动派把你逼到这条路上的？再说，咱们为革命，走南闯北，同生共死这多年，你怎么舍得离开大家呢？”

李杆子完全像块朽木，火烧不起苗，刀刻不成器。队长的话，他一句也没有听进去，仍执拗地说：“这有什么，各人走各人的路，各人有各人的办法。在这里是死路一条，回家去说不定还有条生路，就是死了也能埋在自己的地里。我要走，我不能留在这陪着你们死……”

李队长实在控制不住自己了，他唰地站起来，大声地说：“好吧，你走吧！我李炳银在茅坪没有做好工作，害得大家吃苦，对不起党，对不起同志们。但我李炳银决不当革命的逃兵，决不脱离革命！我甘心情愿为革命流尽最后一滴血，但是我不需要别人陪着我死！走吧！你走了，革命也一定要胜利……”

李杆子听到队长这样讲，低着头，一动也不动。停了一刻，他忽然像个罪犯一样，弯着身子向门外走去。走到门口又悄悄回过头，眼睛还是不敢看人，低声说了句：“队长，那我走了。”不等队长回话就跑了出去。

晚上，外出活动的同志们都回来了。大家听到李杆子离队的消息后，都跑到队部来，七嘴八舌地议论起来。有的说：“是金是铜今天看出来了，只有孬种才会在这时候装熊。”有的说：“下火坑，上刀山，我也不会离开革命部队。”正在这个时候，一班长（可惜已记不得他的名字了）回来了。他一进门就问队长：“李杆子是队长放他走的？”他看到李队长低着头没有回答，便又难过又诚恳地继续说：“队长，你不应该让李杆子走。我们是红军，不是客栈，我们有纪律。在茅坪，我们就是吃了纪律不严的亏，所以才把刚拉起的队伍搞得七零八落。”他的话刚讲完，李队长便猛地抬起头，满眼滚动着泪花，沉痛地说：“同志们，是我错了。我对不起党，对不起大家。”他的声音喑哑了。停了片刻，又继续说下去；“这几天我一直在想这个问题，我们在茅坪的失败，不但是纪律不严，更大的错误是我只顾发展队伍，而忘记了我们红军是穷人的队伍，必须依靠广大劳苦群众；忘记了必须加强教育，提高大家的觉悟，才能保证部队的巩固和纯洁。只凭热情工作，忘记了党的政策，结果给党造成了这样大的损失。我是真没有脸见首长和同志们……”说到这里，大颗大颗的泪珠滚了下来。

李队长的一席话，说得大家都很难过。沉默了一会，还是一班长先说话了：“责任不全在队长一个人身上，我们都有一份，都应该接受这次教训。光难过也没有用，大家应讨论一下今后怎么办？我们还有十几个人，十几支枪，还可以从头干起。”

话头一转到今后应该怎么办，大家又议论开了。有的主张回大别山根据地；有的主张去找主力。可是又有人觉得这两条路都有困难。回大别山，要通过到处都是敌人的千里平原，没有钱，又没有地图，那等于大海捞针，搞得不好，说不定还会受到损失；找主力又不知道主力在哪里。这时候，一班长又轻声问队长：“队长，主力部队临走的时候，首长怎样交代的？是不是部队一定会打回来？”

李队长仍没有从痛苦中解脱出来，仍低着头，喃喃地说：“军长亲自对我说过，他们不久就会回来。”

“那就行了。”一班长猛地站了起来，两眼放射着炯炯的光，充满着信心说：“军长亲自说的就不会错，部队一定会回来。我不同意回大别山，我们的任务没有完成。我们有人有枪，也有了失败的经验，应该继续完成上级交给我们的任务。”

经一班长这样一说，大家心里亮堂多了，都觉得这话说得对。有的说:“跌倒了爬起来,从头另干。”有的说:“我们一定要重新拉起队伍,迎接主力。”有的甚至起誓一样说:“我保证再困难、再艰苦也不动摇,活着就和大家在一起革命到底。谁要是像李杆子那样,我们就像对待叛徒一样对待他。”大家一面纷纷表示着决心,一面注视着队长。

李队长激动得满眼含着泪水,他已不像刚才那样垂头丧气了。大家一讲完,他便站了起来,坚定地、充满着信心说:“同志们说得对。我们不能被失败和困难吓倒!我们要从头干起。”

从此以后,我们便转移到试马寨和镇武关一带深山中住下来,继续开展扩军工作。

我们带着短枪,穿着便衣,出没在周围十里的地区内,打土豪分粮食。我们经常帮老乡干活,向他们宣传革命的道理。老乡没有吃的,我们把打土豪得来的粮食分给他们吃;老乡没有穿的,我们把打土豪得来的衣服给他们穿。这里的群众过去不知道什么是红军,但是我们来了不久,很快就使他们明白了红军是帮助穷苦人民的军队。他们也把我们当作真正的朋友看待。

经过两三个月的工作,我们在这里立下足来,和群众打成了一片。而且从山上草棚里搬到了村子里。土豪们几次勾结反动的保安队来“搜剿”我们,在群众的掩护下,却连我们的影子也没有找到。许多群众白天自动替我们放哨,晚上给我们带路打土豪。不久就有六七个经过斗争考验的小伙子参加了部队。

情况好转了,队伍又开始发展起来。我们一面继续作扩军工作,一面设法和主力部队联系。到了5月,终于和军部联系上了。军首长给我们来了一封信,要我们赶到商南县与部队会合。

老乡们舍不得我们走。我们只好安慰他们说:“红军不会走,我们还会回来的!”刚参加部队的一些同志,回家辞别了亲人,和我们一起离开了这里。

走了一夜才赶到商南,主力部队已经集合准备出发了。看到部队,李炳银队长忍不住放声大哭起来。徐海东副军长已经知道了我们所受的挫折，他走过来亲切地对我们说："别哭了，革命本身就不会是一帆风顺的，你们从挫折中接受了教训，这就很好嘛。走，跟着队伍前进吧！"

我们又回到原来的手枪团，继续战斗在陕南。

选自中国人民解放军三十年征文编辑委员会编：《星火燎原（3）》，人民文学出版社1959年12月第1版，第251—257页。

汪治国，1915年生，安徽六安人。1930年参加中国工农红军，1933年加入中国共产党。红军长征时任红二十五军军部手枪团通信员。新中国成立后，曾任福建省军区副政治委员、司令员等职。1997年逝世。

回　马　枪

詹大南

红二十五军到达陕南以后，蒋介石慌忙调集了陕南的西北军，及豫西、关中、陇南的机动部队，对我进行合围，妄想消灭我们。开头，的确被弄得怪紧张的。后来，我们很快就摸透了敌人的规律：他们在对我合围的时候，参加合围的部队不到齐，谁也不敢打头炮。因此，我们就抓住敌人这个弱点，敌人调兵遣将，我们按兵不动；等他们紧赶慢赶，快形成包围圈，我们瞅个空隙，跳出包围圈，一夜就跑个百八十里，又把敌人甩得远远的。敌人连扑几次空，更加嚣张了，于是，我们就抓住那些胆敢冒进的，狠狠地敲他一顿，或者干脆吃掉它。

1935年二三月间，我们攻克柞水以后，杨虎城又调遣他的警三旅向我们进攻。警三旅没吃过我们的大苦头，又依仗他的装备好，因此便有点初生牛犊不怕虎的劲头。我们前面走，他就带领两个团跟在后面追。我们都是久经锻炼的“飞毛腿”，他怎么能追得上？我们跑三天歇一天，等他们快追上，拉起腿又走了，这样三拖两拖，就把警三旅的两个团拖得精疲力尽，稀稀落落。

有一天，天刚麻麻亮，部队又朝东北方向出发了。走了不久，就进入一条大山沟。沟两面的高山上古树参天，奇岩怪石。山沟中，一个叫九间房的小村子，像颗宝石似的嵌在万山丛中。

部队一面前进，一面观望山景。大家纷纷议论着：“这里真是一个打着灯笼也找不到的打伏击的好地方。”“要是在这里埋伏下，有多少敌人，也保险叫他有来无回，一把全捞。”

部队继续前进，地形越来越高。大约走了40余里，又爬上一座小山梁。副军长徐海东和政委吴焕先停了下来，用望远镜仔细地观察了一阵，然后，便围在地图边，轻声商讨着什么。一会，副军长站起来说：“就这样决定了。”政委点了点头，说了声“决定了”，便离开了小山梁。翻过山梁，地势也越来越低了。约摸上灯的时候，部队才在一个叫葛牌镇的地方宿营了。

大家刚睡下，又传来命令：夜12时开饭，饭后马上出发。

下一点的时候，大雪遮天盖地，部队冒着风雪又出发了。这次不是向东北走，而是顺原路返回西南。一路上，大家虽没有吭声，但心里都在暗暗高兴，“准了，不知道又是哪个该死的送上门来了。”这时，几天的疲劳，似乎全消失了。静寂的深夜，只有沙沙地踏雪前进的脚步声。还没有到达宿营地的病员同志，一见部队又转了回来，仿佛病也没有了，劲也足了，转回头跟上部队就走。不用说谁也不愿错过这个歼敌的机会。

部队很快又回到白天走过的那个小山梁上。在这里，一部分部队留了下来，其余的分成两路沿着高山前进。天刚明，部队已完全进入九间房两旁的密林里。只有西南那个山坳口，空无一人，冷清清的，一看就会知道，首长已巧妙地将这一地区布成了一个巨型的口袋。小山梁就是口袋底，九间房和这大山沟即将是敌人的葬身之地。

指挥所设在“口袋”中间的山上。陕南的二三月，还是滴水成冰。此刻，虽然雪停了，但每个人的衣服上还积着厚厚一层，就像穿上了白盔甲。风刮到脸上钻心疼，但每个人的心却是热乎乎的，大家都蹲在雪窝里，全神贯注地等候着敌人的来到。

盼呀，望呀！眼看太阳已挂上了山沟的上空，突然前面低声而又紧张地传来了命令：“注意！”“注意！”

刹那间，每个人的心，都像拉紧了的弓一样。

渐渐地，山沟的小路上，出现了敌人的队伍。走在前面的约有一个营，紧接着是大队人马，中间还夹着些骑马的，一看就知道是敌人的指挥机关。

敌人的行进速度非常慢，一直到下午两点多钟，还没有完全进入“口袋”。大家正急得不行，突然从小山梁那边传来了清脆的枪声。我们知道敌人的尖兵已碰到“口袋”底了，但大家仍强力控制着心中的兴奋，一枪不发地等待着。敌人一听到枪响，以为已经追上了我们，于是，前面喊后面跟上，后面催前面快跑，一窝蜂似的涌来。不一会，便全部涌进了大“口袋”。

不一会山顶上响起了激奋人心的号声。随着宏亮的号声，伏在两边山上的部队像山洪暴发一样，从四面八方，涌下山来，扑向敌人。一刹那，枪声、喊声震荡着山谷。敌人像入了网的鱼，左冲右撞，乱翻乱绞。军官从马上滚了下来，辎重从马身上翻下来；马嘶叫着，奔驰着，人呼喊着，奔跑着。……敌人向左面山上冲去，左面飞来一排手榴弹，又被赶到右面；右面一排枪又把他们赶到左面。敌人想前进，前面遇到了雪亮的刺刀；想后退，后面的机枪又迎头叫了起来。三拖两拉，有的被击毙了；有的在我们的政治攻势下，料难逃脱，举手投降了；几个想逃跑的，钻进树丛，又被我们的战士抓着衣领拖了出来……

战斗进行到下午4时左右，五个营的敌人已大部就歼。只剩下很少一部分，占据了一个山脚，依着山坎顽抗。正在相持不下之际，军首长调来了两个连由山后迅速绕上山头，居高临下，集中火力从敌人背后猛射。这最后一股敌人也在我们前后夹攻下全作了俘虏。……

选自《回忆长征——纪念中国工农红军长征胜利会师五十周年》，人民出版社1985年12月第1版，第424—427页。

詹大南，1915年生，安徽金寨人。1931年参加中国工农红军，1932年加入中国共产主义青年团，1936年转为中国共产党党员。红军长征时任红二十五军战士、班长、警卫员。新中国成立后，曾任兰州军区副司令员兼甘肃省军区司令员、南京军区副司令员，中共中央纪律检查委员会委员等职。1955年被授予少将军衔。

回忆鄂陕三路游击师

王永太

1934年农历腊月，红二十五军从凤镇到李家砭，经过我家门前。我从门缝里偷着向外看红军在街道墙上贴标语。我念过一年书，大概意思还能懂一些，加上看的人边看边念，我就记下了："打土豪，分田地""红军是穷人的军队""穷人要翻身，只有当红军"等内容。后来我看了红军的传单，就想当红军。于是偷偷地赶到镇安县去找红军，可惜没有找到，我又偷偷回到家里。1935年农历正月，比我早参加红军的叔父王道本给我写来了信。我就去鄂陕三路游击师当了战士，分在一连二排六班。当时三路游击师不到200人。师长是汪世才，政委是李志英。我们连指导员是陈云祥。

1935年农历二月，我们三路游击师到东江口打国民党保安队。这是我第一次打仗。又从东江口到江河、月河、旬阳坝。这里是一道川，我们在这里训练。开会学习政策，学习文化，瞄准射击，教歌手。每个班都有沙盘，沙堆子，在上边写字，研究作战时如何利用障碍进行掩护，进攻和撤退。行军时还发两个字，写在背包上，后边的人看着前边背包上的字学习。以后又在柞水营盘打了一仗。到两岔河我们和陈先瑞会合了。敌庞炳勋部队在后边追得紧，陈先瑞命令我们原地休息，我们在半山小路上，敌人走的是河道，走到我们前边去了。首长又命令我们占领山头待命。将近半夜，敌人自己打开了，打得很激烈。黎明时，一声令下，我们猛烈地打击敌人，消灭了敌人，我们一下子武装起来了。

这一仗后，我们三路游击师又和陈先瑞分开了。我们到桐木沟，打了地方民团，又转到九里坪、牛耳川、小河口、九间房、葛牌镇等地。1935年冬月，我们在沙窝子又和陈先瑞会合了。

选自中共陕西省委党史资料征集研究委员会编：《陕西省党史专题资料集（二）鄂豫陕革命根据地的创立和发展》，第218—219页。

王永太，红军长征时为红二十五军鄂陕边第三路游击师战士。

从普通农民到游击师政委

白明峻

我叫白明峻，外号麻子。1934年腊月参加红二十五军，随后在鄂陕五路游击师任政委。

参加红军

我报名当红军，有点底细，底细就是受压迫、受剥削，实想找个出头路。

1913年，我出生在两河火神庙。家里有父母、伯父、弟妹，大小八口人。记得一年佃种最多的是十二石稞的陡坡地；最少，也是四石稞的。收成少，稞子重，累死累活，一年也吃不了几碗稠稀饭。没办法，伯父去扛了长工；父亲出外卖短工，靠一天挣回一升苞谷来养活六口人，碰上天雨、没活，我们就断了顿。可恶的是，国民党还三天两头拉夫子，父亲一去就是两三天，家里提心吊胆，直等着人回来了，才放心煮点野菜吃。若稍不注意，棍棒就打得你半死半活。

为了有碗饭吃，我12岁就出外给人家放牛，一连放了两年；从14岁起，父亲引我出外卖工，为遮羞丑，把两个烂片片前后绑了又绑，算是给我的衣裳，那几个弟妹，就光着屁股，连羞丑都顾不住。原来父亲一个人，一天挣一升苞谷，现在添了我，按理应该挣的多些，谁知我父子干一天，主家还是只给一升苞谷。气不过，父亲多说了一句，主家就骂："你这小娃子连狗都不如，吃饭连碗都扒不净，还要啥工钱！"我卖工头一天，就受了这个窝囊气。

到17岁那年冬天，有个早上，"催命鬼"保甲喊我到30里以外的铁厂铺去给他背粮。逼得我早饭都没吃，硬是空肠饿肚，背着老秤一百斤苞谷，翻山过河，等回来黑得连路都看不见了。给他把粮一放，我眼前一黑，几乎要摔倒，随口说："哎呀，今天真把我饿坏了！"保甲接着说："你出了夫子，还想在我家吃饭？快回去！"我接过他的话："恐怕屋里还没啥做哩！"这一句，没说好，他就大骂："你倒说个狗屁！"照我头上就是几棒，打得我昏头昏脸。赶晚上才摸到家里，我一边吃着苦菜，一边咽苦水……

这时，我懂些事了，也想得多了。当时我就想：有啥办法才能不受这欺压？记得从九岁起，伯父用扛长工、打草鞋的钱，给我买书，叫我上过两年多私塾，他常说靠念书、中状元，穷日子就能变富。但以后他一病不起，父亲也没钱供我上学，就放下了。我十五六岁那几年，白河县双河口有个孙少堂，外号叫"孙白眼子"的，带领回民起义，发展到1000多人，几百条枪，在我家乡不远的西口、茅坪一带活动很多，还上到镇安县城、柞水等地，来回都从我们两河路过。听说他们打富济贫，很有办法。但两年以后，有一次在西口阳山打仗，被国民党镇柞联防队打败了，可恶的"联防"还把他们的老祖坟都给挖了，看来，我想入他们一伙拉杆子，也不行了。想来想去，总没个好办法。

熬到1934年的10月间，一天，我们打短工的一伙在做活歇息时，听过路的客商说，红军在湖北闹得很凶，杀富人，救穷人；还说就要到陕西这边来了。我听着心里就有些动静了。打这以后的一个多月里，传说红军要来的风声，越来越紧，村里的富人惶惶不安，有见识的穷老汉都说那是当年打富济贫的起义军；我回到家里，父母都说："咱是几代穷人，红军来了好，等着来吧！”

记得腊月初几的一天，还下着糁糁雪，刚吃了晌午饭，就听说侯家垣、两河街上红军扎的满满的。我心头一热，对父母说：“红军真的来了，我到街上去看！”父母叮咛“放过细些”，我出门就走。进了两河街，看到红绿纸写的标语，到处都是，内容有：“红军是工人农人组织起来的军队，是穷人的军队”，“我们任务是打倒帝国主义，打倒恶霸豪绅地主，消灭剥削”，“红军公买公卖，不拿群众一针一线”。走到街中间，看到插着一面大旗，走到上街，一街两行也是到处贴着标语。我又慢慢走到下街，心想着这可是个好军队哩。猛听得有个红军喊：“老乡们，男工妇女们，父老姐妹们：都不要害怕，我们是穷人的军队，我们和你们是一家人，你们来，咱们开个会！”这时，聚拢的就有一二百人，我顺势就站在前边，拎起耳朵听。那一个讲的是红军的任务要打倒土豪劣绅，平分土地给穷人，叫穷人翻身过上好日子；二个讲的是红军从河南到陕西，打下镇安县城的经过和三大纪律、八项注意。讲完了，号召参加红军。我听着听着，心里蹦蹦跳跳的，就把手一扬，喊道：“我想参加！”那个讲话人赶紧来把我一拍一拉，送到师部里边，问我姓啥叫啥，多大了，是不是佃种人家的地，就这样登了个记。我算头一个，紧接着报名登记的还有两河跟前邢家、白家和薛家的三四个小伙子。登记放下，就领我们吃糙米干饭，还有萝卜、大肉。这顿饭，吃得真香，红军又说又笑。吃罢饭，首长又问：“你愿意当红军？”我说：“我愿意！”他叫我晚上就跟着开拔，我说是先得回去给父母大人说一声，他高兴得同意了，并让我将一块大肉带上。赶天黑，我回到家里，先给母亲讲，再给我父亲说。母子连心，总是眼泪汪汪的，怕我走了以后不知道啥时候才能回来，倒是父亲开朗些，说是“叫娃去，有这样好的军队，不用担心！”这一夜，全家人煮着那块肉，吃了合家饭，谁也没睡着。鸡叫二遍，我就动身，父母送了一里多路。谁知从这以后，我再也没有见到他们一面。因为我当了红军，白匪剿家，父母东讨西要，先后饿死在讨饭路上。

那天露明，等我赶到两河街，红军就要开拔走。这一天，我跟着到了镇安花水河，住在黑龙庙里。晚上，红军又问：“你是参加前方还是后方？”他还解释了前方、后方的任务，就把我分在后方，编在二二三团三营七连新兵排，这一下，我才成了一名红军战士，跟着老红军，包着秦岭转大圈，学打仗，打游击。

宣誓入党

我一参加红军，就得到了首长的重视。在转大圈的行军打仗中，不但很快让我担任新兵排的班长、排长，而且很注意我的行动表现。那时，我们是配合主力作战，从柞水王家河、马家台，出九间房，到葛牌镇，沿路都和敌人交手。每次作战下来，陈先瑞师长都问别人：“麻子上去了没有？”当别人回答：“上去了，勇敢着哩！”他就高兴。在王家河，打的是烂保甲，我们利用这条深沟，兵力分作两股，上下堵截，把敌人包得紧紧的。我们一路三四个人，在沟口一下子捉了十几个俘虏。到葛牌镇，师部叫我带一个班趁漆黑的夜间先去摸哨。我们还没有摸到，敌人“叭叭叭”几枪乱射，我左腿上擦了皮，脚就势在石步子上一歪，旁边同志赶紧扶住，小声问：“不要紧吧？”我咬咬牙，也轻声答：“不要紧。”眼珠里一阵阵火星直冒，对同志们屏住气一字一句地说：“敌人要登架子，咱们也混在中间，赶紧往上上！”大家立即执行命令，利用漆黑看不清，插在敌人中拼命向上爬，很快就登上了架子，打了胜仗。这两次，我们受到了陈师长的表扬。

到2月下半月，在郧西成立了鄂陕游击总司令部，陈先瑞任总司令员，原来的七连编为总部特务营，我被调到总部手枪排（也叫警卫排）当战士，不几天又当了班长。总部早晚会合的地方是店垭子，这地方一是老百姓热情好；二是部队来住方便好；三是湖北、陕西两省交界的地点好。因此，这里成了根据地。那时，执行军部命令，总部办地方干部流动训练班，陈司令就叫我参加。学习的内容，记得讲的一个问题是我们的革命，我们的红军，都是中国共产党领导的；讲的二个问题是革命的形势，眼下的任务；讲的三个问题是行军打仗要服从命令，听从指挥，模范遵守三大纪律、八项注意。训练班没个固定地方，都是用空隙时间，今晚讲一点，明晚讲一点。当时也由于识文化的人少，我认得一些字，首长就格外赏识，还叫我写个命令条子啦，开会通知啦，等等。起初，陈司令一说，我一写，他盖个私章就送走了，随后就盖公章子，以后军部派来了秘书，我就没写了。还有，为了向老乡宣传，我们还登台演戏，戏的内容是随时编的，主要是打倒土豪劣绅，平分土地，农民翻身。我自己编，自己演，大家都说唱得好。陈司令鼓励我："麻子，好好干，争取入党！"世上有两个阶级，我们无产阶级要消灭资产阶级，就是革命；革命有目标，有路线，头一步是建立苏维埃，成立政府，平分土地给穷人，以后还有第二步、第三步，直到社会共产主义；党就是领导穷人翻身的，是要实现社会共产主义的。这些话，说得我心里又热又急，我说："我想参加党，行不行？"他笑着还是一句话："麻子，好好干！"

一天，我们转到郧西县二天门，和山阳县南宽坪的军部只隔七八里路。天黑时，接到军部通知，要我去开会。到军部，郭述申主任对我讲："你要求入党，已经准了，我是你的介绍人，等一会就宣誓。"这时，军政委是吴焕先。我等到三根香的时候，到政治部住的屋里，有吴政委、郭主任在场，放着一张桌子，桌子上有文件本本子，桌子前面的墙上有面大旗，旗上是多大的镰刀斧头，郭主任叫我们立正站在桌子跟前，眼睛望着党旗。他说一声"举手"，我们都举手；他说一句词，我们跟着念一句，共念了五六句。前几句的意思，记得是：为社会共产主义奋斗，不怕牺牲，保守机密，革命到底；最后一句是："死不背（叛）党。"这"死不背党"我记得准，因为都把这些话说完了，我们每个人还报了名字，郭主任还反复叮咛："死不背党，最重要，就是万一被敌人捉去，为敌人做点把事可以，暴露自己身份、背叛党，那决不允许。”郭主任给每个人发了党证，党证是个布条子，上面有钢印。他叫我们把党证揉成个小蛋蛋，包好，缝在衣领里面。这次跟我一块入党宣誓的新兵战士是三个人，因那两个是属军部的，姓名记不得了。宣誓时，还有一些老红军，满共站了一排排。当时不准问姓名，我也记不得。

我从军部宣誓回来，抬头看，东方已慢慢吐亮了，总部的炊事员已开始做第二天的早饭了。天稍稍露明，我跟陈司令好好吃了一顿饭，就又开拔朝陕西这边来了。

照红军的样法搞

我是在米粮西沟河接手鄂陕第五路游击师政委的。

回想起来，当初叫到五路，思想还有点不通。因为这之前，我是总部特务队副队长，派我到郧西老林、枣子树坪组织贫农会，成立苏维埃，搞得很顺当。跟总部一转到西沟河，陈司令就对我说：“麻子，军部来了命令，派你和驼子到五路去，驼子的师长，你的政委。”说着就把“派令”叫我看，“派令”上盖着军部政治部的红章子。那“驼子”是孙守山的外号（即孙光）。我觉着参加红军以来，自己在陈司令跟前，处处亲热得很，现在要离开，舍不得，加上当红军时间短，学的本领还不够多，所以不愿意到五路。但三说两不说，陈司令就问：“麻子，你开会都学了些啥吗？那天宣誓咋说的，服从命令，忘啦？”我停了停，慢慢说：“我能力不够，怕干不了。”他说：“把你跟我以来打仗的勇敢劲拿出来，把红军这一套带回去，就够了，就干得了。干不了，不派你俩去！”这几句，一下子把我说醒了。我想：对呀，到五路去，照红军的样法搞，准能成。第二天，陈司令就带我俩到了五路驻地，开会宣布了军部的“派令”，大家说一声“好”，我俩就算正式接了第五路游击师。

这个游击师，是由花水河一带的红枪会改编的，开始还叫过抗捐军，有二百来人、百把条枪；编为游击师后，司令是毛仪彬，有三个团，枪支多了，人员也有些扩大。但当我俩接手时，团的架子已不存在，实际是两个连、六个排。部队中抽大烟的有，年龄大的有，老病号的有，这些人百姓不像个百姓，兵不像个兵。政治工作更谈不上，有的不分贫富，随便进门拿东西，有的打仗前还念一通道符，有的流氓习气重。战士穿的七长八短，随身不带碗，背上不背卷（铺盖卷）。看到这个样子，我和驼子分了工，决定先从裁减整编入手，抓思想，抓纪律。

一件事是说服动员，裁减兵力。我对那些年龄大的、烟瘾大的、病痛多的，分别做工作，讲五路游击师是打敌人的游击师，你们打仗有困难，就先回家去，可以做点平分土地的宣传工作，等根据地搞成了，还可以做别的事。他们乐意回去，我们就开了欢送会。然后，仍保留原有的两个连，只把六个排缩编为四个排、12个班。

再一件是讲五路的任务，教育战士只能帮助穷人翻身，不能损害老百姓利益，买卖东西要公买公卖，借东西要还，损坏的一定要赔，不能犯政策。还纠正了几个战士的错误，纪律好起来了。

接着，又照红军的办法，给战士用粗布换了装，每个人脚上穿了草鞋，行走时都带个碗筷、背个卷卷、挎个鸡肠子口袋。每个连安排了炊事员、事务长，还带上洋铁锅、洋铁桶。凡行军打仗，每个人都要带够三天的口粮。

这一下，像个军队了，老百姓看着高兴，青年人看着热心。我们走到哪里，就有人报名参加。“驼子”决心大，有魄力，说扩军，很快就扩充到四个连、12个排，达500多人，400多条枪。部队扩大了，就从军部要来了号兵，我们成立了个师部。

总部陈司令给我们五路的任务，是在山阳、郧西、镇安三县边界之间打游击，扩建根据地，保卫苏维埃，保卫均地和扩红。因此，经常活动在米粮川、西口河、店垭子、唐家河、白马塘、一二三天门一带。我们带部队，首先是打仗。大打，配合总部一块行动；小打，有打正规敌军的，有打当地土豪、保甲的。在凤镇，我们打了康家、金家土豪，在岩屋河打了瑚家土豪。青铜关那一次，打的是庞炳勋保护栽电杆的一个营。我们得到情报，马上带了100多名精干战士，于夜里三根香时从七里峡出发，偷偷往西插，连翻三个大山，急行军160多里，赶第二天下午就进了阵地。我们顾不得歇脚，部队一到，即刻命令，沿沟登好架子，并派一个班到河口去惹敌人。“叭叭”几枪，敌人顺沟上，被装在“口袋”里，打了个痛快。交战不长，把敌人全部解决了，得到100多条枪和许多手榴弹。这一仗，打得很鼓舞士气。

打山阳县城，跟总部是一起。我们从郧西和山阳县南宽坪出发，顶着大太阳晒，开到离山阳城30里的地方。部队刚吃了晌午饭，来的敌人就把我们围了几层子。陈先瑞、郑位三立即命令两挺机枪轮番倒退打掩护，率领我们往出冲杀。这一次，硬是从敌人的缺口冲出来的，虽是败仗，但等把架子登好，隐蔽号一吹，单等敌人来反扑时，他们害怕了，咋等也不见来。我们虽牺牲了四位同志，但打死的敌人确实不少。仗打下来，我们在郧西的庙川开会，总结了经验教训，确定了“诱敌深入，先疲后打”的反“围剿”方针。

我们是游击师，不论胜仗、败仗，我们都向战士们先讲清打仗的政治目的，是为着实现革命目标的第一步，把根据地搞好。当时，帮助三县边界扩建苏维埃，是一项大任务，平分土地更艰巨。我们部队每到一地，先组织贫农会，一般有五至七名委员，有农会主席。接着，再开大会，演戏宣传，成立苏维埃政权；苏维埃主席先是农会主席代理，不久就分开；苏维埃一般有七名委员，也叫土地委员。巩固农会、苏维埃，还比较容易，因为像一二三天门、大小新川、胡坪、老林、枣子树坪和店垭子、白塔区的苏维埃，都是军部、总部先搞起来的，我们游击师是做点地盘的扩大工作。难的是平分土地。那时的政策，是土豪恶霸的地，谁家佃种归谁，自耕农的地一律不动。这项政策，我走到哪里，讲到哪里。记得枣子树坪，由于佃种户多，所以我照着红军在大小新川的办法，去开了三次会，地就分成了。到店垭子，我们把大地主的地先收了，分给哪家贫雇农也确定了，地畔子也划了，但就是没彻底搞好。原因是这里佃种户少，自耕户多，加上户族关系拉扯紧，工作进展就慢。为了打通群众思想，我带领部队还给老乡帮做农活，并几次召开自耕农户会，讲清平分土地这是革命的头一步，这一步佃种户得利多，以后还有革命的第二步、第三步，那不论自耕户还是其他户，只要是农民，都会得上革命的利；要他们自耕户赶紧支持贫雇户分地。这样每讲一回，工作就顺一些。记得最快的还是店垭子的黑龙庙附近，佃种户很多，大家分地热情高，几天就搞好了，看着这个热火劲，我还想过：啥时候革命成功了，自己回家也能种上自家的地，奔上一个好日子过哩！

但到5月以后，特别是7月间，军部转到外线去了，我们的处境就越来越困难。8月，我们五路转到二天门时，陈司令送来了一封信，叫把部队带的往西边游动，不要死守阵地和敌人硬拼。接到这封信，使我想起一月前陈司令和我在米粮两河一仗的最后分手，他看着我得了咳嗽病，劝我注意身体，坚持在地方干下去。眼下自己的肺炎病，多次发作，走路也要人搀扶。但我还是坚持执行命令，拉部队与敌人小接触，边打边往西游动。到郧西县上津山垴打第二仗时，连吐带黄色的干痰，站立不住，“驼子”劝我还是下去休息，等病好些了，他们再来接我。他给了我15块大洋，并派张练子（大号张国海）和马勤武两个传令兵，护送我到了一个姓邱的老乡家里养病。一个多月后，病还没好，情况很危险，我感到再这样下去，自己牺牲了事小，如果两个小鬼牺牲了损失太大。就把剩下的大洋每人给了两块，让他们各自离去，一旦打听着红军的消息，再互相告知。我一个人东藏西躲，继续养病。以后听说西安有红军留守处，1936年春就担着火纸到西安南关一带寻找，因为没找着，我不得不返回来，在西乡的黄家湾落了户，以后又住到了月河的东阳。现在，我担任县政协委员。（唐汉承整理）

选自中共商洛地委党史办公室编：《鄂豫陕边的记忆》，1985年印刷，第107—118页。

白明峻，1913年生，陕西镇安人。1935年参加中国工农红军，同年加入中国共产党。红军长征时任鄂陕游击总司令部特务队副队长、鄂陕第五路游击师政治委员。新中国成立后，曾任陕西省镇安县政协委员等职。

回忆鄂陕五路游击师

白明峻

1934年农历腊月，程子华、徐海东、吴焕先率领的红二十五军2000多人转战到镇安县的两河街，到处张贴红绿纸写的标语，内容是“红军是穷人的军队”“公买公卖”“不拿百姓一针一线”“打富济贫”等。红军在两河住满了人，在街中间召开群众大会，宣传红军是无产阶级，是工人农民自己的军队，并动员百姓参加红军。我听了宣传十分高兴，感到自己人老几代都是穷人，一直靠租地主老财的房屋、土地度日，受尽疾苦，小时虽然父母勉强供我读了两年私塾，但贫穷的家庭仍摆脱不了被人歧视、压迫的地位。红军为穷人说话办事，正符合自己心意，就当场报名参加红军。同时参加红军的还有两河地区邢家、白家和薛家的三四个小伙子。当红军这年，我刚19岁。

参加红军以后，自己在战斗中表现是积极勇敢的，受到领导的好评。陈先瑞先让我在新兵排当战士，约两个月后调到手枪班当战士，跟陈先瑞司令部一道战斗、行动、吃住。那时红二十五军政治部郭主任[①]经常培养教育我，启发我的阶级觉悟，开会让我参加，时间不长，由郭主任介绍，我们一共三个人同时加入中国共产党。入党记得在二天门附近，党证是个布条子，上面盖有钢印。然后，让赵家军和我分别担任总司令部特务

① 指时任红二十五军政治部副主任的郭述申。

队的队长和副队长。

1935年的三四月间，陈先瑞派孙光和我到五路游击师去工作，孙当游击师师长，我当游击师政委。五路游击师的人原来大都是山阳、镇安、郧西一带“红枪会”的，主要是抗款抗粮，对抗伪县府，头子有谢发昌、谢世成、毛仪彬、李春秀等，他们当了游击师的领导。我和孙光接手领导五路游击师时，主要成员是镇安、山阳一带的农民，开始有100多人，后来发展到五个连，约五六百人。武器是红二十五军作战缴获留下来的，装备了地方游击师。

陈先瑞布置我五路游击师的任务是在镇安、山阳、郧西之间地带开辟根据地。我和孙光在镇、郧、山、柞边境与敌军周旋，游击奋战有一年多时间。这期间，我负责政治工作，主要是强调和检查红军纪律，即公买公卖，不搜俘虏腰包，不奸淫妇女，损坏群众东西要赔偿等。每天行军驻下大多都要召开干部会，除强调纪律上的问题外，主要是研究军事行动和部队生活问题。我们经常活动于米粮川，西沟河，店垭子，唐家河，白马塘，一、二天门一带，给群众做工作，宣传革命的道理。在一、二天门，花水河搞过均地运动。

1936年8月，我因积劳成疾，站立都困难了。当时，伪军在后面追赶，我们每天运动百十里地，从山阳湖坪开到镇安西沟河打了一仗，同志搀着我走，此后，孙光在郧西西河留下我养病，走时给了我十五六块大洋，并留下七里峡张练子、湖北马勤武两个小鬼照管我。在那里养了一个多月病，情况很危险，老百姓经常把我转移地方，送菜送饭，保护我。我感到如此下去，自己牺牲了事小，如果两个小鬼牺牲了损失太大。于是，我把剩下的大洋每人给了两块，让他们各自回家，打听到红军的消息后，我们互相通知。我一个人东藏西躲继续养病。听说西安有红军留守处，1937年春我去西安南关一带寻找，因打听不着，才返回镇安，落户到县西黄家湾务农。

选自中共陕西省委党史资料征集研究委员会编:《陕西省党史专题资料集(二)鄂豫陕革命根据地的创立和发展》,第231—233页。

鄂陕五路游击师的一点情况

李学先

我是红二十五军二二五团三营营长，在九间房打仗把腿打断了，不能随军，就到鄂陕特委休息，特委书记是戴季英。戴季英说：五路游击师有武装，能保护，养伤也方便，你到那里去休息。我就去了。

五路是由红枪会组织起来的。开始是姓毛的[①]当师长，是个老头儿、跛子，很好哩。后来，把孙光（孙守山）派去当领导。敌人把我们五路游击师围在一个山上四五天。孙光打仗很勇敢，但原来是战士，刚当司令，组织指挥能力差一点，所以形势比较紧张。军给五路还派有个参谋（名字记不清了）。他对我讲：现在还有二三百人，这样下去，就有被敌人消灭的危险，你是孙光的老营长，要研究一下。参谋提得对，我就把孙光、参谋叫在一起研究，决定把不必要的人员减掉，组织精干人员突出去打游击。孙光比较简单，执行时宣布：现在敌人围困我们，愿意回去的每人给两块现洋，不愿意回去的跟我突出去打游击。这样一宣布，部队动摇了，一下子走了一大批。我们一发现就赶快去追，追回了七八十人，组成两个连，师长还是孙光当。这天晚上就突围出去了。走了大概有二三十里，到一个山上，有的战士把枪丢了。姓毛的老师长还是不错的，说：给我一个班，我去找。毛师长带了一个班去，找回了枪。

---

① 指毛仪彬。

突围出来，把两个连编为一个连。师部有两个师长（毛、孙），政治部主任姓萧（后来叛变了，带镇安县的一个营和保安队来伏击我们，结果牺牲了一些人），手枪队（有十来个人）队长是陈福才，一个参谋。

我们一直打游击，打到山阳县、小河口、庙沟等地。到庙沟我的伤口肿了，就到袁家沟口一个老百姓家里休息了两个多月，这里是红二十五军伤员养伤的地方。

打游击后，因毛师长年龄大，腿又不好，安排叫休息了，是孙光和我安排的。

选自中共陕西省委党史资料征集研究委员会编：《陕西省党史专题资料集（二）鄂豫陕革命根据地的创立和发展》，第234—235页。

李学先，1912年生，安徽六安人。1929年参加中国工农红军，1931年加入中国共产主义青年团，1932年转为中国共产党党员。红军长征时任红二十五军二二五团三营营长。新中国成立后，曾任广东省高级人民法院院长、中共广东省委政法委员会常务副主任、广东省人大常委会副主任、中共广东省顾问委员会常委、全国政协委员等职。2000年在广州逝世。

忆鄂陕五路游击师和红军游击队

闵耀雷

红枪会、大刀会是一回事。1934年，我们大刀会改为民团，口号是“打富济贫，除暴安良”，有30多支钢枪，170多支来复枪、土枪，还有红缨枪等。这时红军要来的消息多起来了，苏光璧（镇安县长）吓跑了，米粮地区就是民团控制着。

红军真的来了，是红二十五军。红军一到，因为不知道对民团抱什么态度，民团就先行解散，土枪各自背回家，钢枪由我和十多个人背到后坡洼沟里埋掉，后来有人报信，红军挖走了。大家看到红军打土豪杀劣绅，和大家原来干的对象是一样的，对红军就有好感。因此，当红军把民团的谢世成、何朝宗、张德林、张德升等误抓走后，大家就派了三个代表，拿着有100多穷人签名的“保状”去请求红军释放。“保状”是小学教师李本朝写的，代表是毛全康等三人。红军挺高兴，问了谢世成的情况，说我们是农民自发的革命，红军很欢迎，又说，有些事要和谢团长商议，叫代表先回来。过了几天，谢团长回来了，传达红军的指示，把民团改为“抗捐军”。为这事，谢世成把李春秀、毛仪彬、张德新等召集在我家开了好几次会。

大队红军二次返回白塔时，把毛仪彬、谢世成都请了去，商量把抗捐军改为五路游击师。这时红军把缴获的枪运到袁家沟口，叫我们去接枪整编。我们抗捐军去100多人，接回300多支枪。红军当场任命毛仪彬为五路游击师司令，红军还派来八人到五路游击师。下设三个团，李春秀任一团团长，解吉三任三团团长，谢世成任五团团长。我在五团五连一排任排长，连长是谢发昌。

五路游击师活动时间有半年多。主要任务是：打土豪杀劣绅，保卫白塔区苏维埃，保卫均地和扩红。在大坪打了何家土豪，在凤镇打了康家、金家土豪，在岩屋河打了瑚玉炎、瑚玉海、瑚宗善这些土豪。

在红军的指示下，组建了白塔区苏维埃。人员组成是推选的。萧登科是赤贫户，选为主席；我父文世绪，还有朱启瑞是中农，张德新、张胜喜是贫农，都是副主席，也叫土地委员。文书叫张光兴，比较穷，当过乡约，倾向革命。区苏维埃管辖范围是白塔、青龙、黑龙、西沟、米粮、店垭子等地。

在袁家沟口消灭唐嗣桐一个旅后，又叫我们接了一批枪。当时，李春秀带一团活动在泗峡口，一、二、三天门，上津县一带。谢世成、解吉三跟随毛仪彬、孙光活动在山阳南部及湖坪老林、白马塘、合河一带。我们五团五连一直在店垭子，保卫鄂陕游击总司令部，附属徐春贵的独立营，直属总司令陈先瑞领导。

九路游击师阮开科等叛变以后，环境恶劣，斗争复杂，红军开始搞肃反整编。五路游击师是在郧西师峪河肃反整编的，把谢世成等当反革命错杀了。

1935年6月下旬，我请假回家看望伯父病情而染病在家。

白军“围剿”期间，我又回到山里，藏了一段时间。1936年七八月间，听说红军还在秦岭以外，心里有了希望。一些掉队的红军，遣散回家的战士受不了国民党的“围剿”，都有再干的念头。恰巧，山阳掉队回家的红军战士叶志甲、阮开风、方维刚过来，暗中和文光印、文光高、党永义等联系，后和我联系，有一支枪，我们不到20个人，叶任队长，我任文书，番号叫“红军游击队”。我们学红军那一套干。白天隐蔽晚上活动，先后到过茅坪、西口、坎子山、张家、阳山、熨斗一带，捉住过西口联保主任、保长项尔钧，还有青铜关的张保长等。这样干了三个多月。

10月间，正当我们准备去和班先鼎（山阳人）拉杆子的游击队会合时，国民党知道了。班先鼎的母亲是被国民党杀害的，班拉杆子后回去报过一次仇，活动在镇安、山阳边界。我们准备会合的地点是离青铜关不远的地方。走到西口街后边山上长岭子就被国民党军包围了。战斗中，我们当场死二人，总算冲出来了，但文光高、党永义、叶志甲、阮开凤、方维刚、石友柱接连被敌人捉去杀害。我们的队伍垮了，我和文光印、游兴德、熨斗一个姓姚的，到秦岭找红军，未找着，我们都改了姓名，到柞水药王堂摆摊掩护。1937年2月，我们在石嘴子找着红军，见了政治部主任吴东荪[①]，正式归队到红七十四师，编到新兵连，分别任班长。

选自中共陕西省委党史资料征集研究委员会编：《陕西省党史专题资料集（二）鄂豫陕革命根据地的创立和发展》，第236—239页。

闵耀雷，红军长征时为红二十五军鄂陕边第五路游击师五团五连一排排长。新中国成立后，曾任解放军总后勤部某处副处长。

---

① 即吴东升。

鄂陕边斗争的一点回忆

吴振挺

1935年春节后，我们转到小河口。阮英臣在小河口与红军取得联系。郑位三主任把我、夏云廷[①]、王义庆三个人找去谈话，说夏云廷任区委书记兼管指挥军事，吴华昌任区委常委，王义庆任区委常委（内定区政府主席）。

我跟王义庆住在袁家沟口，夏云廷与阮英臣带部队打游击（在马家山一带）。夏云廷、阮英臣把部队带到袁家沟口，整训十天，自带干粮，不吃周围群众的粮食。

我们三人开了区常委会后，下决心建立苏维埃，把工作安排了一下。一个是建党，首先发展党员；第二，建立政权；第三，发动群众，组织各种团体，建立少先队、童子团、妇女会、赤卫军；第四，加强武装部队的领导。准备以袁家沟口为中心，成立牛耳川区、小河口区，镇安准备成立两个区，如果这个搞成了，就成立县苏维埃，我同夏云廷说，把阮英臣留下当县苏维埃主席。后来先把袁家沟口区苏维埃政府成立起来了。下边成立乡苏维埃。找到一个和尚（是个穷人），叫当乡主席。

1935年秋，陈先瑞给了我35个战士，叫我当山阳游击大队长。吴继荣（林焕，现任湖北省军区顾问）来了后，他任山阳游击大队长，我兼任大

① 即夏云飞。

队政治委员。不到一个月，山阳县保安团长带领保安团来消灭我们，在牛耳川，我们给敌人一个突然袭击，就把敌人打垮。后来镇安县县长带保安团向我进攻，我们打了他一个乡团。镇安县县长苏光璧给我送来一个信，劝我投降，当镇安县大队附，不然不要经常在镇安，到山阳去活动。我当即回信，臭骂了一顿，晚上袭击了他一次。

选自中共陕西省委党史资料征集研究委员会编：《陕西省党史专题资料集（二）鄂豫陕革命根据地的创立和发展》，第229—230页。

吴振挺，1916年生，湖北黄安（今红安）人。1929年加入中国共产主义青年团，1931年转为中国共产党党员。1930年参加中国工农红军。红军长征时任陕南第四路游击师政治部主任，红二十五军七十四师政治部组织科科长、手枪团政治委员。新中国成立后，曾任第二高级步兵学校第三大队政治委员、哈尔滨军事工程学院工兵工程系政治副主任、洛阳工程兵学校政治委员、军委工程兵工程部政治委员等职。1961年晋升为少将军衔。1994年在洛阳逝世。

一点回忆

李庆柳

大约1934年底或1935年初，从庾家河过来打山阳县。国民党有一个营的兵力在把守。围困了一天，消灭了外围敌人，但城没有攻下来。

我是在山阳县城后边坡上受的伤，左膀子被打断了，就到袁家沟里面一个庙里养伤。多亏一位老大娘，她用丝绳子扎紧我流血的膀子，才止住血，救了我。稍好一点就归队，到陈先瑞同志带的五路游击师里。汪世才的一路是位老带的。李学先也在店垭子跑来跑去。

镇安的大部，山阳的一部和柞水县是真正的根据地，也叫后方，也叫休整地。在这些地方，我们成立了苏维埃，搞了些平分土地，记得有大小米粮川、旬阳坝、江口、袁家沟口等苏维埃。各村建立秘密接头处、通讯处，靠群众反映情况，报告军情，缺点是对地方党组织抓得不够。

后来几路游击师合并，成立了红七十四师。我在红七十四师担任过宣传科长、组织科长，最后是搞统战联络工作。

选自中共陕西省委党史资料征集研究委员会编：《陕西省党史专题资料集（二）鄂豫陕革命根据地的创立和发展》，第240—241页。

鄂陕干部训练班情况

张长进

我是民国二十四年正月参加红军的，参军后被游击总部编到七路游击师领导的一支游击队里。

民国二十四年正月，红军在泗峡口举办了第一次干部训练班，参加训练的有各路游击师干部和红军战士，共有几十人。我是正月初九参加干部训练班的，训练班在小阳坡，学习的主要内容是红军的宗旨和性质。陈先瑞司令员讲课。训练班共办了半个月，领导讲，由于国民党地方武装和正规军力量雄厚，为了不暴露，学习的人一般不称呼名字，只能叫张、李同志等。学习班结束后，抗捐军团长江贤良介绍我入党，当时宣誓很简单，只举了一下手，并在一个人像前跟着江贤良念上几句永不叛变的话，以后就告诉我是党员了。接着便委任我为这支游击队的副队长。

民国二十四年二月初，红军在陕西和湖北交界的大磨沟垴举办第二次训练班，共150多人，我队有八人参加。这次共办了五天。

民国二十四年七月间，红军举办了第三次训练班，在陕西店垭子举办的。共办了十天，参加训练的有原来的老同志，也有新同志，由陈先瑞和红军其他领导讲课，主要内容是讲打倒地主恶霸，讲红军是穷人的队伍，红军要爱护人民，还讲了均分土地的政策等，这次共有100多人。

据说，游击总部训练干部多次，除红军和游击队干部战士参加外，苏维埃政府干部也参加过训练，由于那时战事多，领导也不叫我们打听啥消息，所以只能记得这么一点。

选自中共陕西省委党史资料征集研究委员会编：《陕西省党史专题资料集（二）鄂豫陕革命根据地的创立和发展》，第260—261页。

张长进，红军长征时任鄂陕边第七路游击师某游击队副队长。

店垭子干部训练班

张发富

民国二十四年正月初八，红二十五军来到山阳县小河口，人们都撵着看红军，我当时是十几岁的小孩，由于好奇，也去看红军。到那以后，部队动员当兵，我就报了名，参加的还有丁宝山、曾照银、牛成才、徐秀德等，在吴主任带领下，回到袁家沟口，编了一个班，丁宝山的班长，我的副班长。五月，夏主任向我们动员说，总司令部在店垭子成立了训练班，号召青年去学习。我报名参加了。第一天晚憩在户家塬，第二天连部队一同到店垭子。

训练班开学时，陈先瑞司令等讲过话。

训练班的队长姓李，指导员姓陈，上课教师姓张，名字都记不清了，军训课程有基本步法、刺枪、瞄准等军事操演。

政治课是讲打倒帝国主义，铲除封建势力，实行土地革命。由于敌人的“围剿”、干扰，学习人员跟上游击队跑，不能在固定地点学习，以后就跟上陈先瑞部队打游击，活动于镇、郧、旬等地。

选自中共陕西省委党史资料征集研究委员会编：《陕西省党史专题资料集（二）鄂豫陕革命根据地的创立和发展》，第262—263页。

张发富，红军长征时在鄂陕边游击师任副班长。

覃大娘和他们全家

王奎先

在我的脑子里，经常浮现着覃大娘和她全家人的坚毅、慈祥的面孔。1935年七八月间，我在红二十五军三路游击师二连当排长，因为患了重病，不能随部队转移，上级把我安置在镇安县东北一个山村里。这山村有一座石板房，这就是覃大娘的家。

覃大娘是个50开外的人，个子不高，红黑红黑的脸上，布满着皱纹。她经常穿着一件不知补了多少次的褂子，颈上编着黑颈巾，一看就知道是个勤劳朴实的老妈妈。

我来到覃大娘家的第一天晚上，发着高烧，脑子昏昏沉沉。覃大娘就像服侍自己的亲儿子一样，坐在我的身边，一会儿喂我水，一会儿又给我擦汗，直到天明。

第二天，白匪“清剿”的风声又紧起来。覃大娘带着焦虑的心情对覃大爷说：“你快到外面打听打听消息去！”接着又吩咐儿子：“快找个岩洞去，白匪来了好把王同志藏起来。”覃大爷父子俩刚走了不久，外面突然“叭叭”地响起了枪声。这时候我仍昏昏沉沉，覃大娘二话没说，背起我就向外跑，她那双小脚，平时走路都东摇西晃，何况又上了年纪，怎能跑得动呢？我不忍心连累她，一出门就对大娘说：“我不行啦，你快照料家里去吧！”她生气地责备了我一句：“你这说的啥话！”就再也不理我了，只顾跑。山路崎岖不平，不一会儿她便累得呼呼直喘，汗水沿着脸上的皱纹淌下来。跑到一个小山下，实在跑不动了，她把我放下，没让我说话，架起我就连拖带爬下了山坡。刚穿过两块麦地，突然从对面又传来了一阵枪声。她立刻把我按在麦地里，三把两把拔了些麦子盖在我的身上。接着严肃地低声嘱咐我："一点也不要动，一切全有我！"

覃大娘把我掩盖好以后，便急促地走出了麦地。一会儿，忽然听到一个白匪在吆喝："你往这里跑什么？"听口气是问覃大娘的。"我找我的小猪！"果然，覃大娘答话了。声音非常自然，还"嚼嚼"地唤起小猪来，一会儿又问敌人："老总，你们见到我的小猪吗？"

"你这老东西，你屋里那个'赤匪'究竟跑到哪里去啦！"一个白匪军恶狠狠地问。我心里一惊，想：坏了，敌人知道了我藏在覃大娘家里，一定不会饶她。正在这时，忽然又传来了覃大娘那不慌不忙的声音：

"你问那个病人吗？他昨天晚上来我家里说要借个宿，今天他一听打枪就往外跑，把我的小猪也吓跑了！"

"往哪里跑了？"

"顺山沟往东北跑啦！"

"你带我们去追！"一阵急促的脚步声，向我相反的方向跑去。我心里一阵紧张：要是敌人找不到我，他会饶了覃大娘吗？我真想站起来扑过去同敌人拼了，救出大娘。正在这时，远远地又听到覃大娘叫着她儿子的名字，高声喊道："我带老总找那个病人去啦！你不要乱跑。别叫枪打着！"

我知道这是大娘在嘱咐我，心里一热，自言自语地说："覃大娘，你真是我的好妈妈。"

一会儿，下雨了，田野静悄悄的。我估计白匪已经走了，掀开身上的麦秸，连滚带爬，钻进树林去，藏在一个岩洞里。

天黑以后，大娘的儿子找到了我，又把我背回家来。

一进屋，就看见炕沿上放着一盏半明半暗的油灯，满地都是破衣烂套子，大爷躺在炕上，昏迷不醒。再看看大娘，蓬头散发，脸上青一块，紫一块。我立刻明白发生了什么事情，心里像刀绞一样难过。

大哥哥轻轻把我放在隔间炕上，大娘拿起一床破被轻轻盖在我的身上，我实在控制不住心中的激动，忽一下坐起来，抓住大娘的手，喊了一声："娘！"喉咙就哽住了。

大娘眼里也涌出了泪水，她仿佛怕我看见似的，急忙转过身擦了擦。接着，她坐在我的身旁，一手扶着我的背，一手拿起衣襟，轻轻地擦去我脸上的泪水，安慰我说："快躺下，衣服都湿了，盖着被，别着了凉。别难过，你回来了，就比什么都好。"接着，她强把我按在炕上，盖上被，又吩咐儿媳说："快做点搅团给你爹和王弟吃！"

听到大娘像称呼儿一样地叫我王弟，心里更是感激。我伸出汗漉漉的手，紧紧握住大娘的手，激动地说："娘，今天要不是你老人家，我就落到敌人手里了，再摸不到娘的手了，为了我，叫娘和爹受了多少苦呀！……"

"别这样！"大娘安慰着我，鼓励着我，"路还长着，身体要紧，这阵子，他们说了算，总有一天，咱叫他跪着，他不敢站着。"

一提到敌人，我忽然想到敌人为什么知道我藏在大娘家，于是便急急地问："娘，敌人为什么知道我藏在这里？"

大娘的眼睛明亮起来，燃烧着火，她愤恨地告诉我："昨天夜里你来我家时，有个坏蛋看见了，告诉了白匪。白匪来没找到你，就把你大爷吊起来，又打，又灌辣椒水！"大娘说到这里忽然停住了，又把口气放缓和一些说："不说这些吧！"接着她转向外间，对大嫂喊道："搅团好了吧！王弟该饿了！"

大嫂端来两碗苞米搅团，大娘伸手接过一碗把我扶起来，就要喂我，我哪能吃得下去呢？我说不饿，大娘有些生气地说："傻孩子，不吃饭饿坏了身子，那不正合白匪的心意！吃，把身子吃得壮壮的，再找他们算账。"

多么豪迈的话呀！谁能想到，这是一家被敌人抢劫一空，丈夫被敌人打得奄奄一息的母亲说的话呢？我感到坐在我身边的不是一位年已半百的老妈妈，而是一位坚强的战士。

当天晚上，为了预防敌人再来搜山，大娘叫大哥把我背到东南山的一个岩洞里。在以后敌人搜山的日子里，大娘和她的全家，今天背我上西山，明天扶我越东岭。在大娘和她全家人的热情照顾下，我的身体渐渐地好起来了。

一天夜里，大哥来给我送饭，并告诉了我一个好消息，我们的部队就在附近，大娘要大哥连夜把我送回部队去。这是多么令人兴奋的消息啊！我多么希望立刻回到部队，回到自己的同志和首长身边啊！可是，又一个念头涌上心头：这么一走，怎能对得起大娘和大爷呢？一没向他两位老人家辞别，二没向他两位老人家感谢，怎能走呢？我一定要回去向大爷、大娘告辞，大哥无论如何也不让。他说敌人经常派特务监视他的家。如果出了事，也对不起红军，对不起我，大娘大爷不会饶他。实在没法，我只有站在山上，眺望着大娘的家，低声地说："原谅我吧，爹和娘！我永远也忘不了你老人家！"

选自中共商洛地委党史办公室编：《鄂豫陕边的记忆》，1985年，第102—106页。

王奎先，1916年生，河南固始人。1930年加入中国共产主义青年团，同年参加中国工农红军，1933年转入中国共产党。红军长征时任红二十五军七十四师独立团二营政治教导员。新中国成立后，曾任广西军区柳州军分区司令员、广西公安总队司令员、第四十一军炮兵副军长、广西军区副司令员等职。1955年被授予少将军衔。2003年在南宁逝世。

五、西征北上

配合中央红军北上，先期到达陕北[1]

戴季英　韩先楚　刘震

一、省委决定率红二十五军西征北上

“六月十三，红军出山。”这是当年流传在长安县引驾回等地的一句民谣。

农历六月十三，正是公元1935年7月13日。这天，我们红二十五军以极其突然之行动，经由商县杨家斜、蓝田县石嘴子等地，北出终南山，威逼西安。出山后，全歼蓝田县焦岱、长安县引驾回等地民团，前锋直抵西安城南20余里之韦曲、杜曲等地。与此同时，还在引驾回、子午镇、秦渡镇一带开展了群众工作，发动贫苦群众分粮、分盐、分衣物，动员青壮年参加红军。这一出其不意的行动，使敌人在西北地区进攻红军的总后方——西安城内，极为震动。当时正准备由西安开往天水之东北军五十一军于学忠部，被迫停止了行动。城内也一片混乱，一些大地主大资本家，纷纷准备逃往外地。另一方面，这一行动也扩大了我党我军的政治影响，鼓舞了西安近郊的广大群众，部队本身则得到了物资补充，并扩大新兵300多名。

① 本文题目经编者修订。原题为《配合主力红军北上，先期到达陕北》。

红二十五军自从撤离鄂豫皖苏区之后，即与党中央失去联系，对于当时全国的斗争形势不甚了解。只是在威逼西安的行动中，从报纸上得悉中央红军和红四方面军已在川西会师，并有北上动向。当时，蒋介石正在调集几十万大军向川、陕、甘边境集结，妄图将我主力红军围堵消灭于川西地区。对红二十五军来说，此时又面临着一次新的战略行动的抉择！

恰在这关键时刻，7月15日，即威逼西安的第三天，原鄂豫皖省委交通员石健民同志，从上海经由西安到达军部驻地子午镇，沿途冒着生命危险，通过敌人的重重关卡，及时送来了党中央数月前发出的几份文件，也带来了中央红军和红四方面军已在川西会师并有北上动向的可靠消息。当天晚上，省委立即在长安县沣峪口召开紧急会议。会议在代理省委书记吴焕先主持下，根据中央文件精神、报纸消息和敌情动态，认真分析了当时形势，认为：日本帝国主义的入侵和国民党的出卖，使中华民族危机空前严重，党和红军必须动员千百万人民一致奋起，坚决反对蒋介石的卖国反共政策，积极准备同日本帝国主义作战。同时认为“主力（红军）会合在西方的胜利，与将要形成中国西北部苏区根据地，……都是目前中国革命发展的新的形势特点”[①]，配合主力红军的北上行动，是当前最为紧迫的战斗任务。省委同时也考虑到陕南的实际情况，认为袁家沟口战斗的胜利，“只是粉碎了敌人三个月的进攻计划，而没有争取到最后的全部胜利”[②]；加之敌人实行“围剿”的兵力有增无减，形势仍很严重。为了谋求新的战略出路，原来就曾有过北上陕北与红二十六军会合的行动意图。吴焕先同志当时就曾讲过，红四方面军与中央红军在西北方胜利会师，我们南北两支红军也可以携起手来，集中行动作战。至此，省委当机立断地提出：红二十五军“目前首先要执行新的任务，采取新的策略，在一切行动中极力去与陕北红军集成一个力量”，以“配合主力红

① 鄂豫陕省委1935年7月25日、30日写给郑位三等同志的指示信。

② 吴焕先1935年7月17日写给中共中央的报告。

军在西北的行动，迅速创造西北新的伟大的巩固的革命根据地"[①]。于是决定率领红二十五军西征北上。

省委在与党中央失去联系的情况下，通观全局、独立自主作出这一战略决策，完全符合全国革命形势发展的需要，符合党中央、毛泽东同志率领主力红军抗日北上的战略意图，同时也反映了红二十五军全体指战员与主力红军会师的热切愿望。

与此同时，会议还确定合并鄂陕、豫陕两个特委，组成新的鄂豫陕特委，统一领导各路游击武装力量，继续坚持鄂豫陕边区的革命斗争。

二、跨上新的征途，配合主力红军行动

1935年7月16日，红二十五军即在鄂豫陕省委率领下西征北上，开始了新的长征历程。

我军从沣峪口出发，经由户县、周至县境，沿秦岭北麓向西挺进。于7月17日、21日，先后在周至县店子头和马召镇，两次打退陕军两个团的尾追。这时，驻西安之东北军五十一军一一三师李振堂部紧追而来，先头已到达周至，距我仅30余里，情势相当紧迫。军领导为隐蔽行动意图，摆脱尾追之敌，遂于22日晨，由辛口子向南折入秦岭山中。继经青岗砭、宽台子、厚畛子、二朗坝等地，佯作威逼汉中的姿态，借以迷惑和摆脱敌人。

7月27日，我军到达留坝县之江口镇，并击溃该地民团。北出终南山之后，连续十多天的行军作战，加之天气炎热，部队也十分疲劳，省委决定在江口镇休整两天，进行西征北上的思想动员和物资准备。部队也抓紧进行了整编。将随同主力部队行动的第四路游击师（地方部队）280余人，分别编入各团。原来就在这一带坚持斗争的华阳游击队，这时也在

① 鄂豫陕省委1935年7月25日、30日写给郑位三等同志的指示信。

江口镇赶上部队，以及沿途所收容的一些游击队伤病员，都补入连队。这时，军仍辖二二三团、二二五团和手枪团，包括军部直属队，全军近4000人。

之后，我军即从江口镇出发，经由庙台子、留凤关等地，转向西北挺进。8月1日，我军以二二三团第一营为前卫，轻装奔袭20余里，占领川陕公路要地双石铺，歼敌一部；该营三连设在双石铺东北三里处的警戒排哨，恰在当天傍晚截得一顶由凤县而来的滑竿，俘敌少将、参议一名，缴获文件和报纸甚多。军领导综合敌少将之口供和文件及报纸所提供的情报，证实我主力红军正在北上，而敌胡宗南纵队、新编十四师鲁大昌部、第三军王均部、新编第一军邓宝珊部及三十五师马鸿宾部，均部署于川西北和甘南边境、渭河沿线和西（安）兰（州）公路上，防堵我主力红军北上。据此，军领导决定部队立即进入甘肃境内，以威胁敌人后方，配合主力红军的北上行动。

8月3日，我军以手枪团化装潜入甘肃两当县城，配合先头部队攻占该城，俘敌保安队官兵数十名。随后便由两当县以北的利桥镇转向西北，直逼天水城下。9日晚，一举攻占天水县城北关，歼敌一部，缴获一批军用物资。我军直捣敌人后方，各处敌军四下告急，慌忙调第三军十二师一部，从武山、甘谷掉头回援。这时，我军于11日从新阳镇渡过渭河，进占了秦安县城。

我军进占秦安县城后，决心大胆向敌人纵深挺进，以截断西兰公路，进一步牵制敌人，积极配合主力红军的北上行动。8月12日，我军由秦安县城北进。14日，威逼静宁县城，毙伤敌数十名。守敌新一军十一旅惊慌异常，急电向兰州求援。至此，横贯陕甘两省的交通大动脉西兰公路，即被我军切断。

红二十五军神速西进，敌人极为震惊。当时，就连发自成都“行辕”的一道又一道“委座”电令，也是变化无常，对我军无可奈何。蒋介石早在6月6日就曾发出这样的电令：“查徐（指徐海东——编者注）匪数月以来，猖獗流窜，实属可虑，希速派队追剿，……”对于红二十五军威逼西安之后的行动，蒋介石不只是“实属可虑”，而且是极为可恼，遂于7月21日向西安绥靖公署发出电令严加痛斥：“区区之匪，至今尚不能歼灭，可知进剿不力、奉命不诚。兹再限期八月十五日以前肃清，如届时再不能遵令肃清，则唯该主管长官纵匪论罪！”8月10日，蒋介石又一次在电报中声称：“查徐海东匪西窜原因在策应朱毛，我军应采取内线作战要领，先以优势兵力迅速解决徐匪，再行以全力回击朱毛。”电令薛岳、王均、于学忠、杨虎城等部，各抽调一部分兵力，“统归朱绍良负责统一指挥”，集中对付红二十五军。我军这一战略行动，有力地吸引和牵制了川、陕、甘边界的敌人，迫使敌人在一定时期内减轻了对我主力红军的压力，起到了重要的配合作用。

三、激战四坡村，吴焕先壮烈牺牲

我军威逼静宁后，于15日进入静宁县城以北50里的兴隆镇，作短暂休整。17日，一举攻克隆德县城，歼守敌第十一旅二团一营大部，活捉了伪县长和保安团长，并以缴获的部分衣物被服，救济贫苦百姓。当日黄昏，我军连夜翻越六盘山，继续沿西兰公路向东挺进。18日，进至瓦亭附近时，与由固原赶来堵截之敌三十五师一部遭遇，经过激战，终将敌人击退，毙伤敌数十名，缴获战马数十匹，并相继占领瓦亭、三关口、蒿店等地。19日，乘胜逼近平凉县城。

这时，坐镇平凉城的敌三十五师师长马鸿宾，一面令一〇五旅一部增援平凉，一面令师属骑兵团及一〇四旅二〇八团，分由庆阳西峰镇、宁县早胜镇，向泾川县城集中。敌人妄图将我军逐出陇东地区。我军为了继续牵制敌人，于20日由泾河北岸绕过平凉县城，随后又从平凉以东之四十里铺南渡泾河，沿公路进至白水镇。这时，敌一〇五旅三个步兵营尾追而来，敌师长马鸿宾乘一辆“万国牌”大汽车，亲自随军督战。傍晚时分，我军回头阻击敌人，冒雨抢占打虎沟高地，将敌人全部打垮，歼其一个多营。亲至马莲铺督战的马鸿宾险些被我军生擒。

战后，我军连夜又赶到白水镇，稍事休整。8月21日拂晓，继续冒雨东进。沿着泾河南岸的泥泞公路，急行军40余里，到达泾川县城以西十余里的王村。这时，得悉敌三十五师骑兵团和一〇四旅二〇八团已经到达泾川县城，对我军进行堵击。前有堵敌，后有追兵，情况十分严重。接连下了两天大雨，公路以北的泾河水涨势很猛，部队再要北渡泾河已很困难；而在公路南面，则又被一道数十里宽的高塬所阻，几乎毫无回旋余地。在此危急时刻，军领导果断决定暂时离开公路，翻过南面的王母宫塬，南渡泾河支流汭河，摆出一副佯攻灵台的态势，给敌造成急于“夺路入陕”的错觉，实则西去威逼崇信县城，仍然扭住西兰公路不放，并积极探听主力红军的行动消息。

于是，部队由王村爬上王母宫塬。这是一座地势突兀的黄土高塬，位于泾河与汭河之间，由西向东蜿蜒而来。南面的崖壁底下，便是奔流不息的汭河水，据说汭河水平时流动缓慢，深不过膝，可以徒涉而过。眼下，因为大雨滂沱，平静的河面上卷起浑浊的浪涛，给部队渡河造成很大困难。

军政委吴焕先亲自在岸边指挥部队渡河。他浑身衣服全都被雨水湿透，紧紧贴在身上，满脸都滚着水珠，面孔变得铁青。他指挥手枪团和二二五团抢先渡过河去，占领南岸高地，并向泾川方向实行警戒，防止敌人突袭。等到军供给部和军医院过河时，山洪突然暴发，有几个战士不幸被洪峰卷走。吴焕先一看情况严重，马上命令停止渡过，抢救落水的战士。这时，全军的骡马担架、行李挑担、医疗药品、军械修理器材，以及随同医院行动的伤病员，全都拥挤在汭河北岸，……这是多么紧迫而又艰难的时刻啊！

正在这时，王母宫塬上猛然响起了枪声。敌一〇四旅二〇八团1000余人，在一连骑兵的配合下，由泾川县城沿着王母宫塬，乘机向我突袭而来。在塬上四坡村担任掩护任务的二二三团第三营，首先与敌人接触，当即凭借房屋、土墙和窑洞，跟敌人展开激战。这时，我先头部队已经渡过汭河，难以回援，担任后卫掩护任务的二二三团，完全处于背水作战。如不坚决打退敌人的进攻，后果将不堪设想！于是，军领导立刻命令二二三团第一、二营，全部投入战斗，坚决阻击敌人的进攻。在此危急关头，吴焕先政委带领军部交通队和学兵连一百五六十人，从右翼截击敌人。他们抄着一条隐蔽小路，一鼓作气地从河边奔上塬顶，恰好插入敌人的尾部，切断了敌人的后路。战士们不顾泥泞路滑，迅速占领几座高地，从侧后向敌人发起攻击。吴焕先政委向战士们大声疾呼："同志们，压住敌人就是胜利，决不能让敌人逼近河边！一定要坚决地打，狠狠地打！"与此同时，我二二三团三个营，在几挺重机枪火力的掩护下，趁机向敌人发起猛烈反击。只顾向四坡村发动围攻的敌人，没想到忽然从背后杀出一支奇兵，在我前后夹击之下，敌人顿时乱作一团，纷纷夺路逃窜……

战斗正在激烈进行时，亲临前线指挥作战的军政委吴焕先，身上负了重伤。指战员听到军政委负伤的消息，更加激起对敌人的无比仇恨，一个个悲痛至极，怒火万丈，奋不顾身地冲上前去，与敌人拼刺刀肉搏。最后终将敌人压到一条烂泥沟里，全部予以歼灭，毙敌团长马开基。

王母宫塬上的一场恶战，就这样胜利结束了。但是，指战员们并没有感到胜利后的喜悦，而是处于万分悲痛之中，无不捶胸顿足，热泪盈眶。因为战斗即将结束的时刻，年仅28岁的军政委吴焕先同志，就停止了呼吸……巍巍耸立的王母宫塬上，阴云低垂，风雨声咽。被烈士鲜血染过的几簇小草，滚动着一滴滴泪珠，仿佛也在为烈士垂泪致哀……

四、军之魂——令人难以忘却的怀念

吴焕先同志，1907年生于湖北省黄安县四角曹门（今属河南省新县）。1926年加入中国共产党。曾参加领导著名的黄麻起义，坚持鄂豫边武装斗争，他是鄂豫皖革命根据地和红四方面军创始人之一。1930年后，历任中共黄安县委书记、鄂豫皖特委委员、鄂豫皖省委委员、红四军十二师政治部主任、红二十五军七十三师政治委员、红四方面军政治部主任等职。1932年红四方面军撤离鄂豫皖时，焕先同志留任鄂东北游击总司令。他根据省委决定主持重建红二十五军，先后担任军长、军政治委员。在面对数十万敌军四次、五次的残酷"围剿"中，极其艰难困苦的蹉跎岁月，他领导红二十五军和地方军民坚持鄂豫皖革命根据地，进行了艰苦卓绝的斗争。1934年冬，红二十五军奉党中央指示实行战略转移，创建新的革命根据地。在创建鄂豫陕根据地初期，省委书记徐宝珊身患重病，军长程子华、副军长徐海东在庾家河战斗中均负重伤，焕先同志主持全面工作，独挑革命重担，为鄂豫陕革命根据地的开辟创建、红二十五军的发展壮大，以及粉碎敌人两次重兵"围剿"，做出了重大贡献。尤其是决定红二十五军西征北上的战略行动，他更以远见卓识、胸怀全局的革命胆略，坚决果断、及时正确地作出行动决策。他具有高尚的革命品质、坚强的斗争意志、卓越的战略远见和领导才能，他是全军一致公认的杰出领导者。他的牺牲，是鄂豫陕省委和红二十五军的一个重大损失，全体指战员悲痛万分，决心为实现他的遗志而英勇奋战！

焕先同志作战英勇，身先士卒，临危不惧，指挥若定，在几次生死存亡的恶战中屡建奇功，使部队摆脱困境，转败为胜。他能够以身作则，严于律己，密切联系群众，与战士同甘共苦，深为全体指战员所爱戴和敬佩，在部队中享有崇高的威信。他善于独立思考，注重斗争实践，对党和革命事业怀有一颗忠贞不渝之心！

西征北上途中，焕先同志十分关切中央红军和红四方面军行动的消息，以及川、陕、甘边的战事动向。自从与党中央失去联系之后，他随时都期望跟党中央建立联系。部队到达陕南时，他曾几次给红四方面军和川陕省委写信，试图与党中央取得联系，但都没有成功。他多次讲过，消灭敌人一个团不如缴获一部电台，有了电台就可以设法与党中央取得联系，及时得到党中央的指示。为了向党中央报告情况，从沣峪口出发的第二天，他连夜写了一份《关于红二十五军的行动、个别策略及省委工作情况的报告》，长达8000多字，末尾注有“七月十七日夜，下三点半”。报告写成之后，他连同省委关于创建鄂豫陕新区的决议文件，都一并交由石健民呈报中央，请求中央予以审查。因为没有电台联络，打下双石铺以后，也只是根据敌少将参议的口供和《大公报》上的几则片断消息，认真加以分析研究，及时作出策应主力红军北上的行动决策。据此，他向部队提出“迎接党中央”和“迎接主力红军”的战斗口号，进一步激发了全体指战员的斗志，全军上下拧成一股劲儿，决心以实际行动迎接党中央和主力红军的到来！

从终南山下到陇东高原，焕先同志一路上的所作所为，都给我们留下极其深刻的印象，使人终生难忘。部队每经过一地，他都深入调查研究，根据不同地区的民情风俗，适时地提出一些新的政策、纪律规定，教育指战员严格遵守，切实做到，秋毫无犯。牲口吃了农民的庄稼，他也要求当面赔情道歉，按价补偿损失。记得路过留坝县庙台子时，部队就住宿在张良庙内，烧火做饭，弄得到处都是柴草烟灰，纪律也不太好。他当下就把有关单位领导召集起来，进行批评教育，要求整理好庙内卫生。当时，他听说军供给部把庙内的一对铜鹤收藏了起来，准备带走留作供给经费之用，他立即找到供给部领导，让其把一对铜鹤送回原处。他语重心长地说：“这一对铜鹤是很值钱，但它是庙内的文物古董，值钱再多，我们也不能拿走，更不能变卖！雁过留声，人过留名。我们从此路过一回，拿走了留侯祠的文物古董，将会落下个千古骂名。我们红军队伍再穷再苦，都不能做出这种遭人唾骂的事，落下个盗卖文物的罪名！”他还讲了西汉名士张良的故事，介绍了几块明清两代名人的留题碑刻，要求部队爱护名胜古迹，对庙内的一切陈列物品，都不得随便挪动。指战员都很敬佩军政委的做法，临走时把庙内收拾得干干净净，一片清新，僧俗游人们无不交口称赞。

在进入回民聚居的兴隆镇之前，焕先同志就找贫苦群众、地方乡绅、小学教员、货郎小贩促膝相谈，深入了解了回民地区的社会情况，结合当地回族的宗教信仰和风俗习惯，及时为部队制定了“三大禁令、四项注意”，对部队进行党的民族政策教育，严格要求部队贯彻执行，不得违犯。到了兴隆镇以后，焕先同志又邀请几位颇有名望的人士和清真寺的阿訇，到军部做客，他向这些人士讲道：“我军进驻兴隆镇，一不向你们派捐款，二不向你们催粮草，三不拉你们的民夫壮丁。大家尽管放心，红军决不骚扰老百姓。我们也不在此地停留，稍作休整之后，很快就走！”随后又讲了我党的抗日救国主张和红军的政策纪律。第二天，他还跟其他几位领导同志一起，在军号、锣鼓、鞭炮声中，拜访了清真寺，并赠送了匾额和礼品。当时，马青年等六七个回族子弟，自动参加了红二十五军。“红军好”的消息不胫而走，很快传遍了陇东高原……

多么令人难忘的怀念啊！吴焕先与红二十五军，就像一缕贯穿始终的红丝线，抽不完也扯不断。焕先同志牺牲以后，当时就葬于汭河南岸的郑家沟，坟墓随后也遭敌人毁坏。壮志未酬身先死，而今许多健在的老同志，仍把他看作红二十五军的领导核心，卓越的决策人。吴焕先同志的英名将与日月同晖，永垂青史！

五、打退敌人追堵，胜利进入陕北

为了继续牵制和迷惑敌人，我军直逼灵台方向，佯作“夺路入陕”之状。

敌人原以为这支“疲惫之师”，在到达泾河两岸时，必然要夺路进入陕北，没想到却掉头南下，进入灵台县境。我军的这一行动，敌人曾错误地认为：扰乱之师，飘忽不定；北去不成，而又“被迫流窜入陕”。于是，西安绥靖公署8月30日又发出电令：“严堵该匪窜陕”。尾追到达陇县的东北军五十一军一一三师，这时也摆出一副防堵红二十五军入陕的架势。

其实，红二十五军除以少数部队在灵台附近虚张声势之外，主力则在灵台、崇信、陇县之间的三角地带，积极探听主力红军的行动。部队所到之地，军领导都派手枪团四出搜集报纸，访问客商，打探消息，极力寻觅有关主力红军的北上动向。由于当时条件所限，又没有电台通讯，对主力红军正在过草地的行动消息，一无所悉。就在这时，敌情起了重大变化：猥集于陕甘边界陇县、清水、马鹿镇等地之敌一一三师，时刻都在窥测着我军的行迹，伺机而动；敌第三军十二师也从武山、甘谷一带移动而来；由兰州乘汽车驰援之敌第六师十七旅，已经到达泾川县城；敌三十五师仍继续向泾川方向集结调动，该师骑兵团一直跟追到什字镇，像条尾巴似的难以甩脱。军领导考虑到一时难以获得主力红军的确实消息，各路敌军日益集中逼近，对我形成合围夹击之势，我军连日在大雨和泥泞中行军作战已很疲劳，伤病员也难以安置，继续作无后方依托的行动十分不利，遂决定立即奔赴陕北苏区，与陕北红军会师。

8月30日，部队经华亭县安口窑转而北上。31日晚，由平凉县城以东的四十里铺渡过泾河，继经镇原、庆阳县境，翻沟跨塬，兼程前进！

这时，敌三十五师骑兵团和步兵二一〇团，一路上跟踪穷追。我军在经过西峰镇和翻越赤城塬时，曾两次打退敌人骑兵的尾追。9月4日晨，部队从板桥镇出发时，担任后卫的二二五团三营遭敌骑兵团突然袭击，在此时刻，徐海东指挥二营投入战斗，掩护三营突围。但因敌众我寡，也陷入敌人的包围之中，情况十分危急。恰在这时，我们二二五团一营，迅速抢占一座山头，以猛烈的火力阻止了敌人的进攻，掩护徐海东同志飞马突出重围。这次战斗，我们二二五团三营损失200余人，团长方炳仁同志壮烈牺牲。

之后，就沿着陕甘边界的崇山峻岭，继续向北前进。这一路人烟稀少，沿途无粮可筹，部队饥疲不堪，行进困难。全军都处在严重的饥饿威胁之中。不少营以上领导，都把自己的乘马宰了，为战士果腹充饥。正在十分困难之时，恰遇上一个赶羊商贩，军供给部如数买下四五百只羊，这才解除了严重的饥饿威胁，得以继续前进。

9月7日，到达陕甘革命根据地的豹子川。省委在此开会，决定由徐海东任军长、程子华任军政委、戴季英任参谋长、郭述申任政治部主任。这时，全军总共3400余人。军领导对部队作了进入陕北苏区、同陕北红军会师的政治动员，要求部队整顿好军容，讲究礼节，遵守纪律，注意团结，虚心向兄弟的陕北红军学习。全体指战员都感到无比兴奋，信心倍增。

9月9日，部队进至永宁山，和陕甘党组织取得了联系。习仲勋、刘景范同志，得悉这个消息后，立即报告了西北工委。中共西北工委组织部还印刷了《为迎接红二十五军北上给各级党支部的紧急通知》。红二十五军在永宁山稍作休整后，经过四天行军，于9月15日到达延川县永坪镇。至此，红二十五军经过两个月的艰苦转战，行程4000余里，沿途攻克三座县城，进行大小战斗十多次，打退了敌人的追堵，终于实现了自己的战略意图，成为红军长征中先期到达陕北的第一支队伍，胜利完成长征。

选自芦振国、姜为民编：《红二十五军长征纪实》，河南人民出版社1986年8月第1版，第89—102页。

戴季英，1906年生，湖北黄安（今红安）人。1925年加入中国共产主义青年团，1926年转为中国共产党党员。1927年11月参加黄麻起义，1928年任中共黄安县委书记兼共青团县委书记，并兼黄安地方武装总指挥。红军长征时任红二十五军参谋长。新中国成立后，曾任中共开封市委书记。1997年在郑州逝世。

在陕甘边转战，胜利结束长征[1]

刘华清

“过河卒”

1935年7月16日，红二十五军离开了新开辟的鄂豫陕苏区，继续长征。

对于这次新的战略行动，军政委吴焕先说：“现在我们就像一枚攻过河的卒子，只能朝前进攻，不能往后退了！”

我们处境很特殊。因为自撤离鄂豫皖苏区开始长征后，就一直和党中央失去联系，成了一支独立作战的孤军。消息闭塞，无法了解全国斗争形势，甚至连中共中央举行了遵义会议这样的大事也一无所知。后来在进逼西安的行动中，我们从报纸上得悉：中央红军和红四方面军已在川西会师，并有北上动向；蒋介石正调集几十万大军向川陕甘边境集结，企图将我主力红军围堵歼灭于川西地区。

面对这一消息，红二十五军领导觉得必须从全局着眼，作出新的战略选择。

7月15日，我突然见到石健民。当时，军部驻在长安县子午镇。这是个拥有百十户商号的镇子，位于终南山下的子午峪北口，是进出终南山必

① 题目为编者所拟。

经之地。红二十五军下一步究竟如何抉择，军领导举棋难定。石健民的到来解决了大问题。他简直神出鬼没，突然在子午镇出现，带来了中共中央数月前发出的几份文件，还带来了中央红军和红四方面军已在川西会师并有北上行动的可靠消息。他是红安县人，早在鄂东北游击总司令部时我们就熟悉。这一次，由于时间紧，只打了一个照面。应该说，他虽然没有参加红二十五军长征，但在红二十五军长征的历史上，却有不可磨灭的贡献。

省委当晚召开紧急会议，形成了统一认识：配合主力红军北上行动，是当前最为紧迫的战斗任务。最后决定：红二十五军立即北上，与陕北红军汇集成一个力量，创建新的巩固的革命根据地。会议还决定，将中共鄂陕、豫陕两个特委合并成一个特委，将苏区的游击武装力量合编成一支战斗部队，由新的特委统一领导，继续坚持斗争。郑位三被留在鄂豫陕边区，担任领导工作。

后来事实证明，这一战略决策非常及时而且正确，完全符合全国革命形势发展的需要，符合中共中央的战略意图。当年《大公报》记者范长江在《塞上行》中，曾引用毛泽东讲过的一句话，对此有过恰当的评价："徐海东部之由陕南经陇东入陕北，乃偶然作成中央红军之向导……"

我们这枚"过河卒"立即行动，继续长征。

7月27日，经十余天连续行军作战，红二十五军抵达留坝之江口镇。我们在此休整两天，进行了西征北上的思想动员和物质准备，部队也重新作了整编。军下辖第二二三团、二二五团和手枪团，还有机关和直属队，全军共4000多人。这次与长征出发时不一样了，军政委吴焕先亲自对全军做动员，提出了"配合两大红军主力行动"和"迎接主力红军北上"的非常明确的战斗口号。我们宣传科也制定下发了教育提纲、宣传口号。

全军指战员情绪饱满，上下都拧成一股劲儿，决心不顾一切，奋勇前进！军直机关的气氛我感受得更为直接。当时，从交通队（即警卫连）、政治保卫队、少年宣传队、补充学兵连、随军野战医院，以及后勤供给部的挑夫队、担架队、骡马大队、军械修理所、被服工厂，到手枪团和两个步兵团的每个连队，到处都是一派奋发激昂的口号声：

“祝贺两大主力红军胜利会师！”

“配合两大主力红军北上行动！”

我们从江口镇出发，先南下佯攻汉中，然后转向西北挺进。一路上都是深山峡谷，山陡路窄，河水湍急，部队一会儿翻山，一会儿过河，草鞋湿了又干，干了又湿。人不停步，马不卸鞍，日夜兼程。正是7月天气，十分炎热，尤其正午，太阳像在喷火，每个人衣服上，都显露出一圈圈作战地图般的白色汗渍。

8月1日，我们占领了川陕公路要地双石铺，还俘虏了敌人一名少将参议。根据敌人口供和情报资料，证实了我主力红军正在北上，而敌人正在集结重兵实行堵截。军领导因此决定，趁敌人后方空虚，兵力薄弱，立即出其不意插入甘肃境内，以积极的作战行动吸引敌人，减轻其对主力红军的压力，从战略上配合主力红军行动。

8月8日，我们攻占甘肃两当县城，9日晚，又攻下天水县城北关，缴获大批军用物资。这时，敌第三军十二师一部已经掉头回援；东北军第五十一军一一四师，也赶往天水方向增防。我军随时可能处在敌人的夹击之中。

我们神速西进，敌人大为震惊。7月26日至8月10日，蒋介石接连从成都行辕发出五道电令，初时要求加强西安、宝鸡、汉中之线的碉堡封锁，防止红二十五军入甘与主力红军“合股”；继则督饬陕军各部“不分省界，跟踪追击”；并要求东北军第五十一军向天水方向“轻装堵截”，以围歼我军于两当一带。蒋介石看出了我军的意图，在8月10日的电报中指令所属：“查徐海东匪西窜原因在策应朱毛。我军应采用内线作战要领，先以优势兵力迅速解决徐匪，再以全力回击朱毛。兹将解决该匪办法列下……”蒋介石还在电报中要求将我军“于天水、成县以东，渭水以南地区，聚而歼之”。

可惜这一作战命令为时已晚。蒋介石大概没想到，他最后这份电传命令发出的第二天，我军已全部渡过渭河。

我们是8月11日到达渭河的。渭河是陇山峡谷中由西向东的一条混浊的河，水流很急。当时的过河工具，只有一条刚找到的小木船，每次只能上去二三十人，显然，全军数千人是不可能完全指望它的。好在没有暴雨，没有山洪下来，河水还算暖和。于是，派人试探水情，发现最深处只淹到人的肩头。这么一来，那条小船就可以主要照顾伤病员和女护士，其余人员都可以涉水而过。过河时，有的骑着牲口，有的拽着牲口尾巴，有的手牵手，从河中漂泅而过。另外，还在河面上拉了几条绳索，战士们把枪支弹药顶在头上，攀绳而过。一些年长体弱者，也是攀着绳子过去的。就这样，全军4000多人马，只用了半天时间，就顺利地过了渭河。当时的情景，还留下一幅历史照片，如今陈列在中国人民革命军事博物馆。我去看过这张照片，由于年代久远，层次简单，像一幅黑白版画，但上面的山塬、河流、木船、滩头等都依稀可辨。只是木船上的人影又多又小，很难辨个明。这是一幅极为珍贵的历史图片，我很感谢那位不知名的摄影者。

过了渭河，我军完全把握了主动权。既可以乘机转入陕北，与陕北红军会师，又可以扼住西兰公路，策应主力红军的北上行动，可说是一箭双雕。吴焕先政委关于“过河卒”的说法，就是在过渭河后讲的。

1935年8月15日，我们进驻了兴隆镇、单家集等地。这一带是回族聚居区，进驻前，军政委吴焕先作了大量调查，结合回族宗教信仰和风俗习惯，为部队制定了“三大禁令、四项注意”。三大禁令为：禁止驻扎清真寺，禁止毁坏回族的经典文字，禁止在回民地区吃大荤。四项注意是：注意遵守回族的风俗习惯，注意使用回民的水桶在井里打水，注意回避青年妇女，注意不要在回民地区打土豪。吴政委还专门找郭述申副主任和我们几个科长，共同研究如何教育部队和做好检查落实工作。为了便于开展群众工作，我们还派回民战士随宣传队去打前站。宣传科和油印科则准备了大量传单、布告，在大部队进入前，派手枪团先行进镇，张贴布告，安定民心。

这是一个有百户人家的小镇，一条狭斜小街，两旁有不少小铺。名叫“兴隆镇”，却没想象中的兴隆。街面上冷冷清清，商店也大都没开张。南街有座很大的清真寺。进镇后，我们写的传单、标语已贴得到处都是，如：“保护清真寺，不毁古兰经！”“尊重伊斯兰教的信仰习惯！”“红军和回民是一家人！”“回汉人民团结起来，打倒卖国贼蒋介石！”等等。

在兴隆镇，我们休整了三天，一面开展群众工作，一面做好继续行动准备。这几天里，有两件事在我记忆中印象很深。

一件是吴政委召开的座谈会。进驻当天下午，吴政委就把政治部几名干部派出去，把清真寺的教主、阿訇和当地有名望的绅士请到军部做客。座谈会上，吴政委向他们讲明了党的抗日救国主张和红军的政策纪律，告诉他们，红军进驻兴隆镇，只是稍作休整，一不催粮草，二不派捐款，三不拉民夫壮丁，不必担心；并向他们讲了红军规定的“三大禁令、四项注意”。座谈会打消了客人们的顾虑。会后，整个镇子热闹起来了。我还用毛笔写了几张大布告，上面是“三大禁令、四项注意”。第二天贴上街头，群众看后非常高兴。在布告的感召下，当时就有十几名回族青年报名参军。其中，有一个叫马青年，分到了我们政治部宣传队。

第二件事是军领导拜访清真寺。这是第二天上午，政治部做了些准备，军领导便带着相关人员前去拜访。队伍前面是吴焕先、程子华、徐海东等军的领导；他们身后，跟着很气派的军号队，几十把军号亮闪闪的，一路吹得嗒嗒响；军号队后面则是一块红光耀眼的锦缎匾额，由两个红军战士高高地挑在空中，匾上有四个金黄灿灿的大字：“德高望重”；接着，便是用十几张桌子抬的礼品：六颗银光闪闪的大元宝，六头色彩鲜美的大肥羊。这种阵势，在兴隆镇大概是头一回，队伍后面跟着好大一群看热闹的群众。一位老阿訇主持了拜访仪式。吴政委向老教主赠送了匾额和礼品，并向回民群众讲话，再次阐明党的抗日救国主张和红军的政策纪律。老教主也讲了一番表示感谢的话，并按照民族礼节，宴请了军的领导人。事后，老教主又领着清真寺的阿訇、地方绅士和回民群众，到军部驻地做了回拜，献了一面锦旗，上面写着四个大字："仁义之师"。

部队严格执行党的民族政策，普遍开展群众工作，进行助民劳动。街头巷尾，到处都打扫得干干净净。军医院还为群众治病。我军以实际行动，扩大了党和红军的影响。礼尚往来，回民群众也为部队做好事。比如，有两位回族妇女看到我军山顶上哨兵没吃饭，他们就提着一篮馒头送去。

第三天，我们离开兴隆镇。镇上男女老幼齐集街头，在马路两旁摆设香案，放上点心油果，敲锣打鼓，鸣放鞭炮，为红军送行。十几名回族新战士，也与父老乡亲告别。与我们刚进镇时的冷清相比，是截然不同的两种场面。尤其让我们高兴的是，我们的言行让回族群众概括成了三个字："红军好"，而且这三个字不胫而走，很快在陇东回民地区传开。以后，我军所过的回民地区，群众都结队相迎；许多回民老乡还自觉为我军报告敌情，充当向导，使我军得以迅速北上。

后来，中央红军长征经过这里，也受到回民群众的热烈欢迎。毛泽东同志就住在单家集，离兴隆镇很近，他也切身感受到了红二十五军民族政策的影响。到达陕北以后，毛泽东在接见徐海东和程子华时，夸奖了这件事，说红二十五军政策水平很高，民族政策执行得很好！

可以说，在中国革命这盘棋上，将红二十五军称之为"过河卒"，恰如其分。她确实是红军长征北上的"当头卒"。

王母宫塬

1935年7月到9月初那段日子，我们的部队很像匹野马，在陇东高原走东闯西，来回奔驰。敌人一直搞不清我们的行动企图。

其实，我们自己也是无可奈何。我们是因为得知中央红军准备北上而离开鄂豫陕苏区的，但我们没电台，无法与中央联系，眼下中央红军到了什么地方，一点也不知道，只能来回闯荡，一则可以牵制吸引敌人，二则找机会打探主力红军的消息。

8月21日，我们冒着大雨强行军，来到泾川县附近的王村。

局面极为严重：后面有紧紧咬住的追兵；前面，敌第三十五师骑兵团和第一〇四旅二〇八团已经到达泾川县城；北面是泾河，因连续大雨而变得波涛汹涌；南面则是屏障般高耸的黄土高塬。我们的回旋余地非常狭窄，如摆脱不掉敌人，可能会有灭顶之灾！危急时刻，军领导果断决定：离开公路，翻越南面高塬，甩掉敌人。

我们爬上了地势突兀的黄土高塬。

这道高塬位于泾河与汭河之间，由西向东，蜿蜒而来，到了两条河流的交汇处，身躯一挺，耸起一座高峻山塬。山嘴上，有座建于北魏永平三年（510年）的石窟，有许多栩栩如生的石像，而王母娘娘地位最尊，石像格外高大，石窟因此叫王母宫石窟。当地人称此塬为王母宫塬。王母宫塬南端，断崖陡峭，崖底就是我们即将徒涉的汭河。这条河平时流速缓慢，但眼下大雨滂沱，河面加宽，水流变急，给过河造成很大困难。

军政委吴焕先亲自指挥渡河，在河岸边奔前跑后，大声呐喊。雨像鞭子在抽打，又急又猛。最先过河的是手枪团和二二五团，他们占领了河南岸高地，并向泾川方向警戒。接着便是军部直属机关分队。从吴政委面前走过时，我见他衣服湿透，满脸滚着水珠，面孔铁青。他挥挥手，大声喊："你们政治部快过去！"从长征以来，吴政委总是哪里有危险就出现在哪里。

军部直属机关正在过河，这时，突然传来雷鸣般吼声。山洪来了。河水突发野性，竖起一堵浑浊水墙，劈头盖脑横压过来。我眼看着几个战士被洪峰无情地卷走了，大家惊叫起来。吴政委马上命令停止渡河，抢救落水战士。可是，哪里还能见到人的踪影。

大雨不停。全军的辎重行李、骡马担架、缝纫机、药品和医疗器材，以及随军行动的伤病人员，这时全都集结在河北岸，拥挤不堪。我们过不了河，身后高塬上担任掩护任务的二二三团指战员也就不能撤下来。敌人越来越近，时间紧迫。大家的目光都集中到吴政委身上。

必须抢渡。吴政委想出了点子，命令部队将供给部带的布匹扭成绳索，选几个水性好的战士试渡。他们每人骑一匹大骡子，各牵一条布索，等山洪前峰过去，便跳入激流。不多一会儿，他们顺利过河，将白布牢牢拴在对岸两棵大树上。接着，就有几个战士抓着浮在水面的白布索，扑腾扑腾地泅了过去。试渡成功，我们欢呼起来，继续渡河。

塬顶上突然响起枪声，敌人追上来了。军供给部正在过河，而先头部队已经过去，一时难以回援，塬上担任后卫掩护的二二三团只能背水一战。枪声、爆炸声不时传到河岸，我们焦急万分。谁都看得清楚，如果不能阻住敌人，后果不堪设想。这时，只见徐海东副军长带领身边人员奔向二二三团阵地；吴政委则带领交通队和学兵连100多人，从右翼向敌后插过去。其他人抓紧渡河。

后来知道，吴政委带领部队从一条隐蔽的小路，奔上塬顶，正好插到敌人尾部，切断了敌人后路。吴政委指挥部队迅速抢占了几座高地，从侧后向敌人发起攻击。吴政委大喊："同志们，压住敌人就是胜利，决不能让敌人逼近河边！一定要坚决地打，狠狠地打！"二二三团也趁机向敌人发起猛烈反击。敌人没想到从背后杀出一支奇兵，顿时乱了阵脚，夺路逃窜。不幸的是，激战中吴政委负了重伤。

吴政委威信极高，许多人心目中，他几乎就是红二十五军之魂。听到他负了伤，指战员一个个怒火万丈，奋不顾身冲向敌群，拼刺肉搏。敌人乱套了，奔逃的奔逃，跳崖的跳崖，人马互相践踏，最后被压到一条烂泥沟里，1000多人全部被我歼灭。敌团长马开基也被击毙。

枪声停了。王母宫塬上，一场恶战以我们的胜利而结束；但是，谁都没有心情去感受胜利喜悦——就在战斗将结束时，传出噩耗，全军敬爱的政委吴焕先同志停止了呼吸！

听到噩耗，全军哀痛！

王母宫塬上空阴云低垂，风雨如泣。烈士鲜血染红的几簇小草，滚动着一滴滴带血的水珠，渗进了黄土。我们敬爱的中共鄂豫陕省委书记、红二十五军政治委员吴焕先同志，就这样英勇地战死在王母宫塬，年仅28岁。

他倒下了，他就像照亮夜空的一颗流星，过早地坠落在长征路上。

当晚，万籁俱寂。在河南岸一个叫郑家沟的小村庄里，我们为吴政委送行。医护人员为吴政委的遗体作了卫生处理，穿上两件内衣，又用了几丈洁白的棉布，紧紧裹住他的身子。徐海东副军长满含热泪，亲手把吴政委生前最喜爱的一件青呢大氅盖在遗体上。安葬之前，举行了告别仪式，军直机关全体人员向吴政委遗体垂首致哀，几十双眼睛哭得又红又肿。

我们找来了一口柏木棺材，装殓了吴政委的遗体，葬在郑家沟一个山根底下。为了保密，只去了少数几个同志进行安葬。一切都是在安静中进行的。

“出师未捷身先死”。吴焕先政委的牺牲，使鄂豫陕省委失去了一位才能卓越的领导，红二十五军也失去了一位优秀的指挥员。他虽然离开了我们，但他的精神永存。

半个世纪之后的1985年8月，为纪念吴焕先政委牺牲50周年，我和程子华、郭述申、韩先楚、刘震、陈先瑞等老同志，联名写信给中央，建议为吴政委建立纪念碑。经中共中央批准，在吴政委的家乡河南郑州烈士陵园和他牺牲的甘肃兰州烈士陵园，分别建立了纪念碑和纪念亭。邓小平同志题写了“吴焕先烈士纪念碑”碑名；李先念同志为纪念碑题词：“功勋卓著”；徐向前同志题词：“赤胆忠心，英勇善战”。碑文则是我们几个老同志共同撰写，落款为“红二十五军先烈纪念委员会”。

王母宫塬战斗后，我们这支没有后方依托的队伍，就在灵台县一带打圈子。主力红军正在过草地，我们并不知道。每到一地，军领导都要派手枪团到处收集报纸，访问客商，打探主力红军消息。

主力红军的消息不知道，却把敌人的情况摸到了。陇县、清水、马鹿镇等地的敌第五十一军一一三师，时刻在窥测我们，伺机而动；敌第三军十二师也从武山、甘谷一带向我军移来；由兰州乘汽车驰援的敌第六师十七旅已经到达泾川县城；敌第三十五师仍继续向泾川方向集结，该师的骑兵团则像条尾巴一直追着我们。

敌情严重，很快就会对我形成夹击之势。军领导认为：我军连日在大雨泥泞中行军作战，十分疲劳，伤病员也难以安置，再继续作无后方依托的行动非常不利；既然一时得不到主力红军的确实消息，此地不宜久留。决定立即北上，与陕甘红军会师。

1935年9月初，在合水县板桥镇，我们打了一次败仗。

当时，敌第三十五师骑兵团让我们很头疼。人的两条腿自然跑不过马的四条腿，他们仗着这一点，一路老跟着我们，时不时就交上火。在过西峰镇和翻越赤城塬时，我们曾两次打退过他们。长征开始后我们经历过大小许多次战斗，不管战斗再残酷，结果都能转危为安。可是板桥镇这一仗，我们吃了大亏。

9月3日，我们渡过马莲河后，在板桥镇宿营。这是陇塬上一个不大的小镇，不到百户人家。由于疲劳，很快就休息了。机关也没有深入部队去作行军情况检查，都想抓紧时间休息。

黑暗中，响起敌人的马蹄声，越来越近。遗憾的是，我们听不见。

天刚亮，部队集合。二二三团是前卫部队，已经出发了；二二五团一营、二营也出发了。军部机关和二二五团三营集合后，军参谋长讲话，延迟了出发时间。这时，响起急促的马蹄声，敌骑兵团突然出现。马群扬起尘土，铺天盖地地压过来。

军机关的队伍里，前面的刚刚开动，后面的还没挪窝。我们一时无法组织有效抵抗。走在前面的拼命往前跑；后面的军医院则被敌人冲散了；后卫三营也被敌人包围起来。枪声、喊声、马嘶声乱成一片。为掩护三营突围，徐海东指挥二二五团二营投入战斗。但是，敌众我寡，他们也陷入敌人包围之中。情况十分危急。二二五团一营迅速抢占了一座山头，以猛烈火力阻止敌人进攻，掩护徐海东等突出重围。战后，军医院和一些被冲散的人员陆续归了队，情况狼狈，有的被搜去了东西，空手回来；有的甚至被剥了衣服，回来时只穿了一条短裤。这一仗，二二五团损失200多人，团长方炳仁同志也壮烈牺牲。

打了败仗，士气低落。我们边行军边鼓动，振作士气。在东华池附近渡过葫芦河后，沿陕甘边界的崇山峻岭继续向北挺进。

没想到，我们几乎走进绝境。

越往北走越荒凉。先是峻岭中的崎岖山路，再接着走是荒草野地，不时还有小面积的沙漠。人烟稀少。饥饿和疲劳像阴影一样笼罩全军。体力弱的，走着走着就昏倒了。伤病员更艰难，药品奇缺，加之饥饿，生命力耗尽了，永远长眠在这荒野之中。

困难面前，方显红军本色。我们政治部人员采取互助形式，体力强的帮助体力弱的，年龄长的帮助年龄小的，团结一致，以顽强的意志战胜困难。全军指战员也都采取了这种形式，党员干部发挥先锋模范作用，出现许多让水、让粮的感人事迹。配了马匹的干部基本都把马杀了，让大家果腹。

尽管如此，部队仍处在严重的饥饿之中。想想觉得窝囊：敌人数万之众，一直打不垮我们；饥饿却成了敌人最好的同盟军，将把我们这支队伍消灭。

好在老天爷主持公道了：如有神助，恰好来了一伙赶羊的商贩。军领导如获至宝，当即让供给部把羊全部买下。部队饱餐一顿，重获生机。数天艰难跋涉后，我们终于走出了这片可怕的荒漠区。

1935年9月7日，我们到达了合水东北的豹子川（今属华池县），这已经是陕甘苏区的边缘。在这里，省委开了一次会，解决了两个问题：一是调整军的领导班子。由徐海东任军长，程子华任军政委，戴季英任参谋长，郭述申任政治部主任。二是决定对全军进行与陕甘红军会师的动员教育。

9月的陕北，秋高气爽。就要会师了，我们怀着兴奋的心情继续北进。9月9日，到达保安县（今志丹县）永宁山。中共西北工作委员会得到我们到来的消息后，印发了《为迎接红二十五军北上给各级党部的紧急通知》，要求各级党组织立即动员起来，用各种方式欢迎和慰问远征的红二十五军。

我们在向永坪镇开进的路上，人民群众夹道迎送。到处都能看到欢迎红二十五军的标语，听到欢迎的口号，还有这样动人的歌声：

一杆杆红旗空中飘，
红二十五军上来了。
来到陕甘洛河川，
劳动百姓好喜欢。

西征北上以来，我们一直在饥寒交迫中跋涉，在生死存亡中拼杀；现在突然看到这种充满亲情的场面，心里格外温暖，有种终于回到亲人怀抱的感觉，直想流泪。

9月15日，我们到达延川县永坪镇。

永坪镇是当时陕北较大的一个镇子。进镇前，为了展现红二十五军的风采，我们认真进行了一番准备。队伍最前面是军里几位领导；紧跟着机关和直属队；再后面就是手枪团。手枪团都是青黑色着装，腰里扎着皮带，每人背一把盒子枪和几颗手榴弹，背后还斜插一把大刀。队伍排着四路纵队前进，很威风。手枪团后面是几十名号手组成的司号队，军号擦得锃亮，拴着长长的红穗子，走起路来一甩一飘的很好看；吹号时，号手憋足了劲，不仅吹得整齐，而且极响亮，非常提精神。再后面是步兵团队。我们武器装备不错，每个营有六挺重机枪，连有九挺轻机枪。步兵排着三路纵队行进，清一色马步枪，上着明晃晃的刺刀，步伐整齐，不时喊几声响亮的口号，显得精神抖擞。伤病员和大小行李则放在队伍的最后面。

我们从镇子西面进去，山沟和大路两旁贴满了花花绿绿的标语，写着“欢迎红二十五军老大哥部队”之类的口号，还架起了三四道大彩门。道路两旁排列着欢迎的人群。

永坪镇南面，紧靠一条干涸河道。9月16日，刘志丹等同志率领红二十六军、二十七军赶来和我们会师，会师大会就是在这个宽敞的河道里举行。场面十分热烈动人，两支部队指战员热烈握手，热情拥抱。几十年过去了，那个场面如在眼前。我就是在这次会师中第一次见到刘志丹的。

9月18日，永坪镇又举行了盛大的联欢会，庆祝两支红军队伍胜利会师，同时纪念九一八事变四周年。会场仍在河滩上，北边搭了个席棚台子，会场当中用石灰画了一条粗粗的白线。线的左边，坐我们红二十五军部队；右边坐陕甘苏区的红军。周围几十里的赤卫军和人民群众纷纷赶来。河滩上歌声嘹亮，人人兴高采烈，会场洋溢着两支红军部队的手足情谊和苏区人民对子弟兵的炽烈感情。

到此为止，我们红二十五军历时十个月，转战万余里，胜利结束长征。这时，全军总共3400多人。

在红军长征历史上，红二十五军是单独一路，与红一方面军、红二方面军和红四方面军相比，有其独自特点。红二十五军的远征路上，虽然没有雪山草地大渡河，但同样艰难和漫长，经历了多次激战，打破了敌人重重围追堵截，不仅在途中创建了鄂豫陕苏区，自身得以发展壮大，而且在陕甘边转战，牵制大量国民党军，有力地配合了主力红军，并先期到达陕北，成为主力红军北上的向导。

红二十五军长征彪炳史册，是中国革命史上辉煌的一页。

选自刘华清：《刘华清回忆录》，解放军出版社2004年8月第1版，第58—72页。

西征北上，与陕甘红军胜利会师[①]

王诚汉

军首长血沃长征路震撼我心灵

我们人民红军，我们抗日先锋，
吹起前进号音，奋勇向前进。
只见刺刀光芒，只闻炸弹声响，
……冲锋冲锋，快快冲锋！
枪口对准敌人，冲！冲！冲！
我们抗日先锋！

——歌曲《红军抗日先锋》

1935年7月初，中共鄂豫陕省委获悉中央红军和红四方面军已在四川西部会师，先头部队已到松潘。为了配合主力红军行动，于7月15日在长安县沣峪口召开紧急会议，一致认为配合主力红军行动，是当前的重要任务，决定率领红二十五军西征北上。红二十五军自离开鄂豫皖根据地以后，与党中央失去联系，对全国革命斗争形势不甚了解，只是在进逼西安途中，得知中央红军和红四方面军在川西会师，并拟定北上的消息。

① 题目为编者所拟，文中个别地方略有调整。

在这种复杂多变的情况下，红二十五军领导人通观全局，果断地做出西征北上的战略决策。

7月中旬，红二十五军从子午镇出发，北出终南山，西征北上。部队跨过秦岭威逼西安，然后向甘肃挺进。在西安附近时，我们已经隐隐约约看到了城墙。

这时，军仍直辖第二二三、第二二五团，连同直属队、手枪团，全军已近4000人。这一时期，小仗不断，大仗打的不多，最大的收获是缴获了刊载有中央红军消息的报纸。连续十多天的艰苦转战，经户县、周至、骆驼口、佛坪、西江，于8月1日占领陕甘交界的双石铺，消灭胡宗南部四个连，并俘获敌少将参议一名，缴获一批文件和报纸。7月22日《大公报》报道："红军主力已越过六千米的巴朗山，向北进行……似有窥甘青交界之洮州、岷县、西固等处。"

吴焕先等军首长综合敌人的口供、文件、报纸所提供的情报，更加证实中央红军与红四方面军的行动有北上动向。而敌胡宗南所部、新编第一军邓宝珊部及第三十五师马鸿宾等部，则部署于川西北和甘南边境及渭河沿线和西兰公路上，企图阻止我主力红军北上。据此，军首长当机立断，决定乘敌后方空虚，立即西出甘肃，并袭击天水县城，直接威胁敌人后方，打乱各路敌人的堵击部署，配合红一、红四方面军北上，先"与陕北红军集成一个力量"，以"配合主力红军在西北的行动，迅速创建新的伟大的巩固的革命根据地"。

8月3日，我军南下两当，翻越麦积山，直扑天水城下。9日，攻下天水的北关，歼敌增援的第十二师独立旅一部。因城坚难克，我军乃放弃攻占天水的计划，转向凤凰山，从新阳镇强渡渭水。8月11日打下秦安，挺进通渭，截断西兰公路的交通，进抵静宁县城以北50里的兴隆镇。

在兴隆镇，红军与当地老百姓建立了深厚的友谊，军民团结、民族团结传为佳话。这一地区是回民聚集地，红二十五军严格执行党的少数民族政策，向部队发布三大禁令四项注意，尊重少数民族群众的生活习惯，到水窖中打水要用当地群众的专用工具。吴焕先政委召集当地知名人士座谈会，宣讲共产党的民族政策，为清真寺送匾。当地群众称赞红军是仁义之师，有十多位青年报名参加红军。一个多月后，当毛泽东等率领中央红军主力经过此地时，受到群众的热烈欢迎。为此，毛泽东盛赞红二十五军的群众工作做得好，是执行党的民族政策的模范。

红二十五军的神速西进，迅速截断西兰公路交通，出敌意外，引起敌军一片慌乱。蒋介石从7月26日起由成都“行辕”发出五道电令。调兵遣将，始则防我入甘，继则围追堵截，再则抽调其“围剿”我主力红军的部队，妄图“先以优势兵力，迅速解决”红二十五军，然后全力回击正在北上的主力红军。

这个月，我军在作战中遇到的主要困难并不是摆脱尾追的敌人，而是怎样突破敌人的拦阻。我军在兴隆镇休息了三天，仍然未与党中央和红一、红四方面军取得联系。8月17日，我军沿西兰公路东进，一举打下隆德，歼敌一个营大部，连夜越过六盘山，击破敌第三十五师师长马鸿宾在瓦亭峡设置的防线，歼其第一〇五旅一部。20日，我军进抵平凉、泾川、镇远、合水一带。敌人加紧追逼。我军在平凉的白水镇和马莲铺以东的打虎山，击退尾追的敌第一〇五旅，歼敌一个多营。

8月21日上午，我军离白水镇向东经花所至泾川县城以西十余里之王村镇（今王村乡）。得悉敌马鸿宾从庆阳、宁县调遣的直属骑兵团和第二〇八团已抵泾川县城。这时，因连日暴雨，公路北侧的泾河水猛涨，部队若北渡江河，已很困难；而在公路南面，又被一道数十里宽的高塬所阻，回旋余地很小。在前有堵敌、后有追兵的严峻形势下，军首长决定部队暂时撤离公路，南渡泾河支流汭河，佯作进攻灵台转回陕西模样，给敌人造成夺路入陕之错觉，实则计划西去威逼崇信县城，继续切断西兰公路，牵制马部，配合中央红军北上。

我们红二二五团作为本日行军的前卫团，在军长程子华、政委吴焕先带领下，从向家沟（向明村）向南冒雨上塬，翻越王母宫塬，准备徒涉汭河。红二二三团在徐海东副军长率领下负责殿后，其他部队处在这两个团之间，依次跟进。我们前卫团经四坡村、羊圈洼、掌曲村至汭丰的东王家抢渡汭河，军指挥部设在紧临汭河北岸的一座两层的土楼中（今掌曲村王湾社张锁房家院内）。吴焕先政委组织部队用棉布拧成绳索，拴在河两岸的树干上，牵引渡河。程子华军长带领我们前卫部队过河时，河水深到胯部左右，水面也不很宽，我们徒涉的那个地方不到100米。如此大的河水在少雨的陕甘地区极少见，在平时，这条河床几乎是干涸的，可随便通过，因此在附近没有任何桥梁。

吴焕先政委始终站立在河北岸边，冒雨指挥部队过河，但他自己却没有过河。就在红二二五团全部过河，军直属队刚过一半时，由于上游山洪暴发，河水突涨，有几位同志不幸被急流卷走。正在下塬准备渡河的军直属队大部和在塬上担任后卫掩护任务的第二二三团，被阻于汭河北岸。

就在这时，敌第三十五师第一〇四旅第二〇八团1000余人，由泾川方向从王母宫塬西侧纸房湾上塬，向我军突然袭来。位于塬上四坡村东北方向的红二二三团第三营，首先与敌人接触，与敌在羊圈洼、掌曲村一带展开激战。我后卫部队指战员当即凭借房屋、土墙和窑洞，分班分排地投入战斗。红二二三团重机枪连连长戴德归，为配合三营抗击敌人，奋不顾身，把一挺重机枪架在窑洞顶上，迎着蜂拥而来的敌人猛烈扫射，首先压住了敌人的疯狂进攻气焰。这时，我们先头部队均已渡过汭河，难以回援，后卫部队处于背水作战，形势极为不利。副军长徐海东命令第二二三团第一、第二营迅速投入战斗，从西南方向猛烈反击敌人。

塬上枪声一响，正在河岸边想方设法渡河的吴焕先政委立即带领军交通队和学兵连100余人，从河边由沈家坪上塬，一鼓作气直插敌阵中。他向战士们振臂高呼："同志们，压住敌人就是胜利，决不能让敌人靠近河边，一定要坚决地打！"指战员们不顾泥泞路滑，迅速抢占了羊圈洼附近的几处制高点，从侧翼向敌人发起冲击。与此同时，红二二三团三营在重机枪火力的掩护下，趁机集中力量实行反击，形成对敌夹击之势。敌人乱作一团，纷纷溃散。

战斗正在激烈进行时，亲临前线指挥作战的吴焕先政委在一个大土包前，突然迎面胸部中弹，身负重伤。吴政委的负伤，更加激起红军指战员们对敌人的无比仇恨，与敌展开刺刀肉搏战，最后把这股敌人压到一条烂泥沟里，全部歼灭，敌团长马开基当场被击毙。

吴焕先政委负伤后，指战员们立即进行紧急抢救，迅速抬回岸边附近的掌曲村土楼中，但终因流血过多，不幸牺牲。全军指战员惊闻这一噩耗，无不悲痛落泪，我们对天号啕大哭。当晚，河水洪峰过后，水势下落，红二二三团护送吴焕先政委的遗体过河，秘密安葬于河南岸的郑家沟村后小山上。数日后，竟然被惨无人道的敌人掘墓毁尸。

红二十五军余部22日清晨全部渡过汭河，在郑家沟、百烟村、龙王村一带宿营休整，23日撤离泾川县境。红二十五军离去后，当地群众把红二十五军渡河时作为指挥部、吴焕先政委负伤后在此抢救、停止呼吸的那座小土楼亲切地称为“红军楼”，原样保存至今，维修良好，是现今泾川县境内唯一的革命历史文物。遗憾的是在附近至今没有任何标记为吴焕先政委立碑，以作纪念。

吴焕先同志与我是红安县（今划归河南新县四角曹门村）同乡，比我的年龄大整十岁，他牺牲时年仅28岁。他牺牲后，他的妻子和两岁的儿子在家乡也遭到国民党军惨无人道的杀害，直系亲属都被牵连，以至于全国解放后找不到他有直系亲属。

我参加红军后，就在吴焕先政委的直接领导下战斗、工作。虽然他是军首长，我是一个排、连职干部，但他平易近人，经常和我们基层官兵吃住在一起，我们亲热地把他当作老大哥，打仗时只要有他在，我们就有了主心骨。有人评价说，吴焕先同志是红二十五军的灵魂人物。我认为这个评价是恰如其分的。他1926年加入中国共产党，1927年秋参加领导黄麻起义，是鄂豫皖革命根据地创始人之一。在重建红二十五军和领导红二十五军坚持鄂豫皖革命根据地的斗争中，在长征入陕、开辟鄂豫陕革命根据地时期，在为迎接中央红军西进甘肃、北上陕北的战斗中，他都立下不可磨灭的功绩。在创建鄂豫陕根据地初期，省委书记徐宝珊病重，军长、副军长均负重伤，他一人独挑重担，既抓部队工作，指挥作战，又抓地方武装、党组织和政权的建设，充分表现出卓越智慧和领导才能。尤其是决定红二十五军西进甘肃，迎接中央红军，北上陕北，与陕甘红军会合的战略行动中，他更以远见卓识，胸怀全局，坚决果断、及时正确地作出决策。吴焕先同志是鄂豫皖省委、鄂豫陕省委和红二十五军的卓越领导者。他作战英勇，在几次生死存亡的战斗中临危不惧，指挥部队屡建奇功。他善于做政治思想工作，密切联系群众，以身作则，关心战士，严以治军，在部队中深受指战员的爱戴，享有崇高的威望。他的革命精神和高尚品德，成为广大指战员学习的楷模。

吴焕先政委的牺牲，是红二十五军的一个重大损失。四坡村战斗后，我们一路直上陕北，再没有遇到较大规模的作战，红二十五军与陕北红军胜利会师。从四坡村战斗到会师，仅仅相隔20余天。吴政委把我们带进了陕北革命根据地的大门，走近了中国革命胜利的大门，而他却不幸倒在了门槛上，这更使人感到悲痛和惋惜。

长征的一年时间里，红二十五军仅有的三位军首长有两位负重伤，一位牺牲；鄂豫陕省委书记徐宝珊同志因劳累过度而病逝。由此也可见红二十五军所经历战斗之惨烈和战斗作风之顽强。而有如此英勇献身的领导人冲锋陷阵在前，试想红军还有什么险关、壁垒不可攻破？！惨烈的战斗更证明，红二十五军是一支打不烂、拖不垮的部队。

军首长们血沃长征路的英雄事迹，对红二十五军全体指战员是一个强烈的心灵震撼。军首长们的以身作则行为，也成为我一生戎马生涯中不怕流血牺牲的光辉典范。军首长们手持大刀，平端机枪，冲杀在独树镇七里岗、庾家河岭、汭河河畔等血火战场上的矫健身影，我至今历历在目。

战胜长征结束时的最后艰险

一杆杆红旗空中飘，
红二十五军上来了。
来到了陕甘洛河川，
劳动百姓好喜欢。

——陕北民歌《红二十五军上来了》

四坡村战斗的胜利，使敌人暂时不敢向我军逼近。为继续牵制敌人，我军即西进金龙庙，威逼崇信县城；南下什字镇，逼近灵台县城；并在崇信与灵台之间的上良镇、梁原镇、赤城镇等地积极活动。

军首长要求各连队：每天要派人四处搜集报纸，访问客商，极力寻求有关中央红军北上动向的消息。由于当时条件所限，红二十五军没有电台通讯，对中央红军正在过草地的行动，一无所悉。这时，由兰州乘汽车驰援之敌第六师十七旅已经到达泾川县城，敌第八十五师继续向泾川附近调动，陕甘边界之敌第五十一军第一一三师，则由凤翔、清水向北推进到陇县、马鹿镇一带，敌第三军第十二师也由武山、甘谷等地，朝华亭方向尾追而来，企图对我军形成合围之势。军首长考虑到一时难以获得中央红军的确实消息，而敌军日益集中逼近，我军连日在大雨和泥泞中行军作战已很疲劳，伤病员也难以安置，继续作无后方依托的行动十分不利，便按照沣峪口、佛坪两次会议确定的北上方针，决定立即奔赴陕北苏区，与陕甘红军会师。8月30日，部队经华亭县安口窑转而向北。31日晚，由平凉县城以东的四十里铺涉过泾河，向东北方向前进。

红二十五军从8月14日到31日，截断西（安）兰（州）公路达18天。敌人不得不一再抽调兵力对付我军。红二十五军的行动进一步起到了牵制敌军的作用，积极配合了中央红军的北上。

9月4日拂晓，我军从合水县板桥镇出发，继续北进。我所在的红二二五团担任军的后卫，团行军序列按一、二、三营顺序行进。我军有个传统，在干任何事情前有动员，有首长讲话，这本是件好事，但是干什么事情，如果过度了，不适时宜了，就会变成坏事。这天，各级首长在负责殿后的三营临出发前的讲话过多，就是血的教训。队伍集合起来后，军、团、营领导层层都要说两句，而且有的首长还讲得过长，忽视了这可是在险恶的战争环境啊！就在三营集合在一起听动员讲话时，突然遭到敌第三十五师骑兵团袭击。敌骑兵行动迅速，突然冲到了跟前，被直接冲击的三营部队很难来得及组织有效的阻击，当时就处于一片混乱状态中。

在此紧急时刻，副军长徐海东从前卫策马疾驰而来，率领我们二营赶回去救援。我带四连指战员杀入敌阵，那可是一场刀光闪闪、鲜血四溅的生死搏斗。我向本连的战士们大声喊着："先打马腿，后打人！"端起刺刀与敌人混战在一起。我的帽子也不知什么时候、怎样被打掉了。我们二营三个连队的迅速增援，有效地迟滞了敌骑兵的进攻，减少了三营的伤亡。敌骑兵向后退出了几百米，然后又组织新的一轮的进攻。在我们连临时凭借作为阻击阵地的一道土坎前，敌军已经倒下了20多匹战马，有的敌骑兵匍匐在马一旁向我们射击。稍远处，可看到敌人又在组织新的进攻。

"机枪，注意节约子弹。听我的命令，敌人靠近再打！"是徐海东副军长的声音，原来他就在我们连里。大家一看军首长就在我们身边，杀敌情绪更加高涨。但是由于敌众我寡，徐海东副军长和我们营也陷入敌人的包围圈中，情况十分危急。就在这时，我们听到左侧山头上响起了刮风般的机枪声，敌骑兵的队伍突然大乱，原来是我团一营营长韩先楚和营政委刘震带领队伍回援，抢占了那座山头，以猛烈的火力阻止了敌人的进攻。徐海东副军长带领我们二、三营迅速组织反击，终于突出了重围。

这次战斗，我军伤亡惨重，损失200多人，我团团长方炳仁同志壮烈牺牲。这是红二十五军在即将结束长征时最大的一次减员。失利的主要原因，是各级领导在队伍临出发前逐级讲话时间过长，没有按照规定时间出发；思想过于麻痹，警惕性松懈，竟然忘记了派出哨兵警戒。此战，无疑是红二十五军长征途中严重的失利之战，也可能由于这个原因，以往很少有人提及，我认为这是不妥当的。我们总结历史经验，既要说“过五关斩六将”，也要说“走麦城”，况且这次战斗的教训是如此深刻。

关于打骑兵，当时红军中流行着《打骑兵歌》：

敌人骑兵不可怕，沉着勇敢来打他。
目标越大越好打，排子枪一起放，一声杀。
我们瞄准他，我们打垮他，我们消灭他！

歌词内容既是战斗实践总结，更是对红军指战员实战的通俗指导。对板桥这次打骑兵的战术经验总结，我的深刻体会是：尽量收紧我军阵地，正面与敌拉开距离；近敌射击，先打马匹。这些实战心得，为后来我任师长时取得咸阳阻击战的胜利起了重要作用。

1935年9月的板桥镇战斗，是红二十五军战史上的一个沉重话题。

红二十五军长征在即将接近胜利时，多次接受千难万险的磨砺。而且越是接近胜利，困难似乎来的更大、更加猛烈一些。8月21日，军政委吴焕先牺牲；9月4日，板桥镇战斗又损失200多人，这是红二十五军长征接近胜利时在军事实力上的重大损失。接踵而来的是生存环境问题，饥饿成了最大的敌人。

我军强渡泾水，经镇原、庆阳、合水县境，沿陕甘边界的山区北进。经过数天的行军，进入陕北苏区的边沿绍山一带。这里是白区和苏区交界的地方，满目荒凉，见不到一个人影，连绵起伏的黄土高坡上光秃秃的，自然环境十分恶劣。我们背的干粮全吃光了，全军已是两天没吃上东西，许多同志饿得昏倒在路上。没有饭吃，饿得头晕眼花，我几次栽倒在地上，在同志们的搀扶下，又强打起精神继续行军。9月的大地，在南方是一片郁郁葱葱，而在陕北高原却极少看到绿色，真是吃草根也难找地方挖呀！

营、团首长以及军首长的马都让给了伤病员。我有一两天因病也少气无力，只好拉着马尾巴，借点力，跟上部队。后两天，马尾巴也没有拉的了，因为这些乘马被杀掉，为指战员们充饥了。

我们艰难地向前迈动脚步。我作为连长，要为全连做出榜样，我鼓足劲头向前走。

也许是这个地方太贫瘠了，部队翻山越岭走了三天，没遇到一个村庄。敌人也不到这个地方来，真是名副其实的无人区。我想大家如此体弱的身体，在此时如果遭遇敌人，那后果将是不堪设想。

就在我们走路的力气似乎竭尽的时候，有一天下午，我们听到走在我连前面担负前卫任务的兄弟连队传来一阵惊叫和喧哗声。“不好，有敌情！”我向全连立即发出了预警命令。我见有的战士已是筋疲力尽，连枪栓也拉不开了。

惊呼声过后，却没有传来枪声。前卫连的一位同志从前面向后面跑过来，他边跑边喊着：“羊……羊……”他是向军首长去报告情况的。这时，我们才发现，前面一条土沟中有群羊，大约有500多只，白花花一大片。军首长走上前去盘问那个赶羊的人，得知那个人是羊贩子。一听说羊是赶出来卖的，军首长异常高兴，就让贩羊人说了一个价格，我们根本没有还价，就把白花花的银圆付给了羊贩子，那个人在当初大概一看到兵时以为今天必是遭劫了，万万没有想到我们会买卖公平地付给了钱，显然喜出望外，还热情地告诉了我们怎样在野外吃羊的方法。

有了这群羊，可真解决了部队恢复体力的大问题。部队立即停下来，在附近寻找地方宰羊煮肉。没有盐，锅也少，有脸盆的用脸盆煮，没有脸盆的，把羊肉切成薄片放在石板上烤；有的拿着羊腿放在火上烧。红二十五军绝大多数是南方人，不习惯吃羊肉，嫌其膻腥味太重，但在此时，生羊肉也能吃下肚。

多亏了这群像是从天上掉下来的“救命羊”，才使我们坚持到了陕北苏区。

9月7日，我们到达陕北保安县豹子川。中共鄂豫陕省委在此召开会议，鉴于吴焕先政委在泾川战斗中牺牲，会议决定由徐海东任军长，程子华任政委、代理省委书记。

部队又走了一天的时间，开始看到村庄了。从村头墙壁上的标语内容，我们欣喜地觉察到已经进入了苏区。由于我们这些南方人说话口音不同于本地，有些群众不知我们是什么队伍，纷纷逃走。可是，当群众知道我们是红军时，就相继归来，分外亲切。9月9日，红二十五军进抵永宁山，与陕甘中共党组织取得了联系。消息传得很快，陕甘苏区政府和红军代表习仲勋、刘景范等领导同志赶来了，他们召开群众大会热烈欢迎我们。

到了陕北苏区，全军上下非常高兴，好像到了家一样。

陕甘陕北革命根据地，是陕甘和陕北人民在党的领导下，经过长期艰苦斗争创建的。当陕甘边特委和西北工委得知红二十五军到达永宁山的消息后，极为振奋。西北工委立即发出《为迎接红二十五军北上给各级党部的紧急通知》，要求各级党组织立即动员起来，发动群众开欢迎会、庆祝会，送慰问品，欢迎红二十五军。几天后，红二十五军从永宁山出发，沿途群众送水送饭，送粮送柴，送鞋送袜，到处都可以看到欢迎红二十五军的标语、传单。陕北人民对我军无微不至的关怀，使广大指战员深受感动。军首长徐海东、程子华同志要求全军整顿军容风纪，切实执行群众纪律，与群众打成一片，搞好军民关系，虚心向陕北红军学习，团结协作，并肩战斗。

在一片热烈的欢迎声中，红二十五军全军3400余人再经过连续四天的行军，于1935年9月15日胜利到达陕甘根据地延川县永坪镇，受到当地党政军领导同志和人民群众的热烈欢迎。

9月16日，刘志丹同志率领红二十六军、红二十七军来到永坪镇，三个军胜利会师。17日，中共西北工作委员会与中共鄂豫陕省委在永坪镇召开联席会议。为了建立统一领导和作战指挥，会议决定：组建中共陕甘晋省委员会；红二十五军和陕北红二十六、红二十七军合编为红十五军团。

9月18日，是九一八事变四周年。根据上级的通知，我们一大早就催促本连的战士们整理个人的军容、军姿，刮胡子，尽量把衣服穿整齐，因为今天举行盛大的联欢大会，庆祝胜利会师，红十五军团宣布成立。大会地点在永坪镇西南现石油矿干部学校门前的操场上。新成立的红十五军团有7000多人，坐满了操场，真是人强马壮。周围几十里以外的群众，都赶来参加大会，当他们看到我们队列前面摆放了那么多机枪后，露出高兴而惊讶的神态。

会场上红旗飘扬，许多大字标语贴在临时搭起的席棚里，主席台的两旁贴着两张特别大的标语："两军亲密团结，携手作战！""迎接党中央，迎接毛主席！"这是我第一次参加如此大规模的会师大会，心情非常激动。

会上，刘志丹、徐海东、郭述申、聂洪钧、朱理治同志分别代表陕甘根据地人民和红军、红二十五军、西北军委、中共西北工委先后讲话，祝贺南北红军胜利大会师，号召全体军民互相学习，加强团结，积极参加抗日救国活动，坚决粉碎敌人对陕甘根据地的第三次"围剿"，为巩固和扩大陕甘革命根据地而奋斗。

会后，陕北红军和红二十五军领导人召开会议，宣布了由中共西北工委和鄂豫陕省委联合组成陕甘晋省委的决定，着手将陕北红军和红二十五军合编为红十五军团。

新组建的红十五军团，军团长徐海东，政治委员程子华，副军团长兼参谋长刘志丹，政治部主任高岗，副主任郭述申。下辖第七十五、第七十八和第八十一师。第七十五师由红二十五军编成，师长张绍东，政治委员赵凌波，下辖第二二三、第二二五团。我在第二二五团仍任四连连长。我们团的团长是郎献民，政治委员刘震。第七十八师由红二十六军编成，师长杨森，政治委员张明先，下辖第二三二、第二三四团、骑兵团。第八十一师由红二十七军编成，师长贺晋年，政治委员张达志。下辖第二四一、第二四三军团。军团机关和直属队编有司令部、政治部、供给部、卫生部、手枪团、补充团、交通队等。全军团共7600余人。

红二十五军经过十个月的沿途艰苦转战，胜利的完成了长征，与陕北红军会师，成为红军长征史上先期到达陕北的第一支队伍，是中国工农红军在西北大会师的前奏。毛泽东主席高度评价红二十五军的长征，说：红二十五军后于中央红军出发，却先期到达陕北，其所起的作用是“中央红军之向导”，“红二十五军为革命立了大功！”1946年9月周恩来同美国记者李勃曼谈道：“红军长征到陕北以后，东北军即开始围攻。徐海东部首先把东北军打垮了一个师，一个旅，后来又打垮了一个师。于是东北军官不愿内战，要求抗日。中共在这种情况下，开始向东北军进行统一战线工作，双方取得默契，互不攻击，推动了西安事变的发生。”

红二十五军的长征，是在敌我力量强弱悬殊的条件下，求得生存和发展的一次艰苦卓绝的战略转移。这种战略转移的目的是要赢得时间，瓦解敌人，养精蓄锐，以便后来转为进攻。二十五军在被动中争取了主动，摆脱了敌人的“围剿”堵截，保存和发展了有生力量，成为各路红军长征到达陕北的先声。红二十五军是中国工农红军经过长征后在西北大会师唯一一支结束时人数多于出发时人数的部队。

红二十五军长征的历史，是中国革命的一部壮丽的史诗。它以奇迹般的转战同陕北红军胜利会师，并同陕北红军一起组建了红十五军团，后又取得了劳山战役的胜利，参加了直罗镇战役。所有这些，都对于粉碎敌人的“围剿”，巩固和扩大陕甘革命根据地，为迎接万里转战的党中央和红一、二、四方面军，推动革命的发展，开创西北革命的伟大新局面，有着重要的意义。

节选自王诚汉：《王诚汉回忆录》，解放军出版社2004年5月第1版，第75—95页。

胜利进入陕北

刘震

袁家沟口战斗后，我军乘胜北出终南山，威逼西安，使敌人在西北进攻红军的总后方——西安大为震动。至此，敌人妄图在三个月内消灭我军的计划彻底破产。

7月15日，省委交通员石健民同志来到军部，带来了中央红军和红四方面军已在川西会师并有北上动向的确切消息。当晚，省委在长安县沣峪口召开紧急会议，决定红二十五军西征北上，与陕甘红军会合，以配合主力红军在西北的行动，迅速在西北创建新的巩固的革命根据地。我们深感，这一战略决策完全符合全国革命形势发展的需要，符合党中央率领主力红军北上抗日的战略意图，也反映了红二十五军指战员与主力红军会师的热切愿望。

16日，我们又踏上了继续长征的道路。为了迷惑和摆脱敌人，部队先南下佯作威逼汉中，然后转向西北挺进。

走了十多天，行程数百里，8月1日占领了甘肃和陕西交界的双石铺。这是古战场，据说三国时代马谡失街亭就在这里。我到军部开会听领导同志谈论马谡的故事，望着附近的群山峻岭，有的同志说："可见马谡太麻痹大意，这样的地势易守不易攻，怎能把街亭失掉呢？"有的说："马谡违背了诸葛亮的旨意，又不听下级的正确意见，不靠山近水扎营，街亭必然失守。"

后来得知，我军在双石铺俘敌少将参议一名，缴获大批文件和报纸。7月22日《大公报》报道：红军主力“已越过六千米的巴朗山，向北进行，……似有窥甘青交界之洮州、岷县、西固等处”。军领导认为，敌人的口供和报纸都证实了主力红军正在北上，决定立即进入甘肃境内直捣敌人后方，配合主力红军的北上行动。

我军大胆向敌人纵深挺进，在攻克两当，围困天水，北渡渭河，占领秦安后，于8月14日又威逼宁静县城，继而切断了横贯陕甘两省的交通大动脉西（安）兰（州）公路，15日进入宁静县的兴隆镇。

兴隆镇是回民聚居的地区。为尊重回民的宗教信仰和风俗习惯，军政委吴焕先对部队进行了民族政策教育，制定了“三大禁令、四项注意”：禁止驻扎清真寺，禁止打回族的土豪，禁止在回民家中吃大荤；注意尊重回民的风俗习惯，注意用回民水桶在井里打水，注意回避青年妇女，注意实行公买公卖等。听说他还召集当地的知名人士和阿訇开座谈会，宣传共产党的抗日救国主张和政策，并拜访了清真寺，赠送了匾额礼品。我军的实际行动，扩大了党与红军的影响。后来，中央红军到达陕北时，毛主席还夸奖红二十五军过陇东回民区的民族政策水平高，执行得好。

8月17日，我军沿西兰公路东进，一举攻克隆德县城，接着翻越六盘山，在马莲铺以东冒雨将追敌三十五师一部打垮。

在此前后蒋介石曾接连从成都“行辕”发出五道电令，最初要求加强封锁，防止我军入甘；继则督饬陕军各部“不分省界，跟踪追击”，并要五十一军“轻装截堵”，围歼我军。最后，蒋介石在8月10日的电报中声称：“查徐海东匪西窜原因在策应朱毛，我军应采用内线作战要领，先以优势兵力迅速解决徐匪，再行以全力回击朱毛。”电令抽调兵力集中对付我军。敌一部由四川江油北上甘肃文县，一部东移天水，准备南下的六十师和中央补充第一旅均不得不暂时滞留在文县碧水一带。可见，我军的上述行动在一定时期内牵制了敌人，减轻了对中央红军的压力。

8月21日，我军由泾川县城以西翻越王母宫塬。徒涉汭河。部队刚过一半，山洪暴发，河水陡涨，军直属队和在塬上担任后卫的部队被阻于汭河北岸。此时，敌三十五师千余人从塬上突然来袭，我军后卫在塬上四坡村与敌展开激战。因先头渡河部队难以回援，后卫部队处于背水作战，形势极为不利。正准备过河的吴焕先政委见此情景，立即带百余人冲上塬头，直插敌人腰部。他向部队高呼："压住敌人就是胜利，决不能让敌人逼近河边！"我们不顾泥泞路滑，从侧后向敌人发起冲击。与此同时，塬上部队也实行反击。在我军夹击之下，敌人纷纷溃散。战斗中，吴政委壮烈牺牲在我营阵地上，我悲痛不已。

吴焕先同志是鄂豫皖革命根据地创始人之一，是红二十五军的卓越领导者。他作战英勇，身先士卒，在几次生死存亡的战斗中临危不惧，指挥部队屡建奇功。对我来说感受最深的是，他善于做政治思想工作，密切联系群众，以身作则，关心下级，言传身教，深受广大指战员的爱戴，尤为各级政治干部学习的楷模。他的牺牲是红二十五军胜利前进中的一个重大损失，大家无不悲痛落泪。他的革命精神和英雄事迹，鼓舞广大指战员继续奋勇战斗，一鼓作气将敌人全部歼灭。

我军过了泾河以后，经由镇原、庆阳县境，翻沟跨塬，兼程前进。敌三十五师除令西峰守敌加强防守外，并以骑兵团和步兵二一〇团跟踪追击。我军在经过西峰镇和翻越赤城塬时，两次打退敌骑兵的尾追。

9月3日，我军渡过马莲河，进抵合水县板桥镇。4日晨，我军从板桥镇出发前，因部队集合讲话过长，没有按规定时间出发，加之警戒疏忽，以致后卫二二五团三营遭到敌骑兵突然袭击。在此紧急时刻，副军长徐海东从前卫赶到后尾，指挥二营投入战斗，掩护三营突围。但因敌众我寡，也陷入敌包围之中，情况十分危急。此时，我和营长韩先楚带领一营迅速抢占一座山头，以猛烈的火力坚决击退敌人进攻，掩护徐副军长突出重围。

接着，我军经太白镇、东华池之间渡过葫芦河，沿陕甘边界的崇山峻岭继续向北前进，沿途地瘠荒芜，人烟稀少，无粮可筹，加之道路崎岖难行，部队体力消耗很大。最后，全军断粮，饥不可支，有的同志走着走着就昏倒在地，为了给同志们充饥，不少营以上干部把自己的乘马宰掉，我也让炊事班杀了自己的战马。正在十分困难之时，恰遇上一赶羊商贩，军领导决定买下全部四五百只羊，才解除了严重的饥饿威胁，得以继续前进。

9月7日，我军到达陕甘革命根据地保安（志丹）县的豹子川。九日，部队进至永宁山，与陕甘党组织取得了联系。我军在永宁山稍事休息后，即在陕北党组织、红军和人民群众的热烈欢迎声中向永坪镇开进。一路上，人民群众送水送饭，送米送柴，送鞋送袜，到处都可见到欢迎红二十五军的标语，听到热烈欢迎的口号。正如陕北民歌中所唱的：

一杆杆红旗空中飘，
红二十五军上来了。
来到陕甘洛河川，
劳动百姓好喜欢。

9月15日，我军胜利到达延川县永坪镇。至此，红二十五军经过艰苦奋战，历时十个月，行程近3000公里，胜利完成了长征，成为红军长征中先期到达陕北的一支队伍。

节选自刘震：《刘震回忆录》，解放军出版社1990年10月第1版，第62—67页。

西征北上

张竭诚

1935年7月15日，省委在长安县沣峪口召开会议。会议认为“帝国主义的瓜分与国民党的出卖，已经使中国民族危机日益严重，积极准备与日本帝国主义作战的任务更加迫切”，“两大红军主力在西北方会合胜利，与将要形成的中国西北部苏区根据地……是目前中国革命发展的新的形势特点”，“为树立中国西北方较大的红军主力，成为西北革命运动之柱石，配合红二、四方面军、中央红军之行动，与积极准备同帝国主义作战的阵地”，决定率领红二十五军西征北上，到陕北“同红二十六军、红二十七军会合起来，集中成一个大的力量，有力的去消灭敌人，配合红军主力在西北的行动，迅速创建西北新的伟大的巩固的革命根据地”。这一独立自主的决策，完全符合全国革命形势发展的需要。红二十五军的长征，从此又掀开了新的一页。

按照省委的决定，第二天，我们便从沣峪口出发，开始西征北上。同时，以鄂陕、豫陕两特委和部分武装，组成中共鄂豫陕特委和红七十四师，继续坚持鄂豫陕边区的游击战争。西安事变爆发后，红七十四师在周恩来的直接关怀下，接受中央军委领导。后来，这支2100人的队伍改编为八路军第一一五师留守处。

7月31日，我军到达凤县，一举攻占了川陕公路要地双石铺，在这里截获一名国民党的高级参议，从他随身带的报纸和文件中，得到了许多重要军事情报。据此，省委决定，红二十五军出秦岭，过渭河，趁敌人后方空虚，兵力薄弱，直插甘肃境内。

过渭河时，全军只找到一条小船。要靠一只船来往渡过，不知需多长时间。好在当时天气晴朗，没有遇到狂风暴雨，也不到阴雨时节，渡河也不是十分艰险，更主要的是前后敌情不大，渡河的环境是安全的。军领导派手枪团试探了水情，完全可以徒涉而过，除伤病员和年幼体弱者及几名女护士乘船渡河外，指战员大都涉水而过。4000人马，只用了半天时间。

我们红二十五军过渭河的情景，还留下一幅照片，至今被陈列在中国人民革命军事博物馆中。这张犹如一幅黑白相间的木刻版画照片，我在60年代初曾认真看过，照片上的山塬、河流、木船、滩头，依稀可辨，而船上的众多小小人影却看不清楚。这是红二十五军留下的一幅珍贵历史图片。

过渭河后，我军进占秦安，威逼静宁，接着又切断横贯陕、甘两省的交通大动脉西（安）兰（州）公路，离开回族人民群众聚居的兴隆镇后，又一举攻克隆德县城，连夜翻越六盘山，直逼平凉。在过泾川的时候，我们敬爱的政委吴焕先在战斗中牺牲了，这是红二十五军的一大损失，至今，老同志提起来仍热泪盈眶。

吴政委牺牲在泾川县城以西王母宫塬上的四坡村。这是一次背水作战。当时部队徒涉汭河，刚过一半，因连日大雨，山洪暴发，河水突涨，军部机关同直属部队在塬上担任掩护任务的部队都被阻于汭河北岸。就在这时，敌马鸿宾第三十五师一〇四旅二〇八团1000余人，由泾川县城沿着王母宫塬突然袭来。我塬上四坡村掩护的小分队当即与敌接火，而敌人的先头部队已冲到军部驻地四坡村，我们先头部队已过河，难以回援，后卫部队又未赶到，情况极为紧张。军部只有一个交通队百余人和学兵连百余人。在这千钧一发之际，吴焕先政委抽出腰间手枪，高喊：交通队、学兵连跟我来。交通队和学兵连在吴政委的带领下，兵分两路一鼓作气从河边冲到塬上，直插敌人侧后，冲锋枪、驳壳枪，马尾手榴弹一齐开火，打得敌蒙头转向。这时，吴政委一边指挥战斗一边高呼：“同志们，压住敌人就是胜利，决不能让敌人逼近河边，一定要坚决地打。”在吴政委的影响下，我们越战越勇。在紧要关头，二二三团又从敌人背后冲杀过来，对敌形成夹击之势，敌人顿时混乱，纷纷溃退。战斗正在激烈进行时，吴政委不幸中弹牺牲。目睹吴政委牺牲的壮烈场面，我们悲痛难忍，也不知从哪里来的劲头，一鼓作气，硬是将敌人一个团压到一条烂泥沟里消灭了。敌团长被通信班长周世忠击毙。

吴政委的牺牲，使全军指战员无不悲痛落泪。吴政委是湖北黄安四角曹门村人。1926年加入中国共产党，1927年秋参加领导了黄（安）麻（城）起义，是鄂豫皖革命根据地创始人之一。他历任红四军十二师政治部主任，红二十五军七十三师政治委员，红四军政治部主任，鄂东北游击总司令，红二十五军军长、政治委员和中共鄂豫皖省委常委、鄂豫陕省委副书记、代理书记等职。他在重建红二十五军和领导红二十五军坚持鄂豫皖革命根据地的斗争中，在长征入陕，开辟鄂豫陕革命根据地时期，在为迎接党中央和中央红军西征北上中，都建立了不可磨灭的功绩。他是鄂豫皖省委、鄂豫陕省委和红二十五军的卓越领导者，是经过严峻斗争考验的无产阶级革命家，他为中国人民的解放事业作出了重大贡献。他作战勇敢，指挥果断灵活，奋不顾身，屡立奇功；他善于做思想政治工作，联系群众，以身作则，关心士兵，严格治军，深受指战员的爱戴，在部队中享有很高的威望。

吴政委牺牲的当夜，军部在汭河南岸的郑家沟为他举行了葬礼，然后埋葬在郑家沟的山根底下。为了保守秘密，参加安葬的人很少，没有送葬，没有仪仗，没有悼词，没有花圈，没有兴师动众，一切都是那么庄严，那么俭朴，但又那么深入人心。

四坡村战斗后，敌人一时不敢向我军逼近，我们在崇信、灵台一带活动一圈后，又经由镇原、庆阳县境兼程前进，进至合水时才受到敌骑兵的尾追。合水县之敌也出动配合，徐海东军长指挥红二二三团击溃了敌人。9月9日抵达保安县（今志丹县）永宁山，同陕甘革命根据地党组织取得联系。陕甘边特委、军委得悉我们到达的消息后，十分热情，一面发出通知，组织群众欢迎，一面派出代表，带着各种食品鞋袜来慰问。

在永宁山稍事休息后，我们即在陕甘党组织、红军和人民群众的热烈欢迎声中，向永坪镇开进。一路上，人民群众送水送饭，送米送柴，送鞋送袜，到处可见欢迎红二十五军的标语，听到热烈欢迎的口号，使我们深受感动。

9月15日，我们胜利到达延川县永坪镇同红二十六军、红二十七军胜利会师。至此，红二十五军胜利地完成了长征。当时，我们交通队的一些同志别提多高兴了，想到长征路上那些牺牲的战友，我们过来的人是多么不易呀。我和几个同志抱在一起，也不知是哭还是笑，眼中挂满了激动的泪水。

后来，部队经过精简整编，1935年11月初，我红二十五军归陕甘支队（原红一方面军）建制。从此，我们直接在党中央、毛主席的领导下，又踏上了新的征程。

节选自张竭诚：《忆红二十五军长征》，载沈阳军区政治部编研室编《红军将士忆长征》，白山出版社1996年8月第1版，第244—248页。

关山迢迢迎中央

傅继忠

1934年11月，我们红二十五军告别了大别山革命根据地，开始长征。

大概是1935年7月中旬，我们在西安西南四五十里的一个叫殷家卫的地方，捉住了一个伪区长，军首长在那里看到了一张《大公报》，上边有一条消息，说“共军一、四方面军在川西会师后，继续向北逃窜，先头部队到达松潘……”这条来自敌方的消息，使军首长高兴得合不拢嘴。他们眉开眼笑地说：“一、四方面军北上了！”接着，省委便召开了紧急会议，决定立即西进甘肃，牵制敌人，迎接党中央和一、四方面军。首长们说：“即使我们这三千多人都牺牲了，也要去迎接党中央和一、四方面军！”同时，向全军提出了响亮的口号：“积极前进，迎接中央，迎接一、四方面军！”这时，全军上下都沸腾起来了，人人满怀着迎接党中央的热烈愿望，向西前进。一路上，部队的情绪高，劲头足，好多人脚上大泡加小泡，鞋子破了赤脚走，也没有掉队，没有怨言，一心为了迎接党中央、毛主席。

走呀，盼呀，几天过去了，十几天过去了，我们行程数百里。“八一”前夕我们到了双石铺，在这里打了个胜仗，活捉了敌人的一个少将参谋。这位少将供认：一、四方面军先头部队“已经越过了松潘”，胡宗南的主力部队已经全部西调去“抗击北上的红军”，其后方留守处设在天水。这个消息又使同志们精神大振。随后，部队斗志昂扬地向天水急进，准备攻占天水，打乱胡宗南的阻截一、四方面军的计划。

攻占天水的计划因敌情变化，未能实现。队伍又强渡渭水，打下秦安，挺进通渭，威逼静宁，进入回民地区，直到兴隆镇后才开始休整。这时，军首长又派人四处打听党中央和一、四方面军的消息，仍然杳无音讯。一天，军政委吴焕先对徐海东副军长说："盼中央，找中央，嘿！快见到毛主席了，我们还不认识呢。不过，子华同志是中央来的，他认识。"程子华同志笑着说："见到了就好办，我会给你们介绍。"在兴隆镇省委又开会研究，决定到陕北去与刘志丹同志会合。之后，部队边走边打，克隆德，翻过六盘山。8月21日，在泾川遇上了一场恶战，吴焕先同志亲临前线指挥。谁知道，我们敬爱的吴焕先政委，在没有见到党中央、没有见到毛主席之前，就牺牲在寻找党中央的征途上了。

我们进入陕甘革命根据地的消息传开后，习仲勋、刘景范等同志先后来接我们，还召开了群众大会欢迎我们。

两军会合之后，我们才知道他们也不知道中央的确切消息，和我们一样，正在急切地盼望党中央和毛主席的到来。会师之后，我们与陕北红军组成红十五军团，由徐海东同志任军团长，程子华同志任政治委员，刘志丹同志任副军团长兼参谋长。

这时敌人正对陕甘根据地进行第三次"围剿"。部队经过几天的急行军，绕过延安，在甘泉以西王家坪一带休息。徐海东和刘志丹同志带着干部到劳山附近看了地形，并部署了有名的劳山战役。我军歼灭了敌人一一〇师大部，俘敌3700多，缴获了大批武器。敌一一〇师师长何立中和参谋长也被击毙。

首战劳山，旗开得胜，根据地的军民无不欢欣鼓舞。劳山战役的胜利，是两路红军团结作战的一曲胜利凯歌，对于巩固和扩大陕北革命根据地，为迎接中央红军开进陕北，起了很好的作用。

劳山大捷后，军团首长决定乘胜前进，扩大战果，组织了榆林桥战役。

榆林桥战役是个攻坚战，打得干脆漂亮，全歼守敌第一〇七师四个营，并活捉了团长高福源。这个人是徐海东军团长从俘虏群里查出来的，后来在“西安事变”中起了很大的作用。榆林桥战斗一结束，我们得到了党中央、毛主席率中央红军先头部队到了吴起镇的确切消息，军团首长一边派人去迎接，一边动员部队攻打张村驿，全军上下喊起了一个响亮的口号：“打下张村驿，迎接毛主席！”

榆林桥战役刚结束，徐海东军团长就把我叫去说：“傅继忠，给你一个重要任务。”我望着他，不知是什么任务。他交给我一封信，又说：“你把这封信送到中央去，要亲手交给毛主席。”顿时，我的心窝像要蹦出来一样激动，连忙把信揣好，带了四个战士，骑马飞快奔去。

天快要黑的时候，我们赶到了党中央的驻地。我们来到西边不远的一排窑洞前，向警卫人员说明了来意。不一会儿，从里边出来一位中等身材的首长，笑眯眯地向我走来。我没等他开口，便向他敬了个礼，先问道：“您是毛主席吗？”

“不！”那位首长说，“我是李富春！”

“我们是红十五军团的通讯员，是送信给毛主席的。”我当时不知道李富春同志的职务，便照直说：“我们的首长要我把信亲手交给毛主席。”

“哦！”李富春同志听了，便说：“那好，你们先等一会儿。”说完，转身进去了。

过了一会儿，一位身材高大但面容比较消瘦的首长，在李富春同志的陪同下走出来了。他笑容满面地对我们说：“我就是毛泽东。”

毛主席！此刻我激动得几乎说不出话来，连忙恭恭敬敬地行了个军礼，然后掏出信，双手递了上去，说：“毛主席，我们首长给你的信。”

毛主席接过信，和我们一一握手，然后，打开信看着。这时，我仔细地看了看他，只见他身上穿着一件麻布棉衣，口袋上的两块盖破得斜搭着，棉裤的膝上破得露出棉絮。真没想到毛主席是这样的艰苦俭朴啊。

毛主席看完信，笑着对我说：“来，你们到里边坐一坐，稍等一会儿，我还要给你们军团首长回个信。”

一听毛主席叫我们进去，开始，我们不敢，后来李富春同志带我们进了窑洞，毛主席叫我们坐下，工作人员给我们倒了水让我们喝。毛主席伏案写信，不一会儿就写好了。他把信交给我，笑着说：“你把这封信交给你们的军团首长，说我感谢他们，感谢你们全军的同志们。说我问大家好。”

出来后，虽然时值初冬，寒风飕飕，但我们浑身暖乎乎的，急忙跃马挥鞭，赶回军团部。见到程子华政委后，我把毛主席的信交给了他，并把毛主席的口信，一字不差地汇报了。

一天上午，程子华政委派了七名骑兵通讯员，给正在指挥张村驿战斗的徐海东军团长送信，说毛主席今天下午要到军团司令部来。徐海东同志一听，立即骑马往回赶，135里路，三个小时就赶来了。下午，毛主席、周副主席、彭德怀军团长和李富春四位领导同志，来到了我们的军团部。当时，我在会议室门口担任警卫，一位蓄着长长胡须的首长来到我的身边，笑着看了看我，亲切地问道：“小同志，冷不冷？”我回答：“不冷。”他又说：“你们辛苦啦！”我又回答说：“首长辛苦！”首长开会了，我才打听到他就是周恩来副主席。

会议开了一下午。毛主席、周恩来副主席、彭德怀军团长和李富春同志在军团部吃了晚饭才走。徐海东军团长当夜返回前线，把党中央、毛主席来到军团部的喜讯告诉了大家。全军同志情绪高涨，斗志旺盛，一鼓作气攻下了张村驿。

我们到陕北才一个多月，怀着迎接党中央，迎接毛主席的一片热忱之心，在劳山、榆林桥、张村驿连续打了三个大胜仗，终于用胜利迎来了党中央。

选自《回顾长征——纪念中国工农红军长征胜利会师五十周年》，人民出版社1985年12月第1版，第440—444页。

傅继忠，1914年生，湖北英山人。1928年参加革命，1929年加入中国共产主义青年团，1936年转入中国共产党。1930年参加中国工农红军。红军长征时任红二十五军通讯员。新中国成立后，曾任广东湛江军分区副司令员、广西柳州军分区副司令员。2003年在武汉逝世。

一把黄豆

张绍基

1935年夏天，红二十五军决定西进接应党中央和一、四方面军。当我们行进到陕南和秦岭以北时，国民党纠集了数倍于我们的兵力赶上来了。上级命令我们边战斗边筹备四天干粮，准备通过陕南无人区。

在一个阴沉的早晨，部队集合了，战友们都互相询问着：

“你的干粮够四天吃吗？”

“地区这样小，穷人家的粮食咱们不能动，光几家地主的粮食，怎么够咱们千军万马四天用呢？”站在我身旁的四班副嘟囔着说。

他的话音刚落，不知是谁就拉开了嗓门搭了腔：“怕什么，那些大山上还没有吃的。咱们上次过山时，不是找到不少野菜和野果子吗？”

不一会儿，大队出发了。这时，天上堆满了乌云，黑得像锅底一样。没走好远，瓢泼似的大雨下下来，淋透了衣服，道路又滑，行走很困难。不多久，山洪暴发，路被截断了，部队不得不暂时停在路旁的树底下。

约摸一袋烟的工夫，传来了命令：“前面水大，过不去，往回走。”折回走了不远，就和尾追我们的敌人遭遇了，又干了一仗。

一天过去了，山洪稍退后，我们又向原路挺进。几千名红军战士，沿着蜿蜒的羊肠小道，翻过了险峻的秦岭，进入了无人区。这时大家带的干粮所剩不多，各班便派两三个同志去挖野菜，以便和着干粮充饥。

在通过无人区的第二天下午，部队正准备宿营，忽然听到三排长喊：

“各班注意，马上派人到营里去领肉！”

这一喊可把我们给愣住了，心想：这个地方连个人都没有，哪来的肉呢？

“王班长，领什么肉？”刘远林好奇地问。

王玉清班长呆呆地站着，直到刘远林赶上来又问了一句，他才激动地说：“还不是营首长的牲口杀了，要有一点办法，也不能这样干。”

第三天，行军行列里没有牲口了，大家的干粮也光了，用来充饥的只有野菜和野果子。

第四天中午，部队停在一个河湾里，营政委刘震同志站在队前，问大家：

“同志们！饿不饿？”

“不饿！”

“不饿是假的，就是有二斤干饭我也能吃光它。”刘政委扫视了大家一眼，继续说：“现在好了，离这个地方七八十里路有个两当县，大家再咬咬牙，走过这段路，拿下那个县城，不但打开了通往胜利的道路，还能痛痛快快过个‘年’。在这次战斗中，咱们营准备要求担任主攻任务，大家说行不行？”

“行！”

营政委讲完话后，大家就你一言我一语地议论起新的任务。

可是，王玉清却啥话也没说，像平常一样稳稳当当地坐在那里。但从他的脸上可以看出他的内心有些激动。

各连分开讨论时，同志们都一致表示，坚决拿下两当城。提起打仗，有的同志就说：“人是铁，饭是钢，哪怕是有点锅巴也能解决问题，动动嘴，三分力。”

就在这时，王玉清忽地站起来，一只手拿着枪，一只手提着背包，照直向指导员走去。

“王班长，你有啥事？”

王玉清把背包一晃说：“指导员，我这里保存有一二升炒熟了的黄豆。现在把它交给党吧！”随后他就小心地把枪靠在一棵歪脖子树上，迅速地打开了背包，拿出了一个装得鼓鼓的小口袋，双手递给了指导员。

这一小口袋豆子，是他在六天前准备的。在行军中，肚子饿了，他宁肯吃野菜也舍不得动一粒，现在他全部交给了党。

指导员接过豆子，一句话也说不出来。他沉默了片刻，然后抬起头对大家说：“同志们！王班长准备的豆子，一粒也没有吃，现在都交给党了。这下子完成突击队的任务可有办法了。”他高兴地擦了擦脸上的泪痕继续说：“我提议把这些豆子分一部分给一、二连，我们要有福同享，有难同当。现在讨论会就到这里结束，开始发豆子。”一袋黄豆留下一部分给一、二连，其余的每人只分到一小把，最后，还剩下多半搪瓷碗，指导员亲手端给了王玉清。

“指导员同志，虽然豆子是我背来的，可我已经交给了党。我只能分到必得的一份，不应该给我这么多。”王玉清固执地说。

“这就是你应得的一份，收下吧。现在我代表党支部向你宣布：手枪团后面就是咱们连，你们班是连的突击班。”

王玉清明白了指导员的意思，一面用手接过豆子，一面说：“我们一定完成党交给的任务！”指导员这时又转向大家说：“同志们吃吧，吃饱了咱们就去打仗。”

大家一面谈论着如何完成突击班的任务，一面吃起豆子来。班长又把那半瓷碗豆子，给我们班里每人分了一小撮。这些黄豆真比金豆子还宝贵哩！

80里的行军开始了，嘿！劲头可足啦。最后30里左右的急行军，我们都顶下来了。浩浩荡荡的队伍直逼两当城下。当我们涉过两当城东门外大河时，敌人还昏头昏脑地摸不清我们是谁。一直到我们登上城门楼，向他们喊：“缴枪不杀，我们是红军！”那些吓呆了的保安队员才恍然大悟。

战斗结束时，刘远林俏皮地问一个俘虏："喂！你们知道不知道我们来？"俘虏结结巴巴地说："我们只知道你们在百里以外，想……想不到……你们……来得……来得这么快！"这时，站在一旁的李清阁咧开了大嘴笑着说："哼！我们还只吃了一把黄豆，若是有饭吃啊！前几天你们就当了胜利品了！"

选自甘肃省军区党史资料征集办公室编：《三军大会师》上册，甘肃人民出版社1987年2月第1版，第317—320页。

张绍基，1918年生，湖北黄安（今红安）人。1931年参加中国工农红军，同年加入中国共产党。红军长征时任红二十五军战士。新中国成立后，曾任湖北广水独立团团长兼政治委员、河南军区第五十五团团长等职。

长征路上的官兵情

曹思明

1935年7月，根据中共鄂豫陕省委的决定，我们红二十五军主力在军长程子华、政委吴焕先、副军长徐海东等率领下，从陕西长安县沣峪口地区出发继续长征，执行配合党中央和中央红军长征北上的任务。一路上，不断遭到敌人骑兵部队的围追堵截。他们依靠“四条腿”行动快速的优势，追得我们难以喘息，每天都在疲于奔走。8月下旬，我军路过泾川地区时，因连日大雨，道路泥泞，行军更加困难。我当时任第二二三团团部通信员。一天，我军南渡泾河的支流汭河时，因河水突然暴涨，部队只过了一半，军机关和担任后卫的第二二三团被阻于河的北岸。就在这时，敌人骑兵部队突然袭来，我团与敌接上了火，战斗异常激烈。战斗从三四点钟开始，整整抗击了一个后晌。到黄昏时，团长把我叫到他面前交代说：“你快去向徐海东副军长报告，天黑以后，我二二三团准备撤出战斗，请徐副军长作指示。”我受领任务后，立刻就出发了。

到徐副军长指挥所，途中有一段约二三百米的开阔地，敌人以火力封锁，很危险。因地形限制和时间紧迫，我只能从这片开阔地冲过去。于是，我在部队火力的掩护下，成S形动作跃进，迅速向徐副军长所在的指挥所奔去。就在距指挥所约30米的地方，我突然被敌人的子弹击中右腿，当即倒在地上，血流不止。我心急如焚，忍着剧痛，躺在地上向山坡上的指挥所大声喊道：“我负伤了，我有重要情况向首长报告！”指挥所的同志听到我的呼喊，立刻集中火力压制住敌人，同时派了几名战士迅速将我抬到指挥所。我躺在军首长面前，忍着伤痛，向他报告了团长的请示。徐副军长听完我的报告，点点头，称赞地说："小鬼，你很勇敢，也很坚强，完成了一项重要的报告任务！"说完，他立即喊来医务人员为我的伤口进行包扎，并嘱咐他们："用担架抬着走，不能丢，直到目的地。"（"不能丢"就是指不安置于地方老百姓家，要坐担架随部队行动。）听了徐副军长的话，我激动得热泪盈眶，深深感谢军首长对我的关心和爱护。当晚到达板桥镇后，卫生队给我检查了伤口。由于大腿骨断裂，必须用夹板把腿固定起来进行包扎。我疼得直冒汗，浑身衣服都湿透了。由于伤口疼痛难忍，我一夜没能入睡。当时，我不知道陕北有红军根据地，也不知道部队行动的目的地到底在哪里。心想，这下完了，走不了路，又骑不了马，非被安置到地方不可，被敌人发现可就没命了。那时，部队中曾流传着这样的顺口溜："不怕苦，不怕累，不怕牺牲变成鬼，就怕负伤后离队！"离队安置地方的滋味很不好受，尤其是在敌占区，随时有被敌人抓走杀害的可能，后果不堪设想。

第二天中午，在行军途中，徐副军长路过卫生队，顺便来看我，鼓励我说："安心养伤，配合治疗，不要想别的。"我就把憋在心里的想法向他倾诉："部队伤员中，轻伤的能行军，伤重一点的能骑马。而我的伤这么重，既不能走路，又不能骑马，只得靠人抬着走，这样能抬多久呢？"我恳求徐副军长，不要把我丢下。他明白了我的顾虑，安慰我说："不要胡思乱想，你个子小，身体轻，两个人就抬动了。你年轻，伤口会很快恢复的。不会把你丢下，放心好了！你知道，我军在战场上是不允许丢伤号的，负伤后组织上当然会很好地照顾你的。"听了他这番感人肺腑的话语，我好像吃了一颗定心丸似的，心里踏实了许多，情不自禁地又流下了感动的泪水。我激动地向他表示："军首长这么关心我，我终生不忘您的恩情，等我伤好以后，一定努力学习，练好杀敌本领，以实际行动报答首长和组织上的关怀！"

就这样，在后来的行军途中，我一直被担架抬着到达延川县永坪镇。一路上，徐副军长在路过卫生队时，又多次来看望过我，问寒问暖，鼓励我战胜伤痛，坚持到目的地。他当时还特别下了两条指示：一不能丢，二要抬到目的地。一个高级指挥员对一名普通士兵如此无微不至的关怀，这样的事，只有共产党领导的革命军队里才会有。这件长征路上发生的往事，虽然过去几十年了，却一直萦绕在我的脑际，令我终生不忘。在后来数十年的革命斗争生涯中，每当我回想起徐海东同志对我的关心和爱护，都感到极大的鼓舞和鞭策。我能有今天，没有牺牲在长征途中，是和我的救命恩人徐海东同志的关怀分不开的。

选自本书编委会编：《徐海东纪念文集》，军事科学出版社2000年5月第1版，第88—90页。

曹思明，1917年生，河南商城人。1931年加入中国共产主义青年团，并参加中国工农红军，1936年转为中国共产党党员。红军长征时任红二十五军二二三团二营营部警卫员。新中国成立后，曾任华东军区后勤部政治部副主任，南京军区后勤部政治部主任，新疆军区政治委员，中共新疆维吾尔自治区委书记、第二书记，解放军总后勤部副政治委员、后勤学院政治委员，全国人大常委会委员，中共中央候补委员，中央纪律检查委员会委员等职。2003年在北京逝世。

一张地图的故事

周可实

1934年的秋天[①]，阴雨连绵，道路泥泞。红二十五军指战员昼夜不停地走啊，走啊！往西北方向疾进。当时，部队连张地图也没有，走一程问一程。地形不熟，行军作战真困难呀！

部队好不容易到了陕南，据侦察报告，前边双石铺有敌一个团驻守。吴焕先政委当即决定夜里偷袭。他带领部队，趁黄昏之时，迅速包围了双石铺，待凌晨时分发起猛攻。战斗进行得很顺利，只用了一个多小时，即打开了双石铺，歼敌一整团。我们在打扫战场时，从敌人团部获得了一张地图。吴政委接过地图看看，高兴得跳了起来。他把地图交给传令兵杜保成说："这张地图很好，是我们行军打仗的向导，你要认真保管。"杜保成点点头，双手接过地图，郑重地放到公文袋里。一天，杜保成因出外执行任务，考虑到军首长随时就会需用地图，就把地图交给我代管。我当时是事务长，在采买东西时，不慎把地图放在一边，临走时忘记拿走了。第二天晚上宿营时，吴政委找杜保成要地图看，杜保成又来找我讨地图。我心里十分难过，拿不出地图来，只好亲自找吴政委认错。没到政委跟前时，我心里忐忑不安，额头上沁出汗水来，害怕吴政委批评。没想到，我向吴政委认错后，他却严肃而又风趣地说："要是大米和腊肉，

① 应为1935年夏——编者注。

恐怕你不会丢掉吧！”吴政委虽没怎么批评我，但我则羞得无地自容。我从丢地图这件事中吸取了深刻的教训，往后办事再也不敢马虎了。（胜军整理）

选自中共新县县委党史资料征集委员会编：《卓越的青年将领——纪念吴焕先同志牺牲五十周年专辑》，河南人民出版社1985年9月第1版，第128—129页。

周可实，1909年生，安徽霍邱人。1931年参加中国工农红军，1933年加入中国共产党。红军长征时任红二十五军事务长。新中国成立后，曾任华北军区后勤部总务处长、全国供销合作总社储运局仓储处处长等职。1989年逝世。

激战甘东南　策应主力军

胡继成

红二十五军攻克甘肃东南边城两当后，急速西进，从两当县城以北的利桥镇突转西北，翻越麦积山，直逼天水城下。

要在甘东南站稳脚跟，迎接中央主力红军北上，必须一气打下天水，不能给敌人以喘息的机会。为了万无一失，徐海东亲临前锋指挥，带我二二三团先头部队，一举攻占天水北关和西关。

我红二十五军突然从围堵我中央红军北上之敌背后插上一刀，敌人大惊，忙调敌一一四师、十二师直奔天水援救。

我军在北关缴获敌一个军的棉衣，无法带走，为断敌部队供给，便一把火烧了。敌十二师赶到后，我们不恋战，对部队鼓劲说，咱们过了渭河后，条件会更好。

敌十二师赶到天水救援时，我们忽然扭头由新阳镇北渡渭河。这河不算深，大都只有齐腰水位，我全军官兵互相拉扯着，很快便蹚了过去。8月上旬的天气还热得很，当游泳似的，部队上岸也不影响战斗力，没费多大力气，便迅速攻占了秦安县城。

秦安县城当时是堆积敌军用物资的后方基地，我们缴了许多枪支弹药和其他军用物资，仅西药就收了好几挑。这在当时可是相当珍贵的东西。

我们占领秦安后，决心向敌人防区纵深挺进，进一步牵制敌人。于是，我们决定截断西（安）兰（州）公路，牵制敌军，继续牵制敌军兵力，减轻其阻堵我中央红军北上的压力。

8月中旬，打下秦安两天后，我红二十五军突然放弃秦安县城，经魏店北进，迅速逼进静宁县城，切断甘陕交通大动脉——西兰公路。

两天以后，我军云集静宁县城以北单家集、兴隆镇一带回族地区做群众工作，宣传抗日救国主张，很快和当地回族群众搞好了关系。到达此地前，我们将猪油全部送给了汉族群众，部队食用油全换成了菜油。到达这里后，我们送了许多菜油给当地回民同胞。军领导还按回族同胞风俗，向当地清真寺送了不少银圆和元宝。我们先期到达这里和回族同胞搞好了关系，后来中央红军再来此地时，群众对部队非常好。我红军队伍离开这儿时，老百姓燃香设酒欢送。

在单家集、兴隆镇住了两天，我军又牵敌东进隆德，一举攻克隆德县城，当夜翻六盘山。然而，就在离开隆德直奔平凉时，碰上了大麻烦。

我军行至平凉南瓦亭附近时，与从固原赶来堵截之敌两个步兵营、一个骑兵营、两个炮兵连遭遇。我军当即迅速占领几处制高点，将敌击退。

敌见我大军迅速向平凉县城接近，一面急令其三十五师增援平凉；一面令一个骑兵团和一个步兵团，快速向平凉以南的泾川靠近，合围我军，妄图将我军挤出陇东地区。

我二十五军察觉敌军行动意图后，迅速绕过平凉县城，从城东四十里铺附近南渡泾河，沿西（安）兰（州）公路进白水镇。

我们刚进镇，尾随我军的敌三个步兵营即赶到。为了迅速歼灭这这股敌军，我军冒雨进至马莲铺东，抢占打虎沟高地，很快以猛烈的火力将追敌全部打垮，还歼敌一个多营。

我们强渡泾河，在马莲铺退敌三个营追兵之后，本想返渡泾河北上，但连日暴雨使泾河水猛涨，再北渡就很困难了。而且，泾河南面公路被一道数十里宽的高塬阻挡，我军想再北渡泾河，回旋余地极小，极易遭受敌重兵夹击。军部见地形和天时对我军北上行动不利，立刻放弃北渡泾河计划，迅速离开公路，南渡泾河支流汭河，佯作进攻灵台之势，造成红二十五军将转回陕西模样，实则计划西去威逼崇信县城，继续切断西（安）兰（州）公路，再次打探我中央红军北上的消息。

8月下旬，我红二十五军离开白水镇继续东进，在泾川县城以西王村翻越王母宫塬，徒步涉水渡汭河。如果不遇特殊情况，这次渡河是不会发生什么意外的。不料，部队刚过一半，忽然山洪暴发，河水突涨，卷走了好几位官兵。这时，我部队已大部分南渡，北岸只留下军部直属队和在塬上担负后卫任务的二二三团。如果此时没有敌情，倒也没有什么，可偏偏就在此时，敌二〇八团1000余人，由泾川县城突然向汭河北岸王母宫塬袭来。此时，我在二二三团一营。

我二二三团位于塬四坡村东北角的三营，首先与敌接火，凭借房屋、土墙、窑洞，分班、排向敌追军展开激战。为了掩护和配合三营阻击敌军，二二三团重机枪连连长戴德归，不顾个人安危，亲自把一挺重机枪架在窑洞顶上，向亡命冲来的敌人猛扫。

由于大部队已过河，一时无法回援，留在北岸的二二三团和军直属队处境非常危险。

此时，仍留在北岸的军政委吴焕先见情况危急，立刻指挥二二三团一、二营投入战斗，从王母宫塬西南方向猛烈反击敌人。

战斗一打响，吴焕先政委就带领军部交通队和学兵连100人，一鼓作气从河边冲到塬上，直插敌后开火。他一边指挥战斗，一边对士兵们作战场动员，大喊：同志们，压住敌人火力就是胜利，决不能让敌人逼近河边！吴焕先政委慷慨激昂的动员，极大地鼓舞了二二三团官兵们的信心。我三营在重机枪连的有力掩护下，集中火力反击已经扑到面前的敌人，与在塬东阻击的一营形成夹击之势，一下把敌人压了下去。

敌人阵脚混乱，纷纷溃散。不幸，就在战斗打得非常激烈时，一颗罪恶的子弹飞来，吴焕先政委当场中弹牺牲。

吴政委牺牲的噩耗在阵地上传开，激起了阵地上全体官兵的无比愤怒，战斗打得更加猛烈。官兵们怀着极大的悲痛情绪，猛冲猛射，与敌人展开肉搏，很快将敌人1000多人压进一条烂泥沟里，全部歼灭。敌团长马开基被一群战士乱枪打死在泥沟里。

吴焕先同志是湖北黄安四角曹门村（今属河南新县）人，1907年生，1926年参加中国共产党，1927年秋参加并领导黄（安）麻（城）起义，是鄂豫皖革命根据地的创始人之一。他历任红军十二师政治部主任、红二十五军七十三师政委、红四军政治部主任、鄂东北游击队总司令、红二十五军军长、政委和中共鄂豫皖省委常委、鄂豫陕省委副书记、代理书记等职。吴焕先政委在重建红二十五军和领导红二十五军坚持鄂豫皖革命根据地的斗争中，在红二十五军长征入陕、开辟鄂豫陕革命根据地时期，在为迎接党中央和中央红军主力而西征北战中，都建立了不可磨灭的功绩。他的牺牲是红二十五军的重大损失。

吴焕先政委牺牲后，省委常委临时商定，由于程子华同志负伤未愈，军政委和省委书记均由徐海东兼任。

四坡村战斗，我军全歼敌一个团兵力，敌人暂时不敢向我红二十五军逼近。我们仍按省委原定的计划进行，西进金龙庙，威逼崇信县城；南下什字镇，逼近灵台县城；并在崇信与灵台之间的上良镇、梁原镇、赤城镇等地积极活动，每天派人搜集各种报纸、访问来往客商，积极探听有关我中央红军北上行动的消息。可惜，由于地理条件所限，战局形势所限，又无法获得密码与中央电台沟通联络。加之，敌东西南北之援军，都日益向我红二十五军活动地区逼近，我军连日作战行军很疲劳，伤病员难以安置，继续作无后方依托的行动十分不利，于是，我们在这一带转了几圈，只好北上了。

8月底，我红二十五军经华亭安口窑转向北进，于平凉县城之东四十里铺北渡汭河，往东北方向快速前进。

我们渡过汭河后，由镇原、庆阳县境星夜兼程北上，先后两次在西峰镇、赤城塬地区击退敌骑兵追击。敌人的骑兵行动很快，但经不起我重火力打击，几次靠近，都主动后退，不敢恋战。敌人不敢追，我们就只管放心走路了吗？你千万别这么想。战场上的情况变幻无常，有时，你明明碰上一股很强的敌人，可天时地利人和对你有利，你不费吹灰之力，就把它甩掉了。可有时碰上并不怎么凶的敌人，你反而难以脱身。

9月初，我们渡过马莲河，进抵合水板桥镇宿营。次日晨，由板桥镇出发，我后卫二二五团三营突然遭到敌骑兵袭击。为掩护三营突围，徐海东从前卫赶到后卫，亲自指挥二营投入战斗。

敌人以一个骑兵团突然包围我二营，我二营仓促应战，很快陷入了敌快速的骑兵包围之中。

徐海东带领二营且战且退，很快被敌人冲散了，一个人在山上指挥战斗。一群敌人发现山上有年长的红军在指挥战斗，估计是位大官，立刻从山下策马而上，直奔徐海东而去。

情况万分危急，山头上几乎没有火力压制敌军冲击，如不及时救出徐海东，他很有可能被敌人抓住。

就在这千钧一发之际，徐海东同志的马夫在山下发现了，立刻冒着敌人密集的弹火，翻身骑马冲了上去。徐海东骑上战马，才飞快冲回了我军的火力防卫区。

敌骑兵团冲散我二二五团二、三营后，随即组织火力在包围圈内横冲直闯，杀我红军战士，一些隐蔽不好的战士，不幸一个个被敌人砍死砍伤。隐蔽得较好的战士，则利用有利地形，不断射人射马，躲在暗处不断打击敌人骑兵。

敌人骑兵狂叫着，成排成排地清扫砍杀、射击，我二、三营被封在山下无法撤出，只好各自为战，分散打击敌人。

这种情况对我军相当不利，如果敌人骑兵再组织几次更强的兵力，反复拉几次大网打击我隐藏之兵，这二二五团就有可能遭受灭顶之灾。

这种短兵相接的遭遇战，是考验部队战斗力的最残酷的战斗。

二二五团本来是很能打的部队，可眼下已被敌人冲杀散开，无法集中火力切断敌人的冲击路线。

二营、三营被敌人缠住了，情况十分危急！

就在这关键时刻，二二五团一营营长韩先楚和营政委刘震，带领部队迅速抢占了一座山头，居高临下，以猛烈的火力切断了敌骑兵冲击的路线。二三十挺机枪一齐开火，打得敌骑兵人仰马翻，节节败退。此时，我随前卫在二二三团一营。徐海东同志赶到后卫指挥二二五团反突袭时，我们前卫二二三团随即展开部队向敌骑兵展开反冲。敌骑兵担心被围歼散开了一个口子，我二二五团二、三营抓住战机，重新组织队伍，才在徐海东军长的带领下，冲出了敌骑兵重围。

至此，我红二十五军挥师大踏步北上，彻底甩掉了云集甘东南地区的敌几路大军，迅速向陕北开进。

我红二十五军自陕入甘，克两当、打天水、攻秦安、抵静宁、渡泾河、转四坡、战板桥，两断西兰路，有力地打乱了敌围堵我中央红军北上的兵力部署，积极配合了中央红军的北上行动。（康纲联整理）

选自康纲联：《穿过硝烟的年月：成都军区原副司令员胡继成将军征战史》（根据胡继成口述整理），长征出版社2003年2月第1版，第57—64页。

红军来到兴隆镇

程子华　郭述申

1935年7月，袁家沟大捷后，红二十五军乘胜北出终南山，威逼西安。就在这时，我们从缴获的报纸上获悉，中央红军与红四方面军已在川西会师，并有北上动向。7月15日，即威逼西安的第三天，原鄂豫皖省委地下交通员石健民同志从上海来到西安，并冒着生命危险，由西安抵达终南山下的子午镇，及时送来了中共中央文件，并带来了中央红军同四方面军已在川西会合的确切消息。当晚，中共鄂豫陕省委在长安县沣峪口召开紧急会议，认真分析了目前形势和敌情动态，一致认为：集中兵力西出甘肃，破坏敌人后方，积极配合主力红军的北上行动，是当前最紧迫、最重要的任务。于是，省委立即决定率红二十五军西征，然后北上与陕北红军会合起来，集中更大的力量去消灭敌人，配合主力红军在西北的行动，迅速创造西北新的伟大的巩固的革命根据地。

第二天，即7月16日，红二十五军4000余人，从沣峪口出发，踏上了西征北上的征途。部队西出秦岭，穿过宝（鸡）、汉（中）公路，进入甘肃境内，攻占两当县城。继而攻占天水北关，渡过渭河，占领静宁县城，切断西兰公路。8月15日，部队进入静宁以北的兴隆镇（今属宁夏西吉县）一带，稍作休整，即积极开展群众工作。兴隆镇一带是回民聚居的地区。长期以来，由于受到大汉族主义的歧视，兵匪的掠夺，当地回族群众对红军存在着怀疑和恐惧心理，听到红军要来的消息，不少青年男女纷纷逃往深山野外，躲藏起来了。我军进驻回民区，如何团结上层人士，搞好与回族人民群众的关系，是一个新的课题。

关于做好少数民族地区工作的问题，我军在开辟鄂陕边根据地时期，省委于1935年2月19日就曾作出一项决议，明确指出要做好“回民的工作”，要求“党与红军政治部要从日常实际生活、政治上抓紧这一工作”。因此，部队进入兴隆镇之前，军政委吴焕先就做了充分的准备和周密的安排。他找到几个贫苦群众及地方乡绅、小学教员、货郎小贩在一起交谈，深入了解回民区的社会情况，结合当地回民的宗教信仰和风俗习惯，对全体指战员进行党的民族政策教育，并作出了一些新的规定。在动员大会上，吴焕先同志宣布了“三大禁令、四项注意”：禁止驻扎清真寺，禁止在回民家吃大荤，禁止打回民中的土豪；注意尊重回民的风俗习惯，注意使用回民水桶在井里打水，注意回避回族青年妇女，注意实行公买公卖，不准在回民面前说“猪”骂“猪”等等。他要求全体指战员高度重视，严格遵守，切实做到秋毫无犯。当时，各连队都制定了具体措施，把一些没有吃完的猪肉，自觉作了处理。我们还派手枪团的几名回族战士，带着写好印好的标语、传单、布告，事先到兴隆镇广为张贴，进行宣传。

兴隆镇约有两三百户人家，一条东西贯通的小街，设有很多杂货店铺。西南角有一座高大的清真寺，部队刚进镇时，门户都关得很紧，街道上没有行人，一片冷落迹象。见此情景，指战员们都积极行动起来，登门拜访群众，宣传红军对待回民的政策，宣传回汉兄弟紧密团结，以及我党抗日救国的政治主张。很多战士还拿起扫把，从街头到巷尾，扫得干干净净，一片清新。这样，群众很快消除了恐惧和顾虑，与红军战士逐渐亲热起来。

为了团结回族上层人士，进一步打开工作局面，我们还派人把一些有名望的回族老人和阿訇请到军部做客。这些人以为红军同国民党官兵一样，无非是向他们要粮要款，一个个愁眉苦脸，坐立不安。我们按照回族的礼节，让军供给部购买了一些新茶具，在每个茶碗里放上冰糖，热情而真诚地接待他们。吴焕先政委亲切地对他们说："中国工农红军是穷人的军队，也是回族人民的子弟兵。我们这次进驻贵地，一不向你们派捐款，二不向你们催粮草，三不拉夫抓丁。我军只是稍作停留，很快就走，请你们放心，红军决不骚扰老百姓。"一席话，使客人们打消了顾虑，脸上也露出了笑容。吴政委接着又说："为了表示对回族人民的敬意，我们决定明天拜访清真寺，并赠送礼品。"他们听了又惊又喜，老阿訇连连鞠躬道谢。一个回族老人捋着胡子说："我活了这么大年纪，还是头一回见到这样的仁义之师！"

第二天早晨，街道上的大小店铺全部开张，照常营业，人来人往非常热闹。军医院的医务人员，也走上街头，热情为群众治病。院长钱信忠同志，亲自为一腹胀病患者扎针治疗的情景，当时就引起很大轰动，人们无不交口称赞。当地有两位回族妇女，看到高山顶上的红军哨兵没法做饭，就送去一篮馒头和一罐汤，战士们也付给她们几个铜板，表示酬谢。这些军民团结，亲如手足的情景，给我们留下了很深的印象。

中午，街道上响起了军号声，接着又是锣鼓声、鞭炮声，隆重的拜访仪式开始了。我们几位军领导都穿着整齐的军装，走在队伍前面。身后是两名身材高大的战士，举着一块锦缎匾额，上绣"回汉兄弟亲如一家"八个字，后面是用十二张香案桌抬着的珍贵礼品：六个大元宝和六只大肥羊。紧接着是由军号手、锣鼓手组成的军乐队，吹吹打打地缓步前进。乐队后面是一个全副武装的步兵连，步伐整齐，精神抖擞。街上到处是看热闹的人群，就连平时很少露面的年轻妇女也都涌上街头，不少商店门口响起了欢迎的鞭炮声。当阿訇把我们迎进清真寺时，群众也跟着涌了进来，宽敞的院子挤得满满的。我们向阿訇赠送锦匾和礼物之后，吴焕先政委进一步向回族群众宣传党的抗日救国主张和民族政策，表达了红军对回族人民的深厚情意。随后，清真寺的阿訇还带着几十个回族兄弟，抬着礼品，赶着肥羊，到军部作了回拜。

红军尊重和爱护回族人民的实际行动，揭穿了敌人的反动宣传，当地回汉群众深受感动，赞不绝口。“红军好”的消息不胫而走，很快传遍了回族地区。当时就有马青年、李铁民等五六名回族青年积极要求参加了红军。后来，中央红军到陕北时，毛泽东同志还多次提到红二十五军路过回民地区时留下了良好影响，说我们的民族政策执行得好。

第三天傍晚，我们将要离开兴隆镇时，男女老少一齐涌上街道，他们在街道两旁摆上香案桌，桌子上放满油香、点心和鲜果。有些群众还敲锣打鼓，鸣放鞭炮，热烈欢送红军。阿訇和回族老人依依不舍地为部队送行，祝福胜利。有的青年还高呼着：“欢迎红军再来！”回民聚居的兴隆镇，呈现出一派箪食壶浆送别亲人的情景。

17日，我军从兴隆镇、单家集一带出发，沿西兰公路向东推进。部队每过一个村庄，群众都出门迎送，有的还为我们报告敌情，担任向导。当天傍晚，我军进至隆德县城以北地区，据当地群众报告和我军侦察，城内驻有敌军一个营及县保安团，兵力不多，且城北地势较平，易于进攻，据此，我军突然发起进攻，敌人猝不及防，顿时乱作一团。部队从城北迅速攻入城内，歼敌第十一旅二团一营大部，俘伪县党部书记长、伪县长、保安团总、财政科长等30余人和敌官兵200多人，并将缴获的部分衣物赈济贫苦百姓。

攻克隆德城之后，我军连夜翻越六盘山。第二天在瓦亭附近与敌三十五师一部突然遭遇，经激战将敌击退，并相继占领瓦亭、三关口、安国镇，直逼平凉城下，截断西兰公路18天。蒋介石极为震惊，急令其部队，先消灭红二十五军，以阻止中央红军北上。在泾川县四坡村战斗中，我们敬爱的军政委吴焕先同志壮烈牺牲，全军上下无不悲痛落泪。经过艰苦转战，我军于9月15日到达陕北延川县永坪镇，与陕北红军会师，胜利结束了长征。

选自中共宁夏回族自治区党史资料征集委员会、中国人民解放军宁夏军区政治部编:《红旗漫卷:红军长征在宁夏》,宁夏人民出版社1989年8月第1版,第45—49页。

红二十五军在平凉地区的回忆

马青年

1935年，我在隆德县兴隆镇（今属西吉县）一家商店当伙计，这年初秋8月15日，中国工农红军第二十五军从安徽、湖北一带经过长征来到了西北。在兴隆镇住了三天，军首长吴焕先、徐海东等向群众宣传抗日救国组织穷人闹革命的道理，红军的一言一行，教育了我，使我萌发了参加红军的念头。我和镇上十几个青年报名参加了红军。因我对平凉情况比较熟悉，被编在政治部工作。红军经过休整后，8月17日从兴隆镇出发，当天下午就到隆德，打了隆德县城，后过六盘山打了瓦亭，出三关口，过安国镇，距平凉县城还有20多华里路，因平凉驻有马鸿宾三十五师部队，就绕平凉县城从颉河子上了北原，军部驻平凉北原，一个团分驻泾河北面的杜家沟、郭家园子村。在泾河滩里巡逻时，抓住了平凉大商号文茂祥掌柜白老五。白是杜家沟的地主兼工商业者，除平凉城有商号外，还在固原、兴隆镇等地有小商号。红军当即没收了他带的好几板白土布，并向他缴收一些白银，以充军费，但白老五并不慷慨解囊，红军就把他押在杜家沟军营。8月20日红军主力从北原下坡与河北面的红军会合后，经四十里铺到白水宿营。这时天下雨了，马鸿宾部队从平凉追了下来，红军主力部队立即占据了大堡山制高点，阻击敌人东进，消灭了三十五师两个营，马鸿宾亲到现场督战，几乎被擒。21日，红军从白水出发，到了泾川王村向家沟村，正要上四坡塬时，白老五乘隙逃跑，红军就将他处决了。下午部队上了四坡村原，先头部队又下原强渡汭河，后卫二二三团驻在塬上，与马开基部队打了一仗，吴焕先政委带着100多人从山下冲了上来，断了敌人后路，不幸中弹牺牲，马开基被徐海东带领的二二三团击毙。第二天，我们在郑家沟住了一天，掩埋了吴政委后，又上泾川南原，到灵台县什字镇住了三天，派出部队到灵台、崇信、安口去侦察。接着又向西开去，先后在上良、朝那、梁原和双庙（今崇信木林乡）宿营，一部分部队去打崇信县城，主要是为了声东击西，迷惑敌人。部队在金龙庙会合后开了团以上干部会，稍事休整，稳定了一下情绪，马鸿宾的一部分队伍又从泾川追来，红军就从崇信以西下塬过汭河上了平凉大寨塬，连夜行军过了泾河又到平凉北原，在平凉什子塬住了一夜，经草峰翻沟上了镇原新城、平泉，在平泉打了土豪，筹了粮饷，9月初经过庆阳赤城，合水板桥，在那里与马培清部队打了一仗，损失较大。9月16日红军到了陕北，在永坪镇与陕北红军胜利会师，改编为红十五军团。（朱效敏、何文政访问整理）

选自中共平凉地委党史办公室编：《人民军队在平凉（中共平凉党史资料之三）》（内部资料），1991年7月编印，第190—191页。

马青年，回族，1917年生，陕西安康人。1935年参加中国工农红军，同年加入中国共产党。长征时任红二十五军军排长、连长、连政治指导员。新中国成立后，曾任中共甘肃省委常委、甘肃省副省长，中共中央西北局统战部副部长，中共宁夏回族自治区常委、宁夏回族自治区人大常委会主任，政协全国委员会常务委员等职。1997年在西安逝世。

回区三昼夜

胡继成

1935年秋，我红二十五军为了牵制敌人，配合中央红军的北上行动，转战于陇东地区。8月中旬，当部队来到静宁地区时，军部首长研究决定，开赴兴隆镇休整三天。几个月来，部队不分白天黑夜的连续行军作战，全军上下人困马乏，同志们听到这一消息，都十分欣喜。但当部队快进入兴隆镇时，突然传来停止前进的指示。我当时在二二三团当参谋，可能是出于我的职业习惯，总以为又有什么新的军事行动。后来一打听，才知道我们将要进驻的兴隆镇是个回族聚居区。军首长决定，在进入该地区前，全军上下要进行一次党的民族政策的教育。

这一消息，对老同志来说，都能理解。因为年初，我军在鄂陕边界茅坪回族地区活动时，由于对少数民族工作没有引起足够的重视，曾受到省委的严厉批评。此事，老同志们都是知道的，但一些新同志由于入伍时间短，加之战斗频繁，受的教育不多，对红军的光荣传统和党的民族政策还不甚了解。当他们听到要驻下来专门进行民族政策的教育时，感到有些突然，认为红军进驻兴隆镇无非是歇歇脚，一不拿他们东西，二不抓他们的人，犯得着费这么大的功夫？再说，一个小小的兴隆镇，有啥了不起，蒋介石的千军万马都不在眼下，还怕几个回民？

正当大家议论纷纷的时候，军政委吴焕先等领导来到我们团。吴焕先是全军广大指战员十分敬仰、爱戴的首长。他和程子华军长、徐海东副军长，领导我们闯过了许多难关，使部队在危难和艰险中得到壮大、发展。尤其是西征以来，指挥我们粉碎了敌人围、追、堵、截，取得了一次又一次的胜利。他卓越的指挥才能和身先士卒的英雄行为及平易近人、关心群众的优良作风，都为全军干战敬佩。同志们都喜欢他、亲近他，他在部队中享有崇高的威望。今天，他和其他军首长的到来，全团上下无不感到由衷的高兴。他首先听了听同志们对进驻兴隆镇的意见，然后，耐心地向大家讲解了党的民族政策。他说："红军是各族人民的军队，我们要取得革命战争的胜利，必须团结和发动全国各族人民群众。当前，要努力做好回族地区的工作，扩大红军的政治影响，要坚决反对大汉族主义。"看来，吴政委事先作了充分的调查研究，讲话中紧密联系回族宗教信仰和风俗习惯的实际，讲得既生动又易懂，受到指战员热烈欢迎。最后，他郑重地向大家宣读经军首长研究决定的"三大禁令、四项注意"：禁止驻扎清真寺，禁止打回族中的土豪，禁止在回民家中吃大荤；注意尊重回族人民的风俗习惯，注意用回民的水桶在井里打水，注意回避青年妇女，注意实行公买公卖，不准当着回民说猪骂猪，等等。并要求各级伙食单位，要将现存的猪油全部处理，一滴也不准带进回区，各炊事班的炊具和同志们使用的碗筷，都要进行一次彻底的清洗，不能残存半点油迹。

会后，团部派人到各连进行检查。检查中，了解到广大指战员对吴政委的讲话和军部的指示，都是衷心拥护的，各级贯彻坚决，行动迅速。不少连队，为了消除炊具和碗筷的油迹，八仙过海各显神通，想出了许多好办法，有的用碱水洗，有的用沙子擦，还有的用缴获敌人的擦枪油揩。锅、瓢、盆、大小炊具，擦得金光闪亮。但也发现一些连队的司务长和炊事班的同志，对处理猪油，确有些舍不得。他们感到，部队自西征以来，艰苦转战，生活太苦了，几个月没见一颗荤油花花，前些时好不容易才搞到一点猪油，给连队改善生活，现在又要处理掉，实在舍不得。他们的这种心情也是完全能够理解的。但红军有自己的纪律："有令即行，有禁即止。"为了执行党的民族政策这个大局，最后，他们仍然坚决执行上级的指示，将猪油全部无代价地分给了当地的汉族村民。

部队在作好思想动员和其他准备工作的基础上，于第二天上午开进了兴隆镇。初到时，只见街道两旁的店铺全都关门闭户，原有1000多户人家的镇子，却见不到几个人。同志们都感到惊奇，一了解才知道，在我们未来到前，当地一些反动家伙，在群众中散布了不少谣言。胡说“共产党共产共妻，红眉绿眼，见了回族就杀”。加之长期以来国民党军队经常对这个地区的回族群众进行抢劫掠夺，致使回汉、兵民之间形成很深的隔阂。因此，前两天他们听说红军要来，都吓得携带财物，纷纷离开了家，躲进山沟里。镇子里留下的少数老弱病残，刚见我们时都用异样的眼光看着。不和我们说话，不让上井台打水，不让用他们的锅台煮饭。

针对这一情况，军首长认为，是广大群众对我们不了解，信了敌人的谣言，我们要积极开展群众工作，广泛进行宣传，用我们的实际行动，彻底将敌人的谣言戳穿。因此，部队进入镇子后，在各级干部的带领下，水没喝一口，气没喘一下，放下背包，便深入到大街小巷，刷的刷标语，贴的贴布告，宣传红军的主张和党的民族政策；有的帮助打扫街道和庭院，把一些积存多年的垃圾也进行了彻底清除；医院和卫生队的医务、卫生人员，走街串户，主动上门替群众看病、治病，这里是偏僻的山区，历来缺医少药，一些急性病，经过医治后，病痛很快得到减轻。另外，在群众对我尚不了解前，部队不准强行上井台打水和在回民家中做饭，许多连队当天中午和晚上都在镇外野炊。

功夫不负有心人。经我们细致、深入地做工作和模范行动的影响，一些留在镇里的群众，耳闻目睹、深受感动，悄悄地跑进山里，把亲眼见到红军的情况告诉家人和乡亲们。开初，人们还不太相信，一些胆子大一点的青年人，想看个究竟，也悄悄地摸回了镇子，一看兴隆镇简直变了样，街头巷尾打扫得干干净净，家里的东西完好无缺。红军纪律严明，秋毫无犯，和国民党军队、马家军队一个天上，一个地下，完全两样，他们又急急匆匆跑回山里。一时，“红军是回民的队伍”这一消息，一传十，十传百，像春风似的，很快吹遍附近大小山村。当天晚上，进到山里的乡亲们都纷纷回到了家。千百户人家，敞开了大门，点上了油灯，欢迎红军到自己家里住。不少群众，还主动替红军到井台打水；拿出自己的炊具，腾出锅台，帮助红军烧水煮饭。

为了表明我们的诚意，第二天请来了当地的上层人士和阿訇，由吴焕先政委在军部主持召开了座谈会。会上，宣传了我党抗日的主张和红军的性质以及政策纪律，并反复讲明，我们只在此稍作停留休整，决不派款征粮，抓丁拉夫。最后，征求了与会者的意见，大家都连连赞许红军严明的纪律，一再表示欢迎红军的到来。

回族群众信奉伊斯兰教，为了表示对他们宗教信仰的尊重，下午，军首长带领大队人马，主动前去拜访清真寺。清真寺坐落在镇西的一座小山坡下，虽然寺庙不大，但却是回族群众心目中至高无上的圣地，拜访的队伍，在吴焕先等军首长的率领下，抬着匾额和礼品，从住在镇中心的军部出发，一路上，军号齐鸣，锣鼓喧天，鞭炮声不断。闻声的群众纷纷走上街头，跟随队伍涌向清真寺，古老的兴隆镇沸腾起来了。据当地老人们讲，就是回民的宰牲节，也从未像这样热闹过。当队伍来到清真寺时，阿訇走出寺门热情相迎，并在寺前的院坝里，按伊斯兰教的规矩，举行了简单的仪式。吴焕先政委站在寺门前的台阶上讲了话，他说：红军是各族人民的军队，我们坚决尊重回族人民的宗教信仰和风俗习惯。然后，讲了讲红军到此地的目的及今后的任务。最后，吴政委提高嗓门说：“为了表达我们的心意，现送上一点微薄礼物，请阿訇笑纳。”在一片掌声中，阿訇接过礼物，并以民族的最高礼节，请军首长进入寺院，设宴款待。宴会气氛十分热烈。

我军到该地区，虽然才一两天时间，但军民完全沉浸在鱼水般的情谊之中，广大指战员帮助群众担水、劈柴、磨面、积肥……人民群众帮助红军缝洗衣衫，给伤病员送来鸡蛋、油炸果子等好吃的东西；一些进步的上层人士和商界老板，还筹集了不少清油、粮食、糖和盐等物资送给部队。为严肃纪律，我们都婉言谢绝，但他们仍执意要送，我们只好一一照价付了款。军首长对于贯彻执行纪律的情况一直很重视，每天，都要派我们这些参谋和政治处的干事，深入连队进行检查，并要求对检查结果及时上报，好的通过小报表彰，违者受到严厉批评，甚至处分。

休整三天的时间，在不知不觉中，很快就过去了。当群众知道我们即将离开的消息时，都依依不舍。大娘、大伯拉着我们的手，问我们还会回来吗？许多青年人扭着我们的同志，要求参加红军。有位老大娘，把家里唯一的一只老母鸡杀了，定要请我们的同志吃，我们的同志再三推辞，大娘就是不依。结果，同志们只好悄悄地给老人留下一块钢洋在床头，将鸡吃了。清真寺的阿訇听说我们要开走，也给军部送来一群染了色的肥羊。

部队出发那天，全镇男女老幼，倾城出动，齐集街头。街道两旁摆设香案、油果等食物，当红军走过时，老人们都合手祝福，愿红军一路平安。同志们边呼口号，边向乡亲们挥手告别。当我们走出镇子一里多路时，回头望见送行的人们仍站在镇外的小山坡上向我们招手。不少同志，望着这动人的情景，眼里流出了激动的泪花。

部队在兴隆镇虽只住了三天，但给同志们留下了极其深刻的印象。广大指战员在这里解除了疲劳；部队补充了物资，密切了回族人民与红军的关系，播下了革命的种子。这是我军在西征途中取得的又一重大胜利。后来，在陕北还受到毛主席的夸奖，说红二十五军路过陇东回民地区时留下了良好印象，说我们的政策水平高。

如今，进驻回区的事已经过去50多个年头了，但红二十五军在回区所创造的军民团结、民族团结的光辉业绩，却永彪史册。（*唐绍均、何俊整理*）

节选自成都军区党史资料征集委员会办公室编：《红军长征回忆与研究》，云南人民出版社1986年版。

强渡泾河

刘赞州

1935年8月1日，我们红二十五军在陕南凤县之江口开过纪念大会以后，便西进甘肃，向陕北根据地前进。

此时，甘肃境内的敌人，一部分被调去堵击一、四方面军去了。因此，我们进入甘肃首先占领了两当县城，继而又入天水，攻克泰安、隆德，翻过了六盘山。我们一路上歼敌打城，大大震惊了敌人。于是敌人又急忙调兵遣将追堵我们。在瓦亭打垮马鸿宾的追击部队以后，我军便进至平凉的白水镇一带，准备东下泾川渡河。

从白水镇出发，正下着雨。没走多远，大家的雨伞被大风吹坏，全身淋得像刚从水里捞出来似的。陇东高原一下雨，道路又黏又滑，一脚踩下去，泥就没过脚背，像陷进了面糊里，拔不动腿。可是，当大家听说渡过泾河，很快就会和陕北红军会合时，都异常高兴。几十里路，很快就走完了。

泾河是甘肃的一条大河，河两岸都是百公尺以上的高原。河水平时很浅，可以徒步涉过。近来由于连日大雨，山洪暴发，水有四尺多深。河窄、水急，旋涡多，人到水里稍不留神就会被冲倒、卷走。

泾河的渡船全被敌人抢走和毁掉了，泾川的敌人又尾追而来。军首长命令二二五团首先渡河。我们二二三团便由吴焕先政委率领，留在河北岸的高原上担任警戒。

我当时在二二三团机枪连任副班长。我们班在河北岸山坡的窑洞里吃完饭以后，全班一面烤着被淋湿了的衣服，一面谈论着快与陕北红军会合的事情。每个人的心里都充满着喜悦，疲劳全忘了。

傍晚，外面忽然响起了枪声，我们立刻拥到窑洞门口。只见一大片敌人从左侧山下攻上来，离我们的窑洞只有200公尺。就在这时，团部的驻地也响起了密集的枪声。情况十分危急，如果敌人占了山坡，不但我们团要有很大损失，而且敌人可居高临下地控制泾河，给全军渡河造成难以想象的困难。

敌人为什么会来得这么突然呢？事后才知道，原来追击我们的是马开基匪部的骑兵团。当他们发现我军渡河时，便把马匹隐蔽在山后，利用我哨兵雨中观察困难，冲散了我们的排哨，趁机攻了上来。

团部就住在离我们不远的山坡上一个庄子里。从枪声中可以听出，那里正进行着非常激烈的战斗。我们连都分住在山坡上的窑洞里，敌人密集的火力已切断了我们之间的联系。班长一见这情况，没等上级下达命令，就带领全班冲出窑洞，冒着敌人密集的火力，抢上山头，架好机枪扫射起来。可是因为地形不好，射界不广，敌人仍拼命往上涌。就在这时，不知道谁喊了一声："把机枪扛起来打。"班里的小吴和王大个子（已记不清他们的名字），抢前一步把机枪扛起来。小吴同志个子矮，王大个子又太高，机枪不平衡，仍发挥不了威力。别人要换下王大个子，他说什么也不肯，弓着腰便和小吴取得了平衡。机枪平衡以后，班长从射手手里接过机枪，紧咬着嘴唇，猛烈地向敌人扫射。王大个子和小吴扛起机枪，哪里敌人多，就把枪口转到哪里。班长左一扫，右一扫，打得敌人一个紧跟一个滚下山去。

敌人急于抢占山头，控制泾河，便集中火力向我们射击。密集的子弹，像冰雹一样"扑哧""扑哧"落到班长和王大个子、小吴周围。污泥和雨水，溅到他们脸上和身上，他们理也不理，继续不停地向敌人射击。

突然一颗子弹打中班长，他身子一晃，刚要倒下去，又站住了。他咬紧着牙，瞪着一双愤怒的大眼睛，脸上淌着由于伤口的剧痛冒出的大颗汗珠，继续向敌人扫射，直到一袋子弹全打光，才倒了下去。

董班长对我们像亲哥哥，行军时帮我们背枪和粮袋，宿营时忙着烧水给同志们洗脸洗脚，打起仗来，哪里重要，哪里有危险，他就到哪里。冲锋时，他像只小老虎，总是冲在同志们的前面，退却时，又总是在最后掩护。班长的牺牲，像在每个人身上燃烧了一把火，我们端起班长放下的机枪，更猛烈地向敌人扫射。

这时，其他班的机枪也叫了起来，向敌人猛烈射击，枪声手榴弹的爆炸声响成一片，敌人被阻住了。但是，他们在当官的逼迫下，仍一步步地向我们坚守的窑洞和山头逼进。

当敌人又一次向我们发起攻击的时候，军政委吴焕先同志带着一、二营赶来了。一、二营的同志们在吴政委的指挥下，向敌人发起了猛烈攻击，战斗非常激烈，吴政委亲自指挥三挺机枪向敌人猛扫。敌人遭到这背后的沉重打击，立即反转身扑向一、二营。我们团部和三营被堵在窑洞里的同志，趁敌人反扑一、二营的机会，冲出了窑洞，和一、二营两面夹攻敌人，把敌人一气赶到一个山沟里。

正在这时，一颗罪恶的子弹打中了吴政委，他把身子一晃，倒了下去。可是他立即站起来，喊了声："狠狠打，一个也不让他跑掉。"说完又倒下了。

吴政委再一次坚强地挣扎着坐了起来，向身边的同志要来一支笔和一张纸，给军长写了一封信，他满怀信心地写着："……我的伤并不重，还能够和同志们一起打败日本帝国主义……"

可是，吴政委的愿望还未能实现，反动派夺去了他的生命。吴政委平时对同志十分关怀。在我们坚守大别山的艰苦日子里，他和同志们一起吃野菜，住窝棚。雨天，他经常挨个窝棚检查是否漏雨；夜间，他经常悄声地把同志们身上翻掉的茅草给盖好；行军前他经常亲自检查大家的草鞋是否磨脚；行军中又跑前跑后，给大家讲故事，鼓励大家前进。全军都非常尊敬他，大家每谈起他来，都是以“我们的政委”的亲切口吻称呼他。现在，吴政委和我们永别了，消息传来，大家无限悲痛。战士们向被赶进山沟里的敌人狠狠地投掷着手榴弹。一条狭窄的山沟，完全被愤怒的烟火吞噬了。敌人像无头的苍蝇，在小山沟左冲右撞，最后全部被我们消灭。

当夜我们打扫完了战场，开始渡河。河水更大了，旋涡连着旋涡。上级从北岸到南岸扯起了两条白布，大家便一个挨着一个，抓住白布，向对岸走去。站在岸上望去，滚滚的河水中，就像筑起了两道人墙。人多、水急，渐渐地，白布被洪水冲成了弓形。不一刻，白布断了，断头处的几个人没有抓住，立刻被急流卷走。抓住了布的人，被水冲着像开了两扇大门，南半截顺水而下，逐渐靠了南岸，渡过了河，而北半截却又被冲回到北岸来。

时间限制，来不及再扯白布，团首长命令没有渡过河的人互相搀扶着过河。大家以班为单位，互相拉着手或扯着腰带，一步步向对岸移动。王大个子身大力壮，站得稳，成了我们班渡河的骨干。我们全班人都围在他的周围，有的抓住他的手，有的抓住他的胳膊，有的抓住他腰带。小吴在水里只露出个脑袋，一不小心，水就灌到嘴里。每逢遇到水深的地方，王大个子用手把他一提，他就像腾空一样，头不顶天，脚不挨地。就这样，我们胜利的渡过了泾河。

在泾河南岸，我们安葬了人人敬爱的军政委，擦干了眼泪，又继续踏上了征途。九月初，我们终于到达陕北的永坪镇，与陕北红军胜利会师。

选自甘肃省军区党史资料征集办公室编：《三军大会师》（上），甘肃人民出版社1987年2月第1版，第321—324页。

刘赞州，1913年生，湖北广济（今湖北省武穴市）人。1929年参加中国工农红军。红军长征时任红二十五军第二二三团机枪连副班长。新中国成立后，曾任空军后勤第三分部部长、沈阳军区空军后勤部副部长、沈阳军区空军司令部顾问等职。1991年在沈阳逝世。

四坡村反击战

关盛志

1935年8月，为了迎接中央红军北上，我们红二十五军离开鄂豫陕革命游击根据地，来到陇东地区，在兰西公路一带打击敌人。20日，我军在白水镇一带与敌一〇五师激战一天，将敌全部打垮，歼其一个多营，亲自来该旅督战的敌师长马鸿宾也险些被生俘。翌日拂晓，全军同志在军长程子华、军政委吴焕先、副军长徐海东同志率领下，冒雨向汭河挺进。

汭河是陇东地区主要河流——泾河的一条支流。平日，河里水浅，两岸群众经常从这里经过。下午两三点钟，先头部队来到河边，大家卷着裤腿，扛着步枪、机枪，手拉着手涉水过河。程军长、吴政委先后随部队和军部过了河。徐副军长随后卫二二三团正准备过河时，突然，山洪暴发，河水骤涨。咆哮的洪水卷着泥浆奔泻而来，有的同志被淹没在滔滔的急流之中。大家只好就地宿营，等待水势下降。当时，我在二二三团当通讯员。徐副军长安排我们团住在离汭河大约有二三里远的四坡村，自己便带着警卫员观察地形与水情去了。

四坡村坐落在一个塬上，是个不大的庄子，有几十户人家，大部分是窑洞，也有少量土房。部队经过八个多小时的冒雨行军，又冷、又累、又饿，个个淋得像落汤鸡似的，衣服全部湿透了。进了村，做饭的做饭，搭地铺的搭地铺，烤衣服的烤衣服，准备在这里好好休息一下。我们几个通讯员跟团首长察看完地形，安排好警戒后，在房子里生起了火，大家脱下身上的湿衣服，围在火堆旁烤着。一会儿，屋里热乎乎的，有的同志开始打起了瞌睡。

“砰！砰！砰！……”一阵激烈的枪声在村子东边响起。“有情况！”大家立即穿上没完全烤干，还冒着热气的衣服，连扣子也顾不上扣，就提着枪，跑出了门。

风雨中，只见敌骑兵，挥舞着马刀，喊着“冲啊！”“杀啊！”蜂拥似的向我驻地冲来。位于村东北角的三营首先与敌接火，他们凭着房屋土墙与敌人展开近战。

这股敌人是马鸿宾的一个骑兵团。他们妄图趁着倾盆大雨进行突然袭击，消灭我军。情况万分危急，等我们发现时，敌人已冲到跟前了。

一阵军号响过，一、二营也迅速投入战斗。重机枪连架起了四挺重机枪，不停地向敌人扫射。

“徐副军长来了！”不知谁喊了一声。一听说徐海东副军长亲自来我们团指挥战斗，干部战士心里都像燃起了一团火。徐副军长英勇善战闻名全军，指挥我们打了很多胜仗。1933年，在他当师长的时候，一次攻打山头，山上守敌凭着险要地形，用猛烈的火力，阻止我军冲锋，白天攻了六个多小时没攻上去。傍晚，发起总攻时，徐海东同志把手一挥喊着：“跟我来！”亲自提着大刀、手榴弹，带领同志们往上冲，他一边冲，一边用手榴弹炸，用大刀砍，大家见师长带头冲锋，个个勇猛如虎，很快攻上了山头，消灭守敌一个团。徐副军长总是这样，哪里战斗最激烈、最危险，他就出现在哪里，凡是他指挥的战斗，很少有失利的。多年来，他和其他军首长一起，指挥我们多次粉碎了蒋介石对鄂豫皖革命根据地的“围剿”，打破了敌人对我围追堵截的计划，因此，每次战斗，只要徐副军长在场，我们就有了主心骨。这次，在遭到敌人突然袭击的时候，徐海东副军长的到来，使我们对取得反击战的胜利更加充满了信心。

我们团部设在村中间的一个院子里。四周是不到一人高的土墙。徐副军长手里拿着马鞭，湿透了的衣服上溅了许多泥浆。大概是道路泥泞难走的缘故，来到团部时，还气喘吁吁。他问团长：

“敌人多少兵力？”

“1000余人。”

“从什么方向来？”

“泾川。”

徐海东副军长拿起望远镜观察敌情。子弹“嗖嗖”地从头顶上飞过，打在身后的墙壁上，土坯纷纷脱落下来。他仍然站在那里，仔细地观察着。

敌人又组织冲锋了。在机枪的掩护下，个个如亡命之徒，杀气腾腾的狂叫着，手上的马刀闪着凶光。敌人像潮水一样向我压来，我军的处境相当危险。徐副军长看到了情况的严重性，放下望远镜，沉着地对团里领导说：“一定要顶住。”敌人越冲越近，当他们冲到我轻重火器的有效射程以内的时候，徐副军长喊声“打！”我们集中所有的重机枪、轻机枪、步枪、手枪一齐向敌人射击。

子弹像雨点一样落在敌群里，冲在前面的一连骑兵一个个被打倒了。后面的敌人又拥上来，但是立刻又被打回去。敌人的督战队举着明晃晃的马刀，逼着匪兵们往前冲。四坡村被淹没在一片叫骂声、冲杀声之中。

突然，一阵激烈的枪声在敌侧后响起，给了正向我扑来的敌人以很大杀伤。与此同时，又传来一阵熟悉的号音。

“是吴政委他们！”大家非常激动地说。

军政委吴焕先带领部队在敌侧后打响的消息，给了战士们以极大的鼓舞，激励着大家更顽强的战斗着。前面的人倒下了，后面的人又迅速补上来。有的同志受了伤，担架队要抬他们下去，可谁也不愿离开火线。

狡猾的敌人急忙调整了兵力，除一部分火力对付侧后外，集中了全部力量，从正面向我们发起了更疯狂的进攻。面对着穷凶极恶的敌人，徐海东副军长的两眼放射着愤怒的光芒，他沉思了片刻，和团里领导同志商量了一下，转过身来对通讯员命令说：

“命令一营从右翼反击！”

“命令二营从左翼反击！”

“是！”通讯员行了个军礼，踏着泥泞的小路，向一、二营的阵地跑去。

我军形成了对敌夹攻之势，三营和重机枪连在正面打，一、二营从两侧打，大家无不佩服徐副军长的指挥艺术。密集的子弹从几个不同方向飞向敌群。他们一看骑在马上目标太大，一个个从马上跳下来，伏在地上向我射击，敌我双方互相对峙着。

这时，一个通讯员上气不接下气地跑到徐海东同志跟前，喊了声“报告！”

“什么事！”徐海东问。

“吴政委负伤了”。

“啊！……”徐副军长不大相信自己的耳朵，焦急而又关切地问：“伤势怎么样！”

“很重。”通讯员怀着十分沉痛的心情回答。

原来战斗打响后，军长程子华和政委吴焕先听见枪声，迅速研究决定：程子华同志留在南岸，吴焕先同志和军干部教导队前去支援。吴政委带领一百余名同志，冒着被急流卷走的危险，涉水过河，绕到敌侧后，以迅雷不及掩耳之势猛烈开火。愚蠢的敌人连做梦也没想到会在自己的背后出现一支部队。敌人受到了沉重打击，急忙抽调一部分兵力对付军教导队。子弹呼啸着落到阵地上。吴政委伏在机枪旁，拿着望远镜观察，亲自指挥两挺机枪向敌人射击。敌人一次又一次冲锋都被打退了。忽然，一颗子弹飞来，吴政委的头部中弹负伤，伤势非常严重，医生正在抢救……

吴焕先同志是鄂豫皖边区早期革命运动领导人之一。红四方面军主力离开鄂豫皖革命根据地后，他作为省委主要负责人之一，在参加重建红二十五军和领导红二十五军各个阶段斗争中，作出了很大贡献，在部队中享有崇高威信。徐海东和吴焕先1927年秋一起参加黄安暴动，尔后，又一块坚持斗争好多年，转战万里。在长期的革命斗争中，他们互相支持，肝胆相照，生死与共，是最亲密的战友。现在，徐海东真想马上去看看老战友的伤势，但战斗还在激烈地进行着。全体同志多么需要他继续指挥打退敌人的突然袭击啊！他只好含着眼泪说："一定要全力抢救！"他又详细地询问了教导队的战斗情况，通讯员一一作了汇报，他语重心长地说："告诉同志们，坚决配合二二三团把敌人消灭掉，为吴政委报仇。"通讯员说声"是！"便消失在风雨中。

干部战士听到吴政委负重伤的消息，心里像刀绞一样难受。

此时此刻，徐副军长把悲痛都集中到对敌人的仇恨上，他说，我们要以牙还牙，彻底消灭这股敌人。

他的话音刚落，"坚决消灭敌人，为吴政委报仇！"的口号声响彻阵地上空。愤怒的火焰在每个人心中炽烈地燃烧着。泪水模糊了视线，大家擦擦眼泪，向敌人射出了一颗颗仇恨的子弹。

徐副军长见全线出击的时机已到，便命令司号员吹起了冲锋号。

顿时，口号声、冲杀声响成一片。干部战士手中的各式轻重武器又更加愤怒地吼叫起来。敌人死的死，伤的伤，人仰马翻。敌团长马开基见势不妙，慌忙从地上爬起来，想骑马逃跑，可是，刚上马，"叭！"的一声，他从马上一头倒栽下来，一命呜呼了。蒋介石的这个忠实反共走狗得到了应有的下场。匪兵们见团长被击毙了，都纷纷抢马逃命，有的马失去控制，张开蹄子四处奔跑，人马互相拥挤着、践踏着。我们一边追、一边打。四挺重机枪又发挥了威力，敌人逃到哪，机枪子弹就像炒豆似的"噼噼啪啪"跟到哪。在我猛烈的火力扫射下，敌人逃进了一深沟。这条沟30多米深，约60米宽，几公里长，一头通往塬上，一头通到汭河边。敌人妄图顺着沟避开我火力，从汭河方向逃跑。可是，进了沟，就陷入了灭顶之灾：沟里积了水，马蹄陷在泥里拔不出来，敌人想弃马逃跑，但泥很暄，跑不动，他们连滚带爬，弄得浑身上下都是泥浆，狼狈极了。顷刻间，敌人的骑兵成了泥兵，活马成了死马。我们一下冲到沟沿上，用机枪封锁住两头，敌人真是插翅也难逃了。但是，他们并不甘心失败。有的还躲在马肚子底下负隅顽抗。这时，徐副军长赶上来了。他把牙一咬说："狠狠打！"又是一阵子弹、手榴弹。有的同志一边往下扔手榴弹，一边叫着："叫你尝尝红军的厉害！"硝烟弥漫了战场，破片四周飞迸。炸得敌人血肉横飞，鬼哭狼嚎。爆炸声、惨叫声交织在一起，组成了敌骑兵团覆灭的哀乐。

经过两个多小时的激战，敌骑兵团全部被歼灭了。

战斗结束后，一个不幸的消息传来：吴焕先政委经抢救无效，光荣牺牲了。干部战士无比悲痛。夜幕降临了。大家吃不下饭，睡不着觉，沉默着，哭泣着。徐海东，这个使敌人闻风丧胆、无比刚强的军事指挥员，在鄂豫皖革命根据地游击战争最困难时期，在长征路上，全军被困、战斗最激烈的时候，他都从没掉过一滴泪；而今自己最亲爱的同志牺牲了，他的泪水像断了线的珍珠一样，一颗颗滚落下来。

第二天，汭河的水位下降了。部队过河后，在南岸的一个村庄附近，军首长把全军同志集合起来，沉痛悼念在反突袭战斗中牺牲的军政治委员吴焕先同志，程军长、徐副军长先后在会上讲了话。他们号召全军同志，继承吴政委的遗志，化悲痛为力量，团结一致，多打胜仗，以实际行动迎接中央和一、四方面军，踏着先烈的血迹前进，将革命进行到底。

部队要出发了，我们不时地回过头来，默默地向北岸眺望，再看一看永生不能忘怀的四坡村，再看一看吴政委的坟墓，向敬爱的吴焕先同志告别：吴政委，反突袭战斗胜利了，敌骑兵团消灭了，我们为您报了仇，请安息吧！

红旗招展，军号嘹亮，我们在程军长、徐副军长的带领下，又踏上了新的征途。

选自《忆徐海东》编辑组编:《忆徐海东》,河南人民出版社1981年9月第1版,第207—214页。

关盛志,1916年生,安徽六安人。1932年参加中国工农红军,同年入中国共产主义青年团,1936年转为中国共产党党员。红军长征时任红二十五军二二三团通讯员。新中国成立后,曾任解放军某师政治委员兼新疆哈密军分区政治委员、中共哈密地委书记、东北军区空军干部部部长、兰州军区空军政治委员、济南军区空军政治委员等职。1955年被授予少将军衔。2011年在济南逝世。

永平会师[①]

霍春华

1935年9月中旬的一天早上，雾特别大，相隔十来步远就看不见人。但是，永平镇附近的红军和老乡，一大早就从四面八方涌到永平镇的河道上。因为今天，经过长途跋涉，冲破了层层封锁，战胜了无数艰险困难，胜利到达陕北根据地的红二十五军，就要和我们陕北红军会师了。

一会儿，太阳渐渐升起来，浓雾消散。我站在高坡上一望，十多里长的道路两旁，整整齐齐地排列着欢迎的人群。人群中，有红军部队，有"红大"学员、赤卫队员，也有妇女会员、少共团员、政府的干部、学校的学生和当地的老乡。三四道大彩门，矗立在道路中间。山沟和大路两旁的岩石上、树干上，贴满了花花绿绿的标语。上边写着："欢迎红二十五军老大哥！""消灭晋军！""消灭高桂滋！""夺取敌人的武器武装自己！"……河沟草地上，许多孩子吹着小笛儿，用尖溜溜的小嗓子唱着：

打倒豪绅地主哟，打倒反动派，
男女都平等哟，人人闹革命，
大人娃娃一条心，革命早成功……

① 永平，今永坪——编者注。

歌声、笛声，和着人们的笑声，荡漾在晴朗的天空。

一会儿，一位指挥员，骑着一匹枣红马，来到部队前面。他勒马向大家问道："准备好了吗？"大家齐声答道："准备好了！"他又继续说道："红二十五军跋山涉水，受尽千辛万苦，来到咱们陕北，马上就要和我们会师了！招待客人，本来应当拿出些礼物，可咱们这里的政权刚刚建立，又受着敌人的封锁，拿不出什么东西来。但是我们却有着一颗火热的心，我们一定要热情地欢迎红二十五军的同志们……"正说着，后沟里跑来两匹战马，队伍里马上吵吵嚷嚷地议论起来："交通员回来了！""一定是红二十五军来到了！"……果然两个交通员在马上气喘喘地大声向指挥员报告说："二十五军到了！正在前边庄上整理队伍。"指挥员听了，两腿紧夹马肚，调回马头，打了一个响鞭，喊了声"老大哥来了！准备欢迎！"带着两个交通员便奔向前庄去了。

队伍里顿时热闹起来，"立正！""立正！""向右看齐！""向右看齐！"……口令声此起彼伏。

庄头上出现了一面迎风招展的红旗，后边是黑压压看不到头的队伍。立刻，河道里也响起了锣鼓声、歌声和口号声。正在田里干活的老乡们，听到锣鼓响，也扛着锄头跑来了。

徐海东同志走在队伍的最前面。他身材高大结实，穿着一身青色军装。八角形的军帽上，还钉着一颗红五星。他一边走，一边笑着挥手向我们问好。紧跟在首长们后面的是骑兵警卫排，再后边是手枪团。手枪团大多数同志都穿着黑军装，腰里缠着"九龙袋"，每人背着一把盒子枪和几颗手榴弹，身后还斜插着一把大刀。他们排成四路纵队，整齐地走了过去。我们一个劲地喊口号、唱歌，他们一个个精神奕奕，笑容满面，也唱着歌来回答我们。手枪团的后面是80来个人组成的司号连，吹打得哇哇响。再后面是几十个十五六岁的宣传员，没有化妆就又唱又舞地走了过去。

在一些抬着伤员的担架过去以后，战斗部队过来了。先是二二三团。

嗬！一个连就有五挺轻机枪，每个营还有六挺重机枪。步兵分成三路纵队行进，都扛着一色的马步枪，有的还上着明晃晃的刺刀。当中还夹杂着一些挑夫，竹扁担颤悠悠地闪动着。他们照样唱歌、喊口号，有时趁着换肩的机会，还连连朝我们招手。

大家目不转睛地看着、称赞着。特别是对他们的武器装备，更感兴趣。凑巧这时二二三团刚走完，后边部队还没有来到，一个戴红臂章的通信员走了过来。我们一下把他包围起来。有人问："你们那一色的马枪步枪，都是咱红军工厂自己造的吧？"通信员指着我们一些赤卫军背的红缨枪回答说："不是的，我们原来扛的也和你们一样。现在的枪都是从敌人手里夺来的。"大家一听，便纷纷谈论起应该学习老大哥的艰苦、勇敢精神。谈着谈着，后面的部队又上来了。我们这才放走了通信员，又欢迎起后面的部队。

一直把红二十五军的同志送到了"红大"休息，欢迎的人们才各自回家去。路上，我激动地想：高桂滋、阎锡山还梦想三个月消灭我们，哼！等着瞧吧！红二十五军来了，我们的力量更大了，还不知道谁消灭谁呢。回到驻地，同志们也都顾不得吃饭，就凑在一起议论开了。这个说："嘿，咱们老大哥的武器比'大红鞋姑娘队'①的武器还要强好几倍。"那个说："比阎老西（即阎锡山）的武器也强呵！"说的大家都高兴地哄笑起来。

过了两天，我们跟红二十五军互相进行参观访问活动。贫农会也把老大娘、小伙子、小媳妇都组织起来，带着绣花荷包、袜底等东西去慰问他们。到了驻地，男的帮战士们劈柴、打水，妇女就抢着洗衣服、补袜子。战士们也把打土豪得来的花布、丝线回赠给老乡。

参观回来的路上，一个老大娘不断地数说着："姑娘们！小伙子们！这回你们好好生产吧！'红鞋队'、晋军保险再不敢来了。"

第四天，是正式的联欢大会。陕北的红军部队、赤卫军都赶到永

---

① 敌八十四师（师长高桂滋）的士兵很怕冷，都用红布做棉鞋，所以大家都叫他们是"大红鞋姑娘队"。

平来了。在石油厂左边的河滩上搭了一个大台子，上面横挂着“欢迎红二十五军”的标语。台子顶上插满了红旗。会场当中用石灰画了一条粗粗的白线，左边坐着红二十五军，右边坐着我们陕北红军。满场都飘荡着红旗，旗杆上的黄铜帽在太阳底下闪耀着金光，从高处望去，简直是一片旗海。两边的部队都有啦啦队，歌声和哄笑声，此起彼伏，真是热闹极了。

会议开始了，徐海东同志讲了话。他对二十五军到达陕北根据地后，处处受到热烈欢迎，表示感谢。又说红二十五军不过是南方红军的一小部分，以后还要有大批红军到陕北来。另外也讲了一些沿途的战斗情况。接着是各部队和妇女会、赤卫军等团体的代表讲话。最后是刘志丹同志讲话。他穿着一身灰蓝色军装，腰上扎着一根皮带，挂着支手枪，瘦瘦的个子，往台上一站说道：“我们陕北根据地还很年轻，敌人用尽了一切办法想消灭我们，可是他们并没有能够如愿。金松山（敌师长）被我们消灭了，又来了个高桂滋。高桂滋吹牛三个月要征服我们，三个月早过去了，我们没有被征服，而他自己眼看就要完蛋了。现在晋军、东北军又跟上来了，可是我们的红二十五军也来了。我们的力量更强大了，现在不是敌人追着打我们，而是轮到我们收拾他们的时候了。”接着他又说：“我们只要不断地壮大红军，根据地就能巩固。大家都看到了，红二十五军的同志们带来了很多枪支，现在需要的是有更多的人来背它，谁愿意来背呀！”这一问台底下的老乡们轰动起来了，特别是那些小伙子们，他们大声地嚷道：“我愿背！”“我愿背！”当场就有许多人参加了红二十五军。

会后，各地都掀起了参军热潮，红军迅速地发展起来。不久，我们便在劳山消灭了敌人的一一〇师，击毙了敌师长何立中。陕北根据地更加扩大和巩固了。

选自《回顾长征——纪念中国工农红军长征胜利会

师五十周年》，人民出版社1985年12月第1版，第435—439页。

霍春华，永平会师时为陕北红军某部战士。

长征路上的红色交通员[①]

黎明

我本不叫黎明，“黎明”是我做地下工作时使用的名字。后来，为了纪念那段企盼黎明到来的日子，我将这个名字一直沿用下来。我的长征历程很特殊。身为敌军内部的特工人员，我曾数次为长征队伍提供了宝贵的情报。今年（2007年——编者注），我已89岁，我仍然认为，是长征让我看到了生命的黎明。

一、寻找党的路上被抓壮丁

我15岁给人当学徒，唯一的愿望就是念书。17岁那年，听说西安的共产党那边有让穷人家的孩子不花钱就能读书的地方，我便在一天夜里偷偷地逃走了，直奔西安。

我这一去并没有找到共产党，而是在路上被国民党西北军的部队抓了壮丁，在特务二团当了兵。记得那次被抓壮丁时，他们不讲理，拉着我就走，不走就打人，气得我对他们喊：“我宁可当红军，也不参加你们这臭匪军！”这句话给我惹了祸，他们一度怀疑我是共产党；这句话也为我带

① 题目为编者所拟。

来了运气，让我后来有幸加入了党组织。我所在特务二团的团长叫阎揆要，正是我党安插在敌军里的特工人员，他吸收我加入组织，成为预备党员。在组织里，我的任务是担任“红色交通员”，负责与正在长征的红军联络、传送情报、缴纳党费等工作。

二、铭记一生的十三字口信

1935年7月，我接受了第一项光荣而艰巨的任务。中央红军将要经过腊子口时，敌军发动猛烈攻势阻止红军北上陕北，妄图将红军全部消灭。这时，由程子华率领的红二十五军团紧急从西安赶来策应。一天夜里，特务二团接到命令，说红军第二天要路过户县，让我们当晚就出发前去“围剿”。一夜急行军，第二天中午到户县。见红军没来，大家累得吃完午饭就都睡着了。就在我们熟睡时，红军来了，他们并没有进城，而是绕城离开了。这时，特务二团的团长阎揆要找到我说：“你刚来时，就有人说你是共产党员。现在，检验你是否是一名真党员的时候到了。作为‘红色交通员’，你有一个极其重要的任务要去完成，给城外的红二十五军送去这些东西……”

阎揆要交给了我三样东西：一部电台、一封信和300块银圆。电台，是红军长征时与前后方联络用的；信，是阎揆要向组织汇报的机密情报；而银圆，则是特务二团全部地下党员的党费。为了以防万一，担心我将信弄丢，阎揆要还让我记下了口信，内容是：“明天还有国民党大军来到，快走！”这13个字，我铭记了一生。临出发时，阎揆要一再嘱咐我，不要轻信任何人，东西和情报一定要亲手交给红二十五军团的司令员程子华本人。后来我才知道，在派出我之后，阎揆要又派人秘密给红军送去了四担药品和子弹。

三、长征途中胜利完成交通任务

就这样，担负着千斤重担，我出发了。我先到南城门，没见到红军；又绕到西城门，仍不见红军的影子。正失望时，我发现了几名留在队伍后面的红军战士。说明情况后，几名战士认为此事事关重大，建议我不要一个人乱跑，最好跟随队伍一起走，等宿营时再领我去见司令员。

到了晚上12点，到了一个叫周至县的地方，队伍终于宿营停了下来，先前的几位战士领着我来到程子华面前。我自我介绍说："我是'红色交通员'，由匪区来。"接着我拿出阎揆要交给我的几样东西。程子华见了十分高兴。见任务已完成，我要走，程司令员拦住我说："你不能走，你现在还回不去，外边全是敌人。"我一听反而高兴起来："那我就留在你这儿当红军吧！"程子华笑了："你这个小鬼！你不能当红军，你还有任务要完成哩！别忘了你是'红色交通员'，你还要把很多情报带回去呢！"我听了有些失望，问他该什么时候回去。程子华说："现在不行，你一出去就会被敌人抓到，那你就先跟着我们走吧。"

我跟随红军走了一个多月，这一个多月对于我来说是终生难忘的。这支浩浩荡荡的大军虽然条件艰苦，却纪律严明，大家都充满着革命乐观主义精神。战友们对革命那种执着的精神深深地感染了我。我很荣幸能够成为他们当中的一员，为革命流血不流泪！

等队伍胜利抵达陕北后，我回到党的地下组织，继续完成任务的时机也成熟了。在一次国民党西北军整合队伍的机会里，程子华派人秘密而安全地将我送了回去。见我回来了，阎揆要高兴地抓住我的肩膀说："你胜利完成任务了！你可立了一大功啊！"这次经历让年轻的我更成熟了。在后来的革命日子里，作为特工人员，我又数次在长征队伍与党的地下组织之间传送情报，屡立战功，成长为一名坚强的革命战士。（中共辽

宁省委党史研究室供稿，李海峰访谈整理）

黎明，原名李永，1918年生，陕西高陵人。红军长征时为红二十五军侦察员。新中国成立后，曾任沈阳市民政局副局长等职。

六、与陕甘红军、中央红军会师

会师陕北

徐海东

1935年7月中旬，我军从杨家斜出发，跨过终南山，一天，到了西安西南45里的引驾回（引镇），捉住了一个伪区长。我们想把西安的敌人调出来，拦路打它个埋伏，便要那个伪区长向西安挂长途电话告急，要敌人前来增援。城里敌人回电话说：毛（炳文）军长、于（学忠）军长的部队已向西开，目前无兵可派。此计未成。

就在这里我们看到了一张《大公报》，上面有一条消息："共军一、四方面军在川西会师后，继续向北逃窜，先头部队到达松潘……"

因为只是从敌人方面得到的消息，无电台联络，中央红军到底到了哪里，无法知道。但是，我们相信，一、四方面军是北上了。

在子午镇西二十里的一个地方，省委召开了紧急会议。经过讨论，决定红二十五军立刻西进甘肃，牵制敌人。迎接党中央和一、四方面军。陕南留下郑位三（陕南特委书记）及陈先瑞同志，坚守鄂豫陕游击根据地。

于是，红二十五军的全体同志，满怀着会见党中央的热烈愿望，离开了陕南向西行动。

当时，我们的决心：即使我们这3000多人牺牲了，也要把党中央和一、四方面军迎接过来。我们向全军提出了一个响亮的口号："积极前进，迎接中央，迎接一、四方面军。”行军的路上，同志们纷纷问：

“中央到了哪里？”

“毛主席也来了吗？”

“咱们什么时候能见到兄弟部队？”

我们指挥部的一些同志，更想念中央，盼望毛主席。他们现在在哪里，到底到了什么地方，哪一天能会面，自己心里也没数。我们只好向大家说：不几天就会见到毛主席了。

部队的情绪真是空前的高涨。为了迎接中央，迎接毛主席，尽管不少的人脚底板上大泡加小泡，也没有掉队的。鞋子破了，赤着脚走。由于我们出山扩充了八百多名新兵，搞了很多粮食，继续行动也有了条件，部队便连日向西挺进。

走了十多天，行程数百里，经过盩厔、骆驼口、佛坪、西江口，到达了甘肃和陕西交界的双石铺。这是古战场，据说，三国时代马谡失街亭就在此地。我们指挥部的一些同志，便谈论起马谡的故事来。望着附近的群山峻岭，有的同志说：“可见马谡太麻痹大意，这样的地势，易守不易攻，怎能把街亭失掉呢？想必真的像戏中所说的那样，马谡违背了诸葛亮的旨意，没靠山近水扎营。”有的同志取笑说，“马谡没有群众观点，脱离群众。”

拂晓，我军一支部队和胡宗南的别动队四个连遭遇了。这又是送上门的礼物，一个没放跑，全部把他们歼灭了。更可喜的是，还活捉了一个少将参议。从这位少将的口供里，更加证实我一、四方面军先头部队确实越过了松潘。他还供出：胡宗南的主力部队已经全部西调去抗击北上的红军，后方留守处设在天水。

我军在双石铺停留了一天，开会纪念了八一建军节，2号一早，就向天水挺进。

刚打下天水北关，敌人一个旅的增援部队到了。我们放弃了攻占天水的计划，连日转向凤凰山、沿河镇，强渡了渭水。

过渭水时，全军只有一条小木船。除了指挥部的几个同志和七名女护士是乘船渡过的外，全军都是沿着一条绳子徒涉过去的。过了渭水后，便打下了秦安。为牵制毛炳文的主力，部队又继续向通渭前进，一直威逼到静宁附近。这一带是回民地区，全军指战员坚决地执行了党的民族政策，做了许多争取与团结回民的工作。为了尊重回民的风俗习惯，部队不入清真寺，不吃猪肉，不动用回民的家具。军部还向回民送了匾和银锭。这些行动，使当地的回民甚受感动。回民们杀羊宰牛慰问红军，阿訇摆上香案、点心迎接红军。还有不少的回民青年自动参加了红军。

在兴隆镇一带休整了三天，因仍得不到党中央和一、四方面军的消息，省委又进行了研究，认为目前我们是远离陕南孤军作战，要转回去也比较困难，如果再打听不到党中央的消息，就奔陕北，去会合刘志丹同志领导的陕北红军。

休整以后，部队继续前进，打下隆德。当天傍晚，毛炳文的主力从兰州增援上来，我军与敌激战一阵，又开始转移。

部队边打边走。政委吴焕先同志在前头领着大队，我在后面指挥打敌人的追兵。从隆德转战到六盘山，从瓦亭到平凉，日夜行军。在白水镇打垮马鸿宾一个旅（消灭一个多营），在泾川消灭马开基带领的一个团，团长马开基被打死，活捉了400多人。

不幸的是，就在泾川战斗中，吴焕先同志牺牲了。这使我们非常悲痛。吴焕先同志于1927年秋天参加过黄安暴动。在鄂豫皖苏区，我和他一块坚持斗争好多年，又一同转战万里。他是我最亲密的战友，最敬爱的同志。前些天，他还向我说："见了毛主席，咱们还不认识呢？"现在，他倒下了，再也见不到党中央，见不到他日夜想念的毛主席了。

我们从泾川西进，威逼崇信，在西兰公路与敌人周转17天之久，天天派人打听，也没打听着中央和一、四方面军的确实消息。毛炳文的部队乘着80辆汽车，配合马鸿宾的一部分部队，从背后赶来，我军在此孤军作战，处境不利，便按照原定的计划去陕北。同时我们还有这样的想法，陕北是老苏区，我们到那里会见到刘志丹同志，打听党中央的消息也是比较容易的。

我军强渡泾水，经过数天的行军，便进入陕北苏区的边沿——绍山一带。这里是白区和红军交界的地方，部队翻山越岭走了三天，也没碰到一个村庄。背的干粮吃光了，全军两天没吃上东西，许多同志饿得昏倒在路上。这天下午，忽然发现了一个羊群，有500多只羊。一盘问，是羊贩子的。我们和贩羊的人商量一番，他便把羊卖给了我们。我们的部队就吃起羊肉来。没有盐，锅也少，有脸盆的用脸盆煮，没有脸盆的，把羊肉切成薄片片放在石板上烤；有的拿着羊腿在火上烧。幸亏了这群羊，才使我们坚持到了陕北苏区。

开始进入了苏区，我们说话口音不对，有些群众不知我们是什么队伍，纷纷逃走。可是，当群众知道我们是红军时，就相继归来，分外亲切。消息传得很快，习仲勋、刘景范等同志先后找来了，并且召开了群众大会欢迎我们。来到陕北苏区，我们好像到了家一样。

和习仲勋同志会面后，又经过连续四天的行军，到达了永坪镇。在这里，我们和刘志丹同志会面了。志丹同志穿的十分朴素，沉静谦虚，看来，你想不出他会是黄埔五期的学生。他是陕北苏区的创始人之一，对革命事业忠心耿耿，深受陕北的人民和战士的爱戴。人们都亲切地称呼他“老刘”。我们会到他，真是高兴万分。他也像我们一样，正热切地盼望着毛主席和党中央。可是也不知道中央确实的消息。

两军会合之后，红二十五军和陕北红二十六、二十七军合编为十五军团。党决定由我任军团长，刘志丹同志任副军团长，程子华同志任政治委员。

1935年9月18日——九一八事变四周年，我们在永坪西南一个干部学校门前操场上，举行了红十五军团成立大会。两军合一，7000多人，真是人强马壮。周围几十里以外的群众，都赶来参加了大会；会场上红旗飘扬，遮天蔽日。许许多多的大字标语贴在临时搭起的席棚里，主席台的两旁贴着两张特别大的标语：

“两军亲密团结，携手作战！”

“迎接中央，迎接毛主席！”

会上，党的负责同志和我们军团几个主要负责同志都讲了话。

此时，敌人正开始发动对陕北苏区的第三次“围剿”。敌人的兵力，除了原来就在陕北的四个师外，东北军的七个师也跟在我们后面赶来。红十五军团成立的第二天，我们就商讨反“围剿”的作战计划。两军会合之后，战士们说：“一定要打个漂亮仗。”我们指挥部的同志们，也是这样想：一定要打响第一炮。

我们在讨论作战对象的时候，有的同志提议先打住米脂一带的井岳秀师，或者高桂滋师，出横山，与神木、府谷苏区打成一片，然后打出三边。经过讨论，大家一致认为，吃掉这两个部队，把握大一些。可是目前大兵压境，消灭这两个部队，对敌人的打击不重。还是先打东北军好，因为如果把东北军的主力搞垮一两个师，就会使陕北战局发生重大变化。

据情报，东北军七个师分成两路，一路是王以哲率领的三个师，从陕西向我进攻，一一〇师、一二九师已经到了延安；一一〇师留一个营在甘泉，军长王以哲带军部和一〇七师驻守洛川、鄜县；其余四个师在甘肃境内由军长董文斌带领，经合水向我们进攻。我们决定：围攻甘泉，调动延安的敌人，拦路打它的埋伏。

经过三天的急行军，我们绕过延安，到达了延安南九十里的甘泉附近。部队在甘泉以西王家坪一带休息。我和志丹同志带着团以上的干部，来到了甘泉北十五里的劳山附近。一看地形，非常理想：甘泉北，有一条通向延安的公路，路两旁是连绵起伏的山岭，把延（安）甘（泉）公路夹在当中，像是一条口袋，而且，两边山上树木茂密，便于埋伏。如果把敌人放进来，真如同把狐狸装进口袋里。

决心下定了。但是，我们考虑到敌人刁滑，必须埋伏在他们意想不到的地区。

回来后，指挥部的同志详细地商讨了部署，决定派一部分小部队围攻甘泉，大部队在劳出附近打延安来的援兵。估计：我军第一天包围甘泉，第二天延安的敌人可能起身，那么，第三天上午即可进入埋伏地区。

战斗按着计划开始了，围攻甘泉的第二天，我和志丹同志分头带领部队，进入了埋伏区。出发前，对参加埋伏的部队进行了严密的组织，又规定每人携带三天的干粮，进入埋伏地区后，不准生火，不准走动，指挥枪不响，任何人不得开枪。

等到第三天上午，却不见敌人的影子，我心里好急，暗暗想：何立中（敌人一一〇师师长）一向找着我们打，这回怎么要滑头了，莫非走漏了风声！

我们正在着急，派出去侦察的便衣气喘吁吁地跑回指挥部，报告说："来了，来了！"

指挥部设在西山上一棵大树下。我从望远镜里看到了敌人的先头部队。原来估计，敌人要是两路行军，必有两个团钻进来，如果再追一下，可以搞到他两个多团。谁想，敌人一露头，是四路前进。看来，何立中太欺负人了。

骄傲的敌人虽有防备，但他们把我军可能埋伏的地区估计错了。据后来抓住的一个参谋说，何立中骑在马上，过了他预计我们埋伏的地区后，向参谋长说："我当共军会打我个埋伏呢！现在出了龙潭虎穴。"他正说这话的工夫，我军开枪了，道路两旁，机枪、手榴弹，立刻混响起来。几千敌人，像黄蜂窝挨了一棍，不知向哪里跑好，有一股敌人企图抢夺山头，被打垮了；有的企图往前突围，被军团部派出去的短枪团把路给堵住了。敌人开始顽抗，不肯缴枪，我们的战士连打带喊话："缴枪吧，你们跑不出去了！""放下武器一律优待！"

敌人这个部队里，有好多士兵了解我军的政策，在此情况下，纷纷缴了械。

这部分敌人，不愧是红军的"老朋友"，士兵们放下枪后，有的说：

“我这是第二次向你们缴枪了！”有的说：“我是第三次缴枪了。”还有的发誓说：“我一枪没放。”他们像是纷纷表白自己的“功绩”。有的俘虏问我们战士：“你们怎么知道我们要来？”我们同志回答得很好：“我们指挥部特别邀请么！”

战斗只有六个多钟头，一一〇师全部被歼。3700人做了俘虏，师长何立中和参谋长被打死。缴获的武器很多。

战斗结束后，我们在劳山附近休整。七十八师师长杨森同志带队去杨泉源侦察，又在那里歼灭了一〇七师一个营。

这两仗，把敌人“围剿”的气焰打下去了。敌人改变了战术，采取步步为营的“碉垒政策”。我军乘胜扩大战果，强攻榆林桥，又消灭了一〇七师四个营。这个团是东北军的主力，团长高福源（外号叫高包脖子）曾经当过张学良的警卫营营长。开始，从俘虏中就是查不出这个团长。后来有个同志看见俘虏中有一个穿得蛮漂亮，便故意诈他说：“你就是高福源！”这个俘虏连忙说：“我不是，我不是，我是理发工人。”说着嘴向旁边一歪，原来“高包脖子”就在旁边。

打完这仗，我们得到了中央红军的确实消息，知道毛主席离我们不远了。先头部队已经到了吴起镇。我们一面派人去迎接，同时对指挥部的同志说：“毛主席快到了，再打它一仗，作为见面礼！”

下一仗从哪里下手呢？一一〇师搞掉了，一〇七师搞垮了他五个营，米脂方面高桂滋、井岳秀两支部队放弃了瓦窑堡向北逃走了，附近敌人不多了。我们讨论了一番，决定把后方留下，部队立刻南下。

我们决定攻打张村驿——这是个小镇，敌人不多，周围四个围子有300多条枪，因对我们妨碍甚大，决定把它收拾掉。战斗刚开始，忽然从军团部后方跑来了七匹快马。军团政治委员程子华同志派人送来了信：毛主席今天下午到司令部来。

这是多么激动人心的消息啊！天天盼，天天想，毛主席到底来了！

我立刻命令部队暂时停止攻击。然后快马加鞭地往回奔。心急只嫌马跑得太慢。到底慢不慢？135里，当中还有两座山，三个钟头就赶到了。

已经是初冬了，赶到司令部时，我已是满身大汗。刚洗了一把脸，毛主席来了。一块来的共四个人，都穿着朴素的灰棉衣，哪一位是毛主席？不认识。子华同志是中央来的，他介绍后，毛主席向我伸出手来，亲切地说："是海东同志吧。你们辛苦了。"

我用双手把毛主席的手握住，久久地望着他那可亲的面孔，不知说什么好。盼望了好久，总算见着了。

毛主席问了部队的情况，也问到同志们吃的和穿的。我们回答之后，毛主席拿出一份三十万分之一的旧地图，问我们：

"陕北的三次反'围剿'怎么样了？"

我们把敌人的情况扼要地作了报告。毛主席看着地图，又问：

"你们准备下一步怎么打？"

我们报告后，主席折起地图，亲切地说：

"好吧，先按你们的部署，把张村驿打下来，咱们再共同考虑下一步的行动。"

我们跟主席一块吃完了饭，我临动身回前线的时候，主席向我说，"给你一部电台带着。"

这几年，我们的交通联络都是原始工具，哪里用过电台？我向主席说：

"我不会用它。"

"不要你自己动手"，主席笑着说，"需要联络，你向电台工作同志说，他们会使用它。"

当晚，我离开主席回前方的时候，感到全身是力量。有中央首长的直接领导，对粉碎敌人的"围剿"更加充满了信心。

回到前方，立刻将毛主席和中央领导同志到来的消息传达下去，转告了毛主席对大家的问候，部队的情绪沸腾起来。这个问："毛主席什么时候来这里？"那个问："哪天能看见毛主席？"我说："咱们把张村驿打下，大家一块去见毛主席！”

这几句话，比什么口号都有鼓动力。战士们喊着口号：“打下张村驿，去见毛主席！”一鼓作气，爬上了张村驿两丈多高的围墙。接着把张村驿附近据点都打开了，缴获了很多粮食。

战斗结束后，我向毛主席发了电报，报告了胜利。这是我做红军指挥员以来发的第一封电报。当天，毛主席回了电报，向参战的同志问候。

就在这次战斗之后，我们就和中央红军会师了，毛主席亲自指挥陕北会师的各路大军，在直罗镇歼灭了一〇九师全部和一〇六师一个团，彻底粉碎了敌人对陕北苏区的第三次“围剿”。

选自徐海东：《会师陕北》，载芦振国、姜为民编：《红二十五军长征纪实》，河南人民出版社1986年8月第1版，第147—161页。

回顾一九三五年

崔田民

1935年的九、十月，红二十五军、中央红军长征先后到达陕北，与红二十六、二十七军胜利会师。这一年，也是陕北、陕甘边革命根据地大发展，取得伟大胜利的一年。

陕北省苏维埃政府和红二十七军八十四师成立

1934年1月，中共北方代表派驻西北军事特派员谢子长，回到陕北革命根据地，加强了陕北、陕甘边革命根据地武装斗争的领导。7月8日组成陕北游击队总指挥部，谢子长兼任总指挥，郭洪涛任政委，贺晋年任参谋长。7月17日，第一、第二、第五游击支队和赤卫军一部攻入安定县城，打开监狱，释放了被捕的共产党员、革命群众和在押的“犯人”，扩大了共产党和红军游击队的政治影响，鼓舞了革命根据地和白区广大群众的斗志。7月23日，谢子长等率领这三个游击支队和200余名赤卫军南下陕甘边革命根据地，和刘志丹领导的红二十六军会师。8月中旬，谢子长等率领红二十六军四十二师第三团及南下的陕北游击队和赤卫军返回陕北革命根据地，在广大革命群众的配合下，拔掉根据地内敌军的三个据点，三战三捷，粉碎了陕北军阀井岳秀对陕北革命根据地第一次“围剿”。随后第三团返回陕甘边革命根据地。

8月28日，陕北特委在清涧惠塌里召开会议，号召陕北革命根据地人民紧急动员起来，建立革命委员会，分配土地，积极扩大红军游击队，为粉碎敌人的继续"围剿"而斗争。根据会议精神，陕北游击队在安定、清涧、绥德、延川、葭县（今佳县）、神府等地区，发动群众，分配土地，建立县、区、乡革命委员会，扩大红军游击队，扩大革命根据地。九、十月，陕北游击队先后改编为陕北红军一、二、三团，随后，又组建四、五团。1935年1月25日（旧历十二月二十一日），在安定县的白庙岔，召开了陕北革命根据地第一次工农兵代表大会（当时称陕北省苏维埃代表大会），成立了陕北省苏维埃政府，选举马明方为主席，崔田民、霍维德为副主席。陕北省苏维埃政府管辖：赤源（今子长县）、秀延（延川、安定之间地区，以秀延河为中心）、绥德、清涧、吴堡、葭县、米东，米西（以米脂县无定河为界东属米东；西属米西）、延川、延水（今属延川县）、延长、安塞，靖边、横山、神木、府谷、葭芦（葭县、神木两县接壤地区）等17个县苏维埃政府。其中除了神府、葭芦边尚未打通，其余14个县都已打通了联系。1月30日（旧历十二月二十六日），在赤源县成立红二十七军八十四师，师长杨琪、后为贺晋年，政委张达志，辖一、二、三团。此时，各县游击队已发展到二十六个支队，具体活动地区是：第一、十三支队，在安定地区；第二、五、十二支队，在绥清地区；第三、七、十一、十七支队，在神府地区；第四、六支队，在葭县地区；第十四支队，在米东地区；第十五、二十三支队，在米西地区；第二十一支队，在葭、米、榆边界地区；第八、十六支队，在横山地区；第十、十五支队，在靖边地区；第十八支队，在延安地区；第十九支队，在延长地区；第二十支队，在宜川地区；第二十二支队，是内蒙骑兵游击队，在内蒙地区活动。以上各支队的番号，只编到二十三，其中十一支队，十五支队，十七支队都是两个，实有26个支队。

由于苏维埃政权的建立和土地的分配，广大群众坚决拥护苏维埃政权，踊跃参加红军游击队，积极支援和参加革命战争，使革命根据地日益发展，红军游击队迅猛扩大。

粉碎敌军第二次“围剿”

陕北游击战争的迅猛发展和革命根据地的不断扩大，极大地震惊了南京国民党反动政府，蒋介石于1934年10月开始增调兵力，调整部署，组织对陕北革命根据地的第二次“围剿”。调八十四师高桂滋部从河南进入陕北，接替绥德、清涧、安定、延川、延长、延安等县八十六师井岳秀的防务；井部则集中兵力在榆林、府谷、神木、葭县、米脂、横山、靖边、定边、保安（今志丹县）等县；并调阎锡山的两个师分驻吴堡、宋家川、绥德、枣林坪、清涧、定仙墕、界首沿黄河一线；冯钦哉的四十二师分驻于甘泉、鄜县（今富县）、洛川及其以南地区。敌军共20多个团合计四万余人。为了解决各部之间的矛盾，监督各部配合行动，蒋介石在1935年4月组织陕北参谋团，委任毛侃为主任，驻绥德县城内。

1934年冬，由于形势的发展与斗争的需要，陕北特委指示各县游击队带领游击小组、突击队、赤卫队，配合广大群众，实行坚壁清野，诱敌深入，分散敌人，寻机而歼之。为了集中力量打击敌人，成立红八十四师，首先集中一、二团（三团在神府活动未集中）及数个游击队，共计700余人，枪半数，在赤卫队的配合下，于1935年1月31日，首战南沟岔，旗开得胜，歼敌高桂滋驻老君殿的一个连，并将敌援兵击溃。在清涧县阎王砭歼敌两个排。又在清涧城南贺家湾歼敌一个连，民团一个队。三战三捷。缴获轻机枪八挺，步枪167支，俘虏官兵百余名，揭开了第二次反“围剿”的序幕。

1935年2月5日，陕北特委和陕甘特委，在陕北安定县周家崄举行联席会议，决定成立西北工作委员会（书记惠子俊，未到职，由崔田夫代理），统一领导陕北、陕甘边两个特委的工作；成立西北革命军事委员会，统一领导陕北、陕甘边两个根据地的红军游击队作战；确定集中红军主力，坚决打击和消灭深入苏区的敌军高桂滋部，对其他各部采取游击袭扰，在有利条件下消灭之的作战方针。并决定调陕甘边区红二十六军三团及抗日义勇军北上陕北和红二十七军八十四师组成西北红军主力兵团，采取运动作战，消灭敌人有生力量。同时进一步动员边区全体军民紧急行动起来，为粉碎敌人第二次“围剿”而奋斗。正当红军准备迎击敌人之时，谢子长同志因伤势恶化，于2月21日不幸与世长辞。

4月下旬，红二十六军四十二师三团（300余人）、义勇军（200余人），共计五六百人，进入陕北革命根据地，4月22日在安定之寺儿畔歼敌八十六师一个连。5月1日在安定白庙岔和陕北红二十七军八十四师会合，5月4日在安定三家湾，组成西北红军主力兵团，成立前敌总指挥部，刘志丹任总指挥。从5月7日杨家园子、吴家寨子、马家坪子战役开始，到6月28日攻克靖边县，历时不到两个月，转战千里，经过清涧张家圪台、延长县、安塞高桥镇、李家塌等较大战斗，歼敌正规军2200余人，地主民团武装3000余人，缴获各种枪炮5000余支（挺、门），毙伤、俘虏敌官兵5000余人，占领安定、延长、延川、安塞、靖边、保安等六座县城，粉碎了蒋介石对陕北革命根据地的第二次“围剿”。扩大了根据地，使陕北、陕甘边革命根据地连成一片，合并为陕甘边苏区。

揭开粉碎敌第三次“围剿”的序幕

蒋介石为了继续进攻陕甘边革命根据地，除将原有部队进行调整，增调东北军入陕。总计敌军兵力共十万人左右，采取南进北堵，东西夹击的方针，对陕甘边革命根据地进行第三次“围剿”。

7月，中共西北工委作了关于反对帝国主义、国民党对陕甘边第三次“围剿”与党的任务的决议。西北军委、陕北省苏维埃动员边区军民，认真总结粉碎敌人第二次“围剿”的经验，戒骄戒躁，再接再厉，加强军民团结，努力协同作战，为粉碎国民党军的第三次“围剿”而斗争。前敌总指挥部根据敌人第三次“围剿”的部署，利用各路敌人不可能完全协调一致的矛盾，以及部队调动、作战部署，兵力展开必有先后的空间，争取在敌人部署全部尚未完成之前，首先集中红军主力歼灭进入我根据地的东线晋军，扩大根据地，巩固后方，为准备集中力量在南线迎击敌人的主力东北军创造有利条件。

7月17日，我主力兵团迅即东进。于老君殿以西歼灭高桂滋部一个营，击溃三个营（内有张庭芝一个骑兵营）。8月10日，在吴堡县慕家塬歼晋军二〇六旅一个连，12日分别歼灭宋家川、辛家沟、郭家沟三路援兵三个连。这是陕北红军主力第一次与晋军作战，首战告捷，提高了全体指战员对晋军作战的信心。21日击溃晋军李生达部从枣林坪来援定仙墕之敌两个团，全歼一个团，毙伤敌副团长齐汝英以下200余人，俘敌官兵1800余人，缴获重机枪12挺，轻机枪50余挺，82迫击炮六门和大量弹药物资，并在绥德铁茄坪缴获飞机一架，活捉驾驶员两名。8月底从东线回到延川县文安驿地区休整。9月11日，奔袭横山未克，13日回师秀延县七里坪、玉家湾、黄家川一带休整待命。

永坪会师，成立红十五军团[①]

在鄂豫陕根据地活动的红二十五军，为执行省委关于红二十五军西征北上与陕甘红军会合的决定。于7月16日离开陕南西征，9月7日，进到陕甘革命根据地的豹子川，9日到达保安县的永宁山，和陕甘边特委取得联系。陕甘边特委立即送信报告西北工委，并派人到永宁山迎接红二十五

① 永坪，时名永平——编者注。

军。组织群众沿途热情欢迎。12日红二十五军从永宁山地区出发，15日到达延川县永坪镇。至此，红二十五军历时两个月，艰苦转战3000里，胜利完成西征北上与陕甘红军会师的任务。

西北工委接到陕甘边特委的报告，立即发出《为欢迎红二十五军，给各级党、政、军的紧急通知》，要求各级党、政、军组织紧急动员起来，发动群众，开欢迎会、庆祝会、送慰劳品，欢迎红二十五军。同时召集永坪镇党、政、军、民领导机关举行紧急会议，筹备、布置欢迎红二十五军的各项工作。9月13日，西北军委通知前敌总指挥部，迅速率领部队赶到永坪地区与红二十五军会师。全体指战员闻讯，万分高兴。前敌总政治部召开师团领导干部会议，进行政治动员，刘志丹同志号召全体指战员虚心学习红二十五军英勇善战、猛打猛冲的战斗作风和党政工作经验，要求做好工作，打胜仗，欢迎红二十五军。

16日，红二十六、二十七军赶到永坪地区与红二十五军胜利会师。17日，中共西北工委与中共鄂豫陕省委在永坪召开联席会议，为了统一领导，便于指挥作战，迅速粉碎敌人对陕甘边革命根据地的第三次“围剿”，决定撤销中共西北工作委员会和鄂豫陕省委，由朱理治等组成中央代表团；成立中共陕甘晋省委，朱理治、郭洪涛为正副书记；改组了西北军事委员会，聂洪钧任主席；红二十五、二十六、二十七军合编为红十五军团，军团长徐海东，政委程子华，副军团长兼参谋长刘志丹，政治部主任高岗，副主任郭述申。下辖七十五、七十八、八十一三个师（红二十五军编为七十五师，红二十六军编为七十八师，红二十七军八十四师编为八十一师），全军团共计7000余人。

18日，在永坪石油矿厂广场，举行了军民万人联欢大会，纪念九一八四周年，欢迎红二十五军，庆祝红十五军团的成立。西北军委主席聂洪钧宣布成立红十五军团，徐海东、刘志丹等领导同志讲话，号召全体军民，积极参加抗日救国运动，号召党、政、军、民齐动员，互相学习，团结战斗，扩大红军，多打胜仗，消灭更多的敌人，粉碎敌人第三次“围剿”，巩固扩大革命根据地。

劳山、榆林桥战役

红十五军团成立后，立即开赴南线迎击东北军。9月28日，以八十一师二四三团围困甘泉县守敌一二九师六八五团，八十一师二四一团设伏于甘泉县北十里外的东西山中，截堵北面来援之敌，七十五师、七十八师设伏于劳山公路东西两边山上。10月1日，敌六十七军一一〇师师长何立中率六二八、六二九团和师直属队，从延安南下，增援甘泉，约14时许，进入劳山我军伏击地区，激战五小时，到19时结束战斗，毙伤敌师长何立中、参谋长范驭州以下官兵数百人，俘虏两千余人，缴获战马300余匹，75山炮四门，82迫击炮八门，重机枪24挺，轻机枪162挺，其他军用物资甚多。劳山战役胜利的第二天，驻守瓦窑堡的敌军八十四师五〇〇团，畏惧被歼，弃城逃走。中央代表团、陕甘晋省委、西北军事委员会、陕北省苏维埃政府，于10月初，由永坪镇、石油沟等地迁到瓦窑堡，并建立瓦窑堡市党政领导机关，崔田夫兼任市委书记和市苏维埃政府主席。

10月20日，东北军第一〇七师六一九团并六二〇团的一个加强营，进驻甘泉城南60华里之榆林桥。红十五军团仍以八十一师二四三团围困甘泉，主力南下逼近榆林桥。25日拂晓发起攻击，激战到下午，全歼守敌四个营，毙伤敌军300余人，俘敌六一九团团长高福源以下官兵1800余人，缴获82迫击炮八门，重机枪16挺，轻机枪108挺，长短枪1300余支。

劳山、榆林桥战役共歼敌六十七军的一个师部，三个整团，另一个营，击退了敌军第三次“围剿”在南线的进攻。高福源被俘后，经中央领导同志进行教育、争取，提高了抗日救国的觉悟，派回东北军进行抗日民族统一战线工作，为尔后红军和张学良东北军建立抗日民族统一战线关系，起了很好的促进作用。劳山、榆林桥战役的胜利，巩固和扩大了陕甘边革命根据地，为迎接党中央、毛主席和中央红军到来创造了有利条件；为直罗镇战役彻底粉碎敌人对陕北、陕甘边革命根据地的第三次“围剿”，开辟了良好的战场。

迎接党中央、毛主席、中央红军

党中央、毛主席率领中央红军，于1935年10月19日到达陕甘边革命根据地吴起镇（吴旗镇）。21日，歼灭国民党军一个骑兵团，并击退其三个团，俘虏官兵六七百人，缴获战马千余匹，胜利结束了两万五千里长征。

党中央、毛主席到吴起镇后，即派李维汉、贾拓夫率先遣队，携带电台和陕甘支队的布告《陕甘支队告红二十五、二十六军全体指战员书》，去找陕、甘红军和刘志丹同志。10月底于甘泉县下寺湾（陕甘边特委和陕甘边苏维埃政府住地）找到红十五军团政委程子华和陕甘晋省委副书记郭洪涛等同志。先遣队了解了陕甘边区党内在劳山战役后，发生了错误的肃反，边区形势出现了严重的危机，和刘志丹等同志被捕的情况，当即电报党中央、毛主席。11月2日，党中央、毛主席等来到下寺湾，郭洪涛向毛主席等中央领导同志汇报了陕北苏区、红军和肃反的情况。中央立即下令：停止捕人，停止审讯，停止杀人，一切听候中央解决。并在下寺湾召开中央常委会议，分析了陕甘边革命根据地内外的政治形势和军事形势，决定洛甫、博古、刘少奇、邓发、董必武、李维汉等同志率领中央机关，从下寺湾北上，直去陕北苏区中心瓦窑堡。郭洪涛向中央汇报工作后即先回瓦窑堡布置欢迎党中央、毛主席和中央红军的工作。11月上旬，党中央领导机关到达瓦窑堡。沿途群众敲锣打鼓，送茶送水，热烈欢迎。瓦窑堡党、政、军领导机关和城、郊广大群众从城外到城内搭彩门、贴标语，高呼口号夹道欢迎，并腾出暖窑、热炕，给中央机关，又杀猪宰羊，碾米磨面，缝衣服，做鞋袜，慰问中央机关同志，还在中央红军经过的路上建立兵站，组织运输队，担架队，赶送冬衣、粮食和猪羊牛肉，改善部队生活。同时陕甘晋省委指示各级党政军加强扩红（陕北省苏维埃两次扩大红军9600余人）优属工作，将俘虏编成补充师，加紧训练，补充中央红军。

红十五军团指战员也纷纷捐赠衣服鞋袜等物品慰问中央红军。各级领导机关召开党内外会议，以实际行动迎接党中央、毛主席、中央红军。11月7日至10日红十五军团七十八师二三二团团长韩先楚、政委周庆安率部先后攻克张村驿、东村寨等四个民团据点，歼敌民团武装300余人，缴获大量粮食和物资，为直罗镇战役开辟了战场，为迎接中央红军筹备了粮食和物资。党中央到达瓦窑堡后，立即纠正了陕甘边革命根据地在肃反问题上的严重错误，释放了刘志丹等同志并先后分配了工作，加强了团结，挽救了陕甘边革命根据地。

1935年11月3日，党中央、中革军委决定将中央红军和红十五军团编为中国工农红军第一方面军，彭德怀任司令员，毛泽东兼政委，政治部主任王稼祥，后为杨尚昆，一军团长林彪、政委聂荣臻，十五军团长徐海东，政委程子华。11月5日，毛主席、周副主席、彭司令员来到道佐铺红十五军团司令部，接见了徐海东、程子华、郭述申等领导同志。并根据当时敌军的动向，决定在直罗镇歼灭东北军五十七军之一〇九师。11月18日，毛主席、周副主席、彭司令员都到直罗镇地区，亲自勘察地形，部署兵力。以红一军团主力设伏于直罗镇北山，一部兵力隐蔽在直罗镇以西张家湾的北山，准备消灭敌人援兵或直罗镇溃退之敌；红十五军团主力设伏于直罗镇南山，以一部兵力隐蔽在张家湾，任务是截断敌军前后联系，堵截黑水寺来援之敌或直罗镇溃退之敌。方面军指挥所设在直罗镇北山坡吴家台北端山顶破窑洞附近，毛主席、周副主席、彭司令员亲自指挥作战。

11月20日6时，敌五十七军一〇九师，在师长牛元峰率领下，从黑水寺出发，于当天16时左右先后进入直罗镇一带宿营。红一方面军于21日5

时半发起总攻击，激战到12时左右，将敌大部歼灭，师长牛元峰率残部500余人，逃往直罗镇东头寨子，企图固守待援。当天下午，毛主席、周副主席、彭司令员来到直罗镇南山红十五军团指挥所，和红十五军团领导一起，观察了直罗镇东头寨内残敌情况。当即指示留七十八师二三二团围攻直罗镇东头寨子，主力向西追击敌人。22日西路敌军一一一师，沿安家川东援直罗镇，23日东路敌军一一七师向张村驿西进，一〇七师向丁家原进击，企图解除一〇九师之围，但是都被我击退。敌人察明一〇九师全部被歼，遂以一〇六师为后卫，向太白镇撤退。红一军团之二师，红十五军团七十五师之二二五团猛烈追击，24日12时左右，在羊角台至张家湾途中，全歼一〇六师六一七团。直罗镇东头寨子残敌，待援无望，于24日拂晓突围，溃不成军，自行逃窜，为我七十八师二三二团和七十五师二二三团歼灭。此役共计歼敌一个师又一个团，击毙师长牛元峰、参谋长刘德裕以下官兵千余人，俘虏官兵5300余人，缴获长短枪5300余支，轻重机枪176挺，迫击炮八门，无线电台两部，子弹22万发，其他军用物资甚多。

11月30日，红一方面军在东村寨召开了营以上干部大会，毛主席在大会上作了重要报告，指出：直罗镇战役彻底粉碎了国民党、蒋介石对陕甘边革命根据地的第三次“围剿”；巩固和扩大了陕甘边革命根据地，给党中央把全国革命大本营扎在西北，举行了一个奠基礼。

从此，在党中央、毛主席领导下的陕甘边革命根据地，跨入了中国革命历史的新时期。

1987年3月于北京

选自中国人民解放军历史资料丛书编审委员会编：《红军长征·回忆史料（2）》，解放军出版社1992年9月第1版，第1—9页。

崔田民，1912年生，陕西绥德人。1927年加入中国共产主义青年团，1928年转入中国共产党。红军长征时任陕北省苏维埃政府副主席等职。中央红军到陕北后，任红十五军团七十八师政治委员。新中国成立后，曾任铁道兵副政治委员兼政治部主任，铁道兵政治委员，顾问，国防委员会委员等职。1955年被授予中将军衔。1991年在北京逝世。

北上断粮草　陕北反“围剿”

胡继成

离开甘东北板桥镇后，红二十五军经东华池、太白镇之间，强渡葫芦河，沿陕甘边境崇山峻岭，快速向北行进。

这一带山区地形复杂，是陕北刘志丹所率红军常出没之地，敌人不敢贸然追击。但是，沿途地瘠民贫，人烟稀少，无粮可筹，我军行动也很困难。我们北行几天后，便断粮了。部队饿得走不动了，不少营团干部，都将自己的乘马杀给指战员们吃掉了。

几匹战马解决不了什么大问题，部队又坚持走了几天，便饿得再也走不动了，许多官兵在路上走着走着，便饿昏倒在路边。

真是天无绝人之路，就在我们饿得实在走不动的时候，正好碰上一位赶羊商贩由北而来。我们赶紧出高价全买了他赶往南边卖的几百只羊。商贩高兴得不得了，没想到在半路上就发了大财，拿了钱半天不敢走。我们告诉他说，老哥，你走吧，我们是红军，穷人的队伍，公平买卖，我们决不会为难你的，不但不会为难你，还要感谢你呢！你让我们大家都打了牙祭啊！

赶羊商贩听我们这样说，才乐滋滋的走了。

说实话，那几百只羊真是救了我们的命。那时，我们一连在陕南、甘肃打了好几个胜仗，我们有的是大洋，多给那商贩几块银元，根本不算什么事。

我们吃了好几天羊肉继续往北走，9月初到达合水东北的豹子川。鄂豫陕省委在此召开会议，决定由程子华代理中共鄂豫陕省委书记兼红二十五军政委，徐海东任红二十五军军长，戴季英任参谋长，郭述申任政治部主任。同时，对部队作了关于进入陕甘革命根据地同陕甘红军会师的政治动员，要求部队整顿军容，尊重地方政府，虚心向陕甘红军兄弟部队学习，向根据地人民群众学习。

会后，省委率我红二十五军继续北进，到达陕北保安县永宁张家湾一带时，开始有少数居民了，但群众不知道我们是红军，不敢和我们接近。

那时，刘志丹所领导的陕北红军头扎白肚羊毛巾，穿杂乱便服。我们去陕北时，穿的是黑、灰、黄制式服装，头戴八角帽红五星，以连、营为单位统一黄、黑、灰色军装，老百姓未见过这种着装的部队，误以为我们是陕西杨虎城的部队。

我军到达陕北保安永宁山张家湾时，立刻派人去和陕甘革命根据地党组织联系。中共陕甘边区特委、军委得知我红二十五军已由鄂豫陕革命根据地转战甘东南、东北来到陕北永宁山的消息后，立刻写信报告中共西北工作委员会。西北工委当即印发了欢迎红二十五军北上的紧急通知，传令根据地各交通站用鸡毛信飞速传递永宁山我军驻地一带乡村。

你恐怕不太清楚什么是"鸡毛信"吧？你大概只从小说和电影里看见过"鸡毛信"，并不知道真正的"鸡毛信"怎么传递吧？告诉你吧，那年月的"鸡毛信"，是一种用鸡毛封口火速传递的快信，送信的人一站一站跑接力赛似的，接过信就跑，人停信不停，快着哩。

中共西北工委发出"鸡毛信"后，紧急送信者一路跑，一路喊：不要怕啊，是红军来了！

当地群众听说我们是红军，纷纷奔出家门欢迎我们，到处响起了惊天动地的锣鼓声，各地苏维埃政府立刻以各种形式开欢迎会、庆祝会，欢迎我们到来。一时间，传单、标语遍及街头。给我们送食品、鞋袜的群众络绎不绝。

我们在永宁山稍事休息后，即在陕甘地区党组织、红军和群众的欢迎声、锣鼓声中，向永坪镇开进。一路上，随处可见欢迎红二十五军的标语，到处是送水送饭、送米送菜、送袜送鞋的群众，歌声锣声响彻山谷，震得我们热泪盈眶。

经过四天行军，我们胜利到达延川永坪镇，胜利完成了长征。到达永坪镇时，我二十五军总共还有3400多人。这个数字比自鄂豫皖根据地出发时，还多五六百人。

1935年9月中旬，我们到达永坪镇第二天，刘志丹同志便带红二十六军、红二十七军赶到永坪会师。次日，中共西北工委和鄂豫陕省委在永坪镇召开联席会议，决定撤销西北工委和鄂豫陕省委，成立中共陕甘晋省委；撤销原红二十五军、红二十六军、红二十七军，组建中国工农红军第十五军团。会议决定，徐海东担任十五军团军团长，程子华任军团政委，刘志丹任副军团长兼参谋长，高岗任军团政治部主任，郭述申任军团政治部副主任。

新组建的红十五军团下辖七十五、七十八、八十一三个师（由原红二十五军、红二十六军、红二十七军依次编成）。

七十五师师长张绍东，政委赵凌波。下辖二二三团、二二五团，原二二四团分别编入两团中；

七十八师师长杨森，政委张达志。下辖二三二团、二三四团；

八十一师师长贺晋年，政委张明先。下辖二四一团、二四三团；

军团机关和直属队编有司令部、供给部、卫生部、手枪团、交通队等直属机关单位，全军团共有7000多人。

部队整编组建十五军团后，我升任七十五师作战科长。

1935年7月中旬，蒋介石获悉我红二十五军在陕北与刘志丹所率红军会合，新建十五军团，极度不安。于是，速调陕、甘、宁第五十一军、五十七军、六十七军及骑兵军等四个军共11个师和晋绥八十四师、八十六师和五个旅，开始对陕甘宁地区红军进行第三次“围剿”。

蒋介石在西安设立“西北剿匪总司令部”，自兼总司令，令张学良任副总司令并代行总司令职权，统一指挥陕、甘、宁、青、晋五省国民党部队“围剿”红军。

我红十五军团根据敌军实力情况，决定先歼灭敌六十七军一部分，再回头各个击破来敌，打退敌人对陕甘根据地的猖狂进攻，以胜利的局面迎接中央红军北上。

方案确定后，我军以一部分兵力包围甘泉，调动延安之敌来援，把主力部队安放在劳山地区设伏，打敌援兵，力求在运动中歼灭敌人。

9月下旬，我红十五军团进至甘泉以西下寺湾、王家坪一带集结。徐海东军团长和刘志丹参谋长亲率团以上干部到劳山现场勘察地形。

劳山南麓离甘泉15公里，北距延安30公里，树林茂密，地势险要，是伏敌歼敌的好地方。

9月底，我军团八十一师包围甘泉县城，次日拂晓前，军团主力部队进入伏击阵地。两天后，敌从延安城出动一个师，沿公路南下，沿途向公路两侧山头搜索前进。过九沿山后，敌军全师成四路纵队向甘泉开进。

敌军行至甘泉城北六公里白土坡，我军团预伏八十一师二四一团突然开火阻敌。我七十八师骑兵团突然从劳山北三公里奔出，断敌后路。敌首尾受击，不知不觉地向中心靠拢，全部进入我军团部队设伏圈。

眼见敌全师部队乱哄哄涌进伏击圈，我七十五师、七十八师同时从公路两侧山上向敌军发起猛烈进攻，将敌师分割在榆林沟口和小劳山。激战五个多小时后，敌军两个团及师直属队被全歼。敌师长何立中身受重伤，逃入甘泉后毙命。这次伏击战打得非常漂亮，共毙敌师长何立中、参谋长范驭州、团长杨德新以下1000余人。俘敌团长裴焕彩以下3700余人。缴获战马300余匹、七五口径山炮四门、八二口径迫击炮八门、重机枪24挺、轻机枪162挺、长短枪3000余支、五十瓦电台一部。

敌一一〇师全军覆没后，再不敢贸然逼近我军，就改变战略方针，步步为营，对我根据地实行封锁。妄图逐步压缩我根据地，最后合围我军团主力。

10月中旬，敌军两个团、一个加强营抢占榆林桥。

我军团首长查明敌情，决定乘敌尚未站稳阵脚，立即将其消灭。遂令我军团八十一师二四三团围困甘泉，军团主力则迅速逼近榆林桥。五天后，我七十五师和七十八师乘晨雾出击，分别从东西两面，同时向榆林桥守敌发起攻击。

战斗打响后，我随七十五师部队迅速突破敌外围防御，占领制高点，歼敌大部。七十八师主力于洛河西子山歼敌一部后，其二三二团立刻由西而东涉水向榆林桥据点发起进攻。担任预备队的八十一师，也顺洛河左岸开阔地向榆林桥西门两侧发起进攻。几路部队迅速突破敌军防御阵地，攻进榆林桥展开巷战。敌军凭借房屋和窑洞负隅顽抗。午后，我军逐一攻打敌残存房屋和窑洞，激战至下午，全歼敌进驻榆林桥的两个团、一个加强营。

这次战斗共毙、伤敌300余人，俘敌团长以下1800余人，缴获八二迫击炮八门、重机枪16挺、轻机枪108挺、长短枪1300余支。这一仗，我军团也伤亡200余人，代价还是很大的。

这次战斗，我跟随二二三团作战。我们作为第二梯队进入战斗时，负责进攻敌军最后三个坚固的土围子。我率部队冲击时，被敌机枪子弹打中左肩胛部，伤势很严重。二二五团团长、政委也负了重伤。我和团长郎献民都伤在动脉血管附近，团政委刘震伤在脸颊部位。

我左肩洞穿，子弹擦着颈动脉边穿过，郎献民腿伤，子弹从腿动脉边擦过。医生严厉警告我们：一周之内不能进食、不能动，必须老老实实躺在床上，否则，引起血管破裂，无法抢救。那时，战场医疗条件差啊，医生没更多的办法，就让你硬撑着。

忍饥挨饿三天后，我们就受不了了，同病房的刘震吃饭时逗我们，让医生狠狠臭骂了一顿。现在想来，医生骂得好啊，要不是医生骂刘震，我恐怕会坚持不下去，会去找吃的。若真忍不住吃了东西，那后果就不堪设想了。

郎团长终于没忍住，大概是第五天早上，起身到伙房弄了碗小米稀饭喝，次日解大便，动脉血管破裂，拉血，抢救不及，光荣牺牲。郎团长的牺牲，对我震动很大，也可以说是被这意外的情况吓住了，我真的老老实实躺了一个星期，没吃任何东西。七天后，医生见我的伤口长得很好，才让护士慢慢喂我清米汤。哎，现在想起来，都还觉得那清米汤真香啊！

我伤尚未痊愈，中央红军一方面军就来到陕北了。我忍不住，非要叫护士抬我到门口看看。我看到历尽艰辛的红一方面军穿得破破烂烂的，不少人身上披着狗皮和麻袋，面黄肌瘦的，枪也不行。我想，他们肯定比我们吃苦更多。（康纲联整理）

选自康纲联：《穿过硝烟的年月：成都军区原副司令员胡继成将军征战史》（根据胡继成口述整理），长征出版社2003年2月第1版，第65—72页。

组建红十五军团
迎接党中央和中央红军

郭述申

1935年9月，红二十五军经过两个月的艰苦转战，打破了敌人的追击堵截，胜利到达陕北革命根据地，完成了长征。

陕北革命根据地，包括陕甘边、陕北两块根据地，是在刘志丹、谢子长同志的领导下，经过长期艰苦斗争创建的。它和全国其他红色根据地一样，遭受了敌人的残酷“围剿”，也受到王明“左”倾冒险主义的危害，是当时仅剩下的一块比较完整的根据地。我们在鄂豫陕边开创新区时，就听到陕北根据地广大军民英勇斗争的事迹，他们在中国的西北举起了革命的红旗，先后粉碎敌人两次“围剿”，解放六座县城，使陕甘边和陕北两块根据地连成一片，为全国红军北上抗日创造了条件。他们取得的一次次胜利，都使我们受到很大鼓舞，红二十五军广大指战员早就盼望着能和陕北兄弟部队胜利会师。我们一到陕北，就受到了根据地广大军民的热烈欢迎。从此，我们同陕北军民开始并肩战斗。

组建红十五军团

红二十五军到达陕北延川县永坪镇后，9月16日，刘志丹等同志率领红二十六、二十七军来到永坪镇，和红二十五军胜利会师。为了巩固和扩大陕北根据地，统一领导和指挥作战，9月17日，在永坪镇召开了中共西北工作委员会与中共鄂豫陕省委联席会议。我参加了这次会议。会议决定：成立中共陕甘晋省委，组建红十五军团。

18日，在永坪镇广场上，举行盛大的联欢大会，庆祝胜利会师和纪念九一八四周年。周围几十里的赤卫军和群众纷纷赶来参加。会场四周张贴着“欢迎红二十五军”、“庆祝红军胜利会师”、“团结起来，坚决抗日”等标语，红旗招展，歌声嘹亮，人人兴高采烈，洋溢着两支兄弟红军亲如手足的战斗友谊和根据地人民对子弟兵的炽热感情。会上，刘志丹、徐海东、郭述申、聂洪钧、朱理治先后讲话，分别代表陕北根据地人民和红军、红二十五军、西北军委、中共西北工委，祝贺胜利会师，号召全体军民互相学习，加强团结，积极参加抗日救国运动，坚决粉碎敌人对陕北根据地的第三次“围剿”，为巩固和扩大陕北革命根据地而奋斗。当时，子华同志因伤重未参加会，海东同志让我代表红二十五军讲话，我讲完话后，在刘志丹等同志的要求下，海东还是讲了话。他代表红二十五军全体指战员，对陕北根据地党政军民的热烈欢迎表示衷心感谢，道出了红二十五军全体指战员的心声。

会后，在中共西北代表团和陕甘晋省委的主持下，红二十五军、红二十六军、红二十七军合编为红十五军团。军团长徐海东，政治委员程子华，副军团长兼参谋长刘志丹，政治部主任高岗，我为副主任。下辖七十五师、七十八师、八十一师。七十五师由红二十五军编成，师长张绍东，政委赵凌波；七十八师由红二十六军编成，师长杨森，政委张明先；八十一师由红二十七军编成，师长贺晋年，政委张达志，军团机关和直属队编有司令部、政治部、供给部（部长查国桢）、卫生部（部长钱信忠）、手枪团、补充团、交通队。全军团共7000余人。

红二十五军和红二十六军、红二十七军的会师，是中国工农红军在西北大会师的前奏，红十五军团的建立，对粉碎敌人第三次“围剿”，巩固和扩大陕北根据地，迎接党中央和红军主力北上，推动革命的发展，都有着重要的意义。

劳山、榆林桥战役的胜利

我们到达陕北根据地之前，敌人已对陕北根据地进行了两次“围剿”。蒋介石为实现其摧毁陕北革命根据地，使北上红军主力无立足之地，进而达到全歼红军的目的，于7月中旬就部署了对陕北革命根据地的第三次“围剿”。以张学良为西北“剿匪”副总司令（9月，蒋介石在西安成立“西北剿共总司令部”，自任总司令），指挥东北军的于学忠第五十一军，董英斌第五十七军，王以哲第六十七军及何柱国骑兵军等四个军11个师，晋军孙楚部五个旅以及陕北军阀高桂滋、高双成的第八十四师、第八十六师等部，采取南进北堵，东西配合，逐步向北压缩的战法，妄图将红军围歼于保安、安塞地区。

陕北根据地人民群众和红军，在刘志丹同志领导下，展开了反“围剿”斗争。刘志丹同志率领部队，先在东线打击敌人，接着又转移兵力打击北线敌人，在运动中寻找战机，避强打弱，各个击破敌人。红二十五军到达陕北，就在我们庆祝会师时，敌六十七军正由中部县（今黄陵县）向北进犯。其军部及刘翰东第一〇七师已进驻洛川，该师六一九团一个营伸占羊泉原。何立中第一一〇师、周福成第一二九师（欠六八五团）也沿洛（川）延（安）公路推进至延安。以六八五团驻甘泉，控制南北交通。而敌五十一军、五十七军尚在甘肃兰州、庆阳；孙楚部也未入陕。面对这种形势，军团领导进行了认真研究。认为南线六十七军正孤军冒进，只要先消灭其一至两个师，整个战局就会发生重大变化。六十七军在延安有两个师，如果我军先派一支部队围攻甘泉，切断敌南北交通线，延安之敌断了补给，必然回援，我军可设伏歼灭之。这样，一个“围城打援”的作战计划即制订出来。副军团长刘志丹，被称为陕北的“活地图”。他根据这一作战方案，提出在劳山设伏的想法。我和志丹同志初次见面时，是在会师大会上，那时他给我的印象是一名精明强干的年轻指挥员。对他善于指挥、联系群众、团结同志的事迹听到不少。这次研究作战计划，使我对他的印象更加深刻。他盘腿坐在土炕上，认真听着同志们的发言，冷静地思考问题，经过深思熟虑，提出了在劳山设伏的建议。劳山是延安至甘泉的必经之地，群山耸立，树林茂密，地势险要，十分利于部队隐蔽。海东同志当即同意志丹同志的意见，决定红十五军团第一仗指向劳山。

9月下旬，部队经过三天急行军，进至甘泉附近之王家坪一带集结。徐海东、刘志丹带团以上干部到劳山设伏现场看了地形，确定布下一个“口袋阵”。9月28日，我八十一师二四三团包围甘泉，翌日拂晓，伏击部队进入阵地。部队耐心地埋伏了三天。10月1日，敌人从延安出动了。第一一〇师在师长何立中率领下，沿公路向甘泉增援。下午2时，敌先头部队进至甘泉以北的白土坡时，我八十一师二四一团突然开火，堵住敌前进道路。与此同时，位于阳台（劳山北三公里）的我七十八师骑兵团，适时出击，断敌退路。敌首尾受挫，遂自动向心靠拢。我埋伏在公路两侧山地的七十五师和七十八师，同时向敌行军队形猛烈冲击，很快将敌分割在榆树沟口和小劳山，经五个多小时激战，敌第一一〇师六二八团、六二九团及师直属队被我全歼。敌师长何立中负重伤后，逃入甘泉，不久毙命。这次战斗，我军共毙伤敌师长何立中、师参谋长范驭州、团长杨德新以下数百人①，俘敌团长裴焕彩以下2000余人②，缴获大量武器弹药。

敌遭我沉重打击后，则采取步步为营的堡垒政策，对我根据地实行严密封锁，企图缩小我根据地，最后消灭我军。10月20日，东北军第一〇七师六一九团和六二〇团一个营，进驻到榆林桥。为粉碎敌人的堡垒推进政策，我军决定乘敌构筑工事未成、立足未稳之际，集中兵力消灭

① 应为1000余人——编者注。

② 应为3700余人——编者注。

该敌。遂仍以八十一师二四三团围攻甘泉，主力自王家坪一带向道佐铺开进，逼近榆林桥。10月25日拂晓，我七十五师、七十八师同时由东、西两面，向榆林桥守敌发起攻击。敌凭借房屋和窑洞顽抗，我军与敌展开逐窑逐屋的争夺，战至下午，将敌全歼。这次战斗，俘敌团长高福源以下2000余人①。高福源被俘后，经过我党工作，使其在促成红军和东北军合作抗战中起了一定的作用。

劳山、榆林桥战役，打击了敌人的嚣张气焰，使北到延安，南至鄜县（今富县）、洛川之敌六十七军首尾不能相顾，处于瘫痪状态。敌人对陕北根据地的第三次"围剿"严重受挫。

迎来了党中央和中央红军

1935年10月19日，党中央和中央红军经过二万五千里长征，胜利到达陕北吴起镇。10月底，中央派人送来《陕甘支队告红二十五、二十六军全体指战员书》，带来了党中央的热情慰问和鼓励，表达了对胜利会师的祝贺。告指战员书指出："我们久已听到了红二十六军同志们在陕甘边长期斗争的历史，二十五军同志们在鄂豫皖英勇斗争和在河南……陕西、甘肃的远征，听到群众对你们优良纪律和英勇斗争的称赞。最近，更听到你们……会合的消息……这些使我们非常喜欢。……我们的会合是中国苏维埃运动的一个伟大胜利，是西北革命运动大开展的导炮！"全军团指战员，无不欢欣鼓舞，群情振奋。海东同志高兴地说："毛主席快到了，再打上一仗，作为见面礼！"

当时，鄜县西南的张村驿、羊泉塬、东村、套通（今北道德）等几个民团据点，虽然兵力不多，但都是当地土顽。他们储藏了大量粮食和物

① 应为1800余人——编者注。

资，凭借深沟壁垒，不时出动骚扰，并经常给敌军通风报信，对我军行动妨碍极大。我军决定拿下这几个据点，肃清匪顽，解决部队物资供应问题。

11月初，海东同志带七十八师包围了张村驿、杨泉塬、东村、套通等据点。就在这时，我们接到通知，说毛主席和中央领导同志，要来道佐铺看望我们。我和子华接到通知，一面着手准备，一面派人去告诉海东。海东同志骑马赶回驻地时，毛泽东主席、周恩来副主席、彭德怀司令员和贾拓夫同志就来到了军团部。见到了我们天天盼、夜夜想的中央领导同志，大家的心情十分激动。毛主席、周副主席、彭司令员和我们一一握手，并给我们以亲切的问候和鼓励。

海东、子华同志向毛主席汇报了陕北根据地第三次反“围剿”斗争和红二十五军长征到达陕北与红二十六军、红二十七军合编为红十五军团，以及取得劳山、榆林桥战役胜利的情况。毛主席还问到下一步怎么打法，海东同志作了汇报。毛主席说，为了粉碎敌人对陕甘的第三次“围剿”，先要消灭直罗镇方面的敌人。在直罗镇战役前，必须先打下张村驿。打下张村驿，使苏区连成一片，打开我军向西出击的道路。毛主席让徐海东同志指挥拿下张村驿。

毛主席和中央领导同志到来的消息，很快在部队中传开了，指战员的情绪特别高涨。大家高呼着“打个大胜仗，迎接党中央”、“打下张村驿，迎接毛主席”的口号，向敌人发起了攻击。海东同志命令二三二团团长韩先楚和政委黄罗斌，指挥部队一举攻下张村驿等据点，歼民团数百人，缴获了大批粮食和物资。这一仗，打掉了敌人在黄陵、洛川、鄜县、甘泉以西地区的耳目，为直罗镇战役做了战场准备。

张村驿战斗后，我们就和中央红军会师了。在鄜县以北地区，召开了欢迎中央红军到达陕北和庆祝红一军团与红十五军团胜利会师的大会。会上，萧华同志和我分别代表两个军团的指战员讲了话。会后，红十五军团编入红一方面军。方面军司令员彭德怀、政治委员毛泽东（兼），政治部主任王稼祥(后为杨尚昆)。

两军合编以后，有一次，毛主席找海东同志和我谈话，他说：“落霞与孤鹜齐飞，秋水共长天一色。”我们军队打到哪里，根据地就发展到哪里。现在到了陕北，根据地就建立在陕北。我们听了都深受教育。海东同志多次表示说：现在情况不同了，有党中央直接领导，今后一切大政方针由中央掌管，我们就照中央指示办，要执行好，贯彻好。他教育部队，要尊重和服从中央的领导，要求全体干部、党员要保持自觉的党性和高度的组织纪律性，过去我们受过王明路线的影响，现在要团结战斗。他强调要向老大哥部队学习，互助友爱，亲如兄弟，这样才能巩固和提高我军的战斗力，夺取新的胜利。

为加强红十五军团的各级领导，海东和子华商量，主动要求中央派各级干部到红十五军团工作。中革军委先后派来周士第、王首道、陈奇涵、冯文彬、张纯清、宋时轮、黄镇、唐天际、杨奇清、周碧泉、毕士悌、伍修权等一批军政干部。他们的到来，加强了红十五军团的建设。海东和子华同志，对调来的这些干部，除中央任命的外，都把他们安排到重要的工作岗位，一视同仁，热情相待。

中央红军刚到陕北时，经费比较困难。有一次，毛主席派人来向红十五军团借2500元钱，海东同志立即找供给部长查国桢和财务科长傅家选商量此事，当他听说还有7000元的“家底”时，便当着这两位同志说：“中央红军刚到，困难比我们多。我们要勒紧裤带。多为中央红军解决困难。”遂决定留下2000元，拿出5000元送给中央。与此同时，我们还召开了干部大会，动员一切力量，帮助中央红军解决困难。经过会议充分讨论，决定抽出部分武器、弹药、衣物、布匹、药品等送给红一军团。这一切，都充分反映出海东同志对党中央、毛主席十分尊重，反映出他有很强的全局观念，不搞本位主义。他的这种高尚品德，受到了中央领导同志的称赞，得到了指战员的拥护。当时，中央红军专门派人来表示感谢，中央供给部长叶季壮高兴地说：“这真是雪里送炭啊！”

这里，特别值得一提的是，《三大纪律八项注意》这首为我国广大军民所熟悉的红军歌曲，就是在这个特定的历史条件下产生的。这首歌的歌词是程坦同志编写的。程坦在红二十五军政治部任秘书长时，就曾了解到一些有关“三大纪律八项注意”的内容，到达陕北后，中央红军先遣队带来了《中国工农红军三大纪律八项注意布告》，他为了用革命军队纪律教育广大指战员，特别是教育刚补入部队的一批解放士兵，便依照“布告”的内容，逐条编写成歌词。在军团政治部宣传科长刘华清的协助下，把歌词填入原来在鄂豫皖苏区流行的《土地革命歌》的曲调中，他们送给我看时，我让他们在军团政治部编印的《红旗报》上予以刊登。最初的歌名叫《红军三大纪律八项注意歌》[①]。由于这首歌曲内容重要，曲调又是广大指战员所熟悉的，所以很快就在各部队中传唱开来。这首红军歌曲，不仅鼓舞着红军指战员团结战斗，而且在以后的各个革命历史时期，始终激励着我军从胜利走向胜利。

1986年4月于北京

选自中国人民解放军历史资料丛书编审委员会编：《红军长征·回忆史料（2）》，解放军出版社1992年9月第1版，第27—33页。

① 中国人民解放军总政治部根据1947年10月10日发表的《中国人民解放军总部关于重新颁布三大纪律八项注意的训令》，先后于1950年底和1957年两次组织专人对歌词进行修改，并两次正式公布。现在《三大纪律八项注意》歌的歌词编者署名是：程坦编词、集体改词。

迎接中央红军到陕北

贺晋年

60年前，英勇的中国工农红军历经千辛万苦，突破敌人的重重封锁线，到达了我的家乡——陕北。从此，这片贫瘠的土地便成为长征的落脚点，也是中国革命新的出发点。

1935年夏，为了促进全国抗日高潮的发展，党中央和毛泽东率领中央红军和红四方面军在川北的懋功地区会合后，继续北上，在鄂豫陕革命根据地的红二十五军也于7月15日开始西征北上。红军的北上，预示着中国人民的革命斗争将出现一个崭新的局面。

蒋介石对此大为震惊，急忙在西安设立了“西北剿匪总司令部”，亲任总司令。他除纠集了陕甘宁晋绥等省的军阀部队，还增调了东北军张学良及蒋家嫡系三十七军毛炳文等部相继进入陕甘，妄图在中央红军到达陕北之前，一举扑灭西北人民的革命武装。对陕甘革命根据地第三次“围剿”的序幕就这样拉开了。

敌人的第三次“围剿”仍以陕北根据地为重点，以东北军张学良部为主力，以南线为主要进攻方向，实行南进北堵，东西夹击，敌先后动用兵力约十万多人。具体部署是，东面沿黄河一线，有晋军正太护路军孙楚部三个旅及七十一师二〇六旅，七十二师二〇八旅；北面的清涧、绥德、米脂、横山、神木、府谷等地，为敌八十四师高桂滋部及八十六师高双城部；西南面的环县、庆阳、合水、长武、彬县一线，为敌三十五师一〇五旅冶成章部，东北五十七军董英武部一〇六师、一〇八师、一〇九师、一一一师、一一七师，及骑兵第二军何柱国部骑三师，骑六师、骑十团；西北面的宁陕交界地区为敌十五路军马鸿逵部的三个骑兵团；南面的富县、甘泉为东北军六十七军王以哲部一〇七师，一一〇师、一二九师。7月下旬，除敌八十四师、八十六师已在我根据地北线外，在南线担任“围剿”主力的敌六十七军王以哲部也开始在洛川以南地区集结，其先遣人员从洛川向延安方向侦察地形和我军情况，积极准备北犯。东线敌晋军的五个旅也于榆次集中，先头部队二〇六旅早于4月间从军渡西渡黄河，进至吴堡、宋家川、义合、枣林坪一带。西线敌骑兵第二军布防于彬县、长武、庆阳一带，三十五师一〇五旅进驻环县，西北敌十五路军之骑一团、骑二团、骑四团陈兵同心、下马关、盐池一线。

西北红军前敌指挥部得悉敌人对我陕北根据地进行第三次“围剿”的部署后，刘志丹和大家讨论研究，认为当时敌各路动作不够协调一致，并根据其完成部署和兵力展开时间先后不一等弱点，决定集中红军主力，乘敌之隙，各个击破。在敌人“围剿”部署未全部完成前，首先给深入我根据地的东线晋军渡河之先头部队迎头痛击。为配合主力红军的作战，总指挥刘志丹指示各地游击队、赤卫军以及独立团、独立营广泛开展游击战争，袭扰并牵制敌人。同时命令红四十二师二团和骑兵团，继续在陕甘边坚持斗争，牵制并迟滞南线敌人之行动。

1935年8月1日，刘志丹率红军主力到清涧县之袁家沟、花岩寺一带集结，进行战斗准备。尔后，轻装北进，秘密插至吴堡、宁家坡。这时，当地的游击队和赤卫军在前总的统一部署下，已将定仙墕等据点的敌人包围起来。

前总决定首先消灭慕家塬守敌，以便于我军在这一带扩大回旋地区，遂行机动作战。慕家塬是个土寨子，村子周围有寨墙，守敌是二〇六旅的一个连，前总决定由我率红一团担任主攻，刘志丹带红军主力准备消灭由宋家川、辛家沟、郭家沟来援之敌。

8月10日拂晓，我带红一团偷袭慕家塬。当突击队把梯子搭上寨墙准备攀登时，敌人发现了动静，突然打了几发照明弹，把附近照得通明雪亮。红军战士还是头一次遇到这种情况，不知是什么新式武器，忽啦一下子退了下来。敌人机枪、步枪一齐开火，像一阵暴雨迎头浇来，进攻寨子的红军只得撤回。

第二天决定强攻。前总把四十二师红三团也投入攻寨战斗。下午，我和王世泰各指挥一支突击队，在火力掩护下，从寨子东北部强行攀登。战斗中，王世泰腿部负伤。部队很快冲进寨墙，敌一个连被全部消灭。

周围据点的敌人不知道慕家塬敌人已被消灭。12日早上，宋家川、辛家沟、郭家沟的敌人共约一个营零两个连的兵力，仍按原计划沿川道增援慕家塬，被设伏打援的红军迎头痛击，敌狼狈逃窜。

慕家塬战斗，包括打援在内，共消灭敌人约四个连。这是西北红军初次同晋军交手，首战告捷，大大鼓舞了红军指战员的战斗热情，增强了粉碎敌人第三次“围剿”的信心。战后刘志丹立即指挥红军南下至绥德东南新庄一带待命。在此，获悉晋军有增援定仙墕的动向。刘志丹抓住战机，决定消灭该敌。

定仙墕是敌人自界首至绥德交通线上和绥德至宋家川大路南侧的一个重要护路据点。东北有两道平行的山梁，在定仙墕和两道山梁之间各夹一道山沟，两道山沟在定仙墕东北汇合在一起。由定仙十焉向东30里就是枣林坪。

8月21日上午，从枣林坪出发的敌第六团，沿川道和第一道山梁向定仙十焉进犯，红四十二师二团迎面堵住了敌人。敌人用迫击炮轰击二团阵地，妄图与定仙墕敌人会合。红二团依托阵地奋勇抗击，使敌人不能前进一步。敌人又沿阵地第一道山梁向西进犯，依仗其优势火力，连续攻占了红八十四师二团的几个山头，向定仙墕逼近。这时，刘志丹命令红一团投入战斗。愚蠢的敌人只沿着一道山梁进攻，并依山梁摆开一字长蛇阵，所能展开的兵力只有一个先头连。

我带领红一团除以部分兵力协助二团从正面堵住敌人外，又派一个连绕到敌人侧后，大胆穿插，猛打猛冲，打乱了敌人的建制。在我军的包围及分割下，多数敌人缴械投降，少数顽敌从南侧跳崖逃跑，但因崖壁高陡，非死即伤。红军乘胜前进，连续夺回了两个山头。

当红军向第三个山头进攻时，敌人拼命抵抗，战斗十分激烈。红军的突击队几次冲到敌阵地前沿，由于伤亡大，又撤了下来。看到正面强攻不行，我又派出一个连绕到敌人侧后，一枪击毙敌营长。守敌群龙无首，乱作一团，在溃逃中将武器扔了满地。这时，红四十二师三团及义勇军也从另一道山梁压下来。敌人全线溃退。红军一直追了十多里地，除个别敌人化装逃跑外，其余全部被歼灭。

这一仗，打死打伤敌副团长齐汝英以下200多人，俘敌1800多，缴获了大量枪支弹药，其中包括82迫击炮六门，重机枪12挺，轻机枪50余挺。由于红一团担负正面主攻，所以缴获的武器弹药最多。战后，红一团把缴获的迫击炮重机枪集中起来，正式成立了机炮连，连长是李仲俭。这是西北红军的第一个重兵器连。

定仙墕一仗把枣林坪的敌人吓破了胆，当天夜间逃过黄河去了。这是西北红军在刘志丹指挥下，运用“围点打援”的战术，全歼敌人一个整团的首次战斗，而且伤亡小，战果大。加上慕家塬战斗，在短短的11天内，歼灭晋军一个整团又四个连，给东线晋军以沉重打击。至此，红军东线出击的作战行动完全达到了预期目的，并改善了自己的装备，为下一步对付南线敌人打下了基础。

1935年夏，从西安附近之沣峪口出发西征北上的红二十五军，经两个月的奋战，沿陕甘边界到达保安县之豹子川，进入陕北革命根据地。9月9日，到达永宁山，与当地党组织取得了联系。

为欢迎红二十五军的到来，中共西北工委向根据地发出了紧急通知，要求各级党组织紧急动员，召开各种群众会议，贴标语，散传单，热烈欢迎红二十五军。

刘志丹于七里沟接到工委指示，亲自起草了《欢迎红二十五军指令》，并在玉家湾专门召开了干部会议，讨论欢迎事宜。前总号召全体指战员虚心学习红二十五军的建军和作战经验，搞好与红二十五军的团结，密切配合红二十五军作战，争取更大的胜利。

9月15日，红二十五军到达永坪镇，受到当地党政军民的热烈欢迎和慰问。16日，西北红军到达永坪。次日，在永坪东石油沟召开了会师大会。会场上洋溢着两支兄弟红军亲如手足的战斗友谊和西北人民对子弟兵的炽烈感情。徐海东、程子华、刘志丹都在会上讲了话。刘志丹同志还组织干部到红二十五军进行了参观。

两军会师后，为了解决统一领导和下一步军事行动方针问题，在中央代表团的主持下，9月17日在永坪召开了中共鄂豫陕省委和中共西北工委联席会议。会议决定成立中共陕甘晋省委员会，改组了原中共西北军事委员会。为了统一指挥两支红军，会议还决定将红二十五军、红二十六军、红二十七军合编为红十五军团，徐海东任军团长，程子华任政治委员，刘志丹任副军团长兼参谋长。下辖三个师：红二十五军编为七十五师，红二十六军编为七十八师，红二十七军编为八十一师。全军团共7000余人。我任八十一师师长，张达志同志任政委。

9月中旬，南线之敌六十七军在王以哲率领下，其一一〇师、一二九师（欠一个团）沿洛川至甘泉路北上，抢占了延安这个战略要点，并留一二九师六八五团一个营驻守甘泉，负责保护南北的交通线。一〇七师、一一七师留驻洛川、富县一带，抢修公路。

红十五军团为了粉碎敌人的进攻，决心乘南线敌军尚未全部展开之际，挥师南下，首先给该敌以有力打击。

当时，延安有东北军两个主力师及军直特务营，外加地方武装，实力较强。根据红十五军团兵力和武器装备，强攻延安显然是不行的。军团首长分析，延安众多敌军不能没有补给，如果用一支部队围攻甘泉守敌，切断敌人的南北交通线，必然能引蛇出洞，诱敌前来增援甘泉，而且敌军从延安来增援的可能性比较大。就这样，一个调虎离山、围城打援的决心定下来了。

熟悉陕北地形的刘志丹副军团长提出了一个十分理想的设伏区——劳山。劳山镇北距延安30公里，南距甘泉约15公里，是延安至甘泉的必经之地。这里群山耸立，树林茂密，地势险要，十分有利于部队隐蔽。因此军团首长决定在此摆下一个“口袋阵”。

军团首长将佯攻甘泉城并在“袋底”前一线阻击延安来援之敌、不准其接近甘泉城的主要任务交给了八十一师。9月28日，我和张达志率领部队开始行动。佯攻部队虚张声势，并故意传出红军要攻打甘泉的消息。

1935年10月1日，敌一一〇师在师长何立中的率领下，从延安出发，沿公路南下增援甘泉。下午2时，敌人进入二四一团阻击地段。在放过敌尖兵之后，二四一团突然开火。顿时枪声、冲锋号声以及喊杀声震撼山川。二四一团闪电般冲出庄子沟，敌群像捅乱了的马蜂窝，互相挤压、碰撞。其前卫营一小部，冲过公路上的小桥，逃向甘泉。余敌被二四一团压进川道里，堵住了前进道路。此时，红七十八师骑兵团也由劳山北之阳台迅速出击，协同红七十五师断敌退路，迫使敌人的后续部队被压缩在小劳山附近。至此，敌人完全陷入红军包围之中。

当敌人清醒过来时，立即将后续部队展开，抢占公路两侧东西山头，居高临下用猛烈火力压制冲上公路的红军战士，企图用多于红军数倍的兵力、火力杀开一条血路，借以逃生。敌人首先集中力量攻击川道里的红军阻击部队，进行疯狂反扑。各种火器将子弹、炮弹暴风骤雨般地向二四一团倾泻，同时组织兵力反复争夺公路两侧的高地。

战斗打得十分残酷，二四一团伤亡很大，并有七八个营连干部负伤或牺牲。在这严峻的时刻，我的激愤心情难以抑制，从师指挥所冒着敌人的枪炮直奔西山，一直到离敌人前沿阵地只有十几米远的地方，仔细观察了敌人的火力配系。返回后与红七十八师师长杨森取得联系，该师从西侧把敌人压进村里。二四一团团长刘明山率领三营一部，经过三次进攻，终于配合贺吉祥带的二营从东山把敌人压下去。

战斗的最后阶段，红七十五师由敌人背后积极向小劳山攻击前进，七十八师由西山向下打，红八十一师二四一团二营和三营一部从东山上打下来，另一部从西山阵地侧面攻击，再加上川道里我正面堵击部队向前推进，敌人全部被压缩在小劳山西南的一条山沟和小劳山村。天黑前，在军团各部共同配合下，将敌人全部歼灭。

劳山伏击战，从10月1日14时打响到20时左右结束，经过五个多小时激战，歼敌一一〇师师直属队全部和六二八团、六二九团全部，共毙、伤、俘敌3700多人。敌师长何立中负重伤抬到甘泉后不久就死了，敌师参谋长范驭州被当场击毙，敌六二八团团长裴焕彩被生擒，六二九团团长杨德新自杀而亡。

不久，红十五军团乘胜南下，包围了榆林桥。榆林桥守敌是东北军一〇七师的四个营。25日拂晓，红七十五师首先向榆林桥东山发起攻击，由于敌人筑有比较坚固的工事，火力很强，部队进攻受挫，伤亡较大。军团长徐海东同志命令红八十一师从北面沿洛河向榆林桥发起进攻。我率部队沿东山坡向前推进。敌人防守很严密，火力猛，部队前进十分困难。

接受了劳山战斗的教训，命令部队停止前进，我带了几个人爬到山上，居高临下，俯视敌阵地，敌人的前沿火力点一收眼底。我伸手要过一挺机枪，让战士拉住我的双腿，倒趴着挂在崖畔上，扣动扳机猛烈地向敌人射击。敌人被这突如其来的火力打得晕头转向，死的死，逃的逃。我指挥部队乘胜攻击，一直突进了榆林桥。与此同时，红七十五师、七十八师也从东面和南面攻了进来，守敌全部被歼。敌团长高福源被生擒，经过教育，放了回去，后来在西安事变中对促进张学良联合抗日起了较好的作用。

令人痛心的是，在粉碎敌人第三次“围剿”的过程中，王明“左”倾机会主义路线在根据地党政军领导机关中的势力越来越大，并开展了错误的肃反斗争，在地方和红军中开始抓人、杀人。劳山战斗刚结束，刘志丹等一批领导干部就被逮捕了，部队中笼罩着恐怖的气氛。基层指战员的情绪很不稳定，有些甚至开小差跑回家去了，部队减员日趋严重。据说还要把我调到别的师当副师长，削去职权，然后再处理掉。在那段不长的时间里，我的心情一直很苦闷，对这种营垒内部的自相残杀很不理解。无奈之中，给陕甘晋省委写了几封信，要求离开部队，去干地方工作。

榆林桥战斗后，我见到陕甘晋省委副书记郭洪涛同志。他告诉我，中央红军已经到达吴起镇了，他正准备前去迎接。

说实在话，囿于当时通讯工具的落后，陕北地域环境的封闭，消息十分闭塞，再加上错误肃反的影响，我对于中央红军并不十分了解，所以在郭洪涛同志离去后，我又骑快马追了一阵，想再次申明自己不愿调到其他部队去，也就是不甘成为错误肃反的牺牲品。无奈没有追上。

令人振奋的消息不断传来，党中央了解到陕北根据地发生肃反扩大化，一大批领导干部被错捕错杀的严重情况。毛泽东同志立即指示："刀下留人"，"停止捕人"。11月上旬，党中央下令释放刘志丹等同志。

党中央及时纠正了陕北根据地的"左"倾错误，挽救了处在危机中的陕北地区的党和红军，使之走上健康的道路，同时也为中央把革命根据地放在陕北奠定了坚实的基础。毛泽东和党中央的正确路线，带领我们绕过了暗礁，革命的航船重新破浪前进了。

选自《解放军报》1996年10月18日。

贺晋年，原名贺维国，1910年生，陕西安定（今子长）人。1928年加入中国共产党，1932年参加中国工农红军。红军长征时任红二十七军八十四师一团团长、红十五军团八十一师师长等。新中国成立后，曾任江西军区第一副司令员、东北军区副司令员兼参谋长、军委装甲兵副司令员，中共中央候补委员、中央顾问委员会委员等职。1955年被授予少将军衔。2003年在北京逝世。

保卫陕甘根据地①

王诚汉

劳山战役立功受奖一双“皮鞋”

南北红军大会合，
同心协力把战作。
一切艰难困苦都不怕，
跨过万里长城，打遍全中国，
胜利有把握。

——红军歌曲《南北红军大会合》

红二十五军与陕北红军会合时，国民党军正开始发动对陕北苏区的第三次“围剿”。敌人的兵力，除了原来就在陕北的四个师外，东北军的七个师也跟在我们后面赶来。红十五军团成立的第二天，军首长就商讨反“围剿”的作战计划，决心打响第一炮。指战员们兴奋地说：“一定要打个漂亮仗，迎接党中央的到来。”

9月初，蒋介石发现中央红军和红二十五军都将北上会合陕甘红军，

① 题目为编者所拟，文中个别地方略有调整。

抢先增派重兵加强早已开始的对陕甘苏区第三次“围剿”，企图消灭陕北红军，摧毁陕甘根据地，使北上红军无法立足。以武汉行营主任张学良为西北“剿匪”副总司令（10月，蒋介石在西安成立了“西北剿共总司令部”，并自任总司令），其主力有：东北军的四个军，陕北军阀二个师，入陕晋军五个旅。他们采取南进北堵，东西配合，逐步压缩的战法，企图将红军主力围歼于保安、安塞地区。

9月中旬，南线的国民党东北军第六十七军在军长王以哲率领下，第一一〇、第一二九师沿洛川至甘泉公路北上，抢占战略要地延安。延安是陕甘苏区的中心，军事位置十分重要，敌军占领延安后，就可向四面八方扩展兵力，分割摧毁革命根据地，阻挠红军北上抗日。

在我们进入陕北根据地时，国民党东北军各部也由鄂豫皖、陕南和河北省相继进入陕、甘两省，并向陕北分路推进。9月中旬，敌第六十七军由黄陵向北进犯。军部及刘翰东第一〇七师进驻洛川，派第一〇七师第六一九团一个营前伸占领羊泉塬。何立中第一一〇师、周福成第一二九师（欠第六八五团）沿洛（川）延（安）公路推进至延安。以第六八五团驻甘泉，维护南北交通。

为了粉碎敌人的进攻，红十五军团召开军事会议，主要讨论作战对象问题。有的同志主张从北路开刀，先吃掉敌两个杂牌师，提议先打米脂一带的井岳秀师，或者高桂滋师，出横山，与神木、府谷苏区打成一片，然后打出三边；有的同志则认为，敌大军压境，吃掉一路杂牌军，虽然把握大一些，但对整个战局影响不大，对敌人的打击也不重。上策应该是先打东北军为佳，因为如果把东北军的主力打垮一两个师，就会使陕北战局发生重大变化。最后，军团长徐海东同志果断决定先打东北军。

据情报，敌第六十七军已完成战役展开，敌第五十一、第五十七军尚在甘肃兰州、庆阳；孙楚部尚未入陕。此时，东北军七个师分成两路，一路是王以哲率领的三个师，正从陕西向我军进攻，第一一〇、第一二九师已经到延安；第一一〇师留第六八五团一个营驻守甘泉，负责保护这条由南至北的交通线，军长王以哲带领军部和第一〇七师驻守洛川、富县，加修公路和碉堡；其余四个师在甘肃境内由军长董文斌带领，经合水向我军进攻。

我军团首长决定，为了打击南线孤立冒进之敌，粉碎敌人的进攻，所采取的作战方针是：围攻甘泉，调动延安之敌前来增援；以便我军在运动中歼灭敌人，拦路打埋伏。遂决定第一仗的战场选择在劳山。

巧设口袋阵的决心和部队的具体部署，是徐海东和刘志丹等同志共同商定的。当时，延安有东北军两个主力师，外加地方武装，有一定的实力。根据红军的兵力和武器装备，我们强攻延安显然不行。军团首长研究认为，敌军在延安有这么多部队，不能没有补给，如果用一支部队包围佯攻甘泉，切断敌军南北交通线，必会引敌增援，并且判断到敌增援部队从延安来的可能性比较大。于是，决定把敌人调出来打。一个调虎离山、围城打援的计划就这样确定下来。

会后，程子华同志留永坪镇动手术治伤。9月下旬，红十五军团经过三天的急行军，绕过延安，到达了延安南90里的甘泉附近。部队在甘泉以西王家坪一带集结休息。徐海东和刘志丹同志带着团以上干部，来到甘泉北15里的劳山附近勘察地形。

甘泉县城之北，有一条通向延安的公路，路两旁是连绵起伏的山岭，把延（安）甘（泉）公路夹在当中，像一条口袋，而且两边山上树木茂密，便于埋伏。如果把敌人放进来，真如同把狐狸装进口袋里。军团首长的决心更加坚定：包围佯攻甘泉，调动延安之敌回援，置主力于劳山东西山区设伏歼敌。

关于具体的伏击地区，考虑到敌人的狡猾，我军必须埋伏在他们意想不到的地区。刘志丹副军团长提出了一个十分理想的建议，这就是劳山。劳山附近是一个非常有利于打埋伏的理想地形。劳山南距甘泉30里，北距延安60里，为延安至甘泉必经之地，公路两边群山耸立，树林茂密，地势险要，十分有利于部队隐蔽。军团首长果断决定在劳山摆下一个口袋阵，“口袋口”设在劳山以北的九沿山。

为了不让敌后卫部队逃脱，军团长认真设置了“口袋底”。我们接受以往伏击战的教训，这既要考虑设伏地形，更要计算敌人行军纵队的长度，推算来敌的兵力大小。军团首长最后决定将“口袋底”选在甘泉城北边的1170高地一侧（当地群众称为清凉山）。这个“口袋阵”全长约20公里。军团首长还担心这个“口袋阵”装不完敌人的行军纵队，又规定负责扎“口袋口”的红七十五师，在敌后卫部队未通过九沿山时不准打，只有等敌人全部通过九沿山之后，再扎死“口袋口”，并向北派出有力的警戒部队，迂回部队在敌人后面跟进。以“口袋底”打响为号，前面堵，后面赶，左右夹击，把敌人消灭在“口袋”里。

9月28日，红八十一师第二四三团包围甘泉县城。第二天拂晓，我团等主力部队进入伏击阵地。出发前，军团部对参加埋伏的部队进行了严密的组织，规定每人携带三天的干粮，进入埋伏地区后，不准生火，不准走动暴露目标，没有指挥部的命令，任何人不准开枪。军团长徐海东同志随我团行动，他的指挥位置设在口袋底的1170高地上，南距甘泉县城直线约二里。站在这里既可以向南俯视甘泉县城，向北又可以观察整个战场，不仅便于指挥全局，又是首先打响的地方，是伏击战的关键所在。

我们埋伏了两天两夜，看到徐军团长白天观察敌情，晚上察看部队，眼睛都熬红了。在焦急和不安中，我们等到第三天，敌第一一〇师在师长何立中率领下，10月1日拂晓终于从延安出发，沿公路向甘泉增援。途中留下第六三〇团于四十里铺为策应。第六二八、第六二九团沿公路两侧山头向南搜索前进。敌人以为红军会在地势险要的九沿山打埋伏，其实我少数部队只在九沿山上放几枪就跑了。敌人在周围搜索了一下，认为我军被赶跑，才放心前进。这股骄傲的敌人虽有防备，但他们还是把我军可能埋伏的地区估计错了。据后来俘虏的一名敌参谋人员说，何立中当时骑在马上，过了他预计我军会有埋伏的九沿山地区后，向师参谋长说：

“我原以为共军会在这里打我们一个埋伏呢！现在我们已走出龙潭虎穴了。”他认为“龙潭虎穴”已过，即令其部队在劳山稍事休息后，把两路纵队变成四路纵队向甘泉开进。行军纵队缩短了一半，公路上黑压压挤满了敌人，来势凶猛。

当日下午2时，敌先头进至甘泉北12里白土坡。为解甘泉之围，敌前卫在距甘泉县城四里处，令其尖兵抢占右侧高地。置于该地的红八十一师第二四一团堵住了敌人的前进道路。当敌尖兵部队爬上山头，距离我们军团指挥部埋伏地点仅约20米时，军团长徐海东下令：“开火！”我军一排手榴弹把敌人打了下去。红八十一师师长贺晋年英勇果敢，有手枪不用，端起一支带刺刀的步枪，带头冲入敌群，追得敌人直往山下跑。我军堵住了敌人前进的道路。埋伏在公路两侧山上的红二二五团及红二二三团、红七十八师奋勇向敌群发起冲击。位于阳台（劳山北六里）之红七十八师骑兵团，适时出击，断敌退路。各种火器一起开火，打得敌人晕头转向，乱成一团。我军将敌分割在榆林沟口和小劳山。敌首尾受挫，遂自动向中心靠拢。

刘志丹同志的指挥所和红七十八师在一起，这边枪声一响，那边也开了火。劳山附近方圆几十里地区，枪炮声震天。

10月1日，设伏的我师和第七十八师从公路两侧山上同时向敌行军队伍猛烈冲击，将敌人分割在榆树沟口和小劳山。我率全连参加伏击战，全体指战员勇猛顽强，对夺取全局胜利做出了极大努力和很大牺牲。敌人顽抗不肯缴枪时，我们的战士连打带喊话：“缴枪吧，你们跑不出去了！”“放下武器一律优待！”国民党东北军部队，是我们红二十五军部队的老对手，有好多士兵了解我军的政策，在此情况下，纷纷缴了械。战斗从10月1日下午约2时打响，晚8时以前结束，全歼敌两个团及师直属队。打扫战场时，我们根据军团首长的指示，请当地群众把敌伤兵运到甘泉县城。这一手很巧妙，一是让敌人背上包袱。使甘泉县城增加了负担；二是体现了我军优待俘虏的政策，对东北军官兵影响很大。敌师长何立中负重伤后，化装成马夫，雇人抬到甘泉县城，不久死去。

劳山战斗，我们师和兄弟部队一道，共毙伤敌师长何立中、师参谋长范驭州、团长杨德新以下1000余人，俘敌团长裴焕彩以下3700余人，缴获战马300余匹，七五山炮四门，八二迫击炮八门，重机枪24挺，轻机枪162挺，长短枪3000余支，50瓦电台一部。甘泉守军见师长、参谋长被打死，军心动摇，斗志涣散。

在这次战斗中，我率领本连全体指战员英勇战斗，攻克一个个制高点，歼灭敌人100余人。我冲锋在前，在混战中将敌营长击毙，在关键的时刻发挥了重要作用，战后受到军团首长的特别表扬，并受到军团的特等物质奖励。奖品是一支20响的驳壳枪和一双胶皮底的布鞋，这两件奖品在当时是最让人羡慕的。

对奖励给我的那支驳壳枪，当时也曾兴奋了一段时间。一个多月后，在我负重伤住院时，那支枪让战友取走了。后来由于我连续任军事主官，长年拼杀在战场，对那支驳壳枪的印象并不深刻，好像并不十分留恋。但对那双布鞋，我则感到非常宝贵，至今难以忘怀。那是我有生以来第一次穿质量这么好的布鞋，而且还是胶皮底。同志们称这种鞋为“皮鞋”，与现在所说的“皮鞋”不是同一个概念。万里长征路，我最需要的是有双好鞋，可我没有，我梦中常见到的是——妈妈为我补了多少遍、“空前绝后”的那双布鞋。一年来，迢迢征途，我是穿草鞋、很多时候是赤着脚走过来的。所以，当我从首长手中接过这双胶皮底的布鞋时，热泪盈眶，可能当场有许多同志对此感到不理解，可我心头明白，就在这个时刻，我想起了长征路上丢失在独树镇七里岗上的那双草鞋，特别是妈妈为我补鞋过大年的一幕又浮现在我的眼前。如果妈妈当时在跟前，我肯定要跑到她老人家面前对她说：“我有最好的鞋了，再也不怕走夜路踢伤脚了！”我对这双“皮鞋”格外珍惜，舍不得穿，它一直陪伴我走完了以后八年抗日战争的历程。

劳山伏击战是红十五军团成立后的第一仗，它成功地运用了围城打援的战法，组织的很好。由于准确地分析了敌情，巧妙地选择了阵地，周密地部署了兵力，适时地予以勇猛打击，因而以极小的代价，换取了较大的胜利。这一战役，把敌人“围剿”的嚣张气焰打了下去，它对陕甘根据地的人民是一个振奋，对我军是一个鼓舞，同时也大大改善了我军的武器装备。

劳山大捷后，我们沉浸在胜利的喜悦中。军团首长却并不以此为满足，他们立即考虑我军如何乘胜扩大战果的问题，研究决定，乘敌构筑工事未成，抓住敌立足未稳之机，出其不意，再打一个歼灭战。遂仍以红八十一师第二四三团围困甘泉，主力自王家坪一带向道佐铺开进，逼进榆林桥。

果然不出所料，敌军遭我沉重打击后，改变了战术，采取步步为营的堡垒政策，对我根据地实行严密封锁，企图逐步缩小我根据地，最后消灭我军。在经过精心计划、充分准备后，10月20日，派出以团长高福源为指挥的四个营，火速北上增援。高是国民党东北军第一〇七师第六一九团团长，该团装备精良，是东北军的主力团之一，另加强第六二〇团一个营和一个炮兵连，共3000余人，并任命高福源为前卫司令。出发前，高福源满怀信心，立下军令状，保证完成这次增援解围任务。

高福源十分慎重，采取稳扎稳打的战法，向北推进。他率部到达榆林桥，很早就宿营，占领有利地形，构筑工事，放好警戒，把一个加强连放在镇后山头上，控制制高点。并在洛河南岸驻一个营，控制南边的制高点。

陕北的冬天来得比较早，10月初就充满寒意。当月下旬，徐海东军团长和郭述申副主任率领红十五军团乘胜南下，迅速隐蔽地运动到道佐铺附近。徐军团长带领我团干部多次勘察公路两侧的地形，与大家共同商讨方案。

榆林桥是富县通往甘泉、延安途中的一座小石桥，桥南是个小镇，有居民70多户，靠山坡还有一排窑洞。镇南的洛河，冬天可以徒涉，南北两山之间是一条100余米宽的大川。

我军经过紧张周密的准备，战斗于10月25日打响。我师协同红七十八师，乘晨雾由东、西两面向榆林桥守敌发起攻击。我们二营为突击营，徐海东军团长就紧跟在我们营后面。拂晓前，我们沿着山沟向敌接近，不到十分钟，就歼灭了敌一个加强连，抢占镇北制高点。我师突破外围防御后，占领制高点，歼敌大部，残敌向镇内溃退。此时，红七十八师经过激战，已将洛河西岸垲子山一个营之敌消灭，第二三二团由西向东涉洛水向榆林桥据点发起冲击。经过三个多小时激战，攻占榆林桥周围所有高地。敌外围据点被我夺取后，敌团长高福源又组织反扑，妄图夺回失去的阵地。敌人发疯似的多次反扑被我打垮。上午8时左右，大雾开始消散。在前沿阵地上，徐军团长仔细地听取了前线指挥员的汇报，察看了敌情和周围地形，指示部队从山上向山下打，对山坡上和山脚下敌占据的窑洞发动进攻。我军在火力掩护下，一个一个窑洞地搜歼敌人。守敌大部被歼，唯有镇北敌团部和镇西头的敌军，仍依托坚固的窑洞进行顽抗。

这时，程子华政委从军团部驻地道佐铺派骑兵通信员送来信，说毛泽东主席、周恩来副主席率领中央红军已到吴起镇。徐军团长与郭副主任在镇北山上的战壕里，利用战斗空隙，召开我团干部会，传达了这个振奋人心的喜讯，号召大家迅速全歼敌人，迎接毛主席。徐军团长立即组织我团向敌团部发起进攻。

12时过，我师在机枪火力掩护下，与敌展开逐窑逐房的争夺。我团团长郎献民同志把驳壳枪一举，高喊着："突击队，跟我上！"我带领我们四连的战士们紧跟在他的后面，以勇猛的动作，迅速接近敌人。敌人的子弹像雨点一样向我们打来，不少干部战士倒下了，郎团长也不幸中弹。

敌人利用坚固的窑洞拼命顽抗，我指挥全连搭人梯爬上窑洞顶，从烟囱口往下丢集束手榴弹，敌大部伤亡，并将残敌赶出窑洞外。激战至下午，敌见大势已去，只好缴枪投降。这次战斗，我师和兄弟部队一道，全歼敌四个营，无一漏网，共毙伤敌300余人，俘敌团长高福源以下1800余人，缴获八二迫击炮八门、重机枪16挺、轻机枪108挺、长短枪1300余支。

战斗打得非常激烈和艰苦。我军伤亡200余人，我团团长郎献民同志身负重伤后，壮烈牺牲。

这次强攻榆林桥，由于敌人是有备而来，所以较有战斗力。我军打得十分艰苦，加上担心敌情发生变化，有些急于求成，故伤亡比较大。如果我们等到天黑，或组织好火力，一个窑洞一个窑洞地进攻，可能会减少一些伤亡。

劳山、榆林桥战斗，统称劳山战役。其共同特点，都是围城打援。胜利的主要因素有：准确掌握敌情，巧妙调动敌人；作战方针正确，战场选择适当；兵力部署严密，作战指挥统一；部队团结一致，英勇善战；人民群众积极支援。

战后，徐海东同志判断敌团长高福源没有逃脱，便亲自到俘虏群中查找。高福源系日本士官学校毕业，与张学良、王以哲关系密切，曾担任过张学良的警卫营营长，深得上司的信任，在东北军中是颇有影响的人物。开始，我们在俘虏中怎么也查不出有个团长。后来我们营有位同志看见俘虏中有一个穿的很整齐，不同于其他俘虏，便故意诈他说："你就是高福源！"这个俘虏连忙辩解说："我不是，我不是，我是理发工人。"说着嘴向旁边一歪，暗示我们要找的人在那边的人群中。高福源外号叫"高包脖子"，特殊的长相使他暴露了目标，原来"高包脖子"就躲在被俘士兵的背后。

高福源被俘时已三处负伤。程子华政委同他谈话，问他："你打算怎么办？"高答："杀了我。"程政委说："不杀你，你说说第二个办法。"高要求："放了我。"程政委说："不放你。我们有个军事学校，你去当教员。"高答："我一定教好。"就这样，把他送到了后方，经过教育，留在我军事学校工作。党中央到达陕北后，经周恩来、彭德怀、李克农等同志对他进行谈话教育和做争取工作，他深受我党抗日民族统一战线政策的感召，向我们反映了许多有关东北军内部的情况。高福源被释放回去后，曾积极地做了张学良的工作。后来，他亲自带领东北军查抄了国民党省党部档案馆，搜出了特务机关上报的黑材料，其中包括张学良、杨虎城在内的《东北军、西北军抗日分子名单》的底稿，这是促使张、杨发动西安事变的一个重要因素。高福源对促进张学良停止内战、一致抗日的思想转变，有着较大的影响。

劳山战役，共歼敌第六十七军一个师部、三个整团、一个整营。甘泉城内守敌又陷入我八十一师和地方武装的严密围困之中，行动不得，使北到延安，南至富县、洛川之敌第六十七军残部处于首尾不能相顾的瘫痪状态。至此，敌军王以哲部发起的南线战役进攻行动，以损兵折将而告失败。

劳山战役的胜利，对根据地军民的鼓舞很大。大量的缴获，使我军的武器装备得到改善，服装给养得到补充，使经过两万五千里长征到达陕北的中央红军得到物资上的补充。战斗结束后不久，毛泽东、周恩来和彭德怀等领导人来到红十五军团看望部队，我们第一次见到中央首长，心情十分激动。

劳山战役，是粉碎国民党军对陕甘苏区第三次“围剿”的重要战役之一，是著名的直罗镇战役的前奏，是红十五军团献给即将胜利结束长征的中共中央和中央红军的见面礼，巩固和扩大了陕甘革命根据地，为党中央把全国革命大本营奠基西北创造了条件，并对一年后的西安事变起了一定的促进作用。

劳山战役后，部队中补充了大批东北军解放战士，为了用革命军队的纪律教育广大指战员，军团政治部秘书长程坦同志依照红军三大纪律八项注意的内容，编成《红军三大纪律八项注意歌》，填入在鄂豫皖苏区时流行的《土地革命成功了》曲调中。经军团政治部主任郭述申同志批准，这首歌首次刊登在军团油印出版的《红旗报》上。由于这首歌曲的内容重要，曲调又是我们这些从鄂豫皖苏区转战到陕北的广大指战员所熟悉的，因此首先在红十五军团各部队中传唱开来，很快传遍整个红军部队，激励着广大指战员从胜利走向新的胜利。

直罗镇战役负重伤后进红大学习

大雪飞，洗征尘。
敌进犯，送礼品。
长途跋涉足未稳，敌人围攻形势紧。
毛主席战场来指挥，全军振奋杀敌人。
直罗满山炮声急，万余敌兵一网尽。
活捉敌酋牛师长，奠基凯歌高入云。

——萧华《长征组歌·祝捷》

劳山战役后不久，我军团首长从敌占区的报纸上得到中央红军在西峰一带的消息，立即派出手枪团化装成当地回民向西峰镇出发进行联系。

1935年10月19日，党中央和毛泽东、周恩来、彭德怀同志率领中央红军（当时称陕甘支队）长征到达陕北吴起镇。不久，党中央派人送来《陕甘支队告红二十五、二十六军全体指战员书》，带来了党中央的热情慰问和鼓励，表达了对胜利会师的祝贺。告指战员书中指出："我们久已听到了二十六军同志在陕甘边长期斗争的历史，二十五军同志们在鄂豫皖英勇斗争和在河南……陕西、甘肃的远征，听到群众对你们优良纪律和英勇战斗的称赞。最近，更听到你们……会合的消息……消灭白军地主武装的胜利，这些使我们非常喜欢"，"我们的会合是中国苏维埃运动的一个伟大胜利，是西北革命运动大开展的导炮！”同时，中央还送给红十五军团一部电台。

11月3日，中华苏维埃中央政府发布命令：任命徐海东同志为西北革命军事委员会委员。同时决定，红十五军团合并入红一方面军。

党中央和红一方面军到达陕北后，确定立脚陕甘边，开创新局面，把中国革命的大本营放在西北。11月初，毛泽东主席、周恩来副主席、彭德怀司令员来到道佐铺红十五军团指挥部，接见了徐海东、程子华、郭述申等同志。徐海东向毛泽东汇报了当前的敌情，并坚决表示敌人的第三次“围剿”完全可以粉碎。毛泽东等给予了亲切的勉励和重要的指示。

此时，红十五军团第七十八师正在包围张村驿、羊泉塬、东村、套通（今北道德）等民团据点。毛泽东等中央领导人来到我们军团的消息鼓舞了全体指战员。大家高呼“打个大胜仗，迎接党中央”、“打开张村驿，迎接毛主席”等口号，在我团等部队的协助下，红二三二团一举攻克上述各据点，歼灭民团数百人，缴获了大批粮食。这一仗，打掉了敌人在黄陵、洛川、富县、甘泉以西地区的耳目，为即将开始的直罗镇战役作了重要的战场准备。

张村驿战斗后，我军团部队北返富县以北地区。11月3日，与中央红军主力合编为中国工农红军第一方面军，司令员彭德怀，政治委员毛泽东（兼），政治部主任王稼祥（后为杨尚昆）。从此，红十五军团在中央军委和红一方面军的直接领导和指挥下行动。为加强红十五军团的各级领导，中央军委先后派来周士第、王首道等大批军政干部到红十五军团担任重要职务。

红十五军团在武器装备等物资上给予刚到陕北的中央红军主力以大力支持。当时我们原红二十五军部队的武器装备是比较强的，每连有轻机枪九挺，徐海东军团长指示我们，每连要拿出三挺机枪支援中央红军部队，军团还拿出许多银元给党中央。

红十五军团合并入红一方面军，这也使我的戎马生涯中又多了一段令人自豪的履历。土地革命战争时期，与红军长征史有关的红军共有五路：红一方面军，红二方面军，红四方面军，红二十五军，陕北红军（后组建红十五军团），而我则巧合地曾与其中四路红军有直接的隶属关系。1930年12月我参加红军后，到1932年10月，这近两年的时间，我是红四方面军编成内的一员；1932年11月红二十五军新组建后，到1935年9月，这近三年时间，我是红二十五军编成内的一员；1935年9月红二十五军与陕北红军会师后，新组建红十五军团，到1935年11月红十五军团合并入红一方面军，时间仅有两个多月，但这段时间是陕北红军历史上最为辉煌的阶段，这段时间我是红十五军团（陕北红军）编成内的一员；1935年11月到1937年7月（这期间有四个月在红大学习），这一年多的时间我是红一方面军编成内的一员。

在红十五军团，是我人生履历中的一个重要时期。

1935年10月底，敌“西北剿总”重新调整部署，调集东北军五个师的兵力，企图沿葫芦河构成东西封锁线，并打通洛川、富县与延安之间的联系，沿洛河构成南北封锁线，采取东西对进、南进北堵的作战方针，围歼我军于洛河以西、葫芦河以北地区，摧毁我陕甘根据地。

根据这种情况，中革军委决定会师陕北的各路红军，在直罗镇一带给敌人以迎头痛击。基本战术思想是诱敌深入，趁其立足未稳，集中兵力，南北夹击，全歼进入直罗镇地区之敌。

红一方面军迅速做出战役部署：集中兵力，向南作战，首先在直罗镇一带歼灭由葫芦河东进之敌一、两个师，尔后视情况转移兵力，各个歼敌，以打破敌人的“围剿”，并向洛川、宜君、宜川、韩城以及关中，陇东一带扩展根据地。为了保证战役的胜利，以红八十一师第二四一团继续围困甘泉，第二四三团在羊泉塬地区配合地方游击队钳制富县、中部之敌，阻敌西援。

按照预定计划，各部队紧张而又周密地进行战前准备工作。彭德怀和徐海东同志率领红一军团和红十五军团的团以上干部，到直罗镇附近察看地形。当彭德怀看到镇东南侧的山冈上有残破的寨墙（当地人称直罗寨子）时，指着土墙石壁，说：“敌人一定会利用它。”徐海东立即表示：“我今天晚上就派一个营来拆掉它！”为了防止敌人利用直罗寨子作据点，按照彭德怀的指示，我们连夜拆掉了这个寨子，并留下一个排，在直罗镇担任警戒。军团主力则集中在直罗镇之东约20公里的张村驿，进入战前的准备工作。

10月28日，敌西路第五十七军开始东进。11月1日，该敌占领太白镇后，即徘徊于太白、合水地区，构筑碉堡，搜刮粮食。东路之敌第六十七军第一一七师于11月6日进至富县后也按兵不动。为迷惑调动敌人，红二四一团加紧围攻甘泉。

红十五军团部队与中央红军主力部队胜利会师，是11月上旬在东村一带，会师是在紧张地备战气氛中进行的。这时，敌军向我根据地发动新的一轮的进攻已是迫在眉睫。11月17日，敌“西北剿总”见甘泉危急，即令第五十七军三个师迅速东进，以解甘泉之围。19日，敌第五十七军先头第一〇九师进至黑水寺、安家川一带，其主力进至张家湾东西地区。20日晨，敌第一〇九师在六架飞机掩护下，由敌师长牛元峰带领，分三路沿葫芦河谷及南北山地向直罗镇推进，一部沿葫芦河川两侧高地边打、边搜索前进，主力顺葫芦河川的大路，于下午4时许，大摇大摆地进入直罗镇。红一方面军首长决定抓住敌第一〇九师比较突出的有利时机，集中优势兵力，求歼该师于直罗镇。

当天晚上，中央军委下达命令：21日拂晓发起攻击。红十五军团按照原定方案，从张村驿一带出发，连夜急行军，赶到指定位置，并悄悄地占领了直罗镇南面的高地，于当晚将敌第一〇九师团团包围。

毛泽东同志亲自指挥了直罗镇战役。

11月21日早晨，按照毛泽东等中央领导人的部署，在方面军统一号令下，红一军团由北向南，攻击据守直罗镇北山之敌第六二六团；红十五军团由南向北，攻击据守直罗镇南山之敌第六二七团。红七十五师以第二二三团从西南、我团(第二二五团)从正南,红七十八师从东南,向敌第六二七团发起猛烈攻击。我军迅速攻占了直罗镇以南除上寨子外的所有敌军阵地。

当时的陕北高原已是雪花飘飘的寒冷季节。这场战斗因为是早有预案的,所以那天的早饭准备的也很充足,我一再对全连指战员说:“一定要吃饱啊!吃饱了才能抵御寒冷,追得上敌人。午饭可能就吃不上了。”这后半句话是战时的连队干部常说的,有的直接说“吃了这顿没下顿”,这是战争年代指战员们的口头语。大家心中其实都很明白,这话有三层含义,一是说因为军情紧急,顾不上吃饭,一天三顿饭合在一起吃的事是常有的;二是说作战紧张,战场炮火连天,敌人封锁严密,有饭也送不上来,饿着肚子也要打仗;三是说战争的残酷性,光荣牺牲是随时都可能发生的事,那就是真正地“吃了这顿没下顿”了。

天气很冷,是直罗镇战役给我留下的深刻印象。冷,并非是隆冬的那种寒冷,而是河水太冷。我们在劳山战役后,缴获了敌人的大批物资,红十五军团大部分部队刚换上了新棉衣,经过长征路的指战员们对这新棉衣更是特别爱惜。但是,在直罗镇战役中几天作战下来,整套棉衣几乎不能再起御寒作用了,因为全被水浸透了。直罗镇附近的葫芦河两岸是这次作战的主要战场,部队需要来回穿行。河中的水看上去很平稳,水面窄处用力能跨过去,但在作战中却不行了,因为追击敌人是哪里距离最近就走哪里,不可能再绕到窄处去过河。我们下水后才知道,这河中水并不像想象的那样浅,一下水就淹到了胸部,特别是河底全是淤泥,有的地方甚至陷到了膝盖以上,有的战士的鞋子被拔掉在河泥中。就是在这样冰冷刺骨的水中,21日这天,我率领全连指战员往复多次涉水渡过葫芦河,和兄弟部队一起攻占了直罗镇南面山上的敌人阵地。

河水浸湿的棉衣给战斗行动带来了不便。虽然上岸后在时间允许的情况下可拧干了再穿,但湿淋淋的棉衣比浸湿的单衣要难穿得多。贴身的冰冷是一个方面,笨重则是让人感到最讨厌的。有的战士索性脱去了棉衣，我见状立即厉声命令必须穿上，不能图一时的痛快，否则，等战斗结束后到哪里再去找棉衣？其实，在那寒冷的天气中，好的身体穿单衣顶上几分钟是可以的，但时间再长一点，特别是晚上，恐怕就受不了，非冻僵、冻病不可。战斗间隙，我也看到，我们连队有几名战士不知什么时候把湿棉裤给扔了，穿着一条单裤，抱着枪，蹲在工事中浑身发抖。我想，在作战关键时刻，绝不能出现非战斗减员！我立即让别的战士到敌人的尸体上扒下几条棉裤来，开始时他们还不愿意穿这种带血的棉裤，可毕竟抵抗不住寒风如鞭似的抽打，过了一会儿我再看到他们时，他们“嘿嘿”地笑着，已经穿上棉裤站立起来。

没有想到河水会给这场战斗增添如此困难。同样道理，在同一个战场上，我们困难，敌人也困难。

我率领全连指战员迎着寒风，士气高昂地投入战斗。当又一轮战斗打响时，我挥动着那把在劳山战役中的奖励品——20响驳壳枪，冲在全连的最前面，向敌阵地扑去。在一个不高的小土包旁，当我跃身扑向敌阵地时，敌机枪怪叫起来，子弹从我耳边嗖嗖飞过，我身边倒下了几位战友。必须尽快拿下当面敌机枪阵地，否则我连伤亡更大！我一挺身站立起来，挥枪向前冲去。敌机枪大概盯上了我，子弹在我周围打起一串串泥土。我降低身姿，连滚带爬地带领全连指战员接近了敌机枪阵地，一阵手榴弹，把这股敌人报销了，其他的敌人向后逃窜。当我们踏着敌人的尸体继续追击时，突然发现我的左手负伤，流血不止。为了不影响全连的士气，我简单地包扎了一下，不让血继续渗出来，仍坚持战斗在第一线，并号召全连指战员坚决完成战斗任务，不让一个敌人逃走。这就是我左手第一次留下永久伤痕的来历。

战斗打得很激烈，徐军团长站在镇南侧一个刚攻占的高地上，指挥部队向直罗镇内攻击，像一把锋利的钢刀插入敌人心脏。我们攻势猛，冲得快，打得敌人惊惶失措，忙于逃命，山川里到处是乱窜的敌人。

此时，北山没有动静，看不见人，也听不到枪声。大批的敌人向北山方向逃去。其实，毛泽东、周恩来、彭德怀等军委领导同志亲率的红一军团，早已隐蔽在北山上，按照事先的安排，等待着敌人来到预设区域。当敌人气喘喘地快爬到山顶时，突然伏兵四起。北山长长的山脊线上，顿时枪声大作，手榴弹的爆炸声、喊杀声响成一片，敌人抱头来回逃窜。英勇的红一军团如秋风扫落叶，一个冲锋就把敌人压下去了。退下去的敌人又被我红十五军团打死、打伤很多。

激烈战斗至10时许，我军将敌第六二七团大部歼灭，残敌向直罗镇溃退。红七十八师以部分兵力堵住敌向东去路，其第二三二团协同我师歼灭南山之敌后也突入镇内。敌人慌作一团，无力抵抗红军的强大攻势，只得纷纷缴枪投降。战斗不到两个小时，红军即占领了敌师部所在地直罗镇。

与此同时，红一军团已将直罗镇北山之敌第六二六团大部歼灭，并击溃了由镇内增援之敌第六二五团两个营，歼敌约一个营后退守镇北小高地。

敌师长牛元峰几次率部向北突围，均被击退。12时左右，牛元峰率领第一〇九师残部500余人，退入镇东南山上的土寨子固守待援，并用被我们拆掉的石头重新砌成围墙和抢修工事。这座孤山虽不高，但三面很陡，仅镇西边的坡度较缓，有条小路通向山顶的寨子，牛元峰派兵严密封锁了这条小路。虽然，我军已控制四周高山，可以居高临下对土寨子中的敌人实施俯射，但敌人有坚实的围墙工事；而我军缺少重武器，很难用火力压制敌人，支援攻击部队。所以，彭德怀在战前看地形时一眼就看出了这个要害。那天晚上，我们如果将寨子拆得更彻底些，不仅拆掉石围墙，并且把土碉堡也铲平，这样就不会给敌人留下再利用的便利，可见战场的准备是何等的重要。

就在直罗镇西南距直罗寨子不到1000米的山头上，徐军团长正手持望远镜，观察到敌人在凭借原有工事修筑阵地，又急又气地骂道：“不晓得是哪个朝代留下这么个土寨子，现在倒成了敌人顽抗的碉堡。”约在下午4时左右，红十五军团正准备再次对土寨子组织强攻，周恩来副主席来到军团指挥所，徐军团长汇报了准备进攻的部署，表示坚决要把寨子拿下来。周副主席拿着望远镜察看地形，很显然，寨子地形险要，易守难攻，如强攻一定会增加伤亡，就对徐军团长说："我看还是先围着它。"徐军团长担心时间拖长，情况会发生变化，想尽快结束战斗。周副主席满有把握地说："不要紧，敌情在短时间不会有大的变化。他们已经没有力量再来进攻了。"当周副主席得知山上没有水源后，当即指示说："如果土寨子无水，敌人想守也守不住。我们没有必要急着强攻。"这时，的确应当慎重地决定是否强攻。经过长征的每一个红军战士，都是久经考验的革命种子。在此关键时刻，周副主席亲临第一线，对指导此次作战作用重大。

牛元峰及其残部就这样在21日下午被围困在土寨中。一夜枪声不断，牛元峰的多次突围都以失败而告终。

22日上午，敌西路第五十七军第一一一师，沿安家川东援直罗镇；23日，敌东路第一一七师向羊泉塬、张村驿进击，第一〇七师向么家塬、丁家塬进击，企图为第一〇九师解围。均被我军击退。敌东路被阻，西路也失去解围信心，遂以第一〇六师为后卫，向太白镇撤退。我方面军发现敌西逃后，以红一军团第二师和我团的一个营分三路猛烈追击。24日12时许，将敌第一〇六师后卫第六一七团歼灭于羊角台至张家湾途中。这时，被围困于直罗镇东南土寨子中的敌第一〇九师残部，见待援无望，于23日午夜分路突围，刚出土寨子即四处逃窜。

23日下午，我不顾手部伤痛，带领全连涉河追歼逃敌。在激烈的战斗中，一颗子弹从我左腿股主动脉旁边穿过，血流如注，伤势很重，幸被一名战士从阵地上抢救下来。这是我戎马生涯中最重的一次受伤。由于失血过多，我当时就昏迷了过去。

直罗镇战役，在我负重伤后的次日即基本结束，遗憾的是这最后一天我未能参加。我被抢救下来后，送进了红军医院，醒来后已经是第二天的晚上。所以，24日之后的直罗镇作战情况，我是后来从同志们的交谈和资料中得知的。

在病床上，医院的同志们兴奋地告诉我，红十五军团在24日上午已全歼直罗寨子中的残敌，敌师长牛元峰被击毙。

关于牛元峰的死因和究竟是被谁击毙的，多年来一直存在有争论。《中国工农红军第二十五军战史》记载是被红二二三团击毙；又有资料记载，牛元峰是令其副官将他击毙的。当时任徐海东的特务员（工作性质相当于现在的保卫干事）詹大南同志在1996年第1期《军事历史》上撰文《忆直罗镇战役中击毙牛师长》，认为牛元峰是在红二二五团的阻击中被追击的少共营击毙的……[1]

牛元峰不管被谁所击毙，总之，他毙命于直罗镇战役中。只不过在那时出于对东北军建立统一战线的需要，我军对外并没有说牛元峰被击毙，而是被活捉，说他像高福源被俘后那样到军事学校任教员去了。这个消息在当时传的很广，以致后来萧华同志创作《长征组歌》时，在《祝捷》一节中写道："活捉敌酋牛师长，奠基凯歌高入云。"

直罗镇战役，歼敌一个师又一个团，共8300余人，迫使敌第五十七军第一〇八师、第一一一师退回陇东甘肃境内。10月26日，东路之敌第六十七军第一一七师畏歼，缩回富县城，战役至此胜利结束。这次战役，彻底打乱了敌人进攻陕北的部署，粉碎了敌人的第三次"围剿"，巩固了陕甘根据地，为党中央把全国革命大本营放在大西北，举行了奠基礼。

11月30日，党中央在东村教堂里召开红一方面军营以上干部大会，庆祝会师和直罗镇战役胜利。会上，毛泽东同志作了《直罗镇战役同目前的形势与任务》的报告，对直罗镇战役作了精辟的总结。报告指出，"我们胜利的原因：一、两个军团的会合与团结（这是基本的）；二、战略与战役枢纽的抓住（葫芦河与直罗镇）；三、战斗准备的充分；四、群众与我们一

---

① 下文从略。详见本书所载詹大南回忆文章《忆直罗镇战役中击毙牛师长》。

致。”报告论述了直罗镇战役的深远影响，提出了消灭敌人，扩大红军，坚强红军，赤化地方与破坏敌军五项任务。毛泽东同志的报告，给部队以极大鼓舞。

直罗镇战役结束后，我被转送到红军下寺湾医院疗伤。左腿根部被子弹穿过的伤口感染很厉害，必须进行手术割腐和药物处理。因为当时麻醉药品奇缺，我坚决要求把药品留给其他重伤员。我找到一根木棍咬在嘴里，接受了那钻心刺骨的疼痛。那疼痛，令我多年后想来都不寒而栗。手术后，医务人员用裹着白布蘸有白酒的枪捅条，塞入伤洞里进行消毒，然后用白布轻轻地为我裹上伤口。我疼得满头大汗，看见在场的医务人员被感动的留下了眼泪。我说，你们大胆地治疗，只要还能使我重返前线。医务人员赞扬我是他们见到的最坚强的战士之一。

但是，在此后剧烈的疼痛，使我难以忍受，说不哭那是假的。负伤时我没有哭，在火线上我没有哭，手术时我没有哭，可是在医院一旦静下来，治疗时我再也忍受不住地哭了。我没有料到，手术后的漫长疗伤疼痛，比那仅半天时间的动手术要难忍得多。我最怕的是每天的换药。洞穿的伤口，愈合非常慢，头一个多月，我几乎再也无法忍受那种浑身颤抖般的疼痛，每次换药，医生和护士都要按住我的头和四肢。我有时疼痛得大叫，这样疼痛似乎能减轻一点。医务人员和同房间的战友们更是给予了我很大的安慰。他们对我无微不至的照顾，至今万分感激。

我在剧烈的疼痛中不知喊了多少遍“妈妈”。在病床上一躺下来，也真的非常思念远方的妈妈。亲爱的母亲，现在你在干什么呢？1932年整个下半年，大别山区潮湿的树丛中，奄奄一息的我在病中常常思念妈妈。三年后，在这北国飘雪的季节，我又一次要花上数月的时间养伤，苦苦思念也在想念着我的母亲。我万万没有想到，就在我这次负伤后躺在病床上的日子里，妈妈也已经因为思念我而忧郁成疾，卧床不起。就在我换药时疼痛难忍呼叫“妈妈”的1936年，妈妈也在不断地呼叫着我名字。听人们说，妈妈最后是呼喊着我的乳名而与世长辞的。痛心的是，妈妈病逝的消息，我在整十年后才知道。母子之间真的有某种神奇的情缘吗？我是坚定的马克思唯物主义者，从来不迷信，但在1936年的母子相互呼唤情缘上，我倒宁愿信其有，而不愿信其无。

为了尽快治疗腿伤，恢复健康，以免留下残疾，我按照医生的建议，坚持锻炼，每天坚持忍着剧痛压腿。这次负伤，险些保不住的左腿最终在几个月后基本痊愈。但毕竟是重伤，我的左腿从此比右腿萎缩了几厘米，此后左脚的鞋里要多垫上几双厚鞋垫以求左右平衡，可走路仍能看得出来。伤愈后我却仍感到很幸运，因为如此重伤若是在仅一两个月前的长征路上，不论是留下还是随军，生命很可能就此完结了，这是有许多先例的。即使有万分之一的可能保住了命，左腿肯定是保不住了，那么，何谈我此后的戎马生涯！

这次住医院，留下的遗憾是左腿比住院前短了一点，伤腿也没有压直，但住院也有收获。我和中央红军的几位伤员住在一起，来自中央红军部队的尹国赤同志给我讲了许多关于中央红军和毛泽东等中央领导人领导反“围剿”的故事，讲了中央红军长征中爬雪山、过草地的故事，从此我对中央红军的同志更加敬仰，并经常愿意和他们在一起，从他们身上学到了更多的东西。

伤口稍微愈合后，我要求组织给我安排些力所能及的工作，我不能在医院这样空耗时间继续住下去。根据上级的安排，我拄着两根木棍当拐杖，于1936年2月底入红军大学上级干部队学习。红大和党中央机关当时都在瓦窑堡，我是骑着毛驴去报到的。当时红大上级干部队的学员不多，在这个队学习的同志多是团、营职干部，也有少量连职干部，很多都是从下寺湾医院转来的伤势稍微好一些的同志。学员中连职以下干部很少的原因，主要是因为那时前线战事紧张，部队中有作战经验的连、排干部极缺。我大概是因为负伤，带有一方面养伤、一方面学习的性质，才安排到这个队学习的。

与我同班的同学，现在印象较深的有李夫克、孔石泉等同志。李夫克同志那时给我最深的印象是他的刻苦学习精神，星期天也不休息，那真是如饥似渴地学习。他说，在过去的战争环境中没有时间和机会学习，现在有了，这是党组织的关心，所以要倍加珍惜，抓紧时间学习。他的毛笔字写的很好，经常学写毛泽东同志的字体，临摹得很像。他还讲了中央苏区的许多故事。孔石泉同志原是中央军委的参谋，人很聪明也很忠厚，我在红大时用的铅笔和纸张，就是他给的。他们的刻苦学习精神和做人，是我学习的榜样。尽管大家原来不认识，过一段时间后就熟悉了，互相帮助，非常团结。

在红大学习期间，我较系统地学习了更多的革命道理和军事理论知识。由于当时极度缺乏纸张和笔等学习用品，我们上课就是听，极少记笔记，完全靠脑袋记忆。所以，当时孔石泉同志给我一支铅笔和一些纸，我真的感到像是得到了最珍贵的礼品，舍不得用。讲军事课的有李德，他要用翻译，我们有时很难听得懂，只怪自己的基础太差。养伤中的程子华同志此时也在红大任课，他讲的是轻武器的射击理论，主要是如何瞄准，如何使用各种枪，怎样利用地形地物，以及如何爱护枪等。讲营进攻时，要到野外演习，我因为还拄着双拐，走不动，这些野外科目没有能参加。

1936年的陕北政治形势，变化非常大，主要是敌我阵线问题。如何认识新时期的统一战线，是学员们经常争论的热门话题。在此期间，我们聆听了周恩来副主席专门为上干队学员所作的关于统一战线问题的报告，受益颇大，特别是对党的统一战线的重要性有了深入的认识。周副主席留着胡子，双目炯炯有神，对党的统一战线作了深入浅出的讲演，他说，当前我们最大的统战对象就是西安城里的张学良，最大的口号就是抗日。这些话，我们一听就明白，所以，在西安事变发生后，我并没有感到太突然，因为周副主席在给我们讲课时好像已经预言到了。

经过这段时间的学习，我的政治思想和文化水平有了飞跃式的提高。全国解放后，我在组织上要求所写的《历史思想自传（1953年3月17日）》中关于红大学习的体会，写道："在这以前，由于长期处于游击战争状态，除了开会听些讲话外，很少能得到系统的教育，只知道穷人要翻身，只有革命，革命要坚决，作战要勇敢等一些简单道理。听了周副主席的报告，对统一战线有了基本的认识，特别是在以后对东北军的争取问题上。我在红大学习时，正值红军东渡黄河，在山西打了许多胜仗，红军得到空前扩大的时候，我们趁势开展了对张学良的工作，从而争取了东北军暂时的中立，不向陕北苏区积极进攻，使苏区得到了安定。这件事情对我感触颇深，愈加认识到中央和毛主席的英明。”

在红大学习，是边学习边战斗。那时红军刚到陕北，敌情非常复杂，红大经常变换驻地。有次我们驻在安塞县城，晚上突然遭到土匪民团的包围和袭击，红大是没有战斗部队的，所以那天突围出去的不多，损失很大，十多个被抓住的红大同学都被杀害了。有许多红大学员是经过长征保存下来的革命种子，这样的损失，太令人惋惜。那天，我拄着两根木棍，走不动，明白自己也突不出去，所以，枪响后我也没有做突围的准备。而是躲藏进了一家民房内的粮仓。我透过粮仓缝隙，看见一个敌人端着枪走了进来，我做好了拼命的准备。那个敌人进屋后扫视了一遍，并没有再向前走，就退了出去。如果这次我被发现，那也就没有生还的可能了。后来，红大遭敌袭击的事引起了中央的高度重视，对红大实施了一些有效的保护措施。

1936年6月，我在红大学习结束。毛泽东主席亲自签署命令，任命我为红军第三十军第二六二团团长，曹德连任政治委员。这个团的指战员多是由陕北参军的同志。该团的主要任务是在陕甘宁边区担负警卫任务。曹政委的年龄比我大，在部队领导方面很有经验，我很尊重他，两人的合作很和谐，也很愉快。在当时，团领导的工作主要是两大件：使用干部和作战问题。我主要负责作战，并明白按照党内的职责，最终决定权在政委，所以在许多问题上，我都尽量征求曹政委的意见。

此时，国民党张云衡部趁红军主力西征，瓦窑堡驻地空虚，遂调集大量兵力偷袭我党中央驻地。红三十军军长阎红彦、政委杜平同志急调我团和第二六四团进至袄树坪、路家集、王家坪与敌作战，以转移敌人视线，掩护党中央向保安（今志丹县）转移。那次战斗异常激烈，敌人久攻瓦窑堡不下，又急令东北军一个师前来助战，每次冲锋都有500多人。我组织部队在此与敌激战两昼夜，打退敌人多次进攻，阻击消耗了敌人，于23日撤出阵地，敌人随之占领瓦窑堡，获得一座空城。战后，我团受到中央领导的高度称赞。

瓦窑堡保卫战后，我奉命率团开赴三边（即陕北长城线上的靖边、定边、安边）之一靖边，守护着党中央驻地的北大门，卫戍中央。1937年4月27日，在阎红彦军长指挥下，我率五个连，进击靖边宁条梁守敌，缴获一批枪支弹药、马匹和物资，我们全无损失，接着，进行发展和巩固根据地工作。

节选自王诚汉：《王诚汉回忆录》，解放军出版社2004年5月第1版，第96—129页。

保卫陕甘根据地，迎接中央红军[①]

刘震

红二十五军于1935年9月15日胜利到达陕甘根据地延川县永坪镇，受到当地党政军领导和人民群众的热烈欢迎。16日，刘志丹同志率领红二十六军、红二十七军到永坪镇，三个军胜利会师。17日，三个军合编为红十五军团，红二十五军编为军团的七十五师，辖二二三团和二二五团。我任二二五团政治委员，团长是郎献民同志。

劳山伏击　榆林桥强攻

1935年7月中旬，蒋介石为消灭陕北红军，使北上红军无法立足，策划了对陕甘革命根据地的第三次“围剿”。以东北军五十一军、五十七军、六十七军及骑兵军共11个师、入陕的晋绥军五个旅及陕北军阀两个师，采取南进北堵，东西配合，逐步向北压缩的战法，妄图将红军主力围歼于保安、安塞地区。

红十五军团组成时，敌六十七军已完成了战役展开，其一〇七师进驻洛川，一一〇师、一二九师沿洛（川）延（安）公路推进至延安，一二九

① 题目为编者所拟。

师六八五团进驻甘泉。鉴于敌五十一军、五十七军尚在甘肃兰州、庆阳，晋绥军五个旅尚未入陕，为了打击南线孤立冒进之敌，军团领导决定包围甘泉，调动延安之敌前来增援，以便在运动中歼灭敌人。因此，第一仗指向劳山。劳山南距甘泉15公里，北距延安30公里，东西群山耸立，树林茂密，地势险要，为延安至甘泉必经之地。

9月下旬，红十五军团进至甘泉附近之王家坪一带集结。军团长徐海东、副军团长兼参谋长刘志丹率领团以上干部勘察地形后，决定在劳山摆一个"口袋阵"，"袋口"设在劳山以北的九沿山，"袋底"设在甘泉城北的一一七〇高地上（当地叫清凉山），从"袋口"到"袋底"约20公里。军团部署：七十五师负责扎"袋口"，待敌全部通过九沿山之后，扎死口袋；在派出警戒部队的同时，还派出迂回部队在敌人后面跟进；以"袋底"打响为信号，前堵后赶，左右夹击，把敌人消灭在口袋里。二二五团受领战斗任务后，我向全团进行了动员，指战员个个摩拳擦掌，积极准备，一定要打好合编后第一仗。

9月28日，我军八十一师二四三团包围甘泉县城。翌日拂晓，各伏击部队进入阵地。

在焦急和不安中，我们等到第三天（10月1日）拂晓，敌一一〇师终于从延安出动了。狡猾的敌人虽有防备，但他们把我军设伏的地域估计错了。据后来抓住一个敌参谋人员说，敌师长何立中骑在马上，过了他预计我军设伏的地域后对其参谋长说："我当共军会打我埋伏呢？现在出了龙潭虎穴了。"于是他放心大胆地将两路纵队改为四路纵队开进，公路上黑压压挤成一片。

当日下午2时，敌先头进至甘泉北白土坡时，预置于该地的我军八十一师二四一团突然开火，堵住敌前进道路。同时，位于阳台（劳山北三公里）的我军七十八师骑兵团适时出击，断敌退路。敌首尾受挫，遂向心靠拢。此刻，我军埋伏在公路两侧山上的二二五团和二二三团及七十八师向敌猛烈冲击，各种火器一起开火，打得敌人乱成一团。我和团长带领各营冲入敌阵，部队英勇冲杀，抓到五六百俘虏，缴获一批武器弹药，完成了预定的战斗任务。

这次伏击，经过五个多小时的激战，歼灭了敌一一〇师两个团及师直属队，共毙伤敌1000余人，俘敌3700余人，缴获各种火炮12门，轻重机枪180余挺，长短枪3000余支，军马300余匹。敌师长何立中负重伤，逃入甘泉后毙命。这一重大胜利，动摇了敌人的军心，鼓舞了我军士气，振奋了根据地的人民。

劳山大捷，人们沉浸在胜利喜悦中。后来得知，军团领导当时在冷静地思考一个问题：敌六十七军军部还在延安，大量部队需要补给，其南北交通线定要打通，势必继续增援甘泉。我军劳山伏击成功后，敌人从北面来的可能性很小了，将会改由南边来增援。但南边的群众和地形条件不利于我军设伏，因此军团领导决定继续包围甘泉，待南边敌人出援后，再在运动途中打一个歼灭战。果然不出所料，敌派高福源率四个营北上增援甘泉。

高福源是敌一〇七师六一九团团长。该团装备精良，是敌东北军的主力团之一，又加上六二〇团一个营和一个炮兵连，共3000余人。出动前，高福源向上司立下军令状，一定要完成增援解围任务。他在行进中比较慎重，稳扎稳打，步步推进，到达榆林桥后，立即构筑工事，控制制高点。

军团领导决定，趁来敌立足未稳，将其歼灭。遂仍以八十一师二四三团围攻甘泉，主力自王家坪一带向道佐铺开进，逼近榆林桥。

榆林桥是富县通往甘泉、延安的一座小石桥，桥南是个小镇，居民70多户，靠山坡有两三排窑洞。镇南的洛河冬天可以徒涉。南北两山之间是一条宽百余米的大川。

经过地形勘察和战斗准备后，10月25日拂晓，七十五师、七十八师乘晨雾同时由东西两面向榆林桥守敌发起攻击。经过一个多小时激战，我军攻占了周围所有高地。敌人多次反扑，均被打垮。上午8时左右，大雾开始消散，军团领导分析战况后，命令各部队从山上往下打，对敌人占据的窑洞发起进攻。我二二五团奉命从河边隐蔽接敌，配合从山上往下打的部队，夹击榆林桥守敌。顿时，我们与敌人展开了激烈的争夺战，一个一个窑洞消灭敌人。守敌大部被歼，唯有镇北敌团部和西头的敌军依托坚固的窑洞进行顽抗。

这时，军团政委程子华派骑兵通讯员赶来送信，说毛主席、周副主席率领中央红军已于10月19日到达吴起镇。军团长徐海东与政治部副主任郭述申利用战斗间隙，分别向营以上干部传达了这个振奋人心的喜讯，号召大家再接再厉，迅速全歼敌人，以胜利迎接党中央。我当时的心情无比激动。自从红二十五军离开鄂豫皖根据地以来，即同党中央失去联系，正在千方百计寻求信息时，党中央终于率领中央红军来到陕北，怎不令人喜悦！我决心带领部队很快完成战斗任务。

当日12时许，在徐军团长亲临指挥下，我和郎献民同志率领二二五团全体指战员，分两个梯队（我带领第一营为一梯队），以勇猛的动作迅速接近敌人。敌人的子弹像雨点一样向我们打来，郎团长和一些同志壮烈牺牲，我和另一些同志也负了重伤，部队仍继续勇猛战斗。敌人利用坚固的窑洞拼命顽抗，我们的战士搭人梯爬上窑顶，从烟囱口往下扔手榴弹，给敌人很大杀伤。激战至下午，将敌全歼。

此次战斗，共毙伤敌300余人，俘敌1800余人，缴获82迫击炮八门、轻重机枪120余挺、长短枪1300余支，生俘团长高福源。高毕业于日本士官学校，曾担任过张学良的卫队营长，被俘后，经过教育和亲身感受，思想发生激烈转变。后经中央负责同志谈话，被派回东北军，对沟通和东北军的联系、促进张学良停止内战，一致抗日起了积极作用。

劳山、榆林桥两战的连续胜利，巩固和扩大了陕甘革命根据地，为迎接党中央和中央红军的到来创造了有利条件。两战的大量缴获，使红十五军团的武器装备得到较大改善，使经过两万五千里长征到达陕北的中央红军得到物资上的补充，为尔后彻底粉碎敌人对陕甘根据地的第三次“围剿”起到了重要作用。

聆听毛主席的报告

1935年10月底，党中央派人给红十五军团送来告全体指战员书，指出：

“我们久已听到了二十六军同志在陕甘边长期斗争的历史，二十五军同志在鄂豫皖英勇斗争和在河南……陕西、甘肃的远征，听到群众对你们优良纪律和英勇战斗的称赞。最近，更听到你们……会合的消息，……消灭白军和地主武装的胜利，这些使我们非常喜欢”。

“我们的会合是中国苏维埃运动的一个伟大胜利，是西北革命运动大开展的导炮！”

我们听到了党中央的指示，大家受到极大的鼓励！

11月初，七十八师包围了张村驿、羊泉塬、东村、套通（今北道德）等民团据点。此时，毛主席、周副主席来到道佐铺接见了军团领导，给予了亲切的勉励和重要的指示。这个消息一传达，指战员兴高采烈，高呼口号：

打个大胜仗，迎接党中央！
打开张村驿，迎接毛主席！

七十八师二三二团一举攻克了张村驿等上述各据点，歼民团数百人，缴获了大批粮食。这一仗，打掉了敌人在黄陵、洛川、富县、甘泉以西地区的耳目，为直罗镇战役作了战场准备。

张村驿战斗后，红十五军团北返富县以北地区，与红军陕甘支队（即红一军团）合编为中国工农红军第一方面军，司令员彭德怀、政治委员毛泽东（兼）。从此，红十五军团在中央军委和红一方面军的直接领导和指挥下行动。

中央红军胜利到达陕北，同红十五军团会合，对敌人是一个很大的威胁。敌“西北剿总”重新调整了部署，以五个师的兵力，首先构成沿葫芦河的东西封锁线，并打通洛川、富县与延安之间的联系，构成沿洛河的南北封锁线；尔后采取南进北堵，逐渐向北压缩的方针，企图围歼我军于洛河以西、葫芦河以北地区，摧毁我陕甘根据地。

根据这种情况，方面军决定集中兵力向南作战，首先在直罗镇一带歼灭由葫芦河东进之敌一两个师，尔后视情况转移兵力，各个歼敌，以打破敌人的“围剿”，并向洛川、中部、宜君、宜川、韩城以及关中、陇东一带扩展根据地。

西线之敌五十七军由庆阳、合水沿葫芦河东进，11月1日占领太白镇后，即徘徊于太白、合水地区，构筑碉堡；东线之敌六十七军一一七师于6日进至富县后，也按兵不动。为迷惑调动敌人，我军加紧围攻甘泉。17日，敌五十七军三个师迅速东进，以解甘泉之围。19日，敌五十七军先头一〇九师进至黑水寺、安家川一带，军部及另两个师进至张家湾东西地区。20日下午4时许，敌一〇九师进至直罗镇。

我军抓住敌比较突出孤立的有利战机，于当晚将敌一〇九师包围。21日拂晓，在方面军统一号令下，红一军团由北向南攻击，红十五军团由南向北攻击。战至下午2时歼敌大部，我军遂以少数兵力围困一〇九师残部和阻击由富县西援之敌一一七师，主力向西迎击由黑水寺向直罗镇增援之敌五十七军另两个师。该敌于23日下午沿葫芦河西撤，我军跟踪直追，在张家湾地区歼敌一个团，余敌退回太白镇。西援之敌一一七师也仓皇逃回富县。被围之敌一〇九师残部于当晚突围，24日上午被我军全歼。至此，直罗镇战役胜利结束，共歼敌一个师又一个团，毙敌师长牛元峰。

11月30日，我参加了红一方面军在东村召开的营以上干部大会，庆祝两个军团会师和直罗镇战役的胜利。会上，听了毛主席关于《直罗镇战役同目前形势与任务》的重要报告。

毛主席在报告中指出胜利的原因和条件有以下四个：

1. 两个军团的会合与团结（这是基本的）；

2. 战略和战役枢纽的抓住（葫芦河与直罗镇）；

3. 战斗准备的充足；

4. 群众与我们一致。

他进一步说明，这四个条件决定了我们的胜利与敌人的失败。如果没有第一个条件，就不能取得这样伟大的胜利，不能使敌五十七军在其先头一〇九师被消灭后主力即溃退。我军又于追击中消灭一〇六师一个团，使一〇八师、一一一师不得不退到甘肃境内。东边侵入羊泉之一一七师，也不得不退回富县城。

如果没有第二个条件（即抓住葫芦河这个便于粉碎敌人两线封锁计划，便于我军尔后发展的战略枢纽；选择了直罗镇这个为敌军必争，而地形和群众条件有利于我军的良好战场），也就不能取得这次胜利，而让敌人占去了葫芦河与直罗镇。

如果没有第三个条件，则部队没有休息训练，士气与战斗力没有提到这样高；张村驿、东村等五六个民团土围子不消灭驱逐，便不能隐蔽主力与便利战斗；没有地形观察与地形图测绘，便不能布置得这样适当，打得这样漂亮。

如果没有第四个条件，则隐蔽主力，搬运伤兵，供给粮食，都不能做得这样好。

毛主席要求我们，以后作战必须争取这四个条件，而且是缺一不可的。

1. 两个军团更加团结；

2. 抓住战略枢纽去部署战役，抓住战役枢纽去部署战斗；

3. 要争取在战前的军事训练与政治工作的充分准备；

4. 努力做好地方工作，争取居民群众与我们的一致。

他指出，这次胜利的影响是很大的，打破了蒋介石对陕甘苏区的第三次“围剿”，巩固了陕甘苏区，为党中央把全国革命大本营放在西北，举行了奠基礼。

我虽在榆林桥战役中负伤没能参加直罗镇战役的战斗实践，但听了毛主席对战役的这些分析和总结，也感到非常精辟，使我在战略战役的认识上受到深刻的教育。

接着，毛主席从世界、中国及西北各个方面论述当前形势后，提出了新的任务。他说：从现时起，用极大努力争取与积蓄更为充足的力量，迎接敌人新的大举进攻，而彻底粉碎之。开辟我们的苏区到晋陕甘绥宁五个省内去，……那时，我们便可以争取更大的力量，给日本帝国主义进攻中国革命（这是必然的而且是不远的）与进攻苏联，国民党各派军阀进攻北方红军与进攻全国红军，以空前未有的大打击，争取苏维埃在北方七八个省内，南方若干省内的伟大胜利，把抗日战争掀起到最高的程度，这是我们的总任务。

关于方面军的具体任务，毛主席规定为五项：消灭敌人、扩大红军、坚强红军、赤化地方与破坏敌军。坚强红军，就是要切实训练自己，提高方面军的战斗力。一方面要着重射击教育与战术教育，一方面要着重基本的政治教育与识字教育。他要求指挥员要做到能写能看，战斗员要做到认得300字，要懂得许多革命问题的普通道理。教育首先是干部教育，只有提高了干部的军事政治程度，才能使战斗员的军事政治程度真正提高。提高老干部的程度，创造许多的新干部，这是大红军大战争面前的迫切任务。

毛主席高瞻远瞩，指明了我党我军进到大西北以后的战略方针和根本任务。听了毛主席的报告，感到非常振奋。我坚信毛主席提出的任务一定能够得到实现。毛主席对指战员的学习要求，长期以来鞭策着我努力学习，并在工作中坚决贯彻执行。

节选自刘震：《刘震回忆录》，解放军出版社1990年10月第1版，第68—78页。

红十五军团与陕甘苏区的扩大①

张池明

1935年9月15日，红二十五军到达陕北苏区延川县永坪镇，胜利结束了历时十个月，途经五个省的伟大长征。

9月16日，刘志丹总指挥率红二十六军和红二十七军部队从东线赶到永坪镇附近，与红二十五军胜利会师。

17日，中央派驻陕北苏区代表团，召集中共西北工委和鄂豫陕省委举行联席会议，决定成立中共陕甘晋省委，撤销西北工委和鄂豫陕省委。为统一指挥，集中力量作战，同时决定将红二十五军、红二十六军、红二十七军合编为红十五军团。徐海东为军团长，程子华为政治委员，刘志丹为副军团长兼参谋长，高岗为政治部主任，郭述申为政治部副主任。军团辖三个师，红二十五军编为第七十五师（二二三团、二二四团、二二五团），红二十六军编为第七十八师（二三二团、二三四团、骑兵团），红二十七军编为第八十一师（二四一团、二四三团，补充团），全军团共7500多人。

18日，永坪镇举行党政军民万人联欢大会，庆祝会师，并动员粉碎敌人第三次"围剿"。会后，红十五军团即发起劳山战役。全军团迅速进到洛河川的下寺湾、王家坪一带集结。28日，红八十一师包围甘泉。军

---

① 题目为编者所拟。

团领导亲到劳山察看地形并部署任务。月底，部队按围城打援的作战部署，进入伏击地区。10月1日，在大小劳山全歼东北第一一零师师部及第六二八团、六二九团全部。10月25日进行榆林桥战斗，又全歼东北军第一〇七师六一九团及六一二〇团一个营。

为扩大苏区，创造战场，红七十八师于11月12日前后，围攻富县的张村驿、东村（东林寨）、羊泉塬、套通子等敌据点。这时，毛主席、党中央已率领中央红军到达吴起镇，11月2日进到洛河川的下寺湾地区。5日，毛主席、彭德怀司令员等中央领导来到道佐铺军团部，接见了徐海东、程子华、郭述申，并听取了徐海东战斗情况的汇报。毛主席高兴地说，打掉富县地区的几个敌人据点很必要。指示要准备打好下一仗，彻底粉碎敌人对陕甘苏区的第二次“围剿”。并给军团带来一部电台，以保持军团和党中央及军委的联系。

同时，红十五军与红一军团在富县地区胜利会师。会师后，红十五军团编入红一方面军序列。中央军委先后调大批干部到红十五军团工作，使红十五军团的军事、政治、后勤等各方面工作都得到进一步加强。

为彻底粉碎敌人的第三次“围剿”，11月21日，红一军团和红十五军团，在中央军委和毛主席、周副主席直接指挥下，进行了具有历史意义的直罗镇战役。此役全歼东北军第一〇九师和第一〇六师的六一七团，粉碎了敌人的“围剿”，巩固了陕甘苏区，为党中央把中国革命大本营放在西北举行了奠基礼。

12月，党中央在瓦窑堡召开政治局会议，作出《关于目前政治形势与党的任务决议》。确定了红军的战略方针，提出红一方面军的任务，是打通抗日路线，巩固扩大苏区。因此，部队经短期休整和准备，由红一方面军组成中国人民抗日先锋军。在毛主席（兼政治委员）、彭德怀司令员亲自指挥下，于1936年2月2日东渡黄河，进行东征战役。红一军团为左路军，红十五军团为右路军，从沟口与河口两处渡河进入山西。渡河后，红一军团在中阳县的关上歼敌一个团。红十五军团直捣义牒镇，围攻石楼城，在隰县的蓬门歼敌一个营又两个连。阎锡山集中十多个团在孝义县的阳泉曲阻击我军东进。我两军团3月7日于大麦郊会合后，在方面军直接指挥下，对敌发动攻击。双方伤亡甚大，我主动撤出战斗。然后，以红一军团改右路军，南下洪洞、临汾、襄陵，向侯马南进；红十五军团改左路军，从灵石县双池镇（今属交口县）出发，北上文水、交城，袭击晋祠，威逼太原，挺进晋西北。由于蒋介石急调中央军七个师、十余万兵力进攻，使我军在山西的预定任务，不能不有所改变。经过两个半月的东征作战，歼灭大量敌人，扩大了红军，宣传了党和红军抗日救国主张，扩大了政治影响。4月中旬，红十五军团在孝义县大麦郊进行整编，由两个师（红八十一师东征时，已调出红十五军团，归中央军委直接指挥）编为三个师（小团制）。五月初，根据中央发表的停止内战、一致抗日的宣言，红军西渡黄河，回师陕北苏区。

为了发展陕甘苏区，援助绥远抗战，扩大红军抗日力量，迎接红二、四方面军北上。红一方面军组成中国人民红军西方野战军，彭德怀任司令员兼政治委员，指挥红一方面军出师西征。1936年5月20日，部队先后出动，红一军团为左路军，红十五军团为右路军。一军团西出陇东，挺进西（安）兰（州）公路线上。十五军团经安塞、靖边，越过长城，占领宁条梁、小桥畔，一路攻克定边、盐池，另一路攻安边，进红城水，占预旺县城、会宁县城、同心城和靖远的打拉池。纵横驰骋陕甘宁绥广大地区，直捣马家军的河东防线。10月间，红一军团在静宁县、红十五军团在会宁县，先后与红二、四方面军先头部队胜利会师。10月10日，红军三个方面军集中在会宁县城，举行了庆祝红军胜利会师大会。红二十五军长征以来，先后参加了与陕甘红军，中央红军和红二、四方面军的大会师。

10月下旬，蒋介石调集五个军的兵力向我军进攻。中央的作战方针是诱敌深入，集中兵力给胡宗南部以歼灭性打击，钳制王均、毛炳文两部，相机给以打击，对东北军则进行争取工作。10月底，红十五军团逐次向预旺县、同心城地区转移。在海原县何家堡配合红一军团歼敌两个团后，奉命迅速向山城堡地区集中。此时，胡宗南部已分三路北进。11月21日，红十五军团配合兄弟部队对山城堡之敌七十八师实施猛烈攻击，经一昼夜激战，全歼敌一个整旅另两个团，粉碎了敌人的进攻。山城堡战役，是我军在十年内战中的最后一仗。

战后，红十五军团集结在庆阳、甜水堡地区进行暂时休整。这时，西安事变发生，红十五军团奉命南调，经咸阳、西安以南，迅速开进陕西商县，洛南地区，协同友军，防备国民党军进攻西安。西安事变和平解决，结束了十年内战。红十五军团奉命开进甘肃省庆阳县驿马关地区，进行整训，准备出师，东进抗日。

节选自张池明：《从红二十五军到红十五军团》，载《中国工农红军第二十五军战史》编审委员会编：《中国工农红军第二十五军战史资料选编》，解放军出版社1991年10月第1版，第430—438页。

在军团司令部

张池明

在军团司令部（上）

1935年9月9日，红二十五军胜利进入陕甘苏区。从到达保安（今志丹）永宁山起，一路上受到陕北人民的热烈欢迎。中共西北工作委员会得到消息后，发出紧急通知，要苏区各地热烈庆祝红二十五军北上的伟大胜利，欢迎红二十五军与陕甘红军会合。要求各地举行欢迎会、庆祝会、发传单、贴标语、发快邮，把群众动员起来，组织缝衣队、洗衣队，替红军缝洗衣服，发动群众自愿捐助各种食品和鞋袜，派代表慰问红军。充分表达了苏区党政军民，对红二十五军的热爱和深厚的阶级感情。

红二十五军从永宁山出发，于9月15日到达延川县永坪镇，胜利结束了伟大长征。16日，刘志丹总指挥率领红二十六、二十七军，从东方前线赶到永坪，与红二十五军会合。17日，中央驻陕北苏区代表团，召集西北工委和鄂豫陕省委联席会议，成立陕甘晋省委，实行了统一领导，撤销原工委和省委。同时，决定成立红军第十五军团，实行统一指挥。军团下辖三个师，红二十五军编为第七十五师，红二十六军编为七十八师，红二十八军编为第八十一师。全军团7500人。红十五军团的机关，以红二十五军军部和陕甘红军指挥部合编，编成后的机关也不大。从这时起，我已兼任作战参谋工作。那时有几位参谋，记得的有张竭诚、齐谓川、闵经德等。

军团司令部是与中央红军会合后，逐渐健全起来的。

9月18日，在永坪举行党政军民联欢大会，纪念“九一八”，庆祝红军会师，动员粉碎敌人三次“围剿”。这时，东北军第六十七军带一〇七师进驻洛川；第一一〇师和第一二九师进驻延安，其六八五团留驻甘泉；其他各路也在向苏区推进。军团决定歼灭六十七军一部。

永坪联欢大会后，开始劳山战役。部队移到下寺湾、王家坪一带集结，我随军团长、副军团长先到劳山勘察地形，现地布置作战任务，按照围城打援的方针，采取伏击战的打法。红八十一师二四三团包围甘泉。次日拂晓前，红七十五师及红七十八师进入伏击阵地。10月1日，敌 一一〇师从延安出发，南援甘泉，在四十里铺留下一个团策应，师部带两个团，分四路纵队经劳山大路南进。先头部队进到甘泉附近，被八十一师堵击，后路又被我骑兵团切断，两个师从伏击阵地一齐出击，分割包围，激战终日，敌师部及两个团全部被歼，师长何立中被击毙。

不久，敌一〇七师一个加强团进驻榆林桥。我们乘敌立足未稳，全歼四个营，俘虏二一九团团长高福源。高经过教育，拥护党的主张，愿为我工作。后来中央派他回东北军，对统一战线起了一定作用。

榆林桥战斗刚结束，11月初，中央送来《陕甘支队告红二十五、二十六军全体指战员书》，给全军极大鼓舞。这时，红十五军团部队，在富县地区正包围张村驿、羊泉塬、东村、套通子的民团据点。我随徐海东在张村驿指挥所，骑兵通信员快马加鞭的送来程子华的信，说毛主席到了道佐铺军团部，请徐速回。毛主席在一间大屋子里，接见了军团领导人。房屋中间烧了一堆木柴火，毛主席还穿着大衣，同大家围坐在火堆旁谈话，不时发出阵阵笑声。在徐海东汇报前边战况时，毛主席要看地图，我送去了十万分之一的军用地图，毛主席高兴地边看边说，扫掉富县地区的这些土围子，很有必要。他对徐海东说，准备一个战场，好打下一仗，粉碎敌人第三次“围剿”。这是我第一次见到毛主席，真是高兴极了。

这时，陕甘支队已从吴起镇进到洛河川的下寺湾地区，恢复了红军第一方面军的番号。我们会合后，红十五军团即编入红一方面军序列。军委先后调了一批干部到红十五军团工作，其中有军团参谋长周士第（东征后调走，陈奇涵来接替），政治部主任王首道（东征时接替郭述申），保卫局长张纯清等。同时送来一部无线电台，第一任台长是张瑞、政委是杨光池。

敌人为打通洛川、富县、延安之间联系，采取东西对进，企图消灭我们于葫芦河与洛河之间，摧毁陕甘苏区。其西路第五十七军开始东进，占领太白镇；东路第六十七军一个师进到富县地区。为调动敌人，我们加紧对甘泉围攻。果然五十七军三个师急速东援，其先头第一〇九师在飞机掩护下，分三路沿葫芦河向东推进，占领直罗镇。我们于当夜将敌包围，11月21日拂晓，第一军团从北向南、第十五军团从南向北，对直罗镇发起总攻，激战一个上午，将敌大部歼灭。毛主席、周副主席亲自来到十五军团指挥所视察，作了很多指示，给部队鼓舞很大。增援直罗镇的敌第一〇六师，在途中就向后撤退了，其六一七团在张家湾、羊角台被我们两个军团的追击部队歼灭。至此敌人第三次“围剿”被粉碎。

11月30日，红一方面军在富县东村，召开营以上干部大会，庆祝直罗镇战役胜利。毛主席在会上作报告，他说我们胜利的原因，是两个军团会合和团结，是战略战役指挥的得当，还有群众的支援。他说直罗镇胜利具有深远意义和影响，它为中央把全国革命大本营放在西北举行了奠基礼。他并向红一方面军提出发展苏区和扩大红军等任务。12月，中央在瓦窑堡，召开了政治局扩大会议，确定了抗日民族统一战线政策和红军的战略方针，提出红一方面军的任务。

不久，部队进行东征战役，任务是打通抗日路线，巩固与扩大苏区。因此，部队进行短时休整和准备，由红一方面军组成中国人民红军抗日先锋军，总司令彭德怀，总政治委员毛泽东（兼）。红十五军团在延川文安驿接受毛主席检阅后，即进行东征战役动员。东征分为左右两路军，于1936年2月20日，从沟口、河口东渡进入山西。

红十五军团为右路军。担任第一梯队的突击队，是七十五师二二三团。从河口渡河，在山西石楼县贺家洼登岸，一鼓作气地夺取了敌人河防堡垒，全歼守敌一个连。师参谋长毕士梯（朝鲜同志）在指挥突击队战斗中英勇牺牲。渡河后，以二二四团围攻石楼城，主力部队追击到蓬门，歼敌一个营，就地开展群众工作。

阎锡山集中重兵在阳曲堵击。我们两个军团集中歼灭该敌，发起总攻以后，发现敌人不是原来知道的四五个团，而有十多个团。我们撤出了战斗。红一军团向南行动，红十五军团向北行动。我们从双池镇出发，北上文水、交城，袭击晋祠，威逼太原。转向晋西北，强袭静乐，准备进攻岚县。因追击的敌人进到娄烦，我们转到兴县，手枪团进到夺肯岚、保德一带活动。

4月初，在临县白文镇，与刚刚渡过黄河的红二十八军会合，之后，他们向三交行动，我们亦向南行动。在三交战斗中刘志丹牺牲后，调我作战科科长宋时轮到二十八军任军长，宋走后由我代理科长。我们在南下途中的师庄歼灭敌人一个团，进到大麦郊，进行一周休整。在此，部队整编，二二三团编为七十三师，二二五团编为七十五师，二二四团编入上两个师，七十八师未变动，八十一师调出，骑兵团直属军团部。

这时，蒋介石调集七个师十多万人兵力进入山西，同时令西北军、东北军向陕北苏区进犯，阎锡山又集中五个师另两个旅向晋西南推进，企图聚歼我军于晋西。为避免决战，方面军决定回渡陕北。红十五军团在蓬门、罗家堡一线，阻止关麟征二十五师的进攻，掩护全军西渡。

5月2日，红军第十五军团从铁罗关西渡，进到延川县贾家坪地区休整。第七十三师掩护到最后才渡过黄河。

在军团司令部（下）

为了巩固和发展陕甘苏区，扩大红军力量，争取西北抗日力量的大联合，迎接红二、四方面军北上。红一方面军组成中国人民红军西方野战军，彭德怀为司令员兼政治委员。于1936年5月20日出动，红一军团为左路军，红十五军团为右路军，分南北两路西进。

我们右路军第七十八师攻克定边、盐池后，就地开展新区工作。第七十三师、七十五师和军团部经安塞、靖边，越过长城，占领宁条梁。七十三师袭击小桥畔，不克，改为谈判和平解决。七十五师攻克预旺县、韦州、红城水。七十三师继续南下攻克同心城、王家团庄、七里营和靖远打拉池，该师一部攻占郭城驿后，配合军团骑兵团攻占会宁县城。

这时，我们军团部驻预旺县城。斯诺先生来采访徐海东及红十五军团部队。总部先有通知，说他是外国友好记者，要热情接待。为表示欢迎要写一条标语，但没有熟悉英文的人。还好找到了军团政治部宣传部长黄镇、卫生部长钱信忠、司令部科长钱钧三人凑成一条英文欢迎标语，用红布做成一条大横幅，展现在几百人列队欢迎队伍前面，高呼欢迎口号，显得非常隆重热烈。这是过去没有过的一种场面，意义深远。

我们经过两个月作战，纵横驰骋在陕甘宁绥广大地区，直捣马家军（马鸿宾、马鸿逵）的黄河以东防线，开辟了新的苏区，扩大了陕甘宁革命根据地。

10月10日，红一、二、四方面军（包括在红一方面军序列中的红二十五军），在会宁县城大会师。这是红二十五军长征以来的第三次会师（第一次与陕甘红军会师、第二次与中央红军会师、第三次三个方面军会师），大家高高兴兴，热热闹闹的举行了庆祝红军胜利会师大会，晚上会餐后才散会。

蒋介石不顾我党提出“停止内战，一致抗日”的主张，不顾全国人民的反对，继续其反共政策，企图集中优势兵力消灭红军。仅在静宁、会宁地区就集中了胡宗南、王钧、毛炳文、王以哲及何柱国的五个军兵力进攻，蒋介石亲临西安督战。为制止敌人进攻，我们的方针是诱敌深入。对第一军以歼灭性打击，对第三军、第三十七军予以牵制，对东北军积极争取。

10月底，红第十五军团逐次北向预旺县、同心城地转移，马鸿宾、何柱国配合胡宗南向我攻击，第七十三师及骑兵团配合红一师，在海源以北的何家堡歼敌两个团。俘虏东北军的官兵以礼相待，经宣传教育全部释放，缴获的枪支、马匹如数归还。此时，胡宗南恃强骄纵，继续北进，左路第一师由惠安堡向东前进，中路第二师向萌城前进，右路第七十八师向山城堡前进。11月21日，红一军团、红十五军团及红四军、红三十一军向山城堡之敌发起总攻，经一昼夜鏖战，将敌两个旅全歼，其余各路纷纷撤退，整个进攻被粉碎。山城堡战役，是红军主力在十年内战中的最后一仗。战后，红十五军在甜水堡地区集结休整待命。

面对日本帝国主义的侵略，蒋介石采取“攘外必先安内”的反动政策，对日军步步退让，而集中力量进攻苏区和红军。蒋介石的倒行逆施，激起了全国各阶层人民的公愤。张学良、杨虎城两位将军接受了我党抗日民族统一战线政策，同逼迫他们继续反共内战的蒋介石矛盾骤然激化，毅然决然发动了震惊中外的西安事变，扣留了到西安部署“剿共”的蒋介石及军政要员陈诚、卫立煌、蒋鼎文等十多人。

我党中央从大局出发，确定坚决反对内战，和平解决西安事变的方针。应张、杨的要求，派周恩来前往西安，参加调解谈判。西安事变得到和平解决，迫使蒋介石不得不接受我党主张，停止内战，准备抗日。至此，历时十年的内战结束了，第二次国共合作的局面开始实现。

事变发生后，以何应钦为首的国民党内的亲日派，在日本帝国主义的支持下，打着“讨逆”的幌子，调遣20多个师，从东西两面向西安逼进，妄图挑起更大规模的内战。何应钦的“讨逆”阴谋，是要轰炸西安，置蒋于死地，以便取而代之。

为遏制何应钦的进攻，红军主力迅速南下关中地区集中。红十五军团奉命进到咸阳后，又星夜兼程向商县、雒南开进。张送蒋到南京后，西安形势一度紧张，外有重兵压境，内有和、战之争。经周恩来耐心工作，事态平息，推动了国共合作。

红十五军团进到商县后，与陕南红七十四师会合，该师归军团指挥。1937年2月，根据西安事变和平解决所达成的“停止内战、一致抗日”协议，国内和平基本实现。红十五军团奉命由商县撤回渭河以北驿马关地，转为整训。

选自刘平编：《张池明将军》，中共党史出版社2001年6月第1版，第39—48页。

红二十五军到陕北后的几件事

程子华

1935年9月，红二十五军长征到达陕北后，为了统一作战指挥，将红二十五军和红二十六军、二十七军合编成立红十五军团。首先，开会讨论作战问题，方案是：包围甘泉县城，调动延安敌人增援，在运动战中消灭援敌。聂洪钧、徐海东、刘志丹、高岗、郭述申等人率军由永坪镇出发。我因伤势重，留在后方施行手术。

劳山战斗，消灭延安援敌一一〇师，并击毙师长何立中。朱理治同志接到前方来信，将信和缴获的敌人电报给我看，征求我的意见。前方来信说：缴获敌人的文件说，中央红军到了甘肃武山县西南，我们已将军团部队集结到下寺湾一带，拟南下到关中苏区淳化、旬邑，迎接中央红军。我研究后，告诉朱理治同志，敌人文件的时间，已经过了一个多月，中央红军若到关中苏区，已经来了，用不着去迎接了；若是还未到关中苏区，就是到别的方向去了。军团部队去了，就会空跑。这样，部队往返需要一个多月时间。敌人可能在我主力远离苏区，乘虚占领永坪中心区，那么，对我将十分不利。不如军团部队南下向洛川方向进攻敌人，一方面调动西安敌人北上，配合了中央红军行动；另一方面，军团部队不远离苏区，有利于保卫根据地。以后朱理治同志告我，他和戴季英都同意我的意见，要我到前方去，把后方同志们意见告诉前方同志，征求他们的意见。我的伤还未好，睡着担架到了前方，同聂洪钧、徐海东、刘志丹、高岗、郭述申等领导人开会，都同意后方同志意见。此后，东北军团长高福源率四个营进到榆林桥。我军即南下歼灭了全部敌人，俘虏了高福源。

榆林桥战斗胜利后，洛河川特委[①]书记李景林同志给我送来了司令员彭德怀、政治部主任杨尚昆署名的陕甘支队布告。中央红军到了吴起镇。我即向彭德怀、杨尚昆同志写了报告，内容是敌情和我们的作战方案，并反映了陕北正搞肃反，问题很大，同时复信李景林同志，要他组织群众欢迎中央红军。接着，毛主席、周副主席和彭德怀同志等率领中央红军到下寺湾一带和红十五军团会师。在他们指挥下，红十五军团和中央红军亲密合作，取得了直罗镇战役胜利。

我从永坪去前方时，朱理治告我，调刘志丹到后方，指挥北线作战；高岗逮捕送后方。我到前方传达作战方针后，这样办了。在我到达前，前方部队已经开始肃反，抓了一些人，干部战士很有意见。我感到情况严重，即令执行肃反任务的朱仰新（原红二十五军侦察科长）停止捕人，并写信给朱理治，说明部队情况，要他们迅速派干部来前方。不久，郭洪涛、崔田民到前方，崔到部队工作。

选自中共陕西省委党史研究室编：《西北革命根据地》，
中共党史出版社1998年10月第1版，第356—357页。

① 洛河川特委，指中共陕甘边区特委。

忆红十五军团第二四一团

李赤然

红十五军团成立和劳山战役

1935年9月，原在鄂豫皖根据地的红二十五军，在军长徐海东、政委程子华率领下，经陕南陇东，千里转战到达陕北。我西北红军接到西北军事委员会的通知后，9月13日从安定驻地出发，于14日到达永坪镇以西一带集结，准备与红二十五军会师。

9月18日，在永坪镇的广场上，召开了全体军人大会，宣布成立红十五军团，军团长徐海东，副军团兼参谋长刘志丹，政委程子华，政治部主任高岗，副主任郭述申。十五军团下属三个师，即二十五军为七十五师，二十六军为七十八师，二十七军为八十一师。八十一师师长贺晋年，政委张达志，参谋长任浪花。师属二四一团（团长刘明山，政委李宗贵）；二四三团（团长李仲英，政委王国昌）。二四一团下属四个营，一营营长王思温，营政委薛毓瑞；二营营长贺吉祥，营政委贺大增；三营营长姓李（名字记不清了，是高桂滋部起义的排长），营政委薛翰臣；四营营长姓袁（名字记不清了），营政委高维嵩。二四三团下属二个营，一营营长孟寅生，营政委记不清了；二营营长李学臣，营政委记不清了。八十一师实力2500余人，装备大部分是捷克式步、机枪。二四一团每连有六挺轻机枪，每挺轻机枪500余发子弹，每支步枪五六十发子弹。

此时，我中央红军正在向陕北转进途中。蒋介石堵截我长征红军的阴谋叠遭失败，为了作最后堵截，8月间调张学良的东北军进入陕甘，并加紧策划对西北革命根据地的第三次"围剿"。我革命根据地四周，国民党的中央军、东北军和陕、甘、宁、晋、绥五省军阀的军队麇集。在红二十五军到达陕北时，蒋介石又急令尾追红二十五军的东北军王以哲六十七军四个师的兵力，开赴陕北。当我军在永坪会师时，王以哲部已进占洛川、富县、甘泉、延安之线，敌军部已驻进延安城。敌随时可能深入我革命根据地，进攻红军，大战一触即发。

形势逼人，红军决定主动出击。红十五军团成立后只过了两三天，部队就隐蔽而迅速地经延安东南地区直插洛河川一带，我开赴甘泉县西区关家沟一带待命。因为这个地区还是游击区，所以我们进驻后第一件事就是封锁消息，生人只准进不准出。第二件事是观察周围地形。洛河经过关家沟，由西向东，河宽100米，水深三尺左右，有的地方一二尺，可以涉渡，从我们这一方看去，河对岸是太和山，我团驻地（东面）背靠小山，山高200米左右，山路是羊肠小道，翻过山就是延安通甘泉的大道。这附近有小村庄叫白马铺，白马铺东面有一条一米宽、一米深的小溪，流向由北向南，过小溪就是东山，满山灌木，杂草丛生；北面是延安，南面是甘泉。部队反复熟悉了这一带地形，并选定了出击路线。第三件事是擦拭武器弹药，准备干粮、饮水。第四件事是作好战前的政治动员，口号有"用打胜仗来庆贺十五军团的成立！""打胜仗向红二十五军老大哥学习！""打胜仗给陕北红军增光！"等。第五件事是物色向导，组织担架，布置战场救护工作。

26日前后，军团长徐海东带领十余人到我团部驻地下达了作战任务：命令二四一团在关家沟背山隐蔽，待延安出来增援甘泉之敌人尖兵通过后，由白马铺向北冲上去，堵击敌人，不准进入甘泉城，只要你团在正面坚持半小时，军团主力就会从两面山头和敌人背后发起总攻，来它个前堵后截、南北夹击，把敌人包围在不到十公里长的窄小的山沟里而聚歼之。徐军团长严肃地说："如果敌人在你团正面突破，我们这次战役就要落空，那就要杀你们脑壳的。第一枪是发起总攻击的信号，要掌握好，不能过早暴露目标使其展开，也不能过迟，让敌人通过你团防线而进入甘泉。"他又告诉我们："这次战役是围城打援，你团南翼（右翼）是你师二四三团和游击队，他们正在围攻甘泉城。你团北翼（左翼）是二十六军老三团，截击敌人后路的是二十五军，不使敌人退回延安城。我们要消灭的敌人，是东北军的一一〇师。"最后，徐军团长问："这是一场大仗，一场硬仗，你们有没有信心打好？"我和团长刘明山立即回答："有！"这时想起了长期培养教育我们的志丹同志，为什么从永坪镇后再看不见了，这是什么原因？以后才知是不让他接近他的老部队！

10月1日，敌一一〇师在侦察到我军在该地区有所活动的情况下，仍然继续前进。敌人错误地估计了我们的力量，认为红二十五军经过长途跋涉已经疲惫不堪；红二十六、二十七军不善于打阵地战。敌人虽然傲慢，但也有所戒备，他们以一个团为前卫，师司令部、直属队（有附属炮兵部队）和一个团的主力为本队，以一个营为后卫，大大咧咧地由北朝南走来。下午2时许，敌进入我团伏击圈内。我们把敌人的尖兵放了过去，已到了发起总攻击的时机。当我命令参谋齐渭川打第一枪时，齐渭川说："第一枪是信号枪，打的迟早对全局胜败都有极大关系，我不敢打。"我立即夺过枪支，鸣放了总攻击的信号，并和团长刘明山立即指挥部队发起猛攻，截断敌前进的正面，迅速由白马铺向北压去。

可是，由于延安到甘泉的道路很狭窄，敌人纵队拉得很长，在我正面攻击的过程中，敌人本队占领了东西两山，使我团陷入三面火力夹击之下，情况十分危急。我们立即命令贺吉祥、贺大增的二营攻占东山制高点，减轻我正面攻击部队的压力，保障我团正面攻击部队的右侧。

东北军一一〇师有几千人，虽骤然被我军堵住，然而官兵久经战阵，素性彪悍，凭借武器装备好，火力强，为杀开一条血路，拼命向我团阵地突击。因此，战斗进行得非常残酷，激烈。瞬时，天昏地暗，根本分不清哪是枪声、炮声、机枪声，犹如十二级台风的呼啸声，密集的火力把川里的小麻子叶全部打光，好像下了一场冰雹。由于合围战斗进行的过程较长，我团受到巨大的压力，正在危急之时，贺晋年师长、张达志政委带领师部的警通连、侦察连奋力攻占我团左前侧的一个小山峁，始使我团减轻了压力。在战斗中，我团遭到很大伤亡，连长阎应娃冲在最前面而壮烈牺牲，三营政委薛翰臣和杨玉清、李四娃等四五个连长也牺牲了。一营营长王思温、政治指导员马光厚等多人负伤。三连连长栾新春同志被敌人机枪打穿腹部，肠子流了出来，他用绑带扎紧伤口，继续带领部队冲锋。负伤同志是轻伤不下火线，重伤仍坚持战斗。就这样，我团正面抗击不是坚持半个小时，而是坚持了整整三个小时的浴血奋战。干部战士死亡达105人，伤200余人，建制也被打乱，但英雄的红军战士始终没有退出阵地，用鲜血死死地堵住了敌人的通路，保证我军主力顺利合围。黄昏之前，终于把敌人从各个山头压到狭窄的山沟里全部歼灭了。这一仗直打得血流成河，尸积如山，消灭了敌何立中一一〇师一个师部，两个团。战斗结束后，我们连夜打扫战场，把我军伤员和敌军伤员送到洛河川的下寺湾医院治疗。

劳山战役的胜利，是南北两路红军会师后谱写的一首响彻云霄的凯歌，是红十五军团全体官兵献给军团成立而用鲜血灌浇的胜利鲜花。

王明“左”倾机会主义路线的危害

劳山战役胜利后，甘泉之敌孤立无援，十分恐慌，这时强攻甘泉之敌是个极好的机会。但是，没有这样做，而是把部队撤回到劳山战役前的出发地集结，开始搞错误的肃反。

驻在洛河川王家坪的军团部召开营以上的干部会议，会前未通知开会的内容，同志们有的猜是“庆祝胜利”，有的说“动员打甘泉城”，还有的说是要打西安等等，议论纷纭。会场设在王家坪的一个地主庭院里，到会人数大约200余人。

会议开始时，由军团主要首长讲劳山战役的伟大胜利，说这是粉碎敌人第三次“围剿”的首战，首战告捷，用敌人沈阳造的武器弹药装备我军，特别还有20余门火炮（主要是八二迫击炮，还有部分山炮），为部队的战术技术提高提供了物质基础，以后，我们进攻城市，就有炮兵掩护了。首战告捷，我军打出了威风，大大提高了我军的士气，而敌人是沮丧的。这样，我们把甘泉的守敌孤立起来，就可以在甘泉以南广大地区和以西地区活动自如，寻找战机，再打胜仗，你们说好不好？！大家同声回答：“好！”这时，忽然话题一转并加重了语气说：“同志们，我们这次作战，有些部队打得不好，干部在作战时贪生怕死，畏缩不前，像二四一团三营营长就是这样。”听到这里，我感到头嗡的一下，十分意外，怕没有听清，就问周围的同志：“你们听见这是说哪个营长呢？”一连指导员贾俊儒同志说：“说咱们团的三营营长哩。”我这时感到非常气愤，强压下火气，继续听下文。突然听到说：“决定立即枪毙二四一团三营营长。”我实在忍不住了，就是豁出命来，也要把情况说清楚。我立即站起来高声喊道：“报告，我有意见。三营长是从高桂滋部率领三四十人起义到我军的，他作战勇敢，机动灵活，每次都冲锋在前，退却在后，他能掌握各种轻武器，也有战术技术素养。对这样的同志，你们可能没弄清情况吧？……”话还没说完，一个操四川口音的同志（以后才知道是师政委赵凌波）向我厉声质问：“你是什么人，胆敢袒护临阵脱逃的怕死鬼？！”我高声回答：“我是二四一团政委李宗贵，我有责任介绍情况。”这时会场大哗，有100多个拳头指向我：“你袒护包庇他，也应该枪毙！”师长贺晋年、政委张达志同志赶快把我拉得坐在一块石头上，我感到胸中大气很难平息。会议开不下去，就宣布散会，三营营长被留在军团部。虽未枪毙，却改做了地方工作。在回部队路上，大部分同志垂头丧气，情绪低落，有的同志竟要求离开部队，到地方去工作。一连指导员贾俊儒同志就找我说：“李营长敢打敢冲，又懂军事，今天还要不明不白的枪毙，我是小店员出身，一切不如他，谁知道哪天就让人家枪毙呀！政委你干脆让我去做地方工作吧！”我对他说：“有什么怕的！共产党是讲道理的。今天他们不是决定了枪毙又没执行吗？不准再说这种丧气话来动摇军心！”我虽然这么给贾俊儒做工作，但自己的心情也并不平静，我弄不懂他们这是“肃”的什么“反”。

时隔不久（10月5 日），郭述申同志率领八十一师，由关家沟一带急行军赶到富县的平泉原。部队一天没有吃饭休息，人困马乏，敌情不清，地形没有勘察，就命令攻打一个土围子。土围子周围是开阔地，庄稼已收割，没有隐蔽近敌的条件。在没有做任何战前准备的情况下，就命令二四三团攻击，经过反复较量，毫无进展。团长李仲英负伤，部队被敌人火力压了下来，伤亡很大。师部又命令我带二四一团上去占领阵地。这样的打法实在令人不解。但又一想，即使牺牲了，也要比“肃反”不明不白的被枪毙光荣得多。在这二三百米的开阔地进攻，兵多展不开，兵少攻不下，我亲自带领一个警通连和第一营进攻，二、三营作为第二梯队。进攻中，在离敌人土围子不到50米的地方，我头部负重伤而失去知觉，黄昏时由警卫员白金富（即白峰同志）背下来。清醒过来后，才知道部队伤亡很大，已经撤出战斗。事后才知道，把八十一师拉到富县去打那个毫无准备，毫无把握的仗，是为了与七十八师拉开距离，以便对七十八师连以上干部进行“肃反”。很多同生死共患难过的老战友、好同志就在这次的所谓“肃反”中被逮捕，以至活埋。在对敌斗争的战场上，他们都是英雄好汉，没有想到，他们竟然屈死在“肃反”中，九泉之下，难以瞑目。从那时起，我们尊敬的刘志丹同志竟然也被关押。王明路线的执行者，就是用这样疯狂而又卑鄙的手段，对付革命的同志。

我头部负伤后，和师参谋长路文昌同志（也是在这次战斗中负伤）本该到后方医院养伤，但贺晋年师长、张达志政委不同意我们离开部队。理由是十分清楚的，王明路线的执行者，倒行逆施，搞错误的“肃反”，伤了红军指战员的心，部队思想混乱，军心涣散，战士自杀、逃跑事件不断发生，各级指挥员也是人人自危，这是红二十七军成立以来从未有过的。为了部队建设，为了党的工作，我们留了下来。除了和同志们一起行军打仗外，还要到连队做安定军心、提高斗志的艰苦细致的政治工作。我的伤口长期得不到治疗，化脓恶化，但在这样关键时刻，我仍一直坚持着。

10月10日前后，军团部决定消灭榆林桥之敌。榆林桥位于甘泉县以南，富县以北，洛河以东。镇的东西两面是山，中间是洛河。河川宽有100米左右。南北是川道地带。靠东山，有些小山脚，居高临下，俯瞰榆林桥全镇。从这里攻击，目标易被敌火力杀伤。从西山攻击，因隔一道洛河，攻击时要涉水还得经一段开阔地带，也易被敌杀伤。只有北面可利用小山脚隐蔽接敌。

当时军团部决定以东山为主攻方面，由七十五师担任，西山由七十八师担任钳制任务，把敌人的火力吸引到西面。我八十一师没有具体任务，相机攻击。拂晓时发起总攻。攻击先由东山发起，虽占领东山制高点，并可用火力射击榆林桥全镇之敌，但目标暴露，不易下山攻击，冲锋四五次，被敌强大火力压了回去，伤亡很大。西山亦是同样情况，形成了对峙局面。9时许，敌人从西安方面派来三四架飞机进行狂轰滥炸，榆林桥之敌又神气起来。对峙下去，情况对我不利。这时贺晋年同志与我商量，要我和团长（姓叶，是红二十五军派来的）带领一个连拿下榆林桥北城门楼，他担任掩护。贺晋年同志亲自拿起一挺轻机枪掩护我们，团长和我带一营一连（连长路智川）一个猛冲，就占领了城门楼阵地。部队立即进行白刃战，很快消灭敌一个加强连，俘虏敌人140余人，缴获重机枪三挺，轻机枪九挺、步枪100余支、子弹5000余发，在敌防线打进去一个楔子，突破了敌人的防守阵地。我团第二梯队陆续赶来，特别是贺吉祥营长、贺大增营政委带领二营从公路上插过来，巩固了阵地。城门楼又是榆林桥镇制高点，此地一失，敌人就无险可守。正当我们战斗顺利发展时，叶团长和赵参谋蹲下，用望远镜观察榆林桥镇内敌人负隅顽抗的动态，被敌人从民房里射来的子弹同时击中二位同志头部要害处，当场光荣牺牲。当时，我极为沉痛，下决心报此深仇，以慰先烈之灵。顿时，一股杀敌人之热血膨胀全身，就大喊一身“随我来”，带领部队冲到街上居民区，展开逐街、逐院、逐房的争夺战。这时候东山、西山我军也全部冲进榆林桥镇，彻底干净地消灭了敌人一个团部、四个营，缴获枪支弹药和骡马甚多，还有一部完整的电台。七十五师活捉了敌团长高福源。高福源被俘后在我党政策感召下，在开展东北军统一战线的工作中，起过很重要的作用。

我师为了全局，主动发起攻击，夺取了榆林桥制高点，为胜利立了功。在战斗中，我不顾身负重伤，带领部队冲锋，应该受到表扬。但恰恰相反，战斗结束后，师政委张达志同志被调离，调来了张明先任师政委；师参谋长任浪花同志在“肃反”开始后即被抓走。我也由二四一团调出，担任师党务书记，还给我派来两个同志“协助”。这两个同志整天跟着我，形影不离。有一次，我们驻在甘泉县以南的窑店子村，晚上我要解手，刚出门，那两个同志也紧跟上来，我笑着对他们说：“此地豹子很多，要吃人的。”两位同志说：“你为什么不怕？”我说：“我生在山里，长在山里，打游击钻梢山是家常便饭。豹子一见我们这样的人就跑了。”接着我问他们：“你们究竟是来干什么的？”“是来监视你的，怕你跑掉。”我笑了笑，说：“为什么要跑？我连死都不怕，还能有什么比死更厉害的东西逼我跑呢？你们还是放心，好好休息吧。”革命的同志，说是亲如手足，虽然他们被派来监视我，但我们在共同相处中，开诚相见，互相交心，他们对错误的“肃反”已有察觉。从此，我们三人把精力放到工作上，而不是互相戒备上了。

就这样，在王明机会主义路线的危害下，红二十六军和红二十七军中许多指战员有的被活埋，有的被关押，有的被调离指挥岗位。莫须有的诬陷，不问青红皂白的抓人杀人，使红军内部出现严重危机，军心浮动，群情悲愤。一些党政地方干部的被关押，使政局动荡，民心惶惶，一个好好端端的，在艰险苦难斗争中创立和巩固起来的陕甘革命根据地，却在红军打胜仗的情况下，仅短短的一二周内，竟陷入严重危机之中。有的人动摇了，有的人变节了，还有的人叛变了，使有些边沿苏区又变成了白区。错误路线，颠倒是非，混淆黑白，在革命队伍中造成的混乱，后果是这么严重，这是我们从未遇到过的情况。

党中央毛主席到达陕北

1935年10月19日，党中央、毛主席和周副主席率领中央红军长征到达陕甘边吴起镇（现为吴旗县城）。

党中央、毛主席到达陕北的喜讯迅速传遍了全苏区，苏区沸腾了。人们奔走相告，欣喜若狂，唱着信天游，扭着秧歌舞，提着盛满了大红枣和油馍馍的花篮儿，抬着猪羊，盛情迎接党中央，迎接毛主席和周副主席，迎接中央红军。

中央红军到陕北时，已是深秋，可是大部分同志还穿着单衣，有的光着头、赤着足，有的戴着缴获敌人的钢盔。边区人民看到他们那瘦弱的但又是钢筋铁骨般的身体，无不感动和钦佩。整个苏区立即行动起来，为中央红军赶制冬衣。苏区没有棉花，就用羊毛、羊绒、驼毛代替，在很短的时间内就解决了他们的冬衣。

陕北人民和西北红军用实际行动，充分表达了对党中央、毛主席的衷心爱戴，充分表达了对中央红军深厚的阶级感情，同时也凝结着苏区人民对党中央、毛主席的殷切希望：拯救陕北的党组织，拯救刘志丹同志。

选自中共陕西省委党史研究室编：《西北革命根据地》，
中共党史出版社1998年10月第1版，第365—373页。

李赤然，原名李宗贵，1914年生，陕西安定（今子长）人。1927年加入中国共产主义青年团，1929年转入中国共产党，1934年参加中国工农红军。红军长征时任红二十七军八十四师二团政治委员，红十五军团八十一师二四一团政治委员，八十一师政治部主任、政治委员等。新中国成立后，曾任第四军副政治委员、空军第二军政治委员、南京军区空军副政治委员等职。1955年被授予少将军衔。2006年在西安逝世。

忆红十五军团骑兵团

高锦纯

1935年9月18日，由红二十五军、二十六军、二十七军合编的十五军团成立。下辖三个师，二十五军编为七十五师，二十六军编为七十八师，二十七军编为八十一师。我们原二十六军的骑兵团编为十五军团直属部队，康健民任团长。我任政委，刘约三任参谋长。

9月下旬，红十五军团从永坪镇出发，经过三天的急行军，从延安的东南方向绕过，到甘泉县城以西的王家坪一带休息。徐海东、刘志丹等同志带领十五军团团以上干部到甘泉以北30里的劳山一带察看地形。劳山是一片起伏连绵的山陵，树林茂密、杂草丛生，从延安通往甘泉的公路要道，好像一条长长的口袋，夹在左右两侧的大山之间，确是伏击战的好阵地。

当然，军团指挥部也知道，劳山北面不远的九里山，地形比劳山更险要，更有利于埋伏。但是，考虑到敌人路过九里山时，见其险要，必然加倍小心提防，反不利于伏击。因此，舍九里山而取劳山。

9月29日，十五军团指挥部派一个团及当地游击队若干，围攻甘泉县城。30日，十五军团主力带三天干粮，进入埋伏阵地。骑兵团则隐蔽于距劳山二三里的山沟里，机动策应。

因为这是十五军团成立后首次配合作战，指战员们士气非常高涨。埋伏期间，指挥部严令不准点火、吸烟、不准大声说话和随便移动，指挥枪不响，任何人不准首先开枪。

第一天过去了，敌人没有来。

第二天一个上午又过去了，仍然不见一个敌人的踪影。这究竟是怎么回事？难道敌人发觉了我军的行动计划？指战员们焦灼地思虑着、等待着。

原来，甘泉被围两天之后，敌驻延安之东北军王以哲部何立中师，才由延安动身南下，驰援甘泉。

过九里山时，何立中见公路两侧林木茂密，地形险要，怕有埋伏。便让一个团先行，沿公路两侧山坡搜索，确信没有红军之后，何立中才命令后续部队前进。一过九里山，何立中大为轻松，放心地对参谋长说："龙潭虎穴已经过去，不会再中共军的口袋阵了！"

过九里山不远，就是劳山。中午，何立中师大摇大摆地进入劳山中心地带。这里，有一个叫劳山的村镇。何立中原计划在此宿营。因见天色还早，当天可以再赶30里到甘泉县城，便临时改变计划，往甘泉疾进。

下午两三点钟，敌军走出劳山镇二华里左右，即进入我军的伏击区。我军指战员对敌人的一切行动都看得清清楚楚。突然，西山上指挥部的信号枪响了，公路两侧埋伏的红军一齐冲出梢标，向敌人压了过去！霎时间，炮声、枪声、手榴弹声和冲杀声，响成一片。

这突如其来的打击，使敌人晕头转向。敌师部失去指挥能力，敌兵像受惊的羊群一样乱冲乱撞。一部分敌人想沿原路冲出，被我断后的七十五师堵了回来。前面，我七十八师、八十一师又以排山倒海之势，压了过来。敌人进退维谷，只得向两面山坡奔命或躲进公路两侧的林木草丛之中。

这时，我骑兵团飞快赶到现场，纷纷下马冲上山头。三连长郝占星见敌人一挺机枪正在向我军射击，便猛冲过去，抓住了敌人的枪筒。旁边的敌人刺伤了他，他仍然死死抓住不放。敌人的机枪不响了，骑兵团战士们冲了上去。

敌人很快被我军四面包围了。

包围圈在一步一步地缩小。

一股企图抢占西面山头的敌人，被赶了回来。因为短兵相接，敌人的炮不起作用。大批红军战士从两面的山上，向公路上的敌人压了过去。

敌师长、参谋长、几个团长以及参谋和副官们，准备向东山逃跑，经过东山下的小河时，遭到我东山上红军战士的猛烈射击。敌参谋长当场毙命，一个团长自杀，另一个团长被俘，师长何立中负伤后往甘泉逃也一命呜呼了。

黄昏，战斗胜利结束了。共歼敌3000余人。这就是红军战史上著名的劳山战役。

劳山战役后，我骑兵团奉命到富县一带，监督和侦察洛川、中部（今黄陵县）地区的敌情。

参加榆林桥战役

榆林桥是咸榆公路上一个较大的村庄，住着十户人家，属富县管辖。因其战略位置重要，国民党东北军六一五团团长高福源率千余人，驻守在榆林桥及附近的山上。

如果我军攻占榆林桥，切断咸榆公路，那么富县、洛川一线的敌人，就不敢再往北推进。因此，劳山战役后，我十五军团主力在劳山附近休整，准备发动榆林桥战役。

榆林桥村虽然地处平坦的洛川之中，但四周筑有坚固的工事和战壕，且村后东北方向的山上筑有工事和山寨，一营敌人驻守在那里，居高临下，护卫着榆林桥村。要想打下榆林桥，必须采取攻坚战，而且必须首先攻占村后的山寨。

1935年10月24日夜间，我骑兵团随十五军团主力秘密运动到榆林桥附近。次日凌晨2点钟，我军从两个方向同时向山寨的敌人发起进攻。七十八师担任一个方向的主攻，红三团打先锋，首先向山寨冲去，我骑兵团也随后冲了上去。战斗刚开始，敌人有点晕头转向，但很快便调整部署，凭借山上的工事进行顽抗。我军因从两个方向进攻，又因夜间作战，开始时误伤了一些自己的人，直到拂晓，才向敌人展开猛攻。天亮了，山寨终于被我军攻占。战斗中，我骑兵团一连连长光荣牺牲了。

接着，我军向榆林桥村进攻。敌人利用村外的坚固工事顽强抵抗，我军迟迟不能奏效。午后3时，三架敌机飞来助战。我军为不使敌机发挥作用，立即发起全线进攻，迫近敌人。敌机分不清敌我，胡乱扔下七颗炸弹，其中三颗在敌人阵地上爆炸，敌军大乱，我军乘机攻进了村子，全歼该敌。但敌团长高福源却怎么也找不见。

俘虏群里，有一个比较胖的兵。一红军战士见了有点怀疑，便走上去对那个兵说："你是高福源？"

"不，不，我不是。我是理发的。"那个兵一边嗫嚅着，一边用眼角暗示：旁边才是高福源。高福源这才落网。

榆林桥战役后，我军教育释放俘虏，连团长高福源也一起释放了。

劳山战役和榆林桥战役的胜利，不但为粉碎敌人的第三次"围剿"和迎接中央红军北上陕北作出了重要贡献，而且对促进张学良放弃"剿共"政策，逼蒋抗日，也起了一定的作用。

由于朱理治、聂洪钧、戴季英等同志推行错误的"肃反"政策，在刘志丹、习仲勋、马文瑞、刘景范、张秀山、杨琪、孔令甫、朱子休等许多同志被抓的同时，我和赵启民、任浪花同志也被抓到瓦窑堡关了起来。因此，榆林桥战役后，骑兵团的领导只有康健民和刘约三，此外，还有一个从原红二十五军调来的年轻战士，大家叫他"小主任"。骑兵团指战员听说政委被"逮捕"，都十分惶恐不安。康健民和刘约三同志怕自己也遭到"逮捕"，便以"筹粮"为名，率骑兵团部分战士远离红军主力，到龙坊原一带“打游击”去了，“肃反”的人拿他们没办法。

1935年10月下旬，中央红军到达陕北。当中央领导同志了解到刘志丹等同志遭到错误的逮捕时，便采取坚决措施解决这个问题。康健民和刘约三同志听到刘志丹等同志被释放的消息后，才放心地带领骑兵团部分战士回到陕北的稻草铺一带。此后，中央调康健民去学习，任命贺海元为骑兵团团长，张爱萍为政委。骑兵团为中央军委直属部队。（董汉河整理）

选自中共陕西省委党史研究室编：《西北革命根据地》，中共党史出版社1998年10月第1版，第374—378页。

高锦纯，1912年生，陕西米脂人。1928年加入中国共产主义青年团，1930年转为中国共产党党员，1932年参加中国工农红军。红军长征时任红二十六军四十二师骑兵团政治委员兼师党委书记、红十五军团骑兵团政治委员等。新中国成立后，曾任中共新疆中央分局第一副书记、新疆自治区副主席、国务院粮食部副部长、甘肃省人大常委会副主任、中共甘肃省顾问委员会常务委员等职。1995年在兰州逝世。

劳山伏击战

贺晋年　李赤然　刘明山

1935年夏，敌人对陕北和陕甘边革命根据地的第二次“围剿”被粉碎后，接着就开始部署第三次“围剿”。蒋介石为了剿灭这块革命根据地，于八九月间，将东北军一〇五师刘多荃部、六十七军王以哲部、五十一军于学忠部、骑兵军何柱国部、五十七军董英斌部，先后自鄂豫皖、河北等地调往陕西和陕甘边；国民党中央军二十五师关麟征部、第十师谭自新部和宁夏马鸿逵部、山西孙楚部、李生达部以及甘肃朱绍良部，也纷纷调入陕西，总共十余万人马，分五路对陕甘革命根据地进行第三次“围剿”。

敌人的这次“围剿”是以东北军为主力，以陕北苏区为重点，以南线为主攻方向实施的。采取南进北堵，东西配合的打法。具体部署是，在苏区东面是敌晋军孙楚部三个旅及七十一师二〇六旅、七十二师二〇八旅；北面是高桂滋八十四师及高双成八十六师；西南面是敌三十五师一〇五旅冶成章部和东北军五十七军董英斌部一〇六师、一〇八师、一〇九师、一一七师及骑兵第二军何柱国的骑三师、骑六师和骑十团；西北面是十五路军马鸿逵部的三个骑兵团；南面是东北军六十七军王以哲部的一〇七师、一一〇师和一二九师。

当时，西北红军在取得第二次反“围剿”胜利后有了很大的发展，陕北和陕甘边两块根据地已连成一片。在北起长城，南至淳耀，西接环江，东临黄河的20多个县的广大地区，建立了工农民主政权；游击区域也扩大到陕北、陇东一带的30余县。我军为粉碎敌人的“围剿”，决定集中陕北红军主力，利用敌人矛盾，避强打弱，各个击破敌人；并决定先打东线、北线的晋军和敌八十六师。

第三次反“围剿”的战幕揭开了。陕北红二十六军、红二十七军主力在刘志丹同志率领下出师吴堡，8月10日，首战慕家塬，消灭晋军四个连；8月21日，又在定仙墕、井不烂沟战斗中，以“围点打援”的战法，歼灭晋军一个团。从此，晋军已大部退守黄河以东。而对根据地威胁最大的，则是南线东北军王以哲部。

9月中旬，南线之敌六十七军在王以哲率领下，其一一〇师、一二九师（欠一个团）沿洛川至甘泉的公路北上，抢占了延安这个战略要点；并留一二九师六八五团一个营驻守甘泉，负责保护南北的交通线。一〇七师、一一七师留驻洛川、鄜县一带，抢修公路。

从西安附近之沣峪口出发西征北上的红二十五军，经两个月的奋战，沿陕甘边界到达陕北保安县（今志丹县）之豹子川，进入陕北根据地。9月15日，红二十五军到达延川永坪镇；16日，与西北红二十六军、红二十七军会师，17日，合编为红十五军团。

为了粉碎敌人的进攻，红十五军团乘敌军尚未全部展开，南线敌六十七军冒进孤立之际，决心挥师南下，首先给该敌以有力地打击。

当时，延安有敌东北军两个主力师——六十七军一一〇师、一二九师及军直特务营，外加地方武装，实力比较强。根据我军兵力和武器装备，若强攻延安显然是不行的。于是我军决定把敌人调出来打。军团首长分析，延安这么多敌人，不能没有补给；如果用一支部队围攻甘泉守敌，切断敌人的南北交通线，必然能引蛇出洞，诱敌前来增援甘泉。就这样，一个调虎离山，围城打援的决心定下来了。

在什么地方围歼敌人呢？陕北的“活地图”刘志丹副军团长提出了一个十分理想的设伏区——劳山。劳山镇北距延安30公里，南距甘泉约

15公里，是延安至甘泉的必经之地。这里群山耸立，树林茂密，地势险要，绵延近15公里，十分有利于部队隐蔽。从延安向南直通甘泉的公路，在一条狭窄的川道里。两旁山峦相距约200多米。东山高，山上遍布茂密的林木，荆棘丛生，无路可走，人畜都难以通过；但靠近公路有些高地，林木比较稀疏。西山较低，山上有庄稼地，地里谷子已经收割，山坡上光秃秃的，但有小山沟可以隐蔽。公路旁还有一条由北向南流入洛河的小溪，宽、深各一米。所以，军团首长决定在大劳山至白土坡摆下一个“口袋阵”。“袋口”设在劳山以北的九沿山，此山最高点为1325高地，距延安约20公里；九沿山以南便进入劳山山区。劳山最高点没有超过九沿山的。为了将敌人全部歼灭在大、小劳山之间，不使其接近甘泉城，将“袋底”设在甘泉城北五公里处之白土坡。“口袋”全长约12公里，也就是整个劳山地区。

具体部署：七十五师埋伏在劳山北段之东、西山，负责扎“袋口”，堵截敌人逃回延安的退路和阻击后援之敌。军团命令，只有等敌人全部通过九沿山，进入我伏击区后，才能开始行动。除向北派出警戒部队外，迂回部队在敌后跟进，以“袋底”打响为号，前堵后截，左右夹击，把敌人全歼在“口袋”里。七十八师各步兵团在大劳山南段西山一带隐蔽设伏，打响后全力以赴把敌人压回大小劳山村沟道内；骑兵团在劳山地区中段东侧之土黄沟、芦家村一带隐蔽，打响后乘马出击。

军团首长将佯攻甘泉城，并在“袋底”前一线阻击延安来援之敌，不准其接近甘泉城的主要任务交给了八十一师。9月28日，八十一师二四一团、二四三团控制了甘泉城外各制高点。二四三团占领城周围的太皇庙、太平梁、墩儿山，开始包围甘泉城。师部和二四一团驻甘泉城西北之关家沟，距甘泉城约三公里。29日，二四一团主力按预定部署进驻洛河川、关家沟一带集结待命。

28日佯攻甘泉开始后，军团首长分析，三天内延安敌军就会派出援兵。这期间，军团各部队进行了战斗准备，尔后向伏击地域开进、集结，并适时展开。为了不让敌人发觉，严格战场纪律，立即封锁消息，不准随意走动，保持高度静肃；没有命令，绝对不许开枪。战斗开始前，徐海东、刘志丹的指挥位置在白土坡西侧的一个高地上。

第三天，即1935年10月1日，敌一一〇师在师长何立中的率领下，从延安出发，沿公路南下增援甘泉。途中，何立中把六三〇团留在四十里铺作为接应。因为何立中知道红军善于打伏击，前面九沿山山高路隘，连绵四公里有余；公路两边山岩陡峭，林木茂密，是个设伏的好地方。所以，何立中率领部队通过九沿山时十分谨慎。他先派六二八团裴焕彩部从公路两侧爬山越岭，仔细搜索；确知九沿山无红军埋伏后，才命令全军通过。

何立中以为红军只能在九沿山设伏，既然如此险要之地没有红军的影子，前面没有比这再高的山，那就别无顾忌了。因而他轻松地对自己的参谋长范驭州说："龙潭虎穴已过，不会再钻进共军的口袋里去了。"看看时间，刚过午后。何立中原定在这里宿营，次日再进甘泉；他看时间尚早，距甘泉剩下不过20公里，便改变计划，继续向甘泉前进。何立中急于解甘泉之危，竟下令把原来的一路纵队改为四路纵队，缩短队形，加快速度。公路两旁，也不再派兵搜索了。这时，敌人的行军序列是：六二八团为前卫团，中间是何立中和师直属队，后卫是六二九团。

10月1日早饭后，上级通知，延安的敌人出动了，正向甘泉前进。军团首长命令我八十一师留下一个团继续包围甘泉，另一个主力团从正面打击来援之敌；并特别强调，要不惜一切代价，在白土坡一带把敌人堵住，否则，延安援敌与甘泉敌人会合，我们就失去了战机。根据军团首长指示，二四一团把包围甘泉的阵地交给二四三团，并于战斗打响前约一个小时，立即从关家沟出发，沿一条山间小路向甘泉城北五公里处之白土坡的庄子沟内隐蔽集结。

白土坡在西山之侧，距关家沟约三公里，临战前准备完毕之后，徐海东军团长和师首长亲临二四一团阵地，又对团指挥员当面作了指示，要求不论碰到什么情况，打响后，立即从庄子沟出击，严密封锁川道，决不能让敌人突破我们的防线；并向敌人不断实施反冲击，把敌人前卫部队压回到小劳山以北。只要坚持一两个小时，其他埋伏的兄弟部队便能对敌人形成夹击。如果让援敌与甘泉守敌会合，我们这次伏击战的整个部署便失去意义。徐海东军团长再三强调，二四一团的任务完成得如何，是关系到能不能打赢这一仗的关键。最后，他严肃地问我们："你们能不能完成这个艰巨光荣的任务？"我们毫不犹豫地回答："坚决完成！"

下午2时，敌人进入二四一团阻击地段。我们在山上观察着敌人的一举一动，分析着敌人的行军队形和速度。敌人的纵队虽然拉得很长，但队形比较密集。他们从早上出发，已经走了30多公里，并且顺利通过九沿山至大劳山（劳山镇）地段，因此骄气十足，有些得意忘形。

这是打响的最好时机。

为了保证堵住敌人，二四一团一、二、三营都部署在白土坡西面的团指挥所西侧。放过敌人的尖兵后，一个骑马的军官带领着前卫营在尖兵后跟进。根据上级的指示，二四一团以鸣枪为号，突然开火，顿时，枪声、冲锋号声以及指战员的喊杀声，震撼山谷、河川。二四一团闪电般冲出庄子沟，敌群像捅乱了的马蜂窝，互相挤压、碰撞；其前卫营一小部，冲过公路上的小桥，逃向甘泉。余敌被我压进川道里，堵住了敌前进道路。此时，我七十八师骑兵团也由劳山北之阳台迅速出击，协同七十五师断敌退路，迫使敌人的后续部队被压缩在小劳山附近。至此，敌完全陷入我包围之中。

当敌人清醒过来时，立即将后续部队展开，抢占公路两旁东西山头，居高临下用猛烈火力压制我冲上公路的战士，企图用多于我数倍的兵力、火力杀开一条血路，借以逃生。

敌人首先进行疯狂的反扑，集中力量攻击我阻击部队，子弹、炮弹像暴风骤雨倾到二四一团的战斗集团中；同时组织兵力反复与我争夺公路两旁的高地。师指挥员观察到敌人一部正在抢占小劳山对面的几个山头，便直接命令二四一团二营夺回来。战斗打响后，军团政治部的两位负责同志跟随着二营，有力地促成了这一战斗行动。奔向东山的二营，机动地绕过了几条山沟，首先与敌争夺1212高地，把敌人压下去，堵到小劳山村东山，敌多次反攻，想打开通路未成。尔后，二营又越过一条山沟，将敌堵在小劳山正对面的东山一个山头上；我多次组织进攻，均遭到敌人顽抗。

川道里敌我形成对峙。由于东、西山尚未完全被我控制，因此对我正面堵击的部队形成了一定的压力。庄稼地里的小麻秆叶子都打光了，只剩下一些光秆。但是，我英雄的红军指战员用自己的血肉之躯，筑成了一道敌人无法逾越的钢铁屏障，让敌人的血染红公路旁的溪水，让敌人的尸体在公路上堆成一座座小山！

时间一秒一秒地过去，情况越来越严重了。敌人从占据的几个山头上发射的猛烈火力，打得川道里我阻击部队抬不起头来，伤亡很大。薛翰臣、杨宇清、栾新春、谢四娃等七八个营、连干部负伤或牺牲。自二四一团成立以来，一次战斗中伤亡这么多干部还是第一次。二连长栾新春肠子都打出来了，他忍着剧痛，继续指挥战斗。战斗结束后，二连只剩下一名班长和十几名战士。栾新春被打扫战场的同志找到，送到医院后牺牲了，年仅18岁。

这时，东、西山的争夺都十分激烈。在这严峻的时刻，八十一师贺晋年师长把师部人员和传令队组织起来直奔西山。因为这边山头敌人的火力最强，对我威胁最大。不一会，刘志丹副军团长也到这里来了。他们两人的警卫员张有才、阎应娃都在这里牺牲了。

东山那边，二营正同敌人鏖战。川道里，二四一团政委继续指挥一营和三营部分连队进行阻击。团长亲自率领三营的一个连另一个排上了东山的1212高地。敌我之间展开了拼死的搏斗。经过反复争夺，二营营长重新组织火力，亲自带队攻击，终于攻上了山嘴，把敌人压到小劳山村。时近傍晚，西山那边传来阵阵手榴弹的爆炸声和闪闪的火光。八十一师贺师长与七十八师杨森师长取得联系，从西侧也把敌人压到村里来。

二四一团团长率领三营一部，经过三次进攻，终于拿下1212高地，从东山把敌人压了下来。

战斗的最后阶段，七十五师由敌人背后积极向小劳山攻击前进；七十八师由西山向下打；八十一师二四一团二营和三营一部从东山上打下来，另一部从西山阵地侧面攻击，川道里我正面堵击部队向前推进。在我军的猛烈攻击下，敌人全部被压缩在小劳山西南的一条山沟和小劳山村，天黑前，被我全部歼灭。

敌一一〇师师长何立中，当他的部队在劳山地区中我埋伏之后，曾电令留驻四十里铺的六三〇团，疾驰劳山援救。但敌六三〇团团长李东坡，害怕“有去无回”，所以按兵未动。何立中再电催促时，李东坡只把部队向前移动了一下，又缩回四十里铺去了。

劳山伏击战，从10月1日14时打响到20时左右结束，经五个多小时激战，歼战一一〇师师直属队全部和六二八团、六二九团全部。毙、伤、俘敌3700多人。敌师长何立中负重伤抬到甘泉不久就死了，敌师参谋长范驭州被当场击毙，敌六二八团团长裴焕彩被生擒，六二九团团长杨德新（给张学良当过副官）自杀而死。缴获战马300余匹，75山炮四门，82迫击炮八门，重机枪24挺，轻机枪162挺，长短枪3000余支；无线电台一部，以及其他各种军用物资不计其数。

劳山战斗，是十五军团成立后打的第一个大胜仗，也是西北根据地首次在一次战斗中消灭敌人近一个整师，从而狠狠地打击了敌人嚣张气焰。随后，我十五军团乘胜南下，于10月25日，又全歼榆林桥守敌一〇七师四个营。就这样，南线敌六十七军所发起的战役攻势，基本上被粉碎了。

劳山、榆林桥战斗是迎接我中央红军北上的作战行动，是十五军团献给党中央、毛主席的见面礼。它是粉碎国民党反动派对陕北革命根据地第三次“围剿”进行的重要战斗之一，不仅巩固了陕甘苏区，并进一步扩大了根据地，而且为中央红军顺利到达陕北，为下一步直罗镇战役的胜利，打下了坚实的基础，为党中央把全国革命大本营放在陕北创造了条件。中国革命又有了立足点和出发点。

1987年2月于北京

选自中国人民解放军历史资料丛书编审委员会编：《红军长征·回忆史料（2）》，解放军出版社1992年9月第1版，第34—40页。

刘明山，红军长征时任陕北红军游击队第八支队政治委员、红十五军团八十一师二四一团团长等。

劳山战斗

罗希林

离延安约60华里的南面，便是树木参天的劳山。山势一直向南绵延到20里外的甘泉。一条由延安到西安的公路从山脚下穿过。说也奇怪，陕北山地虽然很多，但像这样苍郁的绿山，却不多见。这是延安对外的交通要道，在古代就成为绿林豪杰出没之所，而现在，它却成为我回忆中的可爱圣地了。

1935年9月，正是鄂豫皖苏区红军大部分西进入川，与一方面军会合。而我们由徐海东同志领导，冲破敌人"层层围剿"，径直来到陕北与刘志丹同志会师。会师以后的一个月，蒋介石就以东北军——就是不抵抗日本鬼子的东北军——的两个军为主力，加上马鸿逵、高桂滋等军阀部队，向我们发动了第三次"围剿"。我军在"保卫陕北苏区"的口号下，被迫进行自卫。

为了粉碎敌人围攻，军团长（红十五军团）徐海东同志计划着给敌人主力以致命打击。在荒山僻野的陕北丘陵地带，他选上了劳山——这条槽形的山地，作为敌人葬身的坟墓。

9月的陕北，阳光仍然炎热炙人。徐海东同志带着我们去看地形。他那高大的身躯不时从这里走到那里，一会儿卧伏着窥视，一会儿向山顶搜索，好像要把每一条通路、每一个高地、每一株树木都印到他的脑子里似的。公路在山下平静地躺着，像条白色的带子横铺在山槽里。"真是打伏击的好地方！”我暗暗想。

军团长和我们仔细地研究了情况，设想了敌人可能采用的一切办法。最后，我们选择了距右侧约十余里长的一条苍绿的山峦，作为埋伏的地方。

从情报知道：敌人驻延安的一〇五师，要换防路过甘泉。军团长命令二十六、二十七军分别阻击可能来至延安和甘泉的援敌，让我们二十五军担任伏击敌人一一〇师的任务。我当时在七十五师二〇五团三营当副营长，我营的主要任务是：让敌人主力进入峡谷以后，聚歼敌后卫，并侦察敌情，寻伺发起攻击的战机。

作战计划传达到连队后，红军战士们无不兴高采烈。战士们摩拳擦掌纷纷表示：“这是到陕北来的第一仗，一定要打得漂亮！”

头一天，战士们埋伏在山后的深山密林里。我站在山谷入口处的小山顶上，瞭望着北面，感谢劳山茂密的树林，给我们筑成了一条绿色的屏障。透过绿叶可以清楚地看到公路上人来马往的情形，还可以看到公路对面约三四百公尺高的光秃秃的陡坡。两山入口处，活像一只口袋。而我营正提着袋口的绳子。回头向山后看去，在深绿的地毯上，衬出一片黄色的花点，那是我们的红军战士。在这种情况下，最怕的就是空中侦察。我不安地抬头看看天空，会不会有敌机飞来侦察……还好，并没有带来不愉快的征兆。

看来，一切都准备好了。

日头渐渐升高了。远处偶尔出现骑着骡子的老百姓。微风轻轻地吹来，吹得树叶沙沙响。可是难得听见有部队移动的声音。但是我知道，在这沙沙的细语中，跳动着多少焦急激动的心。他们为着胜利正忍受着荆棘的刺扎和野草的瘙痒，而不让自己的身子动一下。

寂静的时间过得这样慢。树影子渐渐向东倾斜，滑过战士们的身子。直到太阳偏西了，仍不见敌人的踪影！

估计情况，敌人是不会出来了。因为，敌人晚上是不敢行动的，必须在天黑前抵达甘泉宿营。如果敌人是黎明出发，来到劳山大约是晌午时分，难道会有变化？……红军战士多次伏击的经验，使我知道：要耐心等待。

第二天，太阳正顶了，仍没见敌人的影子。又过去了约一小时左右，我心里开始嘀咕："难道今天又落空？"

忽然前面闪过一个人影子，那是我们的侦察员。他告诉我敌人来了，没有带重武器。一会儿，在望远镜中，我也看见了一群黑点慢慢地向我们这个方向移动。我兴奋得什么似的，连忙通知身旁的通讯员，叫他做好准备，并马上报告团部。

敌人渐渐走近了。可以看到他们那用油布卷起来的旗子了。从山顶望去，简直像一串串搬家的蚂蚁。

敌人快进山谷了。看得清楚：是二路纵队前进。按照军事术语来说，这还是战备行军呢！我暗暗想，"不管怎样，得请你钻进我们的口袋！"

放过了敌人的便衣侦察队，放过了搜索排，放过了尖兵连。三三两两的敌兵，不断地用刺刀撩拨路旁的野草，不时指划着对面的高山，和这面的绿林地带。停了一下，又匆匆地前进了。我眼睛直发红。多愚蠢而又胆小的家伙啊，只能吓唬野草中的小兔子，对着荒山耍威风，我们蹲在他头上，他就看不见！

时间很快地溜走，敌人却在慢慢地移动，比蚂蚁还要慢。我看了看我身边的战士们，他们都像我一样，竭力抑制着自己，屏着气，圆睁着虎眼，一动不动地看着我。

我的心真是痒痒的。我知道：如果这时便向上报告，胜利也是稳拿在手心！不消灭他千儿八百，也得杀他个落花流水！但作为一个具体单位的指挥员，心里越急，就越促使我想到更多的问题：军团长的计划，歼灭更多敌人的雄心，又不断地提醒自己："沉住气！"我仍然趴在树林深处等待敌人，等待时机。

想克制这种心情，要拿出多大的劲啊！我的心快跳出来了，眼睛紧紧地盯住公路。好不容易，用步枪护卫着的小旗子（连旗）过去了。后面跟着电台的一杆较大的旗子（团旗）过去了。我心里默数着：一杆，二杆……接着又是一杆更大的旗子（师旗），后而还跟着许多骑马的官儿们也过去了。我知道：敌人已走过了两个团和师直属队。再往远处一看，黄沙烟雾在逐渐消散。我看了看表，正是两点钟。

"是时候了！"闷在肚里的一股热气，一下跑了出来，心也好像飞出去了。说实在的，与敌人在血火中搏斗过来的人，打仗并没有什么稀奇，但看见这样多的敌人像鱼儿样地游进了网，却禁不住心里怦怦跳。我连忙把情况报告了团部。这个消息经过电话线一直传到总指挥部。我可以想象到，徐海东同志接到电话后沉着地下达命令时的情景……

"嘀嘀嘀嘀哒哒哒嘀嘀"冲锋号响了。接着，漫山遍野响起了嘹亮的号声，在山谷中互相应和着。指挥员们摇起了红旗，像绿色的海洋上浮现出一片红霞。千军万马出动了。战士们跳了起来，端着枪随着我像猛虎扑羊似地冲下山去，把敌人尾巴截断。手榴弹在敌人头顶上爆炸，刺刀上直冒红光。敌人像釜中之鱼，东游西窜；像粪坑里的蛆虫，乱爬乱拥。敌人想向对面山上逃跑，好不容易爬上了峭壁，又被红军的枪弹撂了下来。刚一转身，红军战士的刺刀，又迎头闪晃。战场上响起了一片"缴枪不杀"的喊声。成群的敌人，无心再为蒋介石的内战卖命了，乖乖地举起了双手。个把钟头，一一〇师后卫部队四个连全部被歼。

大口袋的口子收拢了，敌人一个师像包子馅一样被包围起来。我安心地开始整理队伍。不远处仍回响着喊杀声。徐海东同志从山背后转过来了。看见我在跑来跑去，忙叫：

"老罗，怎么样了？"

"完成了任务。"我指着满地狼藉的电话，弹药、轻重机枪和成串的"奉天造"步枪和一大群俘虏，不自觉地流露出一股喜气。

徐海东同志并不热衷于看这些俘虏，紧接着又问：

"伤亡多少？"

“30个。”

“现在带着你的营和我的特务连去支援二〇四团攻击敌人占据的小寨子，黄昏前一定要拿下来，不让一个跑掉！”

说完，他带着他的两个通讯员大踏步地走了。我看着他魁梧的背影暗想：“徐海东同志又是到战斗最紧张的地方去了！”这时，特务连连长来向我报告。

从他嘴里我知道，甘泉、延安援敌已被阻击在山外，全线聚歼战斗正在胜利进行。但狡猾的敌人师长带了直属队连同部分主力约1000余人，乘我们冲下去的空隙爬上了我们曾经埋伏过的山岭。并倚恃着不知多少年前的石寨子，居高临下向我们顽抗，企图挨到夜晚向甘泉逃窜……

山谷中传来激烈的枪声。我看看表，这时已三点钟了。

时间不容我多耽搁。我忙带了连长去查看情况。部队由营政治委员作了简短的动员，也跟着开了过去。

半小时后，我们绕过山后的小道。趁敌人在前山顽抗，我们踏着从来没人走过的山路，穿过矮小的树林，踩着滑湿的苔藓、野草、乱石，悄悄地匍匐着从石寨背后爬上去。

后山上总指挥部传来一阵号声。紧跟着我的司号员告诉我：徐海东同志在鼓励我们加快前进。前进！军团长同志！我们保证不辜负你的希望。

战士们一鼓气地摸上了石寨，像神兵似的突然出现在敌人面前。我的两个手榴弹也跟着扔向敌人群里，眼看着敌军纷纷倒下。小山上又响起了遍山的冲杀声，二〇四团的同志们也冲上来了……

“……哒哒嘀哒哒嘀”，胜利的集合号又响遍山谷。总共不到三小时的战斗就这样结束了。一个师的敌人无一漏网。伪师长、副师长都被击毙，士兵多做了俘虏。

我们清点着堆积如山的战利品，并以它作为攻克道佐铺（永宁桥）战斗的本钱。紧接着，直罗镇一仗，配合中央红军来到陕北又获得辉煌的胜利。

敌人的第三次“围剿”就这样被粉碎了。陕北苏区仍巍然屹立着，成了人民革命的堡垒。（甘为平代笔）

选自《忆徐海东》编纂组编：《忆徐海东》，河南人民出版社1981年9月第1版，第251—257页。

罗希林，1906年生，湖北黄陂人。1925年加入中国共产主义青年团，1931年转为中国共产党党员。红军长征时任红二十五军七十五师二二五团营长。新中国成立后，曾任浙江军区第五军分区司令员、浙江军区后勤部副部长、嘉兴军分区司令员、浙江省体育运动委员会副主任等职。1977年逝世。

迎接中央红军到陕北的重要一战
——劳山战役

詹大南

1935年10月进行的劳山战役，是著名的直罗镇战役的前奏，是红十五军团献给即将胜利结束长征的中共中央和中央红军的见面礼。它是粉碎国民党军对陕甘苏区第三次“围剿”的重要战役之一，为党中央把全国革命大本营奠基西北创造了条件，对一年后的西安事变起了一定的促进作用。当时，我在红十五军团任徐海东军团长的特务员（相当于现在的保卫干事），亲眼看到徐海东、刘志丹等同志卓越的指挥艺术，亲身经历了劳山战役的全过程。值此纪念建军70周年之际，特写此文，以示纪念。

劳山巧布口袋阵

1935年9月，蒋介石发现中央红军和红二十五军都将北上会合陕甘红军，抢先增派大军加强早已开始的对陕甘苏区第三次“围剿”。其主力有：东北军的四个军，陕北军阀二个师，入陕晋军五个旅。他们采取南进北堵，东西配合逐步压缩的战法，企图将红军主力围歼于保安、安塞地区。

本月中旬，南线的国民党第六十七军在军长王以哲率领下，第一一〇、第一二九师沿洛川——甘泉公路北上，抢占战略要地延安。其第六八五团一个营驻守甘泉，负责保护这条由南至北的交通线；第一〇七师留在洛川、富县一带，加修公路和碉堡。延安是陕甘苏区的中心，军事位置十分重要，敌军占领延安后，就可向四面八方扩展兵力，企图分割摧毁革命根据地，阻挠红军北上抗日。

9月18日，红二十五军和陕甘红二十六、红二十七军在永坪镇胜利会师。在中共陕甘晋省委和鄂豫陕省委主持下，红二十五、红二十六、红二十七军合编为红十五军团。徐海东任军团长，程子华任政委，刘志丹任副军团长兼参谋长，高岗任政治部主任，郭述申任政治部副主任。

为了粉碎敌人的进攻，中央代表团和两个省委，召开了军事会议。会上有的同志主张从北路开刀，先吃掉敌两个杂牌师；有的同志则认为，大军压境，吃掉一路杂牌军，对整个战局影响不大，主张先打主力东北军。最后，徐海东同志果断决定先打东北军。

会后，程子华同志留永坪镇动手术治伤。徐海东、刘志丹同志率领红十五军团团以上干部到延安周围察看地形。

巧设口袋阵的决心和部队的具体部署，是徐海东和刘志丹等共同商定的。当时，延安有东北军两个主力师，外加地方武装，有一定的实力。根据红军的兵力和武器装备，强攻延安显然不行。军团首长研究认为，敌军在延安有这么多部队，不能没有补给，如果用一支部队包围佯攻甘泉，切断敌军南北交通线，必会引敌增援，并且判断到敌增援部队从延安来的可能性比较大。于是，决定把敌人调出来打。一个调虎离山、围城打援的计划就这样定了下来。

在什么地方歼敌呢？刘志丹副军团长提供了一个十分理想的伏击地区，这就是劳山。劳山是延安至甘泉的必经之地，这里群山耸立，树林茂密，地势险要，十分有利于部队隐蔽。军团首长果断决定在劳山摆下一个口袋阵，口袋口设在劳山以北的九沿山。

口袋底设在何处好呢？我们接受以往伏击战的教训，为了不让敌后卫部队逃脱，这既要考虑设伏地形，更要计算敌行军纵队的长度，推知来敌的兵力大小和行军纵队多寡。军团首长最后决定将口袋底选在甘泉城北边的1170高地侧（当地群众叫清凉山）。从口袋口到口袋底约20公里。我们还担心这个口袋阵装不完敌人的行军纵队，又规定负责扎口袋口的红七十五师，在敌后卫部队未通过九沿山时不准打，只有等敌人全部通过九沿山之后，再扎死口袋口，并向北派出有力的警戒部队，迂回部队在敌人后面跟进。以口袋底打响为号，前面堵，后面赶，左右夹击，把敌人消灭在口袋里。

9月28日，我第八十一师第二四三团包围甘泉县城。第二天清晨，我伏击部队进入阵地。军团部规定：每人带三天干粮进入埋伏地区，不准生火，不准暴露目标，没有指挥部的命令，任何人不准开枪。徐海东同志的指挥位置设在口袋底1170高地上，南距甘泉县城直线约一公里。站在这里既可以向南俯视甘泉县城，向北又可以观察整个战场，不仅便于指挥全局，又是首先打响的地方，是伏击战的关键点所在。我们埋伏了两天两夜，徐军团长白天观察敌情，晚上察看部队，一双眼睛都熬红了。在焦急和不安中，我们等到第三天，敌第一一〇师在师长何立中率领下，终于从延安出发，沿公路向甘泉增援。途中留一个团于三十里铺作为接应，命令其余两个团沿公路向南搜索前进。敌人以为红军会在地势险要的九沿山打埋伏，其实我少数部队只在九沿山上放几枪就跑了。敌人在周围搜索了一下，认为我军被赶跑，才放心前进过了九沿山，何立中认为“龙潭虎穴”已过，把两路纵队变成四路纵队，行军纵队缩短了，公路上黑压压挤满了敌人，来势凶猛。

为解甘泉之围，敌前卫在距甘泉县城两公里处，令其尖兵抢占心侧高地。当敌尖兵离我们指挥部埋伏的山头仅约20米的时候，徐海东同志猛然下令：“开火！”我军一排手榴弹把敌人打了下去。红八十一师师长贺晋年英勇威猛，有手枪不用，端起一支带刺刀的步枪，带头冲入敌群，追得敌人直往山下跑。我军堵住了敌人前进的道路埋伏在公路两侧山上的我第七十五师第二二三、第二二五团、第七十八师和骑兵团奋勇向敌群发起冲击。各种火器一起开火，打得敌人晕头转向，乱成一团。我军将敌分割在榆林沟口和小劳山。刘志丹同志的指挥所和第七十八师在一起，当战斗打得最激烈的时候，他命令一个外号叫“冲锋老爷”的大个子特务员，骑马传达作战命令，这个特务员不幸在途中壮烈牺牲。当时刘志丹同志有三个特务员，另外两个：一个中等个，大家都叫他满娃，其实他有真名，叫魏成功；一个小个子，叫魏德。

战斗从10月1日下午约2时打响，晚8时以前结束，全歼敌两个团及师直属队，缴获各种火炮12门，轻重机枪180多挺，长短枪3000多支。打扫战场时，我们请当地群众把敌伤兵运到甘泉县。这一手很高明，一来让敌人背上包袱，使甘泉县城增加了负担；二来也体现我军优待俘虏的政策，对东北军官兵影响很大。敌师长何立中负重伤后，化装成马夫，雇人抬到甘泉县城，不久也死了。甘泉守军见师长被打死，参谋长被活捉，军心动摇，斗志涣散。

劳山伏击战是红十五军团成立后的第一仗，它成功地运用了围城打援的战法。由于准确地分析了敌情，巧妙地选择了阵地，周密地部署了兵力，适时地予以勇猛打击，因而以极小的代价，换取了较大的胜利。它对陕甘根据地的人民是一个振奋，对我军是一个鼓舞，同时也大大改善了我军的武器装备。

榆林桥攻坚战

劳山大捷，人们沉浸在胜利的喜悦中。然而红十五军团领导并不以此为满足，他们在冷静思考着一个问题。敌军部还在延安，大量部队需要补给；南北交通定要打通；增援甘泉势在必行。我军劳山伏击成功后，敌人从北而不可能来了，必然改由南边增援，由于群众条件和地形条件等因素，我军在南边地区也不好打埋伏。于是，军团首长研究后决定，抓住敌立足未稳之机，出其不意，再打一个歼灭战。

果然不出所料，敌军经过精心组织，充分准备，又派出以团长高福源为指挥的四个营，火速北上增援。高是国民党军第六一九团团长，该团装备精良，是东北军的主力团之一，另加强第六二〇团一个营和一个炮兵连，共3000余人，并任命高福源为前卫司令。出发前，他满怀信心立下军令状，保证完成这次增援解围任务。

高福源十分慎重，采取稳扎稳打的战法，步步为营，向北推进。他率部到达榆林桥，很早就宿营，占领有利地形，构筑工事，放好警戒，把一个加强连放在镇后山头上，控制制高点。并在洛河南岸驻一个营，控制南边的制高点。

陕北的冬天来的比较早，10月初就充满寒意。10月下旬，徐军团长和郭副主任率领红十五军团乘胜南下，迅速隐蔽地运动到道佐铺附近。徐军团长率领营以上干部多次勘察公路两侧的地形。

榆林桥是富县通往甘泉、延安途中的一座小石桥，桥南是个小镇，有居民70多户，靠山坡还有一排窑洞。镇南的洛河，冬天可以徒涉，南北两山之间是一条100余米宽的大川。

我军经过紧张周密的准备，战斗于10月25日打响。我随徐军团长紧跟第二二三团突击营，在拂晓前，沿着山沟向敌接近，不到十分钟，就歼灭了敌加强连，抢占镇北制高点。经过一个多小时激战，我军攻占榆林桥周围所有高地。红七十八师韩先楚同志率部消灭了河南岸敌一个营。敌外围据点被我夺取后，敌团长高福源又组织反扑，妄图夺回失去的阵地。敌人发疯似的多次反扑被打垮，我军顽强抗击，浴血奋战。上午8时左右，大雾开始消散。在前沿阵地上，徐军团长仔细地听了部队汇报，察看了敌情和周围地形，指示部队从山上向山下打，对山坡上和山脚下敌占据的窑洞发动进攻，展开了更为激烈的争夺战。我军在火力掩护下，一个一个窑洞地搜歼敌人。守敌大部被歼，唯有镇北敌团部和镇西头的敌军，仍依托坚固的窑洞进行顽抗。

这时，程子华政委从军团部驻地道佐铺派骑兵通信员送来信，说毛主席、周恩来副主席率领中央红军已到吴起镇。徐军团长在镇北山上的战壕里，利用战斗空隙，召开营以上干部会，与郭副主任一起传达了这个振奋人心的喜讯，号召大家迅速全歼敌人，迎接毛主席。徐军团长立即组织红二二五团向敌团部进攻。

红二二五团团长郎献民把驳壳枪一举："突击队，跟我上！"他们以勇猛的动作，迅速接近敌人。敌人的子弹像雨点一样向他们打来，扫起一溜溜尘烟，不少干部战士倒下了，郎团长也负了重伤，后光荣牺牲在医院里。敌人利用坚固的窑洞拼命顽抗，我军搭人梯爬上窑顶，从烟囱口向下扔手榴弹，敌大部伤亡。残敌见大势已去，只好缴枪投降。这一仗，我军全歼敌四个营，无一漏网，缴获八二迫击炮八门，机枪100多挺，长短枪1300余支。

这次强攻榆林桥，由于敌人是经过周密准备，挑兵选将而来，所以较有战斗力，我军打得十分艰苦，加上我军担心敌情发生变化，有些急于求成，伤亡比较大。如果我们等到天黑，或组织好火力，一个窑洞一个窑洞进攻，可能会减少一些伤亡。

劳山和榆林桥战斗，统称劳山战役。其共同特点，都是围城打援。一连打了两个较大胜仗，消灭了这么多敌人，缴获了这么多武器，抓了这么多俘虏，对军民鼓舞是很大的。榆林桥战斗结束五天之后，毛主席、周副主席和彭德怀司令员到军团部看望大家，我们第一次见到中央首长，心情十分激动。战后，徐军团长带领我们，在俘虏群中查获敌团长高福源。高曾担任过张学良的卫队营长，深得上司的信任，在东北军中是颇有影响的人物。他被俘时已三处负伤。程子华政委同他谈话，问他："你打算怎么办？"高答："杀了我。"程说："不杀你，你说说第二个办法。"高要求："放了我。"程说："不放你。我们有个军事学校，你去当教员。"高答："我一定教好。"就这样，把他送到了后方。以后中央首长周恩来、彭德怀、李克农等同志对他进行谈话教育和做争取工作，他向我们反映了不少有关东北军内部的情况。高福源被释放回去后，曾积极地做了张学良的许多工作。后来，他亲自带领东北军查抄了国民党省党部档案馆，搜出了特务机关上报的黑材料，其中包括张学良、杨虎城在内的《东北军、西北军抗日分子名单》的底稿，这是引发西安事变的一个重要因素。

选自《军事历史》1997年第3期。

打胜仗迎接毛主席

詹大南

1935年10月，中央红军正在继续向陕北苏区前进。敌人对陕北苏区发动的第三次“围剿”不但没有因为一一〇师在劳山被歼而停止，相反地更加紧了向我们的进攻。敌人很清楚，如果等中央红军到达陕北，那陕北苏区就没有他们的立足之地了。因此，他们梦想着在中央红军未到达陕北之前，消灭我们十五军团，摧毁陕北苏区。

这次打头阵的是东北军一〇七师。走在最前面的是它的主力团，团长叫高福源，外号“高包脖子”。

敌人接受了一一〇师在劳山被歼的教训，行军时加强了对沿途两侧的侦察和搜索；每到一地马上修筑起野战工事。

我们也早就做好了战斗准备，并预计在榆林桥歼灭“高包脖子”的部队。

一天，“高包脖子”的四个营到达了榆林桥，并照例连夜赶修工事。就在这天晚上，我们秘密地接近了榆林桥，把敌人包围起来。天亮前，趁敌人正疲惫不堪时，一声号令，四面八方同时向敌人发起了攻击，敌人做梦也没有想到我们会来得如此神速，遭到攻击顿时大乱，所有的山头很快便全被我们占领。敌人全被压缩在山沟的村子里，我们各路部队也紧跟着冲下山来，与敌人展开激烈的村落战。敌人龟缩到村中的窑洞里向我们射击。这里的窑洞全是从山坎坎上挖进去的，就像一个个孤立的坑道只有从正面才能攻进去。可是从正面硬攻，不但受洞里敌人火力威胁，而且还要受到其他窑洞的敌人的侧击。因此战士们只好像掏老鼠洞一样，先堵住所有的洞口，然后再一个一个的打。枪声、手榴弹声响成一片，越响越激烈，但是进展却很慢。

徐海东军团长为了指挥方便，把指挥所设在北山坡上的堑壕里。这里离村子仅仅不到300公尺，天已经不早了，战斗还不能很快结束，真急人。我们一些作警卫工作的，都希望快些歼灭敌人，结束战斗，免得首长老站在这令人担心的险地方。

就在这时，一个通信员上气不接下气地跑来，说是从政委程子华同志那里来的（程政委因为负伤未好留在后面）。通信员跑到军团长面前，敬礼的手还没放下来就报告说："毛主席带领中央红军已经到了吴起镇。"

听到这个消息，简直使我们心里有说不出的高兴。自从听说毛主席和中央红军到了甘肃、四川，我们就天天盼哪，盼哪，盼望能早一天见到毛主席，见到中央红军，现在总算盼到了。

军团长听了通信员的报告后，一秒钟也没有停，立刻回头对大家说："赶快多去几个人把这个消息告诉各个参战部队，要每个战士都知道这件事。告诉大家，我们要打好胜仗来迎接毛主席和中央红军老大哥。"

通信员们像一阵风似地向各参战部队跑去，他们简直像忘记了这是在战场上，忘记了子弹还挨着头皮乱飞，直着身子拼命飞跑。谁都想早些把这振奋人心的好消息告诉自己的战友们。

这个消息很快传遍了整个部队。同志们好像增添了无限的力量。敌人还是那样顽强，枪声还是那样激烈，但是我们的进展却快得多了。一个窑洞被攻下来，又一个窑洞的敌人被消灭，不断有人来向军团长报告战果。战士们找到了窍门，用绳子吊着手榴弹从窑洞的烟筒里顺进窑洞以后再拉火。一个手榴弹解决不了，就用两个、三个、四个……一起顺到窑洞里。手榴弹在窑洞里爆炸了，炸得敌人哇哇号叫，直喊饶命。两三个小时以后，近百个窑洞全被攻下。四个营的敌人除了被打死的以外，全当了俘虏，连那位曾当过张学良警卫营营长的“高包脖子”也被生擒了。

没有几天，我们正在歼灭张村驿敌人时，毛主席和周恩来副主席、彭德怀司令员一齐来到了我们军团部的驻地四十里铺。毛主席穿一件浅蓝色布棉大衣，由于风吹雨淋，蓝大衣已经发白了。毛主席脸色很黄，身体也很瘦弱，一看就知道是在艰苦的长征途中劳累过度。周副主席和彭司令员身体比毛主席好些，穿的是毛茸茸的衣服，布不像布，呢不像呢，以后才知道这是过草地时牧民送给他们的用羊毛织成的衣料，说起来也算毛织品，但却比麻袋还粗，简直像件蓑衣。

当我见到毛主席和其他中央首长的时候，就好像是见到了久别的慈母，说不出的滋味交织在一起，眼眶里也不知不觉地泛起激动的泪花。

未见到毛主席以前，准备了许多话想告诉毛主席，可是见了毛主席以后，我的眼睛就没有一时离开过毛主席和其他中央首长。此刻我感到，多看毛主席一眼，就多增加一分力量，多一分幸福。我就像沐浴在温暖、幸福的阳光下，把事先准备的话全忘了，不用说更没有想起告诉毛主席我们在榆林桥歼灭了敌人四个营，这是欢迎毛主席和中央红军的礼物。

选自中国人民解放军三十年编辑部编：《中国人民解放军三十年初选稿》第一卷第三辑（三），第64—66页。

陕北根据地第二后方医院初建时期情况片断

黄群

红二十五军在徐海东、程子华同志领导下，于1935年7月由陕南出发，9月到达陕北，与刘志丹等同志领导的陕北红军二十六军和二十七军会师，组成了红十五军团。辖二十五军七十五师、二十六军七十八师和二十七军八十一师。当时，我在二十五军政治部宣传队工作。

1935年10月底，为了粉碎国民党反动派对陕北根据地的第三次“围剿”，我红十五军团在陕北甘泉劳山和榆林搽地区相继向敌人发动了攻击，歼灭了张学良部东北军一个师部及两个多团，给敌以重创，初步改变了陕北地区敌我斗争形势。战斗中，我军也有一定的伤亡，大批伤员急需治疗。

当时，陕北根据地只有设在永坪的第一后方医院，负责红十五军团伤病员住院治疗。在劳山、榆林桥战斗中的伤员如果运送到永坪陕北根据地第一后方医院治疗，途中要翻越三座大山，道路艰险，需要大批人力；伤员们长途跋涉，时而翻过陡坡，时而跨越深涧，体力难以支持；同时也会影响对他们的及时治疗，特别是对重伤员，将会带来不堪设想的后果。鉴于这种情况，红十五军团决定，由军团医院钱信忠院长负资筹建陕北根据地第二后方医院。

1935年10月初，我曾和原红二十五军医院的李永春医生和杨有福看护一起奉命到八十一师的一个团组建卫生队。由李永春任卫生队长，我和杨有福当看护。1935年10月底组织上正式抽调我们三人前往陕北下寺湾村建立陕北根据地第二后方医院。下寺湾位于一个狭窄的山谷里，村里住着十几户人家，洛河从村前穿流而过，前后两座大山好似天然的屏障。山谷里还有四五个小村庄，每个村庄有三五户，七八户人家。这一带是老苏区，群众觉悟高，距离劳山和榆林桥都不远，是个比较理想的院址。

我们来到下寺湾后，白手起家，困难重重。当时医院的力量相当薄弱。起初，只有我们三名医务人员和两名炊事员，由李永春任院长，我当看护班长。半个月后，随着战斗的发展，伤病员不断增多，上级从第二后方医院调来七名（其中四男三女）看护，从军团医院派来二名男看护。后来，在劳山战斗中，俘虏了张学良部的两名医生和一名看护长，其中一名医生因为仇视红军，怕苦怕累，被我们驱遣，另一名医生和一名看护长被我院留用。此外，我们还挑选了部分痊愈后的轻伤员留院工作。医院组建两个月后，组织上又派原红二十五军宣传队队长（名字回忆不起来）任医院政委。从而使医院的领导力量和技术力量不断加强。1935年底，全院已发展成为拥有近百名工作人员，初具规模的后方医院。

建院初期，不仅工作人员很少，而且药物和医疗器械等物资奇缺。仅有的几瓶红汞和碘酒就是当时珍贵的药物，做手术时，就从军团医院要来微量的鸦片拌酒代替麻醉剂。全院只有几把手术钳子、几把镊子和两把手术刀。战斗中，骨折的同志比较多，我们只能用木头制作成夹板，甚至用树皮绑在骨折处代替石膏固定，没有绷带就用绑腿或把床单撕成条条代用。

我们来到下寺湾村时，伤员已陆续送到，开始大都住在群众家里，家家户户都把炕让给伤员，自己睡在地上。直罗镇战役后，伤员达八九百人之多，村子里容纳不了，就在村子外面的树林中用树枝搭设小棚子给伤员住。由于这一带刚解放不久，群众生活仍然很艰苦，尽管他们对我们十分支持，把能吃的东西全部献出，但数量有限，伤员们每天吃两餐稀饭还难以保证。后来部队送来一批缴获敌人的食品，生活才有所好转。

由于医院人员少，设备差，我们工作人员担负着繁重的任务。早晨，天刚放亮，院长就带我们给所有的伤员用咸盐水冲洗伤口，对重伤员进行手术治疗，有时遇到危重伤员还要千方百计的抢救。当时，我们生活很差，每天只能吃上两餐半饱的饭，身体很虚弱，给重伤员挪动位置治疗都十分吃力。尽管这样，每天为了给八九百名伤员治疗，我们不得不忍受极大的痛苦，付出全部心血，夜以继日地顽强工作。为了解决粮食不足的问题，每天只好从有限的工作人员中抽出一部分同志采摘野菜酸枣充饥。群众把我们的困难看在眼里，就主动地从十多里远的地方赶来给重伤员喂饭、洗血衣。在人民群众的热情帮助下，在工作人员和伤员们的共同努力下，伤员终于一批批痊愈归队。

1935年底，我调任七十五师二二四团卫生队看护长。我怀着依依不舍的心情辞别了同志和乡亲们，离别了工作三个月之久的下寺湾，跟随部队东渡黄河，踏上新的征程。（杨瑞生整理）

选自安徽省军区党史资料征集办公室编：《革命回忆录选编》，1983年编印，第121—123页。

黄群，1914年生，安徽六安人。1930年参加革命，1932年参加中国工农红军，1938年加入中国共产党。红军长征时任红二十五军政治部宣传员。新中国成立后，曾任沈阳军区后勤部卫生部指数卫生处处长等职。1991年在六安逝世。

红十五军团与陕甘苏区的反“围剿”斗争①

郭洪涛

成立十五军团，反第三次“围剿”

敌人第二次反革命“围剿”失败后，蒋介石慌忙在洛阳开会，纠集张学良、杨虎城的部队十多万人，以东北军为主力，发动大规模的第三次“围剿”。

1935年9月15日，红二十五军到达陕北根据地延川县永坪镇。16日，刘志丹同志率红二十六军、红二十七军到达永坪镇，三个军会师了。“九一八”四周年那天，在永坪镇石油矿广场举行了盛大的联谊会，欢庆胜利会师。9月17日，中央代表团决定成立十五军团。徐海东同志任军团长，刘志丹同志任副军团长兼参谋长，程子华同志任政委，高岗为政治部主任，郭述申同志为副主任。马明方、习仲勋同志仍分别担任陕北省和陕甘边工农民主政府主席。戴季英同志任西北保卫局局长。

红十五军团成立后，红二十五、二十六、二十七军积极投入反“围剿”的战斗。主力部队向陕甘边所属地区打击进犯之敌东北军，包围甘泉城，采取围城打援战术，在劳山设置埋伏，打击延安增援的敌军。10月初，劳山一仗歼灭东北军一一〇师两个团和师直属部队，击毙敌师长何

① 题目为编者所加。

立中。当时从敌人那里缴获的报纸上，知道了中央红军已经北上，到达甘南一带，但不了解具体去向。前方对红十五军团的行动意见是向三水、长武一带活动，策应中央红军北上；正在后方养伤的程子华同志认为："十五军团去关中，来回要一个多月，敌军会乘虚占领永坪镇，苏区就困难了。不如十五军团继续向南打，调动西安敌北援，以配合中央红军的行动。"（见《程子华回忆录》第102页）朱理治同志和我都同意这个意见，由程子华同志去前方解决这个问题，前方同志也都同意这个意见。随即部队南进，攻打榆林桥，歼敌一〇七师四个营。

中央红军长征胜利到达陕北，组建红一方面军，彻底粉碎了敌人的第三次"围剿"

1935年10月18日，党中央、毛泽东同志率中央红军经过长征，胜利到达吴起镇，11月1日到达下寺湾，与红十五军团会师后，组建了红一方面军。

在中央和中央红军进入陕甘苏区时，敌东北军部队跟踪追到了直罗镇。毛泽东、周恩来、彭德怀同志亲自指挥中央红军和红十五军团作战，一举全歼敌东北军一〇九师，击毙敌师长牛元峰；又追击歼敌一〇六师一个团于黑水寺，彻底粉碎了敌人的第三次"围剿"。正如毛泽东同志所指出的："直罗镇一仗，中央红军和西北红军兄弟般的团结，粉碎了卖国贼蒋介石向着陕甘边的'围剿'，给党中央把全国革命大本营放在西北的任务，举行了一个奠基礼。"

党中央到达陕北时，陕北（不包括陕甘边革命根据地）约有40万人口，共产党员二万余人，红军主力二十七军和各地游击队共8000余人。

从此，西北革命根据地成为红军长征的落脚点和领导全国革命的出发点。

选自郭洪涛：《郭洪涛回忆录》，中共党史出版社2004年1月第1版，第69—71页。

郭洪涛，1909年生，陕西米脂人。1925年加入中国共产党。红军长征时任陕北游击队总指挥部政治委员，中共西北工委组织部部长、秘书长，中共陕甘晋省委副书记等。新中国成立后，曾任铁道部副部长、国务院第六办公室副主任、国家经委副主任、国家计划委员会顾问、国务院能源基地规划办公室主任，政协全国委员会常务委员、中共中央顾问委员会委员等职。2004年在北京逝世。

欢迎党中央、中央红军到陕北

郭洪涛

1935年10月19日，党中央、中央红军经过两万五千里长征，突破蒋介石百万大军的围追堵截，胜利到达陕北。陕北根据地成为中央领导全国革命的立足点和出发点、中国革命的大本营。当年，我有幸参加了迎接党中央、中央红军的工作。时间虽过去60余年，至今仍记忆犹新。

1935年9月15日，红二十五军到达陕北延川县永坪镇。16日，刘志丹率红二十六、红二十七军到达永坪镇，三个军胜利会合了。“九一八”四周年那天，举行了盛大的联谊会，欢庆胜利会师。三军会合后，中央代表团正式成立，全面负责领导西北的党、政、军各项工作。9月17日中央代表团主持召开西北工委、西北军委和鄂豫陕省委联席会议，会议决定成立红十五军团。红十五军团成立后，积极投入第三次反“围剿”的战争。在1935年10月1日的劳山战斗中，我军从缴获的报纸中得知红军主力北上到甘肃省武山县西南。于是前方给中央代表团去信，并附缴获报纸，建议红十五军团到关中彬县等地欢迎党中央、中央红军。程子华认为红十五军团远去关中，来回要一个多月，敌人若乘虚占领永坪镇，苏区就困难了。不如红十五军团继续向南打，调敌北移，以此配合党中央和中央红军的行动。朱理治和我都同意程子华的意见。朱并让程子华到前方，将后方的意见转告前方的同志们。当时程子华的伤病未好，躺在担架上被抬到了前方。到前方后，程子华向徐海东、刘志丹、聂洪钧等同志传达了后方同志们的意见，前方同志一致赞成。

在此期间，陕北的错误肃反进一步扩大，逮捕了刘志丹、高岗、张秀山等红二十六军的领导同志，领导层内部对肃反问题发生了意见分歧。不久中央代表团负责人也认识到肃反是错误的，决定后方不再捕人、审讯人；并派我到前方征求前方同志的意见，如他们同意，准备放人。我与派去担任红二十六军政委的崔田民同行，于1935年10月25日榆林桥战斗的当天下午到达了前方，在富县道佐堡找到了程子华和徐海东。在一个有两盘炕的屋子里，我和崔田民坐在一边，程子华和徐海东坐另一边，我向他们讲逮捕红二十六军一批老干部没有根据，是个严重的错误。程、徐都同意这种看法，谈论中大家都深感不安。程、徐立即叫来红二十五军保卫科的负责人，命令他们立即停止捕人。

在道佐堡时，李景林送来了红军抗日先遣支队司令部的布告，我们才知道党中央、中央红军已经到了吴起镇。程子华和我立即动身前去迎接党中央和中央红军，并报告了中央代表团、西北军委。后方于是派西北军委后勤部长白如冰到保安县（即志丹县）给党中央、中央红军筹集给养。

程子华和我从道佐堡出发，走了一天，到了下寺湾，遇到了贾拓夫率领的先遣部队。1935年11月2日，中央、中央红军到达下寺湾。我向李维汉汇报了陕甘边、陕北两块苏区、两支红军互相支援、互相配合，于1935年2月成立了西北工委、西北军委，统一了领导的情况；同时也汇报了陕北的肃反情况。李维汉认为我反映的情况很重要，引我见了毛泽东、张闻天。当时主席非常瘦弱，眼窝深陷，颧骨很高，但精神很好。张闻天也很清瘦，脸色比较白，一副文质彬彬的样子。毛泽东、张闻天两位中央领导同志听完我详细的汇报后，对陕甘边、陕北苏区和红军取得的成绩给予了充分的肯定，认为陕北肃反是严重的错误。

1935年11月3日，党中央在下寺湾召开了中共中央政治局常委会议。会上，程子华和我汇报了苏区、红军、错误肃反及劳山、榆林桥作战的情况。政治局常委同志们肯定了陕北工作的成绩，同时指出肃反是错误的，并派国家保卫局代局长王首道取代戴季英任西北保卫局长，处理肃反问题；将十五军团编入红一方面军。中央还决定兵分两路：一路由毛泽东、周恩来、彭德怀率领红一方面军到直罗镇，消灭尾随之敌；一路由张闻天、博古、刘少奇、王稼祥、邓发、董必武、林伯渠、李维汉等同志率领党中央机关、中革军委等非战斗单位前往陕北苏区的中心瓦窑堡。

在直罗镇，毛泽东、周恩来、彭德怀亲自指挥红一方面军作战，一举歼灭了尾随之敌，彻底粉碎了敌人的第三次“围剿”。正如毛泽东指出的：“直罗镇一仗，中央红军和西北红军兄弟般的团结，粉碎了卖国贼蒋介石向着陕甘边的‘围剿’，给党中央把全国革命大本营放在西北的任务，举行了一个奠基礼。”

与此同时，中央还决定撤销陕甘晋省委，成立陕北省和陕甘省，周恩来找我谈话，分配我担任陕北省委书记，并派贾拓夫任陕北省委宣传部长，钟赤兵任军事部长。

为做好迎接中央进驻瓦窑堡的工作，我先行回到瓦窑堡，贾拓夫与我同行。中央和中央红军到瓦窑堡那天，有数千名群众夹道欢迎，为红军指战员送茶送水。街道两侧红旗招展，到处张贴着欢迎的标语。中央领导同志们频频向群众挥手致意，欢呼声此起彼伏，那情景令人难以忘怀。

中央领导同志到瓦窑堡后，我请他们到省委机关就餐。这顿饭很丰盛，有海参、鱿鱼等海产品。这些海味在当时陕北是很罕见的，这是解放瓦窑堡的打土豪的胜利品。中央领导同志讲，长征以来，这么好的饭菜，只有在遵义吃过一次，这是第二次。大家聚在一起都很高兴，席间回顾了长征路上的艰难险阻，还有人唱起了中央苏区的民间小调和国际歌，气氛非常热烈。

王稼祥没有参加这次聚餐。他在长征中负了重伤，身体非常虚弱，是躺在担架上，抬着到陕北的。到瓦窑堡后，临时住在省委机关的院子里。

李维汉叮嘱我要好好照顾王稼祥。我找来一头奶牛，让人每天挤些牛奶给他喝，增加一些营养，就这样他的身体慢慢地恢复起来。

中央、中央红军到达陕北时已是初冬季节，不少战士尚无棉衣，大部分同志还穿着草鞋。因此陕北省委、省政府就把解决上述问题作为头等大事来抓。中央派林伯渠负责。我派陕北省财政厅长艾楚南、西北军委供给部长白如冰协助林伯渠做好这项工作。艾楚南、白如冰抓紧清点库存物资，很快就集中了大批布匹、棉花，后来又从白区购进一批。陕北省委、省政府还号召陕北苏区群众积极献粮慰劳中央红军。原拟在一个月内募捐粮食770担，由于群众的热烈响应，最后捐献的粮食达970多担。陕北苏区的妇女们，在省委妇女部的组织领导下，夜以继日地为红军指战员缝制棉衣和棉鞋。延川、赤源、秀延等县的妇女，上至六七十岁的老婆婆，下至十五六岁的小姑娘都投入到这一工作中。仅20多天，就赶制棉鞋5000双、棉服5000套。陕北省委组织群众，将军粮、棉衣、棉鞋以及没收地主豪绅的猪、羊送交部队，使指战员们及时穿上了冬装，生活也得到了改善。

除了解决部队给养问题外，党中央还决定进一步扩大红军。当时中央红军到达陕北的北上抗日先遣队不足五六千人，加上红二十五、二十六、二十七军及苏区的地方武装不足三万人。在人民群众的支援下，1936年1月至3月两次扩红9600人，红军力量进一步壮大。

1936年10月22日，红一、二、四方面军在会宁、将台堡会师，三大主力从此统一于党中央和中革军委的领导之下，为以后民族的解放和国家的独立奠定了坚实的基础。

1996年8月

选自本书编委会编著：《光辉的印记——纪念郭洪涛百年诞辰》，中共党史出版社2009年11月第1版，第216—219页。

党中央来到陕北

陈鹤桥

中央红军来了

1935年10月中旬，我们红十五军团刚打了胜仗，正在延安以南的甘泉县一带休整。一天傍晚，一个30多岁的农民，冒着凛冽的北风，奔到我们军团政治部，急促地问道："司令部在哪里？哪位是司令员？"我们问他要做什么，他大声地说："中央红军来了！"这位农民是从保安县（现称志丹县）来送消息的，他还带来一张中央红军的布告，内容是宣传红军的抗日主张。军团首长徐海东、程子华等同志看到布告前面写着"中国工农红军北上抗日陕甘支队"，布告后面写着"司令员彭德怀、政治部主任杨尚昆"等字样，才知道中央红军确实已经来到陕甘边区了。

这个令人兴奋的喜讯，立刻使军团直属队的同志们沸腾起来。

"来了多少哇？"

"毛主席来了没有？"

"我们去迎接他们吧！"

同志们个个万分兴奋，到处都在议论着。

怎么能不令人兴奋呢？

自从1932年秋天，红四方面军离开鄂豫皖苏区入川后，留在大别山继续坚持斗争的红二十五军就很难得到党中央的直接指示。在极端困难的情况下，进行了两年的艰苦斗争，到1934年秋，中央派程子华同志来二十五军工作时，才知道了中央红军的一些情况。1934年9月间，改称“中国工农红军北上抗日第二先遣队”，越过平汉铁路西进。沿路打垮了敌人的追击和堵截，于11月进抵陕西南部。这里条件较好，军的领导同志决定在鄂豫陕三省边界发动群众，创建新的革命根据地。敌人发觉我们在这里停下来，就慌忙调集兵力来进攻我军。敌人在半年内组织了几次进攻，但是没有得到什么好的结果，倒被我军干脆地消灭了三个旅。

那时，我们部队在游击区，经常作战、行军。虽然我们常常打胜仗，到处都得到工农群众的拥护，可是很长时间得不到中央的指示，一直是孤军奋战，因此在人们的心里难免有些孤单的感觉。同志们经常盼望着能得到中央的直接领导，能够同全国红军会合，打一些更大的胜仗，更快地消灭敌人。由于我们同中央没有电讯联系，首长们只好从国民党区报纸的消息中，判断中央红军和全国红军的行动。1935年6月间，当我们听到中央红军和川陕红军已经在四川西北地区会师的消息时，大家是多么兴奋啊！我们都感觉到中央同我们之间是一天天地靠近了。有的同志有时看到军部来了一个穿便衣的客人，就议论着说：“可能是中央的‘交通’来了吧！”有时我们向首长探问：“什么时候我们能同中央红军会合呢？”首长们只是说：靠我们努力斗争啊！我们争取更多的胜利，会师就会更快地实现。

7月间，我军在陕南全部歼灭敌警一旅之后，乘敌人后方空虚，部队神速地越过秦岭，经蓝田，直入关中，占领西安以南数十里的引驾回一带，威逼西安。西安的敌人紧闭城门，不敢出来。就在这时，我们从报纸上看到了这样的消息：中央红军和红四方面军会合后，可能从川西北向甘肃前进。接着，领导上又在俘获的胡宗南部一个少将参议的口中，证实了这个消息，并从他携带的情报材料中，看到敌人正在调兵遣将，企图拦阻中央红军北上。为了打破敌人这一阴谋，掩护并迎接中央红军北上，军首长决心向甘肃南部进军。这样，我军乃由关中再进秦岭，经留坝、凤县，于8月初包围天水，又连克两当、秦安、隆德诸城，并消灭了一部分匪军。为了牵制敌人，我军积极活动于西兰公路上的平凉、泾川及崇信一带。由于中央红军尚未进至甘肃，军的首长又决定我军先进入陕甘边区。9月上旬，我们部队经庆阳、合水地区进入陕甘边区，同刘志丹同志领导的红二十六军、二十七军胜利地会合了。经过军的领导同志和边区省委的共同讨论，又将红二十五、二十六、二十七军合编为红十五军团，由徐海东同志任军团长，程子华同志任政治委员，刘志丹同志任副军团长兼参谋长，郭述申同志任政治部副主任（不久后任主任）。陕甘边区红军的力量加强了。红二十五军也不再是孤军备战了。敌人看到这两支部队会合在一起，更加害怕了；他们在不久以前开始对陕甘地区发动的第三次“围剿”，这时向我们进攻得更加疯狂。第十五军团迅速开赴边区南线迎击敌人。10月上旬，延安以南甘泉县劳山一战，我军消灭敌人一一〇师大部，并打死敌师长何立中；紧接着我军又在甘泉县的榆林桥歼灭敌人一〇七师的四个整营。这些胜利，不仅改善了我军的装备，提高了红军的战斗力，更重要的是巩固了边区，而这个边区，将是全国红军主力抵达北方后的抗日前进阵地啊！

正当红军指战员和苏区人民热烈地庆祝前线的胜利的时候，突然传来了中央红军来至边区这个天天盼望着的消息，同志们怎能不激动呢！军团政治部印发的“中央红军来了”的捷报传单，很快地传遍了前线的各个连队和附近的所有村庄。人们到处都在谈论着，传颂着这令人兴奋、鼓舞的消息。

党中央和毛主席也来了

当时，中央红军到了边区西北面的吴起镇一带，而我们部队是在边区的南面，相距300多里路。因交通不便，又无电话联系，中央红军的具体情况我们还不很清楚。

过了几天，党中央派贾拓夫同志进入边区（中央红军在边区边沿休整），并来到十五军团。他是来了解苏区的组织情况和红军的情况的。要苏区的党政军领导同志迅速同中央建立直接联系。军团首长当即将陕甘地区红军的编成及最近的作战情况向中央作了报告。中央得到报告后，又派杨光池同志等带一部电台来到十五军团。电台的同志和机要人员来到后，立即开始工作，迅速地同中央的电台取上了联系。这时，虽然我们同中央仍相距数百里，但是我们都感到中央就在我们的身边，因为我们随时都可以接到中央的指示了。第二天，我们就接到中央的一份电报命令，内容是批准成立红十五军团，委任十五军团的领导干部（9月份成立军团，因无法向中央报告，所以还未经中央批准）。紧接着又发来第二道命令，大意说：为了便于作战和统一指挥，将十五军团编入中国工农红军第一方面军。两道命令都是由中央革命军事委员会主席毛泽东同志签名发出的。在向部队指战员传达了这个命令后，大家才清楚地知道，不仅是中央红军来了，原来党中央和毛主席也来了。同志们当时兴奋的情形是很难以文字来形容的。二十五军的同志长期单独行动，陕甘红军的同志们也是长期在北方坚持艰苦的斗争，都不容易得到中央的指示，现在党中央和毛主席来到了身边，人们怎能不兴奋、不激动啊！有的同志说：“我们会见陕甘红军和中央红军，这都是兄弟部队的会师；党中央和中央军委来了，我们算是第一次正式归建了！”有的同志说：“我们今后能够在中央的直接领导之下，又能向中央红军学习，这比什么都幸福！”全军同志都怀着无限兴奋崇敬的心情，迎接党中央的到来。

部队忙着进行会师的准备工作。过了十来天，中央红军的参观团由张云逸同志和刘亚楼同志率领来到了十五军团。这个参观团，包括几十位领导干部，和一个剧团。我们真的看到中央红军了。参观团的同志到处访问，和我们亲切地交谈，剧团的同志并给我们演出。我们称他们是老大哥，向他们请教，打听毛主席、朱总司令的情况，真像久别重逢的兄弟一样亲热。全军的同志都急切的盼望大会师的到来，因为大家都还没有看到我们伟大的领袖毛主席啊！

打胜仗会师

中央红军和十五军团的即将大会师，使敌人更加恐慌了。他们又继续调兵遣将，重新布置对陕甘苏区的第三次“围剿”。东线敌军被刘志丹同志指挥部队打退了，南线敌军也受到严重打击，北面只有少数的杂牌军，只有西线敌人四个主力师进到庆阳、合水一带。党中央和毛主席详细分析了敌情，并亲自召集了军团首长研究作战方案，决定重点打击西线敌人，迅速粉碎敌人的“围剿”。中央和方面军的首长发出指示，号召两个军团并肩作战，歼灭敌人。“打大胜仗比赛，打大胜仗会师”，成了全军上下最响亮的动员口号。全军团的同志都决心打个大胜仗，作为庆祝会师和向党中央的献礼。

经过很短时间的准备，11月中旬，第一方面军在毛主席和彭德怀同志的直接指挥下，在边区群众的大力支援下，向进至鄜县西南直罗镇的敌军主力——董英斌的五十七军展开了猛烈的攻击。经过一昼夜激烈的战斗，全部歼灭了敌一〇九师，打死了敌师长牛元峰。在扩张战果的追击战中，又在黑水寺歼灭了敌一〇六师一个整团。至此，进攻陕甘边区的敌军全线溃退，敌人精心布置的三次“围剿”被彻底粉碎了。我们十五军团也就在和中央红军并肩作战的战场上胜利会师了。

战后，我们又进行了庆祝会师和庆祝胜利的很多联欢和访问活动。同志们到处都在互相转告说：在前线上亲眼看到了毛主席，毛主席身体很好。到处都在谈论着中央红军的优良作风，谈论着如何向他们学习。大家都充满着信心：在中央直接领导下，今后一定会取得更大的胜利。

为了学习中央红军丰富的建军和作战经验，军团首长特要求中央从第一军团调些干部到年轻的十五军团来工作。中央很快地满足了这个要求，派了一大批军政干部，参加了十五军团各机关、各部队的领导工作。这对于十五军团以后的成长和胜利起了很大作用。从此，十五军团在中央军委直接领导下，全体同志互相团结，互助互学，不断地取得新的进步，在各个时间中，胜利地执行了党所给予的各种艰巨的任务，并锻炼成为中国人民解放军强有力的兵团之一。

选自中国人民解放军三十年编辑部编:《中国人民解放军三十年初选稿》第一卷第三辑（三），第67—72页。

我在西北经历的三次红军大会师

陈鹤桥

今年是中央红军经过万里长征，于1935年10月19日胜利地到达陕甘根据地60周年的日子。这是非常重要、特别值得纪念的日子，因为这一件大事对于中国革命事业的胜利发展有极其重大的意义。

当时，我是鄂豫皖苏区红二十五军政治部的一名政工干部，在1935年秋到1936年秋的一年时间内，我在陕甘宁地区亲自参加了红军的三次大会师，这是我参加红军后在几年的艰苦斗争中，最光荣、最幸福、最高兴、最值得永远纪念的日子。

红军在陕甘宁三次大会师，人数一次比一次多、规模一次比一次大。如第一次，我是以红二十五军一名战士的身份，参加同刘志丹等领导的陕甘红二十六军、红二十七军的会师；而第二次会师则是红十五军团同毛主席率领的中央红军主力的大会师；第三次是毛主席、彭德怀同志领导红一方面军西征甘肃、宁夏时，于1936年10月在甘肃中部和宁夏南部同红二、红四两个方面军的大会合。下面我简单介绍一下三次会师的经过和对当时革命形势所造成的重大影响。

第一次会师

1934年11月，鄂豫皖苏区的红二十五军（3000余人），在省委书记徐宝珊、军长程子华、政委吴焕先、副军长徐海东等同志率领下离开老苏区，到新区去创立新的革命根据地（留下高敬亭等同志和一部分武装，在老苏区坚持革命斗争，后来他们编为红二十八军，坚持了三年游击战争）。红二十五军在11月16日从罗山县出发，通过平汉路，经过桐柏山进入湖北的枣阳以西，然后又向北转入豫西之伏牛山区，沿途打败了敌军步骑兵的堵截，于12月8日和10日在消灭和击溃了堵截和追击我军的国民党军队后，经卢氏进到陕南。12月10日省委开会决定，就在鄂豫陕三省边界这一战略地区发动群众，开展游击战争，创立新的根据地，省委改名为中共鄂豫陕省委。经过八个月的紧张工作和英勇战斗，我军打垮了敌人的两次“围剿”，消灭敌军三个旅和一部分地方反动武装，省委和红二十五军先后派出郑位三、郭述申、陈先瑞等同志到地方工作，在十几个县内发动群众，开展了游击战争，建立了鄂陕、豫陕两个特委和一部分县区人民政权，扩大了地方武装。1935年7月中旬，红二十五军继续长征，主力从陕南打出终南山，进入关中平原，威逼西安。就在这时，从上海来的党的交通口中，得知中央红军与四方面军已会合于川西地区，有北上甘陕地区的可能。省委当即会决定留下郑位三、陈先瑞等同志在鄂豫陕边区继续坚持斗争，保卫根据地。红二十五军主力则立即向西进入甘肃地区，了解中央红军北上的消息，便于配合主力红军的行动。8月，红二十五军经陕西留坝、凤县进入甘肃，包围天水，过了渭河，连占两当、秦安、隆德三城，在平凉一带切断西兰公路。从俘虏的敌军军官口供中得知，国民党加紧调动军队到陕甘是为了阻拦红军从四川北上。我军继续沿西兰公路行动，为的是了解主力北上的消息，同时也是箝制已进到甘肃企图阻拦红军主力北上的敌军。8月21日我军在泾川县行动时，在大雨中与敌军三十五师一个团遭遇，因大雨和河水阻隔，部队不能迅速集中对敌。军政委吴焕先亲自率领军部少数直属部队与敌人拼杀，在部队赶到后消灭了敌人一个团，但是红二十五军优秀的领导者、军政委并代理省委书记的吴焕先同志却壮烈牺牲了，这是我军一个很大的损失。由于我军在切断西兰公路后半个月的行动中，尚未打听到红军主力北上的消息，省委决定红二十五军应经合水县向东先进入陕甘苏区去会合刘志丹等同志领导的红军，以增强红军的力量，巩固和扩大陕甘根据地，为迎接中央红军进到陕甘创造更好的条件。9月上旬，我军在合水板桥镇击溃敌骑兵的追击后，9月7日我军到达合水县之豹子川（苏区附近），省委开会决定程子华改任军政委并代理省委书记（原省委书记徐宝珊同志5月在陕南病逝）、徐海东任军长、戴季英为参谋长、郭述申任政治部主任。部队经过动员教育后，9日经保安县进入陕甘苏区，当即受到苏区党和政府与人民群众的热烈欢迎与亲切的慰问。9月15日，红二十五军（3400人）进到苏区中心延川永坪镇。16日，刘志丹同志从前线率领红二十六、二十七军回到永坪镇，三个军的兄弟部队胜利地会师了。9月17日，在陕甘苏区的中共西北工委与中共鄂豫陕省委召开联席会议，为了统一党的领导、统一指挥红军作战，决定成立中共陕甘晋省委，撤销西北工委和鄂豫陕省委，把红二十五、二十六、二十七三个军合编为红军第十五军团，并决定全区军民立即行动起来，准备粉碎敌人对苏区的第三次“围剿”。9月18日，在永坪镇举行了庆祝红军会合的军民联欢大会。刘志丹、徐海东、郭述申、朱理治、聂洪钧等同志都讲了话，号召全体军民庆祝红军会师，要互相学习，加强团结，积极参加抗日救国运动，坚决粉碎敌人对陕甘苏区的第三次“围剿”，为保卫和扩大陕甘苏区而奋斗。

庆祝会师大会后，成立了红十五军团，徐海东为军团长、程子华为政委、刘志丹为副军团长兼参谋长、高岗任政治部主任、郭述申任副主任。红军三个军依次改编为七十五师、七十八师、八十一师，全军团共7000余人。由于敌人在7月已开始对陕甘苏区进行第三次“围剿”，军团首长决定红军改编就绪后，立即开赴苏区南线延安地区去消灭敌人。这时全军团同志都有一个心愿，就是在庆祝会师的胜利后，争取打几个大胜仗，扩大苏区，壮大红军，配合和迎接中央主力红军北上。在徐海东、刘志丹等指挥下，军团决定以“围城打援”战法，消灭进入延安甘泉之敌。9月28

日，红八十一师（原红二十七军）包围甘泉县城，七十五师，七十八师在延安以南30公里的劳山埋伏，10月1日，驻延安之敌一一〇师师长何立中率部由延安向南开进，企图解甘皋之围，当日下午即被我埋伏在劳山地区的红军主力包围，激战五个小时后，敌师部和两个团完全被我歼灭，毙伤敌师长何立中、师参谋长范驭州以下千余人，俘敌3700余人。红军乘胜进攻甘泉之榆林桥，消灭敌军一个加强团，俘虏团长高福源以下1700余人。两次作战获捷缴获了大批枪炮，敌之对苏区南线的进攻便宣告失败。这一次我军取得消灭敌军一个师零一个团的大胜利，为迎接中央和主力红军北上准备了更有利的条件。

第二次在陕甘的红军大会师

10月19日这一天，红十五军团还在甘泉作战的时候，毛主席率领中央红军经过万里长征来到陕甘边区的吴起镇，很快就传来这个天大的喜讯，中央派人送来了《陕甘支队告红二十五军、红二十六军全体指战员书》，指出："陕甘支队经过二万余里的长征与红二十五军、红二十六军会合，是中国苏维埃运动的一个伟大胜利，是西北革命运动大开展的号炮，将给开展西北苏维埃运动的大局面、赤化全中国打下巩固的基础。"同时送来的还有一份《中央红军北上抗日陕甘支队的布告》。当时，我是军团政治部的文印科长，首长们要我们连夜把这两个文件赶印出来，分发到部队和地方去。这时大家都知道了不仅是中央红军来了，毛主席党中央也来到了陕甘根据地。十五军团同志们高声地喊着："毛主席来了！党中央来了！中央红军来了！"这是多么鼓舞人心的喜讯呀！

毛主席10月19日率领陕甘支队进到吴起镇后，22日中央即举行政治局扩大会议，决定以后的战略任务是建立西北苏区，领导全国的大革命。11月初，毛主席和党中央率领恢复番号后的红一军团南下和红十五军团会合。

11月3日，中央政治局会议决定，成立西北革命军事委员会，毛泽东为主席，周恩来、彭德怀为副主席。西北军委决定，恢复红一方面军的番号，将红十五军团编入红一方面军的建制，委任彭德怀为方面军司令员，毛主席兼任政委。同时任命了一军团和十五军团的首长。这个消息一传开，十五军团同志们听了是多么高兴啊！我们红二十五军几年来都处在孤军奋战的环境中，如今同中央红军的主力一军团会合到一起，我们军团也编入到一方面军的建制，这是很大的光荣。

毛主席和西北军委根据当时的敌情，决定红一方面军一面准备庆祝会师，同时要积极做好作战准备，要在严冬到来之前粉碎敌人的第三次"围剿"，准备在直罗镇地区消灭从西线、南线进攻苏区的敌人。

在毛主席亲自部署和指挥下，11月21日，红一方面军指战员对进攻富县直罗镇之敌发起突然的攻击，在我军连续四天的突然进攻和，猛烈追击中，消灭了敌军一〇九师全部又一个团，俘敌5300余人，缴枪3500余支，取得了又一次有重大意义的胜利。

直罗镇战役胜利后，11月30日，党中央在富县东村召开红一方面军营以上干部大会，庆祝红军大会和直罗镇的胜利。毛主席在会上作了《直罗镇战役同目前的形势任务》的报告。对直罗镇胜利做了总结。报告指出我们胜利的原因："一、两个军团的会合与团结（这是基本的）；二、战略与战役的枢纽的抓住（葫芦河与直罗镇）；三、战斗准备的充分；四、群众与我们一致。"报告还指出了直罗镇胜利后的任务，而以扩大红军为此时期工作任务的中心一环。这次会师具有伟大意义和深远影响。

一、中央红军到了陕北，恢复了一方面军的番号，十五军团编入一方面军建制，红军在陕甘苏区的力量大大加强了。由于中央指示在苏区要猛烈的扩大红军，同时争取了一部分俘虏兵参加红军，到12月下旬就编成了红二十八军，军委任命刘志丹任军长、宋任穷任政委。1936年1月又组建了红二十九军，任命萧劲光为军长、朱理治为政委。2月，成立了红三十军，阎红彦为军长、蔡树藩为政委。在7月间，蒋介石为了消灭陕甘红军，开始部署第三次“围剿”，调集东北军、晋绥军以及陕北的国民党军队共13个师和五个旅，对陕甘边区进行四面进攻，企图将红军围歼于保安、安塞地区。9月26日，蒋介石还在西安设立了“西北剿匪总司令部”，蒋自兼总司令，张学良任副总司令并代行总司善的职权，统一指挥陕甘宁青晋五省国民党军队，加快“围剿”陕甘宁苏区的步伐。由此可见，中央红军到达陕甘对蒋介石的统治是一个很大的威胁，同时又是中国苏维埃运动一个伟大的胜利。

二、中央红军与十五军团会师才一个月，毛主席亲自指挥一方面军就在直罗镇取得很大的胜利，粉碎了敌人对陕甘苏区的第三次“围剿”，巩固并扩大了陕甘苏区，一方面对蒋介石是一个很大的打击；同时，这次会师和反“围剿”的胜利，是西北革命大发展的号炮，为把党中央领导中国革命的大本营放在西北举行了奠基礼，对于开展西北苏维埃运动的大局面、赤化全中国打下巩固的基础。因此这次胜利具有特别伟大的意义。

三、毛主席率领中央红军到陕北，不仅是中央红军与红十五军团的大会师，最重要的是党中央毛主席到了陕甘抗日前线，党中央有了落脚点，更有利于领导全国革命和发动全国抗日。党中央10月中旬到达陕甘苏区后，就连续派人前往北平和上海等地，建立和恢复各地党的组织，领导各地群众抗日运动。北平地下党组织很快就领导和发动了一二九爱国学生运动。这一运动很快发展到全国各地，工人和各界爱国人士都起来参加斗争了。12月，中央政治局会议确定了党的抗日民族统一战线的政策，对于指导全国各方面的斗争发生了广泛的影响，对于加强红军内部的团结，对于争取国民党军队内部的爱国力量，对于推动全国抗日运动的高涨都起了巨大的作用。

四、党中央到了陕甘根据地，还挽救了当时陕甘边区内部的政治危机。陕甘根据地是谢子长、刘志丹等领导红二十六军和红二十七军经过多年的艰苦战斗创建的。1934年夏，这两支部队又先后进行了两次反

“围剿”战争，巩固和发展了根据地。红二十六、二十七军与红二十五军会师组成红十五军团后，又在陕甘根据地进行了第三次反“围剿”战争并取得重大胜利。1935年9月至10月间，王明“左”倾冒险主义的执行者，在陕甘根据地实行错误的肃反，逮捕了刘志丹等领导干部，造成陕甘根据地的严重危机。中共中央到达陕甘报据地后，立即把被捕的刘志丹、高岗等释放出来，及时停止和纠正了这个严重错误，从而使陕甘根据地转危为安。

红军第三次在陕甘宁大会师

毛主席党中央到达陕北后，1936年2月，毛主席率领红一方面军渡黄河东征，目的是为了北上直接抗日，对于要阻拦红军抗日的蒋、阎敌军，要给予坚决打击。东征中红军在军事、政治上都取得了很大的胜利，特别是以红军的实际行动把党的抗日统一战线的主张，更深入更广泛地宣传到了全国，推动了全国抗日救亡运动的进一步高涨。

在红军东征时，由于接受党的抗日统一战线的主张，东北军和十七路军的高级将领开始和红军建立了停止内战、共同抗日的秘密的政治关系。

1936年5月，东征红军回师陕北以后，为了争取革命更大的胜利，毛主席又组织了以彭德怀为司令员的西方面军出师西征，向甘宁两省前进。一方面，要解放宁夏和陇东的人民，扩大陕甘宁苏区，用党的路线政策争取和团结宁夏回族人民，同时要打击国民党的反动军队，全力迎接北上抗日的二、四方面军。

红军西征不断取得新的胜利，占领甘宁两省数百里地区，扩大了陕甘宁根据地（美国记者斯诺也从白区进到苏区，8月间他还到正在西征前线的红军两个军团中进行了参观访问），国民党反动派更加恐慌。红二、四方面军在川西会师后，在党中央正确路线的引导下，克服一切困难，英勇地向甘肃南部进军。毛主席指示我们一方面军挥师南下，占领西兰公路会宁一带地区，迎接二、四方面军。

1936年10月上旬，我一军团、十五军团先头部队在会宁地区与二、四方面军胜利地实现了大会师，不久我们军团机关干部在宁夏看到了二、四方面军的部队。我们早就在方面军首长和总政治部指示下做了各方面的准备，欢迎和慰劳二、四方面军。10月下旬的一天，在宁夏的同心城，我们十五军团直属队开会欢迎红军总部，军团首长徐海东、程子华致词，热烈欢迎朱总司令和红军总部人员，朱总司令和张国焘都讲了话。这次我又以一方面军的一名成员的身份参加了三个方面军的大会师，我和大家都十分兴奋。

三个方面军大会师的胜利，使蒋介石更加惊慌不安，他到处调兵遣将，加紧部署进攻苏区红军。中央军委为统一指挥三个方面军对蒋军作战，于10月下旬，任命彭德怀为前敌总指挥部的总指挥兼政委，集中红军兵力打击向宁夏我区进攻的蒋胡匪军。11月21日在环县之山城堡一战，消灭了胡宗南匪军一个多旅，取得了山城堡战役的胜利。此后胡宗南部被迫全线后撤，国民党军对陕甘根据地的进攻实际上被停止。这是三军大会师胜利的直接结果。

红军三个方面军会师后，12月7日新的中央革命军事委员会宣布成立，委员23人：毛泽东、朱德、周恩来、彭德怀、张国焘、贺龙、任弼时等七人组成军委主席团，毛泽东为主席，周恩来、张国焘为副主席。

红军主力大会师和山城堡战役的胜利，更加鼓舞了全国抗日军民，大大提高了他们抗日的信心，山城堡战役后的第21天，西安双十二事变发生了。西安事变在这个时候发生，也可以说明红军三方面军在西北的大会师和红军山城堡大捷在军事上、政治上对于促进抗日民族统一战线的形成，具有着非常重大的影响。

以上是我荣幸参加红军三次大会师的回忆。红军在西北三次大会师正处在我党领导中国革命事业进入抗日救国新阶段的准备时期，红军会师的伟大胜利，无疑具有重大的历史意义。

选自中央党史研究室编：《中共党史资料》第56辑，中共党史出版社1995年12月第1版，第18—28页。

心　意

傅家选

1935年9月16日，红二十五军经过长征，到达陕西省延川县永坪镇，和陕北红军胜利会师，17日，合编为红十五军团。为了巩固和扩大陕北革命根据地，迎接党中央、毛主席，干部战士在军团首长的率领下，积极投入了陕北革命根据地第三次反“围剿”的斗争。先后取得了劳山战役和榆林桥战斗的重大胜利，歼灭敌人两个团又四个营和一一〇师直属队全部，敌团长高福源也被我生俘。两战两捷，极大地鼓舞了士气，打击了敌人的嚣张气焰。

一

劳山战役后，传说中央红军快进入陕北了，我们天天盼着。军团长徐海东同志焦急万分。他召集其他军团首长和有关部门的同志开会，专门研究和中央红军的联络问题。每天派手枪团的同志打听消息。侦察员们化装进城访问商人，搜集敌人报纸，我们从这些报纸中了解分析中央红军的动向。时间一天天过去了，仍然得不到中央红军的准确消息。我们供给部住的地方离手枪团不远，我们经常看见徐海东同志到手枪团询问了解情况。一次，军团长来到手枪团，看到由于侦察中央红军一无所获，有的同志情绪不高，他就给大家鼓劲说："由于敌人封锁，打听中央红军下落有一定困难，但我们应该看到，中央红军是毛主席亲自率领的部队，北上抗日，路线正确，群众拥护，影响大。蒋介石的报纸又常常刊登'剿共'报道，只要我们有信心，就不愁打听不到。"最后他还和手枪团的同志一起研究了如何扩大打听消息的范围问题。打那以后，手枪团侦察的范围从县城扩大到边界地区，从苏区扩大到国民党占领区。这样一来，果然有收获。一天傍晚，手枪团的同志背着一大捆报纸回来后，正在向军团长汇报。军团部的几个同志在翻阅着报纸。"好消息！"有个同志欣喜地叫起来。大家把目光都集中在这个同志身上。这位同志把手里拿的一张敌占区近两天的小报一抖说："毛主席、中央红军到达固原和西峰镇一带啦！"大家围拢一看，只见报纸在醒目位置上登着"毛匪窜到固原、西峰镇等地骚扰"的字样，这真是个大喜讯！徐海东两眼一亮，放射出喜悦的光芒。大家的全部注意力都集中在报纸上，所以也无心听取手枪团介绍寻找报纸和打听消息的经过。虽然这条新闻的词句几乎都能背下来，但报纸仍然在同志们手里传来传去。徐海东同志拿起这张报纸看了几遍，然后，转过身来告诉手枪团的同志："好好休息，明天再接受新任务。"

第二天，天刚蒙蒙亮，徐海东就起床了。一会儿，手枪团的同志便推门进来。军团长向他们交代了和中央红军联系的具体方法、注意事项后，他们便化装上路了。

黄昏时分，侦察员们才回来。他们顾不得休息，就朝军团部走去。个个像小孩子似的兴奋得跳起来，一进门就说："徐军团长、程政委，联络上啦！"徐海东和程子华同志非常高兴，忙问："怎么联络上的？"他们便详细地作了汇报：

大约下午两三点钟，他们化装成当地回民，按照预定的路线，来到一个大塬上（塬的东面是苏区，塬的西面是白区，过了山就是西峰镇地区），沿着山间小道向白区走去，迎面碰上几个小贩模样的人，他们见来人形迹可疑，问道："你们是干什么的？"

“我们是做买卖的。”一个江西口音回答。

“你们是干什么的？”另一个福建口音反问道。

“我们是走亲戚的。”

手枪团的同志又问：“共军到哪儿啦？”

“就在那边，离这里不远。”对方用手指指西面，又问手枪团：“你们是从赤区来的？”

“嗯。”

手枪团的同志仔细打量着对方，个个面黄肌瘦，像吃了很多苦似的，但都很精神。从这些人的口音看，不像是敌人，因为敌人侦探是本地人或东北人（东北军）。于是，手枪团的同志单刀直入：“你们是从南方过来的。”

“是的。”

这时，对方也从手枪团同志来的方向上看出是陕北红军，便点破问道：“你们是陕北红军？”

“你们是……？”

“我们是中央红军。”

一听说是中央红军，手枪团的同志一拥而上，紧紧握住他们的手说：“可盼到你们啦！我们是奉军团首长的命令来和你们联络的。”双方互相询问了有关情况之后，便各自返回了。

听完汇报，徐军团长、程政委和军团部的其他同志沉浸在无比兴奋之中。

不久，党中央派人送来《陕甘支队告红二十五、二十六军全体指战员书》。

二

我们供给部分散住在老乡家里。我当时任供给部财务科长。一天下午，我正和其他同志在结账，忽然听见外面有人喊："老傅，查部长呢？"我一抬头，看见军团长来了，后面还跟着大个子警卫员。我忙站起身来，让人到另一个房子里去叫经济部长查国桢同志。军团长问："我们还有多少钱？"

"7000左右。"

徐海东同志严肃而认真地说："毛主席派人向我们借点钱。中央红军刚到。他们一路上很辛苦，我们要多送些钱去。"这时，查部长进来了。徐军团长把刚才说的意思又重复了一遍。那时，红十五军团生活也很苦，每人每天只有几分钱的菜金。这些钱是长期积攒起来的家底，也是全军团各种费用的全部资金。军团长生怕我和查部长不同意，又解释道：我们来到陕北比中央红军早，人地熟悉，中央红军刚到，困难比我们多。我们要勒紧裤带，多为中央红军解决困难。

其实，这样做谁都没有意见。我们早就商量好了，等中央红军一到，就向军团首长建议，把钱送去。没想到军团长找上门来了。我们把情况一说，三个人都会心地笑了。徐海东同志对我说，给中央红军写封信，并让我执笔。我找来了纸和笔，三人围在一张小木桌旁，边商量边写。我们三人的心情都非常兴奋、激动。我是第一次提起笔来给党中央毛主席写信，是用一种工整的字体写的，这封信是写给彭德怀司令员和毛泽东政委的。信上表示坚决拥护毛主席的英明领导，坚决拥护党中央北上抗日的正确主张，同时汇报了红二十五军长征途中和到达陕北后的情况。信写好了，军团长说："让手枪团送去。"

一刻钟左右，手枪团团长傅春早同志来接受任务。我把钱和信，用一块蓝色的印花包袱皮包好，交给他，交代了几句，他就走了。

翌日下午，军团长派人叫我到他那儿去，我随着警卫员来到军团司令部。徐海东拿起桌上的一封信，递给我，激动地说："老傅，毛主席回信啦，还表扬我们哩！""这封信是对我们的鼓励。没有专门收条，这就是收条，你要好好保存。"我怀着十分激动的心情，拿着信，回到了财务科。

三

不久，毛主席和彭司令员专门来到甘泉县道佐铺军团部接见了徐海东、程子华同志。这对干部战士是个极大的鼓舞。为了从人员上、物资上支援中央红军，军团首长决定开个干部大会，动员一切力量，为中央红军解决困难。

会场设在一个宽阔的场子上，布置很简单，没有主席台，中间放着一张桌子和几把凳子，桌子上放着几个缸子，供首长讲话喝水用。下午，半阴着天，我们这些连以上干部陆续来到会场席地而坐。徐海东同志首先讲话，他说："同志们，中央红军来啦！中央红军、红二十五军和陕北红军的胜利会师，陕北的革命斗争将会出现一个崭新的局面。"这时，干部们交头接耳，个个脸上露出欣喜的神色。军团长的声音又响起来："中央红军是毛主席直接指挥的，军政素质好，战斗作风硬，他们一次又一次地打破了国民党反动派围追堵截的计划，粉碎了蒋介石'剿共'阴谋，是一支英勇善战，举世无双的部队。我们一定要向中央红军学习，搞好团结，不要闹宗派、搞山头。我们早就盼着中央红军来，现在中央红军已经来了，我们用什么作为见面礼，表表咱们红十五军团的心意？"他停了一下，用目光扫了大家一眼。整个会场鸦雀无声。他把手一挥，提高了声音说："拿出实际行动来，尽最大努力，节衣缩食，从人员上、物资上支援中央红军！"他话音刚落，会场上响起了一阵热烈的掌声。

陕北的深秋，万花凋谢，寒气逼人。干部们虽然都穿着单衣，但听了军团长的动员，心里像燃起了一团火，总觉得热乎乎的。政治委员程子华也讲了话。而后，大家进行讨论。人们七嘴八舌地议论开了：

"我们都是工农子弟兵，红军如不互相支援还算什么红军？"

“哪怕我们自己再艰苦，也要想方设法为中央红军解决困难。”

“给中央红军送礼物，这是全军团指战员的心意，一定要把最好的送去。”

经过充分的酝酿讨论。在统一认识的基础上，徐海东宣布军团首长决定支援中央红军的人员和物品：（一）每个连队抽出机枪三挺、其他枪支若干支、弹药若干箱；（二）经济部、卫生部抽出部分衣物、医药用品；（三）在榆林桥和劳山战役中入伍的全部解放战士。为了保证质量，做到三个不送：不送缺损零件的枪支；不送变质药品；不送破脏衣服。

这一命令一宣布，干部们长时间的热烈鼓掌。

动员大会结束后，大家就忙乎开了：有的检查枪支弹药；有的整理药品；有的召开支委会，研究怎么执行军团首长的决定；有的针对少数同志的本位主义思想，及时找干部战士谈心，做好思想工作。军团部还专门成立了督促小组，一个单位一个单位地检查落实情况。每个连队都组织人员擦拭枪支、洗补衣服。有的枪支缺少零件，他们就从其他枪支上卸下补上，每支枪不但完好无损，而且都油光发亮，没有一点锈迹。许多同志还把自己的羊皮袄拿出来，没有加工过的，用土办法精心加工，弄得干干净净，准备送给中央红军。

那时，我还兼任供给部党支部书记，经常去军团部汇报准备工作。只见军团首长忙得不可开交。徐海东、程子华等同志分了工，分头去抓工作。这几天，徐海东同志不是听取督促小组同志的汇报，就是到部队了解情况，所有团以上单位几乎都跑遍了。检查时，他坚持高标准，严要求，发现问题及时纠正。每当看见给中央红军送的东西不合规定时，他总是严肃而又亲切地说：“同志，给中央红军要送好的，马虎不得。”新兵训练团，是近来军团长经常去的一个单位。因为中央红军经过二万五千里长征，牺牲了很多人，剩下的这些同志，都是部队建设的骨干，很需要补充新兵。为了给中央红军送一批有一定军政素质的解放战士，徐军团长和新兵训练团的工作人员一起制订训练计划，提出具体意见，并亲自督促落实。大家见军团长这样重视新兵训练，积极性可高啦！清晨，一阵军号响过，新兵团就开始了一天的紧张生活，出操、听报告、助民劳动等等，安排得井然有序。针对这些解放战士都是东北人的特点，教员们耐心地给他们上政治课，讲述抗日救国、收复失地、不当亡国奴的道理，帮助他们认清为谁当兵，为谁打仗。这些在国民党军队里受尽苦难的解放战士，深感人民军队的温暖，他们在这所新型的学校里，学政治、学军事，政治热情很高。经过一段时间的训练，他们的军政素质有了明显的提高。

十多天过去了，各方面都准备妥了。中央红军分头来取，一堆堆重机枪、轻机枪、冲锋枪、步枪、子弹、手榴弹、棉袄、皮袄、药品摆在他们面前。他们看见油亮的枪支，满箱的子弹、手榴弹、药品，干净整洁的衣物和一个个精神抖擞的战士时，没有一个不说好的。中央红军还专门派供给部军需处处长赖勤同志来表示感谢，他称赞十五军团没有本位主义，以大局为重，为中央红军解决了大问题。

在这一段时间内，十五军团同志的生活条件比较艰苦。吃的是酸菜、山药蛋、小米稀粥。冬天到了，许多同志没有棉衣穿。军团首长一方面给大家讲述中央红军长征路上的艰苦岁月，另一方面要求大家发扬阶级友爱精神，克服困难。军团首长和同志们同甘共苦，在大灶上就餐，和大家吃的是一样饭，还常把自己的大衣让给战士们穿。一件衣服，你让给我、我让给你，谁也不肯穿。干部战士互相关心，互相爱护，终于克服了困难。

1935年11月，十五军团编入一方面军序列。从此，十五军团便在党中央、毛主席直接领导下工作、战斗。

选自中国人民解放军历史资料丛书编审委员会编：《红军长征·回忆史料（2）》，解放军出版社1992年9月第1版，第61—66页。

傅家选，1909年生，河南光山人。1930年加入中国共产党，1932年参加中国工农红军。红军长征时任红二十五军经理处会计科副科长。新中国成立后，曾任西南交通部第一副部长，解放军总后勤部军需部部长、军需生产部部长，后勤技术装备研究院院长，济南军区副司令员、顾问，全国政协委员等职。1955年被授予少将军衔。1995年在济南逝世。

胜利的会合

刘炳华

劳山和榆林桥战斗胜利以后，我们驻扎在保安县（现志丹县）和吴起镇一带休整。这时忽然听说毛主席领导的中央红军快来到陕北了，我们都高兴地日夜等待着。

一天，果然彭德怀军团长带着先遣部队来到我们七十五师后勤部的驻地。我们供给部驻在一所学校里，彭军长就住在学校东面的一个窑洞里。晚上，一个警卫员送来一个便条，打开一看，是彭军团长写的，大意是：中央军委供给部尚未来到，请代为准备一部分粮食、被服和羊毛毡，供中央和机关用。我看完彭军团长的信后，心里非常高兴。过去天天盼党中央和毛主席，天天盼中央红军，现在中央红军来了，党中央和毛主席也就要来了，这怎么能不叫人兴奋呢？供给部的全体人员，同样高兴得不得了，大家日夜筹备粮食、被服、腾房子，请工人赶打羊毛毡子，全体同志一致表示：保证毛主席和中央红军到来时有吃、有穿、有住。

不几天后的一个晚上，中央红军后勤部的军需处长来到了我们供给部。他脚上穿着一双破草鞋，棉衣破得都露出了棉花。看了他的着装，使我想到毛主席、党中央的首长和中央红军的同志们一定是穿得很破烂，他们经历了多少艰苦啊！当晚他和我谈起了中央红军如何爬过了终年积雪的高山，越过了人迹罕到的草地，如何吃皮带、草根，突破敌人的层层封锁，走过了二万五千里。又谈了一些供给、军需工作的经验，这一切都深深地印在我的心里，更加深了我对一方面军同志的敬爱。当晚我便拿出羊皮帽、皮鞋、一套新衬衣，一套新棉衣，从头到脚，都要他换个新。

不几天以后（大概是在11月20日左右），部队里到处都在谈论着毛主席、党中央和中央红军来到的消息。大家一见面，第一句话就是“毛主席到了，中央红军到了。知道不知道？”凡是知道了这消息的人，到处都在关心地询问着毛主席的情形：“毛主席什么样？身体好不好？”大家都没有见过毛主席，说不出毛主席的具体样子，但对毛主席的身体情况，却有着不同的推想：有的说毛主席一定很累、很瘦；有人说爬雪山过草地毛主席的健康一定会受到影响。总之大家有一个共同的希望是：能开个大会，亲眼看看毛主席，亲眼看看中央红军！

幸福的时刻果然来到了。

这一天，在一个大草坪上，搭起了台子，会场布置得非常隆重。我们这些曾转战鄂豫皖和坚持陕北根据地斗争的红色战士，很早就来到草坪上，等着毛主席和中央红军的到来。

“来了！来了！”

“中央红军来了！”人群中忽然响起了暴风雨般的掌声和欢呼声。接着，所有人都用敬佩的眼光注视着一队一队走进会场的中央红军。他们穿着杂色衣服，头戴缀有红五星的八角帽，打着绑腿，脚穿草鞋，他们个个面孔消瘦，但却是那样忠厚、淳朴。

部队都来齐了。我们都坐在大草坪上，互相对望着。虽然大家没有拥抱，也没有握手，但是每个人的眼睛里却都在表达着阶级弟兄的深情友谊，每个人的心里都在默念着自己要学习的东西。

“来了！”

“毛主席来了！”

不知是谁喊了一声，所有的人都立刻站了起来。接着又响起了暴风雨般的掌声和欢呼声。我向台上看去，啊，毛主席在台子上出现了。刹那间，我激动得眼眶里流出了泪水。这是我第一次看见毛主席，他那高高的身材，消瘦的慈祥面孔，宏亮的湖南口音……都给我留下了永不磨灭的印象。直到现在，我还记得毛主席当年给我们讲话的姿态和声音，他说："同志们！我们胜利了！我们经过了两万五千里长征，从雪山草地过来了，我们革命的力量会师到一起了。……"毛主席的话鼓舞了我们每一个红军战士，给我们增加了无限的力量。

下午，我们和中央红军又在一起大会餐。彭德怀军团长和刘志丹同志都讲了话。这是我们第一次聚餐，饭菜本来是由炊事员们一盆一桶的端来。但大家都兴奋地坐不住，自己动起手来，你敬中央红军同志们一盆肉，我敬中央红军同志一碗饭，亲亲热热，一顿饭吃了很长时间。

晚上，台子上挂着一盏汽灯，周围用许多条床单围起来。我们十五军团和中央红军又一起坐在草坪上看一军团剧团演戏，也就在那时，我们学会了一支歌：

南北红军大会合，
同志协力来救国，
一个英勇善战不怕困难多，
一个万里长征打遍全中国。
胜利有把握！
胜利有把握！

这支歌唱出了我们每个红军战士的喜悦和心愿。

选自中国人民解放军三十年编辑部编：《中国人民解放军三十年初选稿》第一卷第三辑（三），第73—75页。

刘炳华，1912年生，河南商城人。1933年加入中国共产党。红军长征时任红二十五军七十三师二一七团经理处处长、红十五军团七十五师供给部部长。新中国成立后，曾任国家重工业部回收局局长、冶金工业部办公厅主任、物资管理部副部长、全国政协委员等职。1990年在北京逝世。

陕北大会师　攻打直罗镇

胡继成

1935年10月19日，毛泽东、周恩来、彭德怀率中国工农红军陕甘支队，抵达陕北吴起镇。

10月底，中共中央派人给红十五军团送来了告全体指战员书，充分肯定了我红二十五军在鄂豫皖的英勇斗争和西征北上转战陕南、甘肃、陕北、山西的功绩。充分肯定了刘志丹所率陕甘革命根据地红军开辟根据地的历史功绩。我十五军团官兵听了告指战员书后，倍感亲切，很受鼓舞。

与此同时，党中央还给我红十五军团送来了一部电台。

我们给中央红军每人送了一套衣服，还给中央上交了一批银元。

我红二十五军在鄂豫陕根据地搞了很大一批银元。从陕南撤出西征时，我们每个团干部为公家保存100个大洋，在陕南埋藏了一大批银元（后来派人去挖回时，大多数都锈坏了），全军离开陕南时，还有20人挑银元挑子，六匹骡子驮银元和药品。到达甘肃后，又搞到不少银元和军用物资。中央红军到陕北后，徐海东军团长只给十五军团留了1000块大洋，其余银元全送交给了中央红军，至少有几万块①。党中央和中央红军

① 实际情况是：红十五军团当时共有7000块大洋，自己留下2000块，其余5000块全部送给中央红军——编者注。

有了这批银元，财力、物力倍增，对提高部队战斗力起了很重要的作用。

1935年11月初，我七十八师包围了陕北张村驿、羊泉塬、东村、套通等民团据点，准备扫除中央红军北上障碍，迎接毛泽东主席北上。就在这时，毛泽东主席、彭德怀司令员等中央领导亲自来到道佐铺十五军团部，接见了徐海东、程子华、郭述申等军团领导同志。

我十五军团经过准备之后，一举攻克敌人这一带各据点，歼灭民团数百人，缴获了大批粮食。有关史料将这次战斗归结为张村驿战役。这一场小仗，拔出了敌人安插在黄陵、洛川、鄜县、甘泉以西地区的钉子，为下一步直罗镇战役扫清了障碍。

张村驿战之后，我红十五军团北返鄜县以北地区。至此，中央决定恢复中国工农红军第一方面军番号，将第一军团和第十五军团合编在一方面军统率之下。于是，我红二十五军至此编入一方面军建制。恢复后的一方面军，由彭德怀任司令员，毛泽东主席兼政委，王稼祥任政治部主任（后改为杨尚昆）。从此，我红十五军团在中央军委和红一方面军直接领导和指挥下行动。

红十五军团在劳山、榆林桥两战两捷，中央红军顺利到达陕北，蒋介石大为震惊，遂令敌“西北剿总”重新调整兵力部署，调东北军五个师，沿葫芦河构成东西封锁线，东西对进，南北堵截，企图“围歼”红军于洛河以西、葫芦河以北地区，摧毁我陕甘革命根据地。

这时，我红一方面军的实力已相当雄厚，部队本来就是久经战斗考验的能征善战之师，在陕北整编后，又补足了武器装备，加之军事领导力量又比过去大大加强，你说，我们还会怕国民党军的什么东西对进、南北合围吗?

我一方面军弄清敌情后，决定集中兵力，先向南作战，在直罗镇一带先歼敌一两个师，挫其锐气。然后，再视战局分头各个击破来围之敌。与此同时，乘胜向洛川、中部（今黄陵）、宜君、宜川、韩城及关中、陇东一带发动群众，扩大革命根据地范围。战略方案制定后，我十五军团八十一师二四一团继续围困甘泉，二四三团开至羊泉塬地区，配合当地游击队箝制鄜县、格川、中部之敌，阻止东边之敌西援。

1935年10月底，敌东西两路大军向我根据地对进。敌五十七军占领陕西西部边缘太白镇后，即停止不前，开始在太白、合水地区交通要道、军事要塞构筑碉堡，搜刮粮草，准备步步往东逼近。敌六十七军从东边向我陕甘根据地开进，行至鄜县地区后，按兵不动，停下观察我军动向。

我一方面军在毛泽东主席和中央革命军事委员会亲自指挥下，首先出拳打乱敌人阵脚，在甘泉给敌人重拳出击。我一方面军八十一师猛烈围攻甘泉，给敌造成随时可克的假象。

敌“西北剿总”见甘泉危急，哪里还顾得上什么修碉堡、步步为营，忙调其西路军五十七军三个师迅速由西向东急进，向甘泉增援。这三个师没有可能同时出发、同时到达甘泉，肯定会有先有后。我军抓住敌人这个弱点，趁敌先到之师立足未稳，便以逸待劳向敌发起攻击。

我八十一师围攻甘泉两天以后，敌五十七军先头部队一〇九师进至陕北直罗镇西北黑水寺、安家川一带，其主力迅速进入离直罗镇不远的张家湾东西地区。

次日，敌一〇九师在敌机掩护下，兵分三路沿葫芦河及南北山地，向直罗镇推进。下午，开进直罗镇。

我一方面军抓住敌人孤军深入直罗镇的有利战机，当天晚上趁敌立足未稳之机，立刻将直罗镇包围。敌人还以为自己进展迅速，谁知一进直罗镇便被我军包围了，于是，慌忙展开部队迎战。

次日拂晓，我一方面军红一军团由北向南，攻击困守直罗镇北山之敌一个团；我十五军团由南向北，进攻困守直罗镇南山之敌一个团。

我十五军团七十五师二二三团从西面、二二五团从正南和东南面，向直罗镇南山之敌一团猛烈攻击，激战三四个小时，便将敌守南山的一个团大部分歼灭，只跑掉小部分残敌退入直罗镇中。

我十五军团七十八师，按方面军指令，战斗一打响，便用部分兵力紧紧堵住敌东进出路。敌南山之团被七十五师击溃后，他们立刻以主力配合七十五师猛扫敌残军，突入镇内死死堵住敌人痛打。

与此同时，我一军团很快将困守北山之敌大部歼灭，同时击溃了镇内增援北山之敌两个营。镇内残敌见大势已去，拼命组织部队往北面小高地突围。敌师长牛元峰几次率残敌向北突围，都被我一军团打退。

中午，直罗镇一〇九师残敌见无法突围，慌忙收拢残兵500余人，退守镇东南一个土围子内固守等援。

当天下午，毛泽东、周恩来、彭德怀亲自赶到我红十五军团指挥所察看地形，部署歼击残敌和打援任务。

敌“西北剿总”见其一〇九师在直罗镇被困，慌忙调其西路五十七军一一一师，沿安家川急援直罗镇；调东路六十七军一一七师，向直罗镇东羊泉塬、张家驿镇进击；调北路一〇七师向么家塬、丁家塬进击。妄图解直罗镇一〇九师之围。

我红一方面军早有准备，敌几路援军无法突破我猛烈的火力封锁线，只好退了回去。

敌西路军见大势已去，忙以其一〇六师为后卫，急向陕甘边境太白镇撤退。我一方面军总指挥部见西进之敌欲逃，忙令我红一军团二师和红十五军团七十五师二二五团，分兵三路猛烈追击。不到半日，即将敌一〇六师一个后卫团歼灭于羊角台至张家湾途中。

这时，被围困在直罗镇东南一个土围寨子里的敌一〇九师残部，见西来援军被击溃，十分恐慌，当天半夜便分路突围。他们一出土围寨就各自逃命，很快即被我十五军团全歼。敌师长牛元峰亦被十五军团二二三团击毙。

敌东路军见西路军完蛋了，怕我一方面军回头合围他们，赶紧逃回鄜县县城死守，不敢再出。至此，直罗镇战役胜利结束。

直罗镇战役歼敌一师、一团，迫敌五十七军退回陇东，迫敌六十七军逃回鄜县，彻底粉碎了敌“西部剿总”第三次“围剿”，巩固了陕甘根据地，为中共中央北上延安建立全国革命中心指挥基地，把全国革命大本营放在西北的任务，举行了一个奠基礼。

我在榆林桥战斗中受重伤后，住了三个月医院才归队。归队后，没回师里再当作战科长，被调到军团部当参谋。战争年代就是这样，编制职位绝不能空着等你伤好后再回去接任，部队随时都有战斗任务，作战科长的位子哪能空着呢？我们当时无论谁碰上这种情况都想得通，决不会闹情绪。这事要放到现在，多半会不高兴，是吧？我在军团部当参谋，实际上对我也有照顾性质，因为我的伤虽然好了，但体质还很虚弱。因此，只要有学习、开会的好事，领导都让我去。

1936年3月，军团部派我到“上干队”学习，我在瓦窑堡碰上了中央军委参谋处长张云逸同志。他问我现在干什么，我说在军团部当参谋。他说，你身体未恢复元气，当参谋占着个位子不好，不如现在来红军大学上学，好好学学文化，学学参谋业务，提高一下政治素质和军事素质，今后好更好地为革命做事。我说好。于是，张云逸同志便向我们军团部首长要人，把我送到了红军大学去学习。

这时候红军大学是林彪当校长，毛泽东主席、周恩来副主席、彭德怀等中央领导同志讲课。我在鄂豫皖苏区上过一年多苏维埃夜校，认识1000多字。参军后，我坚持自学，几年下来，又认识了1000多字。带着认识二三千字的水平上红大，困难还是大，但积极性很高，在这里确实学了不少东西。

这段时间，我红一方面军立足陕北，打了东征、西征两个仗。

1935年12月9日，在我党领导下，北平爱国学生发动了著名的一二九运动，提出了“停止内战，一致对外”、“打倒日本帝国主义”等口号，掀起了全国抗日民主运动新高潮。为了适应国内外新形势，中共中央立即在陕北瓦窑堡召开政治局扩大会议。会议决定把打通抗日路线作为当前中心任务。会后，我红一方面军决定分左右两个纵队东征。红一军团为左路纵队；红十五军团为右路纵队。部队行动前，七十五师（我原红二十五军）补充兵员，组建二二四团，配齐了三个步兵团。左右两路纵队自延川文安驿出发，东渡黄河，转战晋西，威逼太原，沉重打击了山西军阀阎锡山，迫使入陕晋军撤回山西，推动了华北和全国抗日运动的发展。

东征获胜后，我红一方面军又出师西征，迎接二、四方面军到陕北。

1936年5月中旬，红军分两路西进攻敌。经山城堡战役之后，红二、四方面军北上部队全部进入陕北。

我从红大毕业后，回到十五军团部任作战科长。（康纲联整理）

选自康纲联：《穿过硝烟的年月：成都军区原副司令员胡继成将军征战史》（根据胡继成口述整理），长征出版社2003年2月第1版，第73—80页。

“奠 基 礼”

徐海东

1935年11月下旬，陕北已经进入了寒冬。红十五军团在“打胜仗迎接中央红军”的口号下，一鼓作气，攻下了张村驿，打开了东村，接着扫清了附近的两个小据点。战斗结束后，毛主席率中央红军来到了东村一带。从此，红十五军团与中央红军会师了。红十五军团的全体同志，都为这个光荣的会师欢欣鼓舞。大家日夜盼望着的中央红军，现在来到我们身边了。

中央红军长征胜利到达陕北，宣告了帝国主义和蒋介石消灭红军计划的破产；预示着中国革命新高潮的到来。为奠定陕北的局面，把中国革命的大本营安放在大西北，毛主席一到陕北，即首先拟订了一个大的歼灭战计划，这就是直罗镇战役。

陕北的战局当时是这样：陕北红军取得劳山、榆林桥胜利后，敌人以五个师[①]组织新的进攻，东边一个师沿洛川、鄜县大道北上；西边四个师由甘肃的庆阳、合水沿葫芦河向陕北鄜县方面前进。为粉碎敌人的进攻，毛主席决定集中会师陕北的各路红军，在直罗镇一带，给敌人一个迎头痛击。并指示要我们到那边看看地形，再作具体的布置。

---

① 敌五个师为：西路第五十七军之一〇九、一一一、一〇六、一〇八师；东路第六十七军之一一七师。

按照主席的指示，这一天中央红军和十五军团团以上干部，在张村驿以西会合后，前往直罗镇去看地形。

从出发地到直罗镇，约30余里，一个小时不到就赶到了。大家下马后，首先登上了直罗镇西南面的一座高山。直罗镇就在脚下。它是一个不过百户人家的小镇，三面环山，一条从西而来的大道，像一条白色的带子铺向镇子的中央，穿镇而过。镇子东头，有座古老的小寨，里面的房屋虽然倒塌，石头砌的寨墙却大都完好；镇的北面，是一条流速缓慢而平静的小河。我们几十架望远镜举在眼上，从左到右，从东到西，细心地观察着道路、山头、村庄和河流。一个小山包，一棵小树，一条小沟，一家独立房屋，都是指挥员们观察研究的对象。大家都深深了解，在战前观察时疏忽一条小沟，漏掉一个山头，说不定在战斗中会增加想不到的困难。同志们一面观察，一面小声地交谈着：

“这一带的地形，对我们太有利了！”

“敌人进到直罗镇，真如同钻进了口袋。”

边走边观察，边观察边研究，从一个山头，转移到另一个山头，结论得出了：把敌人放进直罗镇，再消灭它。为了防止敌人利用镇东头的寨子做固守的据点，大家商讨后，决定把它预先拆掉。部署确定后，当天晚上，红十五军团派出一个营，连夜去拆那个小寨子。这时战斗命令虽然还没有下达，但战士们凭着自己的经验会猜测到，将会在这里打仗。战士们深深懂得平时多流汗，战时少流血的道理。因此不分昼夜，不顾疲劳，一气把寨墙拆完。有些新解放来的战士，悄悄问老战士：“敌人真的会来吗？”老战士回答说：“会来的，这是毛主席算好了的。”

为了迎接这个大胜利，打好会师第一仗，红十五军团除留一个排在直罗镇警戒外，主力集结在张村驿一带，养精蓄锐，积极投入战前准备工作。各级干部层层深入，具体进行战斗组织。十五军团提出口号：“打胜仗庆祝会师！”“以战斗的胜利欢迎毛主席！”“在战斗中向中央红军学习！”

红军情绪高涨，以逸待劳。一切准备就绪后，第三天下午，敌一〇九师师长牛元峰带着部队在六架飞机掩护下，果然来到了直罗镇。

晚上，毛主席下达了命令。按照已经确定的部署，中央红军从北向南，红十五军团从南向北，以急行军，在拂晓前包围了直罗镇。毛主席、周恩来、彭德怀司令员亲临前线指挥。主席的指挥所，设立在距直罗镇不远的一个山坡上。战斗打响之前，他就特别指示各部队负责同志，一定要打歼灭战。战斗发起后，主席又一再嘱咐说：“要的是歼灭战！”

天刚亮，两路红军像两只铁拳，从直罗镇南北高山上砸了下去。敌人虽有防备，却没想到我军会如此迅速，及至发觉被包围后，直罗镇两边的山岭已被我军占领。南面一响枪，敌人立刻向北撤，北边一响枪，他们又反过来向南扑。一〇九师被夹击在两山之中一条川里。山谷中到处是枪声、喊杀声。一〇九师是东北军的部队，是红军的老“运输队”了。有不少的士兵和军官曾经做过红军的俘虏，有的还不只缴过一次枪，在这个猛攻之下，纷纷瓦解，缴枪投降。一些拼命顽抗的，葬身于刀枪之下。

战斗不到两个小时，红军两路会攻，占领了敌人的师部所在地直罗镇。最后牛元峰逃到镇东头的小寨里，指挥着一个多营负隅顽抗，死不投降。

这个小寨虽然被我军事先拆毁，但敌人昨天下午到达后又连夜改修，加上地形复杂，易守不易攻，我们派了一支小部队攻了一次，没能打上去。正组织第二次猛攻，通信员报告说：“周副主席来了。”

这时太阳已升起老高。我们向山上看去，只见周副主席同其他同志从山上走下来。他们都拿着望远镜，边走边向敌人固守的小寨子观察。等走到我们近前时，周副主席和干部们一一握手，详细地询问了第一次攻击的情况。最后周副主席指示：敌人已经成了瓮中之鳖，不好攻暂且围着算了。寨子里既没粮，又没水，他们总是要逃跑的，争取在运动中消灭它。

枪声渐渐地平息下来，两边的山坡上、镇子里，到处堆积着缴获的枪支弹药，到处聚集着俘虏兵。胜利的喜悦，洋溢在每个红军战士心里。经过二万五千里长征的战士，在讲述着爬雪山过草地的故事。来自鄂豫皖苏区的战士和陕北的战士，都倾吐着渴望会见老大哥的心情，欢乐和友情，笼罩着战场。

敌一〇九师师长牛元峰，蹲在寨子里，一个电报接一个电报，要求五十七军军长董英斌解围。他哪里知道，董英斌派的一〇六师还没到直罗镇，就被红军击溃了，并且在黑水寺被红军歼灭了一个整团。

晚上，牛元峰待援无望，趁黑夜率领残部向西突围逃跑，我七十五师的战士，随即跟踪追击。战士们说："一定要把这条'牛'追回来。"

一气追了25里，追到直罗镇西南一个山上，牛元峰和他率领的残部一个多营最后覆灭了，牛元峰也被击毙了。

"击溃战，对于雄厚之敌不是基本上决定胜负的东西。歼灭战，则对任何敌人都立即起了重大的影响。对于人，伤其十指不如断其一指；对于敌，击溃其10个师不如歼灭其1个师。"[①]直罗镇战役，又一次证明了毛主席伟大的、正确的军事思想。一〇九师全师和一〇六师的一个团覆灭，彻底打乱了敌人进攻陕北的部署。迫使敌一〇八师、一一一师不得不退回甘肃境内；东路侵入羊泉源的一一七师也退出了鄜县。陕北苏区出现了一个新的局面。

直罗镇战役胜利结束后，部队携带着胜利品，押解着俘虏，撤离了战场。晚上，当我们路过毛主席住的村庄时，只见主席住的窑洞里还点着灯。这些天来，主席够辛苦的了，天这么晚了，怎么还点着灯呢？

我怀着一种崇敬的心情，走到主席住的窑洞门口，问门口的警卫员同志：

"主席还没睡吗？"

"主席总是睡得很晚。"警卫员同志说着把我引进门去。

---

① 《毛泽东选集》合订本，人民出版社1967年11月横排本，第220页。

主席披着件蓝布旧大衣，点着盏油灯，正精神奕奕地工作着，桌上放着那张三十万分之一的旧地图。可以看出，主席又在考虑新的行动，筹划新的战役了。

主席放下手里的铅笔，亲切地伸出大而有力的手，微笑着说："辛苦了！"

我说："天这么晚了，主席还没休息？"

主席说："这样习惯了。怎么样，部队都撤下来了？"

主席简要地讲了讲这次胜利的意义，当前的敌人动向，然后，关切地询问着部队的伤亡情况和伤员安置。最后嘱咐要好好地组织部队休息，让战士们都洗洗脚。主席对战士那种无微不至的关怀，具体细致的作风，给我留下了难忘的印象。

我从主席的窑洞走出来，夜已经很深了。跨上马走了老远，回头望去，主席窑洞里那盏灯还亮着。

部队移驻到羊泉源一带，举行了祝捷大会。中央红军和十五军团，都互相派了参观访问团，进行参观和访问。张云逸、刘亚楼等同志，带着一个剧团，到十五军团来慰问演出；十五军团也派了许多同志到中央红军学习和参观。

11月30日，在东村举行了干部大会。毛主席在会上做了《直罗镇战役同目前形势与任务》的报告。主席讲到直罗镇战役的意义说：这次胜利，彻底粉碎了敌人对陕北的第三次围攻，为党中央和红军在西北建立广大的根据地，推动全国抗战，举行了奠基礼。主席讲到胜利的原因，指出：一、两个军团的会合与团结（这是基本的）；二、抓住了战略与战役的枢纽（葫芦河与直罗镇）；三、战斗准备的充足；四、群众与我们一致。

我们说，还要补充一个最重要的原因：那就是主席正确的军事思想和主席的英明指挥。

主席在报告中还详细地分析了国际形势与国内局势。主席说：目前，日本帝国主义正进攻华北，进一步要并吞全中国；国民党正在南京开卖国大会。我们的胜利，告诉日本帝国主义，我们不许你这个日本帝国主义灭亡我们的华北和全中国；我们的胜利也告诉国民党，我们不允许你们卖国。红军要同全国人民携手，用我们的枪炮与热血，打倒日本帝国主义……

主席洪亮的声音，明确生动的言词，句句印在每个红军干部心里，主席的声音，就是全国人民的呼声，代表每个红军战士抗日救国的意愿。

选自中国人民解放军历史资料丛书编审委员会编：《红军长征·回忆史料（2）》，解放军出版社1992年9月第1版，第67—71页。

忆直罗镇战役中击毙牛师长

詹大南

1935年10月下旬，我所在的红十五军团继劳山伏击战大获全胜之后，又乘胜南下，打响了榆林桥战斗。总攻开始后，经过一个多小时的激烈战斗，我们攻占了榆林桥周围所有的山头。接着又从山上往下打，向龟缩在山坡上和山脚下窑洞里的敌人发起攻击，同敌人展开了更为激烈的逐个窑洞争夺战。

这时，军团政委程子华同志，从军团部驻地道佐铺派通信员送信来，说毛泽东主席、周恩来副主席带着中央红军已到达吴起镇。这是我们知道毛主席到达陕北的确实消息，也是大家早已急切盼望的。当时，徐海东军团长等领导同志，正在榆林桥镇北山坡上的一条战壕里指挥战斗。接信后，趁战斗间隙，召开干部会，徐军团长和郭述申主任传达这个振奋人心的喜讯。同时，又作了部署调整、任务区分和进一步的政治动员。全军上下在这个特大喜讯的鼓舞下，士气更旺盛，斗志更高。新的攻击开始后，同志们前赴后继，勇猛冲杀，很快扫清了残敌。约在黄昏前就结束战斗，取得了全歼守敌四个营的重大战果。

榆林桥战斗胜利结束后，毛主席派人给我们送来一部电台，并派来报务员和机要员。不久，毛主席和彭德怀司令员风尘仆仆来到军团部看望大家。我们第一次见到中央首长，心情十分激动，受到了极大的鼓舞和鞭策，对未来更充满了胜利的信心。

红一军团与红十五军团胜利会师后不久，合编成红一方面军。为彻底粉碎国民党军对陕北根据地的第三次“围剿”，把革命大本营扎根在西北，毛主席主持召开重要会议，组织直罗镇战役，决心打一个大的歼灭战。

11月上旬，为隐蔽我军主力，红十五军团遵照毛主席的命令，先后攻下张村驿、东村、套通等敌占据点。并派出一支小部队到直罗镇、黑水寺一带活动，作为警戒和引诱敌人。同时，红一军团也采取了相应的行动。

当时，我跟红十五军团徐军团长当特务员（工作性质相当于现在的保卫干事）。11月中旬一天的清早，彭司令员亲率团以上干部去看地形。他比我们早到集合点。彭司令员这种严格遵守时间的良好作风，给我们留下了深刻的印象。几十年来，我一直以此来严格要求自己，教育部队。彭司令员领着我们在直罗镇东、南仔细地勘察了许多山头，他虽然说话不多，但对每个重要地方都作了指示。

我们爬上紧靠直罗镇东南侧的一个高地。它是从镇南群山延伸下来的一条山岗，三面很陡，像楔子一样突出在葫芦河川和南川的交汇处。葫芦河从北边绕过，南川小河从东南边傍山而下，两河在山岗东北交汇。山岗上有两个突出的山包，相距100米左右，每个山包上都有一个用黄泥垒起来的厚实土墙，像是没有顶的碉堡。围绕两个山包的天然峭壁上，还有用石头砌的高高的围墙。这里的人都叫它直罗寨子，如果敌人占据寨子，必然控制这个制高点。彭司令员看了一会儿，指着土寨子说：“敌人一定要利用它！”徐军团长马上表示：“我今晚就派一个营来拆掉它！”

彭司令员领着大家一边察看地形，一边研究作战部署，最后定下了战斗决心：在直罗镇摆下一个战场，诱敌深入，趁其立足未稳，集中兵力，南北夹击，全歼进入直罗镇之敌。就这样，一个完整的战役计划形成了。接着，按照预订计划，紧张而又周密地进行战前准备工作。

不出所料，国民党军第一〇九师于11月20日在飞机掩护下，一部沿葫芦河川两侧高地边打边搜索前进，主力顺葫芦河川的大路，大摇大摆地开进了直罗镇。

当天晚上，中央军委下达命令：21日拂晓发起攻击。红十五军团按照原定方案，从张村驿一带出发，连夜急行军，赶到指定位置，并悄悄地占领了直罗镇南面的高地。

21日拂晓前，进攻开始了。红十五军团先发起攻击，主力第七十五师第二二三、第二二五团从西南、正南，第七十八师从东南，迅速攻占了直罗镇以南除土寨子外的所有敌军阵地。战斗打得很激烈，徐军团长站在镇南侧一个刚攻占的高地上，指挥部队向直罗镇内攻击，像一把锋利的钢刀插入敌人心脏。我们攻势猛，冲得快，打得敌人惊慌失措，忙于逃命。山川里全是敌人，像跑散的羊群一样拼命往北山上爬。

此时，北山没有动静，看不见人，也听不到枪声。其实，毛主席亲率的红一军团，早已隐蔽在山上，按照事先的安排，等待着敌人来到预设区域。

当敌人气喘喘地快爬到山顶时，突然伏兵四起。北山长长的山脊线上，顿时枪声大作，手榴弹的爆炸声、喊杀声响成一片，敌人抱头鼠窜。英勇的红一军团如秋风扫落叶，一个冲锋就把敌人压下去了。退下去的敌人又被红十五军团打死、打伤很多。

激战几个小时，敌牛元峰这一师人马大部被消灭。最后，他和参谋长带着400多人，退守土寨子。敌人退到土寨子后，凭借有利地形，负隅顽抗。经过一番激烈的争夺战，土寨子还是没有攻下来，形成了僵持局面。

这时，大规模的战斗已经结束。红十五军团一部奉命西去配合红一军团，追歼黑水寺方向的敌第一〇六师；一部进行休整；其余部队留下围攻寨子。

在直罗镇西南，距直罗寨子不到1000米的山头上，徐军团长手持望远镜，观察敌人用拆掉的石头又重新砌成围墙和抢修工事，又急又气地骂道："不晓得是哪个朝代留下这个土寨子，现在倒成了敌人顽抗的碉堡。"确实，这座山虽不高，但三面很陡，仅镇西边的坡度较缓，有条小路通向山顶的寨子，敌人已严密封锁。虽然，我军已控制四周高山，可以居高临下对寨子之敌实施俯射，但敌有坚实的围墙工事；而我军缺少重武器，很难用火力压制敌人，支援攻击部队。我们想起了战前看地形时彭司令员的指示，他一眼就看出了这个要害。当时，如果将寨子拆得更彻底些，不仅拆掉石围墙，并且把土碉堡也铲平，这样就不会给敌人留下再利用的便利。可见，战场的准备是何等重要。这个教训，至今我记忆犹新。

下午4时左右，我们正准备再次对土寨子组织进攻时，周副主席来了。徐军团长汇报了准备进攻的部署，表示坚决要把寨子拿下来。周副主席拿着望远镜看了看，很显然，寨子地形险要，易守难攻，如强攻一定会增加伤亡，就对徐军团长说："我看还是先围着它。"徐军团长担心时间拖长，情况发生变化，想尽快结束战斗。周副主席满有把握地说："不要紧，敌情在短时间内不会有大的变化。他们已没有力量再来进攻了。"

接着，周副主席又问："山头上有没有水？"当我们说山上没有水源时，他自信地笑了。当即指示说："如果土寨子无水，敌人想守也守不住。"在关键时刻，周副主席亲临第一线，而且对战场情况分析得如此透彻，决心又那么果断。我们都深深钦佩他这种深思熟虑的正确决策。的确，我们这时的每一个红军战士，都是久经考验的革命种子，应当慎重决定是否强攻。

直罗镇战役的第二天拂晓，山沟里一片沉静，连一声冷枪也听不到。这对我们连续作战、极度疲劳的人来说，正是睡觉休息的大好时光。但是，久经沙场具有丰富战斗经验和高度责任感的徐军团长，对这一异常现象有所怀疑。他马上把我喊起来，并让通信队第七班一起出去查看情况，通信队的第八班、第九班也随后跟来。我们从军团部所在地文家庙出发，沿着坎上的小道向土寨子急行。走了半公里多，天已渐渐亮了，当我们向北刚拐一个弯，发现右边坎下已收割的玉米地里有一个人影在晃动。我当即大喝一声："干什么的？"那人惊慌地回答："我是伙夫。"听了他这种异常的回答，我断定他不是自己人，可能是敌人散兵。于是，就把他叫上来问话:“你从哪里来?”

他回答说:“我是从寨子下来的。”

“土寨里的人呢?”

他用手指着对面山坡说:“都走啦!”

我们朝他手指的方向看去,近处东南山坡上有一条显然是敌人在慌乱逃跑中踩出来的烂泥路,清晰可见。

原来,敌人从山上看南川小河,很窄又浅,可以跳得过去。没想到过河时,又累又饿,却跳不过小河。慌乱中只好穿着棉衣过河,哪知河底淤泥很深,一踩下去就陷到大腿。上岸后湿淋淋的,拖泥带水,在山坡上原来没有路的地方踩出了一条明显的泥路。

敌人本来已成瓮中之鳖,结果溜走了。徐军团长得知这一消息后,十分恼火,命令我立即带少共营(陕北同志亲切地称呼为“娃娃营”)跟踪追击。他满面怒气地对我说:“抓不住牛元峰就莫回来!”

时间紧迫,徐军团长一面用军号调动驻在附近胡家坡、新窑子的少共营,一面派通信员去传达作战命令。我二话没说,马上带着两个战士,顺着敌人逃跑的足迹追去。

南川小河,我轻轻一跳就跳了过去。少共营也出动了,一部分顺山梁往南追,另一部分沿着山脚过来跟着我们,两路并进。大约半小时,我们在山坡上面的山梁上会合了。我把徐军团长的命令简要传达给营的干部,然后带着部队,顺着敌人留下的踪迹,猛扑过去。虽然寒气逼人,但我们个个都跑得汗流浃背。这时,我们只有一个信念:追上去抓住敌师长牛元峰。

敌人一方面也许为了能掌握残余部队,不致跑散;另一方面,可能是没有地图,怕走小路迷失方向,所以在过河后并没有四散而去,而是爬上山就没命地顺着弯弯曲曲的山梁向南逃跑。我们沿着敌人的踪迹拼命地追赶,拐了一个大弯,在夏家沟南面山头上,与敌人的后卫部队交上了火。

敌人边打边撤，我们紧追不放，接连追了十多个山头，约十多公里。突然，前面的山梁上，枪声骤起，杀声震耳，敌人被红二二五团一部堵住了。这里是丁字形山脊线，对面是一道横梁，中间是鞍部，两边是又深又宽的谷地。我率少共营乘机冲上去，两面夹攻，猛打一阵。在战斗进行中，我边追边问抓到的俘虏，查问牛元峰的下落。在半途中，一个敌伤兵对我们说："牛师长、参谋长与卫队一起，都在前面。"

经过一场激烈战斗，敌人在进退两难的情况下，走投无路，全部被歼。

大约9时，战斗结束。我牢记着徐军团长交给我的任务，急问红二二五团的同志："有没有敌人向南跑掉？"他们回答说："都圈在这里，一个也没有逃脱。"我心想：现在既然一个也没跑脱，就一定能找到牛元峰。

果然，在最后围歼敌人的地方，我们很快查找到了被俘的敌师参谋长。于是我大声问："你们师长呢？"他用手指着离我们十多步远的山坡上的一具死尸说："那就是牛师长。"我开始还不相信他的话，又问了旁边几个俘虏。

这时，敌参谋长指着地上的一个红色长方形的大本子对我说："请你对照军官录上的照片。"

我拿起一看，里面少校以上军官都附有照片，第三页是少将师长牛元峰，占了半页。我走过去看尸体，只见他头朝北趴在面向我追击部队的反斜坡面上，旁边还有几具敌人尸体。看到牛元峰这种死后趴的姿势和处在山脊棱线后的具体位置，可以断定：他是在抵抗过程中被我军击毙的，而且被我追击部队击毙的可能性较大。

我跨上一步使劲地把尸体翻过身来一看，面部和上身都是血。照片上的牛元峰穿着笔挺的将军服，威风凛凛。这怎能和眼前身着破旧士兵服、血肉模糊的尸体一样呢？我辨认不清楚，不敢肯定此人就是牛元峰。

由于事关重大，我又接连问了其他几个俘虏。他们都说此人就是牛师长。接着，我从尸体上搜出一枚铜质狮头的私章，在手掌上印了一下，是篆体字，我不认识。于是，我让少共营留在原地待命，看守敌参谋长和这具尸体。我领着两个战士，带着军官名录和私章，从山梁上走下来，顺南沟门、新寨子回到文家庙，向徐军团长汇报。经过认定，私章是牛元峰的。徐军团长很高兴地说："赶紧发电报报告中央。"并命令通信员，通知少共营把牛元峰的尸体抬下山来。

后来，听说牛元峰的尸体埋在文家庙北头的小土包下面。次年由东北军来的人挖出来，火化后包了一包骨灰带走了。

直罗镇战役距今已60多年了，这次战役的重大意义，随着时间的推移越来越被历史所证实。这一仗，加速了国民党营垒的分化，对以后的西安事变、抗日统一战线的形成都有一定影响。因为包括直罗镇战役在内，红军在不到三个月的时间内就消灭了东北军约三个师，这之前在陕南还消灭了西北军约三个旅。这次战役的胜利，彻底粉碎了敌人对陕甘边区的第三次"围剿"，为党中央奠基西北打开了新局面，并迅速扩大了红军，加强了刚刚会合的红军的大团结；使陕甘根据地的广大人民群众极为振奋，对全国红军和游击队的革命斗争也是一个有力的配合和极大鼓舞。

选自《军事历史》1996年第1期。

忆红二十五军长征过宁夏

马青年

中国工农红军二十五军长征经过宁夏是1935年五六月间。一天下午，我们正在兴隆镇卖东西，约三四点钟的时候，镇上来了一支队伍。只见他们个个头戴一顶八角帽，五角红星缀中央，身穿一身青军装，红色领章挂两旁，大多是20岁左右的年轻小伙子。一人一支步马枪，一连九挺轻机枪，十字披红的子弹带。队伍特别威武、整齐。军队一进兴隆镇，一杆红旗迎风飘，二路纵队向街道两旁一站，无人东张西望，无人嘻笑。我们看到这支军队纪律严明，官兵一致，亲如兄弟。不打人不骂人，不拿群众的一针一线。对群众非常热情体贴，为群众挑水、扫院、看病、挖厕所，特别尊重回民的风俗习惯。心里想，这真是一支穷人的队伍，从未见过这样好的军队。

我们几个人住在兴隆镇一个店里，红二十五军政治部宣传队刚好也住在这个店里。晚上，宣传队的小战士和我们都很亲热，也谈得拢，因为都是年轻人。我们还认识了政治部主任郭述申和供给部的姬部长。他们主动给我们讲红军的事、讲穷人革命翻身的道理，讲红旗上的镰刀斧头，就是代表工农的利益。还问我们生意做得怎么样？一天能卖多少钱？很关心体贴人。我们说，能混饱肚子就不错了。郭主任说："你们年轻轻的，做小买卖也辛苦，年轻人要想国家的大事情。"姬部长还叫我们把碱面、辣椒卖给红军。我们说，卖什么！红军要，我们就送给红军好了。他们说，那不行，红军实行公买公卖，这是红军的纪律。结果我们把卖剩下的几斤碱面，几斤辣椒全部给了红军，红军给了我们六块老人头。当时给我印象最深的还是红军的布告。红军到兴隆镇的第二天一大早，贴出了一张布告，署名是红二十五军司令部、政治部。布告上讲，红军除严格遵守三大纪律，八项注意外，还规定了“三大禁条，四大注意”。我和李铁民（原名李铁旦，山西猗氏人，参加红军后起名李铁民，以后在红军西征时任回民独立师参谋长）结识了十二三人（当时就是一群娃娃），我们到宣传队队长吴建民（这是我后来的入党介绍人）那里（他也在该店住），要求参加红军。他说：“你们自愿？”我们说：“很自愿。”他问：“怕不怕？”我们说：“不怕。”他说：“很好，收下你们。”因为我们在隆德、兴隆镇一带做生意，走乡串户四五个月，对当地情况也比较了解一些，与群众也比较熟悉。红军领导就分配我们到政治部红色战士宣传队做宣传工作。时年还不满17岁。

关于红二十五军的情况，我早在陕西安康老家，还是小孩子的时候就有传闻。参加红军以后，才知道红二十五军辖二二三团、二二四团（红二十五军长征北上时留在陕南镇安、柞水县一带）、二二五团和一个手枪团，共三千六七百人。当时军长是程子华，吴焕先任军政委，徐海东任副军长。

1934年11月，红二十五军根据党中央、周副主席的指示，在鄂豫皖省委的领导下，高举“中国工农红军北上抗日第二先遣队”的旗帜，离开了鄂豫皖红色根据地，向西北转移，开始了长征。

部队一路上粉碎了六七万反动军队的追击和堵截，跨过重重险关要隘，长驱千余里，于1934年12月上旬到达陕南。红二十五军到达陕南之后，在中共鄂豫皖省委的领导下，经过几个月的艰苦奋斗，打土豪分田地，宣传和组织群众消灭了陕军三个旅，创建了鄂豫陕游击根据地，成立了豫陕、鄂陕两个特委和五个县的工委，建立了两个县和几十个乡的苏维埃政权。受到了当地人民群众的极大欢迎和深切爱戴。到了1935年4月中旬，在陕西兰田县葛牌镇正式成立了中共鄂豫陕省委，由徐宝珊任省委书记，吴焕先任副书记。

1935年3月下旬，蒋介石在其对鄂豫陕根据地第一次反革命“围剿”失败后，又下令调集30多个团的兵力，对鄂豫陕革命根据地进行第二次大规模的军事“围剿”。红二十五军在中共鄂豫陕省委（徐宝珊同志已病故，吴焕先同志代理书记）和军长程子华、副军长徐海东的领导下，不畏强敌，不怕艰险，与敌人进行了英勇顽强的战斗。于7月初，红二十五军在山阳县袁家沟口全歼敌陕军井一旅之后，北出终南山，到达西安以南的子午镇一带。这时，党中央派石建民同志从上海来到红二十五军，带来了中央文件及中央红军同四方面军在四川懋功会师北上抗日的喜讯。省委于7月15日在沣峪口召开会议，吴焕先同志根据中央文件精神，作了关于全国抗日斗争形势和今后斗争任务的报告，传达了中央红军与红四方面军在四川懋功会师北上的消息。与会同志受到了极大的鼓舞。会议决定，省委立即率领红二十五军继续西进北上，以灵活机动的战略战术与敌人英勇作战，打击和消灭敌人，创造条件，迎接党中央、毛主席，会合红军主力部队北上，到陕甘苏区与红二十六军会师，进一步巩固和发展陕甘革命根据地。

会议后，省委率领红二十五军沿秦岭西进，穿过宝（鸡）汉（中）公路，进入甘肃的两当、徽县、成县地区，再攻占秦安、包围天水等地，于8月14日进到静宁地区。部队原计划在此地等待和会合中央红军，然后一道北上进入陕甘苏区。因为一直得不到中央红军北上的消息，遂于8月15日红二十五军转移到达宁夏西吉县兴隆镇、单家集、羊家河地带。附近的张结子，高坊城等村也都驻了红军。

兴隆镇、单家集一带是一大片回民聚居的地区。广大回族群众和汉族劳动人民一样，深受国民党贪官污吏、地主豪绅的压迫剥削，另外还受到大汉族主义的歧视。加之这里山大沟深，消息闭塞，经济、文化落后。在红军到来之前，由于敌人的反动宣传，这里的回族群众对红军存在着怀疑和恐惧心理。当听到红军要来这里的消息后，村里的青年人，妇女都纷纷逃进深山峡沟。红军在未到达这里之前，就在部队中进行了党的民族政策、群众纪律的教育，介绍回族人民的信仰，生活特点和风俗习惯，教育部队要团结和发动回族兄弟共同抗日，打倒蒋介石，反对大汉族主义等。红军到达兴隆镇的第二天就出了布告，除严格遵守执行三大纪律、八项注意外，还规定了“三大禁条、四项注意”，即禁止驻扎清真寺；禁止毁坏回文经典文字；禁止在回民家中吃大荤（猪肉）。并要求注意在回民地区，不打回民土豪；注意使用回民生活用具，要经回民同意；注意要回避回族青年妇女；注意买粮、买菜要公买公卖。还强调，违者以军法论处。布告一出，观看的群众极多，大家奔走相告，争相传颂。红军不仅严格遵守上述规定，而且还积极开展群众工作。红军指战员们积极帮助群众扫院、担水、干活，处处尊重和关心回族老人。在街巷、院落向回族群众宣传红军对待回民的政策，宣传回汉军民团结，共同抗日救国的政治主张等。红军以实际行动揭穿了敌人的反动宣传，使回族人民深受感动，从而解除了回族群众的恐惧和疑虑，很快得到群众的热情欢迎和大力支持。“红军好”的消息很快传遍兴隆镇、单家集附近的回民村镇。躲进深山的回族群众也都陆续回到村里安心生活，继续生产。为了尽快团结回族上层人士，军长程子华，政委吴焕先，副军长徐海东，政治部主任郭述申还专门拜访了清真寺，并赠送了匾额和礼物。不仅这样，还邀请各方人士和阿訇开座谈会，讲明主张，征求意见，影响很大。红军由于严格执行了铁的纪律和实际行动，使当地回族群众深为感动。清真寺的阿訇头顶礼品，放着鞭炮，赶着羊只，到军部回拜。回族群众主动为红军筹办粮草，一些青年人积极要求参加红军，自动为红军带路，抬担架。红军在兴隆镇、单家集一带休整了五天。省委在这里召开会议，决定部队继续向陕甘苏区转移。当红军离开时，全村男女老少齐集街头，锣敲打鼓，夹道欢送。回族群众在道路两旁摆设香案、茶桌、果品，祝福红军顺利北上。真是一派箪食壶浆以送王师之气氛。回族阿訇和一些老人怀着恋恋不舍的心情与红军话别。他们说，我们活了一辈子没见过这样好的队伍，红军真是救国救民的军队。

红二十五军虽然在兴隆镇、单家集只驻了五天，但在回族群众中留下了深刻的印象，播下了革命的火种。在红军走后三四个月，回族青年岳正、敏孩三（小名）等人，积极宣传反对国民党反动派，组织起来抗日救国、救民等革命道理，迅速组织了100多人的骑兵队，举起革命的红旗，打土豪，反压迫，开仓救民，反抗马家军抓兵抽丁，活跃在兴隆镇、单家集一带，给当地的反动统治阶级、恶霸地主以严重的威胁。

当我红二十五军将要从兴隆镇、单家集出发时，驻守在陇东地区的伪三十五师马鸿宾部奉蒋介石的命令，调兵遣将，严密设防。敌人西自中宁、东至宁县，在固原、平凉、泾川、西锋镇、庆阳、曲子、环县等重镇派出重兵防守，组成了两道军事封锁线，企图凭借六盘山之天险和泾河、蒲河、马莲河等天然屏障，阻击和消灭我军于陇东地区。

8月中旬，我红二十五军从兴隆镇、单家集一带出发，沿西兰公路北侧向东推进。当晚7时许进到隆德县城的北王新湾一带隐蔽。据侦察，该县城驻鲁大昌部队一个营和一个县保安团，兵力不多，且城北地势较平，易于攻击。军首长命令先头部队袭击隆德县城。晚8时许，我军突然发起攻击，敌人猝不及防，像炸了窝的蚂蜂，乱作一团。我军从城北迅速突进隆德县城，活捉枪毙了伪县党部书记长、伪县长、保安闭总，财政科长等30余人，俘敌200多人，其余敌人全部被歼灭。在攻克隆德县城以后，我军士气旺盛，乘胜连夜翻越六盘山，于第二天拂晓，东进至和尚铺。红军在和尚铺稍事休息，生火做饭。这时敌人的侦察飞机在空中盘旋，部队只稍稍休息之后，经过蒿店，安国镇，过斜河子，一部上北塬，二二三团和手枪团直逼平凉。敌人怕我军攻占平凉，惊恐万状。马鸿宾亲至平凉坐阵指挥。然而，我军以声东击西，机动灵活的战略战术，沿北塬绕过平凉继续东进。马鸿宾又估计我军进攻泾川，遂令驻防泾川的马开基亲率骑典一营，在城西王母宫构筑工事予以防守。又调来马培清骑兵团占领泾川以南高地。又令二〇九团一营，马应图两个步兵营，一〇五团肖金禄步兵一营、卡德云骑兵营等，齐集泾川会战。妄图将我军驱逐出陇东地区。

我军于8月中旬由平凉以东南渡泾河，进入白水镇一带。敌人一〇五旅一部尾追我军至马莲铺，我军冒大雨抢占打虎山高地，与敌人激战。敌一〇五旅副旅长马应图命令部队攻击山头的红军，我军随着一阵手榴弹的爆炸声发起冲锋，从山头压下去，敌人顿时大乱，死伤200余人，其余敌人纷纷溃逃。马应图在慌乱中，带领两个步兵连向泾川方向逃窜，又遭到我军的伏击，溃不成军。正在这时，我军发现敌一军官带领数十名骑兵，还有一辆马车，赶到马莲铺。我军便迅速把敌人团团围住，敌人拼命突围。正在紧要时刻，敌三十五师卡德云带领骑兵营赶来救援。我军二二五团只有一个排的兵力，撤出战斗后，敌军官逃脱。事后才知道，那个险些被我军生俘的就是来督战的敌三十五师师长马鸿宾。

8月下旬，因暴雨泾河水位猛涨，我军无法过河，便东至王村南渡汭河。由于连日暴雨河水湍急，部队只过去一半，后卫部队二二三团被阻于河北岸的四坡村。这时，敌部马开基率该团趁机向我二二三团发起攻击。我军冒着大雨，立即凭借房屋、土墙、窑洞与敌人展开近战。军政委吴焕先一面命令第一、二营从西面向敌人猛烈反击，一面高喊“一定要坚决地打，英勇地打！”并亲自带领警卫人员奋不顾身地冲入敌群。红军战士看到军政委身先士卒，冲锋陷阵，个个奋勇杀敌，士气大振。正在激战中，军政委吴焕先不幸中弹，壮烈牺牲。军政委牺牲的消息更激起了指战员对敌人的满腔怒火和无比仇恨，更英勇、顽强地扑向敌人，有的战士子弹打光了，就用枪刺、枪托与敌人拼杀，枪打坏了，就赤手空拳与敌人撕打肉搏。经过一个多小时的血战，敌马开基骑兵团全军覆灭，马开基被我二二三团二营通讯班长周世忠当场击毙。

我军为了继续牵制敌人，从四坡村出发，向西直逼崇信，军部再次派出人员四处打听中央红军北上的消息，仍然一无所知。这时，敌人调兵遣将，云集泾川一带，企图与我军决战。我军因连续多日的冒雨行军作战，部队十分疲劳，且有一定伤亡。于是，军首长决定立即北进，到陕甘苏区会合红二十六军。

我军绕过崇信，突然向北经华亭、安口窑，由平凉东四十里铺渡过泾河，再次逼近平凉。由于红军行动方向变化莫测，搞得敌人晕头转向，狐疑不定。马鸿宾既怕红军向西攻占平凉，更怕红军挥戈向东直取其师部驻地西锋镇。又考虑瓦亭、马莲铺、四坡村的几次惨败，再也不敢主动进攻红军了，只得消极防守和派部队远距离尾追。

我红二十五军趁机大踏步向北挺进。经庆阳县境，翻塬过河，日夜兼程，直抵合水县以西的板桥镇。又沿陕甘边界无人区北进。这一带荒无人烟，无粮可筹，以致全军断粮，部队行进十分困难，许多同志走着走着就昏倒在路上。正在部队陷入绝境的时候，恰巧碰上一个羊贩子赶来了一群羊，部队供给处动员说服羊商，买下了几百只羊，才缓和了饥饿的威胁，使部队得以继续前进，于9月初顺利到达保安县豹子川。省委在此地召开会议。因军政委吴焕先同志英勇牺牲，决定由徐海东同志任二十五军军长，程子华同志任军政委。9月上旬，部队到达永宝山，与陕北党组织取得联系。中共陕甘边区特委书记兼陕甘边区苏维埃主席习仲勋同志，陕甘边区军委主席刘景范同志，得知红二十五军到来的消息后，当即赶来看望和迎接。我军于9月中旬到达永平镇，与陕北红军胜利会合，合编为红十五军团，由徐海东任军团长，程子华任政委，刘志丹任副军团长，高岗任政治部主任。至此，红二十五军胜利结束长征。（李敬申、顾廷良、张平整理）

选自中国人民政治协商会议银川市委员会文史资料研究委员会编：《银川文史资料》第2辑，1984年，第29—38页。

红军长征纪实丛书

红二十五军卷

3

中共中央党史研究室 编

中共党史出版社

本册收入第七至第八部分文章 60 篇

七、回忆长征人物

杰出的红军将领吴焕先

程子华

焕先同志英勇牺牲已经50周年了。今天，我能够来到烈士的故乡，参加纪念中国无产阶级革命家、政治家、军事家，中国工农红军第二十五军杰出的领导者吴焕先同志，真是感慨万千。我作为焕先同志的战友，和与会同志一样，对他充满无限怀念，崇敬之情油然而生。在此，中央军委常务副主席杨尚昆同志委托我代表军委对焕先同志表示深切怀念，并向焕先家属表示慰问。韩先楚、刘震同志因病、刘华清同志因出国访问不能前来，我代表他们向焕先同志表示深切哀悼。我还代表红二十五军尚健在的老同志讲几句话，寄托我们的深切怀念之情。

焕先同志，是鄂豫皖革命根据地和红四方面军创始人之一。早在1926年，他就从事农民运动，参加领导著名的黄麻起义。1931年以后，他历任中共鄂豫皖省委委员，中国工农红军第四军十二师政治部主任、红二十五军七十三师政治委员、红四方面军政治部主任等职。1932年10月，红四方面军主力撤离鄂豫皖时，焕先同志留任鄂东北游击总司令。他根据鄂豫皖省委决定，主持重建红二十五军，并先后担任军长、政治委员。

焕先同志领导重建的红二十五军，两年间经历了四次、五次反“围剿”，在极其艰难困苦的环境里，进行了艰苦卓绝的斗争。他英勇奋战，不怕牺牲，在错误和挫折面前坚持原则，敢于斗争，胜不骄，败不馁，表现出共产党人应有的坚定信念、革命气质和斗争精神。焕先同志在领导红二十五军坚持鄂豫皖边区的武装斗争中，有着不可磨灭的丰功伟绩。

我与焕先同志相识于1934年11月间。那时，我受党中央和周恩来同志委派，到鄂豫皖苏区工作，有幸和焕先同志一起并肩战斗。我们共同率领红二十五军进行长征。在此期间，我与焕先同志朝夕相处，休戚与共，经历了一段艰难曲折而又极其光辉的战斗历程。焕先同志对党和人民无比忠诚、对伟大共产主义事业坚贞不渝；他胸怀全局，无私无畏，具有远见卓识的革命胆略和领导才能；以身作则，实事求是，密切联系群众，与士兵同甘共苦的优良作风；临危不惧，指挥若定，身先士卒，勇于献身的战斗精神，给我们留下了极为深刻的印象，至今仍记忆犹新。

长征入陕后，省委书记徐宝珊同志身患重病，我和徐海东同志又负了重伤。在此严重时刻，焕先同志勇挑革命重担，主持全面工作。他一面率领部队行军作战，一面领导开辟新的鄂豫陕革命根据地。他在创建鄂豫陕革命根据地和两次反“围剿”斗争中，做出了极其重大的贡献，显示出他的卓越智慧和领导才干。徐宝珊同志病逝后，焕先同志代理了鄂豫陕省委书记，肩负的责任更为繁重。

1935年7月，我们北出终南山，威逼西安之时，获知红四方面军和中央红军已在川西会师，并有北上动向。当时，焕先同志在长安县沣峪口主持召开了省委紧急会议，作出率红二十五军西出甘肃，直逼敌军后方，配合主力红军北上，“与陕北红军集成一个力量”，以“配合主力红军在西北的行动，迅速创建西北新的伟大的巩固的革命根据地”的决定①。在远离中央领导，又与兄弟红军隔绝的情况下，省委能够独立自主地作出这一战略决策，是与焕先同志通观全局的战略远见，坚决果断的革命胆略分不开的。历史证明，这一重大的战略行动，完全符合当时全国革命斗争形势的发展，符合党中央，毛泽东同志率领主力红军抗日北上的战略意图。

---

① 原文引自鄂豫陕省委1935年7月30日写给郑位三等同志的指示信。

邓小平同志曾经说过，红二十五军长征北上的路线是正确的。这个正确路线的确定，首先应当归功于焕先同志。

焕先同志的党性观念很强，对毛泽东、周恩来、朱德等领导人十分信赖和崇敬。长征到达陕南时，焕先同志曾多次说过，消灭敌人一个团，都不如缴获一部电台，有了电台就可以与党中央取得联系，及时得到党中央的指示。为了向中央报告情况，我们从沣峪口出发的第二天，他连夜写了一份长达8000字的书面报告，就红二十五军的作战行动，有关斗争策略和省委工作中的进步和缺点，如实向中央作了反映。西征北上途中，焕先同志常派手枪团搜集各种报纸，借以了解主力红军的行动消息和川、陕、甘边的战事动向。记得打下川陕公路要地双石铺后，就是从截俘敌少将参议的口供和几张《大公报》上，进一步获悉主力红军正在北上的确切消息。焕先同志及时向部队提出“迎接党中央”和“迎接主力红军”的战斗口号，鼓励全体指战员奋勇向前，积极策应主力红军的北上行动。

焕先同志具有无产阶级革命家的胸怀和政治家的远见，是全军公认的领导核心、卓越的决策人，深为指战员爱戴和崇敬。长征途中，部队每路过一地，焕先同志都不顾个人劳累，深入了解当地的社会状况和民情风俗，及时地制定出新的政策、策略。我军从泌阳以东地区路过时，沿途地主武装盘踞的围寨很多，为争取时间急速北上，焕先同志曾提出不进围寨，不打土豪，部队所需粮草，一律实行购买；并指示给寨主头目写信，散发“北上抗日出发宣言”，宣传党的抗日救国主张，使其晓以民族大义，沿途勿加阻拦。这些政策措施，都收到良好的效果，保证部队顺利穿过豫西平原。在进入回民聚居的兴隆镇时，焕先同志根据当地回族的宗教信仰和风俗习惯，制定了“三大禁令、四项注意”，并亲自拜访清真寺，赠送匾额和礼品，赢得宗教人士和回民群众的信任和拥护。后来，毛泽东同志曾赞扬过红二十五军路过陇东回民地区时留下的良好影响，说我们的民族政策执行得很好！

焕先同志在红军中长时期从事政治工作，没有受过系统的军事教育，但他能够在革命战争中学习战争，长期的战争实践造就了他的军事才能，提高了他的作战指挥艺术，成为一名英勇善战的军事家。在多次极为险恶的战斗中，焕先同志都不顾个人安危，身先士卒，冲锋在前，使部队一次次化险为夷，转败为胜。长征入陕途中的独树镇战斗，焕先同志手执大刀奋勇当先、坚决果断指挥部队与敌英勇冲杀的激烈场景，至今仍历历在目！到达陕南以后，令人难忘的庾家河战斗，也是一场生死存亡的激烈恶战。当时，我和徐海东同志都身负重伤，情势十分严重。焕先同志亲临前线，继续指挥部队作战，与敌反复冲杀20余次，终将敌人击退，使红二十五军得以在商洛山中站稳脚跟，开创了新的鄂豫陕革命根据地。1935年8月21日，我军抵达甘肃省泾川县境，焕先同志正在指挥部队南渡汭河，敌三十五师二〇八团1000余人，突然从泾川县城奔袭而来，担任掩护任务的部队在四坡村与敌展开激战。时值大雨倾盆，河水猛涨，我先头部队过河后，难以回援，后卫部队处于背水作战。焕先同志见情势危急，亲自带领100余人攀登陡崖，直插入敌人侧后，勇猛反击敌人。敌二〇八团千余人全部被歼。战斗中，焕先同志不幸壮烈牺牲，时年28岁。全军指战员无不悲痛落泪。

同志们，焕先同志离开我们整整50年了。壮志未酬身先死，他的戎马倥偬的光辉一生，早已铭刻在历史的丰碑上；他为之英勇奋斗的未竟事业，将在党的新的历史时期的路线指引下逐步实现。焕先同志为实现共产主义伟大理想而英勇献身的精神，将永远激励我们奋发图强，勇往直前，为振兴中华而努力奋斗！

1985年10月27日

选自芦振国、姜为民编：《红二十五军长征纪实》，河南人民出版社1986年8月第1版，第219—223页。

寄语商山忆英烈

——缅怀吴焕先同志

郭述申

在迎接红军长征50周年的时候，回顾红二十五军的长征经过，尤其是军政委吴焕先同志的壮烈牺牲，更使人思绪联翩，感慨万千！

中国工农红军第二十五军，是在红四方面军撤离鄂豫皖苏区之后，于1932年冬重新组建的一支革命武装。吴焕先同志当时为红四方面军政治部主任，留任鄂东北游击总司令。他根据鄂豫皖省委决定，亲自主持组建红二十五军，先后担任军长、军政治委员。两年间，在数十万敌军四次又五次“围剿”中，他领导红二十五军坚持鄂豫皖革命根据地，进行了艰苦卓绝的斗争。1934年冬，红二十五军奉命实行战略转移，创建新的革命根据地。在创建鄂豫陕根据地初期，省委书记徐宝珊身患疾病，军长程子华、副军长徐海东均负重伤，当时由焕先同志主持全面工作，在极其艰难困苦的斗争岁月，他独挑革命重担，既抓部队工作、指挥作战，又抓地方工作、发动群众建立游击武装和基层政权，为鄂豫陕革命根据地的开辟创建，红二十五军的发展壮大，作出了不可磨灭的重大贡献。尤其是在红二十五军北出终南山、威逼西安之时，焕先同志以其远见卓识、胸怀全局的革命胆略，为配合党中央和主力红军的北上行动，主持召开省委会议，坚决果断、及时正确地作出西征北上的战略决策。他具有高尚的革命品质、坚强的斗争决心、卓越的战略远见和领导才能，是全军指战员公认的杰出领导者。他的壮烈牺牲，全军上下无不悲痛万分，热泪盈眶……

焕先同志牺牲在长征途中的陇东高原，距今已整整半个世纪。历史岁月洗汰了记忆中的许多往事，但他那么一副令人难以忘怀的音容笑貌，至今仍历历在目。西征北上途中，我们曾在甘肃两当县城拍过一张合影照片，我将它一直带到陕北。1936年，美国记者埃德加·斯诺到达陕北时，这张照片由杨尚昆同志转到斯诺手里，现仍见之于《斯诺眼中的中国》画册。瞧他那么一副雄姿英挺的神态：一身灰布军装，一顶深灰色的八角帽，挎着一支手枪，胸前的第三颗纽扣上，挽着一条怀表链……多么熟悉而又难忘的形象啊！长征途中，难道就留下这一幅珍贵的合影留念么？时隔50年之后，该从何时何地寻觅他所留下的战斗足迹！我情不自禁地沉入在历史的烽火硝烟之中……

红二十五军的长征，从1934年11月16日到1935年9月15日，为时整十个月。其间，以七个多月转战于商洛山中，创建了新的鄂豫陕边革命根据地，使自己得以立足和休养生息。农民起义军李自成几进几出的商洛山中，既是红二十五军长征入陕的落脚点，又是继续西征北上的出发地，在中国革命的史册上也曾留下光辉的一页。好在近几年我曾两次重返商洛地区，只有趁这两次难得的旧地重游，就我的一些所见所闻以及对历史的回忆，选上几页片断加以叙述，借以告慰我最崇敬的革命英烈——吴焕先同志！

一、庾家河水起洪波

庾家河的流水，翻滚着银白色的浪花，哗哗东流而去……

这个深山峡谷中的乡镇，一条拐弯小街，也不过30几户人家，开有几所杂货店铺。据说，这地方是个南北通商的必经之地，南通商县之龙驹寨

（今为丹凤县），以至湖北境内；北可抵达西安、华县、池关等地。许多南来北往的商客，也多在此歇脚住宿。每到一、四、七逢集之日，周围几十里以内的山民都在此赶集，别有一番山乡风情。

1934年12月8日，红二十五军经由箭杆岭进入陕南境内，歼灭三要司守敌四十二师二四八团一个营。第二天，即翻越蟒岭，到达山中小镇庾家河。省委和红军的几位领导同志，就住在小镇拐弯处的一家中药铺子，店名“春永茂”。当天，就曾发生一桩饶有情趣的事：

“春永茂”药铺掌柜杨春荣，在红军进入小镇之前，听信了一些谣言，以为红军都是些“血脸红头发的怪物”，就躲到附近山林里去了，压根就没敢露面。当晚，偏又被红军抓住。此人三十五六岁，头戴一顶皮帽，身着棉袍，战士们都认定是个“大土豪”，马上就扣押起来。过后经过一番了解，街民们都说：“药铺的杨掌柜，是个大善人，好得很！”这才弄清此人自小在药店当过学徒，懂得一点医道，因为生活所迫，曾挑着一根扁担到潼关等地跑过几年山货买卖，随后在此地开了个中药小铺，为人老实厚道，也没啥政治嫌疑。军政委吴焕先听说这事以后，忍不住呵呵笑道：“开上个中药铺子，也是救死扶伤的慈善事业。我们就住在人家铺子，还把掌柜的扣留起来，实在不够意思啰。赶快放了，放了，莫把个‘善人’当成大土豪！”马上就叫人为之松绑，并向其作了一番解释，表示歉意。杨春荣对红军有了认识，又出于对红军的感激之情，当时还从家里拿出好几斗包谷，资助远道而来的红军。听说杨春荣随后还掩护红军伤员，配制了专治红伤的药物，为革命做过许多有益的工作。

放了一个“杨善人”，在小镇上引起很大反响。人们都说红军的好话，能把好坏分清，没有冤枉“杨掌柜”！可是，吴焕先心里却感到是个事儿，当晚就跟军政治部主任郑位三进行商量，决定由郑位三起草一份张贴传单，借以安定民心，使群众真正了解红军队伍。第二天，《什么是红军》的油印传单，就在街头上张贴出来。几百字的一页传单，把红军的性质、宗旨、任务以及有关政策，都写得一目了然。记得末尾还有两句十分自豪的话："中国有红军已经八年了。现在中国的红军总计有好几十万，……全国红军的总司令是朱德同志！"

12月10日这天，鄂豫皖省委就在"春永茂"药铺召开了一次常委会，及时作出《关于创建新苏区、新的革命根据地的决议草案》，不失时机地解决了新区的选择和当前方针任务等重大问题。决议中写着："鄂豫陕边区一带地域，在敌人薄弱的条件上，群众生活苦容易发动斗争的条件上，在同川陕苏维埃运动与红军的配合上，在地势的条件上，无论如何是适应我们创造新苏区、新的革命根据地的"。同时还提出：摆在党的面前的紧急任务，是要加强红二十五军，加强争取群众工作，要求"每个党、团员以至动员每个战士进行群众工作。……解除民团武装，消灭境内的国民党匪军，建立苏维埃政府"。在政策方面，提出要"与没收富农、资本家的过早办法作无情的斗争"。决议草案特别强调在重大的战略转变面前，必须"向全党同志深切指出当前的形势与任务，坚定每个党员的意志和信心，……为着当前的光荣事业和任务而斗争"，并提出"立即创建鄂豫陕省委，为创造鄂豫陕苏区而斗争"！省委庾家河会议，对鄂豫陕根据地的创建和红二十五军的发展壮大，有着十分重要的历史意义。

然而，就在这一天，原来驻守在朱阳关堵击红二十五军入陕的敌六十师陈沛部，突然从鸡头关方向奔袭而来。敌我双方就在庾家河的东山坳口，展开一场激战。我全体指战员顽强抵抗，英勇奋战，以刺刀、手榴弹与敌拼搏，反复冲杀20余次，其紧张激烈之情景，实属少见。军长程子华、副军长徐海东均负重伤。最后，终于在吴焕先政委指挥下，将敌人彻底打垮，毙伤敌800余名，我亦伤亡200余人。至此，我军终于在陕南站住脚跟，并赢得了开辟新区的时机和条件。

战后，焕先同志肩上的担子更加繁重。省委书记和军长、副军长，都躺在了担架上，每天都得由部队抬着，随军行动转战。这一时期，焕先同志按照省委作出的创建新区的方针任务，采取了大回旋的军事行动，南下郧西，北返洛南，东出卢氏，西转蓝田，以武装斗争为先导，消灭了许多民团，打击了地方的反动势力，扩大了党和红军的政治影响。部队所到之处，严格执行群众纪律，镇压土豪恶霸，将没收的大批财物分配给贫苦百姓。一些“吃饭照影影，睡觉看星星”的贫苦群众，分得了粮食，解决了饥寒；许多衣不遮体、“白天钻草窝，晚上去干活”的人家，也分得了衣物；商县孙家山有个名叫狗娃子的农民，经过红军救济之后，全家才穿上了裤子，群众反映说：“红军来了，狗娃子一家能出门见人了！”少数群众心有疑虑，不敢公开接受斗争果实，指战员就在夜里将衣物粮食送上门去。因此，到处传说红军是“活神兵”！

商洛山区的贫苦群众，从水深火热之中逐渐觉醒起来，看到红军是自己的军队，为劳苦大众谋福利、打天下的，都打心眼里高兴！

二、鄂陕边界播火种

是年12月下旬，部队进入鄂陕边界一带活动。经过一段实际调查，省委依据当地群众反抗苛捐杂税的迫切要求，及时提出“五抗”（抗捐、抗债、抗粮、抗伕、抗丁）的斗争口号，决定抓紧时机发动群众，在鄂陕边界创造革命根据地。吴焕先根据这个决定，马上就作了新的部署和安排，领导部队投入开辟新区的斗争。

在镇安县的九甲湾，军政委吴焕先决定派陈先瑞同志带领一个连队，就近在镇安、山阳、郧西等地，开辟新区工作。陈先瑞当时只有20岁，是二二三团政治处主任，长征入陕经过卢氏县城时，脚上负了枪伤，还没有痊愈，走路一颠一跛的很不得劲。因为部队初到陕南，人生地不熟的，怕担负不起这个重任。吴焕先对他讲道：“其实，也没啥了不起的！给你派上一个战斗连队，再配上个大个头警卫员跟着，甩开膀子干上一场！就是受点损失，也不要泄气，还可以重整旗鼓，再干就是……”吴焕先随后又讲了讲省委的行动意图，说派到地方工作的每个指战员，都是一颗革命的火种，将很快燃起一团团斗争的烈火，照亮一块块新的天地。几句话讲得陈先瑞心里热呼呼的，他想到军政委的信任，革命斗争的需要，就愉快地接受了任务。他所带领的二二三团七连。当时改称为“鄂陕游击师”，由他担任师长。吴焕先还向他交代了三项任务：一是了解边界地区的地形和社会民情，尽快熟悉和掌握地方情况；二是以“五抗”斗争口号广泛发动群众，消灭地方反动势力，建立群众武装，成立苏维埃乡村政权；三是与军部保持联系，将活动情况和敌情动向及时向领导报告。第一批革命的“火种”，就这样不失时机地撒播开来。

不久，吴焕先带领主力部队一举攻克镇安县城，于当日发布了《中国工农红军二十五军为占领镇安县告群众书》，号召工农群众团结起来，捉拿反动首领，打土豪分田地，生产兴业，造成工农群众自己的镇安县。这时，吴焕先很快将主力部队遍及于镇安、旬阳、郧西、山阳等县边区，乘胜横扫地方民团，广泛宣传“五抗”，发动群众镇压土豪恶霸，摧毁反动的保甲制度，建立苏维埃政权。这样，经过一段时间的努力，就在镇安县的白塔、茅坪、大小米粮川，郧西县的一、二、三天门和丁家坪等地，建立了第一批区、乡、村苏维埃基层政权。部队也扩充了400多名战士。等到敌人发动第一次“围剿”时，已在鄂陕边界开创了第一块革命根据地，为反“围剿”斗争和继续创建根据地打下了良好基础。

之后，经过蔡玉窑、葛牌镇两次战斗，歼敌一二六旅三个多营，乘胜在兰田、商县、柞水、镇安、山阳等五县边区，很快又开创了第二块革命根据地。

1935年2月中旬，省委在郧西县二天门召开常委会议，总结了入陕两个月的斗争情况，并就“红二十五军能否在鄂豫陕边区单独创建根据地”问题，进行过一场严重的思想斗争。因在庾家河战斗后，省委有少数同志认为领导干部伤亡较大，以红二十五军的力量单独创建新苏区似有困难，曾提出过入川会合红四方面军的意见；随着敌人围攻的开始，特别是春荒的到来，更加助长了这种思想。为了统一思想行动，坚定反“围剿”

斗争和创建新区的决心，郧西会议批评了这种思想情绪，提出要“克服自己怕苦畏难的落后情绪，看清必然胜利的前途”。在这次会议上，吴焕先同志旗帜鲜明，立场坚定，坚决反对入川的错误主张。他认为在鄂豫陕边创造新的根据地，“对配合川陕和陕北两个苏区与红军行动，仍是能够实现的，是有意义的，在发展前途上可以打通两个苏区，与联系两地红军。特别是在现时敌人集中力量进攻川陕苏区，我们对敌人的牵制，对红军的配合，更为重要迫切”[①]。他认为这个地区的战略地位相当重要，曾打过一个生动而又形象的比喻，把商洛山比做一个“香炉脚”，完全可以与川陕和陕北两个苏区互为犄角，撑起一座革命的“香炉”。因此，他主张按照“省委庾家河之决定不变”[②]！

会后，省委决定建立鄂陕特委和鄂陕游击司令部，派我下去担任特委书记，陈先瑞同志为游击司令，统一领导鄂陕边区的工作。与此同时，在焕先同志的具体关照下，我们分别将镇安县店垭子、郧西县一、二、三天门、山阳县唐家河等地的抗捐军和游击队，改编为五、六、七、九路游击师，将陈先瑞所带领的七连扩编为战斗营，就地开展游击活动，坚持对敌斗争，以巩固和发展已经建成的南北两块革命根据地。

三、袁家沟口举战旗

这是1935年春节期间的事。当时，我在军政治部担任副主任，跟随军部一起行动。记得葛牌镇战斗以后，打退了敌一二六旅两个团的进攻，部队进驻到山阳县的袁家沟口。当地一支自发的农民武装，就在这时举起了革命的战旗！

袁家沟口这个山大沟深的乡镇，交通比较闭塞，虽说开有几十户店

① 引自吴焕先1935年7月17日写给党中央的报告。

② 引自吴焕先1935年7月17日写给党中央的报告。

铺，街市也不那么景气。30年代初期，据说这里就兴起过一支自发的农民武装，以锄头棍棒为武器，反抗国民党政府的苛捐杂税，号称“万户蜂”！县府衙门胆敢来此地催粮、逼捐、收税，就要当心这万户之众的愤怒的蜂，蜇他个鼻青眼肿，这个“马蜂窝”是捅不得的！1933年，山阳县民团头子唐靖，曾带队包抄过“万户蜂”，结果被农民群众打了个埋伏，打得敌人屁滚尿流，慌忙退回县城。这一仗，听说还缴了几条长枪。当地老百姓都拍手称快：“唐靖犯了地名了，糖（唐）叫蜂给吃了！”

“万户蜂”是以庙沟村的阮英臣等人，领头聚众起事。他们随后又以“抗粮抗款”为宗旨，组成一支“大刀会”，推举阮英臣为其首领。红二十五军到了袁家沟口以后，当即跟这个“大刀会”接头联系，支持他们的正义斗争。军政委吴焕先亲自跟阮英臣等人作过交谈，向他们讲明红军的革命宗旨和任务，动员他们以“五抗”为斗争口号，发动当地的农民群众，与国民党反动派作斗争。阮英臣等人深受感动，决心在红军的帮助和支持下，把“大刀会”重整起来。第三天，阮英臣就领着一支成百人的农民队伍，来到了袁家沟口，接受红军的委任和领导。

这天，吴焕先政委亲临现场，热烈庆贺这支地方武装的成立。吴焕先对他们讲了一番表示支持的话，他说官逼民反，民不得不反！官府衙门的苛捐杂税太重，多如牛毛，压得老百姓喘不过气儿，直不起腰来，就得组织起来造反！要反，就反它个底朝天，建立劳苦大众的革命政权！当时，就命名这支队伍为陕南第四路游击师战斗营，授予一面鲜红的战旗！并委任阮英臣为四路游击师师长兼战斗营营长，委派红军指导员夏云亭同志为战斗营政委。与此同时，还把红军作战中缴获的三挺轻机枪、80多支步枪、近千发子弹和成百颗手榴弹，配发给这支新成立的地方部队。陕南第四路游击师战斗营，就这样威风凛凛地武装了起来。

不久，袁家沟口也建立了区苏维埃政府，地址就在“丰源”商号里面。门前贴着这样一副对联：“镰刀割断旧乾坤，斧头劈开新世界。”附近山村的老百姓，还特意送来一块油漆匾额，刻着“工农当权”四个大字，高高悬挂在屋内。苏维埃政府主席，也是“万户蜂”发起人之一程家盛。

从此以后，这支地方部队就以袁家沟口为中心区域，活动于山阳、镇安、柞水、兰田、商县边界地区，发动群众打土豪分田地，坚持对敌斗争。他们先后歼灭二道沟税警队和牛耳川、色河铺、金井河等地民团，摧毁了几处伪乡政权，声势越来越大。队伍很快发展到300多人，全营编为四个连队，连排干部大都是红军中伤愈归队的战斗骨干。听说其中有好几个排长，还是红四方面军当年过境时留下的伤病员，这时都自动归入地方部队。

7月初，红二十五军在第二次反“围剿”过程中，将陕军警一旅唐嗣桐部诱入袁家沟口，打了一次伏击战。当时，第四路游击师也参加了战斗，配置在袁家沟口以南高地，堵截沟口，并担任战场警戒任务。这一仗打得相当出色，我军一举歼灭陕军警备第一旅，毙伤敌人300余名，俘敌1400余名，缴获各种武器1000余支。敌军旅长唐嗣桐，也被红军活捉。以“万户蜂”起事的袁家沟口，老百姓更是兴高采烈，拍手叫好：“唐嗣桐也犯了地名啦！一个旅的糖（唐）块，全都叫蜂吃光了！”历史就是这样巧合而富有情趣。

第四路游击师这支在战斗中诞生和成长的地方武装，在袁家沟口大捷之后，便跟随红二十五军一起北出终南山，威逼西安。西征北上的途中，正式编入红二十五军，吴焕先同志当时还作了讲话动员，夸奖过来历不凡的“万户蜂”的子弟兵。280多名“万户蜂”的子弟，都在红二十五军这支英雄的部队中英勇战斗，纵横驰奔……

四、洛南县城传佳话

1935年4月18日，红二十五军攻克了洛南县城。这是继镇安、柞水、宁陕、佛坪之后，所攻占的第五座县城。洛南县靠近关中平原，土地肥沃，物产丰富，商业颇为繁盛，也是比较大的一座县城。

部队入城之前，吴焕先政委就对各级领导作了安排，严格要求遵守城市政策和群众纪律，把军司令部、政治部联合发布的《关于商业政策问题》布告，一张张贴在街头，借以扩大红军的政治影响。入城以后，根据事先所了解到的情况，即将几户由反动资本家、土豪劣绅开办经营的“顺兴恒”粮行、“永聚成”货栈、“治和昌”钱庄等商号，予以查封没收；而对正当经商的“致中和”山货店、“丁裕恒”中药铺、“瑞义协”食品铺等几十家中小商店，都妥善加以保护。“致中和”、“天兴春”、“魁盛德”等商店的店东，在红军攻城时都丢下店铺，闻风逃走。红军不但没有动其财产，吴焕先政委还要求派上哨兵，严加守护看管。当天晚上，只有军直机关住在祠堂古庙里面，部队大都驻扎在城外，或在城内街旁屋檐下露宿过夜，没有惊动居民百姓。

第二天，军部在城隍庙召开群众大会，到会的有好几百居民和小商小贩。吴焕先同志亲自到会讲话，宣传红军的政策主张，并结合几家商号的实际情况，讲了商业政策问题。同时还讲了红军的革命宗旨和三大任务，官兵平等亲如兄弟的原则，号召青壮年参加红军，为劳苦群众求解放、打天下！会后，处决了几个罪大恶极的土豪劣绅和民团头目，进行开仓放粮，向贫苦群众分发财物。为了庆祝胜利，军政治部宣传队还在街头演了几个小戏。分得粮油、布匹、衣物的贫民百姓，一个个乐得眉开眼笑，奔走相告：“红军好，好得很！红军是咱穷人的队伍，跟老百姓是一家人……”

有几家受到红军保护的商店掌柜，互相间也联合起来，拿着许多点心糖果、猪肉蔬菜，还有几只咯咯叫的活鸡，跑来慰劳红军队伍。可是，所到之红军连队，除收下一点猪肉、蔬菜、糖果，表个意思以外，谁也不敢接收那几只活鸡。有谁知道，这支纯朴的红军队伍，向来就没有吃鸡的习惯，平时也很少吃鸡蛋。早在鄂豫皖苏区，指战员就自觉养成一种不吃鸡的习惯，战士们总以为鸡是老太婆喂的养的，杀了吃，怪可惜的，老百姓会把红军跟国民党匪兵一般看待。有时进村去打土豪，他们也不抓土豪的鸡，怕落个“鸡犬不宁”的名声。平时改善生活，也就是吃点猪肉。现在进了洛南县城，大家都很遵守纪律，凡是有损于红军声誉之事，谁也不敢大胆妄为。对几个找上门来的商店掌柜，都婉言予以谢绝。最后实在推辞不过，就打发他们送到军部。

军政委吴焕先接见了几位商店掌柜。交谈之中，他发现几位登门劳军的商人，完全是因为红军没有动其资产，出于一种感恩报答之情，以此应酬红军。他随手拿出一张《关于商业政策问题》的油印布告，让他们仔细看过。几位掌柜又是点头，又是哈腰，说在街头上已经看过。吴焕先接着讲道：“看过了就好！我军对于城镇商业政策，首先是保证贸易自由，反对奸商，取消一切苛捐杂税、厘金关卡，实行统一的累进税。我们只是没收反动分子的商业资产，保护正当经商行商，对小商户都一概免予税收。洛南县几十家商业店铺，本军都是按照政策行事，谁个好谁个劣，我们都了解得一清二楚。”并让他们给几家逃跑在外的商店掌柜，尽快都给捎个口信，劝其早日回店营业，红军一定保护其生命财产。众商人深受感动，连连点头称是。所送的几只活鸡，最后还是破格地收了下来，转交给军医院院长钱信忠，慰劳了红军的伤病员。吴焕先之所以破这个惯例，也是因为在十天前的九间房战斗中，全军增添了数十个重伤员，李学先、韩先楚、刘震等营以上领导干部，也都负了重伤，急需要补养身体。

部队在洛南县城及近郊的乡村小镇，就势开展了几天群众工作，随后就开往豫陕边境地区，创建又一块革命根据地。临走时，洛南城内以及周围乡村的贫苦群众，包括附近几个煤窑的矿工，都纷纷报名参加红军。两三天之内，就扩充新兵200余名。红军攻占洛南县城的所作所为，一直被传为佳话……

五、商洛山中寄深情

经过半年多的艰苦斗争，造成了鄂豫陕边“工农武装割据”的新局面。先后在兰田、柞水、镇安、山阳、旬阳、郧西、洛南、商南、商县、卢氏和洋县华阳地区，创建了四块革命根据地，并成立了鄂陕、豫陕两个特委，以及区、乡苏维埃政权组织，地方各路游击师、抗捐军发展到2000余人，初步建成了鄂豫陕边革命根据地。红二十五军也得到进一步发展壮大。西征北上时，全军已近4000人。

徐宝珊同志于5月9日病逝后，鄂豫陕省委书记由吴焕先同志代理。是年7月中旬，他即率领红二十五军西征北上。红二十五军遂又经过两个月的艰苦转战，行程4000余里，沿途攻克两当、秦安、隆德三座县城，进行大小战斗十多次，终于打退了敌人的追堵，成为红军长征中先期到达陕北的第一支队伍，胜利完成长征。可是，我们的军政委吴焕先同志，于8月21日在泾川县四坡村战斗中壮烈牺牲，时年28岁。

焕先同志牺牲在长征途中，埋葬在甘肃泾川县的郑家沟，坟墓随后也被敌人毁坏。他在率红二十五军西征北上所经过的沣峪口、江口镇、留侯祠、双石铺、兴隆镇等地，所值得回忆的光辉事迹，还很多很多……而我，也只能寄语商洛山中的一缕情思，缅怀长征英烈吴焕先同志。是啊，他在鄂豫陕边的商洛山中，还留下些什么呢？……

在商洛地区，红二十五军当年还留下一些珍贵文物，有《什么是红军》的传单、《有关商业政策问题》的布告、《为占领镇安县告群众书》以及军政治部签发的《红军战士家属优待证》等等。在丹江边棣花街的古代名胜二郎庙，还留下两幅标语：“建立陕西苏维埃政府”、“为创造陕西苏维埃政权而战”！至今墨迹犹存。就其内容而言，完全反映了省委当时创建新苏区的决心和意图，也是焕先同志为之英勇奋战的心愿！

近几年，我曾到过庾家河、三要司、兰草等地，参加过几次老人座谈会，有位当年的“卖炭翁”说他挑着木炭跟红二十五军半路相遇时，红军还为他“让路”咧！这也勾起我对焕先同志的一段回忆：初到陕南时，他有次找老百姓问路，讲了好一阵子，老百姓一句也听不懂他的口音。他当时也很着急，没好气地说：“我又不是外国人，怎么就听不懂！”过后，他意识到是个问题，就带头学起了地方话，还号召全体指战员学习地方语言，以便于行军作战和开展群众工作。记得部队在崎岖山路上行军，每遇到背柴、挑炭、扛椽、掮板的老百姓，他老远就以陕西话吆喝起来：“闪开，闪开！呛忙给乡党让路……”没想到这种平凡小事，时隔50年之后，至今仍被人当作美谈！

焕先同志很重视军民关系和群众纪律，他把红军和老百姓比作鱼和水，常说鱼儿离开水就活不成，我们是工农红军，决不可忘了根本。当时，有许多不能随军行动的伤病员，大都安置在老百姓家里休养，他要求这些同志嘴要乖，心要诚实，决不可胡作非为，定要把收养自己的老百姓当作亲生父母。有一次，他曾征求群众对红军伤病员的意见，有个被称为“红军干妈”的妇女说：“红军好，样样都好！就是眼窝不太好，见了屋里人都叫大娘，把人家姑娘也喊成大嫂！”据说，凡是当年建立过苏维埃政权的地方，都有不少掩护过伤病员的“红军干妈”。那时候就留传着这样的民谣：“哪条山沟不长树，哪个树呀不扎根；红军百姓鱼和水，认个干妈情意深。”还有这样一首鱼水情歌：“三年没吃过麦面馍，娃他外婆送了一个；全家老小掰半边，半边留给红军哥……”多么感人至深的军民情谊啊！

当然，焕先同志留在商洛山中的历史功绩，也不仅是这些生活故事。我们西征北上路过江口镇时，他曾两次给留在商洛山中的郑位三、陈先瑞同志写信，说明当前形势和红二十五军新的战略任务，决定将鄂陕、豫陕两个特委合并，组成新的鄂豫陕特委，对继续加强根据地的工作和领导武装斗争，都作了具体指示和安排。以郑位三和陈先瑞为主要领导的鄂豫陕特委和红七十四师，随后又坚持了一年半之久的游击战争，部队也发展到2000余人。这一战略性的决策，与吴焕先同志也是分不开的，同样留下极其光辉的一页。鄂豫陕省委主要领导人、红二十五军的政治委员吴焕先同志，永垂青史！

选自芦振国、姜为民编：《红二十五军长征纪实》，河南人民出版社1986年8月第1版，第224—238页。

记长征中的吴焕先同志 ①

程子华　郭述申　韩先楚　刘震　陈先瑞

鄂豫皖革命根据地创始人之一、红二十五军政治委员吴焕先同志，1935年英勇牺牲在长征路上，我们这些跟着他的足迹走过来的人，每当想起这位为无产阶级革命事业贡献了一切的先行者，敬慕之情便油然而生。

……

1934年9月，程子华同志来到鄂豫皖根据地，传达了党中央和周恩来同志的指示。鄂豫皖省委根据中央的指示精神，决定红二十五军向鄂豫陕边界进军，去创造新的根据地。确定留下皖西北道委书记高敬亭同志带部分游击队坚持根据地。于是，当年11月，在省委领导下，我们高举中国工农红军北上抗日第二先遣队的旗帜开始长征。实践证明周恩来同志的指示是正确的：鄂豫皖根据地坚持了，在陕南也开辟了一块根据地；到陕北时，红二十五军由3000人扩大到4000余人。

焕先同志很讲究斗争策略，在我军跨过平汉铁路，进入河南地界时，到处是寨子，都由民团和地主武装把守，阻拦我们。这时，我军用中国工农红军北上抗日第二先遣队的名义，和那些地方武装谈判，要求借路通过，互不侵犯，结果那些地方武装就让开大路，甚至让我们从寨子

① 题目为编者所拟。

中间通过。缩短了行军时间，避免了损失。

吴焕先同志治军是很严整的，他对损害革命的行为深恶痛绝。1934年11月，我军长征到河南省方城县独树镇，突然遭到敌人一个步兵师和一个骑兵师的追堵。由于寒流降临，气候突变，雨雪交加，在跟敌人遭遇时，战士们的手指都冻僵了。敌人发起猛攻，并从两翼包抄而来，情况十分危急。有个贪生怕死的参谋主任，骑着一头大黑骡子，仓皇奔逃，大喊大叫："我们被敌人包围了，过不去了，各自逃命吧！"一霎之间，少数部队出现不稳。就在这紧急关头，吴焕先同志赶到现场，从警卫员身上抽出一把大刀，站在高处，厉声喊道："站住，冲上去顶住敌人！这是生死存亡的关头，决不能后退！"战士们冲入敌群，展开激烈的白刃格斗，终于顶住了敌人。第二天我军转移新地区时，吴焕先同志把部队集合起来，表彰了作战勇敢的同志，痛斥了参谋主任临阵脱逃的可耻行径，并代表军的领导做了立即枪决的宣判。这一宣判赢得同志们热烈拥护，也使全军指战员受到一次深刻的战场纪律教育。

我军且战且走，敌军紧追不放，在过拐河时，焕先同志指定韩先楚同志率领队伍抢占河边的一个寨子。当这个部队接近寨子的东南角时，敌军也从另一条路上奔来，狭路相逢勇者胜，我军的手榴弹，长短枪一齐开火，打得敌人狼狈逃窜。这是长征路上危险的一步。若不是焕先同志深谋远虑派部队控制河边的寨子，我们这支疲惫不堪的远征军，是难以在敌步、骑兵的追击下安全过河的。

12月初，我们粉碎敌人40多个团的围追堵截，长驱千余里，胜利地进入了陕南。行军途中，焕先同志骑在马上不是读书就是看报。到达宿营地就察看地形，布置警戒。他对革命工作兢兢业业，尽忠尽职，而对玩忽职守的人也不讲情面。12月10日，我军在洛南县庾家河同敌六十师发生了一次激烈的战斗。在战斗中，军长程子华、副军长徐海东同志都负了重伤。政治委员吴焕先同志指挥部队把敌人打垮了，当他返回驻地时发现有些伤员还没有得到安置，而另一位领导干部，却在农民家里睡大觉。焕先同志十分恼火，亲自把那位领导同志喊了出来，当场给了严厉的批评。正是由于焕先同志能够团结内部，从严治军，又身体力行，使红二十五军保持着良好的战斗作风和亲密的团结。

红二十五军西进到鄂豫陕边界以后，打了许多胜仗。首先在三要司歼敌一个营。接着在庾家河歼敌800多；在蔡玉窑击溃敌一二六旅，在洋县石塔寺，打垮敌警二旅，打伤其旅长张飞生，在葛牌镇全歼敌警三旅；在袁家沟口全歼敌警一旅，俘敌旅长唐嗣桐，等等。同时打土豪分田地，发动群众，很快就在鄂陕、豫陕边界和华阳地区建立了两个县、数十个乡的革命政权，以及许多地方武装。主力部队也有发展。1935年春，蒋介石从各处凑合了30多个团的兵力，对我发起了大规模进攻，并限令在5、6、7三个月之内，全歼红二十五军。恰在这时，鄂豫陕边区省委书记徐宝珊同志因病去世，省委决定让吴焕先同志代理书记职务。他在此紧急时刻，主持召开了省委军事会议，研究和制定了有关反“围剿”的作战方针，决定采取“先疲后打”的灵活战法，粉碎了敌人的围攻。7月中旬，我军又乘胜打出终南山，前锋部队直抵西安以南20余里，威逼敌军老巢。蒋介石妄图在三个月之内消灭我军的“围剿”计划，遭到了彻底破产。

艰苦的历程，枪林弹雨的生活，使焕先同志更加热爱自己的部属，他常说，要好好保存我们的骨干，有一天，这些骨干都要成为担负重任的领导干部。他十分关心中央红军和二、四方面军的行踪。焕先同志曾说，消灭敌人一个团也不如缴获一部电台，有了电台就可以听到中央的指示了。打出终南山以后，我们从缴获的报纸上和交通员带来的信息中，获悉一、四方面军已在川西会合，并有北上的动向。焕先同志和省委其他同志认真研究了斗争形势的重大变化，召开了鄂豫陕边区省委会议，决定带领红二十五军急速向甘肃方向挺进，策应党中央与主力红军北上。同时决定红二十五军北上陕北与陕北红军会师，留下郑位三、陈先瑞等领导同志，继续坚持陕南地区的斗争，巩固和发展这块新建的革命根据地。焕先和省委其他同志这一果断的行动，具有重大的历史意义！

7月16日，红二十五军沿着秦岭北麓走了几天，随后又转入秦岭山中，继续向西挺进。8月初，我军很快就进入甘肃境内，攻占两当县城，渡过渭河，攻下秦安，如同闪电一般地出现在陇东高原。

焕先同志每到一地，都要教育部队严格遵守群众纪律，切实做到秋毫无犯。他说：我们每天行军打仗，切莫忘了扩大红军的政治影响。他针对敌人所散布的种种反动谣言，要求部队不管走到哪儿，都要把红军的优良作风带到哪儿，让新区人民群众晓得红军是一支纪律严明的工农队伍。记得在路过留坝县时，部队住宿在一座大庙里面，当时因为庙内卫生搞得很脏，纪律也不太好，焕先就把有关单位的党支部书记召集起来，进行教育说：这座庙宇是我们国家的名胜古迹。我们红军队伍一定要爱护文物古迹，搞好卫生；对庙内的一切陈列物品，都不得随便拿动。当同志们晓得这就是西汉名士张良庙时，都敬佩焕先同志的做法，临走时，把庙内收拾得干干净净。

焕先同志以身作则，模范地遵守群众纪律。他深入调查研究，根据不同地区的民情风俗，适时地提出一些新的规定。在到达回民聚居的兴隆镇之前，他就了解到军阀部队在这一带所造成的民族隔阂；同时又结合当地回族的宗教信仰和风俗习惯，对部队进行了党的民族政策教育。他制定了几项必须遵循的规定，禁止部队驻扎清真寺，禁止在回民家中吃大荤，禁止打回族的土豪，不准在回民面前说“猪”、骂“猪”等等。到了兴隆镇以后，焕先同志首先去拜访了清真寺，并赠送了匾额和礼品。部队还在街道两旁，张贴了许多标语布告，进行政策宣传。我军的模范行动，使当地回民群众深受感动，赞不绝口。有许多事先逃跑出去的青年妇女，听说红军纪律好，很快都从野地里跑了回来。陇东高原上的兴隆镇，到处都是一派从未有过的欢腾景象！

部队在这里居住了三天，临走时，回民敲锣打鼓，鸣放鞭炮，端上点心油果，欢送红军。清真寺的阿訇们，还专门宰了几只肥羊，吹吹打打地簇拥着，送到军部。几个回族青年，还跟着我们一块儿到了陕北。

后来，我们在跟中央红军会师以后，党中央曾夸奖过红二十五军路过回民区时留下的良好影响，毛主席说我们的民族政策水平很高，执行得很好。

……

1935年8月，我军攻克隆德县城，翻越六盘山，绕过平凉直抵泾河边上的白水镇。这时，敌三十五师的骑兵团及二〇八团数千人，突然从西峰镇方向猛扑过来，企图在泾河北岸堵击我军。我军则决定南渡泾河，佯作夺路入陕之状，把敌人从泾河沿岸调离开来，然后再乘机调转，渡过泾河，挥戈北上。8月21日，我军冒雨来到泾川县城西南渡河。谁知，部队刚过了一半，突然山洪暴发，河水猛涨，有几个同志不幸被急流卷走。军部直属队和担任后卫任务的二二三团，大部被阻在泾河北岸，吴焕先同志因为指挥部队渡河，也被隔在北岸。这时，敌二〇八团1000余人，乘机由泾川方向猛扑而来，企图把我后卫部队压在河边，背水作战。焕先同志一看情况危急，立刻带着军部交通队一百五六十人，直插敌人腰部。他向战士们高声呼喊："同志们，决不能让敌人逼近河边！压住敌人就是胜利！"战士们不顾泥泞路滑，一鼓作气地冲上前去，抢占了一座制高点，把敌人侧后截成两段。这时，战士们听说吴政委中弹负重伤，一个个怒火万丈，与敌拼刺肉搏，把敌人从塬上压到沟里，敌团长马开基被击毙。这一仗，打得勇猛顽强，敌二〇八团1000余人全部就歼。可是，就在战斗的最后时刻，吴焕先同志英勇地献出了生命。全军指战员无不热泪滚滚，悲痛不已。此时此刻，河水好像也在呜咽，秋风似乎也在悲歌！

我们抬着焕先同志的遗体渡过泾河，当晚就买来一口油漆棺材，把他掩埋在陇东高原。随后，省委决定程子华同志任政治委员，徐海东同志任军长，带领全军踏着焕先同志尚未走完的征途，奔赴陕北。1935年9月18日，红二十五军胜利到达永坪镇，与陕北红军会师，编为红十五军团。同年10月，我们终于迎来了党中央、毛主席、周副主席率领的中央红军！毛主席在接见徐海东和程子华同志时，表彰了红二十五军的远征功绩，说是为革命立下了大功。这个大功，要归于千百个英勇牺牲的革命烈士，要归于红二十五军广大指战员，要归于鄂豫陕三省广大人民群众，也要归于省委和吴焕先同志。焕先同志是政治家，又是军事家，是鄂豫皖根据地创始人之一，是红二十五军公认的领袖。他的善于作政治工作和身先士卒，英勇战斗，以身作则，公而忘私，实事求是，执行政策，联系群众，团结同志，坚持真理，修正错误等等优秀品质，都是永远值得我们学习的。

选自程子华等：《记吴焕先同志》，载北京部队红四方面军革命回忆录编写组编：《艰苦的历程：中国工农红军第四方面军革命回忆录选辑》（下），人民出版社1984年12月第1版，第165、173—179页。

怀念吴焕先政委

张希才

在那艰苦卓绝的战争年代，许多亲密战友在我们身边倒下。每当我缅怀这些为人民的解放事业流尽最后一滴血的革命先烈，眼前就浮现出敬爱的老上级——鄂豫陕省委代理书记、红二十五军政委吴焕先同志的英武形象，耳边又响起他那亲切的声音。他的关怀和教诲，他的高风亮节和模范行动，深深地留在我的心中，始终激励着我前进。

“共产党员跟我来”

1934年11月，红二十五军在鄂豫皖省委率领下，高举“中国工农红军北上抗日第二先遣队”的旗帜，含泪告别根据地的乡亲，向西挺进，开始了长征。

25日晚，我军在河南省象河关西北地区打垮了尾随的敌“追剿队”后，继续朝方城县东北方向前进，打算越过许（昌）南（阳）公路，西入伏牛山区。

这天夜里，适逢寒潮来临，气温骤降，北风呼啸，雨雪交加。部队在风雪中连续急行军。次日下午1时左右，进到靠近公路的独树镇附近时，雪更大了，天地间一片灰蒙蒙，几步以外什么也看不清。凛冽的北风刮来，裸露的手和脸像刀割般钻心地疼。冰冷透湿的单军装紧紧贴在身上，冻得浑身哆嗦、牙齿打战。最苦的是那些被烂泥粘掉草鞋的同志，冻成紫红色的赤脚被冰碴、石块和荆棘划开一道道口子，挂着血迹。此时，饥饿、疲劳、寒冷一齐袭来，同志们咬紧牙关硬撑着，拖着沉重的双腿，艰难地向前移动。大家心里只有一个愿望：坚持下去！过了公路就能休息一下，弄点东西填肚子了。

突然，前方响起一阵激烈的枪声。“敌人，碰上敌人啦！”队伍猛地站住了，一张张疲惫的脸上露出愤怒的神情。

原来，敌庞炳勋的四十军一一五旅一个骑兵团已先我到达公路边，设下埋伏，突然向我行军队伍发起袭击。我先头部队因在雨雪中视度不良，发现敌人较迟，加上战士们极度疲劳，冻僵的手指拉不开枪栓，只得被迫后撤。个别单位发生混乱，敌人趁机猛攻，并从两翼包围上来。

就在这紧要时刻，吴焕先政委赶到了。他毫不犹豫地掏出手枪，从军交通队一名战士身上抽出大刀，对人群厉声喊道：“站住！这是我们生死存亡的关头，绝不能退！”随即举起大刀高呼，“共产党员跟我来——”头也不回地向前冲去。这激昂的声音，震撼着每个战士的心。同志们热血沸腾，勇气倍增，端起刺刀，挥舞大刀，冒着敌人密集的火力，奋不顾身地冲上去与敌人肉搏。有的刺刀折断了，用枪托砸；有的武器坏了，就抱住敌人扭打。

在激烈的战斗中，徐海东副军长率领后梯队二二三团跑步赶到。吴政委立即和程子华军长、徐海东副军长商量了对策，设法找来一盒干火柴，点燃了小草垛，让大家轮换着烘手烤枪。不一会儿，我军几十挺机枪、数百支步枪齐鸣，子弹雨点般地射向敌人。敌人惊恐万状，乱成一片，绝望地叫道：“完了，共军的机枪响啦。”纷纷扔下武器，抱头鼠窜。

敌人的突然袭击被粉碎了，可是眼前的形势依然十分严重：敌数万步骑把我们这支不满3000人的红军团团围住，这一带地势平坦开阔，既无险可据，又不便部队运动。这可是决定我军命运的关键一仗啊！怎样才能冲出重围？我们紧绷着的心，还没有来得及为刚才的胜利而放松一下，又绷得更紧了。

面对险情，吴政委镇定自若。他和程军长、徐副军长等领导同志仔细观察了敌情，迅速制定了突围方案。首先组织二二三团打开缺口，但因敌顽强阻击未能成功。于是便实行第二个方案，指挥全军坚守几个小村庄，待天黑后突围。

部队进入阵地没多久，敌人发起了进攻。在枪林弹雨中，吴政委始终和战士们在一起，高声鼓励战士们狠狠打击敌人。警卫员廖辉担心他的安全，多次拉他下去，他发火说："现在是什么时候，我怎么能离开阵地！"

整整一天，我军打退了敌人多次进攻，阵地前堆满了敌尸。

吴政委一回到军部，没顾上喝口水就去看望伤员。他挨个探问伤势，亲切安慰说："同志们打得很勇敢，为革命流血挂彩吃苦了。再坚持一下，夜里突出去就好了。"然后他向有关同志详细安排了护送伤员突围的事项，特别交代要注意安全，千万不能丢掉一个伤员。

部队吃完饭休息片刻，稍微恢复了体力，便在村中一块空地上集合起来。吴政委在讲话中表扬了作战勇敢的同志，然后用坚定有力的语气大声说："同志们，党考验我们的时候到了。拿出我们红二十五军的威风来，一定要冲出去！任何敌人都挡不住我们英勇无畏的工农红军！"

吴政委的话，激起了每一个战士的豪气。群情振奋，人人心里充满必胜的信念。

夜幕降临了，天空中飘洒着蒙蒙细雨，这正是突围的好时机。我们有条不紊地做好了突围的一切准备，紧张而又焦急地等待行动命令。

在这决定我军命运的突围即将开始的时刻，吴政委再一次向几个老乡详细询问了这一带的地形和道路，又和其他领导同志一起仔细对照了地图。经过反复研究，最后确定了行动路线。他站起来，果断地说："好！就这么办。开始行动吧。"

突围开始了。由军首长亲自挑选的六七十名机枪手组成突击队，平端机枪，走在最前面，随时准备战斗。大队人马紧跟在后，穿过敌人空隙，绕道急行，经叶县保安镇以北的沈庄附近通过公路。拂晓，我军进抵伏牛山东麓，在山脚下摆开阵势，把尾追的敌骑兵痛揍了一顿，算是赠给敌人一个“回礼”。爬上山顶，天放晴了，一轮红日从东方冉冉升起，全军上下一片欢腾，大家抱着，跳啊，笑啊，我们终于胜利地冲出了重围，敌人围歼我军的阴谋又一次彻底破产了！

独树镇战斗，是关系到红二十五军生死存亡的决定性一仗。吴焕先政委在关键时刻临危不惧，身先士卒，表现了共产党人英勇无畏的革命气概，为全军将士树立了光辉榜样。

“干部千万不要当骑马大王”

为了打破敌人的围追堵截，我军连续行军打仗，十分艰苦，伤病号日益增多。没有根据地，伤病号是个大问题。把他们寄养在沿途的老乡家吧，领导和同志们不忍心，他们自己更不愿意。于是，除了一些实在不能动的重伤号就地安置外，凡是能走动的，都随部队一道行动。

当时，营以上主要领导配有马匹，行起军来，干部们常常把马让出来驮伤病员，或者帮他们驮东西。但也有少数干部不够注意，二二三团一营的政委就是如此。这个同志打仗很勇敢，可就是有个爱骑马的小毛病，战士们背地里给他起了个“骑马大王”的绰号。

不知怎么搞的，这个绰号传进了吴政委的耳朵，他很重视。部队在陕南黑山街宿营后，他亲自带了政治部的几位同志来到一营，找战士开座谈会了解情况。吴政委平易近人，和蔼可亲，大家都熟悉他，尊敬他，愿意对他掏心里话，所以，就毫不客气地把事情一股脑儿地向他抖搂出来。末了，他亲切地告诉战士们，给干部起绰号是不应该的，今后有意见可以当面提，或者直接找他反映。

吴政委回到军里立即开会研究，决定抓住这件事在全军进行一次尊干爱兵教育。政治部把座谈会上收集的反映整理出来，加上按语登在油印小报上，发至各个连队。随后，吴政委多次找那位营政委谈话，并专门抽出时间对干部进行教育，讲了官兵团结的重要意义。他饱含深情地说："战士们是很可爱的。他们流血负伤吃了那么多苦，没有任何怨言，还照样坚持行军打仗，真是革命的宝贵财富啊！我们当干部的有责任把他们照顾好，尽量争取把每一个彩号都带到陕北根据地。革命总是多一个人好嘛。"最后，他十分严肃地告诫大家，要战胜面前的敌人，完成北上任务，不搞好官兵团结是绝对不行的。搞好这个团结，就要靠每一个干部用爱护战士的具体行动来实现。一定要记住，无论什么时候，干部都千万不要当脱离群众的"骑马大王"！

在吴政委的教育下，各单位纷纷利用行军作战的空隙时间召开民主生活检讨会，干部们主动检查自己的缺点，虚心向战士们征求意见。一些对战士有过不爱护现象的干部也诚恳地向战士赔礼道歉。那位营政委更是追悔莫及，为自己爱兵观念淡薄而感到痛心。他含着泪向同志们表示，一定要以实际行动改正自己的缺点，当一名爱兵模范。干部们的举动，感动了广大战士，他们纷纷向干部提出保证：今后坚决服从命令听指挥，领导上指到哪就打到哪。

"红军也是回族人民的子弟兵"

1935年夏，为了迎接中央红军北上，我军挺进甘肃，一举攻占两当、秦安等县，威逼静宁县城，截断了西（安）兰（州）公路。尔后，省委决定部队到静宁县城以北五十里的兴隆镇休息三天，做好继续行动的准备。

兴隆镇一带是回民区。长期以来，由于反动派的挑拨和抢掠，回汉两族之间隔阂很深，当地回族群众极其仇视汉人官兵。据说当年反动政府的一支军队路过这里曾被缴械。现在他们对红军不了解，会不会引起误会呢？同志们不免有些担心，议论纷纷。

省委对进驻回民区十分重视，早已做了周密的安排和大量的准备。吴政委曾多次找老乡了解情况，这也是他的老习惯了。无论行军打仗多么繁忙和劳累，每到一地，他总要深入群众调查当地的敌情、社情、民情。他根据回族的宗教信仰和风俗习惯，具体规定了宿营不住清真寺，保护回族经典，不在回民家里吃大荤，宰杀牛羊要请阿訇，不打回族土豪等等，并对部队进行了党的民族政策教育。他指出：要争取革命成功，必须团结和发动各族人民，反对大汉族主义。党的民族政策是我们与回族群众搞好团结赖以克服困难的有力武器。这次行动能否顺利，关键在于我们对党的民族政策执行得如何。它对于扩大党在西北少数民族地区的政治影响和不久中央红军的北上都有着重要意义。他要求各级领导都要高度重视，大家互相监督，保证不出任何问题。

按照吴政委的指示，全军迅速行动起来。各级党团组织分别召开会议，制定了具体措施，统一了部队的思想认识。同志们决心用爱护回族群众的实际行动，增进汉回人民的团结。

8月15日上午，我军到达兴隆镇。这是一个有三四百户人家的镇子。一条由东而西的大街贯穿镇中，街道两旁开设了不少店铺，街西头路旁有一座很大的清真寺。看得出来，这里是很繁华的，而此刻却冷冷清清，偌大个镇子竟听不到半点人声，家家关门闭户。同志们放下背包，拿起扁担、扫把，给老乡挑水、扫地；宣传队员提着糨糊桶，满街张贴布告、标语。吴政委也带着政治部的一些同志，一处处挨个布置检查。

当天下午，吴政委派人把镇上有名望的人士和阿訇请到军部作客。这些人以为我们同以往的国民党官兵一样，叫他们去又是为了要钱要粮，进门之后，一个个非常紧张，愁眉苦脸，坐立不安。吴政委按照回族的礼节十分热情地接待他们，亲自端茶递烟。寒暄一阵后，吴政委亲切地对他们说：“汉回两族是一家人。我们工农红军是老百姓的军队，也是回族人民的子弟兵，是为受压迫的人民打天下的。我们这次进驻贵地区，只是稍作停留，很快就走。请放心，决不打扰当地群众。”接着，又告诉他们，我军准备向清真寺赠送礼品，以表达对回族人民的敬意。他们听了这一番话，才镇定下来，脸上渐渐露出了笑容，开始交谈起来。直到太阳偏西，他们才带着满意的神情告辞。

随后，吴政委把我找去，要我们供给部把过去打土豪得来的银元宝拿几个出来，再准备几头羊当礼品。他特别交代说：“这件事很重要，一定要办好，搞得像点样子。银元宝，要拣大的；羊，要挑肥的。不管花多少钱都要买到。”

8月的陇东高原，阳光灿烂。翌日中午，一阵嘹亮的军号声冲破云天，整个兴隆镇沸腾起来了。锣鼓声，鞭炮声，此起彼落，响个不停。红军战士排着整齐的队伍，沿着大街走向清真寺。

赠送礼品的仪式，隆重开始了！

吴政委身穿整洁的蓝布军装，八角帽正当中的红五星显得格外鲜艳。他走在队伍的最前面，身边是其他军首长和我们这些部门的领导同志。身后四名身材高大的战士抬着一块金匾，匾上“回汉兄弟亲如一家”（大意）几个大字在阳光下金光闪闪，耀眼夺目。接着是用12张香案桌抬的覆盖着红绸布的礼品：六个大银元宝和六头宰杀干净的肥羊。礼品后面是由军号锣鼓组成的军乐队，他们一路上吹打得哇哇响。再后面是一个全副武装的步兵连，一个个昂首挺胸，精神抖擞。走在最后的是足有一个多营的大队人马。

这时，街道两旁和清真寺门口挤满了观看的群众，见到红军这样威武雄壮，他们不断发出“啧啧”的惊叹声。早在清真寺门口等候的阿訇把我们迎进了寺院，群众也跟着涌进来，把宽敞的院子挤得水泄不通。

随着一声响亮的口令，队伍立定。吴政委向前走了几步，用洪亮的声音庄重地说：“我们代表中国工农红军向清真寺赠送礼品，这是我们全军指战员的一片真心，请收下吧！”阿訇行礼答谢后，毕恭毕敬地用双手揭开礼品上的红绸布。人群中顿时爆发出一阵热烈的掌声和欢呼声。接着，阿訇请吴政委讲话，他借此机会再一次向回族群众宣传了党的政治主张，表明了我军的意图。阿訇也讲了话，表示感谢。以后，阿訇带领回族群众头顶礼品，吹吹打打，到军部作了回拜。

我军尊重和爱护回族人民的实际行动，使当地群众深受感动，赞不绝口。白发苍苍的老人说：“活了这么大岁数，没见过这么好的军队。”有几个回族青年主动要求参加红军。一些躲在野地里的青年男女，也纷纷拉着牛羊回来了。店铺全部摘下门板开张营业。大街小巷，到处张灯结彩，张贴着欢迎红军的红绿标语，人来人往，熙熙攘攘。喜气洋洋的气氛笼罩全镇，真比过年还要热闹。

第三天傍晚，晚霞染红了天际，我军要离开兴隆镇了。全镇男女老幼一齐涌上街头，在街两旁摆上放满油果点心的案桌，敲锣打鼓，鸣放鞭炮，恋恋不舍地欢送红军。慈祥的老大娘拉住战士的手，流着泪一遍又一遍地叮咛：“孩子，不要忘记我们，一定要再来啊！”热情的回族群众一直把我们送出好几里路。镇上还专门派出代表为我军带路。

此后，“红军好”的消息像一阵春风吹遍了整个回族地区。我军路过村庄，群众纷纷结队相迎，端出茶水点心招待。像进行接力赛那样，一村挨一村地派遣向导护送。没多久，我军就顺利通过了回民区。

“为人民流血牺牲最光荣”

长征路上，战斗十分频繁，我军几乎每前进一步，都要付出血的代价。在这异常艰险的日子里，吴政委早已把个人的安危置之度外。他慷慨地说，从参加革命那天起，我们就要随时做好牺牲的准备，为人民流血牺牲是最光荣的。但谁也没有想到，在我军到达陕北的前夕，他英勇地倒下了，用鲜血实践了他的誓言。

那是在1935年8月21日。这天，我军冒着倾盆大雨在泾川县城西南涉渡汭河。吴政委穿着湿漉漉的军装，站在河岸上亲自指挥。前卫部队和司政机关顺利地蹚过河去了，北岸只剩下供给部和军医院。我们刚刚开始下水，突然山洪暴发，汹涌的洪水从上游奔泻而下，走在河中心的几个同志不幸被卷走。吴政委急忙命令部队停止涉渡，组织人员抢救落水的同志。

这时，天色阴沉，大雨下个不停，河水越涨越高。吴政委焦急地把我们招呼到一块，研究渡河办法。大家你一言我一语谈得正起劲，突然东北方向响起一阵枪声。听声音离我们很近，不过隔一两里路。很快，哨兵跑来报告，一股敌人由泾川方向朝河边扑来。

听到有敌情，我们的心猛一紧：身边没有战斗部队！徐海东副军长带的后卫团，因道路泥泞落在后面没跟上来；机关干部和勤杂人员大都没有武器；一个200来人的新兵营缺乏战斗经验。如果敌人一旦扑上来，这些伤病号、骡马、辎重、行李……后果不堪设想啊。

情况十分严重。前有大河，后有重兵。怎么办？吴政委冷静地向四周看了看，沉思片刻，果断地对我们说："你们抓紧想法子渡河，我去处理情况！"说罢，他一转身，带着20多名交通队战士和新兵营，迎着东北边的敌人跑去。从密密的雨帘中传来他那激动人心的声音：

"同志们，绝不能让敌人逼近河边！压住敌人就是胜利！"

谁知，这竟是我们和吴焕先同志的最后一面。

在吴政委率领部队的掩护下，我们供给部和军医院等直属队的人员，趁水势下落的机会，全部安全地涉过了汭河。不久，徐副军长也带着北岸的掩护部队，扛着战利品顺利过来了。

这时，天已过午，由于连日行军作战，大家十分疲劳，有的在睡觉，有的在打草鞋、准备干粮，我也躺在门板上休息，尽管上下眼皮直打架，但听说政委在战斗中负了重伤，心里挂记着他的伤势，迷迷糊糊的怎么也睡不着。朦胧中觉得有人推我肩膀，睁眼一看，是徐副军长的警卫员。他告诉我，副军长来了，找我有事。我一骨碌爬起来，把衣服稍为整理一下，迎出门去。

徐副军长站在门外打麦场上向远处眺望，脸上充满了悲痛的神情。顿时，一种不祥的预感在我心头升起。“副军长。”听见我的声音，他收回目光，转过脸来。我上前敬了个礼，张口就问：“政委的伤怎么样了？”副军长的眼圈红了，大颗眼泪滚落下来。好一会儿，颤抖的嘴唇才挤出一句话：“政委在刚才的战斗中牺牲了！”

“什么？政委牺牲了？”仿佛一声惊雷在耳旁炸响，我一下子愣住了，简直不敢相信自己的耳朵。

“希才同志，政委是牺牲了。他的伤势太重，在战斗快结束时牺牲的。”副军长见我这副神情，又补充说。

“政委真的不在了？”我还是不相信，又追问了一句。

副军长沉重地点点头：“是真的！领导研究暂时不告诉部队。”

副军长抚摸着我的肩膀，用嘶哑的声音说：“不要太难过了，还有几件事要你去办。第一件事是买口好棺材，不论花多少钱都行，一定要好的；第二件事是做一套好内衣。你是知道的，政委没有一件好衣服。”说到这，他的泪水又涌出来了。接着他又说：“政委身上的血衣，我要带去交给党中央和毛主席，作为永久的纪念！”

我哽咽着点点头，强忍着悲痛，立即找粮秣科科长徐前贵等几个同志去办理。

深夜，军部住的那家堂屋里点起了昏暗的油灯。吴政委的遗体安放在一块门板上。他面色平静，就像工作劳累后睡熟了一样。警卫员廖辉哭泣着端来一盆盆温水，徐副军长含着热泪，仔细地擦去吴政委身上的血迹，洗净遗体，给他换上干净的军装，穿上一件他生前喜爱的缴获的青呢大衣，盖上毛毯。这一切，徐副军长和同志们做得是那么轻，好像生怕碰痛了他，惊醒了他。

军首长以及交通队的战士们都来了。出于当时的情况，需要暂时保密，不能举行隆重的葬礼。同志们肃立在吴焕先政委的遗体周围，用热泪和军礼，向敬爱的吴政委作最后的告别。随后，吴政委的遗体被安葬在村后的小山上。

吴焕先同志是鄂豫皖边区早期革命运动的领导人之一，他对红二十五军的发展壮大做出了杰出贡献，在全军享有崇高的威望。当他牺牲的噩耗传开后，全军震动，人人伤心落泪。伤病员纷纷要求归队参加战斗，向敌人讨还血债。在省委的号召下，大家把悲痛深深地埋在心底，化作对敌人的刻骨仇恨，擦干眼泪，继续北上，终于在9月18日与刘志丹同志率领的陕北红军胜利会师。不久又与党中央、毛主席率领的中央红军胜利会师，实现了吴焕先同志的遗愿。

选自星火燎原编辑部编：《星火燎原》丛书之二，解放军出版社1986年8月第1版，第246—258页。

张希才，1912年生，安徽霍邱人。1929年加入中国共产主义青年团，1931年参加中国工农红军，同年转入中国共产党。红军长征时任红二十五军军部直属队营政治委员、红二十五军供给部政治委员。新中国成立后，曾任华北军区炮兵政治部主任、华北军区防空部队政治部主任、南京军区炮兵副政治委员、南京军区后勤部副政治委员等职。1955年被授予少将军衔。1986年在南京逝世。

吴焕先与红二十五军长征[①]

郭述申

在战争中学习战争

吴焕先同志担任红二十五军军长前，没有系统地接受过军事教育；他虽然组织领导过群众性的武装斗争，但独当一面指挥一支正规红军同优势敌人作战，则缺乏经验；对于军事斗争的特点和革命战争的规律了解得还不多。但是，他能够在革命战争实践中认真学习，从胜利的战争中积累经验，从遭受的挫折中吸取教训，不断提高军事的指挥才能。

红二十五军长征进入陕南在庾家河战斗中，军长程子华、副军长徐海东均负重伤。指挥部队作战和领导政治工作的重担，都落在政治委员吴焕先身上。他运用在鄂豫皖地区战争实践中的经验，又虚心听取子华、海东同志的意见。利用敌人尚未进攻的间隙，率红二十五军南下郧西，北返雒南，东入卢氏，西转蓝田，捕捉战机，打击敌人。发动群众，分地分粮，摧毁了这些地方的反动政权，横扫民团，镇压豪绅恶霸，建立地方武装和区乡政权。首先在鄂豫陕边界地区开创了一块新的革命根据地。以此为立足点，半年多的时间里，他率红二十五军在陕南大地上纵横驰骋，指挥自如，调动敌人南追北堵，疲于奔命。而红二十五军则选择有

① 题目为编者所拟。

利条件创造战机，先后全歼了陕军一个旅，重创了三个旅，粉碎敌人的两次“围剿”，沉重地打击了敌人，壮大了自己。

吴焕先同志还善于深入细致地做部队的政治思想工作。每到一地他都进行调查研究，了解敌情、民情和战士都想些什么。每次重大战斗，战前都亲自动员，战后总结经验。他还经常在全军或一部分部队整装待发的集合场地上或其他集会上，结合陕南人民遭受的苦难和希望砸碎身上枷锁的迫切心情，结合我军的战斗事迹和敌人的腐败、残酷和作战无能，也结合历史上的战例，深入浅出、生动有力地讲形势，讲任务，讲理想，讲纪律，使全军指战员都明确了战争的目的，了解红二十五军的战略意图和为了实现远大理想而战斗的现实任务。他的讲话，不论长短，都能激发人们的情绪，鼓舞部队的斗志，他既讲原则道理，又有生动活泼的事例，深受广大指战员的欢迎。

由于吴焕先同志带头做政治思想工作，促使红二十五军上级与下级，干部与战士亲密无间，团结一致，精神上、思想上息息相通。因而，红二十五军能够始终保持饱满的政治热情，高昂的战斗意志，严明的纪律，成为经得起各种考验的一支能征善战的坚强的红军队伍。

纵观全局　正确决策

鄂豫皖省委和红二十五军离开鄂豫皖根据地以后，和党中央失掉了联系。吴焕先和省委的同志一起，在复杂的情况下，能够从革命的根本利益着眼，权衡利弊，纵观全局，不失时机，独立地作出正确的决定。

红二十五军入陕后，鄂豫皖省委分析了在陕南创建新的革命根据地的有利和不利条件。吴焕先等同志认为：陕南山高林密，地势险要，适于开展游击战争；反动政府和封建势力对人民压迫剥削极其残酷，人民的反抗精神很强烈；红四方面军和红三军路过陕南，以及陕北红二十六军南下，都给当地人民留下良好的印象。这些条件是原来计划在伏牛山区开辟新根据地所不具备的。后来事实证明，坚持以陕南为中心活动地区，建立鄂豫陕革命根据地的决策，是完全正确的。

1935年7月，在吴焕先同志的主持下，鄂豫陕省委连续在沣峪口、佛坪召开会议。根据当时掌握的消息和材料，了解到中央红军和红四方面军已在川西会师，并有北上意图。也看到敌人调集重兵布置在川陕边境。省委认为日寇入侵华北，民族危机日益严重，党和红军必须动员人民坚决反对蒋介石卖国反共政策，积极准备同日本帝国主义作战。省委果断地决定立即率红二十五军西征北上，以配合红军主力在西北的行动，迅速创造西北巩固的革命根据地。

历史表明，在当时远离党中央，又和兄弟部队隔绝的情况下，省委决定红二十五军离开已经创建的鄂豫陕革命根据地，西征北上；并指示郑位三、陈先瑞等同志带领地方武装和游击部队，继续坚持鄂豫陕革命根据地的斗争，都是通观全局作出的、符合全国革命形势发展的、富有远见的战略决策。

身先士卒　奋勇拼搏

吴焕先同志为了革命利益，从不考虑个人安危。几次在部队有覆灭危险的紧急关头，他都身先士卒，率领部队奋勇拼搏，扭转了战局，使红二十五军转危为安。

红二十五军长征向伏牛山进军的途中，在许南公路上的独树镇与敌军一个旅和一个骑兵团遭遇。当时我军因连续作战，十分疲惫，又遇寒流，风雨交加，战士冻得拉不开枪栓，被迫后撤，一个动摇分子大喊逃命。在这紧急关头，吴焕先同志首先赶来，高喊“共产党员跟我来”，奋不顾身带领部队冲向敌群，展开白刃战。徐海东同志带领后面的一个团赶到，才打退了敌人，天黑以后冲出了敌人的包围。

独树镇战斗是在敌众我寡，敌锐我疲，地形和气候条件都对我极其不利的情况下，突然遇敌的一场遭遇战。顶不住，打不赢，后果就不堪设想。吴焕先同志临危不惧，果断顽强，奋勇当先冲向敌群，使部队转危为安，化险为夷。

红二十五军进入陕南后的一天，鄂豫陕省委正在庾家河开会研究创建鄂豫陕根据地的问题时，敌六十师从豫西尾随奔袭而来，并抢占了东山坳口，居高临下向我驻地发起猛攻。军长程子华、副军长徐海东带领部队抢占坳口两侧的高地，激战中两人均负重伤。吴焕先同志率领部队进行20几次冲杀，终于夺回了坳口，打退了敌人，扭转了战局。

1935年7月，红二十五军挥师西进。截断西兰公路以后，8月21日在泾川县四坡村附近南渡泾河时，突然山洪暴发，河水猛涨，军直属队和一个团被阻于北岸。敌三十五师一个团突然袭来，已渡河的部队无法回援，形势危急。吴焕先同志带领交通队一个排，冲至前沿阵地大声高呼："压住敌人，绝不能让敌人逼近河边！"他指挥部队冲向敌阵。敌人被冲垮了，红二十五军又一次转危为安，而吴焕先同志却不幸中弹牺牲，热血洒在陇东大地上。

选自郭述申：《从革命战争中锻炼成长的年轻将领——纪念吴焕先同志牺牲50周年》，载王一帆、刘影主编：《郭述申纪念文集》下卷，大连出版社1996年12月第1版，第328—333页。

第二次生命

傅春早

半个世纪过去了，时间如流水一般，刷掉了人们的多少记忆。可是，唯有对他的怀念和崇仰反而随着时间的推移而愈觉得深沉，愈显得真挚。他，就是我敬重和爱戴的吴焕先政委。

那是1933年初。我们手枪团随红四方面军转战到了川北，开始建立川北革命根据地。就在这时，原鄂豫皖苏区航空局的两名飞行员因畏惧困难，开了小差。这怎么行呢？那两个飞行员不仅熟悉“列宁号”飞机的隐藏地点，而且掌握我军的大量机密。倘若他们叛变投敌，那后果将不堪设想。为此，红四方面军首长命令我带领手枪团三分队，去将那两名飞行员截回来。若截不到，就让我们折回鄂豫皖，找沈泽民和吴焕先同志，将“列宁号”飞机转移个地点。

受命之后，我们立即启程。一路上历尽艰辛，几遭凶险，可始终没能侦察到飞行员的行踪。无奈，我们只好取道陕西，潜回鄂豫皖。在七里坪，我们和省委宣传部长成仿吾同志不期而遇。成仿吾同志问我回来干什么？我说方面军首长要我回来找沈泽民同志。他告诉我：沈泽民同志在杨山一带。鄂豫皖红军自主力西去后尚未集中，“围剿”之敌甚为猖狂，嘱咐我一定要小心谨慎。告别了成仿吾同志，我立即赶赴杨山，向沈泽民和吴焕先同志汇报了方面军首长的指示。汇报完后，二位首长要我留在鄂豫皖，任红二十五军手枪团团长。从此，我就在吴焕先的直接领导下，参加了保卫鄂豫皖根据地的伟大斗争和著名的长征。

吴焕先同志是鄂豫皖革命根据地和红四方面军的创始人之一。关于他的斗争故事，早就传奇般地在鄂豫皖地区流传开来。他才华横溢而又谦虚谨慎，身居高位而又平易近人，在红军和人民群众中享有崇高的威望。红四方面军主力西征后，由他率领红二十五军挑起保卫鄂豫皖根据地的重担，也是众望所归。果然，红二十五军在他的领导下，建军不久，就接连取得了郭家河、潘家河等战斗的重大胜利，红军由7000余人迅速发展到1.3万余人。鄂豫皖根据地的危急局面有了较大改观。

可是，由于那时在中央占统治地位的是王明的“左”倾错误路线，鄂豫皖省委的主要负责人更是一味地站在错误路线一边，无视鄂豫皖的根本形势是敌强我弱、敌正在酝酿第五次“围剿”。反而被郭家河、潘家河等战斗胜利冲昏了头脑，错误地要红二十五军“大举反攻”、“夺取中心城市”。1933年5月初，红二十五军被迫执行围攻七里坪的错误作战计划。旷日持久的消耗战，使我军受到惨重损失，部队严重减员，粮弹奇缺。而七里坪之敌依仗工事坚固，兵力强大以及源源不断的空中和地面援助，一直顽固抵抗，使我军久攻而不能克。吴焕先同志和徐海东多次向省委建议撤围，都遭到省委主要负责人的训斥。在此情况下，省委主要负责人不仅不从主、客观上寻找失利的原因，反而错误地认为，“一切怀疑能拿下七里坪的都是右倾思想”。于是，又一场“肃反”的悲剧在鄂豫皖红军和地方中蔓延开来。许多同志因为对战略方针表示过怀疑而遭杀害，甚至有的战士丢失了一个枪零件也被说成是“反革命故意破坏”而被秘密处死。“肃反”扩大化的错误给革命事业造成了极为痛心的损失和严重的危害。

吴焕先政委对“肃反”政策早就颇为反感。虽然他由于出身不好，不便直接反对“肃反”政策，但是，他仍然尽最大的力量，冒着风险保护了不少同志。

进军陕南前夕，我被莫名其妙地扣上了“第三党”的帽子。虽然侥幸没被杀害，但手枪团团长的职务却被撤掉了，被安排在连队当挑夫。当然，对我个人来说，当团长，当挑夫都是革命工作，如果是革命分工如此，有什么可挑挑拣拣？不过，带着“第三党”的沉重帽子，去挑那百多斤的行军担子，滋味就大不相同了。

奇怪的是，每逢大的战斗，我这个“挑夫”就被“调”回手枪团指挥作战，战斗结束，便“官复原职”，去重新挑起那沉甸甸的行军挑担。起先我挺纳闷：既然说我是“第三党”，又让我指挥作战，就不怕我乘机跑掉么？（当然我是不会跑的）后来才知道，那正是吴焕先政委坚持实事求是的结果。原来，红二十五军长征后，在吴焕先、程子华等同志的坚决抵制下，错误的“肃反”已基本停止。只是由于一路形势吃紧、战事频繁，还未来得及从路线上组织上对其彻底纠正罢了。

当吴焕先政委听说我被撤职后，气愤地问：“怎么将傅春早撤了呢？他作战很勇敢嘛。”“他作战还可以，但政治上是第三党呢！”负责肃反的人阴阳怪气地答道。我从十几岁起投身革命，在战火的熏陶下，由手枪团战士而成长为手枪团团长，何曾想到一夜之间会成为“第三党”？又何尝知道“第三党”是什么玩意儿？这些，吴焕先政委是了解的，因此，他丝毫没有减少对我的信任。每次战斗之前，他便对传令兵说：“去，让傅春早带手枪团捉几个舌头来！”负责肃反的人对他说：“傅春早可是第三党！”吴焕先同志严肃地回答：“是不是第三党，不能只凭一句话来定论！让事实来说话嘛！”

庾家河战斗中，红二十五军的团以上军事干部差不多都负伤或牺牲了，程子华军长和徐海东副军长也负了重伤，全军的指挥都落到了吴焕先政委肩上，只见他一面沉着镇定地指挥战斗，迅速果断地任命着新的军事指挥员。我当时仍未取消“第三党”之嫌，那样激烈的战斗我不能亲自参加，心里真是如同火烧火燎，恨不得抡起扁担，冲上去跟敌人拼个你死我活。正在我又急又恨之时，只见吴焕先政委的传令兵跑步朝我而来。他气喘吁吁地对我说：“军政委让你马上去一趟。”我心里咯噔一下：没说的，准是让我参加战斗！我不敢怠慢，连忙跟着传令兵到了军政委面前。

"傅春早同志，你已经看见了，战斗非常激烈，各级指挥员几乎都被抬下来了。现在我正式任命你仍担任手枪团团长。你马上到手枪团接替指挥！"政委沉着有力地对我说。

我一听政委称呼我"同志"，便觉得鼻子一酸，热泪欲滴。要知道，从被扣上"第三党"的帽子后，没有谁敢接近我，更没有谁称呼过我一声"同志"。作为一个红军战士，有什么能比整天跟着部队行军作战却不被当作红军的一员而更让人痛苦的呢？政委简短的几句话，就是给了我第二次政治生命啊！

政委大概是看出了我的心思，用信任的目光打量着我，说："党相信你，战斗需要你！"

从政委的目光里，我的苦闷、疑惑、愤懑和气恼等等情绪顿时烟消云散，只剩下对敌人的刻骨仇恨和夺取战斗胜利的坚定信念。我还能说什么呢？我抬起右手，有力地向军政委敬了个礼，然后从传令兵身上抽出一支手枪，转身冲向硝烟弥漫的战场。在军政委的英明指挥下，全军将士同仇敌忾，勇猛拼杀，终于击败了敌人的猖狂进攻，取得了庾家河战斗的胜利。红二十五军也在鄂豫皖立稳了脚跟①。

从此，我便重新拿起了心爱的手枪，率领手枪团投入到新的战斗之中。长征到达陕北后，我们被编为红十五军团手枪团，参加了东渡黄河的战役。西安事变后，我又带领手枪团作为中共中央代表团的警卫队，跟随周恩来副主席到西安参加了和平谈判。我常想，如果没有吴焕先政委，我的后来又会是什么样子呢？

半个世纪过去了，时间如流水一般，刷掉了我的多少记忆！唯有对他的怀念和崇敬反而随着时间的推移而愈显得深沉……（张光怀整理）

---

① 应为鄂豫陕——编者注。

选自中共新县县委党史资料征集委员会编:《卓越的青年将领——纪念吴焕先同志牺牲五十周年专辑》,河南人民出版社1985年9月第1版,第130—134页。

傅春早,1911年生,安徽六安人。1929年参加中国工农红军,同年加入中国共产主义青年团,1934年转为中国共产党党员。红军长征时任红二十五军手枪队队长、红二十五军供给部管理科科长。新中国成立后,曾任黄冈军分区司令员,粤西军分区副司令员、粤东军分区副司令员,广西兵役局局长,广西军区副司令员等职。1955年被授予少将军衔。1996年在信阳逝世。

怀念敬爱的军政委吴焕先

吕清

吴焕先同志是我党的优秀党员，我军的杰出将领。1932年重新组建红二十五军时他担任军长，后任政治委员。焕先和其他领导同志率领这支钢铁部队，为保卫鄂豫皖苏区进行了艰苦卓绝的斗争，后根据中央指示进行长征，在优势敌人“围剿”中，创立了鄂豫陕革命根据地，保存、发展了革命武装。在得知中央红军动向后，焕先同志在长安县沣峪口主持中共鄂豫陕省委会议，作出了红二十五军继续长征，“迎接党中央”、“迎接中央红军”的具有远见的战略决策。他和程子华、徐海东率领红二十五军西进甘肃，截断“西（安）兰（州）公路”，调动和牵制了大量敌军，有力地配合了中央红军，为革命做出了重大贡献。

五十多年过去了，焕先同志的音容笑貌仍然历历在目，他严于治军，给我留下了不可磨灭的印象。

焕先同志说，部队有铁的纪律才有战斗力。红二十五军在夜行军时如有火光或声响，他马上追查，严厉批评。陕南龙驹寨娼妓多，社会风气不好。部队在此作短期训练时，他三令五申军纪，对与娼妓鬼混的人，他总是严肃批评教育，不肯放过。红二十五军长征路过回民区时，他再三强调要尊重兄弟民族的风俗习惯和宗教信仰，以实际行动赢得了兄弟民族的赞誉。在陕南小河口，几个战士违犯了群众纪律，他当即集合全军，进行爱民教育，同时给违纪者以制裁。

对于焕先同志的“严”，大家虽然有些怕，但更多的是心悦诚服，对此我有深切体会。一天，部队从皖西斑竹园去东阳州打粮。途中，我传达命令慢了点，焕先同志对我进行了严肃的批评，过后还撤了我的班长职务，使我受到深刻教育。

焕先同志牺牲时年仅28岁，他去得太早了。这是红二十五军的巨大损失，也是我党我军的一大损失。他的无产阶级革命精神永放光芒！他建树的丰功伟绩永垂青史！（夏光武、李良平、方继华收集整理）

选自中共新县县委党史资料征集委员会编：《卓越的青年将领——纪念吴焕先同志牺牲五十周年专辑》，河南人民出版社1985年9月第1版，第157—158页。

吕清，原名吕继才，1915年生，河南光山人。1930年参加中国工农红军，1935年加入中国共产党。红军长征时任红二十五军班长、排长、连长。新中国成立后，曾任解放军高级炮兵学校副政治委员、松江军区副政治委员、黑龙江军区副政治委员、沈阳军区工程兵政治委员，国家林业部政治部主任、农垦部副部长等职。1961年被授予少将军衔。2010年在北京逝世。

深情忆政委①

吴忠泰

严明纪律，制定三大禁令四项注意

1934年11月11日，中共鄂豫皖省委在光山县花山寨举行会议，讨论红二十五军实行战略转移的问题，决定向西转移，红二十五军的长征就此开始。期间，部队进行了整编，程子华任军长，吴焕先任政委，徐海东任副军长，全军2900余人。

作为鄂豫陕苏区的创建人，吴焕先是一位杰出的指挥员，被誉为“战神”。在长征中，吴政委率先垂范，严格要求部队。红二十五军所到之处，首先出安民告示，书写大幅标语、画漫画，向群众宣传团结抗日，鼓舞人们起来革命。在当时，红军凡用了群众的东西，都会照价付款。群众一时不在，红军就会把钱放在他们家里。躲避起来的群众见状，纷纷回到家中，帮红军担水、带路、介绍情况。

1935年8月15日，部队进入回民聚居的静宁县兴隆镇，休整三天。吴政委和其他军领导研究，为部队制定了“三大禁令四项注意”，即禁止驻扎清真寺；禁止毁坏回族经典文字；禁止吃大荤。注意尊重回民风俗习惯；注意不用军队水桶在井里打水；注意回避青年妇女；注意实行公买公

---

① 题目为编者所拟。

卖。进入兴隆镇后，红军先派几个回族军人把写好的布告、标语贴到街上，宣传红军是团结抗日的军队，不扰民、不拉夫、不抓兵、不征粮、不要款。

为使群众尽快了解红军，吴政委亲自访问教长阿訇，并召集上层人士举行座谈，讲明红军北上抗日意图和共产党的民族政策。红军的一言一行，得到了阿訇和回民群众的称赞，称红军是“仁义之师”。随后，红军吹着军号，把一面绣着“亲如一家”的锦旗送给清真寺，阿訇又组织群众抬着肥羊、端着油果向红军回拜，祝愿红军取得胜利。8月17日清晨，当红军离开回民村镇时，回民群众以清水洒街，夹道欢送，献上点心、油果、依依不舍地为红军送行。这时，村里的十几个回族小伙要求参加红军，红军征求阿訇和家长同意，接受了他们的请求，将他们编在军政治部里，沿途负责联络带路和做群众工作。后来，毛泽东同志高兴地称赞道：红二十五军是我党我军执行民族政策的模范！

解救部队，吴政委壮志未酬血洒疆场

吴政委不仅会做思想工作和群众工作，而且作战十分勇敢。1934年冬，红二十五军在河南省方城县镜内的独树镇进行了一场生死攸关的血战。因突遭敌人包围，红军十分被动。危急时刻，吴政委抽出大刀，命令：“坚决顶住敌人，决不后退！”他率先冲锋，与敌人展开白刃战。副军长徐海东率领后续部队及时赶到，经过一番激战，终于打退敌人的进攻。“血战独树镇”也因此与“飞夺泸定桥”、“激战嘉陵江”等著名战例载入史册。

“就是这样一位德高望重、令人崇敬的首长，却壮志未酬，在四坡村阻击战中不幸牺牲。这是我最痛心也最难忘的一次战斗。”

1935年8月21日中午，部队到了泾川县城以西十余里的王村，翻越王母宫塬，徒步过河，刚过一半，山洪暴发，河水突涨，有几个战士不幸被洪水卷走。军直属队和在塬上担任后卫掩护任务的二二三团都被阻于汭河北岸。就在这时，敌二〇八团千余人，在骑兵配合下，向我二二三团突然袭来，情况危急。吴焕先听到枪声，立即带直属交通队和学兵110余人火速赶来，占领一处高地，向敌左后侧猛烈射击，使敌军两面受敌。战斗正在激烈进行时，突然一颗子弹飞来，吴焕先政委中弹负伤。

“为政委报仇！”此时，愤怒的火焰在每个战士的心中燃烧起来，他们如同猛虎下山一般向敌人扑去。用刺刀捅，大刀砍，手榴弹砸，硬把国民党军一个团的人马压进一条深沟，然后全部歼灭，国民党军第二〇八团团长马开基被当场击毙。但是，一个不幸的消息传来，吴焕先政委经抢救无效壮烈牺牲。红军指战员一个个都惊呆了，许多人放声痛哭。因为战斗还在继续进行，部队没能为吴政委举行葬礼，全军将士只能肃立在吴政委的遗体周围，用热泪和军礼，向这位可亲可敬的首长作最后的告别。

（卜金宝整理）

节选自《军政委挥刀参加白刃战》，《解放军报》2006年10月23日。

吴忠泰，1914年生，安徽金寨人。1929年加入中国共产主义青年团，1932年参加中国工农红军，同年转为中国共产党党员。红军长征时任红二十五军政治部通信排长、红十五军团供给部警卫连政治指导员。新中国成立后，曾任沈阳高炮基地司令员、炮兵学校校长、武汉军区炮兵司令员、武汉军区司令部副参谋长、顾问等职。1955年被授予大校军衔。2008年在武汉逝世。

悼念我们的好政委

魏文建

红二十五军粉碎敌人对鄂豫陕革命游击根据地第二次“围剿”后，于1935年7月，在吴焕先军政委、程子华军长和徐海东副军长率领下挥军西进。在宝鸡南边双石铺歼灭胡宗南别动队四个连，活捉了胡宗南部高级少将参议一名。从缴获的《大公报》中得知党中央、毛主席、中央红军已北上到达松潘，敌胡宗南、肖之初、毛炳文和东北军的于学忠等部主力西调，妄图堵击红军主力北上。红二十五军为了配合主力北上，决心要和党中央会合。省委当即召开紧急会议，决定红二十五军西出甘肃，迎接党中央出草地。红二十五军采取积极的军事行动，打下天水北关，搞掉敌人后方。接着打下秦安、隆德、静宁等地，迫使于学忠、肖之初大部兵力后撤。接着，红二十五军又转入六盘山，经瓦亭、三官口，威逼平凉，在白水镇打垮马鸿逵一个旅，歼敌一个营，继续向泾川挺进，当时倾盆大雨下了一整天，道路泥泞，每走一步都十分艰难。徐海东副军长在前卫，带二二五团、手枪团、军直一部分已过泾水宿营[①]。当军直大部和干训队来到河边时，由于山洪暴发，泾河突涨大水，无法过河。吴焕先政委决定：“就地宿营。二二三团在山上宿营，并向来路方向派出前哨连，部队抓紧

① 本文所述“泾水”、“泾河”具体地点为泾水支流汭河。时吴焕先等滞留汭河北岸——编者注。

时间搞饭吃，随时准备过河。”就在部队刚进宿营地，有的同志去放哨，有的正在洗脚时，突然响起一阵急骤的枪声。原来是反动派马开基带着一个骑兵营和两个步兵营偷袭来了。这时雨下得更大，敌人的骑兵冲到了部队的驻地，眼看就要堵村、封门，情况十分紧急。但久经考验的红军战士们，临危不惧，沉着应战，都知道应该怎样对付敌人。大家很快拿起枪，上刺刀，打开手榴弹盖，出门就打！各级司号员都吹响了紧急集合号，到处是枪声，手榴弹爆炸和喊杀声，一场你死我活的决斗展现在眼前。同志们不顾百里行军的疲劳，集合一个班就冲上去一个班，集合一个排就冲上去一个排。

吴焕先同志听到山上的激烈枪声，知道情况紧急。背靠泾水，地形对我不利。他在住房门口观察了一会儿，转身把望远镜往自己脖子上一挂，带着交通队二排和干训队，由军直驻地的后山直插上去。上山一看，正插在敌的腰部。看到二二三团战士正向敌阵杀过来。吴政委命令：“干训队打！交通队给我冲！”于是二排留下一班跟着吴政委，其余两个班就冲了过去。“敌人乱了！”不知是谁喊了这么一句。吴政委看冲得很顺利，把望远镜向前一举，拔腿就向前冲去，当他跑过一条没有水的旱河沟，正向河岸跃进时，不幸中弹倒下！跟随吴政委的交通队二排的一个班，一面通知前边两个班——军政委负重伤！一面把军政委往山下抬。雨下得很大，山高、路陡、道路泥泞，单身行走都很困难，同志们抬着军政委下山就更艰难了。为了及时抢救我们的好政委，大家干脆都坐到泥水里，把政委抱在自己的怀中，像坐滑梯一样向山下滑去。大家想尽一切办法，克服了种种困难，才把政委背到房里。钱信忠同志闻讯从河那边赶来抢救。因伤势过重，抢救无效，我们的好政委——吴焕先同志，于当天晚上和全体指战员永别了！

打在前边的交通队两个班很快和二二三团三营会合到一起。吴政委不幸牺牲的消息，立刻在三营、在全团传开。“给军政委报仇！”“冲呀！”“杀呀！”同志们端着上了明晃晃刺刀的枪，咬紧牙关，瞪着愤怒的眼睛，勇猛冲杀，奋勇前进，冲进了敌阵，用刺刀捅，用枪托捣，用手榴弹砸，用牙咬，和敌人扭打在一起，滚压在一起。经过一场激烈的搏斗，终于将敌人全部消灭，就连敌骑兵团长马开基本人和他骑的那匹大白马也未能逃脱，全死在一条泥水沟里了。

吴焕先同志的牺牲，是革命事业的重大损失。红二十五军全体同志悲愤满腔。省委和部队各级党组织在沉痛哀悼的同时，号召大家擦干眼泪，化悲愤为力量，踏着吴焕先烈士的血迹，继承吴焕先军政委的遗志，英勇战斗，革命到底！全军上下掀起了更高的杀敌热潮。

吴焕先同志对鄂豫皖边区的早期革命运动，对鄂豫皖革命根据地的创建和坚持，是有重大贡献的；在重建红二十五军和领导红二十五军各个阶段的斗争中，是有重大功绩的。鄂豫皖苏区第四次反“围剿”斗争时，张国焘把鄂豫皖红军主力带走，使鄂豫皖苏区遭到严重的破坏。吴焕先同志是非分明，立场坚定，坚决反对张国焘的右倾逃跑主义路线，亲自带领红七十五师师部和二二四团，由京汉线返回鄂豫皖苏区，与留在苏区的武装会合一起，重整旗鼓，坚持了鄂豫皖苏区的斗争。

吴焕先同志虽是学生出身，但经过革命的锻炼，使他成了一位智勇双全、英勇善战的红军指挥员。我们部队在鄂豫边区的天台山、仰天窝一带坚持斗争时，敌情很紧张，环境十分艰苦，部队缺粮、少衣，没有盐吃，整天到晚与敌周旋在深山之中。一天下午，我们的部队在仰天窝东山与敌“清剿”部队打响了。敌人多次冲锋都被打了下去。太阳快要落山时，敌人从正面放火烧山，向我阵地实施火攻，我主力被迫转移，吴政委带领掩护部队压后。突然，一部分敌人从右翼插了过来。短兵相接，有个敌兵一把抓住了吴政委的小黑大衣，喊叫了一声：“快缴枪！”吴政委的大衣是披着的，他把两臂一伸，两肩一耸，说：“我×你娘，缴个大衣给你吧！”大衣从吴政委的身上一掉，把那个拽大衣的敌兵摔了一个大跟斗。那时，吴政委只带两名警卫员冲出敌阵，敌人仍死追不放，军政委叫警卫员往地上丢银元，跑几步丢一块，边跑边丢，敌人只顾拾银元，吴政委等安全脱险。

吴政委突出敌围后并没有走。为了等待阶级弟兄们归来，他在李世煌同志陪同下，一直在一座破庙的门口踱来踱去，不时向野外瞭望。当天晚上10时以后，失散的同志们背着枪，三五成群地回到约定的地点集合，有的伤员也陆续被找了回来。吴政委心情十分激动，把部队集合起来作动员，他说："同志们回来了！这表明我们红军战士的可贵，是用黄金都买不来的！"顿时，同志们被感动得流下热泪。吴政委又讲了未来的光明，革命的前程。同时总结了斗争的经验教训，指出：死守山头不行。要吃饭，要穿衣，要活命，就得战斗，就得打出去！顿时部队高呼："打倒土豪劣绅！""打倒反动派！""坚决革命到底！""共产党万岁！"雄伟宏亮的口号声划破黎明前的宁静，震撼着深山、乡村，使整个大别山活跃起来了。同志们觉得有一股强大的暖流穿过自己的胸膛，感到热乎乎的。部队在口号声中出发了。从此，红二十五军抛弃了那种单纯坚持和苦守山区的错误，开始转向外线活动，以游击战和运动战的形式，狠狠打击地方反动武装，袭击薄弱之敌。摧毁敌人情报机构，打击敌人"清剿"部队，争得了战争的主动权，解决了部队许多实际问题，巩固了山区，壮大了革命队伍。

吴焕先同志非常重视红二十五军的政治思想工作。部队出发前，亲自讲话动员，提出富有战斗性的口号。在复杂、艰险的环境中，他总是以身作则，带头克服困难，常常与徐海东副军长分工一前一后管理部队。吴政委还常给我们讲革命故事，讲革命的前程和未来。他讲的亲切、生动、有力，很能鼓舞战士的斗志，帮助大家树立革命必胜的信心，不怕严寒酷暑，不怕在高山峻岭中日夜行军、作战的疲劳和艰辛。

吴焕先同志作战勇敢，在每次战斗中，都是身先士卒，冲锋在前，退却在后，处处起表率作用。那时红二十五军只有几千人，但在许多次战斗中却常常可以把敌人整团整师消灭掉。这和军首长的正确指挥和表率作用是分不开的。吴焕先政委非常关心部队的生活，关心战士的成长。他常常在行军途中，把自己的乘马让给伤员骑，每到达宿营地，还要饲养员把马牵回去接伤病员。吴政委还时常关心战士们的休息，想办法让战士们吃好、睡好，常问战士们有没有草鞋穿……无论环境多么困难，都是和战士们一样吃穿，一样生活，互相帮助，互相关心，亲如兄弟，坚持了官兵一致的原则。

敬爱的军政委吴焕先同志离开我们50年了。每当我回忆十年内战的史略，回忆成长的过程，就想起我们的军政委吴焕先。吴焕先同志热爱党中央、毛主席，但他未见到党中央、毛主席就离开了我们，这是多么遗憾啊！可是，红二十五军的全体指战员在陕北幸福地见到了党中央、毛主席和中央其他领导同志！党中央、毛主席和中央其他领导间志都非常了解他，非常怀念他，认为他的牺牲是革命的一大损失。

敬爱的政委放心吧，安息吧！我们正在继承你的遗志，同全国人民一道，高举新长征的火炬，为建设社会主义现代化强国而努力奋斗！

选自中共新县县委党史资料征集委员会编：《卓越的青年将领——纪念吴焕先同志牺牲五十周年专辑》，河南人民出版社1985年9月第1版，第59—64页。

杰出的青年政委吴焕先

黎光

吴焕先同志是鄂豫皖革命根据地创始人之一，也是红军初创时期的杰出领导者之一，25岁就当上了红四方面军的政治部主任。红四方面军转移后，他领导重建红二十五军，率领我们渡过了一道道难关，长征入陕后，原省委主要领导人徐宝珊同志病逝，焕先同志代理了省委书记兼军政委，这时他党政军一肩挑，既指挥部队，又抓根据地建设，充分显示了他卓越的领导才能。焕先同志既能讲，又会写，既有理论水平，又是个实干家，既能指挥打仗，又是出色的政治工作者。他的丰功伟绩，有口皆碑，凡是红二十五军的老同志，一提起我们的好政委——吴焕先同志，无不交口称誉，满怀崇敬和怀恋之情。我有幸在坚持鄂东北游击战争那段最残酷最困难时期，工作在焕先同志身边；后来到军里负责共青团的工作，又在他的直接领导下，经常亲聆他的教诲，他的一言一行，他的高贵品质和坚强的党性，他那英勇果敢，无私无畏的革命精神，使我永生难忘。

智勇双全的指挥员，身先士卒的战斗员

在战场上，既能沉着勇敢，机智果断地指挥部队作战：又能身先士

卒、带头冲锋陷阵，这是我们红军各级干部的共同特点，在吴焕先同志身上表现的就更为突出。无论是在根据地反“围剿”斗争中，还是在长征路上，每到紧急关头，他都挺身而出，率领部队奋勇冲杀，哪里战斗最激烈，哪里最危险，他就出现在哪里。他一到哪里，哪里就转危为安，化险为夷，同海东同志一样，焕先同志的大刀片也是很有名的。不管在多么危急的关头，指战员们只要看到吴政委来了，就勇气倍增，充满必胜的信心。这是我，也是我们红二十五军许多老同志所亲身感受到的。

记得1933年冬到1934年春，我们二二四团在军长吴焕先同志亲自率领下，在天台山、老君山、卡房、仰天窝一带坚持游击战争，那时根据地斗争环境极为艰苦，敌人几乎每天都来搜山、烧山，有时一天要打几仗。我印象最深的是仰天窝那次战斗。那是1934年1月15日，焕先同志率领我们二二四团一个营300多人，急行军刚到凌云寺以南的仰天窝，突然遇到三路敌人向我们进攻，攻势很猛。过后知道是敌三十二、四十四师的三个团，当时敌众我寡，形势对我极为不利，但是焕先军长临危不惧，沉着应战，率领部队抢占有利地势，奋勇抗击，打退敌人多次猛攻，一直坚持到天黑，突围转移到老君山、宣化店一带。敌人尾追不舍，我们与敌人反复周旋，连日苦战，后来敌人又上来四个团对我合围。我们处境更加困难，弹药已打光，同志们用石头、大刀再次与敌人拼杀。焕先同志都冲在前头，根本不顾个人安危。敌人放火烧山，我们冒着烈火浓烟继续与敌人战斗，随着敌人包围圈愈来愈小，战斗也更加激烈。在这万分危急的情况下，焕先同志指挥一个排抢占洪家河北岸高地阻击敌人，并亲率一个连隐蔽在山后的草丛中，命其他部队迅速后撤，吸引敌人追击。待敌人进入我伏击圈内，焕先军长率埋伏部队突然发起攻击，部队举起大刀、梭镖，冲向敌群。敌慌乱后撤，我即发起反冲锋，展开肉搏，不到半个小时，全歼敌两个连，活捉敌营以下官兵300余人，缴获了一批枪支弹药，重新装备了部队。这次战斗，能够在极为不利的形势下，以少胜多，转危为安，主要是焕先军长指挥有力，并亲率指战员奋勇拼杀的结果。

再一个突出的战例是长征途中的独树镇战斗。那是11月下旬，我军离开桐柏山转向北上，各路敌人对我围追堵截，形势相当危急。11月25日，我们到达象河关西北云王店、土风园、小张庄一带。当晚敌即跟踪而至，并向我们发动进攻，遭我打击，第二天拂晓，敌主力又尾追而来。这时，我们离许南公路只有50余公里，过了公路即到达伏牛山区。为争取时间，快速穿过公路，摆脱敌人，军首长决定以二二四、二二五团和军直属队为前梯队先行出发，二二三团为后梯队，阻击尾追之敌，掩护全军行进。这一天正遇上寒流，雨雪交加，冷风刺骨，道路泥泞，走路十分困难。我们衣服都很单薄，跑了一天没有吃饭，又冷又饿又疲劳，处境十分困难，正在这时，我先头部队行至方城县独树镇附近，突然遭到敌人阻击。战士们在风雪中什么也看不清，毫无思想准备，加之天冷，手都冻麻了，枪栓也拉不开，而且在荒郊野外，地形对我极为不利。部队没能顶住而后撤，敌人却乘势猛攻，并从两翼实施包围，当时的情况确实万分危急，正在这时，却有个参谋主任叫薛仁阶的骑个灰骡子临阵脱逃，带领一部分人后撤，并大喊大叫："我们被包围了，过不去了，快逃命吧！"随着他的喊叫，有些人也动摇了，想跟他后撤，在这关键时刻，吴焕先政委赶到了，他大声命令："同志们，就地卧倒，坚决顶住，决不能后退！"在这生死存亡的紧急关头，战士们听到军政委的声音，便镇静下来，就地卧倒，阻击敌人。焕先同志即从警卫员身上抽出一把大刀，举起大刀，高喊着："共产党员跟我来！"跟随吴政委的交通队的战士们一手挥刀，一手持枪，也跟着冲了上去；周围的部队也跟着冲上去，顿时"冲呀！杀呀！"的呼喊声响彻云霄，同志们已经忘记了风雪严寒，勇猛的与敌人拼杀。这时徐海东副军长也带后卫部队跑步赶到，立即投入战斗，部队士气大振，很快打退了敌人的进攻。接着军首长指挥二二三团向七里岗之敌发起攻击，想乘胜打开一个缺口，全军越过公路，但冲了几次，敌火力太强，未能奏效。于是军首长决定凭借附近赵庄、袁五岗等几个村落抗击敌人，伺机再次突围。打退了敌人多次进攻后，全军安全转移到杨楼一带集结。

这时天已黑了，军首长决定连夜突围，对部队进行紧急动员，焕先同志亲自找向导谈话，安置了伤员。同志们由地方党的同志带路，从敌人封锁线的间隙穿插过去，当晚越过许南公路，第二天拂晓到达伏牛山东麓。进入伏牛山不久，那个临阵脱逃的参谋主任就给处决了。

使我们永生难忘，无比悲愤的是长征已接近尾声，即将胜利到达陕北的时候，我们敬爱的吴焕先政委在泾川四坡战斗中亲临前线指挥，同敌人浴血奋战时中弹牺牲。当时我军已进入甘肃境内，为了策应党中央和主力红军北上，我们翻越麦积山，直逼天水城下，进占秦安，威逼静宁，接连破敌，切断了西兰公路。8月17日我军一举攻下隆德县城，歼敌数百人，还活捉了伪县长和保安团长。我军长驱直入，接连破城，引起敌人一片慌乱，敌急忙调集部队乘汽车疾疾驰援，也被我们拦路阻击，不能前进。我军则继续向东挺进，连夜翻过六盘山，直逼平凉县城。敌马鸿宾部坐守平凉城，有一个骑兵团集中于平凉到经河之线，对我实行堵击。我们于20日绕过平凉县城，进至白水镇。敌人尾追不舍，马鸿宾亦随军督战。傍晚，我们抢占一个有利地形，打个伏击，将追敌全部打垮，马鸿宾也差点被我们活捉。当时连日下大雨，公路北侧的泾河水猛涨。第二天，我们离开白水镇向东挺进。越过一个土塬，部队要过一道河，刚过去一半，由于山洪暴发，河水猛涨，有几个同志不幸被急流冲走。军直属队刚到河边正准备渡河，二二三团被阻于汭河北岸高土塬上。敌三十五师一个团，配有一部分骑兵，由泾川方向向我突然袭来。位于土塬上的二二三团三营首先与敌接触，奋力阻击敌人。我军处于背水作战，已过河的部队无法回援，军首长令号兵吹号调二二三团另两个营迅速赶来参战。当时吴政委和徐海东副军长都在北岸指挥渡河，他们争着要上前线。吴政委抢先说："你的伤口刚好，不要去了，继续指挥直属队渡河，我走了！"说着就带领交通队冲了上去。冲到前沿阵地，他向战士们高喊："同志们，压住敌人就是胜利。一定顶住，决不让敌人逼近河边渡口！"战士们看吴政委来了，士气大振，一个个奋勇争先。不顾泥泞路滑，迅速抢占了制高点，将敌人拦腰截成两段。与此同时，我三营也立即进行反击，对敌实行夹击。战斗中，亲临一线指挥作战的吴焕先政委，正在喊话时不幸中弹。同志们知道吴政委牺牲，怒火万丈，悲痛欲绝，更激起对敌人的无比仇恨，与敌人展开肉搏，连炊事员、马夫都上去了，同志们都杀红了眼，将敌人压到一条烂泥沟里，一个不剩的全部消灭了。敌骑兵团长马开基（据说是马鸿宾的侄子）被我二二三团二营通讯班长周世忠同志击毙。

出色的政治家和宣传鼓动家

焕先同志是鄂豫皖红军中卓越的政治工作领导干部之一。在红二十五军，特别是重建以后的红二十五军的政治工作，是焕先同志一手领导和组织起来的。在那严酷的战争年代，军队的政治工作不可能像今天这样有成套的东西。那时，在焕先同志具体组织指挥下，紧紧抓住行军作战的间隙，利用各种时机，采取多种形式，开展生动活泼的政治工作，真正把政治工作融会到军事工作和其他各项工作中去。长征中，庾家河战斗以后，我到军里作团委书记，在吴政委直接领导下抓团的工作，也协助他抓宣传鼓动、政治教育等工作。当时虽然环境残酷，战斗频繁，政治工作人员并不多，但政治工作却搞得有声有色，方法灵活多样，很有针对性和战斗性，效果比较好。据我回忆，当时开展政治工作主要有以下几种方法。

一是搞好各种动员。每次行军出发前，作战前或执行某项任务前，各级干部、特别是政工干部，都要进行动员。动员时，一般很简明扼要，不搞长篇大论，能说清楚就行。大家印象最深，效果最好的是吴政委的动员。他讲话不多，通俗易懂，句句都说到战士心坎上，大家很爱听。特别是遇到紧急情况，吴政委那几句号召式的动员，顿时给大家增添了无穷的力量。

二是抓部队的政治学习，开问答会。这种形式往往都是在部队休整期间进行，因为需要一定的时间。各级政治部门还根据不同时期的形势任务，编写讨论大纲、标语口号大纲。各级政工干部，也有军事干部，经常组织部队学习政治理论常识和党的知识，给部队讲课。吴政委就经常给部队讲课。为了检查学习效果，活跃学习生活，经常以建制为单位召开政治时事问答会，事先把问题写在小纸条上，轮上谁就抽个纸条上台回答问题。答对了人家报以掌声，答不上来就出了洋相，搞得相当活跃。记得这样的回答会在长征途中开过许多次。

三是发挥党团员的模范带头作用。无论行军、打仗、做群众工作，党团员都要起先锋模范作用，每到一地，党团员要带头挑水、扫院子、抢重活干；打仗时冲锋在前，退却在后。开小组会就检查到宿营地你借门板、铺草、烧水没有？出发前借老乡的东西还了没有？行军中替别人背枪没有？所在的连、排、班是否有掉队的？哪个单位有掉队的，枪没人背，这个单位的党团员都自觉作自我批评。每个党团员都严格要求自己，真正起到党团员应有的骨干作用。

四是抓群众纪律，坚决执行三大纪律八项注意。红军所以有战斗力，在任何艰难困苦条件下拖不垮打不烂，受到广大群众拥护，确实与部队有严格的组织纪律有直接关系。我记得在独树镇战斗以后，一次二二四团一个连队杀猪，因情况紧急来不及烧水褪毛，就把猪皮剥了，把肉挑上走。吴政委等军首长很生气，说："你们这样做是替国民党当了宣传员，人家说我们是土匪，你们这样做不正是让人家说我们吗？谁家老百姓杀猪还剥皮呀！"结果，司务长关了禁闭，指导员撤了职，此事对部队震动很大。还有一件事使我终生难忘，有一次行军到宝鸡附近，我带一个班去打土豪，要返回时，发现少了个战士，我们就去找。原来这个战士在一个小阁楼里看到土豪藏了很多东西，楼里黑，就点了个油捻子照明，不小心火星掉在楼上，当时没发现，部队刚走出村，火烧了起来。我们赶快返回去救火，结果烧了土豪四五间房子。因为我是带队的，心想回去可能要杀头。回去后，我把手枪和洋钱袋主动卸了下来，去找戴季英说明情况。他一听就火了，说："给我捆上，关起来！国民党骂我们杀人放火，你这不是放火吗？"当时虽然没关我，可我心里还是没有底。机关党委书记老何同志，看我饭不吃，眼睛也肿了，就劝我说："你去找找吴政委，把情况说清楚。"我就去找吴政委汇报了情况。吴政委问："火救灭了没有？烧了穷人房子没有？"我说："火救灭了，没烧着穷人房子。"吴政委说："你回去吧，以后注意。"就这样没事了。当时犯了群众纪律，不管什么人，一集合部队，问怎么办？大家喊一声"杀"，这个人就完了。那时各级干部每到一地都要检查群众纪律，指战员们都能自觉严格执行。

五是认真执行俘虏政策。我们执行俘虏政策一直是好的。从长岭岗战斗到陕西三要司战斗，对东北军俘虏和西北军俘虏都实行优待，不搜腰包，愿留者留，想走者走，走的发路费。这对瓦解敌军，壮大自己，扩大红军的影响，都起了很大作用。

六是处处宣传群众。我们红二十五军各级宣传队的工作都很活跃。每个连队都有三五人的宣传队，团里有七八个至十几个人的专职宣传队。部队每到一地，宣传队立即开展群众工作，搞调查研究，将当地的情况，哪家是土豪、地主都弄清楚。宣传队组织群众打土豪分田地，也做俘虏的教育工作，还到处贴标语、发布告、传单，走到哪里宣传到哪里。毛主席讲红军是宣传队、播种机，当时我们想不到这些，但实际是那样做的。

以上几点，是吴政委领导我们开展政治工作的主要内容，尽管方法比较简单，但是很经常，很实在，很具体，对鼓舞斗志，提高部队战斗力，效果很显著。记得当时共青团有一支很好的歌子，内容有这样一段："我们是红色战士，好比那东方刚出头的太阳，不怕牺牲，英勇杀敌，冲锋陷阵如猛虎，谁敢挡！"这些歌子唱起来很鼓舞人，使部队士气高昂，斗志旺盛。

焕先同志不仅在我军政治工作方面显示了非凡的组织才能和领导

艺术，有较高的思想理论修养，而且他又是一位不可多得的宣传鼓动家，有杰出的演说才能。每当部队集合时，人们叽叽喳喳，他一讲话，马上鸦雀无声，谁也不说话了，连吸烟的也没有。他善于根据不同对象，不同场合，演讲不同的内容，都能收到很好的效果。凡是听过焕先同志讲话的人都有一个共同的感受：他讲话鼓动性强，有号召力，语言生动简练，句句都能打动人心。他给俘虏作报告，可以把他们讲的痛哭流涕。而我们的红军战士，一听到吴政委的声音，立刻浑身是劲，精神就来了。忘记了疲劳和睏乏。如1934年1月中旬，我们在老君山以南地区连日与敌人苦战，经常遇到敌人的追击、合围、放火烧山。仰天窝那次战斗，形势极其险恶，眼看我们有被围歼的危险，当时任军长的吴焕先同志率领我们分散突出重围，当夜全体同志分头赶到黑狗寨集合，虽然敌情那样严重，斗争那样残酷，但没有一个人脱离部队。在突围之前焕先军长作了简短动员，突围胜利部队集中以后，他又向全体同志讲了话，他说，这次突围的胜利，证明同志们都是革命的坚定分子，我们红军是打不垮、打不散的，只要我们继续发扬这种精神，革命一定会胜利。同时宣布，今后还要向外发展，深入敌后去打游击。同志们听了军长的讲话，立刻精神抖擞，勇气倍增。类似这种情况还很多，有多少次遇到紧急情况，他站出来大声呼喊。虽只几句话，却一字千钧，激动人心。他把大刀一举就冲了上去，这行动本身就是无声的命令。军首长都这样不顾个人安危，带头冲锋，广大指战员又怎么不能舍生忘死，一往无前呢？

坚定的革命原则性远见
卓识的政策策略思想

政策和策略是党的生命，也是人民军队建设的生命。回顾我们红二十五军的历史，能够从鄂豫皖突破重围，长征入陕，实现永坪会师，历尽千辛万苦，夺取一个又一个胜利，除了有党的正确领导，有坚定正确的政治方向和灵活机动的战略战术这些根本条件外，与焕先等军首长模范地执行党的各项政策和策略，有极大的关系。特别是焕先政委，他具有较高的政策水平，不论是抓军事工作和政治工作，也不论是抓根据地建设和军队建设，在执行党的政策上，他总是那样高瞻远瞩，深谋远虑，既有坚定的原则性，也有一定的灵活性和创造性。回忆起来，这方面的突出事例很多。比如，从长岭岗大捷对东北军俘虏的政策，到入陕后对西北军俘虏的政策，都是吴焕先同志亲自组织制定，执行得比较好的，对于瓦解敌军，壮大自己，夺取战斗的胜利，确实发挥了很大威力。记得1934年初，蒋介石调任东北军张学良为鄂豫皖"剿匪副总司令"，将东北军半数以上，九个师从华北调来对我苏区进行第五次"围剿"。敌人妄图三个月内将我军"完全扑灭，永绝后患，彻底肃清，以竟全功"，但敌人的如意算盘破灭了，从7月初开始行动，接连遭我沉重打击。特别是7月17日的长岭岗战斗，敌一一五师遭我突然攻击，在我强大的政治攻势和奋勇冲杀之下，被彻底打垮，共歼敌五个多营，俘虏敌官兵1000多人。这次战斗给敌一一五师以歼灭性的打击，对张学良的"围剿"计划是当头一棒。战斗结束后，我们按照吴政委在全军干部会上的讲话精神，去作东北军战俘的工作。我们对战俘讲，你们本来是在东北抗日前线，由于蒋介石实行卖国投降的不抵抗主义，强迫你们抛弃东三省国土和父老兄弟，撤到华北，放着侵略者不打，现在又来打红军，屠杀自己的同胞兄弟，这决不是你们的心愿。蒋介石是借刀杀人，要你们来打红军，借红军力量消灭东北军，一箭双雕。你们在这里屠杀自己的同胞，而你们的父老兄弟正在被日本侵略者大批屠杀。我们应当枪口对外，共同抗日。我们红军优待俘虏，愿意留下的我们欢迎，不愿留的发给路费回家。希望你们回家也要参加抗日活动，不要再替蒋介石卖命。我们向他们宣传共产党、红军的抗日救国主张，同时还组织他们参加一些活动。教他们唱救亡歌曲，我们把这些道理一讲，救亡歌曲一唱，活报剧一演，那些被俘官兵深受感动，有的痛哭流涕，纷纷报名参加红军。由于他们经过正规训练，军事技术比较好，参加红军后有的成了战斗骨干，有的到陕北时就当上了连长、营长。我们长征入陕对西北军也同样采取政策攻心、优待俘虏的政策。我们刚一入陕，在三要司战斗中歼灭陕军四十二师一个营。战斗结束后，我们也把俘虏官兵集中起来，给他们讲，红军是穷人的队伍，专打帝国主义、地主老财，反对剥削压迫，是为人民谋利益的。穷人不应该打穷人，要共同打倒国民党反动派。也讲得他们痛哭流涕。尔后，我们把子弹留下，空枪还给他们，让他们回去。这种做法在陕军的下级军官和士兵中影响较大。他们回去后宣传红军不杀俘虏，扩大了红军的影响。在这以后，我们接连打了几个较大的胜仗，特别是九间房战斗，全歼敌警三旅，敌人几次打得都不那么顽强，这都与我们对陕军的俘虏政策和政治攻势有关。

再一点，我们长征能够顺利通过豫西围寨地区，也充分显示了焕先等军首长政策水平是很高的。那时，豫西土顽横行，围寨林立，要强行通过是相当困难的。于是，焕先等军首长决定，打出北上抗日、民族统一战线的旗帜，利用地下党和开明士绅的关系与围寨头目谈判。说明我们北上抗日，借道通过，绝不侵犯他们的寨子。出发前吴政委在连以上干部会上作了动员，他说，这一带围寨很多很大，地主土豪的武装很强。小寨子有几十、几百条枪，大的有二三千条枪，轻重机枪和迫击炮都有。据说，当年国民党唐生智部队路过这里，有的全军覆没。我们是抗日先遣队，听说他们把我们称为“奉军”，“奉军”也好，红军也好，反正我们是北上抗日的队伍。我们在这里不能打土豪，不能进寨子，决不能违犯群众纪律。吴政委还说：“我们能否顺利通过还不知道，我们既要争取和平通过，也要做好战斗准备。”并要求政治部在大部队到达之前，写信给寨子的头目，先打招呼，取得同意后部队再通过。由于事先做了工作，大小寨子都顺利通过了。有的寨门大开，城墙上架着机枪、土炮，我们就在寨边通过。还有的把饭菜、烟茶送出寨门招待我们。记得有个叫王家大寨的，有2000多条枪，每年收一千七八百担租子，是那一带最大的地主。城墙都是石头砌的，外边还有护城河，是很威风的。我们路过时，他们友好招待，我们需要的东西他们给送出来。由于部队纪律严明，秋毫无犯，走了两天没有发生问题，顺利通过这个地区。过后我想，那次通过围寨，如果不是实行统战政策和一些较灵活的策略，是不可想象的。

还有长征过甘肃兴隆镇回民区，也反映了焕先等军首长政策水平是很高的。正如毛主席后来所赞扬的，说我们民族政策执行得很好。记得过兴隆镇之前，吴政委就作了调查研究，针对这里对军阀部队印象很坏，民族隔阂严重，以及回民的宗教信仰和风俗习惯等特点，对全军进行了党的民族政策教育和纪律教育。出发前他亲自作了动员，提出了几条具体要求。第一，所有部队没吃完的猪油全部丢下，不许带入回民区，不准在回民区吃大荤，不准在回民面前说“猪”、骂“猪”等。第二，部队一律不准住清真寺，尽可能露宿。第三，不准打回民的豪绅。第四，不准用我们的水桶直接到井中打水，要先用回民的桶打上来倒在我们桶中。总之，要求部队严格执行民族政策，尊重回族人民的风俗习惯，注意回避年轻妇女，注意公买公卖。同时还要政治部事先用回文写了告人民书、标语等，由手枪团的同志头天晚上贴出去。广大回民一看，高兴地说，这是我们的军队。部队到兴隆镇时，群众敲锣打鼓、披红戴花欢迎我们，连阿訇也来迎接。我们在兴隆镇虽然只住了三天，但做了不少工作。吴政委还拜访清真寺并送了匾额，部队打扫街头，军医院的同志给群众看病等等，我军的模范行动，给他们留下深刻印象。他们赞不绝口地说：“还是红军好。”当我们离开兴隆镇时，全镇群众都来送行，有一些回族青年参加了红军。我们走后的第三天兴隆镇的群众还来送情报。这说明执行好党的民族政策，对我军是多么重要。

以上只是对焕先同志的片断回忆，由于年代久远，许多具体情节已记不大真切。我写的这些，既未能反映出焕先同志一生事迹的万一，也未能完全表达出我对他无比崇敬和怀念之情。但焕先同志给我们留下的印象太深了，他是那样的年轻，那样有才华，20几岁就担负了那样高的领导职务，牺牲时也只有28岁。如果他健在，对中国革命会作出多么大的贡献呵！他的一生虽然短暂，却是光辉的一生、战斗的一生，他的丰功伟绩永远值得我们学习和赞颂。他的英名将永垂史册。

选自中共新县县委党史资料征集委员会编：《卓越的青年将领——纪念吴焕先同志牺牲五十周年专辑》，河南人民出版社1985年9月第1版，第159—169页。

黎光，1917年生，安徽霍邱人。1930年加入中国共产主义青年团，1931年参加中国工农红军，1932年加入中国共产党。红军长征时任红二十五军政治部共青团团委书记。新中国成立后，曾任川北军区剑阁军分区政治委员、铁道部第四工程局局长、铁道部副部长、基建工程兵副政治委员等职。2005年在北京逝世。

丰功伟绩　英名永存

夏云飞

当我想到国内革命战争时期的往事时，很自然地回想到吴焕先政委的丰功伟绩。他是1927年“黄麻起义”的领导人之一，我军英勇善战、指挥艺术高超的军事家。1932年底重建红二十五军后，在残酷的反“围剿”战争中，我军多次陷入非常危险的境地。吴焕先政委临危不惧，身先士卒，率领部队冲锋陷阵，扭转战局，化险为夷。每当我想到吴焕先政委时，仿佛又回到50年前的战争岁月。

转败为胜的独树镇恶战

1934年11月6日，红二十五军奉党中央指示进行战略转移。全军越平汉路入桐柏山，继而向伏牛山挺进。11月26日部队行至南阳——许昌公路上方城县东侧的独树镇时，突然遭到先我到达之敌四十一军一一五旅和一个骑兵团的袭击，这是关系着我军战略转移成败的一仗。当时正遇寒流，下着大雨，气温骤变，部队冒着凛冽寒风，在泥泞道路上行军。战士非常疲劳，手指都冻僵了，敌人见此情况，向我军发起疯狂的进攻，并从两翼实行包抄，就在这时，有个贪生怕死的参谋主任仓皇向后奔逃，还大喊大叫：“我们被敌人围了，过不去了，赶快逃命啊！”霎时，先头部队乱了阵脚，纷纷后退，情况十分危急。吴焕先政委跑步赶到，大声呼喊：“站住，站住……”战士们听到军政委的声音止步了。军政委从警卫员身上抽出大刀，高喊：“我们绝不能后退，共产党员们跟我冲啊！”指战员们跟着政委冲入敌群，奋勇拼杀，敌人纷纷倒下，敌阵大乱，残敌狼狈溃散逃窜。不一会儿，我军扭转了危局，打败了敌人的进攻。经过这场恶战，我们的部队伤亡很大，作了必要的整顿后，当晚全军绕到独树镇以东通过公路，向伏牛山挺进，继续进行战略转移。我们回头遥望独树镇战场，默默地向牺牲的战友致哀告别。

创建鄂豫陕革命根据地

1934年12月10日，鄂豫皖省委在陕西洛南县庾家河召开会议，决定迅速创建鄂豫陕边区根据地。红二十五军为贯彻省委决定，趁国民党还未对我军发动新的军事围攻之机，立即在鄂陕边界数县横扫民团和反动武装。1935年1月9日打下镇安县城，同时，采取各种形式发动群众，扩大我军的政治影响，吴焕先政委抓紧创建新区，为扩大游击武装打下了良好的基础。

吴焕先政委亲自抓鄂陕第四路游击师的组建工作。1935年2月7日，红二十五军再次进驻山阳县袁家沟口小集镇。不久，有一个农民打扮的中年人来到军部，声称要见军长，有事情相商。此人名叫阮英臣，曾在国民党杂牌军当过副官，因对国民党欺压人民不满，返回家中，常为穷人打抱不平，对反动政府的各种苛捐杂税有过反抗，在农民中有一定的影响和号召力。吴焕先政委热情接待了阮英臣。他见到军政委，自我介绍说：“我们这地方是穷山区，国民党的苛捐杂税很重，加上地主的租粮和高利贷的压榨，穷人没有出头之日，我愿意拉起抗捐的队伍，穷哥们推举我来接洽。”吴焕先政委得知阮英臣的来意，非常高兴，赞扬了阮英臣为穷人做好事的行动。吴焕先政委还给他讲解共产党和红军为穷人求解放的宗旨，讲解“五抗”（抗捐、抗税、抗丁、抗粮、抗伕）政策。阮英臣听了以后，心里更亮堂了，他表示：“共产党是穷人的救星，我坚决跟着共产党闹翻身，求解放。”双方约定在三天内，把拉起的队伍带到军部检阅，加编番号，发放枪弹，并派政治工作人员到游击师工作。

吴政委当日下午将我和吴华昌、王义庆三人召到军部，交给任务说：“这一带山区人民受压迫剥削深重，受到革命影响后，觉醒起来。今日上午有农民的领头人阮英臣来接洽，三天之内拉起抗捐军。此地山大、林茂、沟深，是建立根据地的好条件。组织决定，你们三人留这里工作，任务是深入发动群众搞‘五抗’，扩大武装，积极消灭当地反动武装，建立起以袁家沟口为中心的根据地。你们三人组成中共山阴西区委员会，夏云廷（我当时的名字）为书记，负责武装斗争，王、吴二同志负责政权建设。”

2月9日上午，大雪纷飞，山上沟底都是白茫茫的。阮英臣带着刚拉起来的农民队伍来军部，军首长热情召见他们。午后，抗捐军第四路游击师命名大会，在袁家沟口河滩上举行，90多个青年农民精神抖擞地站立在风雪之中，周围聚集了数百名群众。大会开始后，吴焕先政委作了鼓动性讲话，接着宣布了命令，阮英臣同志为鄂陕第四路游击师师长，夏云廷同志为第四路游击师政治部主任，还任命了三名中队长，将鲜红的军旗授予阮英臣师长。最后，军部将三挺轻机枪、80支步枪，数千发子弹，100枚手榴弹发给游击师。

游击师战士领到红军刚从敌人手中缴获的崭新枪支，非常激动地说：“我们手中有了枪，要狠狠地揍那些压迫穷人的坏蛋。”人们欢呼：我们穷人有了出头日子，感谢共产党，感谢亲人红军。战士和围观的群众欢天喜地，热烈庆祝游击师胜利成立。

参加游击师成立仪式的军首长，向战士们微笑致意。

第四游击师在鄂陕游击总令部首长正确指挥下，横扫反动武装，发展了自己。半年内，成立了区苏维埃政府和六个乡苏维埃政权，以及农会、赤卫队等，游击师发展到300多人。以袁家沟口为中心的纵横60余里的根据地里，人民生活安定，生产热情很高。

6月底，鄂豫陕边界新区已基本建成。同时，成立了六路游击师、四个游击大队。

通过回民区

红二十五军由陕南转到陕北，所经之地全是新区。甘肃东部和宁夏交界地区，是回汉民族杂居地区，有好多集镇回族占多数。回民信奉伊斯兰教，教规很严，有区别于汉族的风俗习惯。由于大汉族主义者对少数民族实行残酷的统治，加之汉族地主土豪和回族头人不断挑起民族纠纷，汉回族人民隔阂很深。在国民党反动派的苛捐杂税和地主重租及高利贷的剥削下，汉回人民饥寒交迫，处于水深火热之中。陇东地区属于马鸿逵和马鸿宾的回族军队管辖，他们对人民实行极其残酷的统治和剥削。国民党和“二马”诬蔑共产党和红军是共产共妻、杀人放火、抢劫财物的“共匪”。由于当地人民未见过红军，也不了解红军的宗旨，在反动派的欺骗宣传下很惧怕红军。我军严格遵守回民风俗习惯，密切与回民的关系，争取回民。吴焕先政委亲自调查研究，为我军制定出遵守回民风俗习惯和商业政策的规定：不准直接用桶、瓢、盆、碗等工具到水缸或水井打水，生活用水必须经回民之手；不准在回民居住地杀猪吃大荤；不准随便进入清真寺；不准打回民土豪；杀鸡宰羊都要请阿訇杀宰；买卖公平，回民给我军筹集粮草要按价付银元。军政治部将上述规定和红军的宗旨分别印成布告和传单，在回民地区张贴和散发。

1935年8月15日，部队进驻陇东静宁县回民居住区兴隆镇，为了做好回民工作，进镇前，吴焕先政委和郭述申副主任召集各团干部会议，严格要求各单位遵守回民风俗习惯和有关规定。我带政治部宣传队随手枪团率先进镇张贴布告，散发传单，安定民心。

部队整队进镇后，吴焕先政委举行仪式，给清真寺赠送匾额、元宝及礼物，拜访回族头人。在阿訇和回族头人面前宣布，我们红二十五军是北上抗日第二先遣队，在此休整三四天。我军纪律严明，秋毫无犯，遵守贵民族的风俗习惯，买卖公平，凡给我军筹集的粮草一律按价付银元。第二天，回族头人和阿訇邀请军首长赴宴，赶着肥羊，顶着礼品，敲锣打鼓来军部回拜。经过互访，密切了同回族上层人物的关系，为我军休整创造了条件。

军政治部抓紧这一有利时机，对回民群众进行各种形式的宣传，如召开群众会演讲，演以抗日为内容的活报剧等节目。各单位主动把驻地周围打扫得干干净净。人人做到买卖公平，见到群众笑面相迎。我军的模范行动和执行严明的纪律，使回族人民深受感动，称赞我军“是仁义之师，是从来未见到过的好军队”。

我军开拔的这天早晨，镇上的人民和回族头人聚集在街道两旁，摆上点心油果，鞭炮齐鸣，敲锣打鼓，热情欢送红军。很多群众将煮熟的鸡蛋、核桃、红枣塞到战士手里，以表示爱戴红军的心意。

镇上三个有文化的青年，在我们的影响下，毅然要求参加红军，到前线抗日卫国。他们被留在政治部工作，这三位青年后来成为我党的优秀干部。

毛主席到陕北后，曾夸奖红二十五军民族政策贯彻执行得好，在陇东回族人民中留下了良好的影响，为中央红军过甘肃创造了条件。

“不丢弃一个伤病员”

吴焕先政委指示说：“在这次战略转移中，收容伤病员的工作十分重要，伤病员是我们的阶级兄弟，在非常困难的情况下，不丢弃一个伤病员，是我军的光荣传统。”部队长途行军，给养困难，体力消耗大，加之战斗频繁，使得伤病员数量逐渐增多。在无后方作战的情况下，伤病员都要随军行动。为此，军政治部首长指定当时年龄较大的党委书记刘青山和我（组织科长）二人，每日各带数名宣传队员轮流随后卫部队行动，任务是宣传群众和收容伤病员。

收容工作十分艰苦。当时，每日有数十名伤病员随军行动。我们的战士都是经过战争锻炼的，阶级觉悟很高，为了不使部队负担过重，很多较重的伤员坚持不坐担架，以惊人的毅力随部队行走。由于每日行程至少八九十里，到下午，有一部分伤病员就掉在后卫部队了。收容队和后卫部队一方面鼓励和搀扶他们行走；一方面设法雇老百姓抬走不动的同志。雇不着老百姓时，后卫部队的战士和收容队员抬担架。两个月来，我们战胜了各种困难，圆满完成了伤病员收容任务。

吴焕先政委具有远见卓识和高超的军事指挥艺术。他在我军光辉的战斗历程中，建立了丰功伟绩。他的英名永存。（胜军、方维华、夏光武、李良平，收集整理）

选自中共新县县委党史资料征集委员会编：《卓越的青年将领——纪念吴焕先同志牺牲五十周年专辑》，河南人民出版社1985年9月第1版，第150—156页。

吴焕先军长二三事

张波

中国共产党的优秀党员、无产阶级的杰出战士，鄂豫皖根据地和红四方面军的创始人之一，鄂豫陕省委代书记，红二十五军军长吴焕先同志壮烈牺牲50周年了。他的英雄业绩将永远使人歌颂。

一

1933年3月，连续发动了郭家河、潘家河、杨泗寨战斗，在吴焕先军长的正确领导下，红二十五军重建不久后，三战三捷获得重大胜利，使敌人大规模划区“清剿”的行动，遭到迎头痛击。由于这一胜利使鄂豫皖省委的某些领导头脑有些发热，他们指令红二十五军于5月初贸然发动夺回七里坪的战斗。省委的这一指令是完全脱离实际的。在当时的条件下，红二十五军要夺取敌人占领的中心城镇是完全不可能的。根据地的形势虽有好转，但敌人在鄂豫皖仍有14个师又四个旅，兵力超过我军十倍以上。整个鄂豫皖地区敌强我弱的形势并无根本的改变。潘家河战斗后，敌十三师三个团6000余人驻进七里坪，挖壕沟、筑碉堡、设铁丝网等，作了许多坚固工事。敌八十九师四个团就驻在华家河、河口等地，随时可有增援七里坪之兵力。

从我军的情况看，红二十五军全部兵力只有三个师共万余人，且没有攻击敌人坚固设防据点的条件。同时由于根据地屡遭敌人洗劫，元气远未恢复，又正处在青黄不接之际，人民生活极为困难，我军的给养毫无保障和出路。

对于省委的这一错误决定，红二十五军主要领导人吴焕先、徐海东等同志曾提出不同意见：我们的部队不是怕困难、怕打仗，而是许多条件不允许。但是省委主要领导人沈泽民同志强调党中央的指令，必须执行，夺取七里坪，坚决要打，并指出：把敌人逼走就是胜利。

5月2日夜，我军进入指定的位置，开始构筑工事、围攻敌人。战役进行十天以后，我军就断粮了。当地群众就把自己的口粮一碗碗、一把把地拿来支援红军。后来根据地实在没有粮食了，我军只得抽调部队和地方武装人员四处筹粮，一方面以野菜充饥。即使这样也很难满足部队的需要。在这种紧急情况下，吴焕先军长找军部经理处处长吴维儒和我（当时任军械股长）到龙王山附近的陶家边军部驻地汇报，了解当时的粮食和武器情况。吴处长汇报说当前给养十分困难，部队抽出的筹粮人员要走一二百里路以外到宋埠、黄岗和黄陂以南等地，这些几乎都是敌占区，弄到的粮食都在半路被敌人截击打掉了。筹粮的人员往往都空手而回，而且每次都是冒着随时可能牺牲的危险，解决不了部队的粮食问题。吴军长又问我："我们部队每天有多少枪交给军械股？"我心里十分难过地低声回答："100多支。"他又问："你怎么知道这些枪都是我们部队的枪呢？"我回答说："因为枪托上都有我们战士的名字。"军长又问："现在军械股里共送来有多少枪支？"看得出，他的脸色很难看。我回答道："有1000多支。"吴军长再没有多问了。当时军部正召开省委扩大会议，听了我的汇报后，吴军长感到很吃惊，打了半个月，已伤亡了1000多人。在省委扩大会上，吴焕先军长再次提出："不能再围攻七里坪了，应把部队拉出去打运动战。"这显然是一条实事求是的非常明智的正确意见。但是他又遭到当时的省委负责人，"左"倾冒险主义者的指责和反对。部队仍在围攻七里坪。致使部队继续减员，结果由上万人的队伍搞得只剩下5000余人了，而且个个都骨瘦如柴，体质虚弱。这时各地的反动军队和敌人又乘机不断侵犯根据地的中心地区。在苏区实行“三光”政策，破坏麦收和插秧，逼迫群众插“白旗”。到此，省委才不得不决定撤围。6月13日夜，全军撤出阵地。残酷的事实教育了那些反对过吴焕先军长正确意见的人。七里坪被我军包围了42天，革命的力量所遭到的损失是巨大的。教训是非常深刻的。主要是由于省委某些领导人的主观主义和对政治形势错误的估计而导致战略指导上的冒险主义所造成。同时说明了吴焕先军长，善于洞察形势，分析敌我情况，具有实事求是，敢于斗争的革命精神，在战术上有高度的正确见解和军事艺术才能。

二

1933年12月冬天，雪停了，但天还阴沉沉的。北风在一个劲地吼叫着，山和地都是白茫茫的。敌人的十三师、八十九师，顾敬之的民团，易本应的民团等兵分五路，从宣化店、七里坪、郭家河，泼陂河、潘新店前来袭击我军驻地高山岗、仰天窝一带，这些敌军都是共产党的老对手，对我非常熟悉。当时正值第五次“围剿”的最后时期，敌人气焰十分嚣张，不可一世。叫嚷要“活捉红军军长吴焕先”。并到处张贴告示“谁活捉吴焕先，赏钢洋一万元；拿回人头的，赏钢洋五千元”。虽然敌人只是嚣张一时，五路合击并没有消灭我们，但是，吴军长却遇到一次很大的危险，差一点牺牲了。

那是敌人出击的当天下午4点多钟，一伙敌人紧追吴军长，从仰天窝到古家店已有十多华里。此时我们部队都已被冲散，几乎没有抵抗能力了。吴军长只带着两个警卫员和一个号长，势单力薄，很难对敌。在古家店的小河滩上，敌人的先头部队有五个人追在前面，距吴军长只有五六十米，情况万分紧急。值得庆幸的是，敌人嗜财如命，想抓活的，所以没开枪。敌人只是边追边喊："站住！缴枪！"

吴军长和警卫员们边跑边说："老子缴个大衣给你们吧！"说着，就把身上一件蓝呢子大衣脱掉扔在地上。敌人以为大衣里肯定有好些钱和值钱的东西，便一窝蜂地扑向大衣，胡乱地在口袋里抢着、摸着。然而，很使他们失望，口袋里除了两个干馍外，再别无它物了。吴军长他们趁这个机会紧跑了一阵，渐渐甩掉了敌人。

恰好这时，我带领着手枪团一个班跑到这儿，发现了这一情况。我们相距敌人也只有100多米，我便命令全班战士爬到古家店后边的小山尖上，13支驳壳枪同时开火，每人打了20发子弹，把正在争夺大衣的敌人打死三人，打伤二人。我们虎跃般地冲上前去，缴获了敌人五条枪，1000多发子弹，20多枚手榴弹。夺回了吴军长的大衣。这时，远远地见到尾追的敌人又逼了过来，我们就及时撤退了。

退到另一个小山包上，又跟敌人打了一会儿，天渐渐地黑了下来。敌人在白天没有消灭我们，他们在晚上更害怕我们这些"夜老虎"，所以也不敢再追了，只好疲倦不堪地向据点退回去。我们擦了擦脸上的汗水，辨清了吴军长去的方向，顺着雪地里留下的一行歪歪扭扭的脚印，去寻找吴军长。

我们走呀，走呀，一开始并没有觉得什么，这会儿都感到寒风刺骨了。肚子里咕咕地叫，但我们寻找军长心切，没有停下来休息一会儿，一路小跑起来，直到宣化店以东的黑狗子寨，借着白雪的映照，才模模糊糊发现有几户人家。当我们走近时，所看到的是一些被大火焚烧过的断垣残壁，只有半间茅屋幸存，正好军长等四人就在里面烤火，军长身上披着一床毯子。他见到我们很高兴，连忙招呼我们坐到火堆旁。我没有立刻坐下去，望着吴军长，担心地说："军长，您今天太危险了！"军长不以为然地笑了笑，眼睛盯着我们缴获的战利品，很高兴地说："你们干得太好哇，敌人看不中我的破大衣，让你们带来了，太好了！"接着他不解地问道："你们刚才打枪，像打机关枪一样热闹，部队不是没有子弹吗？"哦，这时我才恍然大悟，军长之所以扔下大衣诱惑敌人，是因为他没有子弹啊！我连忙解释道："是我从军械股带来的子弹。"接着，我又把隐藏子弹的秘密告诉了军长。我原来在军械股任股长，因连续五次反"围剿"，我军机关缩小，我就于前不久到手枪团里任一班长了。军长有点吃惊，"哎呀，股长换成班长，你没有闹情绪吗？"我笑着摇了摇头。我想：都是革命工作，难道还分什么职位的高低。我的这些想法虽然没有透露出来，但军长却满意地笑了。

吴军长穿起了我们夺回的大衣，然后站起来说道："你们今天打了个胜仗，第五次'围剿'以来的第一次胜仗。敌人喊口号，到处捉拿我吴焕先，不但没有捉到，反而打死了他们五个人，说明我们的战士是勇敢的。"确实如此，自从围攻七里坪以来，我们都是被敌人追着跑，今天才算是瞅了个机会，打击了敌人一下。尽管不算什么大仗，但是吴军长还是很满意的，因为我们胜利了！

我们把缴获的战利品全部交给了吴军长，另外还把我们随身带着的子弹给军长的警卫员各30发，吴军长20发，吴军长很高兴，也很激动，他命令我说："从今以后，你就是一分队的副分队长了。"我怎么好意思接受哩，因为我觉得自己并没有做出多大的事情。所以我说："吴军长，我还是当班长好。"吴军长不同意。按照他的命令，我当了副队长，并兼任党支部书记。

深夜，我们从破屋子里走出来，吴军长问警卫员："还有干粮没有，今天打了胜仗，应该吃点东西。"可是警卫员回答说：干粮在今天早上就吃完了。我马上从口袋里掏出两块干馍送给军长。吴军长也没推辞，接过来分一块半给警卫员和军号长，自己拿半块，兴奋地嚼了起来……

三

1934年，红二十五军在向西北挺进中，受到各路敌兵前堵后追，形势相当危险。

11月26日，军政委指示我们手枪团的两个分队为尖兵部队走在前面。军政委吴焕先同志（这时红二十五军军长由程子华同志担任，吴焕先同志改任军政治委员）与张少东团长随二二四团一营一块走，进至方城县独树镇附近，我手枪团一分队抓了个俘虏带来见吴政委。当吴焕先同志问清前面堵截的敌人是四十军一一五旅一个骑兵团时，他立即命令张团长指挥部队散开。这时敌人已发现了我们，当时正遇上寒流袭来。雨雪交加，冷风刺骨，道路泥泞，一路上衣服已湿透，饥寒交迫十分疲劳。许多战士的草鞋已被烂泥粘掉，赤脚行军。战士们冒着风雪卧倒，手都冻得拉不开枪栓。又无所依托，地形对我们极为不利。吴焕先政委又一次经历了很大的危险。当时他一面叫尖兵前进抢占五六十米远的一块坟地；一面叫张团长向左翼展开。可是敌人已经先开枪了。吴焕先同志刚向左走三步，敌人便扫射过来，张团长的警卫员牺牲了。在这情况十分危险的关头，军部参谋主任薛仁阶惊惶失措，大喊大叫："我们被包围了，过不去公路了，各自逃命吧！"并带领二二四团三营一部分往后撤。使部队情绪受到很大影响，二二四团三营有个连把轻机枪都扔掉被我们拾了起来，就在这万分危急的时刻，吴焕先政委命令把薛仁阶捆了起来，这样才很快把后撤的部队镇住了。当时吴焕先政委大声高呼："同志们就地卧倒，坚决顶住，决不能后撤！"战士们立即趴在泥泞的地上，各自利用地形地物，抗击敌人，吴焕先政委从警卫员身上抽出一把大刀，只见他高喊："共产党员跟我来！"他奋不顾身地带领部队冲上前去。战斗正在激烈地进行时，副军长徐海东同志带领二二三团跑步赶到，立即投入战斗。经过一场恶战，终于打退了敌人的进攻。接着吴焕先同志和徐海东同志研究叫二二三团向七里岗之敌发起冲击，这时天已经黄昏了；吴焕先同志叫我们手枪团一分队去找个老百姓做向导。我们找到两个老乡，吴政委问清路线，准备深夜通过许南公路。由于部队战斗了大半天还没有吃饭，吴政委叫我们手枪团两个班动员群众给部队做饭，并要求要先给钱，只要是能吃的东西就买。这说明吴政委是多么关心战士啊！当时我在一个老财的家里拿了一笼白面馍，因人不在家，就写了个条子把钱放在笼里了。我们当时给吴政委送了一个，吴政委接过馍就问还有没有了？听说还有，就让我们赶快给徐海东副军长送几个去。吴政委亲自带领尖兵部队继续前进，并指示：手枪团走在部队前面，要把向导保护好。到前面若遇到敌人不要开枪，抓住活的好问情况。

我们走到离公路大约一里路时，抓住敌人一个哨兵，他说前面有一个班，我们摸过去一枪未放就把他们全部俘虏了。通过审问得知他们是四十军一一五旅的另一个团。吴焕先政委命令：我们下路，不要惊动敌人，以便大部队顺利通过公路。这样，当部队全部通过公路时，已是28日拂晓了。当前卫部队正由拐河镇东北的孤石滩退过澧河时，又遇上敌四十军骑五师骑兵团，我们边打边转移，才进入伏牛山中。在此，军首长处决了临阵脱逃的参谋主任，使全军指战员人心大快，受到了一次极为深刻的战场纪律教育。

我和吴焕先军长在一起虽然只有几年的时间，他就牺牲了，但他那光辉形象却永远记在我的心中，我深刻的怀念他，敬仰他。从创建大别山革命根据地到率领红军向西北转移，开辟鄂豫陕根据地。他饱经风霜，历尽千辛万苦，把自己的心血和生命全部献给了党，献给了人民。他崇高的革命精神将激励着我们在新的长征中永远前进！（陈士农整理）

1985年5月14日

选自中共新县县委党史资料征集委员会编:《卓越的青年将领——纪念吴焕先同志牺牲五十周年专辑》,河南人民出版社1985年9月第1版,第103—110页。

出师未捷身先死

——忆吴焕先政委

廖辉

我在1931年后，一直跟随吴焕先政委担任警卫员。尽管他的职务很高，工作繁忙，但对我们每一个战士都像亲人一样的关心和爱护，使我们深感革命友情的温暖。

那是在1933年5月，第五次反“围剿”中，中共鄂豫皖省委主要领导人在王明“左”倾路线支配下，“以夺取中心城镇”为行动方针，错误地命令红二十五军围攻七里坪。此时离蒋介石1932年10月发动的第四次“围剿”仅相隔半年，当时敌人在“血洗大别山”的口号下，使根据地庐舍成墟，田园荒芜，我军给养严重不足，欲再攻打七里坪，这是极为不利的。吴政委向省委主要领导人建议：红二十五军迅速撤围，摆脱被动局面。深入前沿阵地，了解部队情况。当他看到部队断粮，战士以麦苗、苦菜、榆树叶充饥时，对七十五师师长姚家芳说：“饿着肚子怎么能打仗，要想方设法截获敌军给养，筹集粮食，让战士吃饱。”这时，他妻子听说红二十五军围攻七里坪没饭吃，特意从远道赶来，带了一只鸡，十几个鸡蛋，还有大麦仁等。吴政委拿到这些东西，高兴地把我和警卫员小赵喊去说：“你俩把这些东西都送给伤病员吃去。”这下可把我们难住了，那么多伤病员给谁吃呀！再说，部队自断粮以来，政委不也是与战士一样饿肚皮吗？他见我俩呆立在那里，猜透了我们的心思，责怪地说：“伤病员更需要这些东西，懂吗？”我俩无可奈何地答道：“是。”

到6月中旬，由于我军多日断粮，长期露宿，部队饥病交加，减员不断增多。吴政委目睹此状，不啻一次伤心落泪。为挽救红二十五军，吴政委上天台山，请求省委下令撤围，省委终于同意了他的意见。6月13日，全部撤出阵地，使全军所剩的5000余名指战员转危为安，闯过了一道难关。

吴政委每逢行军他总有个习惯，就是经常跑前跑后，看看有没有战士生病掉队的。1934年的一天夜里，我们在光山、麻城一带行军，一个战士坐在路边，政委走上前，亲切地问：“小鬼，生病啦？”那个战士说：“脚被石头砸伤了。”政委蹲下一看，发现战士连草鞋也没穿，脚上还在流血。心疼地说：“小廖，我还有双布鞋，快拿给他穿。”那个战士接过鞋激动地说：“政委，我的脚只划破点皮，不要紧，到宿营地我再打草鞋。”吴政委命令似地说：“赶快穿上！”这双鞋是政委的妻子做的，厚厚实实，舍不得穿，一直让我保管着。那位战士看到政委穿着草鞋，把布鞋让给自己，泪水夺眶而出。

在陕南，我和小赵搞来一点白木耳，想给政委补养身体。政委看见了，问：“这是哪里来的呀？”我们说：“打土豪弄来的。”“赶快给伤病员送去！”政委严肃地说。我们知道没有调和的余地，只好照办。

政委很喜欢吃腊肉，部队到白区打粮，往往从土豪那里搞来腊肉，可军部远离打粮部队，一般吃不上腊肉。有时，团长到军部开会，顺便带点腊肉给政委，他总是叫来警卫员说：“把腊肉送到伙房去，煮了大家一起吃。”一次，吴政委生病发烧，我叫炊事员烧了一点菜送去。政委说：“这是谁搞的？”我说：“政委，这几天你吃不下饭，还在工作，你不是经常讲，要照顾好伤病员吗？”政委笑着说：“我的身体很好嘛，以后再不要这样搞了，和大家一样吃。”可谁曾想到，政委的父亲、哥哥、嫂子、弟弟等在家的六口人被敌人杀害后，他的母亲为避免杀害，流落外乡乞讨。一次要饭要到军部驻地，我们将老人挽留下，可老人知道部队作战紧张，吃住困难，见了儿子一面，说了几句话就悄悄地走了。吴政委的妻子送来的鸡、鸡蛋和粮食他转给伤病员吃，可他的妻子走后没几天就活活地饿死了。

吴政委在生活上关心体贴战士，但在作风纪律上却严格要求部属，他也从不姑息迁就。

在鄂豫陕边界，我军打了几个漂亮仗，部队给养也很充足。一天军需部一个干部带着大量的钱逃走了。吴政委非常气愤，把军需部长喊来："我们的钱是用血和生命换来的，你下面的干部带这么多钱逃跑了，你是怎么管理的？你这个军需部长严重失职！"吴政委对不负责任的官僚主义疾恶如仇。这个军需部长是政委的叔叔，可他在党的纪律面前一视同仁，对这个军需部长进行了严肃的处理，为全军树立了表率。

吴政委在战斗中，哪里有危险，就到哪里去，处处用自己的言行教育每一个战士。1934年11月，遵照中国工农红军军委副主席周恩来指示，红二十五军在军长程子华、政委吴焕先带领下，高举"中国工农红军北上抗日第二先遣队"的旗帜转战千里，长征入陕，半年来，连战皆捷，使反动派大为震惊。1935年8月21日，吴政委带领部队至泾川县城，南渡汭河时，大雨滂沱，部队刚过一半，我们即被山洪阻于北岸四坡村。这时敌人二〇八团，配有一个骑兵连，1000多人，向我军突然袭来。吴政委亲自带领交通队等百余人，一鼓作气地从河边冲上前沿阵地，他向战士们高声呼喊："同志们，压住敌人就是胜利！决不能让敌人逼近河边。"战士们看到吴政委来了，士气大振，不顾敌众我寡，泥泞路滑，迅速抢占原头制高点，把敌人打下去。这时我跟吴政委冲在前面。突然，我发现沟那边100多米处就是敌人。"吴政委卧倒，前边有敌人！"我大声呼喊着，正当他向土堆跃进时，一颗罪恶的子弹飞来，吴政委仰身倒在泥泞之中。我和小赵迅速扑上去，抱住政委，他已不省人事了。当晚过河，住在大村庄，我们把吴政委的遗体安葬在汭河南岸山坡的凹地上。吴政委在红二十五军享有崇高的威望。为了稳定部队情绪，他牺牲的消息只传达到营以上干部。几天不见吴政委，战士们问开了，“吴政委呢？”在行军中，走在前面的战士回答说：“吴政委可能在后边。”走在后边的战士说：“吴政委可能在前边。”一天一个战士问我：“怎么不见吴政委呀？”我哽噎着说：“吴政委在我们前面。”是啊，他永远在我们前面。

吴政委牺牲的噩耗在部队传开后，更激起全军指战员同仇敌忾。他们化悲痛为力量，英勇杀敌，驰骋陇东，飞越六盘山，截断西兰公路。于1935年9月15日，红二十五军到达陕北延川县永坪镇，胜利结束了长征。同年10月毛主席表彰了红二十五军的远征功绩，说是为革命立了大功。

吴焕先政委牺牲已50周年了，但吴政委的音容笑貌，同战士亲同手足的崇高品质，永远印在我们的脑海里。

出师未捷身先死，长使英雄泪满襟。

选自甘肃省军区党史资料征集办公室编：《三军大会师》上册，甘肃人民出版社1987年2月第1版，第172—176页。

廖辉，1917年生，河南商城汤家汇区汤家汇乡柳林村（今属安徽省金寨县）人。1930年参加中国工农红军，1931年加入中国共产主义青年团，1934年转为中国共产党党员。红军长征时任红二十五军军部警卫员。新中国成立后，曾任中国人民志愿军第九兵团通信处处长、南京军区通信部主任、安徽省军区副司令员、顾问等职。2002年在南京逝世。

缅怀敬爱的老政委

王师宜

吴焕先同志是鄂豫皖边区早期革命运动的领导人之一，是中共鄂豫皖省委常委、红二十五军的创始人和主要领导人。红四方面军离开鄂豫皖苏区后，在鄂豫皖省委的领导下，他同徐海东、王平章等同志一起，重新组建了红二十五军，他任军长，王平章任政委、徐海东任副军长。吴焕先同志在率领红二十五军坚持鄂豫皖苏区的革命斗争、开辟新的革命根据地、牵制敌人配合中央红军北上等方面发挥了巨大的作用。蒋介石早在1933年，曾向他的反动军队说："捉住吴焕先，洋钱万万元。"其对吴焕先同志的惧怕之状，溢于言外。

一

吴焕先同志既是一位卓越的军事家，又是一名英勇的战士。每一次战斗，他都亲临前沿指挥。他判断情况准确，分析形势透彻，能适时而巧妙地指挥部队作战，常常能以很小的代价取得较大的胜利。1934年2月，红二十五军和红二十八军在豹子岩会师后，合编为红二十五军，全军3000余人。我们在由皖西开赴鄂东的途中，敌人以五个"追剿队"紧紧跟追，以四个师在商城、潢川、麻城、光山交界地区构筑重重工事和封锁线，阻止我军西进。我军经过两夜一天的急行军，连续突破敌人四道封锁线，走了200余里路，于10月8日拂晓到达光山以南的斛山寨休息，做饭吃，但休息不到两小时，紧紧尾追的敌一〇七师、一一七师和六十四师、六十五师共14个团，趁我警戒部队极度疲劳、疏于戒备之隙，从东南两个方向突然发动猛攻。我军被迫仓促应战。我二二三团被敌一〇七、一一七师包围，二二四团在朱家坳也因地势低洼，难以进行有效的还击。红七十四师第二营（该师辖三个营）固守斛山寨制高点，抗击着敌六个团的猛烈攻击。因寡不敌众，眼看阵地就要被敌人突破，吴政委急令该师一、三营迅速增援上去。指战员英勇战斗，总算打退了敌人多次猛攻，守住了斛山寨制高点。军首长为了让全军摆脱不利地形，争取主动，经过分析研究后，决定七十四师继续扼守斛山寨制高点；二二四团隐蔽地迂回到敌一〇七、一一七师侧后发动猛烈攻击。该敌不支撤退，终于解了二二三团之围。尔后，二二四团迂回到朱家坳以南，二二三团迂回到朱家坳以东，协同七十四师向敌六十四、六十五师发动猛攻，七十四师也乘机发起反冲锋，将敌人压缩到朱家坳一带。敌人在我三面夹击下纷纷溃退。我军全体指战员发扬了不怕流血牺牲、不怕疲劳、连续作战的作风，将数倍于己之敌全部击溃，战斗至黄昏胜利结束，我军共毙伤敌人4000余人，缴获了大批武器弹药和军用物资，从而使我军转危为安。这一反袭击战斗的胜利，不能不说是战争史上的奇迹，它充分显示了吴焕先政委高超的军事指挥艺术。

1934年11月中旬，我军离开鄂豫皖苏区开始长征。蒋介石闻讯甚为惊恐，慌忙以30多个团的兵力，对我军进行围追堵截。我军为了甩开敌人，连续进行了一个多星期的急行军。部队非常疲劳，所带的干粮都吃完了，绝大多数同志的草鞋也穿完了。军首长根据这种情况，决定在青石桥、黄龙寺、月河店和金桥一带休息半天，并命令每团打开一个地主的土围子，以便让同志们准备粮食，炒干粮、打草鞋。

部队刚进入宿营地不久，敌人就尾追上来了，向我军发动猛烈进攻。此时我军大部分单位还没有搞到粮食，也没有吃上饭，不得不仓促应战。打退敌人的进攻后，又经过一天一夜的急行军，到达方城县独树镇附近，准备从这里越过许（昌）南（阳）公路。但是，敌人四十一军一一五旅和骑兵团，已先我到达，并沿公路构筑了工事，企图全歼我军。我军行至此地时，敌立即向我行军队列发动猛攻。是时，正值寒潮侵袭，刺骨的北风和密密细雨，使我们睁不开眼睛，加上手指冻僵，以至一时连枪栓也拉不开，我军先头部队被迫后撤。敌人乘机猛攻，并从两翼包围上来。在这万分危急的时刻，军政委吴焕先同志高呼："同志们，决不能退！这是我们生死存亡的紧急关头。"他随即举起大刀高喊着："共产党员跟我来！"率领部队冲了上去，与敌人展开了激烈的白刃搏斗。此时后续部队跑步赶了上来。经全军英勇奋战，终于打退了敌人，占领并巩固了公路以西的段庄、马庄、七里岗、砚山铺一带阵地。我军准备天黑后选择敌人防守薄弱地段冲过公路去。黄昏前，各级首长分头到连队作动员。吴焕先政委亲自来到我们连，心情沉重地说："同志们，前面是胡宗南的主力挡住了我们的去路，后面的敌人正在向我们迂回，已经离我们不远了。如果我们不在今晚冲过公路去，就有全军覆没的危险。我们决不能在这里被敌人消灭。冲过公路去，就是胜利！"吴政委简短而有力的动员，使因饥饿、疲劳、寒冷而疲惫不堪、寸步难行的战士，顿时精神振作起来。我们异口同声地说："红二十五军决不能被敌人消灭，我们拼命也要打过公路去！"

我们爬在稀泥地里，活动着冻僵了的身体和手脚，擦去枪上的雨水和泥巴，上好刺刀，揭开手榴弹盖，誓与敌人决一死战！天黑后，我军发起冲锋，一举打垮敌人一个团，撕开了一条口子，全军很快通过了公路。次日拂晓，我军终于摆脱了围堵之敌。独树镇的脱险，再一次显示了吴焕先同志高超的指挥艺术和英勇战斗的精神。同时，也说明了红二十五军是一支不可战胜的力量。

二

吴焕先同志也是一位杰出的政治家。他非常关心部队的政治教育和思想工作。他经常指示各级政治机关和政工干部，随时随地进行政治教育，发动党团员做群众的思想工作，号召党团员在各方面起模范带头作用，完成行军、作战等各项任务。他特别强调要加强战场上的宣传鼓动工作，以鼓舞士气，争取战斗的胜利。每当敌情缓和时，他把部队集中起来进行军政训练。

1933年9月起，我军先后在陶家河、朱堂店和陕南的龙驹寨等地，进行了七至十天的军政训练，部队的军政素质有很大的提高。1935年4月，是伟大的革命导师列宁诞辰65周年。红二十五军召开了纪念大会，吴焕先政委亲自作了“关于学习列宁主义”的报告，介绍苏联在列宁、斯大林的领导下，推翻沙皇统治，建立世界上第一个伟大的社会主义国家的斗争史迹。他号召同志们英勇战斗，打倒土豪劣绅，推翻蒋介石的反动政权，解放全中国的劳苦大众，把中国也建成苏联那样的社会主义国家。这是一次生动的共产主义远大理想的教育，大大地鼓舞了部队的士气。

吴焕先政委极为重视群众工作和少数民族工作。他经常教育部队严格遵守三大纪律、八项注意，不拿群众一针一线，真正做到“秋毫无犯”。部队每到一地，他都组织宣传队（组）向群众做宣传工作，说明我军是穷苦百姓自己的军队，全心全意为人民服务是我军的唯一宗旨。向白区群众宣传苏区群众土地革命斗争的情况。在有条件的地方，他还发动群众起来进行土地革命，帮助群众建立政权，建立游击武装。部队在陶家河、朱堂店整训期间，红二十五军帮助群众建立了区、乡政权，组织了游击队、赤卫军等地方组织。部队进入陕南开辟新的革命根据地时，组织了大批宣传队，到农村去发动和组织群众，帮助群众建立政权，组织游击队、抗捐军，很快建立了十来个县的苏维埃政权，组建了鄂陕、豫陕游击司令部和九个游击师，以及一批游击队。使陕南的土地革命斗争轰轰烈烈地开展起来。1934年底，部队初入陕南。在一次部队集合出发前，一个担任班值日任务的战士负责扫地，因部队取暖的火堆里有火，房东不在家，他没有将火熄灭，结果烧了群众的两间草房，造成了极坏的影响。吴焕先政委指着这个战士对大家说："他烧了群众的房子，严重地破坏了红军的群众纪律，大家说该怎么办？"我们齐声高喊："杀！"当时有许多群众观看，吴焕先同志当场向群众道歉，并拿出二百元大洋赔偿房主。群众听说要杀这个战士，当即向吴焕先政委请求赦免，说："我们山里头，盖两间草房算不了什么，要不了二百元钱，既然赔了钱，就不要再杀人了。"吴焕先同志向群众解释说："红军是穷苦群众的军队，不能侵犯群众的一点利益。他烧了群众的房子，严重地破坏了红军的纪律。"在陕南群众中留下了良好的印象。

1935年9月初，我军为了配合中央红军北上，进入回汉民族混居的甘肃。军政委指示各部队严格执行民族政策，尊重回民群众的风俗习惯。8月11日，我军进到泰安魏店以北回民集中居住的兴隆镇，并在该镇休息。吴政委进一步要求我们严格遵守回民的风俗习惯，他还亲率军乐队，吹号打鼓地向清真寺赠送匾额和礼品。清真寺的阿訇也头顶礼品到军部回拜。我军以实际行动扩大了我党和红军在回民群众中的政治影响，教育并感动了当地的人民群众，当即便有几个回民青年参加了红军。我军离开兴隆镇时，全镇男女老少，齐集街道两旁，摆设香案、果品，恋恋不舍地为部队送行。"红军好"的消息很快传遍了陇东地区，我军所至，常遇群众结队相迎。

吴焕先同志还非常重视俘虏政策，他把优待俘虏作为我军的一项重要政治任务。对于已经放下武器、停止抵抗的敌军官兵不准杀害，不准搜俘虏的腰包，不拿俘虏私人的东西。同时在生活上予以优厚待遇，并向他们进行宣传教育，说明我军是穷苦百姓的军队，教育他们不要为豪绅地主和独夫民贼蒋介石卖命，号召他们参加红军打老蒋。有许多俘虏在我军俘虏政策感召下，参加了红军，后来成为我党我军的重要领导干部。吴焕先同志还亲自向俘虏讲话。1934年4月，在光山高山寨伏击战中，我军俘获敌东北军一〇九师52名官兵。吴焕先同志对他们说："你们都是东三省的人，卖国贼蒋介石不准二十余万东北军抗日，一枪不放地把东三省送给了日本帝国主义，把东北军调到南方来打红军，使三千万东北同胞在日本帝国主义的铁蹄下生活，你们于心何忍？"吴政委还向他们宣传了我党我军抗日的主张，号召他们："中国人不打中国人。调转枪口，打回老家去。"吴焕先同志的话，使他们深受感动，他们纷纷表示，回去后把红军抗日主张转告东北军的弟兄们。当场就有几个人要求参加红军。

四

1935年8月，我军为了牵制敌人，配合中央红军北上，踏上了继续长征（由陕南向陕北前进）的征途。我军直插甘肃，切断了西（安）兰（州）公路达18天之久，吸引了大量敌人，减轻了敌人对中央红军的压力。

8月21日，我军南渡汭河时，部队刚过一半，突然山洪暴发，有些同志不幸被洪水卷走。后卫二二三团被阻于北岸。军首长命令部队就地宿营。不久，敌一〇四旅二〇八团1000多人，趁倾盆大雨突然向我袭来。在军首长亲自指挥下，二二三团与敌人展开了激烈的战斗。军政委吴焕先同志率领军部交通队一个排投入战斗，不幸中弹牺牲。在副军长徐海东同志率领下，我军二二三团越战越猛，将该敌全部歼灭，敌团长马开基被击毙。

吴焕先同志是我党的优秀党员，杰出的无产阶级革命家，卓越的军事家和政治家。他品德高尚，作风正派，待人诚恳，态度和蔼可亲，平易近人，关心爱护部属。他在全军享有崇高的威信，是全体指战员最尊敬、最爱戴的领导人。他的牺牲是党和革命事业的巨大损失。

吴焕先同志牺牲50周年了，他那崇高的形象我仍然记忆犹新。吴焕先同志永远活在我们心中。（张光怀整理）

选自中共新县县委党史资料征集委员会编：《卓越的青年将领——纪念吴焕先同志牺牲五十周年专辑》，河南人民出版社1985年9月第1版，第135—141页。

王师宜，1916年生，河南商城人。1932年参加中国工农红军，1936年加入中国共产党。红军长征时在红二十五军。新中国成立后，曾任福州军区空军漳州基地副政治委员等职。1986年在郑州逝世。

回忆红二十五军政委吴焕先同志

吴作汉

吴焕先同志离开我们已经47年了。他自从参加革命以来，对党的事业忠心耿耿，鞠躬尽瘁。特别是他任红二十五军军长、政委期间，为革命做出了很大的贡献。我在1934年秋至1935年7月，一直是红二十五军军部警卫班长。在跋山涉水、艰苦转战的北上途中，吴焕先同志勇敢顽强不怕牺牲的战斗精神和平易近人、艰苦朴素的工作作风，给我留下深刻的印象。直到今天，他的音容笑貌，仍清晰地留在我的记忆中。

一

我是1929年从安徽老家参加革命的。最初在鄂豫皖省委领导下的特务队参加筹款、侦察、镇反、发动群众等项工作。1932年秋红四方面军撤离鄂豫皖革命根据地后，各特务队合编为手枪团，隶属红二十五军，在根据地坚持斗争。以后，我又从手枪团调到交通队。在这期间，我在接受任务或行军途中，经常见到吴焕先同志，耳闻目睹了他的斗争经历和感人的事迹。

吴焕先同志生于1907年，老家在湖北黄安县。他1926年入党，同年冬在家乡组织群众武装打土豪。1927年参加了黄麻起义，在黄安地区领导赤卫队进行武装斗争，先后担任黄陂县委书记、鄂豫皖特委委员、鄂豫皖省委委员、红四方面军政治部主任等职务。他是红二十五军的老前辈，1931年10月，红二十五军在麻埠组建时，他是红二十五军七十三师政委，次年11月红二十五军重新组建，他任军长兼政委，为红二十五军的初创做了许多工作。

1934年秋，党中央指示红二十五军向豫陕边界的伏牛山脉一带行进，牵制敌人兵力，配合中央红军的战略转移。中央还派程子华同志到红二十五军任军长，徐海东同志改任副军长，吴焕先同志为政委。吴政委指名把我从交通队调到军部给程子华同志当警卫员，同时任军部警卫班班长。深秋的天气已带有寒意了，吴政委身着灰军装，披一件旧大衣，笑容可掬地向我交代了任务，嘱咐我一定要保护好首长的安全。吴政委中等个儿，身体结实。据说他当过教师，很有文化，因此同志们格外敬重他，愿意得到他的帮助。他的脾气特别好，从不对警卫人员发态度；不过他有时也很严厉，原则问题上从不让步，对任何动摇和妥协行为都进行坚决的斗争。

吴政委平时总好和战士们在一起，常常一清早就下到连队，有时连警卫员都不带。常常早晨一起床，就不见了他，警卫员到连队一看，吴政委正给战士讲话呢。行军的时候，他也总是把马让给伤病员骑，自己步行。

1934年底，国民党军大举进攻苏区，对红色根据地层层包围封锁，因此，我军供给非常困难。由于经济上各方面条件都很差，首长的生活也很艰苦。他们和战士同吃同穿，一起行军打仗，比战士还辛苦。吴政委生活上艰苦朴素，从不搞特殊。他的衬衣，补丁落补丁，不知补了多少次。他的大衣和裤子同样破得不像样。有一次，警卫员到军需处领来一条毛毯给政委。政委发现后，脸色很严肃，问毛毯是哪来的？警卫员告诉他是发的。政委说：“我的被子还挺好嘛，现在物资这么紧张，应该把它留给最需要的同志。”坚持要我们退回去，并说以后不经他同意谁也不准给他领东西。在饮食上，政委和战士同吃一锅饭，有时单独给他做，他就追问是谁的主意，严厉批评。记得1933年的时候，红二十五军在黄安东的七里坪围困敌人，一连40多天没有攻下，部队的粮食发生了困难。那时我在手枪团，有一天我们从敌占区搞来一些大米，送到军部。当时吴焕先同志是军长，我原以为虽然部队严重缺粮，但军首长总会有点粮食吃的。可是到了军部一打听，才知道军首长一直和战士一起吃南瓜和野菜，吴军长看到大米，硬要我们送给医院。我们坚决不同意，警卫员也说照顾好首长的身体同样是为了革命嘛。经过我们再三请求，军部总算留下一点，其余都送到医院了。

政委对警卫班的战士特别关心，经常勉励我们学政治、学军事、学文化。我们警卫班战士都是工农出身，斗大的字也认不得几个。有一天政委把我叫去，问我警卫班有多少人，认不认识字。我说有16人，大都不识字。政委说："过去我们穷人念不起书，那是帝国主义、封建势力压迫的结果。现在我们搞革命，推翻三座大山，不但要会打仗，还要学会识字看书，要懂政治、军事和革命理论，不这样就完不成革命任务。"在他的督促下，我们警卫班战士学文化特别认真，一有空就在地上用树枝写字。政委的话，成为我以后在工作中坚持学习的动力。他的教诲，对我一生都有很大的教益。

政委把他全部的心血和精力都用在革命事业上，对个人的事情从不考虑。他快30岁了还没成家，部队的领导同志劝他结婚，军卫生部钱信忠同志给他介绍一位女护士，他婉言谢绝了，说："现在正是最艰苦的时候，还不该谈这个问题，等以后形势好转了再说吧。"在紧张的战争年代里，他把革命利益放在第一位，一个心眼干革命，为我们树立了学习的榜样。

二

吴焕先同志既是带领干部战士进行战斗的模范，又是执行党的路线、方针、政策的模范。每次战斗之前，他都要给战士讲话，进行动员。打了胜仗，政委也鼓励大家，夸战士们是小老虎。他说话很幽默，那时长途行军，每个人脚上都打了好多泡，身上也有许多虱子，他常开玩笑地称我们是“炮手”和“班长”（意即虱子的班长）。他一讲话，战士们的精神立刻就来了。吴政委常告诉大家，一定要执行群众路线。他说，我们来自工农，我们革命也是为了工农，只要有党的政策，有群众，我们就什么也不怕，离开群众就一事无成。在吴政委的带动下，每个战士都是宣传员，走到哪里就把党的政策宣传到哪里。那时由于国民党的欺骗宣传，个别地方的群众不理解我们，我们来时他们都躲起来。吴政委指示我们要和在根据地一样执行三大纪律八项注意。部队每逢进村，都把村里道路、住家院子打扫得干干净净，把老乡的水缸挑满水，烧的柴和吃的粮要过秤，然后把银元给老乡留下，写个纸条放进米瓮里。老乡回来吃米时，看到我们留下的钱，就能知道我们是什么样的队伍。一次，两次，三次……次数多了，国民党宣传就不灵了。老乡们知道红军是穷人自己的队伍，因此真心实意地帮助我们。正是依靠执行党的纪律，我们才能不断开辟新的根据地，不断发展壮大自己的力量，在群众的支援下，打败敌人。

吴政委也很重视执行我们党的俘虏政策，军里面设了敌政科，负责瓦解敌军的工作。抓到俘虏后，采取诉苦的方法，启发他们的阶级觉悟。当时国民党的士兵有很多是穷苦人，有的是拉夫拉来的，有的是抓壮丁抓来的。我们给他们讲为什么当兵，给谁当兵，给他们讲清道理。特别是进入陕南之初，我们曾和张学良的东北军打过仗。抓到俘虏后，我们就向他们宣传“中国人不打中国人”，给他们唱“我的家在东北松花江上”，经过这样教育之后，他们不少人都掉泪了。有时，吴政委亲自给他们讲话，说我们是打日本、救中国的军队。我们现在北上，就是去打日本鬼子，让千千万万的东北同胞能回到老家去。你们都是从东北来的，你们的家乡被日本鬼子霸占了。你们不去打他们，却来打我们，良心上能过得去吗？吴政委一讲，再加上忆苦，士兵们逐渐觉悟了。这样，我们争取过来好多人。

红二十五军北上时3000多人，经过长期孤军奋战，消灭了大量敌人，粉碎了敌人一次又一次“围剿”，开辟了一块又一块游击区和根据地，到陕北之后仍然有3000多人。为什么这支军队战斗力这么强，而且在艰苦的条件下仍然能不断充实、发展、壮大自己的力量呢？我看，这是我们全军指战员团结一致、英勇战斗的结果，也是程子华、徐海东、吴焕先等主要领导同志正确执行党的路线、方针、政策的结果。尤其是身为军党委书记和政委的吴焕先同志，做了大量的工作，为党的事业立下不可磨灭的功绩。

三

吴焕先同志是指挥员，同时也是个战斗员。在战斗中，他常常身先士卒，冲在前面。1934年11月，红二十五军开始长征，走到独树镇，正碰上寒潮，先是下雨，后来又下起雪。我们当时还穿着单衣，用毯子裹着身体，仍然冻得上牙打下牙；衣服冻得硬邦邦的，像穿了副铠甲。一些十二三岁的小战士和年老体弱的同志冻死了不少。中午时分，我们从离镇二三里的路上经过，突然遭到敌人的袭击。原来敌人庞炳生师就驻在镇里，我们事先没发现他们，猝不及防，前面的队伍退了下来。敌人怪叫着扑过来，妄图吃掉我们。这时组织反击已经很困难了，部队面临被敌人包围的危险。吴政委发现这个情况后，果断地带领身边的队伍迎了上去。他一马当先，率队一阵猛打猛冲，打退了猖狂的敌人，天黑以后，我们撤出战斗，把敌人甩掉了。

北上途中，我们在庚家河打了一仗。那次战斗部队有很大减员。正副军长负伤，指挥全军的重担落在吴政委的肩上。那段时间，吴政委工作非常紧张，往往要后半夜才能睡。因为伤病员多，又缴获不少敌人的装备，部队行动迟缓，战斗力受到影响。为了便利行军打仗，在吴焕先同志主持下的军党委决定部队轻装，首先精简机关和直属单位的人员，把他们充实到战斗部队中去；把伤病员安置到可靠的老乡家养伤，发给每个干部50块银元，战士30块银元，分散安置费；销毁用不着的轻重武器，原来每个连都有十到十二挺机枪，由于弹药缺乏，轻装后最多不超过八挺。这样一来由于机动性提高，部队战斗力反而大大提高了，在北上途中创造了许多歼敌的战机。

记得最清楚的是在葛牌镇九间房全歼敌张汉民警备三旅的战斗。那是1935年初，大队的敌人从四面八方向我们包围过来，企图一举吃掉我们。吴政委带着部队牵着敌人的鼻子走，敌驻我驻，敌追我走，一直和敌人保持一定距离，对跟在屁股后面的追兵并不回击。一些急躁的战士有意见，有的还讲怪话，说："我们的枪是干什么的？是打兔子的还是打野鸡的？"吴政委一边耐心向战士们解释，做思想工作，一边和徐海东等领导同志做好部署，准备杀敌人个回马枪。就这样，拖了敌人个把星期，敌人的战线越拉越长，他们也逐渐麻痹了。当部队到达葛牌镇九间房一带，吴政委和军首长们察看好地形，决定在这里打伏击。到了夜间，部队悄悄折回来进入阵地，布置下包围圈。第二天，张汉民旅傻呵呵地跟上来，正好钻进我们布置的口袋里。我们埋伏在大道两侧的山岗上，突然向敌人发起冲锋。起先敌人还想顽抗，但他们已经被我们拖得疲惫不堪，战斗力先自减了三分，很快我们就把敌人打垮，活捉了旅长张汉民。这一仗打的真痛快，战斗胜利后，原来闹情绪的同志个个眉开眼笑了。

1935年7月，我们到了距西安不远的地方。从缴获的文件中，我们得知中央红军北上的消息，鄂豫陕省委代理书记吴焕先同志立即主持召开了会议，会上决定红二十五军为配合红军主力北上，挺进甘肃，并伺机与红军主力会合。吴政委兴奋地对我们说："我们就要见到毛主席了，就要和兄弟部队会师了！"在远离主力红军孤军奋战了将近三年之后，我们都为这个即将到来的日子高兴着。会后，部队连日向西挺进，一路上打了不少胜仗。

一天黄昏，我们到了甘肃泾川一个叫四坡村的地方。天下着瓢泼大雨，我们的衣服全湿透了。二二五团渡河之后，河水上涨，二二三团过不去了，只好先进村休息。战士们进了屋子，便开始生火烤衣服，准备吃饭。突然，村口响起急遽的马蹄声和枪声，国民党地方武装马开基的骑兵来偷袭我们。短兵相接，二二三团的战士把机枪架在门口射击，其他的人与敌人展开巷战。但部队一时无法迅速展开，情况对我们很不利。在这紧急关头，吴政委拔出手抢，大喊一声“跟我上！”带着训练队60余人从侧翼冲上去拦截敌人。天已经黑了，看不清周围的情况，没料到骑兵后面还有步兵，偷偷包抄上来。黑暗中子弹像雨点般射来，不幸一颗子弹打中了吴政委。经过一场恶战，我们消灭了马开基这个团。战斗结束后，吴政委已英勇牺牲了。

噩耗传来，全军指战员没有一个不掉泪的。吴政委在全军享有很高的威望，每一个战士干部都非常爱戴他。徐海东同志哭得最厉害，双眼都哭肿了。他们是一起参加黄安暴动的老战友，以后又在一起工作，配合默契，感情极深。当时部队的首长们之间一般互称职务，而他们一向互称“焕先同志”，“海东同志”。这里面包含的感情和意义是十分深刻的，体现出他们团结一致、互相支持、互相信赖的精神和多年来在战火中结下的同生死、共患难的阶级友爱。我在一个地主家里找到一口棺材，在村外掩埋了吴政委的遗体。军长和其他干部都来向政委告别。由于情况紧急，部队马上要转移，当时没来得及为政委立一块墓碑。后来听说敌人来了后，竟灭绝人性地把政委的遗体挖出来，割下头颅示众。直到现在想起这事，还十分令人痛心。

1935年9月，我们在陕北永坪和刘志丹同志领导的红二十六、二十七军会合，合编为红十五军团。不久，红一军团、红十五军团胜利会师，我们见到了毛主席、周副主席、彭德怀同志等中央领导同志。在这令人激动的时刻，我不由得想起了我们的好政委焕先同志。我们胜利了，他生前的愿

望实现了，他却没能看到今天的胜利，过早地离开了我们。但是，他的革命精神，是永远值得我们铭记的。（李向军、关军整理）

选自中国人民政治协商会议沈阳市委员会文史资料研究委员会编：《沈阳文史资料：革命回忆录专辑之一》，1982年10月编印，第51—59页。

吴作汉，1909年生，安徽金寨人。1929年参加革命。红军长征时任红二十五军军部警卫班长。新中国成立后，曾任沈阳军区军械部国防仓库主任。

忘不了的军政委

李鸿斌　黄群

红二十五军的创建者、领导者之一，我们敬爱的军政委——吴焕先同志，离开我们已经47年了。然而，每当人们提起军政委的名字，他那英武的形象立刻浮现在我们的眼前：魁伟的身躯，白净而严峻的长方脸，跨一匹乌黑战骡，驰骋在鄂豫皖陕的辽阔大地上，威震敌胆，所向披靡。军政委的一生，是革命的一生，战斗的一生。他是中国共产党一名优秀党员，他是红军的一位卓越指挥员。他为中华民族的解放，做出了杰出的贡献。我们怀着十分沉痛而又崇敬的心情，追忆往事，缅怀先烈那感人的事迹，激励自己革命到底，永不停顿。

同甘共苦

1932年秋，蒋介石对鄂豫皖苏区发动了第四次“围剿”。在红四方面军主力撤离鄂豫皖根据地以后，敌人乘机疯狂反扑过来，烧杀抢掠，把苏区又推向苦难的深渊。人民又遭受国民党、反动派的残害。

为了保卫苏区，1932年底，吴焕先等同志在最困难的条件下，把红四方面军留下的一部分红军会合了地方游击队，收容大批伤病员，又组织起一支队伍——红二十五军。吴焕先任军长。他率领我们在鄂豫皖革命根据地坚持着不屈不挠的反“围剿”斗争。使苏区逐步恢复起来。同时，红二十五军也得到了充实、壮大。

1933年5月，鄂豫皖省委决定围攻七里坪。当时，吴焕先同志坚决反对。但是还是服从了省委的决定。七里坪是敌人安在黄安以北的一个坚固据点，敌众我寡，加上我军刚组建不久，又有不少伤病员，枪弹粮草又不足，围攻七里坪于我不利。

七里坪三面环山，一面临水。我军驻守在三面山上，整天构筑工事，围困敌人。此时，正是青黄不接的季节。时间一天接一天的过去，带的粮食吃完了。大家将米袋翻了又翻，抖了又抖，连一口米也抖不出。部队开始靠山上的野菜充饥。幸亏是夏天，山间、田野到处长着花草、野菜。我们一面持枪守在阵地，一面轮换着到山上、山下和田沟里挖野芹菜（还有一些叫不出名字的野菜），用以充饥度日。天长日久，山上、山下的野菜慢慢少了，我们就捋树叶子当饭吃。军长吴焕先同志和大家一样吃着苦涩的野菜、树叶。很多人得了重病，不少人伤口化脓，还有的人脚被草鞋磨破，一块块溃烂的很厉害，腿肿得很粗。药品也没有。后来，野菜、树叶也吃完了。每天，不知有多少人被饿倒。但是，敌人有吃有喝。车子不断往七里坪运送米面、弹药和援兵，毫无惊恐之状。

40多天过去了，吴焕先军长眼睁睁地看着部队在一天天的减员，战斗力在一天天的削弱，再这样围下去，不但围不住敌人，反而围垮自己。为了保存红二十五军这支革命的有生力量，吴焕先军长不怕省委的责令，不怕砍掉脑袋，果断命令部队全部撤围，避免了更大的损失。

“共产党员跟我来”

鄂豫皖苏区的红二十五军新编后，在政委吴焕先、军长程子华和副军长徐海东的领导下，挥师西征，北上抗日。

1934年冬，我军突破信阳、桐柏、枣阳等地封锁线，跳出敌人前后夹击圈，朝西北方向急行军。有一天，我们二二五团担任前卫团，走在全军的最前列。这天，下着雨雪，寒风刮到脸上，像猫抓一样地疼痛。我们忍饥挨冻，迈着艰难的步子前进。小半晌，鬼天气更加冷了。雨雪落到地上很快结起冰层。我们湿透的衣裳边、裤脚口和路旁的树枝一样，挂满了亮晶晶的细小冰凌，走起路来哔啦哔啦的响。有时前面的同志摔到了，后面的人拉起来就走。部队进入一块平原地，听说平原地前头就是独树镇。我们在泥泞的黄土路上滑滑溜溜的继续走着。忽然间，迎面村子、路口冲出一个多旅的敌人，两边还有不少骑兵，一起朝我们猛扑过来。一刹那，枪声、喊叫声响彻平原地的上空。我们前卫团同敌人展开了激烈战斗。

连日急行军，部队非常疲劳。寒冷冻僵了我们的手指，连枪栓都拉不开。强敌的猛攻，前卫团未能顶住，退了回来。部队有些慌乱。就在这生死存亡的危急关头，吴焕先政委挥起雪亮的大刀，用洪钟般的声音，高呼："共产党员跟我来！"我们听到军政委的呼喊，奋不顾身地跟着他冲上去，同敌人白刃格斗，左拼右刺，浴血奋战。敌人被这迅猛的反攻击怔住了，只有招架之功，没有还手之力。战局向有利于我的方向急剧发展。

战斗持续到晚上。吴焕先政委出生入死，不管自己的一切，越战越勇。打得敌人人仰马翻，丢盔弃甲，狼狈溃逃。

行军途中

每次行军，吴焕先政委总是习惯地跟在队伍的末尾。这是为什么呢？起初对我们还是个谜。

1935年2月4日，在陕南一个名叫九间房的山村，伏击歼灭了杨虎城的独立二旅，活捉旅长张汉明。战斗以后，我（李鸿斌）就得病了。每天晚上发高烧，咳嗽得厉害，身体逐渐消瘦，行军都是撑着走。

3月的一天，部队借着朦胧的月色行走在崎岖的山间小径上。下半夜的时候，我又发高烧。浑身有气无力，两腿打闪行走不稳。渐渐掉队了，和七八个伤病员一起倒在路旁。没多会儿，从后面传来骡子叫声。大家一听，知道是军政委走上来了。顿时，身上好像无形中增长了力气。我们慢慢爬起来，又坚持往前走。但实在虚弱得走不动，没走几步，我又倒了下去。朦胧中，隐隐约约觉得有人把我扶了起来。“你是谁呀？”我睁开眼睛一看是军政委，吃力地回答：“我是小李，政委。”

“累了吧？”

“政委，我有点发烧。”

“来，让小李骑骡子走。”政委对马夫说。

“不”，我连忙说：“政委，哪能骑你的骡子。我还能走。”

军政委见我不肯骑他的牲口，又叫特务员（警卫员）扶着我，一起向前走。刚走一段路，又发现一个人倒在路旁。军政委上去问：“你怎么啦？”只见那位躺在地上的同志说：“政委，我腿上的伤口化脓了，疼得很。”军政委马上叫特务员把他扶上骡背，对马夫说：“你牵着骡子，朝前送送。”他停顿了一下接着说：“我们不能丢下一个伤病员。”马夫听了，牵着骡子往前走。军政委和部队一起走在山区的坎坷小道上。

哦，我心里这才明白：军政委是为了不让每一个伤病员被丢掉，才走在行军队伍的后边。3月的夜晚，山风吹到身上凉飕飕的，我们却感到心里热乎乎的。

泪流泾河

红二十五军到达甘肃东部，打下秦安、隆德、平凉等地以后，缴获国民党的大批洋布和麦面。军政委指示：全军每人都要扛一匹布到陕北去，作为和陕北红军会师的见面礼。

1935年8月间，我军日夜兼程东进。一天上午，前卫二二五团来到泾河西岸。雨下个不停。水淋淋的衣裳巴在身上，河面上吹来了风，使人感到有点凉意。里把路宽的河滩，流着混浊的河水。部队沿着河岸"之"字形的盘旋小路，走向河滩，开始过河。

前卫营过完，河水齐小腿肚深，二营过时，一下子涨到屁股头深。河水越流越急。等团直过时，水已涨到腰部，水势更加急了，大家相互拉着手，挽着胳膊过河。不久，河水又涨到胸部。滚滚流水，如奔腾的野马，一泻千里。有的同志由于身体虚弱，一脚没走稳，就被河水冲走。吴焕先政委见此情景，命令我们把布匹解开，拧结成绳子。河两岸六七十人将绳子紧紧拉住，大家扶着绳子继续过河。军政委站在河坎子上，喊道："间隔距离要稀一点，以免河中间阻力太大，绳子被水冲断。"就这样，我们二二五团过了河。

这时，军直部队已赶到河滩，河水仍在涨。大家正准备过河，突然，河上游冲过来很多敌人。枪声顿时大作。

军政委一看情况不妙，立刻组织、指挥军直人员向敌人反击。边打边抢占河坎。我们二二五团在河东岸架起机枪，向敌人进行扫射。但距离太远，够不着敌人。团长又命令说："机枪连，把机枪架到河滩去，给我狠狠地打！"我们跑到河滩，有的站在水里架起机枪，还是打不到敌人。大家急得捶胸顿足。

军直上了河坎，敌人也爬上了河坎。战斗越来越紧张，情况十分危急。吴焕先政委身先士卒，和战士们一起在河坎上与敌厮杀，不幸身负重伤。

担负后卫的二二三团，打退了骑兵的围攻，迅速赶到河边。大家一听说军政委身负重伤，一个个怒不可遏，挥舞刀枪冲向敌阵，穷追猛打，把敌人一下子赶到一条干沟里。仇恨的子弹像暴风骤雨一样朝敌人射去，打得敌人像热锅里的蚂蚁，昏头转向，乱成一团。不管敌人是死还是活，战士们上去不是一刀，就是一枪。恨不得把敌人剁成肉泥。下午，战斗结束了。敌人一个团全被歼灭，团长当场被击毙。晚间，部队过了河，宿营在东岸。

这天晚上，仿佛不比往常。战斗的胜利没有给大家带来欢乐，人人的脸上像布上了一层阴云。

第二天早晨，部队来到集合场。大家不知军政委伤势怎样，都想看看政委。于是，相互询问着，"政委在哪？"可谁也没能回答。只见军部的同志暗暗流下了眼泪。我们这才知道军政委已经牺牲了。全军上下悲恸欲绝，有的战士失声痛哭。谁不为同甘共苦的政委伤心！谁不为相依为命的政委落泪！

全军挥泪向北继续长征。大家不时深情地回望。队伍似乎停止了前进，大地陷入了寂静。只有泾河的水，哗哗作响，好像在把军政委的名字呼唤，好像在为这位卓越的战士哀悼！（汪明松整理）

选自安徽省军区党史资料征集办公室编：《革命回忆录选编》，1983年编印，第81—87页。

李鸿斌，红军长征时在红二十五军二二五团。

怀念吴军长

吴文桥

今年8月21日，是无产阶级革命家、政治家、军事家吴焕先军长牺牲50周年。50年来，我无时无刻不在怀念他，写他的回忆录，但至今才算写成，表示我对他的衷心怀念。

吴焕先军长是鄂豫皖苏区早期革命斗争著名的领导者，是鄂豫皖革命根据地和红二十五军的创始人之一。他曾在河南新县箭场河地区（原湖北黄安）创建第一个党小组和“红学”，组建农民自卫军，任农民自卫军总指挥。“四一二”蒋介石叛变革命之后，吴焕先同志亲自率领农民自卫军，同潘忠汝等同志一道参加和领导了黄麻起义，建立了工农民主政权。之后又任黄安县委书记，红四方面军总政治部主任、中共鄂豫皖省委常委、红二十五军军长、政委、省委书记等重要职务。吴焕先同志当军长时，只有20几岁，他在短短的一生中，为中国革命建立了丰功伟绩。

吴焕先军长是河南省新县箭场河四角曹门人（原属湖北省黄安县）。说起来，我们不仅都是姓吴，还是一家人，供一个祠堂。吴焕先同志的父亲、哥哥、嫂子、弟弟，都被国民党反动派杀害了，母亲讨饭，妻子饿死，但这些都没有能够动摇吴焕先革命到底的决心。

1921年中国共产党成立，在黄安、河南等地就逐渐有了共产党的活动。从武汉读书回乡的共产党员，在董必武、陈潭秋、肖楚女等同志的领导和推动下，1924年在黄安、麻城、孝感、黄陂、信阳、潢川、光山、商城、六安、霍山、英山等地先后建立了党的组织，同年在麻城县读书的吴焕先，学到了许多的革命道理，1925年9月学习期满，毕业后回到家乡。当时，他带回家有三件礼物：一、马克思、列宁的像；二、中国和世界的地图；三、学校发给他的毕业证书。吴焕先到家之后，首先揭掉了家里墙上挂的神像，挂上了马克思、列宁的像，并开始对他父亲、母亲讲为什么要革命的道理。

1926年春天，吴焕先同志光荣地加入了中国共产党，同年8月15日，吴焕先同志在箭场河的土石河，建立了箭场河地区第一个党小组，吴焕先任党小组长，受黄安县党支部领导。当天晚上，吴焕先在箭场河的土石河一所小学里，秘密召开了党的会议，研究如何发展党的组织，发动贫苦农民起来革命。参加这次会议的有吴焕先、吴先筹、吴立启、吴行中、吴登行、石生财、周忠诚、来贺云、来显梅共九人。这次会议还接纳了来贺云、来显梅、吴行中、吴登行、石生财、吴先筹、吴立启七人为中国共产党党员。

1927年初，吴焕先同志在箭场河四角曹门建立了第一堂红学（革命的红枪会，实际上是农民协会组织）。不久又建立了第二堂红学和改造了郑家边土豪护家的一堂红学。吴焕先在箭场河地区办了三堂“红学”，共有学员150多人，团结和组织了广大的贫苦农民起来革命。

同年3月，在广大贫苦农民要求之下，吴焕先等同志面对农村强大的封建迷信，土豪劣绅的反动势力，惩办了郑边大土豪吴惠存。同年4月12日，蒋介石叛变了革命，吴焕先同志从三堂红学中挑选出100名学生组成农民自卫军，他自任自卫军总指挥，肖从善、吴先筹等同志也在农民自卫军指挥部工作，反对蒋介石的叛变革命和屠杀工农革命群众。

有了红学，有了农民自卫军，吴焕先同志就亲自领导贫苦农民起来搞“五抗”运动，即抗租、抗债、抗息、抗苛捐杂税和“二五”减租。吴焕先在四角曹门，当着群众的面烧了自家的田约和账本，吴焕先说：“‘五抗’运动首先要从我家实行，所有土豪债主都得跟着实行，不得违抗，违抗者必须受罚。”这一下可把土豪劣绅的威风打下去了，贫苦农民很快发动起来了，“五抗”运动得到了广大农民的拥护和支持，取得了显著的成绩。

吴焕先家也是地主，但由于他思想先进，从麻城读书回家之后，不断地加强对他父母进行革命教育。在八七会议之后，土地革命运动开始时，吴焕先将自家的田地和家里的财产全部分给了贫苦的农民。后来，苏维埃政府决定，吴焕先家同贫苦农民一样，分一份土地和财产。吴焕先同志说过：“革命首先要革自家的命，才能带领广大农民起来革命。”

1927年11月13日，在鄂东北党组织领导下，吴焕先亲自率领箭场河地区的农民自卫军，同潘忠汝、吴光浩、曹学楷、刘文尉等同志一起参加和领导了闻名全国的黄麻起义，一举攻克了黄安县城，建立了工农民主政府。攻克黄安县城，捉回箭场河逃跑到县城的土豪劣绅共30余人，一部分在箭场河附近开群众大会枪毙了，大长了革命人民的志气。后由于敌强我弱，不久退出了黄安县城，转移到黄陂木兰山，在木兰山鄂东革命军改为中国工农革命军第七军，1928年2月从木兰山转移到鄂豫边界建立了柴山保第一块巩固的红色革命根据地，红七军又改为中国工农红军第十一军（十一军后来包括黄麻起义的红三十一师，商城起义的红三十二师，六霍起义的红三十三师）。

1928年春天，吴焕先同志作为党的领导人之一，即黄安县县委委员、县委组织部长，来到河南省光山县南部的柴山保。吴焕先同志和其他同志一道在柴山保，利用亲戚、朋友等社会关系进行秘密活动，发展党的组织和武装，对柴山保上层分子开展统一战线工作。如争取柴山保中小地主，反对柴山保吴、陈两姓大地主。利用大地主之间的矛盾，我们与地主吴文璐建立了暂时联合统一战线的关系，利用他的烘炉、铁匠为红七军制造武器，利用他的力量搞垮了陈姓大地主的武装。对发展和巩固柴山保革命根据地，是起了积极的作用。

1930年4月初，在箭场河召开了红军和地方党的负责人会议，成立了中共鄂豫皖边区特委，郭述申同志任特委书记，吴焕先、徐向前、戴季英等同志都是特委的委员。鄂豫皖边区特委的成立，将鄂东北，豫东南、皖西北，三块红色革命根据地联成一片，形成了鄂豫皖苏区；三支红军（红十一军）改编为中国工农红军红一军。鄂豫皖边区特委的成立，统一了鄂豫皖边区党政军的领导，标志着鄂豫皖边区的革命斗争进入了一个崭新的阶段，开展了轰轰烈烈的土地革命运动，到处掀起了打土豪、分田地（每人分二亩五分）的革命热潮。红军已开始走向正规化，同年6月中旬到7月底50天里，红一军在平汉线上的杨家寨、杨平口、花园等地三战三捷，红一军由5300人很快发展到两万余人，农民赤卫队发展到20余万人，苏区总人口达到150多万人。在这些伟大的革命斗争中，吴焕先同志为中国革命，作出了巨大的贡献。

1931年1月，红十五军成立，不久红十五军和红一军合编为红四军。红四军成立之后，一连打了几个大胜仗。如1931年1月下旬，全歼麻城磨角楼守敌及援军千余人。2月10日，攻克豫南战略重地新集（现河南新县）。3月9日，攻打双桥镇活捉敌三十四师师长岳维峻及以下官兵5000余人，1931年5月12日，中共鄂豫皖中央分局和军委在新集成立，省委、省苏维埃政府等领导机关也相继在新集成立。同年11月7日，红四方面军在七里坪成立，吴焕先任红四方面军总政治部主任。

鄂豫皖苏区取得三次反“围剿”的巨大胜利，主要是由于中共鄂豫皖边区特委的成立。特委成立，统一了边区和红军的领导，特委和红军所采取的作战方针，是充分发挥人民战争的威力，依靠群众，将运动战和游击战相结合，执行了一条正确的军事路线，从而取得三次反“围剿”的巨大胜利！使苏区和红军都得到了迅速的发展。红军发展到两个军六个师五万多人，地方武装发展到四个独立师外，各县还有独立团、游击队、赤卫军，20万人以上；苏区总面积四万平方公里，人口达到350余万，拥有黄安、商城、英山、罗田、霍邱、广济六座县城，建立了26个县的革命政权，土地革命运动蓬勃地发展，鄂豫皖苏区形势大好。但是由于张国焘的错误军事路线和错误的肃反，红军连续三次取得反“围剿”的巨大胜利之后，没有得到休整，便实施了强令红军南下围攻麻城，威逼武汉的冒险军事计划。当时我们紫云区有这样一个口号：号召每户出五升大米，红军打到武汉过中秋节。每家五升大米都出了，但红军未能打到武汉，而是敌人打进了苏区。由于张国焘错误的军事路线，对第四次反“围剿”不作准备，大敌当前，才从麻城调红军连夜跑步回黄安阻击敌人，使红军仓促应战，处于被动；肃反搞得人心惶惶，损伤了部队元气，挫伤了广大群众，许多领导干部一听到“肃反”两字，头皮就发麻。连红四方面军总指挥徐向前的爱人也被错杀了，好多师干部不明不白地死在自己人手里。不久，张国焘又犯了逃跑主义的错误，于1932年10月擅自率领红四方面军离开了鄂豫皖苏区。在这一时期，吴焕先同其他领导同志与张国焘的错误作了坚决的斗争。吴焕先同志不同意张国焘地主不分田，富农分坏田的主张，不同意张国焘强令红军南下作战的军事冒险计划，不同意张国焘肃反扩大化。但是由于张国焘是分局书记和军委主席掌握大权，未能挽救鄂豫皖苏区的失败。

1932年12月29日，吴焕先在湖北省黄安县檀树岗重建红二十五军。他任军长，王平章任政委。徐海东是七十四师师长，红二十五军刚成立时，正是蒋介石亲临武汉，任命刘镇华为鄂豫皖三省“剿共”总司令。调动15个师又一个独立旅，共计80个团，约十万人，向鄂豫皖苏区进行第五次“围剿”。面对强大的敌人，吴焕先军长懂得，部队是靠打仗锻炼出来的，战场上见英雄，枪炮底下出干部，希望能打个胜仗，震震军威，鼓舞群众。于是红二十五军，在吴焕先军长指挥下，于1933年2月，在河南商城县的汤泉池，消灭东北军一一五师工兵营，打死100多人，俘虏敌营长以下官兵200多人，缴获轻机枪十挺、步枪200多枝。紧接着红二十五军一连又打了两个大胜仗。一仗是1933年3月5日，在河南省光山县的郭家河，歼灭敌马鸿逵一〇四旅两个团3000多人，击毙1000多人，俘虏团长以及官兵2000余人，缴获山炮一门、迫击炮八门、机关枪12挺、长短枪2000多枝，战马100多匹。这一仗打得漂亮，大大鼓舞了红军指战员和苏区人民战胜敌人的信心。另一仗是同年4月15日，在湖北省黄安县潘家河的黄石岩，歼灭敌人八十九师一个团，把敌人的嚣张气焰打下去了。由于红二十五军打胜仗，鄂东苏区又复苏起来了，躲在山林里的伤病员和革命群众，归队的归队，回家的回家，到处传说："红军大部队又回来了，红军又打了大胜仗！"青年人纷纷报名要求参加红军，因此红二十五军迅速发展到1.3万余人。

年轻的军长，年轻的红二十五军，就是这样和强大的敌人作战，坚持鄂豫皖苏区的革命斗争。就在这时，王明的"左"倾机会主义路线，在全党继续执行。省委收到3月10日中央发出的指令，说郭家河战斗胜利之后，鄂豫皖革命根据地到了"大反攻时期"，要红二十五军夺回新集、七里坪、黄安县、宣化店、商城、金寨等一切城镇，作为"反攻时期"的主要任务。第一步，首先是夺取七里坪。不把七里坪的敌人消灭，将敌人赶跑了，也是我们的胜利。

七里坪是湖北省黄安县北面30余里的一个比较大的镇子。有敌十三师三个团6000多人防守。镇子周围筑满了围墙、壕沟、碉堡，布上了层层的铁丝网等，还有黄安县敌八十九师随时可以来增援。因此吴焕先军长认为围攻七里坪是错误的，不同意攻打七里坪。但是，这是省委和中央的决定，只好去打。围攻七里坪45天的战斗里，敌人每天是吃饱了大米饭来作战的，而红军连野菜也吃不饱，吴焕先军长亲自和战士一块去挖野菜吃。当时我们紫云区动员每一户搞一筐野菜送到七里坪给红军充食，全区老百姓都执行了。围攻七里坪45天里，没有困倒敌人，而是把自己困倒了。红二十五军1.3万余人，在围攻七里坪45天里，伤亡、饿死、逃跑，加上肃反被关押、枪毙的，只剩下了4000多人，这多么叫人心痛啊！吴焕先军长、徐海东副军长坚决反对，省委徐宝珊等多数人也起来反对，才停止围攻七里坪。部队撤出战斗之后，吴焕先军长重新休整了部队，继续率领红二十五军进行战斗。

吴焕先军长，打仗非常勇敢，每次作战，他总是一手提着驳壳枪，一手拿着大刀，冲锋在前，退却在后。战斗打得激烈时，他常常大声喊：“共产党员跟我来！”冲击敌人阵营，进行白刃格斗，非把敌人消灭不可。有一次麻城县西张店的敌人，向我们黄安县紫云区进攻，敌人已经占领了白云山、庙峰山、杨儿岭一带，听说吴焕先军长带部队来了，老百姓都很高兴。我那时还是一个十几岁的孩子，也跟着大人一起跑到山岗上去看，亲眼看到吴焕先军长带着部队，从高家湾、何岗向敌人冲去，经过一小时多的激烈战斗，消灭敌人一部，很快将敌人打回西张店去了。老百姓都称赞说：“吴焕先军长打仗厉害！有吴焕先军长和红军在这里，我们老百姓就不怕敌人了。”吴焕先军长平时讲话鼓动性很强，红军战士都说：“只要听到军长的声音，我们就有劲了。”因此，吴焕先军长无论是在红军指战员中，或者是在鄂豫皖苏区人民中，都有着崇高的威望。

吴焕先军长，不仅军事上打仗厉害，在政治上也是很成熟的。当时省委书记是沈泽民，吴焕先是省委常委，他和省委书记，副军长徐海东等领导人都合作得很好。师团长对吴焕先军长都很尊敬。吴焕先军长所以能打胜仗，不仅是有他军事上的才华，而且有他政治上的巨大远见。他的作战原则，是运用苏区三次反“围剿”作战的原则，避强击弱，将运动战与游击战相结合，依靠人民群众，以保存自己，消灭敌人为目的。因此在强大的敌人“围攻”时，在坚持鄂豫皖苏区的革命斗争中，打了许多的胜仗。

吴焕先军长对部队的要求非常的严格，特别是对干部要求严格。要求部队服从命令听指挥，遵守纪律执行政策。一次夜行军，要通过敌人的封锁线，突然发现后面的部队没有来，吴焕先军长立即回头去找部队，没走多远，见七十三师师长、政委和部队在那里休息，吴焕先军长手挥起马鞭抽了师长两马鞭，一声高呼：命令部队跑步跟上前面的部队。这一消息很快传到全军都知道了，以后师、团长对军长的命令执行再不敢随便了，平时吴焕先军长对人和蔼可亲，对部队非常关心，和干部战士在一块谈心，了解他们有什么要求和困难，亲自帮助去解决。要求干部关心战士，打仗时冲锋在前，退却在后。在行军时，他很少骑马，他的马总是让给伤病员骑，他同干部战士同甘共苦，成了干部战士的知心人！干部战士心里有什么话，也愿意向军长讲，到处都可以听到干部战士称赞他们的好军长。

1933年冬天到了，部队困难很多，特别是干部战士没有棉衣。吴焕先军长派部队从敌人那里搞来了棉布和棉花，但棉花不够，供给处长着急地说："一套棉衣最少得两斤棉花，这一斤棉花的棉衣怎么做呀！"军长吴焕先"看菜吃饭嘛！怎么不能做呢？"供给处长又发愁地说："这么多棉衣叫谁来做呢？30几个女同志，有的人还不会针线活。"军长吴焕先又说："你真糊涂。哪个女同志生下来就会缝衣服呢？你把棉布和棉花分到班排去，要大家动手都来做棉衣，女同志只当师傅来指导。"一声令下，从师长、团长、政委到每一个战士，都来做棉衣，女同志不管手艺高低，都成了师傅。村里的老百姓，不论是老太太，大嫂子、小姑娘，也都来帮助红军做棉衣，只用几天工夫，全军指战员都穿上了新棉衣。俗话说："人要衣，马要鞍"，此话不是没有道理的。红军战士穿上了新棉衣，扎好绑腿，一个个显得精神焕发。吴焕先军长看着这整齐的队伍，喜在心里，笑在脸上，大家真是高兴极了。

1933年9月27日，红二十五军为了避强击弱，冒雨从皖西向鄂东转移时，在途中七十四师被敌人切断，打散了。徐海东集合了打散的部队，经过了一个多月南移东转折回了皖西，与皖西道委书记郭述申率领的红八十二师会合。11月11日，皖西道委决定成立红二十八军，徐海东任军长，郭述申兼政委。可是在鄂东北地区只有吴焕先军长率领的红二十五军一个师，在极端艰苦的情况下坚持鄂东地区的革命斗争。敌总指挥刘镇华率七个师的兵力"围攻"红二十五军，梦想在三个月内消灭红二十五军。但是，红二十五军不但没有被消灭，皖西又出现了一个红二十八军，不由得使敌总指挥刘镇华大吃一惊，"这红二十八军是从哪里来的呢？"

1934年3月31日夜晚，红二十八军歼灭敌五十四师，活捉代理师长刘树春，还俘虏1000多官兵。这是红二十八军在皖西反“围剿”作战中的一次大胜利！

1934年4月初，郭述申、徐海东率领红二十八军，3000多人，30几个女同志，从皖西转移到鄂东，在商城东南的豹子岩与吴焕先军长率领的红二十五军主力会合。在豹子岩会议上省委决定，红二十八军编入红二十五军，徐海东任军长，吴焕先任政委。这时蒋介石又调来了东北军，委任张学良为鄂豫皖三省“剿共”副总指挥。东北军15个师又三个独立旅，共70多个团“围攻”红二十五军。1934年7月，红二十五军又打了一个大胜仗，消灭东北军3700多人，缴获轻重机枪68挺，长短枪800多枝，敌一一五师师长姚东潘被撤职了。

中共中央见鄂豫皖苏区在第五次反“围剿”之后，苏区已经是民穷财尽，红军再大发展是困难的。于是党中央派程子华同志来到鄂东道委，当时鄂东道委书记是郑位三，要红二十五军转移，北上抗日。吴焕先同志接到郑位三同志的信，立即率红二十五军从皖西来到鄂东。1934年11月16日夜晚，红二十五军共计3000多人[①]，七个女同志，告别了大别山，开始长征，北上抗日。省委决定程子华任军长，吴焕先任政委，徐海东任副军长，省委书记是徐宝珊（沈泽民1934年11月在天台山病故了）。省委和红二十五军一起长征。当时许多领导同志，包括省委在内，对前面有强大的敌人堵截，后面有敌人尾追，是否能到达陕北，大家心中都没有底。问吴焕先政委的意见如何？他一笑说：“有党中央领导，是能够到达陕北的。”后来在长征途中主要的领导和指挥是靠吴焕先同志。

红二十五军在离开鄂豫皖苏区的前夕，经过我们紫云区时，吴焕先军长特地来到箭场河附近的白云山村庄，与逃难的老百姓见面。这是难忘的一个夜晚。当时是在敌人残酷的“围剿”之下，敌人捉住年轻的男子，不是当场杀死，就是强迫去当国民党的兵。捉住剪短头发的妇女，就

① 应为2900余人。

诬为是“共产婆子”，立即处死。大批年轻的妇女，遭到强奸、轮奸、杀死，或者被拐卖到白区（敌占区）城镇。苏区是尸骨遍地，血流成河，房屋成墟，田地荒芜，老百姓是走投无路。但是逃难的老百姓，突然见到吴焕先军长和红军来了，是多么的高兴呀！一部分老百姓要求跟红二十五军一块儿走，另一部分老百姓说，那可不行啊！我们这么多老百姓跟着红军，红军又要打仗，又要照顾我们老百姓，那怎么行呀！两种意见争论得激烈。最后吴焕先军长，心情沉重地说：“你们还是不走好！留在苏区坚持革命的斗争。红军是暂时离开苏区，还要打回来的。”吴焕先军长这么一讲，逃难的老百姓也就没有意见了，大家都含着眼泪欢送吴焕先军长和红二十五军去长征。

1935年8月21日，红二十五军到达甘肃陇东地区的泾川城正南渡汭河，遇到敌情，吴焕先同志在掩护部队过河时，不幸中弹牺牲。

吴焕先同志虽然离开我们50年了，可他崇高的品德和忘我的革命精神却永远留在我心中。

选自中共新县县委党史资料征集委员会编：《卓越的青年将领——纪念吴焕先同志牺牲五十周年专辑》，河南人民出版社1985年9月第1版，第172—182页。

吴文桥，1919年生，河南新县人。1935年参加中国工农红军，1939年加入中国共产党。红军长征时为红二十八军战士。新中国成立后，曾任解放军第四十七军后勤部副政治委员、代理后勤部党委书记，海军南海舰队后勤部政治部主任、监委副书记等职。2002年在广州逝世。

在烽火岁月里

何元明

1935年8月21日，是中国工农红军第二十五军政委吴焕先牺牲的日子，迄今已经50周年了。作为他部下的一个老兵，每当想起他的时候，总会引起在烽火岁月里的许多回忆。

信任部下　肝胆照人

在鄂豫皖苏区，由于张国焘推行第三次“左”倾错误路线，搞肃反扩大化，弄得同志们互不信任。我小的时候在家给财主占梓楠（清末秀才）扛活，他弟弟占梓恒是个教书先生，我常抽空余时间学几个字。自1932年9月正式参加红军后，因为怕肃“改组派”，在很长一段时间内，一直都说不识字。为了避知识分子之嫌，经常像念佛经似的熟背几句话：“我的家在光山县蔡公桥老苏区，雇农成分，从小给地主扛活。”此外，我很少同别人说话。1933年5月围攻七里坪时，我被调到红二十五军卫生部工作。这时吴焕先任红二十五军军长，我经常聆听他的讲话和教诲。在此前后，部队经常搞“肃反”，弄得人心惶惶，彼此不敢谈知心话。有一天，部队在从皖西向鄂东行进途中，先杀了医务主任蓝义昌，正当杀红军营长颜东山时，吴焕先军长来了，他急忙说：“不要杀颜东山！你们杀人应该和我商量一下嘛！”打这以后“肃反”的事情逐渐少了一些。军卫生部一位老同志说，有一次部队突围时，吴焕先军长发现一个被捆绑的人，一直跟着部队从包围中冲出来了。当他知道这人是前几天“肃反”肃出的“反革命”时，气愤地说：“哪有这样的反革命！”并亲自给那个同志解开了绳子。又一次，吴焕先到七十三师布置战斗任务，听到隔壁房间有哭声，他过去一看，是一个14岁的孩子被打成“改组派”。他批评了这件事，把那个红小鬼领出来留在自己身边工作。我听了这些，才敢于向同志们吐露自己在蔡公桥乡苏维埃政府当过文书，会写收到条、证明条。一天，吴焕先到我们单位来，这时他任红二十五军政委。同志们提出卫生部没有文书，吴政委说：“可以提一个嘛！”没人吭声，他看了一下同志们的表情，略行所思地说：“怎么样？怕肃反是不是？不要怕嘛，谁会干就叫谁干。”有位同志答腔说：“这位同志会写收条。”吴政委笑着对我说“你就干唡！”这是1934年9月的事，打这时起，我任卫生部的文书。

红二十军长征后，有一次在行军路上，我见到原任皖西北道委书记的郭述申同志没有骑马，肩上背着行李，拄着一根棍子，穿着草鞋同战士一起徒步行军。有位同志私下对我说，郭述申因为反对轻信口供，反对“肃反”杀两个师干部，被撤了职。我听了这话，又想起了肃“改组派”的可怕情景，后悔不该吐露识几个字当上了文书。不一会儿，吴焕先政委骑着马赶上来，见郭述申步行，立即跳下马来，把马让给郭述申骑。我见到这情景，感到吴焕先同志对革命同志很信任，自己心里也就踏实了。吴焕先同志信任部下，肝胆照人。就我所知，他在“肃反”中保了不少同志，如二二三团文书杨瑞珍，红军营长刘德海，机枪连长唐义山等，这些同志后来都成为我党的高级干部。

足智多谋　勇敢过人

在残酷险恶的斗争环境中，红军战士对首长的信赖，往往倾注在首长指挥部队打胜仗上，像吴焕先、徐海东那样的指挥员，在我们心目中几乎成了胜利的象征。1933年冬天，红二十五军在光山凌云寺以南一个叫仰天窝的地方活动时，敌人用三个团的兵力，突然分三路向我们围攻过来。在我军势不力敌和弹药奇缺的情况下，吴焕先军长亲临前线指挥部队英勇抗击，在多次打退敌人的进攻之后，率领我们突围。部队刚到宣化店附近，敌人又以四个团的兵力再次向我们围攻过来。这时，我们的子弹几乎打光了，许多战士用大刀、刺刀同敌人拼搏，军部的炊事员也拿起扁担上了阵。在这样的险境中，吴军长镇静地把指挥员们找来，将突围的方向、时间和突围后的集合地点作了周密的布置，然后亲自带领一个排，抢占了大沙河北岸的高地，吸引敌人的主力，掩护部队突围。当敌人紧紧追赶，将要追上他的时候，吴焕先扔掉大衣，机智地把几十块银元倏地撒向追兵，警卫员廖辉和几个战士也仿效而行，敌兵见钱眼红，互相争夺。吴焕先趁机带领战士向山下冲去，摆脱了敌人的追击。当突围部队在宣化店以东集中时，红军战士见到吴焕先衣着单薄，面部和手上有几处被荆棘刺破的血迹，都流下了眼泪。大家亲切地感受到：哪里有危险，吴军长就在哪里，他一出现，就化险为夷，转败为胜。

吴军长没有进过军事学校。由于他善于通过各种途经潜心学习战争，从而使自己成为一个既长于做政治思想工作，又善于军事指挥的优秀领导干部。1934年春末，吴焕先军长率红二十五军与活动于皖西的红二十八军，在商城东南的豹子岩会师，合编为红二十五军，吴焕先任政委，徐海东任军长。吴政委十分注意与徐军长共议军事大策，把两个人的智慧和意志结成一体。是年7月中旬，为了打击进犯苏区的敌人，两位首长指挥红二十五军在长岭岗与东北军打了一仗，歼敌3000余。继而率部攻克了罗田县城。两役缴获甚多。接着打英山，当发现敌人增加了兵力，碉堡坚固，防守严密时，马上放弃攻打英山，并依据侦察到的新情况，随机应变，改为奔袭太湖县城。9月4日，留下一支小部队佯攻英山，迷惑敌人，主力昼夜兼程，连续行军200里。战士们开始不理解领导的意图，有的产生埋怨情绪。吴政委步行于部队行列，风趣地说："同志们，东北军给我们换了装备，可是目前还是缺吃少穿，英山的敌人不肯给我们，太湖的县太爷已经给我们准备好了，大家愿不愿意去领啊？愿意领就不能怕脚痛！"他的话富有强烈的鼓动性，掉在后面的同志也一瘸一跛地赶了上来。这天夜里，部队提前到达了目的地，趁敌人不备，攻占了太湖县城，全歼安徽省警备旅一部，缴获了大批布匹、医药、粮食和武器弹药。占领县城后，吴焕先政委在敌人指挥部发现敌人队长的名片，他刚审问过这个俘虏，掌握了他的情况。于是，机警地拿起电话，冒充敌人队长向安徽省城打电话，探测敌人动向，他说："共产党四路纵队向这里扑来，请求增援。"对方回电话："你们坚守三天。"吴政委摸到了敌人的底细，就让我们在城里暂休两天，每人还发一把雨伞和一块银元。战士们情绪都很高。

吴焕先政委不仅足智多谋，而且以勇敢过人著称于全军。1934年1月中旬，省委和军首长率领我们离开鄂豫皖苏区北上，沿途遇敌肖之楚、庞炳勋等部连续堵击，尾受"鄂豫皖三省追剿队"和东北军一一五师追击。我军冲破重重障碍，于月底到达河南省方城县独树镇附近，准备从七里岗通过许南公路，进入河南西部伏牛山区。敌四十军一一五旅和骑兵团先行到达，以猛烈的炮火封锁了公路。这天正遇寒潮，战士们冻得手拉不开枪栓，我军初战一时出现混乱。在这万分危急之时，吴焕先政委一手拿枪，一手拿刀，站在公路上高呼："同志们，这是生死存亡的关头，决不能后退！"随即举起大刀，喊着："共产党员跟我来！"他率领交通队，冒着敌人密集的火力，奋不顾身地冲杀过去，与敌人展开白刃战。红军战士在吴政委的带领下，向敌人冲去。顿时冲杀声响彻云霄。战斗正激烈时，徐海东率领的二二三团也从后面赶来，参加鏖战。经半日血战，打退敌人多次进攻。部队绕道通过了许南公路，胜利进入伏牛山区。这次战斗如果不是吴焕先政委英勇果敢，大有全军覆没的危险。吴政委率领共产党员带头冲锋，对扭转战局起了关键作用，在全体指战员中留下了不可磨灭的印象。

壮怀忠烈　功昭神州

1927年的冬天，黄麻起义遭到敌人镇压之后，白色恐怖异常严重。吴焕先同其他几个同志在黄（安）光（山）边境继续坚持革命斗争。他在一个叫“死人沟”的山洞石壁上，写了一首诗：“深山密林是我房，沙滩石板是我床，尽管敌人凶残杀，坚持斗争不投降。赤胆忠心为工农，气壮山河志不移，何畏今日艰难苦，坚持斗争定胜利。”抒发了他在白色恐怖下坚持革命的雄心壮志。

1933年春末，我由姚建芳同志领导的独立第二师编到红二十五军。在军部我第一次见到首长带家属，就问一些红军老战士：“吴焕先当了军长，为什么还不结婚？”一些黄安籍老战士对我讲，他结婚几年了，爱人是鄂豫边区革命委员会主席曹学楷同志的妹妹，在乡苏维埃任妇女委员会委员。他俩自由恋爱，感情非常好。敌人“围剿”根据地时，省委书记沈泽民让吴焕先把她接到部队来，吴焕先认为还是留在地方坚持斗争好，不愿意让家属连累部队。1933年秋季的一天，我终于在一个困苦的时刻见到了吴焕先同志的母亲和爱人。军卫生部的同志跟随吴焕先率领的前卫队强行通过黄麻公路，由皖西返回黄（安）光（山）边境后，我们的处境异常艰难，部队连续十几天断粮，吴焕先的脸部浮肿了。警卫员用小锅给他熬了一点稀饭，他坚持不吃，端着小锅到卫生队，把稀饭送给伤病员了。他母亲、爱人带着鸡蛋和大米来部队看望他，他将这些十分“贵重”的礼物都分送给伤病员吃，毫不考虑自己。事后才听说，这是他妻子和母亲讨饭得来的。不久，因敌人对他们严加监视，不准外出讨饭，妻子和母亲都饿死了。这样不幸的事，吴焕先军长从来不向别人谈吐，硬是把个人的仇恨深深埋入心底，一心一意指挥全军坚持革命斗争。

1935年8月21日，我军冒雨长征，行至泾川县城西南四坡村渡河。部队过去一部，山洪突然爆发，河水猛涨，我揪着卫生部长的马尾巴渡过去。吴焕先同志率领的军部直属队和后卫二二三团被阻于汭河北岸。他在指挥部队同超过我数倍之敌——敌马鸿宾部作战中牺牲。这一不幸的消息传来，全军指战员无不落泪，我似乎感到房屋断了一根大梁，甚至还产生过这样的认识，今后还能打胜仗吗？现在看来，当时为什么会产生这种念头呢？除了我的幼稚之外，主要是因为这位年轻的首长，多年来一直率领我们南征北战，克服过无数次的艰难险阻。在我们的心目中，他的名字始终与红二十五军紧紧连在一起，与我军的胜利连在一起。我说不清是由于我在军直经常与他接触，形成一种特殊的感情还是别的什么缘故，骤然感到一种心肝欲裂的悲痛，哭得死去活来。几十年来，每当我想起他的时候，悲痛怀念之情仍不能自已。

在纪念吴焕先同志牺牲50周年的时候，我奉献这篇回忆录，以慰先烈。（韩宗德整理）

1985年2月

选自中共新县县委党史资料征集委员会编：《卓越的青年将领——纪念吴焕先同志牺牲五十周年专辑》，河南人民出版社1985年9月第1版，第83—89页。

何元明，1916年生，河南光山人。1931年参加革命，同年加入中国共产主义青年团，1935年转为中国共产党党员。红军长征时任红二十五军卫生部文书。新中国成立后，曾任河北省财贸部政策理论研究办公室主任、河北省人民银行副行长、河北省农业银行副行长等职。1990年在石家庄逝世。

文韬武略　气贯长虹

李思明

每当回顾烽火连天的岁月，我对敬爱的吴焕先同志的思念之情便油然而生，红二十五军艰难的战斗历程也在脑海中一一浮现。我从纷繁的记忆中撷取二三片断，集成此文。谨以此献给敬爱的吴焕先政委。

挥兵自如　郭家河首战告捷

1933年的初春，细雨霏霏，阴霾沉沉，重建不久的红二十五军在泥泞的山路上急速地向野鸡楼一带开进。战士们已猜出个八八九九：吴军长要领着我们打大仗了！我那时给红七十五师师长周希远当警卫员。我见师长脸上洋溢着兴奋之情，心中当然就更加明白了；果然，一天下午，师长和师政委高敬亭要我护送他们到军部参加高级军事干部会议。会只开了两个多小时，我见师长和师政委并肩从军部兴冲冲地走出来，边走边谈得火热，我不敢打扰二位首长，跟在他俩的后边，返回师部。一到师部，师首长立即向各团传达了作战部署：向郭家河开进，歼灭守敌一〇四旅！

出发之前，吴军长集合全军作了战前动员。虽然是在黑夜我们看不清他的面容，但他铿锵有力的语调仍然给了我们极大的鼓舞。吴军长说：

“敌一〇四旅盘踞郭家河，企图对我革命根据地进行反革命的分区‘清剿’。现在，我们趁敌军立足未稳、地形不熟，来一个先发制人！给敌人一个下马威，让他们知道红二十五军的铁拳头是什么味！”吴军长的话一说完，就有人领着我们高呼口号：“红军战士努力作战，革命必定胜利成功！”“扩大苏区，扩大红军！”“粉碎敌军分区清剿！”口号声震天动地，气势排山倒海。

夜，黑的伸手不见五指，细雨仍在不停地飘洒着，我军冒雨出发了。翻山越岭走了几十里的路程，下半夜时分到达郭家河附近几里处，吴军长命令部队在一条山岭上停下来。山上的古石赛，残垣颓壁，依稀可辨。吴军长和几个师长以这所破石寨作为临时指挥所，用雨布遮住手电光查看地图，研究敌情，确定我军部署。我们这些警卫员生怕露出手电光暴露目标，便每人拿件雨衣，在石寨四周又围了一层，我听见吴军长斩钉截铁地说：“七十五师兵分两路，以一个团的兵力迂回到敌军右侧，抢占敌军背后的西山制高点。另一路以两个团的兵力从正面进攻，直接攻敌旅部。射人先射马，擒贼先擒王。只要打掉敌指挥部，敌人就会全盘大乱，我们可趁机将其一举歼灭！”吴军长还说：“你们七十五师有夜战经验，作战勇猛。敌军最怕夜战。”根据吴军长的命令，我七十五师迅速调整了部署，拂晓之前，全师进入了进攻出发阵地。

初春的夜晚，依旧寒风刺骨，加上大家的衣服都被雨水淋湿了，就更增添了几分寒气。有的同志冻感冒了，不时地咳嗽，为了避免咳出声来暴露目标，只好用手捂着嘴，人们握紧武器，睁大双眼，迫不及待地盼望着上级发出冲锋信号。

东方刚刚泛白，红七十五师攻击开始了，二二三团担任主攻。一个多小时后，二二三团突破了敌军的第一道防御工事，插入敌纵深，敌军的防御体系被打得稀巴烂。这时，全军各部队发起了总冲锋。那时，全军连以上单位都各有一面红旗、一两个号兵。冲锋时，只见漫山遍野红旗招展，冲锋号声此起彼伏。枪声、号声、呐喊声震天动地。郭家河是老革命根据地的中心区域，群众基础良好。战斗一打响，成千上万的老百姓在四周“呵火！呵火”地呐喊助威，更使敌人不寒而栗。

在我军的猛烈进攻之下，敌军完全丧失了抵抗能力，自顾夺路逃命。但是军长早就为他们布下了天罗地网。经过几小时的激战，我军将敌一〇四旅全部歼灭，毙敌二〇七团团长等百余名，俘敌二〇五团团长等2000余名，缴获山炮一门，迫击炮八门，机枪12挺，长短枪2000多支，战马百余匹。我军仅伤亡30余人。

这次胜利，是红二十五军重建后在吴军长指挥下取得的首次大捷，它极大地震慑了敌人，鼓舞了根据地的广大军民。成千上万的群众跟随着我们涌进郭家河，欢庆这一重大胜利。

博古通今　训练场语重心长

1934年9月间，我军远程奔袭，攻克太湖县城后，又甩开前来奔袭之敌，进入英山县陶家河进行军政训练。

陶家河原是鄂豫皖革命根据地的一部分，在敌人的第四次“围剿”中遭到破坏。我军一面在那里整训，一面派出工作队恢复各级苏维埃政权。在那种恶劣的战争环境中，能有机会进行军政训练实在是太不容易了。那时红军的干部战士大多是农民出身，一当上红军就拿枪参加战斗，从未受过正规的军事训练，缺少基本的军事技术、战术知识。为了提高部队的军政素质，吴军长作出了进行整训的决定。吴军长充分发挥投诚或解放过来的国民党下级军官的特长，让他们充任教官。训练从单兵动作做起，直到班、排、连的野外战术演习。

那时我已在二二三团传令排当班长了。我团和军部驻在一起。一天早上，团直机关和平时一样，早早地集合好队伍，在刚刚收割的稻田里出早操。早操课目是劈刀练习。我们在教官的指导下，精神抖擞，一丝不苟地做着规定的动作。操场上只见明晃晃的鬼头刀上下挥舞，刀把上的红穗子随着我们身体的旋转而左右飘动，加上宏亮的“杀”声，煞是气派。

不知什么时候，吴焕先政委走来了。他没带随从，一个人悄悄地站操场边，仔细观察着我们的一招一式。教官和我们全神贯注地训练，没有发现他。两个小时的早操很快结束了，我们都累的气喘吁吁、满头大汗。不知是谁突然说了句：“军政委来了！”我们急忙环顾四周，果然看见了吴政委，他在操场边，双手叉腰，微笑着向我们点头致意。他穿着一套缀满补丁却又整洁的军服，腰间系了根缴获的宽武装带，晨曦将他的身影照射得更加颀长。

教官发现政委后，连忙发出“立正”的口令，然后向政委作了简短汇报，并请他给我们讲话。吴政委轻轻咳了一声，用他那富有魅力的语调对我们讲道：“同志们，你们的刀劈得不错，这是你们几日来苦练的结果。”他用那锐利的目光扫视了我们一眼后继续说道：“我们红军战士是为无产阶级求解放而战斗的，不仅要有高度的阶级觉悟，在战场上勇敢顽强，不怕牺牲，还要有高超的军事技术。同志们还记得郭家河战斗之后的情景吧：我们缴获了那么多机枪，但很多连队缺少机枪射击技术，结果那机枪不就像根柴火棍？现在，我们从敌人那里借来了一点时间进行军事整训，时间是宝贵的，同志们一定要珍惜时间，刻苦训练，练出一套过硬的本事！你们都是团指挥机关的人员，现在是战士，也许明天就是干部。因此，你们要多学一些军事技术，当干部没有军事技术怎么行呢？”

吴政委接着严肃批评了个别战士在训练中不认真的现象，给我们讲了孙子斩王后的故事。他的讲话深入浅出，通俗易懂，妙语连珠，情趣横生，既幽默又深刻，给人以启迪和力量。他最后说：“共产党员、青年团员不仅在战场上要冲锋在前，退却在后，在训练中也要起模范作用。有了高度的纪律和党团员的模范行动，我们红军就能攻无不克，战无不胜！”

吴政委不仅用语言教育着我们，而且用毕生精力实践着他坚定的共产主义信念。凡是红四方面军、红二十五军的同志，谁不知道吴政委的表率作用呢。他不愧为红军最优秀的高级指挥员，不愧是我党杰出的政治家、宣传家和军事家。许多年过去了，他的讲话仍然那样清晰地铭刻在我的脑际，成为我毕生前进的动力。

从容镇定　于危机中挽狂澜

1934年11月，我红二十五军离开鄂豫皖老苏区，实行战略大转移，开始了长征。

12月9日，我军进至陕西省洛南县庾家河镇。10日早晨，军部发出通知，部队在庾家河休整几天。我团参谋长将复写的十几份通知交给我，要我立即送发各营、连。干部战士接到通知后别提多高兴了。因为我军自离开鄂豫皖后，一路上日夜行军作战，硬是一步一个血印的挪到了陕西啊！已经下了几场大雪了，我们仍然是夏天的一身单军装，而且破烂不堪。人们身上生的虱子，多的过把抓，把人身上好生生的肉都给咬烂。每个人都感到疲倦至极。在这种情况下，听说能休息几天，谁能不高兴呢？我们立即行动起来：理发、编草鞋、补衣服、洗澡、烫虱子。各团还根据军部的指示，派出群众工作宣传队，到驻地附近去发动群众，宣传红军的政策，扩大我党的政治影响。

庾家河地处秦岭山区，地势险峻，是个有百十户人家的集镇。二二三团和军部以及军直属单位驻在这个镇子上。我团第一营在东山上放了一个排哨，警戒东面的来敌。10日上午，团以上干部都集中在军部开会。10时左右，东山方向突然枪声大作，并且愈来愈激烈。敌军的机枪子弹和迫击炮弹落到了军部附近。一听枪声，就可判断出是遇上了敌人的精锐部队。

干部会议立即停开了。我团彭团长跑步回到团部。他令我立即通知一营，跑步增援排哨，抢占东山制高点。团长特别强调说，这是吴焕先政委的命令。我通知第一营后，立即跟着团长往东山冲去。刚上到山岭，就见到军政委已站在山包上，用望远镜观察着敌军的阵势。他身边没有部队，仅有几名警卫员。敌人正向他所在的山包发起攻击。警卫员、司号员已经同敌人接上了火。彭团长见情况紧急，对我们一挥手："上，将敌人压下去！"我们立即扑上去，一阵猛打，击溃了敌人的第一次进攻。

由于庾家河地处偏僻的山地，敌军从哪里来的一时还搞不清。地形也对我们极为不利，部队一时无法展开。敌人凭借人多和武器精良，用猛烈的炮火向我军据守的各个阵地实施狂轰滥炸，妄图将我军压迫于峡谷之中一举歼灭。敌师长狂妄地叫嚣，"消灭红二十五军！每人官升一级，赏大洋百块！"敌军真是白日做梦！红二十五军不是好惹的。

我军在吴政委的指挥下，同敌人展开了殊死的搏斗。子弹、手榴弹打光了就用刺刀拼，用大刀砍，用枪托砸，用牙齿咬。总之，我们抱着一个坚定的信念：不让敌人前进一步！一定要把敌消灭在阵地前沿！战斗确实是空前的残酷。山头上的树木全被炸毁了，土像犁过的一样，一踩半膝深。中午过后，军长程子华、副军长徐海东都负了重伤，另一位军领导带着伙伕挑子撤退了。全军的指挥重担都落到了吴政委一人肩上。战士们忍着饥饿和干渴同敌人拼杀，我们前沿阵地上敌尸横陈，敌伤号满地打滚，哀嚎哭泣。下午3时左右，敌人孤注一掷，发动了最猛烈的一次攻击。彭团长一马当先，跃出战壕，率领第一营向敌人发起了反冲击。不幸，三颗罪恶的子弹穿透了团长的左腿。团长躺在地下，一面让人包扎伤口，一面令我立即向军政委报告，就说他只负了点轻伤，还在前沿指挥，只要二二三团在，敌人就休想前进一步！

我接受命令后，立即去找军政委：此刻，军政委在哪里呢？"他一定在战斗最激烈的地方！"我想。这是军政委的老习惯了，每次战斗，哪里打得最激烈，他就在哪里指挥。他到了哪里，哪里就群情振奋，勇气倍增。我举目向整个战场望去，只见二二五团方向尘土飞扬，硝烟弥漫。我相信军政委肯定在那里，于是，我拔腿朝二二五团的阵地上跑去。

果然不假，军政委正在那里。只见他从堑壕里露出了半身，用望远镜聚精会神地观察敌情。我知道，此刻不能打扰他，他一定在酝酿着新的战斗决心。他放下了望远镜，又沉思了一会儿，我这才喊了一声“报告”。他转过身来，看见我，就问：“你们团怎么样？”我将团长的话一字不漏地复述了一遍。他大概从我的眼神里看出了彭团长的伤并不轻，好久没有说话。过了一会儿，他坚定地说：“告诉你们团长，这是敌人最后一次进攻了，我们要立即发起总反击！”我刚返回我团阵地，总反击的信号发出了，我军以猛虎下山之势，向敌阵冲去。敌人终于支撑不住，丢下近千具尸体和伤兵，抱头鼠窜。我军虽然在此战中也伤亡了300多人，但给了“围剿”之敌以重大打击。跟在我军屁股后面的几股追兵，再不敢贸然追击我们了，我军完全摆脱了尾追之敌。

庾家河战斗之后，我军开到洛南县蔡家川进行整编。在吴政委领导下，我军缩编机关，精简人员，充实连队。接着，吴政委又领导我们广泛开展游击战争，开创了鄂豫陕革命根据地和20几个县的游击区，使红二十五军不断发展壮大，有力地配合了中央红军和其他红军的行动。（张光怀整理）

选自中共新县县委党史资料征集委员会编：《卓越的青年将领——纪念吴焕先同志牺牲五十周年专辑》，河南人民出版社1985年9月第1版，第142—149页。

李思明，红军长征时任红二十五军二二三团传令排班长。新中国成立后，曾任河南省确山县人民武装部部长。

深切悼念我们的军长程子华同志

刘华清　郭述申　刘震
王诚汉　陈先瑞　张池明

惊悉子华同志不幸病逝的消息，我们红二十五军战史编委会几位老同志，都感到突然和意外。3月14日，子华同志还兴致勃勃地出席黄埔同学会理事会议，30日便与世长辞，使人深感痛惜。

子华同志的逝世，使我党我军失去了一位优秀的领导人，是我党我军的一大损失。我们怀着无比沉痛的心情，先后到子华同志灵堂前哀悼，并参加了向子华同志遗体告别仪式。我们这些随同他一起从长征中走过来的幸存者，追思往昔斗争岁月，怀念我们党的一代元戎，怀念与我们生死与共的老领导，以无限深情凝就这篇文章，以寄托我们的哀思。

一

子华同志到鄂豫皖苏区担任中国工农红军第二十五军军长，有着一段曲折的历史过程。大革命时期，他投笔从戎，受党组织的派遣，考取黄埔军校武汉第一分校。从此走上了为中国人民解放事业而斗争的戎马生涯。土地革命战争时期，他参加了广州起义和保卫海陆丰苏维埃政权的斗争，并成功地领导了大冶兵暴，壮大了鄂东南革命根据地的力量。他随后到达江西中央苏区，参加了第二到第五次反“围剿”斗争，在中央红军担任过团长、师长、师政治委员等职。1934年6月，党中央决定派子华同志到鄂豫皖苏区工作。当时，中央军委副主席周恩来亲自与他谈话，分析了斗争形势，讲明了鄂豫皖苏区的严峻形势，党中央决定红二十五军主力要作战略转移，创建新的革命根据地。遵照周副主席的指示，他很快离开瑞金，经由潮州、汕头等地，抵达上海。接着，就在中共鄂豫皖省委交通员石健民的护送下，由上海乘船到汉口，又由汉口搭火车到柳林车站，一路上历尽艰险，于是年8月28日抵达鄂豫皖苏区的罗山县卡房（今属新县），与中共鄂东北道委书记郑位三同志见了面。

当时，鄂豫皖苏区正处于极端艰难困苦的第五次反“围剿”斗争之中，国民党军以16个师又四个旅的重兵，加紧实行划区“清剿”，同时又以16个团组成“豫鄂皖三省追剿纵队”，跟踪追击红二十五军。在敌人的残酷“围剿”下，根据地被分割和压缩成几个小块，人力物力都濒于枯竭，群众遭受屠杀，不少地方变成了无人区。子华同志到达鄂东北时，省委已率领红二十五军转战到了皖西北，一时难以见到省委主要领导人，他首次向省委常委兼鄂东北道委书记郑位三传达了周副主席的指示。郑位三很快派人去皖西北给省委送信，建议省委速率红二十五军返回鄂东北，商讨今后行动大计。在等待部队返回的日子里，程子华、郑位三以及程坦、刘华清同志经常在一起交谈。子华同志说，我们可以到伏牛山去，蒋介石与那里的矛盾很深，当地的地理条件也比较好。土匪能站住脚，共产党领导的军队为什么不能去那里建立根据地？省委接到信后，即率红二十五军连续突破了敌人四道封锁线，兼程转战到鄂东北。11月11日晚，省委连夜在光山花山寨举行常委会议，根据党中央曾对鄂豫皖省委的指示精神和程子华传达周副主席的指示，认真分析了鄂豫皖根据地的严峻形势，当机决定率领红二十五军实行战略转移，到桐柏山或伏牛山建立新的革命根据地。这一决定，使红二十五军摆脱了敌人重兵“围剿”下的极端艰难的处境，胜利地进行了长征，走上新的发展道路。

关于战略转移问题，省委在此以前也曾作过多次讨论，只是因为不了解苏区外面的情况，而不敢轻易远离根据地，仅在根据地边沿地带做恢复老区、创建新区的工作，但收效甚微，难以从根本上扭转危局。子华同志的到来，及时传达周副主席的指示和他对根据地形势的分析，对于省委决定红二十五军实行战略转移，起到重要的作用。他的这一功绩，是红二十五军许多老同志一致公认的。

省委根据当时担任红二十五军军长徐海东的建议，决定由程子华担任红二十五军军长。子华同志对省委如此尊重党中央派来的干部，并委以重任，深感不安。郑位三在向他转达省委这一决定时，他说：周副主席要我来做参谋长，我就做参谋长，不当军长。但省委决定仍由程子华担任红二十五军军长，吴焕先仍任军政治委员，徐海东改任副军长。他们在中共鄂豫皖省委领导下，率领红二十五军不足3000人的兵力，开始了艰苦的长征。

二

长征入陕途中，部队先头和后卫都不时遇到敌军的堵截或追击。当时子华同志还没有来得及全面熟悉部队，部队行动多由徐海东和吴焕先指挥。他凭着随身携带的一本袖珍地图，以及所掌握的情况，随时随地与其他领导共同分析研究敌情，选择前进路线，使部队一次次摆脱敌军的围追堵截。部队进入桐柏山区后，由于各路敌军围追而至，一时难以立足，省委果断决定转向伏牛山区，相机创建根据地。这时，子华同志向部队作了进入伏牛山区的政治动员。他给指战员们讲敌情，讲伏牛山区的地理条件，讲中国革命的道路是艰难曲折的，现在必须绕过平原地带，抓紧时机夺路北上，才能实现建立新区的战略任务。部队由泌阳、方城以东转战北上，从独树镇一场生死存亡的恶战中，使他完全了解和熟悉了这支部队的战斗力，对吴焕先、徐海东的临战指挥表示赞赏和敬佩。长征入陕后的第一仗，他跟吴焕先、徐海东同志一起，亲临前沿指挥部队，一举攻占九泉山高地，取得歼敌一个营的胜利，使部队顺利进入陕西境内。

1934年12月10日，省委在庾家河举行会议，考虑到既难以在桐柏山和伏牛山建立根据地，便决定以陕东南为中心，抓紧创建鄂豫陕边革命根据地。就在这时，原在卢氏朱阳关布防堵截我军入陕的敌第六十师，突然由鸡头关向我部奔袭，于是在庾家河我部与敌展开一场激战。战斗打响后，子华同志和徐海东、吴焕先一起，带领部队抢占山头阵地，指挥部队向敌人奋勇反击。激战中，徐海东负了重伤。当子华同志迎着敌人密集的火力，正在前沿阵地上观察战场态势时，突然被敌人的一颗子弹击中了双手，把望远镜也打落在地。这是他戎马生涯中第三次负伤。因为伤了动脉血管，流血过多，手腕骨也有破裂，伤势比以往两次都重。从此他就落下一双伤残的手。直到逝世，他仍担任中国残疾人基金会名誉理事，受到人们的尊敬。

子华同志负伤后，一直躺在担架上随军转战。当时生活很苦，部队行军作战十分频繁。他躺在担架上，自己连身子也翻不过来。因流血过多，最初的两三个月，昏昏迷迷不省人事，身体瘦得皮包骨，脸上没有一丝血色。伤势稍许好转，仍然离不开担架，平时连穿衣吃饭及大小便也无法自理。不仅不能指挥部队作战，连省委召开的会议也无法参加。对此，他怀有一种负疚感，觉得自己整天躺在担架上，还得派人保护，给部队拖累很大。因为伤口老是出血化脓，疼痛难忍，他便向军医院院长钱信忠提出，为他进行截肢。钱信忠没有答应，而是千方百计地控制伤口炎症，采取扩创消毒和夹板固定的办法治疗，最后总算保住了他的双手。

尽管如此，子华同志总是忍受着常人难以忍受的痛苦，时刻想着部队，想着创建根据地的工作，坚持做一些力所能及的事。1935年5月，省委在郧西地区开会，研究反二次“围剿”的作战方针和计划。他因伤重未能参加会议，便向省委代理书记、军政委吴焕先介绍了中央苏区红军在毛泽东同志指挥下几次反“围剿”胜利的作战方法，提出“诱敌深入，先拖后打”的作战意图。这对省委制定反“围剿”作战方针起了重要作用。子华同志还向军政治部秘书长程坦介绍中央苏区红军“三大纪律八项注意”的具体内容。程坦和刘华清同志将其内容逐条编成歌曲，印成歌页，发给每个连队教唱。许多老同志回忆说：“这首歌，我们在长征中走一路唱一路，对部队遵守群众纪律确实管用。”这就是全军和全国人民都十分熟悉的《三大纪律八项注意》歌。

子华同志因伤在工作中不能动手，只能动口。当时军司令部参谋工作很不健全，每在决定部队行动任务之后，他对部队的行军、宿营、布置警戒以及各种注意事项，总是很具体地跟参谋人员或秘书作口述指示，让他们写成书面命令或通知，下达部队执行。有时，子华同志了解到部队中的某些问题，就主动找来当事人谈话，耐心地做思想工作，对问题妥善地予以解决，为其他领导同志分忧解难。西征北上途中，军政委吴焕先同志牺牲，全军指战员思想情绪有些低落。子华同志心里也十分悲痛，更感到自己肩上的担子沉重，他曾不止一次地安慰指战员们说：“我们要擦干眼泪，化悲痛为力量，全军上下拧成一股劲，为实现焕先同志遗愿，迎接党中央和中央红军英勇奋斗！”他还说：“就是天塌了下来，还有徐海东同志指挥！”这对当时鼓舞斗志起到很大的作用。

部队在进入陕北苏区之前，省委于9月7日在豹子川召开会议，决定由子华同志代理中共鄂豫陕省委书记兼军政治委员，徐海东任军长。子华同志当即对部队进行了与陕北红军会师的政治动员，要求指战员认真整理军容，遵守纪律，讲究礼节，注意团结，虚心向兄弟的陕北红军学习。全军指战员怀着无比喜悦的心情，胜利地进入陕北苏区。

三

1935年9月15日，红二十五军抵达延川县永坪镇，胜利结束长征。18日，部队与红二十六军、红二十七军举行了胜利会师大会，并合编组成中国工农红军第十五军团。徐海东同志任军团长，刘志丹同志任副军团长兼参谋长，程子华同志任政治委员。直到这时，子华同志才有机会住院治疗，由钱信忠为他做了手术。这时部队准备在劳山地区作战，尽管他留在永坪镇养伤，仍参与了劳山战役的组织部署工作。

劳山战役后，他的伤还没有痊愈，就躺在担架上赶到前线，传达中共陕甘晋省委有关作战方针的意见。此后他参加指挥了攻克榆林桥的战斗。这次战斗，俘敌东北军第六一九团团长高福源以下1800余人。战后，子华同志亲自找高福源谈话，向他讲明红军的俘虏政策，耐心地进行思想教育，让其留在红军中从事军事教学工作。高福源是东北讲武堂步兵科的高才生，后来又升入高等军事研究班，曾编写过一本《步枪射击操典教范》。经过子华同志说服教育，他表示愿意留在红军中服务。后来，党中央把高福源派回东北军进行抗日民族统一战线的工作，对促进东北军停止内战，一致抗日起了一定的作用。

10月19日，中央红军长征胜利到达陕北吴起镇（今吴旗县）。子华同志得知这一消息后，心情特别振奋，当即派出一个骑兵班送信，前去同中央红军接头联系。当中央红军抵达甘泉县下寺湾时，子华同志听说毛主席和中央领导同志，要来道佐铺看望红十五军团指战员，心里又是高兴又是着急。因为军团长徐海东当时正在前线指挥部队攻打敌人的据点张村驿，离道佐铺有100多里。子华同志和军团政治部副主任郭述申商量后，即派骑兵通信员送信给徐海东，通知其迅速赶回道佐铺。当海东同志飞马赶回军团部时，正好毛泽东主席、彭德怀司令员来到了道佐铺，随同来的还有贾拓夫、李一氓同志。这是海东同志第一次见到毛主席和彭司令员。当子华、海东同志汇报了红二十五军的长征及与红二十六军、红二十七军合编为十五军团的经过，以及劳山战役、榆林桥战斗的情况后，毛主席给予了高度评价和热情鼓励，并就当时的敌我态势作了重要指示和部署。子华同志让军团政治部迅速把这些指示精神传达到部队，指战员们听后激动地高呼口号："打个大胜仗，迎接党中央！""打下张村驿，去见毛主席！"

与此同时，中共中央决定恢复红军第一方面军的番号，红十五军团编入红一方面军建制。从此，红十五军团就在中央军委和红一方面军的直接领导和指挥下行动，参加了著名的直罗镇战役，为党中央把全国革命大本营放在西北举行了奠基礼。

这一时期，子华同志仍任红十五军团政治委员，并担任西北革命军事委员会（即中央军委）委员。1936年，他和徐海东同志一起，率部参加了红军东征、西征战役。西安事变爆发后，他们又奉命率部由陇东经关中南下陕南商州，协同友军抗击国民党军的进攻。这时，子华、海东又跟郑位三、陈先瑞同志领导的坚持鄂豫陕根据地斗争的红七十四师，胜利地会合在一起。久别重逢，他们都十分高兴，特意在商州城内合影留念。

子华同志在红军的这段经历，在他的回忆录中，有过详尽的叙述。可他只是如实地叙述史实，以大量笔墨写党的领导和决策，写红军指战员的英勇奋斗精神，很少提及自己的作用。即便谈到自己的某些作为，也都是寥寥数语，一笔带过。这也正是他的高尚情操的表现。他认为，"在人的一生中，不免要犯这样那样的错误，但能够为共产主义理想奋斗终生，是值得自豪和自慰的"。子华同志的一生是革命的一生，光辉的一生，为人民无私奉献的一生。他的一生是值得自豪和自慰的。在长期的革命生涯中，他为中国人民的解放事业和社会主义建设事业，历尽千难万险，饱经伤病折磨，始终坚韧不拔，百折不挠。子华同志坚信马列主义、毛泽东思想，坚信共产主义理想，对党对人民无限忠诚。他功高不居，从不计较个人得失；他光明磊落，顾全大局，公道正派，敢讲真话；他平易近人，谦虚谨慎，严于律己，宽以待人，实事求是，坚持原则，密切联系群众，善于倾听不同意见。他的这种革命精神、高贵品质和优良作风，永远值得我们学习和怀念。

安息吧！我们红二十五军的军长——程子华同志！你的革命业绩将永垂青史！

选自《解放军报》1991年4月14日。

我与子华的革命情谊

郭洪涛

60年前，我因参加革命活动而被关在国民党太原第一模范监狱。1928年，即我坐牢的第二年，子华在太原国民师范的同学刘开化也被关了进来。我们结识后，他告诉我："我们解县出了一个老共产党员，名叫程子华。"从此，我知道了子华的名字。在以后的革命岁月里，我不断从国民党的报纸上，得知程"匪"子华发动大冶兵暴、领导红二十五军长征的消息。我一直渴望能有机会见一见这位让敌人闻风丧胆的英雄。

1935年9月中旬，子华与徐海东等同志率红二十五军长征到了陕北。我终于与子华见了面，他双手负了重伤，缠着绷带。我们认识以后，谈了很多。他向我讲述了红二十五军在鄂豫皖省委的领导下，进行了艰苦卓绝的长征，创建了鄂豫陕革命根据地，粉碎了敌人的两次重兵"围剿"，歼灭了敌人大量的有生力量，沉重地打击了敌人，不仅使自己得到了发展壮大，而且有力地配合了中央红军北上陕甘的行动。他还讲了军政委吴焕先牺牲的情况，言谈之中流露出对吴焕先同志的深切怀念之情。9月18日，我们召开欢迎会，我代表党的西北工委、刘志丹代表军队欢迎红二十五军。随后，由中央代表团主持把红二十五军、二十六军、二十七军合编为红十五军团，由徐海东任军团长、程子华任政委、刘志丹任副军团长兼参谋长；改组了西北军事委员会，由聂洪钧任主席。

红十五军团成立后，在徐海东、刘志丹等同志领导下打了劳山战役。

在劳山战役中，经过五个多小时的激战，我军共毙伤敌人1000多人，俘敌3700余人，击毙敌东北军一一〇师师长何立中，缴获武器弹药甚丰。在这次战斗中，我军从缴获敌人的一份文件中得悉，中央红军主力北上已到甘肃省武山县西南。前方指挥员即写信给朱理治，建议红十五军团到关中的长武、三水迎接中央红军。朱理治为此征求在后方治伤的子华的意见。子华认为红十五军团去关中不妥，他说，敌军文件是一个月前的，消息是否可靠也难说，假如中央红军没来关中，红十五军团去迎接就会扑空。红十五军团去关中来回要一个多月，敌军会乘虚占领永坪镇，苏区就困难了。子华建议红十五军团继续向南打，调动西安敌人北援，以此配合中央红军的行动。同时，红十五军团仍在苏区边沿，敌军就不敢占领永坪镇。朱理治经过考虑，表示同意，并要子华去征求前方指挥员的意见。子华当时负伤未愈，就躺在担架上到了前方，召集徐海东、刘志丹、聂洪钧、高岗、郭述申等开会，把以上意见讲了，大家一致同意。实践证明，这个作战方针是非常正确的。不存在不欢迎中央和中央红军的问题。

随即在徐海东、程子华、刘志丹等领导下，又打了榆林桥战役。我军共毙伤敌人300余人，俘敌1800余人，俘虏了敌团长高福源。高福源外号高歪脖子，是东北军的一个优秀团长，与军长王以哲的关系很好。我在榆林桥战斗结束后几个小时，肩负重要任务来到前线见了子华。在道佐铺的一间屋子里，我参加了对高福源的审讯，子华与徐海东坐在一边，我和崔田民坐在一边。高福源因为负伤，子华特意让医生给他换了药。子华问他有什么想法，他说："我和我们东北军是抗日的，要打回老家去的。你们应该把我放了，我出去一定进行抗日的工作。"子华说："不能放你。"高又说："那就杀了我。"子华说："绝不能杀你。"高大惑不解："你们既不杀我又不放我，到底想怎么样？"子华不紧不慢地说："你不要着急，我们考虑你的军事素质比较高，想请你到我们的军事学校任教，你是否愿意？"高福源喜出望外地说："我是日本士官学校毕业的，教军事是内行。程将军如此信任我，我一定尽职尽责。"这样，高福源成了我军后方军事学校的教员。周恩来副主席在打完直罗镇战役，回到瓦窑堡后，我曾向周副主席汇报了高福源的情况，以后中央派他到延安做东北军军长王以哲的工作。又经王以哲把他介绍给张学良，对促使张学良停止进攻苏区，起过积极的作用。

经过劳山、榆林桥两次作战，巩固和扩大了陕甘革命根据地，壮大了红军的力量，为迎接中央和中央红军的到来创造了有利条件。

1935年10月19日，中共中央和中央红军到达陕北，红十五军团编入红一方面军建制。在中央和毛泽东主席的统一领导下，红十五军团与红一军团并肩作战，取得了直罗镇战役的胜利，歼敌一个师又一个团，彻底粉碎了敌人的第三次“围剿”，为中共中央把革命大本营放在西北举行了奠基礼。子华带伤参加了这次战役的作战指挥。

几十年来，我与子华交往甚多，感情很深。子华大公无私，敢讲真话，是一个正直的共产党人。

选自《纪念程子华》编委会编：《纪念程子华》，中央文献出版社2005年5月第1版，第48—51页。

我与红二十五军的长征[①]

徐海东

长征开始后，我军从鄂东出发，在两个月内，跋涉6000余里，进入陕南的途中，多次遇险。特别是独树镇战斗中，我军首尾受敌，部队初战受挫，十分混乱。当时伤员没人抬，我一天没吃饭，天又下着雨，亲自抬伤员抬了五里多路。这时部队疲惫不堪，又冷又饿，派通信员去催出发，从团长、政委到战士，都睡着起不来。我找了条棍子，先从团长、政委打起来，在一个村里撵出200多人。这件事，一方面说明我在紧张情况下能挺身而出，同时反映出我存在着比较严重的军阀残余作风。当我军经召南向滦川前进时，敌人分三路平行追击，企图超越阻拦我军去路。我亲自带领一个团抢过拐河，占领了河西岸的山口高地，掩护了全军通过。当我军经滦川西进到离朱阳关95里的地方时，敌人又前堵后追。我们找到一个货郎，让货郎领路，当夜从敌人意料不到的山口冲了出去。使我军胜利进入陕南。

1934年12月上旬，在陕南境内庾家河激战中，程子华同志负重伤，我头部也负了重伤。在抬子上躺了四天，一直昏迷不醒。伤势稍好以后，我就不再坐抬子。葛牌镇战斗中，天下着大雨，我正躺在床上，听说前面打的不好，全军有覆没的危险。我当即让四个人扯着推着爬到军部指挥所

① 节选自徐海东1965年1月所撰《生平自述》一文，题目为编者所加。

山上，协同指挥部队，打垮敌人的进攻，歼敌一个团又两个营。

从省委书记徐宝珊到政委吴焕先同志，都信赖我在战斗中的指挥，战斗情况一紧张，他们都要我提方案。进入陕南这一路是如此，在陕南反“围剿”作战更是如此。例如在陕南第一次反“围剿”时，得到情报：敌人“围剿”的兵力计有东北军八个师24个团，杨虎城四个旅11个团，肖之楚一个师六个团，共计41个团。当时我军只有两个步兵团，一个手枪团。怎么战胜敌人呢，使大家苦费心机。省委会上，军政委吴焕先同志一定要我先提出个作战计划，大家再讨论。当时我提出了如下的意见：敌我力量悬殊，正面硬打对我们是不利的。拼消耗，敌人可以十个拼我们一个，结果我们拼光，敌人还光不了。因此我提出了采取先疲后打的方针。并具体地提出：敌动我先不动，部队进行动员，准备草鞋、干粮，待敌人两路或三路接近时，我们向敌人空虚的地方突出去，把敌人甩在后头，拖着转圈子，拖到一定的程度，哪一路先进，就打哪一路。求得将东北军歼灭一两个师，或者将杨虎城的部队消灭一两个旅，可以粉碎敌人的“围剿”计划。省委一致同意我的建议。红二十五军全体指战员，发扬了刻苦耐劳、英勇顽强的战斗作风，充分发扬了山地战的本领，把敌人拖了十多天，最后在袁家沟口全歼了唐嗣桐一个旅，活捉了旅长。

红二十五军从离鄂豫皖苏区，到转入陕南，这一路上敌情十分严重，内部斗争也很激烈。我自己虽有不少缺点，如军阀主义的残余作风比较严重，打人骂人，错误地认为，战斗情况紧张，不打不骂不行；又如骄傲自满情绪滋长，错误地认为红二十五军少了我不行。但是，我在这一路，在政治原则和军事斗争中所持的意见，基本方向是对头的。在军事指挥上，我能够根据敌情、地形等不同的情况，提出作战方案，不打硬仗，不拼消耗，打歼灭战，今天来看，这些都是符合毛泽东军事思想的。在创造根据地、肃反等重要问题上，我所持的态度也是正确的。关于创造根据地的问题，转移前，中央曾有指示，要搞根据地，要考虑敌情、地形、民情等条件。我军进入陕南以后，省委内部意见分歧很大，几次会议都未能解决问题。一种意见，陕南山大人口稀又缺粮，不能搞根据地，说红军发展了也不易巩固，主张入川会合四方面军；另一种意见，陕南条件不错，可以竖起一支红旗，在陕南建立了根据地，可以牵制东北军、西北军的部队，对东、南、西、北各地区的斗争，都可以起配合作用。我是坚决主张这后一种意见的。历史证明这种意见是正确的。当时在多数同志坚持下，我军在陕南依靠山区的游击战争，粉碎了敌人的“围剿”，先后成立了鄂陕、豫陕特委，组织了两个游击师和许多地方武装（后两个游击师合编为七十四师）。创造了以小河口、袁家沟口、庾家河、典雅子，一、二、三天门，华阳等为中心的数块游击根据地。红二十五军离开陕南，该地区仍然坚持了斗争。

其次关于肃反问题。红二十五军长征以后，进入陕南之前，基本上停止了肃反扩大化，这也是经过斗争的。首先是全军同志对这种错误政策的不满，同时在领导同志之中，也有过激烈的斗争。在这个斗争中，我是坚决站在反对肃反扩大化方面的。为此我曾两次和一些人争吵过。一次是进入陕南以前，在独树镇战斗那天，个别领导人说郭述申是皖西第三党的首领，我听了非常气愤，把桌子一拍说：“要说郭述申是第三党，我们都是老三。”徐宝珊[①]和吴焕先说：他们不相信这话，这才把问题解决了。进入陕南以后，在华阳又发生过这类的事，在第二次召集的省委会议上，本来讨论创建根据地的问题，军部有的领导同志又提出手枪团团长杜本润、政委傅天娇等八人是反革命，要杀掉。我说：“他们都是农民出身，都不像反革命，可以放出来做苦工，继续考验他们。”经我拍桌子坚持，大部分释放了。

从1935年7月中旬开始，我和红二十五军的同志们，踏上了更加光荣的里程——配合红军主力北上，迎接党中央，迎接毛主席。7月中旬，我军威逼西安附近，从敌伪报纸上看到，中央红军和红四方面军已在川西

① 徐宝珊这时是鄂豫皖省委书记，1935年4月任鄂豫陕省委书记，这年5月9日病逝于陕南龙驹寨。

会师，并开始北上，我心里十分高兴，觉得应该立即配合红军两大主力行动。在子午镇以西20里处举行的省委紧急会议上，我也是坚决主张西征北上的，并表示：能牵制敌人，保证中央顺利北上，对全国革命也有意义。在此行动中，即使我们这3000多人牺牲了，也是光荣的。我军由子午镇西进，路经双石铺，消灭胡宗南四个连，又捉到一个少将参议，从他的口供中进一步证实中央红军和四方面军北上的消息。此时胡宗南主力西调，后方留驻天水，为牵制敌人，我建议挥师北上。克两当后，我亲自带一个营打下天水北关。这一路行动中，我和军政委吴焕先同志关系是很好的。两个人凡事都好商量。过渭水以后，我们开始考虑下一步的行动问题，认为能接到中央就好，如果接不到往回转，这条渭水是个大害。往回走一定会带尾巴，那就是背水战。并讲起石达开在大渡河全军覆没的教训。打下秦安以后我分析了当时所处的情况，初步决定接不到中央就进陕北。就这样又继续西进。在西兰公路活动半个多月，打听不到中央的消息。毛炳文的部队乘72辆汽车赶来，我们这才决定进陕北。不幸的是，在泾川，吴焕先同志牺牲。我带交通队把他的遗体送过河，亲自给他洗了身体，穿上他最爱穿的一件青呢大氅，进行了安葬。

代理鄂豫陕省委书记、军政委吴焕先同志牺牲后，全副担子压在我身上。我想，无论如何，一定要和其他同志一起，把这支红军队伍带进陕北苏区，更希望找到党中央。

1935年9月初，我们经过人烟稀少的华山（当地人叫绍山），忍饥耐饿，克服了重重困难，终于进入了陕北苏区的边沿。在豹子川召开了省委扩大会议，会上正式决定由我任军长，程子华同志改任政委。在多数同志一致努力下，把红二十五军带入陕北苏区。

长征结束的时候——1935年9月，由于周围同志的关怀，我与周东屏同志结了婚。周东屏同志是安徽六安人，1931年3月加入共产主义青年团，1932年10月入伍，1935年9月团转党。

中央代表团和红二十五军、陕北红军负责同志开会，决定成立十五军团，并决定我任军团长；决定鄂豫陕省委与陕北省委合并，改为陕北省委。我和程子华、郭述申同志参加了省委。

陕北红军的同志，对我和红二十五军这支部队，是十分亲热和尊重的，我过去在干部团结方面，有些缺点，不大注意方式，这时也能主动地团结陕北的同志，注意工作方式，抱虚心的态度。因此，我在这段和陕北红军中的刘志丹等同志，关系处得是好的。我们在制订反“围剿”斗争计划时，决定首先打敌人的主力，东北军有七个师，如果能争取消灭他一两个师，“围剿”的局势可以改变，以致粉碎第三次“围剿”。于是组织了劳山战役。

这次战役，红军全歼东北军一一〇师两个团及师直属队，俘敌3000余人。战前我和刘志丹同志亲自到劳山看了地形，战斗中又分头带领部队作战。这一仗，对粉碎敌人的“围剿”，是有重大影响的。我们在军事指挥上，采取的是“围城打援”“诱敌深入”的伏击战，这是符合毛主席军事思想的，所以伤亡极少，胜利很大。

劳山战役以后，敌人进攻谨慎，开始采取筑碉堡，步步为营的办法前进。我们也采取了比较谨慎的态度。在决定打榆林桥时，我曾带领营以上干部，到榆林桥附近，看了三次地形，正确地选择了主攻方向，准备好了才决心打。在战斗发起以后，我亲自带二二三团攻击敌人的碉堡，全歼敌人四个营。

榆林桥战役后，我又带七十五师、七十八师攻打张村驿。正在围攻，军团政委派人给我送来信，说毛主席今晚到司令部来，要我接信后火速返回。知道了盼望已久的毛主席来了，我当即把指挥作战的任务交给两个团长，立刻飞马起程。从张村驿到军团司令部稻佐铺135里，三个半小时我就赶到了。刚回去，毛主席就来了。我向主席报告了三次反“围剿”的情况后，毛主席拿了一份三十万分之一的地图，看过后向我说：“好！还是要打下张村驿。”晚饭后，主席又对我说：“海东同志，你还是要辛苦一下，今晚就出发，把张村驿打下来，再决定第二步的行动。”主席亲切朴素，对下讲话完全是一种商量的口吻，给了我深刻难忘的印象。我向主席表示：这是我应尽的责任。主席又亲切地说："晚上行军，还不辛苦吗？"临走，主席给了我一部电台。

我连夜回到前线，传达了毛主席的指示，早饭以后，发起攻击。打下张村驿后，我发电报向毛主席报告，主席回电令我们再把东村、套筒打开，便于集中部队。我立即带一团攻打。此战之后，十五军团和红一军团会师。我又奉毛主席的指示，带人前往直罗镇看地形，在毛主席、周恩来副主席的亲自指挥下，进行了直罗镇战役。战斗结束后，在东村开营以上干部会，毛主席宣布一军团、十五军团为一方面军，我仍为十五军团军团长。

自从听说中央北上，我心里就有这么个想法，这些年吃过许多苦头，受过打击，见了中央要把心里的话全说出来。但因毛主席十分忙，又没有更多的机会谈。一天，我特别向毛主席汇报了鄂豫皖肃反的一些情况，并说至今还有300多个同志受冤枉。毛主席当即指示我说，要立刻给他们摘掉帽子。党员恢复党籍，团员恢复团籍。并说：这些同志都跟着长征一路，吃了许多苦，为什么还当反革命。还让我亲自去解释、安慰他们。

我按照毛主席的指示，向300多个被冤枉的同志宣布了恢复他们的党团关系。300多个同志全哭了，我也流了泪。从这件事，我又一次感受到，毛主席是最实事求是的。那些同志如果不是毛主席，不知还要被冤枉多久呢！

我对毛主席是真诚地拥护和热爱的。当杨至诚同志拿着毛主席批的条子，要2500块钱时，我把供给部长找来，问他还有多少钱，他说全部7000元，我说留下2000，其他5000元全部送交中央。当时我认为，一个共产党员，应该无条件的服务中央。

党中央、毛主席，对我是十分信任和爱护的。会师以后，在党内、军内给了我很高的地位。吸收我参加中央军委的领导；红军东征，让我带十五军团直逼太原。

回师以后，红军开始西征。我接受了党中央和毛主席的指示，率领十五军团的部队，西出三边，胜利地完成了任务。西安事变爆发后，西北军和东北军的将领，向红军请求援助。党中央和毛主席、周副主席指派我为红军南路总指挥，率领红十五军团，日夜兼程赶往西安以南商州地区，准备抗击国民党军对西安的军事进攻，配合支援了当时的政治斗争。直到西安事变和平解决，我才又奉命返回甘肃境内的驿马关地区，按照党中央毛主席的指示，积极准备迎接抗日斗争。

原载《人物》1981年第3期。

节选自徐海东1965年1月所撰《生平自述》一文，载徐海东：《生平自述》，生活·读书·新知三联书店1982年12月第1版，第35—48页。

徐海东同志与红十五军团

刘华清

我们红二十五军在红四方面军离开鄂豫皖苏区后，坚持了两年多的艰苦斗争，虽然打了许多胜仗，消灭了大量的敌人，但是由于蒋介石调来20万重兵长期围攻扫荡，苏区已大部失掉，红军主力继续坚持已有困难，党中央便命令红二十五军主力实施战略转移，到新的地区创建新的根据地。1934年11月17日，我军越过京汉铁道，在鄂西、豫西地区辗转战斗，由于这里敌情、地形对我不利，不宜建立根据地，在摆脱敌人的围追堵截后，于12月8日顺利地进入陕南地区。在鄂豫陕边区，我军又战斗了八个月，歼灭陕军数个旅，重创中央军、东北军，建立了两块游击根据地，扩大了地方武装千余人，红军主力除伤亡减员并抽调两个建制连支援地方外，全军扩充到4000余人，比初进陕南时增加了近2000人。

红二十五军在中国革命史上所做出的伟大贡献，除有党的领导，全军指战员的英勇奋斗外，军首长的正确领导和指挥是起决定作用的。徐海东同志在红二十五军中，先任副师长、师长、副军长、军长，以后又任副军长、军长，不管职务怎么变动，他都在军事作战指挥上起了极为重要的作用。我军几经波折，由鄂豫皖重建红二十五军时的7000余人发展到1.3万余人，以后多次受到损失，全军除留下一部分部队外，长征时只剩下3000人。这主要是由于当时的鄂豫皖省委执行了第三次“左”倾路线造成的。而从红二十五军本身来说，它是百战百胜的，无论在战略上还是在战术上都是以少胜多，以弱胜强，敢于也善于同强大的敌人作战，多次整师、整旅、整团、整营地歼灭敌人，无论大小战斗，几乎每战我军都取得了胜利。所有这些都与徐海东同志对党的事业忠心耿耿、斗争英勇顽强，以身作则、身先士卒分不开。他负伤九次，不顾个人安危，每战都亲临前线直接指挥战斗，前进的路上有了障碍，他就到前面去，开辟道路，后面、侧面敌情严重，他就到后面、侧面指挥战斗，掩护全军。他那英勇奋斗、不怕牺牲的顽强战斗作风教育着部队，全军指战员都非常熟悉和热爱这位可敬的首长，人人都佩服他的作战指挥才能。战斗中，他走到哪里，哪里人们的胜利信心就百倍地增添。

一、准备北上与陕北红军会师

1935年夏，日寇进一步入侵华北，蒋介石继续推行“攘外必先安内”的反动卖国政策，我华北主权逐步丧失，民族危机空前严重。党的遵义会议后，中央红军在党中央、毛主席的率领下，高举北上抗日的旗帜，到达四川西部的懋功地区，与红四方面军会师并继续北上。红二十五军的领导同志得知这一消息后，于7月15日在长安县沣峪口召开紧急会议，分析形势，研究我军的行动方向。徐海东同志提议，我们应积极牵制敌人，保证中央和红一、四方面军顺利北上，将对中国革命有重大意义，即使我们这三四千人牺牲了，也是光荣的。会议指出配合主力红军行动是当前最紧迫的战斗任务，省委立即决定，率领红二十五军共4000人，西征牵制打击敌人，配合红一、四方面军北上。部队经盩厔、佛坪、双石铺，西进甘肃，北渡渭水，截断从静宁至泾川的西兰公路达18天之久。但因当时不知红一、四方面军行动的准确消息，而敌军又日益集中，为避免陷入被动，红二十五军即北上与陕北红军会合。

二、进入陕北根据地

1935年8月，红二十五军在平凉以东的四十里铺渡过泾河，经镇原、庆阳县境，途中两次打退敌人骑兵的尾追，于9月3日到达陕甘边界合水县的板桥镇，休息了一晚。大家都知道前面不远就是苏区了，感到十分高兴。在离板桥镇时，军参谋长错误地判断了敌情，改变了军首长的命令，使部队当天早晨出发迟了几个小时，出发前又集合部队讲话，部队刚刚出发就遭到敌人骑兵的袭击。在这异常紧急的情况下，徐海东同志一面指挥前面的部队和军直属队迅速转移，一面飞马赶到后面指挥后卫部队顽强阻击敌人，掩护全军转危为安，但部队还是损失了200多人。板桥战斗后，我军经太白镇、东华池，沿陕甘边界山区继续北进。这一地区十分荒僻，人烟稀少，部队断绝了粮食来源，偶尔遇到羊商贩，买下了一些羊，才度过了严重的饥饿威胁。9月7日，进至陕北根据地的保安县豹子川，不久进到永宁山，和陕北的党组织取得联系，同地方领导同志见了面。

陕北革命根据地，是陕北人民在党的领导下，经过长期艰苦斗争创建的。我军进入陕北在永宁山地区休整了四天，很快消除了疲劳。特别使大家感动的是，陕北人民对我军无微不至地关怀。农会、妇女会、儿童团给我们送粮送柴，慰问我军。赤卫军、儿童团为我们送信、站岗放哨、盘查行人。战士们看着这一切感激得不知说什么好。几年前在鄂豫皖苏区，人民也是这样关心爱护我军，可是长征以后这一切都没有了。我们深深感到：红军有根据地和没有根据地是大不一样的。我们必须英勇战斗来保卫苏区，所以，军长徐海东、政委程子华两同志要求全军整顿军风军纪，切实执行群众纪律，和群众打成一片，搞好军民关系，同时虚心向陕北红军学习。接着，我军继续向陕北苏区内地进军。中共西北工委为迎接我军，给各级党组织发出了紧急通知，指出红二十五军到达陕北，有利于加强陕甘和川陕苏区的联系，是苏维埃运动在西北的一个胜利。要求发动群众，开欢迎会、庆祝会、捐送慰劳品，欢迎和慰问劳苦远征的红二十五军。9月18日，我军在陕北党组织、红军和人民的一片热烈欢迎声中，到达延川县永坪镇。

三、组建红十五军团

两军会师后，在永坪举行了联欢大会。周围几十里的赤卫军和群众纷纷赶来参加，会场上横挂“欢迎红二十五军”的标语，红旗招展，歌声嘹亮，人人兴高采烈。刘志丹同志和徐海东同志先后讲话，号召两军亲密团结，携手并肩，共同为粉碎敌人“围剿”、巩固扩大陕北革命根据地和配合主力红军行动而战。徐海东同志还代表红二十五军全体指战员，对陕北党组织、红军和人民的热烈欢迎，表示了衷心的感谢。会后，陕北红军和红二十五军，即在中共西北工委和鄂豫陕省委合组的陕甘晋省委主持下，合编为红十五军团。军团长徐海东，政治委员程子华，副军团长兼参谋长刘志丹，政治部主任高岗，副主任郭述申。军团设立司令部、政治部、经理处、卫生部、交通队和手枪团，辖三个师：七十五师由二十五军改编，七十八师由陕北的二十六军改编，八十一师由陕北的二十七军改编，全军团共7000余人。

陕甘革命根据地是王明路线失败后保留下来的最后一块比较完整的根据地，也是我军准备打击日寇侵略的重要前进阵地。红二十五军和陕北红军会师，是中国工农红军在西北地区大会师的前奏。这两支军队各有特点，红二十五军装备精良，能征惯战；陕北红军土生土长，同当地广大群众有密切联系。两军会师和红十五军团的建立，对彻底粉碎敌人的“围剿”，巩固和扩大陕甘根据地，迎接党中央和主力红军北上，推动革命的发展，都有着重要的意义。

军团成立后，部队在永坪地区休整了几天，军团徐、程首长指示原红二十五军的同志要认真学习陕北红军的长处，特别要注意两军的团结，要尊重陕北干部、爱护陕北工农群众，要把群众纪律进一步搞好，让军团政治部（大部是原红二十五军政治部的人）多检查督促，无论对群众还是对陕北兄弟部队，如发生不团结或违犯组织纪律的事，首先要检查我们自己，多承担责任。所以，在这个时期，红十五军团内部已经和人民群众的关系非常密切，亲如手足。红二十五军严格的军风军纪，模范地执行群众纪律，给陕北人民留下了深刻的良好印象。

四、三战三捷，粉碎敌人第三次“围剿”

敌人对陕北根据地的第二次“围剿”失败后，蒋介石为实现消灭我最后一块根据地和红军，使北上红军主力无立足之地，进而达到全歼红军的企图，调集十余万人的兵力，采用南进北堵、东西配合、逐步向北压缩的作战方针，于7月开始对陕甘根据地发动了第三次“围剿”。陕甘红军在以刘志丹为主席的西北军委领导下，采取集中主力、各个击破的方针，先在东线的绥德、吴堡地区击溃晋绥军，接着又转移兵力打击北线敌人。正在这时，红二十五军到达陕北，大大增强了反“围剿”的力量。但东北军张学良对此作了错误的估计，他认为陕北红军是“土共”，没有什么战斗力，红二十五军刚到，也是疲惫之师，妄图以优势兵力迅速取胜，当即就由六十七军军长王以哲指挥三个师由中部（今黄陵）经洛川向北进攻。其一一〇师、一二九师进占了延安，一一〇师一个营留在甘泉，王以哲率军部和一〇七师驻守洛川、鄜县。与此同时，五十七军董英斌部、骑兵军何柱国指挥一〇六师、一〇九师、一二〇师三个步兵师和骑兵第一师、第二师，由陇东庆阳、合水一带向陕北进攻。

根据这种形势，军团领导对我军反“围剿”的出击方向作了研究。有的同志建议向北出击米脂、横山，歼灭井岳秀、高桂滋两师。徐海东同志认为，应南下打击张学良的东北军，如能歼灭其一至两个师，就会很快打破敌人的“围剿”，整个陕北的战局就会发生重大的变化。经过讨论，大家一致同意这个主张，并决定采用围点打援的战法，派八十一师二四三团围攻甘泉之敌，调动延安敌人，中途进行伏击。

原红二十五军的指战员听说军团长决定打东北军，大家立即感到这个决定十分英明正确。我们同东北军在鄂豫皖苏区已较量过多次，歼灭了它成师、成团的部队，比较了解其特点，掌握它的一些规律，与其作战，比较有把握打胜它。徐海东同志在给一个部队动员讲话时很有风趣地说：“同志们，我们红二十五军的‘老朋友’、老运输大队——东北军又来了，又给我们送枪送炮送弹药来了，大家欢迎不欢迎啊？”战士们以震撼山谷的声音响亮地回答：“欢迎！送来的东西照收无误。”大家都说，等着听胜利的消息吧！

红十五军团主力，经过三天急行军，绕过延安，进到甘泉附近。在甘泉北十五里的劳山附近，有一条通向延安的公路，公路两旁是连绵起伏的山岭，形成一条天然的口袋，山上林木茂密，对我军伏击敌人非常有利。徐海东和刘志丹同志带领团以上干部到现场看了地形，对参加伏击的部队进行了严密的部署，并规定每人携带三天的干粮，进入伏击地区后，不准生火，不准走动，指挥枪不响，任何人不得开枪。接着，他们分头带领部队，进入了伏击地区：八十一师二四一团于劳山北八华里地区，担任断敌退路和阻击援敌的任务；七十五师埋伏在劳山以西；七十八师埋伏在劳山和甘泉之间。部队到达预定地区后，随即进行战斗准备工作。10月1日，敌一一〇师由延安向鄜县增援，敌师长何立中错误地估计了红军可以设伏的地区，在到达劳山时，他得意地向参谋长说：“共军诡计多端，我还当他们会打我一个埋伏呢，可是现在出了龙潭虎穴了。”正在这时，埋伏的红军从四面八方发起进攻，敌人顿时乱作一团。一股敌军企图夺占山头，很快被打了下去；有的企图向前突围，又被我手枪团堵住了去路；许多敌军士兵纷纷缴械投降。经过六个多小时激战，全歼敌一一〇师两个团，击毙其师长何立中和参谋长范驭州，俘敌3700余人，缴获战马300多匹及大量武器弹药。战后，以七十八师骑兵团一个连为基础，将手枪团配备战马，组建了军团部骑兵团。战斗下来之后，同志们说，我们徐军团长既掌握东北军的特点，又掌握我军的“脾气”、战斗能力，用兵如神，战之必胜。都说这一仗打得干脆利落，只用了六个小时。并说东北军够“朋友”，真是雪里送炭啊！咱们长征到陕北，途中消耗了那么多枪炮弹药，这下全补充上了，还送来了过冬的棉衣、棉大衣，这个“朋友”还得好好交往下去。大家兴高采烈，凯旋而归。

敌东北军在劳山遭我沉重打击后，采用构筑碉堡、步步为营的战术，对苏区实行严密封锁，企图逐步缩小我根据地，最后围歼我军。为粉碎敌人的堡垒推进政策，军团决定乘胜发起进攻，首先拔除正在修筑碉堡的榆林桥据点。榆林桥镇，驻有一〇七师一个主力团加一个营，镇南的洛河冬季可以徒涉，河的南岸是一排陡峭的小山，不便攀登；镇北背倚高原，高原上有新建碉堡，并驻有少数警戒部队。10月24日晚，红十五军团在徐海东同志指挥下开始行动，以红七十五师由东向西担任主攻，并派一个营警戒由榆林桥通往洛川公路；以红七十八师由西向东，先歼河西敌一个营，再会攻榆林桥；以八十一师由北向南进攻，对敌形成三面包围，并派出两支部队分别占领了洛河南面的小山和北面高原的碉堡。次日拂晓开始强袭，敌人被压缩到街内后，利用窑洞进行顽抗，我军伤亡较大，后来由于战士的发现和创造，从房上的烟筒向里投掷爆炸物，才迅速地歼灭了敌人。这次战斗，共歼敌四个营，俘敌团长高福源以下1800余人，在攻坚器材和经验缺乏的条件下，取得了对敌设防据点攻坚战的胜利，对我军战斗力的提高具有重大意义。战后，我军以二二三团、二二五团之两个特务连和陕北一个新兵营及留队俘虏，重新组建了二二四团。

1935年10月19日，中央红军到达陕北吴起镇，胜利地完成了二万五千里长征。蒋介石妄图乘中央红军立足未稳，红十五军团在劳山、榆林桥战斗后尚未休整并在围困甘泉之际，重新增调东北军五个师的兵力，分两路组织新的进攻。企图将红军限制在洛河以西、葫芦河以北地域，尔后采取南北夹攻对我进行“围剿”。这时，鄜县西南之张村驿、杨家园、东村、套通等地的反动土顽亦乘机骚动。为迎击进犯之敌，肃清顽匪，解决部队的物资供应问题，徐海东同志亲自带领部队攻克了张村驿等据点。正在此时，毛泽东、彭德怀同志来到红十五军团司令部（驻道佐铺）。徐海东、程子华同志向毛泽东、彭德怀同志汇报了红十五军团的情况和部队今后的行动方向。毛泽东、彭德怀同志对红十五军团的作战情况和部队建设等方面的工作表示称赞，对今后行动方向表示同意，并与徐海东、程子华同志一起研究了中央红军与红十五军团会师后整编的问题。接着于11月上旬在鄜县西北地区，两军会合，组编为中国工农红军第一方面军，辖第一军团（一、三军团编成）和第十五军团，彭德怀同志任司令员，毛泽东同志兼政治委员，约1.1万余人。红十五军团，特别是红二十五军的同志，对这次会合、整编感到特别高兴，我军成为受党中央和中央军委直接领导的红军，是我们最大的光荣。我军过去几千人南征北战，虽然打了许多胜仗，由于不在党中央、中央军委直接领导指挥下，不能及时得到中央的方针、政策和指示，以及军事上战略战术上的直接指导，总感到领导上负担重，缺乏把握性。会合后。徐海东同志说，现在情况不同了，有中央直接领导了，今后一切大事、大政方针由中央掌管，我们就照中央指示办，要执行好、贯彻好。他教育部队要服从尊重中央的领导，要求全体干部、党员要保持自觉的党性和高度的组织纪律性，保证不发生张国焘分裂党和红军那样的错误，搞好同一方面军、陕北红军的团结，克服山头主义，他说，现在红十五军团内，有陕北同志，有中央苏区和各军团来的干部，大家说话要有利于团结，不许讲对方的怪话，互相揭短，一定要向他们学习，互相友爱，亲密无间，亲如兄弟，这样才能巩固和提高我军的战斗力，准备夺取新的战斗胜利。徐海东同志对个别领导人在陕北搞的肃反事件进行了坚决的斗争，坚决反对秘密逮捕刘志丹同志，他说：“刘志丹同志如果是反革命，哪还能有陕北根据地？”幸而中央来到陕北，很快纠正了这一错误。

两军会合后，为粉碎东北军对我军的“围剿”，中央军委决定将敌放进直罗镇，乘敌立足未稳，集中我军主力，采取四面包围、突然进攻的战法，歼灭突入之敌，尔后再歼其后续部队。

直罗镇是一个小盆地，三面环山，镇北有葫芦河，一条大道由西向东穿镇而过，镇东有座古老的小寨，是一个口袋形阵地。根据第一方面军指挥部的部署，红十五军团八十一师一个团继续围困甘泉，一个团在甘泉镇地区配合地方游击队钳制鄜县、中部之敌，防敌西援；派一个营清扫战场，拆毁镇东小寨寨墙，以防敌利用；以一个连进至镇西阎家村北山，担任警戒，节节抗击，诱敌深入。十五军团主力位于张村驿地区，一军团位于直罗镇东北地区。11月20日下午，敌一〇九师进至直罗镇，我红一军团由北向南，红十五军团由南向北，同时以急行军连夜赶到直罗镇，将敌紧紧包围。21日拂晓，我两路红军在第一方面军首长指挥下，分别从直罗镇南北两面高山，突然向敌发起猛攻，敌六二五团、六二六团被我一军团大部歼灭，其六二七团被我十五军团大部歼灭，敌师长牛元峰，率残部向北突围多次未成，退入村东小寨负隅顽抗，于23日晚向西突围，被我红十五军团全歼，牛元峰亦被击毙。增援直罗镇之敌一〇六师、一一一师在遭我阻击后亦被迫向太白镇撤退。我两军团分三路乘胜追击，又于张家湾至羊角途中歼敌一〇六师一个团。因敌已退入太白镇固守，为争取其反蒋抗日，于26日停止追击。直罗镇战役，全歼敌一个师另一个团，俘敌3000余人，是中央红军和红十五军团会师后取得的第一个重大胜利。这次胜利，彻底粉碎了敌人对陕甘根据地的第三次“围剿”，为党中央和红军在西北建立巩固的根据地，领导和推动全国抗战，奠定了基础。

直罗镇战役后，红十五军团转移到洛川东北旧县一带休整。为统一编制，军团骑兵团（除二连外）和七十八师骑兵团、少年先锋营均调军委使用。党中央为加强红十五军团的领导，先后派来一些高、中级干部，以及数百名基层军政干部。有的同志对这个问题曾产生过这样那样不恰当的想法，但徐海东同志以高度的党性坚持党指挥枪的原则，从不争个人的兵权，他热烈欢迎中央调来的干部，注意团结他们，对他们一视同仁，一样地关心、爱护和帮助。这些同志调来以后，加强了军团机关和部队的领导，对部队的建设和作战发挥了很好的作用。

节选自刘华清：《徐海东同志与红十五军团》，载《忆徐海东》编辑组编：《忆徐海东》，河南人民出版社1981年9月第1版，第57—69页。

徐海东军长率领我们胜利长征[①]

张震东

徐海东同志是我们党久经考验的忠诚战士，无产阶级的军事家。毛泽东同志称赞他是“工人阶级的一面旗帜”，“对中国革命有大功的人”。他大胆沉着，英勇善战，头脑冷静，不论多么狡猾的敌人，他都有一套对付的办法，一提到徐海东同志的名字，敌人就有点闻风丧胆。

1934年2月，红二十八军和红二十五军在商城县东南的豹子岩会合，又编为红二十五军，徐海东同志任军长，吴焕先同志任政委。同年11月，红二十五军在花山寨和鄂豫皖省委会合。根据中央的指示，省委研究决定，红二十五军准备北上。这时中央红军也已于10月开始长征。为了轻装前进，部队撤销了师，编为三个团，外加一个手枪团。我军开始北上，敌人派五个师在前面重重封锁，五个支队在后面紧紧追赶。徐海东军长和吴焕先政委指挥部队，一下子冲破敌人四道封锁线，打破了敌人十个团的袭击；粉碎了敌人企图阻止我北上的阴谋，为长征创造了有利的条件。

部队甩掉了敌人以后，比较顺利地穿过桐柏山区，进入了豫南。快接近伏牛山区时，敌人得知了我们的意图和去向，急忙调集快速的骑兵和大量的步兵在前面堵截，企图扼死我军于豫南平原。这是红二十五军

① 题目为编者所拟，文章内容有调整。

在战略转移中生死存亡的关键时刻。

记得快到旧历年了，为了甩掉敌人，尽快通过豫南平原，部队急行军走了三天三夜，赶到了独树镇。当时正下着大雨，又是夜间行军，当前卫部队发现敌情时，我们已经顶到了敌人的防线跟前。军首长命令我们弄清敌情，避免交锋，立即撤退待命。

独树镇是豫南平原上一个较大的镇子，自古以来是兵家必争之地。从这里向东有三条大道，西去伏牛山区只有一条通路。敌人估计我们要从这儿通过，纠集了张学良的东北军，杨虎城的西北军，约计四个师，在独树镇一带布下了五道防线。敌人像一只张大血口要吞掉我们的老虎，凶狠地蹲在我们面前。我们要通过，确实不是一件轻而易举的事。

军部通知团以上干部在一家农民的院子里召开了紧急会议。徐军长讲了话，他细致地分析了敌情，接着很坚决地说："我们现在的处境是：后有追兵，前有堵截，后退是没有出路的。要保存自己，完成北上抗日的使命，只有冲过敌人的防线，才是唯一的出路。"他又说："古人说，打仗要一鼓作气，我们的口号是只能前进，不能后退，冲过去就是胜利！"

回来之后，按照军首长的布置，我们向部队迅速作了紧急动员，立即进行战斗准备。拂晓就打响了，我们主攻的目标就是独树镇。枪声像炸豆子一样，震醒了整个平原。激烈的战斗进行到上午9点钟，我们冲破了敌人三道封锁线。这时，军部命令，要我马上去开会。军指挥所就设在离前沿仅200米的一间草屋里，军首长在紧张地观察敌情，研究战况，徐军长和吴政委身上脸上都是硝烟泥土。军长看看我们几个从前线下来的团指挥员，坚定地说："我们冲破了敌人三道防线，已经胜利在望。估计这个仗还要越打越激烈，狗急跳墙，敌人会跟我们拼老本的。兵来将挡，水来土掩。你们前进一步，我们前进一步；我们不离开，你们谁也不能离开。"吴焕先政委接着说："今天有红二十五军，就没有独树镇的敌人。各级指挥员都要加强政治思想工作，激励战士们的斗志，带领部队和敌人决一死战！"

总攻在上午9点钟开始。徐军长、吴政委亲自到前沿指挥，带着部队，挥舞着大刀片，同敌人展开了白刃格斗。军首长身先士卒，更激励了广大指战员的士气。整个战场上，刀光闪闪，枪声贯耳，喊杀声震天。下午4点钟的光景，又是一番激战，消灭了敌人一个团的兵力。我们终于在敌人所谓“钢铁”防线上捅开了口子，部队迅速进入了伏牛山区。

在独树镇的激战中，我的下肢负了重伤，参谋长戴季英硬要把我们一些受伤的同志送到附近村里先隐蔽起来。我一听说很急火，就说：“我不能离开部队，没有担架，我爬着走也可以。”这时，正碰上徐军长在找我，我说明了情况，他很难受地说：“怎么能这样对待同志呢？这儿不是我们的苏区，没有基本群众，国民党民团搜得又紧，把伤病员送去，不是白白地给敌人杀吗？我们的干部、战士，都是浴血奋战从老区出来的，都是革命的宝贝，一个也不能丢下。”他批评了戴季英同志并下了一道动员令：“受伤的战士能走的扶着走，轻的骑牲口，不能骑牲口的上担架。”我当时骑在牲口上，怕腿流血过多，就用绷带把小腿吊起来，挂在脖子上。徐军长看了看我的伤势，从后边叫来了一副担架，硬把我按在上面。他自己却不顾身体有病，跑前跑后，询问伤病员情况，有时候还亲自抬担架。他的牲口，早就让给轻伤员骑了。我躺在担架上，看着他来回奔忙的身影，想着长征以来他和战士们同甘苦共患难的事迹，我的眼睛模模糊糊地潮湿起来。

1935年初，我们刚到陕南建立根据地不久，正在龙驹寨休整，很快就被西北军发现了。他们赶忙拼凑了三个旅，配合国民党六十七军，企图趁我在鄂豫陕根据地立足未稳之时，一口吞掉我们。为了粉碎敌人的第一次进攻，鄂豫陕省委和军党委召开了紧急会议。徐海东同志建议，采取先疲后打的方针，被省委和军党委采纳。接着，部队立即离开龙驹寨向西南经山阳县插到二天门，转过头急速北上，迎敌六十七军，虚晃一枪，从六十七军右边，又急转南下，直取敌人的心脏紫荆关，消灭了一部分敌人。当敌人发现我军去向，全部向紫荆关拥去的时候，我们又快速向西挺进，牵着警一旅的鼻子，把它强拉硬拖到袁家沟。我们突然掉转头来，杀个“回马枪”，吃掉了警一旅。

然而，警二旅不知道警一旅的灭亡，又顺着警一旅的道路追上来了。我们正准备在袁家沟休整，突然接到军部指示，就地待命，作好一切战斗准备。敌人离我们只有一二十里了，我的心里急得冒火，徐军长显得若无其事似的。直到哨兵报告敌人离我们只有五六里路，徐军长才下达了转移的命令，同时指示部队要做出惊慌失措的样子。我们就把一些装备和物资乱七八糟的扔掉，弄得狼藉满地，以迷惑敌人。我们出了袁家沟向西，急行军40里，然后放下行装，轻装前进，又折回30里，在袁家沟口，给敌人布下了一个“口袋阵。”

警二旅赶到袁家沟，看到我们撤离时的痕迹，误以为我们仓皇逃走，而且走的不会太远，他们就放心地在袁家沟住下了。第二天吃过早饭，才慢悠悠地集合队伍，顺着我们西去的方向追击。

袁家沟口，长有二里，两边山坡没有树，尽是松软的泡土，上坡又陡又滑，很难爬。徐军长带着二二三团，在正西负责引诱堵击敌人，命令我们团在两面山坡上夹击。

太阳升得老高了，敌人才大摇大摆地走来，队伍里乱七八糟，有的拉着抢来的小毛驴，有的挑着抢老百姓家的鸡。当敌人的前卫进了二二三团的火力圈，徐军长一声“打！”机枪、步枪，一阵风似的扫向敌人。敌在指挥官的督促下，拼命向前追。我二二三团则边打边退，诱敌深入。这时我团的一营，迅速从侧面插到敌人屁股后边，从背后猛插一刀，截住了敌人的退路。当敌人察觉到上当时，已大部分拥进了山沟。接着，我们团全部投入战斗，两边的火力，像暴雨似的倾泄下来。敌人的一个旅，被压在二里长的山沟里，像钻进风箱里的老鼠，进退不得。前后不到两小时，战斗就结束了。这个出其不意的伏击战，歼灭了敌人1400多，生俘了敌旅长唐嗣桐。这一仗打得干净利索，威震陕南，是我军在鄂豫陕根据地第二次反“围剿”的一个重大胜利，充分显示了徐海东军长卓越的军事指挥才能。

1935年9月，红二十五军在徐海东等同志的率领下，越桐柏，跨豫南，闯入伏牛山，转战鄂豫陕，挺进甘陇，历时11个月，终于在陕北延川县永平镇和陕北红军会师了。之后，红二十五军和陕北红军组建成立了十五军团，徐海东同志任军团长，刘志丹同志任副军团长兼参谋长。由于工作需要，我调去陕北补充师任师长（该师辖六个县团还有一些俘虏，也隶属十五军团）。

临行时，徐军团长把我找去，语重心长地说："咱们是一道从鄂豫皖过来的，三年多来同甘共苦，并肩战斗，现在就要分手了。"当时我心里很难受，因为从我第一次认识他到现在，我们在一起浴血奋战，转战南北，出入于枪林弹雨之中，一直还没分离过。想到现在就要离开他，去单独执行任务，确实有点恋恋不舍。接着，军团长又安慰我说："到哪里都一样，都是革命工作，到那里以后，要和陕北的同志搞好关系，他们坚持创建陕北根据地，有很大的功劳，也有不少经验，要好好地向他们学习。一定要搞好团结，千万不能忘记以前用血换来的经验教训。"徐军团长的这几句话，是对我的临别赠言，它像金石一样，刻在了我的心坎上。他又嘱咐我以后有情况多联系。我向军团长表了决心，怀着依依惜别的心情，告别军长，到瓦窑堡去了。（郭明英、牛广进整理）

节选自张震东：《回忆敬爱的徐海东军长》，载《忆徐海东》编辑组编：《忆徐海东》，河南人民出版社1981年9月第1版，第145—151页。

张震东，1907年生，安徽六安人。1928年参加中国工农红军，1929年加入中国共产党。红军长征时任红二十五军七十五师二二五团团长。新中国成立后，曾任苏北军区司令员、安徽省军区第二副司令员、全国政协委员等职。1955年被授予少将军衔。1984年在南京逝世。

徐海东与长征①

韩先楚　刘震　陈先瑞

徐海东同志是湖北省大悟县徐家桥人，1900年出生于一个工人家庭，祖上六代都是烧窑工人。他本人从14岁起当窑工，做了11年"窑花子"。1925年，中国共产党领导的工农革命运动在湖北各地兴起时，徐海东同志由于饱尝了人间苦难，具有强烈反抗精神，于这年4月毅然加入了中国共产党。1926年，他受党的指派参加北伐战争，1927年，他担任黄陂县河口区农民自卫军队长，率队支援黄麻秋收起义。1928年，任黄陂县夏区区委书记，组织领导了"年关暴动"……党领导的轰轰烈烈的工农革命斗争，使他锻炼得有胆有识，成为中国工农红军中一名优秀指挥员。

海东同志在鄂豫皖革命根据地时期，担任过团长、师长、红二十五军军长。他指挥作战灵活机动，善于打巧仗，打硬仗，在战术上集中优势兵力以少胜多，在危难关头起转危为安的作用。

1932年10月，红四方面军主力离开鄂豫皖革命根据地后，蒋介石调集一二十万兵力进行残酷的"围剿"。海东同志指挥部队，常常与几倍或十几倍于己的强敌对阵，以压倒一切敌人的英雄气概，抓住敌人薄弱部位，坚决把敌人打垮。一次，在光山县的郭家河，海东同志指挥的七十四师担任主攻，仅一个多小时激战，以伤亡很小的代价，将敌一〇四旅近

① 题目为编者所加。

3000人全部歼灭。又一次，在皖西北葛藤山反击战中，他巧妙地部署兵力，部队突然发起猛烈攻击，一举将敌一六一旅歼灭，活捉敌代理师长兼旅长柳树春。像这样的以劣胜优的战斗，是不胜枚举的。国民党反动派对徐海东同志和红军既怕又恨，到处张贴布告："活捉徐匪海东，赏洋十万。"敌人的诡计不能得逞，就对海东同志的家族实行疯狂屠杀。海东同志一族83人，被杀害了66人。千仇万恨，更激起了徐海东同志以顽强的精神去战斗。

1934年11月，红二十五军实施战略转移，粉碎了敌人重兵的"追剿"堵截，经安徽、湖北、河南，到陕南开辟新苏区。徐海东等领导同志率领红二十五军，在入陕后的两次"围剿"中，采取了灵活的游击战术，以大回旋的行动，打乱了敌人的"围剿"部署。然后诱敌深入到我根据地中心区，全歼敌两个旅，击溃两个旅，活捉敌两个旅长。接着，我军北出终南山，威逼西安，前锋直抵西安南郊。敌人的"围剿"就这样彻底破产，我新开辟的鄂豫陕革命根据地得到了巩固和发展，并壮大了红军力量。

1935年7月，鄂豫陕省委确悉中央红军北上的消息后，根据程子华同志来鄂豫皖苏区时传达的中央指示精神，决定红二十五军西征北上。徐海东同志表示："我们能牵制敌人，保证中央顺利北上，对中国革命有重大意义。在此行动中我们要不惜最大的牺牲，迎接中央北上。"海东同志和其他领导同志率部奋勇西进甘肃东南部，袭占两当县城于先，攻取天水县城北关于后，继而进占秦安，威逼静宁，截断了西（安）兰（州）公路，威胁了敌人后方，蒋介石极为震惊，连发五道电令，抽调堵击中央红军的部队回击红二十五军。这样，就在一定时期内牵制了敌人，减轻了中央红军的压力，配合了中央的北上行动。此后，红二十五军同陕北红军在延川县永平镇会师，合编为红十五军团，徐海东任军团长，刘志丹任副军团长兼参谋长，程子华任政治委员。为了扩大巩固陕北革命根据地，迎接中央北上，红十五军团积极投入了陕北根据地第三次反"围剿"战斗。首战劳山，再战榆林桥，歼敌一个师又一个加强团，击毙敌师长，生俘敌团长。我军连战皆捷，准备了迎接中央的献礼。党中央和毛泽东同志到达陕北后，表彰了红二十五军的远征功绩和红十五军团的功绩。

与中央会合之后，中央派了红一方面军大批干部到红十五军团工作。徐海东、程子华等同志对调来的干部一视同仁，除中央任命的外，都把他们安排到重要工作岗位，给予各方面的关怀和爱护。他非常重视搞好全军的团结，说："再也不要像张国焘那样闹分裂，否则就是对中国革命的犯罪。"那时，中央红军经过万里长征，各方面的供应比较困难，海东同志宁可自己部队少花俭用，也要把钱款、布匹、医药、武器弹药等主动送给兄弟部队。有一次，毛主席派人到红十五军团，说明现在中央需要现金2500元。海东同志立即询问供给部长，供给部长查国贞同志说还有7000元，海东同志马上要他把5000元交中央。当时中央供给部长叶季壮同志高兴地说："这真是雪里送炭啊！"

徐海东同志在党中央和毛泽东、周恩来、朱德等同志的直接领导和指挥下，参加了许多著名的战略和战役行动。1935年11月，海东等同志率领第十五军团与第一军团并肩作战，在直罗镇战役中全歼敌一个师又一个团，这次胜利被毛泽东同志称誉为把革命大本营设在陕北举行的"奠基礼"。1936年，率部参加东征，一直打到太原附近的晋祠。旋即西征，配合左路军，攻克盐池、定边，歼敌马鸿逵一部，打破了敌人对陕甘根据地的围攻，迎接了红二、四方面军北上。西安事变后，张学良和杨虎城两位爱国将领向周恩来同志建议，希望能派红十五军团协助抗击国民党军可能向潼关的进犯。经党中央批准，周恩来同志亲自向徐海东等同志交代任务。杨虎城将军见到徐海东同志很有感慨地说："哎呀，你就是徐海东啊！如果咱们早合作就好了。"徐海东、程子华等同志率部进驻商、雒一线，与友邻相配合，为促进西安事变和平解决争取了时间。

节选自韩先楚、刘震、陈先瑞:《一生忠勇　居功不骄——忆徐海东同志》，见本书编辑组编:《忆徐海东》，河南人民出版社1981年9月第1版，第48—51页。

优秀的将领　战斗的一生（节选）

郭述申

一

我认识徐海东同志是在第二次国内革命战争时期的鄂豫皖革命根据地。1931年夏，我在陂安南县（即黄陂、黄安两县的南部）当县委书记，海东同志是红四军十二师三十八团团长。他因肩部负伤在我们县里休养。我见到他时，臂上还吊着绷带。他性格开朗、乐观，打仗很勇敢，群众中有不少关于他的传说，是很受群众和战士爱戴的一个红军领导干部。因为他住在我们县委机关，见面闲谈中，才知道他出身于几代烧窑工人的家庭，他自己也当过十多年窑工。1925年参加中国共产党，曾参加过北伐战争。大革命失败后，在他的家乡——黄陂县一带组织游击队，搞武装斗争，以后转战鄂豫皖三省边界地区。残酷的斗争环境和武装斗争的实践，把他从一个烧窑工人锻炼成为中国工农红军的一名优秀指挥员。

1931年秋，徐向前同志带领部队攻克黄安县城前，海东同志伤好归队，我们就分手了。

二

1932年5月，国民党发动第四次"围剿"，蒋介石亲自出马，任鄂豫皖三省“围剿”总司令。集中主要兵力，妄图首先消灭鄂豫皖地区的红军，然后全力进攻江西中央革命根据地。当时占据鄂豫皖党组织和红军主要领导地位的张国焘，被三次反“围剿”的胜利冲昏了头脑；未能乘胜扩大战果，扩大红军，开辟新区；加之，国民党在日寇节节进攻下准备迁都洛阳，他就主观地认为，红军的力量很大了，国民党军队已经成为“偏师”了；只要红军不停顿地进攻，就能很快地取得决定性的胜利；而对敌人新的严重围攻，缺乏准备。第四次反“围剿”开始以后，他又拒不执行毛泽东同志电报指示的：“诱敌深入，待机破敌”的方针，拒绝徐向前等同志的正确意见，致使红军遭受重大伤亡，陷于被动。在红军连战失利后，张国焘又跳到另一个极端，仓皇失措，右倾逃跑。红四方面军主力被迫离开鄂豫皖革命根据地，造成第四次反“围剿”斗争的失败。

当时，我在皖西北道区（当时鄂豫皖边区共分鄂东北道区、豫东南道区和皖西北道区三个道区，相当于现在的地区）任道区委员会书记。当红四方面军主力从鄂东向皖西转移时，东线敌人进逼皖西北根据地的中心——麻埠，我被迫带着皖西北地方部队两个团向主力部队靠拢。那时，徐海东同志是红九军二十七师师长。他和红四方面军政治部主任刘士奇同志带领一个团担任后卫，掩护主力部队转移。由于敌人插入，截断了同主力部队的联系。在英山西界岭刘士奇、徐海东同志和我会合了。不久，鄂豫皖中央分局来信指示我们留在湖北、安徽边界坚持斗争，开展工作。组成鄂皖工作委员会，指定我担任书记。我们共同研究，为了坚持斗争，需要树起一面旗帜造成声势，既有利于牵制敌人，又有利于发展工作。决定把这两部分军队合编，成立红军第二十七军，刘士奇同志任军长，我任政治委员，海东同志任七十九师师长，王建南同志任师政治委员。在极其紧张的情况下，整编部队，进行动员，投入战斗。新组建的红二十七军经英山打到安徽的霍山、潜山、太湖、宿松一带。在一个多月的时间里，跟拦阻和追击的敌人几乎天天打仗，有时一天要打好几仗。海东同志率领部队，前面紧张时任前锋，后面紧张时任后卫。活动的地区又多是高山峻岭，给养十分困难，多半靠野菜、南瓜充饥，海东同志累得吐了血。苏区很多群众也和部队一起行动，人数超过部队好几倍，更增加了粮食的困难，部队的机动性也受到很大的限制，想走也走不快，于是，我们决定往回打，返回苏区，把群众护送回家乡。当部队回到原来苏区的商城南部时，得知六安、霍邱等县内的大部分城镇都被敌人占领了。以后，我们率队到达黄安县的七里坪，才知道张国焘已经把红四方面军主力带到铁路西去了。在七里坪，省委决定红二十七军部队全部编入红二十五军，军长是吴焕先同志，海东同志任红二十五军七十四师师长。我带着一个特务营又回到皖西。

三

1933年春，省委主要领导同志执行第三次"左倾"路线占统治地位的党中央的指示。决定围攻七里坪。海东同志根据亲身的实战经验，从当时敌我双方力量对比的实际情况出发，坚决反对围攻七里坪，并和坚持错误主张的同志进行了激烈的斗争。结果，他的正确意见仍然没有被采纳。由于敌人兵力众多，实际上七里坪并没有被围困，反而把我军拖得疲惫不堪，严重地削弱了部队的战斗力。实践证明海东同志的意见是完全正确的。

当时，我在皖西带领红八十二师跟敌人打游击，部队有所发展。由于皖西北不是敌人的主攻方向，皖西北的困难情况比鄂东北要稍好些。1933年秋，红二十五军在鄂东处境困难，冲破敌人的几层封锁，到达皖西。部队稍事休整和补充一些粮食、给养后，从南溪、葛藤山出发，准备返回鄂东。军长吴焕先同志带领部队前行，副军长徐海东同志带病担任部队后卫，中途被敌三十一师冲断。海东同志指挥部队摆脱了敌人，又收容了被截断的六个连队，回到皖西对我说："敌人增修了公路和碉堡，兵力增加了，封锁线一时突不过去，我带的部队就留皖西地区战斗吧！”经皖西北道区委员会决定，将皖西北的地方部队和海东同志带来的部队合编，成立红二十八军。海东同志任军长，我兼任政治委员。不久，我生了一场大病。我病倒了，皖西北地区党、政、军的工作，都由海东同志主持，他干得很出色。

1933年冬，敌人又增加了兵力，向皖西北苏区进攻。由于敌人反复“围剿”，实行“三光”政策，苏区的粮食被抢走了，房屋烧光了，大批革命群众遭到屠杀。但是，革命根据地的人民宁死不屈，坚持斗争，尽全力支援红军。在根据地日益缩小，人民群众生活极为困难的情况下，红军的供应，只有向敌占区发展，在打击敌人的过程中解决。我和海东同志都认为：人吃饱了才能打仗。要坚持下去，就得从敌人手中夺取粮食，保证战士、干部的健康，还要接济根据地的群众。于是，海东同志带上部队，到六安、霍邱一带打游击，打了很多胜仗，俘虏了敌五十四师代理师长刘书春，夺取武器，装备了自己，同时，打了那一带的豪绅地主，把得到的粮食、布匹背回苏区。群众生活得到救济，部队的给养得到补充，这样就保证了红二十八军旺盛的战斗力。

当时，我病得很厉害，海东同志怕把我留在地方上养病出危险，就选身强力壮的同志组成担架队抬着我行军。敌人天天“扫荡”，部队作战频繁，担架队的同志甚至在风雨交加的黑夜，伸手不见五指的时候，爬山越岭抬着我跟着部队行动。苏区被敌人烧得没有一片完整的房屋。宿营时，把我的担架靠在尚未倒塌的墙壁旁边，还要搭个席棚子挡风。我怕影响部队的行动，几次要求把我留下来，海东同志坚决不肯。我病得那样重，又是在那样异常艰苦的环境下，如果没有像海东同志这样的战友，这样深厚的无产阶级感情，我会遇到不可想象的遭遇。海东同志不仅对我是这样，他对干部对战士也都很关心爱护。因此，环境再艰苦，再困难，干部和战士始终保持着团结友爱的精神和饱满的战斗情绪，这是和海东同志优良作风的影响分不开的。

四

1934年初夏，红二十五军从鄂东北来到皖西北，在商城县豹子岩，省委决定将红二十八军编入红二十五军。徐海东同志担任军长，吴焕先同志任政治委员，海东和焕先同志指挥红二十五军转战鄂豫皖苏区，在广大群众和地方武装的支援配合下，抗击敌人十四个师四个独立旅共八十余个团的兵力，坚持鄂豫皖边区的武装斗争，有力地配合了全国各地红军的行动，红二十五军运用机动灵活的战略战术，打了很多出色的胜仗。两军合编以后就远程奔袭敌五十四师后方罗田县城，奇袭安徽重镇太湖县城，缴获大批银元、枪支弹药和各种物资。在灵隐寨激战两昼夜，挫败了敌追击的三个师；在长岭岗全歼敌一一五师；在大柳树战斗中歼敌一〇七师两个团和驻汤池的工兵营；在光山县斛山寨地区，打破敌人十个团的围击，歼敌4000余人。徐海东同志和吴焕先等同志对于我们党坚持鄂豫皖边界地区的革命斗争，对于巩固和壮大红军都是有很大功绩的。

在红二十五军转战到皖西北的时候，省委的代表到皖西北道委巡视工作，他指责我"肃反不坚决"。他仅仅根据一个副营长被逼出的口供，就认定皖西北道区指挥部司令员吴宝才同志和道区政治部主任兼八十二师政治委员江求顺同志是"反革命"。我和海东同志坚决反对。我和省委代表发生激烈争论。我说：吴宝才和江求顺都是经过战争考验的好同志，怎么能只凭一个人的口供就定他俩是反革命呢？他说：你肃反不坚决，严重右倾。省委听信他的片面反映，撤销了我省委委员和道委书记的职务。最后，吴宝才和江求顺同志还是含冤被杀害了。

我被撤职后，在红二十五军政治部当了一段时间的宣传科长。陶家河战斗以后，程子华同志带来了党中央的信，指示红二十五军向豫陕边界伏牛山脉方向转移，建立新的革命根据地。1934年11月，红二十五军以中国工农红军北上抗日第二先遣队的名义开始长征。当时，军长是程子华同志，政委是吴焕先同志，徐海东同志改任副军长。在长征过程中，他同焕先、子华同志领导部队指挥作战，起了很重要的作用。

独树镇战斗时，我刚刚调到二二四团当政治处主任。团长张绍东临阵怯战，带着部队往后退。吴焕先同志发现以后，立即采取果断措施，带着部队冲了上去，顶住了敌人。后来我才知道，就在这次战斗以后，部队在独树镇附近宿营时，省委的一个同志对徐海东等同志说：郭述申是反革命，他要对独树镇战斗时部队后退负责，应该干掉他。徐海东同志一听就火了，拍着桌子同他争辩说："郭述申要是反革命，我们都是反革命，那就散伙吧！"由于海东同志的坚决反对，我的生命才得以保全。可是当天晚上，还是把原红二十七军七十九师政治委员王建南同志和原少共皖西北道区委员会书记雷金相同志杀害了。

海东同志在围攻七里坪问题的原则争论上和在反对诬陷我的问题上，都表现了他与错误的东西作斗争时，敢于挺身而出，坚持原则，实事求是，坚持自己的正确意见。海东同志在这方面的表现是很突出的，尤其在当时执行错误路线的领导残酷斗争、动辄杀人的情况下，这是十分难能可贵的。

五

1934年12月，鄂豫皖省委改为鄂豫陕省委。红二十五军到达陕南，鄂豫陕省委在陕西省雒南县庾家河战斗以后，召开会议，决定在鄂豫陕边界地区创建新苏区。部队转战于雒南、雒西、卢氏、兰田之间，在华阳镇地区，伏击敌警二旅。歼灭这个旅大部，击伤敌旅长张飞生；葛牌镇战斗全歼敌警三旅。以后又采取外线作战，奇袭荆紫关，打乱了敌人"围剿"的全盘部署，创造战机，在袁家沟口战斗中全歼敌警备一旅，生俘旅长唐嗣桐。为建立游击根据地创造了条件。

1935年7月，红二十五军出终南山，前锋抵达西安以南20余里的韦曲、引架回、杜曲和子午镇，震动了西安敌巢。军部从党的交通员石健民同志送来的情报和缴获的报纸上，看到中央红军和红四方面军在川西北会师后，已经到达松潘附近的毛儿盖，并有准备北上之势。这一喜讯，鼓舞了全军指战员。鄂豫陕省委在西安西南的袁家庄（佛坪）开会，正式决定红二十五军的行动方针是积极配合主力红军，绕到胡宗南后方作战，牵制敌人，按照酝酿成熟的意见，伺机北上，同陕北红军会合。同时，会议还决定留郑位三、陈先瑞同志在陕南，将各路游击师、游击大队和红二十五军伤病员合编为七十四师，陈先瑞同志任师长，郑位三同志任特委书记兼师政治委员，在特委领导下，继续坚持豫陕地区的斗争。

会后，红二十五军向西运动，一直打到天水附近，截断了西安到兰州的公路。在泾川附近的一次战斗中，消灭国民党马开基一个团。政治委员吴焕先同志指挥部队英勇作战，不幸光荣牺牲。全军上下，极为沉痛，决心继承焕先同志遗志，继续奋斗。

红二十五军深入敌人后方的这一战略行动，调动敌军分兵同我作战，有力地配合了主力红军北上。以后，红二十五军挥师北进，于1935年9月18日在延川县永平镇与刘志丹同志率领的西北红军第二十六军、二十七军胜利会师。会合后，陕甘省委和鄂豫陕省委联席会议决定，红二十五军与西北红军合编为红军第十五军团，徐海东同志任军团长，程子华同志任政治委员，刘志丹同志任副军团长兼参谋长。红十五军团组成后，立即南下，投入战斗。在延川以南的劳山地区，歼敌一一〇师大部，击毙敌师长何立中；乘胜攻克榆林桥，全歼守敌一〇七师一个加强团。这次战斗胜利后，得到中央红军陕甘支队到达陕北的消息，全军振奋。不久，毛主席来到十五军团司令部驻地——甘泉县道佐铺亲切地会见了徐海东、程子华同志。我当时也在场。海东、子华同志向毛主席汇报了陕北三次反“围剿”和红二十五军长征到达陕北与陕北红军合编为十五军团的情况。毛主席说：你们在陕北的作战方针、计划和部署都是对的。毛主席还问及十五军团下一步怎样打法。海东同志说：十五军团准备南下作战。毛主席同意了军团的作战部署。

在欢迎中央红军到达陕北和庆祝红一军团与红十五军团胜利会师的大会上，毛主席讲了话。他深刻地总结了红军长征的伟大意义，他说：自从盘古开天地，三皇五帝到如今，历史上曾经有过我们这样的长征么？没有，从来没有的。长征是宣言书，长征是宣传队，长征是播种机。长征是以我们的胜利、敌人的失败的结果而告结束。在这次庆祝会师大会上，肖华同志和我分别代表两个军团的指战员讲了话。

会师后，毛主席、周副主席和彭德怀同志召集红一军团和红十五军团两个军团的干部开会，研究作战计划。毛主席说：为了粉碎敌人对陕甘的第三次“围剿”，现在要消灭直罗镇方面的敌人。为了进攻直罗镇必须先拿下张村驿。打下张村驿，使苏区连成一片，打开我军向西出击的道路。集中两个军团的力量消灭由西向我进犯的敌人。毛主席还说：“落霞与孤鹜齐飞，秋水共长天一色。”我们军队打到哪里，根据地就发展到哪里。现在到了陕北，根据地就建立在陕北。会上决定拿下张村驿的任务由海东同志担负。部署完作战任务，毛主席又找海东同志和我谈话。毛主席说：“兵马未动，粮草先行，你们粮食筹备得怎样？怎么运送？”我们都一一作了回答。

海东同志指派韩先楚同志率部打下东村、张村驿两个寨子后，毛主席、周副主席亲自指挥两个军团对直罗镇守敌发起进攻，歼敌一〇九师全部和一〇六师一个团。打下了直罗镇，彻底粉碎了国民党军对陕甘边区的第三次“围剿”，给党中央把全国革命大本营放在西北的任务，举行了一个奠基礼。

1936年2月，毛主席亲自率领红一军团和十五军团组成的中国工农红军抗日先锋军渡过黄河，开始东征，准备对日作战。当时红一军团由聂荣臻同志等率领从清水关一带渡过黄河；红十五军团由徐海东、程子华同志等率领从舍峪里一带渡过黄河。两军团胜利渡河以后，在兑九峪战斗前，徐海东等同志到黄河东岸毛主席的驻地（离敌人只有30多里）去领受任务。毛主席指示：先集中两个兵团的力量打阎锡山，战斗后两路分兵“各撒一网”，宣传群众，组织群众，扩大红军，征集物资为抗日作战准备力量。红十五军团在兑九峪战斗后，经汾阳、文水、交城等地，一直打到太原附近的晋祠，沿途歼灭不少敌军，出色地完成了党中央、毛主席交给的任务。但是，我党我军东征抗日的行动，却遭到国民党的破坏。蒋介石调集了十个师的兵力进入山西，拦阻红军北上抗日的去路。为了进一步推动抗日民族统一战线的开展，根据党中央和毛主席提出的“停止内战，一致抗日”的主张，东征部队回师河西。部队返回后，我就调到红军大学学习，又和海东同志分开了。

节选自本书编辑组编：《忆徐海东》，河南人民出版社1981年9月第1版，第21—32页。

将军的忠诚，主席的关心①

——在中央军委召开的纪念徐海东同志诞辰100周年座谈会上的发言

陈鹤桥

徐海东同志，是深受大家尊敬的卓越的无产阶级革命家和军事家，也是我的老首长。我一直在他的领导下工作。他坚定的革命斗争意志，勇敢顽强的战斗作风，高超的军事指挥艺术，密切联系群众的优秀品质，我耳濡目染，非常敬佩。特别是在革命战争年代，他坚决维护以毛泽东为代表的党中央的正确领导，始终贯彻执行党的路线、方针、政策，顾全大局，忘我奋斗的革命风范，给我留下极为深刻的印象，终生难忘!

1935年7月，当得知党中央和主力红军长征到达川西地区时，为了迎接党中央和主力红军继续北上，徐海东和程子华、吴焕先等红二十五军主要领导人，毅然决定率部西进、北上，克服重重困难，截断西安至兰州的大道，吸引敌军，有力地配合了中央红军的北上行动。尔后，他又率部与陕甘红军会合，组织指挥了劳山战役和榆林桥战斗，巩固扩大了陕甘苏区，为党中央落脚西北奠定了重要基础。

中央红军到达陕北时，由于长途艰苦转战，部队减员很多，供给十

① 题目为编者所拟。

分困难。海东同志看到这些情况后，尽管本部条件也很困难，他始终以大局为重，主动为党中央分忧。有一次，毛主席派人向我们十五军团借2500元钱。海东同志立即把供给部长查国桢同志找来，问他还有多少钱。国桢同志说还有7000块银元，正准备解决全军团的被服和给养用。海东同志马上说："留下2000元，5000元交中央。"并且说："天下红军是一家。党中央的困难，就是我们的困难。为了党中央、毛主席，我们要舍得一切。"同时，他及时抽调本部兵员、枪支、弹药和物资，补充红一军团，并动员广大人民群众支援中央红军。

多年后，毛主席对这件事仍念念不忘。在一次干部大会上，毛主席深情地说："在陕北最困难的时候，还多亏了海东同志送给我们5000元钱呢！那几千元钱，可是为革命帮了大忙。"

1936年2月至5月，海东同志率部参加东征战役，身先士卒，忘我战斗，屡挫强敌，威震晋西北。他曾指挥部队占领山西重镇晋祠，威逼省城太原，使"山西王"阎锡山惊慌失措。当部队奉命回师陕北时，他亲自率领七十三师完成掩护全军部队西渡黄河的任务。

在西征战役中，海东同志指挥所部，连夺宁条梁、定边城，继续攻占宁夏的盐池、豫旺、同心城等重要城镇和广大地区，沉重打击了"马家军"。为巩固和扩大陕甘宁根据地，实现三大主力红军胜利会师做出了重要贡献。

全国抗日战争爆发后，海东同志先后出任八路军第一一五师三四四旅旅长、新四军江北指挥部副指挥兼四支队司令员等职。根据毛主席和党中央的命令，他率领所部战斗在抗日前线，先后征战华北、华中敌后。海东同志久经沙场，多次负伤，积劳成疾，病倒在抗日最前线。

毛主席和党中央对他的健康一直十分关心。这里我讲两个例子：一个是，1938年海东同志在华北抗战中积劳成疾时，毛主席、党中央调他到延安住马列学院。海东同志对我们在延安学习的同志说：毛主席对我非常关心，要我一面治病，一面学习，并要我参加了中央召开的扩大的六中全会。第二个是，海东同志在华中前线病重时，皖南事变刚发生后，毛主席对他的病情和处境非常关怀。1941年1月18日，毛主席发给徐海东同志的电报中说："闻病沉重，非常惦念，当此紧张时局，我们无限关怀你早愈、健康，特电慰问。"1942年12月11日，毛主席又在给重庆谈判的我党代表周恩来等同志的电报中说："徐海东卧病皖东三年未愈，现敌扫荡，形势恶劣，不便休养，拟经大别山送大后方调治，请与蒋交涉，可否速告。"在当时的情况下，毛主席想把徐海东送到大后方医治，须要同蒋介石谈判此事，本来是很难办到的，但毛主席认为只要有一线的希望，也要尽力去争取。我从《毛泽东年谱》中读到这两个电报，深为感动。

毛主席、党中央对徐海东同志为中国革命所做的贡献，给予了高度的评价和赞扬。1955年，我军第一次评授军衔时，授予他大将军衔和三枚一级勋章。他得知后，深感不安，对周总理说："我长期养病，为党工作太少了。授我大将军衔太高，我受之有愧啊！"周总理深情地对他说："海东同志，授你大将，是根据你对革命的贡献决定的。要我说，不高也不低，恰当！"在领导编写《红二十五军战史》时，海东同志明确指示："一定要写党，写毛主席，写人民，写集体。不要突出我、突出个人。"

海东同志这种顾全大局，居功不傲，严于律己，淡泊名利，心系群众的好思想、好作风、好品质，充分体现了共产党人坚强的党性原则和政治本色。在我们建设中国特色社会主义事业、继往开来的跨世纪发展中，特别需要继续保持和发扬光大这种革命精神。

选自陈鹤桥：《陈鹤桥回忆文集》，国防工业出版社2000年8月第1版，第623—625页。

忠诚的战士　善战的将军（节选）

张希才

襟怀坦白　对党忠诚

1932年，蒋介石调动30余万军队，对鄂豫皖苏区实行残酷的“围剿”。根据地军民坚持了英勇顽强的斗争，但由于王明“左”倾路线的干扰和破坏，终未取得反“围剿”斗争的最后胜利。这时，党内机会主义者张国焘背着党中央和毛主席，实行逃跑主义，擅自将红四方面军主力撤出鄂豫皖苏区，把我党我军经过长期艰苦斗争建立起来的革命根据地，让给了国民党反动派。

四方面军主力撤离后，留在根据地的红军部队仅约一万人。由于敌人的猖狂“围剿”，我军分散，不能形成打击敌人的强有力的拳头，屡与敌人作战而不能取胜。根据地军民在思想上、组织上、行动上都很混乱。如不尽快地将分散的部队集中起来，就有被敌人各个击溃，以导致整个苏区斗争的失败。在此情况下，当时的鄂豫皖省委根据中央指示召开了最高军事会议，决定：以留在根据地的红军部队为基础，立即重建红二十五军，吴焕先同志任军长，徐海东同志任副军长兼七十四师师长。我当时在红二十五军保卫局任职，后来相继任军直属队部党委书记、经理处（后称供给部）政委。自此，与徐海东同志在一起工作多年。

徐海东同志对张国焘推行的“左”倾冒险主义和右倾逃跑主义路

线极为不满，为贯彻执行毛主席人民战争思想和红色割据的主张，在重建红二十五军、巩固鄂豫皖革命根据地的斗争中，做出了重大贡献。他先后与党内机会主义路线和右倾思想作了顽强的斗争，坚决维护了党的统一和团结。1932年底到1933年初，红二十五军集中兵力与敌作战，军事斗争取得了很大胜利，根据地的形势稍有好转。这时，鄂豫皖省委在王明路线的影响下，错误地估计形势，提出了一些不切实际的口号，如："夺回中心城市"、"恢复整个苏区"等，并于1933年5月贸然决定夺回七里坪。七里坪位于红安县城以北40余里处，西、北两面有倒水河作自然屏障，东、南面有较为突出的制高点，工事相当坚固。敌兵力为三个团6000人。另外，距七里坪不远的城镇都布有重兵防守，可随时增援七里坪。而当时我军只不过一万人左右，并无优势兵力。在传达省委关于攻打七里坪的决定时，徐海东同志认为，我军既没有攻坚条件，兵力也不足以围攻敌人和阻敌增援；根据地屡遭敌人洗劫，人民生活极为困苦，我军军需、物资和给养毫无保障。因此，他坚决反对省委的这一错误决定，并郑重地提出了自己的意见。由于省委执行了"左"倾冒险主义路线，徐海东同志的正确意见非但没有被采纳，反而受到了严厉的批评。后来，在围攻七里坪的过程中，由于敌强我弱，力量悬殊，我军兵力不足，连该镇通向外地的公路都无力加以控制。因此，并未围死城中之敌，敌人外围援兵仍然畅行无阻，而我军由于阵地正面过宽，兵力分散，不能对敌人实施重点突击，以有效地歼灭敌人。随着时间的拖延，我军的给养、药品等供应越来越困难，部队被拖得精疲力尽，广大指战员流露出一些怀疑和不满情绪。这时，徐海东同志向省委提出撤围的建议。当时，红军党内正犯有肃反扩大化的错误，谁怀疑上级决定，或是给领导提意见，都有可能被打成右倾分子、反革命而加以迫害，轻者受处分，重者要处决。对此，徐海东同志毫不畏惧。他怀着对党的赤胆忠心，为了革命利益，他把个人安危置之度外。在省委召开的会议上，他与"左"倾路线的冒险主张展开了激烈的斗争，阐明自己的观点。他说，省委关于围攻七里坪的主张本来就不妥当，久围而不克，打疲劳战，这不是我们红军的战术。部队消耗越来越大，现在如果再不撤，我军就要被拖垮。假如外围敌人再来个反包围，对我形成内外夹攻的态势，那后果将是不堪设想的。徐海东同志的这些意见无疑是正确的，可是不但没有被采纳，反而遭到了无理的批判。当时主持省委工作的主要负责同志把他的意见说成是右倾主张，并当即把他驱逐出会场，剥夺了他参加讨论的权利。尽管受到如此沉重的打击，但徐海东同志毫不气馁，他对党的事业无限忠诚的坚定信念始终没有动摇。历经43天的七里坪战役，红二十五军减员近半，所剩7000余人，体质也很弱。在这种情况下，省委才不得不决定撤围。在此期间，徐海东同志所提两次建议虽然未被及时采纳，但他那主持正义、无所畏惧的高贵品德却给我们留下了难忘的印象。

徐海东同志在原则问题上从不让步，在路线斗争中旗帜鲜明，立场坚定。1934年底，红二十五军北上到达陕南地区，并决定在此开辟根据地。在错误路线的影响下，省委和红二十五军个别同志面对艰苦的条件，产生了畏难情绪，怕担风险，不愿在陕南扎根。他们的理由是：陕南是山区，地盘小而且穷，红军补给困难；陕西的敌人是盘踞多年的国民党王牌军，实力雄厚；经过长途行军和连续作战，干部伤亡较大，以红二十五军的力量决不可能单独创建根据地。因此，他们极力主张入川与红四方面军主力会合，并声称："红四方面军是老大哥部队"、"会合力量大"、"我们可以吃现成饭"等等，以此来动摇省委的决心。到了1935年初，随着敌人进攻的开始，特别是春荒的到来，这种思想的影响逐步扩大，直接妨碍了省委关于在豫西北、鄂东北、陕南一带建立革命根据地的统一行动。为此，省委召开会议，就"红二十五军能否在鄂豫陕边区创建根据地"问题，展开了一场重大的思想斗争。会上，作为红二十五军军长的徐海东同志，针对一部分人的右倾逃跑主义思想，给予有力的驳斥。他指出，红军的主要任务之一，就是动员和组织群众，创建革命根据地。斗争的需要，我们离开了鄂豫皖苏区。根据党中央的指示，我们必须在这里扎下根来，建立人民政权，以牵制敌人“围剿”中央红军的兵力。他说，陕南山区艰苦，这是完全可以克服的困难；盘踞陕西的敌人虽然实力雄厚，但他们的统治很不牢固，缺乏山区作战的经验，这正有利于我军发扬长处，击敌短处；陕西军阀与蒋介石有较深的矛盾，有利于我们多做统战工作；群众长期受国民党宣传的欺骗，觉悟不高，但只要我们遵照毛主席和党中央的指示，宣传和教育群众，帮助他们建立自己的政权，就能使我们站稳脚跟，扩大红军的影响。自此，红二十五军在陕南主动出击，打土豪，分田地，大灭敌人锐气，发动群众，建立人民政权，并健全了地方基层党组织。边区广大群众欢欣鼓舞，革命情绪不断高涨，青壮年踊跃参军，经过五个多月的艰苦斗争，红二十五军迅速壮大，初步建成了鄂豫陕革命根据地，为粉碎敌人“围剿”，牵制和歼灭敌人，配合中央红军北上，创造了有利条件。

徐海东同志以党的利益为重，顾全大局。他手中虽握有兵权，但从不自以为是。他对党中央、毛主席历来十分尊重。说话、做事都要想到有利于党的团结，有利于党中央和毛主席的领导。红二十五军到达陕北后，与刘志丹同志领导的红二十六、二十七军合编为红十五军团，徐海东同志任军团长。记得在1935年11月，为了迎接毛主席和中央红军的到来，红十五军团与红一方面军的先头部队合攻打敌人重要据点张村驿。由于红一方面军经过二万五千里长征，沿途连续与敌作战，加之生活条件艰苦，战士的体质很差，战斗力受到一定的影响。当时，他们有一个连参加了红二十五军二二三团的战斗。战斗中，该团政委十分傲慢地说了一些不利于团结的话。徐海东同志得知后，立即把他找来，严厉地批评了他不注意团结，不尊重毛主席直接领导的老大哥部队的错误言行，并当即宣布给他以撤职处分。徐海东同志利用这一典型，教育红二十五军克服当时普遍存在的骄傲自满情绪，加强与兄弟部队的团结。他对大家说，革命队伍只有团结一致，才有力量，只有时刻记着党中央，我们的行动才有方向，才能打胜仗。任何违背党中央、有损于团结的言行都是不能容忍的。

徐海东同志具有坚强的党性，从不计较个人得失，工作中任劳任怨，积极负责。从1932年底重建红二十五军以后，他几次由任军长到任副军长，又由副军长改任军长。担任军团长后，又去担任八路军的旅长。他能上能下，能官能民，不计较个人的名誉和地位，勤勤恳恳做好党交给他的工作。1934年11月，中央委派程子华同志到红二十五军工作，经省委研究由程任军长，徐海东同志改任副军长，他愉快地服从组织的决定，热情地介绍情况，积极协助子华同志做好工作。他说："只要能为革命做出贡献，叫我干啥都行。"确实，徐海东同志就是怀着对党的无限信赖，从事革命工作几十年如一日，而在名利面前，却从不向党伸手。1960年，他奉党中央和中央军委之命，负责红二十五军战史的编写工作，他给参加这项工作的同志规定："一定要写党，写毛主席，写人民，写集体，不要突出我，突出个人。"这是多么宽阔的胸怀和高贵的品质！1963年2月我在北京开会期间，前去看望卧病多年的徐海东同志。他深情地对我说："像我这样九次负伤，又得了重病的人，之所以仍然能够活在人间，最根本的原因，就是有党中央、毛主席的亲切关怀，我心情舒畅。"

身经百战　屡建奇功

徐海东同志作为一名优秀的军事指挥员，在长期的革命战争中，充分发挥了他杰出的军事才能。他作战勇敢，指挥果断，机智灵活，威震敌胆。早在1932年，"围剿"鄂豫皖革命根据地的国民党反动派就惊恐地多次悬赏捉拿徐海东同志。自红二十五军重建后，我们几乎天天打仗。尽管当时的环境十分艰苦，敌我力量悬殊很大，但是，无论是在苏区还是在白区作战，以及长征途中和会师以后，在与敌人的无数次作战中，从来没有吃过大亏，始终立于不败之地。这与徐海东同志的卓越指挥才能是分不开的。

徐海东同志在漫长的战争年代里，屡建奇功，闻名于众，这决不是偶然的。这是他学习和运用毛主席人民战争战略战术的必然结果。我同徐海东同志一起战斗过多年，对此有切身感受。他从不打无把握之仗，每战都认真分析当时的形势，根据敌、我、民情这些客观条件，制订出合理的作战方案，正确指挥战斗。1934年7月初，"围剿"根据地的敌军大肆向我侵犯，并声称在三个月内将我军"彻底肃清"。根据中央和省委指示，徐海东同志率红二十五军与敌周旋，寻机歼敌。途经罗山县长岭岗时，侦察了解到号称"王牌"的敌一一五师在此设防。他们乍从东北调来，地形不熟，戒备甚疏。当我隐蔽地进至敌阵地前沿时，敌人仍未发觉。徐海东同志经过实地勘察，认为，长岭岗是一条孤岭，地形狭窄，虽然敌人守兵众多，但难以展开，不能进行有效的抵抗。因此，他果断地定下了歼灭该敌的决心。由于徐海东同志指挥得当，在我总兵力处于劣势的条件下，合理调整部署，巧妙地造成了局部的优势。广大指战员发扬了我军山地战的特长，战斗动作隐蔽、迅速、勇猛，仅用三个钟头，就结束了战斗。装备精良的一一五师几乎全军覆没。缴获敌人轻机枪200余挺、长短枪八百余支以及其他许多军用物资。战后，徐海东同志高兴地对我说："希才同志，我们打了这么漂亮的一仗，部队情绪高了，你这个党委书记的政治思想工作就好做多啦！"他抑制不住心头的激动，笑着继续说："这一仗打得真过瘾，敌人整整五个营，连一个勤务（兵）和马夫都没跑掉。"长岭岗一战，给了敌人"三个月'围剿'，计划"当头一棒。我根据地军民受到很大鼓舞。这一仗，不仅消灭了敌人的有生力量，而更重要的是缴获了大批精良的武器，大大改善了我军的装备，许多连队配齐了九挺轻机枪，好几个营换上了一式的"奉天造"马步枪。这对当时武器装备十分落后的红军来说，是一个极大的鼓舞，并为以后的长征创造了有利条件。同年8月底，省委为扩大我军影响，决定攻打英山县城。徐海东同志带领部队进至城下，发现敌人设防工事坚固，且守敌众多。如我军强攻，必然造成重大伤亡。经过仔细侦察和反复研究后，他向省委、军党委提出建议，放弃攻打英山的计划，改为奔袭太湖县城。他的理由是：太湖敌人防守薄弱，我远距离奔袭，能出其不意，胜利的把握较大；太湖距安徽省会安庆较近，攻克后政治影响更大；它又是敌人后方，物资丰富，对我们解决部队物资供应困难是一个极好的机会。省委和军党委同意了徐海东同志的意见。于是，我军于9月3日傍晚出发，利用两个夜晚，急行军230里，于4日半夜时分以迅雷不及掩耳的动作，攻克了太湖县城，歼灭了该城守敌，缴获了许多马匹和大批药品及其他军需物资。我们在清理和分配战利品时，给全军每人发了一把雨伞。当时，部队经常露宿，雨伞就派上了大用场。战士们高兴地说："一把雨伞就是一间房啊！"

徐海东同志指挥了许多重大的战斗，在艰苦的战争年代里特别是在敌强我弱的环境中作战，能使自己处于主动地位，并使我军由弱到强，这与他机智灵活的指挥艺术是密切相关的。1934年11月，程子华同志到鄂豫皖根据地传达党中央的指示。省委决定，红二十五军立即由皖西北赶往鄂东北听取中央指示。敌人四个师16个团在后面紧追，在前方又布置了五个师的兵力重重封锁，妄图前后夹攻，阻我西进。怎么办？为了摆脱敌人，迅速到达鄂东北，徐海东同志与政委吴焕先同志研究决定：选择当面敌人的薄弱部位，以出其不意的行动，突破敌人封锁线，11月6日，我军从商城出发，两天一夜连续行军200余里，以急袭战术全歼汤池守敌一〇九师工兵营，击溃一〇七师两个团，打垮敌一〇八师一部，突破敌人四道封锁线，其中就有敌人经营已久，并吹嘘是无法越过的潢（川）麻（城）公路封锁线。因长途行军和连续作战，干部、战士十分疲劳，部队在斛山寨稍事休息。突然，尾追之敌集中十个团的兵力向我扑来，我军被敌人分割成几部分，处境十分危险。徐海东立即收拢部队，首先粉碎敌人分割包围的阴谋。他与吴政委一起分析敌情，认为，几天的行军和作战，我军体力消耗很大，要以"走"来摆脱敌人是困难的。必须打垮敌人的进攻，尔后才能突出重围，继续西进。于是，马上调出一部兵力迂回到敌人侧后，来了个前后夹攻，先歼敌一部，再集中兵力歼灭另一部敌人。

这样，我军便巧妙地由防御转为进攻，变被动为主动。全军指战员发扬了不怕疲劳、机智灵活的战斗作风，有力地打破了敌人的包围。趁敌溃逃之际，徐海东同志又令部队发起反冲击，打得敌人丢盔弃甲，纷纷逃窜。这一仗，敌人不仅没能包围我们，反而被我军击毙和俘虏三四千人，他们还丢下了大批武器弹药而各自逃命去了。我则大踏步地继续向鄂东北挺进，顺利地完成了接应程子华同志的任务。广大指战员高兴地称颂这是一次神奇的战斗。确实，在徐海东同志领导的红二十五军的战例中，诸如以少胜多，以弱胜强这些神奇的战斗，真是数不胜数的。1935年6月的荆紫关战斗也是打得很出色的。当时，我军于长征北上途中，开辟了鄂豫陕革命根据地，连战连捷，造成了轰轰烈烈的群众斗争局面，国民党反动派大为震惊。蒋介石调集了30多个团的兵力，向根据地发动"围剿"。省委听取了程子华同志介绍的中央根据地在毛主席的领导下粉碎敌人第三次"围剿"的战法，及时采纳了徐海东同志的合理建议：游击队在根据地坚持斗争，主力部队撤至外围寻机歼敌。敌人发觉我军战略企图后，立即尾追。我虽与敌人几次交战，终未取得重大战果。当我军进至商南县东南时，敌人追兵接踵而来。徐海东、吴焕先等领导同志研究决定，以一个团阻击尾追的敌军，而主力部队则远程奔袭敌人后方荆紫关，以解决我军被服供应困难。荆紫关是鄂豫陕三省边界的重地，敌人在此设有临时后方补给点，并有一个营把守。我军以手枪团为先头部队，化装成敌军，经130余里急行军，于6月16日上午到达荆紫关。敌人外围警戒分队以为是自己的部队，组织了列队迎接。我军未耗一枪一弹就解除了该敌武装，顺利地通过了敌人的警戒线，迅速逼近城下。城中守敌知道上了当，立即关闭城门，向我军开火，密集的子弹一齐射来，手枪团没有重兵器，连一支长枪都没有，无法组织还击，被敌人火力压在城下。正在危急关头，徐海东同志亲率主力部队跑步赶到城下，搭人梯强行登城，仅用一个多钟头，就歼灭该城守敌大部，活捉了敌军需处长，缴获了大批物资，单是上等布料就有3000多匹，堆满了我们供给部的住房，门前还放了许多。

这时，徐海东同志来找我们，笑着对我说："怎么样，这下不愁没有军装了吧？"接着，他又问我这么多布怎么处理。因为我们全军只有一个随军被服厂，30多名工人，把这些布都做成军装显然是来不及的。于是，我提出建议，把布拉成料子，发给干部战士带着。他点点头表示同意。这样，一人发了七套衣料，为后来我军冬季服装解决了大问题。

徐海东同志南征北战，出生入死，充分表现了他那作为优秀指挥员所具有的沉着、勇敢的胆略。他虽然多次身临险境并负了重伤，却丝毫没有影响到他那高昂的战斗情绪。1934年11月，根据中央指示精神，红二十五军转移北上。11月26日拂晓，部队经一夜冒雨行军，到达方城县的独树镇，突然遭到敌人堵击部队一个步兵旅和一个骑兵团的伏击。敌人追兵万余人又向我猛攻，形成了前后夹击的态势。而我军当时兵力不过三四千人，且因风雨交加，视度不良，先头部队没有及时发现敌人，加之天气寒冷，战士的手脚都冻僵了，枪上也结了冰，拉不开栓。由于敌人火力过猛，我军被压在几条干河堤下和田埂后边，情况万分危急。在这关系到红二十五军生死存亡的紧急关头，政委吴焕先同志举起大刀，不顾枪林弹雨，带着部队和敌人展开了白刃格斗。徐海东同志率领一个团担任后卫，当他得知先头部队被围的消息后，立即带领部队迅速赶至现场，投入战斗。徐海东同志一面命令部队就地坚守，一面沉着地与吴政委商量对策。最后，在一个战士那里找到了一盒干火柴，点燃了一个小草垛，让大家一边烘手，一边烤枪，不一会儿便向敌军发起进攻。顿时，几十挺机枪一齐怒吼起来，枪声、喊杀声混成一片。敌人惊恐地喊叫："共军的机枪响啦！"纷纷丢下武器，抱头逃命。我军转危为安，急忙构筑临时工事，又连续打退了敌人几次进攻，并依托附近几个村庄，与敌人僵持了一天，直到黄昏时分，徐海东同志亲自组织了六七十名机枪手，端着机枪，排成横队向敌阵地的一个方向冲去，杀开一条血路，让部队突围。敌人见我来势很猛，溃退下去。我军大部队顺利地跳出了敌人的包围圈，继续向西挺进，敌军惧怕我夜战之长，不敢再追。

1935年9月4日早晨，红二十五军部队集合在甘肃省合水县板桥镇。正准备出发，敌人一个骑兵团向我们冲来，眼看敌军向我进逼。徐海东命令参谋长马上组织转移，而他自己亲自带领几十名骑兵前去拦截敌人，掩护部队撤离。我几十名勇士在徐海东同志的率领下，向敌群冲去，敌人立刻乱了阵脚。因为双方骑兵混在一起，敌人无力施展威风，只得丢开我军主力，来对付骑兵。经一两个钟头的厮杀，徐海东见我军主力部队已远去，便命令骑兵边打边撤，而他只留下几个人继续与敌人周旋。敌军见我阵中仅剩几人当官的便大喊大叫起来："抓活的""别让他们跑了！"一齐向徐海东扑来。俗话说："艺高胆大。"我们的徐军长面对敌人骑兵的重重包围和威胁，毫无惧色，凭着一身好武艺，越战越猛，边杀边走，终于杀出了重围。正当全军指战员为他的安全焦急的时候，徐海东同志与敌人周旋了半天，赶回了我们的队伍中，乐呵呵地对大家说："敌人能把我怎么样呢?！"

关心同志　爱护部队

毛主席称赞徐海东同志是"对中国革命有大功的人"、"工人阶级的一面旗帜"。这是恰如其分的。在革命战争年代里，徐海东同志参加了组建红二十五军并始终领导了这支部队，使它从无到有，从弱到强，成为中国革命的一支骨干力量。这正是他始终沿着党中央和毛主席的建军路线建设军队，用马列主义培育干部、教育部队的结晶。

徐海东同志对红二十五军有特别深厚的阶级感情。在战争年代里，他在担任军事指挥等工作的同时，时刻关心着每个干部战士的成长，经常利用战斗间隙找指战员们谈心、谈工作，了解部队的思想动态和他们的疾苦，用毛主席的人民军队思想教育部队、培养干部。他在红二十五军任职期间，对全军团、营干部和一些连队干部能做到了如指掌，可以说出各人的姓名、家庭住址、本人个性等。他每次与人交谈，都能让你心情舒畅，该解决的问题都能得到圆满的解决。我记得，在我任供给部政委期间，有一段时间由于我们领导同志因工作产生了矛盾，团结不好。徐海东同志得知后，马上找我们谈话，他详细地了解情况，帮助我们交流思想。他语重心长地说："同志之间就好比左右手，配合不好就会自己打自己；团结不好，就不能搞好工作，给党的利益造成损失。因此，要顾全大局，工作中互相谦让，互相配合。"一席话，说得我们心悦诚服。从此，我们十分注意互相之间的支持和谅解，工作也有了新的起色。

徐海东同志始终保持了谦虚谨慎的优良作风，注重同志之间的团结。从重建红二十五军到后来的革命斗争中，他与吴焕先、程子华、郑位三、徐宝珊、郭述申等同志共同战斗过多年，可算是"老搭档"了。他们之间有时也有争论，但总是互相谦让和耐心说服。他们顾全大局，以团结为重，在工作中密切配合，这给全军干部树立了好榜样。所以，红二十五军在那样艰苦的环境中，始终拧成一股劲，取得了一个又一个胜利，这与徐海东同志的模范作用是分不开的。当吴焕先同志于1935年8月在泾川战斗中不幸牺牲时，徐海东同志特地找到我，流着泪说："你们供给部要想办法为政委买一口好棺材，做一套好衣服。我要把他穿的一套内衣收藏起来，带到中央去，交给毛主席。"他马上又到前线向大家作战斗动员，他说："吴焕先同志是我们的好政委和领路人。他的牺牲是我们红二十五军胜利前进中的一个重大损失。政委给我们留下了党的优良作风。我们要擦干眼泪，化悲痛为力量，坚决消灭敌人，为政委报仇。"

徐海东同志对部队予以无微不至的关怀。他把部队的衣、食、住、行都列入了自己的工作日程中。他时常利用战斗间隙，来到我们供给部，听取工作汇报，详细询问部队给养、服装供给的实际情况。他常说，部队作战这么艰苦，我们不搞好供给，不关心干部战士的生活，就对不起他们。这些话，一直激励着我们供给部的全体同志努力搞好工作，积极为部队服务。红军时期的供给是没有保障的，给养供应主要来源于地主老财。

常常是打到就吃，打不到就忍。有时在内线作战，筹粮很困难，战士们就以野菜、树叶、树皮、葛藤根充饥。每遇到这种情况，徐海东同志不是亲自带领部队袭击敌人后方，从敌人手中夺粮，就是指派专人，克服重重困难，外出筹粮。他还帮助我们作好周密计划，合理安排，并经常指示我们，一定要搞好必要的储备，决不能让战士们空着肚子与敌人拼刺刀。在徐海东同志亲自过问和直接关怀下，红二十五军的供给明显好转，部队生活逐步改善，战斗力不断提高。我们长征到达陕北后，还结余了约万元和许多军需物品。根据徐海东同志“无条件地、毫无保留地交给党中央”的指示，我们将这些经费、物资交给了中央供给部。

1980年5月

节选自本书编辑组编：《忆徐海东》，河南人民出版社1981年9月第1版，第122—139页。

回忆徐海东同志

徐光友

徐海东同志是我党久经考验的忠诚战士，新中国的开国元勋和老一辈无产阶级革命家之一。每当想起引导我在革命道路上成长的这位敬重的领路人，就激起我对往事的回忆，徐海东同志的高大形象又浮现在我的眼前。他那英勇顽强，不怕牺牲的革命精神，不断鼓舞我在新长征的路上奋勇前进。

一颗火红的心

1932年10月，鄂豫皖苏区四次反“围剿”失败以后，我由六安保卫连编入红二十七军二团特务连。同年底，又改编为红二十五军。从那时候起，我就一直在徐海东同志身边参加战斗，和他朝夕相处。不论是在坚持鄂豫皖苏区的残酷斗争中，还是在转战南北、出生入死的日子里，徐海东同志给我的印象最深刻的是他对党的事业，对毛主席的革命路线有着一颗火一样红的心。

在坚持鄂豫皖红色根据地斗争的岁月里，环境十分恶劣，条件极为艰苦。红四方面军主力部队离开苏区以后，蒋介石亲自出马，调集20多万兵力，对我革命根据地实行“划区清剿”，企图扑灭革命的烈火，摧毁红色的土地。那时候，部队经常出没山区，辗转敌占区，在徐海东等同志的带领下，打了很多胜仗。每到一处宿营地，他顾不得休息，就到处奔走，看望伤员，分析敌情。有时候，还把我们这些“红小鬼”召集到一起，亲切叙谈，讲一些革命道理，鼓励同志们勇敢对敌斗争，增强战胜国民党反动派的信心和决心。他经常说道：我们是共产党领导下的钢铁红军，敌人之所以打不烂、摧不垮我们，就因为我们有党的领导，有千百万受压迫受剥削的劳苦大众做后盾。我们这支队伍就像一团熊熊燃烧的烈火，到哪里都会很快烧起来。他坚信党的正确领导，率领同志们一道坚持斗争，有力地打击敌人。1933年3月，重建不久的红二十五军，在光山郭家河一仗，以一与一百的对比力量，歼灭强敌一个旅，毙敌百余名，俘敌2000余名，缴获山炮、迫击炮九门，机枪12挺，长短枪2000多支，战马百余匹。接着，在潘家河、杨泗寨战斗连续获得胜利。促使鄂豫皖根据地的形势初步好转，苏区得到相对的稳定和恢复，地方武装也有了进一步的发展。

在党内两条路线的激烈斗争中，徐海东同志立场坚定，憎爱分明，坚持我党实事求是的优良作风，表现了工人阶级高度的路线斗争觉悟。1933年5月，围绕七里坪战役所开展的一场斗争，证明海东同志是正确的。七里坪是黄安北部的一个重要城镇，也是敌人在苏区中心重兵防守的坚固据点。当时的省委领导受“左”倾机会主义路线的影响，在取得郭家河战斗胜利后，不从当时的实际出发，做出了围打七里坪的错误决定。徐海东同志认真分析敌我态势，据理力争，坚决反对。他认为七里坪三面是陆，一面临水，敌人的“烧、杀、抢”“三光”政策对我根据地摧残十分严重，部队面临人无粮食枪无弹的困难，伤号不断增加，而且敌人兵力又十倍于我，围攻七里坪于我不利，应该避其精锐，打击分散之敌。省委主要领导一意孤行，对海东同志的意见充耳不闻，反而指责他“右倾”保守。5月2日，海东奉命进入围攻七里坪的阵地。这正是青黄不接的季节，十天后，部队连野菜、树叶都没吃的了。这时，部队又开始“肃反”，弄得全军人心惶惶。在一次省委扩大会议上，海东再次提出撤围，说：“我们围攻敌人的目的是要消灭敌人，可现在相反，敌人一点困难也没有，我们自己却饿垮了。钢军、铁军，吃了饭才能打仗呀。”省委主要领导一听，十分光火，说“谁要是动摇攻打七里坪，谁就是政治上的敌人”。围攻七里坪计43天，部队减员近7000人。为了保存党和红军的力量，海东同志和其他一些领导同志不怕掉脑袋，坚决从七里坪撤出了部队。实践证明：在当时情况下，徐海东同志的意见是站得住脚的，行动是完全正确的。

1934年5月，由于“左”倾机会主义路线的影响，有人在鄂豫皖苏区继续推行肃反扩大化的错误路线，在党内外大搞逼供信，乱扣帽子，随意抓人，无辜杀害革命同志。眼看我们并肩战斗的好战友进了自己人的监牢而惨遭杀害，大家都深感痛心，徐海东同志更是心急如焚。有一次战斗间隙，有几个战士坐在一起谈论家常，比年龄大小，偶尔说到谁是排行老三的话，竟然被指责为是“第三党”，可能是汪精卫派来的“改组派”，硬是给抓起来枪杀了。海东同志闻讯后十分生气。他气愤地说：我们的同志在敌人的炮火中都冲杀过来了，而现在却倒在“革命”的枪口下，这才是地地道道的反革命在杀害革命者，海东同志不怕担风险，挺身而出，想方设法保护受害的革命同志，深得广大红军战士的崇敬和爱戴。1934年5月，省委代表到皖西北道委巡视工作，以莫须有的罪名逮捕了皖西北道区指挥部司令员吴宝才同志和政治部主任兼八十二师政委江求顺同志，说他俩是“反革命”。郭述申同志和海东同志都坚决反对。他们认为吴宝才和江求顺同志都是雇工出身，是农民暴动的组织指挥者，参加革命后屡建功劳，经受了斗争的考验，是优秀指挥员，怎么能是反革命呢？省委代表气急败坏，训斥郭述申同志严重右倾，对肃反不坚决，诬陷他也是反革命，并撤销了他的省委委员和道委书记职务，把他下放到政治部当宣传科长，后来又到一个团任政治处主任。徐海东同志对这种做法极为反感，怒加驳斥：“郭述申同志要是反革命，那我们不都成了反革命吗？干脆散伙吧。”终于，保护了郭述申同志的生命安全。

1935年9月，徐海东、程子华同志率领的红二十五军到达陕北永平镇[①]，即与刘志丹同志领导的红二十六、二十七军会师，合编为红十五军团。徐海东同志任军团长，推任刘志丹同志为副军团长兼参谋长，程子华同志任政治委员。他们互相尊重，团结协作，指挥部队打了很多胜仗。可是，当时任保卫局长的戴季英推行王明路线，密令十五军团保卫部逮捕了刘志丹同志，诬陷他是反革命。徐海东同志不信这一套，严厉指出：刘志丹同志如果是反革命，怎么会有陕北革命根据地的存在呢？1935年10月，当听到毛主席率领的中央红军经过甘肃天水，即将来到陕北的特大喜讯后，徐海东同志亲自挑选18名大个子战士，组织担架队和警卫部队，热情地迎接毛主席，迎接中央红军。他和政治委员程子华同志，还有郭述申同志向毛主席详细汇报了陕北三次反“围剿”斗争和十五军团的情况，反映对肃反问题的认识以及对刘志丹同志的看法，得到毛主席的支持和肯定。他又及时向受“左”倾机会主义路线迫害的同志传达毛主席的指示，安慰部队，使广大干部战士受到极大的教育。

在实行战略转移和坚持鄂豫陕根据地斗争中，徐海东、吴焕先、程子华同志领导下的红二十五军广大指战员坚决拥护党中央，坚决执行毛主席的革命路线，坚决抵制王明、张国焘的机会主义路线，为把革命大本营建立在陕北起了奠基的作用。

一本灵活的“兵书”

在长期的革命斗争中，徐海东同志贯彻执行毛主席的军事思想和战略战术原则，在斗争中不断学习，在战斗中增长才干，具备了丰富实战经验和高超的指挥艺术，成为一名优秀的指挥员。在我战斗的故乡——大

① 今永坪镇——编者注。

别山区，徐海东同志英勇善战的故事传奇般的广为流传。我们这些红军战士也都深深感到，徐海东同志胸中好像有一部灵活的“兵书”。连我们的敌人也不得不承认徐海东同志有胆有识，有勇有谋，惊恐地称他是“徐老虎”。南溪一战，活捉了保定军官学校出身的敌五十四师代理师长柳树春[①]。当这个骄横跋扈，不可一世的国民党军官，听说徐海东同志既不是黄埔军官学校毕业生，又没有上过保定军官学校，而是在山区生长的烧窑工，惊讶得半天说不出话来。徐海东同志也常给我们讲到，我出身穷窑工，打仗没有别的窍门，是靠党的指引，在实战中摸索，不怕苦，不怕死。那时我们都有这个感觉，跟着海东同志打仗，心里就有主心骨，胆子壮，就有了战必胜的坚强信念。

1934年4月，红二十八军和红二十五军在豹子岩会合，改编为红二十五军，徐海东同志任军长，吴焕先同志任政治委员。当时，经过敌人多次“围剿”的皖西苏区，遭到严重损失，革命根据地大大缩小，我们的反“清剿”任务十分艰巨，部队的粮食、食盐和枪支弹药都十分缺乏。特别到了冬天，部队没有棉被、棉衣，战斗力受到影响。在这种艰难的情况下，徐海东同志和吴焕先同志镇定自若，周密策划，制定部队的行动方针，作出了“避免与敌决战，分散进行游击战”的果敢决策。他派人四处侦察，弄清情况后，采取“老鹰抓小鸡”的战术，打击土豪劣绅和地主老财，缴获了大批的粮食、布匹和棉花，及时解决了部队的给养，鼓舞了指战员们的斗争情绪，当大家纷纷要求打大仗时，海东同志认真吸取七里坪战役的失败教训，认为敌强我弱，要避免部队受损失，打不了不打，打不胜不打，要寻找战机打歼灭战。

我们六安县有个镇子叫两河口，国民党保安队占据镇里的一座古庙，并派有重兵防守，扬言“万夫莫开”。徐海东同志决意拔下这颗钉子给敌人以沉重打击，扩大敌后根据地。战士们早就憋着一肚气，听到这

① “柳树春”应为“刘书春”——编者注。

个消息后，个个摩拳擦掌，士气高昂。可是，由于敌人火力太猛，部队冲了几次都没有成功，伤亡很大。海东同志认为强攻不利，只能智取。他让战士们找来十几只鸡，每只鸡腿上都绑上棉花，浇上煤油，用火点着后甩出去。盘踞在庙里的敌人还没有醒悟是怎么回事，这十几只鸡带着火已飞落在庙顶上，有几只还飞到庙里。顿时，古庙就烧起来了，烧得敌人喊爹叫娘，四处逃窜，部队趁势发起攻击，一举拿下两河口。

1934年冬，红二十五军遵照党中央的指示和鄂豫皖省委的决定，挥师北上，开始长征，实行战略转移。蒋介石调集40多个团的兵力，前后围追堵截，妄图把红二十五军消灭在长征途中。为了配合主力北上，建立鄂豫陕革命游击根据地，在徐海东、吴焕先和程子华同志的指挥下，我们过豫西、入陕南，长驱直入，同敌人进行了一次又一次较量，粉碎了敌人的第一、第二次"围剿"，发动群众建立革命政权。一些青年纷纷报名参加红军，使红二十五军不断壮大，部队装备得到了改善，战斗力也大大加强。我记得：部队离开大本营，刚进入陕南柞水、镇安一带，当地的土豪们把从穷人手里剥削来的万贯家财和粮食、腊肉等物资全部集中在一个山上。海东同志听到这个消息后，立即组织部队包围。但是，这座山悬崖陡壁，土豪们把所有东西都藏在离地面100多米高的半山腰的洞里，又把上洞里的木桩路全部破坏，部队上也上不去，打炮也无济于事，战士们开始产生急躁情绪。海东同志想，我们上不去，就想办法"请"他们下来。他一边稳定部队情绪，一边组织战士们抱来一大堆干柴，放到山脚下，上面撒了很多干辣椒面，用火一点，浓烟四冒，很快笼罩了整个山洞，迫使土豪劣绅们只好乖乖的投降。我们把缴获的东西除少部分留用外，大部分都分给了当地人民群众，有力地打击了敌人，发动了群众，扩大了政治影响。

1935年7月，当听到中央红军和四方面军会师于川西毛儿盖，准备北上的消息后，红二十五军指战员无不欢欣鼓舞，到处奔走相告。鄂豫陕省委当即召开会议，迅速作出了配合中央红军北上，西进甘肃的决定。部队昼夜兼程，过六盘山，下庆阳，来到甘肃黑水。这时候，突然天下大雨，黑水河猛涨，部队行动受阻，只好驻扎下来。徐东同志不顾疲劳，连夜观察地形，认为黑水是个盆地，一旦敌人包围，我们连个退路也没有。他告诉当时任参谋长的戴季英，让他在凌晨3点钟以前必须组织部队离开黑水，防止敌人偷袭。可戴季英不以为然，蒙头大睡，耽误了部队行动，果然天刚拂晓，国民党马鸿逵部的骑兵突然冲上来了，加之我们没有打骑兵的经验，情况十分危急。徐海东同志和吴焕先同志身先士卒，和战士们一齐挥舞大刀，奋勇冲杀，并抓住敌人的弱点，集中放排子枪，终于消灭了这股敌人。就在这次战斗中，我们的政委吴焕先同志不幸被敌人的冷枪击中而光荣牺牲。海东同志失去亲密战友，十分悲痛，亲自为吴焕先同志洗身穿衣，举行葬礼。在行军途中，他组织大家总结打骑兵的经验。我记得当时还编了这样一首歌："敌人的骑兵不可怕，沉着敏捷来打他，目标又大又好打，排子枪快放一齐杀。我们打垮他，我们消灭他。杀！"

一副钢筋铁骨

徐海东同志在长期的革命斗争实践中，不断磨炼，造就了一副钢筋铁骨。凡是和徐海东同志接触过的人，无不赞颂他的心是红的，骨头是硬的。中国人民的朋友、美国著名记者埃德加·斯诺先生就亲切地称他是"红色窑工"。徐海东同志也常说："我祖辈六代都是窑工，受尽了土豪劣绅的压榨，吃尽了旧社会的苦头，如果没有共产党，我徐海东还不照样做穷窑工。我们只有跟定共产党、毛主席，团结起来闹革命，夺取敌人的'锥把子'，才能翻身求解放。"这正是他参加革命的动机和出发点，也是他在斗争中出生入死，为无产阶级大众过上好日子而不怕掉脑壳的精神力量。

徐海东同志一生中南征北战，经历了无数次的战斗，亲自指挥过无数次的战役。在枪林弹雨中，冲锋陷阵，为革命先后九次负重伤，而轻伤更是不计其数。我永远不能忘记，有次战斗结束后，我们在河里洗澡。他喊道："小徐，你过来看看，我身上又叫白狗子咬了多少窟窿？"我看到他浑身上下到处都是大大小小的伤疤，激动得流下了眼泪。回想海东同志在战场上，无论仗打得再艰苦，我从来没有听他喊过半句苦，没有讲过没办法的话，而是哪里敌情严重，他就出现在哪里。每次部队撤退，都是等大部队走完后，他才下山，起到了坚定军心、鼓舞士气的作用。北上的时候，部队刚进入陕南山区不久，一次突然发现敌情，他和程子华同志冒着生命危险，上山察看地形，不幸被敌人的一颗子弹打穿了嘴巴子，伤势很严重。程子华同志也负了重伤。他坚持不下火线，躺在担架上继续指挥战斗，直到打垮敌人的进攻。

徐海东同志对敌人恨，对革命的同志却总是关怀备至。不论是在坚持鄂豫皖苏区反"围剿"的艰苦斗争中，还是在历尽艰险的长征途中，他和红军战士同甘共苦，从不以领导者自居而搞特殊化。我们离开鄂豫皖苏区，经平汉，过枣阳，到陕南这一段，经常受到敌人的袭击，部队常常没有饭吃，没有水喝，有时刚支好锅，被敌人一个炮弹打得粉碎，炊事员也壮烈牺牲了，没有办法，海东同志就带头吃生黄豆面。他有时还把自己的骡子让给伤病员骑，而自己却拖着带病的身子爬山行军。他的这种高尚的品德深深感动着广大指战员，影响着全体干部和战士，全军上下互相关怀，互相爱护蔚然成风，形成了一股不可战胜的革命力量。

徐海东同志为革命鞠躬尽瘁，积劳成疾，但他意志刚强，充满革命的乐观主义精神，以极大的毅力顽强地同疾病作斗争。我们都为他的健康暗暗着急，可他却把自己的安危置之度外，总是乐哈哈地对去看望他的人说："没什么，这副骨头还散不了架。"在病中，他始终保持和党组织的联系，时刻关心国家大事，关心党的前途，认真学习马列和毛主席的著作，利用自己的有生之年尽力为党工作，亲自组织编写红二十五军战史。他经常教育自己的子女要珍惜革命的成果，要艰苦朴素。在困难的时候，要看到光明，要看到胜利。1963年，我到北京参观学习，有机会去看望徐海东同志，这时候，他的肺功能大部分已经丧失，呼吸很困难，但他还是让人用车子把他推到饭桌旁，和我一同吃饭，还不住地往我的饭碗里夹菜。并说道："我们这些人能够活到今天，就很不简单了，要感谢党中央和毛主席的关怀，我相信我们这个党是有希望的，应该抓紧时间为党工作，团结一致搞好我军的建设。"他的话使我受到极大的教育和鼓励。这样一面工人阶级的旗帜，这样一位对中国革命有大功的同志，被林彪、"四人帮"看作眼中钉、肉中刺。"文化大革命"中，林彪、"四人帮"一伙采取诬陷的卑劣手段，对徐海东同志在政治上迫害，在生活上刁难，在肉体上折磨，使他的病情继续恶化。面对林彪、"四人帮"一伙的倒行逆施，海东同志始终不屈不挠，表现了大无畏的无产阶级革命气概。就是这样一位久经考验，曾经威震鄂豫皖和陕甘的红军领袖，国民党反动派曾悬赏捉拿，出十万大洋没有买去他的人头，而在林彪、"四人帮"的残酷迫害下，竟含着冤恨与世长辞了，这是多么沉痛的教训啊！

徐海东同志的一生，是革命的一生，战斗的一生，光荣的一生，也是为共产主义事业奋斗的一生。我们要学习徐海东同志的崇高革命精神和优秀品质，无限忠诚党的革命事业，为把我国建设成为社会主义的现代化强国而努力奋斗！

选自皖西革命斗争史编写组编：《皖西革命回忆录第二次国内革命战争时期》（上卷），安徽人民出版社1980年10月第1版，第452—461页。

徐光友，1917年生，安徽六安人。1929年加入中国共产主义青年团，同年参加中国工农红军，1935年转入中国共产党。红军长征时任红二十五军七十三师通信排排长。新中国成立后，曾任北京军区政治部主任、北京军区副政治委员，军委工程兵副政治委员等职。1961年被授予少将军衔。2003年在北京逝世。

岁月抹不掉的记忆

——怀念我的老领导徐海东大将

张竭诚

徐海东大将是湖北省黄陂县夏店区(今属大悟县)人。鄂豫皖边界轰轰烈烈的工农革命斗争,把他这个窑工出身的苦孩子锻炼得有胆有识。在土地革命战争和抗日战争中,他机智果断,指挥若定,身先士卒,英勇善战,为武装夺取政权做出了杰出的贡献,名震大别山区、陕北高原,饮誉海内外。毛泽东主席曾高度评价他是“对中国革命有大功的人”。

30年代初,在大别山的烽火岁月里,我当红军不久,就认识了海东同志,并在他的身边工作,跟他征战了多年。建国以后,他在大连养病和在北京观音寺1号居住期间,我曾多次前去看望,聆听老首长的教诲。可以说,我是在海东同志的直接关怀、培养、教育下锻炼成长起来的。他活在我的心中,给我留下了许多挥不去、抹不掉的记忆。

一

徐海东在旧社会遭受过反动统治阶级的欺压,有着悲惨的经历。他家六代以烧制陶器为业，窑工的艰辛使他从小就饱尝了生活的困苦，养成了吃苦耐劳、艰苦朴素的好品德。当他已成为红军指挥员时，仍能和战士同甘共苦，患难相助。因此，他深得干部战士的爱戴。

从我与海东同志相识起，不管是在鄂豫皖苏区坚持斗争的日子里，还是在长征转战的艰苦征途中，部队经常筹不到粮食，常以野菜充饥。士兵吃野菜，海东同志也吃野菜，有时他亲自带着警卫员和炊事员上山采集野菜，一边采一边亲口尝一尝。把野菜采回来，他又和炊事员一起研究，怎样做才好吃。有时候，警卫人员和供给部的同志们为了他的健康，考虑到他要指挥部队行军作战，就悄悄地为他弄点好吃的，但他总是叫警卫员送到医院去给伤病员吃，或者叫供给部拿回去，并严厉地说："下次再不许这样啊！"

记得1933年5月，我们红二十五军围攻七里坪时，由于"左"倾冒险主义的影响，在兵力物力不及的情况下强行围攻，结果一时打不下来，使战役处于相持状态。本来粮食就不充足的红军，生活就更困难了，除了派部队到很远的地方筹到一点粮食外，部队几乎全部吃野菜。当时，我在第七十四师特务营当通信班长。一天，营政委让我给副军长兼第七十四师师长徐海东送信去，我赶到师部时，正是吃午饭时间。当我进到徐海东的屋子时，看到他正坐在一个破木箱上吃饭。我想，部队都在吃野菜，吃树皮，师长吃什么呢？当我把信递给他时，有意识地往他的碗里看了一眼。我几乎不敢相信，那是一碗灰青青的野菜汤，和我们吃的完全一样。顿时，我心中感到一阵发酸。师长和战士同甘共苦啊！

那时，我们长期在深山荒野露营，有时搭些草棚住，有时只能在寒风冷雨中就地休息一阵，又继续行军作战；有时连野菜、树叶都找不到，只得剥树皮、挖葛藤根吃，忍饥作战，赤脚行军。安置在深山密林中的伤病员处境更为艰难，没有药品治疗，就用野草、树皮和南瓜瓤子敷伤口。斗争生活虽然如此艰辛，但是，由于海东同志和其他领导干部关心爱护下级，与群众同甘共苦，加上生动有力的思想政治工作，全军上下亲密无间，团结一致，斗志高昂。当时，部队中广泛流传着一首歌谣：“山沟野坳是我房，野菜山果是我粮，三天不吃饭，照样打胜仗。”艰苦的斗争生活我没有忘记，海东同志的爱兵、与兵一致的事迹我更没有忘记。后来，我经常用这些事迹教育部队，很受干部战士的欢迎。

二

徐海东特别能打仗。他打起仗来身先士卒，总是站在最前线指挥战斗，在我军中是有名的战将。他骁勇善战的故事，在红军、八路军和新四军中，在大别山、伏牛山、陕南商洛山及陕北宝塔山下广为流传。他一生忠勇，身经百战，人称“中国的夏伯阳”。

我曾多次参加徐海东指挥的战斗，多次在他的带领下冲锋，当年那激战的情景还时常萦回脑际。特别是长征路上的几次恶战，每次都是在徐海东指挥下转危为安。其中独树镇战斗，是关系到我们红二十五军生死存亡的一仗。

当时，我军刚跳出敌人在桐柏山区的包围圈，顺利通过豫西围寨地区，正向伏牛山挺进。时值1934年11月末，天气已经较冷。我军准备穿过许（昌）南（阳）公路，进入伏牛山东麓。为了防止敌人追堵合围，部队分为两个梯队前进，后梯队由副军长徐海东指挥。我当时在军部交通队当三排长，我们全排跟随徐海东副军长走后梯队。

那天恰遇寒流，气温骤降，北风刺骨，雨雪交加。我们都穿着很单薄的衣服，被雨雪一淋，全湿透了。由于急行军，没法做饭，真是饥寒交迫，行进十分困难。但是，在徐海东的鼓励下，后梯队的同志们不怕艰难困苦，忍饥冒寒，紧紧保持着与前梯队的距离。我们排的同志更辛苦，除正常行军外，还要前后梯队送信，经常往返传达军领导命令，保持两个梯队的联系。

下午1时许，突然从前面独树镇方向传来激烈的枪声，并一阵紧似一阵。徐海东立即停住脚步，我们跟在他身后，也停了下来。只见他认真听一会儿枪声，又抬头看一看周围的地形和天气，当即发出命令："跑步前进！"说完，他就大步向前跑去。我带领全排紧紧跟上。

当我们赶到前沿时，看到军政委吴焕先正指挥部队冲杀。徐海东一挥手，带着我们后续部队就冲了上去。后梯队的到来，加强了我军的力量，经过一番激战，终于将敌人打退。我当时一直跟着徐海东冲杀。当徐海东和吴焕先政委看到我们交通队一个个满身泥巴、满脸血汗时，都高兴地笑了。

我军与敌人一直对峙到天黑，才利用夜暗转移。独树镇战斗，没有吴焕先政委在前头指挥，顶住敌人的突然袭击，没有徐海东副军长的当机立断，带后梯队跑步上去，就不会打退敌人，后果就不堪设想。这一仗，使我们红二十五军经历了一场生死存亡的考验，我们这些过来人，也闯过了一道生死关。

独树镇战斗，徐海东带头冲锋，后来在商洛山的庾家河战斗，他也是在第一线指挥，结果负了重伤。可以说，徐海东每战都不顾个人安危，亲临前线直接指挥。前进的路上有了障碍，他就到前面去开辟道路；后面、侧面敌情严重，他就到后面、侧面指挥战斗，掩护全军。他那英勇奋斗、不怕牺牲的顽强战斗作风教育着部队，全军指战员都非常熟悉和热爱这位可敬的首长，人人都佩服他的作战指挥才能。战斗中，他走到哪里，哪里人们的胜利信心就百倍地增添；他指挥哪次战斗，哪次战斗就取得胜利。他是一个特别能打仗的人。

三

徐海东是无产阶级军事家。他的文化水平不高，但他注意在战斗中学习，在战斗中增长才干，不断总结实战经验，提高指挥艺术，使自己成为一名优秀的指挥员。对于他的指挥才干，不仅我们这些跟他冲锋陷阵的红军战士佩服他，就连我们的敌人也不得不承认他有胆有识、有勇有谋，都惊恐地称他“徐老虎”。在鄂豫皖的一次战斗中，徐海东指挥我们一举打垮敌人一个旅，活捉敌代理师长兼旅长刘书春。当这个骄横跋扈、不可一世的国民党军官听说徐海东同志既不是黄埔军官学校毕业生，又没有上过保定军官学校，而是在山区生长的烧窑工时，惊讶得半天说不出话来。徐海东常给我们讲，打仗没有什么窍门，主要靠在实战中摸索，不怕苦，不怕死。那时我们都有一个感觉，跟着徐海东打仗，心里就有主心骨，胆子就壮，就有战无不胜、攻无不克的坚强信念。

对徐海东同志的高超指挥艺术，我真正认识和领会到还是在陕北的劳山、榆林桥战斗中。那时，海东同志已是红十五军团的军团长了，无论从职务上还是实际指挥水平上，都已达到“高级”了。

我们红二十五军长征到陕北前，敌人对陕甘苏区已经进行了两次“围剿”。1935年7月下旬，蒋介石部署了对陕甘苏区的第三次“围剿”。我们长征到达陕北后，蒋介石又在西安设立了“西北剿匪总司令部”，并自兼总司令，调集东北军和陕甘宁晋等省区的部队，由副总司令张学良指挥，加快了对陕甘苏区和红军的“围剿”。就在我们和陕北红二十六军、二十七军合编为红十五军团正庆祝胜利会师时，东北军第六十七军几个师分别进驻洛川、羊泉塬、延安和甘泉，逐步向苏区境内推进。针对这种情况，军团领导开了作战会议，研究作战方针。这时我刚调到军团司令部当参谋，一报到就和其他几个作战参谋进行了作战部署的有关准备，列席了军团作战会议。

在这次会上，徐海东根据司令部提供的情况，将敌我情况作了全面分析介绍，然后听取其他军团领导的意见。特别当副军团长兼参谋长刘志丹发言时，海东同志听得十分认真，并不时地在地图上做着标记。当大家的意见发表完后，他高屋建瓴地作了综合概括，提出采取围城打援的战法，先以部分兵力围攻甘泉，调动延安之敌增援，然后在延安至甘泉的必经之地劳山设伏，歼灭增援之敌。在其他军团领导作了补充后，他立即下达了作战命令。

根据会议决定，我们几个参谋边起草命令、制定具体作战方案，边议论徐海东的胆略和气魄，都觉得这一决策十分英明，没有军事家的眼光和指挥艺术是作不出这样的部署的，都说这次一定会给敌人一个厉害的。果然，我军很快取得劳山战役的胜利，接着又发起榆林桥战斗，两战共歼敌一个师另一个团。劳山、榆林桥作战的胜利，主要是徐海东对敌情掌握清楚，作战方针正确，战场选择适当，兵力部署严密，作战指挥统一，战法运用巧妙。这些，体现了一个军事家的卓越指挥才能。

四

徐海东同志对党对人民是无限忠诚的。他时刻都把自己的言行与党的事业、人民的事业联系起来，为党为人民多做贡献。全国抗日战争爆发后，徐海东坚决贯彻执行党中央、毛泽东同志的战略决策和作战指导方针，纵横驰骋在抗日最前线。1937年，我八路军深入华北敌后，海东同志任第一一五师三四四旅旅长，率领全旅参加了震惊中外的平型关战斗。尔后在朱德、彭德怀同志指挥下，率部参加了晋东南粉碎日本侵略军“九路围攻”作战。这一时期，我在旅部当参谋，一直在海东同志身边工作。1939年，海东同志根据党中央的决定，去华中任新四军江北指挥部副指挥兼第四支队司令员。从此，我与海东同志分别战斗在不同战场上，直至解放后才在大连看到他。当时，他被病魔缠身，一看到我们就详细询问军队建设情况。我们都被他坚持学习、关心经济建设和国内外大事、关心军队建设的精神所感动。

海东同志对于自己长期养病，不能为党为人民继续多做贡献心里很不安。他每当病情稍有好转，就主动去做力所能及的工作。记得建国不久，组织上号召老同志写革命回忆录，总结战斗经验。海东同志积极响应，自己不能写，就口述让别人整理。此间我们去看他时，他还问我们当年一些有关战斗情况。他对写回忆录十分认真，对历史十分负责。1960年，他主动担负领导编写红二十五军战史的任务，我当时也参加了这一工作。为编写我所在部队的历史，我曾带机关工作人员采访过海东同志。他在卧床不起的情况下，仍坚持接受采访，把我们这支曾经由他亲自指挥领导过的部队历史讲得清清楚楚。他有非凡的记忆力，许多事件、战斗的时间、地点，他都能分毫不差地说出来。他还一再说，编写军战史，一定要实事求是，认真总结经验，为后人留下宝贵的精神财富。他对历史高度负责的态度使我们很受教育。

海东同志是在十年浩劫中被迫害致死的。他逝世的时候，穷凶极恶的林彪反党集团剥夺了我们悼念的权利，就连他逝世的消息也还是后来才知道的。没能向他遗体告别，没能参加他的悼念仪式，使我感到深深的遗憾。

我自从工作岗位上退下来之后，常常回忆战争年代的生活，怀念那些牺牲的领导和战友。我的文化水平不高，写不好文章也著不成书，但记忆中的往事我还是能写下来的。为此，我陆陆续续写了几十篇回忆录。如今，我已是耄耋之年，随着岁月的流逝，忘却了许多事情。但是，与海东同志一起战斗工作的往事却难以忘记，在这里追忆出来，就作为我对海东同志的怀念吧。

选自本书编委会编：《徐海东纪念文集》，军事科学出版社2000年5月第1版，第116—122页。

对党永远是一颗红心

——忆徐海东（节选）

李国厚

徐海东同志是我党我军卓越的军事指挥员，中国共产党的优秀党员，无产阶级久经考验的忠诚战士。毛泽东同志赞扬他是“对中国革命有大功的人”，“工人阶级的一面旗帜”。邓小平同志赞扬他“对党是一颗红心”。我是海东同志的老部下。从1933年我任红二十五军司令部交通队指导员开始，到1939年调到抗大学习为止，我和海东一起生活战斗了六七年时间。全国解放后，我又多次探望过病中的海东。在这里，我把他的一些事迹简要记述如下。

红四方面军主力撤离鄂豫皖根据地以后，我们留下来的部队是十分艰苦的。当时海东同志任我们红二十五军副军长，他每次打仗都身先士卒，奋勇杀敌，把自己的生死置之度外。记得部队向鄂东北转移的途中，海东因病躺在担架上，随同后方勤杂人员走在全军最后。拂晓，在黄土岗公路附近和敌人第三十一师碰上了。海东和主力失掉了联络，身边只有一个特务连，其他都是非战斗人员，行李担子一大串。海东临危不惧，带病指挥，使大家安然脱险。有一次，汤恩伯亲率其第八十九师进攻我军阵地。海东骑着战马，冒着飞机扫射和炮火封锁，一阵风似地飞奔到前沿阵地。他跳下马，从警卫员身上拔出一把大刀，带着大家冲向敌群，杀得敌人人仰马翻。

党中央和红一方面军长征后，我们也奉命长征。当时我们红二十五军不满3000人，沿途与敌人的围追堵截部队不断作战，困难重重，险象环生。海东和程子华、吴焕先同志一起，率领部队出生入死，迭挫强敌。庾家河战斗是我军长征中的重要一仗。当时，我军遭敌偷袭，陷入险境。海东当即带领我们二二三团冲入敌群，用刺刀、手榴弹，硬是从敌人手里夺回了制高点。激战中，海东身负重伤。大家看见他头上缠者绷带仍然指挥战斗，受到很大鼓舞，与敌人殊死决战，终于打垮了敌人。

1935年9月，我军长征到达陕西省延川县永坪镇，和陕北红军胜利会师，合编为红十五军团。徐海东任军团长，程子华任政委，刘志丹任副军团长兼参谋长。为了巩固和扩大陕北根据地，迎接党中央、毛主席，海东同志指挥部队积极投入了陕北革命根据地第三次反“围剿”的斗争，取得了重大胜利，为把中国革命的大本营奠基在陕北立下了大功。

党中央刚到陕北时，经费很困难。有一次，毛主席派人向我们军团借2500元钱。海东立即把供给部长找来，问他还有多少钱。部长说还有7000元。他马上说：“留下2000元，5000元交中央。”他还专门召开连以上干部会议，动员部队把缴获的武器、弹药、药材、布匹等物品送给中央红军。当时我们团有些同志舍不得送机枪，那是战士们用鲜血和生命从敌人手中夺来的呀！海东动员说：“你们不是讲拥护党中央吗？拥护中央不是嘴巴上讲的，要拿出实际行动来！”海东同志说得多好啊！拥护党中央是要拿出实际行动来的，否则不就成了口头革命派了吗？经海东这么一说，我们团每个连都主动拿出了两挺机枪和其他物品。

我们热爱党，就要热爱党的领袖，恭恭敬敬地向老一辈无产阶级革命家学习。徐海东同志深明此理，所以非常热爱和尊敬老一辈无产阶级革命家。

1936年9月，海东命令我们七十三师组成“特别支队”，迎接北上的红二、红四方面军和朱总司令。我们消灭了会宁一带的敌人，与红二、红四方面军的先头部队胜利会师。就在这次战斗中，我们团缴获了许多战马，其中有匹大白马是一个敌旅长的坐骑，营里的同志就送给我了。回到直罗镇后的一天晚上，我正在洗脚，海东来电话说："你不是想看看朱总司令吗？现在来吧！"在军团部，海东告诉朱总司令："这是我们二二三团政委，叫李国厚。"我赶紧给朱总司令敬礼。朱老总亲切地说："你年纪很轻嘛！多大啦？当了几年政委啊？"我一一作了回答。后来海东笑着说："小李啊，朱总司令还没有马，听说你那匹马很好，给朱总司令好吗？"我回去后就把马送给了朱总司令。从这件事中，我看到了海东对领袖有一颗真诚挚爱的心。

节选自《浙江青年》1984年第2期。

徐海东同志长征在陕南

程启文

1931年12月初，我们红二十五军长征来到伏牛山区，徐海东副军长遥望着伏牛山的高峰摩天岭，不断赞叹它的挺拔险峻。当地一位老农告诉我们，登上那摩天岭，可以西望秦岭，北望洛阳，东望平汉路。当年，诸葛亮领兵战中原，走过伏牛山；太平天国革命军，驻过伏牛山……徐海东听着听着，自言自语道："是啊，在这险山深谷，丛林茂密，物产丰富的地方，完全可以养育一支红军！"

就在当天下午，军部侦察连报告，敌人在这周围早已设防，伏牛山区的许多村寨，都驻扎着国民党的重兵，尾追的敌人仍在步步紧逼。我们红二十五军只得沿着伏牛山北麓，向陕西边境移动。

激战庾家河

12月10日中午，徐海东副军长和程子华军长、吴焕先政委正在庾家河参加鄂豫陕省委召开的会议。突然，外面枪声大作，警卫员跑进会场报告说，尾追的敌人打上来了，已经占领了东山坳口。当时，徐海东副军长正在发言，听说敌人攻上来了，他说了声"我到前边看看"，就提着短枪朝枪声激烈的方向跑去。

原来，由于我军连续一个月的行军，战士们疲惫不堪，设在庾家河东面的排哨，大部分人睡着了，尾追的国民党军六十师突然袭来，直打到跟前才发现。情况十分危急，徐海东副军长当机立断，亲自指挥红二二三团攻打东山坳口。这时，全军从军长到炊事员都投入了战斗。从中午激战到黄昏，反复冲杀20多次，一挺重机枪接连牺牲了三名射手，仍然不停地射击；军部的号官下颌负伤不能吹号，就隐蔽在小土地庙用手榴弹打退了敌人的几次冲锋，最后壮烈牺牲。这次战斗，共毙伤敌300多人，终于转危为安。战斗中，一颗子弹从徐海东副军长的左眼底下穿过，又从颈后飞出，使他四天四夜处在昏迷之中，直到第五天才醒过来，当他发现自己躺在老乡家的床上，吴焕先、徐宝珊、郑位三、郭述申、戴季英和钱信忠都守在床边，他被同志们的关怀感动得流出了热泪。

那几天，来徐副军长小茅屋里看望的人不断。一天，省委书记徐宝珊、军政委吴焕先又来看望他了。一进门，徐海东就急着询问军情。吴焕先告诉他："省委决定以陕南为立足点，创造鄂豫陕根据地。这一带地理条件好，北边靠秦岭，南边是汉水，要山有山，要水有水。"徐宝珊说："这里群众条件也不错，反动派整天派夫、抓丁，苛捐杂税几十种，穷苦人早就盼星星盼月亮似地盼着共产党和红军了。"

徐海东点了点头，喃喃地说："这样就好了，人没个家不成，鸟没个窝不行，我们红军是得有块根据地。"

活捉敌旅长

1935年4月20日，蒋介石命令原在鄂豫皖边区的东北军六十七军三个师，驻郑州的九十五师会同四十军、四十四师和陕军一部，共30多个团向红二十五军发动"围剿"。敌人气焰嚣张，扬言要在三个月内把我军全部消灭在陕南。

5月中旬，鄂豫陕省委在郧西地区召开会议，研究反“围剿”的问题。徐海东鉴于敌强我弱，不能硬拼，向省委提出了“先疲后打”的作战方针。省委经过讨论，同意了他的意见。决定乘东北军立足未稳之机，我军抢先北上吃掉他一部，然后拖着敌人长途奔波，一旦抓到有利战机，就力争歼灭他一两个师（旅）。

6月初，红二十五军从郧西二天门出发，徐海东扔掉了伤口上缠着的绷带，跨上大白马，带着我们手枪团，行进在全军的前头。按照预定路线，队伍先向北，后向东，再向南，拖着敌人走，今天70里，明天80里，天天走，夜夜行。战士们不了解徐海东的这个“先疲后打”究竟“打”在什么地方，就讲起怪话来。徐海东呢，一心想着实现省委决定调动敌人的计划，唯恐敌人不跟踪，便于6月15日晚带领手枪团急行军130里，冒充四十四师的部队，一举攻占了鄂豫陕边界的要地——荆紫关，全歼守敌200多人，缴获了许多军用物资。战士们个个乐得眉开眼笑。

当徐海东副军长还在担心敌人不会上钩时，突然军部侦察员跑来报告：敌六十七军三个师和四十四师、警一旅等部，像蜗牛似地朝荆紫关爬了过来，徐海东看到把敌人调来打的计划就要实现，感到特别高兴。

6月25日，我们牵着敌人又转回到山阳小河口地区，这里地形对我们很有利，徐海东副军长当即决定不走了。

等了四天，观察好了地形，部队也得到了休整。这时，敌警备第一旅爬了上来。这个旅的旅长唐嗣桐是黄埔军校出来的，一心想抢个头功，很是骄横。殊不知，他的队伍被我军拖着走了20多天，早已锐气大减，兵无斗志了。7月2日拂晓，我军在袁家沟口突然发动攻击，经过八小时的激战，敌警一旅1800多人全部被歼，旅长唐嗣桐也被活捉。

徐海东副军长常说：“打了胜仗还不算本领高，能抓住敌人的高级指挥官，才算是英雄好汉。捉到100个大兵，不如捉一个旅长。”这次战斗刚结束，他就带着我们到俘虏中找大官。满脸胡子的唐嗣桐，上身换了一件灰布军衣，下身只穿了一条黄布短裤，比普通的士兵还不如，活像一个老伙夫。

“唐旅长，这些天你奔波得辛苦了！”徐海东眼含几分蔑意地说。

“红军辛苦，红军辛苦了……”唐嗣桐不知站在面前的就是大名鼎鼎的徐海东，当问他军情时，他装模作样，支支吾吾，不肯回答。

徐海东火了，狠狠地训斥几句之后说：“不老实，不服气，没有你的好果子吃！带下去！”

唐嗣桐有些慌了，连声道：“请送我去见你们的徐将军！”聋了一只耳朵的徐海东没听清，扭回脸又问：“你要见谁？”“见……见……徐海东将军。”

身经百战的徐海东审问过数以百计的俘虏，这还是第一次听到称他为将军，他苦笑一下，说：“你见不到他了，他早给你们的电台、报纸消灭了。”

唐嗣桐低着头无言以对，国民党的报纸、电台，天天欺骗他们，把红军的战略转移称说是“流窜”，红军中有名气的将领，不知“死”了多少次了。

敌警一旅被全歼，唐嗣桐被俘，震动了陕南，震惊了东北军和西北军、奉命继续追击的敌一一〇师距红军只有40华里，却也不敢再前进了。至此，敌人的第二次“围剿”破产了。

威逼西安

1935年7月初，红二十五军北出终南山，步步逼近西安。这一突然行动，使西安之敌大乱了一阵子。

7月中旬的一天，徐海东带领手枪团来到距西安15里的引驾回。据说，这里是当年皇帝出巡回来，京城文武百官等候迎驾的地方，又名“接驾回”。一向喜欢打听这类历史传闻的徐海东，此时也无心思去问当年他们是如何接驾的了。他带着先头部队占领了镇中敌人区公所，捉到了一个区长。

徐海东在区公所一张桌前坐下，发现墙上挂着电话机。他拿起听听，里面传来嗡嗡的声响，便让手枪排长把那个区长押进来。那个家伙手里捏着一顶礼帽，一进门，向徐海东像鸡啄米似地连连点头。

徐海东问了几句，掏不出什么军情，便指着电话机说："你打个电话给西安，就说红军到了引驾回，要他们出来接驾。"

"不敢，不敢！"那家伙连连躬身。

手枪团张排长理解首长的用意，在一旁道："让你打电话，你就快打嘛！"

"不敢，不敢！"区长身子躬得更低了。

徐海东眼一瞪，手一挥，拍着桌子厉声说道："快打，给于学忠打电话！"徐海东副军长目的在于利用区长报急，把西安敌人调出一部分，拦路打它个埋伏，扩大红军在人民群众中的影响。

电话接通后，区长大呼大叫："红军到了引驾回，快派兵来！"不料对方回答说，于学忠、毛炳文的队伍都向西开了，徐海东心想，于学忠、毛炳文两个军向西开去，很可能是那边发现了中央红军，便立即返回同程子华、吴焕先在一起研究。正在这时，地下党送来了一张《大公报》，证实了他们的判断。他们立即决定挥师西进，迎接中央红军北上。

7月6日，红二十五军又踏上征途，在敌人多路追击、堵截下，像一条游龙奔腾在陕南陇东。

选自沈阳军区政治部编研室编：《红军将士忆长征》，白山出版社1996年8月第1版，第249—253页。

徐军长，我想念您

熊明计

1961年11月9日，一封从首都北京发来的信送到了我的手里，我还以为是组织来信向我询问什么。因为在这之前，红二十五军战史编辑委员会曾给我发了个公函，核查、寻找红军烈士。当我拆开信一看，竟是我日夜思念的老首长徐海东亲笔署名给我的信。我当时真是喜出望外，激动得热泪盈眶，高兴得简直像个小孩似的手舞足蹈，活蹦乱跳，一时也顾不得看信的内容，拿着信给同志们和家里人嚷嚷：老首长给我来信了！老首长给我来信了！

老首长在来信中代问了尚在山阳县工作的两位红军战士徐声全、任守成同志后，说："回忆二十多年前，斗争是极为艰苦的，你们都参加了那时的艰苦战斗，为了革命工作的需要，你们早已转业地方工作，并都担任了领导职务，这是很光荣的。在分别数十年，今天第一次给你们的信中，我衷心的希望你们保持光荣，发扬光荣，并祝你们工作胜利！"

接到老首长的来信，好几天里我一直心潮澎湃，热血沸腾，浮想联翩，激动的心情久久不能平静。我想：老首长刚养病回来，日理万机，十分繁忙，离别几十年了还能记得我这个讨饭、放牛娃出身的普通战士，亲自给我写信，再次教育、鞭策、鼓励我好好为党工作，使我又忆起了昔日一桩桩往事：

我是1918年1月出生在秦岭深山的山阳县高坝店寨子沟垴的一个雇

农家庭。人老几辈上无片瓦、下无寸土，靠租种全县有名的、财势最大的高坝店大财主协和的土地为生。我12岁时，父亲病逝，剩下我和多病的母亲、一个几岁的弟弟，一家人失了主心骨，更没靠头了。租种的卧不住牛的山垌地也种不过来了，只好分给别人一些，我和母亲种了一些，没黑没明，苦扒苦做混了一年，还不够交租。母亲见我人小力薄又让我给凉水井一家姓张的地主放牛，这时我才13岁。天不亮财主就叫我起来挑水，把缸里水装满；天还不明，又催我把牛吆出去，我人小胆怯，害怕野东西，牛吃草，我就钻在牛肚子底下藏着，仗牛的势。快到半晌午才得把牛吆回来，天天吃的是残汤剩饭，还吃不饱肚子，我发气偷的跑回家，母子三人抱头大哭了一场。

1933年，岭北这边日子难混，听说岭南边好些，我和母亲商议不如到南边去看看。在一个雪花纷飞天气严寒的日子里，一家人含泪离别了故土，翻过鹘岭，沿途乞讨到了西泉的水井洼，我妈叫我给当地一个财东做活，扛长工，她引着弟弟讨饭。就这样混到第二年开春，母亲病饿交加，得急病死了。我又领着弟弟向南边乞讨，一路走，一路讨要，漫无边际地跑，一打听这里是湖北地界，我想我也是十四五岁的人了，整天这样瞎跑咋了呀？猛然想起在家时一些老人说，湖北闹“共产”，打富济贫。我想我穷得这样，找到“共产”，就不会再讨饭了。但“共产”在啥地方？到哪里去找呢！又不敢公开问，怕碰上坏人。后来，在问路中，一个老人对我说：“问路要问老头，破柴要破小头，老年人说实话，不然小心迷了路！”我听了老人的话，就继续向南走，专找老人打听。一天，一个老人在地里做活，我就上前打听说：“老伯伯，我是个讨饭的，爹妈都死了，没法生活，哪里住有当兵的，我想吃粮！”老人把我看了一看说：东南上有“共产”，听说厉害得很，你敢去吗？我问有多少里路，他说大概有100多里。我就向东南方向走，天黑了，歇在一个孤独老汉家。老人问了我的身世，很怜惜我，听我说没吃饭，叫我自己烧火做，叫我同他睡在炕上，我又问他“共产”在哪里？他说，在东南方，叫红军，那才是穷人队伍。我听了高兴得一夜没睡着，只盼早日天明。第二天一早走呀，想感谢这老人家又没啥东西，就把我腰间布絮絮搓的腰带送给老人家，老汉硬不要，说："看你穿的这样单薄，你快系上走吧！"我只好趴在地下给老人家磕了个头，出门就一直朝东南方向走。走到半晌午，在一个饭店子，碰上几个穿便衣的，有的腰间还别着枪。我就坐在饭店的门墩上看这些人是做啥的。不一会儿，一个人吹哨子，山上下来个穿便衣背枪的，和那几个一起到饭店吃饭。我在门外听着、看着，一会儿，那个腰间别枪穿便衣像是队长模样的人喊叫："门上坐的娃吃饭不吃！"我说我肚子饿得不得了啦，他给我用老碗舀了一碗米汤，我不顾热烫，呼里呼噜一会儿就吃完了。像队长模样的人又说：小鬼还吃不吃，要吃你自己进来舀去！我又进去舀了吃了一碗，仍坐在门墩上看着。另几个穿便衣的说：这娃是做啥的，饭吃了还紧坐在这里干什么？我说，我是放牛的，在这耍哩！人家吃了饭，算了账，店主只收一块银元，人家一下就掏了三块银元给掌柜的，掌柜的把钱一接高兴地说："要是国民党，白吃不给钱，还打你哩！这还多给！"我听了后想，这一定是"共产"，是红军，就下定决心要跟这些人走，人家算完了账，出门准备走，我就提出，我想当兵，跟你们一块走！队长模样的人把我看了看说："你年纪小，跑不动！"我说："我是放牛、打长工的人，能跑！"他们说："不行，我们一天跑几百里路，你不行，快回家去吧！"这时，我哭着说："我没有家，爹妈都死了，你叫我回到哪里去！"他们说："你从哪里来，就回到哪里去，长大了，再来当兵！"我好说歹说，死缠硬磨，人家总不要，我发气说："你们不要，你们走到哪里，我就在后边跟上！"就这样，人家前边走了，我就在后边跟着，一直跟到一个有站岗的大门上，人家进去了，站岗的不让我进，我就坐在房檐底下，一直等到黑夜的10点钟，见一个大师傅出来抱柴禾，我就趁机给大师傅说："叔叔！我给你帮忙抱！"师傅没拒绝，我跟他进大门到了伙房，帮忙烧火、做饭、拿东西。部队出发了，我就跟着大师傅，帮拿一些灶具，跟在部队后边跑。跑了三四天，一个骑骡子的人见了我，亲切地问："这个小鬼是干啥的，这几天老跟在后边跑！”我赶忙答：“我想当兵，你们说我跑不动，你看我能跑动跑不动？”骑骡子的人笑了笑，也没言语。一直跑到太阳落山的时候，部队休息，在一个老财的大院子里，骑骡子的打发一个战士把我叫去，一进屋，见骑骡子的人坐在一个小凳子上，面前有个大椅子。他上身穿着黑布军衣，头戴八角灰色帽子，上边有个红五角星；下身穿着灰布裤子，还打着裹腿，脚穿着草鞋，和那些战士穿戴一模一样。我进了屋，心里跳得扑通扑通的，心想是不是嫌我跟上他们了，我心里七上八下，胆怯怯地端端站在到那里。骑骡子的人面带笑容，和蔼可亲，很客气地问我：家住哪里，家里有些什么人，都有哪些亲戚，都是干啥的，有多少房多少地，又问我是怎样出来的，想干啥哩！我见他慈祥得像父兄一样和我拉家常，也就不害怕了，一一如实地回答了他的问话。他边问边在高椅子上放的纸上写着什么，他问话完了后，叫那个战士到军需那取了一件旧黑布上衣，一个旧灰八角帽子给我，我就把上衣套在我的单衣上，像个短袍子搭到膝盖上，把帽子戴上，我高兴得不得了，心里想这一下赖着兵当成了。骑骡子的人把我上下看了看，笑了笑，写了个条子，叫了身边一个战士把我送到新兵连。出了门，我悄悄问那个战士（后来才知道是警卫员）：“骑骡子的那个人是做啥的？”他说：“那就是咱们的徐军长！”我听了后心里简直高兴得没法说，心想：那几个穿便衣的不要我，徐军长把我收留了，我可得感谢徐军长！

在新兵连里，常听连长上政治课，讲什么是阶级，什么是剥削，穷人为什么穷，富人为什么富，以及为什么要革命，革谁的命，还讲干部、战士间要互相团结，互相爱护，互相帮助，团结一致，消灭敌人。还进行操练，教射击要领、军事常识。不久，又把我调到司令部特务连，连长给我们讲，特务连有两大任务，一是保卫司令部，一是看守犯人。一次，班长分配副班长和我晚上用大刀去处决一个坏家伙，我吓得手软腿颤，班长批评了我，指导员找我谈话。第二天，轮我在司令部门前站岗，换岗时，徐军长来了，把我叫到他住的屋里，叫我坐下，给我倒了杯水，给我谈话，他严肃地问我："你为啥要当红军？"我说："我穷得活不下去了！"徐军长语重心长地说："当红军不是为了个人找口饭吃，红军大部分战士都跟你一样，是受苦人，为什么受穷受苦，就是帝国主义、国民党、封建地主剥削、压迫的结果。你人虽小，找红军，路走对了，今后要好好学习，胆子要大，打仗杀敌要勇敢，对敌人要恨，你不杀他，他就杀你！以后要很好锻炼！"此后，几次行军中，徐军长边步行，边和我攀谈，教育我、开导我、鼓励我。从这以后，几次打仗、杀敌，我也不怕了。

徐军长对待战士像对待自己的兄弟、子女一样关心、爱护。他说话和气，平易近人，战士见了他都无拘无束，无所不谈。他虽有一匹骡子，但骑得很少，行军中，常常步行，和战士边走边拉家常，问战士吃饱没有，累了没有，脚打泡没有，叮咛战士宿营后一定要用热水洗脚。使我最难忘的是，一次行军，从鄂豫皖过来向河南开，在一个地方，我肚子痛得难忍，徐军长叫警卫员牵骡子来让我骑上走，我从没骑过，不敢骑，徐军长硬把我扶到骡背上，叫警卫员拉着骡子走，而徐军长却跟在后边和战士边走边拉家常。我深深感到，在这样的革命大家庭里，在这样的老首长跟前，是多么温暖啊！

1934年底，部队开始长征，向我们老家陕南来，我特别高兴。到了今丹凤庾家河，我们特务连分了两班子，一班子保卫司令部，跟着指挥所；一班子看"案子"（指犯人）。第二天，司令部正在开会，敌人冲了上来，徐军长、程军长都亲自指挥，两个军首长都负了伤。这一仗打了后，就在当地发动群众，建立苏维埃，不久，部队又转过来向南，到达我的家乡山阳县的小河、袁家沟口一带。在这里，把当地的"大刀会"改编为游击师，帮助建立苏维埃政府、贫农会，发动群众，打土豪，分田地。敌人也派兵四处追击、堵截我们，我们就和敌人兜圈子、周旋。记得一天部队走到商县黑山一带，因战士日夜行军，非常疲劳。晚上徐军长号召叫各连排干部烧水、做饭，叫战士、炊事员好好休息，要迎接新的战斗任务。这时，敌人一个旅一直追我们追了好几天。军部领导研究，给他来一下，吃掉这个旅。徐军长亲自指挥，在袁家沟口一带设了个“口袋阵”，把敌人引进来全部包围。咱们部队和游击师都埋伏在四周山上，指挥部设在一个大梁上，一个手榴弹的信号一响，枪炮齐鸣，战士们像猛虎一样从各个山头向下冲，打得敌人晕头转向，措手不及，把这个旅全部消灭，旅长也被活捉了。

时间不长，部队奉命西征，开到了杨庄河。这里驻有敌人守军一个营，有一个很大的碉堡。我们也去了一个营的兵力，打了很长时间，打不开。敌人凭这个大碉堡封住了我们的去路，我在山坡上看见这种情形很着急，这时，我想起徐军长对我的教导，对敌人要恨，你不吃掉他，他就要吃掉你。我就向连长要了两颗手榴弹，从后边山上摸下去，把两个手榴弹都丢到了碉堡内，一下子把敌人的火力压下去了，里边敌人鬼哭狼嚎，乱成一团。我们的部队一拥而上，彻底消灭了这营敌人。战斗结束后，队伍集合，领导当场表扬了我，宣布我是战斗模范。当天，徐军长又把我叫去谈话，亲自搬了个凳子叫我坐下，对我说：“你这次很有进步，打仗很勇敢，脑子能想办法杀敌人，以后要更好的学习，不断进步，要在战斗中锻炼、学习，才能成为一个真正的红军战士！”

此后不久，部队出终南山，到子午镇，又开到甘肃陇东，后来到陕北与陕北红军进行了整编，直罗镇打了一仗，就到达延安。从此，我就再未见过徐军长了。但我一直思念着徐军长，是他把我从困苦中解救出来，找到了生路，是他对我亲如父兄般的教育、引导，使我从一个穷讨饭的、放牛娃子成了一个光荣的红军战士，成为一名光荣的共产党员，这一切都是我终生难忘的。如今，尊敬的老首长与世长辞已经15年了，他给我的一封信，我一直当宝贝一样的珍藏着。他对我的谆谆教导，他的音容笑貌仍牢牢铭记在我的心间。我一定遵照老首长信中的期望和嘱咐：永远“保持光荣，发扬光荣！”（李民仆整理）

选自中共商洛地委党史办公室编：《鄂豫陕边的记忆》，1985年编印，第127—134页。

熊明计，1918年生，陕西山阳人。1934年参加中国工农红军，1938年加入中国共产党。红军长征时任红二十五军军部特务连战士。新中国成立后，曾任山阳县某企业领导干部。1999年逝世。

郑位三与红二十五军长征[1]

程子华　郭述申　韩先楚
刘震　刘华清　陈先瑞

郑位三，原名郑植槐，湖北省红安县人，生于1902年。1918年考入湖北省甲种工业学校，因在考试中名列第三，故改名"位三"。1925年加入中国共产党。1927年任中共黄安县委委员和县委书记。大革命失败后，他没有被国民党反动派的屠杀所吓倒，步行到武汉找到了党组织。他根据党的八七会议精神，组织领导了黄安秋收暴动，揭开了黄麻起义的战斗序幕。1930年秋，他先后任鄂豫皖特区苏维埃政府内务部长、财政经济委员会主席、代理苏维埃政府人民委员长和中共鄂豫皖省委委员等职。他是鄂豫皖革命根据地的创始人之一。

1932年6月，蒋介石指挥30万军队向鄂豫皖革命根据地发动了第四次反革命"围剿"。红四方面军主力撤离鄂豫皖苏区之后，根据地军民思想上、组织上、行动上都很混乱，斗争形势极为严重。在此危难之时，位三同志接任了鄂东北道委书记兼游击总司令职务，从此挑起了领导鄂东北革命斗争的重担。

……

1934年9月，党中央派程子华同志到鄂豫皖苏区工作。子华同志在罗

---

① 题目为编者所拟。

山县卡房向位三传达了中央军委副主席周恩来的指示，要红二十五军主力作战略转移，去创建新的根据地。位三同志为了尽快实现这一战略决策，当即写信给活动在皖西的鄂豫皖省委和红二十五军，说明了这一情况。鄂豫皖省委在光山县花山寨，作出率红二十五军实行战略转移的决定，整编了部队，位三同志任军政治部主任，随军长征。

位三同志过去一直做地方工作，对搞农民运动、建立地方政权、坚持游击战争，都有着丰富的经验。在红军中做政治工作，他还是第一次。但他从不在工作上挑挑拣拣，而是以他那种坚定的信念、认真的态度、求实的精神去熟悉新的工作。他善于发扬民主，集思广益。经常把政治部的同志召集起来，共同商量研究，很快就熟悉了政治工作。长征路上，他很少骑马，经常拄着一根木棍，跟连队一起行军。部队每到一地，他就跟战士挤在一起，亲亲热热地拉家常。有时还给战士讲上几段故事，既风趣，又幽默。所以，基层干部战士都愿意和他接近，部队的思想情绪，他及时掌握。位三同志在给部队上政治课时，注意联系实际，做到深入浅出。记得在长征出发前，他曾从书上找了一张列宁像，让刘华清同志临摹放大，挂在墙上。他首先从列宁讲起，讲到十月革命的成功，使同志们从十月革命的胜利，看到了中国革命的前途，坚定了革命的信念。位三同志生活俭朴，作风朴实，平易近人。他时常穿着一身破旧衣服，浑身油迹斑斑的，腰里扎着一条布腰带，满脸的络腮胡子，群众都说他像个农民，也有人说他像伙夫头儿。但在红二十五军中，大家都亲切地称他“位老”。其实他那时只有33岁，却在军中享有很高的威信。

从河南泌阳城东向北，有许多地主豪绅盘踞的围寨，而且大都配有武器，我军长征经过这里时，不时遭到骚扰阻拦。当时，前有堵敌，后有追兵，形势相当紧迫。为争取时间通过围寨地区，位三同志主动向省委领导提出建议，开展政治攻势。长征出发时，省委就发布了《中国工农红军北上抗日第二先遣队出发宣言》，指出了民族危机的深重，号召全国同胞不分政治倾向，团结起来一致抗日。位三同志根据《宣言》精神，亲自给寨主头目写信，宣传我党抗日救国主张，晓以民族大义，促其保持中立，沿途勿加阻拦。他还编了一些通俗易懂的顺口溜，让宣传队一路进行喊唱：“老乡老乡，不要惊慌。大军所向，抗日北上。借路通过，不进村庄。奉劝乡亲，勿加拦挡。……”并将当时所规定的不进围寨、不打土豪、实行公买公卖的有关政策纪律，都编成了宣传口号。在我军政策的感召下，许多围寨还在村口摆上茶水、香烟、食品，迎接红军过往。使我军赢得了时间，摆脱了敌军的追堵。

位三同志十分重视宣传群众工作。部队每一住下，他就找来当地老百姓，有乡绅、教书先生、小商小贩等，和他们亲切交谈，了解情况。位三同志懂点医道，常以看病为名，接近群众。遇到常见的疾病患者，他能及时予以诊脉，有的还给开出单方。群众都把他称为“先生”。一路上，看到一些老百姓因为受了反动派的欺骗宣传，见了红军大都像“跑反”似地扶老携幼，四处躲藏……这种情景，使他忧心如焚。因军情紧急，没有充足时间开展宣传工作，他就在部队到达乡镇之前，亲自拟定几条标语口号，让宣传员们进行刷写、张贴，借以稳定民心。1934年12月10日，部队一进入陕南，他就起草了《什么是红军》的张贴传单。仅以400来字，就把红军的宗旨、性质、任务以及有关政策讲得十分明确。传单最后写道：“中国有红军已经八年了。现在中国的红军总计有几十万，活动在十几省的地方，大部的红军是在江西和四川。全国红军的总司令是朱德同志！”这张闪烁着历史光辉的油印传单，在红二十五军开创鄂豫陕边区革命根据地的过程中，曾产生过深远的影响。至今，在湖北郧西县仍保留着《什么是红军》的传单，这是位三同志留在鄂豫陕边区的一份珍贵杰作。

位三同志在担任军政治部主任期间，很注意发挥政治机关的作用。军政治部当时也就是省委的办事机关，对省委的各项工作决议，他都及时组织机关认真贯彻执行。为了贯彻省委在创建根据地中提出的经济政策，他亲自主持制定了《关于商业政策问题》的布告，并以军司令部、政治部的名义联合发布。随着战斗的胜利和根据地的扩大，部队的新成分不断增加。为了稳定和巩固部队，政治部在做好新战士思想教育工作的同时，还注意做好他们的家属工作。省委在一次会议决议中，特别强调要“进一步优待红军家属”。为此，位三同志亲自主持制定了“红军家属优待证”，规定了优待红军家属的具体条款，并印发给红军战士家属。为了做好这一工作，他还亲自给部分战士签发，并按规定把三块银元的安家费，派人送到战士家中。至今，在商县还保存着由他亲笔签发过的一份“红军家属优待证”。全国解放后，这个家属还曾给位三同志写过信，询问红军战士的下落，并将优待证一同寄到北京，请他予以鉴定。位三同志带病写了回信，他在信中说：“我年老多病，回信迟了，请你原谅。优待证是我签的字，是真的。我离开红二十五军三十多年，部队成员变化很大，……解放二十多年了，可能已不在人世……”字里行间，充满着真挚、同情与怀念。这封言简意深的信，也成为他留给红军战士家属的一份遗物。

……

1935年7月，红二十五军为配合中央红军的北上，决定西征甘肃、北上陕北。当时担任鄂陕特委书记的郑位三被留在了商洛山中，继续坚持鄂豫陕边区的游击战争。为了统一领导，集中兵力，鄂陕、豫陕两个特委合并为鄂豫陕特委，各路游击武装合编成红七十四师。由位三同志任特委书记，陈先瑞同志任师长。

红军主力北上后，敌人仍集中20几个团的兵力，对鄂豫陕革命根据地实行“划区清剿”，妄图消灭留在鄂豫陕边区的游击武装。当时的情况十分严重。位三同志冷静地分析形势，准确地判断敌情，决定避敌锋芒，扬我之长，采取“兜大圈子”的游击战法，同敌人周旋。根据这一方针，红七十四师从敌人的包围中奔突出来，忽东忽西，神出鬼没，大胆而灵活地穿插迂回，迷惑调动敌人，并伺机打击之。一次在镇安县青铜关，我军利用有利地形，伏击了敌四十军二三〇团一个营。接着声东击西，袭占了佛坪县城（袁家庄）。敌人跟踪而至，我军又一举打出秦岭，当西安、宝鸡之敌围来时，遂又进入山中，第二次占领佛坪县城。1936年秋，敌人又一次调集重兵进行“围剿”。特委根据山区地形条件和我军善于游击的长处，决定将部队“化整为零”，深入敌后活动。位三同志当时领导一团，奔袭两岔河，回兵大龙庙，横扫反动民团，捕捉了国民党由西安赴商州上任的督察专员汤有光。不久，他又根据敌情变化，提出集中兵力打击敌人。部队集中后，在商南县富水关痛击了公秉藩别动队一个大队，接着挥师北上，在华山脚下转了三个大圈，继而进入兰田境内，使西安之敌震动很大。后来，毛泽东同志曾问过红七十四师这段情况，并说：我们就是那个时候听到你们消息的，中央红军西征出动，你们就在南面闹华山，配合得好啊！

因为没有电台联络，红七十四师完全和上级党失去联系，对当时的斗争形势很不了解。在这种情况下，位三同志想了许多办法，他走一路问一路，及时了解敌情动态，熟悉地形道路。他还从各种报纸和截获的敌伪信件中判断敌情，决定部队行动。红七十四师打下宁陕县城后，他根据周围的敌情分布和路程远近，决定部队就地休整八天，开展群众工作。当部队撤离后，敌人果然在第九天进入宁陕县城。像这样使敌人扑空的事例，不知有多少次。所以，战士们都说他“能掐会算”，是红七十四师的“诸葛亮”！

位三同志在领导陕南的游击战争中，还依据斗争的需要和形势的变化，灵活地制定和实行了一些具体政策。例如，对在宁陕、柞水一带活动的宋登贤“神团”组织，他主动派人去做工作，从武器、经费上给以资助，最后把这支农民武装编为红七十四师补充团。对当时率部起义的何振亚、沈启贤同志，他也多次写信联系，同该部派来的人亲切交谈，使这支部队加入了红军的队伍。对商南县大地主石老八，不捕不杀，不没收其财产，利用其为我军采购药品、布匹等物资。柞水县的一名伪区长，经过位三同志几次教育后，明着为敌人办事，暗地给我们送情报、筹粮款、掩护伤员。我军曾多次截获过邮差，位三同志每次都只准扣留有关敌伪方面的信件、报纸，然后给邮差开个“收条”，盖上公章，以宣传我军政策，保护邮递人员。这些具体政策的贯彻执行，有效地分化了敌人，争取和团结了中间势力，使游击战争得以胜利开展。

陕南的游击战争是十分艰苦的。部队整天翻山越岭，出没在深山密林之中。位三同志当时就患有严重的十二指肠溃疡，加之缺医少药，饥一顿饱一顿的，体质十分虚弱。同志们出于对他的关心，有时给他搞点肉味，他说啥也不吃，总是一人一点儿分到战士们的碗里。一次，警卫员把炊事班仅有的一点油辣子拿来给领导下饭，为这事他还在队前作了检讨，使同志们深受感动。在那艰苦的斗争岁月，位三同志处处以身作则，能够以自己的模范行为，把广大指战员团结成一个整体。他严于律己，宽以待人，无论是反对过他的人，还是犯了错误的同志，他都以诚恳的态度去团结教育他们。原先任过豫陕特委书记的李隆贵，为争当鄂豫陕特委书记，曾讲了他许多坏话。可他当了书记后，仍然让李隆贵担任师政委，一起团结共事。一名干部在生活作风上犯了错误，有些同志主张要开除党籍，撤销职务。位三同志说服了大家，对这个干部进行耐心教育，终于使这个同志改正了错误，工作更加勤恳。这些都表现了一个领导者应有的品德和胸怀，深受指战员的敬佩。

位三同志在革命斗争中所表现出的聪明智慧和才干，是与他认真学习马列主义的理论分不开的。他随身携带的几本马列著作，从鄂东北一直带到陕南，一有工夫，就抓紧时间阅读，还经常坚持写点读书笔记。他在制定方针政策或给部队作报告时，也经常运用马列著作中的一些原理，解释当前存在的一些问题，使大家受到最实际的马列主义理论教育。他的马列主义理论知识是很丰富的。刘少奇同志曾经说过：郑位三同志是鄂豫皖地区干部中学习马列主义最好的一个。位三同志领导鄂豫陕特委和红七十四师，独立坚持了近两年的游击战争，使红七十四师由原来的600余人，发展到2100余人。西安事变爆发时，这支活跃在鄂豫陕边区的红军队伍，回到了党中央的怀抱。后来改编为留守兵团警卫四团，肩负起保卫陕甘宁边区、保卫党中央的光荣任务。贺龙同志曾说：“红七十四师能在陕南坚持近两年的游击战争，位三同志的正确领导起了重要作用。”

节选自程子华等：《德高望重的郑位三同志》，载芦振国、姜为民编：《红二十五军长征纪实》，河南人民出版社1986年8月第1版，第285—286、289—295页。

郑位三同志在陕南

陈先瑞

红四方面军主力转移时，张国焘让鄂东北道委书记兼游击总司令郑位三留下，领导鄂东北的地方武装坚持斗争。

1932年12月，在河口县苏维埃政府的介绍下，我被送到鄂东北游击总司令部。在这里，我见到了郑位三同志。他留给我的印象是：高高的个子，方脸盘，一双有神的大眼睛，由于消瘦，脸上的颧骨很突出，不知是战争环境紧张的影响还是他有意蓄起来的两撇胡子，很黑很长。他说话声音洪亮，待人和气、热情。我们互不认识，他简单听了我的情况后，很干脆地决定让我到特务四大队去。他认为我干过特务队，到四大队去很合适。这次简短的会面，竟成了以后我们长期共事的开始。特务四大队是由鄂东北道委和游击总司令部直接指挥的。郑位三同志经常听取大队的情况汇报，布置检查工作，有时还同战士们谈心，这使我慢慢加深了对他的了解。

1933年10月16日，中共鄂豫皖省委在黄安县紫云寨召开第三次扩大会议。省委会议后，各成员按照省委的统一安排，开始了新的斗争。其中鄂东北道委书记郑位三深入到罗山的卡房一带去组织发展群众性的便衣队，开展群众性的斗争运动。一天，我们大队回到卡房，向鄂东北道委送交筹来的款子，正碰上红二十五军政委吴焕先与郑位三在商量送成仿吾的事，他们决定，由特务四大队担任护送任务，尽快把成仿吾送上去武汉的火车。根据吴焕先和郑位三的指示，我们四大队安全地将成仿吾送上了火车。由于我们任务完成得好，受到了吴焕先和郑位三的表扬。

1934年，由中央苏区派到红二十五军的程子华来时没有带文字性的材料，只是周恩来同志的口头指示。周恩来的指示是由郑位三转达的，程子华来的情况是由郑位三介绍的，这个情况，郑位三生前曾几次与我谈过。

程子华当军长是在省委会上决定的。程子华没到会，并不知道。当郑位三告诉他后，他提出周恩来是让他来当参谋长的，他不同意当军长，让郑位三报告省委。郑位三说这是省委会议决定的，不能再改了，不是你个人的事。省委这样决定，主要是考虑中央派来的人，过去曾几次向中央要军事干部，郑位三介绍说程子华在中央苏区当过师长，领导过大冶兵暴，又是黄埔分校的学生，因此，省委才作出这一决定。这反映了省委对军事干部的渴求，也反映了省委对中央的相信。

1934年11月16日，红二十五军开始长征。河南泌阳东北，地势平坦。地主们都筑有坚固的寨围子，而且拥有武装。我们一进入平原地带，就遭到围寨地主武装的骚扰阻拦。我们按照军里要求，宣传我军北上抗日主张，主要是借路通过。军政治部的小宣传队员们，每路过一座围寨，都扯着嗓门子大喊一阵：

老乡老乡，不要惊慌，
红军所向，抗日北上。
借路通过，不进村庄，
奉劝乡亲，勿加阻挡。
……

跟随红二十五军长征的省委秘书长郑位三专门给沿途寨主头目写了信。军宣传队喊的顺口溜，也是郑位三编的。据说，他把当时所决定的不进围寨、不打土豪、实行公买公卖等政策纪律，都编成四字一句的顺口溜，一路上广为宣传。可惜后面的几段内容我回忆不起来了，难以完整地在这里记载下来。

1935年，为统一领导鄂陕地区的工作和指挥各路游击师的斗争，省委决定建立中共鄂陕特委和鄂陕游击总司令部。特委书记开始为郭述申，一个月后，郭述申调为红二十五军政治部副主任，由军参谋长戴季英接任，以后又由郑位三接替戴季英。我为游击总司令。

5月初，省委为巩固和发展豫陕边根据地，决定建立豫陕特委和豫陕游击师。特委书记郑位三，师长方升普，政委曾焜，统一领导这一地区的工作。一个月后，郑位三到我们鄂陕特委任书记，由李隆贵任豫陕特委书记。

1935年7月，中共鄂豫陕省委在长安县沣峪口召开紧急会议，这次会议开得比较急，我和郑位三、李隆贵都没有参加。省委也没来得及向我们进行传达，就率领红二十五军踏上了继续长征的道路。鄂豫陕省委在率领红二十五军西征北上途中，于7月30日分别给鄂陕、豫陕两特委发出内容基本相同的指示信，说明当时形势和红二十五军西征北上的任务，指出继续坚持鄂豫陕边斗争的重要意义，指示“马上把鄂陕、豫陕两个边区特委合并为一个鄂豫陕特委”。

9月9日，两特委在梁家坟举行联席会议。参加会议的有郑位三、陈先瑞、李隆贵、方升普、曾焜等。会议讨论了将鄂陕、豫陕特委合并为鄂豫陕特委。会议在讨论谁当特委书记时发生了激烈的争论。有人自告奋勇要当鄂豫陕特委书记。看到这种情况，我有些沉不住气了，我就抢着发了言。我说：“主力红军走了，我们成为独立一方的部队，能不能坚持斗争，决定于是否有一个坚强的领导班子，有个好的书记领导我们。而郑位三有较高的思想水平和组织能力，他遇事沉着冷静，深思熟虑，密切联系群众，善于从实际出发，把党的方针政策具体化。他是鄂豫皖根据地的创始人之一，担任鄂东北道委书记期间，在群众中享有很高的威信。他到鄂豫陕边区开辟新根据地以来，一直担负地方党政建设工作，有着丰富的工作经验。我们要独立坚持斗争，只有他才能担负起特委书记这副重担。”我这么一说，多数同志都同意我的意见，一致选郑位三为鄂豫陕特委书记。今天看，选郑位三当书记是选对了的。郑位三在红二十五军中有很高的威望，当时大家都亲切地称他为“位老”，其实他比我们也大不了几岁，也不过30岁出头。但他的政策、理论水平是比我们高得多。这被以后的游击战争实践证明了。

两特委梁家坟会议，是在与省委联系中断、留下的红军和根据地处于生死存亡的严重关头召开的。会议统一了根据地党和武装的组织，团结了原来分属于两个特委领导的广大党员、干部和战士，形成了以郑位三为主的新的领导核心，确定了独立坚持鄂豫陕边区斗争的方针。

经过充分的准备后，10月6日，红七十四师正式成立大会在商南县碾子坪中坪召开。由特委书记郑位三宣布特委决定：师长陈先瑞，政委李隆贵，副师长兼参谋长方升普，政治部主任曾焜。郑位三给全师讲了话，号召全体同志振奋精神，团结一致，坚持贯彻特委会议精神，坚持斗争，夺取革命战争的胜利。

一支新成立的部队，武器装备和战斗素质都比较差，能否在强敌面前经得起考验，能否长期坚持下去，在部分同志中产生疑问，我也有些考虑。特委书记郑位三积极找同志们谈话，做思想工作，并经常和我一起研究、分析部队的思想状况和斗争形势。

青铜关战斗中全体指战员奋勇当先，一举将敌打垮，毙伤敌营以下100余人，缴获长短枪70余支，轻机枪五挺。青铜关战斗，是红七十四师给敌正规部队的首次打击，检验了我军的战斗力。战斗获胜，军心大振。

战后，我军转而北上，摆脱追敌，在菩萨店会合了第三路游击师。第三路游击师损失比较大，由于赵久海的叛变，师政委的牺牲，战士的情绪比较低落。在师长汪世才的带领下，终于找到我们。当时，汪世才拉着郑位三和我的手，流下了热泪。

12月中旬，特委在宁陕县四亩地召开会议，讨论了郑位三提出的关于开辟建立根据地的问题。

打下宁陕县城后，同志们都问我驻扎不驻扎。我说驻扎，什么时候敌军大队人马来了再走。郑位三说，驻上十天，最少八天。按郑位三的意见，部队驻在县城、关口镇（今宁陕县城）、贾家营、梁家庄等地，打土豪，分田地，发动群众，扩大红军。

八天以后，我们才离开宁陕县城。果然不出郑位三所料，第二天，敌人的新县长就带着军队到任了。同志们都说郑位三是红七十四师的“诸葛亮”，能“料敌如神”。其实他并不会“神机妙算”，这是和他分析判断情况，注重调查研究分不开的。郑位三平时每到一地，总是各处奔走，收集敌人的报纸、刊物，找当地老百姓，包括地方乡绅、教书先生、小商贩等，和他们促膝谈心，了解情况。他不仅对陕南的地名、山名、风土人情比较了解，而且对敌人的动向、反动地方武装的情况也都掌握。因此，他分析问题透彻，判断情况准确。他身体不好，有一次敌人追得紧，他又咳得吐血，战士们用担架抬着他跑。他硬让战士放下担架，看了看周围的山川，指挥部队巧妙地摆脱了敌人，干部战士都十分信赖他。

1936年2月，敌得悉我们的行踪后，遂以第四十军、警二旅等部五个团的兵力，封锁了宁陕、佛坪一线及其以西地区；另调一个团扼守南嘴头镇以东和北通山外的要道；以第四十九师两个团专事追击，由南向北直扑而来。

这时，我们东归道路被切断，处境十分不利。我和郑位三冷静地分析了敌情，当即决定采取“盘旋式打圈子”战术，绕过敌人封锁，出其不意地攀越秦岭东去。

3月的秦岭顶峰，积雪覆盖，严寒逼人。我们上秦岭后，敌人便沿山“围剿”，由日追夜宿改为日夜追击，企图把我军围困消灭在秦岭之巅。我军攀陡壁，坐“雪滑梯”，忍饥挨饿，昼夜行进，刚甩开追敌，又遇上堵击，连续四天四夜在秦岭上下翻越几次，在敌人的追逼下，被迫爬上了太白山。

太白山是秦岭山脉的主峰之一，海拔3700多米，山高寒冷，终年积雪，故有"太白积雪六月天"之说。我军连续作战，七天七夜没有休息，疲劳已极，部分同志产生了同敌人硬拼的急躁情绪。特委书记郑位三拄着一根棍子，边走边做动员工作，让大家沉住气，一定要摆脱险境。一次，他不小心滑进一米多深的雪坑，被一个大个子机枪兵救了上来。战士们用担架抬他，他说什么也不肯，硬是拄根棍子和部队一起行进。在他的带动下，战士们渴了吃口雪，饿了啃口干粮，都毫无怨言。我军摸下了山，我们边打边走，夺路而出。我军越出敌人的包围圈后，在东江口安置了伤病员，部队稍作休整。至此，敌人围攻亦被冲破，全师部队经受了一场严峻的考验。

3月24日，由郑位三以陕南红军志涛（我的化名）、卫劳（他的化名，因同志们喊他位老，他则谦称"卫劳"）两个名义，起草了《关于七十四师成立经过的报告》，交程福才带往陕北。

4月下旬，我军西进到达漫川关。漫川关战斗后，我军继续西进，行至柞水县曹家坪，遇到了宋登贤率领的"神团"组织200余人。宋登贤"神团"是当地群众组织的抗捐、抗税和反对土匪的自发性农民武装，在长安、柞水、宁陕一带远近闻名。红二十五军在这一带活动时，宋登贤就听说了红军是穷人的队伍，这次和我们相遇后，郑位三对他积极做宣传工作，讲解我军抗日主张，宣传统一战线政策，提倡联合起来，共同对敌，使他进一步了解红军，主动要求编入红军。我们送给他部分武器弹药，派出干部，加强领导，部队改名为"抗日抗捐军"，归红七十四师指挥。

1935年9月于长安县起义的陕军警二旅四团九连的领导人是何振亚。为了争取团结这支武装，我们曾于2月中旬给何振亚部写过联系信。这次西进中，在洵阳坝碰到了何部派来联系的人。对此，特委很重视，由郑位三和我一起会见来人，介绍我军情况，宣传党中央关于团结抗日的精神，并送给该部两万元经费和有关抗日救国的宣传品。

1936年，为了迷惑敌人，我们将部队编为第一、第五、第六团。第一团由郑位三率领，活动在镇安、柞水、蓝田一带；第五团由李隆贵率领，活动在汉水北岸的洵阳地区；第六团由我率领，先向宝鸡方面引敌西进，尔后东返，活动于山阳、商县、商南、郧西等地。

在六七八这三个月期间，三个团分别深入敌后，四处打击敌人，破坏敌人交通，打乱了敌人围攻部署。第一团经牧护东去，在张家坪附近的西（安）荆（紫关）公路上，发现了一辆装饰漂亮的马车，当即李书全、张海波带领部队围了上去，车里坐着的是由西安赴商洛上任的行政督察专员汤有光。这个家伙很顽固，当战士们用枪逼他下车时，他还直问你们是哪个部分的，根本没有料到红军会出现在他面前，在郑位三的审问下，他不得不低头认罪。

10月下旬，我们来到商南县的小栗园附近。手枪团当时抓了个叫万老八的财主。万老八跟我们走了一路，郑位三常给他讲我们对待豪绅、保甲长、团总、侦探、国民党军官等政策，除罪大恶极者外，其余只要与我们合作，我们就保护他们的生命安全。通过教育，以及他一路上看到我军的所作所为，万老八深受感动，主动提出要回去，为我军筹集物资。我们当下就放了他。他不久就派了六个人挑着棉花、布匹、药品等物质，找到我们，同时还带来了一架留声机。我们给每个挑夫发了两块银元，并让他们把留声机带了回去。这件事在当地影响很大。西安事变后，按照中央指示，部队进行了整编，成立了军委会，主席郑位三、副主席李涛。红七十四师改编为南路抗日军（对内仍称七十四师）。（渔汲胜、李越整理）

中共湖北省委党史研究室供稿。

痛悼郭述申同志（节选）

陈鹤桥

1932年郭老任皖西北道委书记时，我在霍邱县共青团县委工作。这年7月，敌人对苏区进行第四次“围剿”，我随县委机关撤退到英山地区，集体参加了郭老和刘士奇等组建的红二十七军第三团，转移到苏区外线，进行反“围剿”斗争。在鄂豫皖苏区的艰苦斗争和长征途中，以及到陕甘苏区红十五军团时我一直在郭老领导下工作。

打击敌人，保存革命力量，挽救危急局面

郭老是鄂豫皖第一任党的特委书记。1932年他领导皖西北道委工作时，皖西北苏区革命运动蓬勃发展。这年7月，蒋介石以重兵向鄂豫皖苏区进行第四次“围剿”，张国焘领导的中央分局没有让苏区的党和红军及人民群众做反“围剿”的准备，反而命令四方面军主力南下夺取麻城，继续实现他威胁武汉的冒险计划。当敌人突然以25个师30多万兵力从四面八方向鄂豫皖苏区实施重点进攻时，整个苏区因无准备而仓促应战。我们霍邱县城被敌重兵围困，张国焘命令红二十五军军长邝继勋同志坚决守住，虽经血战，终因寡不敌众，结果几天内就被敌人占领。县党政领导机关因上级无指示，县委负责人率领机关干部和独立营一面抗击敌军，

一面向南撤退，从本县退到六安、霍山，最后退到英山地界，才找到了郭老和道委领导机关。当时郭老和刘士奇（东路游击司令）及红二十七师师长徐海东同志等会合在英山。

这时，国民党匪军在皖西的主力在占领霍邱、六安等苏区后，向金寨、英山等地追击我军，形势十分严峻。述申同志在紧急情况下，于10月1日在英山土门潭开会，决定组成中共鄂皖工委，并将当时撤退到英山、雀山一带的皖西各县党政机关干部和地方武装编成红二十七军，刘士奇为军长、郭述申为政委，以由徐海东任师长的二十七师为主力部队。我们霍邱、霍山、六安等几个县的独立营和地方干部编为第三团，我在团政治处任宣传队长。当时敌情很紧急，郭老等率领红二十七军掩护一批苏区逃难的群众，向敌人后方长江北岸太湖、宿松等地外线游击。经过一个多月的艰苦奋战，保存了革命力量，打击和钳制了敌人，到11月中旬转回到皖西苏区赤南、赤城（原商城）。这是郭老等领导同志在苏区大部分沦陷、敌情极其严重又得不到上级指示的情况下，独立决定的一次大的战役行动，挽救了当时的危急局面，保存了革命力量。

1932年11月底，郭老率领红二十七军到鄂东与省委会合，省委决定重建红二十五军。并决定红二十五军留在鄂东北地区，新组建的红二十八军（两个团）去皖西活动。同时决定郭老仍担任中共皖西北道委书记，率领原红二十七军第三团和一些皖西地方干部返回皖西坚持革命斗争。

抵制错误路线，坚持皖西北革命斗争

1933年1月到1934年4月，郭老和皖西北道委领导红二十八军和八十二师及三个游击师，在皖西北地区进行紧张尖锐的反对敌人第四次、第五次“围剿”的斗争。这一时期，因为省委和红二十五军主力在鄂东北地区行动，交通线被敌人隔断，得不到省委和中央的指示，郭老和道委领导独当一面地坚持同敌人斗争，并且在军事、政治上不断取得一些胜利。但却遭到中共鄂豫皖省委错误的指责和处理。

这一段曲折的历史过程是这样的。

1933年1月，省委领导新组建的红二十五军在鄂东北地区坚持斗争，同时决定红二十八军（两个团）和郭述申同志领导的原红二十七军第三团及部分地方干部回到皖西北，由皖西北道委组建成一、二、三路游击师，配合红二十八军积极打击敌人，恢复和保卫皖西北苏区。同时皖西北道委领导的各路游击师和地方游击队也积极袭击敌人，消灭反动民团武装和打击各县的反动派，控制广大乡村，初步打开了局面。到4月中旬，省委将红二十八军调回鄂东编入红二十五军。留一个团和第三路游击师（一部）为基础，组成红八十二师，在皖西北坚持斗争。道委领导红八十二师和游击师等武装在商城、固始、霍邱、六安、金寨、霍山等地区开展游击战争，打击敌人，恢复苏区。曾两次与敌十二师交战，消灭其一个营兵力，缴获大批粮食物资。到六七月间，皖西北已恢复一大块中心根据地，扩大了游击区，扩大了红军，扩大了党的影响，鼓舞了广大群众，红军指战员战斗士气很高。

鄂东方面，省委在“左”的战略思想指导下，决定红二十五军从5月初开始包围黄安之七里坪，夺取中心城市，打阵地战与敌人拼消耗。结果没有消灭敌人，没有夺取一个城市，红军部队反而因处于挨饿和严重的疾病等影响受到很大削弱，人员减少一半，只剩6000余人，根据地也受到很大的破坏，红军不得不从七里坪前线撤下来。

1933年5月，蒋介石开始布置对鄂豫皖苏区进行第五次“围剿”，匪首刘镇华集中82个团，其中有53个团布置在鄂东地区，敌人计划先摧毁鄂东北根据地，消灭红二十五军主力，尔后转移兵力摧毁皖西北地区。7月10日，红二十五军到福田河地区筹粮，在皖西北红八十二师配合下，忍受着饥饿疲劳，英勇顽强地将来犯之敌五十师的两个团全部击溃，歼灭其一部，打死敌旅长，打了一个较大的胜仗。

7月中旬，敌人用四个师的兵力向光山、黄安中心根据地围攻，企图消灭我军主力。我军在敌人大举进攻中虽英勇迎战，但因省委继续采取内线防御作战的错误方针，加之敌强我弱，部队饥饿、疲劳，几次作战都未能消灭敌人，不得不中途撤出，导致第五次反“围剿”保卫战接连失利，中心区没守住，部队还减员千余人，迫使省委决定率红二十五军暂时到皖西北苏区休整。

1933年9月初，省委率红二十五军到皖西，当时敌人随即增调近八个师的部队分几路向红二十五军和皖西北苏区围攻。在强敌进攻下，当时省委没有接受围攻七里坪使部队受到很大削弱的教训，仍然决定红二十五军保卫皖西北中心区，继续执行单纯防御的作战方法，与敌人打阵地战，拼消耗。敌军连续进攻，红二十五军在八十二师和游击师等部队配合下虽英勇抗击敌人，给敌人一些杀伤，但未能制止敌人攻势，自己反而陷于被动境地，皖西北中心区的保卫战也遭到失败。在这种情况下，省委9月下旬率红二十五军返回鄂东北。红二十五军返回鄂东北途中，在黄麻公路上被敌人隔断，副军长徐海东率领千余人返回皖西北，郭老和徐海东同志决定把红二十五军这一部分部队与皖西北的红八十二师合编为新的红二十八军。徐海东任军长，郭述申任政委，留在皖西坚持斗争。新的红二十八军和游击师用游击战、运动战的战法打击敌军，消灭民团和反动派，打土豪分粮分物给群众，向赤白交界地区的工农群众进行宣传工作，形势又有了好转。到1934年，省委和红二十五军又来皖西，决定将新的红二十八军编入红二十五军，另抽调两个营及第三路游击师重新组成新的八十二师在皖西坚持斗争。这时军长是吴焕先，副军长是徐海东，郭老调红二十五军任政治部主任。在一年多紧张的反“围剿”斗争中，郭老、徐海东和皖西北道委的同志，坚持从皖西北地区的实际情况出发，采用灵活机动的游击战和运动战积极打击敌人，保存了自己，扩大了游击区和红军。因此，在对敌斗争、恢复与保卫苏区，在军事上和政治上的指导方针都是正确的。在“肃反”问题上，由于郭老亲眼看到张国焘在苏区所搞的错误的“肃反”运动，混淆了敌我界限，大搞逼供信，错杀和诬陷了党内外大批优秀同志，给革命事业带来的惨痛教训，所以，省委多次指责他不执行“肃反”政策，他都坚持实事求是，抵制了乱捕乱杀的错误行为，保护了一批革命同志。1934年9月，中共鄂豫皖省委第四次常委会上集中批判郭述申同志犯有“一贯右倾机会主义错误，在‘肃反’问题上表现严重机会主义的动摇，并且是这些机会主义最主要的最明显的代表”。决议中还指责郭老完全投降在“反革命刘士奇意志之下”（刘士奇是红二十七军军长，对革命是有功的，被省委错杀）。省委要他检查承认犯了右倾机会主义的错误，还让他写成书面申明。红二十五军打下太湖城之后，行军途中他被迫写了《关于我的错误的申明书》，在申明中他违心地承认自己犯有右倾错误等等。他拿着这个申明书稿交给我（当时我是红二十五军政治部的油印科长），叫我油印若干份交省委分发，我含着眼泪刻印了这份申明书。我当时虽然是个下级干部，但从郭老组建红二十七军直到领导红八十二师独当一面与国民党军进行斗争，我一直跟他在一起。我看不出他有什么重大的错误。因为他能够根据敌我双方的力量和斗争的经验，结合实际情况作出灵活的正确决策，所以能够在一段时间内打击敌人，扩大自己，保持和恢复中心苏区的局面。这在当时和省委直接领导的军事行动和“肃反”中造成的严重错误相比，是截然不同的。在省委严厉批判下，他违心地承认了错误还不行，还要对他采取组织措施，撤销他的省委常委委员、皖西北道委书记，任命他为红二十五军政治部主任，不久即降为军政治部宣传科长，长征时又调到二二四团去当团政治处主任。所有这些，郭述申同志泰然处之，毫无怨言，分配他干什么就干什么，从不计较个人名利地位，忠心耿耿为党工作。一直长征到陕南，才调他到地方去任鄂陕边特委书记。这一切都说明他对党的事业无限忠诚，在任何挫折面前是经得起考验的。

在红十五军团

1935年9月，红二十五军长征到达了陕甘，先后与刘志丹等同志领导的红二十六军、红二十七军会合。三个军组成了红十五军团，郭老任政治部副主任。10月，红十五军团在延安以南的劳山打了大胜仗。10月19日，毛主席领导的陕甘支队（即中央红军）进入陕甘苏区，11月3日毛主席来到红十五军团。毛主席和军委决定恢复红一方面军番号，把红十五军团编入红一方面军建制，任命徐海东任军团长、程子华任政委、郭述申任政治部副主任，后为主任。军团首长和郭老向我们说，毛主席率领中央红军来到陕北，我们军团编入方面军，归毛主席和军委的直接指挥，这是我们最大的光荣、最大的幸福。我们过去几年在艰苦奋斗中苦于得不到党中央、军委经常的指示，现在好了，今后我们在党中央、毛主席直接领导下，政治上、军事上一定会得到更快的进步和提高，一定会取得更大的胜利。会师后，郭老在总政治部和军团首长指示下，积极组织和动员红十五军团全体指战员参加毛主席亲自部署和指挥的直罗镇战役。11月，红一军团和红十五军团在毛主席、彭德怀司令员指挥下英勇奋战，在直罗镇打了大胜仗，粉碎了敌人对陕甘苏区的第三次“围剿”。11月30日，红一方面军召开庆祝红军会师和胜利大会，毛主席在大会上的讲话，给了大家很大的鼓舞。直罗镇战役胜利后，应军团首长的要求，毛主席和方面军给红十五军团调来一批师以上军政干部，其中有军团参谋长周士第、军团政治部副主任冯文彬等，又提拔配备了一批科长，刘华清任敌工部科长，我任秘书处文印科长。军团政治部的组织更健全了。从中央红军调来的干部带来了中央红军政治工作的经验，红十五军团的政治工作更活跃了，郭老经常同他们交谈学习中央红军政治工作经验问题。1936年初，红十五军团在富县附近开了全军团祝捷和比赛大会，检查全军团军事、政治、文化学习的成绩，会议开得很活跃、很成功。

1936年1月，中央军委发布红一方面军以抗日先锋军名义东渡黄河抗日和讨伐阎锡山的命令，郭老大力组织全军团各级政治机关积极开展东征抗日的各项准备工作。春节前，政治部通过组织军直和各师的东征誓师大会和联欢晚会等形式，加强思想政治工作，官兵士气高涨。2月20日夜，我军打过黄河，主力部队进到汾河流域灵石、离石一带，敌军集中几个团在兑九峪企图阻止我军前进，毛主席和彭司令员决定两个军团集中消灭这股敌人。备战时，军团程政委、郭主任、冯副主任联名发了作战政治命令，号召部队勇敢杀敌，消灭阻拦红军东进抗日的卖国贼军队。3月10日，开始进击兑九峪之敌，我们两个军团英勇奋战一整天，给敌以很大的杀伤，在击溃敌人两个纵队后，敌人退缩到介休、汾阳等地，阎锡山企图阻止红军东进的企图即被粉碎。

3月中旬，方面军首长命令，红一军团和红十五军团八十一师为右路军，沿同蒲路南下；军团为左路军，率七十五师、七十八师于3月18日沿汾河同蒲线北上，一直打到太原近郊，威胁太原，钳制和调动敌人，配合中路、右路军的作战行动和开展创立根据地的工作。在北上行动中，郭主任特别重视在行军作战中对阎锡山的地方政府和军队开展统战工作，对广大群众大力宣传我党抗日主张，宣传红军是救国救民的军队，号召广大爱国青年学生和工农青年参加红军。郭老除了要求宣传部、敌工部编写一些宣传品，让我们印出，由各宣传队分发外，他自己也亲自参加口头宣传，他在住地找一些工农群众和学生作宣传和调查工作。在太原附近行军，到村外观望红军的有时达几百上千人，宣传队或宣传组作口头宣传、贴标语、发宣传品。有一次路过交城县境一个村庄，出来看红军的有上千群众，郭老骑马从后面赶来，向群众宣传我党抗日统一战线主张，宣传阎锡山卖国、阻拦红军北上抗日，号召群众团结起来参加红军去打日本，他讲了十来分钟，受到群众热烈欢迎。我军在太原附近活动几天后，奉总部命令进入晋西北山区，这时常有敌人追击，我军一面作战，一面争取地方群众、扩大红军、筹集资财，到4月14日才回到大麦郊方面军附近。

因阎锡山无力阻拦红军东进，蒋介石调十个师到山西，拦阻红军北上抗日，中央军委决定我军西渡黄河回师陕甘苏区。到达延川地区后，郭老还组织部队作东征政治工作总结，向军内外宣传东征胜利的意义，整顿部队组织，提拔配备干部等工作。5月下旬，我一方面军西征将出发时，郭老奉命去瓦窑堡红大一期学习，他虽舍不得离开老部队和老战友，但他对学习是很高兴的。他跟我们讲，我实际工作做了不少，但没有系统地学习马列理论，所以过去工作中有时也分辨不清“左”、右倾机会主义，对错误路线的东西有时能抵制，有时也难免会做错事。在毛主席直接领导下学习革命理论是我最希望、最高兴的事。由于郭老对我们这些年轻干部十分关心爱护，政治上思想上积极培养教育，工作上具体指导帮助，所以送别时我和徐光友等几个年轻同志都依依不舍地流了眼泪。

节选自陈鹤桥：《陈鹤桥回忆文集》，国防工业出版社2000年8月第1版，第159—167页。

一生戎马　百战功高

——深切悼念刘震同志（节选）

郭述申　陈先瑞　王诚汉　张池明

刘震，原名刘幼安，湖北孝感县（今孝感市）人。1915年3月生，七岁读私塾，十岁因家境贫寒而辍学。1927年，国共合作的北伐战争影响到孝感地区，少年的刘震受到革命思想的熏陶。1928年，刘震参加了儿童团，1930年4月，又成为赤卫军中年龄最小的队员，1931年9月参加红军，被分在陂孝北县红军游击大队当战士，从此他开始了戎马生涯。

1932年春，刘震被调到鄂东北道委特务四大队一班当战士，班长是陈先瑞。特务四大队都是从各区、县游击队作战勇敢的干部战士中选调来的。刘震到特务四大队后，作战勇敢，工作积极，多次担任重要任务。一次护送中共鄂豫皖省委宣传部长成仿吾到中央苏区去汇报工作，在敌人戒备森严、盘查很紧的情况下，刘震同全班同志乔装打扮，硬是在敌人眼皮底下，将成仿吾送上了南去的火车，受到红二十五军政委吴焕先的表扬。当时，刘震和韩先楚在陈先瑞这个班，他们对陈先瑞很尊重，战斗中，他们结下了深厚的友谊。陈先瑞、刘震、韩先楚后来都成为我军高级将领。他们每次见面，刘震和韩先楚都亲切地喊陈先瑞老班长。我们这些从战争年代过来的人，都十分珍惜那烽火岁月的感情，每念及此，我们更加怀念刘震同志。

特务四大队于1933年6月改编为红二十五军手枪团。刘震同志到主力红军后，成长很快，几次战斗下来后，当上了连指导员。他以身作则，吃苦在前，冲锋在前，率领全连圆满完成了各项战斗任务。1934年11月，他随红二十五军长征。部队到达河南方城县独树镇附近时，遭敌突然袭击，当时敌人乘我军缺乏准备，从两翼实施包围，情况十分险恶。我军在此打了一场恶仗。此战刘震同志带领连队抢占一个重要山头，连续打退敌人五次进攻，连长英勇牺牲，他代理连长指挥，守住了阵地，全连伤亡近半。突围转移时，刘震同志不让一个战士掉队，不让丢下一个伤员。他带头抬担架，连续十几个日日夜夜，一直把连队带到陕南，深得战士们的爱戴。

红二十五军进入陕南后，在创建鄂豫陕革命根据地的斗争中，先后粉碎敌人两次“围剿”，攻克五座县城，主要战斗不下十次。文公岭重创敌一二六旅、华阳镇打垮敌警备二旅、葛牌镇击溃敌警备三旅，奇袭荆紫关后又在袁家沟口全歼陕军警备一旅。在这些战斗中，已任营政委的刘震同志身先士卒，勇往直前。葛牌镇战斗，刘震的右颏受伤，给他留下了一个永久的伤痕，从此，“歪嘴子政委”在红二十五军出了名。袁家沟口战斗，在打扫战场时，刘震同志发现一个敌军官正拼命逃跑，他大喊一声追赶上去，直到沟底小河边。敌军官凭借一块巨石作掩护，企图顽抗。刘震机警地观察动静，待敌军官打完一梭子弹正换弹夹时，猛然扑上去，将其摔倒在地，厮打在一起。正在这时，营部掌旗兵赶到，将敌人击毙。战后，刘震只身追顽敌的事迹广为传开。

1935年7月，红二十五军为配合中央红军北上，离开新创建的鄂豫陕苏区继续长征，连克两当、天水、秦安县城，经由隆德、平凉北进，牵制敌人兵力和破坏敌人的大西北后方。在合水板桥镇，后卫团一个营遭到敌人骑兵部队突然袭击。徐海东副军长赶到后卫，指挥后卫团二营投入战斗，但因敌众我寡，也陷入包围之中，在这紧急时刻，刘震同志和营长韩先楚带领部队占领阵地，以猛烈火力击退敌人的骑兵冲击，打开了一条出路，掩护徐海东突出重围。当时我们见到刘震同志时，都说他立了大功，他却歪嘴一笑。红二十五军到达陕北和陕甘红军编成红十五军团后，刘震同志被任命为二二五团政委，率部参加了陕甘苏区第三次反“围剿”斗争。在劳山战役中，他率队担任主要突击任务。榆林桥战斗中，他与团长率全团以勇猛的动作迅速冲向敌人，团长牺牲了，他也负了重伤，但他仍指挥战斗，直到最后胜利。1936年红军东征时，刘震同志调任红十五军团七十五师二二三团政委，该团为强渡黄河突击团。刘震同志率该团一营为第一梯队，胜利渡过黄河，尔后转战在晋西北。西安事变后，刘震同志被任命为七十五师政委，率部南下商县地区，参加了制止国民党亲日派企图进攻西安的行动。

土地革命战争中，我们与刘震同志战斗在一个部队，亲眼看着他由一名红军战士成长为一名师级指挥员。他身先士卒，奋勇杀敌，是干部战士心目中的楷模。他是我们这一级指挥员中比较优秀的一个。他的杰出的军事指挥才能，曾多次受到军首长的表扬。

节选自刘平编：《张池明将军》，中共党史出版社2001年6月第1版，第363—366页。

我的小传（节选）

陈鹤桥

一

1914年8月17日，我出生在安徽霍邱县曹庙村的一个贫农家庭。

这里地处皖西，北临淮河，南依大别山，是个灾荒不断、民不聊生的丘陵地区。

父亲陈少华，年轻时家有几十亩地，自种自收，日子还过得去。他读过几年私塾，略识文墨。母亲罗氏，性情温和善良，注重教育子媳，终身辛勤劳动和操持家务。

由于地主盘剥，官税沉重，灾年不断，家境每况愈下。到我出生时，家里田地卖光，靠租田谋生。所租地主王寡妇在曹庙村的40亩塝田旱地，土质很差，没有水源，收成靠天。每年劳动所得，除缴纳地租外，所剩无几。过的是半年糠菜半年粮的穷困生活。

我从七岁起，就跟母亲下地劳动，干些杂活。到了九岁，父亲才让我上学。上了四年私塾，读了四书，学会了认字写字。养成了看书的习惯，这为我以后学习政治、文化创造了条件。

尽管我学习用功，但因家境贫穷，交不起学费，只学了四年就辍学回家，帮家里喂牛。

我记得家里最累的活是磨麦子。夏季主要吃麦面，因为没有驴，全靠人工磨面。我和弟弟一人抱一根木棍，插在磨眼里，使劲将200多斤的石磨推动起来。一推就是几个小时，累得头晕眼花，腰酸腿疼。

艰苦的劳动，使我养成了吃苦耐劳的习惯，这为我以后参加革命战胜各种困难大为有益。

小时候我爱看书。没钱买书，就到亲戚家去借。最爱看的是《水浒传》、《三国演义》、《西游记》。这些书，不但使我开阔了眼界，而且其中打富济贫、除暴安良、疾恶崇善的人物形象强烈地吸引了我。每到晚上，我也常将书中的故事讲给曹庙的青少年们听，他们也被那些侠肝义胆、伸张正义的英雄行为所吸引。

我放了三年牛，虽说日子过得艰难，还比较平静。但不幸的事接二连三发生。老牛劳累过度病死；父亲病情加重，咳血不止，终于在48岁时去世；加上连年大旱，收成无几，连缴租都不够。1929年，母亲无可奈何，只好带着我和弟弟离乡背井，外出逃荒半年。

我们随着逃荒的人群，白天走村串巷，沿途乞讨；晚上住破庙，蹲磨坊。到了冬天，更是忍饥受寒，陷入绝境。半年多的逃荒，使我尝到了人间最辛酸、最悲惨的苦难生活，也使我想了很多很多，我痛恨这个不公平的社会！就在我们走投无路的时候，霍邱南山来了红军，给穷人带来了希望。

二

逃荒后回到家乡，家乡也有了变化。穷人更加过不下去，有钱人也惶惶不安。红军就在百里内外的南山里活动，霍邱一区白塔畈（后来划归金寨县）一带已成立了革命政权。1929年冬，共产党领导的农民协会发展到了我们家乡。曹庙的农协组织由秘密到半公开化，不光是贫雇农、中农踊跃参加，就是小商人、小手工业者和我的教书先生也跟风进来了。

我和三哥一道参加了农民协会的青农会。由于我出身贫苦，又略识文字，很快就当上青农会负责人。

1931年春节刚过，霍邱县几个区的贫苦农民在党领导下发动了武装暴动。我和农民一起拿起大刀梭标，参加抓土豪劣绅、抓民团团丁的斗争。这次农民暴动，声势浩大，锐不可当，攻下了大地主的“杜家老围子”，缴了三支钢枪；捣毁了区公所，抓了区长；成立区乡革命政权，并开仓济贫，给贫苦农民分了粮食。从此开始，我就离家做革命工作了。

这年3月，我参加了共产主义青年团，担任本乡团支书兼少先队指导员和乡政府的文教委员，8月调四区区委任宣传委员。我每天做宣传、贴标语、教唱革命歌曲，还组织少先队员站岗放哨、押送犯人。为了启发革命群众的阶级觉悟，破除迷信，还领着少先队员砸了曹庙的菩萨。上百名少先队员在我的带领下，冲进庙里，将泥菩萨推的推，砸的砸，经过一阵砖头棍棒的敲打，使大大小小的菩萨现了原形，原来它们不过是一些木棍、稻草和泥土。“神灵”昔日的神秘和威风，从此荡然无存。

1931年霍邱县南部几个区都成立了革命政权，并分配了土地。11月，我调到共青团霍邱县委做秘书工作。县委派我到驻在本连的红军七十三师政治部学习油印文件的技术。

正当革命处于高潮时，鄂豫皖苏区党的领导人张国焘犯了“左”的错误，搞“肃反”扩大化，霍邱县委、县政府一些干部被捕，被错杀，我因年纪小，成分好，没有被牵连。我母亲到大固店看我，见我平安才放下心来，并嘱咐我好好跟共产党干革命！

1932年8月，蒋介石调集主力部队对鄂豫皖根据地进行第四次“围剿”，由于张国焘的“左”倾思想影响，全苏区没有反“围剿”的准备，霍邱县城失守。在敌军追击时，我随县机关撤到霍山、英山境内。由于红四方面军离开苏区西去，10月，中共皖西北道委决定将各县的机关干部及独立团都编入红二十七军，从此，我参加了红军。

三

1932年冬，我在红二十七军第三团政治处任宣传队长，1933年我任红二十八军八十二师宣传队长。1934年4月，二十八军编入红十五军，徐海东任军长，吴焕先任政委。这两年，红军以游击战、运动战，消灭敌人，坚持保卫苏区的斗争。

1934年我任红二十五军政治部油印科科长。当时，道委和部队的文件都靠油印科油印出来，所以，对油印科的工作领导很重视，重要文件，军政委吴焕先都要亲自交给我刻印。部队行军打仗，每到一驻地，管理科给我们的都是又大又亮的房子，以便于工作。机关干部晚间都可以按时休息，我们科不管多困多累，也要把工作做完才能休息。

1934年我由共青团员转为共产党员。

这年8月底，部队白天佯攻英山城，夜间急行军100多里，神速攻占太湖县城，缴获了大批粮食、布匹、药品。我也在商店买了一批油印器材，好好地装备了一下。

太湖这一仗打得漂亮，充分发挥了红军英勇善战、灵活机动的优势，在敌人后方打开一个县城，在军事上政治上都有较大的影响。吴政委亲向写了捷报稿，我连夜刻印。捷报贴出后，军民看了无不拍手称快。

红二十五军在鄂豫皖苏区坚持两年艰苦斗争。1934年11月，鄂豫皖省委决定，红二十五军主力战略转移，离开老苏区开始长征，只留一部分地方武装，重建红二十八军，继续坚持根据地的斗争。这时中央军委派程子华到二十五军工作，省委决定由程子华任军长，徐海东任副军长，吴焕先任政委。

当时红二十五军只有2000多人，但领导坚强，作风过硬，说打就打，说走就走，能征善战，随时保持良好战斗状态。11月下旬，天寒地冻。部队衣裳单薄，粮食困难，在河南方城独树镇准备穿过公路时，遭敌伏击，当时敌众我寡，情况异常险恶。吴政委赶到最前线，命令部队坚决顶住，他从通信员身上抽出一把大刀，高喊共产党员跟我来，带领战士与敌人展开白刃格斗；副军长徐海东率领后卫梯队迅速赶到，经过一场恶战，打退了敌人进攻。为了脱离险区，军领导决定，部队立即顶风冒雪，利用黑夜急速前进。部队走了整整一夜，终于甩掉了敌人；经过伏牛山区，进入陕南商洛地区。商洛山区地处秦岭山区，曾是闯王李自成起义军活动过的地方，民风朴实，又有党和红军的影响，鄂豫陕省委认为在这里建立红色根据地，可以牵制敌人大量兵力，对陕甘红军和川陕苏区，都可以起到配合作用。

蒋介石发现红军停在这里闹革命，就慌忙调集兵力向我军进攻，在半年时间内，搞了两次“围剿”，但是敌人没有得逞，反而被消灭了三个旅；根据地扩大到几个县，人口达50万，红军主力增至3700人，开创了鄂豫陕根据地。

在长征途中，我任军政治部的党支部书记。除了印制文件、捷报、宣言、布告及各种宣传品外，有时还用粉笔在墙上写大字标语。

1935年8月，省委从国民党报纸上得知中央红军已进到四川西北，中央红军和四方面军会师后，有向西北前进的可能，于是决定：为配合主力红军北上，红二十五军向甘肃东部挺进。这样，红二十五军又继续长征，由关中再进秦岭，经凤县，包围天水，连克三城，消灭了一部分敌军。但是部队在泾川城西南过河时，遭敌突然袭击，吴焕先政委亲自率部作战壮烈牺牲；指战员怀着悲愤的心情与敌军展开搏斗，全歼敌一个团，打死敌团长。

吴焕先同志，学生出身，热爱战士，很会做思想工作。他不仅是优秀的政工干部，而且是出色的指挥员，牺牲时年仅28岁。我流着眼泪，沉痛悼念吴政委。

9月中旬，部队击败尾追之敌骑兵后，到达陕北延川永坪镇，与刘志丹领导的陕甘红军会合。至此，我们胜利地结束了长征。

四

1935年9月18日，红二十五军与红二十六、二十七军会合。经领导决定将三个军合编为红十五军团，徐海东任军团长，程子华任政委，刘志丹任副军团长兼参谋长，郭述申任政治部主任。我任军团政治部文印科长。

为了粉碎敌人对陕甘苏区的第三次“围剿”，红十五军团发动了劳山和榆林桥战役，击毙击伤敌1300余人，俘敌5500余人，缴获大量武器弹药和军用物资。10月19日，党中央率中央红军到达陕北。红一军团与红十五军团合编为红一方面军，司令员彭德怀，政委毛泽东。

11月下旬，红一方面军在直罗镇向敌主力五十七军展开猛烈攻击，全歼敌一个师和一个团，取得了会师后的第一个大胜利，粉碎了敌人对陕甘苏区的第三次“围剿”，把党中央领导中国革命的大本营放在大西北举行了奠基礼。

1936年2月，红一方面军东征山西。5月，开始西征甘肃、宁夏，取得重大胜利，把陕甘苏区扩大成为陕甘宁苏区。

1936年10月，红一方面军在甘肃会宁、静宁与朱德、贺龙、徐向前领导的第二、四方面军胜利会师。会师后在山城堡打了一仗，消灭了胡宗南的两个旅。

东征西征的胜利和三军大会师，使革命力量更加壮大，党的抗日民族统一战线的主张传播到全国。

1936年12月12日，发生了举世震惊的西安事变。张学良、杨虎城发动兵谏，扣留蒋介石，要求停止内战一致抗日。西安事变和平解决后，内战停止了，红军获得了一个和平整训的机会。毛主席指示，要利用这个机会，总结红军的经验，加强部队训练，迎接抗日新高潮。在准备抗日加紧训练的时期，我们油印科任务特别繁重，经常加班刻印文件、军政训练计划及各种训练课本。我本人则参加了一些重要的政治学习和军事训练，并因加班学习受到过表扬。

七七事变后，全面抗战开始了。红军改编为八路军，红十五军团编成一一五师三四四旅出师抗日。此时军委通知部队送一批干部到抗大学习，我在部队做油印工作多年，我提出要求到抗大学习一段再上前线。军团首长批准了我的要求。军团首长徐海东、程子华亲自请我们几十个去延安学习的干部吃饭，为我们饯行。

节选自陈鹤桥：《陈鹤桥回忆文集》，国防工业出版社2000年8月第1版，第3—9页。

八、其他

《战士报》

刘华清

红二十五军的长征分两个阶段进行。中途有一次停顿，由此创建了鄂豫陕新苏区。

鄂豫陕边界地区，包括陕西省东南部、湖北省西北部和河南省西部的部分地区；它北靠秦岭，南濒汉江，地势险要，人民困苦，敌人统治薄弱。我们到来前，这一带就受过党和红军的影响，较适合我军立足发展。因此，在庾家河战斗前，省委会议就决定在鄂豫陕边创建新苏区，并作出了《关于创建新苏区、新的革命根据地的决议草案》。

新苏区的创建，离不开政治工作。重视思想建设，是红二十五军的好传统。创建新苏区的日子里，军政治部创办了《战士报》。我是宣传科长，《战士报》自然由我负责。

在一次夜行军中，郑位三对我说："经军领导研究，由你担任宣传科长，仍兼秘书油印科长。原宣传科长郭述申担任军政治部副主任，带小部队去地方开展群众工作，创造根据地。"老实讲，这个调动我并不高兴。我一直在干组织科长的工作，但也一直只是挂名，没有正式宣布。现在仍然不让我当组织科长，我猜想可能是前段时间让我抓人，抓"反革命"，我没同意，因此受了影响。

郑位三见我没说话，接着说："吴焕先政委认为你在独树镇战斗中表现很勇敢，可以到团级领导岗位上去锻炼一下。我看现在部队也没有位置，你的身体又不太好，还是和我们在一起搞政治工作吧。”

我对郑位三一直很尊敬，他这样说了，我没有二话。我们议论政治工作如何开展，便谈到了干脆办份报纸，由宣传科负责，不定期，几天一期；当然，也要根据部队作战的实际情况，多一期少一期都可以。几个人对这个想法都很有兴趣。

没多久，《战士报》创刊了。

作为宣传科长，我的工作很多。首先要办好《战士报》，从筹稿、编辑到刻印，都要我管；我还要负责起草文件、拟定标语口号、组织布置群众大会等等事情；还让我管政治部的宣传队，管部队的宣传教育工作。工作虽然忙累，但是干得很起劲。

当时，红二十五军刚刚进入新苏区，给养不济，生活异常艰苦，部队产生了各种各样的情绪。我们及时把部队的好人好事收集起来，在报纸上刊登。为了配合群众反抗捐税斗争的要求，我们又在报上提出“抗捐、抗债、抗粮、抗夫、抗丁”的“五抗”斗争口号。总之，我们总是围绕部队的工作实际，积极配合宣传。

《战士报》在当时起了很大作用。许多平时没有时间讲的事，通过报纸做了宣传，而且效果不错。军领导也很关心这张报纸，吴政委多次给我们指示。一天，我正在编稿，吴政委来了，对我说，报纸的稿子要短一些，稿子要到连队去约，要动员部队的干部多写稿子，反映部队的情况。有时候，吴政委还亲自写稿子。记得有一篇叫《骑马大王》的稿子，就是吴政委写的。这是一篇批评稿。当时，二二三团团长常玉清喜欢骑马抖威风，一些干部战士对他意见很大，但谁也不敢批评他。吴政委在稿子中对他进行了批评。文章在报纸上刊发后，不仅批评帮助了常团长，而且教育了全军干部战士，密切了官兵关系，“骑马大王”的名字也在全军传开了。红二十五军批评和自我批评风气很好，党内、部队内的斗争精神很强，对不良倾向敢于批评和斗争。当时的做法是，对团以上干部的批评稿件，要请示政治部主任同意后才能刊发。郑位三、郭述申等领导也经常亲自写稿。报纸还经常刊登一些政治工作经验、群众工作经验等，短短几句话，就是一条消息，对部队很有指导意义。《战士报》很快成了全军上下都很关心的报纸。它虽然有些简单粗糙，但很及时、也很实际，富有战斗力，对部队创建鄂豫陕新苏区起了积极作用。

有趣的是，我还被赶鸭子上架，当过一回“画家”。事后自己也暗暗称奇。

早在鄂豫皖时，红军各连队就建立了列宁室（俱乐部），作为文化学习和教育活动的中心。列宁室都挂有列宁像。长征时轻装，许多东西都没能带上。到陕南新苏区后，郑位三要求我们搞好连队俱乐部建设，还让我画列宁像。红军完成长征，算是一大奇迹；我这次当“画家”，也算得上一个小“奇迹”。我从没画过画，甚至丁点儿基础知识也没有。郑位三递给我一本书，书里有一张列宁像，要我照着画，并且要放大，能挂在连队列宁室里。

他走后，我拿着书，对着列宁像愣了好半天。军人以服从命令为天职，好在我一向胆大，心想，画就画。我找来一块打仗缴获的白布，那时叫洋布，铺在地上。没铅笔，也不知道可以用“九宫格”放大的方法，就用火炭先在上面轻轻打稿。画上几笔，就站起来瞅两眼，看像不像。等觉得差不多了，就用毛笔在炭稿上慢慢描。那架势，仿佛一个正在创造杰作的绘画大师。就这样一笔一画，终于完成了我有生以来的第一幅绘画作品。

我知道自己这次任务完成得不好，拿给郑位三检查的时候，心里很不踏实。出乎意料，郑位三很满意，说：“你还真不简单，叫你画你就画出来了，画得还很像呢！”我如释重负。

就此一发不可收拾。列宁室本来就该有列宁像。如果都没有，那没办法；现在有个连队已经挂出列宁像，而且知道军政治部藏龙卧虎，有个“画家”，其他连队自然不甘落后，纷纷找来。

刚会游泳的，往往瘾头格外大。我刚刚体会了当“画家”的滋味，而且得到了政治部首长的表扬和大家认可，自信心一下子变得很足。我非常乐意地满足了各个连队的要求。

龙驹寨整训期间，程子华军长由于有伤，就在病床上找人了解情况，也找我谈过话。他对我说，部队整训期间，要开展文娱体育活动，要做游戏，教唱歌曲，并让我把他刚到鄂豫皖时教我们唱的一些歌曲教给部队。按照他的意见，我们宣传科采取办班培训的办法，先培训一批连队干部，再由他们去教部队。这样，很快在全军掀起了教唱革命歌曲的热潮。我们还抓了部队的文化学习。

成员年轻，是红二十五军的一个鲜明特点。

《共产国际》刊物1936年登过一篇文章，名为《中国红军第二十五军底远征》，其中一段这样写道：“最堪注意的，就是这支队伍差不多没有年过18岁以上的战斗员。从前的鄂豫皖苏区里，遭受异常残酷的白色恐怖，那些在战斗中牺牲者的孤儿，那些在1932年随红四方面军远征到四川的红军战斗员的子弟，便在这种恐怖条件下建立起游击队，从游击队变为现在以‘儿童军’著名的红二十五军……”

从年龄结构上看，说红二十五军是“儿童军”的提法是有道理的。长征开始时，包括几位军领导在内，都十分年轻：军长程子华29岁，军政委吴焕先27岁，年龄稍大的是副军长徐海东，也才34岁；营团干部，多是20出头；一大批连排干部，大多是不到20岁的小伙子；军部机关的工作人员和警卫人员，也和我差不多，只有十七八岁。

尤其令人感慨的是，队伍中甚至还有一批十二三岁的少年儿童，有时候，他们也不得不成为战斗人员。《共产国际》上述文章对此也有过描述：“在鄂豫皖边界人迹罕见的崇山峻岭上……十一二岁的儿童上山寻找自己的父亲。他们还是幼弱儿童就如大人一样懂事。他们亲眼见过白色恐怖的一切惨状，他们在幼年童稚时代就领略了一切政治常识。这样就产生了新的红二十五军，产生了儿童军。这一部队大多数战斗员的年龄，只是从13到18岁。”

这支神奇的“儿童军”，在艰苦的长征路上，在开创新区的战斗岁月里，一个个雄姿英发，朝气蓬勃，具有战胜一切敌人和艰难困苦的英雄气概，他们每向前跨进一步，都经受着血与火的洗礼。这些年轻的战士，不要做动员，不要讲大道理，他们最朴素的信念是，为了革命，向前，向前！部队最爱唱的是《红色青年战士之歌》，我们这些年轻人，只要唱起这首歌，浑身是劲：

红色的青年战士志气昂，
好比那东方升起的太阳；
不怕牺牲，英勇杀敌如猛虎，
冲锋陷阵，无坚不摧谁敢挡！

紧张的战争环境中，我们摸索形成了一套很有效的政治思想工作方法。我当宣传科长之后，经常思考如何加强部队思想教育。部队经常打仗，总在转移运动，我们就随时随地，用敌人压迫残害人民的血淋淋事实，对部队进行教育，激发指战员对敌人的仇恨，提高阶级觉悟。面临复杂情况和艰巨任务，军领导都会亲自出面动员，讲话简短，但生动有力。特别是吴焕先政委，讲话很有鼓动性，部队一听到他讲话，劲头就来了。

军政治部宣传队的工作也十分活跃，利用各种简单易行的方式，宣传时事政策和胜利消息，表彰英雄模范事迹。宣传队又分为粉笔队、糨糊队。粉笔队主要负责刷写大字标语、宣传口号，有时用白灰，有时用墨汁，反正是找到什么能写大字的就用什么；糨糊队则主要负责张贴布告、传单、标语等。还有些宣传员，对群众讲演。宣传队还根据部队执行任务的情况，及时排练一些反映部队生活的小节目，有快板书、活报剧、小话剧等，形式多样，很受战士欢迎。有时开联欢晚会，军领导也积极参加。我们宣传科经常编一些宣传材料和教育大纲，组织部队学习讨论。《战士报》在这方面也发挥了很好的作用。

红二十五军的官兵关系很密切，尊干爱兵蔚然成风。各级干部都能以身作则，凡是要求下级做到的，领导干部首先做到。每次外出打粮回来，背得最多的是干部。战斗中，干部冲锋在前，退却在后，哪里情况紧急，哪里就有领导干部。军领导和各级干部都很爱护部属，行军中，他们经常把马让给伤病员和体弱的同志，主动帮助战士背枪、背背包。到了宿营地，干部争着为战士烧水洗脚，督促和帮助战士放脚泡、打草鞋，为战士理发，关心照顾伤病员。我亲眼看到过徐海东抬担架运伤员。我自己也有过两次切身感受。独树镇负伤是一次，创建新苏区中还有一次。那是在山阳县，由于饮水不对，不知得了什么病，高烧一直不退。军医院院长钱信忠亲自给我做了治疗，后来我高烧昏迷，他就报告了军参谋长戴季英。戴季英立即找来担架，让人抬着我走。干部关心战士，战士也尊敬热爱干部。全军上下同甘共苦，情同手足。

红二十五军在鄂豫陕边不到半年时间，在作战上取得了一连串胜利，歼灭陕军第一二六旅三个多营，警备第二旅、警备第三旅大部，全歼警备第一旅，歼东北军一部，先后攻占镇安、柞水、宁陕、佛坪、雒南五座县城，部队发展到近4000人，地方游击师、抗捐军发展到2000人，成立了中共鄂陕、豫陕两个特委和五星（柞水红岩寺地区）、山阳、镇（安）柞（水）、鄂西、雒南五个县工委，成立了鄂豫陕边区苏维埃政府和两个县、13个区、40多个乡、300多个村的苏维埃政权，逐步建成了鄂豫陕苏区。

选自《刘华清回忆录》，解放军出版社2004年8月第1版，第51—57页。

《三大纪律八项注意》歌的诞生

刘华清

《三大纪律八项注意》歌唱了几十年，但当初，它的出现很偶然。

1935年9月，我们与陕甘红军会师后，为了统一指挥，进行了合编。红二十五军、二十六军和二十七军合编为红十五军团。军团长徐海东，政治委员程子华，副军团长兼参谋长刘志丹，政治部主任高岗、副主任郭述申。下辖第七十五师（红二十五军改编）、七十八师（红二十六军改编）、八十一师（红二十七军改编）。军团机关和直属队编有司令部、政治部、供给部、卫生部、手枪团、补充团、交通队等，全军团共7000多人。军团政治部机关，是原红二十五军政治部改编的。政治部下面设科，我仍当宣传科长。

敌人正在发动对陕甘苏区的第三次"围剿"，调动了十几万兵力。红二十五军的到达，大大加强了陕甘苏区红军力量。合编成红十五军团后不久，就在劳山、榆林桥打了两个大胜仗，稳定了局势。战斗中有大量缴获，使我们的武器装备得到改善，服装给养得到补充，为中共中央和主力红军的到来创造了有利条件。

劳山、榆林桥战斗后，陕甘苏区掀起了参军热潮，部队补充了大批新兵，两次战斗中的大批解放战士也补入部队。为了加强对他们的政治纪律教育，军团政治部要求我们宣传科编写了教育提纲，派出有带兵经验的政工干部下连队讲课，同时组织了一些典型人物，现身说法，搞两种军队的对比教育。

程坦是政治部秘书长，他和我们宣传科重点负责新兵教育。

在对新兵进行纪律教育时，程坦秘书长找我，建议把“三大纪律八项注意”编为歌曲，让大家天天唱。我完全赞同。程子华同志到鄂东北时，曾教我学过中央苏区很多歌曲，并讲了“三大纪律八项注意”的条文，具体内容与鄂豫皖红军的条文有些差别。按他的意思作了修正后，他让我印发各部队，要求指导员天天给战士讲，并在行军宿营检查执行。我们长征到陕南创造新苏区时，程子华、郑位三要我天天去部队教唱歌，讲“三大纪律八项注意”事项，我觉得太麻烦，也曾有过把“三大纪律八项注意”编成歌曲的想法。但是，天天走路，很疲劳，没有精力，另外我没有音乐知识，也就作罢。现在程坦已把鄂豫皖原有“三大纪律八项注意”的条文与中央苏区的条文修正好了，要变成歌曲，找我商量，真是不谋而合。程坦和我一样，也不懂音乐。我们就借用了鄂豫皖苏区流行的《土地革命完成了》的歌谱，咏过来咏过去，一唱一哼，认为歌词和曲子很合拍。唱了许多遍后，觉得可行。我们把结果向军团政治部主任郭述申报告，他也完全赞同，并让我在《红色战士报》上刊出，印发各部队。

《红色战士报》刊出了这首歌。记得开头一句是“红色军人个个要牢记”，以后改成了“革命军人个个要牢记”。当时，我们结合新兵的纪律教育，在部队组织教唱，收到了非常好的效果。因为歌词容易领会，曲调也简单，这首歌很快就传唱开来。

这支歌很快又在更大范围引起了注意。1935年10月19日，中央红军结束长征，胜利到达陕北吴起（今吴旗）镇。我们打下张村驿等据点后，于11月上旬在鄜县（今富县）以北地区与中央红军会师了。中央决定，恢复中国工农红军第一方面军的番号，红十五军团编入红一方面军。方面军司令员彭德怀，政治委员毛泽东（兼），政治部主任王稼祥，下辖第一军团和十五军团。也就在庆祝两军会师的大会上，红十五军团的官兵高声唱起了《三大纪律八项注意》歌，立即引起全场注意，出了点风头。会后不久，许多部队都学会了这支歌。

这首红军歌曲，在抗日战争和解放战争时期，随着军队任务和纪律要求的变化，歌词做过相应修改。1950年，总政治部组织文艺专家对歌词又进行了修改；1957年再次修改，便成了现在的《三大纪律八项注意》歌。数十年来，这支歌曲深受广大官兵和人民群众喜爱，对于加强纪律性，增强军队内部和外部团结，促进部队作风建设，起了积极作用。

可以说，《三大纪律八项注意》歌是由红二十五军先唱起来，然后在红军各部队中传唱开的。当时并没想到这首歌会流传得那样快，那样广，影响这么久远。如果这算得上是一份成绩，主要是程坦同志倡议干的，是他的历史功绩，我只是协助，做了个“媒人”，把苏区现成的曲调往歌词上嫁接了一下。

中共中央和主力红军的到来，加强了陕甘苏区的领导，壮大了红军力量；蒋介石也因此调整部署。1935年11月下旬，红一方面军抓住战机，发起了直罗镇战役，打了个大胜仗。事后，中共中央在鄜县东村召开了营以上干部大会，毛泽东同志到会作报告，对直罗镇战役作了总结。也就是在这次大会上，我第一次见到毛泽东同志。

会后，红十五军团转移到洛川东北旧县一带休整。中共中央和中央军委给红十五军团派来了一批中高级干部。这次干部调整量很大，军团司令部、政治部的部长、科长及各师团的政治委员、主任，大部分由中央派来的干部担任。徐海东同志党性很强，对中央的安排没说二话；原红二十五军中一些老同志不满意，因为他们大多没有得到提拔使用，有些还高职低配。但这些同志都顾全大局，没有一个人向上提意见。红二十五军干部的这种高尚品格，促进了部队团结，加强了红十五军团的建设。

选自《刘华清回忆录》，解放军出版社2004年8月第1版，第72—75页。

回顾红二十五军的政治工作①

黎光

红二十五军同其他红军一样，有优良的政治工作传统，十分重视部队的政治工作。团以上都设立政治机关——政治处、政治部，都配备政治委员。每团还有专职宣传队，五六人，七八人不等。营设有政治委员后政治教导员，连队有政治指导员，另有不脱产的宣传队三五人，一般都是党支部的宣传委员或共青团支部书记兼任宣传队长。

当时不仅政治机构健全，也建立了一套政治工作制度。政治工作的内容主要有这样一些方面：

一是广泛宣传动员群众。在根据地主要是宣传、动员、组织群众参加和支援战争。红军作战时，赤卫队、少先队满山遍野呐喊助威，抢救伤员，打扫战场，捕捉逃散的敌人。在敌占区和长征途中，主要是宣传红军和共产党的主张、政策，调查土豪劣绅，打土豪，分浮财，开仓分粮。部队一宿营，宣传队就打着小红旗到周围做群众工作，调查谁家是土豪，谁家是地主。若部队在一地住三天以上就组织贫苦农民分土地，还插上标牌。当时虽然也知道红军走后，穷人分的土地是保不住的，但也要认认真真地分，使贫苦农民感到这块土地是红军分给的，留下了深刻的影响。穷人祖祖辈辈都没有自己的土地，当土地分到手时，群众就手捧黄土眼流

① 题目为编者所加。

热泪，激动地喊出：“我也有自己的土地啦。”毛主席讲“红军是宣传队、播种机”，当时虽然还没有认识到这些，但实际上我们就是这样做的。宣传队还到处写标语，贴布告、传单，走到哪贴到哪。宣传队还有一条任务就是扩大红军，除了组织群众武装游击队外，还动员他们直接参加红军。在鄂豫陕苏区除了组织几路游击师，开辟了几块游击区根据地外，还扩大主力红军上千人。

二是对部队本身的思想政治工作。主要是通过宣传鼓动工作，不断提高巩固部队，保持旺盛的士气。行军、打仗、战前、战后都要简短的动员，并有响亮的口号和各种宣传鼓动工作。部队出发前集合场上歌声嘹亮。“唱得好呵唱得妙，再来一个要不要呀！”相互拉歌，此伏彼起，歌声不绝。当时共青团有一支歌子，记得有这样一段：“红色的青年战士志气昂，好比那东方升起的太阳，不怕牺牲，英勇杀敌如猛虎，冲锋陷阵，无坚不摧谁敢挡！”部队休息时常开晚会，演出许多自编自演的小节目。也常开“问答会”，政治学习教育后，出题目大家回答，将题目写在纸条上，捏成小纸球，大家抓，你抓到什么题目就请你回答。这种活动就是在长征路上还进行过多次。部队士气始终是旺盛的，尽管条件那样恶劣，生活那样艰苦，但部队没有开小差的，连放在群众家里养伤的，伤养好后就要找回部队来。

三是发挥党团员的模范作用和带头作用。这一点是当时最强调的，也是最重要的。党团员就是要冲锋在前，退却在后，吃苦在前，享受在后。每当行军到宿营地后，党小组就要讲：今天你替别人背枪没有？你们连、排、班是否有病号掉队的？有掉队的你替他背枪没有？到宿营地你抢着借门板、铺草、挑水、烧洗脚水没有？出发前你抢着还门板、铺草、扫地没有？如果哪个班有掉队的，他的枪没人给背，这个班的党团员都要做自我批评，做检讨。

四是遵守群众纪律。红军执行三大纪律八项注意是很严格的，也是很自觉的，可以说是秋毫无犯。例如长征途中，我记得在豫西，二二四团有一个连队杀了一头猪，因后面敌人追上来了，来不及烧水褪毛，就把猪皮剥了，把肉挑上走。为这件事指导员被撤了职，司务长被关了禁闭，他们的罪名是不顾红军的政治影响，替敌人当了宣传员。领导批评说：人家说我们红军是“土匪”，你们这样做能不让老百姓说吗？谁家老百姓杀猪剥皮的呀？晚上集合点名都要检查纪律，党团小组会、支部大会都要检查是否违犯了群众纪律。长征途中，我们能够顺利通过豫西围寨，也是由于我们有强大的政治攻势和良好的群众纪律。部队过寨子之前，军机关和连以上干部都开了会，吴政委讲了话，他指出，这里的寨子很大，武装很多，小寨子有几十条枪，大寨子有上千条枪。我们是抗日先遣队，在这里不准打土豪，不准进寨子，不准违反群众纪律。军政治部主任郑位三同志亲自给围寨头目写信，宣传我党我军抗日救国主张，晓以民族大义，说明我军借路北上，沿途勿加阻拦。记得位三同志还编了一些顺口溜，让宣传队喊唱：“老乡老乡，不要惊慌。大军所向，抗日北上。借路通过，不进村庄，奉劝乡亲，勿加阻挡……”在我军政策感召下，许多围寨村口摆上茶水、香烟招待我们，有的还送饭给我们，使我们顺利通过围寨区，摆脱了敌人的追堵。又如，长征到达陕甘边的双石铺时，部队休息一二天，我带着一个班走出十多里外去打土豪，分完了粮食和浮财准备往回走，集合部队少了一个战士，我就去找，原来这个战士在一个小阁楼里发现土豪的很多贵重的东西都藏在那里，阁楼很黑，就点个油捻子照亮，结果火星掉在楼上。我们刚出村火烧起来了。我们赶快回去救火，结果烧了土豪家四五间房子。当时我思想负担很重，心里想这回完了，很可能要杀头。回队后自己就把手枪和洋钱袋子（当时部队连以上干部每人替公家保存几十块光洋）都主动地卸下来，交给组织，就去找戴季英坦白。戴听了情况后说：这问题严重，国民党骂我们是土匪杀人放火，你这不就是放火吗？等于替敌人当了宣传员。可当时并没有把我关起来，只说了声“你先回去听候处理”。回去后我坐卧不安，饭也没吃，眼也哭肿了。党委书记（相当于组织科长专管党务工作的）老何给我出了个主意说：你去找找吴政委，把情况向他说清楚。我就去了。说清情况后，吴政委问我火扑灭了没有，烧了穷人的房子没有。我回答了当时就扑灭了，没有烧一间群众的房子。他说：你回去吧，自己向党支部做个检讨，以后注意就是了。

五是认真执行俘虏政策，注意开展政治攻势，做好瓦解敌军工作。这在红二十五军是很突出的，收效也是大的。无论是战场对敌喊话，还是对俘虏进行宣传，都强调，蒋介石卖国不抵抗日本侵略，专打红军，揭露国民党军官腐败黑暗，他们过着花天酒地的生活，扣军饷，喝兵血，你们当兵的和我们红军都是贫苦出身，都是一家人。缴枪不杀，愿当红军的我们欢迎，愿回家的我们发给路费。另外一方面就讲红军是穷人的队伍，向他们宣传共产党红军的主张和政策。每次战斗下来，把俘虏兵集中起来，把各团的团委书记、宣传队长集合起来分到俘虏中去做工作，给他们上课。特别是对东北军的俘虏强调不当亡国奴：你们替老蒋打自己的同胞（红军），你们的父老兄妹在家里当亡国奴，应该打回老家去。我们红军为了抗日才离开南方根据地，组织抗日先遣队。给他们演活报剧，唱流亡歌曲。讲得他们痛哭流涕，一致高喊“我们打回老家去，一致抗敌，不给老蒋卖命”等口号。长岭岗、劳山、榆林桥等战斗的东北军俘虏，不少人不愿意回家留下当了红军。我们一进到陕西时，在三要司把杨虎城的一个营都俘虏了。当时给他们讲：红军是穷人的队伍，不压迫人，专打老财，专打老蒋，你们中大多数都是穷人出身，我们本是一家人。尔后把空枪还给他们，让他们打着红旗回去了。

六是坚决执行民族政策。记得我们进甘肃回民区的前一天晚上，部队集合，吴焕先政委站在高处宣布，我们明天就要进入回民区，回民一向遭受国民党大汉族主义的歧视，我们红军主张各民族一律平等，要坚决尊重回民的风俗习惯。并宣布：第一，各单位把没有吃完的猪肉，猪油全部丢下，送给群众，绝对不准带进回民区；第二，不准住在老百姓家，一律露营；第三，到水井打水，要用老百姓的水桶打上来倒进我们的水桶中。这些规定既是群众纪律又是民族政策，不得违犯。我们在陕南扩军时，有些回民参了军，把他们集中起来同手枪团一起，为大部队打前站，把事先写好的告回民书、布告标语等在头天夜里就贴出去，广大回民一看，高兴地说：这是我们自己的军队。部队到兴隆镇时，群众敲锣打鼓，披红戴花欢迎我们，阿訇也来迎接。部队宿营在外面，他们让我们军部住清真寺，群众也让我们部队住到自己家里，这是对我们的信任。我们在该镇休整了几天。部队走后三天，兴隆镇的群众还赶来送情报。这说明少数民族政策的重要。红二十五军在甘肃这一带影响很大，以后一方面军来时，据说毛主席还赞扬红二十五军执行少数民族政策做得很好。

以上几点构成了当时政治工作任务、内容、对象和方法。当时政治工作机构很精干，人员也不多，既没有成本大套的书籍和文件，也没有长篇大论的文章和报告，开会、讲话、动员都很简单，简明扼要，生动活泼，针对性强，效果也很明显，充分发挥了政治工作的强大威力。（陶景春整理）

选自《中国工农红军第二十五军战史》编审委员会编：《中国工农红军第二十五军战史资料选编》，解放军出版社1991年10月第1版，第561—564页。

我在红二十五军入党前后

叶建民

如果有人问我：经过长征，你最深刻的思想变化是什么？我的回答是：对党的认识，是长征坚定了我为共产主义奋斗终生的信念。

那是1934年11月，我所在的红二十五军集结在鄂豫皖苏区的何家冲地区准备长征，当时我在二二三团二营部当通信员，年纪只有15岁，是个名副其实的“红小鬼”。

临出发，我的大姐夫翁行万（乡党支部书记）专程从我的老家宣化店赶来送行，一见面，他便转告我那当赤卫队员的老父亲的重要口信：不管遇到什么困难，都要跟着共产党，跟着红军闹革命，不能当孬种，要早点入党。

当时，我虽然没表示什么，但我心里明白亲人的这番话都是针对我在反“围剿”斗争中几次不肯写入党申请书那件事说的。在鄂豫皖苏区反“围剿”的作战中，我表现得挺勇敢，党组织和同志们都挺看重我。班长曾几次动员我写入党申请书，并说党支部研究过我的入党问题，只要申请，组织上就发展我，但均被我以年纪小为由推脱了。说老实话，当时，我除了知道“国民党坏，共产党好”这些最基本的道理之外，对党的知识和人生信念之类的确懂得不多，再加上肃反扩大化闹腾得着实让人害怕，现在父亲和姐夫旧话重提，我完全明白他们的意思，也掂量出话语间的分量。我避开大姐夫的目光，不好意思地低下头，心里却开始认真思索起这个问题来。这种思索伴随我走过了万水千山……

长征中，我们红二十五军将士几乎每天都在与国民党几十万大军的围追堵截以及恶劣艰苦的自然条件和生活条件进行着殊死的斗争。我身边的那些优秀共产党员们时时刻刻表现出的那种越是最危险最困难的时刻，越是勇敢地冲锋在前的革命英雄主义和大无畏精神，使我刻骨铭心地感受到共产党员与众不同。

记得我们长征来到四川西部[①]一个叫西王村的地方宿营，班长带着我刚为大伙儿做了点面条下到锅里，还没等熟呢，敌人就围上来了。班长丢下刚端起的碗，带领我们冲出屋外，迎面碰上了军政委员吴焕先同志。吴政委手里提着把大刀，两只衣袖高高卷起，哪里战斗最激烈最危险，吴政委总是及时出现在哪里，这在战士们眼中早已成为一种惯例，而且吴政委一来，准会组织“敢死队”。果然，吴焕先同志大喊一声：“共产党员统统站出来，跟我冲！”话音未落，他把大刀一挥，便转身率先向敌人控制的山头冲去，在他身后“呼啦啦”一下子紧跟上几十个人，清一色的共产党员。

我这个人虽说入党不积极，但打白狗子却从没含糊过。于是我也急忙混进了“敢死队”，跟在班长身后往前冲。心想，打敌人还分什么党员不党员？

谁知刚跑出没多远，班长便发现了我。他一改平时和蔼的模样，活像只被激怒的大老虎，一把揪起我的脖领子，不由分说，连提带拖地把我弄到一块隐蔽的岩石旁，冲我又吼又叫：“你连党员都不是，凑什么热闹？你不够格儿！”说罢，用力将我一推，竟把我摔了个屁股蹲儿。随后，班长转身又冲进了枪林弹雨之中……我委屈极了，窝了一肚子火儿，坐在地上一个劲儿捶自己的大腿：岂有此理！不入党，难道连冲锋陷阵的资格都没有吗？……

① 二十五军长征经过河南、湖北、陕西、甘肃四省，未经四川省——编者注。

等我随二梯队攻上山头的时候，吴政委和班长他们已控制了制高点，正以猛烈的火力将敌人压下山去……

在这次战斗中，我的两位党员同乡英勇牺牲了。失去好同乡的悲痛引发了我被逐出敢死队的屈辱，悲痛和委屈一齐袭上心头，我忍不住嚎啕大哭起来，一边哭，一边用拳头猛捶班长的胸部，把我肚子里的气一股脑儿发泄到他的身上："呜……都怪你，为什么不让我上？……"

班长紧紧地搂住我，任我在怀里又哭又打，一声不吭，只有眼泪像断了线的珍珠淌个不停……

不知过了多久，等我渐渐安静下来，班长才疼爱地扳起我的脸，边抽泣边解释："建民啊，不是我不让你去，实在太危险啊！……这种时候，我们党员不往前冲，谁个冲？"……

打那以后，我开始崇敬起吴政委和班长这些共产党员了，从心眼儿里佩服他们，尤其是吴焕先同志，我和战士们都把他当作自己的娘，有吴焕先政委在，我就像有了依靠，一天见不着吴政委，心里就好像丢了魂儿似的。后来，吴焕先同志在作战中牺牲了，我和一群"红小鬼"们都哭得死去活来，连着几天悲声不断，我边哭还边喊："没有娘了哇！"……

时间过得真快，转眼间红二十五军长征来到了甘肃东部的喜峰地区，眼看就要进入陕北根据地了，就在这时，我们与国民党马鸿宾部的骑兵发生了激战。

打敌骑兵，对我来说是件新鲜事儿。班长战斗经验很丰富。他一边向敌人射击，一边教我："建民，先打敌人的马，马一翻，剩下两只脚的家伙就好收拾了。"

我学着班长的样子，瞄准敌骑兵的马，连着扣动扳机。嘿！真灵！只见敌人的马一匹接一匹地栽倒了，马上的敌人也一个个摔得嘴啃泥。我心里那股高兴劲儿就甭提了。我打得兴头大起，只顾向敌射击，完全忘记了隐蔽。正当我集中精力向敌人射击的时候，突然听到一声："趴下"，紧接着感到有人猛地把我推倒在地，并用他那高大的身躯把我遮盖得严严实实。随即“咣咣”两声巨响，敌人的炮弹在我的身边爆炸了，一股浓烈的硝烟扑鼻而来，呛得我喘不过气来。爆炸过后，我竭力想爬起来，可压在我身上的那个人却一动不动。这时我敏锐地感到自己的脖子上有一股液体在流动，并伴着一股血腥气，我伸手一摸，哎呀，鲜血！我赶忙奋力翻身起来一看，原来是班长。只见他浑身上下沾满了鲜血，那顶八角帽被弹片打了好几个窟窿，殷红的鲜血浸透了帽子和衣衫，已昏死过去了。顿时，我觉得一股热血猛烈地冲上大脑，下意识地抓起身旁一把大刀，“腾”地跳出阵地，犹如一头被激怒的雄狮，嗷嗷大叫着冲进敌群，疯了似地砍杀起来……

战斗胜利了。我在一个土包旁找到了奄奄一息的班长。当我用嘶哑的声音轻轻地呼喊时，老班长艰难地睁开双眼，蠕动着干裂的嘴唇，示意我靠近些。我赶紧俯下身去，把耳朵贴近他的嘴边，老班长用尽最后一丝气力，断断续续地说：“入党……跟……党走……革命……到底……”说完，还没等我有所表示，老班长就停止了呼吸，我顿时心如刀绞，想喊想叫，可喉咙却像被塞满了棉花，一点声音也发不出来。

在红二十五军长征胜利到达陕北根据地后的一个晚上，皓月当空，秋风萧瑟。我失眠了。独自一人来到窑洞外面的院子里，在一条土疙瘩砌成的长条凳上坐下来，思绪不由自主地又回到了长征路上。许多优秀共产党员的光辉形象重新闪烁在我的眼前，吴焕先、老班长、田守尧，还有许多共产党员们……正是因为有共产党的英明领导和共产党员们的先锋模范作用，才凝结起全体红军将士和各族人民群众，才能使红军在极其艰苦的条件下转危为安，取得长征的胜利。“共产党员”是一个多么神圣而光荣的称号啊！我越想越激动。

……

“谁个？怎么不睡觉？”忽然，党总支书记刘斌来到了我的身旁。月光下，他上下打量了我一番，惊诧地说道：“哎哟，么斯事儿哭成这个样子？”直到这时，我才发现自己满脸都是泪水，连胸前的衣襟都打湿了，我不好意思地站起身来，擦去脸上的泪痕，哽咽着向这位党组织负责人倾吐出久蓄心底的话："我要入党！"

刘斌一听，乐了："好哇！你呀你呀，早就该这样嘛。"接着，他认真地说："你要是看得起我，我做你的介绍人吧。"说罢，也不管我的意见如何，自顾低头算起日子来。他一边算，一边嘀嘀咕咕地念叨着。片刻，他抬起头来，说："噢，明天正好是'五一'劳动节，好日子！我看上午就举行入党宣誓吧！……"

第二天上午，天空格外晴朗，金色的阳光洒满黄土高原，把举行入党宣誓的窑洞照得亮堂堂的。面对用无数共产党员的鲜血染红的中国共产党党旗，我庄严地举起了右手……

我的这段经历，用活生生的事实从一个侧面再次印证了一条颠扑不破的真理：坚定地毫不动摇地跟着中国共产党革命到底，国家才有希望，民族才有希望，个人才有希望。（王豪强整理）

节选自《解放军报》1996年10月21日。

叶建民，1918年生，湖北大悟人。1931年参加中国工农红军，1936年加入中国共产党。红军长征时任红二十五军二二三团二营通信员。新中国成立后，曾任解放军第四十七军副军长、广州军区装甲兵司令员、广州军区副司令员等职。1955年被授予少将军衔。1998年在广州逝世。

红二十五军的卫生工作[①]

钱信忠

1932年夏天，我参加红军以后，首先是在黄陂、孝感北部位于杨家寨的一所红军医院工作。院长姓杨，是中医，看护长姓刘，还有十几名看护员，收容伤病员400多人。1932年10月，红四方面军主力转移，鄂豫皖苏区总医院及其分院的一部分医务人员随军走了，但大批伤员留在苏区，领导上调我到总医院工作。这时总医院已由箭厂河转移到张店一带，1000多名伤病员分散安置在周围数十里的山区。总医院院长是邵达夫同志，连我在内共有四名医生。我到总医院后负责重伤治疗组的医疗工作。以后，由于敌人“围剿”，总医院转移到郭家河一带，把医院分编几个所。我被分配到郭家河所，这个所先在郭家河东南的戴家岗，后又搬到郭家冲。在程七湾也有一个所，院里叫我同时负责两个所的医疗工作。1933年，七里坪战役以后，在高家湾成立重伤医院，又调我到那里工作。1933年7月敌人开始第五次“围剿”，医院转移到天台山、老君山地区。

1933年12月下旬，领导通知我准备成立红二十五军医院，叫我当院长，我遂告别了医院的同志到军部报到。我到军部后，红二十五军即从鄂东北经敌占区打了几个小仗，到了皖西，同红二十八军会师。会师后，红二十五军和红二十八军统一改编为红二十五军。于4月18日经过潢麻公路

① 题目为编者所加。

回鄂东北，途中击溃了敌一〇九师两个营。战斗后部队进驻光山县高山寨西南的省委驻地。

随着红二十五军的改编，部队扩大了，着手筹建军医院。原来红二十八军有个医务所，共有20几个医护人员、两名医生，与红二十五军合编。红二十八军的孟医生带了一个看护班到皖西组织后方医院。军医院共有三四十名医护人员。军部决定我任院长。程谖梧同志任院秘书，实际上是医院支部书记，党的负责人。除医务人员外，还有炊事班、通讯班、担架队。这样，把军医院的架子搭起来了。我向徐海东、吴焕先汇报，军医院刚建立，全军医务人员太缺，要训练一批看护和卫生员。他们同意，叫我从部队有文化的青年战士中，挑一些人办训练班。我们办训练班，培养了看护。加强了部队医务人员，也充实了军医院。初步建成了一个能承担全军3000多人医疗、急救任务的军医院。

军医院是在战争的环境里，边战斗，边筹建，逐步充实起来的。在组建过程中，我们医院的医务人员，随部队行军作战，担任战地救护任务。1934年5月30日，我军到达光山县的凌云寺。部队还未做好饭，敌三十二师九十四旅追到山下。吴焕先政委对部队作了紧急动员，部队立刻占领阵地，抢修工事。敌人发动猛攻，又以三架飞机向我阵地猛烈轰炸。我军全体指战员顽强抗击，打退敌人连续冲锋。我军及时组织反击，激战到黄昏，挫败了敌人陆空配合的进攻，战场救护工作也做得较好。在双方激战时，救护队的同志及时在战地抢救伤员。战斗结束后，轻伤员随部队转移治疗。重伤员100多人，我们派担架队把他们送到后方医院。这次战斗后，吴焕先表扬我们说："这次战地救护工作做得很好。"我军的胜利，一面扩大了根据地，一面进行部队建设。军医院也抓紧在朱堂店集训。

凌云寺战斗后，我军又接连打了几次仗。如长岭岗战斗，徐海东和吴焕先亲自指挥，歼灭了敌一一五师五个营。这次战斗，我们的伤亡很少，缴获了很多武器和医疗药品。每次战斗，我们都组织了战地救护，很快把伤员运下火线，及时处理，较好地完成了战地救护任务。这时，我们全院已有药品、器械五六担。1934年9月3日，我军从英山东北杨柳湾出发，当夜急行军90余里，隐蔽地进至太湖县西北的回龙湾。4日下午，继续前进，急行军130多里，我带了几名体质好的看护随先头部队于半夜以神速动作攻占了太湖县城，消灭了伪安徽省警备一部，缴获了布匹、药品等大批物资。攻占太湖后，部队每人发一把伞。当时经常露营，所以大家都高兴地说："一把伞就是一间房啊！"从太湖缴获的药品，除补充给军医院外，送后方医院。

在组建军医院的同时，我们又着手组建军部下属七十四、七十五师两个师的医疗卫生机构。七十五师医院有位院长，近50岁了，他虽然技术不太高，但对伤病员非常关心、爱护，人们都亲切地叫他老院长。他培养的看护班，人员比较整齐，有一定的护理业务水平。我们对两个师的人员进行了调整、补充，把师医院也建立起来了。师以下的团、营也相应地建立了卫生队、医务所。到1934年9月，红二十五军的各级医疗机构，在军领导的关心和支持下，已初步建立起来。军医院还成立了战地救护队。在战争时，战地救护队的医护人员随部队上前线，及时进行战地伤员抢救，提高了伤员的治愈率，降低了伤员的死亡率，受到部队指战员的称赞。

红二十五军在皖西打了几仗以后，又转移到了鄂东北。打下五里店时，在镇上赎买了一家诊所，医生姓陈，把他诊所的药品、器材全部买下。军医院药品又得到一次补充。经过动员，这位陈医生参加军医院工作。到陕南后，他不能忍受行军作战恶劣环境和艰苦的生活条件，再三要求离开红军。我向省委徐宝珊同志报告了这件事。后来军领导批准，送他一笔路费，等红军到外线作战时，让他离开，实际上扩大了红军统一战线政策的影响。全国胜利后，他给我来过一封信，说他回去后，做了大量的宣传工作。地方党也承认这一点。长征前，可以说红二十五军军医院人员和设备，已初具规模。

1934年11月11日，中共鄂豫皖省委在光山县花山寨举行第十四次常委会，讨论了程子华带来的中央文件和中革军委副主席周恩来的口头指示，决定红二十五军立即实行战略转移，以鄂豫边界的桐柏山区和豫西的伏牛山区为初步目标。为宣传党的抗日主张，扩大我军政治影响，行动中部队对外称为“中国工农红军北上抗日第二先遣队”。同时，留一部分武装再组建红二十八军，继续坚持鄂豫皖苏区的武装斗争。省委决定由程子华担任红二十五军军长，吴焕先任政委，徐海东任副军长，戴季英任参谋长兼政治部主任。军部对军医院的领导干部也作了调整，我仍担任院长，吴子南任副院长，军部派杨则民来军医院任政委。并充实了看护班、通信班、担架队。全军共约3000人。11月16日，从河南罗山县何家冲出发，17日从信阳城以南的东双河与柳林之间越过平汉铁路，以两天强行军进入桐柏山区。进入桐柏山区后，省委研究认为，这个地区靠平汉铁路和汉水太近，回旋范围小，加以敌人大兵压境，我军腹背受敌，难以立足，决定迅速调头北去，到驻马店西北山区，跳出敌人的合击圈，然后向豫西的伏牛山区挺进。我军北上后，敌人又慌忙调兵，紧紧围追堵击。这时，正是11月中旬，我们的战士还穿着单衣，加上秋雨连绵，战士冒雨行军，衣服湿透，手冻得连枪栓都拉不开。当部队到达方城县独树镇附近时，敌四十军一一五旅和骑兵团比我军先两个小时到达该地。敌人已逼近。吴焕先立即指挥战斗，同时命令我把省委书记徐宝珊保护好。当时，徐宝珊正患病。这次战斗，一直打到天黑还未结束。到傍晚，徐海东率二二三团跑步赶到，打退了敌人几次进攻。天黑以后，从敌人封锁线间隙中穿插过去，27日拂晓进入伏牛山东麓。因为这次战斗是和敌人肉搏战，我们伤员有100多人。由于各个团、营和救护工作做得比较好，大部分伤员都及时进行了处理。由于情况紧急，部队干部都亲自抬担架和让出乘马运伤员。在突围时，大部分伤员都能随部队突围。

我军进入伏牛山区后，敌人又尾追而来。我们又沿叶县、方城边界向西挺进，沿途击退了尾追、阻击的敌人。12月10日到雒南县的庾家河（现丹凤县）宿营。上午10点多钟，省委正在庾家河开会，研究创建鄂豫陕边革命根据地问题，敌人六十师由七里荫奔袭而来。徐海东亲自指挥战斗，与敌激战时，受了重伤。经过激战，毙伤敌300多人，将敌人打垮。程子华也负了伤，还有许多团、营干部也负了伤，战士负伤也有100多人。我们军医院及时组织了抢救。徐海东头部负伤，昏迷不醒。我们派了担架员，把徐海东、程子华及一位姓赵的团政委抬着随部队行军。这次战斗中负重伤不能走的有十几个同志，我们都派了担架员运送。这次战斗以后，我们每天绕山沟行军，并在山区和当地老乡联系，把一些需要安置的重伤员安置到老乡家里。我们用一个星期时间，分别把重伤员安置了。安置的原则，一是把伤员处理好；二是给伤员留下一些药，告诉伤员自己如何换药。重伤员安置好了以后，部队也轻装前进。12月中旬，部队到了陕南，随之在那里创建根据地。

陕西省是杨虎城的地盘。杨虎城和蒋介石的矛盾很深。我军入陕，原来追来的敌人大部没有进入陕西境内，而杨虎城正忙于北攻陕北红军，无力分兵对付我们。我们就利用这一时机，在陕南雒南、郧西、卢氏、蓝田等县，以武装斗争为先导，摧毁民团武装和反动政权，开展创建根据地的工作。部队在那里也进行了休整。我们就在这时培训了一批部队的看护和卫生人员，充实战地救护的力量。并对一些重伤员进行治疗。重伤员中有个团长，腿受伤，我们派了医务人员随同，把他安置在老乡家里。我后来去看他时，骨髓炎已发展的很厉害，我即给他做离断手术。徐海东头部负伤，按头脑外伤的治疗原则，保持安静，防止感染。前后经过两个月的治疗和护理，徐海东恢复了健康。程子华两手受伤，当时，坚持在阵地指挥作战，下火线时已红肿得厉害，伤口已有炎症。我们怕他发生骨髓炎，就采取了扩创消毒和夹板固定的办法，同时给予退烧消炎。经过一个多月才把炎症控制住。这时，他的身体已很差，卧床不能动。为了防止褥疮，我们派了看护给他护理。经过一番努力，逐渐恢复健康。但是，伤口留有死骨。到了陕北以后，做了一次手术，才完全恢复。团政委赵凌波胸部一红点，在两肋间。根据受伤时的体位判断，可能是子弹。经过他同意，做了手术，把子弹取了出来。在此期间，即1935年5月9日，鄂豫陕省委书记徐宝珊在陕南龙驹寨病逝。徐宝珊是我治疗时间最长的一位领导同志。1932年，他在鄂东北道委时，患了肺病。那时用药比较困难，省委托地下交通员从白区搞了一些药治疗。他担任了鄂豫皖省委书记后，由于工作繁忙，得不到休息，根据地生活条件也很差，他的肺病又加重了。我对郑位三说，徐宝珊的病，除了治疗外，改善营养很重要。郑位三决定，叫我送他到敌占区找到地下党组织，在地下党同志的掩护下，住在老百姓家休养。红二十五军长征到陕南时，徐宝珊随军转移，路上经常发烧，基本上是用担架随部队走的。1935年5月，他肺病已到晚期，大口吐血，在陕南病逝。

红二十五军1934年12月10日开始在陕南创建根据地，扩大了地方武装2000多人。打了几个比较大的胜仗，歼灭了陕军警三旅大部、张飞生警二旅几个营，全歼警一旅，在陕南建立了根据地。我们的部队原来不到3000人，到陕南后发展到3700多人。红二十五军离开陕南到陕北、从西安到兰州公路线，打下了几个县城。敌人分兵追击，起到了牵制敌人、配合中央红军北上的作用。军医院从鄂豫皖苏区随部队转战数千里，1935年9月15日胜利到达延川县永坪镇。

在长征路上，徐海东总喜欢要我同他在一起。上阵地，当他观察地形，确定战斗部署后，我就按作战要求，设置医疗救护点。因此，一般进行有准备的战斗，医疗救护工作都比较及时。而战斗结束以后，则把轻伤员分散到部队，重伤员不能随军行动的，进行妥善安置。所以，在长征路上，医院和军领导的关系是非常密切的。在正常行军的情况下，医院派出医务人员随后卫参加收容工作，把沿途有病的同志都收容起来，病重的用担架抬，到宿营地，根据敌情和病情，采取分工负责的办法进行随队或安置。这样做对巩固部队起到了积极的作用。红二十五军长征出发时，不到3000人，到了陕南，有2700多人，减员的人数不到百分之十。红二十五军在长征途中，大休整的空隙时间很少，偶尔稍事休息一二天，大部分时间都在行军、作战。医疗工作总是利用途中休息，给病人看病，给伤员换绷带。

长征路上用的药品，基本上是从药店买的及缴获敌人的药品。一般药品还不算太缺乏。

总之，红军医院伤病员治愈率较高的原因，有以下特点：（一）苏区人民非常关心伤病员，虽然生活条件很差，但苏区人民常把家里仅有的一些粮食食品送给伤病员。（二）把伤病员分散住群众家里时，群众对待伤病员亲如家人，胜过家人。（三）部队经常转移，由于部队和群众的关系密切，因此，伤病员的转移都能及时得到群众的帮助。（四）苏区发展很快，人民信任红军，即使是在斗争最艰苦的时期，群众坚定地相信，红军必然会取得胜利。

红二十五军到达永坪镇的第二天，即9月16日，刘志丹便率领陕北红二十六、二十七军来到永坪镇，两军胜利会师。

会师后，红二十五军和红二十六、二十七军在中共西北代表团和陕甘晋省委的主持下，合编为红十五军团。徐海东任军团长，程子华为政治委员，刘志丹任副军团长兼参谋长。我担任红十五军团卫生部长。我们在永坪镇进行了短期的休整。军团领导要求我们虚心向陕北红军学习，搞好革命团结，并经常督促部队搞好作风纪律，严整军容风纪。

合编以后，部队卫生工作办了以下两件事：一是召集了原红二十五军和红二十六、二十七军的医务干部，在永坪镇开了一次军团卫生工作会议，贯彻军团领导的指示。在这次会议上，红二十五军和陕北红军的医务干部，互相交流了部队卫生工作的经验。当时，陕北红军无论医务干部或药品器械，都比红二十五军困难。因此，我们就动员红二十五军各团的卫生干部支援陕北红军。同时，把红二十五军的药品、医疗器械，调拨一批补充给由陕北红军组建的七十八、八十一师。二是组织红十五军团的医务人员，参加了劳山战役、榆林桥战斗的前线战场救护工作，取得了满意的效果。在劳山战役中，军团卫生部组织了医务人员，在离前线指挥所不远的地方设立了医疗救护站，及时抢救从阵地撤下的伤员。

这次战斗，俘虏伤兵比较多，我们除给予治疗外，还从俘虏伤员中发现一些军医，做了争取工作，动员他们参加了红军。如原东北药学院院长李维桢、原天津中医学院党委书记董汉文，都是这次参加红十五军团医务工作的。

榆林桥战斗是攻坚战，我军伤员近200人。除一部分轻伤包扎处理归队外，一部分重伤员派担架队转送到永坪镇后方医院治疗。红二十五军在长征中基本上没有后方根据地，到了陕北，这是第一次有根据地的作战，我们也是第一次有后方医院，医务干部都很高兴。

1935年10月19日，毛泽东、周恩来、彭德怀同志率领中央红军，经过二万五千里长征，到达陕北。11月初，毛泽东、彭德怀同志来到陕北富县境内的道佐铺红十五军团部，接见了徐海东、程子华、郭述申等同志，并给予亲切的勉励。这时，红十五军团与中央红军合编为中国工农红军第一方面军，司令员为彭德怀，毛泽东兼政治委员，下辖一军团、十五军团两个军团。

红十五军团同中央红军胜利会师以后，在毛泽东、周恩来、彭德怀等同志的直接指挥下，参加了历史上著名的直罗镇战役。医务人员在这次战役中，也得到了锻炼。

在直罗镇战役激烈进行的时候，为争取时间，抢救伤员，军团卫生部在前线指挥部附近的山坡下设立了手术救护组。战地卫生员把伤员从战场送来后，医务人员马上做外伤急救手术，从而减轻了因失血过多而造成的死亡。当战斗还在进行，我们已收容了100余名轻、重伤员，都及时分别作了处理。由于前线用水困难，医务人员一面抢救伤员，一面轮流到几里路远的地方挑水，供消毒和伤员饮用。这时，方面军总部卫生部长黄克诚亲自到前线医务所来看望伤病员。他勉励我们说："你们在敌人飞机经常轰炸的情况下，使伤员得到治疗，还使大家都能吃上饭、喝上水，很不容易啊！"周恩来、彭德怀在硝烟弥漫的战场指挥战斗，知道敌机轰炸，很关心伤员情况，特地派通讯员把我叫到前线指挥部阵地，关心地询问：“伤病员有没有损失？”我向周副主席、彭司令员汇报说：“敌机轰炸前，我们已把伤员隐蔽在窑洞里，没有损失。”他们这才放心，高兴地点点头，并嘱咐我说：“你们一定要精心医治，注意隐蔽好。”我回医务所后，把周副主席、彭司令员的指示向医务干部传达，大家受到很大的鼓舞。战役结束以后，我们把100多名轻伤员送归部队，剩下十几名需要继续治疗的重伤员，派担架送到后方医院。这次战役，由于准备工作做得充分，医务人员积极努力，较好地完成了战场救护和伤病员治疗工作的任务。徐海东同志夸赞我们“这次实战医务工作做得很出色”。

1935年冬，日本帝国主义在占领东北以后，又侵占了冀东22个县和察哈尔省北部，正在酝酿“华北五省自治运动”。12月间，北平爆发了大规模的一二九抗日救亡运动。中华民族面临危亡的紧要关头。12月25日，党中央在陕北瓦窑堡召开了政治局会议，通过了《关于目前政治形势与党的任务的决议》，分析了当时形势，确定了建立抗日民族统一战线的策略，提出了红军应该把打通抗日路线作为中心任务。中央军委决定东进抗日，并以一方面军组成了中国人民红军抗日先锋军，彭德怀任司令员，毛泽东任总政委，2月17日发布了《东征宣言》。红十五军团在延川县文安驿，接受了毛主席的检阅。接着，部队投入了东征准备工作。军团卫生部也召开了全军团卫生工作会议，部署东征战地卫生工作。同时，为每个连队的卫生员配备了战场救护的药品和器材。并采取互教、互学的办法，再一次对连队卫生员进行战地救护训练，使他们能正确地和熟练地掌据战场救护技术。

2月20日晚，东征渡黄河的战斗开始。徐海东、程子华率领十五军团，强渡黄河后，一直往太原方向打去。渡过黄河以后，正当我为渡河作战的伤员做手术时，军团部派通讯员紧急通知我说：七十五师参谋长毕士弟负重伤，赶快去抢救。我骑马随通讯员赶去。他被安置在一家老百姓的炕上，已昏迷不省人事。我给他作了临床检查，是子弹打进腹腔，内脏已破裂，腹腔大量出血。我们尽力进行抢救，并把伤情向军团部作了报告。由于伤势重，不久就牺牲了。毕士弟是位朝鲜同志，曾在黄埔军校担任过教官，是我们党的一位老同志。他不幸牺牲，我们抢救组的同志都很悲痛。

东渡黄河以后，为了配合前线作战，军团在前线与后方之间设立了兵站，负责前方弹药和衣物给养等军需供应工作。兵站还设有兵站医院，负责处理和转运前方送来的伤员。东征红军从川口至河口100多华里的地区渡过了黄河天险，挺进晋西，进逼同浦铁路。阎锡山急调主力十多个团，从孝义的阳泉曲一线，向十五军团扑来。方面军决定，一军团在阳泉曲以北的眼头村，十五军团在阳泉曲以北的仲家山，向敌人进攻。这次战斗，我军伤亡很大。因敌军势众，战至黄昏，我军主动撤出，南下到灵石县双池（今属交口县）一带休整。作战时，我们前线医务所设在离前线很近的孝义县兑九峪附近的一个村子里。激战到黄昏时，部队撤出转移了。由于伤员比较多，徐海东等军团领导专门派了担架、骑兵和马匹，帮助我们把伤员送到兵站医院。

从3月中旬到4月中旬，十五军团在晋西北一带作战。军团卫生部就抓紧作战空隙，办了团卫生主任训练班。我和军团卫生部的同志，分别讲业务课，边作战，边训练医务干部。在文水、交城一带，我们还缴获了一大批医学书籍和药品器材，使部队的医药得到了补充。我们还在交城，动员了两位当地开业的中医，一姓王，一姓朱，参加了我军。从此我们卫生部有了中医。

这次东征，迫使阎锡山进攻陕北苏区的部队撤回了山西。5月初，十五军团回师陕北，在延川县王家坪一带休整。

为了巩固和发展陕甘革命根据地，援助绥远抗战，策应第二、四方面军北上，实现红军三个方面军会师，中央军委决定，第一方面军组成西方野战军，出师西征。

5月19日，十五军团为西征右路军，在徐海东领导下，从延川县王家坪出发，从安塞、靖边越过长城，经过两个多月的战斗，横扫了盘踞在定边、预旺城、盐池、海原一带的马鸿逵、马鸿宾的军队，开辟了纵横800里的新根据地。十五军团司令部进驻到宁夏预旺城。

预旺、同心、盐池一带，是少数民族地区，当地居民以回族为主。军团卫生部在这一带驻扎，除利用空隙开展部队卫生教育外，部队医院还开设了门诊，为当地群众治病。开始，群众不相信，不敢来找我们看病。后来，我们为当地清真寺的阿訇用外科手术方法治好了疝气、阑尾炎，消息传开，找我们看病、做手术的人越来越多。我们给阿訇治好了病，他们很感激，他知道红军为了尊重当地民族习惯，不杀猪不杀羊，也不敢杀鸡，就主动来帮助我们，按照回族的习惯，宰羊、杀鸡，部队生活也改善了。部队在宁夏回族地区驻扎了两个多月，由于认真执行民族政策，受到了少数民族同胞的拥护。我们在韦州城还动员了当地一位开业的眼科医生苏书轩参加了红军卫生工作。苏书轩原是天津马大夫医院的眼科医生。他离开天津来到宁夏后，在韦州城开业，经动员后，他积极地参加了红军，以后一直在我军部队做卫生工作。解放后曾担任济南军区卫生部长、协和医院院长，已是我军卫生部门很老的领导干部了。

张学良、杨虎城将军发动了西安事变，震撼了全中国，震动了全世界。国民党内部的亲日派主张紧急调兵，扩大内战，美英派则主张营救蒋介石。张学良、杨虎城这时也骑虎难下，急电中共中央派人到西安商量。在这种混乱的形势下，中共中央作出了和平解决西安事变的决策，派周恩来、叶剑英、秦邦宪等为代表到达西安。张学良、杨虎城一见到中共代表，首先提出一个要求：请红军主力开到西安附近，保卫西安，准备抵抗亲日派的武装进攻。他们还指名要徐海东领兵前往。杨虎城还提出，把他的警备旅归徐海东指挥。周恩来理解张学良、杨虎城二将军的心理，因为他们和红二十五军交战多次，深知徐海东是一员虎将，他领导的这支红军是战斗力很强的，便一口应允，并发急电给党中央。党中央立即命令徐海东为红军南路总指挥，星夜开往西安。

红十五军团于12月中旬赶到西安附近的咸阳。我随徐海东先进西安。周恩来副主席把徐海东介绍给杨虎城将军。杨虎城为了表示对红军的敬意，送给红军前线指挥部一辆吉普车，并把他的警备旅长介绍给徐海东、程子华。

徐海东让我在西安物色一些医务人员到红军工作，并在西安购买些急需的药品、器材。过了一两天，周恩来告诉徐海东："目前形势十分紧张，红十五军团迅速开往商州一带。"分别时，周恩来看徐海东没有大衣，便脱下身穿的那件大衣送给徐海东，叫他路上挡挡风寒。我把在西安购买的药品装上车，随徐海东到商州。这时，国民党进攻西安的先头部队，已经快到商州了。徐海东指挥红十五军团先占了商州北面的一座大山，防止国民党的先头部队向西安进犯。而这时，西安的谈判也正在紧张地进行。经过十几天谈判，西安事变和平解决了。周副主席从西安发来急电，叫南路红军三天之内全部撤过渭水。

西安事变和平解决后，十五军团回师甘肃庆阳的西锋镇、驿马关地区，开始了五个月的大整训。这时，中央给红十五军团派来了一些领导干部。如军团政治部主任王首道、副主任冯文彬、宣传部长黄镇、七十三师参谋长伍修权等同志，都是中央派来充实十五军团的。同时，中央红军还给军团卫生部派来了王肇元、贺云卿、刘胜望等医务干部，加强了卫生部门的领导力量。

在五个月的大整训中，军团卫生部对部队医务工作进行了调整，建立了比较正规的军团医院。各师、团也分别建立了师卫生部和团医务所，并举办了团医务主任训练班和连队卫生员训练班，建立了连队卫生工作制度，还编印了《连队卫生工作须知》，发给连队、排级干部。每周，医务人员给连、排干部讲一次卫生课，通过他们，向广大战士进行卫生教育，提高了部队卫生水平。

1937年7月7日，日本侵略者发动了卢沟桥事变。7月14日，根据中共中央和国民党达成的协议，遵照中央军委的命令，红军改编为国民革命军第八路军。8月上旬，十五军团从驿马关镇开到三原县的桥底镇改编。（包

凌云、刘树发整理)

选自《中国工农红军第二十五军战史》编审委员会编:《中国工农红军第二十五军战史资料选编》,解放军出版社1991年10月第1版,第549—559页。

红二十五军的后勤工作①

张希才

1. 红二十五军的各级供给机构还是健全的，在1934年以前叫经理处。那时经理处的经理是吴焕先政委的叔叔，叫吴维儒，在长征路上由于执行“左”倾路线给错杀了。当时我在七十三师二二三团一营任政委，在同杨虎城警备二旅作战中负伤。伤愈后，吴焕先政委在司令部驻地葛牌镇找我谈话，让我到军供给部当政委。当时我说干不了。吴政委说：“干得了要干，干不了也要干，在干中学嘛！”他指示我到供给部后，要做好军的供给工作，把各种物资保管好，尤其是黄金、银圆、军械、布匹等是全军的生命，是革命成败的物资保证。嘱咐我还要做好人的思想工作，现在困难多。我到供给部时吴维儒已经不在了，干部比较缺，没配部长或经理。当时供给部有六个科：

财务科：科长傅家选，还兼任秘书，科里有会计、出纳。

军需科：科长万鹏成，副科长熊飞，并兼任被服厂厂长。

粮秣科：科长徐前贵。

被服科：副科长胡世安，现在江苏镇江干休所休息。据他回忆，1931年10月，红二十五军成立就有经理处。当时他当过连队司务员，后到营部当副官，经常到团经理处领钱。团经理处有管粮食、管财务、管被服的。

① 题目为编者所加。

经理处处长是个湖北人，叫什么名字忘了。团经理处有个指导员，叫傅宗文。胡世安回忆说，当时也有政治部，因部队行军宿营前，由营副官带三个连队司务长和团管理股长、师管理科长去号房子，政治部宣传队的宣传员贴标语。军经理处的吴处长被杀后，由王跃玄接任一个时期，后来是查国桢。

军械科：科长萧志贤。

管理科：科长方明胜。

军供给部的直属分队有：

警卫连：包括警卫排和通信排。还有运输大队：大队长詹广华。全大队100余人，分担架排、运输排。担架排有20多副担子，主要任务是挑洋钱等。运输排有二三十匹骡马，主要负责运输军械、枪弹及布匹等。

被服厂：厂长熊飞。有五六架缝纫机，行军时两人抬一架，到宿营地就开始工作。现总后营房部部长董志常就是当时的被服厂工人。长征到陕北后发展到十几架缝纫机，熊飞任厂长，喻梦贤（外号熊麻子）任财务科长，除做军装外，还弹棉花、弹羊毛，硝羊皮等。

军械修理所：有三四个人，主要负责枪支的修理。还有一个马掌工人，大家叫他老马傻子，陕南人，负责钉马掌。

师里也有一套供给机构。七十三师供给部部长王跃玄，七十四师供给部部长刘炳华，七十五师供给部部长萧志贤（田宗厚也曾担任过）。师供给部下设股，每个股二至三人。

各团也有供给处，负责军需、财务、粮食、军械、被服等工作。

各营的供给工作是由一个副官负责的，连队有司务长、司务员等。

以后红军会师编成十五军团，红二十五军供给部兼十五军团供给部的工作。红二十六军和红二十七军也有简单的后勤机构。

2. 红二十五军的粮秣物资的主要来源有：

（1）从敌人手中缴获。这种办法所得的约占全部供应的百分之二十左右，除打仗缴获外，如得知哪里有存粮的情报，也有计划地组织一些战斗，袭击粮库、截敌给养等。部队打开苏家埠缴获算是比较多的一次。军械弹药的供应主要靠战场缴获。

（2）打土豪及一部分富农所得约占总来源的百分之五十左右。那时经常组织打粮部队，到白区打土豪。由师管理科长、团管理股长、营副官带一个营或一个连到白区打粮；同时多做米袋，打到的粮食，战士就将米袋装满（约重40斤）背回来，可供红军五六天的食用。各苏维埃政府还组织群众打粮队、运输队，一方面帮助红军打粮，一方面也可解决一部分群众的饥饿。打土豪的财物，钢洋、烟土、布匹、粮食、猪等由部队带回，牛和浮财留给群众。徐海东同志指挥打罗田时，一下子就缴获到7000块钢洋。打粮原是到白区去没收豪绅、地主粮食，但由于一开始组织不严密，有地主富农反动分子混在里面，一到白区乱拿群众的东西。后来进行了严密组织，先由政工人员去了解情况，确实是土豪劣绅才能打。打土豪所得的粮食，连队可以带回来吃。但布匹、银圆等则一律要上交，不许私留。私留一块银圆要杀头。

（3）由根据地筹措和群众支援的占总供应量的百分之十五左右。红二十五军刚成立时情况好一些，以后形势处于拉锯状态。鄂豫皖根据地群众生活也相当艰苦，在这种情况下，还给部队提供一部分粮食，有时杀猪宰羊搞拥军。1933年4月14日，鄂豫皖省委第六号通告指出，拥护红军，主要从红军的需要出发：第一是粮食，第二是鞋袜，第三是衣服，第四是医药。但整个说来，由于黑暗统治、民不聊生，战乱灾荒不断，苏区群众的财力物力是有限的。鄂豫皖省委在1934年1月7日的报告中指出："苏区内部的粮食困难，到处都被破坏干净，好些地方的群众都陷入了饥饿状态。红军的粮食在苏区完全没有来源，这样大大妨碍红军的集中力量。"记得我们在围攻七里坪时，群众忍饥挨饿，每天送稀饭给部队吃，但在数量上绝对不够。粮食的困难实在是到了军事上不可能的状态，省委书记动员省委机关全力支援，到头来拿出仅有的2500斤粮食，结果只够部队吃一顿。由于战士终日不得温饱，全军病号增加到1000名以上，其余一般战士身体也异常瘦弱。直到6月底放弃了对七里坪围攻，红军就再也不能依赖苏区内部的粮食供给来作战，或在苏区内部驻扎了。后来，部队到沙窝与新区之间去打粮，战士才开始得以饱食，他们的身体有相当的健全恢复。数天以后，又决定到南区以北之南向店一带去打粮。鄂豫皖省委在上述报告中还作出决定，麦收季节，“关于红军粮食问题，从今后亦有计划的实行窖藏粮食的办法。…… 以为群众及红军保存丰富的粮食储备，准备未来的战争”。

（4）用现洋向商人、有粮户购买或用烟土换粮食，这约占总供应量的百分之五左右。由于现大洋来源困难，这种方法不能常用，只能在万不得已的情况下用几次。如部队向陕南转移，经河南时买过一些粮食。部队进入陕北会师前，我们考虑到大部队进入陕北，供应可能会碰到困难，就指示部队准备好五到七天的粮食。结果我们有个团突然遭到敌骑兵的包围，在突围时把全部粮食和物品都丢光了，部队没吃的，供给部只好拿现洋替他们购买。正巧遇到一个羊贩子，我们就把他的500只羊全买下了，总算解决了急需。

总之，那时部队后勤供应的来源没有什么保证。虽然曾规定过战士每天有五钱盐三钱油，实际上做不到，部队常常靠挖野菜充饥。供应比较好的时期是在1933年以前。那时部队服装也比较整齐，是蓝黑布的列宁装，有的是缴获国民党军装改的，有的是缴获和打土豪得来的布请群众做或裁好了发给战士自己做，也有的是自己被服厂加工的。黑洋布八角帽子，缝上红布剪的五角星，用桐油一涂，亮闪闪的。每人还有一个篾子编的六角斗笠。当时干部战士的衣服不分，军长、师长的衣服料子可能好一点。没有被子，有的人有一条床单，冬天睡稻草。没有棉鞋，用破布或破被单裹脚，自己打草鞋，有的用打土豪得来的花花绿绿的布撕掉打草鞋。袜子用布自己缝或搓毛线织。1933年以前的生活稍好一点，到白区打土豪，回苏区群众供应一部分。那时团经理处每个月还给连队发点伙食钱，但一般情况下不用，由连长、指导员背在身上，留着战士挂彩时作抚恤金或养病用，断粮时也用它买点粮食。红军长征以后，离开了根据地，供应就相当困难，只能搞到啥吃啥，打到土豪吃个饱，没粮时吃野菜。服装有什么穿什么，对襟衣服，两块羊皮前后一裹，生活是异常艰苦的。因年代久了，上边提供的情况也只是一些概况，有的也不一定很准确，特别是人名，仅供参考。

节选自《中国工农红军第二十五军战史》编审委员会编：《中国工农红军第二十五军战史资料选编》，解放军出版社1991年10月第1版，第565—570页。

万里挑银圆

胡世安　詹广华

在红二十五军长征队伍中，有个干部挑夫排，共40多人。这些同志原来都是些连、营、团干部或医院院长，被张国焘错误路线以莫须有的罪名，打成“第三党”、“改组派”，罚来当挑夫。当时，我俩也由营政委和营部副官被罚到这个排一班、二班当班长。大家尽管蒙受了不白之冤，但革命意志没有消沉，始终抱着跟党革命到底的坚强信念，相信总有一天，党会把我们的问题搞清楚。

挑夫排的主要任务是挑银圆。开始是一个班挑。后来，随着沿途打土豪，钱多了，全排都挑。一路上，我们身背“反革命”的包袱，肩挑沉重的银圆担子，在强敌围追堵截，内部出现叛徒的恶劣环境里，一心向党，团结战斗，出生入死地颠沛了十个多月，足经六省30多个县，辗转万余里，经历了数十次大小战斗，历尽了各种艰难险阻，终于分文不少地完成了挑钱任务。这一段戴“罪”挑银圆的经历，我们终生难忘。

“哪有这样的反革命”

1934年11月，红二十五军奉命从皖西向鄂东火速转移。经几天且战且进的连续行军，突破了敌人四道封锁线，于一天早晨，赶到光山县斛山寨歇脚。全军同志虽疲倦不堪，但转移中的节节胜利，鼓舞了部队的士气。我们挑夫排的同志在高兴之际，还夹杂着沉重的心情。一路上，既不给我们枪，也不许我们参战，在专人监视下，只准挑着担子跟进。剥夺了杀敌的权利，这对于曾经驰骋战场的我们，是何等的难以忍受啊！难道我们真的成了反革命了吗？不！我们从没有干过对不起党的事，也绝不会去干对不起党的事。

大约上午9时多，同志们正在休息，徐海东副军长的马夫起来喂马，突然发现远处有敌人围上来。他边向军首长处跑去，边喊："敌人围上来了！敌人围上来了……"我们听到喊声，一骨碌爬起来，向四周一看，黑压压的都是敌军。敌先头部队端着枪，向军机关驻的寨子平行并进摸过来。军机关和直属队的同志睡眼惺忪地立即占领阵地，投入了紧张的战斗。但敌人来势凶猛，我们难以支持，急忙吹号调部队来援。部队居住分散，一时上不来。眼看敌人直往上冲，势如燃眉，我们挑夫排的同志无枪无弹，不能参战，真叫人心急如焚。难道我们能眼睁睁地看着敌人冲上来吗？不，绝对不能！全排同志忘记了自己的"身份"，顾不得想及其他，一齐冲到了军首长面前，一致要求：请首长相信我们！发给我们枪，让我们上去打吧！詹广华、胡世安、杜老虎三个班长齐声恳求说："如果出了问题，打不好，我们三个人愿以脑袋来担保。"吴焕先政委和徐海东副军长彼此交换了一下眼色，马上批准了我们的请求。命令我们同军机关一道去顶住敌先头上来的两个团。

强烈的杀敌愿望实现了。枪、手榴弹又回到了我们的手里。我们深深意识到现在手中枪弹的分量，它标志着党的重新信任，标志着我们"身份"的转变。我们顿时激动得热泪横流，一个个顾不得抹去泪水，背起枪弹就往寨南的阵地冲去，决心将这满腔的激愤集中到枪弹上，以勇敢顽强的战斗，来接受党的考验。

在三班长杜老虎（原团长）的统一指挥下，全排同志熟练地选定了军机关阵地左侧几个相连的小山包为阵地，与军机关阵地形成犄角的阵势。我们向冲过来的敌群劈头盖顶地扔出100多颗手榴弹，接着就用步机枪连续扫射。嚣张的敌人被从侧翼突然袭来的火力打得晕头转向，拼命朝山下溃退。乘敌混乱之际，我们以小部坚守阵地，大部分同志灵活地利用有利地形，跟踪接敌，又来了一阵痛快淋漓的抵近猛打。前后不到一个小时，我们挑夫排与军机关部队的同志一起打垮了敌人的冲击，成功地掩护了军首长和机关转移到寨子附近的高山上。

上午11时许，敌人四个师的兵力，在四架飞机的掩护下，向我军阵地发起了总攻击。军首长抓住时机，指挥部队击退敌人的进攻后，立即发起反冲锋，杀得敌人溃不成军，丢枪弃弹，抱头鼠窜。激烈的战斗一直打到黄昏。我军在追击中缴获了大批枪弹，俘虏4000余人。

战斗结束后，全排同志集合去军部回令交枪。吴焕先政委紧紧地握住我们的手，深情地说："在组建挑夫排时，有人说你们政治上不可靠。可是在这次战斗中，你们不但一个没走，反而如此顽强地杀敌。哪有这样的反革命啊！枪就发给你们用了，军党委信得过你们。"听了这暖人心怀的话语，我们又一次扑簌簌地流下了热泪。从此，我们就一肩挑银圆，一肩背着枪，行进在北上的征途上。

"绝不当逃兵"

全军从罗山县何家冲开始北上。一路上，马不停蹄，人不歇脚，冒雨越过平汉铁路，乘夜闯过七里冲夹击圈，于12月初一个风雨夹雪的下午，来到许（昌）南（阳）公路边上。

先头二二四、二二五团与封锁公路的敌庞炳勋部短兵相接地干上了。挑夫排和军机关奉命陆续集中到一条干河川里，待机突过公路。骄横的敌步骑兵四个多团，妄图堵截我军于许南公路东南，尔后与尾追的"追剿队"合击，消灭我军于该地。

我军因在雨雪里昼夜行进，所有的物品都淋湿结了冰。指战员们穿着内湿外冰的衣服，又饿又冻又疲劳。尽管先头两个团奋力作战，但终因敌优我劣被逐渐压了下来。吴焕先政委见此情景，站在河沿上振臂高呼："共产党员、干部跟我来！"说着，从警卫员腰间抽出大刀，带领部队冲向敌人，展开了白刃格斗。战斗进行得异常险恶。

这时，负责带领机关和直属队行进的陈参谋长（名字忘记，是江西人，身材矮胖），骑在一匹骡子背上，对我们阴阳怪气地叫嚷："前面的部队已经垮了，军长、政委也下落不明，大家各自逃生吧……"我们一听这蛊惑人心的话，当即给予了严厉的制止和痛斥。

胡世安据理驳斥说："我们在鄂豫皖转战多年，比这更艰险的场面经过多次，都转危为安，顺利地闯了过来。今天我们也一定能打垮敌人，闯过公路。不许你动摇军心！"

"同志们！我们绝不能上他的当。为革命，就是牺牲了又有什么了不起呀！我们宁肯拼个鱼死网破，也绝不能去当可耻的逃兵！"詹广华高声向大家喊道。

同志们都愤怒地指着他大声痛斥。

这个参谋长见煽动不成，又恶狠狠地狡辩说："你们不要冤枉好人，我何尝不是为革命着想。只是现在情况太危急，我不忍心看着大家去白白送死。"

"好一个好人！大敌当前，你不想怎样歼敌，却煽动临阵脱逃。你到底安的什么心？还想狡赖！"一向温文尔雅的李云春（原鄂豫皖红军医院二分院院长，是位深通医术的知识分子干部），这时也勃然大怒，疾言厉色地批驳他。

军机关和直属队的同志们也都怒不可遏地围上来，齐声痛斥他动摇军心的行为。交通队的同志们骂他是癞皮狗，要把他抓起来。这家伙见势不妙，躲到一边去了。

这时，天近黄昏。我军逐渐收缩阵地，集中在路东南的七个小村里，与敌人胶着地相持着。到晚上8点来钟，徐海东副军长带着后卫部队赶上来投入了战斗。经一夜的激战，在第二天凌晨4点多钟，打垮了敌人一部，才得以零散地突过公路。

这天早晨，天气奇冷。我们挑着担子，在漫天迷雾中疾奔。到上午9点多钟，天又下起了大雪。当我们进到一带土冈区，正想喘口气时，埋伏在土冈边的一股敌人突然冲了出来，一下子把我们本来就很零乱的队伍冲得更加七零八散。敌人东追西赶，我们挑着担子无法战斗，只好落荒奔跑。一直跑到晚上8点多钟，才在伏牛山麓与部队会合。

这次强突许南公路，在外部强敌截打，内部出现煽动脱逃的恶劣情况下，我们战强敌，斗叛逆，饮风餐雪，挑着担子连续行军近30小时，行程200多里，没有一个说半句孬话，没有一个动摇的。钱挑子一副也没有丢掉。

“不能动用公款”

1934年的旧历年关，我们在粉碎敌人重重围攻堵击后，进到了陕南。在陕南佛坪附近，遇到了四方面军留下的重伤员张良义同志。张良义原是我们在鄂豫皖时的战友。两年前，他随四方面军从鄂豫皖转移入川时，途中因负重伤，被安置在宁陕一带老乡家里养伤。伤好后，同当地一位精心照料他的姑娘结了婚，并生了一个孩子。敌人得知后，到处搜捕他。他在原地无法再待下去，就带着家属和不满周岁的孩子，藏进了佛坪一带山区。一家三口人，过着饥寒交迫的流浪生活。他们无衣无食，家属小孩害了病，更没有钱去请医买药。正在贫病交加，走投无路时，他打听到我们红二十五军长征到了此地，就星夜下山来找我们。同志们都不禁为战友的遭遇而怆然泪下。大家一致感到：他的灾难就是我们的灾难，我们一定得设法帮助他。张良义提出要跟队伍走，但挂心的是留下家属孩子无法生活下去。我们挑夫排的同志商量后，决定把全排几十个同志领到的零花钱凑起来，送给他安排家属，尔后请示领导批准他归队。詹广华同志向军经理处吴经理作了汇报请示。吴经理不但同意张良义归队，而且批准从我们挑的银圆中拿一点送给他家属作生活费。张良义非常感动。我们也都为他能归队而无比高兴。但同时想到，部队生活也非常困难，难得筹到这批款子，平时军首长总是教育大家，要尽量节约使用，中央红军比我们更艰苦，要争取多留一些钱，等会师时送给中央红军。我们想来想去，一致认为，现在部队处于非常时期，我们无论如何不能为解决个人家庭困难而让组织上动用公款。

大家商量后，决定不麻烦领导去动用公款，还是由我们大家凑点钱送给老张。我们把想法告诉了吴经理。吴经理赞许地说："部队是很困难，但你们也难得领到那么一点零花钱，我看还是留着自己用吧。"我们坚持不动公款，把我们仅有的20多块钱凑给了老张。老张含着热泪激动地说："我张良义天涯飘零遇亲人，承老战友们解囊相助，实在感激不尽。我决心以自己献身革命的行动来报答战友们的一片深情。"他匆忙回去安置了亲属，即来到了队伍上。此后，他随部队转战在陕北、华北和华东。解放后在海军工作了多年，直至殉职。他实践了自己为革命献身的誓言。

雪山救战友

1935年1月，蒋介石又调集了五个多旅，再一次对我军发动了"围剿"。我军针对敌强我弱的情况，主动进行穿插迂回，寻机歼敌。在华阳镇与先头追上来的张瑞生旅激战，毙俘其团以下官兵600余人之后，继而向西南小河口一带前进。

这一带群山环抱，荒坪缠亘，坪上枯草蔓藤半人来深，是土匪经常出没的地方。

在一个北风怒号的中午，我们正在山麓下的荒坪中行进，突然发现前方黑烟弥漫，烈焰冲天。走在我们前面的军交通队抓到当地民团的两个团丁，审问得知：是民团和土匪相勾结，四下放火烧荒，妄图阻止我军前进。军政治部和交通队的同志跑步闯了过去。待我们和后卫部队赶上来时，火趁风势，已烧到方圆数十里。我们绕不开，只得在火海里边打火边走。草鞋被烧破，脚上烙起了很多水泡；衣服不时地着火，揉熄了这块，那块又烧着了。烟熏火燎，我们一个个口燥舌苦，干渴难忍。有的同志像中暑似的昏昏沉沉掉了队，战士们扶着他们蹒跚地挑着担子行进。排长王新海和几名身体不好的同志不顾自己劳累和干渴，每走出一段后，就打熄一片火，把自己的担子放在地下，回头去帮助病号挑担子。大家互帮互助，不让一个人、一副担子丢下。

下午4点钟左右，我们终于闯过了“火海”，来到一条涧溪边。大家跳进冰凉的水里“咕咚、咕咚”地喝了个够。令人痛心的是，有的重伤病员喝了几口冰冷的水后，倒在水边再也起不来了。

当晚进到小河口附近，又悉胡宗南在川陕边界新布下了四个师的重兵。为避免陷入重围，我们又连夜掉头再闯“火海”，爬上了天谷山。这里山高岭秃，朔风凛冽，冰雪堆积，是个空无人迹的地方。此时，我们人困马乏，又饥又冷，实在走不动了，只得在山上雪地里歇宿。同志们找块避风的地方，把被单往身上一蒙，枕着钱担子就睡着了。夜间，“好心”的老天又飘起大雪来，给我们盖上了一层厚厚的“雪被”。天亮醒来，我们扒开“雪被”往外爬，个别重伤病员已冻死在雪地里了。翁永豪被扒出来时，已冻得昏迷不醒。李云春发现他的脉搏还在微微跳动，便当即组织我们围成“挡风圈”，进行抢救。李云春轻轻地给小翁按摩身躯。几个同志脱下身上的棉衣给小翁盖上，并轮番把小翁的手膀和脚腿放进自己的怀里取暖。抢救了一会儿，小翁稍微恢复了一点知觉。李云春说：“现在需要给他灌点热水。”大家都感到老李讲的很有道理，但一想到弄热水，都犯了难。这里遍山积雪，到哪里去找柴火烧水呢？想来想去，想不出办法。后来还是李云春一声不吭地走到自己的挑子边上，拿起茶缸，装满雪，然后，又拿出自己仅有的一条御寒用的小被单，涂上他平时随身带着给大家治伤口用的凡士林，点着燎水。我们默默地看着他，感动不已。

小翁喝些热水后，慢慢睁开了眼睛。他呆呆地看着李云春和周围的同志，一切都明白了。顿时，激动的泪水夺眶而出。他断断续续地说："感谢……同志们的救……救命之恩。"他哽咽了好一会儿，又接着说，"我不能再……拖累同志们了，胡班长，请您……把我的……挑子交供给部，将我……留下吧。"说着，痛心的泪水簌簌地流个不停。胡世安攥住小翁的手，泪水汪汪地劝他不要这样想。小翁感激地说："我实在是走不了啦。请相信，我若能活下去，一定设法找到队伍，找到党。你们就把我留下吧。"说完，就痛心地闭上了眼睛。军供给部（那时军经理处已改称供给部）张希才政委得知后，马上赶来，一边劝说小翁，一边和同志们一起把小翁扶到他的马背上，而他挑起小翁的担子，和我们一道上路行军。一路上，张政委领着我们唱红军歌曲和家乡革命小调。张政委以身作则的精神和满腔热忱的关怀，更加坚定了我们革命到底的信心和勇气。

塬上雨中行

为策应中央红军北上，我军从陕南游击区出发，西进甘肃，涉渭水，下秦安，过通（渭）静（宁），翻越六盘山。8月下旬，赶到了陇东的泾水南岸。

陇东黄土高原，看上去一马平川，实际上塬沟交错。深陡的沟壑，下坡十里，上坡十里。老百姓都说看川跑死马。

我们进到这里时，正值阴雨季节。滂沱大雨淋得地上就像浇了一层油。我们冒雨在泥泞中行进，肩上的担子一悠一晃，稍不留心，一脚就滑出去好几步远，不是一屁股摔在地上，就是连人带担子滚了出去。有时一脚捅进深泥坑里，拔也拔不出来。用力一拉，草鞋绳被挣断，草鞋也就留在深泥坑里了。多数同志只好光着脚行走。二班李云春是位知识分子，没光过脚，他丢了一只草鞋简直是寸步难行。全班都是“赤脚大仙”，哪有草鞋送给他呢？只好搀扶着他走。他见大家都跌跌爬爬的，就要求留在后面慢慢走。胡世安怕他跌坏，就跟在后面保护他。一次下坡时，胡世安自己也滑倒了，没有顾得上拉他，他一下滚出去两丈多远，扁担掼成了两截，两个钱袋咕碌咕碌地滚进了水沟。两人当即下水去捞。一个钱袋和一截断扁担没有滚脱，扯住断扁担很快拖了上来。另一截断扁担被水冲跑了，一个钱袋滚进了水底，两人往下水摸出一丈多远，才摸到。捞上来一看，钱袋被冲散了，少了几块银圆。他俩像摸鱼似地摸来摸去，约莫摸了半个小时，才把散丢的银圆摸到。两人重新捆好钱袋，老李把两个钱袋的绳头拴在一起，往肩上一挂，拄着断扁担，向坡上爬去。他吃力地爬爬滚滚，跌得像个泥人。走在前面的一班长詹广华，因闹肚子，体力不支，也逐渐掉了下来。他见李云春跌成这个样子，心里实在不是滋味，马上脱下自己脚上仅存的一只草鞋送给老李。可李云春不仅不要，反而将自己脚上的一只草鞋脱给詹广华，并恳切地说：

“詹班长，俗话说‘拉拉倒’。你一连泻了三四天肚子，体弱腿软，走这种路，比我更困难。还是你穿上这只破草鞋吧。”

“老李呀，我自打吃了你给我搞的马齿苋（一种草药），肚子好多了。再说，我走这种路比你有经验，你怎么反过来把草鞋送给我呢？”

“你现在是个病号，我没病没痛，你应该收下。”

“云春同志啊，一路上，你虽没有开处方权，但心里时时想着我们。你不顾劳累，到处采集草药，热心为大家看病治病，我们可从来没有推辞过呀！今天你跌成这个样子，我送给你一只破草鞋还不应该吗？”

“詹班长，我为大家做点小事，你就别提它了。要算同志们帮我的‘账’，我还还不清呢。我只能以拼命革命来感激同志们的关怀。我年龄不大，但经历了两种军队生活。国民党军队里官与官、官与兵之间欺诈的关系，我亲眼所见。我们红军里官兵之间的阶级情、同志爱，我亲身经受。同志们待我亲如手足，生死与共，患难相携，我仅为同志们尽一点所能，有什么好提的呢？”

两人让来让去，最后把草鞋给了有病的詹广华。黄昏时分，部队过了黑水河，驻下宿营。老胡、老詹两个人找来了一点草，首先给李云春打了一双草鞋。

8月底，我们北涉泾水，向陕北前进，在合水东北山区，遭到敌骑兵的偷袭，徐海东副军长险些牺牲，部队伤亡较大，粮食也被敌人劫走了。我们在绵亘无际的绍山一带，行进了三天多，没碰到一个村庄。同志们两天没吃东西，一个个饿得实在走不动了。这时，刚巧一个羊贩子赶了几百只羊经过。经协商，他把羊卖给了我们。我们饱餐了一顿烟熏火燎的淡羊肉，坚持到了陕北根据地。在边区政府所在地——永平镇①，我们受到了刘志丹、习仲勋等领导的边区政府和广大军民的热烈欢迎。9月，我们红二十五军与陕北红二十六、红二十七军编为红十五军团。党中央和毛主席率领的中央红军也很快来到了。我们按照军团的指示，把银圆交给了党中央。一方面军供给部部长叶季壮同志代表党中央接收银圆时，看到我们肩上厚厚的补丁和长满老茧的肩膀，赞扬我们是革命的“铁肩膀”。

毛主席得知我们很多同志蒙受了不白之冤后，很快下了一道命令，给我们平反。中央通知我们到延安去参加了平反大会。全排40多个同志全部恢复了组织生活，重新分配了工作。

选自星火燎原编辑部编：《星火燎原》丛书之二，解放军出版社1986年8月第1版，第259—270页。

① 永平镇，今永坪镇——编者注。

胡世安，1905年生，安徽金寨人。1931年参加中国工农红军，同年加入中国共产党。红军长征时任红二十五军干部挑夫排班长、红十五军团供给部副科长。新中国成立后，曾任江苏省军区供给部供应科科长、江苏省公安总队后勤处处长等职。

詹广华，红军长征时任红二十五军干部挑夫排班长。

长征路上的共青团员们

黎光

名符其实的“儿童军”

1936年，《共产国际》第七卷第三期曾刊载过一篇题为《中国红军第25军底远征》的文章。其中有这样几句：“最堪注意的，就是这支队伍差不多没有年逾18岁以上的战斗员。从前的鄂豫皖苏区里，遭受异常残酷的白色恐怖。那些在战斗中牺牲者的孤儿。那些在1932年随红四方面军远征到四川的红军战斗员的子弟。便在这种恐怖条件下建立起游击队，从游击队变为现在以‘儿童军’著名的红二十五军。……”长征时期，从我们这支队伍的组成和年龄结构上看，也足以说明“儿童军”的提法是恰如其分的。从军的领导到每个战斗成员，都十分年轻，军长程子华29岁，军政委吴焕先27岁，年龄稍大的副军长徐海东同志，也才34岁。那时的团营干部多是20出头，有的还不到20岁。连队干部战士的年龄就可想而知，确实也很少有“年逾18岁以上的战斗员”。特别是军部交通队，都是十七八岁的小伙子，一个个雄姿英发，朝气蓬勃，每人一把大刀，一支冲锋枪，一支盒子枪，佩着红缨穗带，神气得很。连队的战斗员，大多是共青团员，我当时在军政治部工作，担任军的共青团委书记也只有17岁。

以青少年居多的红二十五军，有为数不少的十二三岁的少年儿童。甚至个别还只是八九岁的小娃娃。他们跟着自己的父兄，在红军长征的“摇篮”里长大成人。有个名叫匡书华的儿童团员，长征时只有十一二岁，他是河南光山县匡家湾人。他有个当红军的堂兄，名叫匡占华，在连队担任炊事班长。长征出发前，匡占华回到村里，看到村子被敌人烧光了，就领了弟弟匡书华和六七个走投无路的青少年，来当红军。其他几个青少年都补入战斗连队，唯独匡书华的年纪小，个子也矮，没有被批准入伍。可他就是跟着队伍，一步也不离开。长征路上，他跟在哥哥的炊事班，经过千里转战，到陕南。匡占华在陕南牺牲了，他失去了唯一的亲人。炊事班的同志对他更加体贴照顾，都喊他“可爱的小兄弟”，全班都是他的亲哥哥，帮助他随军继续长征，从陕南到陕北，始终没有掉队。到陕北以后，领导上考虑他跟着部队走了几千里路，从枪林弹雨中闯过来了，尽管年龄小，还是批准他正式成为一名红军战士，当了小宣传员。二二三团的供给处，还有一对相依为命的父子俩，也在长征路上传为佳话。父亲名叫熊发龙，安徽六安县人，当过乡苏维埃主席，他背着个八九岁的儿子参加了长征。按说当时是不允许这样做的，如果被领导发现，非留下来不可。因此，父亲只好偷偷地领着儿子，跟着部队行走。好在是在供给处，不是战斗连队，能够“掩护”过去。后来还是被上级发现了，但生米已煮成熟饭，背着走也就是了。他的儿子叫熊开先，大家都喊他“小开子”。“小开子”也很懂事，挺逗人喜爱，他说长大也要当红军。一路上，同志们轮流背着抱着，从大别山到陕南，又从陕南转战到陕北。这个参加红军的“红军娃娃”，长征结束时，仍不够参军的年龄，未能正式当上红军。听说抗日战争开始以后，他才当了一名“小八路”，后来还当上了连长。

1934年冬，红二十五军长征进入陕南。在柞水县的红崖寺，有个十八九岁的青年，叫明道和，领着十五六个放牛娃娃，跑来参加红军，这一群可爱的牧童小兄弟，刚好组成一个班，由明道和担任班长，编到学兵连队。明道和是皖西人，从小参加红军。1932年冬，他随红四方面军主力转移到商洛山中，因病掉队，挨门乞讨来到柞水县的石槽沟口，被一户姓何的人家收留下来，边帮工边养病。他在何家整整住了两年，没有暴露自己的身份。这年腊月间，他听说红二十五军到了红崖寺，就串连了十五六个跟他一起放牛的牧童，连夜赶了好几十里山路，找到了红军队伍。见到吴焕先政委时，吴焕先怎么也记不得这个当年的红军小战士，明道和忙说："吴政委，你忘了，我就是红七十三师的，听你在队前讲过话哩！你当时说过，我们的红军队伍，好比一把紧紧扎成的大扫把，把敌人扫个落花流水……"吴政委这才恍然大悟，深情地摸着他的头说："好同志，你还没有忘记自己是个红军战士，是一根又青又翠的竹子！呵呵，你这根孤孤单单的竹子，不又扎成一把小扫把，领来了一个牧童班吗！"

我们这支"儿童军"，就是由这样一群青少年组成。他们一个个生龙活虎，朝气蓬勃，具有压倒一切困难和战胜一切敌人的英雄气概，在血与火的长征路上锻炼成长。

征途上的青春进行曲

长征路上，我们唱得最为响亮的一支进行曲，就是《红军青年战士之歌》！歌词也是很鼓舞斗志、激动人心的：

红色的青年战士志气昂，
好比那东方升起的太阳，
不怕牺牲，英勇杀敌如猛虎，
冲锋陷阵，无坚不摧谁敢当！

回顾长征途中的无数次战斗，特别是独树镇和庚家河两次恶战，在那生死存亡的危急关头，广大共青团员和青少年们，同全军指战员一起，舍生忘死，浴血奋战，用生命的最强音谱写着青春进行曲。

1934年11月26日，我先头部队到达方城独树镇附近，准备由土里岗穿过许（昌）南（阳）公路时，遭敌四十军一一五旅和骑兵团的堵击。当时遇到寒流，冷风刺骨，雨雪交加，跟敌人接火时许多同志的手指都冻硬了，一时拉不开枪栓，以致被迫后撤。敌人乘势猛扑，并从两翼实施包围，情况万分危急。在此关键时候，吴焕先政委带交通队两个班赶了上来，他大声命令“同志们，现在是生死存亡的关头，绝不能后撤，就地卧倒坚决顶住敌人！”战士们听到吴政委的声音，马上稳定下来，就地卧倒在泥泞地上，利用地形地物，顽强阻击敌人。这时，吴政委从交通队员身上抽出一把大刀，接着又喊：“共产党员、共青团员们，跟我来！”他带领交通队两个班，像猛虎一样冲了上去，与敌拼刺搏斗。部队也都跟着冲上前去。交通队这两个班多是共青团员，他们奋勇当先，动作迅猛，很快就把敌人顶了回去。战斗正在进行时，徐海东同志带领后卫部队也及时赶到，立即投入战斗，终于打退了敌人进攻，使部队转危为安。在这次战斗中，跟随吴政委的交通队两个班发挥了很大作用，为全体指战员所敬佩。12月10日，部队在庾家河的东山坳口，遭敌六十师突袭，战斗打得十分激烈。军长程子华、副军长徐海东均负重伤。全体指战员殊死奋战，英勇反击，同敌人拼刺刀、拼手榴弹。军部司号长程玉林同志，下颚负伤不能吹号，就利用一座小庙作掩护，向敌人投出数十枚手榴弹，打退敌人几次冲击，敌人集中火力向他射击，他坚持不下火线，顽强战斗，最后壮烈牺牲。他的英勇献身精神，当时在部队中广为流传，被称为坚守阵地的“投弹英雄”。

红二十五军在开创鄂豫陕革命根据地时期，有不少年轻的共产党员、共青团员们，先后被派到地方开展工作，同样也出色地完成了党交给的战斗任务。部队到达陕南时，为了开辟新区工作，决定成立中共商洛特委，由手枪团政委宋兴国担任特委书记。军政治部干事张勤和少年宣传队队长程启文同志，都被派到特委工作。同时决定以手枪团二分队为骨干，与当地农民刘实通等人领导的一支“大刀会”武装，组成陕南抗捐第一军，有两三百人，直属特委领导，就地开展斗争。谁知抗捐第一军成立不久，就在一次战斗中被敌人打散了，只有红军小分队30多人，在宋兴国带领下杀开一条血路，突出重围。小分队安全转移后，宋兴国看到部队垮了，作为特委的主要领导，心里愧疚，感到不好向上级交代，趁着大家不注意的时候，开枪自杀了。宋兴国死后，一时群龙无首，同志们情绪都很低落，不知如何是好。张勤同志也在战斗中牺牲了。特委的领导成员，就剩下程启文一个。在此危难之时，他挺身而出，把同志们召集起来讲道："同志们，我们走了几千里路，来到商州这个地方，就是要建立一块立足之地。我们虽然吃了败仗，受了挫折，可困难是暂时的，是可以克服的，大家不要灰心丧气，宋政委的做法是错误的，我们都要记住这个教训！现在，我们要打起精神，坚持斗争！"这才稳住了小分队的情绪，大家一致推荐他担任小分队的队长。同志们也都习惯地喊他"少队长"。当地群众以为他姓"邵"，称他为"邵队长"！从此以后，"少队长"就领着这支红军小分队，在孙家山一带发动群众，组织贫苦老百姓抗粮抗捐，闹得热火朝天。在地下党员的帮助下，"少队长"曾只身到龙驹寨与民团头子进行谈判，还曾化装进入商州城内侦察敌情，带领小分队东入卢氏边界，施巧计冒充敌军，收缴民团的数十条枪支。这些带有传奇色彩的故事在当地群众中广为流传。1935年4月，红军主力打下洛南县城以后，"少队长"和他带领的这支小分队，胜利回到主力部队。

1935年8月，当红二十五军西出秦岭，北过渭河，翻越六盘山，直逼平凉城下时，敌三十五师马鸿宾部以为我们都是些"娃娃兵"，马鸿宾没有放在眼里，他给骑兵团长下命令时说："你是天上飞的老鹰，红军是些地上跑的小兔子，好抓着哩！"就是这支"娃娃兵"，纵横驰骋于陇东高原，截断西（安）兰（州）公路，直捣敌三十五师的布防区域。当时，坐镇于平凉城内的马鸿宾，亲自率部追击，在马莲铺被我军打得落花流水，马鸿宾险些被红军生擒。8月21日，在泾川县四坡村战斗中，敌三十五师二〇八团1000余人，被我军全部歼灭。敌团长马开基也被当场击毙。击毙敌团长的二二三团二营通信班长周世忠，领导上还奖给两块银圆。到达陕北以后，周世忠光荣地加入了中国共产党。

长征路上，尤其是转战到了陇东高原一带。正如《中国红军第25军底远征》一文中所叙述的那样，以“儿童军”著称的红二十五军，“像雄鹰在那里盘旋一样，使敌人布防于此的雄厚兵力，都惊得心胆俱寒！”

巾帼少年“七仙女”

长征路上的共青团员们，个个都是出色的战斗员，又都是很好的宣传员。部队每到一地，以共青团员为主的宣传队、宣传小组立即活跃起来、张贴布告。刷写标语，宣传党的政策，唱歌演戏，搞得热火朝天。

特别值得一提的是，我们军医院的曾继兰、曹宗凯、田喜兰、余国清、张秀兰[①]、戴觉敏、周少兰（周东屏）等七名女护士，人称“七仙女”，她们不仅在医疗卫生、战场救护方面做出了贡献，而且在做宣传工作和群众工作方面，也起了很大作用。部队指挥员喜欢听她们唱歌，看她们演节目。每到一地召开群众大会，她们也是必须登台的“演员”，很受群众欢迎。这七名女护士大都不过十七八岁。最小的才15岁。周少兰、曹宗凯、余国清都是安徽人，很小就参加了红军。周少兰七岁时随母亲外出讨饭，13岁被人贩子抓去以50块钱卖给人家，作了童养媳，是共产党和红军救了她。1932年，她不满16岁就参加了红军。戴觉敏也是从小就参加了红军。她的哥哥戴克敏，是鄂豫皖苏区和红军的创始人之一，“肃反”中被张国焘杀害。她的父亲戴雪舫，也是共产党员，担任过列宁高等小学的校长，在敌人空袭时为掩护学生转移而壮烈牺牲。戴觉敏从小就在列宁小学读书，还曾作为少年儿童的代表，参加鄂豫皖苏区召开的少共儿童代表大会，当选为少共儿童委员会的常委。1932年春天，她参加了红军，

① 曾继兰，也有写作“曾纪兰”；曹宗凯，也有写作“曹宗楷”；田喜兰，也有写作“田希兰”；余国清，后名余光；张秀兰，即张桂香——编者注。

在箭厂河总医院当看护。

长征出发时，部队精减整编，对老弱病残人员作了安置。她们坚决不肯留下又哭又闹，非要跟着红军主力不可，经过一番“斗争”，才被批准随军行动。过了平汉铁路，进入桐柏山区以后，由于敌人从四面围追而来，情况十分严重，部队又要实行第二次远距离转移，军首长怕她们路上吃不消，发给每人几块银圆作盘费，要她们返回老家，或是就近找个穷苦人家当女儿。这一下，她们都傻了眼了，坐在路边抱头痛哭，边哭边说：“红军走到哪里。我们跟到哪里。活着是红军的人，死了是红军的鬼！”是啊，她们都是些无家可归的孤儿，离开了红军队伍，也就失去了生路。军首长吴焕先和徐海东同志考虑到她们的身世，又看到她们都有坚强的革命意志，又一次决定让她们继续随军“打远游击”。

吴焕先同志叫供给部给她们一匹小马，以便路上驮行李，有病时换着骑骑，这在当时，也是极大的关怀照顾了。但是，她们很少骑马，而是凭着自己的两只脚。有的还是缠过足的“解放脚”，穿着草鞋，扎着绑腿，一步一步地挣扎着，跟部队一起翻山越岭，涉水过河，谁也没有掉队。

在陕南开创革命根据地的日子里，战斗极为频繁紧张，她们每天随军转战，还要救护伤员，照顾病员。这一时期，省委书记徐宝珊患了重病，军长程子华、副军长徐海东身负重伤，她们时常随着三副担架，奔前跑后，忙个不停，十分辛苦。每当打下一座新的县城乡镇，她们更是忙得不可开交，又要上街宣传演出，又要收购筹集药品，还要安置伤病人员，有时还参加群众工作，没收地主恶霸的财产，分配给贫苦群众。军供给部曾把打土豪得来的一些妇女衣物分给“七仙女”，可她们谁也不穿不用，随手又转送给贫苦群众。

西征北上途中，从天水附近渡过渭河时，只搞到一条小木船，因为水流湍急，军领导决定让给“七仙女”和几个重伤员乘船过河，部队则攀着牵在河面上的几条白布绳索，把武器弹药顶在头上，徒涉而过，回想起当时的情况，亏得参谋长戴季英从两当县城请了一位照相师，沿途拍下几张珍贵照片。“七仙女”乘坐木船过渭河时的一幅历史照片，至今仍依稀可辨，陈列在中国人民革命军事博物馆。

征途是漫长的，也是坎坷艰难的，有胜利也有挫折，有痛苦也有欢乐。她们曾背着捆草作为坐垫，坐滑梯似地溜下满地泥泞的王母宫塬，也曾抓着骡马的尾巴，飘浮过山洪猛涨的泾河。在泾河岸边的郑家沟，她们淌着眼泪、含着悲痛、为军政委吴焕先擦拭遗体，……在此以后的征途上，因为沿途人烟稀少，无粮可筹，她们同样也处在严重的饥饿威胁之中。但是，她们还是忍着饥饿，以草根野菜充饥，拖着疲惫不堪的脚步，一步一步地走向陕北，胜利完成了长征。这时，“七仙女”已只剩下五名，共青团支部书记曹宗凯和共青团员曾继兰两位同志，在长征路上倒了下去，为革命献出了宝贵生命。戴觉敏、周少兰、余国清等同志，到了陕北后都加入了中国共产党。这七名女同志不愧为鄂豫皖苏区的巾帼少年。

长征胜利结束以后，新的局面就开始了。我们这批长征过来的年轻人，以“儿童军”称著的“红小鬼”们，这时大都在20岁左右，恰是风华正茂的时候，便又踏上了新的征途，投入到伟大的抗日民族解放战争的洪流中。

1986年4月于北京

选自中国人民解放军历史资料丛书编审委员会编：《红军长征·回忆史料（2）》，解放军出版社1992年9月第1版，第20—26页。

长征队伍里的“七仙女”

黄学祥

我所说的“七仙女”不是天上下凡的仙女，是红二十五军长征队伍中的七位姑娘，她们是张秀兰、曾纪兰、曹正凯、田兴兰[①]、余光（原名余国清）、戴觉敏和周东屏（原名周少兰）。她们是来自河南、湖北和安徽三省的勤劳勇敢、纯朴憨厚的农村姑娘，为了革命和妇女的解放，冲破家庭阻力，毅然参加了红军，并在红二十五军卫生战线上组成了一个小小的战斗集体。当时我在红二十五军医院做看护，对她们有些了解，特别是有几件事印象很深。

洒泪争上长征路

长征道路本来就很艰难，可七位姑娘为了争取到能参加上长征的权利，费了很大的劲。她们在万里长征中再艰难也没掉过一滴泪，可为了争得长征，却洒下了许多。这是怎么一回事呢？

1934年11月初，红二十五军在长征前进行了整编，决定把老弱、小孩

① 张秀兰，即张桂香；曾纪兰，即“曾继兰”；曹正凯，应为“曹宗凯”或“曹宗楷”；田兴兰，应为“田喜兰”或“田希兰”——编者注。

和妇女全部留在鄂豫皖老根据地坚持打游击。这道命令可伤透了七位姑娘热望参加长征的一副热心肠。她们饭也吃不下，觉也睡不安，都哭得泪人一般！眼泪哭干了，眼皮哭肿了，也想不出解决能参加上长征问题的好办法！张秀兰显得与众不同，她是七姐妹中年岁最大的，1927年冲破封建家庭的束缚，参加了县委妇女工作，后转入部队工作。她年龄较大，参加革命早，办法多。她把姐妹们叫到一起说：“人不伤心不落泪，人若伤心泪双流！我知大家伤透了心。光哭不解决问题，要找领导讲理去，要争取到参加长征的权利。”于是她们一起先找到卫生部长兼院长钱信忠同志，没给答复，叫她们去找负责行政事务的副院长吴子南同志。吴副院长也无法答复，只是同情地说：“你们去找郑主任说说也许行。”她们抱着一线希望去找军政治部主任郑位三同志要求参加长征，郑主任温和地安慰她们一番还是没解决问题。张秀兰说：“这些人都做不了主，这事是军参谋长戴季英主管，去找他。”结果不但没解决问题，反被狠狠地批评了一通。实在无望了！有的人出主意叫她们去找副军长徐海东同志也许还有希望。当七位姑娘找到徐副军长，说明来意后，徐副军长答应向军长、政委说个情，争取能让她们一起长征。经过这样一番努力，这七位女同志终于达到了目的。可以说她们是用泪水争得的长征权，又是用汗水和鲜血生命去完成长征任务的。

破除万难跟上队伍

部队于1934年11月16日过京汉铁路，正式踏上了长征路，全体将士为七位姑娘争得长征权利而高兴！但又为七双“解放脚”进行万里长征感到担心！尤其张秀兰受过缠足之害，脚很小，能跟上部队吗？事怕有志人，她深知七姐妹争得长征是多么困难，深知生理条件不如男同志，但她们都暗下决心不落后于男同志，不给领导找麻烦，要为妇女争光，要为自己争气，一定完成长征路任务！七姐妹都有雄心大志，张秀兰志更坚。她在紧张的长征路上和频繁的战斗中不顾自己的脚小和行动困难，一有片刻休息，总是关心照顾小姐妹和周围的男同志，不是烧开水给他们喝，便是烧水给同志们洗脚、烫泡或补补缝缝。一有战斗救护和抢救伤员时，她总是抢着干。她特别关心药品、器材，平常行军她总是跟着药担子走，照顾药材和挑药担子的同志。挑担的同志有伤有病时，她总要替她们挑一程。一遇掉队失掉联络时，她跑前跑后地进行联络，不让丢掉一箱药一个人。长征头半个月没有经验，她双脚打了很多血泡但从不叫苦，还主动照顾别人，这个小脚姑娘，该有多大毅力呀！只经过半个多月她就把自己锻炼成铁脚板了，再没有掉过队，一直坚持同大军一起步行万里到陕北。

善做思想工作的好大姐

在红军医院里，为了伤病员的健康，她们做了大量的艰苦工作。凡是革命需要做的工作，她们都愉快地去干，有的当炊事员、洗衣员，有的当看护员、敷料员。不管做何工作都不怕脏不怕累，干一行爱一行。伤病员的血衣血被，全靠她们用双手清洗，没有肥皂和碱面，她们用草木灰水当碱水，上山采摘皂角果当肥皂用。夏天不怕血污腥臭，冬天不怕冰水刺骨。为了伤病员早日康复，工作抢着干。七位姑娘中戴觉敏大姐做得最出色。她认字比别人多，工作比别人勤又细，是姐妹们的主心骨。她善于观察和发现问题并能及时解决。有个小战士负伤到医院治疗，伤好后领导看他年轻聪明伶俐，叫他学医当看护员，有一天跟医生当助手，给一名重伤员换药，只带两把镊子和一个换药碗，没带脓盘和脏桶，解下绷带揭开纱布后，伤口脓血直冒。为保持病房不受污染，医生叫他用手捧脏纱布接脓血，他不肯，在旁的周大姐抢先捧着脏纱布接脓血，坚持等医生换完药后才捧到外边处理。那个小战士认为后方伤员生活苦，工作人员比伤病员的生活更苦，工作脏累难做，想回到部队，工作不安心。一天晚饭后，他吃完两碗野菜汤，放下碗就跑到山垭口上呆坐着，两眼凝视山下一动不动，被戴觉敏和周少兰两位大姐发现和猜透，主动到小战士身边坐下与他谈心做思想工作，说明革命工作前方和后方都重要，都光荣，有些工作后方比前方还重要，战士负了伤、生了病，没有人护理治疗行吗？没有人给他们烧水做饭行吗？眼下在长征途中没有根据地作依靠，这些伤病员只能靠我们来照料。假若你也负伤来后方治疗时，没有人照顾、医疗能活吗？一席话说活了小战士的心思，表示愿意在后方为伤病员解除痛苦服务，高高兴兴地随两位大姐回棚休息。

“南瓜炮”三喜临门

在红二十五军中有个外号叫“南瓜炮”的战士，他是红二十五军中一位受人尊敬的英雄。他有一次负伤到医院治疗时，受到七位姑娘的关怀。当她们看到这个身材高大的壮汉双脚无鞋，脚底被刺得遍是伤痕时，经询问得知，因他脚太大，参军以来从无他能穿的鞋。为了这，七位姑娘很心疼。于是她们量了大汉的脚样，把平时保存下来的材料，做了两双大鞋，大汉出院时穿上合脚的新鞋，高高兴兴地归队了。归队的当天就参加一场激烈的阻击战，在战斗中他表现得非常勇敢顽强，机枪点射威力大，弹无虚发，压住敌人多次冲锋，掩护了部队顺利转移，受到了上级的表扬！上级同时表扬了医院女同志为大汉赶做新布鞋所起的鼓励作用。首长在讲话中说：“南瓜炮”三喜临门：一喜恢复了健康并顺利归了队；二喜他从未穿鞋打过仗，今天穿上友谊新鞋打仗勇气倍增；三喜作战有功受到表彰。

选自沈阳军区政治部编研室编:《红军战士忆长征》,白山出版社1996年8月第1版,第262—265页。

黄学祥,1916年生,河南光山人。1930年参加中国工农红军,1942年加入中国共产党。红军长征时为红二十五军战士。新中国成立后,曾任沈阳军区第十六陆军医院院长、大连军医学校顾问等职。1994年在大连逝世。

与红军将领的生死奇遇

马希顺

我已经90岁了，身体现在好得很，耳聪目明。长征胜利70年了，我很激动，我愿意打开尘封的记忆，讲一讲从未对人讲起的与三位红军首长之间的生死奇遇。

一、多报三岁“混”进红军队伍

小时候，受尽苦难的父母将翻身的希冀都寄托在儿子身上，所以为我取名“希顺”。我现在仍清晰地记得，自己是通过三次努力，在12岁那年多报了三岁才“混”进红军队伍的，部队首长收下我这个还没有一支长枪高的“小鬼”做了勤务员。1934年11月，我与红二十五军的3000多名指战员一道，高举“中国工农红军北上抗日第二先遣队”的旗帜，撤离鄂豫皖苏区，挺进陕南，踏上了艰难的长征之路。

长征路上，做卫生员的我紧随部队行动，和战友们根据作战计划建立医护点，随时接收伤病员。在当时红军总医院院长钱信忠的带领下，医护人员克服医疗器械、药品奇缺等重重困难，自采中草药，用盐水消毒，甚至用野草、树皮和南瓜为受伤的战士包敷伤口，尽一切努力救治负伤、患病的战士。

二、危难关头抢救军长

1934年12月9日，红二十五军进入陕西省雒南县庾家河。当时，我所在的二二三团和军队首长们正在一个山坡上吃饭，余下的二二四和二二五团在山坡下扎营。饭后，战士们睡着了，首长们围在一起研究军情。这时，从大别山追踪红军一直到陕西的国民党四十四师已经悄悄围了上来。一个哨兵发现了敌人，战斗瞬间打响。敌人有准备，向红军发起猛攻。军首长迅速带领战士实施反击，二二三团打主力，二二四团和二二五团迅速上来形成口袋之势。

战斗中，军长程子华和副军长徐海东均身负重伤，我跟随钱信忠院长迅速前往抢救。我记得，程子华受伤的部位是双手，徐海东是头部，都是被弹片炸伤的。钱院长带领我们一帮“小鬼”忙活着，见首长伤势严重，大家都很紧张，包扎、上药的动作迅速而有序。说是上药，其实我们什么药品都没有，没法麻醉，只能用盐水消毒。尽管很疼，但首长们都不喊出声来，而且徐海东副军长还一边接受治疗，一边传达命令、指挥战斗。最终，经过20多次的反复冲杀，红二十五军以不足3000人的兵力，打垮了万余敌人的围追堵截，胜利完成了第一阶段的战略转移任务。两位首长最终也都转危为安，很快恢复了健康。

三、红二十五军“最灰暗的一天”

1935年8月，红二十五军进入甘肃境内，占两当，攻天水，连夺秦安、隆德县城，翻越六盘山，突破敌人在瓦亭峡设置的防线。21日，部队进入泾川王村镇。谁也不会想到，这一天，竟然成了我们红二十五军历史上

“最灰暗的一天”。

记得那天的雨越下越大，河水涨了又涨，我们脚上的草鞋早已失去了作用，不是破了，就是掉了。先头部队二二五团经四坡村，在东王家顽强地渡过了汭河。正当我们二二三团要过河时，尾追的敌人突袭上来，我们一边打、一边过河，尽管有对岸二二五团的掩护，我们还是过不去。我那时已经成长为一名不是医生的医生，正忙着为伤员包扎。这时有人跑过来叫我，说首长负伤了。我问是哪位首长，他说是吴焕先政委。我赶快跑了过去，等我赶到时，钱院长已经在那里了。我问站在一旁的他用不用为政委包扎，他说不用了，政委已经牺牲了。

听说首长牺牲了，全军的战士都哭了，他们咬着牙继续战斗。徐海东指挥二二三团从正面发起冲锋，最终把敌人全部歼灭，但大家却丝毫没有胜利的喜悦。我后来听说了吴焕先政委牺牲的经过：敌人袭来时，正在指挥渡河的吴政委听到枪声，立即率领交通队的学兵连100余人，从右翼直插敌军腰部，迅速占领了几个制高点，从侧面发起进攻。敌人顿时乱了阵脚。然而，正当吴政委指挥部队反击时，他胸部和腹部各中一弹后一个趔趄倒在地上……那天傍晚，徐海东等军部领导和战士们抬着吴政委的遗体，渡过了汭河。战士们将吴焕先安葬在了郑家沟村东宝盒子山脚下。（李海峰2006年10月访谈整理）

中共辽宁省委党史研究室供稿。

马希顺，1917年生，湖北大悟人。1929年参加中国工农红军。红军长征时任红二十五军医院卫生员、医生。新中国成立后，曾任第一机械工业部沈阳职工医院党委书记兼副院长。

忆红二十五军长征前后的情况

黄学祥

1933年春，经鄂豫皖三省边区省委书记沈泽民、郑位三同志批准，组建红二十五军，任命吴焕先同志为军长，王平章同志为政委，徐海东同志为副军长兼红七十四师师长；1934年4月后，徐海东为军长，吴焕先为政委；1934年9月程子华同志由军委派到红二十五军任军长，徐海东同志为副军长；长征后期政委吴焕先同志牺牲了，程子华为政委，徐海东又任军长继续长征。

一、长征前的简要情况

红二十五军离开鄂豫皖之前，活动在湖北省的东北数县、安徽西部、河南省的东南各县，坚持老根据地的游击战争，保卫苏区，粉碎蒋介石的四次和五次“围剿”，形势是十分严峻、恶劣，斗争极为残酷复杂。每次“围剿”，敌人的兵力都大于我军20倍以上，敌人对苏区实行烧，杀、抢“三光”政策，制造无人区，采用碉堡战术，严密封锁，分进合围，稳扎稳打，步步为营。当时我军环境极为艰苦恶劣，部队缺吃少穿，精疲力竭，几乎到了弹尽粮绝的地步，没有安全的后方，医院里伤病员更为艰苦。只是由于有党的领导和政治工作的威力，使广大指战员树立了革命到底的决心和胜利的信心，一直坚持到开始长征的时候。

二、离开鄂豫皖的时间、情况、路线

红二十五军是1934年11月初离开鄂豫皖苏区的，有的文件上说是9月离开的，这与党史材料不一样，那可能是按中央指示时间计算的，实际上程子华军长带着军委指示在路上走了三个月才到达鄂豫皖的，来到红二十五军已经是9月中旬。

当时的情况很紧张，1934年7月份以前红二十五军正处在反击敌人五次“围剿”的末期，已处在精疲力竭，弹尽粮绝的境地，根本无力长征，也打不出苏区；就是打出了苏区，也无法应付敌人的前堵后追和两面夹击的局面。为了做好长征的准备工作，于7月17日在河南省的罗山县长岭岗打了一个大胜仗，消灭敌人一一五师，武器得到了更新，弹药得到了补充，接着转移到鄂东北打开了罗田县城，在物资上得到一些补充，但还不足，又攻英山县城不克，来了个大转移和远距离的奔袭，去安徽省打开太湖县城，9月中旬攻克了太湖县城，物资得到充分的补充，但还不能解决棉衣问题；在彻底粉碎敌人五次“围剿”胜利的同时，要做好长征前的准备工作，棉衣还仍无着落。

行动路线，1934年9月中旬，从安徽的太湖县城撤出西征，开始了长征。10月底到了河南信阳市南边附近山区，11月初过了平汉铁路西行就出了苏区。沿途经过七省70余县，征途万里到达陕北，与陕北江军会师后，迎接党中央到陕北。

三、到鄂豫陕的时间、活动情况与形势

1934年11月初打出鄂豫皖苏区时，一路极为艰险。上有飞机，下有大

炮和敌步，骑兵的夹击、堵截、尾追。敌人的兵力大于我军的20倍以上，沿途有几遭覆灭的危险，都被军首长果断而英明的指挥和广大指战员的英勇善战，勇猛顽强的战斗，打败了强大的敌人，化险为夷，终于在1934年12月初，打进了陕南要塞三要司，消灭敌人一个加强营。

从此胜利进入了陕南，开展鄂豫陕新的根据地。这一仗很关键，当时听徐海东说，“这一仗打不好呀！还得多走三个月的弯路，另找进入陕南的途径呢？”三要司在长城上，山坡很陡，有城墙垛口，山前下边有一条大河，是很宽的开阔地，易守难攻，敌人有六门迫击炮，七挺重机枪，在这种恶劣情况下，我军二二四团三营九连首先攻上去了，冲垮了敌人；我大部队相继分割歼灭守敌700余人。战斗结束后，九连只剩下连长、机枪手、打旗兵在内共18人。由于九连打得英勇顽强，军里通令嘉奖九连为全军战斗模范连，号召全军向九连学习。红二十五军于12月10日在洛阳南县庾家河一战，击溃敌人一个师，打死敌人800多人，打伤敌人3000多。据老百姓说，打死打伤敌人8000多。

在陕南、豫西、鄂西和川北地区活动，反复周旋了七个多月，粉碎了敌人40多个团的兵力的三次围攻，歼敌两个旅和一个加强营，击溃敌人两个师和一个旅，活捉敌人旅长张汉民和唐词桐，击伤敌旅长张飞生，为开展鄂豫陕新根据地打开了局面，在华阳地区建立了两个县级和20多个乡级革命政权。初到新区，人民群众对我军不了解，每到一地除打仗外，宣传、组织群众扩大红军的队伍，也是很重要的任务。因无后方，伤病员的安置工作很困难，我们选择群众基础条件好的山区，把伤病员分散到各家各户隐蔽治疗。

四、由陕南到陕北的情况

1935年7月16日，从陕南周至、眉县之间出发，离开鄂豫陕根据地，西行北上去陕北，8月初进入甘肃省的两当县，中旬进入宁夏省的隆德县，8月20日进入甘肃东部的泾川县。过泾河时突然河水猛涨，把部队冲为两段，后尾被敌人包围，军政委吴焕先在打掩护中，身负重伤牺牲了。从此，程子华军长改任政委，徐海东复任军长职务，率部继续长征，于9月18日到达陕北延川县永平镇①与陕北红军会师，合编入红十五军团，由徐海东任军团长，程子华任军团政委，刘志丹任副军团长兼参谋长。从此红二十五军完成了万里长征的光荣任务。10月迎接中央红军和毛主席，于10月19日在直罗镇会师。

五、长期无电台，失去中央指示的苦恼

红二十五军自1932年10月坚持鄂豫皖苏区游击战争，保卫根据地，直到陕北时，都无电台对外联系，得不到中央指示，这是军首长最苦恼的事情！一切行动都由军首长们自己研究决定，真难！我们每一个指战员跟着军首长打了许许多多的胜仗，战胜了强大的敌人和克服了种种困难，无不为之庆幸，真不容易啊！记得打开太湖县城时，得到一部中型电台，被无知的战士砸坏了。真可惜！军政委吴焕先赶到现场一看，当时就气倒在地，晕过去了！撤出县城时，还是用担架抬着走的，可想而知电台的重要性。从鄂豫皖长征时，是中央军委派程军长带着指示走了三个多月来到二十五军的。红二十五军到陕南建立了鄂豫陕新的根据地，情况有了变化，完成了战略转移和开创新根据地的任务，下一步怎么走呢？与中央联系不上，得不到中央指示，决心不好下。这时正是1935年7月上旬部队打出终南山，到了陕南山外平原的周至县一带，从敌人的报纸上获悉中央红军与四方面军会师后继续北上的消息，军首长立即决定留下少数部队，

① 永平镇，今永坪镇——编者注。

留郑位三为鄂豫陕边区特委书记，领导陕南红七十四师和地方党政人员坚持斗争；留陈先瑞任陕南红七十四师师长、李龙贵任政委。7月16日决定红二十五军主力部队从周至、眉县地界西行，北上陕北牵制敌人，减轻敌人对中央红军的压力，迎接党中央和中央红军主力北上抗日到陕北。

红二十五军主动北上的行动，是很英明、很重要的。事后党中央到达陕北时，毛主席曾给予高度评价，说："红二十五军立了大功！"

选自中国人民政治协商会议沈阳市委员会文史资料研究会编:《沈阳文史资料（革命史料专辑之二）》，1983年编印，第17—21页。

回忆参加长征的片断

周东屏

1917年，我生于安徽省六安县的一个贫农家庭。七岁时，母亲被狗咬无法医治致死。13岁时，我被人贩子拐去卖了50块钱。正当我身陷困境，走投无路的时候，家乡来了共产党。1931年3月，我14岁那年参加了革命。1932年10月，我加入了红二十五军。下面是我回忆随同红二十五军长征的几个片断。

不能留下

1934年11月，红二十五军奉党中央的指示，作战略转移，离开了鄂豫皖苏区进行长征。长征前，领导决定全军老幼病弱的同志和全部伤员留下来分散隐蔽或回乡生产。当时，我在军医院，并不知道女同志也是精减对象。有天，军医院政委苏焕清来了，他分给我们女同志每人八块银洋，叫我们回家各自寻找出路，说这是军参谋长戴季英的命令。听了这话，我们如同被迎头泼了一盆冷水，心顿时都凉了。沉默片刻之后，我们决定退回银洋，一起到戴季英那里去请求留在部队。

当时，全军只有我和曾纪兰、余国清（后改名为余光）、戴觉敏、田喜兰、曹宗楷、张桂香七个女同志[①]。我们一起找到了戴季英，但是，不管我们怎么请求，他就是不同意。曾纪兰等同志只好无可奈何地往回走。我呢，却死缠着他说什么也不走。我对他说："你没有排斥女同志革命的权力。"他气得直跺脚。正当我和戴季英哭着闹着吵得难解难分的时候，徐海东从对面稻田走过来。那时，我对海东同志还很不熟悉，他见这个情况，以为出了什么事情，就问戴季英："这个女孩子是怎么回事？"

"要跟队伍走。"

"就她一个？"

"哪里，还有六个哩！"

"不多，不多。她们既然有决心，给她们一个锻炼的机会，又有何不可呢？"

说到这里，徐海东指着已经走远的曾纪兰等同志，对一个背驳壳枪的小伙子说：

"李有贵，叫那几个女同志也回来吧！"

戴季英这回不说什么了。我抑制不住内心的喜悦，高兴得禁不住笑了起来。徐海东说："你们先别笑，参谋长叫你们留下也有道理。这次部队走到哪儿、走多少天都不一定，情况比现在想象的更复杂更困难，这可不比喝凉水那么容易，思想上要有准备啊！"

我说："早就准备好啦！男同志能做到的，我也能做到，我能经受起任何考验，绝不掉队！"

最后，我们七个女同志跟随红二十五军，踏上了长征的征途。

---

① 曾纪兰，也有写作"曾继兰"；田喜兰，也有写作"田希兰"；曹宗楷，也有写作"曹宗凯"；张桂秀，即张秀兰——编者注。

经受战斗的考验

红二十五军离开了鄂豫皖苏区后，天天行军，一个劲地向西走。开始，国民党军队的指挥机关还没有发现我们的动向，直到我们过了平汉路，进入了桐柏山区，敌人才发觉。这时，国民党政府慌忙调集了大批部队，妄图把我们这支不满3000人的队伍一口吃掉。面对敌人的围、追、堵、截，我们天天打仗，有时一天要打好几仗。形势越来越危急，困难越来越严重，但是，我们的意志越来越坚定。为了打破敌人的“围剿”，军首长决定，我军向河南省方城东北许（昌）南（阳）公路插去。老天像是故意和我们作对，那几天特别冷，整天风雨交加，还夹着雪珠。我们本来穿得就单薄，加上浑身被淋透，在刺骨的北风中，真是寸步难行。战士们在连续作战之后，又冒雨急行军，都感到十分疲劳。我们七位女战士，参军后从来没有遇到过这样的困难，大家就互相勉励，决心经受战斗的考验。

11月26日下午，在方城县独树镇，我军正要穿过许南公路时，突然遇到敌人。由于气候恶劣，能见度低，发现敌人较迟，又加手指冻僵，拉不开枪栓，因而我们被迫后退。敌人趁机冲击，从两翼包围我军，双方展开了激烈战斗。在这万分危急的时候，军政委吴焕先高呼：“同志们，坚决顶住，绝不能后退，这是我们生死存亡的关头！”并随即举起大刀，喊道：“共产党员跟我来！”率领部队冲上去，和敌人展开白刃格斗。战斗正激烈时，徐海东率后梯部队二二三团跑步赶到，也投入了战斗。经过英勇奋战，我军终于打垮敌人的进攻，突出重围，胜利通过了许南公路，转向西北。

团结战斗的军医院

长征途中，我仍在军医院工作。当时，红二十五军没有成立卫生部，军医院实际上就是军卫生部。我们七个女同志组成一个班，班长曾纪兰，副班长余国清，护士是我。

我们的院长钱信忠有高度的责任心，工作十分负责。他的医疗技术很高明，平时对人和蔼可亲，没有架子，所以很受同志们的尊敬。军医院在他领导下，同志们之间互相帮助、团结友爱，发扬了救死扶伤的革命人道主义精神。我们克服了行军打仗给医护工作带来的困难，战斗打到哪里，医务人员就出现在哪里，勇敢地抢救伤员。在缺医少药的情况下，我们想方设法，充分发扬阶级友爱的精神，努力减轻伤员的痛苦。不管那时形势多么紧张，生活多么艰苦，我们仍以高度的革命英雄主义精神和革命乐观主义精神，生活和战斗着。

我们七个女同志在长征途中除一人不幸牺牲外，其余六人始终没有掉队[①]，这与军首长的关心是分不开的，这同医院领导的帮助和爱护也是分不开的。行军打仗最要紧的是两只脚，而我们七个人小时候都缠过足，有人还是"三寸金莲"。参军后虽然放了脚，但总还留有病态，走起路来困难格外大。当时部队条件差，只有院一级领导才有马骑。我清楚记得，为了帮助女同志克服长途行军的困难，院领导经常把马让给我们骑。在这个集体里，我们女同志常得到特殊的优待。1935年8月初，我军在攻占甘肃两当县城，夜袭天水北关成功之后，决定乘胜北渡渭水。一天，我们来到渭水南岸，当时正是初秋，只见水大流急，既无渡船，更无桥梁，好不容易才找到一只小船。但是，人多船小，后面又有追兵，形势十分危

① 回忆有误，应为曾纪兰（曾继兰）、曹宗楷（曹宗凯）二人在长征途中牺牲——编者注。

急，不允许我们一船一船渡过去。医院的男同志就让我们七个女同志坐到小船上，然后自己一手拉着临时用绑腿拧成的绳子，一手扶着船舷慢慢涉水过河。后来抢渡泾水时，连一条渡船也没有，男同志就让我们排在队伍中间，拉着绳子，扶着我们顺利渡过河去。正是这样，一个团结战斗的集体给了我们以战胜困难和永远向前的力量。

一支朝气蓬勃、纪律严明的队伍

红二十五军长征时不到3000人，大都是20岁以下的年轻人。在战斗中，我们像初生牛犊不怕虎一样，以一当十，奋勇争先。在平时生活中虽然条件十分艰苦，有时连盐也吃不到，但是，我们却始终朝气蓬勃，精神饱满，到处洋溢着革命乐观主义精神。我清楚记得，每当部队得到休息时，队伍里就到处响起歌声。吴焕先和徐海东最喜欢唱京剧，吴政委的拿手好戏是学唱谭富英的《珠廉寨》。徐海东则擅长学唱高庆奎的《辕门斩子》。这是两出老生戏，徐海东学唱《辕门斩子》中的杨六郎，声音洪亮高亢，声情并茂，颇有高派味道。另外，战士们爱听他讲故事。窑工出身的徐海东早年进过私塾，最爱看《七侠五义》、《水浒传》、《三国演义》一类书。战士们见他有空，就要他讲故事。他平易近人，也乐于这样做。他那有声有色的故事，常常说得我们哈哈大笑。女同志喜欢唱歌，因而战斗间隙时，同志们就经常邀我们唱一唱。我最喜爱唱的歌是《八月桂花遍地开》。也许当时我的歌声还比较悦耳吧，每当我唱起“八月桂花遍地开，鲜红的旗帜树呀树起来，张灯又结彩呀啊，光华灿烂现出新世界”时，还会博得同志们阵阵热烈的掌声哩。

我们这支部队朝气蓬勃，同时又纪律严明。1935年8月，我们到达甘肃省静宁一带。这是回民地区，军首长们十分尊重回民的风俗习惯、宗教信仰。早在到达这一带之前，就组织全军专门学习了党的民族政策，规定到达回民地区时的政策和纪律。这些政策和纪律包括：宿营不住清真寺，保护回教经典，不在回民家里吃大荤，打水要回民经手，不打回族土豪等等。到达回民地区后，军领导亲自检查部队执行政策的情况，亲自向清真寺的阿訇赠送了匾和银锭。清真寺的阿訇也捧着礼品到军部作了回拜。当我们离开回民地区时，男女老幼在阿訇带领下齐集街头为红军送行，夸奖我们是一支纪律严明的部队。

在护理徐海东的日子里

1934年12月，我军进入陕南境内庾家河时，战斗打得十分激烈。徐海东和程子华先后不幸身负重伤。吴焕先政委命令钱信忠想尽一切办法抢救他们。在钱院长领导下，我们尽全力进行抢救工作。徐海东这次是头部负伤，子弹从左眼下面打进去，从左耳朵下面穿出，失血严重，伤势比以往都重。当时，医院条件很差，没有什么药品，我们只能用盐水洗洗伤口，又用碘酒擦擦，然后再用绷带包扎起来。徐海东就这样睡在担架上，昏迷了四天。在徐海东负伤后昏迷不醒的四天四夜里，我奉命日夜守护在他的身边。到了第五天，他才清醒过来。他勉强睁开眼看到同生死共患难的最亲密战友吴焕先、徐宝珊、郑位三、郭述申等同志都守候在床边，便深情地点点头。当时，他的头肿得像巴斗，嘴张不开，好像想讲什么但又讲不出来。又过了一天，伤口开始消肿，他才能讲话。他见我守在他身边，似乎记起我是军医院叫周少兰的小护士，就问我："现在几点钟了？部队该出发了吧？"这是我守候在他身边五天五夜之后，听他讲的第一句话，不由高兴得流下眼泪："首长可醒过来了！五天五夜不省人事。一句话也没说，把人都急死了！"他却开玩笑地说："我可没着急，倒是睡了个好觉。"

当时，钱院长也在他身边，他就问："程子华的伤怎么样了？"当他听到钱院长说程子华的伤已没有危险之后，他脸上露出了欣慰的笑容，并叮嘱钱院长道：“你们一定要负责治好子华的伤，出了问题，你们要负责。”他这样说时，好像自己是一个健康的人似的，他的心里只装着别人，只装着革命，多好的一个人啊！我的眼里不由得又涌出了眼泪。徐海东以坚毅顽强的精神，跟致命的重伤作斗争，积极地配合我们治疗。

1935年1月，我军来到陕南境内的葛牌镇。一天，天下着大雪，我们正在给徐海东换药，吴焕先突然派人请海东到前线去指挥战斗。第一个传令兵刚走，第二个传令兵又进来报告说：“吴政委请您马上到前沿指挥所去。”可见前面情况十分紧急。海东不顾自己伤还未好，让我们匆匆地把伤口包扎好，就叫来四个警卫员，架着他迅速赶到指挥所。这一仗，他协同吴政委，指挥全军英勇奋战，全歼敌柳彦彪旅一个团又两个营，使红二十五军在长征途中又一次摆脱了险境。

战斗结束，海东因伤口受雨淋发炎，头部又肿了起来，痛得他直咬牙，甚至流出了眼泪。我们经过连续几天的治疗，他的伤势才继续好转。

在护理海东的日子里，他的一言一行，他的高贵品质使我深受感动。这时，我对海东爱慕的感情在我心里产生了。海东也曾向我讲过他的革命经历，并问我的身世和参加革命的经过。共同的苦难遭遇和革命理想，使我和海东之间产生了爱情。

长征结束后，我和海东在同志们的关心下结了婚。（徐文伯整理）

选自中共六安地委党史办公室编：《红军女战士》，安徽人民出版社1986年8月第1版，第81—88页。

周东屏，原名周少兰，女，1917年生，安徽六安人。1931年参加革命，1932年参加中国工农红军，1935年由共青团员转为中共党员。红军长征时任红二十五军军医院护士。新中国成立后，曾任中央军委办公厅秘书、解放军总参谋部管理局顾问、全国政协委员等职。1997年7月在北京逝世。

我们是女战士

周东屏

我要上前线

1929年，安徽金寨爆发了立夏节农民武装暴动，成立了工农红军。不久，红军到六安，我的家乡解放了。

苏维埃政权成立后，男女老幼都组织起来。我们乡的妇联主任方慧兰常常向我们这些小姑娘、小媳妇讲些革命道理。我第一次听到“打土豪、分田地”“妇女解放”“男女平等”这些口号，感到很新鲜。特别是她告诉我，苏维埃政权将公布法令，废除童养媳制度，这对我产生了极强的吸引力。我明白，要摆脱苦难的生活，只有参加革命。这样，在1931年年初，我加入了共产主义青年团，并担任了区少先队大队长。

当时，少先队的主要任务是宣传共产党的主张和配合红军做好后方根据地的保卫工作。每逢红军打了胜仗，我们就敲锣打鼓，张贴标语，唱歌跳舞欢庆胜利。平时，我们到各家各户去收集群众为红军做的军鞋，送到乡政府。年龄大一点的男孩子在粮河口一带站岗放哨，小孩子在村边路口查路条。那一阵，我们整天在外边东奔西跑，忙这忙那，情绪可高了。

1932年秋，红四方面军因在第四次反“围剿”中失利，被迫离开了鄂豫皖苏区。为了保存革命力量，上级决定我们向鄂东转移。行军途中，望着被敌人烧成焦土的村庄，看着路旁横卧着无辜百姓和红军战士的尸体，我流泪了。我一边走，一边想：已经长大了，我要当红军！我要上前线！我要报仇！

在鄂东徐家大塆，我终于正式加入了红军，被分到老叶家塆兵工厂工作，我心里的高兴劲儿就甭提了。兵工厂的设备极其简陋，只能生产一些精密度不高的枪炮和子弹。我的工作是往子弹里装火药。

后来，徐海东、吴焕先率领的队伍在檀树岗会合，重建了红二十五军，这使我萌动了上前线打仗的念头。一天，我利用工休日跑了30里路到七里坪，找到了鄂东道委书记郑位三，向他提出上前线打仗的要求。他上下打量了我一番，不禁笑了起来："小姑娘，不行啊！你看你瘦得像把柴禾，个子还没枪高。上前线打仗可不闹着玩的哟！"

郑书记的话原是好意，但我听了却十分恼火，认为他看不起人，于是就跟他软磨硬泡起来。最后，他只好派通信员把我送到白凤嘴红军医院第二分院当护士。

到医院后，先进行三个月的半工半读学习，每天，上午随医生查病房，下午上护士课，学习医学原理和医护基本技术。学习结束后，我被正式留在医院里当了一名小护士。

我不是"AB团"

1933年3月，红二十五军内部笼罩了一层乌云："肃反"开始了。

一天深夜，我突然被人推醒，还没来得及弄清周围发生了什么事，就和其他十几个人被关进了牢房。当时，"肃反"的主要对象是"AB团"和"第三党"。我不识字，根本不知道"AB"是什么意思，哪里会参加什么"AB团"呢？我感到莫名其妙。没想到，第二天审问时，他们上来就先打了我一通，接着，审问人再三逼问我，何时、何地、由何人介绍加入"AB

团”。我从小性格就倔，受了这么大的委屈，自然说不出好听的话。审问人更加恼怒了，狠狠地拷打了我。最后因证据不足，他们只好罚我在医院做苦工，白天挑水打柴担米，晚上睡觉也有人看守。那次“肃反”，有一大批优秀的红军指战员惨遭杀害。

在很长一段时间里，我迷惑、苦闷。我七岁死了母亲，13岁被人贩子骗去卖给人家当童养媳。是党和红军把我从苦海里解救出来，获得了新生。如今，我从家乡来到湖北，一心一意干革命，为什么说我是“AB团”？为什么被押，被罚做苦役？我不是“AB团”！我在心底高声呼喊着。我曾经想到自杀，但看到周围许多同志尽管被打得遍体鳞伤，却默默地忍受着屈辱和痛苦！医院的不少医生、护士也暗暗地安慰、鼓励我，于是我想：我已经是一名共青团员了，应该坚强。革命有各种各样的考验，烈士们连死都不怕，我怕什么呢？我受的不白之冤迟早会弄清楚的！我绝不能糊里糊涂地了此一生！

我积极干活，不敢有丝毫懈怠，每逢行军就更加小心谨慎。当时，分配给我的任务是行军时挑四个脸盆和四个烧水用的铜吊子。走路时，金属物品难免碰撞出声，我担心有人说我是故意给敌人报信，所以，在行军前，便用稻草把脸盆和铜吊子一个个包起来，固定在竹棍的两头。走路时，还拄着一根木棍，以防摔倒后发出响声。

半年后，医院召开全体人员大会，根据我的表现，解除了我的苦役处罚，保留团籍。但“AB团”的帽子却一直戴到陕北。徐海东军团长将鄂豫皖苏区和陕北“肃反”的情况亲自向毛主席和周副主席做了汇报。毛主席说，这些同志长征都走过来了，是最好的证明。党员、团员一律恢复组织生活，干部要分配工作。徐海东同志，请你亲自去办这件事。周副主席说：要好好安慰同志们！至此，我的“AB团”罪名才彻底得到平反。以后我才明白，这次“肃反”是王明“左”倾错误造成的，是我党历史上一次惨重的教训。

我们一定会胜利

1933年夏天，蒋介石委任刘镇华为“鄂豫皖三省剿共总司令”，调动军队对红二十五军“清剿”。大别山区人民又一次遭到敌人的杀戮。群众被杀死、饿死的不计其数。从仰天窝到毛草尖，几十里地方变成了“无人区”。红军医院转移到鄂豫边界仰天窝一带的深山老林之中。这里人烟稀少，易于隐蔽。院领导提出，三个护士负责照顾一名重伤员，伤病员在，分管护士在，伤病员发生意外，要追究责任，重者杀头。医院的口号是“一切为了伤病员”。

我们砍树割草，搭成茅棚给伤员住，自己在棚外露宿守护。为解决粮食问题，我们曾踏遍山林，挖野菜，采野果。有一次，我们搞到一点儿稻子，用石板搓掉壳，做了一瓷盆稀饭，分给伤员吃。一个断了腿的战士说：“要吃，大家一块吃。都是红军战士，我们怎么能看着你们挨饿呢？”伤员们纷纷要倒给我们。我们只好每人舀了半碗，在一旁假装喝起来。其实，我们一颗米都没动，留给伤员下顿吃。还有一次，我和另外两个战友拾了不少白果，大家高兴万分，回去炒了炒就吃开了。哪想白果芯有毒，因吃过量，不久就又吐又泄，鼻嘴流血，接着是抽风，两个战友牺牲了，我也险些送命。

后来，敌人发现仰天窝一带有红军，便分几路向山上“围剿”。我们采取化整为零、分散隐蔽的办法，保证伤病员的安全。我负责两名重伤员和三瓶药，藏在山洞里，任凭敌人叫骂威胁，我们就是坚守不动。

一天，一名护士不幸被敌人抓住了。凶残的敌人把她绑在树上，用刺刀对准她的喉咙，逼问她伤员藏在哪里，强迫她喊话诱降。年轻的姑娘横眉冷对，一声不吭。丧心病狂的匪徒们用皮带抽，用脚踢，用火烧。但她直到死，没有说一句话。在山洞里，听着皮鞭的抽打声、火焰的燃烧声，我的心都要碎了。要知道，她才17岁，生活对于她才刚刚开始啊！我发誓要为战友报仇雪恨。

在极端艰难困苦的岁月里，我们全体医务人员和伤病员团结战斗，互相关心勉励。物质生活是那么贫乏，但大家没有一个发牢骚、说怪话的，更没有一个投敌叛变或开小差的，大家坚信，困难是暂时的，胜利一定会属于我们。

我绝不留下

1934年秋，红二十五军奉命离开鄂豫皖苏区，向豫陕方向作战略转移。正当我们几个女护士兴致勃勃地打点行装、准备上路时，医院政委苏焕清走了过来。他在我们每个人的手里放了八块银圆，告诉我们，军领导决定女同志留下，回乡隐蔽。几句话像一桶凉水，把我们的心浇得冰凉冰凉的，泪水一下子涌出眼眶。

“不行，我们不能留下！我们去找参谋长讲理去！”不知谁说了一句。大家立即将银圆塞到苏政委手里，前呼后拥地跑到戴季英参谋长面前。

当时，红二十五军只有七名女护士，除我外，还有曾纪兰、于国清、戴觉敏、田喜兰、曹宗楷、张桂兰[①]，都是十六七岁的年轻姑娘，可是，不管我们怎样恳求，戴季英就是不答应，急得曾纪兰几个人哭了起来。我的倔脾气也上来了，又哭又闹，大声和他吵了起来：“我从参加红军那一天就无家可回了。你没有排斥女同志革命的权利！我跟红军走是跟定了！”

戴季英气得直跺脚，一个劲儿地说我无组织、无纪律。正当我们吵

① 曾纪兰，也有写作“曾继兰”；于国清，应为“余国清”，后名余光；田喜兰，也有写作“田希兰”；曹宗楷，也有写作“曹宗凯”；张桂兰，应为“张桂香”或“张秀兰”——编者注。

得不可开交时，徐海东军长恰巧路过这里。他看我们几个人一把鼻涕、一把眼泪的样子，便笑着问，“这几个女孩子为什么哭鼻子啊？”

“要跟部队走！”戴季英没好气地说。

“好哇！既然她们有决心，给她们一个锻炼的机会。我看是可以的。”

听到军长同意让我们走，大家破涕为笑，你抱着我，我搂着你，高兴得直蹦。

“你们先不要笑。参谋长决定叫你们回去也是有道理的。这次部队行动，怎么走法，何时结束，都不一定。路上困难大、情况复杂，你们可要有充分的思想准备呀！”

“早就准备好了！女同志和男同志都是人，过去的艰苦我们经受住了，再大的困难也吓不倒我们！”我的问答获得了同志们的赞同，军长也欣慰地笑了。

就这样，我们七名女护士，跟随红二十五军，告别了生育我们的大别山区，踏上了长征的路途。

在长征中，我仍在军医院当护士。院长钱信忠亲自制定制度，职责明确，要求严格。如果因消毒不严或换药出错引起医疗事故，当事的护士要受处分。在钱院长的严格要求下，长征途中，我们没有发生任何医疗事故。

行军途中，几乎天天打仗。红二十五军兵力虽不足3000人，但大多是20岁左右的年轻人，全军有一股“初生牛犊不怕虎”、敢打敢冲的劲头，因此每战必胜。我们医护人员以抢救战友的生命为天职，打起仗来总要冲上火线。我个头虽然矮，但由于多年的劳动锻炼，力气却不小，比我高许多的男同志，我也能背起来跑。我心中只有一个信念：多抢救出一名战士，就是为革命增添一份力量。我们几名女护士忘我工作的精神得到了医院领导和同志们的称赞。

在这个团结的大家庭里，女同志处处受到照顾和保护。重活累活，男同志抢着去干。军领导还分配给我们一匹小马。过渭河时，全军只有我们几个人是乘坐小船渡过去的。过泾水时，大家用布拧成绳子，互相搀扶，顺利地过了河。革命的友爱给了我们战胜困难的勇气和力量。作为红军队伍里的一名战士，我感到幸福、自豪。

军领导对行军纪律、群众工作十分重视。每到一地，我们除了护理伤员，还要向群众宣传。我们常用唱歌、跳舞、演小话剧等形式，向群众宣传红军的宗旨，鼓励他们起来闹革命、反抗地主老财的压迫。我们的队伍受到沿途人民的拥护和欢迎。

1935年7月，为了迎接红一、红四方面军战友，我们到了甘肃通渭、静宁一带。这里是回族地区。为尊重少数民族的风俗习惯，执行党的民族政策，到达兴隆镇之前，军领导便向全军规定了宿营不准住清真寺，保护回族经典，不在回民家吃大荤，打水要经回民手，不打回族土豪等纪律，并进行严格检查。在兴隆镇，徐海东军长和清真寺的阿訇互赠礼品，我们和回族同胞平等相处、友好往来。当我们离开兴隆镇时，全镇男女老幼齐集街头，向我们告别。回汉兄弟依依惜别的感人场面，至今还常常浮现在我的眼前。

长征结束后，我加入了中国共产党，并和徐海东同志结为夫妻。在战火纷飞的环境中，在人民军队的熔炉里，我度过了青春的年华。

50多年过去了，作为一名女兵，我经受了战争环境的考验，也受到了军队铁的纪律的锻炼，从一名任人欺压的苦孩子成长为自觉的革命战士。可以说，这样的经历是千千万万受封建剥削、压迫的劳苦妇女，在中国共产党领导下争取解放的必由之路。 现在，我虽然已离休了，但我仍然生活在人民军队中。我永远珍惜“女兵”这个光荣的称号。

选自星火燎原编辑部编：《星火燎原》丛书之五，解放军出版社1987年8月第1版，第80—86页。

亲人的启迪　峥嵘的岁月（节选）

戴觉敏

我1916年9月出生在湖北省红安（旧称黄安）县的农村。家乡地处丘陵山区，自然环境美极了：山上，松柏长青；原野，稻麦芬香；小河，流水潺潺……每当想起这些，我仿佛又回到了童年，回到了故乡。

1927年党的八七会议后，著名的黄麻武装起义就发生在我的家乡。工农革命的浪潮，给我的童年和少年留下了美好的记忆。红安有一首革命歌谣："小小黄安，真不简单。铜锣一响，四十八万，男将打仗，女将送饭。"这首歌谣，形象地表达了鄂豫皖人民前仆后继、英勇斗争的革命传统。从我记事起，就耳濡目染家乡的革命烽火，迎风招展的鲜艳红旗。英雄的大别山儿女，为创建、发展和坚持鄂豫皖革命根据地的斗争，作出了杰出贡献，付出了巨大牺牲。仅我一家就有八个亲人载入烈士英名录。他们是：父亲、哥哥、亲叔和堂哥堂妹。我是国内革命战争中的幸存者，也是家庭成员中的幸存者。抚今追昔，叫我怎能不思绪万千，缅怀英勇牺牲的烈士，缅怀亲人对我的启迪。

哥哥戴克敏比我大十岁。他在小学读书时，遇到不公正的事，总爱打抱不平，被称为娃娃头。二伯父只有三个女儿，很喜欢哥哥，要过继去当儿子。父亲不愿意，兄弟俩还闹过矛盾。1924年，克敏哥考入武昌第一师范，正值大革命火红的年代。后来我才知道，他在董必武、陈潭秋两位前辈的帮助教育下，入师范学校的当年就加入了共产主义青年团，第二年

（即1925年）转为中共党员。接着，党又派他到毛主席主办的武昌农民运动讲习所学习过。寒暑假，母亲盼望哥哥回家，可他很少在家待几天，原来他在忙着农运工作。

1927年蒋介石在上海发动了四一二反革命政变。不久汪精卫又与蒋介石合流，于7月15日在武汉发动了反革命政变。轰轰烈烈的大革命，遭到了失败，城乡布满了腥风血雨。克敏哥是黄安县农民自卫军大队长，在革命危急关头，他经常带领一些人到家里来开会，有时深更半夜领来一些背枪的人。我家顿时成了党的秘密集合场所。来人中，依稀记得有戴季伦、潘忠汝、汪奠川、陈完候、曹学楷、吴光浩、吴焕先、廖荣坤等同志。年幼的我，好奇地看着他们在堂屋里议论，什么打倒土豪劣绅呀，要抓紧时间暴动呀，一切权力归农会呀，对红枪会要作阶级分析呀！这些话，我听不大懂。从妈妈高兴的表情上，看得出老人是赞成和支持哥哥他们干这件事的。有一点我心里也是清楚的，土豪劣绅不是好东西，哥哥他们敢和这些人作对，有骨气，叫人佩服！

在这段日子里，克敏哥他们在组织暴动，哥哥还是总指挥部负责人之一。没多久，他和其他几个领导人一起，以农民自卫军为骨干，以七里坪和紫云两个区的农会为基础，在家乡领导了“九月”暴动。这就是第一次黄麻起义。由于时间仓促，没有经验，反动势力强大，这次起义失败了。然而，失败是成功之母。两个月后的11月13日，党领导的黄麻两县农民举行的第二次武装起义成功了。农民自卫军一举攻下黄安县城，摧毁了反动县政府政权，成立了工农民主政府，农民自卫军改编为工农革命鄂东军，潘忠汝、吴光浩为正副总指挥，克敏哥任党代表。

当时，我在小学读书，参加了儿童团组织。一天，团组织通知儿童团员都到七里坪集中，去县城参加庆祝起义胜利大会。从七里坪到县城有四五十里路，天刚亮，我们就打着小红旗出发。这天，县城大街小巷都是游行的队伍。我们这支儿童团队伍经过旧县府衙门时，尽情地唱着一首新歌：

旧衙门向南开，
有理无钱莫进来；
如今县太爷被赶跑，
泥腿子农友坐大堂。
哎嗨哟，泥呀泥腿子坐大堂。

在庆祝大会上，我老远就看见克敏哥在台上发表演说，他号召工友农友拿起刀枪，打倒土豪劣绅，打倒封建军阀，打倒一切反动派，用鲜血以至生命来捍卫工农政府。顿时，全场人群沸腾，掌声雷动。哥哥的演说，像在干柴上点火，在大别山熊熊燃烧；也点燃了我幼小的心灵，使我向往革命的明天。

新生的政权刚刚出现，敌人就以千百倍的仇恨，疯狂反扑过来，调兵遣将，“围剿”工农革命军。不久，红安失守，潘忠汝同志牺牲，鄂东军被打散。克敏哥和吴光浩同志在险恶的环境中，收拢70多人，转移到黄陂北乡的木兰山打游击。保存的这支革命力量，后来改编为工农革命第七军。

家乡一时乌云密布。反动民团和密探像疯狗一样，到处捉拿共产党人，连他们的亲属也不放过。敌人贴出布告，重金悬赏捉拿我父亲和哥哥。原来在外地从事教育工作的我父亲戴雪舫，1925年就参加了革命，并在1926年加入了中国共产党。他的公开身份是教书先生，暗地里做党的联络工作。敌人反扑过来后，父亲改名换姓，隐蔽起来了。敌人处处扑空，派出反动民团住在我家里监视，仍得不到任何信息，就放火烧我家的房子，发泄他们对革命的仇恨。深秋的一天，母亲领着我和两个弟弟逃出家门，慌慌张张去姑母家避风。两天后被敌人发觉，将我母子四人抓了去，逼我们交代父亲和哥哥的去向。每次审问，我们豁出全家性命回答：“不知道。”敌人见我们软硬不吃，无可奈何。后经外婆花钱营救，我们母子四人才得以离开虎口，暂住在外婆家。在这同时，我两个亲叔因受父亲和哥哥的牵连，遭到反动民团的酷刑毒打，活活被折磨死了。仇恨的种子，深深埋在我的心底。

革命的欢乐，顿时在我童年的脸庞上消失了；血腥的恐怖，使我们一家人成天惦念着父兄的安危。这时的我，朦朦胧胧地意识到，我们一家人的命运，是和亲人手里的枪、工农民主政府的权紧紧连在一起的。因而，天天盼望自己的军队快打回来，为死去的亲人和烈士报仇雪恨。

乌云很快被驱散了！1928年春，吴光浩和克敏哥率领的工农革命第七军下山，返回黄麻两县交界的柴山堡，以红安、麻城、光山边区为活动中心，实行武装割据。经过几个月浴血奋战，恢复了七里坪和紫云两个区，正式成立了苏维埃政权。部队迅速发展壮大，到7月间，改编为红十一军第三十一师，哥哥任师的党代表兼政治部主任，他把无家可归的母亲、我和弟弟接到柴山堡，住在靠近司令部的一位老乡家里。从此，我又恢复了童年的欢乐，成天蹦蹦跳跳，在司令部进进出出，成了一个不在编的“红小鬼”。

到第二年5月，根据地扩大到红安、麻城、孝感等地，纵横达100多里。鄂豫边武装割据的成功，推动了商南、六霍起义。革命形势一片大好，在麻城担任县委书记的父亲，考虑红军流动性大，把我母子四人接到麻城。一切都很新鲜。过去扬着脖子走路的财主，突然都变成了缩头乌龟。穷人个个喜笑颜开，谈论苏维埃的好处，连老太太遇上不顺心的事也要去找苏维埃。父亲很忙，住在县委机关。我们住在乡下。他偶尔回来看看，总要考考我的功课，讲些做人的道理给我们姐弟听，勉励我们要心向穷人，心向革命。

在这充满革命欢乐的日子里，大人有大人的事要做，我们当儿童团员的也有自己的任务，每天放学后，不是贴标语，学唱歌，就是扛杆红缨枪去站岗放哨，检查来往行人。年幼的我，觉得很神气，常摹仿爸爸说话的样子，回答同学提出的问题。1930年秋，我曾代表麻城县儿童团，出席鄂豫皖苏区儿童团代表大会，还被选为苏区儿童团常委，经常下乡去参加儿童团召开的各级会议，这是我接触社会、迈上革命的第一步。

1931年，父亲调到新县，担任鄂豫皖苏区列宁中心小学校长。列宁中心小学，是当时苏区最高学府。我随父亲到该校继续上学。正当我无忧无虑地努力学习的时候，意外的打击又从天而降。1932年3月，正在皖西前线指挥红军浴血奋战的克敏哥哥，以“改组派”的莫须有罪名被捕入狱。一天，父亲带我去“探监”，保卫局门口架着机枪，既不准我父女同哥哥见面，也不让我们了解事情的真相。父亲很气愤，流着泪难过地对我说：“孩子，你哥哥不是反革命，更不是什么‘改组派’。迟早会弄清楚的。”我想，克敏哥披肝沥胆，出生入死，带领穷人闹革命，罪在哪里？如果说他通敌，那么敌人为什么还要悬重赏捉拿他，他为什么还要英勇去打敌人？事后才知道，克敏哥受诬陷，是由于野心家张国焘推行王明“左”倾路线，排除异己，大搞顺我者昌、逆我者亡的法西斯统治的缘故。就在我和父亲“探监”后的几天，我尊敬的哥哥、鄂豫皖革命根据地的创始人之一——戴觉敏同志，竟被张国焘在新集秘密杀害了，时年仅26岁。历史的冤案虽早已昭雪，但我失去亲人的苦楚之情却一直留在记忆里，哥哥的音容笑貌一直深深印在脑海里。

随着年龄的增长，想当红军的思想渐渐在我心里萌芽。记得在列宁小学读书时，我常和堂妹戴醒群（后牺牲）一道回红安檀树岗老家去看望母亲。每当路过箭厂河红军总医院，看见医生护士穿着洁白的工作服，头戴白帽子，手拿医疗器械，三三两两在医院门口进进出出，像一群群的天鹅似的，我羡慕极了。一次，我对醒群妹说：“你瞧，她们多美呀！我们也当白衣战士好吗？”“我比你还小，人家要吗？”我们俩想到一块了，非常向往女护士的生活。

1932年春，杨柳树梢刚冒出黄芽芽，喜讯来了。一天上午，我们听老师讲最后一节课时，红军总医院来学校招收看护的消息不胫而走，全校顿时欢腾起来。因为父亲正在为哥哥的事忧虑，我怕给他增加烦恼，便瞒着他和醒群妹一起报了名。其实，父亲是知道的，我想瞒也瞒不住。入伍临走时，父亲心情沉重地嘱咐我：“你克敏哥凶多吉少，你三个亲叔伯哥新近都在战斗中牺牲了。孩子，你要记住自己是烈士门第的闺女，要继承他们的遗志，替亲人报仇。今后不管遇到多大的艰难险阻，都要忠于党，忠于人民，忠于革命。”万万没有想到，父亲的嘱咐竟成了遗言。就在我参军不久，蒋介石发动第四次“围剿”疯狂向苏区进攻，派出飞机对新县狂轰滥炸，父亲在指挥学生防空时，不幸中弹牺牲。噩耗传来，我把泪水强咽下，护送父亲的遗体回老家安葬。在护校经过半年训练，我被分配到病房工作，直接为伤病员服务。

这时，大别山硝烟弥漫，苏区军民正英勇地投入第四次反“围剿”斗争。为了伤员的安全，领导决定红军总医院一分为二，我所在的二所改为二分院，带领部分伤员，转移到天台山的深沟密林里。

天台山，岭连岭，沟连沟，到处是茂密的森林，几十里见不到村庄和人烟。分院是流动性的，没有固定的院址，没有病床，更没有像样的医疗设备。我们自力更生，割草伐树，搭些简陋草棚给伤员住。工作人员在深山野坳露宿，一年四季过着天为罗帐地为毯，日月星斗照我眠的艰苦生活。

开始，部队还能送粮上山，老百姓还支援一点，吃倒不愁。后来红军转入外线作战，敌人在血洗大别山的残酷口号下，对苏区实行绝灭人性的烧光、杀光、抢光政策，医院粮食断源，一把米、一撮盐、一碗南瓜汤都成了伤员的高级营养品。院领导想方设法，派男护士下山找粮食，女护士上山挖野菜，保证伤员有吃的。一次，好不容易搞到一点稻子，我们用石板搓去稻壳，掺和点野菜熬成粥，才给每个伤员摊上一碗。而我们工作人员成天吃野菜，个个瘦得皮包骨，但始终情绪饱满，斗志高昂。因为我们相信，坚持就是胜利，一定要护理好伤员，让他们早日恢复健康，重返前线杀敌。

敌人发现天台山一带有红军伤员，立刻从四面八方蜂拥而来，像篦头发一样，天天搜山烧山，我们医院化整为零，分散隐蔽，和敌人转山头，捉迷藏。为防止暴露目标，只能夜间烧水做饭。晚上，伤员躺在山崖下，送水送饭看不见，我不知摔过多少跤，见面后，双方又无限喜悦和激动。治伤没有药，大自然成了取之不尽的药库，我们把采集来的中草药熬成水，给伤员洗伤口或口服。药棉和纱布用完了，我们把用过的洗净消毒，反复使用，不够时，就掏自己棉袄里的棉花，撕穿在身上的单衣当药棉、纱布。这种艰苦卓绝的斗争生活，我们整整度过了两年。

1934年11月，红二十五军出发长征前的几天，从天台山红军分院抽调12个人（七男五女），临时编成一个看护班，我是其中的一个，由副院长吴子南同志带队，连夜翻山越岭，去罗山军部报到，组建随军医院。当路过我家门前小河边的时候，我望见母亲住的房子里还亮着油灯。母亲在干什么？是在偷偷珍藏父亲和哥哥的遗物，还是在为心疼的女儿做鞋？母亲一生劳累，把儿女拉扯大，又无私地把他们献给革命，我多么想进门去见母亲一面啊！但形势紧迫，军务在身。这次见到的暗淡油灯，竟成了我母女生死诀别的无声语言。解放后我才知道，我随部队长征后，年迈的母亲戴着“匪属”的罪名，乞讨为生，过着饥寒交迫的日子，没等女儿革命胜利归来，就含恨离开了人间。

1934年10月17日，我告别了可爱的故乡，义无反顾地挺进在长征路上。但是，途中波折横生，险些被留了下来。记得快过平汉铁路时，军政治部突然派人找我们七个女看护谈话，一再动员说：“前有阻敌，后有追兵，女同志跟随部队行动不便，而且危险性大。趁现在还在苏区门口，领导决定叫你们回去。”说毕，往每个人手里塞了八块大洋。我们七个人气得直发愣，手里攥着沉甸甸的大洋，泪水唰唰直流。镇静下来，周东屏同志胆子大，先跟来人吵开了，我们也一齐冲上去讲理：“红军就是我们的家，除此，无家可归了。”我们不约而同地把钱摔到地上，坐在路边嘟囔着：“回去，回去，回到哪里去？”“敌人大‘围剿’，难道忍心让我们回去送死？”

不一会儿，一阵滴滴答答的马蹄声由远及近。我透过晶莹的泪花，瞧见徐海东副军长过来了。他见我们几个女看护鼓着腮帮子，噘着嘴在生气，关切地问道："怎么，你们几个女子还坐在这里？快赶队呀！"听到这随和的问话，我们喜出望外，围了上去，七嘴八舌讲起事情的原委来，坚决表示："当红军，走革命的路，棒打绳捆也不离。"徐副军长听了呵呵一笑："好嘛，革命就要有这个坚决劲！"只见他马鞭朝前一扬："走吧！"我们得救了，破涕为笑，抹了抹眼泪，欢快地去赶队了。

跨过桐柏山区，枣阳呈现在眼前，我生长在鄂豫皖山区，习惯走山路。第一次在一马平川的大道上走，两条腿像灌了铅似的。七个女看护中，余国清同志年纪最小，又长了一双平脚板，行军更困难，哭鼻子也最多。在平原上走路，老远才有村庄，女同志连解手都不方便。我们只好把随身携带的伞撑开，几个人围成一圈，构成个临时厕所。每天行军，我们出发时走在前头，到宿营时却掉到了后头。领导见我们行军老掉队，敌情又严重，再次动员我们离开红军，要我们找几家可靠的老乡认做干女儿，说等形势缓和些，再接我们归队。由于有第一次留队的经验，我们不发怵了，找领导一再陈词："红军走到哪里，我们跟到哪里。活着是红军的人，死了是红军的鬼。"我们用革命到底的决心感动了领导，同意我们继续跟随部队北上。那时，我们虽然讲不出多少大道理，但满怀朴素的革命感情。

长征途中开辟鄂豫陕新苏区，是红二十五军对革命的一大贡献。部队坚持打得赢就打，打不赢就走的游击作战原则，经常大踏步前进，大踏步后退，诱敌深入，杀回马枪。医院随部队行动，打仗时抢运救护伤员；转移时，常常一天急行军上百里，或者还要多，对我们几个女看护来说，又是一个严峻的考验。陕南一带雨水多，夜间行军，天黑得伸手不见五指，加上路滑，真难走啊！一次，领导上叫我们解下绑带，一根根连结起来，行进时每人挽一段，像条长龙似的蜿蜒在盘山小道上。因我在长征路上一直打摆子，身体很虚弱，这天晚上又困又乏，迷迷糊糊跟着走，一失足，摔到陡峭的田埂下，很快被人拉了上来，只擦破点皮，没有伤着筋骨。四五月间翻越秦岭，到处白雪皑皑。上山，高一脚，低一脚，真费劲呀！稍一不慎，就有掉进雪坑里的危险。下坡，我们坐着往下滑，大家风趣地说："女看护成了雪地轻骑兵啦！"后来，军里拨给我们女看护一匹小马，行军时驮行李，谁有病，还可以轮流骑一骑。这样一来，较好地解决了我们老掉队的困难。

在开辟新区的斗争中，每打开一个城镇，都要召开群众大会，演戏庆祝胜利，宣传党的方针政策和抗日主张。我们女看护又成了演员。唱歌跳舞，我们都是门外汉，但宣传需要，只好勉为其难。每次演出，人山人海，老百姓还挺爱看哩！这倒不是我们演出水平高，有什么艺术魅力，而是人民群众渴望听到红军的声音，指引他们的活路。

为配合中央红军行动，1935年7月，我们这支红军队伍在鄂豫陕省委领导下，继续西征北上。部队穿越甘肃境地，有几天弄不到粮食，靠黑豆、土豆填肚皮。出发时，每人发一碗黑豆，装在干粮袋里，途中饿了倒一把边嚼边走。7月21日，我们在泾川县境涉水过汭河时，由于上游突然下雨，山洪暴发，河水陡涨，先头部队过了一半就没法过了。我已经下河，往前走着走着，身子忽然飘了起来，幸亏前头有一匹驮物资的马，我急中生智，死死拽住马尾巴不放，才没被洪水冲走。上岸后，我回头一看，奔腾咆哮而来的洪水，无情地吞噬了水面上的一切物体。这次我能活下来，真险呀！多亏这位不会说话的"战友"拉了我一把。

1935年9月15日，我们红二十五军历尽千难万险，成了最早到达陕北的一支长征队伍，和陕北红军胜利会师了。打这以后，在整个抗日战争中，我一直在陕北工作和学习。在解放战争中，我在西北野战军第六军工作。1949年5月，继西安解放后，我们部队马不停蹄地向大西北进军，和兄弟部队迎来了新疆和平解放的胜利。直到1953年，我才离开新疆乌鲁木齐市来到首都北京，在总后机关和院校工作，一晃又是30年。现在，我虽然已经离休，但仍以"莫道桑榆晚，为霞尚满天"自勉。（*汤文德整理*）

选自菡子主编：《女兵列传》第2集，上海文艺出版社1986年11月第1版，第135—145页。

戴觉敏，女，1916年生，湖北红安人。1926年参加革命，1932年参加红军，1936年加入中国共产党。红军长征时任红二十五军医院护士，1935年到陕北后在后方医院任护士长。新中国成立后，曾任中共迪化（今乌鲁木齐）市委组织部干事、干部科科长，军事医学科学院卫生处副处长，解放军总后勤部管理局卫生处副处长、管理局顾问等职。2003年在北京逝世。

回忆红二十五军长征片断①

戴觉敏

大别山硝烟弥漫，敌人第四次“围剿”开始了。红军总医院临时分成两个分院，将伤员迅速转移到天台山、老君山。天台山，山高林密，不见人烟。人们形容说，“天台山，天台山，离天三尺三，人过要脱帽，马过要下鞍”。我们就在这离天三尺三的地方安下身来。山上既无粮又缺药，还时刻受到敌人搜山的威胁。尽管这样，我们还是坚持斗争，将伤病员分散安置在各个山凹里和石崖下。白天不能出去，黄昏后，男看护员下山找些稻谷和野菜回来，交给我们女同志做。没有锅，就用面盆来代替。清汤汤的米粥，再拌点无油少盐的野菜给伤员吃。我们怕暴露目标，白天不能烧火，只好黑夜烧水做饭。夜晚，伤员躺在石崖下，我们看不见，送口开水也很不容易。日子一久，一把野菜，一碗南瓜汤都来之不易。可为了伤病员早日痊愈，重返前线，我们医护人员宁愿自已挨饿，也要想方设法给伤病员弄点吃的。虽然生活困难，工作辛苦，但同志们都坚信革命终有一天会胜利。一想到这，什么苦，什么累就统统忘记。弄到一点吃的，大家你让我，我让你，就这样我们互相帮助，互相鼓励，不分昼夜地守护在伤病员身旁。

1934年11月15日，红二十五军准备长征。从河南罗山县何家冲出发

① 本文节选自戴觉敏《在革命家庭中成长》一文，题目为编者所拟。

的头一天，从我们天台山红军分院抽调12个人，临时编成一个看护班，我是其中的一个。由副院长吴子南带队，连夜翻山越岭到军部报到，组建随军医院。当我们这支小分队告别战友，从山上下来路过我家门前小河边的时候，我望见母亲住的房子里还亮着油灯，不知她老人家在做什么，我多么想去见母亲一面啊，但形势紧迫，不允许我这样去做。万万没有想到，这亮光，竟成了我对母亲的最后忆念。

11月17日黄昏，当长征队伍快要过京汉铁路时，突然有个干部来到我们七个女看护跟前，斩钉截铁地说："前有阻敌，后有追兵，你们跟随部队行动不方便，危险性很大，现在发给你们每人八块大洋，自己回家去谋生吧！"听到这突然而来的消息，我们都惊呆了，手里攥着沉甸甸的大洋，犹如五爪抓心，一个个难过地哭起来。周东屏同志一向泼辣，胆子大，跟来人吵了起来，她带头，我们也上去讲理："红军就是我们的家，离开这，我们再没有家了！"我们把钱一把甩在地上，坐在路边。

这时，一阵滴滴答答的马蹄声由远及近，我们透过晶莹的泪水，瞧见徐海东副军长骑着马来了。他看见我们几个女看护员鼓起腮帮，噘着嘴在生气，关切地问道："怎么，你们几个女看护还坐在这里？赶快跟队走呀！"听到这随和的问话，我们不约而同地围了上去，七嘴八舌讲起事情的原委来，都表示：要当红军，走革命的路，一直走到底！徐海东听了呵呵一笑："好，革命就要这个坚决劲！"他马鞭朝前一扬："走吧！"我们得救了，大家破涕为笑，抹了抹眼泪，欢快地朝前走去。

长征路上，部队天天急行军，这对我们几个女看护来说，可是个严峻的考验。11月17日晚上，从信阳南面的东双河与柳林之间跨过铁路时，部队一路小跑，我跌跌撞撞跟在后面，差一点绊倒，幸亏有个男看护拽了我一把，我才跟上队，要不就会被敌人截住过不来了。遗憾的是，天黑，我没看清这位战友是谁。

记得过枣阳时，眼前呈现一片开阔平原。我生长在鄂豫皖山区，习惯走山路，第一次在一马平川的道上走，很不习惯，两条腿像灌了铅似的。

余国清年纪最小，又长了一双平脚板，行军更困难，哭鼻子最多。走平原道，老远才有村庄，解手都找不到地方，对我们几个女看护来说，生活就更不方便了。领导见我们行军老掉队，敌情又严重，再次动员我们离开红军，要我们找几家可靠的老百姓认干亲，做他们的干女儿，说等形势缓和，再接我们归队。有了第一次留队的经验，我们不怕了，去找领导一再陈词："红军走到哪里，我们跟到哪里，活着是红军的人，死了是红军的魂。"我们用革命到底的决心感动了领导，同意我们继续跟随部队北上。那时，我们虽然讲不出多少大道理，但有个朴素的感情，跟着党走，跟着红军走，才有我们妇女的活路。

在开辟鄂豫陕新区的斗争中，部队坚持打得赢就打，打不赢就走的作战原则，经常大踏步前进，大踏步后退，诱敌深入，杀回马枪。每天要走好远的路，同志们都很劳累，女同志更是艰苦。医院随部队行动，打仗时，就地抢运、救护伤员；转移时，一天急行军八九十里，有时百多里。陕南一带常下雨，有一次夜间行军，天黑得伸手不见五指，加上山路滑，真难走啊！军领导指示我们把绑带解下来，连成一条很长很长的带子，每人挽一段，互相牵着手缓慢地前进。我又困又乏，迷迷糊糊地跟着走。后来，军里给我们几个女看护配了一匹小马，行军时就驮行李，身体差的还可以骑上马走一程。这样，解决了我们行军掉队的困难。

我们四五月翻秦岭时，山山岭岭仍然白雪皑皑。雪地里露宿，往哪儿躲呢？我们只得用树枝把地上的雪扫掉，把夹被扯到树枝上，架起棚子，再把几条夹被裹在身上，几个人挤在一起暖暖身子，就算是休息了。雪地行军，遇到下坡，我们就坐着往下溜，大家风趣地说："我们成了雪地轻骑兵啦！"

长征，爬山涉水是常事。但因无固定后勤供应，对吃穿最发愁。人们常说，人是铁，饭是钢，部队吃不上饭，就失去了战斗力。长征路上，只要搞到能吃的就算有了粮。部队穿越甘肃境地，弄粮最困难，麦子、黑豆、土豆都是整个的煮着吃，回忆起来，我们在行军中没有吃过几顿热菜热饭。经历了春夏秋冬四季，从鄂豫皖出发时随身带的衣服、草鞋，早烂光了。脚上没有鞋，就用缴获的布缠着脚走，但走不了多远就磨破了，只好坐下来重新缠。就这样走走缠缠，缠缠走走。后来，部队从地主家没收些女人的衣服和鞋子发给我们。我脚小，没收来的鞋子大，只好在鞋帮上钻两个眼，用带子系上。脚小鞋大，走起路来很别扭，脚脖子都磨肿了，吃了不少苦头。

说起来也怪有意思，我们还当过演员哩。长征路上，红军每打开一个城镇，都要召开庆祝会，演戏，宣传共产党的政策，宣传抗日主张，宣传红军是穷人的队伍。全军就我们七个女看护，我们除了行军跟队，看护伤病员外，还要上台演戏。我们这些人会种田、会打针、会放枪，就是不会唱歌、跳舞，但因为宣传需要，我们只好勉为其难，现学现演。因此，部队一住下，我们就忙着准备节目。那时，我们既没有明亮的灯光，又没有漂亮的服装，更谈不上有什么高超的演技，可每次演出，却人山人海，老百姓还挺爱看呢！我想，这并不是我们的表演有什么艺术吸引力，而是人民群众渴望听到党的声音，红军的声音。

我们这支3000人的队伍，在程子华、吴焕先、徐海东等同志的率领下，以坚定的革命信念，顽强的革命毅力，灵活的战略战术，战胜了千难万险，1935年9月中旬终于到达陕北，与刘志丹领导的陕北红军胜利会师。但是，敬爱的吴焕先政委却在甘肃泾川四坡村指挥后卫部队背水恶战时，不幸牺牲了。至今我们仍时时怀念着他。

时光易逝，转眼间50年过去了。回首往事，我总忘不掉那领我参加革命的父亲、兄长以及为人民解放事业流血牺牲的许多亲人。可这样的家庭在我们大别山区何止我一家啊！我作为一个幸存者，一想到为革命牺牲的千百万烈士，身上就增添了一股巨大的力量。

节选自中共六安地委党史办公室编：《红军女战士》，安徽人民出版社1986年8月第1版，第94—98页。

走在革命的路上

戴觉敏

我的故乡湖北省黄安（今红安）县，是个土地肥美、物产丰富的好地方。可是，在我少年时代，由于军阀连年混战和地主的残酷剥削，故乡人民却过着食不果腹、衣不遮体的生活。

1926年10月，北伐军胜利进抵黄安。为了配合北伐军的行动，黄安党团特支在戴克敏（我的哥哥。曾任红十一军党代表兼三十一师党代表，后任红七十五师政委。1932年，因反对错误的“肃反”路线，被张国焘秘密杀害）的倡导下由秘密转为公开，领导群众掀起了斗地主、打土豪、减租减息的革命热潮。县农民协会还惩办了吴惠存等十多个罪大恶极的地主。当时，我才十岁，听到这个消息后，感到从没有过的痛快。

1927年4月，蒋介石公开背叛革命，黄麻的地主武装也开始进行疯狂的反攻倒算。11月3日，中共鄂东特委召开黄安、麻城两县党团会议，决定：为了坚持革命，反击反动势力，进行黄麻起义的组织和发动工作。会后，特委领导人和一部分党员干部带领一些小学生到各区进行宣传。我就是在这时加入儿童团，开始踏上革命道路的。

11月13日晚上，起义军攻占了黄安城。14日清晨，红日东升，霞光万道，黄安城头高高地飘扬着红旗，迎来了新生后的第一个黎明。人民群众欢欣鼓舞，情绪高昂。我和儿童团员们也都到县城欢庆胜利。我们举着小红旗，扛着红缨枪，高唱着革命歌谣：“小小黄安，人人好汉。铜锣一响，四十八万。男将打仗，女将送饭。”我觉得自己突然像长高了许多。

国民党反动派疯狂地镇压了黄麻起义，白色恐怖笼罩了黄安城。起义领导人之一——我的哥哥戴克敏和中共党员、我的父亲戴雪舫都成了国民党反动派悬赏捉拿的对象。反动派抓不到哥哥和父亲，就对我家和亲友们进行令人发指的迫害。我的四个亲叔叔和一个堂兄先后倒在地主还乡团的屠刀下。亲人们的鲜血浇灌了我胸中对国民党反动派无比仇恨的种子。

1927年冬的一天，一伙民团闯进了我家，先是搜查，随后又追问哥哥和父亲的下落。他们见达不到目的，便把我和母亲及我的两个弟弟赶出了家门。当时，我的大弟弟八岁，小弟弟才四岁。我们姐弟三人偎依在母亲的身旁，无可奈何地眼看着反动民团查封了家门，满怀仇恨地离开了我们赖以生存的小屋。起初，我们住在姑姑家，民团追到姑姑家，又把我们关押起来。经过亲友们多方营救，他们才把我们释放。为了逃避民团的迫害，为了不再给亲友们添麻烦，我们被迫隐姓埋名逃往他乡。

1928年4月，克敏哥率领革命军第二次解放了我的家乡，到外婆家把我们母子四人接到了柴山堡。但是，革命军撤离柴山堡后，反动民团再一次把我们赶出了家门，还狠毒地烧毁了我家的房子。我们又成了无家可归的人。这时，父亲请人找到了我们，我们便跟他到麻城去了，我还被送到县列宁高级小学去读书。

1930年秋天，我当选为鄂豫皖苏区儿童团团委委员，负责儿童团的一部分工作。当时，团委机关有十几名工作人员，其中几名女同志多数年龄是十八九岁，只有我最小，才14岁。尽管如此，我还是以最大的热情努力去开展工作。每到一个新的地方，就召集孩子们开大会，建立儿童团，带领他们去砸地主家的神位，破除迷信，进行妇女要解放的宣传，帮助大妈、大嫂们放脚、剪发。我还训练儿童团列队出操、站岗放哨。这些活动配合了当时的革命工作，受到了领导的好评。

1931年，学校放假时，我经常回黄安七里坪去看望母亲和弟弟。有一次，我和堂妹戴醒群回家，路过设在箭厂河的红军医院时，忽然传来一阵嘹亮的歌声。循着歌声望去，只见一队头戴白帽、身着白长衫的男女青年，正迈着整齐的步伐行进在通往医院的路上，望着他们矫健的身姿，我羡慕极了。我问堂妹：“你知道他们是干什么的吗？”

“听说是红军总医院护训队的学员。”醒群回答。

他们的形象深深地印在了我的脑海中。从此，当红军的念头强烈地占据了我的心头。

1932年初春的一天上午，几个红军战士来到我们学校为红军总医院招收护士。我来不及征求父亲的意见，抢先报了名。当他们通知我“同意你加入红军”时，我高兴得跳了起来。从此，我成了一名光荣的红军女战士。在护训队学习了解剖学、生理学、药物学和外科学等有关护理知识后，我就被分配到病房工作。

不久，父亲在指挥列宁小学学生防空时负了重伤，临终前，他叮嘱我，要好好听党的话，努力做好革命工作。父亲的牺牲更加深了我对敌人的仇恨。我下定决心：护理好伤员，使他们早日回战场，多杀白狗子，为父亲报仇，为所有被杀害的亲人们报仇。

在第四次反“围剿”中，张国焘的“左”倾机会主义错误给部队造成了重大损失，主力部队被迫撤出鄂豫皖，向川陕方向转移，为了保证主力部队全速前进，留下了千余名伤员分散在七个地方，由两个医疗所的医护人员分别护理。我被分在二分院坚持斗争。

空前残酷的第五次反革命“围剿”开始后，上级指示我们将医院转移到隐蔽的山区去。我们二分院便进了天台山、老君山一带的大山。

深山中，林木葱茏，荆棘丛生，野草茂盛，便于隐蔽。我们把伤员安置在山洞和茅棚里，自己则露宿在外面。粮食紧张，我们就全部留给伤员，自己则吃野菜、啃树皮。药品缺乏，就把仅有的灰锰氧、硼酸、雪夫奴尔等留给重伤员，用盐水给轻伤员清洗伤口。我们把褥单、衣衫撕开当绷带，把棉衣里的棉花消过毒当药棉，敌情严重，我们把伤员分成重伤连和轻伤连，由医护人员负责保卫，还在山顶上设置了监督哨，随时提防敌人的袭击。我们还想了许多别的办法麻痹和迷惑敌人。条件确实艰苦，但是医护人员和伤病员之间那种深厚的革命情谊却使大家感到十分温暖。

我和同志们一起在这种恶劣的环境中坚持到1934年下半年，直到红二十五军长征前，我奉调跟吴子南同志等12人去组建随军医院，才离开了二分院的战友们。

前往军部报到路经过我家门口。当我看到家里亮着灯、窗口映着母亲的身影时，多想扑进去和母亲告别一声啊！可是任务紧急，敌情严重，我只好含着热泪向母亲的身影告别。

红军长征走后，还乡团把母亲和弟弟又赶出了家门。他们无处栖身，只好到处流浪。不久，小弟弟便饿死在乞讨的路上，母亲也被痛苦和饥饿夺去了生命。这刻骨铭心的仇恨更增强了我与国民党反动派势不两立的决心，坚定了我沿着革命进路走到底的意志。

1934年11月17日黄昏，部队到达信阳。过京汉铁路前，有个干部突然来到我们七个女看护面前，斩钉截铁地说："前有阻敌，后有追兵，过了铁路还要急行军，你们跟不上队，现在，发给你们每人八块大洋，自己回家谋生去吧。"

我们一下子都被惊呆了。明白过来后，有的流泪，有的叹气。素来胆大泼辣的周东屏索性跟来人吵开了，我也高一声低一声地跟她争辩起来。那时，我们讲不出多少大道理，但都有一个坚定的信念：只有跟着共产党，跟着红军，才有我们穷人的活路，才有妇女的解放。正在我们争吵时，徐海东军长来了。他亲切地问明情况后，说："这些女孩子都经历过艰苦的考验，既然她们决心很大，就让她们随队一起走吧。"我们破涕为笑，纷纷感谢徐军长帮了大忙。

为了摆脱敌人的追击，部队天天急行军，一天走百八十里是家常便饭。部队从信阳南面的东双河与柳林之间穿越京汉铁路、进抵桐柏山区的那个晚上，一直小跑着行军。我跌跌撞撞地跟在后边，使出浑身的力气也跟不上队，累得上气不接下气。亏得一位男同志拽着我跑了一段，我才没掉队。遗憾的是，当时天很黑，没能看清这位战友的面容。

还有一个夜间，军领导指示我们把绑腿解下来，接成一条很长很长的带子，每人挽一段，摸索着前进。我又困又乏，虽然两条腿还在朝前走，可眼睛却渐渐睁不开了。突然，脚下一滑，我从沟边摔了下去。在翻滚中，我清醒过来，吓出了一身冷汗。我急忙往上爬，可是沟太深，怎么使劲儿也爬不上去，只好呼救。很快，伸过一只有力的大手，把我拉了上去。但至今我也不知他是谁，叫什么名字。革命战友间这生死与共的深情厚谊，激励着我更加努力地去工作，去战斗。

离开根据地长征，失去了固定的后勤供应，吃、穿、住都成了使人头痛的事。部队穿越甘肃时，粮食尤其难搞。麦子、土豆、黑豆成了上好的食品。我们经常吃的是树叶，草根。长征途中，我们没吃过几顿热饭，更谈不上吃一顿饱饭了。行军没有鞋穿，我就用布缠着脚走路，可是没走几步，布就破了。后来，一位老大哥似的男同志把没收来的地主的女人衣服和鞋子送给我穿。我的脚小，鞋却很大，只好在鞋上扎两个眼儿，系上一根带子。脚脖子磨肿了，我咬紧牙关命令自己跟上，一次也没掉队。翻越秦岭时，到处是皑皑白雪，寒气逼人。晚上，大家在雪地里露宿。我们把夹被扯到树枝上当棚子，再把几条夹被摞在一起，几个人挤在一块，互相用体温暖身子。下山时，大家坐着往下滑，还高兴地呼喊："我们成了雪地轻骑兵啦！"

说来有趣，长征时，我还当过演员呢！

那时，红军每到一地都要召开群众大会，主要用文艺形式宣传抗日救国和党的政策。全军只有我们医院这七个女同志，唱歌跳舞的任务似乎理所当然地落在了我们的头上。虽然我不擅长此道，但还是壮起胆子现学现演。部队一住下，我们就忙着准备节目，对口唱啦，小快板啦，小歌舞什么的，老百姓看后还蛮欢迎呢！

我们这支近3000人的队伍在程子华、徐海东、郑位三和吴焕先等同志的领导下，以坚定的信念，凭着顽强的毅力，运用灵活机动的战略战术，战胜了长征途中的千难万险，开辟了豫陕游击根据地。1935年9月18日，我们红二十五军到达陕西延长县永平镇，与陕北根据地的红二十六、红二十七军胜利会师，成为最早到达陕北的长征部队。

选自星火燎原编辑部编：《星火燎原》丛书之五，解放军出版社1987年8月第1版，第20—25页。

在革命家庭中成长

戴觉敏

我从小就会唱这样一首歌："小小黄安，人人称赞，铜锣一响，四十八万；男将打仗，女将做饭。"从土地革命战争开始起，勤劳勇敢的黄安人民，不堪忍受沉重的封建压迫和残酷的反动统治，在党的领导下，吹响革命的号角，举起战斗的红旗，向反动统治势力发起了一次又一次冲击。我上面提到的那首革命歌谣，就是1927年黄麻起义时，在我家乡黄安传唱的。

在那革命洪流汹涌澎湃的日子里，该有多少人拿起刀枪，参加了武装起义啊。有许多人家是老幼齐上阵，全家总动员，出现了许许多多的"革命之家"。在艰苦的革命岁月中，他们坚强不屈，英勇奋斗，为革命做出了巨大牺牲。我的一家正是这千百个革命家庭中的一个，先后有十几个亲人为革命流尽了最后一滴血。

我父亲戴雪舫是一个教书先生，担任过七里坪完全小学校长。在五四运动影响下，积极从事新文化运动，1927年加入中国共产党。为了解救苦难中的劳苦大众，做组织教育群众的工作，在苏区，他曾担任过麻城县委书记，并当过鄂豫皖列宁高级学校校长，为革命培养了大批干部。1932年春，敌人第四次"围剿"时，学校遭到敌机轰炸。他不顾自己随时有被炸的危险，镇定地指挥学生们防空。一颗炸弹落到了他的身旁，父亲永远地离开了我们。他那慈爱的面容，严谨的作风，对革命的无限忠诚，在我幼小的心灵里留下很深的印象，成为我不断奋进的力量。

我尤其忘不了克敏哥哥，他勇敢坚毅，对革命赤胆忠心。虽然时光过去了半个多世纪，可他的音容笑貌还时时浮现在我的脑海里。

克敏哥哥生于1906年，自小天资聪颖，后来随父亲上学，成绩一直很好。因受父亲影响，他幼年时就拥护新文化运动，反对包办婚姻，同情被压迫的劳苦大众，向往着革新政治，国家富强。因此，遇有民间不平的事，他总是勇敢坚持真理，敢于同反动势力斗争。当然，那时他的思想还是幼稚的，还不可能理解国家贫弱的根本原因。

1924年，克敏哥哥考入了武昌第一师范学校，学习中，在董老和陈潭秋教育下，他政治觉悟提高很快，1925年春就加入了共产主义青年团。当年转为中共党员，积极投入当时党在武汉的各种形势的政治斗争。

1927年3月，克敏受黄安县委派遣，到武昌中央农讲所学习。克敏在农讲所学习期间，曾写《农民运动在中国革命中的地位》一文，接受毛泽东“农民问题是中国革命的根本问题”的正确主张。他对农民运动的认识，从理论上打下了较好的基础，从此，他把全部热情都投入到农民运动方面去。

当时的广东和两湖农民运动发展很快，是北伐军的有力后盾。土豪劣绅们对农民运动既怕又恨，除了造谣诬蔑，就是破坏、镇压。在黄麻两县北部边境和豫南光山一带，反动地主收买红枪会，残酷镇压鄂东农民协会。当年5月，中央农讲所派出一个大队协同国民党左派控制的国民政府警卫团一个营，支援黄麻地区农会。经过多次战斗，终于扑灭了反动会匪的捣乱。克敏参加了这次战斗，战后写了一篇文章，题为《剿灭麻城会匪的经过》。他在这篇文章里，正确地提出了对红枪会要作阶级分析，争取会众、打击会首的策略思想。该文刊在《向导》周刊第200期上，影响很大。

1927年6月，克敏哥从农讲所毕业，党派他回到家乡，任黄安县委委员兼农民自卫军大队长。为了纪念这段难忘的日子，哥哥特意挑选了四棵槐树秧带回家，栽在家门口。“七一五”后，克敏以农卫军为骨干，以七里坪和紫云两个区农会为基础，举行9月暴动，这就是第一次黄麻起义。由于缺乏经验，反动势力强大，这次起义失败了。后来，总结经验教训，成立起义总指挥部，准备再次起义，克敏是总指挥部主要负责人之一。在那些紧张的日子里，我们家成了党的秘密集会场所。哥哥经常领着同志到家里开会，有时还在深更半夜领来一些带枪的人。那时我还年幼，只是好奇地看着他们坐在堂屋里谈论那些我理解不了的事情。每当哥哥带人归来，母亲总是为他们烧茶煮饭，忙个不停，她老人家是多么高兴啊！可当他们走后无消息的时候，母亲的心就像坠上了一块石头，变得沉重起来，有时还暗自落泪。这一切都给我留下了深刻的印象。

11月13日，第二次起义成功，并占领了黄安县城，成立了工农民主政府。农民自卫军改组为工农革命军鄂东军，潘忠汝为总指挥，吴光浩为副总指挥，我哥哥任党代表。不久，敌人反扑，黄安失守，潘忠汝同志牺牲，部队被打散。此后，我哥哥在险恶环境中，出生入死，千辛万苦地收容起来70几个人，转移到黄陂北乡木兰山上打游击。这时，鄂东军又改组为第七军，克敏仍为党代表，吴光浩任军长。敌人四面围攻，情况日益严重，最后只剩下30几个人，编四个小队，坚持斗争。他们以木兰山为基点，采用游击作战的方式，打得敌人寝食不安。

1928年春，七军下山，返回黄麻两县交界的老区。经几个月的连续奋战，恢复了七里坪和紫云两个区，正式成立苏维埃政权。七军也发展到200余人，7月间又改组为红十一军第三十一师，克敏任师党代表兼政治部主任。从此，鄂东又走上发展时期。在吴光浩牺牲后，克敏是鄂豫边红军主要领导人，也是苏区主要领导人之一。他的斗争水平和领导艺术都在提高，他亲自创办了党务干部学校，培养了大批军政干部。在他的主持下，从正规红军到赤卫队，各级都建立了党代表制度，大大提高了部队的政治素质。他作战勇敢，也有很好的指挥才干，从一个青年知识分子很快地成长为一个地区性的主要军政领导干部。对鄂东根据地的建设，哥哥和曹学楷、潘忠汝、吴光浩等同志一起作出了重大贡献。

1930年4月，三十一师奉命改编为红一军第一师，徐向前副军长兼师长，克敏任师政委。次年张国焘以中央代表身份来那豫皖边区，借反“立三路线”为名，打击迫害原鄂豫皖根据地和红军的领导人，降了克敏的职务。1931年红四方面军成立，他已降为四军警卫团长和十师二十八团政委。可是，他任劳任怨，能上能下，毫不计较个人地位高低，担任什么工作，他都力求把那项工作做好，始终忠于职守。

苏家埠大捷后，红四方面军又有了很大发展。1932年春，第一个红二十五军已成立了七十五师，克敏调任该师政委。七十五师和在皖西的其他部队一起坚持斗争，在西界岭和流波礶等地歼灭了不少敌人，对打破敌人的堵截包围、牵制敌人兵力、保卫鄂豫皖根据地作出了很大的贡献。就在克敏率领七十五师在皖西与装备优势的敌人浴血奋战时，被张闻焘以“通敌”、“改组派”罪名杀害了，时年26岁。

在我父亲和克敏哥哥的教育和影响下，我的四位叔父和三位堂哥相继参加革命，并为人民解放事业先后壮烈牺牲。我的堂妹戴醒群长征时留在红二十八军，被俘后遭敌枪杀。还有我那慈祥的母亲也含恨而死。

亲人虽然一个个倒下了，可他们给了我革命志向，引导我走上斗争的道路。我12岁参加了儿童团，手持红缨枪，站岗放哨，查路条，威风凛凛，可神气啦！

1930年秋，我跟随父亲在湖北省麻城县读小学，曾代表麻城县儿童团出席过鄂豫皖三省儿童团代表大会，还被选为鄂豫皖苏区团委常务委员，经常单独下到县区工作。这是我迈向革命征途的第一步。

1932年春，我在新县列宁小学读书。放假时，回家看望母亲，路过箭厂河红军总医院，就看见军医和护士们排着整齐的队伍，身穿洁白的工作服，头戴白帽子，脚穿白鞋子，像一群白天鹅，我的情绪真有点激动。一次，我对同行的堂妹戴醒群说：“你瞧，他们多好看呀！”我俩十分羡慕他们，渴望有一天也能像她们那样穿上一身白衣，当一名白衣战士。1932

年春，终于盼来了喜讯。一天上午，我们正在上课，忽然从外面进来几个衣领上有红领章的人，原来他们是红军总医院来校招收看护员的。我高兴极了，一蹦老高，也来不及征求父亲的意见，就和堂妹报名参了军。经过半年护士业务训练，便从事护理工作。

大别山硝烟弥漫，敌人第四次“围剿”开始了。红军总医院临时分成两个分院，将伤员迅速转移到天台山、老君山。天台山，山高林密，不见人烟。人们形容说，“天台山，天台山，离天三尺三，人过要脱帽，马过要下鞍”。我们就在这离天三尺三的地方安下身来。山上既无粮又缺药，还时刻受到敌人搜山的威胁。尽管这样，我们还是坚持斗争，将伤病员分散安置在各个山凹里和石崖下。白天不能出去，黄昏后，男看护员下山找些稻谷和野菜回来，交给我们女同志做。没有锅，就用面盆来代替。清汤的米粥，再拌点无油少盐的野菜给伤员吃。我们怕暴露目标，白天不能烧火，只好黑夜烧水做饭。夜晚，伤员躺在石崖下，我们看不见，送口开水也很不容易。日子一久，一把野菜，一碗南瓜汤都来之不易。可为了伤病员早日痊愈，重返前线，我们医护人员宁愿自己挨饿，也要想方设法给伤病员弄点吃的。虽然生活困难，工作辛苦，但同志们都坚信革命终有一天会胜利。一想到这，什么苦，什么累就统统忘记。弄到一点吃的，大家你让我，我让你，就这样我们互相帮助，互相鼓励，不分昼夜地守护在伤病员身旁。

1934年11月15日，红二十五军准备长征。从河南罗山县何家冲出发的头一天，从我们天台山红军分院抽调12个人，临时编成一个看护班，我是其中的一个。由副院长吴子南带队，连夜翻山越岭到军部报到，组建随军医院。当我们这支小分队告别战友，从山上下来路过我家门前小河边的时候，我望见母亲住的房子里还亮着油灯，不知她老人家在做什么，我多么想去见母亲一面啊，但形势紧迫，不允许我这样去做。万万没有想到，这亮光，竟成了我对母亲的最后忆念。

11月17日黄昏，当长征队伍快要过京汉铁路时，突然有个干部来到我们七个女看护跟前，斩钉截铁地说：“前有阻敌，后有追兵，你们跟随部队行动不方便，危险性很大，现在发给你们每人八块大洋，自己回家去谋生吧！”听到这突然而来的消息，我们都惊呆了，手里攥着沉甸甸的大洋，犹如五爪抓心，一个个难过地哭起来。周东屏同志一向泼辣，胆子大，跟来人吵了起来，她带头，我们也上去讲理：“红军就是我们的家，离开这，我们再没有家了！”我们把钱一把甩在地上，坐在路边。

这时，一阵滴滴答答的马蹄声由远及近，我们透过晶莹的泪水，瞧见徐海东副军长骑着马来了。他看见我们几个女看护员鼓起腮帮，噘着嘴在生气，关切地问道：“怎么，你们几个女看护还坐在这里？赶快跟队走呀！”听到这随和的问话，我们不约而同地围了上去，七嘴八舌讲起事情的原委来，都表示：要当红军，走革命的路，一直走到底！徐海东听了呵呵一笑：“好，革命就要这个坚决劲！”他马鞭朝前一扬，“走吧！”我们得救了，大家破涕为笑，抹了抹眼泪，欢快地朝前走去。

长征路上，部队天天急行军，这对我们几个女看护来说，可是个严峻的考验。11月17日晚上，从信阳南面的东双河与柳林之间跨过铁路时，部队一路小跑，我跌跌撞撞跟在后面，差一点绊倒，幸亏有个男看护拽了我一把，我才跟上队，要不就会被敌人截住过不来了。遗憾的是，天黑，我没看清这位战友是谁。

记得过枣阳时，眼前呈现一片开阔平原。我生长在鄂豫皖山区，习惯走山路，第一次在一马平川的道上走，很不习惯，两条腿像灌了铅似的。余国清年纪最小，又长了一双平脚板，行军更困难，哭鼻子最多。走平原道，老远才有村庄，解手都找不到地方，对我们几个女看护来说，生活就更不方便了。领导见我们行军老掉队，敌情又严重，再次动员我们离开红军，要我们找几家可靠的老百姓认干亲，做他们的干女儿，说等形势缓和，再接我们归队。有了第一次留队的经验，我们不怕了，去找领导一再陈词：“红军走到哪里，我们跟到哪里，活着是红军的人，死了是红军的魂。”我们用革命到底的决心感动了领导，同意我们继续跟随部队北上。

那时，我们虽然讲不出多少大道理，但有个朴素的感情，跟着党走，跟着红军走，才有我们妇女的活路。

在开辟鄂豫陕新区的斗争中，部队坚持打得赢就打，打不赢就走的作战原则，经常大踏步前进，大踏步后退，诱敌深入，杀回马枪。每天要走好远的路，同志们都很劳累，女同志更是艰苦。医院随部队行动，打仗时，就地抢运、救护伤员，转移时，一天急行军八九十里，有时百多里。陕南一带常下雨，有一次夜间行军，天黑得伸手不见五指，加上山路滑，真难走啊！军领导指示我们把绑带解下来，连成一条很长很长的带子，每人挽一段，互相牵着手缓缓地前进。我又困又乏，迷迷糊糊地跟着走。后来，军里给我们几个女看护配了一匹小马，行军时就驮行李，身体差的还可以骑上马走一程。这样，解决了我们行军掉队的困难。

我们四五月翻秦岭时，山山岭岭仍然白雪皑皑。雪地里露宿，往哪儿躲呢？我们只得用树枝把地上的雪扫掉，把夹被扯到树枝上，架起棚子，再把几条夹被裹在身上，几个人挤在一起暖暖身子，就算是休息了。雪地行军，遇到下坡，我们就坐着往下溜，大家风趣地说："我们成了雪地轻骑兵啦！"

长征，爬山涉水是常事。但因无固定后勤供应，对吃穿最发愁。人们常说，人是铁，饭是钢，部队吃不上饭，就失去了战斗力。长征路上，只要搞到能吃的就算有了粮。部队穿越甘肃境地，弄粮最困难，麦子、黑豆、土豆都是整个的煮着吃，回忆起来，我们在行军中没有吃过几顿热菜热饭。经历了春夏秋冬四季，从鄂豫皖出发时随身带的衣服、草鞋，早烂光了，脚上没有鞋，就用缴获的布缠着脚走，但走不了多远就磨破了，只好坐下来重新缠。就这样走走缠缠，缠缠走走。后来，部队从地主家没收些女人的衣服和鞋子发给我们。我脚小，没收来的鞋子大，只好在鞋帮上钻两个眼，用带子系上。脚小鞋大，走起路来很别扭，脚脖子都磨肿了，吃了不少苦头。

说起来也怪有意思，我们还当过演员哩。长征路上，红军每打开一个城镇，都要召开庆祝会，演戏，宣传共产党的政策，宣传抗日主张，宣传红军是穷人的队伍。全军就我们七个女看护，我们除了行军跟队，看护伤病员外，还要上台演戏。我们这些人会种田、会打针、会放枪，就是不会唱歌、跳舞，但因为宣传需要，我们只好勉为其难，现学现演。因此，部队一住下，我们就忙着准备节目。那时，我们既没有明亮的灯光，又没有漂亮的服装，更谈不上有什么高超的演技，可每次演出，却人山人海，老百姓还挺爱看呢！我想，这并不是我们的表演有什么艺术吸引力，而是人民群众渴望听到党的声音，红军的声音。

我们这支3000人的队伍，在程子华、吴焕先、徐海东等同志的率领下，以坚定的革命信念，顽强的革命毅力，灵活的战略战术，战胜了千难万险，1935年9中旬终于到达陕北，与刘志丹领导的陕北红军胜利会师。但是，敬爱的吴焕先政委却在甘肃泾川四坡村指挥后卫部队背水恶战时，不幸牺牲了。至今我们仍时时怀念着他。

时光易逝，转眼间50年过去了，回首往事，我总忘不掉那领我参加革命的父亲、兄长以及为人民解放事业流血牺牲的许多亲人。可这样的家庭在我们大别山区何止我一家啊！我作为一个幸存者，一想到为革命牺牲的千百万烈士，身上就增添了一股巨大的力量。

选自中共六安地委党史办公室编：《红军女战士》，安徽人民出版社1986年8月第1版，第89—98页。

长征回忆片断

陈新昭

长征，这是我一生战斗生活中最难忘却的日子。尤其是在节日，我更容易回忆起一些亲切的战友的面孔和许多动人心魄的往事。这深深地激励着我，也将永远激励着我；它使我对今天的生活，对祖国的一切爱得更深。

过冰河

长征一开始，我们屁股后边就紧跟着一大堆敌人。为了摆脱他们，我们经常在夜晚行军打仗。夜晚成了我们最活跃的时候。路，越是偏僻，越是窄小，越是艰险，我们就越要走它；除非不得已，我们是不走公路和大路的。

一天夜里，我们来到了“七里峡”。这是一个七里长的峡谷。有一条小溪，弯曲曲地从中穿过。过峡谷要蹚七次水，除此没有别的路。本来是夜晚，一进峡谷，就更加黑森森的，像置身于一个黑洞中。教导员的那匹骡子，一声长嘶，马上被峡谷两旁的高山挡住了，发出阴沉沉的回声。走不久，耳边响起了河水的哗啦啦的声音，打破了沉寂的气氛，接着，白色的浪花隐约地出现了。走近一看，水流得很急，虽然宽只有一二丈，可是水深齐大腿，那时正值严冬，我们还都穿着单衣（哪来的棉衣啊！），身上披着的垫单也都结上了冰，一个个像穿着铠甲似的。每个人的脚上都是穿的草鞋，有的人草鞋都磨烂了，便打着赤脚。同志们把生着冻疮的脚伸进水里，手拉手地蹚过河去，对有病的同志便用首长那匹马来回送，或者由同志们背过去。我们班的小黄，个子太矮，要自己蹚水非淹过肚皮不可，我就把他背了过去。脚刚一伸进水，一股叫人难以忍受的寒气就钻进了骨头，过了河两只脚整个都麻木了。就这样，我们连续蹚了七次河，并继续向前挺进。敌人就这样把我们锻炼得更坚强了。

打草鞋

在长征的时候，敌人说我们穿得红红绿绿，破破烂烂的，这的确不假。我们差不多一直是单衣薄衫，没有一定的服装。不过行起军来最需要的还是鞋子——这双脚是最重要的了。记得有一次，我们被敌人包围在一个小荒山上，上面满是野刺。我们的鞋子都磨烂了，在突围的时候，刺尖刺在脚板上，血直流，就像刺进心里一样疼。现在回忆起来，头皮还发麻。从这次突围以后，我们就积极想办法自己打草鞋。草鞋是用稻草，山上的藤葛和从土豪那里得到的衣服破布来打。当时我是副班长，全班只有我一人会打草鞋。于是每到一个休息处（那时大休息多半是在白天）我便坐下来把腰一伸，将一根粗麻绳往裤腰带上一套，另一头拴在两只脚的大拇脚指上，一个套一个圈，变成四股绳，就这样开始了我的活路。其他同志就干些别的，或者躺下来闭上眼休息一会——那时候能够合上眼，就是最大的满足了。班里的同志们常催我："副班长，你也休息一会儿吧！"我就说："马上就好了！"我总是打起精神把一双草鞋打完才躺下。有时候，确实太疲倦，打着的时候就睡着了。但刚一合眼，班里的同志们那一双双赤着的磨烂了的脚又出现在我眼前。我一惊，又立即继续打完它。有时候休息时间不长，一双草鞋打不完，我就在小休息时打完它。一双双草鞋打出来后，同志们穿上了它，我心里就热乎乎的，再疲倦，我也忘掉了。

我们的政委

在长征那样艰苦的环境中，我们所以能战胜一切困难，革命的阶级友爱是一个极为重要的因素。特别是我们的一些首长，他们的谆谆教诲和以身作则的行动，给了每个战士巨大的鼓舞和力量。当时我们的军政委吴焕先同志，就是一位这样使人难以忘怀的首长。

记得第一次见面的时候，我们都走得很累。当时，前面有一位穿大衣的同志，从一匹黑骡子上下来，扶着一位病号坐了上去。然后，他便和我们通讯班走在一起了。小黄个子又矮又胖，背一根小马拐子枪，样子很引人发笑。穿黑大衣的同志亲热地问他："小胖子，想家不？""不想家！""为啥不想？""建立苏维埃呀！政委你都讲过多少次了，你还问！"穿黑大衣的同志笑了笑又问："敌人成天纠缠我们，怕不？"小黄笑着回答："有什么怕的！前面有'鞭炮'欢迎，后面有'鞭炮'欢送，还要谢谢蒋介石呢！"穿黑大衣的同志一直就这样和我们说笑着前进。后来，听人说他就是军政委，我们高兴得不得了。以后，我们更熟了，因为他常走在后边，我们也常走在后边。奇怪的是与他在一起走就不觉得怎么累了。他的骡子总是让给别人骑，他同我们一样，背着干粮袋子，有时还帮助别人背枪。大家不说话时，他就逗大家说话。"同志们得拿出精神来，新苏区快到了！"这话不知鼓舞了多少同志。他的话不多，但给人的力量却很大。

有一次，我们与敌人在庾家河进行了一次激烈的战斗，从早上一直打到黄昏，敌人伤亡很重，败退了。可我们的损失也不小，军长副军长都负了伤。为此我们又进行了整编，由三个团整编为二个团。同志们都为牺牲了这么多同志感到愤怒和惋惜。这时政委却对我们讲了话，他说："敌人说我们溃不成军，完蛋了，不能战斗了，可今天这一仗教训了他们，教训了所有的反动派，证明我们红军是不能战胜的。同时这也给了全国人民巨大鼓舞，使他们知道，红军是在坚强的战斗着。我们什么也没有，没有穿，没有吃，枪不好，子弹少，甚至连双好鞋子都没有，但我们胜利了！这是什么原因呢？这是因为我们有党，我们每个战士都有一颗红色的心！有了这，敌人就休想消灭我们！……"他这简短的动员，给了我们每个人巨大的力量。我们怀着对胜利的坚强信心，继续前进！

可惜，在与敌人马开基的一次战斗中，政委牺牲了。那时我们几个原二十五军的同志正在医院休养，听到这消息后没有不流泪的。军政委虽然牺牲了，但他将永远活在我们的心中！（易星整理）

选自《山花》1958年第8期。

陈新昭，1918年生，安徽金寨人。1931年参加中国工农红军，1934年加入中国共产党。红军长征时任红二十五军某军部副班长。新中国成立后，曾任西南军区训练二团团长，贵州省凯里军分区司令员、贵州省军区顾问等职。1985年在贵阳逝世。

忆红二十五军宣传队

程明

每当看到文艺宣传工作者的表演，听着那悦耳动听的歌唱，我的思绪就不由地又回到了40多年前，回到了我们红二十五军宣传队。

1934年，红二十五军长征开始时，我们宣传队只有五人，到达陕北与陕北红军胜利会师时，队伍壮大了，发展为30多人。那时的宣传队不单纯搞文艺宣传，而是一支以党的政治工作原则为宗旨的政治宣传队，文艺宣传只是其一种形式。

宣传队常备用的道具是两个小铜鼓、几只笛子和口琴、快板等。多数道具是演出前根据需要临时筹借或自制的。从棉衣里扯出一缕棉花，往嘴上一粘，就是胡子。找个破草帽一戴，就可扮演放羊娃了。用根小棍子，绑上条小绳子，就是一杆鞭子了。演出的节目有歌曲、戏曲，也有活报剧、曲艺等。有的是自编的，有的是旧曲调填新词。像《小放牛》、《凤阳花鼓》、《苏武牧羊》、《八月桂花遍地开》等，这些民间小调都是我们经常用的。湖北的汉剧、楚剧，陕西的秦腔、碗碗腔，河南豫剧等，我们都会几段曲子。临时配合任务填上新词就演唱起来。宣传演出的方式极其灵活，部队行军比较疲劳的时候，宣传队往路边一站就唱起来，看到哪个同志劲头足，走得快。就指名道姓为他编上几句顺口溜，进行鼓励，他会走得更快。这时走得慢的同志也会迅速赶上来了，队伍的气氛马上就活跃起来。打仗时，宣传队及时传播胜利消息，讲解取得胜利的原因。

宿营时，还经常开晚会，为群众宣传演出和刷写标语。部队到河南、陕西之后，根据当地条件，我们还开展了炕前五分钟活动，又说又唱，热闹极了。

红军物质条件艰苦、战斗频繁，鼓舞士气、增强团结是宣传队经常性的一项宣传工作。红二十五军从皖西出发往鄂东转移时，连续通过敌人的四道封锁线，打了八仗，部队相当疲乏。很多同志，战斗一结束，躺到地上就睡着了。行军时，也边走边打瞌睡，有时不小心摔倒一个人，后面就会跟着摔倒一串。遇到这种情况，宣传队就在路边，特别是险路、山隘等地方进行宣传、鼓动，有时说快板，有时演唱，大家一乐，精神就来了，行军速度也就加快了。1935年5月，敌人以强大的兵力向我鄂豫陕根据地“围剿”，我军采用了对敌人“先疲后打”的方针，我们每天行军，有时一天要走，100多里路。开始，部队有些同志不理解，嘀咕：为什么不狠狠打击敌人，消灭敌人？宣传队根据军首长的指示，用快板、小调，向部队宣传：走，就是为了打；走，是为了调动敌人，疲惫敌人，到了对我们有利的时机就歼灭敌人。每次打仗后，我们都要把战斗中的英雄事迹编成节目，在祝捷大会上演出，对部队鼓舞很大。那时，虽然经常行军打仗，环境恶劣，生活艰苦，但部队始终团结一致，士气高昂。

宣传队的另一项工作是宣传群众。那时，部队行军多，每到一个新地区，首先到群众中去宣传。有时只有几个老百姓，也要进行宣传。过确山后，天气冷了，又碰上下大雪，而部队很多同志还穿着单衣，再加上有时一天还吃不上一顿饭，有的同志行军累了，靠在树上休息一下，就被冻坏了。部队每一宿营，就要烤火取暖。一次，有个同志不慎失了火，烧了两间房子。坏人就造谣，说红军烧房子。一些不了解情况的群众，听说红军来了，就急忙从房子里往外搬东西。宣传队就向群众宣传红军是穷人的队伍，是为穷人打仗，是爱护老百姓的。经过宣传，老百姓又看到我们秋毫无犯，就纷纷拿出衣物，捐献给红军。部队打下富裕的地方，我们就把地主的浮财分给老百姓。为了预防地主反攻倒算，我们想了很多办法，如把布匹分成一块一块的，散发给群众。红军每到一地，都受到群众的欢迎。在河南、陕西、甘肃等地，只要红军一到，老百姓家门口都插上小红旗，表示对红军的欢迎。宣传队还担负着调查敌情、民情、地情的任务。那时，没有那么多的地图，地情、民情的调查显得非常重要。宣传队到群众中去，宣传群众、启发觉悟，把了解的情况及时报告军首长。我们每过一地，那里的群众就被发动起来，有的还建立了党的组织。打仗中负重伤的同志，我们就送到可靠的老百姓家里。河南、陕西、甘肃我们经过的地方，都有留下来的重伤员。在群众的掩护下，这些同志不仅没有出问题，而且成了革命的种子。

瓦解敌军、优待俘虏也是我们宣传队的一项重要工作。瓦解敌军、优待俘虏工作在战斗中起到了枪杆子所起不到的作用。红二十五军的作战对象有一部是东北军。我们第一次与东北军打仗，就消灭敌人两个团，俘虏1000多人。战斗结束后，我们给受伤的俘虏洗脸、换衣服，还把香喷喷、热腾腾的大米饭，肉炒菜端到他们面前。俘虏们惊恐的脸上很快有了笑容。有的感动而又惊奇地问，为什么不杀他们，反而待他们这么好。我们就宣传我军的俘虏政策，讲天下穷人是一家，讲是蒋介石出卖了东北，讲应该掉转枪口，共同对付地主老财、白狗子，共同抗日解放东北。这些俘虏经过教育，愿意参加红军的留下，不愿留的都发了路费，让他们回家。后来，我们又歼灭了东北军一〇九师工兵营的四个连，打垮了两个团。几仗打下来，东北军对红二十五军胆怯了。东北军的领导，得不到蒋介石的补充，对被我们放回去的俘虏不仅不惩罚，而且还可以在东北军里继续当兵。这样，“红军优待俘虏”、“红军是穷人的队伍”、“东北是蒋介石出卖的”，就在东北军内部传开了。在战场上，每当我们对着东北军的阵地唱《流亡三部曲》，他们的阵地上就静悄悄的，枪也不打了。有当官的查岗哨时，他们就向我们打招呼：“我们当官的来了，你们演唱的停一下，我们对天空放几枪，你们不要害怕。”他们当官的走后，就又向我们喊：“再来一个！”我们宣传队从鄂豫皖到陕北都负责俘虏兵的工作。由于优俘、瓦解敌军的工作做得好，有些放回去的俘虏兵，下次打仗时，主动带着大批武器过来，成了名副其实的运输队。有一次，有几个东北军士兵，带着机枪跑到我们这里来，说在他们东北军流传着一支歌谣，大意是，当他们集合时，老鸦就叫：打仗呀！打仗呀！当枪响时，老鸦就叫：缴枪呀！缴枪呀！缴枪后，老鸦又叫：优待呀！优待呀！并对我说：这次除带来一挺机枪和子弹外，还给你带来两支驳壳枪呢。西安事变前，我们消灭胡宗南一个旅后，突然部队接到一封“祝贺胜利”的电报，没有署名。以后才知道，是东北军的一位将领发来的。

宣传队的队员都很年轻，部队前进遇到困难时，宣传队总是同尖兵队在一起，当后面敌人尾追情况紧急时，宣传队又同掩护队在一起。在艰苦的环境中，宣传队的同志经受了很大锻炼，深受部队爱戴。1934年，有一次宣传队为群众演出，突然发生了情况，部队刚转移走，后面敌人紧随着就来了。同志们没见到宣传队回来，都非常着急，许多同志争着要回去找我们。后来，群众把我们从近路送回部队，同志们心里的一块石头才算落了地。部队到西安附近时，老百姓看我们都很年轻，说我们宣传队是小孩。那些俘虏入伍的同志就说：不要小看他们，他们的枪都是缴我们大个子的。一仗打下来，宣传队就常有同志补充到连队当指导员或到团里当干事，宣传队又成了培养基层政工干部的地方。

1935年冬，直罗镇战役后，十五军团把红二十五军和红二十六军的宣传队合并，组成了以文艺宣传为主的火星剧社。这时，我被调到了七十五师二二四团任俱乐部主任，就离开了宣传队。

选自中国人民解放军文艺史料编辑部编：《中国人民解放军文艺史料选编·红军时期》下册，解放军出版社1986年12月第1版，第443—446页。

程明，1918年生，安徽金寨人。1931年加入中国共产主义青年团，1932年参加中国工农红军，1935年转入中国共产党。红军长征时任红二十五军政治部宣传队队长。新中国成立后，曾任中南军区防空副政治委员，兰州军区空军副政治委员，沈阳军区空军副政治委员、顾问等职。1961年晋升为少将军衔。2014年在沈阳逝世。

难忘的岁月

——回忆红十五军团火星剧社生活片断

徐光友

陕北的十月，秋风凉爽宜人。火红的太阳照在金色的高原上。田野里的作物早已黄熟。举目望去，金灿灿的黄土高原伸向遥远的天际，闪烁着耀眼的光芒。远处的羊群，好像在金黄色的地毯上镶嵌的白玉图案，洁白晶莹。又好似黄昏天际上飘浮的朵朵白云。田地里，白羊肚手巾下闪动着一张张挂满丰收喜悦的笑脸。悠扬的信天游，欢快的陕北小调不断传来，动人心弦。这欢乐的歌声传到疾进的红军队伍中，更激发起红军指战员内心的无比喜悦。部队像滚滚铁流，在高原上疾驰向前。

在炮火中诞生

1935年9月中旬，红二十五军长征到达陕北，同陕北红军胜利会师，合编为红十五军团。为迎接中央红军北上，红十五军团先打劳山，再克榆林桥，两战皆捷。敌人被打死的不算，光俘虏就捉了好几千。两个大胜仗，迎来了党中央和中央主力红军。战斗刚刚结束，毛主席、周副主席、彭德怀同志来到甘泉县道佐铺红十五军团司令部，接见了十五军团军团长徐海东、政委程子华等同志，还送来一部电台。胜利的捷报一个接着一个飞来，激动人心的喜讯一个接着一个传来。同志们都抑制不住激动的心情，刚刚打扫完战场，身上还披着战斗的硝烟，又赶紧返回军团部，去观看中央红军工农剧社的慰问演出。长期艰苦征战的指战员，很少能看上一场像个样子的文艺演出，何况又是中央红军的剧社，这是真正的文艺演出啊！一路上红十五军团的同志们早把战斗的疲劳扔到九霄云外，激动得又是唱、又是跳，人人心里都盛满了蜜，脸上堆满了笑。

霭霭暮色笼罩着道佐铺的打谷场，场上已经用木板搭好了一个坐北向南的台子，台上挂着“热烈欢迎中央红军”的醒目标语。附近的群众都赶来观看演出，嘈杂声充满了打谷场。当吊在台子中央上空的雪白的汽灯点亮的时候，打谷场上已经是几千颗人头在攒动，欢声笑语汇成一片。中央红军工农剧社的慰问演出，在暴风雨般的掌声中开始了。剧社的男女演员们来到台上，时而委婉高歌，时而翩翩起舞。对于久经沙场、长期处在血与火的搏斗中的广大指战员来说，每一个节目都是莫大的精神享受。

一轮明月升起来了，高高地挂在天空，就如同大汽灯吊在舞台上空一样。台上表演的每一个节目，都能拨动红军指战员的心弦。为了答谢工农剧社的专场慰问演出，红十五军团赠给剧社的同志每人一套新军装、一条白毛巾。

工农剧社的演出在全军指战员的心中引起巨大的反响，军团上下一致要求：红十五军团也应该成立个剧社。

红二十五军军里师里都有业余的文艺宣传队，他们活跃在行军队列中，宣传在硝烟滚滚的战场上，积累了丰富的演出经验，培养了一批业余文艺宣传骨干。此时，永平村的打谷场上，正黑压压地坐着几千名俘虏兵。他们观看着红军宣传队演出的活报剧《反动派与白色士兵吵嘴》。我是业余宣传的积极分子，就由我演反动派，程启文演国民党的师长，军直警卫营政委吴建民同志扮演白军士兵。剧情大意是：一个地主搬白军士兵去攻打红军，白军士兵反而怒斥了地主老财逼他们卖命，老财一气之下搬来了国民党师长，师长摆出军阀作风打骂士兵、逼迫士兵卖命。官逼兵反，白军士兵开枪打死师长和地主，参加了红军。剧中白军士兵对地主和官长的控诉，就是观众席上几千俘虏兵的呼声。白军士兵历数了师长的罪行：

你就是师长，你狼生狗娘养，
臭架子你摆得倒有九斤十八两。
穷老子早就要找你算算账！
为什么我这头脑总不服你的饷？……
你真不要脸，还想来欺骗，
你没有睁开眼睛过细来看看。
百姓们叫你刮成什么样，
逼迫那劳动人民来革你们命。
我们没鞋穿，你们发洋财，
你吃大酒发大财，行走坐汽车。
打起仗你总推我们上前死，
打胜了好让你升官又发财。
千难万苦都受尽，
我今天这一枪把你狗命了结！

唱着唱着一枪打死师长。这时台下几千名俘虏兵的掌声如雷，呼啦啦，全场的俘虏兵几乎全站起来了，当场举手报名，要求参加红军。看了这个活报剧后，报名参加红军的俘虏兵占总数的百分之六十以上。

演出收到意想不到的效果，我们这些业余的宣传员自然非常高兴。然而更使我们高兴的是军团决定成立剧社，从各基层宣传员中抽人组成。我和程启文、吴建民都被抽去了。我们三个人可以说是老搭档了。还是在苏区反“围剿”的斗争中，我们三个就常在一起演出。特别是吴建民和我，可以说是舞台上的生死之交。有一次演出，我演帝国主义者，他扮演反动派，在台上他用枪一比画，不慎枪走了火，一枪打在我的喉咙头上，我立时就说不出话来，赶紧用手捏住喉咙跑下了台，吴建民也傻了眼。幸亏子弹里面没装火药，是底火把弹头顶出来的，没多大的劲儿。打得虽然很痛，但是没伤着，只是一时紧张我才说不出话来。我跑到后台，用力咳了两声，恢复了嗓音又赶紧跑上台接着演出。如今和吴建民、程启文一起到剧社工作，我当然非常高兴。上级任命吴建民同志担任社长。根据毛主席讲的，“星星之火，可以燎原”，我们的剧社取名为火星剧社，全社共抽19名演员，清一色的小伙子，都是各宣传队的骨干。从基层收集上来七八件伴奏乐器，有二胡、京胡、笛子、口琴、一个小洋鼓。红十五军团的火星剧社就这样在战斗中诞生了。剧社直属军团政治部领导，由主任王首道亲自抓，宣传部长黄镇具体抓。要说我们这些在战场上摔打出来的宣传员是“土包子”，黄镇部长可是能写善画的“洋包子”。

剧社创建初期，我们还是表演一些从苏区带来和长征中编排的节目，这些节目都是过去各宣传队搞出来的。我们如今是剧社了，大家吃的是一锅饭，睡的是一床铺，能集中大块的时间排练，有条件排演一些新节目了。当时，蒋介石正对陕北革命根据地发动第三次“围剿”。宣传反“围剿”，保卫陕甘宁边区就是我们的主要任务。新节目的创作就紧紧地围绕着这个主题。从此，火星剧社活跃在陕北反“围剿”的战场，活跃在黄河两岸、西安古城。

激战中的插曲

1935年秋后，蒋介石调来东北军、西北军和嫡系胡宗南五个师，对陕北根据地进行第三次“围剿”。东边敌人一个师，从洛川、鄜县大道北上；西边敌人四个师由甘肃的庆阳、合水沿葫芦河向陕北的鄜县推进。气势汹汹，妄想把立足未稳的红军一口吞掉。他们哪里想到，毛主席早就在直罗镇布下了大口袋，只等敌人来钻。

直罗镇是一个不足百户人家的小镇子，三面环山，一条公路由西向东穿镇而过。镇子东头有座古老的小寨，里面的房屋已经倒塌了，石头砌的寨墙却大部分完好，镇子的北半面是一条流速缓慢平静的小河。从地形上看，是个非常理想的伏击地段。连日来下了几场雪，镇里镇外银白一片，寒风凛冽，白雪皑皑，使得直罗镇更蒙上一层神秘的色彩。中央主力红军和红十五军团胜利会师陕北，给陕北高原的严冬带来春意。会师后的红军以逸待劳，阵容严整，行动从容。这一仗又是毛主席亲自指挥，指战员的战斗情绪非高昂。我们红十五军团提出口号："打胜仗庆祝会师！用战斗的胜利欢迎毛主席、党中央！在战斗中向中央红军学习！"

11月17日下午2点，敌一〇九师师长牛元峰带着部队，在六架飞机的掩护下开进直罗镇。他万万没想到钻进了红军的口袋，成了瓮中之鳖。晚7时，按照毛主席的部署，红一军团从南向北，红十五军团从北向南，连夜急行军，拂晓前将东北军的一〇九师包围在直罗镇旁的一条山川里。将国民党一〇六师围堵在黑水寺旁。我们大家都知道，这天晚上毛主席、周副主席亲临前线指挥，指挥所就设在距离直罗镇不远的一个山坡上。彭德怀同志也来到十五军团指挥部。战斗打响之前，毛主席就特别指示各部队："一定要打歼灭战。"指战员们早就憋足了劲儿，一定要打好这一仗，巩固和扩大陕北革命根据地。

天刚拂晓，两路红军像两只铁拳，从直罗镇的南北高山上砸了下去。敌人虽有防备，却没想到我军行动会如此神速。当他们发现被我军包围，立即仓促应战。一〇九师被夹击在两山之间的一条山川里，南边枪响，成群的敌人像乱群的羊一样，乱哄哄地向北撤。北边枪响，又像一群没头的苍蝇返身向南扑。山谷中到处是枪声和喊杀声，在红军的猛攻之下，敌军迅速瓦解，缴枪投降。一些拼命顽抗的，丧身在刀枪之下。战斗进行不到两个小时，红军两路会攻，占领了敌人的师指挥所——直罗镇。战斗基本结束了。可是，敌人约有一个营的兵力逃到直罗镇的一个坚固的寨子里负隅顽抗。由于雪后路滑，敌人又据险拼死抵抗，我们又没有炮，连攻了几次也没攻下来。

当时，红二十五军的领导对东北军的官兵做了认真的分析和研究：九一八事变后，日本人侵占了东三省。东北军官兵中大部分是穷苦人，他们背井离乡，被蒋介石骗来打红军。红军是北上抗日的队伍，东北军内部要求抗日的情绪普遍存在，许多士兵不愿意同红军作战。在强大的军事打击下，利用政治宣传瓦解敌军，就能起到枪杆子所起不到的作用。眼下敌人的大队人马已被歼灭，只剩下这点残兵败将。在这种情况下，又是我们施展战场上瓦解敌军的好时机。于是，我军对寨子来个围而不攻，组织起一支五六十人的宣传队拉到与敌人山寨对峙的山头上的安全地带，唱起《瓦解敌军歌》。这是根据敌人士兵的苦难生活编成的歌子，采用唱十二月的歌词，再配上《孟姜女哭长城》的调子，唱起来如泣如诉，很能打动敌人士兵的心弦。悲凄的歌声，伴着寒风飘进敌人据守的山寨。守寨的敌人听到歌声，拼命地向我们打枪，想用枪声，破坏我们的宣传。就这样，枪声伴着歌声，在硝烟弥漫的战场上，汇成一个特殊的战场交响乐。

渐渐地，敌人枪声稀落下来，我们的歌声却越唱越高亢。寨子里一片寂静，我们知道，歌声已震撼敌军士兵的心灵，所以大家越唱越来劲，响彻了空旷的战场。这支临时组成的大合唱队，把战场当作舞台，把敌人当作听众，把歌唱了一遍唱二遍：

正月里来梅花儿香，
官长们天天打麻将。
花姑娘房里双抬酒，
够我们呀弟兄们三年粮。

二月里来兰草花儿开，
官长们搂着姨太太。
一双丝袜子七八块，
兄弟们呀穿的是破旧鞋（hai）。

三月里来杨柳儿青，
小厨房的伙食爱坏人。
弟兄们一天三餐黄米饭，
几个月吃不到一次荤。

四月里来油菜花儿黄，
官长们呀逼我们加入国民党。
乱七八糟照了一张相，
一个月呀扣他妈的三分大洋。

五月里来石榴花儿香，
蒋介石哎弄了一个法西斯的党。
哪个敢把抗日讲，
立斩呀头颅命遭殃。

六月里来开差汗满头，
翻山越岭无尽头。
精疲力尽不敢掉队，
泪珠哎伴着汗珠流。

七月里来秋风凉，
好容易关了个六成饷。

七扣八扣东扣西扣，
三个月关他妈的两块大洋。

八月里来泪满腮，
升不了官儿来发不了财。
蒋介石卖了我们的命，
上火线替他呀当炮灰。

九月里来恨难平，
日本兵侵占东三省。
蒋介石一枪不让我们放，
逼我们呀兄弟们来打自己人。

十月里来北风吹，
冻手冻脚挖堑壕。
官长们张口骂混蛋，
动不动哎鞭子身上抽。

十一月里来恨难忘，
官长们呀逼我们上战场。
弟兄们在前他在后，
个个呀都拿着小手枪。

十二月里来大雪飘，
为了谁来把命拼？
弟兄们要想找出路，
掉转呀枪口当红军。

我们唱完第二遍，敌人的枪声就沉寂了，静静地谛听着我们的歌声。寒风凛冽，我们却个个都唱出了汗，唱得敌人士兵心在胸膛中打颤颤，泪花在眼睛中打转转。这激战中的插曲感人肺腑，揭开了蒋介石蒙在他们心头欺骗宣传的阴云，唤起白军士兵的正义和良知。我们唱着唱着，突然寨子内传来“叭叭”两声清脆的枪声，隔一会寨墙上打出了白旗，扔出了枪支。原来觉悟了的士兵开枪打死了反动的副营长郑绪彦和国民党的一个特派员，宣布投降了。我们没费一枪一弹，用歌声攻下敌人坚固的寨子，为直罗镇这一仗夺取全面胜利，添上光彩的一笔。

在战斗中壮大

1936年2月下旬，陕北大地接连几天被阴云覆盖，寒风凛冽，雪花飞扬。严寒中，大地上的一切都好像凝固了，只有滚滚的黄河日夜奔腾咆哮，卷着泥沙，推起黄浪，一泻千里向东流去。黄河水和中华民族一样怒吼了。消息传来，北平爆发了一二九学生运动。为实现我党的抗日民族统一战线的主张，党中央决定：组织抗日先锋军东渡黄河，准备开赴华北前线对日作战，以外线分散敌人兵力，粉碎敌人对陕甘宁边区新的“围剿”，配合北平一二九学生运动，促进抗日民族统一战线的实现。红十五军团为左路军，在彭德怀副总司令的带领下东渡黄河。火星剧社也随军行动，我们把这次东征的任务简单地归结为六个字：“赤化、扩红、筹款。”

渡过滚滚的黄河，我们来到山西省交口县的大麦效镇。这是一个不大的镇子，镇子里除了一些旧窑洞外，还有部分砖瓦房。部队一开进镇子里，火星剧社就走上街头，开展街头宣传。有的宣传党的《八一宣言》，有的搞街头演出，号召参加红军共同抗日。街头宣传最受群众欢迎的节目是哑剧《抗日的烽火》。剧情的大意是：日本帝国主义侵略东北，蒋介石不抵抗拱手交出东三省，使东北人民沦为亡国奴。为了表现日本帝国主义奴役中国人民，一个演员装扮成日本鬼子，骑在扮演中国人的演员的背上。中国人手脚落地在地上爬，而日本鬼子骑在他的背上，洋洋得意地用鞭子抽打。红军一上场，打倒了日本鬼子，人民翻身站了起来。剧情很简单，连小孩子都能看懂。我们在镇上宣传到三星高照才归队。

大麦效镇由于红军的到来充满了生气。到处都讲抗日，宣传扩红、筹款。这时上级对我们提出要求，不但群众多时宣传，只有一个群众也要宣传。当天下午，剧社的两个演员便带回六个来参加红军的青年。年纪最小的16岁，最大的20岁，除了一个大个子头上带了顶毡帽外，其余的都光着头。两个演员异常高兴地汇报说："他们头天晚上看了我们的演出，今天我们一去宣传扩红，他们就报名要求参加红军。开始我们还担心扩红任务不好完成，没想到人民群众抗日的情绪这样高涨。"很短的时间内就扩大红军几千人。不但红军壮大了，我们火星剧社也壮大了，由原来的十几人增加到20几人。还有两个回族知识青年也参加了火星剧社。从此剧社增添了新鲜血液，不但自己编排创作了一些节目，还移植了一些陕北、甘肃、山西的民间歌舞，学会了几个苏联舞蹈，演出内容真可谓丰富多彩了。

在山西省文水县附近的一个村子里，我和剧社的几个同志去为抗日筹款。临行前我们商量好，筹款要到有钱人家去，穷人哪来的钱呀。我们来到村中一座高大的黑漆门楼前，门口有对石狮肃立，门两旁挂着木刻油漆字对联，一看这气派就知道是一个大地主的宅院。门半开着，整个宅院像死水一样沉寂。我们连进几幢房子，室内除了华丽的摆设，却空无一人。我带人进到里院，推开一间房门，一股清香扑鼻而来。这是一间华丽舒适的卧室，精雕红漆的牙床上，挂着轻纱幔帐。看这屋子的样子似曾有人，只是不知人现在藏在哪儿。于是我抽出驳壳枪往床上用劲一拍，吼道："有人没有？快出来！不出来我就开枪啦！"我的喊声刚落，只听床下有人战战兢兢地答道："有……有人，别……别……别开枪，就出……出来……"没想到真叫我给诈出来了，我们不由得相视一笑。顺声看去，只见从床底下哆哆嗦嗦爬出一个头发斑白的绅士模样的老头儿。他一见了我们，嘴里一个劲地叨叨："老总们宽赦，求老总们宽赦。"我和颜悦色地对他说："你不要害怕，我们是共产党领导的工农红军，是打日本保家乡的。不像国民党和阎锡山宣传的那样，青面獠牙，'共产共妻'。现在日本人打来了，要灭亡中国，我们要去打日本。如今抗日，有钱出钱，有力出力，希望你能捐点钱，为抗日做些贡献。否则日本人来了，你的家产是保不住的，你的钱再多也没有用……"老绅士见我们态度平和，讲的又是抗日救国的道理，句句在理，由恐惧变为高兴，立即表示说："国家兴亡，匹夫有责，我年纪大了不能去打日本出力，我可以出些钱，支援你们去打日本。"说着他带我们来到后院，操起镢头几下子挖开一个地窖，窖里面装满白花花的大洋，还有几锭大银元宝。他连挖开两个窖，共献出大洋两万多块，还有些银元宝。我见这个绅士这样开明，一下子就捐了这么多钱来支援抗日，心里真有说不出的高兴。我对他说："你把家人都找回来吧，不要害怕。你捐这么多的钱，对抗日是个大贡献，我们一定保护你。"他十分感动地说："我为抗日尽点力是应该的，只要你们是抗日的，需要钱我可以再出一些。"我一再表示了谢意。没有家什装钱，就把棉被的被套拉出来，用被面做成个大口袋，将银圆装在几个大口袋里。两万多块大洋足有一千五六百斤重，我们几个人哪能背得走？这个开明绅士又从院子外面的牲口棚牵出两头毛驴。虽然这驴子个头像骡子，可是，还驮不走。他随后又牵出四匹骡子，一共六匹牲口才将这些钱驮走。我们告别了这个慷慨解囊支持抗日救国的开明绅士，高高兴兴地唱着歌回到驻地。抗日战争时，我碰巧又来到这个村子，有钱的人家见了我们果然不躲藏了。当时，阎锡山的兵还没见到日本人的影子，就一退数百里，而我们却开赴抗日前线。那位开明的绅士见到我，客气地请我到他家坐，并赞许地说："看到贵军的行动，真把过去宣传的抗日主张兑现了。"

在战斗中提高

东渡黄河后，我军又挥戈西征，促使东北军、西北军迅速分化，脱蒋抗日。我们剧社又随十五军团进入宁夏回族聚居区。

8月的宁夏骄阳似火，热浪袭人，太阳烤得大地灼热发烫，把同志们的汗水都要吸干了，只在军装的胸前后背留下一片片汗渍。一天，剧社跟着部队来到新打下的预旺县。刚安顿住下，上级就来了指示：下午有国际友人观看我们的演出。这对我们火星剧社来说，可真是一件非同小可的事情。大家马上就行动起来，选节目、化妆、做好演出前的准备工作。

大家一边做演出的准备，一边议论着："听说是个外国记者，一是来看演出，二是和十五军团的指战员见见面。"那时一听说是记者，心里就佩服得很。没想到我们火星剧社还能为国际友人专场演出，还是个国际上的大记者。可见领导上经常讲的：中国革命不是孤立的，全世界无产阶级、劳动人民、进步人士都支持我们。今天进一步验证了这一点。

在预旺县郊，有一个宽阔的广场，广场四周长着高大的杨树。广场前面有一个大黄土包，我们用铁锹将顶部铲平，四周埋上几根柱子，就做为我们这次专场演出的舞台。日头刚偏西，被太阳烤了一天的大地灼热还没散发出去，指战员们就排着整齐的队伍进入了会场，席地而坐。驻地群众也纷纷赶来观看演出。早早就做好了演出前的准备，静等着国际友人的光临。4点左右，会场上突然爆发起雷鸣般的掌声。只见军团长徐海东同志和其他几位军团领导同志，陪着一个身穿白衬衣、长着棕黄头发、面庞消瘦、皮肤白皙的国际友人进入会场，并向台前走来。只见他微笑着一面走，一面向群众鼓掌招手，来到台前和军团首长一起，坐在事先为他们准备好的小凳子上。欢迎的掌声像海潮一样，一阵接着一阵，掌声一落潮，演出立即开始。后来我们才知道：这位国际友人就是美国进步记者埃德加·斯诺先生。

剧社的同志一个个心情非常激动。先演出了东渡黄河后编排的《黄河舞》、《红军东征歌》、《打骑兵歌》和活报剧。每当台上表演完一个节目，场内都爆发起一阵热烈的掌声。斯诺一面鼓掌，一面同徐海东军团长说着什么，兴致勃勃的。最后一个节目是马青年和李天民表演当地回民戏《赶驴》。两个人打扮成小两口，女的骑着“毛驴”颠儿颠儿上场，男的跑前跑后地做赶驴的舞蹈动作。滑稽、形象、逼真，充满着生活气息。台上精彩的表演，引得台下观众发出一阵阵笑声。斯诺先生也随着大家的笑声前合后仰。

西边天际抹尽最后一点霞晖，天渐渐地昏暗下来。演出圆满结束了，红军指战员和群众都坐在原地没有动，而用海浪一样的掌声，欢送斯诺先生和首长退场。剧社的同志们在社长吴建民同志的带领下，跑步来到会场的出口处，列队夹道欢送斯诺先生。斯诺在首长的陪同下，挨着个地和我们握手。边握手边用生硬的中国话满意地说：“很好！很好！祝你们演出成功！”

在战斗中前进

陕北的十月素有小阳春之称。尽管早晚的秋风已夹带着浓重的寒意，然而太阳一爬上树梢顶，便又照得大地暖烘烘的了。红四方面军会师会宁，红二方面军会师兴隆镇，红军三大主力完成艰苦的长征，胜利会师陕北，宣告了帝国主义和蒋介石集团围追堵截的彻底破产。喜悦更给陕北高原的十月增添了浓厚的春意。蒋介石对此惊恐不安，想趁红军立足不稳之时，歼灭之。于是他亲自坐镇西安，调兵遣将。仅仅一个月的时间就调来260个团，从四面八方向陕甘宁边区“围剿”过来。

连日来陕北高原阴风怒号，雪花飞舞，严寒降临塞北。黄土高原一片皑皑白雪。党中央毛主席制定了作战方针：逐次转移、诱敌深入，而后在预定的地区集中优势兵力，给敌人主力胡宗南部队以歼灭性打击。为此，党中央在红军中进行了总动员，号召坚决打好这一仗。誓死保卫陕甘宁边区。火星剧社也紧急动员起来，随同部队开赴前线，分组进行火线宣传，战场鼓动。敌人把我军有组织的撤退转移错误地当成逃跑。胡宗南的部队更是骄狂不可一世，孤军尾随而来。我军则抓住战机，选择山城堡一带的有利地形，做好了一切战斗准备。

阴沉沉的天空连日来下着大雪，红十五军团冒雪行军，遵照上级命令向山城堡一线集结。两架敌机在上空盘旋，向我军轰炸扫射。社长吴建民和宣传员小王等人在路口上做行军中的宣传鼓动。吴建民同志忘记了连日来行军的疲劳，他跳上路旁的一个土岗，高声呼喊鼓动词在疾行的队伍中回荡。由于当地的水又苦又涩，难以下咽，吴社长的嗓子已经嘶哑了，嘴唇也已干裂出血。他那方圆的脸上挂满尘土，汗水又冲出一道道灰沟，一双大眼睛罩上一圈黑晕。他顾不上寒风、飞雪、干渴、疲劳，坚持鼓动："同志们！我们要坚决消灭胡宗南主力，粉碎国民党的进攻，保卫陕甘宁边区。"他们的鼓动宣传激励了指战员，一个正通过路口的连长接住吴建民的话头高喊着："坚决消灭胡宗南主力，保卫陕甘宁边区！有党中央、毛主席领导，我们一定能胜利！"在他的带领下，队伍中发出震天动地的喊声，伴着疾进的队伍，向遥远的天际传递。凡是通过路口的部队，都接着吴建民的话呼喊口号，行军的步伐在口号声中不知不觉地加快了。直到最后一个连队通过路口后，吴建民和小王等人才跳下土岗。接着又跑步向前赶到疾进的队伍前面，选择好新的宣传点，继续向部队鼓动。剧社的同志们顶风冒雪，不顾敌机轰炸扫射，不避炮火，从行军鼓动，到炮火连天的战场鼓动，为山城堡战斗的胜利，做出了贡献。

战斗吧！战斗

西安事变后，全国形势发生了急骤的变化，抗日民族统一战线已经初步形成。全国人民要求：团结起来一致对外，宣传抗日救国成为这一时期宣传文艺工作的中心。火星剧社为了这中心任务创作和编排了一些新节目。经过一年来炮火的锻炼，我们的表演技巧有了很大的提高，剧社的阵容也有了加强，可以毫不费力地演出一台节目。并且还排了一些外国舞蹈。各个师的宣传队也比以前活跃多了，部队的宣传文艺活动，比以前开展得更加丰富多彩。

1937年3月，甘肃的西峰镇春光格外明媚，西安事变和平解决，从而开始了国共合作、共同抗日的新局面。党中央发出指示，红军准备直接对日作战。党中央和总政治部提出建设模范的抗日部队的口号，红十五军团根据上级指示精神，决定在驿马关地区进行五个月的大整训。在整训中，部队的文化、体育活动开展得更加丰富多彩。春末夏初，为检查部队整训效果，军团举办了一次运动大会。并邀请国民党的整编二十五师派人参加，进行友谊比赛。在运动会结束的发奖大会上，火星剧社做了一场汇报演出。运动场上坐东向西搭起个舞台，宣传部长黄镇同志亲自写了美术字横幅："停止内战，一致抗日。"这是一次统一战线的晚会，除了红军指战员、当地群众和国民党整编二十五师参加外，还邀请了东北军的部分官兵。真是人山人海，气氛热烈，盛况空前。指战员们把中间的好位置留给抗日友军和群众，自己坐在会场外围。为了使这次演出更加光彩，黄镇同志挥笔画了一幅大漫画。画面上一把刺刀刺向日军和汉奸。画面上的红军战士、抗日军民的身材比例比日军汉奸大好几倍，看了后很受鼓舞。演出在《救亡进行曲》的歌声中开始，我们先表演了几个轻快的舞蹈，有苏联的《乌克兰舞》、《儿童舞》，接下来的节目就是以宣传抗日为主了。如合唱《打回东北去》、《松花江上》。当我们唱起：

我的家在东北松花江上，
那里有森林煤矿，
还有那满山遍野的大豆高粱，
……

激昂悲愤的歌声，震动每一个观众的心弦。特别是坐在前排的东北军官兵，边听边流泪。最后演出了活报剧《怒火在燃烧》。这个剧是我们剧社创作和编排的，它以一个东北工人家庭为主线展开。九一八事变后，日寇对东北同胞进行野蛮的屠杀，这家工人立时处在水深火热之中。日寇的奴役，激起中国人民的愤怒，白山黑水之间遍树抗日大旗。当中国共产党发表了《八一宣言》后，在中国共产党抗日主张的号召下，穿背带裤的工人走上台，农民走上台，手拿算盘的商人走上台，学生走上台，红军战士和其他抗日军队也走上台，出现了工农商学兵联合起来的动人场面，日寇在惊慌失措中，被打倒在地。剧情进入高潮时，台下的东北军官兵首先呼起口号："打倒日本帝国主义！坚决对日抗战！"台上台下群情激昂、精神振奋。这次驿马关演出，是火星剧社建社以来最大的一次演出。

七七事变后，中国工农红军改编为八路军，火星剧社成立一年九个月，完成了她这一阶段的历史使命，被编入八路军一一五师的战士剧社开赴抗日第一线。她以短暂丰富的斗争生活，谱写了不可磨灭的历史篇章。（黄麟整理）

选自中国人民解放军文艺史料编辑部编：《中国人民解放军文艺史料选编·红军时期》下册，解放军出版社1986年12月第1版，第450—465页。

革命歌曲威力大

徐光友

我是1929年在麻埠加入共青团的，1930年1月参加了六安农民暴动。旧社会劳动人民受苦受压迫，当时，我们六安地区对付地主豪绅的办法，主要是两种：一是组织“摸瓜队”，首先把民愤最大的土豪劣绅除掉，群众人心大快；二是编歌谣到处唱，宣传革命思想，揭露地主罪行，起了很好的作用。现将我记得的一些红军歌曲和有关情况整理如下：

我八岁给地主放牛，就学会了《放牛歌》（《小放牛》调）：

穷人孩儿不自由，
八岁帮人家放老牛，
父母们昼夜焦愁。

帮工帮到恶东家，
鸡叫头口叫哈哈，
放牛仔起来了吧。

放牛听见东家叫，
浑身吓得抖也是跳，
穿衣裳颠颠倒倒。

骑着老牛找好草，
找不到好草放不饱，
回家中呀怎么得了？

边唱，边想，渐渐懂得了革命道理。那时候，我年纪小，大水牛很厉害，有一次，我被水牛抵破了头，母亲看了抱着我痛哭。当父母的真是“日夜焦愁”。我们儿童团、少先队还参加了“打土豪，分田地，反封建，破迷信”的活动。

我们皖西地区农民的生活是很苦的。给地主帮工，年初二月二上工，秋后10月下工，回到家里还是没有房住，没有饭吃，没有衣穿。数九寒天，大雪扑门，只好拿起棍子去讨饭，地主家的狗有时把讨饭棍咬断，把人咬伤。穷人饥寒交迫，真是命中注定的吗？为了揭露封建主义的残酷压迫和剥削，又编了《工农兵和妇女解放歌》，到处传唱：

我本是一工人，
数十年痛苦都受尽。
家里多么贫，
工厂去谋生，
时间增加工资减少到如今。
一天到晚真正辛苦，
满身的血汗都流尽。
打倒帝国主义，
推翻买办阶级，
要不这样永远做奴隶！

我本是一农人，

多少年痛苦都受尽。
今天想起来，
怎么不痛心，
地主剥削豪绅压迫到如今。
还有白匪更凶恶，
屠杀我工农不留情。
铲除封建地主，
消灭豪绅团匪，
要不这样永远做奴隶！

我本是一士兵，
几块钱饷卖去送命到如今。
那些官长心真狠，
薪俸千万还要扣饷银。
打倒万恶军阀，
推翻反动统治，
要不这样永远做奴隶！

我本是一女人，
数百年痛苦都受尽。
深锁闺阁中，
好似犯罪人，
教育没受经济莫管到如今。
更有政府莫过问，
一切自由都送尽。
大家武装起来，
参加革命斗争，

要不这样永远做奴隶！

红军时期，讽刺土豪劣绅的歌曲也不少。记得河南商城，四面城墙高筑，池水环绕，城门森严，许多地主恶霸都逃到城内。攻打商城时我们编写歌，描绘他们的狼狈相。这样的歌，幽默、风趣、辛辣，红军战士爱唱，老百姓爱学，流传很广。

腊月二十三，
红军真勇敢，
手提盒子枪，乖乖，
就把城墙穿哎哟。

红军进城了，
就把土豪找。
找到了土豪，乖乖，
一个不能饶哎哟。

眼看跑不掉，
就把井来跳，
也不知井底多深，乖乖，
淹死有多少哎哟。

1930年初，六安农民暴动以后，在麻埠成立了道苏维埃政府，召开了成立大会，人民群众欢庆解放，载歌载舞，兴高采烈，盛况空前，人们又编了《庆祝工农政府歌》（《八段锦》调）：

八月桂花遍地开，

鲜红的旗帜竖呀竖起来，
张灯又结彩，
张灯又结彩，
光华灿烂闹出新世界。
亲爱的工友们，
亲爱的农友们，
唱一曲《国际歌》庆祝苏维埃。

站在革命最前线，
不怕牺牲上前线，
为的是政权，
为的是政权，
工农专政如今已实现。
亲爱的工友们，
亲爱的农友们，
今日里是你们解放第一天。

政府托命是人民，
人以政府作家庭，
人人有家庭，
人人有家庭，
家庭是你们的第二生命。
亲爱的工友们，
亲爱的农友们，
爱家庭爱政府要具一样心。

不爱家庭身无衣，

不爱政府被人欺，
政府是你的，
政府是你的，
你爱政府就是爱自己。
亲爱的工友们，
亲爱的农友们，
这一点希望你们特别要注意。

巍巍政府谁造就，
就是工人和农民，
胜利大元勋，
胜利大元勋，
士兵也是工农的出身。
亲爱的工友们，
亲爱的农友们，
你自己的地位特别要认清。

代表群众的工具，
由你罢免和选举，
不是讲威武，
不是讲威武，
人人都能监督这政府。
亲爱的工友们，
亲爱的农友们，
这政府靠你们一致来拥护。

符合革命的要求，

保障自由和要求，
土地归农友，
土地归农友，
工友也当家作主人。
亲爱的工友们，
亲爱的农友们，
切不要流氓化要着意去做。

完成民族的革命，
反动势力彻底要肃清，
团结向前进，
团结向前进，
政府就是你的重心。
亲爱的工友们，
亲爱的农友们，
把阶级消灭净才能享太平。
领导群众数万万，
跳出地狱鬼门关，
不再有摧残，
不再有摧残，
封建制度彻底要推翻。
亲爱的工友们，
亲爱的农友们，
工农们到如今当家掌政权。

任凭中途有风波，
坚决斗争不调和，

越斗越扩大，
越斗越扩大，
才有今天这个好结果。
亲爱的工友们，
亲爱的农友们，
预祝你在最近参观莫斯科。

在鄂豫皖，《红军三大任务歌》不仅人人会唱，个个都能自觉做到。这首歌是红二十五军秘书长程坦同志编的。在出操跑步的时候就唱这首歌。大家踏着歌的节拍，步伐整齐，精神旺盛。每唱完一段，整个队列齐声呼喊："一、二、三、四"，大有气壮山河之势。这个歌共四段：

红军三大任务，
打倒帝国主义，
铲除封建势力，
实行土地革命，
要建立起工农政权，
坚决斗争，革命到底。

红军纪律重要，
战士必须牢记，
反动豪绅财产，
一律没收归公，
人人需要调查工作，
绝对禁止私人没收。

保障最后胜利，

服从团体纪律，
军事组织系统，
丝毫不能忽视，
一切命令坚决执行，
必须完成各种任务。

发动群众斗争，
言语态度和平，
宣传红军主张，
扩大政治影响，
不拿群众一针一线，
做一完善红军战士。

那时候，我们青年战士也有自己的歌，走到哪唱到哪。有时一天行军打仗百多里，一唱歌就觉得浑身有使不完的劲儿。这支《青年战士之歌》歌词虽短，可是挺有气魄：

青年的战士气昂昂，
好比那东方初升的太阳，
不怕牺牲英勇杀敌如猛虎，
冲锋陷阵勇往直前谁敢挡，
我们人人站在前线上。

我们是青年先锋的战士，
我们要加入共产青年团，
遵守纪律服从命令要坚决，
军事政治文化娱乐紧学习，

我们要做将来的主人。

革命歌谣人人编，人人唱，干什么就唱什么，当时红军装备差，强调爱护武器，就编唱《爱护武器歌》：

同志们呀要知道，
枪枝弹药何处来，
勇敢冲锋拼命杀敌头颅热血换来的。

破坏武器，
等于帮助敌人蒋介石，
爱护武器好像爱护自己眼睛一样。

当年在鄂豫皖根据地，还广泛流行一支《探郎歌》，青年、妇女、儿童几乎人人会唱，这首歌对巩固扩大提高红军战斗力，起了重要作用。歌词有十二段：

正月里探郎正月正，
我爱我郎当红军，
现在革命高潮起，
小郎哥，
你快去当红军哪儿哟。

二月探郎是花朝，
我郎政府打介绍，
介绍条子打到手呀，
小郎哥，

红军里面跑哪儿哟。

三月探郎是清明，
我送我郎当红军，
亲自送到大门口呀，
小郎哥，
心儿喜万分哪儿哟。

四月探郎四月八，
我郎写信转回家，
红军里面多亲爱呀，
小郎哥，
不比那军阀哪儿哟。

五月探郎是端阳，
孝感花园打一仗，
子弹得了无数万呀，
小郎哥，
外带机关枪哪儿哟。

六月探郎是炎天，
我郎游击云梦县，
长枪包袱和米袋呀，
小郎哥，
子弹带身边哪儿哟。

七月探郎是秋天，

听说我郎无鞋穿，
棉衣鞋子做得有呀，
小郎哥，
你也不来穿哪儿哟。

八月探郎是中秋，
我郎作战在光州，
又怕我郎带了彩呀，
小郎哥，
心疼真难受哪儿哟。

九月探郎是重阳，
我郎北上到黄冈，
麻埠独山都去到呀，
小郎哥，
胜利转回乡哪儿哟。

十月探郎小阳春，
我郎打仗黄陂城，
新州城里都占了呀，
小郎哥，
写信到家门哪儿哟。

冬月探郎冬月冬，
不知落雪起大风，
妹子天天门前望呀，
小郎哥，

冻得脸通红哪儿哟。

腊月探郎梅花开，
工农政府建起来，
我郎打仗多勇敢呀，
小郎哥，
夺取政权来哪儿哟。

1932年冬，红四方面军进入川陕地区，又编了《川陕红军歌》：

我红军打了云山实在快乐神，
叫声工友农友们哪哈，
大家来革命。

共产党本来为的世界的穷人，
士兵拖枪投红军哪哈，
实行来革命。

去年子豪绅地主把我压迫尽，
还有军阀和豪绅哪哈，
地主心不平。

我红军路过金寨把它消灭净，
缴了八架机关枪哪哈，
金条几百根。

我长枪本来缴了一二三千根，

还有其他军用品哪哈，
活捉他几团人。

看那些俘虏士兵实在惨得很，
又烧大烟又无钱哪哈，
衣服没得穿。

那刘湘闻见红军势力大得很，
他装一个老百姓哪哈，
要去逃狗命。

全四川老百姓都被压迫尽，
活捉刘湘与杨森哪哈，
才能享太平。

1935年夏，我们红二十五军在长征路上，有一天敌人的骑兵冲过来了，我们没有打骑兵的经验，部队一撤，被骑兵打乱了。后来，部队就总结经验教训，同志们你一句我一句地编了一支《打骑兵歌》：

敌人的骑兵不可怕，
沉着并肩来打它，
目标越大越好打，
排子枪快枪一齐杀，
我们打垮它，
我们消灭它，杀！

边唱边练打骑兵的战术，学会近战本领，后来打骑兵就能以少胜多、以弱胜强了。

当时，瓦解敌军的歌曲相当多。这些歌，对白军生活的描写形象、生动，入木三分，很有感染力，发挥了很大的作用。这种歌曲的形式也多种多样，有对唱，有合唱，有用文明戏的形式唱，有用《小放牛》的调子唱。《白军士兵和反动派吵嘴》宛似现在的小歌剧，很受人们喜爱。

人　物：

反动派（简称“反”）

白军士兵（简称“兵”）

敌师长（简称“师”）

（大幕拉开，反动派与白军士兵上场）

反：我是反动，
　　我是反动，
　　军阀是我的活祖宗。
　　他也反共，
　　我也反共，哎哟，
　　反来反去反了一身大窟窿。

兵：我是丘八，
　　我是丘八，
　　丘八的主人是军阀。
　　受他打骂，
　　受他剥削，哎哟，
　　剐来剐去我终究受欺压。

反：（称白军士兵为“老总”）
　　老总你好。

兵：怎么不好？

反：老总，你们辛苦了？

兵：辛苦老吊！

反：不要烦恼，哎哟呀，
　　今日里有句话向你来表。
兵：（白）你说吧。
反：反动开口问，
　　副爷老总们。
　　自从去年搬你们到如今。
　　指望你拼命替我们打，
　　又谁知只吃不动身。
兵：士兵把口开，
　　岂怪我迟挨，
　　谁不知红军的势力多厉害。
　　何况是山路不好走，
　　这件事总要慢慢来。
反：这样慢慢拖，
　　怎么等得过？
　　可知道众位天天要吃喝。
　　我怕是打不了共产党，
　　反转来要砸我的锅。
兵：砸了你的锅，
　　我们吃哪个？
　　这些时也与你们仗着胆儿过。
　　我们是扛枪城门上坐。
　　你们是被窝里抱着小老婆。
反：抱着小老婆，
　　这是说笑话。
　　为你们给养天天不落家，
　　东边刮尽到西边去刮，

刮得个穷人哭得泪稀巴。

兵：穷人他有啥，

亏你还刮他。

难道说穷人个个都该杀？

应付我们总是向他诈，

为什么你腰眼钱一个不肯花。

反：腰眼哪有钱，

早已干又干。

七拼八凑才把你们搬。

副爷们若再不替我们干，

里外里真叫我们无处去伸冤。

兵：你们有啥冤，

真是活扯蛋。

你只当我们是你们小使一般。

花几个钱就想叫我们死，

打平了好叫你快活抽大烟。

反：说什么抽大烟，

那些麻花账。

难道说当兵的不该去打仗？

看起来长枪烟枪是一样，

吹什么牛皮抬什么杠！

兵：谁跟你抬杠？

哪个不打仗？

就是打仗也是你们自主张。

借我们派款你们落多少？

不说句感恩话反来把屁放！

反：副爷莫生气

说话要讲理，
我们为接你刮尽了地皮。
不肯打说我们没出息，
难道说请你们专为拿大的？
兵：这话好不通，
真是混蛋虫。
如今的事情原来要糊弄。
你们是谁的天老子？
当兵的要做你们的活祖宗！
反：副爷莫撅人，
说话要留神。
小心着贵军的名誉不好听。
不说咱们把地方啃，
倒像似胆怯有点怕红军。
兵：谁不怕红军？
你不怕红军？
你不怕红军为什么搬我们？
哪知道我们一样也是命，
卖给这几块钱本来不甘心。
反：什么不甘心，
怕死不当兵，
戴上金箍帽就不能怕牺牲。
怕牺牲就不该营头来混，
难道说扛枪专吓老百姓？
兵：放你娘的屁，
咬你爷的筋！
若不为穷迫谁个来当兵？

我们穷究竟谁派的？
发你迷做你梦钻你娘的瓮。
反：这是什么话？
张口就乱骂，
怪不得白军个个土匪化。
要不是有点把红军怕，
看起来除了天就数你们大。
兵：骂你就骂你，
你把我怎样的？
反动派都是混账王八蛋东西。
老子怕红军有什么丑？
哪像你们怕土匪出你娘的气。
反：出你娘的气，
怎么这样倔？
我只好找你们官长去交涉。
不说不肯把红军打，
听你句句话都带赤色化。
兵：让你找官长，
怕他是你养！
哪怕你说老子就是共产党。
我这枪本来自由争平等，
早就要敲了那些兵蛊吃兵饷。
反：好好好好好，
你这真反了，
告诉你官长你一定要挨刀。
倘若真叫你上火线，
这根枪保不住要向你对头缴，

兵：莫再出来臭，
谁是我对头？
实对你说共产党为穷人来奋斗。
早晚被你们逼得紧，
说不定老子也走这条路。
反：想走这条路，
岂不是笑谈。
听说他们不怕死还要不爱钱。
像你们爱钱还怕死，
这资格就不够去同他们玩。
兵：不必你担心，
老子本穷人！
那红军本是我们的救星。
咱们穷人的血总为穷人洒，
这颗头终究要为穷人拼。
反：你拼就拼吧，
莫再说闲话！
我代表反动派就挨你半天骂。
这段话要唱得白军士兵醒，
早早地投红军哗变来参加。
（白军士兵把反动派打下台去，敌师长带护兵出场）
师：你们干什么，
这样闹火火。
好大胆真混账还想把事做。
穷个老子今天下个命令，
处罚你全营连再砍你头脑壳。
（白军士兵一把抓住敌师长领扣，手指敌师长骂）

兵：你就是师长，
你狼生狗娘养。
臭架子你摆得倒有九斤十八两。
穷老子早就要找你算算账！
为什么我们的头脑总不服你的饷？
我们就没鞋，
你们发大财，
打起仗总推我们向前死，
打赢了好让你升官又发财。
千言万语说不尽，
我今天这一枪送你把狗命了结。
（白军士兵一枪打死师长）
白军士兵与护兵合唱：
好好真好好，
大家去把出路找，
快快地扛着枪去向红军缴，
完成了全国苏维埃的胜利，
去努力打帝国主义，
共产党来领导。
（剧终）

这个小歌剧对白军士兵和他们官长及上层反动派的关系说得很形象，很透彻，很对俘虏的心路。一次战斗抓了很多俘虏，我们演这个小歌剧给他们看，第二天俘虏们有很多报名参加了红军。像这样揭示白军士兵心理的小歌剧，我记得还有不少。《白色士兵哗变歌》也是常演常新的节目。

小戏一开场，一位共产党员化装为农民，到白区城市侦察。走到城门口，看见白色士兵正持枪站岗。

农（白）：今天上集卖柴禾，看见两个白色士兵，头戴灰灰平顶帽，身穿黄黄旧军装，持枪站岗。

（白色士兵高喊，招手）

兵：农友站过来呀！

农：老总，我害怕！

兵：（唱）

农友站拢来，

听我说开怀呀，

农友呀，都是上司发下来哎哟，

都是上司发下来哟。

农：（白）老总，你为什么说出这样话来？

兵：（唱）

因为在家受人欺，

一心想混上个人上人。

没有法子才来当兵哎哟，

没有法子才来当兵哎哟！

农：（白）老总，当兵也能升官发财呀！

兵：（唱）

老娘哭得泪双流，

妻子扯住不放手，

小孩儿哭得撞破头哎哟，

小孩儿哭得撞破头哎哟。

农：（白）老总，这么说，你家里人不让你当兵了？

兵：（唱）

硬着头皮往前赶，

卖了衣服做盘缠。

一下子找到营盘哎哟，

一下子找到营盘哎哟！

农：（白）你到了营盘不就好了吗？

兵：（唱）

一到营盘把名报，

一天要出三遍操。

到晚上睡的是滚稻草哎哟，

到晚上睡的是滚稻草哎哟。

农：（白）为什么营盘里不盖被呢？

兵：（唱）

官长盖的是狐皮毯，

弟兄们盖的是草毡，

外带着又把岗来站哎哟，

冬天风雪如刀割。

农：（白）老总，站岗辛苦也没啥，只要每年把饷发。

兵：（唱）

去年发了两次饷，

一次只发两块洋。

买鞋买袜都赊账哎哟，

买鞋买袜都赊账。

农：（白）你这样苦，家中咋办呢？

兵：（唱）

家中来了一封信，

老娘饿死妻得病。

农友啊，八岁孩子去帮工哎哟，

八岁孩子去帮工。

农：（白）你莫要哭，只要在营房里不上火线也罢。

兵：（唱）

军阀到处对厮杀，

打死都是我丘八。

农友啊，官长们嘻笑哈哈哎哟，

官长们嘻笑哈哈。

农：（白）那你们去打仗，官长都干些什么呢？

兵：（唱）

官长吃酒又划拳，

夜晚睡着枕头眠，

外带着抽香烟，哎哟，

外带着抽香烟。

农：（白）营盘这样黑暗，为何不到别处去呢？

兵：（唱）

天下乌鸦一样黑，

营盘黑暗更难说。

农友啊，到现在更是说不得，哎哟，

到现在更是说不得。

农：（白）现在怎样了？

兵：（唱）

土豪劣绅杀穷人，

杀得穷人不能活命。

农友啊，想起来真是残忍，哎哟，

想起来真是残忍。

农：（白）你既知道如此，那你别去杀人嘛。

兵：（唱）

官长压迫真蛮横，

不杀说你是共党。

执行军纪打皮鞭，哎哟，

执行军纪打皮鞭。

农：（白）你在营盘如此痛苦，何时才有出头之日呢？

兵：（唱）

前次同志捎来一封信，

他说红军是平等。

农友啊，我不久要投红军，哎哟，

我不久要投红军。

农：（白）不错，是这样，标语也是这样写的，不知究竟是怎样？

兵：（唱）

红军官兵是平等，

不打人骂人亲如一家人。

农友啊，这样的兵我决心去当，哎哟，

这样的兵我决心去当。

农：（白）你既然决心要当红军，还要做什么准备吗？

兵：（唱）

我一进营盘把官长杀，

杀死官长不复醒，

农友啊，我一头扎入红军怀，哎哟，

我一头扎入红军怀。

（农、兵齐唱）

你的决心下定了，

快速地当红军把路找。

杀富济贫是我本分，哎哟，

杀富济贫是我本分。

社会主义实现了，

那才算得真幸福。

劳动所得生活好，哎哟，

劳动所得生活好。

革命歌谣在与敌人枪对枪、刀对刀的斗争中，也发挥了重大作用。1935年底，我们红二十五军和中央红军在陕北会师后第一仗，是打张学良的东北军，战斗基本胜利后，有一股200多人的残敌，退守到一个地形十分险要的山寨，妄图负隅顽抗，当时我们也没有炮，攻也攻不上去，怎么办呢？就组织了五六十人唱歌，到与敌山寨对峙的一座山上唱《瓦解敌军歌》：

正月里来梅花香，
官长们天天打麻将，
花姑娘房里双抬酒，
够我们兄弟们三年的粮。

二月里来兰草花开，
官长们搂着姨太太，
一双丝袜子七八块，
兄弟们穿的是破旧鞋。

三月里来杨柳梢儿青，
小厨房的伙食爱坏人，
兄弟们一天三餐黄米饭，
几个月吃不到一次荤。

四月里来油菜花儿黄，
官长们逼我们加入“刮民党”，
乱七八槽地照了一张相，

一个月扣他妈的三分大洋。

五月里来石榴花儿香，
蒋介石弄了一个法西斯的党，
哪个敢讲把日抗，
立斩头颅命遭殃。

六月里来开差汗满头，
翻山越岭无尽头，
筋疲力尽不敢掉队，
泪珠伴着汗珠流。

七月里来秋风凉，
好容易关了个六成饷，
七扣八扣东扣西扣，
三个月只关了他妈的两块大洋。

八月里来泪满腮，
升不了官来发不了财，
蒋介石卖了我们的命，
上火线去替他当炮灰。

九月里来恨难平，
日本兵占了东三省，
蒋介石一枪不叫我们放，
逼我们兄弟们来打自己人。

十月里来北风吹，
冻手冻脚挖壕沟，
官长们张口骂混蛋，
动不动皮鞭子身上抽。

十一月里来恨难忘，
官长们逼我们上战场，
兄弟们在前他在后，
个个都拿小手枪。

十二月里来大雪飘，
为着谁来把命拼，
弟兄们要想找出路，
掉转枪口当红军。

这支歌，我们开始唱时，敌人还打枪，我们唱第二遍时，枪声就渐渐稀落下来，我们越唱越有劲，唱着，唱着，敌人一枪也不放了。过了一会儿，山寨里突然“叭！叭！”两声枪响，原来听歌觉悟了的士兵，真的掉转枪口当场打死了守敌副营长郑绪彦。敌兵举起旗，全部投降了。后来，抗日战争、解放战争，以革命歌谣瓦解敌军，都起过枪杆子所起不到的作用。（北京军区红四方面军回忆录写作组协助整理）

选自中国人民解放军文艺史料编辑部编：《中国人民解放军文艺史料选编·红军时期》下册，解放军出版社1986年12月第1版，第466—491页。

关于《红二十五军十五个月斗争歌》的几点说明

陈鹤桥

一、红二十五军1935年9月长征到陕甘苏区时，与刘志丹等同志领导的红二十六军、红二十七军会师合编为红十五军团。10月同中央红军会合后，大家都爱唱《中央红军十二月长征歌》。我们红二十五军的一些同志提出请军团政治部宣传部长黄镇同志也给红二十五军写一首长征歌，黄镇同志根据红二十五军长征中的斗争事迹，于1936年写出了《红二十五军十二月斗争歌》。经军团长徐海东、政委程子华、政治部主任王首道批准印发到部队。这支歌很受大家欢迎，很快就在部队中广泛地唱开了，至今有些老同志还记得。这支歌实际写了15个月的斗争事迹，歌名称为“红二十五军十五个月斗争歌”更切合实际情况。

二、这支歌讲的九月到十二月指的是1934年的农历九月到十二月，红二十五军长征出发时间是公历的11月。从正月到十一月指的是1935年公历的1月到11月。

三、1934年4月第二次葛牌镇战役，打垮陕军警三旅，俘旅长张汉民以下官兵1000多人。据红二十五军战史载，由于当时鄂豫陕省委与中共中央失去联系，误将中共地下党员张汉民当作“叛徒”、“法西斯分子”错杀了，给党造成了损失，这是一个沉痛的教训。中共第七次代表大会上决定追认张汉民为革命烈士。因此，四月的第四句原来是“活捉了旅长张汉民”，按照中央决定的精神取消这一句，同时按红二十五军战史上写的内容换上了“消灭敌军一千多人。”

这次忆及并校正此歌词的缘起是，黄镇同志逝世后，我写的《回忆黄镇同志在红十五军团》的文章中，写了黄镇同志编的这首歌，收入《将军·外交家·艺术家》一书中；以后黄镇夫人朱霖同志建议将此歌编印到《黄镇文集》中。对于我加的几点说明，朱霖同志表示同意。我还先后两次报告原红二十五军领导人之一郭述申同志，他认为换掉四月份的一句是符合党中央的决定和红二十五军的战史内容的。同时他指出，除了换掉这一句外，应尊重历史，尊重黄镇同志的著作权，应以此歌词为准。

四、此歌主要是写红二十五军的斗争事迹，但是1935年9月至11月成立红十五军团后的几次重大战役和战斗，都是红二十五军和红二十六、红二十七军兄弟部队一起参加的。

写于1994年，载《党的文献》（中央文献出版社出版）[①]

附：

红二十五军十五个月斗争歌

黄　镇

九月里来菊花清，
红军大举向西征，
胜利通过平汉线，

① 见《党的文献》1994年第3期——编者注。

大打豪绅把粮分。
十月里来小阳春，
红军猛向襄樊行，
英勇的抗日先遣队，
击溃了军阀庞炳勋。
十一月里来水结冰，
杨虎城调兵阻红军，
三要司一仗消灭干干净，
乘胜占领镇安城。
十二月里来梅花艳明，
抗捐军发展在陕鄂省，
回转蔡玉窑消灭一团敌，
红旗飘扬柞水城。
正月里来是新春，
葛牌镇送来拜年情，
得到枪支两千几，
武装了陕南广大的穷人。
二月里来气象更新，
陕南的革命政权蓬勃生，
南征汉中扩大阵地，
有力地配合了红四方面军。
三月里来是清明，
华阳击溃警备第二旅，
一次进攻开头炮，
打伤了匪首张飞生。
四月里来商洛行，
二次再战葛牌镇，

一次进攻全粉碎，
俘虏敌军一千多人。
五月里来天气暖，
占领洛南逼潼关，
七天训练龙驹寨，
学习天才是红军。
六月里来热气腾腾，
国民党临死不甘心，
钢铁红军冒暑征，
拖垮了国民党几师兵。
七月里来占领荆紫关，
回师黑山准备决战，
小河口一仗消灭一个旅，
生擒了旅长唐嗣桐。
八月里来胜利进攻，
配合中央红军向北征，
威逼西安包围天水，
连占两当秦安隆德城。
九月里来遇着回民，
党的路线正确执行，
打垮马鸿宾进到陕北，
会合了二十六、二十七军。
十月里来天气冷，
何立中劳山丧了命，
无敌的红军百战百胜，
榆林桥再消灭四个整营。
十一月里来大雪纷纷，

三次“围剿”完在直罗镇，
中央正确直接的领导，
最后的胜利属于我们。

选自陈鹤桥：《陈鹤桥回忆文集》，国防工业出版社2000年8月第1版，第200—203页。